JN412162

가업승계와 100년 가업경영

100년 가업의 승계와 상속,
리스크관리, 성장전략 등

김근수 저

기업의 법률 · 회계 · 조세 · 사업적인 면에서의 리스크 및
가업승계의 구체적 안을 종합적으로 다루어
가업의 지속가능성 확보를 위한 대안 제시와
성장전략을 위한 종합적 설계

(주)영화조세통람

머 리 말

가족기업 또는 가업은 가족이나 가문이 소유한 기업이다. 전 세계적 기업의 대부분은 가업이며 GDP의 60% 이상을 창출하고 있다. 우리나라에서는 가업승계가 불평등의 대물림이라는 비난을 받기도 하지만 가족기업은 분명 일자리 창출과 경제성장, 복지재원의 중요한 원천이다. 가족소유 경영과 전문경영에 대한 논란이 있지만 가족기업이 더 성공적이라는 분석도 많다. 따라서 가족기업의 지속가능성은 국가경제의 핵심적인 주제이다. 문제는 '창업이수성난(創業易守成難)'이다. 즉 창업보다 수성이 더 어렵다는 점이다. '부자는 3대를 잇지 못한다.'라는 말도 있다. 1세대 기업, 2세대 소홀, 3세대 탕진이라는 말이 나올 정도로 가업의 '수성'은 심각한 문제가 되고 있다. 통계에 의하면 가업의 단 30%만이 1세대, 10% 미만이 2세대에 살아남는다. 그러나 독일, 미국 등 선진국에서는 가족기업 중에 장수기업이 많다. 분명 '창업이수성이(創業易守成易)', 즉 창업 이후 수성이 '가능한' 전략이 있음을 시사한다. 필자가 쓴 『**가업승계와 100년 가업경영**』은 가업의 '수성' 전략을 폭넓게 논의하였다.

많은 사람들이 가업승계를 경영권을 자식에게 물려주는 것이라고 생각한다. 그렇지 않다. 가업승계란 경영권의 승계가 아니라 가업의 '지속가능성'의 승계가 되어야 한다. 즉 부모가 이룬 기업을 자식이 물려받아 경영하는 것이 아니라 그것이 오랜 세월 지속되도록 하는 것이 핵심이다. 가업의 지속가능성이 확보되지 않거나 승계가 잘못될 경우 그 기업은 하루아침에 무너질 수 있다. 기업의 지속가능성을 확보하지 못한다면 승계보다는 경영능력이 있는 제3자에게 매각하여야 한다. 제3자가 인수함으로써 창업주는 투하 자본과 누적 이익을 회수하고 가업은 지속적으로 이어질 수 있다. 『**가업승계와 100년 가업경영**』은 지속가능한 기업으로 나아가는 전략도 심도 있게 다루었다.

대부분의 사람은 당연히 "내 자식(들)은 걱정할 것이 없다."고 생각한다. 그렇지 않다. 가업 승계의 가장 큰 위험은 무능하거나 비도덕적인 자녀가 승계 받는 경우다. 창업주가 세상을 떠나면 대부분 유산을 둘러싼 가족 간 싸움, 가업을 둘러싼 경영권 분쟁이 발생한다. 조금이라도 재산을 차지하기 위해, 경영권을 확보하기 위해 자녀와 가족 간에 서로의 치부를 드러내고, 남보다도 못한 원수가 되는 경우가 많다. "피보다 돈이 더 붉고 진하다." "권력은 측근이 원수고 재벌은 핏줄이 원수이다."이란 말이 횡횡한다. 아무리 지속가능한 초우량기업이라도 이런 분쟁으로 하루아침에 무너진다. 가업을 잘 물려주려면 우선 분쟁가능성을 예측하고 철저한 대비를 하여야 한다. 기여분 산정분쟁, 유류분 반환 청구 소송, 유언 무효 소송, 상속재산 분할 청구 분쟁 등 많은 뇌관이 도사리고 있다. 『**가업승계와 100년 가업경영**』은 이 부분에도 많은 지면을 할애했다.

기업가들은 자녀를 입사시켜 10년 이상 경영수업을 시킨다. 그러면 문제없이 경영권이 승계되고 가업은 승승장구할 것이라고 믿는다. 하지만 그렇지 않다. 우리나라에서는 기업주뿐만 아니라 자녀의 "갑질" 문제, 횡령, 배임과 탈세 등 '오너리스크'로 혼란을 겪고 무너진다. 세계적 투자자인 워런 버핏 버크셔해서웨이 회장은 아무리 성장성과 수익성이 큰 기업이라도 기업주나 최고경영자의 자질이 의심스러우면 투자하지 않는다고 한다. '돈'을 노리는 투자자가 투자를 회피한다는 것은 그만큼 그 기업의 미래는 불투명함을 의미한다. 승계는 10년 동안 경영수업을 시켜서 될 일이 아니며, 자녀교육으로부터 시작하여 30년 이상 지속되는 "사업"이다. 많은 기업들이 잘못된 자녀교육으로 승계 후 사회적 물의를 일으키고 처벌을 받고 기업이 위기에 처한다. 제대로 된 전인교육 없이는 올바른 기업가가 될 수 없다. 세계적인 명문가문의 기업은 부모의 재산 없이도 홀로 경제적 자립이 가능하도록 교육시킨다. 정신적 경제적 독립이 가능하지 않은 자녀는 승계도 생각할 수 없다. 『**가업승계와 100년 가업경영**』은 기업의 법률리스크, 회계리스크, 조세리스크, 사업리스크 및 가업승계의 구체적 안을 종합적으로 다루어 가업의 지속가능성 확보를 위한 대안을 제시하였다.

이 책은 가업승계뿐만 아니라 가업의 경영관리 전반 그리고 기업의 지속가능성을 확보할 수 있는 기업의 리스크 관리 및 성장전략을 종합적으로 다루었으며, 구체적인 구성내용은 다음과 같다.

부	PART	Chapter	주요 내용
가업의 경영	가업과 가문의 관리	1. 가업의 경영관리	가족기업과 가문의 경영관리
		2. 가업의 비전경영	가족기업과 가문의 비전과 가훈
		3. 가업의 투자 회수	기업투자 후 회수방법과 절세
	가업의 경영권 관리	1. 가업의 지배구조 관리	가족의 기업 지배와 경영권 문제
		2. 가업의 주주 관리	주주와 주식의 관리
		3. 가업의 경영진 관리	이사회, 이사, 대표이사 및 감사의 관리
		4. 가업의 내부거래 관리	특수 관계자 및 계열사 거래 등의 법률과 조세문제
		5. 가업의 정관 관리	가업경영을 위한 정관 작성 및 수정
	가업의 승계와 상속	1. 가업의 상속과 증여	상속과 증여의 법률문제와 관리문제
		2. 가업의 승계전략	가업승계를 위한 구체적 전략
		3. 가업승계와 조세전략	가업을 승계에 따른 조세문제와 절세전략
		4. 가업의 재산평가	상속과 승계에 따른 법률과 조세의 관점에서 재산의 평가문제
		5. 가업의 주식평가	
가업의 경영전략	가업의 성장전략	1. 가업 환경변화와 전략	변화하는 기업환경과 대응전략
		2. 가업의 성공전략	가업성공을 위한 핵심적인 전략적 관점
		3. 가업의 자금조달	가업의 자금조달방법과 법률문제
	가업의 리스크 관리	1. 가업의 법률리스크 관리	기업경영과 관련된 법률적인 위험
		2. 가업의 기술 · 정보리스크 관리	기업 노하우 등의 유출과 관리
		3. 가업의 조세 · 회계리스크 관리	기업의 세금과 회계관련 위험
	가업의 구조조정	1. 가업의 구조조정 관리	구조조정에 대한 기초적인 내용
		2. 가업의 M&A	M&A관련 기본적인 전략 ※ M&A에 관한 실무적이고 전체적인 내용은 필자의 『M&A실전교과서』(한언출판사)를 참고하기 바란다.
		3. 가업의 청산관리	가업청산 시의 법률 및 조세문제

이 책을 쓰면서 "첫술에 배부를 수 없다."라는 말을 실감했다. 가업과 기업이라는 두 주제를 망라하는 내용의 책을 완성하는 것은 많은 시간을 기울여 깊이 있고 넓게 연구하고 사례를 찾아야 할 일임을 깨달았다. 이 책은 이제 시작이다. 앞으로 능력이 되는 한 최선을 다해 이 책을 꾸준히 보완하고 새로이 하여 가업경영에 실질적으로 도움이 되는 책으로 완성하도록 할 것임을 약속한다.

이 책을 쓰면서 수많은 사람들의 도움을 받았다. 신문기사에서부터 텍스트까지 일일이 이름을 나열할 수 없을 만큼 많은 분의 글이 도움이 되었다. 일일이 감사의 글을 옮기지 못하지만 진심으로 감사한다. 특별히 이 책을 쓰면서 자료의 부족으로 고민할 때 도움을 준 뉴욕대학(NYU) 경영대의 'Belén Villalonga' 교수가 필자에게 제공한 정보와 책 자료가 큰 도움이 되었다. 진심으로 감사를 표한다. 특별히 불확실한 출판시장으로 어려움을 겪음에도 불구하고 필자의 책을 출판하기로 결정한 출판사에 감사를 드린다. 책을 만들면서 글자 하나하나에 정성을 기울이고 책의 목차에서 구성까지 고민했던 김현영 이사와 이은희 팀장에게 진심으로 감사를 드린다. 이 분들의 노력이 없었다면 이 책의 출간은 어려웠다.

마지막으로 내 삶에 긍정적인 영향을 준 아내, 그리고 외국에서 공부하고 있는 아들과 딸에게도 사랑의 마음을 전한다.

2018년 8월
저 자

차 례

제1부 가업의 경영

PART 1 가업과 가문의 관리

PART 3 가업의 승계와 상속

제 2 부 가업의 경영전략

PART 4 가업의 성장전략

Chapter 2 가업의 M&A

Chapter 3 가업의 청산관리

제 1 부

가업의 경영

PART

1

가업과 가문의 관리

Chapter 1

가업의
경영관리

Chapter 2

가업의
비전경영

Chapter 3

가업의
투자 회수

1 가업의 재산과 기업

1.1 가업과 경영

가족기업 또는 가업은 기업주 일가가 지배하는 기업을 말한다. 가족이나 가문의 재산은 대부분 가업경영으로 축적된 것이다. 가족기업은 우리나라뿐만 아니라 전 세계적인 현상이다. 일반적인 생각과는 달리 선진국에서는 대주주 가족이 경영을 주도하는 가족기업이 대부분이다.

가족기업은 가족과 가문의 부와 재산의 관리문제가 발생한다. 가족기업은 장기적인 비전, 강력한 가치관과 주인의식으로 성공할 수 있지만 지배구조문제(governance), 열악한 경영시스템, 가족갈등 등으로 실패할 수도 있다. 자수성가형 재산가들의 가족과 가문의 재산관리와 장기적 유지는 핵심적인 이슈로 부각되고 있다. 그것은 가족기업과 가족의 재산을 장수기업으로 히든챔피언으로 대대로 이어가는 것이 쉽지 않다는 점이다. '부자는 3대를 잇지 못한다.'는 속담이 있다. 중국에서는 부불삼대(富不三代)로 불리는 데 영어로는 'The family wealth does not last for three generations.'이다. 유사한 말로 영국의 'Clogs to clogs.(나막신으로 시작했다가 다시 나막신으로 돌아온다), 미국의 'shirtsleeves to shirtsleeves in three generations'(일본 표현으로 번역하면 난닝구로 시작해서 다시 난닝구 신세가 된다). 보통 1세대의 부 창조, 2세대의 소홀, 3세대의 탕진이라는 사이클을 암시한다. Merrill Lynch 조사에 따르면 부자는 다음 세대에 3분의 2가 탕진되고 3대에 망하는 비율이 90%에 이른다고 한다. 2014년 보스턴컨설팅그룹의 연구에 의하면 가족기업의 단 30%만이 1세대, 9%만이 2세대에 살아남는다고 한다.

한국의 부자 경주 최씨가 17세기부터 20세기까지 300년 간 12대에 걸쳐 부를 유지해온 것은 극히 예외적인 일이다. 권력을 가까이 하지 않고 재산 욕심을 부리지 않으며 흉년에는 재산 증식을 금하고 과객은 후하게 대접하며 사방 백 리 안에 굶는 사람이 없도록 하고 절약과 검소를 생활신조로 했다는 점은 지금 들어도 귀감으로 다가오며, 가업과 가문관리가 나아가는 방향을 제시하고 있다.

1.2 가업의 현황

2010년 세계적으로 3천만 달러 이상의 부를 보유한 갑부(UHNW, ultra-high-net-worth)가 약 20만 명이고 그들이 보유한 재산은 약 28조 달러이다.[1] 이들은 95%가 남자, 87%가 대학졸업, 50대가 많고, 70%가 자수성가형이다.[2] 2012년 말 현재 자산규모 1억 달러 이상인 갑부는 총 6만3,000명(세계인구의 약 0.001%)이다. 그 중 동아시아가 1만8,000명, 북미 대륙 1만7,000명, 서유럽은 1만4,000명이다. 이러한 슈퍼 리치의 수와 집중도는 지구촌 부의 흐름을 보여준다. 슈퍼 리치의 변화 양상은 앞으로 수년 안에 슈퍼리치 아래 경제 층에도 그대로 반영될 것으로 보인다. 2013년 기준 우리나라의 국부(國富)는 1경1천조 원을 약간 상회한다. 국내총생산(GDP)의 7.7배 수준이다. 정부와 기업을 뺀 가계와 비영리단체의 순자산은 6,365조원대로 1인당 1억2,676만 원이다. 비 금융자산 규모는 1경1천조 원에 달한 반면 금융부채를 뺀 순금융자산은 마이너스 40조 원이다. 비 금융자산 중 부동산 약 1경원에 이른다. 보유자산 중 비금융자산이 차지하는 비중은 총자산을 기준으로 2011년 66.6%에서 2013년 64.7%로 점차 하락하는 추세를 보였다. 그러나 비 금융자산 비중이 순자산기준으로는 77.2%에 달해 미국 35.1%, 일본 46.3% 등에 비해 여전히 높았다.

이러한 갑부나 슈퍼리치는 대부분 가업형식으로 기업을 운영한다. 가족기업의 비중은 미국과 영국이 70%대, 유럽은 90%에 이른다. 포천지가 선정한 500대 기업도 소유경영이 30% 이상이다. 전 세계 기업의 절반 이상이 가족기업이라는 추산도 있으며, 대부분의 선진국 유명기업들도 가족기업이다. 선진국에서 매출 10억 달러 이상의 대기업 가운데 30% 이상이 가족 기업이며 신흥국의 경우도 대기업의 50~80%가 가족 기업이다. 2015년 자료에 의하면 S&P 500대 기업의 33%, 프랑스와 독일의 250대 기업의 40%, 동남아시아와 중남미 대기업의 60% 이상이 가족기업이라고 한다. 가족기업은 보편적인 현상이다(연합인포맥스, 2015.6.17. 편집). 2014~2015년 기준으로 미국은 근로자의 60%가 가족기업에 고용돼 있고, 2003년 기준으로 33백만 개의 비상장기업 중 90%가 가족기업이다.[3] 2011년 기준 아시아의 경우(일본은 제외) 상장기업 중 가족기업이 시가총액의 절반 이상을 차지한다. 중국도 민간기업의 80% 이상이 가족기업이다. 재벌이라 불리는 한국 대기

1) Kirby Rosplock, *Family Office Handbook*, Bloomberg, 2014, p.3.
2) Kirby Rosplock, *Family Office Handbook*, Bloomberg, 2014, pp.3-4.
3) Donald DePamphilis, Mergers and Acquisi*tions Basics, Burlingto*n, Elsevier, 2011, p.345.

업에서 총수 일가가 차지한 지분은 30% 내외(LG)~70% 내외(현대중공업)이다(월스트리트 저널, 2014.9.21.). 기업은 곧 가업이라는 등식이 성립한다. 우리나라에서는 기업주 경영자의 가업승계를 불평등의 대물림으로 비난하지만 소유경영이 일자리 창출과 경제성장, 복지재원의 중요한 원천이라는 인식이 선진국에서는 수용되고 있다.

가족기업과 전문경영자에 의한 경영에 대한 논란이 있다. 하지만 가족기업이 더 성공적이라는 분석이 많다. 크레디트 스위스은행(The Credit Suisse Bank's global index)에 의하면 2007년 이후 가족기업은 모건스탠리 캐피탈 인터내셔널 지수(Morgan Stanley Capital International, MSCI)에 비해 4.8% 실적이 좋았다고 한다.[4] 로널드 앤더슨 템플대학교 교수와 데이비드 리브 싱가포르 국립대학 교수는 1992년부터 1999년까지 S&P 500 구성 기업을 조사해 177개를 가족 기업으로 분류하고 분석하여 2003년 발표한 바에 의하면 가족기업의 주가 상승률 평균은 15.6%인 반면 비 가족 기업은 11.2%였고, 매출 증가율은 가족 기업이 23.4%, 비 가족 기업은 10.8%였다. 또한 20세기 경제와는 달리 불확실하고 급변하는 21세기 환경에서 실패의 위험에도 불구하고 과감한 투자를 할 수 있는 강력한 리더십이 필요한데 가족기업의 가족 경영자가 유리하다. 애플, 구글, 아마존, 페이스북 등은 예외 없이 강력한 리더십이 성장 기반이었으며 잡스 사후 애플이 부진한 것도 이를 방증한다. 선진국의 경우 가족 기업은 일반 기업에 비해 경제침체기에는 더 높은 성장률을 보인 반면 경기성장기에는 성장률이 떨어진 것으로 나타난다. 가족 기업은 지출을 억제하고 비용을 최적화하는 성향이 강하고 인수합병에 보수적이어서 경기침체 시기에도 꾸준한 성장세를 유지한다. 반면 경기가 좋아지면 여유자금을 사업 다각화나 지리적 확장에 투자하여 성장률이 낮은 편이다. 신흥국의 가족 기업은 경기에 관계없이 일반 기업보다 높은 성장률을 보였다. 우리나라 대기업들이 가족 기업으로 출발해 단기간에 '글로벌' 기업으로 성장하였듯이 신흥국의 가족 기업은 급격하게 성장하였다. 신흥국의 가족 기업은 열정적이고 도전적인 정신으로 적극적이고 과감한 경영의사결정, 적극적 인수합병 등으로 성장하였으니 재무 상태는 선진국 가족 기업에 비해 나쁘다.

더 중요한 것은 독일, 미국 등 선진국에서는 가족기업 중에 장수기업이 많으며, 일자리 창출과 사회공헌의 버팀목 역할을 수행한다는 점이다. 선진국의 경우 100년 이상의 장수기업들이 각 국의 경제성장과 일자리 창출 등에서 중추적 역할을 수행하고 있다. 기업의 가장 중요한 사회적 역할인 고용에서도 소유경영 기업들은 불황기에도 정리해고

4) Randel S. Carlock and John L. Ward, *When Family Businesses are Best*, Palgrave Macmillan, 2010, p.3.

를 덜하며 고용유지에 더 노력한다고도 한다. 또한 세계적으로도 히든챔피언(2,734개, 평균업력 66년, 100년 이상 38%)의 2/3가 가족기업이라고 한다. 가족기업은 국가경제의 중추인 것이다. 따라서 세계적인 가족기업의 육성과 히든챔피언 장수기업으로의 성장은 국가경제뿐만 아니라 기업 전략으로서도 중요하다(정책브리핑, 2014.9.30. 편집). 미국에서 가업기업은 GDP의 64%를 차지한다.[5)]

2 가업의 운영관리

2.1 가업관리의 기원과 연혁

가업기업과 가문의 재산을 관리하는 사업 또는 기업은 패밀리오피스(한글로는 '가업관리'라고 부를 것이다)라고 불린다. 패밀리오피스는 유럽이나 미국에서는 널리 알려진 단어이다. Private Bank가 확장된 개념으로 부유층에게 종합적인 컨설팅을 제공한다. 패밀리오피스의 기원은 왕실이나 왕족 또는 귀족가문의 재산과 가문 업무를 총괄하는 집사 사무실로 알려져 있다.

패밀리오피스는 유럽에서는 1400년대 내지는 1500년대에 시작되었지만 미국에서는 18세기~20세기 산업혁명기(1712~1942)를 거치면서 형성되었다.[6)] 미국의 패밀리오피스는 새로이 떠오른 부유층들과 함께 형성된 것이다. 패밀리오피스는 15세기 유럽의 거상가문이 설립한 은행, 18세기 유럽의 로스차일드 가문의 재산관리 업무를 담당했던 집사가 기원으로 지목된다(중앙일보, 2015.3.5. 편집). 일본은 에도시대(1603~1868) 미쓰이, 미쓰비시 같은 재벌의 자산을 관리하던 조직인 '오모토카타'가 기원으로 볼 수 있다. 이들은 제2차 세계대전으로 해체되어 우리나라와 같이 계열이라는 형태로 유지되고 있는데, 내부 조직인 자산관리 기업이 외부 전문가와 함께 재산을 관리하고 있다(한경비즈니스, 2014.12.18. 편집).

---

5) Kirby Rosplock, *Family Office Handbook*, Bloomberg, 2014, p.11.
6) Kirby Rosplock, *Family Office Handbook*, Bloomberg, 2014, p.11.

패밀리오피스는 19세기에 들어와 미국에서 구체적인 관리조직을 형성하였다. 1838년 금융기업가인 모건가가 '하우스 오브 모건'을 설립하여 패밀리오피스를 운영했다. '패밀리 오피스'라는 용어를 처음 사용한 건 미국의 록펠러다. 1882년 만든 '록펠러 패밀리오피스'가 공식적인 첫 '패밀리오피스' 이름을 가진 패밀리오피스다. 한편 유럽은 새로이 떠오른 기업가들이라기보다는 귀족 가문이 많았다. 이들은 20세기 초반에 패밀리오피스와 유사한 '에스테이트 오피스'라는 이름으로 패밀리오피스를 운영하였다(중앙일보, 2015. 3.9. 편집).

한국에서 패밀리오피스 산업은 초보단계다. 2015~2016년을 기준으로 삼성증권, 삼성생명, 신영증권, 에이티넘파트너스 등이 외부자문사로서 패밀리오피스 서비스를 제공하는 것으로 알려져 있다. 국내 패밀리오피스 자문사들은 금융자산 수십억 원 이상, 종합자산 백억 원 이상의 부유층 자산가를 대상으로 하며 대부분 중소·중견기업 또는 상장기업의 기업주이다. 삼성 패밀리오피스(Family Office)는 2015년 기준 국내 1000개 내외의 가문을 관리한다고 한다고 알려져 있다(The Bell, 2015.1.20.). 필자가 운영하는 ㈜글로벌 M&A도 소수 우량 가문과 가업기업을 중심으로 패밀리오피스 서비스와 M&A자문서비스를 제공하고 있다.

2.2 가업관리의 주체

가업관리는 특정 가문만을 위한 가문전속 관리기업(single family office)과 여러 가업기업이나 가문을 대상으로 자문을 해주는 외부자문사로서의 가업관리기업(multi-generational family office)이 있다. 투자관리 기업(investment family office)은 주로 가업재산의 투자 관리에 집중하는 자문사이다.[7] 전속 가업관리기업(single family office)을 운영하며 관리통제가 강화되고 보안유지에 좋다(control and privacy).[8]

가문전속 관리 기업으로는 케네디가의 재산을 관리하는 패밀리 오피스(family office) 조셉 케네디 엔터프라이즈가 대표적이다. 케네디가의 비조(鼻祖)이자 존 F 케네디 전 미국대통령의 아버지 조셉 케네디가 1927년 설립하였다. 20세기 초반에 미국에서 가장 부유했던 멜론가와 록펠러 가는 신탁 등의 모습을 띤 패밀리오피스 기능을 담당하고 있다.

---

7) Kirby Rosplock, *Family Office Handbook*, Bloomberg, 2014, p.45.
8) Kirby Rosplock, *Family Office Handbook*, Bloomberg, 2014, p.49.

마이크로소프트 창업자인 빌 게이츠도 개인 자산을 운용하는 캐스케이드인베스트먼트를 운영하고 있다(중앙일보, 2015.3.5. 편집). 소로스(George Soros), 칼 아이칸(Carl Icahn) 등 많은 헤지펀드도 관리 기업으로 변신했다. 창업기업가형 가업관리기업(founder's family office)은 기업가의 성공으로부터 탄생한 가업관리 기업이다.[9)]

독일의 경우에는 경영권관리기업(Beteiligunsgesellschaft)은 지분보유를 목적으로 하는 순수지주회사로 운영되기도 한다. 독일의 명문기업인 헹켈은 1백여 명의 자손과 이들이 설립한 10여 개의 지분관리회사가 지분을 보유하고 있다. BMW의 경우 미망인이 보유한 BMW의 지분 16.7%로 지분관리유한합자회사를 설립하여 이 유한책임사원지분을 자녀에게 승계하였다. 유한합자회사는 우리나라에는 없는 기업으로 물적 회사인 유한회사와 인적회사인 합자회사가 혼합된 회사이다. 지분관리회사의 지분은 가족구성원뿐만 아니라 가문이 세운 재단이 소유하여 경영권을 유지하면서 공익 활동을 할 수 있다. 후손들이 많아지면서 가족지분공동관리 협약(family share-pooling agreement)을 체결하여 안정적인 기업경영과 승계가 가능하도록 한다. 이 협약에 따라 지분을 매각하려면 가족의 동의를 받거나 가족이 우선 매수하도록 하고 있다.

한 가문에만 가업관리 업무를 제공하던 패밀리오피스가 여러 고액 자산가를 고객으로 둔 기업 형 모델, 멀티 패밀리오피스로도 발전하고 있다. 보통 1억 달러 이상의 자산가가 가입하던 문턱이 2,000만 달러 정도까지 낮아졌다. 미국에서만 외부자문사로서 4,000~5,000여 개 패밀리오피스가 영업을 하고 있다(중앙일보, 2015.3.9. 편집). 독립적인 패밀리오피스(multi-family office)는 두세 개 가업을 자문하기도 하지만 5백 개 이상의 가업에 자문을 제공하기도 한다. 평균적으로 80여 개 가업을 고객으로 하며 가문의 평균재산은 5천만 달러이다. 이는 가문소속자문기업에 대한 대안으로 나타났다.[10)] 패밀리 오피스의 정의가 모호하고 통계도 없어 정확하지는 않지만 미국에서는 3천 개 이상의 가문이 패밀리 오피스를 가지고 있으며 그 두 배가 넘는 기업이 내부적으로 그 기능을 담당하는 팀을 운영하는 것으로 추정된다.[11)]

한편 가족기업이 성장하면서 나타나는 문제점 중의 하나는 시스템 부재이다. 창업주가 오랜 기간 단독으로 경영을 하면서 모든 권한을 가지고 모든 의사결정을 하는 경우 점차 업무 효율이 떨어지는 것이다. 따라서 가족 기업은 성장과 함께 신속하게 시스템을

9) Kirby Rosplock, *Family Office Handbook*, Bloomberg, 2014, p.46.
10) Kirby Rosplock, *Family Office Handbook*, Bloomberg, 2014, p.53.
11) Kirby Rosplock, *Family Office Handbook*, Bloomberg, 2014, p.7.

구축하고 전문경영인을 적극적으로 영입할 필요가 있다. 재무, 인사, 정보시스템 등 전문 분야에 우수한경영진을 영입해 경영효율을 높여야 한다. 또한 가업을 승계할 때 단지 경영권뿐만 아니라 리더십, 기업의 비전과 경영철학도 승계하는 것이 필요하다. 이를 위하여 가문 또는 가업관리위원회(Family Board)를 만들어 가업과 가문의 핵심가치가 전수되도록 관리하는 것이 필요하다. 미국의 록펠러 가문, 독일 머크 그룹 등 해외의 유수한 가문 기업이 이를 운영한다. 가족 간에 소통을 통해 경영철학을 공유하고 정기적으로 가족회의를 열어 경영 마인드와 기업비전을 고유하도록 하여야 한다.

2.3 가업관리의 조직 형태

개요

가업관리는 다양한 조직형태로 운영된다. 관리형 가업관리기업(administrative and compliance family office)은 가업자산을 기록하고 관리하는 기업이다. 이런 유형의 가업관리 기업은 투자기능은 외부에 의뢰하기도 한다. 가업중심 관리 기업(family business-oriented family office)은 가족기업을 중심으로 관리되는 것이다. 기업이 성장하고 가족기업의 기업주의 재산이 커짐에 따라 점차적으로 가족기업과 개인재산 관리를 분리하려고 한다. 이에 따라 가족 대부분의 재산을 관리하는 것을 생각하게 되면서 가업중심 관리 기업이 시작되고 독자적 기업으로 관리되는 것이다.[12] 공익유산관리 기업(legacy and philanthropic family office)은 재산의 분배에 주로 관심을 가진다. 공익재단(family foundation, family philanthropic fund or trust)이 주요재산을 구성한다.[13] 가업자문 기업이나 가업자문사는 대부분 자선 재단의 형태로 활동하지만 종종 자산운용사나 헤지펀드 형태로 운영된다.

물론 가업이나 가문이 자신의 조직 내부에 패밀리오피스 기능을 담당하는 부서를 두는 경우도 많다. 기업 내부적으로 직접 관리하는 경우에는 가업관리팀으로 비서실이나 기획실에 관리할 수도 있고 가업관리 기업으로 지주회사 등이 이를 관리할 수도 있다.

---

12) Kirby Rosplock, *Family Office Handbook*, Bloomberg, 2014, pp.46-7.
13) Kirby Rosplock, *Family Office Handbook*, Bloomberg, 2014, p.48.

한국의 공익재단

삼성그룹은 1997년 창업주의 호인 호암(湖巖)을 이름으로 설립한 호암재단을 가지고 있다. 출연자는 삼성, CJ, 새한, 한솔, 신세계 등 4개 가족사이다. 호암 상 운영, 학술연구 지원 및 출판, 전시시설의 설립 · 운영사업 등을 영위하고 있다. 더불어 이 창업주의 추모식도 호암재단에서 맡고 있다.

현대그룹은 창업자의 호인 아산(峨山)을 딴 아산사회복지재단과 아산나눔재단을 설립하여 각각 의료지원과 청년창업 분야를 영위한다. 아산사회복지재단은 1977년 창업자가 보유하고 있던 현대건설 지분 50%를 출연하여 만들었고 의료서비스를 목적으로 하며 정읍, 보성, 인제, 보령, 영덕, 홍천, 강릉과 서울에 서울아산병원을 열었다. 그 외에도 각종 사회복지단체를 지원하는 사회복지사업, 학술연구 지원 사업, 아산 상 등의 사업을 하고 있다. 아산나눔재단은 청년창업 활성화와 '글로벌' 지도자 육성을 주 사업으로 하고 있다.

SK그룹은 선경최종건장학재단이 있다. 장학금으로 사회에 공헌하고 재단에 속해 있는 학생들이 사회공헌활동에 참여한다. LG그룹에는 분야별로 5개의 공익재단이 있다. LG연암문화재단은 장학사업과 연구지원 사업을 하며 LG아트센터도 설립했다. LG연암학원은 천안연암대학과 연암공업대학을 두고 농업과 공업 인력 양성에 힘쓰고 있다. GS그룹의 남촌재단은 의료 사업, 장학 사업, 문화예술과 복지 사업 등을 수행하고 있다. 두산그룹의 두산연강재단은 장학사업, 학술연구 지원, 복지사업, 교육 사업을 지원하고 있다.

2.4 가업분쟁의 관리

가족 기업이 성공하려면 가족의 갈등을 회사와 분리하는 전략과 가족의 끈끈한 결속력을 토대로 한 전략을 병행해야 한다. 어느 가정이든 가족이든 갈등과 다툼은 있지만 그러한 분쟁은 기업과 분리시켜야 한다.

다우존스앤드컴퍼니는 1920년대부터 미국 밴크로프트 가문이 소유해온 가족 기업이었다. 하지만 가문의 후손들은 경영을 위한 가족회의나 대화를 거의 하지 않았고 실적이 나빠도 배당금을 높였다. 결국 회사 경영이 어려워졌고, 2007년 매각됐다. 따라서 가족기업의 운영은 가족 구성원의 이해관계보다 기업을 중심으로 집중하는 것이 필요하다. 개인의 이익보다는 가족 구성원이 회사에 어떤 기여를 할지가 우선이다. 예를 들어 스위스 제약회사 로슈는 장기적 투자가 필요한 난치병 의약 개발 전문기업이다. 대주주인 호프만 가문은 "다음 세대에게 지금보다 더 좋은 회사를 남겨주는 것"을 가치로 삼고 있다.

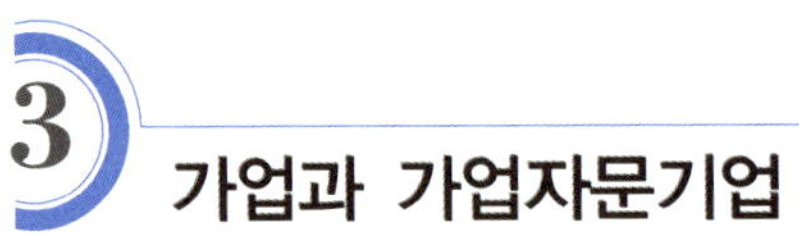

3 가업과 가업자문기업

3.1 가업자문기업의 서비스

개인이 큰 기업과 재산을 관리하는 건 어렵다. 창업주와 가업의 가치관을 보전하고 가문과 가업기업의 재산을 관리하는 전문 업체가 패밀리오피스이다. 패밀리오피스의 주요목적은 가업과 가문의 재산을 장기적으로 자자손손 안정적으로 지키고 이어나가는 것이다.

가업을 자문하려면 가업이 필요로 하는 요구사항(family wealth needs)을 먼저 파악하여야 한다. 가업기업이나 가문에 따라 필요한 서비스가 다르기 때문이다.[14] 일반적으로는 창업주와 가업을 관리하는 것을 전문으로 하는 것이 가업관리 자문사 또는 가문경영 자문사(family office)이다. 그 의미는 경우에 따라 다르겠지만 가업이나 가문의 재산을 여러 세대에 걸쳐 관리하고, 유지하고 성장시키는 일을 담당한다. 패밀리 오피스의 가장 중요한 목적은 가업기업과 가문의 재산을 대대손손 장기적으로 안정적으로 지키는 것이다.[15] 운영 중인 ㈜글로벌M&A도 이러한 서비스를 제공하고 있다.

초부유층(Super Rich) 가문이나 가업의 기업주는 보유 자산이나 금융자산의 투자나 운용보다는 상속과 증여 등 가업승계에 더 관심을 가진다. 물론 초부유층 이하의 가문이나 가업은 투자와 부의 창출에 관심을 많이 가진다. 초부유층은 후계자 양성이나 승계 프로그램의 교육에 관심이 높다. 물론 부동산, 세무, 회계, 법무, 노동법 등에 대한 관심도

14) Kirby Rosplock, *Family Office Handbook*, Bloomberg, 2014, p.41.
15) Kirby Rosplock, *Family Office Handbook*, Bloomberg, 2014, p.1.

많고 건강관리와 사회적 책임에도 관심을 가진다.

기업과 가업관리의 관리를 위해서는 다양한 분야의 경영관리기법이 필요하다. 창업주와 가업의 비전 실현, 자산의 분배, 가업재산의 관리(strategic wealth management), 투자계획(investment planning), 부동산 투자 및 운용, 조세계획 및 재무계획(tax and financial planning), 가문과 가업의 영역관리(사업의 범위 및 업종 전략, 지배구조, 계열사 관리, M&A, 공익법인 등), 가업의 사업조정 전략(기업의 인수 및 매각, 사업과 기업의 구조조정, 분사 및 분할), 기업의 성장전략 및 상장, 사업의 승계전략(경영진 및 주주의 구성, 조세기획 상속·증여의 관리 및 절세, 가업 승계 프로그램, 승계분쟁의 예방, 승계로 인한 세금관리, CEO 승계 프로그램 관리, 공정거래), 사회공헌(philanthropic giving)으로 나눈다. 뿐만 아니라 근로관계법, 해외의 법령과 세법 등 법률서비스, 자녀의 진학과 유학 등의 교육훈련, 의료·건강관리, 요트나 항공기 구입과 관리, 품격 있는 문화생활과 쇼핑 등과 관련한 컨시어지 서비스, 사회 환원과 기부 등을 위한 자문도 한다.

3.2 가업자문의 수수료

외부 패밀리오피스가 받는 자문수수료는 다양하다. 자산규모에 따라 받기도 하고, 프로젝트별로 또는 일한 시간에 따라 받기도 하며 연간 자문수수료를 받는 경우도 있다.[16] 패밀리오피스가 받는 연간 수수료는 운용자산의 0.25~1% 수준이라고 한다(중앙일보, 2015.3.5.). 가문이 직접 운영하는 가문소속자문기업(single family office)의 운영비용은 운용자산의 1.5~2% 수준으로 더 많이 든다. 천억 원(1억 달러) 이하의 자산인 경우에는 약간 더 높다.[17] 따라서 외부 자문사를 이용하는 것이 전문성이나 비용 면에서 유리하다. 물론 이것은 해외의 사례이며 제공되는 서비스나 자문사에 따라 천차만별일 것이다.

---

16) Kirby Rosplock, *Family Office Handbook*, Bloomberg, 2014, p.53.
17) Kirby Rosplock, *Family Office Handbook*, Bloomberg, 2014, p.52.

PART
1

가업과 가문의 관리

Chapter 1

가업의
경영관리

Chapter 2

가업의
비전경영

Chapter 3

가업의
투자 회수

1 가업의 비전 관리

1.1 가업과 가문의 전통

가업기업과 가문은 장기적인 비전과 가문의 전통(family legacy)이 있어야 한다. 가업이 한 세대 이상 지속적으로 성장하고 존속하려면 가업과 가문의 가치, 미션과 비전을 명확히 하여야 한다.[18] 기업의 비전은 미션(mission), 전략(strategy), 문화(culture)로 구성된다.[19] 가치란 인간의 행동과 사고를 유도하는 핵심적인 원리, 믿음과 행위의 가이드라인이다.[20] 가치는 우리의 선택과 행동 그리고 의사결정의 기준이 된다. 가치보다는 지나치게 금전적인 면을 강조하다보면 기업과 가업경영의 방해요소가 된다.[21]

기업과 가업기업들은 많은 경우 그 비전이나 가치에 관심을 두지 않는다. 그러나 연구에 의하면 비전이나 가치를 공유한 기업과 그렇지 않은 기업 간에는 기업의 가치창출에서 6배 정도의 차이가 난다는 결과에 주목할 필요가 있다. 주식시장의 투자자들도 그 기업의 장기 비전을 고려하여 투자하기도 한다는 점을 명심하여야 한다.[22] JP Morgan Private Bank는 가업과 가업의 재산을 장기적으로 성공적으로 관리하기 위하여 8가지의 전략(best practices) 중의 하나로 명확하고 효과적인 비전을 정하라고 제안하였다.[23]

가업과 가문의 비전을 설정한다는 것은 가족이나 가문 구성원이 개별적으로 하는 것보다 함께 가는 것이 더 좋다는 것에 기초한다.[24] 한 세대를 넘어 가업이 지속되기 위해서는 미래의 세대들이 함께 할 수 있도록 묶어주는 공동의 목적(shared purpose)이 필요하다. 가업의 가치에 기반 하여 함께 일함으로써 창업주와 미래세대를 묶어주는 것이다. 가업과 가문의 가치를 위하여 일하는 것은 역동적인 사업경영을 낳아 새로운 세대가 그 가치를 논의하고 그에 따라 미래를 만들어나가는 것이다.[25] 가업의 가치(family's mission)

18) Kirby Rosplock, *Family Office Handbook*, Bloomberg, 2014, p.69 편집.
19) Kirby Rosplock, *Family Office Handbook*, Bloomberg, 2014, p.77.
20) Kirby Rosplock, *Family Office Handbook*, Bloomberg, 2014, p.69.
21) Kirby Rosplock, *Family Office Handbook*, Bloomberg, 2014, p.70.
22) Kirby Rosplock, *Family Office Handbook*, Bloomberg, 2014, p.76.
23) Kirby Rosplock, *Family Office Handbook*, Bloomberg, 2014, p.77.
24) Kirby Rosplock, *Family Office Handbook*, Bloomberg, 2014, p.78.
25) Kirby Rosplock, *Family Office Handbook*, Bloomberg, 2014, p.71.

는 가문이 함께 가는 이유와 그 가문이 이루려는 것을 말해준다.[26)]

2016년 노벨경제학상 받은 벵트 홀름스트룀 MIT 교수는 우리나라의 삼성 등 가족경영 기업의 지배구조에 대해 기업주가 경영에 직접 참여하는 것은 책임경영을 강화하기 위한 측면에서 긍정적이라고 평가하면서 주주 가치를 높이기 위한 투명성이 확보돼야 한다고 말했다. 가족기업의 경영진을 선발하는 방식에 대해서도 능력이 무엇보다 중요하며 가족관계나 친분 관계 등에 따라 결정돼선 안 된다고 경계했다. 또한 경영진과 임원의 부정행위(foul placy)는 기업을 위험에 빠뜨릴 수 있으므로 투명한 경영이 필요하다는 점을 강조하였다.

JP Morgan Private Bank는 가업과 가문의 재산을 장기적으로 성공적으로 관리하기 위한 8가지의 전략(best practices)을 제시하였다.[27)]

〈가업의 장기적 성공을 위한 전략〉

원 문	번 역
• Articulate a clear and powerful vision.	• 가업의 비전을 명확하고 효과적으로 정하라.
• Cultivate entrepreneurial strengths.	• 기업가로서 경영능력을 개발하라.
• Plan strategically to mitigate risks and capture opportunity.	• 위험을 줄이고 사업 기회를 포착 할 수 있도록 전략적으로 계획을 세워라.
• Build unifying structures to connect family, assets, and environments.	• 가족, 재산과 사회를 연결할 수 있는 통합적 조직을 설계하라.
• Clarify roles and responsibilities.	• 역할과 책임을 분명하게 하라.
• Communicate, communicate, communicate.	• 대화하고, 대화하고, 대화하라.
• Help members develop competencies.	• 능력을 개발하도록 서로 도와라.
• Provide independence, including exit options.	• 독립성을 보장하라.

※ 출처 : Kirby Rosplock, Family Office Handbook, Bloomberg, 2014, p.77.

이를 보면 비전, 전략, 통합, 책임, 대화, 능력개발이라는 가치가 제안되고 있음을 알 수 있다. 사실 가업기업과 가문 그리고 장수기업은 일맥상통한다. 세계적인 장수기업들은 대부분 가족기업이며 가문을 이루는 기업이다.

26) Kirby Rosplock, *Family Office Handbook*, Bloomberg, 2014, p.74.
27) Kirby Rosplock, *Family Office Handbook*, Bloomberg, 2014, p.77.

1.2 가업의 비전과 사례

▲▼ 가치 선언문

다음은 어떤 가문의 가치선언문이다.[28] 가업과 가문의 비전을 제시하는 대표적인 사례로 보여 맨 앞에 실었다.

〈가업 가치선언문 사례〉

영 문	번 역
Our values are the bedrock of our family and are the thread that blinds each successive generation to its family ancestry. We are committed to uphold, honor, and adhere to the following values :	우리 가족의 가치는 가족의 기초이며 우리를 선조들을 연결해주는 끈이다. 우리는 다음을 지지하고 존중하며 준수한다.
• Integrity and Honesty : Truth and transparency are important values for each and every family member to uphold. The family values consistency, character, and loyalty to its fellow family member and community.	• 진실성과 정직함 : 진실함과 투명성은 우리 가족이 준수하여야 할 중요한 가치이다. 우리 가족은 가족과 사회에서의 언행일치, 인격과 신의를 높이 평가한다.
• Humbleness and Kindness : Family is encouraged to be modest and reverent both with the financial success as well as their personal and professional accomplishment. Being respectful, kind, and humble are enduring qualities of the family.	• 겸손함과 친절함 : 우리 가족은 개인적인 직업적인 성취뿐만 아니라 물질적 성공에 대하여 겸손할 것을 요구하다. 겸손, 친절과 겸허는 우리 가족의 지속적으로 추구할 가치이다.
• Strength and Perseverance : The family values hard work and tenacity. Being strong and overcoming obstacles with a positive outlook have helped to sustain the family for generation.	• 열정과 인내심 : 우리 가족은 근면과 인내심을 높이 평가한다. 긍정적인 마인드와 강인한 정신력 그리고 난관을 극복하려는 자세가 오랜 세대 동안 가문을 유지시켰다.
• Family Belonging and Unity : The family honors the importance of family togetherness and unity and encourages a culture of inclusiveness. We believe our greatest assets are the shared knowledge, wisdom, and connections	• 기족의 화합과 일체감 : 우리 가족은 가족의 연대감과 일체감의 가치를 존중하고 가족 간의 화합을 도모한다. 우리의 가장 큰 재산은 세대가 계속되며 이어지는 공유된 지적 자산과 지혜 그리고 가족의 연대감임을 믿는다.

28) Kirby Rosplock, *Family Office Handbook*, Bloomberg, 2014, p.73.

영 문	번 역
that our family continuity provides one generation to the next.	
• Social Responsibility and Stewardship : The family has a moral obligation to be responsible to one another as a family, but also to be good stewards of our communities. We believe in supporting the communities where we live, the employees that are an extension of our family, and being engaged through volunteer work, philanthropy, and outreach to live theses values.	• 사회적 책임과 책무 : 우리 가족은 가족 상호 간뿐만 아니라 우리 사회에도 책임감과 도덕적 의무감을 가진다. 우리가 속한 공동체, 우리 가족의 임직원을 지원하고 자발적인 참여, 사회 환원과 봉사활동에 참가하여 이러한 책임을 다하고자 노력하여야 한다.

※ 출처 : Kirby Rosplock, Family Office Handbook, Bloomberg, 2014, p.73.

다음은 1986년에 만들어진 피트케언(Pitcairn) 가문의 가치선언문 사례이다.[29)]

〈가업 가치선언문 사례〉

영 문	번 역
Mission : to provide quality financial products and services and achieve superior investment returns.	미션 : 고품질의 금융상품을 제공하여 높은 투자수익률을 달성한다.
Principle in Brief : • Concern for Pitcairn Family Values • High Standards of Ethics and Integrity • Client Oriented • Professionally Managed Team with Entrepreneurial Spirit	원칙 : • 피트케언가문의 가치의 공유 • 높은 수준의 윤리와 정직성 • 고객지향 • 기업가정신과 전문가정신에 의한 경영 팀

※ 출처 : Kirby Rosplock, Family Office Handbook, Bloomberg, 2014, p.82.

해외의 사례

① 빅토리녹스

빅토리녹스(Victorinox)는 1884년 칼 엘스너(Karl Elsenser)가 창업한 기업으로 지금까지 가족기업과 가문으로 운영되고 있다. 우리에게도 익숙한 상품을 생산하는 기업이다. 빨

29) Kirby Rosplock, *Family Office Handbook*, Bloomberg, 2014, p.82.

강색 포장에 흰 십자가를 그려 넣은 '스위스 아미 나이프'를 만드는 기업이다. 제품의 품질 유지, 고객에 대한 고품격서비스, 임직원에 대한 최고의 고용여건을 가업과 가문의 비전으로 하는 전통을 이어오고 있다. 특히 가업기업과 가문이 가족 간의 분쟁이나 불화로 무너지지 않도록 가족들이 보유중인 회사 지분을 재단에 기탁하기로 합의했다. 승계와 상속, 경영권 분쟁이 생기더라도 가업과 가문이 지속될 수 있도록 시스템을 만들었다.

② 닥터 브로너스

닥터 브로너스는 1858년 설립한 화장품 제조 기업이다. 2015년 기준 매출은 약 1억 달러로 중소기업이지만 100년 넘게 가족과 가문경영을 성공적으로 운영하고 있다. 닥터 브로너스의 비전은 경영원칙은 사회적 책임이라고 요약할 수 있다. 사회 환원을 중심으로 하며 사회적 책임으로서 임직원에 대한 기업책임을 강조한다. 회사가 번 이익의 3분의 1 가량을 사회에 기부하는 것을 원칙으로 하고 이익 금액의 10% 이상을 임직원을 위한 연금으로 적립한다고 한다. 사회적 책임을 강조하여 이익에 앞서 유기농업, 거래의 공정성을 구체적으로 실천하여 원자재를 공급받는 농부와 유통업체와 공정한 거래관계를 유지하고자 한다. 사회적 책임과 직원우선의 비전은 결국 기업이 장기적으로 지속가능 한 기업으로 발전하는 기반이 된 것이다.

③ 로스차일드

로스차일드 가문은 1744년 후반 마이어 암셀 로스차일드가 창업하여 독일의 작은 가족 기업으로 출발했지만 이후 유럽 금융계를 이끌어 온 유대계 금융 가문이다. 로스차일드 가문의 비전은 가족 간의 협력과 가문에 대한 자부심이다. 로스차일드 가문에 남겨진 유언장은 가문의 화합을 무엇보다도 강조하고 있다. "나의 사랑하는 모든 자녀들에게 명한다. 항상 완벽한 조화를 이루며 살고, 가족의 유대를 잃지 말 것이며, 서로 간에 분쟁이나 불화를 일으키지 말고, 재판을 하지 말고, 관용과 인내로 서로를 감싸 주고, 악한 감정에 빠지지 않도록 할 것이다. 나의 자녀들은 위대한 조부모를 본받으라. 그러면 모든 로스차일드가가 영원히 행복하고 번영을 누릴 것이다. 나의 사랑하는 자녀들은 이런 가문의 정신을 절대로 소홀히 하지 말라. 너희들을 진심으로 사랑했던 나의 할아버지의 훈계를 따라 너희와 너희 후손들은 언제까지나 유대교 신앙에 충실하도록 하라."

가업과 가문이 세대를 거쳐 오랜 세월 지속되려면 화합과 협력이 필수적이다(조선일보, 2016.5.14., 한국경제신문, 2014.9.5. 편집).

④ 파버카스텔

세계에서 가장 오래된 필기구 브랜드이자 기업인 파버카스텔은 18세기인 1761년에 창업한 독일 장수기업이자 가업기업이다. 제품을 출시할 때마다 베스트셀러로 그 역사는 '스테디셀러이자 베스트셀러'의 역사이다. 프랑스 나폴레옹 3세가 특사를 보내 경영 노하우를 벤치마킹 했다고 한다. 120개국에서 1조원의 매출(2015년), 7천여 명의 직원을 두고, 연간 20억 개의 연필을 생산하고 있으며 전 세계인이 사용하는 6각 모양 연필의 원조가 바로 이 회사이다.

파버카스텔이 오랜 세월 장수기업으로 이어온 것은 세대를 초월해서 계승한 가족기업의 가치 때문이다. 장기적인 비전에서 기업을 경영하고 단기적인 성과에 연연하지 않는 것이 그 특징이다. 경영을 맡은 가족 경영진은 회사를 자신의 것이라 생각하지 않고 다음 세대를 위해 관리한다. 세대교체에 대해 책임감과 도전의식을 갖게 하는 비전이다. 그 비전과 가치는 역량과 전통, 우수한 품질, 혁신창의성, 사회적 · 환경적 책임 등 네 가지이다. 혁신이란 아이폰의 신기술 같은 게 아니라 지속적인 개선의 과정이다. 회사 제품의 비전은 최고의 품질, 자연에서 얻은 소재, 독창성이다. 회사의 기업 철학과 비전은 '평범한 일을 비범하게 잘하려는 노력과 책임감 있는 기업가 정신'이다. 그리고 어렵더라도 본업에 충실한 것이 회사의 철학이다. 전자계산기가 등장하면서 매출이 크게 떨어진 적이 있지만 중장기적으로 핵심영역인 펜슬에 대한 연구와 투자를 지속하여 '퍼펙트 펜슬'을 탄생시켜 예술 분야의 전문가들이 애용하는 브랜드로 키웠다.

⑤ 기타

세계적인 가문 기업 머크의 기업 가치는 회사 돈은 개인적으로 꺼내 쓰지 말고 회사 경영에만 쓰고, 평범한 삶, 겸손한 삶을 살라고 강조했다.

국내의 사례

① 삼성그룹

삼성그룹 창업자 고 이병철 회장은 경영을 '인간학'이라고 보았고 자녀들에게 '인재를 알아보고 쓰는 법'을 강조하였다. 후계자인 이건희 회장도 '사람'을 강조하였다. 이건희 회장의 후계자 이재용이 받은 경영 수업은 경영자로서의 인맥 쌓기였다. 일본으로 유학을 떠날 때 동경대, 와세다대가 아니라 일본 재계출신 많이 다닌 게이오대를 택하였다.

그룹으로 복귀 후에도 세계 경영계 주요 인사들과 관계를 맺어나갔다. 삼성 가문에는 경청(傾聽)과 목계(木鷄)라는 교훈이 전해진다. 말을 적게 하고 남의 말을 잘 듣고(경청) 어떠한 난관에도 의연하게 대처하는(목계) 기업가 상이다. 삼성가문의 비전은 간단하게도 사람을 잘 쓰는 용병술, 지도자로서의 의연함이다.

② 현대그룹

고 정주영 현대그룹 창업주는 "(시도를) 해보기나 했어?"라는 질문으로 유명하다. 자녀들과 겸상을 허락하지 않았던 엄격한 유교식의 고 이병철 삼성그룹 창업자와 달리 그는 매일 오전 5시 자녀들과 식사를 했다. 밥상머리 교육으로 자기관리, 성실, 겸양, 예절을 가르쳤다. 후계자인 정몽구 현대자동차그룹 회장도 주말에 자녀들과 아침식사를 한다. 정몽구 회장은 현장경영을 강조한다. 사업현장을 일일이 찾아다니면서 확인하는 것은 자녀들에게 현장경영 마인드를 심어주려는 것이다.

③ LG그룹

많은 기업과 가문이 강조하는 것 중 대표적인 것이 신의와 신뢰이다. 구인회 LG그룹 창업주는 "한번 사귀면 헤어지지 말고 부득이 헤어지더라도 적이 되지 말라."는 명언을 남겼다. 구본무 LG그룹 회장은 대통령 순방 경제사절단으로 참여했을 때에도 대학원생과의 저녁 약속을 지키기 위해 자리를 떠났을 정도이다. 구본무 회장은 "신용을 쌓는 데는 평생이 걸리지만 무너지는 건 한순간"이라는 신념을 지켰다.

1.3 가업의 비전 도출

가업의 비전을 만드는 것은 쉬운 문제가 아니다. 패밀리오피스나 가업재단을 설립하는 단계에서부터 가족과 자녀들을 참여시켜 그 목적이나 가업과 가문이 추구하는 가치 등을 함께 논의하여 합의하는 것이 바람직하다. 가업과 가문을 장기적으로 여러 세대에 걸쳐 이어갈 의사가 논의되고 합의가 있어야 한다. 합의가 있는 경우 비전을 만들 의사의 일치가 있어야 하고 그것을 실행해야 한다. 비전을 만들려면 가족이 각각의 가치를 제안하고 공유되는 것을 도출하는 것이 바람직하다. 중요한 것은 가업의 비전이나 가치를 만들기 위하여 가족들이 의견을 나누고 논의를 하는 과정에서 많은 오해들이 풀리고 서로에 대한 이해도가 높아지며 가치 있는 경험을 공유할 수 있다는 점이다. 가족들의 뜻을 모아 가치가 정해지면 가치선언서(value statement)를 만든다.[30] 또한 가족과 가문의 구성원들은 모임이나 식사 시간을 활용해 자녀들과 비전과 미션에 대하여 토론하며 자녀들의 교육 수단으로 활용한다.

2 가업의 비전과 전략

가업과 가문이 장기적으로 지속하려면 비전과 미션이 중요한 역할을 한다. 비전과 미션을 중심으로 기업과 경영의 전략이 일관되게 추진되는 것이다. 가족과 가문의 가치는 창업주의 정신을 가족들이 공유하게 하여 가족과 가문의 화합과 일체감을 이루게 한다. 많은 가업과 가문이 가족의 통합을 강조하고, 가문에 대한 책임의식, 가족 간의 대화와 화합, 그리고 경영자로서의 능력개발이라는 보편적인 가치를 추구하고 있다. 진실성, 정직함 같은 윤리적 기준과 보편적인 가치는 기업의 CEO 리스크를 줄여주고, 사회적 책임에 대한 강조는 기업의 장기적 지속가능성을 낳는다. 기업가정신과 열정 같은 비전은 기업 경쟁력이 초석이 될 수도 있다.

스티브 잡스는 삶과 사회를 바꿀 수 있는 동력은 비전에서 나온다는 걸 알았다. 수많은 인재들이 그에게 몰려든 것은 그의 비전 때문이다. 그가 창업한 애플은 다른 기업과는 다른 비전을 제시한다. 다른 기업들이 이익 창출에 매달릴 때 애플은 모든 사람이 더 쉽고 편리하게 쓸 수 있는 컴퓨터를 만드는 것에 역량을 집중했다.

빅토리녹스(Victorinox) 회사와 같이 제품의 품질 유지, 고객에 대한 고품격서비스, 임직원에 대한 최고의 고용여건을 가업과 가문의 비전으로 하는 경우도 가업과 가문이 장기적으로 지속될 수 있도록 기초가 될 수 있다. 닥터 브로너스의 사회적 책임과 임직원에 대한 기업책임도 마찬가지이다. 기업 비전의 명문화는 가업의 승계 과정에서 나타나는 문제를 예방하는 데에도 큰 역할을 한다. 로스차일드 가문이 추구하는 가족 간의 화합과 가문에 대한 자부심은 가업과 가문이 세대를 거쳐 오랜 세월 지속되는 힘이 되었다.

---

30) Kirby Rosplock, *Family Office Handbook*, Bloomberg, 2014, p.73.

세계적인 가족기업 머크는 기업의 이익을 분기별이 아닌 세대별로 평가한다. 단기 이익보다는 장기적으로 회사가 살아남을 수 있는 방법을 생각하는 것이다. 1893년 독일의 한 교수가 액정을 발견한 후, 머크는 1903년부터 개발・생산하기 시작했다. 1903년부터 1960년대까지 액정을 어떻게 사용해야 할지 몰랐음에도 과학적인 차원에서 연구를 계속 진행하였고 결국은 시계, 계산기, 텔레비전 등에 사용되기 시작한 것이다.

결국 세계적인 가업, 가문 및 장수기업들은 가업과 가문의 재산을 선대로부터 물려받아 가치 있는 기업으로 지속적으로 성장시키고 세대 간에 성공적으로 승계시켜 나아간다는 책임의식(stewardship)을 강력하게 이어가고 있다. 그리스도교 등에서 말하는 '청지기 정신'으로 가업과 가문을 소유의 대상이 아니라 현 세대가 가업과 가문의 비전에 따라 관리하는 수탁자의 정신으로 대대손손 이어가는 것이다. 따라서 단기적인 목표추구가 아니라 다음 세대까지 염두에 두고서 장기적인 관점에서 전략적 의사결정을 하게 하는 역할을 한다. 결국 기업의 전략이 가업과 가문의 비전과 가치 안에서 나오는 것이다. 우리나라에서 발생하는 가족 간 경영권 분쟁과 기업주 리스크는 이러한 비전의 부족에서 나오는 것이다. 기업의 지속가능한 경쟁력(sustainable competitive advantage)은 가업과 가문의 장기적 비전에서 나온다.

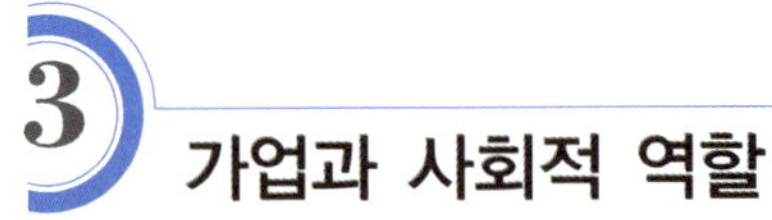

3 가업과 사회적 역할

3.1 사회적 책임의 의의

기업이 사회적 책임을 다하는 것과 기업의 장기적 성과 간에 유의적인 관계가 있음이 연구결과에 의하여 꾸준히 밝혀지고 있다.[31] 여기서 성과는 장기적인 성과이다. 가업과 가문이 세대를 넘어 지속적인 성장과 생존을 하는 것은 비전이 큰 역할을 하며 그 중 사회적 책임도 중요하다.

사회적 책임을 다하는 기업이 지속가능한 기업으로 장기적으로 이익을 실현한다는 인

31) McKinsey & Company, *Valuation*, John Wiley & Sons, 2010, p.12.

식은 이미 널리 인정되고 있다. 이에 따라 투자자들도 기업이 수행하는 사회적 책임에 관심을 갖고 투자대상 기업의 재무 성과뿐 아니라 비재무적 요소인 사회적 책임과 기업 지배구조(governance) 등을 고려해 투자대상을 선택하고 있는 것이다. 투자들의 선택은 냉정한 것이며 그만큼 기업의 사회적 책임은 기업의 지속가능 한 생존과 수익성 그리고 성장성에 중요한 요인이라는 점을 반증한다.

3.2 사회적 책임의 연혁과 현황

과거 1990년대까지 기업의 사회적 책임은 기부금을 내는 것으로 이루어졌다. 2000년대에 들어서는 사회봉사활동에 뛰어들었다. 21세기 들어 기업은 공동으로 사회적 책임을 다하는 파트너 십 형태로 활동하고 있다. 마이클 포터 하버드대 경영학과 교수가 처음 주창한 공유가치창출(CSV, creating shared value)이 그것이다. 단순히 기업 이윤을 사회에 환원하는 것뿐만 기업 고유의 경영활동과 사회의 이익을 직접적으로 연관시켜 사회적 책임에 임하는 것이다. 사회적으로 인정되는 우수 제품을 만들고, 제품 생산 등 고유한 기업 경영의 과정에서 사회에 공헌하고자 하는 것이다. 보이고자 하는 봉사활동, 불우이웃돕기, 성금 등은 말할 것도 없고 기업이 사회공동체 안에서 유익한 존재로 운영되고 지속 가능한 실체로서 존재하려는 것이다.

선진국에서는 세계적인 부유층(Super rich)의 사회기부가 많아 고액기부(major gift) 또는 초고액기부(mega gift)가 언론에 보도되고 있다. 기부의 방법은 다양하다. 기부자자문펀드(Donor Advised Fund), 유언증여(Bequest), 기부 연금(CGA : Charity Gift Annuities), 공익신탁 등이 있다. 19세기~20세기에 탄생한 카네기, 포드, 존슨, 켈로그, 멜런, 모건, 록펠러 등의 가문은 가업을 경영하여 재산을 형성하였을 뿐만 아니라 기부, 자선 등 사회적 책임을 수행하고 있다. 경제대국답게 미국은 가업재단이 가장 많아 수만 개가 운영되고 있는데 가업기업과 가문이 설립한 재단이 반을 넘는다.

2017년 식품기업인 오뚜기는 '착한 기업, 갓뚜기, 미담 자판기'라는 별칭이 붙었고 '착한 기업의 대명사'로 주목받았다. 부친으로부터 경영권을 상속받은 함영준 회장은 2천억원 가까운 상속세를 납부했다. 부친인 함 명예회장은 '오른손이 하는 일을 왼손이 모르게 하라'는 신조 아래, 사회공헌활동을 지속해왔다. 1992년부터 선천성 심장병 어린이

후원 사업을 시작해 2016년까지 4천여 명의 어린이에게 새로운 생명을 선물했다. 함 회장 또한 부친의 뜻을 따라 2012년부터 장애인 직원이 근무하는 밀알복지재단의 '굿윌스토어'에 선물세트 조립과 가공 등을 위탁하며 이들의 생계를 도왔다.

4 가업재단의 역할

가업재단(family office)은 가업과 가문의 재산관리, 절세 등의 역할을 하는 것은 물론이고 사회적 책임을 수행하는 역할도 한다. 가업과 가문의 가족이 비전과 미션을 공유하는 것을 중요시하며 자선, 봉사 등의 활동에 공동으로 참여하고 있다. 가족과 가문의 구성원이 함께 참여하는 자선과 봉사 활동은 기업의 사회적 책임을 수행하고 창업자와 가문의 경영철학과 정신을 후손에게 계승할 수 있는 수단이 되고, 가족과 가문의 화합에도 유익하다. 세계적인 명문가들이 수대를 걸쳐 명성을 유지하는 비결이다. 이러한 활동은 가업과 가문의 비전을 실현하고, 사회적 책임을 다함으로써 가업의 지속가능한 경영의 기초를 이루고, 또한 가족과 가문의 화합과 결속을 통하여 가업과 가문이 장기적으로 분쟁 없이 지속되는 역할을 한다. 이러한 활동은 부모, 자녀, 조부모, 손자와 손녀가 함께 참여하게 되면 함께 대화하며 가족 간 또는 세대 간 결속을 강화시킨다. 이는 가족들이 가치를 공유하는 장이 될 뿐 아니라 자녀들에게 성장의 기회를 제공한다. 이러한 사회적 책임과 비전의 실천은 자녀들의 교육과 성장 프로그램으로 작용하며 가업 승계의 수단이 되며 자녀 교육의 장으로 활용한다. 많은 가족들이 자선 활동을 통해 자녀들에게 좋은 태도와 문화를 물려주고 다른 사람과 사회와 공존해야 한다는 개념을 심어줄 필요가 있다. 패밀리오피스의 역할을 하는 가업재단에서 가업과 가문의 비전을 배우고 실천하며 또는 가업의 경영에 참여하고 가족들과 공동으로 의사결정을 하고 경영하는 것을 익혀나가는 것이다. 승계과정에서 분쟁이 생기는 것은 이러한 초석이 없기 때문이다. 가업과 가문이 성공적으로 가업을 승계하고 지속가능 한 가업과 가문이 되기 위해서는 건실한 가족지배구조가 필수적이다. 가업재단은 가업과 가문을 성공적으로 승계하는 플랫폼의 역할을 하는 것이다.

가업승계와 100년 가업경영

PART

1

가업과 가문의 관리

Chapter 1

가업의 경영관리

Chapter 2

가업의 비전경영

Chapter 3

가업의 투자 회수

1 가업의 투자회수 관리

기업에 투자한 주주가 투자자금을 화수하는 방법은 임원인 경우에는 급여와 상여, 퇴직금, 주주의 자격으로는 배당, 감자, 청산, 자사주 매입, 기업매각 등이다. 급여나 상여를 받는 경우에는 근로소득세, 퇴직금의 경우에는 퇴직소득세, 배당, 감자 또는 청산의 경우에는 배당소득세, 매각의 경우에는 주식 매각에 따른 양도소득세를 낸다. 아마도 퇴직소득세가 가장 세율이 낮을 것이다. 퇴직금은 급여에 비하여 세제효과가 크므로 임원 퇴직금 규정을 마련하여 높은 퇴직금을 계획하는 것이 유리하고 임원 퇴직금 중간정산을 통하여 조기에 회수할 수 있다. 감자나 청산은 조기에 투자자금을 회수할 수 있지만 배당소득으로 과세된다. 자사주매입은 정당한 절차와 법령을 따르면 양도소득세만 과세되므로 기업들이 종종 활용하고 있다. 기업 매각도 마찬가지이다.

고도 성장기에는 기업은 번 돈을 주주들에게 배당하기보다는 대부분 재투자하는 데 사용한다. 재투자를 통해 회사가 벌어들일 수 있는 돈이, 주주들이 배당으로 받은 돈을 스스로 굴려서 벌 수 있는 돈보다 더 컸기 때문에 재투자가 합리적인 의사 결정이라고 볼 수 있다. 그러나 정성장기에는 배당성향이 높아진다. 미국 상장 기업 전체를 놓고 볼 때 전체 이익 중 배당분은 50%에 육박한다. 특히 전기, 가스, 수도 등 전통적인 공익 산업(utilities)의 경우는 배당성향(이익 중 배당으로 지급되는 비율)이 100%에 가까운 기업들도 있다. 이러한 산업에선 이미 설비가 다 구축돼 재투자를 통해 수익을 더 늘릴 여지가 별로 없기 때문에, 회사가 버는 돈을 바로 주주들에게 환원하는 것이다. 현금 배당이 전통적인 주주 환원 정책이라면, 국내외에서 자사주 매입이 새로운 형태의 주주 환원 정책으로 도입되었다. 자사주 취득은 회사가 자기 회사의 주식을 매입하는 것이다(조선일보, 2016.6.20. 편집).

기업의 이익은 배당 또는 급여로 기업주가 수령한다. 그러나 배당이나 급여 종합소득세가 부과되는데 일반적으로 배당으로 처리하는 것보다 급여로 처리하는 것이 세금부담이 작다. 급여로 처리하면 법인세가 절감되는 효과가 있기 때문이다.

배당이나 급여가 아닌 대여형식으로 기업자금을 가져가는 가지급금은 인정이자의 과다로 인한 법인세부담의 가중, 국세청 세무조사 대상기업에 오르는 위험, 무리한 회계처리 부담의 가중, 대외적인 신용평가의 불이익, 세무조사 시 상여처분에 따른 세금추징의 위험 등의 많은 문제점을 내재한다. 뿐만 아니라 회사의 청산 시에도 가지급금이 전액 상여되는 경우 막대한 종합소득세의 추징위험, 기업의 매각 또는 후계자 인수의 경우에도 가지급금으로 인한 위험으로 매각이 불가능해지고 인수인계도 사실 상 불가능해지는 문제점이 발생한다.

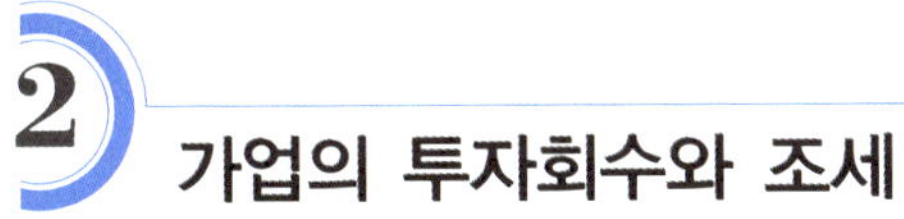

2 가업의 투자회수와 조세

2.1 가업의 주주와 조세

급여와 배당

기업을 운영하며 번 이익을 주주가 회수하는 경우 세금을 부담한다. 기업이익을 회수하는 방법에는 급여와 퇴직금, 배당, 주식매각 또는 청산의 방법이 있다.

우선 기업을 경영하는 중에는 기업주가 기업이익을 회수하는 법적인 방법은 급여(퇴직금 포함)로 회수하는 방법과 배당으로 회수하는 방법이 있다. 기업에 이익이 나는 경우 우선 법인세를 납부한다. 법인세율은 그 이익이 2억 원 이하인 경우에는 11%(지방세 포함, 이하 동일), 2억 원 초과 200억 원 이하인 경우에는 22%, 200억 원을 초과하는 경우 24.2%, 3,000억 원을 초과하는 경우 27.5%이다. 기업이익은 100억 원인 경우 이라고 가정한다. 법인세는 약 22억이므로 78억 원이 법인세를 부담한 이후의 이익이다. 기업주가 급여로 5억 원을 수령하는 경우와 배당으로 수령하는 경우를 비교해보자.[32]

우선 급여로 받는 경우를 보자. 급여를 받는 경우 그 전액에 과세하는 것이 아니라 근로소득공제라는 이름으로 일정 금액을 차감해준다(소득세법 제47조 제1항). 23백만 원을 공제해주는 것으로 전제하면, 5억 원에서 동 금액을 차감하면 4억7천7백만 원이 된다. 다른 공제제도도 있지만 작으므로 이해의 편의상 무시하기로 한다. 소득세의 세율은 다

32) 여기서 계상된 숫자는 결론을 내리기 위하여 어림잡아 계산하였음을 유의하기 바란다. 정확한 숫자가 필요하지 않기 때문이다.

음과 같다(소득세법 제55조).

과세표준	세 율
1,200만 원 이하	6%
1,200만원~4,600만원	72만 원+1200만 원 초과금액의 15%
4,600만원~8,800만원	582만 원+4600만 원 초과금액의 24%
8,800만원~1억5000만원	1590만 원+8800만 원 초과금액의 35%
1억5000만원 초과~3억 원 이하	3760만 원+1억5000만 원 초과금액의 38%
3억 원 초과~5억 원 이하	9460만 원+3억 원 초과하는 금액의 40%
5억 원 초과	1억7460만 원+5억 원을 초과하는 금액의 42%

따라서 소득세는 9,460만 원에 4억7천7백만 원에서 3억 원을 차감함 1억7천7백만 원의 40%인 7천8십만 원을 더하면 1억6천5백4십만 원이다. 여기에 지방세인 주민세 10%를 더하면 약 1억8천2백만 원을 부담한다. 세금만 있는 것이 아니다. 국민연금과 건강보험 등이 2천만 원을 넘어 합치면 약 2억 원이 넘는다. 부담률이 총 40%가 넘는다.

그러나 기업주가 급여를 받으면 회사의 법인세가 감소되는 효과가 있으므로 이를 감안하여야 한다. 우선 5억 원을 급여로 지급하면 법인세 부담률이 22%라고 할 때 법인세 부담금액이 1억1천만 원만큼 감소한다. 급여로 인한 회사부담 국민연금 등이 약 2천만 원을 추가 지출하지만 이로 인하여 법인세부담금액이 22%인 약 4백2십만 원 감소하므로 실제 국민연금 등 부담금액은 약 1천5백만 원이다. 따라서 법인세감소금액 1억1천만 원에서 1천5백만 원을 차감하면 약 1억 원의 절세효과가 나타난다.

결국 기업주가 개인으로서 부담한 2억 원에서 절세효과 1억 원을 차감하면 1억 원을 전체적으로 부담하는 것이다. 따라서 5억 원의 급여에 대한 실질조세부담비율은 약 20%이다.

기업이익을 배당으로 회수하는 경우의 조세부담을 검토해보자. 마찬가지로 배당금으로 5억 원을 받는 경우 배당소득금액은 11%를 가산한 5억5천5백만 원이다. 우리나라 세법이 배당소득금액은 그 배당금액에 11%를 가산하여 소득금액을 계산하고 동 11%에 해당하는 금액을 종합소득 산출세액에서 공제한다(소득세법 제56조 제1항)고 정하고 있다. 그리고 그 11%를 세액에서 공제해주고 있다.[33] 배당소득금액 5억5천5백만 원에 대한 세

33) 배당은 법인의 이익에서 법인세를 차감한 금액을 받는다. 법인세율이 10%라면 배당으로 받는 금액을 기준

액은 1억7,460만 원+(555,000,000−500,000,000)×42%이므로 약 2억 원이다. 이 금액에서 11%를 공제해주므로 실제 부담금액은 약 역 1억4천만 원,[34] 지방세 10%를 더하면 약 1억6천만 원이다. 배당은 회사비용으로 인정되지 않으므로 법인세 효과는 없다.

급여로 받는 경우 실질 부담률이 20%로 약 1억 원이지만 배당인 경우는 실질부담률이 30%로 1억6천만 원으로 높아 급여로 받는 것이 유리하다.

퇴직과 배당

임원의 퇴직소득은 정관이나 주주총회의 결의로 정한다. 따라서 정관이나 주주총회에서 정하면 된다. 그러나 세법상 임원퇴직금의 한도가 있어 그 금액을 초과한 경우 급여로 보아 과세한다.

세법상 퇴직금의 한도는 최근 3년간 평균연봉의 10분의 1에 3배를 연간 퇴직금의 한도로 한다. 즉 퇴직한 날부터 소급하여 3년 동안 지급받은 총 급여의 연평균환산액의 10%에 근무기간을 곱한 금액에 3배를 한 금액을 초과하는 금액은 근로소득으로 본다. 다만, 근무기간은 2012년 1월 1일 이후의 근무기간이고 2011년 12월 31일까지의 근무기간에 대하여는 이러한 한도가 적용되지 않는다(소득세법 제22조 제3항 단서). 즉 임원의 퇴직소득금액을 계산할 때에는 2011년 12월 31일에 퇴직하였다고 가정할 때 지급받을 퇴직소득금액은 뺀다(소득세법 제22조 제3항 단서). 여기서 말하는 퇴직소득금액은 퇴직소득금액에 2011년 12월 31일 이전 근무기간(개월 수로 계산하며, 1개월 미만의 기간이 있는 경우에는 1개월로 봄)을 전체 근무기간으로 나눈 비율을 곱한 금액을 말한다. 그러나 2011년 12월 31일에 정관 또는 정관의 위임에 따른 임원 퇴직급여지급규정이 있는 법인의 임원이 2011년 12월 31일에 퇴직한다고 가정할 때 해당 규정에 따라 지급받을 퇴직소득금액을 적용하기로 선택한 경우에는 해당 퇴직소득금액을 말한다(소득세법시행령 제42조의 2 제6항). 여기서 임원이란 법인의 회장, 사장, 부사장, 이사장, 대표이사, 전무이사 및 상무이사 등 이사회의 구성원 전원과 감사, 청산인, 합명회사, 합자회사 및 유한회사의 업무집행사원 또는 이사, 유한책임회사의 업무집행자를 말한다(소득세법시행령 제42조의 2 제5항, 법인세법시행령 제42조 제1항).

으로 법인의 이익을 역산하면, 배당 5억 원=법인의 이익×(1−0.1)이므로 법인의 이익은 5억5천5백만 원이다. 법인에서 낸 세금은 5억5천5백만 원의 10%는 5억 원의 11%와 같다. 따라서 법인의 이익인 5억5천5백만 원을 전액 배당받은 것으로 간주하고 법인에서 낸 세금을 차감해주는 것이다.

34) 정확히 11%를 공제하는 것이 아니고 계산하는 방식이 있다. 상세한 것은 별도로 배당세액 공제를 공부하기 바란다.

최근 3년간 급여로 5억 원을 받았고 20년간 근속한 후 30억 원의 퇴직금을 받는다고 가정해보자. 세법상 퇴직금의 한도는 5억 원의 10%인 5천만 원에 3배인 1억5천만 원에 20을 곱한 30억 원이다. 퇴직으로 받은 30억 원 전체에 과세하는 것이 아니고 일정금액을 공제해준다.

퇴직소득금액에서 아래의 근속연수에 따라 정한 금액을 공제하고, 그 금액을 근속연수로 나누고 12를 곱한 후의 환산급여에서 아래의 환산급여에 따라 정한 금액을 공제한다(소득세법 제48조 제1항). 20년 근속연수이므로 30억 원에서 1천2백만 원을 공제한 금액을 근속연수인 20으로 나누고 12를 곱하면 환산급여는 17억9,280만 원이다. 환산급여에 따라 정한 금액을 계산해보면 1억5170만원에 3억 원을 초과하는 14억9,280만 원의 35%를 더하면 6억7,418만 원이 공제금액이다. 따라서 17억9,280만 원에서 이를 공제하면 11억1,862만 원이다.

〈근속연수에 따라 정한 금액〉

근속연수	공제금액
5년 이하	30만 원×근속연수
5년 초과 10년 이하	150만 원+50만 원×(근속연수−5년)
10년 초과 20년 이하	400만 원+80만 원×(근속연수−10년)
20년 초과	1천200만 원+120만 원×(근속연수−20년)

〈환산급여에 따라 정한 금액〉

환산급여	공제금액
8백만 원 이하	환산급여의 100%
8백만 원 초과 7천만 원 이하	800만 원+800만 원 초과금액의 60%
7천만 원 초과 1억 원 이하	4천520만 원+7천만 원 초과금액의 55%
1억 원 초과 3억 원 이하	6천170만 원+1억 원 초과금액의 45%
3억 원 초과	1억5170만 원+3억 원 초과금액의 35%

퇴직소득에 대한 세금도 소득세의 세율을 적용한다(소득세법 제55조). 그러나 계산방식이 독특하다.

과세표준	세　　율
1,200만 원 이하	6%
1,200만원~4,600만원	72만 원+1,200만 원 초과금액의 15%
4,600만원~8,800만원	582만 원+4,600만 원 초과금액의 24%
8,800만원~1억5,000만원	1,590만 원+8,800만 원 초과금액의 35%
1억5,000만원 초과~3억 원 이하	3,760만 원+1억5,000만 원 초과금액의 38%
3억 원 초과~5억 원 이하	9,460만 원+3억 원 초과하는 금액의 40%
5억 원 초과	1억7,460만 원+5억 원을 초과하는 금액의 42%

퇴직소득의 과세표준 11억1,862만 원이므로 소득세 세율을 적용하여 세액을 우선 계산한다(소득세법 제55조 제2항 제1호). 따라서 1억7,460만 원에 5억 원을 초과하는 금액의 42%를 더하면 약 4억35백만 원이다. 이 금액을 다시 12로 나눈 금액에 근속연수인 20을 곱하여 세금을 계산한다(소득세법 제55조 제2항 제2호). 결국 세금은 약 7억 2천만 원이다. 그러나 법인이 퇴직금 30억 원 지급액을 비용으로 인정받게 되므로 법인세 부담비율인 22%인 경우를 가정하면 6억6천만의 법인세가 절감된다. 따라서 실질 세금부담은 2%정도이다. 따라서 퇴직금은 합법적인 절세수단으로 가장 좋은 방법이다.

매각과 청산

기업은 창업 후 성장을 거쳐 최종적으로 투자금액을 회수하는 시기가 오기 마련이다. 이 경우 회사를 매각할 것인지 아니면 청산할 것인지를 검토하여야 한다.

20년 동안 30억 원의 영업이익(감가상각이 없다고 가정한다)이 났고 앞으로도 이러한 영업이익이 지속되어 이익잉여금은 600억 원이며, 20년 간 영업이익 600억 원 중 반은 투자를 하고 반인 300억 원은 현금으로 보유하며 차입금이 없다고 가정한다(이자수입은 없다고 가정한다). 물론 회사마다 재무와 손익상태가 다르므로 개별적으로 접근하여야 한다. 일반적으로 중소기업인 경우 영업이익에 감가상각을 더한 현금 영업이익(Earnings Before Interest, Depreciation & Amortization, EBIDTA)의 6배에 현금보유금액을 합한 금액에 거래된다. 따라서 30억 원의 6배인 180억 원에 현금보유 300억 원을 더한 금액인 480억 원에 매각할 수 있다. 이 경우 청산하는 경우와 매각하는 경우 어떤 것이 유리할까를 검토해본다. 토지보유에 따른 평가이익은 청산에 따른 비용과 상쇄된다고 가정한다.

청산을 하는 경우에는 600억 원을 배당으로 받는다. 배당소득금액은 11%를 가산한 660억 원이다. 세액은 1억7,460만 원+(66,000,000,000−500,000,000)×42%이므로 약 275억 원이다. 이 금액에서 11%를 공제해주므로 실제 부담금액은 약 245억 원이다. 따라서 실 수령금액은 355억 원이다. 480억 원에 매각하는 경우 비상장기업은 20%의 양도소득세를 부담하므로 당초 출자금액을 무시하면 96억 원이고 10%의 신고세액 공제를 차감하면 약 86억 원을 부담한다. 따라서 실 수령금액은 394억 원이다. 따라서 매각이 유리하다.

이 회사의 경우 이익잉여금이 그대로 청산으로 회수된다고 가정했지만 기업현실은 그렇지 않다. 또한 기업을 매각하는 것은 그 확률이 매우 작다. 따라서 기업의 매각가능성과 매각 시의 가격 그리고 청산으로 실질적으로 회수될 금액을 감안하여 결정하여야 한다.

승계와 청산

다음으로는 가업을 청산할 것인지 아니면 승계할 것인지를 세금 면에서 검토한다. 청산을 하면 378억 원이 주주에게 돌아온다. 결국은 언젠가는 상속이나 증여를 하여야 한다. 물론 공익법인을 설립하여 세금을 절감할 수 있지만 그 재산은 후대가 가질 수 없다. 따라서 378억 원을 전액 상속하는 경우를 보기로 한다.

상속의 경우 기초공제와 기타 인적공제로서 최소한 5억 원을 공제받을 수 있다(상속세 및 증여세법 제21조). 배우자가 있는 경우 최고 30억 원까지 공제를 받는다(상속세 및 증여세법 제19조). 금융재산이 있는 경우 최대 2억 원까지 공제해준다(상속세 및 증여세법 제22조 제1항). 따라서 과세금액은 378억 원에서 37억 원을 차감한 341억 원이다. 상속세의 세율은 다음과 같다(상속세 및 증여세법 제26조).

과세표준	세 율
1억 원 이하	10%
1억 원~5억 원	천만 원+1억 원 초과금액의 20%
5억 원~10억 원	9천만 원+5억 원 초과금액의 30%
10억 원~30억 원	2억4천만 원+10억 원 초과금액의 40%
30억 원~	10억4천만 원+30억 원 초과금액의 50%

상속세는 10억4천만 원에 311억 원의 50%인 155억 원을 더한 약165억 원이다. 상속세 신고를 하면 10%를 공제하므로 약 150억 원의 상속세를 부담한다. 결국 378억 원에서

150억 원을 차감하면 228억 원이 승계된다.

그럼 가업을 상속으로 승계하는 경우를 보자. 승계하는 경우 주식을 평가하여 상속세를 낸다. 주식의 평가는 일반적으로 이익을 기준으로 평가한 수익가치와 순자산 가치를 기준으로 평가한다. 수익가치에는 3분의 2 순자산 가치에는 3분의 1의 가중치를 적용한다. 수익가치는 기업이익의 10배로 평가하는데 이 회사의 영업이익 30억 원을 기업이익으로 본다면 300억 원이 수익가치이다. 회사의 이익잉여금 600억 원만을 순자산 가치로 본다면 600억 원이 순자산 가치이다. 따라서 주식의 가치는 수익가치의 3분의 2인 200억 원에 순자산 가치의 3분의 1인 200억 원을 더한 400억 원이 된다. 기초공제와 기타 인적공제로서 5억 원, 배우자공제로서 30억 원을 공제를 받는다면 365억 원이 상속세 과세대상 재산이 된다. 따라서 상속세는 10억4천만 원에 335억 원의 50%인 약 168억 원을 더하면 약 178억 원이고 신고로 10% 공제를 받으면 약 160억 원의 상속세를 부담하게 된다. 문제는 주식만을 상속받아 현금자산이 없으며 세금을 낼 돈이 없어 세금을 내기 위하여 기업의 유보이익을 배당하여야 한다. 그러나 상속세를 내기 위하여 배당을 하는 것은 현실적으로 기업자체가 위험하게 되는 문제점이 있다.

물론 세법상 가업상속에 해당하는 경우 200억 원 내지 500억 원의 주식에 대하여는 세금을 당장은 내지 않을 수 있다. 그러나 가업상속에 대한 세금혜택은 그 요건이 까다로워 나중에 추징될 가능성도 있다.

2.2 가업의 장기 조세 계획(Tax Planning)

기업을 창업한 후 최종적으로 승계하거나 매각 또는 청산할 때까지 그 투자금액과 이익을 회수하여야 한다. 이 경우 조세 면에서의 절세방향을 늘 염두에 두어야 한다. 통상적으로 배당보다는 급여로 이익을 회수하는 것이 절세 면에서 유리하다. 최종적으로 승계할 것인지 아니면 매각이나 청산할 것인지를 결정하여야 한다. 기업을 자녀에게 승계를 하는 경우 가업상속의 요건에 해당하는 경우 당장은 세금을 내지 않아 유리하다. 그러나 가업상속 후 감면을 해주는 요건이 까다로우므로 조심하여야 한다. 가업상속 감면이 적용되지 않는 경우 상속세를 낼 돈을 확보하여야 하는 어려움이 있다. 따라서 매각하거나 청산하여야 한다. 그러나 기업을 매각하는 것은 매우 어렵고 매각가능성도 낮은 편이다. 매각이 되지 않는 경우 결국 청산을 할 수밖에 없다. 따라서 오랜 기간을 기업을 경영하면서 사전에 기업을 승계할 것인지, 승계의 경우 어떻게 경영훈련을 시킬 것인지, 상속세를 낼 자금을 어떻게 확보할 것인지를 계획하고 준비하여야 한다. 또한 기업을 매각하는 경우 여러 면에서 유리하나 매각이 단기간에 이루어지는 것은 아니므로 늘 매각자문사와 계약을 맺어 좋은 인수자를 찾아보는 자세가 필요하다.

3 이익배당에 의한 회수

3.1 배당 청구권

주주의 이익배당청구권은 주주총회의 배당결의 전에는 추상적인 것에 지나지 않아 주주에게 확정적인 이익배당청구권이 없으며 배당결의가 없다하여 「상법」상 회사의 채무불이행이나 불법행위가 될 수 없다(서울고등법원 1976.6.11. 선고, 75나1555 제2민사부 판결 : 확정).

3.2 배당의 한도

이익배당은 회사의 이익(이익준비금은 제외) 범위 내에서만 할 수가 있다(상법 제462조). 이익배당을 할 수 있는 금액은 대차대조표의 순자산액으로부터 자본금의 액, 그 결산기까지 적립된 자본준비금과 이익준비금의 합계액, 그 결산기에 적립하여야 할 이익준비금의 액과 미실현이익을 차감한 금액의 한도 내에서 배당할 수 있다(상법 제462조 제1항). 미실현이익이란 자산 및 부채에 대한 평가로 인하여 증가한 대차대조표상의 순자산액으로서, 미실현손실과 상계하지 아니한 금액을 말한다(상법 시행령 제19조 제1항). 그러나 「자본시장과 금융투자업에 관한 법률」 제4조 제2항 제5호에 따른 파생결합증권의 거래를 하고, 그 거래의 위험을 회피하기 위하여 해당 거래와 연계된 거래를 한 경우로서 각 거래로 미실현이익과 미실현손실이 발생한 경우 및 「자본시장과 금융투자업에 관한 법률」 제5조에 따른 파생상품의 거래가 그 거래와 연계된 거래의 위험을 회피하기 위하여 한 경우로서 각 거래로 미실현이익과 미실현손실이 발생한 경우에는 상계할 수 있다(상법 시행령 제19조 제2항). 미실현이익 규정은 보험사와 카드사 등과 관련이 크다. 보유 증권의 가격 상승으로 미실현이익 5,000억 원과, 환율 하락 등으로 미실현손실 3,000억 원이 난 경우 미실현손실 3,000억 원이 있음에도 배당 가능 이익을 계산할 때 5,000억 원을 차감하여야 하는 것이다.

이러한 한도를 위반하여 이익을 배당한 경우에 회사채권자는 배당한 이익을 회사에 반환할 것을 청구할 수 있다(상법 제462조 제3항). 분식회계로 인한 잘못된 배당금은 어떻게 판단할 지도 문제가 된다. 상장회사인 경우 금융감독원도 직접 환수할 수는 없다. 분식회계로 인한 배당금 문제는 주주와 채권단간의 이해관계가 얽힌 문제로, 감독당국과는 무관하며 「상법」의 적용을 받는 문제로 채권자가 이에 대한 반환청구소송을 할 수 있다.

3.3 배당과 처벌

분식회계를 하여 이익을 과대하게 계상한 경우가 특히 회사채권자가 반환을 청구할 수 있는 경우이다. 물론 분식회계는 처벌대상이다. 이사 또는 감사가 법령 또는 정관의 규정에 위반하여 이익의 배당을 한 때에는 5년 이하의 징역 또는 1천500만 원 이하의 벌금에 처한다(상법 제625조 제3호). 「상법」 제625조는 회사 임원 등의 특별배임죄를 규정한 「상법」 제622조 및 일반적인 업무상배임죄를 규정한 「형법」 제356조의 보충규정으로서, 특별배임죄 또는 업무상배임죄가 성립하는 경우에는 별도로 「상법」 제625조 위반죄가 성립하지 않는다(대법원 2007.3.15. 선고, 2004도5742 판결).

주주가 법령과 정관에서 정한 바에 따라 이익배당, 중간배당을 받는 것은 주식회사에서 주주가 투하자본을 회수할 수 있는 정당한 권리이다. 이로 인해 주주가 부당한 이익을 얻고 회사가 손해를 입었다는 이유로 배임죄를 인정하기 위해서는, 전례나 영업이익의 규모, 현금자산 등에 비추어 이익배당이나 중간배당이 과다하다는 점만으로는 부족하고, 이익배당이나 중간배당이 법령과 정관에 위반하여 이루어져 위법배당에 해당하여 주주에게 부당한 이익을 취득하게 함으로써 결국 회사에도 손해를 입히는 등의 특별한 사정이 인정되어야 한다(부산고법 2010.12.29. 선고, 2010노669 판결 : 상고).

3.4 배당의 절차

이익배당은 주주총회의 결의로 정한다. 다만, 정관에서 이사회 결의로 재무제표를 승인하는 경우에는 이사회의 결의로 정한다(상법 제462조 제2항). 이익배당은 주주총회의 결의로 정하는 것으로 과반수의 주식을 보유한 주주가 정할 수 있다(상법 제462조 제1항). 정관의 규정에 따라 재무제표를 이사회가 승인하는 경우에는 이사회의 결의로 할 수 있다. 따라서 주주총회 특별결의로 정관을 고쳐 이사회결의로 할 수 있다. 대주주가 이사회를 장악한 경우 배당에 대한 주주총회에서의 논란을 피할 수 있다(상법 제462조 제1항, 상법 제449조의 2 제1항). 정관으로 정하는 바에 따라 이사회의 결의로 승인하는 경우에는 법령 및 정관에 따라 회사의 재무상태 및 경영성과를 적정하게 표시하고 있다는 외부감사인의 의견이 있고, 감사(감사위원회 설치회사의 경우에는 감사위원을 말한다) 전원의 동의가 있어야 한다(상법 제449조의 2 제1항). 이사회가 승인한 경우에는 이사는 각 서류의 내용을 주주총회에 보고하여야 한다(상법 제449조의 2 제1항).

2012년 「상법」이 개정되어 시행됨에 따라 많은 상장사들은 이사회 권한을 강화하는 쪽으로 정관을 바꿨다. 재무제표의 이사회 결의 승인은 곧 배당결정 권한이 주주들이 아닌 이사회로 넘어간다는 의미다. 이사회를 장악하는 경우 소수주주가 배당 등의 권리를 요구하는 것을 차단할 수 있다.

3.5 배당의 회계처리

이러한 현금배당과 관련하여 배당결의일(Date of declaration), 배당기준일(Date of record), 배당락일(Ex-dividend date), 배당금지급일(Date of payment)의 4가지에 유의하여야 한다.

〈배당과 관련된 기일〉

기 일	내 용
배 당 결 의 일	배당을 결의한 날이다. 즉 배당액(Amount of the dividend)과 배당금지급일(Payment date)을 결정한 날이다. 배당결의일에 배당금을 다음과 같이 기록한다. (차) 처분전이익잉여금 50,000,000 (대) 미지급배당금 50,000,000
배 당 기 준 일	배당금을 지급할 주주를 결정하는 기준일이다.
배 당 락 일	이 날부터 거래되는 주식은 배당금을 받을 권리가 없다. 종전의 주주가 배당금을 받을 권리가 있는 것이다. 대체로 배당기준일보다 며칠 앞선다.
배당금지급일	실제 배당금이 지급되는 날이다. (차) 미지급배당금 50,000,000 (대) 현 금 50,000,000

3.6 차등배당

동종 주식간의 차등배당은 주주평등의 원칙에 의하여 원칙적으로 인정되지 않는다. 그러나 차등배당에 의하여 불리한 배당을 받게 되는 주주가 동의한 경우에는 배당받을 권리를 포기한 것으로 볼 수 있어 가능할 수 있다. 대법원도 주주총회의 결의에 의하여 대주주와 소주주에게 차등배당을 한 결의는 대주주 스스로 배당받을 권리를 포기하거나 양도하는 것과 마찬가지여서 「상법」 제464조에 위반되지 아니한다고 판시하였다(대법원 1980.8.26. 선고, 80다1263 판결).

주주총회에서 특정주주는 배당을 받지 않고 다른 주주들은 주식 수에 따라 배당을 받기로 결의한 경우 주주총회에서 배당을 결의한 금액 중 배당을 받지 않은 주주의 지분에 상당하는 금액에 대하여 배당을 받지 않은 주주가 다른 주주들에게 증여한 것으로 보아 배당소득으로 과세되고 또 증여세를 과세한다(서사-1667, 2005.9.16.). 그러나 2011년 법인이 현금배당을 지급함에 있어 각 주주들이 소유하고 있는 주식의 수에 따라 배당금을 지급하지 않은 경우로서 균등한 조건에 의하여 지급받을 배당금을 초과하는 금액을 배당소득으로 보아 소득세가 과세되는 경우에는 증여세를 과세하지 않는다(재산세제과-927, 2011.10.31.)는 예규가 나와, 2014년 3월에는 차등배당으로 인하여 배당소득세가 과세되는 경우 증여세는 과세하지 않는 것으로 동 예규는 삭제되었다.

차등배당을 하는 경우 부당행위 계산여부도 문제가 된다. 법인이 이익을 배당함에 있어서 지배주주인 법인이 부당히 조세를 감소시킬 목적으로 배당수익을 포기하여 그 이익을 특수관계있는 다른 주주에게 분여한 사실이 명백한 경우에는 지배주주인 법인의 배당수익 포기에 대하여 「법인세법」 제20조의 부당행위부인규정이 적용된다, 다만 배당수익의 포기와 특수관계자에 이익분여의 부당행위 여부는 포기의 목적과 기타 주주와의 배당률 등 실질내용에 의하여 사실판단 할 사항이다(법인 22601-791, 1989.3.4.; 서일 46014-11577, 2002.11.26.에서 인용).

한편 배당을 하려면 이익잉여금 처분계산서 등 재무제표를 정기 주주총회에서 승인받아야 한다(상법 제449조 제1항). 따라서 주주총회에서 다른 주주가 자신의 배당을 포기하거나 낮은 배당을 받는 것에 동의한다면 문제가 되지 않을 수 있다. 다만 외부감사 회계법인이 적정의견을 내고 감사 또는 감사위원 전원의 동의가 있는 경우 이사회 결의로 할 수 있다. 이 경우 이사는 주주총회에 보고하여야 한다(상법 제449조의 2). 그러나 차등배당을 하면서 주주의 동의를 받지 않고 이사회결의로 하는 것은 주주평등의 원칙에 위반한다.

주주평등의 원칙은 모든 주주에 대하여 그 보유주식의 수에 따라 평등하게 취급하여야 한다는 것으로, 형식적으로는 회사와 주주 간 법률관계에 있어서 주주를 그 지위에 따라 평등하게 취급하여야 한다는 것이고, 실질적으로는 각 주주의 회사에 대한 권리의무가 그 보유주식의 수에 비례하여 정해져야 한다는 것이다. 비록 「상법」은 주주평등의 원칙에 관한 일반적·원칙적 규정을 두고 있지는 아니하나, 주주의 가장 중요한 권리인 의결권(상법 제369조 제1항)을 비롯하여 이익배당청구권(상법 제464조), 신주인수권(상법 제418조) 등에서 이와 같은 주주평등의 원칙을 구체적으로 구현하고 있다. 이러한 주주평등의 원칙은 주식회사의 기본원칙인 동시에 주주의 권리로서 재산권인 주주권의 내용을 이루는 것으로서 그에 대한 예외는 「헌법」 제37조 제2항에 의하여 법률이 정한 경우에 한하여 인정될 뿐이므로, 이 원칙에 반하는 정관의 규정 또는 주주총회나 이사회의 결의는, 불평등한 취급을 당한 주주가 동의한 경우 등의 특별한 사정이 없는 한 무효이다(제주지방법원 2008.6.12. 선고, 2007가합1636 판결 : 확정).

3.7 주식 배당

회사는 주주총회의 결의에 의하여 이익의 배당을 새로이 발행하는 주식으로써 할 수 있다. 그러나 주식에 의한 배당은 이익배당총액의 2분의 1에 상당하는 금액을 초과하지 못한다(상법 제462조의 2 제1항). 이사는 주식배당의 주주총회 결의가 있는 때에는 지체없이 배당을 받을 주주와 주주명부에 기재된 질권자에게 그 주주가 받을 주식의 종류와 수를 통지하고, 무기명식의 주권을 발행한 때에는 결의의 내용을 공고하여야 한다(상법 제462조의 2 제5항). 질권자의 권리는 주식배당에 의해 주주가 받을 주식에 미친다(상법 제462조의 2 제6항, 상법 제340조 제1항). 기명주식을 질권의 목적으로 한 경우에 회사가 질권설정자의 청구에 따라 그 성명과 주소를 주주명부에 덧붙여 쓰고 그 성명을 주권에 적은 경우에는 질권자는 회사로부터 이익배당, 잔여재산의 분배 또는 제339조에 따른 금전의 지급을 받아 다른 채권자에 우선하여 자기채권의 변제에 충당할 수 있다(상법 제340조 제1항). 질권자는 회사에 대하여 배당주식에 대한 주권의 교부를 청구할 수 있다(상법 제462조의 2 제6항, 상법 제340조 제3항).

이러한 주식배당은 주식의 권면액으로 하며, 회사가 종류주식을 발행한 때에는 각각 그와 같은 종류의 주식으로 할 수 있다(상법 제462조의 2 제2항). 주식으로 배당할 이익의 금액 중 주식의 권면액에 미달하는 단수가 있는 때에는 그 부분에 대하여는 발행한 신주를 경매하여 각 주수에 따라 그 대금을 주주에게 지급하여야 한다. 그러나 거래소의 시세 있는 주식은 거래소를 통하여 매각하고, 거래소의 시세가 없는 주식은 법원의 허가를 받아 경매 외의 방법으로 매각할 수 있다(상법 제462조의 2 제3항, 상법 제443조 제1항).

주식으로 배당을 받은 주주는 주식배당의 결의가 있는 주주총회가 종결한 때부터 신주의 주주가 된다(상법 제462조의 2 제4항). 이 경우 신주에 대한 이익배당에 관하여는 정관으로 정하는 바에 따라 그 청구를 한 때 또는 2주 이상의 일정한 기간 내에 그 주권을 회사에 제출하여야 한다는 뜻을 공고한 후 그 기간이 끝난 때가 속하는 영업연도의 직전 영업연도 말에 발행된 것으로 할 수 있다(상법 제462의 2 제4항 후단, 상법 제350조 제3항 후단).

주식 배당과 무상증자는 모두 주금의 납입이 없이 주주가 신주를 취득하는 거래이다. 그러나 주식배당은 이익잉여금의 처분에 의한 것으로서 결산주총에서 결의한다. 반면 무상증자는 이익준비금, 자본준비금, 재평가적립금에서 자본전입 할 수 있으며 이사회에서 연중결의를 통해 이루어진다.

3.8 중간 배당

개요

이익배당결의는 매년 결산이 끝난 후 정기주주총회의 결정사항이다. 보통 매년 3월에 결정되는 것이 일반적이다. 이익배당은 주식소유비율에 따라 한다(상법 제464조).

한편, 「상법」은 이러한 정기배당 이외에도 중간배당을 인정하고 있다. 중간배당이란 결산 후 정기주주총회의 결정으로 배당을 하는 것이 아니라 중간에 배당을 하는 것을 말한다. 이러한 비상장기업의 중간배당은 연중 1회에 한하여 인정되며 이는 정관에 정하여야 인정된다(상법 제462조의 3 제1항). 따라서 중간배당을 하려면 먼저 정관에 그러한 내용을 기재하여야 한다. 주식회사의 중간배당은 1회계기간에 한 번만 가능하며 반드시 정관에 중간배당에 대한 내용을 기재해야 한다. 주식회사는 여러 명이 공동으로 운영되는 경우가 있는데 그 이익을 분배하는 경우 이렇게 1년에 두 번 배당할 수가 있으므로 이를 이용하는 것이 좋을 것이다. 중간배당과 현물배당은 모두 정관에 관련 내용이 정해져 있어야 가능하며, 분기배당은 상장사만 가능하다. 현물배당은 현금이 아닌 자산으로 배당하는 것으로 정관에 현물배당에 관한 규정이 있어야 가능하다. 분기배당은 상장기업에만 적용되는 것으로 분기별 실적에 따라 1년에 최고 4차례의 배당을 할 수 있는 제도이다.

정관의 규정

배당은 1년에 한 번 하지만 중간배당을 할 수 있다. 중간배당을 하려면 정관에 중간배당을 할 수 있다는 규정을 두어야 한다. 즉 연 1회의 결산기를 정한 회사는 영업연도 중에 중간배당을 할 수 있음을 정관으로 정할 수 있다. 정관에는 이사회의 결의로 일정한 날을 정하여 그날의 주주에 대하여 배당을 할 수 있다는 규정을 두어야 한다. 비상장법인은 연 1회에 한하여 중간배당을 할 수 있다(상법 제462조의 3 제1항). 그러나 상장법인은 분기마다 배당을 할 수 있다. 연 1회의 결산기를 정한 주권상장법인은 정관으로 정하는 바에 따라 사업연도 중 그 사업연도 개시일부터 3월, 6월 및 9월 말일 당시의 주주에게 이사회 결의로써 금전으로 분기배당을 할 수 있다(자본시장과 금융투자업에 관한 법률 제165조의 12 제1항).

배당은 주주평등권에 따라 주식수의 비율로 받지만 배당우선주 같은 종류주식을 발행할 수 있는데, 중간배당에 관하여도 내용이 다른 종류의 종류주식을 발행할 수 있다(상법 제462조의 3 제5항, 상법 제344조 제1항). 상장법인의 분기배당에 대하여도 적용된다(자본시장과 금융투자업에 관한 법률 제165조의 12 제7항).

〈중간배당을 위한 정관규정의 예시〉

제xx조 【중간배당】 ① 회사는 이사회의 결의로 ○○월 ○○일 ○○시 현재의 주주에게 중간배당을 할 수 있다. 중간배당은 금전으로 한다.
② 제1항의 결의는 제1항의 기준일 이후 45일내에 하여야 한다.
③ 중간배당은 직전결산기의 대차대조표상의 순자산액에서 다음 각 호의 금액을 공제한 액을 한도로 한다.
1. 직전결산기의 자본의 액
2. 직전결산기까지 적립된 자본준비금과 이익준비금의 합계액
3. 직전결산기의 정기주주총회에서 이익배당하기로 정한 금액
4. 직전결산기까지 정관의 규정 또는 주주총회의 결의에 의하여 특정목적을 위해 적립한 임의준비금
5. 중간배당에 따라 당해 결산기에 적립하여야 할 이익준비금
④ 사업연도 개시일 이후 제1항의 기준일 이전에 신주를 발행한 경우(준비금의 자본전입, 주식배당, 전환사채의 전환청구, 신주인수권부사채의 신주인수권 행사에 의한 경우를 포함한다)에는 중간배당에 관해서는 당해 신주는 직전사업연도 말에 발행된 것으로 본다. 다만 중간배당 후에 발행된 신주에 대하여는 중간배당기준일 직후에 발행된 것으로 본다.
⑤ 우선주식에 대한 중간배당은 보통주식과 동일한 배당률을 적용한다.
(상장법인의 정관 등에 대하여 배당을 다룬 절을 참고하기 바란다)

배당절차

회사는 중간배당을 받을 자를 정하기 위하여 일정한 기간을 정하여 주주명부의 기재변경을 정지하거나 일정한 날에 주주명부에 기재된 주주 또는 질권자를 그 권리를 행사할 주주 또는 질권자로 볼 수 있다(상법 제462조의 3 제5항, 상법 제354조 제1항). 상장법인의 분기배당도 마찬가지이다(자본시장과 금융투자업에 관한 법률 제165조의 12 제7항). 신주의 인수인은 납입 또는 현물출자의 이행을 한 때에는 납입기일의 다음날로부터 주주의 권

리의무가 있다(상법 제423조 제1항). 이 경우 신주에 대한 중간배당에 관하여는 정관으로 정하는 바에 따라 그 청구를 한 때 또는 전환청구기간이 끝난 때가 속하는 영업연도의 직전 영업연도 말에 전환된 것으로 할 수 있다(상법 제462조의 3 제5항, 상법 제350조 제3항, 상법 제423조 제1항 후단). 상장법인의 분기배당도 마찬가지로 적용된다(자본시장과 금융투자업에 관한 법률 제165조의 12 제7항). 이는 사채의 전환의 경우도 준용되고(상법 제516조 제2항, 상법 제350조 제3항), 상장법인의 분기배당도 마찬가지로 적용된다(자본시장과 금융투자업에 관한 법률 제165조의 12 제7항).

상장법인의 분기배당의 경우 이사회 결의는 분기 말일부터 45일 이내에 하여야 한다(자본시장과 금융투자업에 관한 법률 제165조의 12 제2항). 그리고 상장법인의 분기배당금은 이사회 결의일부터 20일 이내에 지급하여야 한다. 다만, 정관에서 그 지급시기를 따로 정한 경우에는 그에 따른다(자본시장과 금융투자업에 관한 법률 제165조의 12 제3항).

배당한도

중간배당의 한도는 다음과 같다(상법 제462조의 3 제2항). 이를 보면 당해 연도의 손익은 포함하지 않고 있다. 상장법인도 마찬가지이다. 상장법인의 분기배당은 직전 결산기의 대차대조표상의 순자산액에서 직전 결산기의 자본의 액, 직전 결산기까지 적립된 자본준비금과 이익준비금의 합계액, 직전 결산기의 정기총회에서 이익배당을 하기로 정한 금액, 분기배당에 따라 해당 결산기에 적립하여야 할 이익준비금의 합계액을 차감한 금액을 한도로 한다(자본시장과 금융투자업에 관한 법률 제165조의 12 제4항).

〈중간배당의 한도〉

중간배당의 한도
=직전 결산기의 대차대조표 상의 순자산액
－직전 결산기의 자본금의 액
－직전 결산기까지 적립된 자본준비금과 이익준비금의 합계액
－직전 결산기의 정기총회에서 이익으로 배당하거나 또는 지급하기로 정한 금액
－중간배당에 따라 당해 결산기에 적립하여야 할 이익준비금

회사는 당해 결산기의 대차대조표상의 순자산액이 자본금의 액, 그 결산기까지 적립된 자본준비금과 이익준비금의 합계액, 그 결산기에 적립하여야 할 이익준비금의 액, 미

실현이익의 합계액에 미치지 못할 우려가 있는 때에는 중간배당을 하여서는 아니 된다(상법 제462조의 3 제3항, 상법 제462조 제1항). 상장법인도 이런 경우 분기배당을 하여서는 아니 된다(자본시장과 금융투자업에 관한 법률 제165조의 12 제5항). 미실현이익이란 자산 및 부채에 대한 평가로 인하여 증가한 대차대조표상의 순자산액으로서, 미실현손실과 상계하지 아니한 금액을 말한다(상법 시행령 제19조). 당해 결산기 대차대조표상의 순자산액이 이러한 합계액에 미치지 못함에도 불구하고 중간배당을 한 경우 이사는 회사에 대하여 연대하여 그 차액(배당액이 그 차액보다 적을 경우에는 배당액)을 배상할 책임이 있다. 다만, 이사가 우려가 없다고 판단함에 있어 주의를 게을리 하지 아니하였음을 증명한 때에는 그러하지 아니하다(상법 제462조의 3 제4항). 상장법인의 이사도 분기배당에 대하여 똑같은 책임이 있다(자본시장과 금융투자업에 관한 법률 제165조의 12 제6항). 상장법인 분기배당의 경우 이사가 연대책임을 지는 경우 이사회 결의에 참가한 이사로서 이의를 한 기재가 의사록에 없는 자는 그 결의에 찬성한 것으로 추정한다(자본시장과 금융투자업에 관한 법률 제165조의 12 제8항, 상법 제399조 제3항). 그러나 주주전원의 동의로 책임을 면할 수 있는 등의 「상법」 제400조를 준용한다(자본시장과 금융투자업에 관한 법률 제165조의 12 제8항, 상법 제400조).

회사는 그 자본금의 2분의 1이 될 때까지 매 결산기 이익배당액 또는 중간배당의 10분의 1 이상을 이익준비금으로 적립하여야 한다(상법 제462조의 3 제5항, 상법 제458조).

질권자권리 문제

기명주식을 질권 목적으로 한 경우에 회사가 질권 설정자의 청구에 따라 그 성명과 주소를 주주명부에 덧붙여 쓰고 그 성명을 주권에 적은 경우에는 질권자는 회사로부터 중간배당의 지급을 받아 다른 채권자에 우선하여 자기채권의 변제에 충당할 수 있다(상법 제462조의 3 제5항, 상법 제340조 제1항). 상장법인의 분기배당에도 마찬가지로 적용된다(자본시장과 금융투자업에 관한 법률 제165조의 12 제7항).

주식의 전환이 있는 때에는 이로 인하여 종전의 주주가 중간배당으로 받을 금전이나 주식에 대하여도 종전의 주식을 목적으로 한 질권을 행사할 수 있다(상법 제339조). 이 경우 신주에 대한 중간배당에 관하여는 정관으로 정하는 바에 따라 그 청구를 한 때 또는 전환청구기간이 끝난 때가 속하는 영업연도의 직전 영업연도 말에 전환된 것으로 할 수 있다(상법 제462조의 3 제5항, 상법 제350조 제3항, 상법 제339조). 상장법인의 분기배당도 마찬가지이다(자본시장과 금융투자업에 관한 법률 제165조의 12 제7항). 이는 사채의 전환의 경우도 준용되고(상법 제516조 제2항, 상법 제350조 제3항), 상장법인의 분기배당도 마찬가지로 적용된다(자본시장과 금융투자업에 관한 법률 제165조의 12 제7항).

3.9 청산과 배당

주주는 대주주인 경우 대표이사나 이사로서 급여를 받거나 배당을 통하여 투자자금을 회수할 수 있다. 이익배당 이외에도 잔여재산분배청구권이 주주에게 있다. 잔여재산청구권이란 회사를 폐업한 경우 회사의 모든 부채를 다 갚고 난 잔액에 대해 주주가 가지는 청구권을 말한다. 즉 회사를 폐업한 경우 회사는 회사의 부채를 먼저 갚아야 하고 그래도 남는 재산은 주주가 갖는다는 뜻이다. 주주의 청구권은 각 주주가 갖고 주식소유 비율에 따라 분배된다(상법 제538조). 청산에 대하여는 별도의 절에서 설명했다.

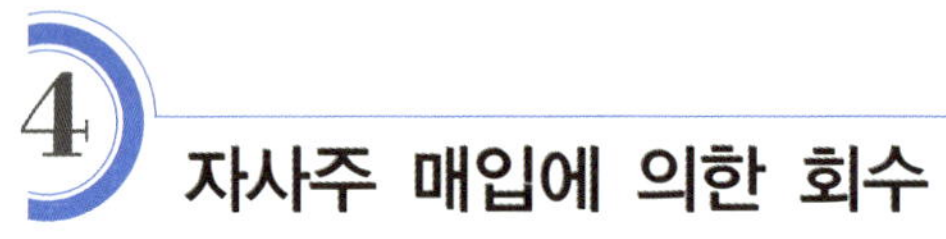

4 자사주 매입에 의한 회수

4.1 의의와 배경

자기주식 또는 자사주란 발행된 주식을 발행한 주식회사가 취득한 것을 말한다. 자기주식은 소각하기 위한 경우와 재발행하기 위한 경우로 구분할 수 있는데 후자를 자기주식이라고 하고 전자는 진정한 의미의 자기주식이 아니나 소각하기 전까지 자기주식이라는 과목으로 처리할 수 있다. 일반적으로 경영자의 보유의도와 관계없이 자기주식을 항상 미 발행주식으로 보는 견해가 인정되고 있고, 우리나라 「상법」과 「기업회계기준」도 이를 따르고 있으므로 자기주식을 자본에서 차감하는 자본조정계정으로 처리하도록 하고 있다.

자사주는 기업의 이익으로 취득해 감자절차에 따라 소각하는 것이 정상적인 과정이다.

그러나 소각할 목적이 아닌 주가방어나 기타 목적으로 취득하는 경우도 있다. 기타 목적에는 지주회사 전환 목적, 승계를 위한 지분율 방어 목적이 있다. 과거에는 자사주 매입이 원칙적으로 금지되었다. 이제는 자사주 매입이 인정되어 자본회수가 가능해졌다.

2012년에 「상법」이 개정되어 주주총회결의에 의한 취득을 허용하였다. 상장회사와 비상장회사의 차별해소와 비상장회사 주주의 자본회수의 어려움을 해소하기 위하여 비상장회사도 자기주식을 매입할 수 있게 「상법」이 개정된 것이다. 자기주식은 의결권, 배당권리, 신주인수권이 없다. 자기주식을 취득하려면 「상법」에서 정한 절차에 따라서 배당가능이익 한도 내에서 세법상 평가를 거쳐 인수하여야 한다. 자기주식 취득절차에 하자가 있는 경우 세법상 가지급금으로 보며 배당가능이익을 초과하여 취득하게 되면 한도초과금액에 대하여 이사가 책임을 져야 하며 평가에 문제가 있는 경우 상여로 처분된다.

4.2 「상법」의 규제

취득의 효력

주식회사가 자기의 계산으로 자기의 주식을 취득하는 것은 회사의 자본적 기초를 위태롭게 하여 회사와 주주 및 채권자의 이익을 해하고 주주평등의 원칙을 해하며 대표이사 등에 의한 불공정한 회사지배를 초래하는 등의 여러 가지 폐해를 생기게 할 우려가 있다. 「상법」은 예방적인 목적에서 이를 일률적으로 금지하는 것을 원칙으로 하면서, 예외적으로 자기주식의 취득이 허용되는 경우를 유형적으로 분류하여 명시하고 있다. 「상법」 제341조, 제341조의 2, 제342조의 2 또는 「증권거래법」 등에서 명시적으로 자기주식의 취득을 허용하는 규정이 있다. 그러나 회사가 자기주식을 무상으로 취득하는 경우 또는 타인의 계산으로 자기주식을 취득하는 경우 등과 같이, 회사의 자본적 기초를 위태롭게 하거나 주주 등의 이익을 해한다고 할 수 없는 것이 유형적으로 명백한 경우에도 자기주식의 취득이 예외적으로 허용될 수 있다. 그 밖에는 설령 회사 또는 주주나 회사채권자 등에게 생길지도 모르는 중대한 손해를 회피하기 위하여 부득이 한 사정이 있다고 하더라도 자기주식의 취득은 허용되지 아니하는 것이고 위와 같은 금지규정에 위반하여 회사가 자기주식을 취득하는 것은 당연히 무효이다(대법원 2003.5.16. 선고, 2001다44109 판결).

「상법」상 자기주식을 취득할 수 있는 경우

회사가 자기주식을 취득하는 것은 여러 가지 폐해를 생기게 할 우려가 있어 「상법」은 이를 금지한다. 예외적으로 자기주식의 취득이 허용되는 경우를 유형적으로 분류하여 명시하고 있다(서울고법 2012누12121, 2012.11.16.). 자기주식의 취득이 허용되는 경우를 하나씩 본다.

첫 번째는 상장법인인 경우로 거래소에서 시세가 있는 주식의 경우에는 거래소에서 취득하는 것을 인정한다(상법 제341조 제1항 제1호).

두 번째는 상환주식 외에 각 주주가 가진 주식 수에 따라 균등한 조건으로 취득하는 것이다(상법 제341조 제1항 제2호). 2012년 4월 이후로는 비상장기업도 배당가능 이익을 한도로 주주총회 등 「상법」상의 절차를 거친다면 자사주 매입이 가능해졌다.

세 번째는 회사의 합병 또는 다른 회사의 영업전부의 양수로 인한 경우, 회사의 권리를 실행함에 있어 그 목적을 달성하기 위하여 필요한 경우, 단주(端株)의 처리를 위하여 필요한 경우, 주주가 주식매수청구권을 행사한 경우이다(상법 제341조의 2).

유의할 것은 「상법」은 주식취득에 대한 형벌규정 두고 있다는 것이다. 즉 누구의 명의로 하거나를 불문하고 회사의 계산으로 부정하게 그 주식 또는 지분을 취득하거나 질권목적으로 이를 받은 때에는 5년 이하의 징역 또는 1천500만 원 이하의 벌금에 처한다(상법 제625조).

주식소각목적 자기주식 취득

「상법」상 자기주식의 소각은 이사회의 결의에 의하여 회사가 보유한 자기주식을 소각하는 경우를 제외하고는 자본금 감소절차에 따라 하여야 한다(상법 제343조 제1항). 「상법」상 자본감소는 ① 회사의 사업규모 상, 현재의 자본이 과잉이므로 이를 주주에게 되돌려주기 위한 목적, ② 해산을 예상하고 청산절차를 간편하게 할 목적, ③ 합병을 앞두고 소멸예정회사의 주주들의 지분을 감소시킬 목적, ④ 자본의 결손이 있는 회사가 자본을 순 재산에 접근시키기 위한 목적 등을 위하여 이루어진다. 자본감소의 방법으로는 발행주식의 액면가감액, 주식병합, 주식소각 등이 있고, 주주총회의 특별결의(상법 제438조), 채권자보호절차(상법 제439조 제2항, 상법 제232조 제2항), 주권제출을 위한 공고·통지(상법 제343조 제2항, 상법 제440조) 등의 절차를 거친 후 변경등기를 하여야 한다(서울고법 2012누12121, 2012.11.16.).

상장주식과 균등조건 자기주식 취득의 한도

회사가 자기주식을 취득하는 경우에는 취득의 한도가 있다. 즉 그 취득가액의 총액은 직전 결산기의 대차대조표상의 순자산액에서 자본금 등을 뺀 금액의 한도 내로 제한된다(상법 제341조 제1항). 또한 회사는 당해 영업연도의 결산기에 대차대조표상의 순자산액이 자본금 등의 합계액에 미치지 못할 우려가 있는 경우에는 자기주식을 취득하여서는 아니 된다(상법 제341조 제3항). 당해 영업연도의 결산기에 대차대조표상의 순자산액이 자본금 등의 합계액에 미치지 못함에도 불구하고 회사가 자기주식을 취득한 경우 이사는 회사에 대하여 연대하여 그 미치지 못한 금액을 배상할 책임이 있다. 다만, 이사가 회사는 당해 영업연도의 결산기에 대차대조표상의 순자산액이 자본금 등의 합계액에 미치지 못할 우려가 없다고 판단하는 때에 주의를 게을리 하지 아니하였음을 증명한 경우에는 그러하지 아니하다(상법 제341조 제4항).

여기서 자본금 등이란 자본금의 액, 그 결산기까지 적립된 자본준비금과 이익준비금의 합계액, 그 결산기에 적립하여야 할 이익준비금의 액 및 미실현이익을 말한다(상법 제341조 제1항, 상법 제462조 제1항). 미실현이익이란 법 제446조의 2의 회계 원칙에 따른 자산 및 부채에 대한 평가로 인하여 증가한 대차대조표상의 순자산액을 말한다. 이 경우 미실현이익이란 미실현손실과 상계하지 아니한 금액을 말한다(상법 시행령 제19조 제1항). 그러나 미실현이익과 미실현손실을 상계할 수 있는 경우가 있다. 첫째는 「자본시장과 금융투자업에 관한 법률」 제4조 제2항 제5호에 따른 파생결합증권의 거래를 하고, 그 거래의 위험을 회피하기 위하여 해당 거래와 연계된 거래를 한 경우로서 각 거래로 미실현이익과 미실현손실이 발생한 경우이다. 둘째는 「자본시장과 금융투자업에 관한 법률」 제5조에 따른 파생상품의 거래가 그 거래와 연계된 거래의 위험을 회피하기 위하여 한 경우로서 각 거래로 미실현이익과 미실현손실이 발생한 경우이다(상법 시행령 제19조 제2항).

4.3 취득의 처벌

자기주식의 취득은 엄격한 요건에 해당하지 않으면 처벌될 수 있다. 회사의 이사, 집행임원, 감사위원회 위원, 감사 등이 누구의 명의로 하거나를 불문하고 회사의 계산으로 부정하게 그 주식 또는 지분을 취득하거나 질권의 목적으로 이를 받은 때에는 5년 이하의 징역 또는 1천500만 원 이하의 벌금에 처한다(상법 제625조). 「상법」 제625조는 회사 임원 등의 특별배임죄를 규정한 「상법」 제622조 및 일반적인 업무상배임죄를 규정한 「형법」 제356조의 보충규정으로서, 특별배임죄 또는 업무상배임죄가 성립하는 경우에는 별도로 「상법」 제625조 위반죄가 성립하지 않는다(대법원 2007.3.15. 선고, 2004도5742 판결).

자기주식취득행위를 처벌하는 가장 중요한 이유는 자사주를 유상취득 하는 것은 실질적으로는 주주에 대한 출자의 환급이라는 결과를 가져와 자본충실의 원칙에 반하고 회사재산을 위태롭게 한다는 데 있고, 사법상의 위법과 「형법」상의 위법은 반드시 일치하는 것은 아니므로 외형적으로는 사법상 금지되는 자기주식취득의 경우라도 자기주식취득의 위법상태가 바로 해소되는 것을 예정하고 취득한 때와 같이 회사재산에 대한 추상적 위험이 없다고 생각되는 경우 「형법」상으로는 실질적 위법성이 없으므로 '부정하게' 주식을 취득한 경우에 해당하지 않아 자기주식취득금지위반죄로 처벌할 수 없으나, 그러한 경우에 해당하지 않는 사법상 금지되는 자기주식취득은 본죄로 처벌할 수 있다(대법원 1993.2.23. 선고, 92도616 판결).

대표이사가 회사의 자금으로 주주로부터 주식을 액면가에다 그 동안의 은행금리 상당의 돈을 덧붙여 주식대금을 지급하고 자사주를 취득한 경우 주주 아닌 자에게 주식을 양도하지 않기로 하는 주주총회의 결의가 있었고, 취득 후 1년이 지난 뒤에 대표이사 자신이 회사가 지급한 주식대금보다 많은 돈을 회사에 지급하고 자사주를 양수하였더라도 자기주식취득금지위반죄에 해당한다(대법원 1993.2.23. 선고, 92도616 판결).

한편 회사가 제3자의 명의로 회사의 주식을 취득하더라도, 그 주식취득을 위한 자금이 회사의 출연에 의한 것이고 그 주식취득에 따른 손익이 회사에 귀속되는 경우라면, 법률에서 규정하는 예외사유에 해당하지 않는 한, 그러한 주식의 취득은 회사의 계산으로 이루어져 회사의 자본적 기초를 위태롭게 할 우려가 있는 것으로서 금지되는 자기주식의 취득에 해당한다(대법원 2003.5.16. 선고, 2001다44109 판결 참조)(대법원 2007.7.26. 선고, 2006다33685 판결).

4.4 취득의 절차

균등조건으로 자기주식을 취득하려면 주주총회 승인을 받아야 한다(상법 제341조 제2

항). 다만, 이사회의 결의로 이익배당을 할 수 있다고 정관으로 정하고 있는 경우에는 이사회의 결의로써 주주총회의 결의를 갈음할 수 있다(상법 제341조 제2항 단서).

균등조건으로 자기주식을 취득하려면 미리 주주총회 또는 이사회의 결의로 취득할 수 있는 주식의 종류 및 수, 취득가액의 총액의 한도, 1년을 초과하지 아니하는 범위에서 자기주식을 취득할 수 있는 기간을 결정하여야 한다(상법 제341조 제2항). 균등조건으로 자기주식을 취득하려는 경우에는 주식 취득의 조건은 이사회가 결의할 때마다 균등하게 정하여야 한다(상법 시행령 제10조 제1호). 이사회의 결의에서는 자기주식 취득의 목적, 취득할 주식의 종류 및 수, 주식 1주를 취득하는 대가로 교부할 금전이나 그 밖의 재산(해당 회사의 주식은 제외)의 내용 및 그 산정 방법, 주식 취득의 대가로 교부할 금전이나 그 밖의 재산(해당 회사의 주식은 제외), 양도신청기간(20일 이상 60일 내의 범위에서 주식양도를 신청할 수 있는 기간)이 끝나는 날부터 1개월의 범위에서 양도의 대가로 금전이나 그 밖의 재산(해당 회사의 주식은 제외)을 교부하는 시기와 그밖에 주식 취득의 조건을 정하여야 한다(상법 시행령 제10조 제1호).

자기주식을 취득한 회사는 지체 없이 취득 내용을 적은 자기주식 취득내역서를 본점에 6개월간 갖추어 두어야 한다. 이 경우 주주와 회사채권자는 영업시간 내에 언제든지 자기주식 취득내역서를 열람할 수 있으며, 회사가 정한 비용을 지급하고 그 서류의 등본이나 사본의 교부를 청구할 수 있다(상법 시행령 제9조 제2항).

균등조건으로 자기주식을 취득하는 경우에는 두 가지 방법 중 한 가지 방법으로 하여야 한다. 첫째는 회사가 모든 주주에게 자기주식 취득의 통지 또는 공고를 하여 주식을 취득하는 방법이다. 둘째는 「자본시장과 금융투자업에 관한 법률」 제133조부터 제146조까지의 규정에 따른 공개매수의 방법이다(상법 시행령 제9조 제1항).

회사는 양도신청기간(20일 이상 60일 내의 범위에서 주식양도를 신청할 수 있는 기간)이 시작하는 날의 2주 전까지 각 주주에게 회사의 재무 현황, 자기주식 보유 현황 및 앞의 사항을 서면으로 또는 각 주주의 동의를 받아 전자문서로 통지하여야 한다. 다만, 회사가 무기명식의 주권을 발행한 경우에는 양도신청기간이 시작하는 날의 3주 전에 공고하여야 한다(상법 시행령 제10조 제2호). 회사에 주식을 양도하려는 주주는 양도신청기간(20일 이상 60일 내의 범위에서 주식양도를 신청할 수 있는 기간)이 끝나는 날까지 양도하려는 주식의 종류와 수를 적은 서면으로 주식양도를 신청한다(상법 시행령 제10조 제3호). 주주가 회사에 대하여 주식 양도를 신청한 경우 회사와 그 주주 사이의 주식 취득을 위한

계약 성립의 시기는 양도신청기간(20일 이상 60일 내의 범위에서 주식양도를 신청할 수 있는 기간)이 끝나는 날로 정하고, 주주가 신청한 주식의 총수가 취득할 주식의 총수를 초과하는 경우 계약 성립의 범위는 취득할 주식의 총수를 신청한 주식의 총수로 나눈 수에 주주가 신청한 주식의 수를 곱한 수(이 경우 끝수는 버린다)로 정한다(상법 시행령 제10조 제4호).

4.5 조세의 문제

자기주식을 매매목적으로 매각하면 양도소득세가, 소각하는 경우에는 배당소득세가 부과된다. 또한, 법령을 위반한 취득이라고 판단된다면, 자기주식 취득 행위를 무효거래로 보아 해당 대금이 업무와 무관한 가지급금으로 인정되기도 하므로 유의해야 한다.

자기주식을 취득하는 경우 업무무관 가지급금에 해당될 위험이 있다. 「법인세법」 제28조와 같은 법 시행령 제53조가 규정하고 있는 지급이자 손금부인의 대상이 되는 업무무관 가지급금에는 순수한 의미의 대여금은 물론 구상금채권 등과 같이 채권의 성질상 대여금에 준하는 것도 포함되고(대법원 2006.10.26. 선고, 2005두1558 판결 참조), 매매계약이 처음부터 무효이거나 나중에 취소되는 등으로 효력이 없는 때에는 양도인이 받은 매매대금은 원칙적으로 양수인에게 원상회복으로 반환되어야 할 것이어서 이를 양도인의 소득으로 보아 양도소득세의 과세대상으로 삼을 수 없음이 원칙이므로(대법원 2011.8.25. 선고, 2010두25152 판결 참조), 법인이 자기주식의 취득을 위하여 지급한 주식매매대금이 「법인세법」 제28조 제1항 제4호 나목에 정한 업무무관 가지급금에 해당하는지 여부를 판단할 때에도 그와 같은 자기주식의 취득이 무효라면 원칙적으로 그 주식매매대금은 주식취득의 대가로 지급된 것이 아님을 전제로 판단하여야 한다. 자기주식취득금지규정에 위반한 취득행위로서 무효인 경우 이는 주식의 취득 대가로 지급된 것이 아니라 법률상 원인 없이 지급된 것이어서 주식대금을 즉시 회수하여야 할 것이며, 업무와 무관하게 지급한 가지급금으로 보아야 할 것이다(서울고법 2012누12121, 2012.11.16.).

한편 회사의 대표이사 등이 법인으로부터 대여를 받아 '가지급금'이 있는 경우 인정이자 등의 문제가 발생한다. 이런 경우 자신이 보유한 주식을 회사에 매각하고 가지급금을 상환할 수 있다. 그러나 유의하여야 할 것은 회사가 법률상 자기주식 취득 요건을 구비하지 못했을 때 자기주식 취득은 당연 무효이며(대법원 2001다44109, 2003.5.16.), 자기주식

취득이 무효일 때는 거래가 원상회복돼야 하므로 자기주식을 돌려주고 매매대금을 돌려받아야 한다(대법원 2010두25152, 2011.8.25.). 자기주식 취득행위가 법령에 위반되어 무효에 해당할 때는 해당 법인이 특수관계자에게 자기주식 취득자금으로 지급한 금액은 법률상 원인 관계없이 지급된 것으로, 정당한 사유 없이 회수하지 않거나 회수를 지연한 때에는 이를 업무 무관 가지급금으로 본다.

한편 주주는 양도소득세를 부담할지 주식소각으로 인한 배당소득에 대한 종합소득세를 낼 지가 관건이다. 자기주식을 취득하는 경우 주주의 주식 매도가 손익거래인 주식의 양도인지 또는 자본거래인 주식의 소각 내지 자본의 환급에 해당하는지는 법률행위 해석의 문제로서 그 거래의 내용과 당사자의 의사를 기초로 하여 판단하여야 할 것이지만, 실질과세의 원칙상 단순히 당해 계약서의 내용이나 형식에만 의존할 것이 아니라 당사자의 의사와 계약체결의 경위, 대금의 결정방법, 거래의 경과 등 거래의 전체과정을 실질적으로 파악하여 판단하여야 한다(대법원 2010.10.28. 선고, 2008두19628 판결 참조).

자기주식의 취득이 예외적으로 허용되는 경우에 해당한다고 인정할 아무런 증거도 없어, 자기주식취득 금지규정에 위반한 주식 취득으로 무효에 해당하는 경우 의제배당으로 과세할 수 없다(부산지법 2013구합308, 2013.6.13.). 자기주식의 취득이 배당으로 과세될지 여부를 보자. 「소득세법」 제17조 제1항 제3호의 의제배당과 제9호의 배당의 성격이 있는 분배금이 해당할 것이다. 의제배당은 감자, 자본전입, 해산, 합병 및 분할의 경우이므로 해당이 없다. 제9호의 경우 배당으로 볼 수 있는 것에 해당하는지가 관건이다. 이와 관련하여 기본통칙 등에서 배당으로 과세한다는 규정은 찾아볼 수가 없다.

공동사업을 영위하고자 하는 법인들이 상호 간에 상대방의 주식을 취득하여 보유하기로 하였다. 그 후 협약을 해지하고 취득한 주식을 취득가액대로 소각하기로 의결하고 소각하였다. 주식을 양도했던 주주는 당초 주식의 양도에 대하여 양도소득세 및 증권거래세를 납부하였다. 감사원은 이에 대해 국세청 감사를 실시하면서 동 주식의 양도는 주식소각에 따른 의제배당에 해당한다고 지적을 하였고 국세청은 이에 따라 종합소득세를 부과하였다. 이러한 행위가 자산거래를 가장한 주식의 소각목적인 자본거래인지를 보면 국세청은 경제상황이 급변하는 환경 하에 기업경영의 위기로 업무협약을 파기 후 구조조정을 하는 과정에서 긴축경영을 위하여 소각하였으므로 주식의 양도와 자본의 소각은 별개의 행위로 판단한 것으로 되어 있다. 그러나 감사원은 업무협약을 하면서 매우 큰 자금을 업무협약을 이행하기 위한 자금으로 출자하여 사용하지 않고 주식을 취득하는데 사용한다는 것은 정상적인 기업의 의사결정이라 볼 수 없고, 자금부족으로 주식을 정리하여 유동성을 확보할 목적으로 업무협약을 해지하였다고 하면서도 자기주식 소각을 의결하고, 자금압박과 구조조정 등을 자기주식 소각의 사유라고 주장하는 것은 경제적 합리성이 결여된 것이며, 일방적인 협약해지 통보를 받고도 업무협약서에 따라 주식취득자금 지출에 대한 보상 등 아무런 보상도 요구하지 못한 채 상호합의하에 주식을 소각한다는 것은 업무협약서 자체의 진실성이 의심될 뿐 아니라 자기주식 취득과 소각행위도 사회통념에 비추어 볼 때 논리적 설득력이 없으며, 결과적으로 주식의 양도대가는 주식의 소각 시 지급받은 대가와 동일하여 그 실질은 자본의 감소로 판단한 것이다.

주식의 매도가 자산거래인 주식의 양도에 해당 하는가 또는 자본거래인 주식의 소각 내지 자본의 환급에 해당하는가는 법률행위 해석의 문제로서 그 거래의 내용과 당사자의 의사를 기초로 하여 판단하여야 할 것이지만, 실질과세의 원칙상 당해 계약서의 내용이나 형식에만 의존할 것이 아니라, 당사자의 의사와 계약체결의 경위, 대금의 결정방법, 거래의 경과 등 거래의 전체과정을 실질적으로 파악하여 판단하여야 하는 것으로(대법원 2001두6227, 2002.12.26. 참조), 세법에 정한 혜택을 부당하게 받기 위해 간접적인 방법으로 주식을 양도한 것으로 보이므로, 그 실질이 자본거래로서 의제배당으로 과세하는 것이 타당하다(조심 2013부27, 2013.5.30.).

4.6 회계처리방법

자기주식을 기록하는 방법에는 원가법(Cost method)과 액면가액법(Par method)이 있는데 원가 법을 기업회계에서 인정한다. 자기주식처분이익은 기타자본잉여금으로 처리한다. 자기주식처분손실은 자기주식처분이익으로 계상된 기타자본잉여금에서 우선적으로 차감하고, 나머지는 결손금의 처리순서에 준하여 처리한다.

세법상 자기주식처분손익은 과세소득 또는 비용으로 인정된다. 자기주식의 매각손익은 합병 또는 매입 등 취득원인에 불구하고 모두 손익으로 계상한다(법인 46012-1113, 1994.4.18.).

자기주식을 자본감소의 방법에 의하여 소각하는 경우에는 취득원가와 액면가의 차이를 감자차손(자본조정) 또는 감자차익(자본잉여금)으로 계상한다. 감자차손은 감자차익이 있는 경우에는 감자차익에서 우선적으로 차감하고 나머지는 결손금처리순서에 준하여 처리한다.

이러한 감차차손과 차익은 법인세법상 과세소득이나 비용으로 인정되지 않는다. 즉 기업회계기준에 따라 계상한 자기주식소각이익(손실)은 자본거래에 해당함으로써 익금 및 손금으로 보지 않는다(서면2팀 - 812, 2004.4.19.).

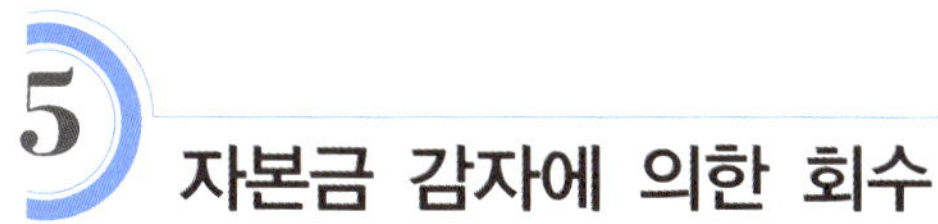

5 자본금 감자에 의한 회수

5.1 감자의 의의

감자란 「상법」상 주주총회의 특별결의와 채권자보호절차를 거쳐 자본금을 감소시키는 것을 말한다. 감자는 회사규모 등에 비해 자본금이 과잉인 경우 실제로 회사재산의 일부를 주주에게 분배하는 실질적 감자와 회사의 결손금을 보전하기 위하여 행하여지는 형식적 감자가 있다. 회계처리는 다음과 같다(상속세 및 증여세법 집행기준 39의 2 - 0 - 1).

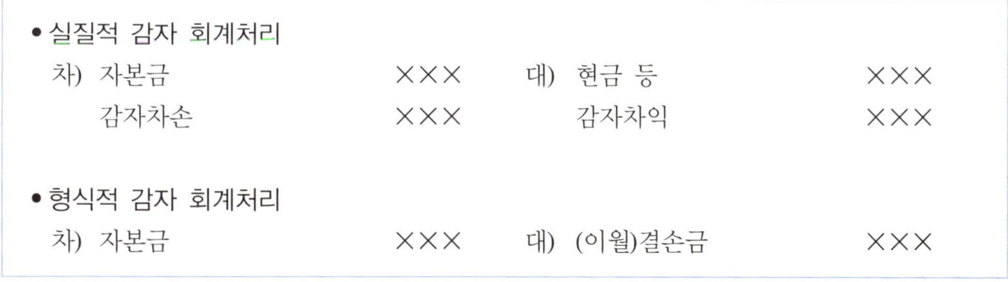

• 실질적 감자 회계처리

차)	자본금	×××	대)	현금 등	×××
	감자차손	×××		감자차익	×××

• 형식적 감자 회계처리

차)	자본금	×××	대)	(이월)결손금	×××

감자에는 무상감자도 있다. 2006년 하나로텔레콤은 향후 인수합병이나 전략적 제휴를 위한 증자 시에 이사회에서 신속하게 결정하기 위해서 무상 감자를 결정했다. 액면가 이하로 주권을 발행할 때는 주주총회 의결을 받아야 하나 액면가 이상으로 증자할 때는 이사회 결의만으로 가능하기 때문이다. 감자를 하면 주가가 오르기 때문이다.

5.2 감자의 종류

자본금의 감소시키는 방식에는 다음과 같은 것이 있다(상속세 및 증여세법 집행기준 39의 2-0-2).

〈감자의 방식〉

분 류	소분류
액면금액의 감소	액면금액의 일부환급
	절 기
발행주식 총수의 감소	주식병합
	주식소각

첫 번째는 발행주식 총수는 그대로 놔두고 액면금액을 감소시키는 방식이다. 이 중 환급은 각 주주가 이미 납입한 주금액의 일부를 주주에게 반환하고 나머지 주금액을 새로운 주금액으로 하는 방법이다. 절기는 주주가 납입한 주금액 중 일부를 주주의 손실로 삭제하고 나머지 금액을 새로운 주금액으로 하는 방법이다(상속세 및 증여세법 집행기준 39의 2-0-2 ①).

두 번째는 액면금액은 그대로 두고 발행주식 총수를 감소시키는 방식이다. 이중 주식병합은 종전의 2주를 합하여 1주로 하는 것과 같이 수개의 주식을 병합하여 이보다 소수의 주식으로 하는 것이다. 이와 반대되는 개념으로 분할이라는 것이 있다. 주식소각은 회사가 특정주주의 주식을 소멸시키는 것을 말한다. 이는 주주와의 계약 등에 의하여 주식을 취득하여 소멸시키는 임의소각과 추첨, 청약 선착순, 안분비례 등의 방법에 의하여 주주 의사와는 상관없이 주식을 취득하여 소멸시키는 강제소각 두 종류가 있으며, 주식 취득 시 대가 지불 유무에 따라 유상소각, 무상소각으로 나누어진다(상속세 및 증여세법 집행기준 39의 2-0-2 ②).

세 번째는 액면금액 감소 · 발행주식 총수 감소, 액면금액의 환급 등 액면금액의 감소와 주식병합 · 소각 등 주식수를 동시에 감소시키는 방법이다(상속세 및 증여세법 집행기준 39의 2-0-2 ③).

5.3 감자의 절차

감자의 승인

자본금을 감소시키려면 주주총회의 특별결의를 거쳐야 한다(상법 제438조 제1항). 그러나 결손의 보전을 위한 자본금의 감소는 주주총회의 보통결의에 의한다(상법 제438조 제2항). 감자를 위한 주주총회의 통지 및 공고 시에는 자본금의 감소에 관한 의안의 주요내용을 포함시켜야 한다(상법 제438조 제3항).

자본금 감소의 결의에서는 그 감소의 방법을 정하여야 한다(상법 제439조 제1항).

채권자의 이의신청

회사는 주주총회 감자 결의가 있은 날부터 2주 내에 회사채권자에 대하여 감자에 이의가 있으면 일정한 기간 내에 이를 제출할 것을 공고하고 알고 있는 채권자에 대하여는 따로따로 이를 최고하여야 한다. 이 경우 그 기간은 1월 이상이어야 한다(상법 제439조 제2항, 상법 제232조 제1항). 다만, 결손의 보전을 위하여 자본금을 감소하는 경우에는 채권자 이의신청절차를 하지 않아도 된다(상법 제439조 제2항).

채권자가 기간 내에 이의를 제출하지 아니한 때에는 감자를 승인한 것으로 본다(상법 제439조 제2항, 상법 제232조 제2항). 이의를 제출한 채권자가 있는 때에는 회사는 그 채권자에 대하여 변제 또는 상당한 담보를 제공하거나 이를 목적으로 하여 상당한 재산을 신탁회사에 신탁하여야 한다(상법 제439조 제2항, 상법 제232조 제3항).

사채권자가 이의를 제기하려면 사채권자집회의 결의가 있어야 한다. 이 경우에 법원은 이해관계인의 청구에 의하여 사채권자를 위하여 이의 제기 기간을 연장할 수 있다(상법 제439조 제3항).

주식병합의 경우

주식을 병합할 경우에는 회사는 1월 이상의 기간을 정하여 그 뜻과 그 기간 내에 주권을 회사에 제출할 것을 공고하고 주주명부에 기재된 주주와 질권자에 대하여는 각 별로 그 통지를 하여야 한다(상법 제440조). 주식의 병합은 동 기간이 만료하고 채권자이의절차가 종료한 때에 그 효력이 생긴다(상법 제441조).

주식을 병합하는 경우에 구 주권을 회사에 제출할 수 없는 자가 있는 때에는 회사는 그 자의 청구에 의하여 3월 이상의 기간을 정하고 이해관계인에 대하여 그 주권에 대한 이의가 있으면 그 기간 내에 제출할 뜻을 공고하고 그 기간이 경과한 후에 신주권을 청구자에게 교부할 수 있다(상법 제442조 제1항). 동 공고의 비용은 청구자의 부담으로 한다(상법 제442조 제2항).

병합에 적당하지 아니한 수의 주식이 있는 때에는 그 병합에 적당하지 아니한 부분에 대하여 발행한 신주를 경매하여 각 주수에 따라 그 대금을 종전의 주주에게 지급하여야 한다. 그러나 거래소의 시세 있는 주식은 거래소를 통하여 매각하고, 거래소의 시세가 없는 주식은 법원의 허가를 받아 경매 외의 방법으로 매각할 수 있다(상법 제443조 제1항). 무기명식의 주권으로서 주권의 제출이 없는 경우에 마찬가지이다(상법 제443조 제2항). 제442조의 규정은 이 경우에 준용한다(상법 제443조 제2항).

5.4 무효의 소송

자본금 감소의 무효는 주주 · 이사 · 감사 · 청산인 · 파산관재인 또는 자본금의 감소를 승인하지 아니한 채권자만이 자본금 감소로 인한 변경등기가 된 날부터 6개월 내에 소만으로 주장할 수 있다(상법 제445조).

주주가 취소의 소를 제기한 때에는 법원은 회사의 청구에 의하여 상당한 담보를 제공할 것을 명할 수 있다. 그러나 그 주주가 이사 또는 감사인 때에는 그러하지 아니하다(상법 제446조, 상법 제377조 제1항). 회사가 전항의 청구를 함에는 청구가 악의임을 소명하여야 한다(상법 제446조, 상법 제377조 제2항, 상법 제176조 제4항). 동 소송은 본점소재지의 지방법원의 관할에 전속한다(상법 제446조, 상법 제186조). 소가 제기된 때에는 회사는 지체없이 공고하여야 한다(상법 제446조, 상법 제187조). 수개의 소가 제기된 때에는 법원은 이를 병합심리 한다(상법 제446조, 상법 제188조).

소송의 심리 중에 원인이 된 하자가 보완되고 회사의 현황과 제반사정을 참작하여 무효 또는 취소하는 것이 부적당하다고 인정한 때에는 법원은 그 청구를 기각할 수 있다(상법 제446조, 상법 제189조). 무효의 판결 또는 취소의 판결은 제3자에 대하여도 그 효력이 있다(상법 제446조, 상법 제190조). 무효의 판결 또는 취소의 판결이 확정된 때에는 본점과 지점의 소재지에서 등기하여야 한다(상법 제446조, 상법 제192조).

소를 제기한 자가 패소한 경우에 악의 또는 중대한 과실이 있는 때에는 회사에 대하여 연대하여 손해를 배상할 책임이 있다(상법 제446조, 상법 제191조).

5.5 감자와 조세

과세의 대상

회사가 감자를 하기 위해 주식을 소각할 때 일부 주주의 주식을 소각함으로써 그의 특수관계인에 해당하는 대주주가 이익을 얻은 경우에는 그 이익에 상당하는 금액을 그 대주주의 증여재산가액으로 한다(상속세 및 증여세법 제39조의 2 제1항).

대주주란 해당 주주의 지분 및 그의 특수관계인의 지분을 포함하여 해당 법인의 발행주식 총수의 1% 이상을 소유하고 있거나 소유하고 있는 주식의 액면가액이 3억 원 이상인 주주를 말한다(상속세 및 증여세법 시행령 제28조). 특수관계인이란 주주 1인과 「상속세 및 증여세법 시행령」 제12조의 2 제1항 각 호의 어느 하나에 해당하는 관계에 있는 자를 말한다(상속세 및 증여세법 시행령 제29조의 2 제1항).

감자방식에 따른 이익의 증여발생 여부

감자방식에 따른 증여이익 발생 여부는 다음과 같다(상속세 및 증여세법 집행기준 39의 2-0-3).

〈감자방식에 따른 증여세 과세의 판단〉

액면 감소		감자 시 주주에 대한 영향	과세판단
액면 감소		모든 주주의 소유주식 동일하게 적용	해당 없음
주식 병합		모든 주주의 소유주식 동일하게 적용	해당 없음
주식 소각	유상소각	특정주주에게만 적용하는 경우	과세 대상
	무상소각	특정주주에게만 적용하는 경우	과세 대상

증여이익의 계산

「상속세 및 증여세법」상 감자에 따른 증여이익의 계산방법은 두 가지로 구분된다(상속세 및 증여세법 시행령 제29조의 2 제2항). 이때 증여이익의 계산은 감자를 위한 주주총회 결의일을 기준으로 한다(상속세 및 증여세법 시행령 제29조의 2 제3항).

주식 등을 시가(평가액)보다 낮은 대가로 소각한 경우, 즉 감자한 주식 1주당 평가액에서 주식소각 시 지급한 1주당 금액을 차감한 가액이 감자한 주식 1주당 평가액의 30% 이상이거나 다음 산식에 의하여 계산한 금액이 3억 원 이상인 경우이다. 이 경우 증여가액은 다음에 의하여 계산한 이익이다(상속세 및 증여세법 시행령 제29조의 2 제2항 제1호).

〈감자 시의 증여의제의 요건과 증여가액의 계산(1주당 평가액이 액면 이상인 경우)〉

구 분		내 용
증여의 요건 (A 또는 B에 해당하는 경우)	A. 30% 기준	$\frac{\text{감자한 주식 1주당 평가액} - \text{주식소각시 지급한 1주당 금액}}{\text{감자한 주식 1주당 평가액}} \geq 30\%$
	B. 3억 원 기준	(감자한 주식 1주당 평가액 − 주식소각시 지급한 1주당 금액)×총감자주식 수 ×대주주의 감자 후 지분비율×$\frac{\text{대주주의 특수관계인의 감자주식 수}}{\text{총감자주식 수}}$
증여의 가액		B 산식의 금액

주식 등을 시가(평가액)보다 높은 대가로 소각한 경우, 즉 감자한 주식 1주당 평가액이 액면 가액(주식소각 시 지급한 대가가 액면 가액 이하인 경우에는 당해 대가를 말한다) 이하인 경우로서 그 평가액을 초과하여 대가를 지급한 경우에는 주식소각 시 지급한 1주당 금액에서 감자한 주식 1주당 평가액을 차감한 가액이 감자한 주식 1주당 평가액의 30% 이상이거나 다음 산식에 의하여 계산한 금액이 3억 원 이상인 경우이다. 이 경우 증여의 가액은 다음에 의하여 계산한 금액이다(상속세 및 증여세법 시행령 제29조의 2 제2항 제2호).

〈감자 시의 증여의제의 요건과 증여가액의 계산(1주당 평가액이 액면 이하인 경우)〉

구 분		내 용
증여의 요건 (A 또는 B에 해당하는 경우)	A. 30% 기준	$\frac{\text{주식소각시 지급한 1주당 금액} - \text{감자한 주식 1주당 평가액}}{\text{감자한 주식 1주당 평가액}} \geq 30\%$
	B. 3억 원 기준	(주식소각시 지급한 1주당 금액 − 감자한 주식 1주당 평가액)×당해 주주의 감자 주식 수
증여의 가액		B 산식의 금액

▲▼ 실제 사례

실제 증여세과세의 사례를 보면 다음과 같다(상속세 및 증여세법 집행기준 39의 2-29의 2-5).

〈감자 시의 증여의제의 요건과 증여가액의 계산의 사례(1주당 평가액이 액면 이상인 경우)〉

<table>
<tr><td colspan="2">감자의 사례</td><td colspan="5">A사 감자결의내역
• 乙 주주의 소유주식 500주 무상으로 감자
• A사 주식 액면 가액 : 5,000원
• 감자주식 1주당 평가액 : 15,000원</td></tr>
<tr><td colspan="2" rowspan="6">감자 전후 주주별 지분현황</td><td rowspan="2">구 분</td><td colspan="2">감자 전 현황</td><td colspan="2">감자 후 현황</td></tr>
<tr><td>주식 수</td><td>지분율</td><td>주식 수</td><td>지분율</td></tr>
<tr><td>갑(부모)</td><td>1,200</td><td>60%</td><td>1,200</td><td>80%</td></tr>
<tr><td>을(자제)</td><td>500</td><td>25%</td><td>0</td><td>0%</td></tr>
<tr><td>병(자제)</td><td>300</td><td>15%</td><td>300</td><td>20%</td></tr>
<tr><td>합 계</td><td>2,000</td><td>100%</td><td>1,500</td><td>100%</td></tr>
<tr><td colspan="2">과세요건 검토</td><td colspan="5">① 乙의 특수관계인 대주주 검토 : 甲, 丙 모두 해당
② 30%Rule 적용 : (15,000 − 0)/15,000 = 100% ≥ 30%
요건 충족</td></tr>
<tr><td colspan="7">증여이익의 계산</td></tr>
<tr><td colspan="2">구 분</td><td colspan="5">내 용</td></tr>
<tr><td colspan="2">계산산식</td><td colspan="5">(감자한 주식 1주당 평가액 − 주식소각시 지급한 1주당 금액)×총감자주식 수 ×대주주의 감자 후 지분비율× $\frac{\text{대주주의 특수관계인의 감자주식 수}}{\text{총감자주식 수}}$</td></tr>
<tr><td rowspan="2">증여의 가액</td><td>갑의 증여이익</td><td colspan="5">$(15,000 - 0) \times 500 \times 80\% \times \frac{500}{500} = 6,000,000$원</td></tr>
<tr><td>병의 증여이익</td><td colspan="5">$(15,000 - 0) \times 500 \times 20\% \times \frac{500}{500} = 6,000,000$원</td></tr>
</table>

PART 2

가업의 경영권 관리

Chapter 1
가업의 지배구조 관리

Chapter 2
가업의 주주 관리

Chapter 3

가업의 경영진 관리

Chapter 4

가업의 내부거래 관리

Chapter 5

가업의 정관 관리

1 가업 지배구조의 의의

1.1 지배구조의 이해

기업의 지배구조와 지배구조의 개선은 기업의 지속가능한 성장과 발전에 중요하며 필수적인 고려사항이다. 기업의 지배구조란 기업의 이해관계자인 주주, 이사, 경영진 등의 상호 작용을 규율하는 시스템 또는 기능을 말한다. 회사의 자원을 합리적으로 배분하고 활용하여 지속가능기업으로서 성장과 발전을 추구하면서 다양한 이해관계자의 이해를 반영하도록 하는 틀을 이룬다. 기업지배구조의 효율성은 기업의 장기적인 지속가능한 성장을 도모하여 기업의 가치를 최대화하도록 기업의 성과를 이해관계자에게 합리적으로 분배하는 시스템이자 기능이다.

기업지배구조(corporate governance)라는 개념은 1960년대 미국에서 기업의 비윤리적 행동을 억제한다는 취지로 도입되었다. 기업의 비윤리적 행동에는 분식결산, 횡령과 배임, 주가조작, 환경오염 등이 있으며 이로 인한 투자자 보호의 차원에서도 논의되었다. 1960년대 대량 살상무기 제조, 고용차별, 독과점, 환경과 공해문제에 대한 비판으로 시작되어, 1970년대 불법정치자금, 뇌물사건, 분식결산과 주식 불공정 거래에 대한 비판과 함께 확대되었다.

물론 본유적으로 기업의 지배구조는 기업의 지속가능성 그리고 기업 가치와 주주가치의 향상 등이 중심이다. 소유구조(주주 및 주식)의 결정, 정관 등에 의한 주주 및 경영권 보호 장치, 이사 및 감사 등의 선임 등이 기업지배구조와 관련된 이슈이다. 안정적인 기업성장을 위해서는 기업의 지배구조와 경영권이 건실해야 한다. 기업의 지배구조가 불투명하고 경영권이 불안정하면, 기업경쟁력이 떨어질 수밖에 없기 때문이다. 특히 상장기업의 경우는 특별한 지배구조의 이슈가 있다. 기업의 경영에 영향을 미치는 외부환경을 기업지배구조의 외부요소라 한다. 자본시장과 투자자, 규제기관, 지역사회 등이 그것이다. 특히 상장기업인 경우 자본시장이 중요한 요소이다. 상장기업의 자본시장에는 많은 투자자들이 활동하고 있는 데 우호적이기도 하지만 기업경영을 위협하기도 한다.

자본주의 경제에서는 전통적으로 회사의 주인은 주주이다. 그러나 경제적인 이해관계는 종업원, 소비자, 하청업체, 지역사회 등과도 관련이 있다. 따라서 기업의 주인은 주주이지만 기업의 지배구조는 주주와 이해관계자 모두를 감안할 필요가 있다. 기업은 '나 홀로' 존재할 수 없기 때문이다. 이해관계자는 고려하지 않은 기업의 지배구조는 지속가능한 경영을 가로막는 위험요인이다. 주주 경영권 분쟁으로 인한 위험뿐만 아니라 2016년 엔진 배출가스 조작 스캔들을 일으킨 독일 폭스바겐자동차그룹 같이 이해관계자를 고려하지 않은 기업 지배구조는 늘 위험이 도사린다. 따라서 기업의 지배구조는 이제 주주만의 문제가 아니라 이해관계자를 고려하는 폭넓은 시야가 필요하다.

한국 기업의 경영 관행은 스위스 국제경영개발연구원(IMD)이 조사한 61개국 중 61위이다. 아시아기업지배구조협회(ACGA)가 아시아 11개국을 대상으로 지배구조 평가한 결과 최하위권인 8위로 평가받았다. 세계경제포럼의 2015~2016 국제경쟁력 보고서에 따르면 우리나라의 기업지배구조 관련 항목의 평가는 기업윤리는 95위, 기업의 책임은 75위, 회계와 감사는 72위, 이사회는 120위, 소액주주 보호는 95위이다.

기업지배구조는 자본시장육성과 투자자보호라는 두 가지 측면이 있다. 선진국은 자국의 경제상황을 고려하여 양자를 조화롭게 융합하여 개선작업을 진행하는 반면 우리나라의 기업지배구조 개선작업은 투자자보호를 최우선 과제로 삼는 면이 강하다. 기업환경의 불확실성이 높아지고 세계 경제가 구조적인 변화를 겪고 있는 새로운 세계 경제 구도하에 우리나라 기업들이 시장에 대응하고 지속적인 성장을 하려면 덜 수직적인 기업 지배 구조가 필요하다. 특히 우리나라 기업의 주력 제품은 혁신과 기술 발전을 통한 품질이 경쟁력이므로 새로운 기업 지배 구조가 필요하다.

2017년 초 「상법」 개정안 내용에는 감사위원 분리 선임, 집중투표제 · 전자투표제 의무화, 자사주 처분 규제 부활 등이 포함되었다.

〈2017년 「상법」 개정안〉

구분	조 항	내 용
주주	전자투표제 의무화	주주총회에 참석하지 않아도 의결권을 행사할 수 있도록 전자투표제도 도입 의무화
이사	집중투표제 의무화	두 명 이상의 이사를 선임할 때 특정 후보에게 의결권을 몰아줄 수 있도록 함
	근로자 등 추천자 사외이사 의무선임	직원 등이 추천하는 사외이사 1명 반드시 선임

구분	조 항	내 용
감사	감사위원 분리 선임	감사위원 선임 때 대주주 의결권 3%로 제한
주식	자사주 처분 규제 부활	지주회사로 전환할 경우 자사주에 의결권 생기는 것을 규제

상당수 상장기업의 경우 대주주의 지분율이 50% 가까이 되더라도 외국인 투자자 등 기타주주가 감사위원 분리 선출과 집중투표제가 도입되면 상당수의 이사와 감사위원 선임을 할 수 있다. 감사위원 선임 때 대주주의 의결권을 3%로 제한되면 기타 주주 여럿이 2.5%씩 보유하면 감사위원을 선입할 수 있다.

1.2 가업의 지배구조 관리

기업을 가족경영 체제로 운영하는 경우 지배구조는 그렇지 않은 기업과 다를 것이다. 물론 기본적인 지배구조의 개념 틀의 접근은 큰 차이는 없다. 다만 가족들의 지분구성과 경영참여를 어떠한 방식으로 어느 정도 할지가 중요한 결정사항이다.

가족기업은 늘 분쟁의 소지가 있다. 따라서 분명한 규약을 만들어 놓는 것이 중요하다. 1919년에 설립된 가족기업인 아랍에미리트의 유통업체 자샨말(Jashanmal)은 4대째 운영되는 기업이다. 이 기업은 가족지배구조(governance)를 만들어 기업의 경영 원칙, 사업의 승계를 위한 규정을 정해놓고 협의에 의하여 경영된다. 따라서 분쟁이 생길 가능성이 작고 분쟁이 생기더라도 사전에 정해놓은 가이드라인에 따라 해결될 수 있다.

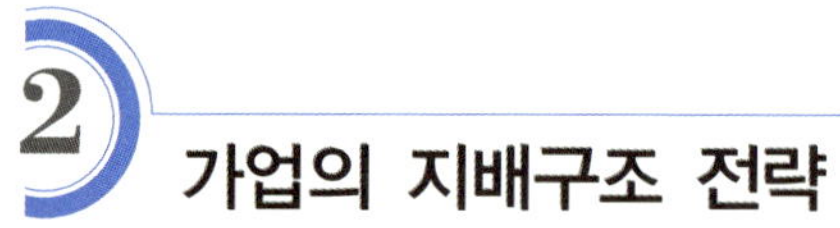

2 가업의 지배구조 전략

2.1 지배구조의 기본 전략

OECD는 1999년 '지배구조의 원칙'을 발표하였는데 기업의 지배구조 관련 기준(벤치마크)으로서 사용할 수 있다. 합리적인 지배구조를 위하여 주주의 이익이 최우선되는 것은 공통적인 것으로 하고, 주주의 권리 보호, 모든 주주의 공정한 대우, 이해관계자의 지배구조에의 참가, 정보공개와 투명성의 확보, 이사회의 책임이라고 하는 5개의 기준을 제시하였다. 이에 따라 장기적으로 지속 가능한 기업 경영을 위한 지배구조로 전문경영인 체제, 독립적인 이사회, 주주협의회 등을 활용하는 것이 권장된다.

1997년 외환위기 이후 재벌그룹의 지배구조를 개선해야 한다는 국제 통화기금(IMF)의 권고에 따라 1999년 한국기업지배구조원이 자율적인 규약으로 지배구조모범규준을 처음 만들었다. 그 후 2003년과 2016년 개정됐다. 이 규준은 최고경영자의 승계 계획, 최고경영자 후보의 사전 교육, 최고경영자 유고 시의 대비책, 기업 가치를 훼손하거나 주주권익을 침해한 사람의 임원 선임배제, 과도한 겸임으로 이사로서 충실한 의무 수행이 어려운 경우 등을 임원 선임 불가, 기업의 근로 조건은 최소한 국제노동기준을 상회해야 한다는 점 등이 포함되어 있다. 2016년 개정안에서 한국거래소가 모범규준 중 10개 항목을 추려, 유가증권시장 상장기업이 스스로 자율적으로 이 10개 항목을 따랐는지 여부를 적은 '지배구조 현황 보고서'를 작성하게 할 방침이다. 이 보고서는 거래소 전자공시시스템을 통해 공시될 계획이다. 주주 권리, 주주의 공평한 대우, 이사회 기능, 이사회 구성 및 이사 선임, 사외이사, 이사회 운영, 이사회 내 위원회, 평가 및 보상, 내부감사기구, 외부감사인 등 지배구조 관련 10개 항목에 발표할 것이다.

OECD 회원국 35개 국가 중에서 34개국은 우리나라의 '기업 지배구조 모범 규준'과 유사한 기준을 가지고 있다. OECD 국가들은 이 원칙을 강제로 기업에 적용하지는 않지만 원칙을 지키지 못할 경우 지키지 못한 이유를 공시 등의 방법으로 설명하도록 하고 있다. 34개 국가 중 21개 국가는 법이나 규칙으로, 9개 국가는 상장규정과 같은 어느 정도 강제성을 가지고 있다. 한국, 멕시코, 스위스, 체코 등 4개 국가만 자율에 맡기고 있다.

2.2 소유와 경영의 분리문제

책임경영 강화

우리나라에서 경영권 분쟁이 많이 발생하는 것은 경영권을 가짐으로써 얻는 개인적 이익(Private Benefits of Control)이 너무 크기 때문이다. 불법적인 비자금 등, 고액연봉, 인사권 장악과 제왕적 군림이 그것이다. 우리나라에서 경영권을 장악함으로써 누리는 사적인 이익은 세계 최고수준이라고 한다. 경영권 분쟁을 예방하고 기업경영을 합리화되려면 이러한 이익을 줄이고 경영책임을 강화하여야 한다.

▲▼ 소유와 경영의 분리

기업지배구조(corporate governance)에서 소유구조는 기업과 대주주를 위해서 가장 중요한 요소이다. 많은 기업들에서 종종 경영권 분쟁이 발생하는데 이를 예방하고 관리할 수 있는 시스템을 마련하고 실행하여야 한다. 이때 소유경영 혹은 가족경영과 전문경영인 체제 중 어느 것이 더 좋은 것인지는 사안에 따라 다르다. 모두 장점과 폐해가 상존하고 있다. 전문경영인 체제는 미국에서 성공적인 경영체제로 자리 잡은 모델이며 국제경쟁력을 갖춘 '글로벌'기업들이 많이 채택하고 있다. 그러나 가족경영의 경우도 성공적인 사례는 많다. BMW 등 세계적인 기업이 이에 해당된다.

많은 기업들이 소수주주의 권리보호와 공평한 대우보다는 경영에서 소외시키려는 의지가 강하다. 그러나 법령에 따라 회사는 모든 주주에게 권리행사에 필요한 정보를 사전에 충분히 제공하여야 하며 적절한 절차에 의하여 권리를 행사할 수 있도록 하지 않으면 법적인 제재가 많다. 따라서 소수주주를 합법적으로 대우하고 기업경영에 도움을 받는 방식을 취하는 것이 좋다.

가족회사의 경우 지주회사나 모회사를 설립하여 경영과 소유를 분리하는 방법이 있다. 예를 들어 세계적인 가족기업인 머크는 상장 기업인데, 그룹의 최고경영자는 외부인사가 맡고 있고, 모회사의 최고경영위원회 회장은 가문이 맡아, 여기에 가문 구성원들로 '패밀리위원회', 가문의 사람들과 외부 인사들로 구성된 '파트너위원회'를 두고 있다. 회사의 주요 결정 사항은 파트너위원회에서 승인하면 바로 집행할 수 있다. 회사 경영을 총괄하면서 상대해야 할 가문 사람들은 5명뿐이고, 그 이외 사람들은 경영에 관여한 적이 없다. 1922년 설립된 미국 산업용 열 시스템 전문기업 와트로는 가족이 여전히 경영하고 있다. 최고경영자는 가족 안에서 선정하며, 100명이 넘는 주주 대부분이 친인척들로 이뤄져 있는 이 회사는 회사의 최고경영자(CEO)는 분기에 한 번 가족과 외부전문가로 구성된 이사회에서 경영성과를 평가받는다. 평가가 나쁘면 급여가 삭감되거나 교체가 이뤄진다.

▲▼ 소유 경영 시스템

가족기업의 소유 지배와 경영권을 동시에 행사하는 시스템도 시스템 구축에 따라 효과적인 지배구조일 수 있다. 두산그룹은 가족 화합을 중시한 창업주의 뜻에 따라 형제들 간에 3~4년씩 돌아가며 총수를 맡도록 하였다. 중요한 의사결정은 가족 모두의 의견을 모으는 가족 소유와 가족 공동체 경영이다. 가족 일가가 지주회사 두산의 지분의 경영권을 가지지만 고루 지분을 나눠 소유가 분배되었다. 두산그룹 같이 재벌 가업이 4대까지 이어지는 것은 우리나라에서 거의 없던 일이며, 4대째 가족경영을 하는 일본 도요타도 아시아에서는 드문 일이다.

▲▼ 기획실 등을 통한 경영

비서실, 경영기획실 등으로 불리는 부서는 기업의 경영전략뿐만 아니라 기업의 지배구조를 담당할 수 있는 기능을 담당한다. 특히 다양한 업종의 기업들을 보유한 그룹에서 사업을 조정하는 등의 업무를 담당한다. 삼성그룹의 기업 지배구조는 소유경영자, 전문경영인, 구조조정본부로 구성된다. 지금은 지주회사 체제로 전환했다. 기업의 소유 지배구조는 지주회사 체제 등 다양한 방식이 있지만 기획실은 별도의 법인으로 운영되지 않는 시스템이다. 이러한 기획실 운영비용은 계열사들이 공동부담 하고 동 경비를 그룹 내 회사들의 매출액 비율로 안분하여 부담하는 것은 정당한 것으로 인정된다(대법원 2012두16305, 2012.11.29., 원심판결 서울고등법원 2011누38997, 2012.6.8.).

▲▼ 유한회사 형태의 경영

2012년 야후코리아는 한국 내 사업을 철수했다. 하지만 야후코리아는 유한회사이기 때문에 누구도 야후코리아의 회사 사정을 잘 알지 못한다. 유한회사는 외부감사나 공시의무가 없기 때문이다. 유한회사는 가족 기업 등에 많으며 주주 수가 많지 않아 의사결정 과정이 복잡하지 않다. 국내에서는 주로 외국계 회사들이 유한회사를 선호한다.

▲▼ 지분에 대한 관리시스템

창업 초기에는 기업은 대부분 대주주 한 사람에 의하여 경영권이 지배된다. 하지만 가업이 승계되면서 점차적으로 가업기업은 여러 주주에 의하여 주식이 소유되기 마련이다. 이렇게 지분이 분산되는 경우 어떻게 주주 간의 이해관계를 어떻게 조절할 것인가가

지배구조 관리의 관건이다. 이를 위한 시스템으로 주주협약서를 사용할 수 있다.

1840년대에 창업한 명품 기업 에르메스는 가족 주주들 간에 합의한 주주협약서를 가지고 있다. 동 협약서에는 의결권이 있는 주식은 가족들만 소유하도록 하여 주식의 매각은 반드시 가족에게만 하여야 하며 이혼 등으로 인해 가족관계가 단절된 사람은 주식을 보유할 수 없도록 하였다. 회사의 중요한 의사결정과 최고경영자 선임은 가족주주 75% 이상의 지지를 얻어야 하며, 이사회 의장은 가족위원회에서 선정한 이사회 멤버가 정하도록 하는 협약을 가지고 있다. 우리나라에도 가족 지분의 관리를 효과적으로 하는 사례가 있다. GS그룹은 형제간에 일정 지분만 보유하는 지배구조 시스템을 가지고 있다.

2.3 지배구조와 견제 시스템

독립 이사회

소유구조 이외에 중요한 요소로 들 수 있는 것은 이사회의 독립적 구성과 운영이다. 사실 우리나라에서 이사회는 활성화되지 못했고 무용지물로 전락하였다. 중소기업이나 중견기업은 물론 많은 대기업들도 이사회는 형식적인 역할만 하며 대부분 기업주가 모든 의사결정을 하고 있다. 그러나 선진국을 보면 이사회는 대부분 독립적인 기구이며 전문가나 다른 기업의 경영자가 참여하는 기구로서 지배주주로부터 독립적인 역할을 하고 있다. 법률상으로도 이사와 이사회는 많은 권한과 책임을 부여하고 있다. 이사회가 독립적인 기구로 제대로 역할을 하여야 그 핵심역할인 경영진 감독기능을 제대로 수행하며 전체주주의 이익을 대변할 수 있으며 결국 회사의 성장과 대주주의 이익이 될 수 있다. 이사회는 기업의 경영목표와 기본전략을 결정하는 기능도 가지지만 경영진 견제 기능이 더 중요하다.

감사와 견제

기업의 감사기구 등 내부 통제체제도 기업 지배구조의 주요 요소 중 하나이다. 경영진의 경영활동이 적법한 절차를 거쳐 합리적으로 경영되려면 이를 감시할 감사기구가 필요하다. 내부 감사기구는 경영주 및 대주주로부터 독립적으로 감사업무를 수행할 수 있어야 한다. 또한 외부감사도 형식적인 감사로만 남지 않고 적극적으로 기업이 감사기능으로 활용하여야 한다. 또한 기업은 주주, 채권자 등 이해관계자에 대하여 기업정보를 적극적으로 공개하여 투명한 경영으로 기업 경영의 위험을 줄이고 장기적으로 지속가능한 경영 시스템을 구축하여야 한다.

감사위원회를 통한 견제기능도 있다. 일본은 감사위원회를 3인 이상 이사로 구성하고, 그중 과반수는 사외이사로 구성한다. 하지만 이를 일반 이사와 분리해서 선출하지는 않는다. 감사위원 선임 때, 대주주 의결권을 제한하는 규정은 없다. 독일에서는 기업주가 우리나라의 감사위원회 역할에 해당하는 감독이사회(Aufsichtsrat)에 참여한다. 때로는 경영에 직접 참여하는 대신, '감시자' 역할에만 참여하여 전문 경영진을 감독만 한다.

2.4 지배구조와 순환출자

순환출자가 기업지배구조 논의의 이슈가 된 것은 의결권 괴리(separation of cash flow right and voting right) 때문이다. 1%로 99%를 지배하는 것에 대한 문제의식이다. 기업주가 직접 소유한 지분보다 더 많은 의결권을 행사하는 수단이 순환출자이다. 의결권 괴리가 문제되는 것은 그것이 기업주의 도덕적 해이를 낳아 경영성과를 떨어뜨린다는 우려 때문이다. 유럽연합은 한 때 1주1표 원칙을 의무화하려고 했지만 프랑스, 스페인, 스웨덴 같은 회원국이 지배구조는 기업의 자율에 맡기는 것이 효율적이라고 강력히 주장하면서 포기했다. 실증적 연구에서도 1주1표 채택 여부와 경영성과가 직접 관련이 없음이 확인되었던 사실도 작용했다. 차등의결권이 금지되지 않은 나라에서는 이를 활용해서 경영권을 유지하는 기업이 많다. 구글, 페이스북, 버크셔해서웨이, 알리바바도 차등의결권을 가지고 있다. 스웨덴, 프랑스, 스페인 같은 나라도 차등의결권이 빈번히 사용된다. 우리나라 기업이 순환출자를 택한 것은 차등의결권이 허용되지 않기 때문이다. 따라서 차등의결권이 한국에서도 허용되어야 한다.

순환출자란 모기업이 계열사에, 그 계열사가 다른 계열사에, 계열사가 모기업에 다시 출자하여 3개 회사 이상이 상호간에 출자하는 소유구조를 말한다. 순환출자를 법률로 차단하는 각국의 입법례는 대체로 없다. 그러나 우리나라에서는 경제력집중을 완화와 재벌의 소유구조 투명화를 위해서 상호출자제한 기업집단에 속하는 경우 '신규 순환출자'는 금지하고, 법 시행 이전의 기존 '순환출자'에 대해서는 3년간의 유예기간을 부여하여 이 기간 동안 순환출자를 해소토록 하고, 이 유예기간 경과 후에는 의결권 제한 및 공공발주 사업 참여시 감점 등 불이익을 부여하고 있다(공정거래법 제9조의 2).

2001년에는 「상법」 제342조의 2 제3항을 신설하여 세계적으로 유례가 없는 손자회사가 모회사의 주식을 취득하는 것을 금지시키는 순환출자 금지제도를 도입하였다. 즉 다른 회사의 발행주식 총수의 50%를 초과하는 주식을 가진 회사인 모회사의 주식은 자회사가 이를 취득할 수 없다. 다만, 주식의 포괄적 교환, 주식의 포괄적 이전, 회사의 합병 또는 다른 회사의 영업전부의 양수로 인한 때나 회사의 권리를 실행함에 있어 그 목적을 달성하기 위하여 필요한 때는 제외한다(상법 제342조의 2 제1항). 이 경우 자회사는 그 주식을 취득한 날로부터 6월 이내에 모회사의 주식을 처분하여야 한다(상법 제342조의 2 제2항). 다른 회사의 발행주식의 총수의 50%를 초과하는 주식을 모회사 및 자회사 또는 자회사가 가지고 있는 경우 그 다른 회사는 이 법의 적용에 있어 그 모회사의 자회사로 본다(상법 제342조의 2 제3항). 이를 위반한 자는 2천만 원 이하의 벌금에 처한다(상법 제625조의 2).

2002년 소주로 유명한 무학이 자회사를 통해 모회사 무학의 주식을 취득하여 언론에 보도된 적이 있다. 취득의 목적은 경영권 안정이었지만 법령을 위반하였는지에 대하여 논란이 일어났고 회사 측은 가급적 이른 시일 내에 처분 등의 조치를 취할 계획이라고 발표했다.

상호출자 또는 순환출자에 대한 찬반논란도 많다. 반대 측은 대주주가 적은 지분으로 과도한 경영권을 행사하며 기업의 폐해가 나타난다고 주장하지만 반대로 이를 지지하는 측은 제한하면 국내 대표 대기업들의 의결권이 대폭 축소돼 그룹 유지가 어렵다고 비판한다. 순환출자 해소 및 경영권 방어를 위해 대규모 자본이 소요되면 투자가 위축되고 결국 국내 기업의 경쟁력 약화를 낳을 수 있다는 주장이다. 순환출자를 해소하려면 경영권 방어를 위한 장치가 필요하고 이를 해소하는 과정에서 적대적 M&A에 노출될 수 있다.

3 가업의 지주회사 관리

3.1 지주회사의 의의

의의

기업이 성장하면서 사업 영역을 확장하고, 그 영역이 넓어지고 사업 간의 독립성이 중요해지는 경우는 사업부들을 별도 회사로 분리시켜 경영을 하게 된다. 이렇게 독립된 회사들을 전체적으로 소유하고 관리하는 회사가 지주회사(Holding Company)이다. 지주회사(Holding Company)란 종속회사, 자회사 등을 지배하기 위해 그 회사의 주식을 소유함으로써 지배관계를 형성하는 (모)회사를 말한다. 지주회사는 종속회사 내지는 자회사의 지배의 목적으로 하여 설립 운영된다. 지주회사는 넓은 의미로는 지배회사 또는 모회사와 같은 뜻으로도 사용된다.

지주회사를 만드는 것은 여러 가지 목적이 있다. 우선 전략적 경영 기능과 사업 기능을 분리하는 목적이다. 지주회사 구조는 사업부 실적 평가를 하는 것이 용이하게 만든다. 별도의 자회사로 분리하면 자회사의 실적을 객관적으로 평가할 수 있다. 지주회사의 장점은 무엇보다 기업 구조조정에 유리하다는 것이다. 사업부문을 분사시켜 자회사로 만들고 지주회사가 되면 쪼개서 매각하기가 훨씬 쉽다. 투자를 유치하기도 좋다. 비슷한 업종의 계열사들을 통합 관리할 수 있어 경영효율도 높일 수 있다.

지주회사로의 전환은 가업승계 목적인 경우도 있다. SK, LG, 한진, 두산 등 대기업 그룹사들이 지주회사로 전환되었고 중견 상장기업들도 지주회사를 설립하고 있다. 샘표식품, 일동제약 등이 인적·물적 분할을 통한 지주회사로 전환했다. 지주회사로 전환하는 것은 가업승계가 목적인 경우도 있고 세제혜택 때문이기도 하다. 기업들은 지주사 전환 시 보통 인적 분할 방식을 이용한다. 인적분할 후 최대주주는 경영권을 확보하기 위해 사업회사 지분을 팔아 지주회사 지분을 사들이는 것이다.

지주회사는 그룹 전체가 하나로 운영하면서 서로 다른 기업문화가 유지될 수 있는 장점을 갖고 있다. 기업을 인수하는 경우 합병으로 인한 갈등을 해소하고 자회사의 독립적인 경영과 사업전문성을 유지하면서, 중복투자를 막을 수 있다. 지주회사는 순수하게 자회사를 지배하는 것을 목적으로 하므로 지주회사의 지배활동이 잘못하면 자회사의 사업활동에 제한을 줄 수 있음을 유의하여야 한다.

지주회사에는 '순수지주회사'와 '사업지주회사' 두 가지 유형이 있다. 순수지주회사는 다른 회사를 지배, 관리하는 것을 유일한 설립목적으로 한다. 반면 사업지주회사는 다른 회사를 지배하면서 자체 사업을 하는 회사다. 보통 지주회사라고 하면 순수지주회사를 말한다.

우리나라는 지주회사제도가 경제력 집중의 수단으로 악용될 수 있다는 이유로 1987년 이후 이를 전면적으로 금지시켰다. 그러나 1998년 「공정거래법」을 개정함으로써 1999년부터 허용하기 시작했다. 「공정거래법」상 지주회사가 되려면 자산총액 1,000억 원 이상, 자산총액 중 자회사 주식가액 합계의 비율이 50% 이상 돼야 한다. 또 부채비율은 200% 미만이어야 한다. 지주회사가 빚을 내서 다른 계열사를 지배하는 것은 허용하지 않겠다는 것이 법의 취지이다.

▲▼ 해외의 사례

지주회사의 가장 좋은 예가 GE(제너럴 일렉트릭)이다. GE는 그룹 차원의 핵심 결정은 지주회사의 이사회가 내린다. 그리고 여기에 속한 '그룹사지원조직'은 법무 · 인사 · 재무 · 사업개발 등과 관련해 각 계열사가 원하는 업무를 지원한다. GE는 거의 모든 사업에 진출해 있고 이런 사업들을 가장 잘 관리하고 있는 기업이다. 이러한 성장의 뒤에는 기업을 인수할 때 자금조달의 역할을 하는 GE 캐피털이 있다. 미국의 시티 코프(CITI CORP.)도 은행과 증권회사 등을 자회사로 거느린 대표적인 순수지배회사로 꼽힌다.

금융지주회사는 주식소유를 통해 타 기업의 경영지배만을 목적으로 하는 회사로 금융업에서 순수지주회사의 대표적 유형으로는 미국의 은행지주회사다. 지주회사는 독자사업부문을 가지지 않고 전략수립 등과 같은 본사기능만을 가지는 경우가 많다. 미국 금융지주회사의 경우 리드뱅크라 불리는 핵심 금융 자회사가 존재하는데 시티(CITI)사의 경우 시티뱅크(CITI BANK)가 이에 해당하며 이 은행만이 해외지점을 가지고 있다. 리드뱅크를 포함한 각 자회사 그룹에 경영책임자를 배치해서 일상 업무를 관리하도록 하고 지주회사 최고 책임자는 경영방침의 결정과 경영전략 수립에 전념하도록 하고 있다.

미국의 경우 지주회사의 자회사들은 독립적으로 경영된다. 지주회사는 자회사 주식을 대부분 100% 소유하고 있다. 미국 지주회사의 자회사에 대한 지분율은 대부분 100%이고 자회사들은 모두 비상장이고 지주회사만 주식시장에 상장기업이지만 한국 지주회사의 자회사에 대한 지분율은 최소한 20%만 넘으면 되기 때문에 100% 자회사는 많지 않다. 우리나라에서는 지주회사의 자회사이지만 상장된 경우도 있다. 지주회사가 자본시장에서 조달한 자금을 자회사에 자본금으로 공급한다. 또 대부분의 지주회사그룹은 3~4개 핵심주력업종에 전문화돼 있다. 포드는 자동차, P&G는 생활용품, 모빌은 석유, 펩시는 식음료에 특화 하는 식이다. 예외적으로 GE는 전기, 전자, 석유화학, 발전, 금융, 위성통신서비스, 언론 등 다각화 경영을 펼치고 있다. 이들은 철저하게 수익성에 따라 평가받고 전문경영인에 의해 경영된다.

영국과 독일 역시 지주회사가 자회사 주식을 100% 소유하는 것이 일반적이다. 독일은 특별히 순수지주회사 경영방식이 보편적이다. 독일의 특별한 점은 지주회사 주식을 대부분 은행이 보유하고 있다는 것이다. 금융자본이 산업자본 우위에 서 있는 것은 독일 경제의 역사적 전통이기도 하다. 유럽 국가 중 프랑스가 한국과 유사하게 자회사가 주식시장에 상장돼 있는 경우가 많다.

국내의 사례

우리나라에서는 대표적으로 한솔그룹이 지주회사로서 역사를 가지고 있다. 1965년 삼성그룹은 세한제지를 인수하여 1968년 전주제지로 이름을 바꿨고 1972년 삼성그룹 최초로 한국증권거래소에 상장했다. 1991년 한솔그룹은 삼성그룹에서 분리되었다. 2013년부터 지배구조 개선을 추진했다. 한솔그룹은 복잡한 순환출자 구조를 한솔홀딩스를 지주회사로 한 '지주회사, 자회사, 손자회사' 체제로 단순화하였다. 계열사의 투자부문과 사업부문을 인적 분할하고 지주사 또는 자회사끼리 합병하는 방식을 사용했다.

3.2 지주회사의 설립과 법률

개요

2001년 「상법」이 개정되면 주식의 포괄적 교환과 포괄적 이전제도가 도입되어 기업의 지배구조를 개선하고 구조조정을 촉진할 수 있는 근거를 제공했다. 이를 통해 다른 회사 주식을 전부 보유하는 지주회사를 만들 수 있다. 주식교환은 기존 회사 간에 완전모회사인 지주회사와 완전자회사인 계열사가 관계를 설정하는 것이고 주식이전은 새로운 모회사를 설립하는 방식이다. 참고로 일정 규모 이상의 기업은 「독점규제 및 공정거래에 관한 법률」의 규제도 받으므로 참조해야 한다.

우리나라에서 대부분의 지주회사는 2단계 과정을 거쳐 지주회사로 전환됐다. 1단계는 기존 기업을 지주회사가 될 회사와 사업을 영위하는 자회사가 될 회사를 인적 분할하고, 2단계는 지주회사가 자회사 지분을 공개 매수(출자를 통한 주식교환)해 자회사로 만드는 것이다.

기업 분할에는 인적 분할과 물적 분할 두 가지 방식이 있다. 인적 분할은 한 회사를 분리해서 기존 회사와 주주 구성이 동일한 회사를 새로 설립하는 것이다. 2011년 신세계그룹은 신세계에서 이마트를 인적 분할해 신설했다. 분할 목적은 이마트는 대형마트, 신세계는 백화점 사업으로 분리해 전문성·경쟁력을 높이고, 독립경영·책임경영을 강화하기 위한 것이었다. 물적 분할은 분할 신설되는 회사 지분 100%를 기존 회사가 보유해 자회사로 편입되는 것을 말한다. 물적 분할은 구조조정을 목적으로 이뤄지는 경우가 많아 실적이 나쁜 사업 부문을 떼어서 매각을 시도한다.

인적 분할은 하나의 회사를 두 회사로 나누는 것으로 그 주주 구성은 똑같다. 인적분할로 그룹의 주력 기업을 인적분할한 뒤 그룹 주력기업의 대주주는 보유 중이던 분할 전 주력기업 주식을 신설된 분할회사(지주회사)에 현물출자하고 그 대가로 신주를 배정받아 지주회사 대주주의 지위를 확보한다. 동시에 신설된 분할회사는 그룹 주력기업 대주주로부터 분할 전 주력기업 주식을 현물출자 받음으로써 분할 전 회사의 모회사(지주회사)가 된다. 지주사 전환을 위해 인적 분할을 활용하여 자사주를 활용해 지배력을 강화할 수도 있다. 과거 삼성전자는 지주회사 전환을 시도하다가 비판이 일자 10%가 넘는 자사주를 전량 소각했다. 만약 삼성전자가 인적 분할을 했다면 기존 법인인 삼성전자 지주사와 신설 법인인 사업회사 삼성전자로 분리되었을 것이다. 인적 분할에 따라 기존 지분율대로 신설 회사의 주식을 배정받게 되므로, 존속법인인 지주사는 보유한 자사주 지분율만큼 지분을 확보하여 자회사 지배력도 유지할 수 있었다. 롯데그룹도 롯데제과 등 4개 사를 주축으로 지주사 체제로 전환하기로 하면서 자사주를 활용하였고 4개 사를 투자회사와 사업회사로 분할한 후 투자 회사들을 통합해 지주사를 만들겠다는 계획이었다.

포괄적 교환에 의한 설립

① 개요

회사는 주식의 포괄적 교환에 의하여 다른 회사의 발행주식의 총수를 소유하는 완전모회사가 될 수 있다. 이 경우 그 다른 회사를 완전자회사라 한다(상법 제360조의 2 제1항). 주식의 포괄적 교환에 의하여 완전자회사가 되는 회사의 주주가 가지는 그 회사의 주식은 주식을 교환하는 날에 주식교환에 의하여 완전모회사가 되는 회사에 이전하고, 그 완전자회사가 되는 회사의 주주는 그 완전모회사가 되는 회사가 주식교환을 위하여 발행하는 신주의 배정을 받거나 그 회사 자기주식의 이전을 받음으로써 그 회사의 주주가 된다(상법 제360조의 2 제1항).

② 모회사 임원의 임기

주식교환에 의하여 완전모회사가 되는 회사의 이사 및 감사로서 주식교환 전에 취임한 자는 주식교환계약서에 다른 정함이 있는 경우를 제외하고는 주식교환 후 최초로 도래하는 결산기에 관한 정기총회가 종료하는 때에 퇴임한다(상법 제360조의 13). 즉 완전모회사로 개편되면 다시 임원을 선임하는 것이다.

③ 교환을 위한 모회사의 자기주식 취득

완전자회사가 되는 회사의 주주에게 제공하는 재산이 완전모회사가 되는 회사의 모회사 주식을 포함하는 경우에는 완전모회사가 되는 회사는 그 지급을 위하여 그 모회사의 주식을 취득할 수 있다(상법 제360조의 3 제6항). 완전모회사가 되는 회사는 이렇게 취득한 그 회사의 모회사 주식을 주식교환 후에도 계속 보유하고 있는 경우 주식교환의 효력이 발생하는 날부터 6개월 이내에 그 주식을 처분하여야 한다(상법 제360조의 3 제7항). 이를 위반한 자는 2천만 원 이하의 벌금에 처한다(상법 제625조의 2).

④ 모회사 자본금 증가의 한도

완전모회사가 되는 회사의 자본금을 증자하는 금액에는 한도가 있다. 그 한도금액은 주식교환의 날에 완전자회사가 되는 회사에 현존하는 순자산액에서 완전자회사가 되는 회사의 주주에게 제공할 금전이나 그 밖의 재산의 가액과 완전자회사가 되는 회사의 주주에게 이전하는 자기주식의 장부가액의 합계액을 뺀 금액을 초과하여 증가시킬 수 없다(상법 제360조의 7 제1항). 예를 들어 완전자회사의 순자산이 백억 원이고 완전자회사

주주에게 현금 50억 원, 보유주식 20억(장부가액)을 지급하는 경우 증자로 지급하는 주식은 30억 원이 한도이다. 결국 완전자회사의 순자산이 지급할 수 있는 최대금액이고 보유주식의 장부가액이 변수이다.

완전모회사가 되는 회사가 주식을 교환하기 이전에 완전자회사가 되는 회사의 주식을 이미 소유하고 있는 경우에는 완전모회사가 되는 회사의 자본금은 주식교환의 날에 완전자회사가 되는 회사에 현존하는 순자산액에 그 회사의 발행주식 총수에 대한 주식교환으로 인하여 완전모회사가 되는 회사에 이전하는 주식의 수의 비율을 곱한 금액에서 완전자회사가 되는 회사의 주주에게 제공할 금전이나 그 밖의 재산의 가액과 완전자회사가 되는 회사의 주주에게 이전하는 자기주식의 장부가액의 합계액을 뺀 금액의 한도를 초과하여 이를 증가시킬 수 없다(상법 제360조의 7 제2항). 위의 예에서 완전모회사가 완전자회사의 주식을 이미 20% 보유하고 있다고 가정하자. 완전자회사의 순자산이 백억 원이므로 그 80%인 80억 원에서 완전자회사 주주에게 현금 50억 원, 보유주식 20억(장부가액)을 지급하는 경우 증자로 지급하는 주식은 10억 원이 한도이다.

⑤ 간이주식 교환의 이사회 승인

완전자회사가 되는 회사의 총주주의 동의가 있거나 그 회사의 발행주식 총수의 90% 이상을 완전모회사가 되는 회사가 소유하고 있는 때에는 완전자회사가 되는 회사의 주주총회의 승인은 이를 이사회의 승인으로 갈음할 수 있다(상법 제360조의 9 제1항). 이 경우에는 완전자회사가 되는 회사는 주식교환계약서를 작성한 날부터 2주 내에 주주총회의 승인을 얻지 아니하고 주식교환을 한다는 뜻을 공고하거나 주주에게 통지하여야 한다. 다만, 총주주의 동의가 있는 때에는 그러하지 아니하다(상법 제360조의 9 제2항).

⑥ 소규모 주식교환의 이사회 승인

완전모회사가 되는 회사가 주식교환을 위하여 발행하는 신주 및 이전하는 자기주식의 총수가 그 회사의 발행주식 총수의 10%를 초과하지 아니하는 경우에는 그 완전모회사에서의 주주총회의 승인은 이를 이사회의 승인으로 갈음할 수 있다. 다만, 완전자회사가 되는 회사의 주주에게 제공할 금전이나 그 밖의 재산을 정한 경우에 그 금액 및 그 밖의 재산의 가액이 완전모회사의 최종 대차대조표에 의하여 완전모회사가 되는 회사에 현존하는 순자산액의 5%를 초과하는 때에는 그러하지 아니하다(상법 제360조의 10 제1항).

이 경우 주식교환계약서에 완전모회사가 되는 회사에 관하여는 제360조의 3 제1항의 규정에 의한 주주총회의 승인을 얻지 아니하고 주식교환을 할 수 있는 뜻을 기재하여야 한다(상법 제360조의 10 제3항).

완전모회사가 되는 회사는 주식교환계약서를 작성한 날부터 2주 내에 완전자회사가 되는 회사의 상호와 본점, 주식교환을 할 날 및 주주총회의 승인을 얻지 아니하고 주식교환을 한다는 뜻을 공고하거나 주주에게 통지하여야 한다(상법 제360조의 10 제4항). 이 경우에 완전모회사가 되는 회사에 관하여 서류비치 의무를 적용할 때 '주주총회의 회일의 2주 전' 및 '주주총회의 회일'은 각각 '공고 또는 통지의 날'로 한다(상법 제360조의 10 제6항).

반대주주 주식매수청구권은 적용하지 아니한다(상법 제360조의 10 제7항). 다만, 완전모회사가 되는 회사의 발행주식 총수의 20% 이상에 해당하는 주식을 가지는 주주가 공고 또는 통지를 한 날부터 2주 내에 회사에 대하여 서면으로 동 주식교환에 반대하는 의사를 통지한 경우에는 소규모 주식교환에 따른 주식교환을 할 수 없다(상법 제360조의 10 제5항).

⑦ 자회사의 승인절차

주식교환에 의하여 완전자회사가 되는 회사는 주주총회에서 승인을 한 때에는 승인을 한 뜻, 주식교환의 날의 전날까지 주권을 회사에 제출하여야 한다는 뜻, 주식교환의 날에 주권이 무효가 된다는 뜻을 주식교환의 날 1월 전에 공고하고, 주주명부에 기재된 주주와 질권자에 대하여 따로 따로 그 통지를 하여야 한다(상법 제360조의 8 제1항). 구주권을 회사에 제출할 수 없는 자가 있는 때에는 회사는 그 자의 청구에 의하여 3월 이상의 기간을 정하고 이해관계인에 대하여 그 주권에 대한 이의가 있으면 그 기간 내에 제출할 뜻을 공고하고 그 기간이 경과한 후에 신주 권을 청구자에게 교부할 수 있다(상법 제360조의 8 제2항, 상법 제442조 제1항). 공고의 비용은 청구자의 부담으로 한다(상법 제360조의 8 제2항, 상법 제442조 제2항).

⑧ 주주총회 서면의 공개

이사는 동 주주총회의 회일의 2주 전부터 주식교환의 날 이후 6월이 경과하는 날까지 주식교환계약서, 완전모회사가 되는 회사가 주식교환을 위하여 신주를 발행하거나 자기주식을 이전하는 경우에는 완전자회사가 되는 회사의 주주에 대한 신주의 배정 또는 자기주식의 이전에 관하여 그 이유를 기재한 서면, 주주총회의 회일(제360조의 9의 규정에 의한 간이주식교환의 경우에는 동조 제2항의 규정에 의하여 공고 또는 통지를 한 날) 전 6월 이내의 날에 작성한 주식교환을 하는 각 회사의 최종 대차대조표 및 손익계산서를 본점에 비치하여야 한다(상법 제360조의 4 제1항). 주주는 영업시간 내에 열람 또는 등사를 청구할 수 있다(상법 제360조의 4 제1항). 주식교환은 완전모회사와 자회사 주주구성의 변동만 있을 뿐 회사재산이 변동하는 것이 아니므로 채권자에게는 이러한 권리가 없다.

⑨ 주주총회의 통지

이사회결의로 하는 경우를 제외하고, 회사는 동 주식교환을 하는 경우 주주총회 특별결의를 하여야 하며 동 주주총회를 통지할 때에는 주식교환계약서의 주요내용, 주식매수청구권의 내용 및 행사방법, 일방회사의 정관에 주식의 양도에 관하여 이사회의 승인을 요한다는 뜻의 규정이 있고 다른 회사의 정관에 그 규정이 없는 경우 그 뜻을 통지하여야 한다(상법 제360조의 3 제4항).

⑩ 전원동의를 받는 경우

동 주식교환으로 인하여 주식교환에 관련되는 각 회사의 주주의 부담이 가중되는 경우에는 주주총회 특별결의 및 종류 주주총회의 결의 외에 그 주주 전원의 동의가 있어야 한다(상법 제360조의 3 제5항). 주식교환을 하고자 하는 회사는 주식교환계약서를 작성하여 주주총회의 특별결의에 의하여 승인을 얻어야 한다(상법 제360조의 3 제1항 · 제2항).

⑪ 주식교환계약서

주식교환계약서에는 완전모회사가 되는 회사가 주식교환으로 인하여 정관을 변경하는 경우에는 그 규정, 완전모회사가 되는 회사가 주식교환을 위하여 신주를 발행하거나 자기주식을 이전하는 경우에는 발행하는 신주 또는 이전하는 자기주식의 총수 · 종류, 종류별 주식의 수 및 완전자회사가 되는 회사의 주주에 대한 신주의 배정 또는 자기주식의 이전에 관한 사항, 완전모회사가 되는 회사의 자본금 또는 준비금이 증가하는 경우에는 증가할 자본금 또는 준비금에 관한 사항, 완전자회사가 되는 회사의 주주에게 그 대가의 전부 또는 일부로서 금전이나 그 밖의 재산을 제공하는 경우에는 그 내용 및 배정에 관한 사항, 각 회사가 주주총회 특별결의를 할 주주총회의 기일, 주식교환을 할 날, 각 회사가 주식교환을 할 날까지 이익배당을 할 때에는 그 한도액, 완전모회사가 되는 회사에 취임할 이사와 감사 또는 감사위원회의 위원을 정한 때에는 그 성명 및 주민등록번호를 기재한다(상법 제360조의 3 제3항).

주식의 포괄적 주식교환계약을 체결하면서 허위 계상한 회계자료를 평가기관에 제공하는 방법으로 회사의 주식가치가 과대평가되도록 하여 주식교환비율을 정하는 경우 「특정경제범죄 가중처벌 등에 관한 법률 위반」의 배임으로 처벌될 수 있다(대법원 2012.11.15. 선고, 2010도11382 판결).

⑫ 주식매수의 청구

주주총회의 특별결의에 의한 승인사항에 관하여 이사회의 결의가 있는 때에 그 결의에 반대하는 주주(의결권이 없거나 제한되는 주주를 포함)는 주주총회 전에 회사에 대하여 서면으로 그 결의에 반대하는 의사를 통지한 경우에는 그 총회의 결의일부터 20일 이내에 주식의 종류와 수를 기재한 서면으로 회사에 대하여 자기가 소유하고 있는 주식의 매수를 청구할 수 있다(상법 제360조의 5 제1항). 간이주식교환의 경우에 그 공고 또는 통지를 한 날부터 2주 내에 회사에 대하여 서면으로 주식교환에 반대하는 의사를 통지한 주주는 그 기간이 경과한 날부터 20일 이내에 주식의 종류와 수를 기재한 서면으로 회사에 대하여 자기가 소유하고 있는 주식의 매수를 청구할 수 있다(상법 제360조의 5 제2항).

동 청구를 받으면 해당 회사는 매수 청구 기간이 종료하는 날부터 2개월 이내에 그 주식을 매수하여야 한다(상법 제360조의 5 제3항, 상법 제374조의 2 제2항). 주식의 매수가액은 주주와 회사 간의 협의에 의하여 결정한다(상법 제360조의 5 제3항, 상법 제374조의 2 제3항). 매수청구기간이 종료하는 날부터 30일 이내에 협의가 이루어지지 아니한 경우에는 회사 또는 주식의 매수를 청구한 주주는 법원에 대하여 매수가액의 결정을 청구할 수 있다(상법 제360조의 5 제3항, 상법 제374조의 2 제4항). 법원은 주식의 매수가액을 결정하는 경우에는 회사의 재산상태 그 밖의 사정을 참작하여 공정한 가액으로 이를 산정한다(상법 제360조의 5 제3항, 상법 제374조의 2 제5항).

⑬ 주식의 교부

교환에 적당하지 아니한 수의 주식이 있는 때에는 그 적당하지 아니한 부분에 대하여 발행한 신주를 경매하여 각 주수에 따라 그 대금을 종전의 주주에게 지급하여야 한다. 그러나 거래소의 시세 있는 주식은 거래소를 통하여 매각하고, 거래소의 시세가 없는 주식은 법원의 허가를 받아 경매외의 방법으로 매각할 수 있다. 이 경우 구 주권을 회사에 제출할 수 없는 자가 있는 때에는 회사는 그 자의 청구에 의하여 3월 이상의 기간을 정하고 이해관계인에 대하여 그 주권에 대한 이의가 있으면 그 기간 내에 제출할 뜻을 공고하고 그 기간이 경과한 후에 신주 권을 청구자에게 교부할 수 있다. 공고의 비용은 청구자의 부담으로 한다(상법 제360조의 11 제1항, 상법 제443조, 상법 제442조).

주식교환의 경우에 완전자회사가 되는 회사의 주식을 목적으로 하는 질권의 경우 주주가 받을 금전이나 주식에 대하여도 종전의 주식을 목적으로 한 질권을 행사할 수 있다(상법 제360조의 11 제2항, 상법 제39조). 또한 주식을 질권의 목적으로 한 경우에 회사가 질권 설정자의 청구에 따라 그 성명과 주소를 주주명부에 덧붙여 쓰고 그 성명을 주권에 적은 경우에는 질권자는 주식의 교부를 청구할 수 있다(상법 제360조의 11 제2항, 상법 제340조 제3항).

⑭ 서류의 비치

이사는 주식교환의 날, 주식교환의 날 기준 완전자회사가 되는 회사에 현존하는 순자산액, 주식교환으로 인하여 완전모회사에 이전한 완전자회사의 주식의 수, 그 밖의 주식교환에 관한 사항을 기재한 서면을 주식교환의 날부터 6월간 본점에 비치하여야 한다(상법 제360조의 12 제1항). 주주는 영업시간 내에 동 서면의 열람 또는 등사를 청구할 수 있다(상법 제360조의 12 제2항, 상법 제391조의 3).

⑮ 주식교환 무효소송

주식교환의 무효는 각 회사의 주주, 이사, 감사, 감사위원회의 위원 또는 청산인에 한하여 주식교환의 날부터 6월내에 소만으로 이를 주장할 수 있다(상법 제360조의 14 제1항). 소가 제기된 때에는 회사는 지체 없이 공고하여야 한다(상법 제360조의 14 제4항, 상법 제187조). 주주가 소를 제기한 때에는 법원은 회사의 청구에 의하여 상당한 담보를 제공할 것을 명할 수 있다. 그러나 그 주주가 이사 또는 감사인 때에는 그러하지 아니하다(상법 제360조의 14 제4항, 상법 제377조 제1항). 회사가 담보의 청구를 함에는 이해관계인의 청구가 악의임을 소명하여야 한다(상법 제360조의 14 제4항, 상법 제377조 제2항, 상법 제176조 제2항).

동 소송은 완전모회사가 되는 회사의 본점소재지의 지방법원의 관할에 전속한다(상법 제360조의 14 제2항). 수개의 소가 제기된 때에는 법원은 이를 병합심리 한다(상법 제360조의 14 제4항, 상법 제188조). 소가 그 심리 중에 원인이 된 하자가 보완되고 회사의 현황과 제반사정을 참작하여 무효 또는 취소하는 것이 부적당하다고 인정한 때에는 법원은 그 청구를 기각할 수 있다(상법 제360조의 14 제4항, 상법 제189조).

주식교환을 무효로 하는 판결이 확정된 때에는 완전모회사가 된 회사는 주식교환을 위하여 발행한 신주 또는 이전한 자기주식의 주주에 대하여 그가 소유하였던 완전자회사가 된 회사의 주식을 이전하여야 한다(상법 제360조의 14 제3항). 회사는 지체 없이 그 뜻과 일정한 기간 내에 신주의 주권을 회사에 제출할 것을 공고하고 주주명부에 기재된 주주와 질권자에 대하여는 각별로 그 통지를 하여야 한다. 그러나 그 기간은 3월 이상으로 하여야 한다(상법 제360조의 14 제4항, 상법 제431조 제2항). 판결이 확정된 때에는 신주는 장래에 대하여 그 효력을 잃는다(상법 제360조의 14 제4항, 상법 제431조 제1항). 소의 판결은 제3자에 대하여도 그 효력이 있다(상법 제360조의 14 제4항, 상법 제190조). 판결이 확정된 때에는 본점과 지점의 소재지에서 등기하여야 한다(상법 제360조의 14 제4항, 상법 제192조). 소를 제기한 자가 패소한 경우에 악의 또는 중대한 과실이 있는 때에는 회사에 대하여 연대하여 손해를 배상할 책임이 있다(상법 제360조의 14 제4항, 상법 제191조).

동 판결이 난 경우 이로 인하여 종전의 주주가 받을 금전이나 주식에 대하여도 종전의 주식을 목적으로 한 질권을 행사할 수 있다(상법 제360조의 14 제4항, 상법 제339조). 질권자는 회사에 대하여 주식에 대한 주권의 교부를 청구할 수 있다(상법 제360조의 14 제4항, 상법 제340조 제3항).

포괄적 이전에 의한 설립

① 개요

완전자회사의 주주가 주식 전부를 완전모회사에 주고 완전모회사가 발행한 신주를 받아 완전모회사의 주주가 되는 것이 포괄적 이전이다. 회사는 주식의 포괄적 이전에 의하여 완전모회사를 설립하고 완전자회사가 될 수 있다(상법 제360조의 15 제1항). 즉 주식이전에 의하여 완전자회사가 되는 회사의 주주가 소유하는 그 회사의 주식은 주식이전에 의하여 설립하는 완전모회사에 이전하고, 그 완전자회사가 되는 회사의 주주는 그 완전모회사가 주식이전을 위하여 발행하는 주식의 배정을 받음으로써 그 완전모회사의 주주가 된다(상법 제360조의 15 제2항).

② 자본금 한도

설립하는 완전모회사의 자본금은 주식이전의 날에 완전자회사가 되는 회사에 현존하는 순자산액에서 그 회사의 주주에게 제공할 금전 및 그 밖의 재산의 가액을 뺀 액을 초과하지 못한다(상법 제360조의 18). 완전자회사의 순 재산에 해당하는 금액만큼만 완전모회사의 주식을 받을 수 있으므로 자회사의 가치를 수익가치로 평가하지 않으며 순자산 가치로 평가한다.

③ 주주의 승인

주식이전을 하고자 하는 회사는 주식이전계획서를 작성하여 주주총회의 특별결의에 의한 승인을 받아야 한다(상법 제360조의 16 제1항 · 제2항). 계획서에는 설립하는 완전모회사의 정관의 규정, 설립하는 완전모회사가 주식이전에 있어서 발행하는 주식의 종류와 수 및 완전자회사가 되는 회사의 주주에 대한 주식의 배정에 관한 사항, 설립하는 완전모회사의 자본금 및 자본준비금에 관한 사항, 완전자회사가 되는 회사의 주주에게 금전이나 그 밖의 재산을 제공하는 경우에는 그 내용 및 배정에 관한 사항, 주식이전을 할 시기, 완전자회사가 되는 회사가 주식이전의 날까지 이익배당을 할 때에는 그 한도액, 설립하는 완전모회사의 이사와 감사 또는 감사위원회의 위원의 성명 및 주민등록번호, 회사가 공동으로 주식이전에 의하여 완전모회사를 설립하는 때에는 그 뜻을 기재한다(상법 제360조의 16 제1항).

회사는 동 주식이전을 하는 경우 주주총회 특별결의를 하여야 하며 동 주주총회를 통지할 때에는 주식이전계약서의 주요내용, 주식매수청구권의 내용 및 행사방법, 일방회사의 정관에 주식의 양도에 관하여 이사회의 승인을 요한다는 뜻의 규정이 있고 다른 회사의 정관에 그 규정이 없는 경우 그 뜻을 통지하여야 한다(상법 제360조의 16 제3항, 상법 제360조의 3 제4항).

주식이전으로 인하여 주식이전에 관련되는 각 회사의 주주의 부담이 가중되는 경우에는 주주총회의 특별결의 및 종류주주총회의 결의 외에 그 주주 전원의 동의가 있어야 한다(상법 제360조의 16 제4항).

④ 서류의 비치

주식의 포괄적 교환과 같다(상법 제360조의 22, 상법 제360의 12).

⑤ 주식매수의 청구

주식교환과 같다(상법 제360조의 22, 상법 제360의 5).

⑥ 주권의 실효절차

주식이전에 의하여 완전자회사가 되는 회사는 주주총회의 특별결의를 한 때에는 이를 공고하고, 주주명부에 기재된 주주와 질권자에 대하여 따로 따로 그 통지를 하여야 한다. 공고사항에는 주주총회의 결의를 한 뜻, 1월을 초과하여 정한 기간 내에 주권을 회사에 제출하여야 한다는 뜻, 주식이전의 날에 주권이 무효가 된다는 뜻이다(상법 제360조의 19 제1항).

⑦ 주식의 교부

주식의 포괄적 교환과 같다(상법 제360조의 22, 상법 제360의 11).

⑧ 주식의 이전과 등기

구 주권을 회사에 제출할 수 없는 자가 있는 때에는 회사는 그 자의 청구에 의하여 3월 이상의 기간을 정하고 이해관계인에 대하여 그 주권에 대한 이의가 있으면 그 기간 내에 제출할 뜻을 공고하고 그 기간이 경과한 후에 신 주권을 청구자에게 교부할 수 있다(상법 제360조의 19 제2항, 상법 제442조 제1항). 공고의 비용은 청구자의 부담으로 한다(상법 제360조의 19 제2항, 상법 제442조 제2항).

주식이전을 한 때에는 설립한 완전모회사의 본점의 소재지에서는 2주내에, 지점의 소재지에서는 3주내에 제317조 제2항에서 정하는 사항을 등기하여야 한다(상법 제360조의 20). 동 등기를 함으로써 주식이전은 그 효력이 발생한다(상법 제360조의 21).

⑨ 주식이전 무효소송

주식이전의 무효는 각 회사의 주주, 이사, 감사, 감사위원회의 위원 또는 청산인에 한하여 주식이전의 날부터 6월내에 소만으로 이를 주장할 수 있다(상법 제360조의 23 제1항). 동 소송은 완전모회사가 되는 회사의 본점소재지의 지방법원의 관할에 전속한다(상법 제360조의 23 제2항).

주식이전을 무효로 하는 판결이 확정된 때에는 완전모회사가 된 회사는 주식이전을 위하여 발행한 주식의 주주에 대하여 그가 소유하였던 완전자회사가 된 회사의 주식을 이전하여야 한다(상법 제360조의 23 제3항).

소가 제기된 때에는 회사는 지체 없이 공고하여야 한다(상법 제360조의 23 제4항, 상법 제187조). 주주가 소를 제기한 때에는 법원은 회사의 청구에 의하여 상당한 담보를 제공할 것을 명할 수 있다. 그러나 그 주주가 이사 또는 감사인 때에는 그러하지 아니하다(상법 제360조의 23 제4항, 상법 제377조 제1항). 회사가 담보의 청구를 함에는 이해관계인의 청구가 악의임을 소명하여야 한다(상법 제360조의 23 제4항, 상법 제377조 제2항, 상법 제176

조 제2항).

수개의 소가 제기된 때에는 법원은 이를 병합심리 한다(상법 제360조의 23 제4항, 상법 제188조). 소가 그 심리 중에 원인이 된 하자가 보완되고 회사의 현황과 제반사정을 참작하여 무효 또는 취소하는 것이 부적당하다고 인정한 때에는 법원은 그 청구를 기각할 수 있다(상법 제360조의 23 제4항, 상법 제189조).

소의 판결은 제3자에 대하여도 그 효력이 있다(상법 제360조의 23 제4항, 상법 제190조). 판결이 확정된 때에는 본점과 지점의 소재지에서 등기하여야 한다(상법 제360조의 23 제4항, 상법 제192조).

소를 제기한 자가 패소한 경우에 악의 또는 중대한 과실이 있는 때에는 회사에 대하여 연대하여 손해를 배상할 책임이 있다(상법 제360조의 23 제4항, 상법 제191조).

동 판결이 난 경우 이로 인하여 종전의 주주가 받을 금전이나 주식에 대하여도 종전의 주식을 목적으로 한 질권을 행사할 수 있다(상법 제360조의 23 제4항, 상법 제339조). 질권자는 회사에 대하여 주식에 대한 주권의 교부를 청구할 수 있다(상법 제360조의 23 제4항, 상법 제340조 제3항).

판결이 확정된 때에는 해산의 경우에 준하여 청산하여야 한다(상법 제360조의 23 제4항, 상법 제193조 제1항). 법원은 사원 기타의 이해관계인의 청구에 의하여 청산인을 선임할 수 있다(상법 제360조의 23 제4항, 상법 제193조 제2항).

▲ 지주회사 설립의 공정위 신고

독과점 및 공정거래에 대한 규제를 받는 지주회사는 주식의 소유를 통하여 국내회사의 사업내용을 지배하는 것을 주된 사업으로 하는 회사로서 자산총액이 천억 원 이상인 회사를 말한다(독점규제 및 공정거래에 관한 법률 제2조 제1호의 2, 독점규제 및 공정거래에 관한 법률 시행령 제2조 제1항). 이러한 지주회사에 대하여는 부채의 제한(자기자본총액의 2배), 자회사 주식의 40% 미만 보유, 비 계열회사 주식 5% 초과보유를 금지하고 자회사에 대하여도 유사한 제한을 하고 있다(독점규제 및 공정거래에 관한 법률 제8조의 2). 이러한 지주회사를 설립하거나 지주회사로 전환한 자는 공정거래위원회에 신고하여야 한다(독점규제 및 공정거래에 관한 법률 제8조).

3.3 지주회사 설립과 조세 문제

(1) 지주사 감면

2018년 12월 31일까지 「독점규제 및 공정거래에 관한 법률」에 따른 지주회사를 새로 설립하거나 기존의 내국법인을 지주회사로 전환하는 경우 양도소득세 과세이연 등의 혜택이 있다(조세특례제한법 제38조의 2). 또한 「독점규제 및 공정거래에 관한 법률」에 따른 지주회사가 자회사로부터 받은 배당이나 의제배당 중 소정의 금액에 대하여는 과세소득으로 보지 않는 혜택을 주고 있다(법인세법 제18조의 2 제1항). 「독점규제 및 공정거래에 관한 법률」에 따른 지주회사에 해당하지 않은 경우에는 양도소득세를 부담하는 문제점이 있고 배당금에 대하여 이중과세가 되는 문제점이 있다. 물론 일부 배당금의 이중과세를 막는 제도가 있다. 독과점의 규제 및 공정거래에 대한 규제를 받는 지주회사를 제외하고 영리 내국법인이 출자한 다른 내국법인으로부터 받은 수입배당금액은 출자비율 및 상장여부에 따라 일정금액을 익금에 산입하지 아니하는 규정을 두고 있다(법인세법 제18조의 3 제1항).

(2) 교환의 감면

과세의 유예

지주회사를 설립하기 위하여 주식 전체를 지주회사에 출연하는 경우 양도차익에 대한 과세문제가 발생하는데 세법은 일정한 요건을 갖추는 경우 양도소득세 또는 법인세의 과세를 유예해주고 동 지주회사의 주식을 매각할 때에야 양도소득세 또는 법인세를 과세한다.

지주회사를 설립하기 위하여 주식 전체를 지주회사에 출연하는 경우 양도차익에 대한 과세문제가 발생하는데 세법은 일정한 요건을 갖추는 경우 양도소득세 또는 법인세의 과세를 유예해주고 있다. 즉 법인이 「상법」 제360조의 2에 따른 주식의 포괄적 교환 또는 같은 법 제360조의 15에 따른 주식의 포괄적 이전에 따라 완전자회사로 되는 경우 그 주식의 포괄적 교환 등으로 발생한 완전자회사 주주의 주식양도차익에 상당하는 금액에 대한 양도소득세 또는 법인세에 대해서는 완전자회사의 주주가 완전모회사의 주식을 처분할 때까지 과세를 이연 받는다(조세특례제한법 제38조 제1항). 즉 완전자회사가 되면서 받은 지주회사의 주식을 매각할 때에 양도소득세 또는 법인세를 과세하는 것이다.

유예의 요건

과세연기를 받으려면 요건을 모두 갖추어야 한다. 자회사의 주주는 교환대가로 지주회사 주식을 80% 이상 받아야 하고 대주주는 자기지분비율 또는 그 이상으로 배분받아야 한다. 그리고 연도 말까지 주식을 매각하거나 사업을 중단해서는 안 된다.

첫째 지주회사와 자회사가 모두 1년 이상 사업을 영위하던 기업이어야 한다. 즉 주식의 포괄적 교환·이전일 현재 1년 이상 계속하여 사업을 하던 내국법인 간의 주식의 포괄적 교환 또는 이전이어야 한다. 다만, 주식의 포괄적 이전으로 신설되는 완전모회사는 제외한다(조세특례제한법 제38조 제1항 제1호). 지주회사를 신설하면서 포괄적 교환을 하는 경우에는 1년 이상 사업 영위 요건은 적용되지 않는다는 것이다.

둘째 자회사의 주주가 지주회사로부터 주식교환의 대가로 모회사 주식을 80% 이상 받아야 한다. 즉 완전자회사의 주주가 완전모회사로부터 교환·이전대가를 받은 경우 그 '교환·이전대가의 총합계금액' 중 주식의 가액이 80% 이상이어야 한다(조세특례제한법 제38조 제1항 제2호).

80% 이상인지를 판정할 때 완전모회사가 주식의 포괄적 교환·이전일 전 2년 내에 취득한 완전자회사의 주식이 있는 경우에는 금전으로 교부한 것으로 보아 '교환·이전대가의 총 합계금액'에 더한다(조세특례제한법 시행령 제35조의 2 제5항). 완전모회사가 보유하고 있던 완전자회사의 지분에 대해서는 주식을 교부하지 않는 경우에도 그 지분비율에 따라 주식을 교부한 것으로 보아 교환대가 중 주식가액이 80% 이상인지 여부를 판단한다(서면법규과-989, 2013.9.11.). 금전으로 교부한 것으로 보는 금액은 지배주주인 경우와 아닌 경우로 나누어 다음의 금액으로 한다. 완전모회사가 주식의 포괄적 교환·이전일 현재 완전자회사의 「법인세법 시행령」 제43조 제7항에 따른 지배주주가 아닌 경우에는 완전모회사가 주식의 포괄적 교환·이전일 전 2년 이내에 취득한 완전자회사의 주식이 완전자회사의 발행주식 총수의 20%를 초과하는 경우 그 초과하는 주식의 취득가액으로 한다. 완전모회사가 주식의 포괄적 교환·이전일 현재 완전자회사의 「법인세법 시행령」 제43조 제7항에 따른 지배주주인 경우에는 주식의 포괄적 교환·이전일 전 2년 이내에 취득한 주식의 취득가액으로 한다(조세특례제한법 시행령 제35조의 2 제5항). 완전모회사가 보유하고 있던 완전자회사의 지분에 대해서는 주식을 교부하지 않는 경우에

도 그 지분비율에 따라 주식을 교부한 것으로 보아 교환대가 중 주식가액이 80% 이상인지 여부를 판단한다(서면법규과-989, 2013.9.11.).

셋째 자회사의 대주주는 자신의 지분비율 또는 그 이상 모회사주식을 배정받아야 한다. 즉 완전자회사의 주주에게 교환 · 이전대가로 받은 완전모회사의 주식을 교부할 때에는 지배주주에게 완전모회사가 교환 이전 대가로 지급한 완전모회사의 주식의 총합계금액 중 해당 지배주주의 완전자회사에 대한 비율에 따른 금액 이상의 완전모회사의 주식을 교부하여야 한다(조세특례제한법 제38조 제1항 제2호, 조세특례제한법 시행령 제35조의 2 제7항). 지배주주란 완전자회사의 「법인세법 시행령」 제43조 제3항에 따른 지배주주를 말한다. 다만 지배주주에는 「법인세법 시행령」 제43조 제8항 제1호 가목의 친족 중 4촌 이상의 혈족 및 인척과 주식의 포괄적 교환 · 이전일 현재 완전자회사에 대한 지분비율이 100분의 1 미만이면서 시가로 평가한 그 지분가액이 10억 원 미만인 자는 제외한다(조세특례제한법 시행령 제35조의 2 제6항).

넷째 지주회사와 완전자회사의 대주주는 취득한 주식을 사업연도 말까지 보유하여야 한다. 즉 완전모회사 및 완전자회사의 지배주주가 주식의 포괄적 교환 등으로 취득한 주식을 교환 · 이전일이 속하는 사업연도의 종료일까지 보유하여야 한다(조세특례제한법 제38조 제1항 제2호).

그러나 완전모회사 및 지배주주가 전체 주식의 2분의 1 미만을 처분한 경우, 사망하거나 파산하여 주식을 처분한 경우, 적격합병, 적격분할, 적격 물적 분할 또는 적격현물출자에 따라 주식을 처분한 경우, 「조세특례제한법」 제38조 또는 제38조의 2에 따라 주식을 포괄적으로 양도, 현물출자 또는 교환 · 이전하고 과세를 이연 받으면서 주식을 처분한 경우, 「채무자 회생 및 파산에 관한 법률」에 따른 회생절차에 따라 법원의 허가를 받아 주식을 처분하는 경우, 「조세특례제한법 시행령」 제34조 제6항 제1호에 따른 경영정상화계획의 이행을 위한 약정 또는 같은 항 제2호에 따른 경영정상화계획의 이행을 위한 특별약정에 따라 주식을 처분하는 경우, 법령상 의무를 이행하기 위하여 주식을 처분하는 경우에는 주식을 보유하거나 사업을 계속하는 것으로 본다(조세특례제한법 제38조 제3항, 조세특례제한법 시행령 제35조의 2 제13항 제1호, 법인세법 시행령 제80조의 2 제1항 제1호).

다섯째 완전자회사가 교환 · 이전일이 속하는 사업연도의 종료일까지 사업을 계속하여야 한다(조세특례제한법 제38조 제1항 제3호). 완전모회사의 경우에는 주식의 포괄적 이전일 현재 1년 이상 계속하여 사업을 하는 것을 요건으로 하지 아니한다(기획재정부 법인세제과－1095, 2012.11.6.). 이 경우 완전자회사가 주식의 포괄적 교환 · 이전일 현재 보유하는 고정자산 가액의 50% 이상을 처분하거나 사업에 사용하지 아니하는 경우에는 사업을 폐지한 것으로 본다(조세특례제한법 시행령 제35조의 2 제8항). 다만 파산함에 따라 승계받은 자산을 처분한 경우, 적격합병, 적격분할, 적격 물적 분할 또는 적격현물출자에 따라 사업을 폐지한 경우, 합병법인이 자산의 포괄적 양도에 따라 자산을 장부가액으로 양도하면서 사업을 폐지한 경우, 합병법인이 「채무자 회생 및 파산에 관한 법률」에 따른 회생절차에 따라 법원의 허가를 받아 승계 받은 자산을 처분한 경우에는 주식을 보유하거나 사업을 계속하는 것으로 본다(조세특례제한법 제38조 제3항, 조세특례제한법 시행령 제35조의 2 제13항 제2호).

유예의 신청

완전자회사의 주주는 주식의 포괄적 교환 · 이전일이 속하는 과세연도의 과세표준 신고를 할 때 완전모회사와 함께 주식의 포괄적 교환 등 과세특례신청서를 납세지 관할 세무서장에게 제출하여야 한다(조세특례제한법 시행령 제35조의 2 제14항).

자회사의 회계처리

완전자회사의 주주가 법인인 경우 그 양도차익에 대한 법인세는 교환할 때 내지 않는다. 이때 완전자회사의 주주가 법인인 경우에는 그 양도차익만큼 손금산입 및 충당금을 설정하여 과세 연기를 받는다. 내국법인인 완전자회사의 주주인 법인이 보유주식을 완전모회사에 주식의 포괄적 교환 또는 주식의 포괄적 이전을 하고 과세를 이연 받는 경우에는 그 양도차익(취득한 완전모회사 주식의 가액, 금전, 그 밖의 재산가액의 합계액에서 주식의 포괄적 교환 등으로 양도한 완전자회사의 주식의 취득가액을 뺀 금액)에서 대가로 받은 완전모회사의 주식 외의 금전, 그 밖의 재산가액의 합계액을 차감한 금액을 주식의 포괄적 교환 · 이전일이 속하는 사업연도의 소득금액을 계산할 때 손금에 산입할 수 있다. 이 경우 손금에 산입하는 금액은 주식의 포괄적 교환 등으로 취득한 완전모회사 주식의 압축기장충당금으로 계상하여야 한다(조세특례제한법 시행령 제35조의 2 제1항).

세액의 추징

① 추징의 내용

완전자회사의 주주가 과세를 이연 받은 경우 완전모회사는 완전자회사 주식을 시가로 취득하고, 이후 2년 이내에 완전자회사가 사업을 폐지하거나 완전모회사 또는 완전자회사의 지배주주가 주식의 포괄적 교환 등으로 취득한 주식을 처분하는 경우 완전모회사는 해당 사유의 발생 사실을 발생일부터 1개월 이내에 완전자회사의 주주에게 알려야 하며, 완전자회사의 주주는 과세를 이연 받은 양도소득세 또는 법인세를 납부하여야 한다(조세특례제한법 제38조 제2항, 조세특례제한법 시행령 제35조의 2 제11항).

법인이 완전모회사의 주식을 처분하는 사업연도에 주식이 포괄적 교환 등으로 취득한 주식 수에서 처분한 주식 수의 비율만큼 압축기장충당금을 익금에 산입하되, 자기주식으로 소각되는 경우에는 익금에 산입하지 아니하고 소멸하는 것으로 한다. 이 경우 주식의 포괄적 교환 등 이외의 다른 방법으로 취득한 완전모회사의 주식이 있으면 주식의 포괄적 교환 등으로 취득한 주식을 먼저 양도한 것으로 본다(조세특례제한법 시행령 제35조의 2 제2항).

개인이 취득한 완전모회사의 주식의 전부 또는 일부를 양도하는 때에는 다음 계산식에 따른 금액을 취득가액으로 보아 양도소득세를 과세한다. 이 경우 주식의 포괄적 교환 등 이외의 다른 방법으로 취득한 완전모회사의 주식이 있으면 주식의 포괄적 교환 등으로 취득한 주식을 먼저 양도한 것으로 본다(조세특례제한법 시행령 제35조의 2 제4항).

$$(\text{완전자회사 주식의 취득가액} + \text{과세된 양도소득} - \text{현금 등으로 받은 금액}) \times \frac{\text{처분한 주식 수}}{\text{포괄적 교환 등으로 취득한 주식 수}}$$

과세된 양도소득이란 완전자회사의 주주인 거주자나 비거주자인 경우 그 보유주식을 완전모회사에 주식의 포괄적 교환 등을 하고 과세를 이연 받는 경우에는 양도소득으로 과세할 때 그 양도차익(교환 · 이전대가에서 주식의 포괄적 교환 등으로 양도한 완전자회사 주식의 취득가액을 뺀 금액)과 교환 · 이전대가로 받은 완전모회사의 주식 외의 금전, 그 밖의 재산가액의 합계액 중에 작은 금액만 과세하는데 그 양도소득을 말한다(조세특례제한법 시행령 제35조의 2 제3항). 현금 등으로 받은 금액이란 교환 · 이전대가로 받은 완전모회사의 주식 외의 금전, 그 밖의 재산가액의 합계액을 말한다(조세특례제한법 시행령 제35조의 2 제3항 제2호). 거주자가 취득한 완전모회사의 주식 일부를 타인에게 증여함에 따라 양도소득세가 과세되는 경우에는 당초 완전자회사 주식을 교환 · 이전함에 따라 과세이연 받은 양도가액 중 증여한 주식 수에 상당하는 가액을 양도가액으로 하고, 당초 완전자회사 주식의 교환 · 이전 시 세율을 적용하여 양도소득세를 과세한다(부동산거래관리과-680, 2012.12.17.).

주식의 포괄적 교환에 의하여 발생한 주식양도차익에 상당하는 금액에 대하여 양도소득세를 과세이연 받은 거주자가 당초 포괄적 교환으로 취득한 지주회사 주식을 다시 포괄적 교환을 하는 해당 지주회사 주식을 포괄적 교환하는 때에 당초 과세이연 받은 양도소득세를 과세한다. 이 경우 적용할 세율은 해당 지주회사 주식을 포괄적 교환으로 양도할 당시 세법에 따른 세율을 적용하는 것이며 예정신고납부세액공제는 적용되지 아니한다(부동산거래관리과-366, 2012.7.13.).

② 추징의 예외

완전자회사가 주식의 포괄적 교환 · 이전일 현재 보유하는 고정자산 가액의 50% 이상을 처분하거나 사업에 사용하지 아니하는 경우에는 사업을 폐지한 것으로 본다(조세특례제한법 시행령 제35조의 2 제8항). 완전자회사가 사업을 폐지한 경우라도 파산함에 따라 승계 받은 자산을 처분한 경우, 적격합병, 적격분할, 적격 물적 분할 또는 적격현물출자에 따라 사업을 폐지한 경우, 합병법인이 자산의 포괄적 양도에 따라 자산을 장부가액으로 양도하면서 사업을 폐지한 경우, 합병법인이 「채무자 회생 및 파산에 관한 법률」에 따른 회생절차에 따라 법원의 허가를 받아 승계 받은 자산을 처분한 경우에는 주식을 보유하거나 사업을 계속하는 것으로 본다(조세특례제한법 제38조 제3항, 조세특례제한법 시행령 제35조의 2 제13항 제2호).

'완전모회사 또는 완전자회사의 지배주주가 주식의 포괄적 교환 등으로 취득한 주식을 처분하는 경우'라도 완전모회사 및 지배주주가 전체 주식의 2분의 1 미만을 처분한 경우, 사망하거나 파산하여 주식을 처분한 경우, 적격합병, 적격분할, 적격 물적 분할 또는 적격현물출자에 따라 주식을 처분한 경우, 「조세특례제한법」 제37조 · 제38조 또는 제38조의 2에 따라 주식을 포괄적으로 양도, 현물출자 또는 교환 · 이전하고 과세를 이연받으면서 주식을 처분한 경우, 「채무자 회생 및 파산에 관한 법률」에 따른 회생절차에 따라 법원의 허가를 받아 주식을 처분하는 경우, 「조세특례제한법 시행령」 제34조 제6항 제1호에 따른 경영정상화계획의 이행을 위한 약정 또는 같은 항 제2호에 따른 경영정상화계획의 이행을 위한 특별약정에 따라 주식을 처분하는 경우, 법령상 의무를 이행하기 위하여 주식을 처분하는 경우에는 주식을 보유하거나 사업을 계속하는 것으로 본다(조세특례제한법 제38조 제3항, 조세특례제한법 시행령 제35조의 2 제13항 제1호, 법인세법 시행령 제80조의 2 제1항 제1호).

지배주주란 완전자회사의 「법인세법 시행령」 제43조 제3항에 따른 지배주주를 말한다. 다만 지배주주에는 「법인세법 시행령」 제43조 제8항 제1호 가목의 친족 중 4촌 이상의 혈족 및 인척과 주식의 포괄적 교환 · 이전일 현재 완전자회사에 대한 지분비율이 100분의 1 미만이면서 시가로 평가한 그 지분가액이 10억 원 미만인 자는 제외한다(조세특례제한법 시행령 제35조의 2 제6항).

(3) 연결납세 문제

지주회사나 모회사는 법인세를 낼 때 연결납세 제도를 사용할 수 있다. 즉 다른 내국법인을 완전 지배하는 내국법인인 완전모법인(完全母法人)과 지배되는 내국법인인 완전자회사는 지방 국세청장의 승인을 받아 연결납세방식을 적용할 수 있다. 이 경우 완전자회사가 둘 이상일 때에는 해당 법인 모두가 연결납세방식을 적용한다(법인세법 제76조의 8 제1항). 완전 지배란 내국법인이 다른 내국법인의 발행주식 총수(의결권 없는 주식 포함)의 전부(우리사주조합 등 5% 이내의 주식은 제외)를 보유하는 경우를 말한다(법인세법 제76조의 8 제5항).

(4) 가업감면 문제

지주회사인 경우 자회사에 출자한 주식에 해당되는 부분은 가업승계 감면 혜택을 받지 못하는 문제가 있다. 감면대상 가업의 주식은 그 회사의 사업무관자산을 제외한 자산가액이 차지하는 비율만큼만 인정되고(상속세 및 증여세법 시행령 제15조 제5항), 법인의 영업활동과 직접 관련이 없이 보유하고 있는 주식을 사업무관자산으로 보기 때문이다(상속세 및 증여세법 시행령 제15조 제5항).

4 가업과 기업합병

4.1 합병의 개요

회사를 합병하려면 이사회 승인, 주주의견 수렴, 주주총회에서 승인을 받아야 한다. 합병을 하면 당초 주식취득금액과 합병으로 받은 금액의 차이를 배당으로 보아 소득세가 과세되는 문제점이 있다. 특히 합병으로 받은 주식의 평가금액이 크면 배당소득에 대한 소득세가 부담이 될 수 있다. 그러나 일정요건을 갖춘 합병의 경우 소득세가 과세되지 않는다. 이에 대해서는 후술한다.

4.2 합병의 절차

회사를 합병하려면 이사회의 합병승인을 거쳐, 합병계약서의 승인을 위한 주주총회 2주 전에 합병계약서 등을 비치하고(상법 제522조의 2), 합병 반대주주가 있는 경우 회사에 반대의사의 통지를 받고(상법 제522조의 3 제1항), 주주총회에서 합병계약서의 승인을 받아야 한다고(상법 제522조).

흡수합병인 경우 소멸하는 회사의 주주 100%가 동의하거나 존속회사가 90% 이상 소멸하는 회사의 주식을 소유한 경우에는 이사회의 승인을 받아야 한다(상법 제527조의 2).

존속하는 회사가 소멸하는 회사의 주주에게 10% 미만의 주식을 발행하는 소규모합병인 경우에는 이사회의 승인을 받고(상법 제527조의 3), 합병 반대주주는 주주총회 승인 후(간이합병인 경우 합병의 공고 또는 통지 후) 20일 내에 주식매수청구를 하여야 한다(상법 제522조의 3).

그리고 주주총회 승인 후 2주 내에 1달 이상의 기간을 정하여 채권자 이의신청을 받고(상법 제527조의 5), 합병 주주총회를 개최한 후(상법 제526조, 상법 제527조), 합병의 등기(상법 제528조)를 함으로써 종결된다.

4.3 합병과 배당소득세

▲▼ 배당소득으로 과세

흡수합병인 경우 합병으로 소멸한 법인의 주주가 합병 후 존속하는 법인 또는 신설합병인 경우 합병으로 설립된 법인으로부터 그 합병으로 취득하는 주식과 금전의 합계액이 그 합병으로 소멸한 법인의 주식을 취득하기 위하여 사용한 금액을 초과하는 금액은 배당으로 보아 과세한다(소득세법 제17조 제2항 제4호). 합병 시에는 회사의 주식을 세법에 따라 평가하여 합병하기 때문에 당초 액면 가액보다 높게 평가되어 배당소득이 발생한다. 대부분 그 차액이 커서 배당소득에 대한 소득세가 커서 부담이 된다.

▲▼ 배당의 비과세

세법이 정한 합병의 경우에는 피합병법인의 주식의 취득가액을 그 합병으로 취득하는 주식과 금전의 합계액으로 보아 과세하지 않는다(소득세법 시행령 제27조 제1항 제1호 나목). 다만, 합병으로 주식과 금전, 그 밖의 재산을 함께 받은 경우로서 해당 주식의 시가가 피합병법인 등의 주식의 취득가액보다 작은 경우에는 시가로 한다(소득세법 시행령 제27조 제1항 제1호 나목 단서, 소득세법 제17조 제2항 제4호).

세법으로 정한 비과세의 첫 번째는 합병등기일 현재 1년 이상 사업을 계속하던 내국법인 간의 합병이고(법인세법 제44조 제2항 제1호), 피합병법인의 주주가 합병으로 인하여 받은 합병대가의 총합계 액 중 합병법인의 주식의 가액이 80% 이상으로서(합병법인의 모회사의 주식의 가액이 80% 이상인 경우 포함) 그 주식이 지분비율대로 배정된 경우이다(법인세법 제44조 제2항 제2호). 지분비율대로 배정한다는 것은 피합병법인의 주주에게 합병으로 인하여 받은 주식을 배정할 때 피합병법인의 주주가 지급받은 합병대가의 총 합계액에 각 해당 주주가 보유한 피합병법인에 대한 지분비율만큼 배정하는 것을 말한다(법인세법 시행령 제80조의 2 제4항). 지배주주는 피합병법인의 「법인세법시행령」 제43조 제3항에 따른 지배주주 등을 말한다(법인세법 시행령 제80조의 2 제5항). 지배주주의 범위에 대해서는 '경영권 관리' 장의 '내부거래 론' 절을 참고하기 바란다. 이 경우 지배주주에는 4촌 이상의 혈족 및 인척, 합병등기일 현재 피합병법인에 대한 지분비율이 1% 미만이면서 시가로 평가한 그 지분가액이 10억 원 미만인 자는 제외한다(법인세법 시행령 제80조의 2 제5항).

세법으로 정한 비과세의 두 번째는 내국법인이 발행주식 총수를 소유하고 있는 다른 법인을 합병하거나 그 다른 법인에 합병되는 경우 또는 동일한 내국법인이 발행주식 총수를 소유하고 있는 서로 다른 법인 간에 합병하는 경우이다(법인세법 제44조 제3항, 소득세법 시행령 제27조 제1항 제1호 나목).

세법으로 정한 비과세의 세 번째는 합병법인이 합병등기일이 속하는 사업연도의 종료일까지 피합병법인으로부터 승계 받은 사업을 계속하는 경우이다(법인세법 제44조 제2항 제3호).

세법으로 정한 비과세의 네 번째는 합병등기일 1개월 전 당시 피합병법인에 종사하는 근로자 중 합병법인이 승계한 근로자의 비율이 80% 이상이고, 합병등기일이 속하는 사업연도의 종료일까지 그 비율을 유지하는 경우이다(법인세법 제44조 제2항 제4호).

4.4 합병 법인세

양도차익 과세

합병을 하면 피합병법인은 소멸하고 해산절차를 밟는다. 이렇게 피합병법인이 합병으로 해산하는 경우에는 피합병법인의 자산을 합병법인에 양도한 것으로 보아 법인세를 과세한다(법인세법 제44조 제1항). 그 차익에 대하여 법인세를 과세한다는 것이다. 그 차익인 양도손익은 피합병법인이 합병법인으로부터 받은 양도가액에서 피합병법인의 합병등기일 현재의 자산의 장부가액 총액에서 부채의 장부가액 총액을 뺀 가액인 순자산 장부가액을 차감하여 계산한다(법인세법 제44조 제1항 후단). 이 양도손익은 피합병법인이 합병등기일이 속하는 사업연도의 소득금액을 계산할 때 익금 또는 손금에 반영하여 과세된다(법인세법 제44조 제1항 후단).

피합병법인이 합병법인으로부터 받은 양도가액은 합병으로 받은 대가에 법인세 등을 합한 금액이다. 합병으로 받은 대가는 합병으로 인하여 피합병법인의 주주가 지급받는 합병법인 또는 합병법인의 모회사의 주식('합병교부주식'이라 부름)의 가액 및 금전이나 그 밖의 재산가액의 합계액이다(법인세법 시행령 제80조 제1항 제2호 가목). 합병법인의 모회사는 합병등기일 현재 합병법인의 발행주식 총수를 소유하고 있는 내국법인을 말한다(법인세법 시행령 제80조 제1항 제2호 가목 괄호). 합병법인이 합병등기일 전 취득한 피합병법인의 주식('합병포합주식'이라 부름)이 있는 경우에는 그 합병포합주식에 대하여 합병교부주식을 교부하지 아니하더라도 그 지분비율에 따라 합병교부주식을 교부한 것으로 보아 합병교부주식의 가액을 계산한다(법인세법 시행령 제80조 제1항 제2호 가목). 합병포합주식에는 신설합병 또는 3 이상의 법인이 합병하는 경우 피합병법인이 취득한 다른 피합병법인의 주식을 포함한다(법인세법 시행령 제80조 제1항 제2호 가목 괄호). 양도가액에 합산되는 법인세 등은 합병법인이 납부하는 피합병법인의 법인세 및 그 법인세(감면세액 포함)에 부과되는 국세와 「지방세법」 제88조 제2항에 따른 법인지방소득세의 합계액이다(법인세법 시행령 제80조 제1항 제2호 나목). 피합병법인의 순자산장부가액을 계산할 때 「국세기본법」에 따라 환급되는 법인세액이 있는 경우에는 이에 상당하는 금액을 피합병법인의 합병등기일 현재의 순자산장부가액에 더한다(법인세법 시행령 제80조 제2항).

법인이 합병이나 분할로 인하여 소멸한 경우 합병법인은 피합병법인이 납부하지 아니한 각 사업연도의 소득에 대한 법인세(합병 · 분할에 따른 양도손익에 대한 법인세 포함)를 납부할 책임을 진다(법인세법 시행령 제85조의 2).

법인세 비과세(1)

① 개요

세법이 정한 요건을 갖춘 경우에는 양도가액을 피합병법인의 합병등기일 현재의 순자산 장부가액으로 보아 양도손익이 없는 것으로 해주어 과세하지 않는다(법인세법 제44조 제2항, 법인세법 시행령 제80조 제1항 제1호). 합병으로 인한 법인세 과세의 비과세는 4가지 요건을 모두 갖추어야 가능하다.

② 1년 이상 사업영위 법인

합병등기일 현재 1년 이상 사업을 계속하던 내국법인 간의 합병이어야 한다(법인세법 제44조 제2항 제1호). 다만, 다른 법인과 합병하는 것을 유일한 목적으로 하는 법인으로서 「자본시장과 금융투자업에 관한 법률 시행령」 제6조 제4항 제14호에 따른 기업인수목적회사로서 같은 호 각 목의 요건을 모두 갖춘 법인은 제외한다(법인세법 제44조 제2항 제1호 단서, 법인세법 시행령 제80조의 2 제2항).

③ 합병대가로 주식을 80% 이상 받을 것

피합병법인의 주주가 합병으로 인하여 받은 합병대가의 총 합계액 중 합병법인의 주식의 가액이 80% 이상이거나 합병법인의 모회사의 주식의 가액이 80% 이상인 경우로서 피합병법인의 주주에게 자신의 지분비율 가액 이상의 주식을 각각 배정되고, 피합병법인의 지배주주가 합병등기일이 속하는 사업연도의 종료일까지 그 주식을 보유하여야 한다(법인세법 제44조 제2항 제2호, 법인세법 시행령 제80조의 2 제4항). 피합병법인의 주주가 받은 합병대가의 총 합계액은 합병 양도차익 계산 시의 합병대가와 같다(법인세법 시행령 제80조의 2 제3항).

합병대가의 총 합계액 중 주식의 가액이 80% 이상인지를 판정할 때 합병법인이 합병등기일 전 2년 내에 취득한 합병포합주식이 있는 경우에는 2가지 방법으로 계산한 금액을 금전으로 교부한 것으로 한다. 이 경우 신설합병 또는 3 이상의 법인이 합병하는 경우로서 피합병법인이 취득한 다른 피합병법인의 주식이 있는 경우에는 그 다른 피합병법인의 주식을 취득한 피합병법인을 합병법인으로 보아 계산한 금액을 금전으로 교부한 것으로 본다(법인세법 시행령 제80조의 2 제3항). 교부한 금전의 가액은 다음과 같이 2가지 방식으로 계산한다(법인세법 시행령 제80조의 2 제3항). 첫째는 합병법인이 합병등기일 현재 피합병법인의 지배주주가 아닌 경우이다. 합병법인이 합병등기일 전 2년 이내에 취득한 합병포합주식이 피합병법인의 발행주식 총수의 20%를 초과하는 경우 그 초과하는 합병포합주식에 대하여 교부한 합병교부주식(제80조 제1항 제2호 가목 단서에 따라 합병교부주식을 교부한 것으로 보는 경우 그 주식을 포함)의 가액으로 한다(법인세법 시행령 제80조의 2 제3항 제1호). 둘째는 합병법인이 합병등기일 현재 피합병법인의 지배주주인 경우이다. 합병등기일 전 2년 이내에 취득한 합병포합주식에 대하여 교부한 합병교부주식(제80조 제1항 제2호 가목 단서에 따라 합병교부주식을 교부한 것으로 보는 경우 그 주식을 포함)의 가액으로 한다(법인세법 시행령 제80조의 2 제3항 제2호).

피합병법인의 지배주주 중 일부는 여기서 제외된다(법인세법 시행령 제80조의 2 제5항). 여기서는 이를 '해당 지배주주'라고 칭할 것이다. 친족 중 4촌 이상의 혈족 및 인척(법인세법 시행령 제80조의 2 제5항 제1호), 합병등기일 현재 피합병법인에 대한 지분비율이 1% 미만이면서 시가로 평가한 그 지분가액이 10억 원 미만인 자(법인세법 시행령 제80조의 2 제5항 제2호), 「자본시장과 금융투자업에 관한 법률 시행령」 제6조 제4항 제14호 각 목의 요건을 갖춘 기업인수목적회사와 합병하는 피합병법인의 지배주주인 자가 그들이다(법인세법 시행령 제80조의 2 제5항 제3호).

지배주주란 발행주식 총수의 1% 이상의 주식을 소유한 주주로서 그와 특수관계에 있는 자와의 소유 주식의 합계가 해당 법인의 주주 중 가장 많은 경우의 해당 주주 등을 말한다(법인세법 시행령 제80조의 2 제5항, 법인세법 시행령 제43조 제7항). 특수관계에 있는 자는 해당 주주(개인인 경우)를 기준으로 ⓐ 그 친족(국세기본법 시행령 제1조의 2 제1항에 해당하는 자), ⓑ 임원의 임면권의 행사, 사업방침의 결정 등 당해 법인의 경영에 대하여 사실상 영향력을 행사하고 있다고 인정되는 법인, ⓒ 해당 주주와 ⓐ와 ⓑ가 발행주식 총수의 30% 이상을 출자하고 있는 법인, ⓓ 해당 주주와 그 친족이 이사의 과반수를 차지하거나 설립을 위한 출연금의 30% 이상을 출연하고 그 중 1명이 설립자로 되어 있는 비영리법인, ⓒ와 ⓓ가 발행주식 총수의 30% 이상을 출자하고 있는 법인을 말한다(법인세법 시행령 제43조 제8항 제1호). 해당 주주가 법인인 경우에는 임원의 임면권의 행사, 사업방침의 결정 등 당해 법인의 경영에 대하여 사실상 영향력을 행사하고 있다고 인정되는 자(상법 제401조의 2 제1항의 규정에 의하여 이사로 보는 자를 포함)와 그 친족, 주주(소액주주 제외)와 그 친족, 해당 법인이 직접 또는 그와 앞의 둘을 통하여 어느 법인의 경영에 대하여 지배적인 영향력을 행사하고 있는 경우 그 법인, 해당 법인이 직접 또는 그와 앞의 셋을 통하여 어느 법인의 경영에 대하여 지배적인 영향력을 행사하고 있는 경우 그 법인, 당해 법인에 30% 이상을 출자하고 있는 법인에 30% 이상을 출자하고 있는 법인이나 개인, 당해 법인이 「독점규제 및 공정거래에 관한 법률」에 의한 기업집단에 속하는 법인인 경우 그 기업집단에 소속된 다른 계열회사 및 그 계열회사의 임원을 말한다(법인세법 시행령 제43조 제8항 제2호).

그러나 이러한 요건의 예외가 있다. 해당 지배주주가 합병으로 교부받은 전체 주식의 2분의 1 미만을 처분한 경우이다. 이 경우 해당 지배주주가 합병으로 교부받은 주식을 서로 간에 처분하는 것은 해당 지배주주가 그 주식을 처분한 것으로 보지 아니하며, 합병으로 교부받은 주식과 합병 외의 다른 방법으로 취득한 주식을 함께 보유하고 있는 해당 지배주주가 주식을 처분하는 경우에는 합병외의 다른 방법으로 취득한 주식을 먼저 처분하는 것으로 본다(법인세법 제44조 제2항 단서, 법인세법 시행령 제80조의 2 제1항 제1호 가목). 또한 해당 지배주주가 사망하거나 파산하여 주식을 처분한 경우(법인세법 제44조 제2항 단서, 법인세법 시행령 제80조의 2 제1항 제1호 나목), 해당 지배주주가 적격합병, 적격분할, 적격 물적 분할 또는 적격현물출자에 따라 주식을 처분한 경우(법인세법 제44조 제2항 단서, 법인세법 시행령 제80조의 2 제1항 제1호 다목), 해당 지배주주가 「조세특례제한법」 제38조 · 제38조의 2 또는 제121조의 30에 따라 주식을 현물출자 또는 교환 · 이전하고 과세를 이연 받으면서 주식을 처분한 경우(법인세법 제44조 제2항 단서, 법인세법 시행령 제80조의 2 제1항 제1호 라목), 해당 지배주주가 「채무자 회생 및 파산에 관한 법률」에 따른 회생절차에 따라 법원의 허가를 받아 주식 등을 처분하는 경우(법인세법 제44조 제2항 단서, 법인세법 시행령 제80조의 2 제1항 제1호 마목), 해당 지배주주가 「조세특례제한법 시행령」 제34조 제6항 제1호에 따른 기업개선계획의 이행을 위한 약정 또는 같은 항 제2호에 따른 기업개선계획의 이행을 위한 특별약정에 따라 주식을 처분하는 경우(법인세법 제44조 제2항 단서, 법인세법 시행령 제80조의 2 제1항 제1호 바목), 해당 지배주주가 법령상 의무를 이행하기 위하여 주식을 처분하는 경우(법인세법 제44조 제2항 단서, 법인세법 시행령 제80조의 2 제1항 제1호 사목)가 포함된다.

④ 사업의 계속

합병법인이 합병등기일이 속하는 사업연도의 종료일까지 피합병법인으로부터 승계받은 사업을 계속하여야 한다(법인세법 제44조 제2항 제3호). 합병법인이 합병등기일이 속하는 사업연도의 종료일 이전에 피합병법인으로부터 승계한 고정자산 가액의 50% 이상을 처분하거나 사업에 사용하지 아니하는 경우에는 사업을 계속하지 않는 것으로 본다. 다만, 피합병법인이 보유하던 합병법인의 주식을 승계 받아 자기주식을 소각하는 경우에는 해당 합병법인의 주식을 제외하고 피합병법인으로부터 승계 받은 고정자산을 기준으로 사업을 계속하는지 여부를 판정하되, 승계 받은 고정자산이 합병법인의 주식만 있는 경우에는 사업을 계속하는 것으로 본다(법인세법 시행령 제80조의 2 제7항).

그러나 부득이한 사유가 있는 경우에는 사업을 계속하지 않아도 인정된다. 합병법인이 파산함에 따라 승계 받은 자산을 처분한 경우, 합병법인이 적격합병 적격분할 적격물적 분할 또는 적격현물출자에 따라 사업을 폐지한 경우, 합병법인이 「조세특례제한법 시행령」 제34조 제6항 제1호에 따른 기업개선계획의 이행을 위한 약정 또는 같은 항 제2호에 따른 기업개선계획의 이행을 위한 특별약정에 따라 승계 받은 자산을 처분한 경우, 합병법인이 「채무자 회생 및 파산에 관한 법률」에 따른 회생절차에 따라 법원의 허가를 받아 승계 받은 자산을 처분한 경우이다(법인세법 제44조 제2항 단서, 법인세법 시행령 제80조의 2 제1항 제2호).

⑤ 근로자의 승계

넷째 합병등기일 1개월 전 당시 피합병법인에 종사하는 근로자의 비율이 80% 이상이고, 합병등기일이 속하는 사업연도의 종료일까지 그 비율을 유지하여야 한다(법인세법 제44조 제2항 제4호). 근로자란 「근로기준법」에 따라 근로계약을 체결한 내국인 근로자를 말한다(법인세법 시행령 제80조의 2 제6항). 다만, 임원(법인세법 시행령 제42조 제1항), 합병등기일이 속하는 사업연도의 종료일 이전에 「고용상 연령차별금지 및 고령자고용촉진에 관한 법률」 제19조에 따른 정년이 도래하여 퇴직이 예정된 근로자, 합병등기일이 속하는 사업연도의 종료일 이전에 사망한 근로자 또는 질병 · 부상 등 「고용보험법 시행규칙」 별표 2 제9호에 해당하는 사유로 퇴직한 근로자, 일용근로자(소득세법 제14조 제3항 제2호), 근로계약기간이 6개월 미만인 근로자(근로계약의 연속된 갱신으로 인하여 합병등기일 1개월 전 당시 그 근로계약의 총 기간이 1년 이상인 근로자는 제외), 금고 이상의 형을 선고받는 등 「고용보험법」 제58조 제1호에 해당하는 근로자는 제외한다(법인세법 시행령 제80조의 2 제6항 단서, 법인세법 시행규칙 제40조의 2).

합병법인이 「채무자 회생 및 파산에 관한 법률」 제193조에 따른 회생계획을 이행 중인 경우, 합병법인이 파산함에 따라 근로자의 비율을 유지하지 못한 경우, 합병법인이 적격합병, 적격분할, 적격 물적 분할 또는 적격현물출자에 따라 근로자의 비율을 유지하지 못한 경우, 합병등기일 1개월 전 당시 피합병법인에 종사하는 「근로기준법」에 따라 근로계약을 체결한 내국인 근로자가 5명 미만인 경우에는 예외로 한다(법인세법 제44조 제2항 단서, 법인세법 시행령 제80조의 2 제1항 제3호).

▲▼ 법인세 비과세(2)

법인세 비과세 요건 4가지를 충족하지 않더라도 비과세될 수 있다. 첫째 내국법인이 발행주식 총수를 소유하고 있는 다른 법인을 합병하거나 그 다른 법인에 합병되는 경우이다(법인세법 제44조 제3항 제1호). 둘째 동일한 내국법인이 발행주식 총수를 소유하고 있는 서로 다른 법인 간에 합병하는 경우이다(법인세법 제44조 제3항 제2호).

▲▼ 비과세 신고

비과세를 적용받으려는 피합병법인은 과세표준 신고를 할 때 합병법인과 함께 합병과세특례신청서를 납세지 관할 세무서장에게 제출하여야 한다. 이 경우 합병법인은 자산조정계정에 관한 명세서를 피합병법인의 납세지 관할 세무서장에게 함께 제출하여야 한다(법인세법 시행령 제80조 제3항).

PART 2 가업의 경영권 관리

Chapter 1
가업의 지배구조 관리

Chapter 2
가업의 주주 관리

Chapter 3

가업의 경영진 관리

Chapter 4

가업의 내부거래 관리

Chapter 5

가업의 정관 관리

1 가업의 주주권 관리

1.1 주주의 평등권

주주평등의 원칙은 주주의 법률상의 지위가 균등한 주식으로 단위화되어 있으므로 주주를 그 보유주식의 수에 따라 평등하게 취급하여야 한다는 것으로, 형식적으로는 회사와 주주 간 법률관계에 있어서 주주를 그 지위에 따라 평등하게 취급하여야 한다는 것이고, 실질적으로는 각 주주의 회사에 대한 권리의무가 그 보유주식의 수에 비례하여 정해져야 한다는 것이다. 비록 「상법」은 주주평등의 원칙에 관한 일반적 · 원칙적 규정을 두고 있지는 아니하나, 주주의 가장 중요한 권리인 의결권을 비롯하여 이익배당청구권, 신주인수권 등에서 이와 같은 주주평등의 원칙을 구체적으로 구현하고 있다. 이러한 주주평등의 원칙은 주식회사의 기본원칙인 동시에 주주의 권리로서 재산권인 주주권의 내용을 이루는 것으로서 그에 대한 예외는 법률이 정한 경우에 한하여 인정될 뿐이므로, 이 원칙에 반하는 정관의 규정 또는 주주총회나 이사회의 결의는, 불평등한 취급을 당한 주주가 동의한 경우 등의 특별한 사정이 없는 한 무효이다(제주지방법원 2008.6.12. 선고, 2007가합1636 판결). 따라서 정관이나 어떠한 계약으로도 주주평등을 해치는 것을 정할 수는 없다는 점을 유념하여야 한다.

1.2 주주의 경영 참여

임원의 선임

주주의 권리는 기본적으로 주주총회에서의 의결권을 행사하는 것이다. 주식회사에서는 경영에 관한 거의 모든 사항이 이사, 대표이사 또는 이사회에서 결정되고, 주주는 이사나 대표이사로 임명되지 않는 이상 사실상 경영일선에 '직접' 참여하지 못하게 된다. 주주는 주주로서 주주총회라는 회의에서 의결권을 행사하지만 직접적인 업무집행에는 참여할 수 없다는 것이다. 물론 대주주는 주주총회에서 자신을 이사나 대표이사 또는 감사로 선임하여 직업 경영에 참여할 수 있다.

중요거래 승인

주주는 회사의 중대한 거래에 대하여 주주총회를 통하여 개입할 수 있는 권한이 있다. 즉 회사가 하는 중요한 거래는 주주총회의 특별결의(출석주주 3분의 2 이상 찬성과 전체 주주 3분의 1 이상 찬성)가 있어야 한다. 이에는 영업의 전부 또는 중요한 일부의 양도, 영업 전부의 임대 또는 경영위임, 타인과 영업의 손익 전부를 같이 하는 계약, 그밖에 이에 준하는 계약의 체결 · 변경 또는 해약, 회사의 영업에 중대한 영향을 미치는 다른 회사의 영업 전부 또는 일부의 양수가 있다(상법 제374조 제1항). 이에 반대하는 주주가 있는 경우에는 회사가 그 주식을 인수하여야 하는 경우도 있고, 이에 따라 주식의 인수가격을 평가하면서 분쟁이 생길 수 있다. 이러한 주주총회의 소집의 통지를 하는 때에는 이 같은 주식매수청구권의 내용 및 행사방법을 명시하도록 하고 있다(상법 제374조 제2항). 동 결의사항에 반대하는 주주는 주주총회 전에 회사에 대하여 서면으로 그 결의에 반대하는 의사를 통지한 경우 그 총회의 결의일부터 20일 내에 주식의 종류와 수를 기재한 서면으로 회사에 대하여 자기가 소유하고 있는 주식의 매수를 청구할 수 있다(상법 제374조의 2 제1항). 회사는 청구를 받은 날부터 2월 이내에 그 주식을 매수하여야 한다(상법 제374조의 2 제2항). 주식의 매수가액은 주주와 회사 간의 협의에 의하여 결정한다(상법 제374조의 2 제3항). 청구를 받은 날부터 30일 이내에 가격에 대한 협의가 이루어지지 아니한 경우에는 회사 또는 주식의 매수를 청구한 주주는 법원에 대하여 매수가액의 결정을 청구할 수 있다(상법 제374조의 2 제4항). 법원이 주식의 매수가액을 결정하는 경우에는 회사의 재산 상태 그 밖의 사정을 참작하여 공정한 가액으로 이를 산정한다(상법 제374조의 2 제5항).

등초본 청구

우선 회사의 이사는 회사의 장부, 영업보고서와 감사보고서를 회사 내에 비치해야 할 의무가 있다. 정기 주주총회일의 1주간 전부터 본점에는 5년간, 지점에는 3년간 비치해야 하며 주주와 회사 채권자는 영업시간 내에 언제든지 동 비치서류를 열람할 수 있으며, 그 서류의 등본이나 초본의 교부를 청구할 수 있다(상법 제448조).

회계 열람권

회사의 비치서류는 회사의 회계에 대한 대략적인 사항만을 기재한 것이다. 따라서 자세한 사항의 열람권도 있어야 할 것이다. 따라서 3% 이상의 지분을 가진 주주는 이유를 붙인 서면으로 회계의 장부와 서류의 열람 또는 등사를 청구할 수 있으며, 회사는 주주의 청구가 부당함을 증명하지 아니하면 이를 거부하지 못한다(상법 제466조).

열람, 등사청구권은 그 권리행사에 필요한 범위 내에서 허용되어야 할 것이지, 열람 및 등사의 회수가 1회에 국한되는 등으로 사전에 제한될 성질의 것은 아니다(대법원 1999.12.21. 선고, 99다137 판결). 이러한 절차에 의하지 않고 주주가 회사 측의 의사에 반하여 회사의 회계장부를 강제로 찾아 열람할 수는 없다. 회사 측이 회사 운영을 부실하게 하여 소수주주들에게 손해를 입게 하였다고 하더라도 주주가 강제로 사무실을 뒤져 회계장부를 찾아내는 것이 사회통념상 용인되는 정당행위로 되는 것은 아니며 범죄에 해당한다(대법원 2001.9.7. 선고, 2001도2917 판결). 2016년 롯데그룹 경영권 분쟁 시에도 이러한 열람권이 사용되었다. 롯데그룹 회장의 경영 실패 등 부실을 조사하기 위하여 호텔롯데와 롯데쇼핑의 회계장부 열람등사 가처분 신청을 제기했었다.

회계장부 열람권은 무제한 인정되는 것은 아니다. 회계장부 등의 열람 및 등사청구권은 주주의 회사경영 상태에 대한 알 권리 및 감독·시정할 권리와 열람 및 등사청구를 인정할 경우에 발생할 수 있는 부작용, 즉 이를 무제한적으로 허용할 경우 회사의 영업에 지장을 주거나, 회사의 영업상 비밀이 외부로 유출될 염려가 있고, 이로 인하여 얻은 회계정보를 부당하게 이용할 가능성 등을 비교형량 하여 그 결과 주주의 권리를 보호하여야 할 필요성이 더 크다고 인정되는 경우에만 인정되어야 한다. 회계장부의 열람 및 등사를 청구하는 서면에 기재되는 열람 및 등사의 이유는 이 같은 비교형량을 위하여, 또한 회사가 열람·등사의 청구에 응할 의무의 존부의 판단을 위하여 구체적으로 기재될 것을 요한다. 주주가 회계의 장부와 서류를 열람 및 등사하려는 이유가 막연히 회사의 경영상태가 궁금하므로 이를 파악하기 위해서라든지, 대표이사가 자의적이고 방만하게 회사를 경영하고 있으므로 회사의 경영 상태에 대한 감시의 필요가 있다는 등의 추상적인 이유만을 제시한 경우에는 주주의 권리를 보호하여야 할 필요성이 더 크다고 보기가 어려우므로 열람 및 등사청구가 인정되지 아니한다. 그러나 회사가 업무를 집행함에 있어서 부정한 행위를 하였다고 의심할 만한 구체적인 사유가 발생하였다거나, 회사의 업무집행이 법령이나 정관에 위배된 중대한 사실이 발생하였다거나, 회사의 경영 상태를 악화시킬 만한 구체적인 사유가 있는 경우 또는 주주가 회사의 경영 상태에 대한 파악 또는 감독·시정의 필요가 있다고 볼 만한 구체적인 사유가 있는 경우 등과 같은 경우에는 주주의 권리를 보호하여야 할 필요성이 더 크므로 열람 및 등사청구가 인정된다(서울지방법원 1998.4.1. 선고, 97가합68790 판결 : 항소).

열람·등사청구의 대상이 되는 회계의 장부 및 서류에는 열람·등사를 구하는 이유와 실질적으로 관련이 있는 회계장부와 그 근거자료가 되는 회계서류를 가리킨다. 그것이 회계서류인 경우에는 그 작성명의인이 반드시 열람·등사제공의무를 부담하는 회사로 국한되어야 하거나, 원본에 국한되는 것은 아니며, 열람·등사제공의무를 부담하는 회사의 출자 또는 투자로 성립한 자회사의 회계장부라 할지라도 그것이 모자관계에 있는 모회사에 보관되어 있고, 또한 모회사의 회계 상황을 파악하기 위한 근거자료로서 실질적으로 필요한 경우에는 모회사의 회계서류로서 모회사 소수주주의 열람·등사청구의 대상이 될 수 있다(대법원 2001.10.26. 선고, 99다58051 판결).

주주의 회계장부와 서류 등에 대한 열람·등사청구가 있는 경우, 회사는 그 청구가 부당함을 증명하여 이를 거부할 수 있다. 주주의 열람·등사 권 행사가 부당한 것인지 여부는 그 행사에 이르게 된 경위, 행사의 목적, 악의 유무 등 제반 사정을 종합적으로 고려하여 판단하여야 한다. 특히 주주의 열람·등사권의 행사가 회사업무의 운영 또는 주주 공동의 이익을 해치거나 주주가 회사의 경쟁자로서 그 취득한 정보를 경업에 이용할 우려가 있거나, 또는 회사에 지나치게 불리한 시기를 택하여 행사하는 경우 등에는 정당한 목적을 결하여 부당한 것이라고 보아야 한다(대법원 2004.12.24. 자 2003마1575 결정 참조)(서울고등법원 2013.5.30. 선고, 2012나87548 판결). 적대적 인수·합병을 시도하는 주주의 열람·등사청구라고 하더라도 목적이 단순한 압박이 아니라 회사의 경영을 감독하여 회사와 주주의 이익을 보호하기 위한 것이라면 허용되어야 한다. 주주가 회사의 이사에 대하여 대표소송을 통한 책임추궁이나 유지청구, 해임청구를 하는 등 주주로서의 권리를 행사하기 위하여 이사회 의사록의 열람·등사가 필요하다고 인정되는 경우에는 특별한 사정이 없는 한 그 청구는 회사의 경영을 감독하여 회사와 주주의 이익을 보호하기 위한 것이므로, 이를 청구하는 주주가 적대적 인수·합병을 시도하고 있다는 사정만으로 청구가 정당한 목적을 결하여 부당한 것이라고 볼 수 없다. 한편 이사회결의 등을 위해 이사회에 제출된 관련 서류라도 그것이 이사회 의사록에 첨부되지 않았다면 이는 이사회 의사록 열람·등사청구의 대상에 해당하지 않으나, 이사회 의사록에서 '별첨',

'별지' 또는 '첨부' 등의 용어를 사용하면서 내용을 인용하고 있는 첨부자료는 해당 이사회 의사록의 일부를 구성하는 것으로서 이사회 의사록 열람·등사청구의 대상에 해당한다(대법원 2014.7.21.자 2013마657 결정).

경영의 감사

주주는 회사의 업무 전반에 대하여 조사할 수 있는 권한도 있다. 그러나 이는 주주가 직접 할 수 있는 것이 아니라 법원에 의해 행해질 수 있다. 즉 회사의 업무집행에 관해 부정행위 또는 법령이나 정관에 위반한 중대한 사실이 있음을 의심할 사유가 있는 때에는 3% 이상 지분을 가진 주주는 회사의 업무와 재산 상태를 조사하기 위해 법원에 검사인의 선임을 청구하고, 검사인에 의해 조사할 수 있도록 하고 있다(상법 제467조 제1항). 검사인선임청구 사유인 '회사의 업무집행에 관하여 부정행위 또는 법령이나 정관에 위반한 중대한 사실이 있음을 의심할 사유가 있는 때'에 대하여는, 그 내용을 구체적으로 명확히 적시하여 입증하여야 하고 단순히 일반적으로 그러한 의심이 간다는 정도의 막연한 것만으로는 그 사유로 삼을 수 없다(대법원 1985.7.31.자 85마214 결정 참조)(대법원 1996.7.3.자 95마1335 결정). 따라서 검사인 선임 청구사유는 그 내용을 구체적으로 명확히 적시하여야 하고 단순히 결산보고서의 내용이 실지 재산 상태와 일치하는지 여부에 의심이 간다는 정도의 막연한 것으로 그 사유를 삼을 수는 없다(대법원 1985.7.31.자 85마214 결정).

검사인은 그 조사의 결과를 법원에 보고하여야 한다(상법 제467조 제2항). 법원은 동 보고에 의하여 필요하다고 인정한 때에는 대표이사에게 주주총회의 소집을 명할 수 있다. 이 경우 검사인의 보고서는 이를 주주총회에 제출하여야 한다(상법 제467조 제3항). 이사와 감사는 지체 없이 검사인의 보고서의 정확여부를 조사하여 이를 주주총회에 보고하여야 한다(상법 제467조 제4항).

주주 제안권

주주총회에서의 결의 안건은 주주들의 특별한 요구가 있는 경우를 제외하면 이사회 결의로서 독점할 수 있게 돼 있다. 이에 따라 이사회의 전횡을 방지하기 위해 일정한 자격을 갖추고 있는 주주에 대해 주주제안을 할 수 있게 만들었다. 선진 기업들은 주주제안을 거절하기 보다는 적극적으로 수용해 회사의 발전을 도모하기도 한다. 소액주주나 기관투자가 등 주주들이 주주권익을 지키기 위해 주주총회에서 안건을 제안하는 주주제안은 2013년까지만 해도 36건에 그쳤지만 2015년에는 116건으로 2년 사이 220% 이상 증가하며 큰 폭의 성장세를 기록했다. 행동주의 투자자(activist)도 주주제안과 경영참여를 목적으로 주식을 사서 소액주주 또는 '슈퍼개미'로서 경영에 적극적으로 관여해 주식 또는 기업 가치를 높이는 방식으로 투자하는 사람이다. 배당금 요구, 임원해임 또는 임원선임 요구, 자산재평가 요구, 회계장부열람신청 등을 수단으로 접근한다.

발행주식 총수의 3% 이상(무의결권 주식 제외)에 해당하는 주식을 가진 주주는 이사에게 주주총회일의 6주 전에 서면 또는 전자문서로 일정한 사항을 주주총회의 목적사항으로 할 것을 제안(Shareholders' Proposal)할 수 있다. 주주총회일은 정기주주총회인 경우 직전 연도의 정기 주주총회 일에 해당하는 그 해의 해당일을 말한다(상법 제363조의 2 제1항). 또 주주는 이사에게 주주총회일의 6주 전에 서면 또는 전자문서로 회의의 목적으로 할 사항에 추가하여 당해 주주가 제출하는 의안의 요령을 주주총회의 통지에 기재할 것을 청구할 수 있다(상법 제363조의 2 제1항).

이사는 주주제안이 있는 경우에는 이를 이사회에 보고하고, 이사회는 주주제안의 내용이 법령 또는 정관을 위반하는 경우와 거부사유에 해당하는 경우를 제외하고는 이를 주주총회의 목적사항으로 하여야 한다. 이 경우 주주제안을 한 자의 청구가 있는 때에는 주주총회에서 당해 의안을 설명할 기회를 주어야 한다(상법 제363조의 2 제1항). 거부사유란 주주제안의 내용이 주주총회에서 의결권의 10% 미만의 찬성밖에 얻지 못하여 부결된 내용과 같은 내용의 의안을 부결된 날부터 3년 내에 다시 제안하는 경우, 주주 개인의 고충에 관한 사항인 경우, 주주가 권리를 행사하기 위하여 일정 비율을 초과하는 주식을 보유해야 하는 소수주주권에 관한 사항인 경우, 상장회사의 임기 중에 있는 임원의 해임에 관한 사항, 회사가 실현할 수 없는 사항 또는 제안 이유가 명백히 거짓이거나 특정인의 명예를 훼손하는 사항인 경우이다(상법 시행령 제12조).

이와 관련한 판례를 하나 소개한다. '현재 재직 중인 이사 외 2명의 이사 추가 선임'을 주주총회의 목적사항으로 할 것을 제안하였는데, 이사회가 이 제안을 변형한 '현재 재직 중인 이사 외 2명의 이사 추가 선임의 당부'를 안건으로 상정하여 그 안건이 부결되고 그와 별도로 임기가 만료되는 이사 1명에 관한 이사 선임결의가 이루어진 경우, 이사 선임결의는 이사 임기 만료가 곧 도래함에 따른 것이고 주주제안 의제와 관련된 것이 아니므로, 주주제안권 침해를 이유로 이사 선임결의의 취소를 구할 수는 없다. 그러나 회사의 이사회가 을 등이 제안한 의제를 주주총회의 목적사항으로 상정하였다고 볼 수 없으므로, 주주제안이 부당하게 거절되어 주주총회의 목적사항에 포함되지 않았음을 이유로 이사를 상대로 민사상 손해배상을 청구하거나, 이사가 「상법」 제635조 제1항 제21호에 따라 과태료의 제재를 받을 것인지는 별개의 사안에 해당한다(서울중앙지방 법원 2015.4.9. 선고, 2014가합529247 판결 : 항소).

1.3 주주의 신주 인수권

개요

경영권 관리에서 신주인수권은 핵심적인 권리이다. 기존주주는 그가 가진 주식 수에 따라서 신주의 배정을 받을 권리가 있기 때문이다(상법 제418조 제1항).

신주인수권은 실질적인 주주에게 귀속되는 권리이지만 주의하여야 할 것이 있다. 주식회사가 주주총회나 이사회의 결의로 신주를 발행할 경우에 발생하는 구체적 신주인수권은 주주의 고유권에 속하는 것이 아니고 법령의 규정에 의하여 주주총회나 이사회의 결의에 의하여 발생하는 구체적 권리에 불과하므로 그 신주인수권은 주주권의 이전에 수반되어 이전되지 아니한다. 따라서 회사가 신주를 발행하면서 그 권리의 귀속자를 주주총회나 이사회의 결의에 의한 일정시점에 있어서의 주주명부에 기재된 주주로 한정할 경우 그 신주인수권은 이 일정시점에 있어서의 실질상의 주주인가의 여부와 관계없이 회사에 대하여 법적으로 대항할 수 있는 주주, 즉 주주명부에 기재된 주주에게 귀속된다(대법원 2010.2.25. 선고, 2008다96963 판결).

그러나 회사가 주주배정방식에 의하여 신주를 발행하려는데 주주가 인수를 포기하거나 청약을 하지 아니함으로써 그 인수권을 잃은 때에는 회사는 이사회 결의로 인수가 없는 부분에 대하여 자유로이 이를 제3자에게 처분할 수 있고, 이 경우 실권된 신주를 제3자에게 발행하는 것에 관하여 정관에 반드시 근거 규정이 있어야 하는 것은 아니다(대법원 2012.11.15. 선고, 2010다49380 판결). 따라서 대주주가 자금력을 이용하여 소유지분을 늘릴 수 있다. 물론 대주주가 소수주주 지분을 협의를 통하여 취득할 수도 있으나, 지분을 95% 이상 보유하는 경우 소수주주 지분을 강제로 취득할 수 있는 제도도 있다.

▲▼ 제삼자 배정

예외적으로 제3자에게도 신주인수권을 줄 수 있다. 즉 정관의 규정에 따라 신기술의 도입, 재무구조의 개선 등 회사의 경영상 목적을 달성하기 위하여 필요한 경우에 한하여 주주 외의 자에게 신주를 배정할 수 있다(상법 제418조 제2항).

그러나 정관에 구체적으로 정해진 제3자 배정 규정이 없이 제3자 배정으로 증자를 하는 경우 무효이다. 「상법」 제418조 제1항, 제2항의 규정은 주식회사가 신주를 발행하면서 주주 아닌 제3자에게 신주를 배정할 경우 기존 주주에게 보유 주식의 가치 하락이나 회사에 대한 지배권 상실 등 불이익을 끼칠 우려가 있다는 점을 감안하여, 신주를 발행할 경우 원칙적으로 기존 주주에게 이를 배정하도록 한 것이다. 그리고 제3자에 대한 신주배정은 정관이 정한 바에 따라서만 가능하도록 하면서, 그 사유도 신기술의 도입이나 재무구조 개선 등 기업 경영의 필요상 부득이한 예외적인 경우로 제한함으로써 기존 주주의 신주인수권에 대한 보호를 강화하고자 하는 데 그 취지가 있다. 따라서 주식회사가 신주를 발행함에 있어 신기술의 도입, 재무구조의 개선 등 회사의 경영상 목적을 달성하기 위하여 필요한 범위 안에서 정관이 정한 사유가 없는데도, 회사의 경영권 분쟁이 현실화된 상황에서 경영진의 경영권이나 지배권 방어라는 목적을 달성하기 위하여 제3자에게 신주를 배정하는 것은 「상법」 제418조 제2항을 위반하여 주주의 신주인수권을 침해하는 것이다(대법원 2009.1.30. 선고, 2008다50776 판결). 또한 변칙적으로 회사에 자금을 대여한 후 주식으로 받는 것도 법적으로 유효하지 않다. 주식회사가 타인으로부터 돈을 빌리면서 "채권자는 만기까지 대여금액의 일부 또는 전부를 회사 주식으로 액면가에 따라 언제든지 전환할 수 있는 권한을 갖는다."는 내용의 계약조항을 둔 경우, 달리 특별한 사정이 없는 한 이는 전환의 청구를 한 때에 그 효력이 생기는 형성권으로서의 전환권을 부여하는 조항이라고 보아야 하는바, 신주의 발행과 관련하여 특별법에서 달리 정한 경우를 제외하고 신주의 발행은 「상법」이 정하는 방법 및 절차에 의하여만 가능하다는 점에 비추어 볼 때, 위와 같은 전환권 부여조항은 「상법」이 정한 방법과 절차에 의하지 아니한 신주발행 내지는 주식으로의 전환을 예정하는 것이어서 효력이 없다(대법원 2007.2.22. 선고, 2005다73020 판결).

지주회사가 경영상 목적달성을 위하여 제3자 배정을 하는 것이 인정된다. 즉 지주회사가 자회사의 주식을 취득하기 위하여 정관 규정에 따라 자회사의 주식을 보유한 자에게 제3자 배정 방식으로 지주회사의 신주를 발행하고 자회사의 주식을 취득(현물출자)한 경우, 이러한 신주발행은 지주회사의 사업목적, 지주회사와 자회사 및 다른 자회사 사이의 사업관계에 따른 지배강화의 필요성, 자회사 주식 취득에 의한 현물출자의 효율성 등에 비추어 볼 때, 경영상 목적 달성을 위한 적정하고 비례적인 조치로서 지주회사 주주의 신주인수권을 부당하게 침해한 것이 아니다(수원지방법원 2007.9.21. 선고, 2007가합5499 판결 : 확정).

1.4 주주의 배당 청구권

주주는 주식회사의 투자자이며 소유자이다. 주주는 주식의 소유를 통해 투자하고 소유주식만큼 권리를 가진다. 이사와 대표이사가 경영담당자인 반면 주주는 임원으로 임명되지 않는 이상 법적으로는 실무적인 경영과는 무관하다. 다만, 주주총회 등을 통해 주인으로서의 권리를 행사할 따름이다.

주주가 회사에 투자를 하는 것은 투자이익이 기초적인 목적이다. 따라서 주주는 회사이익을 받을 권리를 가진다. 배당에 대하여는 “출자와 회수”에서 설명하였다.

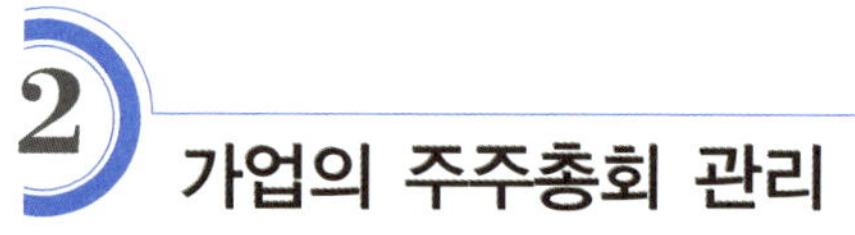

2 가업의 주주총회 관리

2.1 주주총회의 의의

국가의 최고의결기관은 국민이다. 국민이 국회의원을 뽑아 국회에서 법률을 만들고 국민이 뽑은 대통령이 이를 집행하며 법원에서 법률적 판결을 한다. 주식회사의 최고의결기관은 주주총회이다. 주주총회는 주식회사의 가장 중요한 의사결정기관이다. 주주총회는 주주로 구성된다.

주주총회는 회사의 중요한 사안을 결정하는 최고 의결기구로 임원의 선임과 해임, 결산서의 승인, 사업계획과 사업보고 등을 통해 기업의 중요사항을 결정하고 향후 사업방향을 가늠해볼 수 있는 자리다. 주주총회는 전자투표제로 할 수 있고, 주주들의 주주제안도 가능하다.

2.2 주주총회의 소집

▲▼ 소집 시기

주주총회에는 정기 주주총회와 임시 주주총회가 있다. 정기 주주총회는 매년 1회 일정한 시기에 소집하며 주로 재무제표의 승인, 배당금의 결정 등을 의결하고, 임시 주주총회는 필요한 경우에 수시로 소집한다.

▲▼ 소집 주체

주주총회는 이사회의 결정으로 소집하지만 소수주주에게도 주주총회의 소집권이 있다. 즉 발행주식의 총수의 3% 이상 주식을 가진 주주는 이사회에 임시 주주총회의 소집을 청구할 수 있다. 이러한 청구를 하였는데도 이사회에서 지체 없이 총회소집의 절차를 밟지 아니한 때에는 법원의 허가를 얻어 총회를 소집할 수 있다. 소수주주의 임시주주총회소집 청구권은 소수주주의 이익을 보호하고 다수결 원칙에 의한 다수주주의 횡포를 견제하기 위하여 소수주주에게 임시주주총회를 소집하여 그들이 제안한 안건을 총회의 결의에 부의할 수 있는 기회를 부여한 것으로, 예외적으로 소집허가신청이 법률상 요건을 구비하지 못하였거나 권리남용에 해당되는 것이 명백한 경우가 아닌 한 이를 받아들여야 한다(서울고등법원 2011.4.1.자 2011라123 결정 : 항고). 우리나라에서 소수주주에 의한 주주총회 소집 요구는 이사해임 등 경영진 교체 요구가 대부분이다. 법원은 소수주주들의 정당한 권리보호를 위한 주주총회 소집 요구 이외에 다른 목적의 신청에 대해서는 판단을 엄격히 하여 소집 목적이 적합한지 여부 등을 엄격히 판단한다.

소수주주가 임시 주주총회의 소집을 청구하려면 발행주식 총수의 3% 이상의 주식을 가진 주주가 회의의 목적사항과 소집의 이유를 적은 서면 또는 전자문서를 이사회에 제출하여야 한다(상법 제366조 제1항). 전에는 상장법인에 대한 특례 법률이 있었다. 구 「증권거래법」 제191조의 13 제5항에 의하면, 6월 전부터 계속하여 주권상장법인 또는 협회등록법인의 발행주식 총수의 1,000분의 30(대통령령이 정하는 법인의 경우에는 1,000분의 15)

이상에 해당하는 주식을 대통령령이 정하는 바에 의하여 보유한 자는 「상법」 제366조에서 규정하는 주주의 권리를 행사할 수 있다고 규정하였었다. 그러나 「상법」 및 「증권거래법」의 해당 조항의 개정 연혁, 입법 취지, 각 그 조항의 내용 및 적용범위 등을 종합적으로 고려해 보면, 「증권거래법」 제191조의 13 제5항은 「상법」 제366조의 적용을 배제하는 특별법에 해당한다고 볼 수 없고, 주권상장법인 내지 협회등록법인의 주주는 「증권거래법」 제191조의 13 제5항이 정하는 6월의 보유기간요건을 갖추지 못한 경우라 할지라도 「상법」 제366조의 요건을 갖추고 있으면 그에 기하여 주주총회소집청구권을 행사할 수 있다고 봄이 상당하다(대법원 2004.12.10. 선고, 2003다41715 판결). 한편 소수주주의 신청에 의하여 법원이 「비송사건절차법」 제145조 제1항의 규정에 의하여 임시주주총회의 소집을 허가한 결정에 대하여는 같은 조 제2항에 의하여 불복의 신청을 할 수 없고 「민사소송법」 제420조 소정의 특별항고가 허용된다(대법원 1991.4.30.자 90마672 결정).

이렇게 소수주주에 의한 주주총회 청구가 있은 후 지체 없이 총회소집의 절차를 밟지 아니한 때에는 청구한 주주는 법원의 허가를 받아 총회를 소집할 수 있다. 이 경우 주주총회의 의장은 법원이 이해관계인의 청구나 직권으로 선임할 수 있다(상법 제366조 제2항). 소수주주 청구에 의한 주주총회는 회사의 업무와 재산 상태를 조사할 검사인을 선임할 수 있다(상법 제366조 제3항).

소집 방법

주주총회 소집통지를 하는 방법은 서면에 의한 통지, 전자문서에 의한 통지, 전자적 방법에 의한 공고가 있다. 이 중 어느 것으로 할지 여부는 회사가 자율적으로 정하여 정관에 규정할 수 있고, 회사가 공고하는 방법은 주주, 회사채권자 기타 이해관계자에게 공시해야 할 것이 많으므로 이해관계인이 공시사항을 적시에 인지할 수 있도록 공시매체를 정관에서 확정해야 하는 정관의 절대적 기재사항이다(서울고등법원 2011.6.15. 선고, 2010나120489 판결 : 상고).

상장회사가 주주총회를 소집하는 경우 의결권 있는 발행주식 총수의 1% 이하의 주식을 소유하는 주주에게는 정관으로 정하는 바에 따라 주주총회일의 2주 전에 주주총회를 소집하는 뜻과 회의의 목적사항을 둘 이상의 일간신문에 각각 2회 이상 공고하거나 금융감독원 또는 거래소가 운용하는 전자공시시스템을 통하여 전자적 방법으로 공고함으로써 주주총회 소집통지를 할 수 있다(상법 제542조의 4 제1항, 상법 시행령 제31조 제1항,

제2항). 전자공고제도는 상장회사의 업무 편의와 공지의 신속성을 보장하기 위하여 의결권 있는 발행주식 총수의 1% 이하의 주식을 소유한 주주에 대한 주주총회 소집공고의 매체를 기존의 일간신문 이외에 전자공고를 추가하려는 의도에서 도입된 것으로서 정관정비를 통한 신규제도가 도입되는 것을 전제로 하고 있고 자치법규인 정관에서 이미 정하여 둔 공고방법을 배제하려는 의도에서 도입된 것이 아니므로, 결국 정관변경을 통하여 이에 대한 규정이 신설된 경우에만 전자적 방법에 의한 총회소집공고가 적법하게 되고 총회 소집통지에 갈음할 수 있게 된다(서울고등법원 2011.6.15. 선고, 2010나120489 판결 : 상고). 정관에 금융감독원 전자공시시스템을 통한 총회 소집공고에 관한 규정을 두고 있지 않고, 전자공시시스템에 의하여 총회 소집공고만 한 다음 총회를 개최한다면 총회 소집절차가 정관에 위배된 것으로서 결의취소사유 등에 해당한다. 그러나 그 후 한국예탁결제원에 위탁하여 전체 주주들에게 총회 소집통지서를 다시 개별적으로 발송하면서 '증권회사에 주권을 예탁한 실질주주가 총회 5일 전까지 의결권을 행사하겠다는 뜻을 밝히지 아니할 경우 한국예탁결제원이 의결권을 행사한다.'는 내용을 밝힌 경우 주주총회에서 한국예탁결제원이 의결권을 행사한 주식을 의결정족수 산정에 포함한 것은 적법하다(서울고등법원 2011.6.15. 선고, 2010나120489 판결 : 상고).

2.3 주주총회의 결의 방법

▲▼ 결의 방식

첫째는 보통결의사항이고 둘째는 특별결의사항이다. 보통결의사항은 출석한 주주의 의결권의 과반수에 의하여 의결하는 결의를 말한다(그러나 반드시 발행주식 총수의 4분의 1 이상이어야 한다)(상법 제368조 제1항). 특별결의사항은 출석한 주주의 결의권의 3분의 2 이상의 수에 의하여 의결하는 것을 말한다(발행주식 총수의 3분의 1 이상의 수로써 하여야 한다)(상법 제434조). 주주총회의 결의에 관하여 특별한 이해관계가 있는 자는 의결권을 행사하지 못한다(상법 제368조 제3항).

주주권은 주식의 양도나 소각 등 법률에 정하여진 사유에 의하여서만 상실되고 단순히 당사자 사이의 특약이나 주주권 포기의 의사표시만으로 상실되지 아니하며 다른 특별한 사정이 없는 한 그 행사가 제한되지도 아니한다(대법원 1999.7.23. 선고, 99다14808 판결 참조). 주주가 수년간 주주권 및 경영권을 포기하고 주식의 매매와 양도 등을 하지 아니하며 타인에게 정관에 따라 주주로서의 의결권 행사권한을 위임하기로 약정한 경우에도 주주로서의 의결권을 직접 행사할 수 없게 되었다고 볼 수 없다. 따라서 동 주주가 의결권을 행사한 경우 주주총회 결의가 모두 존재하지 아니한다고 볼 수 없다(대법원 2002.12. 24. 선고, 2002다54691 판결).

주식 자체는 유효하게 발행되었지만 주식의 이전과 귀속에 관한 분쟁이 발생하여 진실의 주주라고 주장하는 자가 명의상의 주주를 상대로 의결권의 행사를 금지하는 가처분의 결정을 받은 경우, 그 명의상의 주주는 주주총회에서 의결권을 행사할 수 없으나, 그가 가진 주식 수는 주주총회의 결의요건을 규정한 소정의 정족수 계산의 기초가 되는 '발행주식의 총수'에는 산입되는 것으로 해석함이 타당하다(대법원 1998.4.10. 선고, 97다50619 판결).

의결권 제한

주주총회의 결의에 관하여 특별한 이해관계가 있는 자는 의결권을 행사하지 못한다(상법 제368조 제3항). 특별한 이해관계란 특정 주주가 주주의 입장을 떠나서 개인적으로 이해관계를 가지는 경우이다. 주주의 의결권은 주주의 고유하고 기본적인 권리이므로 특별이해관계인이라는 이유로 이를 제한하기 위해서는 그 결의에 관하여 특별한 이해관계가 있음이 객관적으로 명확하여야 한다(대법원 2007.9.6. 선고, 2007다40000 판결).

예를 들어 주주총회가 재무제표를 승인한 후 2년 내에 이사와 감사의 책임을 추궁하는 결의를 하는 경우 당해 이사와 감사인 주주는 회사로부터 책임을 추궁당하는 위치에 서게 되어 주주의 입장을 떠나 개인적으로 이해관계를 가지는 경우로서 그 결의에 관한 특별이해관계인에 해당한다. 그러나 결산서 책임추궁 결의에 관한 건이라도 구체적으로 동 재무제표의 회계기간 동안에 이사나 감사로 재임한 자들 전원의 책임을 추궁하려고 하는 것인지, 그 중 일부 이사나 감사만의 책임을 추궁하려고 하는 것인지, 어떠한 책임을 추궁하려고 하는 것인지 알 수 없는 경우 특정 주주가 결의에 관한 특별이해관계인에 해당한다고 단정할 수는 없다. 따라서 이러한 안건이 이사나 감사 누구에 대하여 어떠한 책임을 추궁하기 위한 것인지, 그에 따라 주주 중 누가 이러한 결의에 관하여 특별한 이해관계가 있는 자에 해당하는지를 판단하여야 한다. 이를 판단하지 않고 회사의 이사, 감사 전원이 결의에 관하여 특별한 이해관계가 있는 자에 해당한다고 판단하는 것은 필요한 심리를 다 하지 아니하거나, 특별한 이해관계가 있는 자에 관한 법리를 오해하여 판결 결과에 영향을 미친 위법이 있다(대법원 2007.9.6. 선고, 2007다40000 판결).

의결권 행사방식

① 주주총회의 참석

주주는 자신이 주주임을 증명하면 주주총회에 참석할 수 있다. 회사가 주주 본인에 대하여 주주총회 참석장을 지참할 것을 요구하는 것 역시 주주 본인임을 보다 확실하게 확인하기 위한 방편에 불과하므로, 다른 방법으로 주주 본인임을 확인할 수 있는 경우에는 회사는 주주 본인의 의결권 행사를 거부할 수 없다(대법원 2009.4.23. 선고, 2005다22701 판결).

② 대리행사

주주총회 시 주주는 대리인으로 하여금 의결권을 행사하게 할 수 있으며, 의결권을 대리행사 하는 경우에는 그 대리인은 대리권을 증명하는 서면을 총회에 제출하여야 한다(상법 제368조 제2항). 주주총회에 참석한 의결권 대리인이 강제로 회사 사무실을 뒤져 원하는 장부를 찾아낸 경우, 「형법」 제20조 소정의 정당행위라고 볼 수 없어 방실수색의 죄가 성립한다(대법원 2001.9.7. 선고, 2001도2917 판결).

의결권의 대리행사 시 의결권의 행사를 구체적이고 개별적인 사항에 국한하여 위임해야 한다고 해석하여야 할 근거는 없고 포괄적으로 위임할 수도 있다(대법원 1969.7.8. 선고, 69다688 판결 참조)(대법원 2014.1.23. 선고, 2013다56839 판결).

'대리권을 증명하는 서면'이라 함은 위임장을 일컫는다. 회사가 위임장과 함께 인감증명서, 참석장 등을 제출하도록 요구하는 것은 대리인의 자격을 보다 확실하게 확인하기 위하여 요구하는 것일 뿐, 이러한 서류 등을 지참하지 아니하였다 하더라도 주주 또는 대리인이 다른 방법으로 위임장의 진정성 내지 위임의 사실을 증명할 수 있다면 회사는 그 대리권을 부정할 수 없다(대법원 2009.4.23. 선고, 2005다22701 판결). 대리권 규정은 대리권의 존부에 관한 법률관계를 명확히 하여 주주총회 결의의 성립을 원활하게 하는 데 그 목적이 있다. 따라서 대리권을 증명하는 서면은 위조나 변조 여부를 쉽게 식별할 수 있는 원본이어야 하고, 특별한 사정이 없는 한 사본은 그 서면에 해당하지 아니하고, 팩스를 통하여 출력된 팩스 본 위임장 역시 성질상 원본으로 볼 수 없다(대법원 2004.4.27. 선고, 2003다29616 판결). 주주가 그 소유주식을 명의신탁 하였고 다른 주주들과 대표이사가 이러한 사실을 알고 있는 경우, 주주총회 시 미리 의결권을 변호사로 하여금 대리행사 하겠다는 의사를 주주총회 개최 전에 회사에 통보하고 그 변호사가 주주총회에 참석하여 그 주주의 위임장 원본을 제출하였다면, 비록 그 변호사가 지참한 명의수탁자의 위임장 및 인감증명서가 모두 사본이라 하더라도 그 주주가 그 소유주식 전부에 대한 의결권을 그 변호사에게 위임하였다는 사실은 충분히 증명되었다고 할 것이어서, 회사의 대표이사는 그 변호사의 의결권 대리행사를 제한하여서는 안 된다(대법원 1995.2.28. 선고, 94다34579 판결).

주주로부터 의결권 행사를 위임받은 대리인은 특별한 사정이 없는 한 그 의결권 행사의 취지에 따라 제3자에게 그 의결권의 대리행사를 재위임할 수 있다(대법원 2009.4.23. 선고, 2005다22701, 22718 판결 참조)(대법원 2014.1.23. 선고, 2013다56839 판결).

주주의 자유로운 의결권 행사를 보장하기 위하여 주주가 의결권의 행사를 대리인에게 위임하는 것이 보장되어야 한다고 하더라도 주주의 의결권 행사를 위한 대리인 선임이 무제한적으로 허용되는 것은 아니다. 그 의결권의 대리행사로 말미암아 주주총회의 개최가 부당하게 저해되거나 혹은 회사의 이익이 부당하게 침해될 염려가 있는 등의 특별한 사정이 있는 경우에는 회사가 이를 거절할 수 있다. 대리인의 자격을 주주로 한정하는 취지의 주식회사의 정관 규정은 주주총회가 주주 이외의 제3자에 의하여 교란되는 것을 방지하여 회사 이익을 보호하는 취지에서 마련된 것으로서 합리적인 이유에 의한 상당한 정도의 제한이라고 볼 수 있으므로 이를 무효라고 볼 수는 없다. 그런데 이와 같은 정관규정이 있다 하더라도 주주인 국가, 지방공공단체 또는 주식회사 등이 그 소속의 공무원, 직원 또는 피용자 등에게 의결권을 대리행사 하도록 하는 때에는 특별한 사정이 없는 한 그들의 의결권 행사에는 주주 내부의 의사결정에 따른 대표자의 의사가 그대로 반영된다고 할 수 있고 이에 따라 주주총회가 교란되어 회사 이익이 침해되는 위험은 없는 반면에, 이들의 대리권 행사를 거부하게 되면 사실상 국가, 지방공공단체 또는 주식회사 등의 의결권 행사의 기회를 박탈하는 것과 같은 부당한 결과를 초래할 수 있으므로, 주주인 국가, 지방공공단체 또는 주식회사 소속의 공무원, 직원 또는 피용자 등이 그 주주를 위한 대리인으로서 의결권을 대리행사 하는 것은 허용되어야 하고 이를 가리켜 정관 규정에 위반한 무효의 의결권 대리행사라고 할 수는 없다(대법원 2009. 4.23. 선고, 2005다22701 판결).

1인 주주 주주총회

주식회사에 있어서 총 주식을 한 사람이 소유한 이른바 1인 회사의 경우 그 주주가 유일한 주주로서 주주총회에 출석하면 전원 총회로서 성립하고 그 주주의 의사대로 결의가 될 것임이 명백하므로 따로 총회소집절차가 필요 없다. 또한 실제로 총회를 개최한 사실이 없었다 하더라도 그 1인 주주에 의하여 의결이 있었던 것으로 주주총회 의사록이 작성되었다면 특별한 사정이 없는 한 그 내용의 결의가 있었던 것으로 볼 수 있다. 이 점은 한 사람이 다른 사람의 명의를 빌려 주주로 등재하였으나 총 주식을 실질적으로 그 한 사람이 모두 소유한 경우에도 마찬가지라고 할 수 있다. 그러나 1인이 총 주식의 대다수를 가지고 있더라도 실제의 소집절차와 결의절차를 거치지 아니한 채 주주총회의 결의가 있었던 것처럼 주주총회 의사록을 허위로 작성한 것이라면 그 지배주주에 의하여 의결이 있었던 것으로 주주총회 의사록이 작성되어 있다 하더라도 도저히 그 결의가 존재한다고 볼 수 없을 정도로 중대한 하자가 있는 때에 해당하여 그 주주총회의 결의는 부존재하다고 보아야 한다(대법원 2007.2.22. 선고, 2005다73020 판결).

전자투표

전자투표는 주주가 주주총회에 직접 참석하지 않고 인터넷을 통해 전자투표 시스템에서 의결권을 행사하는 제도다. 전자투표제는 대부분의 나라에서 의무화하지 않고 자율에 맡기고 있다. 미국에선 델라웨어, 애리조나, 콜로라도 등에서 이사회 결의로 회사가 자율적으로 전자투표제 도입을 결정할 수 있도록 한다. 영국, 독일, 일본도 회사가 자율적으로 도입 여부를 선택할 수 있다.

2016년 코스피 상장기업은 30%에 못 미치는 222개사, 코스닥 기업은 40%인 461개사가 전자투표제를 시행하였으나 국내 대표 대기업들은 이를 채택하지 않고 있다. 시가총액 10위 이내 업체 가운데 전자투표제를 실시하는 곳은 한국전력뿐이다. 코스닥시장에서도 시가총액 10위 이내 기업 중 전자투표 도입회사는 카카오, 메디톡스, 바이로메드, 컴투스 4개사이다.

회사는 이사회의 결의로 주주가 총회에 출석하지 아니하고 전자적 방법으로 의결권을 행사할 수 있음을 정할 수 있다(상법 제368조의 4 제1항). 동일한 주식에 관하여 전자투표 또는 서명에 의한 의결권을 행사하는 경우 전자적 방법 또는 서면 중 어느 하나의 방법을 선택하여야 한다(상법 제368조의 4 제1항). 또한 전자투표의 효율성 및 공정성을 확보하기 위하여 전자투표를 관리하는 기관을 지정하여 주주 확인절차 등 의결권 행사절차의 운영을 위탁할 수 있다(상법 시행령 제13조 제4항). 회사, 전자투표를 관리하는 기관 및 전자투표의 운영을 담당하는 자는 주주총회에서 개표가 있을 때까지 전자투표의 결과를 누설하거나 직무상 목적 외로 사용해서는 아니 된다(상법 시행령 제13조 제5항).

회사는 주주총회의 소집통지를 할 때에는 주주가 전자적 방법으로 의결권을 행사할 수 있다는 내용을 통지하여야 하고(상법 제368조의 4 제1항), 주주총회 소집의 통지나 공고에 전자투표를 할 인터넷 주소, 전자투표를 할 기간(전자투표의 종료일은 주주총회 전날까지로 하여야 한다), 그 밖에 주주의 전자투표에 필요한 기술적인 사항을 포함하여야 한다(상법 시행령 제13조 제2항).

전자투표를 하는 경우 주주는 「전자서명법」 제2조 제3호에 따른 공인전자서명을 통하여 주주 확인 및 전자투표를 하여야 한다(상법 제368조의 4 제1항, 상법 시행령 제13조 제1항). 이 경우 회사는 의결권행사에 필요한 양식과 참고자료를 주주에게 전자적 방법으로 제공하여야 한다(상법 제368조의 4 제1항).

전자투표를 한 주주는 해당 주식에 대하여 그 의결권 행사를 철회하거나 변경하지 못한다(상법 시행령 제13조 제3항). 서면투표의 경우 정관에 따라 주주총회에 출석하지 않고도 서면을 통해 의결권을 행사할 수 있고 주주총회 현장에 참석할 경우 의견을 철회하거나 변경할 수 있다. 그러나 전자투표는 서면투표와는 달리 주주가 의결권을 행사한 경우 주주총회 현장에서 투표를 번복할 수 없다.

회사는 의결권행사에 관한 전자적 기록을 총회가 끝난 날부터 3개월간 본점에 갖추어 두어 열람하게 하고 총회가 끝난 날부터 5년간 보존하여야 한다(상법 제368조의 4 제1항).

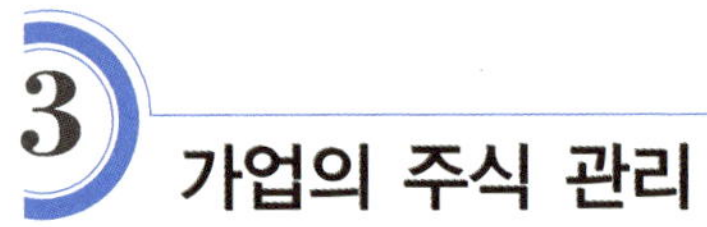

3 가업의 주식 관리

3.1 주주 변동의 관리

주주명부의 효력

「상법」이 주주명부제도를 둔 이유는, 주식의 발행 및 양도에 따라 주주의 구성이 계속 변화하는 단체법적 법률관계의 특성상 회사가 다수의 주주와 관련된 법률관계를 외부적으로 용이하게 식별할 수 있는 형식적이고도 획일적인 기준에 의하여 처리할 수 있도록 하여 이와 관련된 사무 처리의 효율성과 법적 안정성을 도모하기 위함이다. 이는 회사가 주주에 대한 실질적인 권리관계를 따로 조사하지 않고 주주명부의 기재에 따라 주주권을 행사할 수 있는 자를 획일적으로 확정하려는 것으로서, 주주권의 행사가 회사와 주주를 둘러싼 다수의 이해관계인 사이의 법률관계에 중대한 영향을 줄 수 있음을 고려한 것이며, 단지 해당 주주의 회사에 대한 권리행사 사무의 처리에 관한 회사의 편의만을 위한 것이라고 볼 수 없다. 회사에 대하여 주주권을 행사할 자가 주주명부의 기재에 의하여 확정되어야 한다는 법리는 주식양도의 경우뿐만 아니라 주식발행의 경우에도 마찬가지로 적용된다. 주식양도의 경우와 달리 주식발행의 경우에는 주식발행 회사가 관여하게 되므로 주주명부에의 기재를 주주권 행사의 대항요건으로 규정하고 있지는 않으나, 그럼에도 주식을 발행한 때에는 주주명부에 주주의 성명과 주소 등을 기재하여 본점에 비치하도록 하고(상법 제352조 제1항, 상법 제396조 제1항), 주주에 대한 회사의 통지 또는 최고는 주주명부에 기재한 주소 또는 그 자로부터 회사에 통지한 주소로 하면 되도록(상법 제353조 제1항) 규정하고 있다. 이와 같은 「상법」 규정의 취지는, 주식을 발행하는 단계에서나 주식이 양도되는 단계에서나 회사에 대한 관계에서 주주권을 행사할 자를 주주명부의 기재에 따라 획일적으로 확정하기 위한 것으로 보아야 한다. 주식을 양수하였으나 아직 주주명부에 명의개서를 하지 아니하여 주주명부에는 양도인이 주주로 기재되어 있는 경우뿐만 아니라, 주식을 인수하거나 양수하려는 자가 타인의 명의를 빌려 회사의 주식을 인수하거나 양수하고 타인의 명의로 주주명부에의 기재까지 마치는 경우에도, 회사에 대한 관계에서는 주주명부상 주주만이 주주로서 의결권 등 주주권을 적법하게 행사할 수 있다. 이는 주주명부에 주주로 기재되어 있는 자는 특별한 사정이 없는 한 회사에 대한 관계에서 주식에 관한 의결권 등 주주권을 적법하게 행사할 수 있고, 회사의 주식을 양수하였더라도 주주명부에 기재를 마치지 아니하면 주식의 양수를 회사에 대항할 수 없다는 법리에 비추어 볼 때 자연스러운 결과이다. 또한 언제든 주주명부에 주주로 기재해 줄 것을 청구하여 주주권을 행사할 수 있는 자가 자기의 명의가 아닌 타인의 명의로 주주명부에 기재를 마치는 것은 적어도 주주명부상 주주가 회사에 대한 관계에서 주주권을 행사하더라도 이를 허용하거나 받아들이려는 의사였다고 봄이 합리적이다. 그렇기 때문에 주주명부상 주주가 주식을 인수하거나 양수한 사람의 의사에 반하여 주주권을 행사한다 하더라도, 이는 주주명부상 주주에게 주주권을 행사하는 것을 허용함에 따른 결과이므로 주주권의 행사가 신의칙에 반한다고 볼 수 없다. 주주명부상의 주주만이 회사에 대한 관계에서 주주권을 행사할 수 있다는 법리는 주주에 대하여만 아니라 회사에 대하여도 마찬가지로 적용되므로, 회사는 특별한 사정이 없는 한 주주명부에 기재된 자의 주주권 행사를 부인하거나 주주명부에 기재되지 아니한 자의 주주권 행사를 인정할 수 없다. 주식발행의 경우 주식 인수인이 성명과 주소를 기재하고 기명날인 또는 서명한 서면에 의하여 주식을 인수한 후 그 인수가액을 납입하도록 하면서, 회사로 하여금 주주명부에 주주의 성명과 주소, 각 주주가 가진 주식의 수와 종류 등을 기재하고 이를 회사의 본점에 비치하여 주주와 회사채권자가 열람할 수 있도록 하고 있다(상법 제352조 제1항, 상법 제396조). 이는 회사가 발행한 주식에 관하여 주주권을 행사할 자를 확정하여 주주명부에 주주로 기재하여 비치·열람하도록 함으로써 해당 주주는 물론이고 회사 스스로도 이에 구속을 받도록 하도록 하는 목적이다. 주식양도의 경우에는 주식발행의 경우와는 달리 회사 스스로가 아니라 취득자의 청구에 따라 주주명부의 기재를 변경하는 것이기는 하나, 회사가 주식발행 시 작성하여 비치한 주주명부에의 기재가 회사에 대한 구속력이 있음을 전제로 하여 주주명부에의 명의개서에 대항력을 인정함으로써 주식양도에 있어서도 일관되게 회사에 대한 구속력을 인정하려는 것이므로, 「상법」 제337조 제1항에서 말하는 대항력은 그 문언에 불구하고 회사도 주주명부에의 기재에 구속되어, 주주명부에 기재된 자의 주주권 행사를 부인하거나 주주명부에 기재되지 아니한 자의 주주권 행사를 인정할 수 없다는 의미를 포함하는 것으로 해석함이 타당하다. 따라서 특별한 사정이 없는 한, 주주명부에 적법하게 주주로 기재되어 있는 자는 회사에 대한 관계에서 주식에 관한 의결권 등 주주권을 행사할 수 있고, 회사 역시 주주명부상 주주 외에 실제 주식을 인수하거나 양수하고자 하였던 자가 따로 존재한다는 사실을 알았든 몰랐든 간에 주주명부상 주주의 주주권 행사를 부인할 수 없으며, 주주명부에 기재를 마치지 아니한 자의 주주권 행사를 인정할 수도 없다. 「자본시장과 금융투자업에 관한 법률」(이하 "자본시장법")에 따라 예탁결제원에 예탁된 상장주식 등에 관하여 작성된 실질주주명부에의 기재는 주주명부에의 기재와 같은 효력을 가지므로(자본시장법 제316조 제2항), 이 경우 실질주주명부상 주주는 주주명부상 주주와 동일하게 주주권을 행사할 수 있다(대법원 2017.3.23. 선고, 2015다248342 전원합의체 판결).

주주명부에 기재를 마치지 않고도 회사에 대한 관계에서 주주권을 행사할 수 있는 경우는 주주명부에의 기재 또는 명의개서청구가 부당하게 지연되거나 거절되었다는 등의 극히 예외적인 사정이 인정되는 경우에 한한다(대법원 2017.3.23. 선고, 2015다248342 전원합의체 판결).

타인의 명의를 빌려 회사의 주식을 인수하고 그 대금을 납입한 경우에 그 타인의 명의로 주주명부에 기재까지 마쳐도 실질상의 주주인 명의차용인만이 회사에 대한 관계에서 주주권을 행사할 수 있는 주주에 해당한다는 취지로 본 판결(대법원 1975.9.23. 선고, 74다804 판결, 대법원 1977.10.11. 선고, 76다1448 판결, 대법원 1980.9.19.자 80마396 결정, 대법원 1980.12.9. 선고, 79다1989 판결, 대법원 1985.12.10. 선고, 84다카319 판결, 대법원 1998.4.10. 선고, 97다50619 판결, 대법원 2011.5.26. 선고, 2010다22552 판결, 대법원 2011.5.26. 선고, 2010다27519 판결 등), 회사는 주식인수 및 양수 계약에 따라 주식의 인수대금 또는 양수대금을 모두 납입하였으나 주식의 인수 및 양수에 관하여 「상법」상의 형식적 절차를 이행하지 아니한 자의 주주로서의 지위를 부인할 수 없다고 한 판결(대법원 1980.4.22. 선고, 79다2087 판결 등), 회사가 명의개서를 하지 아니한 실질상의 주주를 주주로 인정하는 것은 무방하다고 한 판결(대법원 1989.10.24. 선고, 89다카14714 판결, 대법원 2001.5.15. 선고, 2001다12973 판결, 대법원 2005.2.17. 선고, 2004다61198 판결, 대법원 2006.7.13. 선고, 2004다70307 판결 등), 회사가 주주명부상 주주가 형식주주에 불과하다는 것을 알았거나 중대한 과실로 알지 못하였고 또한 이를 용이하게 증명하여 의결권 행사를 거절할 수 있었음에도 의결권 행사를 용인하거나 의결권을 행사하게 한 경우에 그 의결권 행사가 위법하게 된다는 취지로 판시한 판결(대법원 1998.9.8. 선고, 96다45818 판결, 대법원 1998.9.8. 선고, 96다48671 판결 등)을 비롯하여 이와 같은 취지의 판결들은 이 판결의 견해에 배치되는 범위 내에서 모두 변경하기로 한다(대법원 2017.3.23. 선고, 2015다248342 전원합의체 판결).

주식 양도의 효력

주식의 양도는 주권이 발행된 경우에는 주권을 교부하여야 하고(상법 제336조 제1항), 주권이 발행되지 않은 경우에는 지명채권 양도에 관한 일반원칙에 따라 당사자의 의사표시만으로 주식양도의 효력이 발생한다(대법원 1995.5.23. 선고, 94다36421 판결). 주권이 발행된 주식의 경우 주권의 점유자는 이를 적법한 소지인으로 추정하며(상법 제336조), 주권에 관하여 수표법상의 선의취득 규정을 준용하고 있다(상법 제359조).

주식의 이전은 취득자의 성명과 주소를 주주명부에 기재하지 아니하면 회사에 대항하지 못한다(상법 제337조 제1항). 주주명부에 명의개서를 한 경우에 회사와의 관계에서 대항력을 인정하고, 주주명부상 주주의 주소로 통지를 허용하며, 회사가 정한 일정한 날에 주주명부에 기재된 주주에게 신주인수권 등의 권리를 귀속시킬 수 있도록 하고 있는 것은 주식의 소유권 귀속에 관한 회사 이외의 주체들 사이의 권리관계와 주주의 회사에 대한 주주권 행사국면을 구분하여, 후자에 대하여는 주주명부상 기재 또는 명의개서에 특별한 효력을 인정하는 태도라고 할 것이다. 상장주식 등의 경우 그 주식은 대량적·반복적 거래를 통해 지속적으로 양도되는 특성이 있으므로, 「자본시장과 금융투자업에 관한 법률」이 실질주주명부를 두어 이를 주주명부로 보고 그에 기재된 자로 하여금 주주권을 행사하도록 한 것도 같은 취지이다(대법원 2017.3.23. 선고, 2015다248342 전원합의체 판결). 주식을 양수하였으나 아직 주주명부에 명의개서를 하지 아니하여 주주명부에는 양도인이 주주로 기재되어 있는 경우뿐만 아니라, 주식을 인수하거나 양수하려는 자가 타인의 명의를 빌려 회사의 주식을 인수하거나 양수하고 그 타인의 명의로 주주명부에의 기재까지 마치는 경우에도, 회사에 대한 관계에서는 주주명부상 주주만이 주주로서 의결권 등 주주권을 적법하게 행사할 수 있다. 이는 주주명부에 주주로 기재되어 있는 자는 특별한 사정이 없는 한 회사에 대한 관계에서 그 주식에 관한 의결권 등 주주권을 적법하게 행사할 수 있고(대법원 1985.3.26. 선고, 84다카2082 판결, 대법원 2010.3.11. 선고, 2007다51505 판결 참조), 회사의 주식을 양수하였더라도 주주명부에 기재를 마치지 아니하면 그 주식의 양수를 회사에 대항할 수 없다(대법원 1991.5.28. 선고, 90다6774 판결 참조)는 법리에 비추어 볼 때 자연스러운 결과이다. 또한 언제든 주주명부에 주주로 기재해 줄 것을 청구하여 주주권을 행사할 수 있는 자가 자기의 명의가 아닌 타인의 명의로 주주명부에 기재를 마치는 것은 적어도 주주명부상 주주가 회사에 대한 관계에서 주주권을 행사하더라도 이를 허용하거나 받아들이려는 의사였다고 봄이 합리적이다. 그렇기 때문에 주주명부상 주주가 그 주식을 인수하거나 양수한 사람의 의사에 반하여 주주권을 행사한다 하더라도, 이는 주주명부상 주주에게 주주권을 행사하는 것을 허용함에 따른 결과이므로 그 주주권의 행사가 신의칙에 반한다고 볼 수 없다(대법원 2017.3.23. 선고, 2015다248342 전원합의체 판결).

주식거래의 자유

주식은 자유로이 타인에게 양도할 수 있다(상법 제335조 제1항). 다만 주권발행 전에 한 주식의 양도는 회사에 대하여 효력이 없다. 그러나 회사성립 후 또는 신주의 납입기일

후 6월이 경과한 때에는 그러하지 아니하다(상법 제335조 제3항). 실제로 주식을 매매한 비상장기업 주식거래의 계약사례는 다음과 같다.

〈비상장주식 매매계약의 사례〉

주식 양수도 계약서

제 1 조 : 본 계약은 "갑"(매도자) 소유의 xxx 주식을 "을"(매수자) xxx가 인수하기 위하여 20xx년 xx월 xx일 계약한다.

제 2 조 : 본 계약의 목적물 및 주식양수도 조건은 다음과 같다.

1) 발행회사 : 주식회사 xx 기명식 보통주
2) 주 식 수 : 1,000주
3) 주식단가 : 100,000원
4) 총 액 : 일억 원정 (₩100,000,000)

제 3 조 : "을" 은 제2호의 내용에 의거 아래와 같이 주식대금을 "갑"에게 지급 한다.

--- 아 래 ---

1) 계약금 : -
2) 중도금 : -
3) 잔 금 : 일억 원 정 (₩100,000,000) 20xx년 xx월 xx일 지급한다.

제 4 조 : 주식회사 xx의 주권 미 발행으로 주권 없이 주식양도로 한다.
주식의 양도는 "갑"이 (주) xx에 확정일자 있는 문서로 주식양도 통지를 한다.

제 5 조 : 본 계약의 효력은 계약 당사자가 기명날인한 날로부터 발생한다.

제 6 조 : 매매주식의 진위는 매도인이 책임을 지며, 기타 사항은 일반주식 거래 관계법령 및 일반 진행에 따르며, 계약 일부터 위 주식에 대한 모든 권리는 "을" 에게 있다.

제 7 조 : "갑" 은 위 주식에 대하여 양도 후 발생한 유・무상 증자, 배당 등과 같은 주주로써의 모든 권리를 행사할 수 있도록 위 주식 명의개서인 "을"에게 적극 협력해 주어야 한다.

제 8 조 : 상기 사실을 증명하기 위하여 계약서 2통을 작성하여 "갑", "을"이 서명날인하고 각 1통씩 보관한다.

제 9 조 : "갑" 또는 "을"이 부득이 한 사정으로 인하여 계약사항을 더 이상 이행할 수 없는 경우 일반적인 상거래에 따라 "을"은 계약금 포기 및 "갑" 또한 계약금액의 100%의 위약금으로 계약을 해지할 수 있다.

xxxx년 xx월 xx일

"갑" (매도자)
매도자 주 소 :
주민등록번호 :
매　　도　　자 :　　　　　　　　　　　　　(인)

"을" (매수자)
매수자 주 소 :
주민등록번호　:
매　　수　　자 :　　　　　　　　　　　　　(인)

내 용 증 명 서

발 신 : xxx(주소 :)
수 신 : 주식회사 xx 대표이사(주소 :)
제목 : 주식양도 통지서

귀사의 일익 번창함을 기원합니다.
주주 xxx은 xxx에게 귀사의 주식을 양도 하였기에 통지합니다.

양 도 내 역
발행회사 : 주식회사 xx
주식의 종류 : 보통주(기명식)
주식액면가 : 1주당 10,000원
양도주식 수 : 1,000주
양도 일자 : xxxx. xx. xx

xxxx. xx. xx.
xxx　　　　　　　(인)

첨부 서류 : 주식양수도 계약서

▲▼ 주식거래의 제한

① 개요

회사는 주식거래를 제한할 수 있다. 즉 정관으로 정하는 바에 따라 그 발행하는 주식의 양도에 관하여 이사회의 승인을 받도록 할 수 있다(상법 제335조 제1항 단서). 이 경우 이사회의 승인을 얻지 아니한 주식의 양도는 회사에 대하여 효력이 없다(상법 제335조 제2항). 이사회의 승인을 얻도록 규정되어 있는 회사의 정관에도 불구하고 이사회의 승인을 얻지 아니하고 주식을 양도한 경우에 그 주식의 양도는 회사에 대하여 효력이 없을 뿐, 주주 사이의 주식양도계약 자체가 무효라고 할 수는 없다(대법원 2008.7.10. 선고, 2007다14193 판결). 정관에서 주식양도에 관하여 이사회 승인을 받도록 규정하고 있음에도 이사회의 승인을 받지 못한 경우 양수인이 회사에 대하여 양도효력을 주장하지 못하지만 당사자 사이에는 주식양도계약의 효력이 유효하며, 또한 기명식 주식을 양도담보로 제공받고 주권을 교부받은 자는 회사에 대하여 양도승인청구를 하거나(상법 제335조의 2), 이사회의 승인청구를 할 수 있고(상법 제335조의 7), 회사로부터 양도승인 거부의 통지를 받거나 이사회의 승인거부 통지를 받은 때에는 회사를 상대로 그 주식의 매수청구를 할 수 있다(상법 제335조의 6, 상법 제336조). 주식의 양도에 관하여 이사회의 승인을 얻어야 하는 경우 주식양수인의 회사에 대한 주식양도 승인청구 및 주식매수청구권에 관하여 규율하고 있는 「상법」 제335조의 7, 제335조의 2 제2항 내지 제4항, 제335조의 6, 제374조의 2 제2항 내지 제5항의 규정 취지에 비추어 보면, 주식매수청구권은 이른바 형성권으로서 그 행사로 회사의 승낙 여부와 관계없이 주식에 관한 매매계약이 성립한다(대법원 2011.4.28. 선고, 2010다94953 판결 참조)(서울고등법원 2011.11.30. 선고, 2011나51535, 2011나53876참가 판결).

정관의 규정으로 주식의 양도를 제한하는 경우에도 주식양도를 전면적으로 금지하는 규정을 둘 수는 없다. 주식의 양도를 일정 기간 금지하는 정관규정은 주주의 투하자본회수의 가능성을 전면적으로 부정하는 것으로서 무효이다. 이렇게 정관 규정 자체가 무효가 되는 경우 회사나 주주들 사이에서, 혹은 주주들 사이에서 약정하였다고 하더라도 이 또한 무효이다. 주주 전원의 동의가 있으면 양도할 수 있다는 규정도 「상법」 제335조 제1항 단서 소정의 양도제한 요건을 가중하는 것으로서 「상법」 규정의 취지에 반할 뿐 아니라, 사실상 양도를 불가능하게 하거나 현저하게 양도를 곤란하게 하는 것으로서 실질적으로 양도를 금지한 것과 같다(대법원 2000.9.26. 선고, 99다48429 판결). 그러나 주식의 양도를 제한하는 방법으로서 이사회의 승인을 요하도록 정관에 정할 수 있다는 「상법」 제335조 제1항 단서의 취지에 비추어 볼 때, 주주들 사이에서 주식의 양도를 일부 제한하는 내용의 약정을 한 경우, 그 약정은 주주의 투하자본회수의 가능성을 전면적으로 부정하는 것이 아니고, 공서양속에 반하지 않는다면 당사자 사이에서는 원칙적으로 유효하다(대법원 2000.9.26. 선고, 99다48429 판결 취지 참조)(대법원 2008.7.10. 선고, 2007다14193 판결). 예를 들어 주주들끼리 주식 처분을 제한하기로 하고 어길 경우 위약금을 물리는 내용의 주식처분 금지 약정은 유효하다.

김종학 프로덕션은 2005년 12월 한원월드비전과 함께 제주에 드라마 세트장을 설치하고 그 배후 부지를 관광단지로 개발하는 사업을 추진하기 회사를 설립했다. 한원월드비전 주주들은 발행주식 총수의 64%에 해당하는 3250주를 김종학 프로덕션에 넘기면서 "김종학 프로덕션이 한원월드비전의 동의 없이 주식을 처분할 경우 20억 원의 위약금을 지불한다."는 약정을 했다. 대법원은 ㈜한원월드비전이 ㈜김종학 프로덕션과 ㈜디지탈아리아를 상대로 낸 위약벌금 소송 상고심(2013다7608)에서 "피고들은 연대해 25억 원을 지급하라."며 원고승소 판결한 원심을 확정했다.

② 이사회의 주식양도 승인

주식의 양도에 관하여 이사회의 승인을 얻어야 하는 경우에는 주식을 양도하고자 하는 주주는 회사에 대하여 거래의 상대방 및 거래하고자 하는 주식의 종류와 수를 기재한 서면으로 거래의 승인을 청구할 수 있다(상법 제335조의 2 제1항). 주식의 양도에 관하여 이사회의 승인을 얻어야 하는 경우에 주식을 취득한 자는 회사에 대하여 그 주식의 종류와 수를 기재한 서면으로 그 취득의 승인을 청구할 수 있다(상법 제335조의 7 제2항). 회사는 청구가 있는 날부터 1월 이내에 주주에게 그 승인여부를 서면으로 통지하여야 한다(상법 제335조의 2 제2항, 상법 제335조의 7 제2항). 회사가 이 기간 내에 주주에게 거부의 통지를 하지 아니한 때에는 주식의 양도에 관하여 이사회의 승인이 있는 것으로 본다(상법 제335조의 2 제3항, 상법 제335조의 7 제2항). 주식의 거래에 관하여 이사회의 승인을 얻어야 하는 경우에 주식을 취득하였으나 회사로부터 승인거부의 통지를 받은 양수인은 동법에 따라 회사에 대하여 주식매수청구권을 행사할 수 있다. 이러한 주식매수청구권은 주식을 취득한 양수인에게 인정되는 이른바 형성권으로서 그 행사로 회사의 승낙 여부와 관계없이 주식에 관한 매매계약이 성립한다(대법원 2014.12.24. 선고, 2014다221258, 221265 판결). 이러한 주식매수청구권은 주식을 취득한 자에 한하여 인정되는 것이고, 주권이 발행된 주식의 취득에는 주권의 교부가 필요하다. 주권을 교부하지 않은 경우에는 주식을 취득했다고 볼 수 없으므로 주식매수청구권은 효력을 가질 수 없으므로, 회사와 주식 매매계약이 성립됐다고 볼 수 없다(서울중앙지방법원 2013.7.26. 선고, 2012가합518397, 2012가합70024 독립당사자참가의소 판결).

③ 이사회 승인거부 시 매매청구

양도 또는 인수승인 거부의 통지를 받은 주주는 통지를 받은 날부터 20일 내에 회사에 대하여 거래의 상대방의 지정 또는 그 주식의 매수를 청구할 수 있다(상법 제335조의 2 제4항, 상법 제335조의 7 제2항). 주주가 거래의 상대방을 지정하여 줄 것을 청구한 경우에는 이사회는 이를 지정하고, 그 청구가 있은 날부터 2주간 내에 주주 및 지정된 상대방에게 서면으로 이를 통지하여야 한다(상법 제335조의 3 제1항, 상법 제335조의 7 제2항). 이 기간 내에 주주에게 상대방지정의 통지를 하지 아니한 때에는 주식의 양도 또는 인수에 관하여 이사회의 승인이 있는 것으로 본다(상법 제335조의 3 제2항, 상법 제335조의 7 제2항).

거래의 상대방으로 지정된 자는 지정통지를 받은 날부터 10일 이내에 지정청구를 한 주주에 대하여 서면으로 그 주식을 자기와 매매할 것을 청구할 수 있다(상법 제335조의 4 제1항, 상법 제335조의 7 제2항). 주식의 매매상대방으로 지정된 자가 이 기간 내에 매매의 청구를 하지 아니한 때는 주식의 양도 또는 인수에 관하여 이사회의 승인이 있는 것으로 본다(상법 제335조의 4 제2항, 상법 제335의 7 제2항).

매매청구를 한 경우 그 주식의 매매가액은 주주와 매매청구인간의 협의로 이를 결정한다(상법 제335조의 5 제1항, 상법 제335조의 7 제2항). 주주 또는 주식인수자가 회사에 대하여 주식의 매수를 청구한 경우에 회사는 청구를 받은 날부터 2월 이내에 그 주식을 매수하여야 한다(상법 제335조의 6, 제374조의 2 제2항, 상법 제335조의 7 제2항). 주식의 매수가액은 주주와 회사 간의 협의에 의하여 결정한다(상법 제335조의 6, 상법 제374조의 2 제3항, 상법 제335조의 7 제2항). 청구를 받은 날부터 30일 이내에 매수가액의 협의가 이루어지지 아니한 경우에는 회사 또는 주식의 매수를 청구한 주주는 법원에 대하여 매수가액의 결정을 청구할 수 있다(상법 제335조의 6, 상법 제374조의 2 제4항, 상법 제335조의 7 제2항). 법원이 주식의 매수가액을 결정하는 경우에는 회사의 재산상태 그 밖의 사정을 참작하여 공정한 가액으로 이를 산정하여야 한다(상법 제335조의 6, 상법 제374조의 2 제5항, 상법 제335조의 7 제2항).

3.2 차명주식의 관리

(1) 차명주식의 문제

원만한 기업지배구조와 경영권 유지 및 승계를 위해서 반드시 해결해야 할 문제가 차명주식 또는 '명의신탁주식'이다. 명의신탁은 실정법상의 근거 없이 판례에 의하여 형성된 신탁행위의 일종으로 수탁자에게 재산의 명의가 이전되지만 수탁자는 외관상 소유자로 표시될 뿐이고 적극적으로 그 재산을 관리 · 처분할 권리의무를 가지지 아니하는 신탁이다(상속세 및 증여세법 집행기준 45의 2-0-1). 과거 「상법」규정 때문에 부득이하게 주식을 타인명의로 등재한 중소기업은 '명의신탁 실제소유자 확인제도'를 통해 간소화된 기준에 따라 명의신탁주식 실제소유자를 확인할 수 있다.

차명주식과 명의신탁 주식은 실제소유자가 명의자에게 명의 신탁했음을 입증하는 문제와 조세 문제를 해결하여야 한다. 전자는 법인 설립 또는 자본금증자 시 주금납입 자료, 신탁시점에 만든 약정서나 각서, 명의신탁 해지소송 판결문 등으로 입증할 수 있다. 또한, 차명이나 명의신탁 이후 주주로서의 권리행사, 배당금 수령 등의 자료도 입증자료로 활용할 수 있다. 명의신탁이 입증되더라도 증여세나 양도소득세 문제가 만만치 않다.

2014년 6월부터 실행하고 있는 '명의신탁주식 실제 소유자 확인제도'는 부득이하게 명의신탁 한 기업들이 간단한 서류만으로도 명의신탁 주식을 환원하도록 하는 제도이다. 이 제도는 「상법」 상 발기인 수 제한이 있었던 시기 이전에 설립된 경우에 활용되며 중소기업이어야 하고, 주식가액이 30억 원 미만이어야 한다.

(2) 법률적 문제

주주명부에 기재된 명의상의 주주는 회사에 대한 관계에 있어서 자신의 실질적 권리를 증명하지 않아도 주주의 권리를 행사할 수 있는 자격수여 적 효력을 인정받는다. 그러나 주주명부의 기재에 의하여 창설적 효력을 인정받는 것은 아니다(대법원 2006.9.14. 선고, 2005다45537 판결 등 참조).

주식을 인수함에 있어 타인의 승낙을 얻어 그 명의로 출자하여 주식대금을 납입한 경우에는 실제로 주식을 인수하여 그 대금을 납입한 명의차용인만이 실질상의 주식 인수인으로서 주주가 된다고 할 것이고 단순한 명의대여인은 주주가 될 수 없으며(대법원

2004.3.26. 선고, 2002다29138 판결 등 참조), 이는 회사를 설립하면서 타인의 명의를 차용하여 주식을 인수한 경우에도 마찬가지라고 할 것이다(대법원 1985.12.10. 선고, 84다카319 판결 참조). 참고로 「상법」 제403조 제1항은 '발행주식의 총수의 100분의 1 이상에 해당하는 주식을 가진 주주'가 주주대표소송을 제기할 수 있다고 규정하고 있을 뿐, 주주의 자격에 관하여 별도의 요건을 규정하고 있지 않으므로, 주주대표소송을 제기할 수 있는 주주에 해당하는지 여부는 위 법리에 따라 판단하여야 할 것이다(대법원 2011.5.26. 선고, 2010다22552 판결).

2017년 대법원 전원합의부는 판례를 변경하여 차명주주도 주주인 만큼 의결권 등 주주로서 주권을 행사할 수 있다는 취지의 판결을 내렸다. 그동안 대법원은 주주명부에 기재되지 않은 실제 주식 소유자의 주주권 행사를 인정했었다. 대법원은 "특별한 사정이 없는 한, 주주명부에 적법하게 주주로 기재돼 있는 자는 회사에 대한 관계에서 그 주식에 관한 의결권 등 주주권을 행사할 수 있고, 회사 역시 주주명부상 주주 외에 실제 주식을 인수하거나 양수하고자 했던 자가 따로 존재한다는 사실을 알았든 몰랐든 간에 주주명부상 주주의 주주권 행사를 부인할 수 없으며, 주주명부에 기재를 마치지 아니한 자의 주주권 행사를 인정할 수도 없다. 주주명부에 기재를 마치지 않고도 회사에 대한 관계에서 주주권을 행사할 수 있는 경우는 주주명부에의 기재 또는 명의개서청구가 부당하게 지연되거나 거절되었다는 등의 극히 예외인 사정이 인정되는 경우에 한한다. 주주명부상 주주 외에 실제 주식을 인수하거나 양수하고자 했던 자가 따로 존재한다는 사실이 증명됐다고 하더라도 회사에 대한 관계에서는 주주명부상 주주만이 주주권을 행사할 수 있으므로, 주주명부상 주주는 회사를 상대로 주주총회결의취소와 무효 확인 빛 부존재 확인의 소를 제기할 수 있고, 회사 역시 특별한 사정이 없는 한 주주명부상 주주의 이러한 주주권 행사를 부인하지 못한다."고 판시했다(대법원 2017.3.23. 선고, 2015다248342 전원합의체 판결).

(3) 증여세 문제

과세 취지

명의신탁에 증여세를 과세하는 규정은 권리의 이전이나 행사에 등기 등을 요하는 재산에 있어서 명의신탁제도를 증여를 은폐하기 위한 수단으로 악용하는 것을 방지하려는 데에 그 입법취지가 있다(대법원 90누4143, 1990.10.10.). 즉 권리의 이전이나 행사에 등기 등을 요하는 재산에 있어서 실질소유자로부터 명의자에게 실질적인 소유권을 이전하려는 것이면서도 단순한 명의신탁임을 가장하여 증여세를 회피하려는 경우에 적용되는 것이라 해석된다(대법원 1991.3.27. 선고, 90누9322 판결; 1991.5.28. 선고, 91누1868 판결; 1996.10.11. 선고, 94다53631 판결 등 참조)(대법원 95다20379, 1996.12.20.).

과세대상

증여받은 것으로 의제되는 재산은 명의신탁주식 등의 매수대금이 아닌 명의신탁주식 등 자체이다(대법원 2005두10200, 2007.2.8.). 과세대상은 등기 등을 요하는 재산이다. 등기·등록 등을 요하는 재산은 권리의 이전이나 행사에 등기 등이 효력발생요건 내지 대항요건으로서 법률상 요구되는 다음과 같은 자산을 말한다(상속세 및 증여세법 집행기준 45의 2-0-4).

〈명의신탁으로 증여세가 과세되는 자산〉

구 분	대상자산
등기를 요하는 자산	입목, 공장재단, 광업재단, 선박(토지, 건물 제외)
등록을 요하는 자산	특허권, 실용신안권, 의장권, 상표권, 저작권, 어업권, 광업권, 자동차, 항공기, 건설기계
명의개서를 요하는 자산	주권, 사채권

다음도 등기·등록·명의개서 등을 요하는 재산이 아니다(상속세 및 증여세법 집행기준 45의 2-0-5).

〈명의신탁 과세대상에 해당하지 않는 재산〉

① 아파트당첨권, 아파트 분양계약금, 중도금 등을 납입한 상태에서 이전하는 부동산을 취득할 수 있는 권리
② 예금청구권, 차입예탁반환청구권
③ 보험, 예금, 상호신용금고계금

1995년 7월 1일부터 「부동산 실권리자 명의등기에 관한 법률」이 시행됨에 따라 토지 또는 건물의 명의신탁에 대하여 등기자체가 무효가 되므로 명의신탁재산 증여의제 규정

은 적용하지 아니하나 동 법에 따라 과징금 등이 부과될 수 있다(상속세 및 증여세법 집행기준 45의 2-0-6). 그러나 대법원 판례는 다르다. 명의신탁 증여의제의 규정은 재산의 실제 소유자와 명의자가 다른 경우를 그 규율대상으로 한다고 규정하고 있을 뿐 명의자 앞으로의 등기 등이 법률상 유효할 것까지를 요구하고 있지는 않다. 명의신탁약정에 따른 등기 등이 이루어진 이상 그 등기 등이 강행법규 위반 등으로 인하여 무효인 경우에도 조세회피의 목적은 달성될 수 있으므로, 명의신탁약정에 따라 실제 소유자가 아닌 제3자 명의로 이루어진 등기 등이 강행법규 위반 등으로 인하여 무효라는 이유만으로 적용이 배제되는 것은 아니다(대법원 2007두17175, 2011.9.8.).

▲▼ 과세요건-공통

권리의 이전이나 그 행사에 등기 등이 필요한 재산(토지와 건물은 제외)의 실제소유자와 명의자가 다른 경우에는 실질과세원칙에 불구하고 그 명의자로 등기 등을 한 날에 조세회피목적이 없는 경우 등을 제외하고는 그 재산의 가액을 명의자가 실제소유자로부터 증여받은 것으로 본다(상속세 및 증여세법 집행기준 45의 2-0-2). 이러한 명의신탁재산이 과세되려면 세 가지 요건이 필요하다(상속세 및 증여세법 집행기준 45의 2-0-3).

〈명의신탁의 과세요건〉

① 등기 · 등록 · 명의개서 등을 요하는 자산이어야 한다.
② 실지소유자와 명의자가 달라야 한다.
③ 조세회피목적이 있어야 한다.

▲▼ 과세 요건-차명

① 차명의 의의

증여의제규정은 실질소유자 와 명의자 사이에 합의가 있거나 의사소통이 있어 명의자 앞으로 등기 등이 경료된 이상 그들 간의 내부관계가 어떠하든지 간에 즉 그들 간에 실질적인 증여가 있건 없건 또는 「신탁법」상의 신탁의 설정이건 단순한 명의신탁에 불과하건 간에 그 등기 등을 한 때에 증여가 있은 것으로 본다는 취지로 해석하여야 한다(대법원 1986.10.14 선고, 86누290 판결 참조). 예를 들어 골프회원권의 실질적 소유자인 회사가 개인의 승낙을 받아 회원명부에 이를 그의 명의로 등재한 이상 그것이 설사 그 당시 법인인 회사 명의로는 회원명부상의 등재가 불가능하여 법인 명의로의 등재가 가능할 때까지 권리보전의 방법으로서 잠정적으로 취한 조치였다 하더라도 그와 같은 사정은 내부적 사정에 불과한 것이어서 이와 같은 사정 이 있다 하여 증여의제에 관한 법 적용이 배제될 수는 없다(대법원 86누486, 1987.4.28.). 타인명의로 명의신탁 한 주식을 증여할 의사 없이 제3자 명의로 명의개서 하는 경우에는 새로운 명의신탁으로 보아 그 명의자에게 증여세가 과세될 수 있다(서면4팀-2659, 2005.12.30.).

명의신탁은 반드시 명시할 필요는 없고 묵시적이거나 전후 사정에 비추어 합의가 있었다고 볼 수 있으면 족한 것(대법원 91다8159, 1991.12.13. 같은 뜻)이고, 명의신탁에 대한 명의자의 동의는 명시적이든 묵시적이든 사전에 이루어진 것이든 사후에 이루어진 것이든 그 형태를 불문한다(조심 2010전1867, 2011.3.16. 같은 뜻)(심사증여 2012-40, 2012.9.18.). 그러나 증여의제규정은 권리의 이전이나 행사에 등기 등을 요하는 재산에 있어서 실질소유자와 명의자가 합의 또는 의사소통 하에 명의자 앞으로 등기 등을 한 경우에 적용되는 것이므로 명의자의 의사와는 관계없이 일방적으로 명의자 명의를 사용하여 등기한 경우에는 적용될 수 없다. 이 경우 과세관청이 그 실질소유자가 명의자와 다르다는 점만을 입증하면 그 명의자에로의 등기 등이 명의자의 의사와는 관계없이 실질소유자의 일방적인 행위로 이루어졌다는 입증은 이를 주장하는 명의자가 하여야 한다(대법원 2008.2.14. 선고, 2007두15780 판결 등 참조)(대법원 2009두2108, 2009.4.23.). 예를 들어 계열사의 여러 법인의 임원 및 주주로 등재되어 있는 경우에는 아무런 상의 없이 일방적으로 명의를 도용하여 여러 개 법인의 임원과 주주로 등재하였다는 것은 받아들이기 어렵다(심사증여 2012-40, 2012.9.18.).

② 주식의 경우

기명주식의 이전은 취득자의 성명과 주소를 주주명부(증권거래법 제174조의 8의 규정에 의한 실질주주명부 포함)에 기재하지 아니하면 회사에 대항하지 못하는 것이어서, 주주명부에 주식의 실질소유자가 아닌 다른 사람 앞으로 명의개서가 되어야 법에 규정된 증여의제요건인 권리의 이전이나 행사에 명의개서를 요하는 재산에 있어서 실질소유자와 명의자가 다른 경우에 해당한다고 할 것이다(대법원 1994.2.22. 선고, 93누14196 판결, 대법원 2004.2.27. 선고, 2003두13762 판결 등 참조)(대법원 2005두10200, 2007.2.8.). 주주명부 또는 사원명부가 작성되지 아니한 경우에는 법인설립신고 및 주식변동 상황명세서를 제출할 때 관할세무서장에게 제출한 주주에 관한 서류 및 주식변동 상황명세서에 의하여 명의개서 여부를 판정한다(상속세 및 증여세법 제45조의 2 제4항). 법인의 유상증자 시 증자대금을 불입한 사실만으로 증자대금을 불입한 자를 실질소유자로 보는 것은 아니다(서면4팀-871, 2005.6.1.). 증권회사의 고객계좌부나 대체결제회사의 예탁자계좌부에 한 기재만으로 주식의 명의개서와 동일한 효력을 인정할 수는 없으므로, 타인명의로 주식을 매입한 경우 단순히 증권회사의 고객계좌부나 대체결제회사의 예탁자계좌부에 한 기재만으로 명의신탁으로 인한 증여세 과세대상으로서의 주식의 명의개서의 효력이 있다고 할 수 없다(대법원 1991.12.24. 선고, 91누3833 판결 참조)(대법원 2005두10200, 2007.2.8.).

주권을 발행하지 않은 경우 주식의 양도는 지명채권의 양도에 관한 일반원칙에 따라 당사자의 의사표시만으로 효력이 발생하는 것이고, 회사에 대한 대항요건에 불과한 주주명부에의 명의개서절차를 경료하지 않았다 하여 증여세의 과세요건이 충족되지 않은 것으로 볼 수는 없다(대법원 1997.8.29. 선고, 97누6506 판결 등 참조)(대법원 2006두6604, 2007.2.22.).

과세 요건-탈세

① 조세회피 목적

조세 회피의 목적 없이 타인의 명의로 재산의 등기 등을 하거나 소유권을 취득한 실제소유자 명의로 명의개서를 하지 아니한 경우에는 증여세를 과세하지 않는다(상속세 및 증여세법 제45의 2 제1항 제1호). 입법취지가 명의신탁제도를 이용한 조세회피행위를 효과적으로 방지하여 조세정의를 실현한다는 취지에서 실질과세원칙에 대한 예외를 인정한 데에 있으므로 명의신탁의 목적에 조세회피의 목적이 포함되어 있지 않은 경우에만 증여세가 과세되지 않는다(대법원 2004.6.11. 선고, 2004두1421 판결 참조)(대법원 2003두13649, 2004.12.23.).

다른 주된 목적과 아울러 조세회피의 의도도 있었다고 인정되면 조세회피의 목적이 없다고 할 수 없다(대법원 1998.6.26. 선고, 97누1532 판결, 대법원 2004.12.23. 선고, 2003두13649 판결 등 참조)(대법원 2007두19331, 2009.4.9.).

② 입증의 책임

재산의 명의자가 실제소유자와 다르다는 점은 과세관청이 증명하여야 한다(대법원 2009두5404, 2009.9.24.). 그러나 명의신탁에 있어서 조세회피의 목적이 없었다는 점에 관한 입증책임은 이를 주장하는 명의자에게 있다(대법원 1996.8.20. 선고, 95누9174 판결, 1996.5.10. 선고, 95누10068 판결 등 참조). 타인의 명의로 재산의 등기 등을 한 경우, 실제소유자

명의로 명의개서를 하지 아니한 경우 및 유예기간에 주식 등의 명의를 실제소유자 명의로 전환하지 아니하는 경우에는 조세 회피 목적이 있는 것으로 추정하고 있기 때문이다(상속세 및 증여세법 제45조의 2 제3항). 다만 매매로 소유권을 취득한 경우로서 종전 소유자가 양도소득 과세표준 신고 또는 「증권거래세법」 제10조에 따른 신고와 함께 소유권 변경 내용을 신고하는 경우, 상속으로 소유권을 취득한 경우로서 상속인이 상속세 과세표준 신고, 수정신고 기한 후 신고와 함께 해당 재산을 상속세 과세가액에 포함하여 신고한 경우(상속세 과세표준과 세액을 결정 또는 경정할 것을 미리 알고 수정신고하거나 기한 후 신고를 하는 경우는 제외)는 제외한다(상속세 및 증여세법 제45조의 2 제3항 단서).

명의신탁에 이르게 된 뚜렷한 목적이 입증되지 않는 경우에는 조세회피결과가 발생하지 않았다는 사정만으로는 조세회피의 의도가 없었다고 볼 수 없다(대법원 2004.12.23. 선고, 2003두13649 판결, 2005.1.27. 선고, 2003두4300 판결 등 참조)(대법원 2008두22105, 2009.2.12.).

조세회피의 목적이 없었다는 점에 대하여는 조세회피의 목적이 아닌 다른 목적이 있었음을 증명하는 등의 방법으로 입증할 수 있다 할 것이나(대법원 2006.5.12. 선고, 2004두7733 판결, 2006.5.25. 선고, 2004두13936 판결 등 참조), 입증책임을 부담하는 명의자로서는 명의신탁에 있어 조세회피목적이 없었다고 인정될 정도로 조세회피와 상관없는 뚜렷한 목적이 있었고, 명의신탁당시에나 장래에 있어 회피될 조세가 없었다는 점을 객관적이고 납득할 만한 증거자료에 의하여 통상 인이라면 의심을 가지지 않을 정도의 입증을 하여야 할 것이다(대법원 2004두11220, 2006.9.22.).

③ 조세의 범위

조세란 국세 및 지방세(국세기본법 제2조 제1호 및 제7호의 국세와 지방세)와 「관세법」에 규정된 관세를 말한다(상속세 및 증여세법 제45조의 2 제6항). 명의신탁 증여세의 입법취지는 명의신탁제도를 이용한 조세회피행위를 효과적으로 방지하여 조세정의를 실현한다는 취지에서 실질과세원칙에 대한 예외를 인정한 데에 있고, 명의신탁의 목적이 조세회피에 있는 경우에는 그 단서의 조세를 명문의 근거 없이 증여세에 한정할 수 없다고 보아야 한다(대법원 1995.11.14. 선고, 94누11729 판결, 1995.12.5. 선고, 95누7024 판결, 1996.4.12. 선고, 95누13555 판결 등 참조)(대법원 95누11573, 1996.5.10.).

과점주주로 받게 되는 세법상의 불이익을 피하고 과도한 종합소득세의 부담을 경감시키려는 목적이 있는 경우에 조세회피의 목적이 없었다고 할 수 없다(대법원 97누1532, 1998.6.26.).

④ 명의신탁 시점 기준

조세회피목적의 판단은 명의신탁 할 당시를 기준으로 판단할 것이지 그 후 실제로 조세를 포탈하였는지 여부로 판단할 것은 아니므로(대법원 2005.1.27. 선고, 2003두4300 판결 참조), 실제로 조세회피의 결과가 없었다는 사정만으로는 명의신탁당시 조세회피의 목적이 없었다고 할 수는 없다(대법원 2008두22105, 2009.2.12.).

⑤ 실질 소유자 기준

실질소유자에게 조세회피목적이 있는 한 명의자 자신에게 그 목적이 없다는 점만으로 증여추정규정의 적용을 회피할 수 없다(대법원 2005.1.28. 선고, 2004두1223 판결 참조)(대법원 2008두22105, 2009.2.12.).

⑥ 조세회피가 아닌 경우 - 일반

권리의 이전이나 행사에 등기 등을 요하는 재산에 있어서 증여를 은폐하여 조세를 회피하기 위한 수단으로 명의신탁제도가 악용되는 것을 방지하려는 데 그 입법취지가 있으므로 그 등기 등의 명의를 달리하게 된 것이 증여를 은폐하여 증여세 등을 회피하기 위한 것이 아니라면 이를 증여로 볼 것은 아니다(대법원 1995.9.29. 선고, 95누8768, 8775 병합, 8782 병합 판결 참조)(대법원 2008두22105, 2009.2.12.).

동 규정의 입법취지에 비추어 볼 때, 명의신탁이 조세회피목적이 아닌 다른 이유에서 이루어졌음이 인정되고 그 명의신탁에 부수하여 사소한 조세경감이 생기는 것에 불과하다면 그와 같은 명의신탁에 조세회피목적이 있었다고 볼 수는 없다. 또한 단지 장래 조세경감의 결과가 발생할 수 있는 가능성이 존재할 수 있다는 막연한 사정만으로 달리 볼 것은 아니다(대법원 2004두7733, 2006.5.12.).

"조세회피목적이 없다고 인정하는 경우"에 해당하는지의 여부는 명의신탁하게 된 경위와 불가피성의 유무, 종합소득세 · 상속세 · 증여세 등 제 조세의 회피유무 등 구체적인 사실관계를 확인하여 판단한다(서면4팀-871, 2005.6.1.).

⑦ 조세회피가 아닌 경우 - 발기인 수

회사를 설립하면서 별다른 소득이 없는 아들명의로 아버지가 돈을 대 10억 상당의 출자를 한 경우에 증여세를 부과할 수 있을까. 그리고 회사 설립 후에도 아들이 얼마든지 주주의 지위를 벗어날 수 있는데도 계속 주주로 남아 있는 것이 확인되어 과세관청이 증여로 보아 증여세를 과세한 경우 타당할까. 대법원은 주식회사를 설립하여 사실상 1인 회사로 경영하고자 하였으나 법령상 최소한 7인의 발기인이 필요하여 일방적으로 친지들의 명의로 설립을 한 경우 발기인은 그들의 소유주식수도 정확히 모르고 그 주주권을 행사한 사실도 없는 경우에는 증여에 따른 증여세를 회피할 의도로 한 것은 아니므로 증여로 과세할 수 없다고 본다(대법원 92누17754, 1993.3.23.). 그러나 주식회사 설립 및 수차례의 유상증자를 하면서 명의를 도용하여 주식을 인수한 경우에는, 이는 조세회피의 목적 없이 단지 주식회사의 발기인 수를 채우기 위한 것이라는 주장을 인정할 증거가 없다고 판단하였다(대법원 2000두7636, 2000.12.22.).

명의신탁이 「상법」상 요구되는 발기인 수를 채우기 위함과 아울러 명의수탁자를 회사에 입사시켜 중용하기 위한 것이었고, 이후 건설회사의 면허기준을 맞추기 위하여 증자를 실시하면서 종전 소유주식 수에 따라 신주인수권이 부여됨에 따라 명의수탁자 이름으로 인수하게 된 것일 뿐, 증여세를 회피할 목적은 없었다고 인정된다. 또한 회사가 설립 이후 30년이 지난 현재에 이르기까지 조세를 체납하거나 배당을 실시한 적이 없어 과점주주로서의 제2차 납세의무나 주식배당소득에 대한 누진적 종합소득세 부담을 회피한 사실이 없고, 명의신탁 이후 10년이 넘도록 명의수탁자가 연간 소득액이 소득세 최고세율이 적용되는 금액을 초과하고 있으므로 설령 회사가 배당을 실시하였다고 하여도 배당과 관련하여 과세관청이 납부 받게 되는 소득세액은 명의신탁 전 · 후로 별다른 차이가 없어 사실상 회피되는 종합소득세액이 거의 없는 점 등에 비추어 볼 때, 명의신탁당시 배당소득의 종합소득합산과세에 따른 누진세율 적용을 회피할 목적이 있었다고 보기는 어렵다(대법원 2004두7733, 2006.5.12.).

⑧ 조세회피가 아닌 경우 – 부득이한 차명

증여를 은폐하여 증여세를 회피하려는 목적으로 된 것이 아니라 양도인이 실질소유자에게 등기이전을 거부하거나 법령상 실질소유자 앞으로 등기이전을 할 수 없는 사정이 있거나 기타 이와 유사한 부득이 한 사정 때문에 된 것이라면 증여로 볼 것이 아니다(대법 90누4143, 1990.10.10.).

⑨ 조세회피가 아닌 경우 – 외부기관의 요구

주식을 그 실질소유자로부터 양도를 원인으로 한 명의개서가 회사의 주거래은행과 정부당국으로부터 재무구조가 취약한 회사의 재무구조를 개선하기 위하여 계열회사를 처분하라는 압력을 받게 되자, 계열회사가 아니 회사인 것처럼 가장함으로써, 처분압력을 모면할 목적으로 이루어진 경우 이러한 명의신탁은 증여세 회피의 목적이 없이 이루어진 진정한 의미의 명의신탁이다. 명의수탁자는 그 주식의 소유자 명의만을 보유한 데 지나지 않고 실질적으로는 아무런 권리도 취득하지 못한 것이므로, 증여의제규정을 적용할 수 없다(대법원 90누8329, 1991.3.27.).

⑩ 조세회피가 아닌 경우 - 상장목적 차명

기업공개를 추진하면서 1부 종목으로서 상장요건을 갖추려면 대주주 1인의 소유주식 수가 발행주식 총수의 51% 이하이어야 가능하다. 따라서 사전에 소유주식을 분산하여 그 지분율을 낮추기 위하여 타인명의로 취득하였다. 그 이외에도 회사가 납부할 세금에 대한 제2차 납세의무 등 과점주주로서 받게 되는 세법상의 불이익을 회피하고 또한 소유주식을 분산하여 둠으로써 자신에게 부과될 과중한 종합소득세의 부담을 경감시키기 위한 의도가 있었다. 이에 따라 명의신탁 된 주식의 배당금을 모두 본인이 수령하고 실질적으로 자신에게 귀속된 배당소득에 대한 세금신고를 누락함으로써 탈루한 종합소득세를 추징당했다. 이는 단순히 그 소유명의만을 분산하여 주주명부상 신탁한 것에 불과할 뿐 이 주식에 대한 증여를 은폐하여 그 증여세를 회피할 목적이 있었다고 볼 수 없다(대법원 95누8775, 1995.9.29.).

⑪ 조세회피가 아닌 경우 - 상장회사 임원명의 취득

그룹의 기업주가 그룹 계열회사의 주식을 취득하면서 그룹산하 계열법인의 임원들 명의로 명의개서를 한 것이 대하여 국세청이 증여세를 부과하였다. 고등법원은 이러한 증여세 부과를 정당한 것으로 판단하였다. 즉 "명의신탁행위가 소유주식의 이동상황에 대한 보고의무를 회피할 목적으로 명의개서를 한 셈이 되는 것이고 그러한 목적에서 명의신탁이 이루어졌다면 이는 오히려 증여세의 회피목적이 있었다고 의심할 사유가 된다 할 것이고, 금융상의 불이익을 회피하기 위한 목적을 가지고 있었다 하여도 상장주식은 통상 증권거래소를 통하여 거래가 이루어져 특정주식이 누구로부터 누구에게로 이전된 것인지 이동경로가 전혀 밝혀지지 않는 것이기 때문에 주식을 증권거래소를 통한 거래의 형식을 빌려 우회적인 방법으로 제3자에게 사실상 증여할 경우 세무당국에 의하여 그 사실이 밝혀지기 어려운 것이므로 이 점에서 상장주식의 명의신탁행위에 의하여 증여세를 회피할 수 있는 여지가 충분한 것임을 감안할 때 명의신탁행위가 증여세의 회피

목적은 전혀 없이 단순히 금융상의 불이익을 피하기 위한 목적에서 비롯된 것이라는 주장도 이를 쉽사리 받아들일 수 없다." 그러나 증여세 등을 회피할 목적이 없는 경우에는 적용이 없다고 함이 대법원의 확립된 견해이다. 임원들 앞으로 명의개서를 한 것은 단순히 그룹회장에게 그 명의사용을 동의하여 준 것에 불과하고 그 의결권의 행사와 배당금의 수령 등 주식에 관한 실질상의 권한은 모두 그룹회장이 행사하여 왔으며, 후에 주식을 처분한 대금도 모두 그룹회장에 귀속된 경우, 명의개서는 그 실질에 있어 증여와 무관하게 이루어진 것으로서 그 명의를 달리 하게 된 데에 증여를 은폐하여 증여세를 회피할 목적은 없었다고 보아야 할 것이어서 증여의제규정은 그 적용이 없다고 할 것이다(대법원 92누10685, 1993.3.23.).

⑫ 조세 회피인 경우 – 소득세

주식을 취득하기 전까지 회사는 이익을 전혀 내지 못하여 배당을 한 적이 없었고, 그 이후에도 배당을 실시한 적이 없으며, 주식 명의신탁으로 인하여 실제로 발생하는 조세차질의 규모는 이 주식의 양도에 대한 양도소득세계산 시 인적공제로 인하여 감소된 세액뿐이고 그 외에 어떠한 조세차질도 발생하지 않았더라도 주식의 보유는 주식발행법인의 실제 배당의 유무 또는 배당가능 액의 다과에 불구하고 필연적으로 배당소득의 발생을 고려하지 않을 수 없는데 현행 소득세과세체계 하에서 비상장주식의 배당소득은 종합과세 되어 누진세율이 적용되며, 그 주식보유비율이 대주주이며, 주식 명의신탁으로 주식양도에 대한 양도소득세를 산정함에 있어서 양도소득기본공제가 이루어져 실제로 양도소득세가 약간이나마 감액된 점 등을 감안하면, 주식을 명의신탁 함에 있어 누진세인 종합소득세 등 조세의 부담을 경감시키려는 등의 조세회피목적이 없었다고 단정할 수는 없다(대법원 2003두13649, 2004.12.23.).

⑬ 조세 회피인 경우 – 과점주주 취득세

법인의 발행주식 총수 중 51% 이상을 취득한 과점주주는 간주취득세를 납부해야 하는데, 간주취득세를 회피한 경우 조세회피의 목적이 없었다고 보기 어렵다(대법원 2008두22006, 2009.2.12.).

과세 범위

명의신탁이 된 상태에서 잉여금의 자본전입에 따라 명의인에게 무상주가 배정되더라도 그 발행법인의 순자산이나 이익 및 실제주주의 그에 대한 지분비율에는 변화가 없으므로 실제주주가 그 무상주에 대하여 자신의 명의로 명의개서를 하지 아니하였다고 해서 기존 주식의 명의신탁에 의한 조세회피의 목적 외에 추가적인 조세회피의 목적이 있다고 할 수 없으므로, 특별한 사정이 없는 한 기존의 명의신탁 주식 외에 이익잉여금의 자본전입에 따라 기존의 명의수탁자에게 그 보유주식에 비례하여 배정된 무상주는 증여의제 규정의 적용대상이 아니다(대법원 2009두21352, 2011.7.14.).

과세 시기

토지와 건물을 제외하고 권리의 이전이나 그 행사에 등기 등이 필요한 재산의 실제소유자와 명의자가 다른 경우에는 실제과세원칙이 적용되지 않고 그 명의자로 등기 등을 한 날에 그 재산의 가액을 명의자가 실제소유자로부터 증여받은 것으로 본다(상속세 및 증여세법 제45조의 2 제1항).

그 재산이 명의개서를 하여야 하는 재산인 경우에는 소유권취득일이 속하는 해의 다음 해 말일의 다음 날 증여받은 것으로 본다(상속세 및 증여세법 제45조의 2 제1항 괄호). 주식을 취득한 후 취득자의 명의로 명의개서 하지 않은 경우 증여의제의 시기는 2002년 12월 31일 이전에 취득한 경우에는 2003년 1월 1일을 취득일로 의제하고 소유권취득일이 속하는 연도의 다음 연도 말일의 다음날인 2005년 1월 1일을 증여의제시기로, 2003년 1월 1일 이후 취득한 경우 소유권취득일이 속하는 연도의 다음 연도 말일의 다음날로 한다(상속세 및 증여세법 집행기준 45의 2-0-11).

명의자로 등기 · 등록 · 명의개서 한 날을 증여의제 시기로 보며 명의개서를 한 날은 「상법」에 의하여 취득자의 주소와 성명을 주주명부(자본시장과 금융투자업에 관한 법률에 의한 실질주주명부 포함)에 기재한 때를 말한다. 실질주주명부는 발행법인 등이 배당 등을 위하여 주주명부를 폐쇄하는 경우 폐쇄기준일 현재 주주의 성명 · 주소 · 주식의 종류와 수량을 증권예탁원으로부터 받아 작성하는 주주명부를 말한다(상속세 및 증여세법 집행기준 45의 2-0-9). 주주명부 또는 사원명부가 작성되지 아니한 경우에는 법인의 납세지 관할세무서장에게 제출한 주주 등에 관한 서류 및 주식 등변동상황명세서에 따라 명의개서 여부를 판정한다(상속세 및 증여세법 집행기준 45의 2-0-10).

▲▼ 과세 평가

명의신탁재산의 증여재산가액은 증여의제일 현재 시가 또는 보충적 평가액으로 평가하며 명의신탁재산이 주식으로서 명의자가 최대주주에 해당할 경우에는 주식할증평가를 한다(상속세 및 증여세법 집행기준 45의 2-0-12).

▲▼ 신탁 해지

① 증여세 문제

주식 등의 실질소유자명의로의 전환이라 함은 명의수탁자와 신탁자 사이의 신탁해지 의사표시 외에 이러한 해지로 인한 주주 등의 변경이 주주명부 또는 사원명부에 기재될 것을 요한다(대법원 2003두544, 2003.5.16.). 명의신탁으로 증여에 해당하는 재산을 신탁을 해지하여 그 재산의 실질상 소유자인 위탁자명의로 환원하는 경우 그 환원하는 것을 재차 증여로 보지 아니한다(재삼 46014-3831, 1993.10.29.). 즉 명의신탁 한 재산을 해지하여 그 재산의 실질상 소유자인 위탁자 명의로 환원하는 경우에는 증여로 보지 아니한다(상속세 및 증여세법 집행기준 45의 2-0-13). 최근에도 같은 해석을 내린 바 있다. 타인명의로 명의신탁 한 주식을 명의신탁 해지하여 그 주식의 실제소유자인 위탁자 명의로 환원하는 경우 그 환원하는 것은 증여세가 과세되지 아니한다. 명의신탁과 신탁해지에 따른 주식환원에 해당하는 지는 명의신탁약정서, 배당금 수령내역, 주금납입사실 증명 및 증자대금의 출처 등 객관적인 증빙자료에 의하여 구체적으로 사실 확인하여 판단할 사항이다(재산세과-164, 2012.4.30., 서면상속증여-5231, 2017.9.18.에서 인용.). 이 경우 사실상의 명의신탁해지인지의 여부는 관할세무서장이 구체적인 사실을 조사하여 판단한다(재삼 01254-3724, 1991.12.5.). 즉 주주의 명의변경이 신탁해지에 의한 것인지 또는 실질적인 증여나 양도에 의한 것인지 등 구체적인 사실에 따라 조세부과 여부를 판단하는 것이다(재삼 46014-1542, 1999.8.13.). 그것은 명의신탁약정서, 배당금 수령내역, 증자대금의 출처 등으로 당해 주식의 실질소유자를 구체적으로 확인하여 판단할 사항이다(재산세과-125, 2009.1.13.).

그러나 명의수탁자가 명의신탁재산을 처분하여 그 대금을 명의신탁자에게 반환하는 것은 조세회피목적의 명의신탁에서 당연히 예정된 행위인데, 명의수탁자가 명의신탁재산의 처분대가 또는 가액상당의 금전을 명의신탁자에게 반환하는 것을 증여받은 재산의 반환으로 보아 증여세를 부과할 수 없다고 해석한다면 명의신탁행위를 증여로 의제하여 과세함으로써 조세회피목적의 명의신탁을 억제하고자 하는 법의 취지가 몰각되게 되므로, 명의신탁주식 매도대금의 반환을 증여받은 재산의 반환으로는 볼 수 없다(대법원 2005두10200, 2007.2.8.).

② 상속세 문제

증여의제규정이 적용되어 증여세가 부과되었다고 하더라도 당해 거래의 실질이 증여인 것으로 확정되는 것은 아니다. 따라서 명의신탁을 하여 둔 재산에 대하여 그 수탁자에게 증여의제규정이 적용되어 증여세가 부과될 수 있다고 하더라도, 그 재산이 신탁자인 소유에 속한 것이라는 실질에는 변함이 없으므로, 그 재산은 신탁자의 사망 시 당연히 상속재산에 속한다고 보아야 한다(대법원 2004.9.24. 선고, 2002두12137 판결, 대법원 2000. 11.28. 선고, 98두17937 판결 등 참조)(대법원 2003두14475, 2005.7.28.). 예를 들어 조세회피목적으로 비상장주식을 타인명의로 명의개서 한 경우에는 증여세가 과세되며, 당해 재산의 실질소유자가 사망한 후 그 상속인이 신탁을 해지하여 상속인 명의로 환원하는 경우 당해 재산에 대하여는 상속재산에 포함하여 상속세를 과세한다(재삼 46014－2187, 1995.8.30.).

그러나 피상속인이 명의수탁 한 주식을 상속개시 후 명의신탁자의 상속인 명의로 명의개서 한 경우에는 당초 피상속인 명의로 명의개서 한 때와 그 상속인 명의로 명의개서 한 때에 각각 그 명의자가 실제 소유자로부터 증여받은 것으로 본다. 다만, 실제 소유자와 상속인간에 새로운 명의신탁의 약정이 없었다고 인정되는 경우에는 그러하지 아니하는 것이며, 이에 해당하는지는 당해 주식을 상속인 명의로 명의개서 한 경위 등 구체적인 사실관계에 따라 판단한다(서면4팀－1384, 2008.6.10.).

기타 문제

① 주식의 매각

제3자 명의로 명의개서 한 주식의 매각대금을 실제 소유자가 수령하여 사용하는 경우 매각대금에 대하여 실제 소유자에게 증여세를 부과하지 아니한다(서면4팀－2456, 2005.12. 8.). 또한 명의 신탁한 주식이 법인의 유상감자로 인하여 소각된 경우로써 당해 감자의 대가를 실제 소유자가 수령하여 사용하는 경우 수령한 감자대가에 대하여 실제 소유자에게 증여세를 부과하지 아니하는 것이며, 이에 해당하는지 여부는 구체적인 사실을 확인하여 판단한다(서면4팀－519, 2006.3.8.).

② 명의신탁무효와 증여세

명의신탁재산 증여의제에 의하여 증여세를 과세한 후 원인무효에 의하여 취득무효판결이 나면 그 재산상의 권리가 말소되므로 이미 부과한 증여세는 취소한다(상속세 및 증여세법 집행기준 45의 2-0-7). 그러나 주식의 이전에 의하여 일단 증여세의 과세요건이 충족된 이상, 그 후 증여세 신고기한이 지나서 주주권확인의 소를 통하여 주식을 다시 반환받았다고 하더라도 이미 충족된 증여세의 과세요건이 소급하여 소멸된다고 볼 수 없다(대법원 2006두6604, 2007.2.22.).

③ 실질소유자의 증여세 납부와 증여세

명의신탁 한 재산에 대하여 명의수탁자에게 부과된 증여세를 당해 명의신탁재산의 실질소유자명의로 환원한 후 그 실질소유자(증여자)가 납부한 경우에는 대신 납부한 증여세액에 대하여 다시 증여세를 과세하지 아니한다(재삼 46014-1128, 1997.5.8.).

(4) 양도소득세 문제

차명주식을 본래 주주명의로 환원하려면 주식을 양도하거나 증여하여야 한다. 이 경우 양도소득세 또는 증여세의 부담이 발생한다. 이를 회피하기 위한 방법으로 차명주식의 소유자가 사망할 때까지 그대로 유지하다가 사망 시 증여로 돌려받아 상속세를 내는 방법이 있다. 피상속인이 상속인(배우자, 아녀 등) 외의 자에게 피상속인의 재산을 직접 소유권이전등기 등을 한 경우 당해 재산은 상속재산에 포함하기 때문이다(상속세 및 증여세법 기본통칙 7-0…2). 그러나 만일 세무서에서 이를 조사하여 차명주식이 확인되는 경우 증여세를 추징될 가능성은 있기는 하다.

물론 이 경우에도 차명주식을 피상속인으로부터 유증 또는 사인증여를 하지 않으면 상속인(배우자, 자녀 등)이 제3자에게 소유권을 이전한 것으로 보도록 하고 있다(상속세 및 증여세법 기본통칙 7-0…2). 즉 상속세를 부과하고 다시 주식을 받은 사람에게 증여한 것으로 보아 증여세를 부과하는 것이다. 따라서 반드시 유증 또는 사인증여를 하여야 한다. 사인증여라 함은 증여자의 사망으로 인하여 효력이 생길 증여이다(민법 제562조). 즉 피상속인의 생전에 당사자 합의에 의하여 증여계약이 체결되어 피상속인의 사망으로 효력이 발생하는 증여이다(상속세 및 증여세법 집행기준 1-0-2). 유증은 피상속인의 유언에 의하여 유산의 전부 또는 일부를 무상으로 수유 자(상속인 아닌 자를 포함)에게 사망을 원인으로 증여하는 것을 말한다(상속세 및 증여세법 집행기준 1-0-2).

3.3 소수주주의 관리

소수주주의 퇴출

소액주주가 우호 주주가 아닌 경우 경영상의 애로가 될 수 있다. 이 경우 소액주주의 주식을 취득하면 되지만 매각을 거절하는 경우 어렵다. 그러나 2012년 4월 15일 「상법」이 개정되어 지배주주가 소수주주를 축출할 수 있는 지배주주의 매도청구권, 이른바 'Squeeze-out' 제도가 도입되었다. 주주총회의 소수주주의 관리비용을 줄이고 경영상 효율성을 달성하기 위하여, 지배주주와 회사 간에 완전모회사를 설립하기 위하여, 효율적인 인수합병을 추진하기 위하여 등 다양한 목적과 필요에 따라 이를 활용할 수 있다. 소수주주를 축출하는 절차와 방법은 다음과 같다.

회사의 발행주식 총수의 95% 이상을 자기의 계산으로 보유하고 있는 지배주주는 회사의 경영상 목적을 달성하기 위하여 필요한 경우에는 회사의 소수주주에게 그 보유하는 주식의 매도를 청구할 수 있다(상법 제360조의 24 제1항).

동 매도청구를 할 때에는 미리 주주총회의 승인을 받아야 한다(상법 제360조의 24 제3항). 동 주주총회의 소집을 통지할 때에는 지배주주의 회사 주식의 보유 현황, 매도청구의 목적, 매매가액의 산정 근거와 적정성에 관한 공인된 감정인의 평가, 매매가액의 지급보증을 적어야 하고, 매도를 청구하는 지배주주는 주주총회에서 그 내용을 설명하여야 한다(상법 제360조의 24 제4항).

지배주주는 매도청구의 날 1개월 전까지 공고하고, 주주명부에 적힌 주주와 질권자에게 따로 그 통지를 하여야 한다. 공고내용은 소수주주는 매매가액의 수령과 동시에 주권을 지배주주에게 교부하여야 한다는 뜻, 교부하지 아니할 경우 매매가액을 수령하거나 지배주주가 매매가액을 공탁한 날에 주권은 무효가 된다는 뜻이다(상법 제360조의 24 제5항).

매도청구를 받은 소수주주는 매도청구를 받은 날부터 2개월 내에 지배주주에게 그 주식을 매도하여야 한다(상법 제360조의 24 제6항). 그 매매가액은 매도청구를 받은 소수주주와 매도를 청구한 지배주주 간의 협의로 결정한다(상법 제360조의 24 제7항). 매도청구를 받은 날부터 30일 내에 매매가액에 대한 협의가 이루어지지 아니한 경우에는 매도청구를 받은 소수주주 또는 매도청구를 한 지배주주는 법원에 매매가액의 결정을 청구할 수 있다(상법 제360조의 24 제8항). 법원이 주식의 매매가액을 결정하는 경우에는 회사의 재산 상태와 그 밖의 사정을 고려하여 공정한 가액으로 산정하여야 한다(상법 제360조의 24 제9항).

지배주주가 매매가액을 소수주주에게 지급한 때에 주식이 이전된 것으로 본다(상법 제360조의 26 제1항). 이 경우 매매가액을 지급할 소수주주를 알 수 없거나 소수주주가 수령을 거부할 경우에는 지배주주는 그 가액을 공탁할 수 있다. 이 경우 주식은 공탁한 날에 지배주주에게 이전된 것으로 본다(상법 제360조의 26 제2항).

그러나 이를 실행할 때에 경영상 목적이 무엇인지, 매매가액을 공정하게 산정하기 위한 방법은 무엇인지, 매도청구 공고 및 통지와 매도청구권 행사 통지는 별개인지, 매도청구권의 행사와 관련한 통지방법은 무엇인지, 매매가액을 공탁하기 위하여 필요한 요건은 무엇인지, 소수주주의 소재를 파악할 수 없는 경우 어떠한 방법으로 매도청구권 행사통지를 할 것인지, 소수주주와 매매가액 협의가 되지 않는 경우 어떠한 절차를 거쳐 공탁을 할 수 있는지 등의 문제가 발생한다. 2014년 삼성자산운용 소액 주주들은 "임시주주총회에서 지배주주의 주식매도청구권 행사를 승인한 결의를 무효로 해 달라."며 소장을 제기했다. 소수주식 강제매도청구권 조항이 도입된 이후, 소액주주가 대기업의 지배주주를 대상으로 법적 소송을 벌이는 것은 처음이다. 삼성생명은 삼성그룹 계열사와 기업주 일가로부터 지분을 모두 취득하여 삼성자산운용 지분 96.27%를 확보하여 소수주주 주식을 취득하기로 한 것이다. 삼성생명이 내세운 경영상 목적은 주주총회 소집절차를 생략해 신속한 의사결정을 도모하고 주총 소집비용, 명의개서 대리인 비용 등의 관리비용을 절감하겠다는 것이다. 삼성생명은 1주당 2만2,369원에 소액주주들의 주식을 강제취득 했다. 2017년 대법원은 삼성자산운용 소액주주들이 삼성생명을 상대로 '강제로 매도당한 삼성자산운용의 주식매매가격이 잘못 산정됐다며 제기한 주식매매가격결정 재항고심에서 원고패소 결정한 원심을 확정했다.

소액주주의 지배주주에 대상 주식매수청구권

소액주주는 특히 비상장기업인 경우 주식은 배당을 받지 않는 한 투자금액을 회수하기가 어렵다. 주주로 투자를 하면서 회사가 그 주식을 인수하도록 계약서를 작성하는 것을 생각해볼 수 있으나 이는 법률상 무효이다. 기업에 주주로서 투자를 하면 그 기업이 손실을 보는 경우 당연히 주주가 그 손해를 감수하여야 한다. 따라서 주식회사에 주주로서 투자를 하면서 그 투자하는 회사와 사이에 회사가 해산하거나 정리할 경우 투자한 금액 또는 그 이상을 반환하기로 약정하였다 하더라도, 이러한 약정은 실질적으로 주주가 그의 투자(주식인수금)를 회수하기 위하여 회사에 대하여 그가 인수한 주식의 환매를 청구할 수 있는 권한을 부여한 것으로서 「상법」 제341조 소정의 경우 이외에는 주식회사의 경우에는 자기주식을 취득할 수 없도록 규정한 위 상법규정에 위배되어 무효이다(서울고법 96나26703, 1997.4.1.). 또한 투자금액을 회수하기 위하여 기존주주와 약정을 맺은 경우도 있다. 예를 들어 주식회사에 주주(신규주주)로서 증자에 의하여 투자하면서 기존주주에게 별도약정 상 구주주인 임원의 부실경영, 기타 책임 있는 사유에 의하여 투자금액 원금을 회수할 수 없는 경우 등이 있는 경우 기존주주가 투자액을 회수하여 주기로 계약하는 경우의 판례가 있다. 이러한 경우 기존주주가 개인자격으로 신규주주가 보유하고 있는 주식을 매수하기로 하더라도 구주주인 임원의 책임을 지울 만한 사정을 발견할 수 없는 경우 동 약정에 의하여 주식의 매수를 청구할 수 없다(서울고법 96나26703, 1997.4.1.).

이에 따라 소액주주에게 지배주주로 하여금 주식 매입을 청구할 수 있는 권리를 부여하고 있다. 지배주주가 있는 회사의 소수주주는 언제든지 지배주주에게 그 보유주식의 매수를 청구할 수 있다(상법 제360조의 25 제1항). 매수청구를 받은 지배주주는 매수를 청구한 날을 기준으로 2개월 내에 매수를 청구한 주주로부터 그 주식을 매수하여야 한다(상법 제360조의 25 제2항). 매매가액은 매수를 청구한 주주와 매수청구를 받은 지배주주 간의 협의로 결정한다(상법 제360조의 25 제3항). 매수청구를 받은 날부터 30일 내에 매매가액에 대한 협의가 이루어지지 아니한 경우에는 매수청구를 받은 지배주주 또는 매수청구를 한 소수주주는 법원에 대하여 매매가액의 결정을 청구할 수 있다(상법 제360조의 25 제4항). 법원은 회사의 재산 상태와 그 밖의 사정을 고려하여 공정한 가액으로 산정한다(상법 제360조의 25 제5항).

지배주주가 매매가액을 소수주주에게 지급한 때에 주식이 이전된 것으로 본다(상법 제360조의 26 제1항). 이 경우 매매가액을 지급할 소수주주를 알 수 없거나 소수주주가 수령을 거부할 경우에는 지배주주는 그 가액을 공탁할 수 있다. 이 경우 주식은 공탁한 날에 지배주주에게 이전된 것으로 본다(상법 제360조의 26 제2항).

지배주주의 의미

지배주주란 발행주식 총수의 95% 이상을 자기의 계산으로 보유하고 있는 주주를 말하고 지배주주 이외의 주주를 소수주주라고 한다(상법 제360조의 24 제1항). 따라서 95% 미만을 보유하는 경우 소수주주를 강제 퇴출하거나 소수주주가 주식매입을 청구할 수가 없다. 95% 미만인 경우에는 협의에 의하여 거래하는 방법을 추진해야 한다.

문제는 95% 이상 소유란 무엇인가이다. 보유주식의 수를 산정할 때에는 모회사와 자회사가 보유한 주식을 합산한다. 회사가 아닌 주주가 발행주식 총수의 50%를 초과하는 주식을 가진 회사가 보유하는 주식도 그 주주가 보유하는 주식과 합산한다(상법 제360조의 24 제2항). 모회사란 다른 회사의 발행주식 총수의 50%를 초과하는 주식을 가진 회사를 말하고 그 다른 회사를 자회사라 한다(상법 342조의 2 제1항). 즉 개인주주가 보유하는 것은 물론 그가 50% 이상 주식을 가진 법인이 보유한 분도 포함한다. 그러나 50% 이하 소유한 기업이 보유한 경우는 95%를 계산할 때 포함되지 않는다. 따라서 50% 이하 주식을 보유한 경우 그 법인이 단독으로 95% 이상 소유하거나 개인이 단독으로 95% 이상 소유하여야 강제 추출할 수 있다.

지배주주를 판단할 때 특수관계인 보유분은 제외한다. 「상법」 개정 위원회 회의록을 살펴보면 지배주주의 개념을 1인의 자연인이나 1인의 법인에 한정시킬 것인지 특수관계인까지 포함하여 확장시킬 것인지 논의가 있었고 전자의 견해가 우세하였던 것으로 보인다. 1인의 자연인 또는 1인의 법인으로 한정하는 의견이 6명, 특수관계인까지 포함하여야 한다는 의견이 2명이었다(법무부, 『상법(회사법) 개정 특별 분과위원회 회의록』, 법무부 2006, 412면 참조). 그러나 최종적으로 국회에 제출된 개정안에는 모회사와 자회사의 지분을 합산하여 95% 이상을 보유하면 지배주주로 보도록 정하였다. 이는 현실적으로 1인의 자연인이나 1인의 법인이 대상법인의 발행주식 총수의 95%의 주식을 보유하는 것이 어렵다는 점을 인지하여 지배주주를 1인의 자연인이나 1인의 법인으로 한정하지도 않고, 특수관계인의 범위까지 확장하지도 않음으로써 다수의 계열사가 합산하여 주식총수의 95%의 주식을 보유한 경우는 지배주주 개념에서 제외시키고자 하는 절충적인 입법으로 이해된다.

주식매수청구시 매수가액의 결정

소수주주의 주식을 매도청구나 매수청구 등으로 인수하는 경우 거래가격에 대하여 합의가 되지 않는 경우 법원에 조정을 신청하여야 한다. 2015년 삼성물산과 제일모직의 합병 당시 삼성물산 주식을 2.11% 보유한 일성신약의 주주가 삼성물산을 상대로 '주식 매수 청구 가격 결정' 신청을 하였다. 고등법원은 주식 가격을 주당 9,368원 올린 6만 6,602원으로 한다고 결정했다. 이 결정이 대법원에서 확정되면 삼성물산은 일성신약에 310억 원을 더 지급해야 한다.

3.4 주주의 후견인 제도

「민법」(제9조~제13조)은 치매 등으로 재산관리 등을 할 능력이 없는 사람을 보호하기 위해 2013년 성년후견제도를 도입했다. 치매 등이 심해 능력을 상실한 사람에게는 '성년후견'을, 심하지는 않지만 능력이 부족한 사람에게는 '한정후견'을 한다. 2016~2017년 신격호 롯데그룹 총괄회장에 대한 성년후견 개시 청구가 있었고 법원은 한정후견을 개시했다. 한정후견인으로는 자녀들 사이에 갈등이 계속되고 있어 전문가 후견법인인 '사단법인 선'을 선임했다. 한정후견인은 법원의 허가를 받아 주주권을 행사할 수 있다.

PART

2

가업의 경영권 관리

Chapter 1

가업의 지배구조 관리

Chapter 2

가업의 주주 관리

Chapter 3

가업의 경영진 관리

Chapter 4

가업의 내부거래 관리

Chapter 5

가업의 정관 관리

1 가업의 경영진 구성

2016년~2017년 국정농단사태로 곤혹을 치렀던 삼성그룹은 그룹 컨트롤타워인 미래전략실을 해체한다고 공식 발표하면서 계열사별로 대표이사와 이사회 중심의 자율경영을 강화하기로 하였다. 물론 정경유착 근절에 대한 강력한 의지를 보여줌으로써 재판에서 유리한 판결을 받는데 도움이 되는 환경을 조성하려는 노력으로 해석되기도 하였다. 삼성그룹은 2008년 삼성 특검에서도 이건희 회장 등 그룹 수뇌부가 경영권 불법 승계와 차명계좌 운용 등이 드러나 배임·탈세 혐의로 기소되면서 전략기획실을 해체한 적이 있다. 하지만 그룹 경영에서 '컨트롤타워'의 핵심 기능인 기업의 전략과 비전, 투자와 인수·합병 등의 역할이 없을 수는 없다. 물론 이번 사태를 가져온 불합리한 정치와 사회 시스템의 개선이 선행되어야 하지만 기업도 법적 테두리 안에서 기업투명성 강화와 이사, 감사, 이사회 및 대표이사 법적인 기능을 실질적으로 수용하여 운영하는 것이 요구된다. 그것이 기업경영의 위험을 제거할 수 있는 방편이기도 하다.

참고로 우리가 흔히 사용하는 임원이란 용어를 정리해본다. 임원은 여러 가지 법에서 정의하고 있고 일상적인 의미로는 이사와 감사를 지칭한다. 임원이라 함은 이사, 대표이사, 업무집행을 하는 무한책임사원, 감사나 이에 준하는 자 또는 지배인 등 본점이나 지점의 영업전반을 총괄적으로 처리할 수 있는 상업사용인을 말한다(독점규제 및 공정거래에 관한 법률 제2조 제5호). 임원이란 이사 및 감사를 말한다(자본시장과 금융투자업에 관한 법률 제9조 제2항). 「상법」에는 임원을 정의하는 명시적 규정이 없다. 다만 벌칙규정인 제622조(발기인, 이사 기타의 임원의 특별배임죄)와 제630조(발기인, 이사 기타의 임원의 독직 죄)에서 '기타의 임원'이란 용어를 쓰고 있다. 또한 기능적인 차원에서 나누기도 한다. 최고 보안 책임자(Chief Security Officer, CSO 또는 Chief Information Security Officer, CISO)는 보안에 대한 기업의 최고 책임자를 말한다. 최고 재무 책임자(Chief Financial Officer, CFO)와 최고 집행 책임자(Chief Operating Officer, COO), 최고 마케팅 책임자(Chief Marketing Officer, CMO), 최고 혁신 책임자(Chief Innovation Officer, CIO), 최고 문화 책임자(Chief Culture Officer, CCO), 최고 지속가능 책임자(Chief Sustainability Officer, CSO), 최고 지식 책임자(Chief Knowledge Officer, CKO) 등이 있다.

주식회사의 최고기관은 주주총회이다. 주주총회는 이사 및 감사의 선임, 임원의 보수 결정, 재무제표를 승인하고 정관의 변경, 자본의 감소, 회사의 합병승인, 임원의 해임, 영업의 양도에 대한 권한이 있다. 그러나 주주는 회사의 경영 집행과는 무관하며 실질적인 경영 집행은 이사들이 한다. 주주는 직접적으로 경영일선에 관여할 수 없다. 회사의 경영은 대표이사 또는 이사로 구성된 이사회가 하는 것이다. 주주는 회사의 주인으로서 이사나 감사를 선임(Vote for members of the corporation's board of directors)하지만 회사의 경영에 참가하지는 못하는 것이다. 물론 보통회사의 주주는 이사를 겸직하여 주주 겸 임원의 권리를 행사할 수 있다. 주주가 회사의 임원을 선임하고 대표이사나 이사에게 기업경영을 위탁하였는데 그 책임을 소홀히 한다든지 부실한 경영을 하는 경우에는 어떠한 제재 방법이 있을까? 「상법」상 이사해임, 이사의 책임추궁, 유지청구, 주주총회소집의 방법이 있다.

기업경영의 리더는 CEO를 중심으로 하는 집행이사와 이사회이다. 경영능력이 검증되지 않은 이사나 가족의 경영진 참가, 측근들을 앞세운 독단적 경영, 사익 추구를 위한 각종 전횡은 대표적인 경영 실패의 원인이다. 우리나라 재벌 그룹이나 기업의 최대 취약점은 무능한 기업주의 잘못된 결정을 수정할 내부의 감시와 견제 기능이 약하다는 점이다. 다시 말해 이사회의 기능이 미미하다는 점이다.

'글로벌' 기업이나 세계적인 기업들은 독립적인 이사(independent director)를 고용하고 있다. 회사의 경영에 의견을 주고 견제를 할 수 있는 이사이다. 특히 가족경영 체제의 기업에는 이러한 이사가 필요하다. 그러나 대부분 가족들만이 참여하는 이사들로 구성되어 있다. 외부인사에게 회사의 재무정보 등을 공유하기를 원하지 않는 기업은 중간단계로서 이사가 아닌 자문단(advisory board)을 구성하는 것도 좋다.

OECD는 이사회의 역할에 대한 가이드라인을 제시하였다.[1)]

---

1) Kirby Rosplock, *Family Office Handbook*, Bloomberg, 2014, p.258.

〈이사회의 역할〉

원 문	번 역
Reviewing and guiding corporate strategy, major plans of action, risk policy, annual budgets and business plans; setting performance objectives; monitoring implementation and corporate performance; and overseeing major capital expenditures, acquisitions, and divestitures.	기업전략, 주요 실행계획, 기업위험 관리정책, 연간 예산서의 검토와 지휘 : 목표의 설정, 실행과 기업실적의 통제, 중요한 지출과 투자, 인수합병과 사업매각의 관리
Monitoring the effectiveness of the company governance practices and making changes as needed.	소유와 경영구조의 관리 및 개선
Aligning key executive and board remuneration with the long-term interests of the company and its shareholders.	회사와 주주의 장기적 이익의 관점에서 주요 경영진과 이사의 보수 결정
Ensuring a formal and transparent board nomination and election process.	공식화 되고 투명한 이사 선정절차
Monitoring and managing potential conflicts of interest of management, board members, and shareholders, including misuse of corporate assets and abuse in related party transactions.	경영진, 이사와 주주 간 이해관계의 상충의 통제, 회사재산과 특수관계자 거래의 오용의 방지
Ensuring the integrity of the corporation's accounting and financial reporting systems, including the independence audit, and that appropriate systems of control are in place—in particular, systems for risk management, financial and operational control, and compliance with the law and relevant standards.	회사의 회계 및 재무보고 시스템의 완전성의 확보(독립된 회계사의 감사 포함), 적절한 내부통제시스템의 확보(특히 위험 관리시스템, 재무적 경영 관리적 통제, 법률과 윤리의 준수 등)
Overseeing the process of disclosure and communications.	회사 정보의 공시 절차의 통제

※ 출처 : OECD

2 가업의 이사회 관리

2.1 이사회의 권한

중요한 의사결정

이사회는 기업경영의 기초이다. 그러면 이사들로 구성된 이사회는 어떠한 권한이 있는가? 우선 이사회는 회사의 업무집행에 관한 사항을 결정한다. 즉 중요한 회사의 경영상의 결정(Setting broad policy guidelines for the operations of the business)은 이사회의 고유권한이다. 이렇게 결정된 것의 구체적인 실행은 대표이사 또는 이사가 실제로 집행하게 된다. 이사회의 결정사항으로 규정된 것은 대표이사에게 일임하지 못한다. 이사회의의 결의사항으로 개별적으로 규정하고 있는 것은 중요한 자산의 처분 및 양도, 대규모 재산의 차입, 지배인의 선임 또는 해임과 지점의 설치 · 이전 또는 폐지 등 회사의 업무집행에 관한 것이다(상법 제393조 제1항). 「상법」은 주식회사의 중요한 자산의 처분 및 양도, 대규모 재산의 차입 등 회사의 업무집행은 이사회의 결의로 한다고 규정함으로써 주식회사의 이사회가 회사에 업무집행에 관한 의사결정권한이 있음을 밝히고 있으므로, 주식회사의 중요한 자산의 처분이나 대규모 재산의 차입행위 뿐만 아니라 이사회가 일반적 · 구체적으로 대표이사에게 위임하지 않은 업무로서 일상 업무에 속하지 아니한 중요한 업무에 대해서는 이사회의 결의를 거쳐야 한다(대법원 2010.1.14. 선고, 2009다55808 판결). 따라서 법률 또는 정관 등의 규정에 의하여 주주총회 또는 이사회의 결의를 필요로 하는 것으로 되어 있지 아니한 업무 중 이사회가 일반적 · 구체적으로 대표이사에게 위임하지 않은 업무로서 일상 업무에 속하지 아니한 중요한 업무에 대하여는 이사회에게 그 의사결정권한이 있다(대법원 1997.6.13. 선고, 96다48282 판결).

주식회사의 대표이사가 이사회의 결의를 거쳐야 할 대외적 거래행위에 관하여 이를 거치지 아니한 경우라도, 이와 같은 이사회 결의사항은 회사의 내부적 의사결정에 불과하다 할 것이므로, 그 거래상대방이 그와 같은 이사회결의가 없었음을 알았거나 알 수 있었을 경우가 아니라면 그 거래행위는 유효하다 할 것이고, 이 경우 거래의 상대방이 이사회의 결의가 없었음을 알았거나 알 수 있었음은 이를 주장하는 회사 측이 주장 · 입증하여야 한다(대법원 2005.7.28. 선고, 2005다3649 판결). 주식회사의 대표이사가 이사회의 결의를 거쳐야 할 대외적 거래행위에 관하여 이를 거치지 아니한 경우, 그 거래 상대방이 그와 같은 이사회결의가 없었다는 점을 알았거나 알 수 있었다면 그 거래행위는 거래 상대방에 대하여 효력이 없다(대법원 1995.4.11. 선고, 94다33903 판결, 대법원 1997.6.13. 선고, 96다48282 판결 등 참조)(대법원 2012.8.17. 선고, 2012다45443 판결).

중요한 자산의 처분

중요한 자산의 처분에 해당하는지 아닌지는 당해 재산의 가액, 총자산에서 차지하는 비율, 회사의 규모, 회사의 영업 또는 재산의 상황, 경영상태, 자산의 보유목적, 회사의 일상적 업무와 관련성, 당해 회사의 종래 취급 등에 비추어 대표이사의 결정에 맡기는 것이 타당한지 여부에 따라 판단하여야 한다(대법원 2011.4.28. 선고, 2009다47791 판결).

중요한 자산의 처분에 해당하는 경우에는 이사회가 그에 관하여 직접 결의하지 아니한 채 대표이사에게 그 처분에 관한 사항을 일임할 수 없으므로 이사회규정상 이사회 부의사항으로 정해져 있지 않더라도 반드시 이사회의 결의를 거쳐야 한다(대법원 2011.4.28. 선고, 2009다47791 판결).

대규모 재산의 차입

대규모 재산의 차입에 해당하는지 여부는 당해 차입재산의 가액, 회사의 규모, 회사의 영업 또는 재산의 상황, 경영상태, 당해 재산의 차입목적 및 사용처, 회사의 일상적 업무와 관련성, 당해 회사에서의 종래의 취급 등 여러 사정에 비추어 대표이사의 결정에 맡기는 것이 상당한지 여부에 따라 판단하여야 한다(대법원 2008.5.15. 선고, 2007다23807 판결 등 참조)(대법원 2012.8.17. 선고, 2012다45443 판결).

2.2 이사회의 결의방법

결의 정족수

이사회의 결의는 이사 과반수의 출석과 출석이사의 과반수로 하여야 한다. 그러나 정관으로도 그 비율을 낮게 할 수 없으나 그 비율을 높게 정할 수는 있다(상법 제391조 제1

항). 재적 이사 중 50%가 참석하여 참석이사의 전원의 찬성으로 의결하였다면 무효이다(대법원 1995.4.11. 선고, 94다33903 판결).

이사회 결의요건을 충족하는지 여부는 이사회 결의 당시를 기준으로 판단하여야 하고, 그 결의의 대상인 거래 등의 행위가 실제로 이루어진 날을 기준으로 판단하지 않는다(대법원 2003.1.24. 선고, 2000다20670 판결). 임기만료로 퇴임한 이사가 소집한 이사회에 퇴임한 다른 이사와 대표이사가 참석하여 그 대표이사를 해임하고 자신을 대표이사로 선임하는 결의를 한 경우 이사회결의는 소집권한 없는 자가 소집하였을 뿐 아니라 이사가 아닌 자를 제외하면 이사 1인만 참석하여 이루어진 것이 되어 정관에 정한 소집절차 및 의결정족수에 위배되어 무효이다(대법원 2010.6.24. 선고, 2010다13541 판결).

▲▼ 인터넷 결의

정관에서 달리 정하는 경우를 제외하고 이사회는 이사의 전부 또는 일부가 직접 회의에 출석하지 아니하고 모든 이사가 음성을 동시에 송수신하는 원격통신수단에 의하여 결의에 참가하는 것을 허용할 수 있다. 이 경우 당해 이사는 이사회에 직접 출석한 것으로 본다(상법 제391조 제2항).

▲▼ 결의권 배제

이사회의 결의에 관하여 특별한 이해관계가 있는 자는 의결권을 행사하지 못한다(상법 제391조 제2항, 상법 제368조 제3항). 이사회의 결의에 관하여 행사할 수 없는 의결권 수는 출석한 의결권의 수에 산입하지 아니한다(상법 제391조 제2항, 상법 제371조 제2항). 이 규정에 의하여 행사할 수 없는 의결권의 수는 출석한 주주의 의결권의 수에 산입하지 아니한다고 규정할 뿐이고, 이를 의사정족수에 산입하지 아니한다는 규정은 두고 있지 않다. 따라서 이해관계 있는 이사는 이사회에서 의결권을 행사할 수는 없으나, 의사정족수 산정의 기초가 되는 이사의 수에는 포함되고, 다만 결의성립에 필요한 출석이사에는 산입되지 아니한다(대법원 1991.5.28. 선고, 90다20084 판결). 예를 들어 회사의 3명의 이사 중 대표이사와 특별이해관계 있는 이사 등 2명이 출석하여 의결을 하였다면 이사 3명 중 2명이 출석하여 과반수 출석의 요건을 구비하였고 특별이해관계 있는 이사가 행사한 의결권을 제외하더라도 결의에 참여할 수 있는 유일한 출석이사인 대표이사의 찬성으로 과반수의 찬성이 있는 것으로 되어 그 결의는 적법하다(대법원 1992.4.14. 선고, 90다카22698 판결).

형식적 이사의 의결

이사가 회사의 경영에 전혀 참여하지 않고 경영에 관한 모든 사항을 다른 이사들에게 위임하여 놓고 그들의 결정에 따르며 필요시 이사회 회의록 등에 날인만 하여 주고 있는 이사에 대한 소집통지 없이 열린 이사회에서 한 결의는 이 이사가 소집통지를 받고 참석하였다 하더라도 그 결과에 영향이 없었다고 보이는 경우 유효하다(대법원 1992.4.14. 선고, 90다카22698 판결).

이사회 대리권

이사회는 주주총회의 경우와는 달리 이사 자신이 이사회에 출석하여 결의에 참가하여야 하며 대리인에 의한 출석은 인정되지 않고 따라서 이사 개인이 타인에게 출석과 의결권을 위임할 수도 없는 것이니 이에 위배된 이사회의 결의는 무효라고 할 것이고 또한 그 무효임을 주장하는 방법에는 아무런 제한이 없으며 이해관계인은 언제든지 또 어떠한 방법에 의하던 그 무효를 주장할 수 있다(대법원 1982.7.13. 선고, 80다2441 판결). 2016년 경영권 분쟁이 있었던 롯데그룹은 이사회 서면결의를 폐지했다. 이는 경영권 분쟁에서 분쟁 빌미를 없애려는 취지로 해석된다. 이사회를 서면결의로 하는 경우 무효가 될 수 있어 경영권 분쟁 시 불리할 것이기 때문이다.

2.3 이사회의 위원회 설치

이사회는 정관이 정한 바에 따라 위원회를 설치할 수 있어(상법 제393조의 2 제1항), 이사회는 그 권한을 위원회에 위임할 수 있다(상법 제393조의 2 제2항). 그러나 주주총회의 승인을 요하는 사항의 제안, 대표이사의 선임 및 해임, 위원회의 설치와 그 위원의 선임 및 해임, 정관에서 정하는 사항은 위임할 수 없다(상법 제393조의 2 제2항). 위원회는 2인 이상의 이사로 구성한다(상법 제393조의 2 제3항). 법률 또는 정관에 정한 위원의 원수를 결한 경우에는 임기의 만료 또는 사임으로 인하여 퇴임한 위원은 새로 선임된 위원이 취임할 때까지 위원의 권리의무가 있다(상법 제393조의 2 제5항, 상법 제386조 제1항).

2017년 현대모비스는 이사회 내에서 독립적인 지위를 갖는 사외이사만으로 구성된 '투명경영위원회'를 설치하였다. 이 위원회는 인수합병(M&A), 주요 자산 취득과 처분 등 중요한 경영 의사결정에 대하여 국내외 주주들의 의견을 반영한다. 주주의 권익보호를 위한 담당 위원직도 신설했다. 투명경영위원회 위원 중 한 명이 담당 위원으로 신규 선임하여 국내외 투자자 간담회나 기업설명회 등에 참석해 주요 투자자들의 의견을 청취하고 이를 반영해 합리적인 의사 결정을 돕는 가교 역할을 맡게 된다. 투명경영위원회를 설치한 것은 주주친화적인 경영과 합리적이고 투명한 의사 결정 구조를 확립하려는 취지이다.

위원회는 각 이사가 소집한다. 그러나 이사회의 결의로 소집할 이사를 정한 때에는 그러하지 아니하다(상법 제393조의 2 제5항, 상법 제390조 제1항). 위원회의 소집권자로 지정되지 않은 다른 이사는 소집권자인 이사에게 위원회 소집을 요구할 수 있다. 소집권자인 이사가 정당한 이유 없이 위원회 소집을 거절하는 경우에는 다른 이사가 위원회를 소집할 수 있다(상법 제393조의 2 제5항, 상법 제390조 제2항). 위원회를 소집함에는 회일을 정하고 그 1주간 전에 각 이사 및 감사에 대하여 통지를 발송하여야 한다. 그러나 그 기간은 정관으로 단축할 수 있다(상법 제393조의 2 제5항, 상법 제390조 제3항). 위원회는 이사 및 감사 전원의 동의가 있는 때에는 절차 없이 언제든지 회의할 수 있다(상법 제393조의 2 제5항, 상법 제390조 제4항).

위원회는 결의된 사항을 각 이사에게 통지하여야 한다. 이 경우 이를 통지받은 각 이사는 이사회의 소집을 요구할 수 있으며, 이사회는 위원회가 결의한 사항에 대하여 다시 결의할 수 있다(상법 제393조의 2 제4항).

위원회의 결의는 이사 과반수의 출석과 출석이사의 과반수로 하여야 한다. 그러나 정관으로도 그 비율을 낮게 할 수 없으나 그 비율을 높게 정할 수는 있다(상법 제393조의 2 제5항, 상법 제391조 제1항). 정관에서 달리 정하는 경우를 제외하고 위원회는 이사의 전부 또는 일부가 직접 회의에 출석하지 아니하고 모든 이사가 음성을 동시에 송수신하는 원격통신수단에 의하여 결의에 참가하는 것을 허용할 수 있다. 이 경우 당해 이사는 위원회에 직접 출석한 것으로 본다(상법 제393조의 2 제5항, 상법 제391조 제2항). 위원회의 결의에 관하여 특별한 이해관계가 있는 자는 의결권을 행사하지 못한다(상법 제393조의 2 제5항, 상법 제391조 제2항, 상법 제368조 제3항). 위원회의 결의에 관하여 행사할 수 없는 의결권 수는 출석한 의결권의 수에 산입하지 아니한다(상법 제393조의 2 제5항, 상법 제391조 제2항, 상법 제371조 제2항).

3 가업의 이사 관리

3.1 이사의 의의

「근로기준법」에서 규정하는 근로자는 직업의 종류와 관계없이 임금을 목적으로 사업이나 사업장에 근로를 제공하는 자를 말하며, 이에 해당하는지 여부는 계약의 형식에 관계없이 실질적으로 임금을 목적으로 종속적인 관계에서 사용자에게 근로를 제공하였는지 여부에 따라 판단한다. 한편 주식회사의 이사는 주주총회의 선임 결의를 거쳐 임명되고, 그 등기를 하여야 한다. 이러한 절차에 따라 적법하게 선임된 이사만이 이사회의 구성원으로서 회사의 업무집행의 의사결정에 참여하는 등의 권한을 행사할 수 있고, 이러한 주식회사의 이사는 회사로부터 일정한 사무 처리의 위임을 받고 있다(상법 제382조 제2항). 따라서 이사가 이사로서의 업무를 실질적으로 수행하는 한편 회사의 경영을 위한 업무를 함께 담당하는 경우에, 그 담당하고 있는 전체 사무의 실질이 사용자의 지휘·감독 아래 일정한 근로를 제공하는 것에 그치지 아니한다면, 그 이사는 위임받은 사무를 처리하는 것으로 볼 수 있다(대법원 1992.12.22. 선고, 92다28228 판결, 대법원 2000.9.8. 선고, 2000다22591 판결 등 참조). 비등기이사의 경우는 회사와 단순한 고용관계인 경우 「민법」상 고용에 대한 규정과 「근로기준법」 같은 근로관계 법률이 적용된다.

3.2 이사의 구분

「상법」은 사내이사, 사외이사, 그 밖에 상무(常務)에 종사하지 않는 이사로 구분해 등기하도록 하고 있다. 사내이사는 회사의 상무에 종사하는 이사를 말한다. 회사의 상무는 회사가 영업을 계속하기 위해서 필요한 통상의 업무범위에 속하는 사무를 말한다. 사외이사는 회사의 상무에 종사하지 않으면서 주주총회에서 선임된 이사를 의미한다. '그 밖에 상무에 종사하지 않는 이사'는 회사의 상무에 종사하지는 않지만 사외이사는 아닌 비상근이사로 권한과 책임에 있어서 사내이사와 동일하다.

3.3 이사의 정원

이사의 수는 자본금에 따라 최소인원이 다르다. 자본금이 10억 원 이상인 경우 이사는 3명 이상이어야 하고 자본금 총액이 10억 원 미만인 회사는 1명 또는 2명으로 할 수 있다(상법 제383조 제1항).

법률 또는 정관에 정한 이사의 수가 부족한 경우에는 임기의 만료 또는 사임으로 인하여 퇴임한 이사는 새로 선임된 이사가 취임할 때까지 이사의 권리의무가 있다(상법 제386조 제1항). 이 경우에 필요하다고 인정할 때에는 법원은 이사, 감사 기타의 이해관계인의 청구에 의하여 일시 이사의 직무를 행할 자를 선임할 수 있다. 이 경우에는 본점의 소재지에서 그 등기를 하여야 한다(상법 제386조 제2항). '임시이사선임이 필요하다고 인정되는 때'라 함은 이사가 사임하거나 장기간 부재중인 경우와 같이 퇴임이사로 하여금 이사로서의 권리의무를 가지게 하는 것이 불가능하거나 부적당한 경우를 의미하는 것으로서 그의 필요성은 임시이사 제도의 취지와 관련하여 사안에 따라 개별적으로 판단되어야 한다(대법원 2001.12.6.자 2001그113 결정). 이사의 사망으로 결원이 생기거나 종전의 이사가 해임된 경우, 이사가 중병으로 사임하는 경우도 포함한다. 그러나 회사 동업자들 사이에 동업을 둘러싼 분쟁이 계속되고 있다는 사정만으로는 그 임기 만료된 대표이사 및 이사에게 회사의 대표이사 및 이사로서의 권리의무를 보유하게 하는 것이 불가능하거나 부적당한 경우에 해당한다고 할 수 없다(대법원 2000.11.17.자 2000마5632 결정). 이사의 결원이 있어 법원에서 일시 이사의 직무를 행할 자를 선임한 경우에, 그 이사 직무대행자는 이사 직무 집행정지 가처분 결정과 동시에 선임된 이사 직무 대행자와는 달라 그 권한은 회사의 상무에 속한 것에 한한다는 제한을 받지 않는다(대법원 1968.5.22.자 68마119 결정). 이사 등 직무대행자를 선임한 결정에 대하여는 「비송사건절차법」 제148조 제2항, 제145조 제2항의 규정에 의하여 불복을 할 수 없는 바, 직무대행자 선임신청인이 추천한 사람이 선임되지 아니하고 다른 사람이 선임되었다 하여 선임신청을 불허한 결정이라고 볼 수는 없으니 선임신청을 불허한 결정임을 전제로 불복할 수는 없다(대법원 1985.5.28.자 85그50 결정).

이사의 결원이 있어 법원에서 일시 이사의 직무를 행할 자를 선임한 경우에, 그 이사 직무대행자는 이사 직무집행정지 가처분 결정과 동시에 선임된 이사 직무 대행자와는 달라 그 권한은 회사의 상무에 속한 것에 한한다는 제한을 받지 않는다(대법원 1968.5.22.

자 68마119 결정). 법률 또는 정관에 정한 이사의 원수를 결한 경우에는 임기의 만료 또는 사임으로 인하여 퇴임한 이사로 하여금 새로 선임된 이사가 취임할 때까지 이사의 권리의무를 행하도록 규정하고 있는바, 동 규정에 따라 이사의 권리의무를 행사하고 있는 퇴임이사로 하여금 이사로서의 권리의무를 가지게 하는 것이 불가능하거나 부적당한 경우 등 필요한 경우에는 일시 이사의 직무를 행할 자의 선임을 법원에 청구할 수 있으므로, 이와는 별도로 이사의 권리의무를 행하고 있는 퇴임이사를 상대로 해임사유의 존재나 임기만료 · 사임 등을 이유로 그 직무집행의 정지를 구하는 가처분신청은 허용되지 않는다. 그러나 퇴임이사가 이사의 권리의무를 행할 수 있는 것은 법률 또는 정관에 정한 이사의 원수를 결한 경우에 한정되는 것이므로, 퇴임할 당시에 법률 또는 정관에 정한 이사의 원수가 충족되어 있는 경우라면 퇴임하는 이사는 임기의 만료 또는 사임과 동시에 당연히 이사로서의 권리의무를 상실하는 것이고, 그럼에도 불구하고 그 이사가 여전히 이사로서의 권리의무를 실제로 행사하고 있는 경우에는 그 권리의무의 부존재확인청구권을 피 보전권리로 하여 직무집행의 정지를 구하는 가처분신청이 허용된다(대법원 2009.10.29.자 2009마1311 결정). 이 경우 이사의 퇴임등기를 하여야 하는 2주 또는 3주의 기간은 일반의 경우처럼 퇴임한 이사의 퇴임 일부터 기산하는 것이 아니라 후임이사의 취임일부터 기산한다고 보아야 하며, 후임이사가 취임하기 전에는 퇴임한 이사의 퇴임등기만을 따로 신청할 수 없다(대법원 2007.6.19.자 2007마311 결정). 수인의 이사가 동시에 임기의 만료나 사임에 의하여 퇴임함으로 말미암아 법률 또는 정관에 정한 이사의 원수(최저인원수 또는 특정한 인원수)를 채우지 못하게 되는 결과가 일어나는 경우, 특별한 사정이 없는 한 그 퇴임한 이사 전원은 새로 선임된 이사가 취임할 때까지 이사로서의 권리의무가 있다고 본다(대법원 2007.3.29. 선고, 2006다83697 판결).

사임 등으로 퇴임한 이사는 그 퇴임 이후에 이루어진 주주총회나 이사회의 결의에 하자가 있다 하더라도 이를 다툴 법률상의 이익이 있다고 할 수 없다. 한편 법률 또는 정관에 정한 이사의 원수를 결한 경우에는 임기의 만료 또는 사임으로 인하여 퇴임한 이사는 새로 선임된 이사가 취임할 때까지 이사의 권리의무가 있다고 규정하고 있고, 이 규정은 「상법」 제389조에 의하여 대표이사의 경우에도 준용되므로, 이사나 대표이사가 사임하여 퇴임하였다 하더라도 그 퇴임에 의하여 법률 또는 정관 소정의 이사의 원수를 결하게 됨으로써 적법하게 선임된 이사가 취임할 때까지 여전히 이사로서의 권리의무를 보유하는 경우에는 이사로서 그 후임이사를 선임한 주주총회결의나 이사회결의의 하자를 주장하여 부존재확인을 구할 법률상의 이익이 있다. 그러나 사실상 1인회사인 주식회사의 주식 전부를 양도한 다음, 그 대표이사직을 사임함과 동시에 인수자가 회사를 인수함에 있어 어떠한 형태로 처리하더라도 이의를 제기하지 않기로 하였다면 양도한 주주로서는 그 이후에 회사의 주주총회결의나 이사회결의에 대하여 「상법」 제389조, 제386조 제1항에 의하여 그 대표이사로서의 권리의무를 계속 보유하고 있다는 이유로 부존재확인을 구하는 것은 신의성실의 원칙에 반한다(대법원 1992.8.14. 선고, 91다45141 판결).

3.4 이사의 임기

이사의 임기는 1년, 2년, 3년 중에서 선택할 수 있으며, 3년을 초과할 수는 없다. 연임에 대한 제한은 없다(상법 제383조 제2항). 다만 정관으로 이사 임기 중의 최종의 결산기에 관한 정기주주총회의 종결에 이르기까지 연장할 수 있다(상법 제383조 제3항). 이렇게 임기가 만료되는 이사에 대하여는 임기 중의 결산에 대한 책임을 지고 주주총회에서 결산서류에 관한 주주들의 질문에 답변하고 변명할 기회를 주는 한편, 회사에 대하여는 정기주주총회를 앞두고 이사의 임기가 만료될 때마다 임시 주주총회를 개최하여 이사를 선임하여야 하는 번거로움을 덜어주기 위한 것에 그 취지가 있다. 따라서 '임기 중의 최종의 결산기에 관한 정기 주주총회'라 함은 임기 중에 도래하는 최종의 결산기에 관한 정기주주총회를 말하고, 임기만료 후 최초로 도래하는 결산기에 관한 정기 주주총회 또는 최초로 소집하는 정기 주주총회를 의미하는 것은 아니다. 결국 임기가 최종 결산기의 말일과 당해 결산기에 관한 정기 주주총회 사이에 만료되는 경우에 정관으로 그 임기를 정기주주총회 종결일까지 연장할 수 있도록 허용하는 규정이다(대법 2010다13541, 2010.6.24.).

수회에 걸쳐 이사 또는 감사로 선임 또는 중임되어 온 자가 그를 다시 이사 또는 감사로 선임하는 주주총회결의가 부존재한다고 하더라도 그 후임 이사 또는 감사가 없는 결과가 되어 퇴임이사 또는 퇴임감사로서 계속 이사 또는 감사로서의 권리, 의무를 가진다(대법원 1991.12.27. 선고, 91다4409 판결).

3.5 이사의 선임

▲▾ 주총서 선임

이사는 주주총회에서 선임한다(상법 제382조 제1항). 이러한 선임절차를 거치지 않고 단지 회사로부터 이사라는 직함을 형식적, 명목적으로 부여받는 것에 불과한 자는 법률상 이사로서의 직무권한을 행사할 수 없다(대법원 2003.9.26. 선고, 2002다64181 판결). 법인의 정관에 이사가 갖추어야 할 자격만 규정하고 그 자격이 없는 경우 규정을 두지 아니한 경우 적법한 절차에 의하여 선임된 이사는 사후에 정관에서 정한 자격을 가지지 않더라도 이사선임결의가 무효라거나 이미 선임된 이사가 그 지위를 당연히 상실하는 것은 아니다(대법원 2007.12.28. 선고, 2007다31501 판결).

이사의 선임은 주주총회 보통결의로 선임하여 출석한 주주의 과반수의 찬성과 발행주식 총수의 1/4 이상의 찬성으로 선출한다. 이사는 개별적으로 투표로 선임할 수도 있고 후보자 전원을 하나로 묶어 일괄적으로 투표 처리할 수 있다. 이사의 선임 시 주주가 이사로 나선 경우 이사 후보인 주주도 투표할 수 있다. 이사 선임은 주주총회 전권이므로 대표이사나 이사회에서 할 수 없으며 정관에 의해서도 바꿀 수가 없다.

▲▾ 주총의 소집

상장회사가 이사와 감사의 선임에 관한 사항을 목적으로 하는 주주총회를 소집통지 또는 공고하는 경우에는 이사와 감사 후보자의 성명, 약력, 추천인, 후보자와 최대주주와의 관계, 후보자와 해당 회사와의 최근 3년간의 거래 내역을 통지하거나 공고하여야 하고(상법 제542조의 4 제2항, 상법 시행령 제31조), 이에 따라 통지하거나 공고한 후보자 중에서 선임하여야 한다(상법 제542조의 5).

「상법」 기타 관련 법령에서 주주총회의 소집통지를 함에 있어 선임할 이사를 사내이사, 사외이사, 기타 비상임 이사로 구별하여 통지하도록 규정하지 않고, 상장회사에 관해서는 임원 선임을 위한 주주총회에 앞서 해당 후보자를 개별적으로 특정하도록 특례규정이 있지만(상법 제542조의 4, 상법 제542조의 5), 비상장회사에 관해서는 그에 관한 별도의 규정이 없는 점을 감안하며, 비상장회사의 주주총회 소집통지 단계에서 선임할 이사 후보를 사내이사, 사외이사, 기타 비상근 이사로 구분하여 통지할 의무는 없다. 「상법」 제317조 제2항 제8호는 설립등기를 할 때 사내이사, 사외이사, 그밖에 비상근 이사, 감사의 성명과 주민등록번호를 등기하도록 규정하고 있으나, 이는 회사가 이사를 이렇게 구분하여 선임했을 경우 등기방법을 정한 것으로, 이 규정으로 사내이사, 사외이사, 비상근이사를 구별하여 통지할 의무가 발생한다고 볼 수는 없다(서울고법 2010.11.15. 선고, 2010라1065 판결).

집중투표제

이사는 지분을 많이 보유한 대주주가 임원을 선임할 수 있다. 따라서 대주주가 아닌 주주는 임원 선임을 못하는 문제가 있다. 이를 보완하는 것이 집중투표제도이다. 즉 2인 이상의 이사를 선임하는 경우에는 3% 이상의 주식을 가진 주주는 주주총회일의 7일 전까지 서면 또는 전자문서로 집중투표를 신청할 수 있다(상법 제382조의 2 제2항). 상장회사는 다르다. 최근 사업연도 말 현재의 자산총액이 2조 원 이상인 상장회사의 의결권 없는 주식을 제외한 발행주식 총수의 1% 이상에 해당하는 주식을 보유한 자가 집중투표의 방법으로 이사를 선임할 것을 청구할 수 있다(상법 제542조의 7 제2항, 상법 시행령 제33조). 상장회사에 대하여 집중투표의 방법으로 이사를 선임할 것을 청구하는 경우 주주총회일(정기주주총회의 경우에는 직전 연도의 정기주주총회 일에 해당하는 그 해의 해당일)의 6주 전까지 서면 또는 전자문서로 회사에 청구하여야 한다(상법 제542조의 7 제1항). 임원선임 주주총회를 할 때에는 선임할 이사의 수를 통지하여야 하며 통지하지 않은 경우 주주총회 취소의 사유가 된다.

집중투표제는 미국, 일본 등 20여 국이 도입하고 있다. 러시아, 멕시코, 칠레 등은 이를 법으로 의무화하고 있다. 미국도 1940년대 22개 주가 의무화했지만 경영갈등이 심해지고, 주(州) 간에 기업 유치 경쟁이 벌어지면서, 1950년대 이후 대부분 주에서 도입 여부를 기업 자율로 정하도록 했다. 애리조나, 켄터키 등 6개 주만 강제하고 있다.

집중투표제는 주식 1주당 이사의 수만큼 원하는 이사에게만 투표하는 것으로(상법 제382조의 2 제3항), 투표의 최다수를 얻은 자부터 순차적으로 이사에 선임되는 것이다(상법 제382조의 2 제4항). 예를 들어 이사 2인을 선임하고 주주가 각각 54%, 46%씩 지분을 가지고 있는 경우 각각 이사 수만큼 곱하면 108%, 92%를 투표할 수 있다. 92% 보유한 주주가 본인이 원하는 이사에게 92% 전체를 투표하면 자신이 원하는 임원을 선임할 수 있다. 집중투표의 득표수가 같은 경우에는 이사수가 초과하지 않는 한 모두 선임하여야 한다. 초과하는 경우에는 정관 또는 총회의 결의에 의한 정함이 있으면 그에 따르고, 없는 경우에는 결선투표를 하여야 하고 이때에도 집중투표를 하여야 한다.

이사선임에 대하여 집중투표를 정관으로 배제하지 않는 회사는 이사 선임에 관한 주주총회의 통지와 공고에 이사의 원수를 반드시 기재하여야 한다. 왜냐하면 주주는 선임될 이사의 수에 따라 집중투표의 청구여부를 결정할 수 있기 때문이다. 따라서 정관에 의하여 집중투표를 배제하지 않는 회사는 회의 목적사항으로 '이사선임의 건'이라고 기재하였다면 단수 이사의 선임으로 보아야 한다(서울고법 2010.11.15. 선고, 2010라1065 판결).

집중투표를 피하려면 1인씩 이사를 선임하거나 정관을 바꿔야 한다. 주주총회 결의로 정관에서 이를 금지한 경우에는 할 수가 없다(상법 제382조의 2 제1항). 정관으로 집중투표를 전면적으로 배제할 수도 있고 지분요건 3%도 늘리거나 완화할 수도 있다. 극단적으로 1주로 할 수도 있다. 다만 상장회사가 정관으로 집중투표를 배제하거나 그 배제된 정관을 변경하려는 경우에는 의결권 없는 주식을 제외한 3%를 초과하는 수의 주식을 가진 주주는 그 초과하는 주식에 관하여 의결권을 행사하지 못한다. 다만, 정관에서 이보다 낮은 주식 보유비율을 정할 수 있다(상법 제542조의 7 제3항). 상장회사가 주주총회의 목적사항으로 집중투표 배제에 관한 정관 변경의 의안을 상정하려는 경우에는 그 밖의 사항의 정관 변경에 관한 의안과 별도로 상정하여 의결하여야 한다(상법 제542조의 7 제4항). 집중투표제를 원하지 않으면 정관을 변경하여 집중투표를 제한하여야 한다. 많은 기업들이 집중투표제를 금지하는 정관규정을 두고 있다.

집중투표의 청구가 있는 경우에는 의장은 의결에 앞서 그러한 청구가 있다는 취지를 알려야 한다(상법 제382조의 2 제5항). 집중투표를 청구한 서면은 총회가 종결될 때까지 이를 본점에 비치하고 주주로 하여금 영업시간 내에 열람할 수 있게 하여야 한다(상법 제382조의 2 제6항).

3.6 이사의 종임과 해임

자연 종임

이사는 회사에 대하여 위임관계에 있다(상법 제382조 제2항). 따라서 이사의 임기는 위임계약의 종료 사유인 이사의 사임과 해임에 의하거나 법정종료 사유인 이상의 사망, 파산, 회사의 해산과 파산에 의하여 종료된다. 정관에 정한 자격상실 등에 의해서도 종임 된다.

▲▼ 이사의 해임

① 특별결의로 해임

주주는 주주총회를 통해 이사를 해임할 권한이 있다(상법 제385조 제1항). 언제든지 특별 주주총회의 결의로 이사를 해임할 수 있다. 특별 주주총회는 출석한 주주의 결의권의 3분의 2 이상이고 또한 발행주식 총수의 3분의 1 이상의 수로써 하여야 한다(상법 제385조 제1항).

② 소수주주의 해임청구

주주해임의 권리는 대주주인 경우에만 가능하므로 소액주주는 방법이 없다. 이에 따라 「상법」은 소액주주에게도 특별한 경우에는 이사의 해임을 청구할 수 있도록 하고 있다. 즉 이사가 그 직무에 관하여 부정행위 또는 법령이나 정관에 위반한 중대한 사실이 있음에도 불구하고 주주총회에서 그 해임을 부결한 때에는 발행주식 총수의 3% 이상에 해당하는 주식을 가진 주주는 총회의 결의가 있은 날부터 1개월 내에 그 이사의 해임을 법원에 청구할 수 있도록 하였다(상법 제385조 제2항). 여러 명이 모여 3%로 할 수도 있다. 즉 소액주주는 주주총회의 소집을 청구하여 이사를 해임하도록 할 수 있다. 그러나 대주주의 반대로 이사를 해임하지 못한 경우에는 법원에 청구하도록 한 것이다. 다만, 이사의 직무행위가 부정하거나 법령 또는 정관을 위배한 경우에만 청구가 가능하도록 하였다.

상장회사인 경우에는 주식소유 비율이 다르다. 상장회사인 경우에는 6개월 전부터 계속하여 발행주식 총수의 0.5%(최근 사업연도 말 현재 자본금이 1천억 원 이상인 상장회사의 경우에는 0.25%) 이상에 해당하는 주식을 보유한 자가 동 권리를 행사할 수 있다(상법 제542조의 6 제3항, 상법 시행령 제32조). 종전에는 상장회사에 대한 특례조항이 「증권거래법」에 규정돼 있었으나 「상법」의 일반조항과의 관계에 대한 언급이 없어 선택적 적용이 가능한 것으로 해석돼 왔다. 그러나 2009년 「상법」개정 때 「상법」에 편입되면서 제542조의 2 제2항에 '이 특례조항은 다른 절에 우선해 적용한다.'는 규정을 신설했다. 이는 「상법」 개정의 입법과정에서 기존의 선택적 적용으로 인한 문제를 해결하기 위해 신설한 조항으로 보인다. 선택적 적용을 의도했다면 굳이 이 조항을 신설한 필요가 없었다. 주식거래가 용이한 상장회사에서는 주식을 취득해 바로 소수주주권을 행사하고 다시 이를 처분하는 식으로 소수주주권이 악용될 우려가 있어 소수주주권 행사요건에 보유기간요건을 추가할 필요가 있었다. 「상법」 제542조의 6 제7항은 '상장회사는 정관으로 법에서 규정한 기간보다 더 짧게 주식보유기간 및 비율을 정할 수 있다.'고 규정하고 있어 정관을 통해 소수주주의 권리행사 제약요건을 완화할 수도 있는 점 등을 고려해 볼 때 개정 「상법」이 시행된 2009년 2월 4일부터는 상장회사에 대한 소수주주권 행사요건으로 「상법」 특례조항만 적용된다고 해석하는 것이 상당하다(서울중앙지법 민사50부, 2010카합3874).

③ 해임의 사유

법인과 이사의 법률관계는 신뢰를 기초로 한 위임과 유사한 관계로 볼 수 있다. 「민법」 제689조 제1항에서는 위임계약은 각 당사자가 언제든지 해지할 수 있다고 규정하고 있으므로, 법인은 원칙적으로 이사의 임기 만료 전에도 이사를 해임할 수 있다. 그러나 이러한 「민법」의 규정은 임의규정에 불과하므로 법인이 자치법규인 정관으로 이사의 해임사유 및 절차 등에 관하여 별도의 규정을 두는 것도 가능하다. 그리고 이와 같이 법인이 정관에 이사의 해임사유 및 절차 등을 따로 정한 경우 그 규정은 법인과 이사와의 관계를 명확히 함은 물론 이사의 신분을 보장하는 의미도 아울러 가지고 있어 이를 단순히 주의적 규정으로 볼 수는 없다. 따라서 법인의 정관에 이사의 해임사유에 관한 규정이 있는 경우 법인으로서는 이사의 중대한 의무위반 또는 정상적인 사무집행 불능 등의 특별한 사정이 없는 이상, 정관에서 정하지 아니한 사유로 이사를 해임할 수 없다(대법원 2013.11.28. 선고, 2011다41741 판결).

④ 배상의 책임

이사의 임기를 정한 경우에 정당한 이유 없이 해임하였다면 회사는 그 이사에 대하여 손해배상책임이 있다(상법 제385조 제1항). 이사의 임기를 정한 경우라 함은 정관 또는 주주총회의 결의로 임기를 정하고 있는 경우를 말하고, 이사의 임기를 정하지 않은 때에는 이사의 임기의 최장기인 3년을 경과하지 않는 동안에 해임되더라도 그로 인한 손해의 배상을 청구할 수 없다. 회사의 정관에서 "이사의 임기는 3년을 초과하지 못한다."고 규정한 것이 이사의 임기를 3년으로 정하는 취지라고 해석할 수는 없다(대법원 2001.6.15. 선고, 2001다23928 판결). 주주총회의 특별결의에 의하여 언제든지 이사를 해임할 수 있게 하는 한편, 임기가 정하여진 이사가 그 임기 전에 정당한 이유 없이 해임당한 경우에는 회사에 대하여 손해배상을 청구할 수 있게 함으로써 주주의 회사에 대한 지배권 확보와 경영자 지위의 안정이라는 주주와 이사의 이익을 조화시키려는 규정이다(대법원 2004.12.

10. 선고, 2004다25123 판결). 그러나 이는 주식회사의 이사가 주주총회의 특별결의에 의하여 그 임기 전에 해임된 경우에 한하여 적용되고 의원면직의 형식으로 해임된 경우에는 적용되지 않는다(대법원 1993.8.24. 선고, 92다3298 판결).

정당한 사유가 있는지 여부는 이사가 증명하여야 한다(대법원 2006.11.23., 선고, 2004다49570). '정당한 이유'란 주주와 이사 사이에 불화 등 단순히 주관적인 신뢰관계가 상실된 것만으로는 부족하고, 이사가 법령이나 정관에 위배된 행위를 하였거나 정신적·육체적으로 경영자로서의 직무를 감당하기 현저하게 곤란한 경우, 회사의 중요한 사업계획 수립이나 그 추진에 실패함으로써 경영능력에 대한 근본적인 신뢰관계가 상실된 경우 등과 같이 당해 이사가 경영자로서 업무를 집행하는 데 장해가 될 객관적 상황이 발생한 경우에 비로소 임기 전에 해임할 수 있는 정당한 이유가 있다(대법원 2004.10.15. 선고, 2004다25611 판결). 경업금지의무를 위반한 행위는 특별한 다른 사정이 없는 한 이사의 해임에 관한 법령에 위반한 중대한 사실이 있는 경우에 해당한다(대법원 1990.11.2.자 90마745 결정). 회사의 이사가 회사와 동종영업을 목적으로 하는 다른 회사를 설립하고 다른 회사의 이사 겸 대표이사가 되어 영업 준비 작업을 하여 오다가 영업활동을 개시하기 전에 다른 회사의 이사 및 대표이사직을 사임하였다고 하더라도 이는 경업금지의무를 위반한 행위로서 특별한 다른 사정이 없는 한 이사의 해임에 관한 법령에 위반한 중대한 사실이 있는 경우에 해당한다(대법원 1993.4.9. 선고, 92다53583 판결).

손해배상의 범위는 원칙적으로 남은 임기동안 받을 수 있는 보수에 한한다. 주주총회의 적법한 행위로 인하여 해임당한 이사가 재산적 손해의 배상만으로는 회복가능 하지 않는 정신적 고통을 입었다는 특별한 사정을 인정하기 어려워 위 자료는 배상책임에 포함되지 않는다(서울고등법원 1990.7.6. 선고, 89나46297 판결). 이사가 해임되어 다른 직장에서 급여를 받은 경우 이를 감안하여 손해배상 할 수 있는지도 논쟁대상이다. 감사의 경우 그 해임된 잔여임기 동안에 다른 직장에서 근무하여 수입을 얻은 경우 그 수입이 해임으로 위임사무를 면하게 된 것과 상당한 인과관계가 인정된다면 이를 공제한다(대법원 2013.9.26. 선고, 2011다42348 판결).

회사가 이사를 해임할 경우 해직보상금을 지급하기로 하는 내용의 약정은 주주총회의 결의가 없으면 무효다. 이사와 회사 사이에 고용계약에서 정한 보수는 정관에 정함이 없는 한 주주총회 결의가 있어야 회사에 대해 청구할 수 있다. 해직보상금에 관하여도 이사의 보수에 관한 「상법」 제388조가 준용 내지 유추적용 해 정관에서 그 액수를 정하지 않는 한 결의가 있어야만 회사에 대해 청구할 수 있다고 해석해야 하므로 주주총회 결의가 없는 경우 회사는 해직보상금 등을 지급할 의무가 없다. 「상법」 제385조 제1항은 회사가 정당한 이유 없이 임기 중에 있는 이사를 해임하는 경우에만 손해배상책임을 지도록 하고 있지만 해직보상금은 의사에 반해 해임된 이사에 대해 정당한 이유의 유무에 관계없이 지급하도록 돼 있어 이사에게 유리하도록 회사에 추가적인 의무를 부과하는 것인데도 보수에 해당되지 않는다는 이유로 주주총회 결의를 요하지 않는다고 한다면 이사들이 고용계약을 체결하는 과정에서 개인적인 이득을 취할 목적으로 과다한 해직보상금을 약정하는 것을 막을 수 없게 된다. 회사로서는 주주총회의 특별결의로 언제든지 이사를 해임할 수 있음에도 불구하고 해직보상금액이 거액일 경우 자유로운 이사해임권 행사를 저해하는 기능을 하게 돼 이사선임기관인 주주총회의 권한을 사실상 제한함으로써 회사법이 규정하는 주주총회의 기능이 심히 왜곡되는 부당한 결과가 초래된다(대법원 2004다49570).

▲▼ 이사의 직무정지와 직무대행

① 개요

이사에 대하여 직무집행정지 가처분 을 할 수 있고 직무대행자를 임명하는 것도 가능하다. 즉 이사선임결의의 무효나 취소 또는 이사해임의 소가 제기된 경우에는 법원은 당사자의 신청에 의하여 가처분으로써 이사의 직무집행을 정지할 수 있고 또는 직무대행자를 선임할 수 있다. 급박한 사정이 있는 때에는 본안소송의 제기 전에도 그 처분을 할 수 있다(상법 제407조 제1항). 이 같은 해임의 소를 피 보전권리로 하는 이사의 직무집행정지신청은 본안의 소송이 제기된 경우뿐만 아니라 급박한 경우에는 본안소송의 제기 전에라도 할 수 있음은 「상법」 제407조에서 명문으로 인정하고 있을 뿐더러, 그와 같은 직무집행정지신청을 「민사소송법」 제714조 제2항 소정의 임시의 지위를 정하는 가처분과 달리 볼 것은 아니므로 반드시 본안소송을 제기하였음을 전제로 하지는 않는다. 이사의 직무권한을 잠정적이나마 박탈하는 가처분은 그 보전의 필요성을 인정하는 데 신중을 기해야 할 것인바, 소수 주주가 피 보전권리인 해임의 소를 제기하기 위한 절차로는 발행주식 총수의 3% 이상에 해당하는 주식을 가진 소수 주주가 회의의 목적과 소집의 이유를 기재한 서면을 이사회에 제출하여 임시총회의 소집을 요구하고, 그렇게 하였는데도 소집을 불응하는 때에는 법원의 허가를 얻어 주주총회를 소집할 수 있고, 그 총회에서 해임을 부결할 때 그로부터 1월 내에 이사의 해임을 법원에 청구할 수 있는 것이므로, 그와 같은 해임의 소를 제기하기 위한 절차를 감안해 보면 특별히 급박한 사정이 없는 한 해임의 소를 제기할 수 있을 정도의 절차요건을 거친 흔적이 소명되어야 피 보전권리의 존재가 소명되는 것이고, 그 가처분의 보전의 필요성도 인정될 수 있다(대법원 1997.1.10.자 95마837 결정).

② 직무집행정지가처분 신청자격

이사의 직무집행정지가처분 신청자는 이사의 선임결의 취소의 경우에는 원고인 주주, 이사, 감사가 될 수 있고, 이사해임의 소인 경우에는 소수주주, 원고의 제한이 없는 이사 선임결의 무효 확인의 소의 경우에는 누구든지 신청할 수 있다. 법원은 당사자의 신청에 의하여 동 가처분을 변경 또는 취소할 수 있다(상법 제407조 제2항). 「민사소송법」 제714조 제2항 소정의 임시의 지위를 정하기 위한 이사직무집행정지가처분에 있어서 피 신청인이 될 수 있는 자는 그 성질상 당해 이사이고, 회사에게는 피 신청인의 적격이 없다(대법원 1982.2.9. 선고, 80다2424 판결).

③ 직무 집행정치 가처분

과거에 주주총회결의 및 이사회결의에 의하여 이사 겸 대표이사로 선임된 자가 사임하여 사임등기까지 되었다가 다시 주주총회결의 및 이사회결의에 의하여 같은 직의 임원으로 선임된 경우, 직무집행정지 가처분을 구함에 있어서 피 보전권리로서는 현재의 임원직으로 선임한 당해 주주총회결의 및 이사회 결의에 하자가 있음을 주장하는 것은 몰라도 이와 아무 관계도 없는 과거 결의에 하자가 있음을 주장할 수는 없다(대법원 1982.2.9. 선고, 80다2424 판결).

④ 직무대행자 선임

가처분으로서 이사 등의 직무집행을 정지하고 그 대행자를 선임할 경우에 가처분에 의하여 직무집행이 정지된 종전의 이사 등을 직무대행자로 선임할 수는 없다(대법원 1990.10.31.자 90그44 결정).

주식회사 이사의 직무집행을 정지하고 그 대행자를 선임하는 가처분은 「민사소송법」 제714조 제2항에 의한 임시의 지위를 정하는 가처분의 성질을 가지는 것으로서, 가처분에 의해 직무집행이 정지된 당해 이사 등을 선임한 주주총회결의의 취소나 그 무효 또는 부존재확인을 구하는 본안소송에서 가처분채권자가 승소하여 그 판결이 확정된 때에는 가처분은 그 직무집행 정지 기간의 정함이 없는 경우에도 본안승소판결의 확정과 동시에 그 목적을 달성한 것이 되어 당연히 효력을 상실한다(대법원 1989.5.23. 선고, 88다카9883 판결).

⑤ 처분의 등기

이러한 처분이 있는 때에는 본점과 지점의 소재지에서 그 등기를 하여야 한다(상법 제407조 제3항).

⑥ 직무대행자의 권리의무

직무대행자는 가처분명령에 다른 정함이 있는 경우 외에는 회사의 상무에 속하지 아니한 행위를 하지 못한다. 그러나 법원의 허가를 얻은 경우에는 그러하지 아니하다(상법 제408조 제1항). 직무대행자가 이를 위반한 행위를 한 경우에도 회사는 선의의 제삼자에 대하여 책임을 진다(상법 제408조 제2항).

회사의 '상무'라 함은 일반적으로 회사에서 일상 행해져야 하는 사무, 회사가 영업을 계속함에 있어서 통상 행하는 영업범위 내의 사무 또는 회사경영에 중요한 영향을 주지 않는 통상의 업무 등을 의미한다(대법원 2007.6.28. 선고, 2006다62362 판결). 어느 행위가 구체적으로 상무에 속하는가 하는 것은 당해 회사의 기구, 업무의 종류・성질, 기타 제반 사정을 고려하여 객관적으로 판단되어야 한다. 직무대행자가 정기주주총회를 소집함에 있어서도 그 안건에 이사회의 구성 자체를 변경하는 행위나 특별결의사항에 해당하는 행위 등 회사의 경영 및 지배에 영향을 미칠 수 있는 것이 포함되어 있다면 그 안건의 범위에서 정기총회의 소집은 상무에 속하지 않는다(대법원 2007.6.28. 선고, 2006다62362 판결). 가처분에 의하여 대표이사 직무대행자로 선임된 자가 변호사에게 소송대리를 위임하고 그 보수 계약을 체결하거나 그와 관련하여 반소제기를 위임하는 행위는 회사의 상무에 속하나, 회사의 상대방 당사자의 변호인의 보수지급에 관한 약정은 회사의 상무에 속한다고 볼 수 없으므로 법원의 허가를 받지 않는 한 효력이 없다(대법원 1989.9.12. 선고, 87다카2691 판결). 직무대행자가 정기주주총회를 소집하는 행위가 상무에 속하지 아니함에도 법원의 허가 없이 이를 소집하여 결의한 때에는 소집절차상의 하자로 결의취소사유에 해당한다(대법원 2007.6.28. 선고, 2006다62362 판결).

법원이 주식회사의 이사직무대행자에 대하여 상무 이외 행위를 허가할 것인지 여부는 일반적으로 당해 상무 외 행위의 필요성과 회사의 경영과 업무 및 재산에 미치는 영향 등을 종합적으로 고려하여 결정하여야 한다(대법원 2008.4.14.자 2008마277 결정). 주식회사 이사 직무 집행정지 등 가처분결정과 직무대행자 선임결정을 한 항고법원은 그에 대한 가처분이의로 인해 당해 사건이 계속 중인 법원으로서 그 사건의 견련사건인 직무대행자의 상무 외 행위 허가사건의 관할법원이 될 수 있다(대법원 2008.4.14.자 2008마277 결정).

이사의 유지 청구권

2003년 영국계 헤르메스자산운용은 SK㈜의 회장 등 이사에 대해 이사회 의결권 행사를 금지해 달라는 가처분신청을 법원에 제출했다. 이들 이사들이 회계분식과 배임혐의로 형사기소 상태에 있어 특별한 이해관계에 있기 때문에 이사회 의결에 참여할 수 없다는 주장이다. 이러한 청구는 이사의 위법행위에 대한 유지청구이다.

이사가 위법행위를 하는 경우 사전에 예방할 필요가 있다. 이를 위해 「상법」상 주주의 유지청구권 제도를 이용하면 된다(상법 제402조). 즉 주주는 회사의 직접적인 경영에 참여하지도 못하고 그렇다고 회사의 감사권도 가지지 못하고 있다. 이러한 상황에서 이사가 불법적이고 부당한 경영을 하는 경우에 수수방관만을 할 수는 없는 것이다. 따라서 「상법」은 일정한 주주에게 이사의 행위를 중단시킬 수 있는 제도를 둔 것이다. 이사의 행위를 중지시킬 수 있는 경우는 "이사가 법령 또는 정관에 위반한 행위를 하여 이로 인해 회사에 회복할 수 없는 손해가 생길 염려가 있는 경우"이다. 즉 비정상적으로 업무를 수행하여 회사에 회복할 수 없는 손해를 끼칠 위험이 있는 경우에는 사전에 중지를 청구할 수 있는 것이다. 그러나 이러한 손해가 절대로 회복할 수 없는 경우만을 의미하는 것은 아니고 비용이나 절차 등으로 보아 회복이 곤란한 경우도 가능하다고 본다. 이러한 청구를 할 수 있는 자는 제한이 있다. 우선 감사가 청구를 할 수 있다. 물론 주주도 할 수 있다. 그러나 모든 주주가 청구할 수 있는 것은 아니고 지분비율이 1% 이상인 주주만이 청구할 수 있다. 따라서 1% 미만의 주식을 소유한 주주는 다른 주주와 연대하여 청구할 수밖에 없을 것이다. 이러한 청구는 그 이사에게 하는 것이다.

이러한 유지청구는 소송에 의하는 것만은 아니다. 그러나 이러한 청구를 해도 그 이사가 그 행위를 중단하지 않는 경우에는 주주는 그 이사를 피고로 하여 소송을 제기하고 더욱이 가처분신청을 하여 그 행위를 중지시킬 수도 있다(민사소송법 제714조). 물론 처음부터 소송에 의해 유지청구를 할 수 있다. 이러한 유지청구를 함에도 주주가 당해 행위를 한 경우에는 손해배상책임을 질 수 있다.

3.7 이사의 권리와 의무

(1) 이사의 권한

이사는 회사에 대하여 위임관계에 있다(상법 제382조 제2항). 이사는 위임의 본지에 따라 선량한 관리자의 의무로서 회사의 업무를 처리해야만 한다(민법 제681조). 따라서 이사는 이사회의 구성원으로서 또는 대표이사로서 직무권한을 행사함에 있어서 선량한 관리자로서의 역할을 하여야 한다. 이사는 이사회의 구성원으로서 회사의 업무집행에 관한 것을 결의한다(상법 제393조). 이사는 재임 중 뿐만 아니라 퇴임 후에도 직무상 알게 된 회사의 영업상 비밀을 누설하여서는 아니 된다(상법 제382조의 4). 이사회에서 결정된 바에 따른 실행은 대표이사 및 기타 이사가 한다. 이사회의 결의사항에 해당하는 것은 대표이사의 결정사항으로 일임하지 못하나 주주총회의 결정사항으로 할 수는 있다. 그러나 회사 사업상의 일상의 업무(Daily management)는 대표이사의 결정에 맡길 수 있다.

(2) 회사손해 배상책임

▲▼ 개요

2005년 삼성전자 경영진 6명에게 190억을 배상하라는 판결이 확정되었다. 이사회의 '거수기(擧手機)'로 불려온 대기업 이사회의 이사들이 잘못된 의사 결정을 내렸다면 이사들이 개인 돈으로 배상해야 한다는 대법원 판결이다. 이번 소송은 삼성전자 소액주주가 1998년 삼성그룹 회장과 삼성전자 이사들을 상대로 총 1조2,770억 원의 손해배상 소송을 제기하면서 비롯됐다. 또 2012년 삼성전자 회장이 에버랜드 전환사채 인수를 제일모직이 포기하도록 지시해 제일모직에 끼친 손해를 배상하라며 낸 소송의 항소심에서 1심에서 판결한 130억여 원을 제일모직에 주라는 손해배상책임을 유지했다.

강원도 태백시는 2008년부터 오투리조트 건설하여 운영했으나 경영악화로 엄청난 손실을 기록했다. 2012년 오투리조트 운영자금 150억 원을 지원하는 안건을 이사회에 상정하였으나 회생하기 어려워 회사에 손실만 발생시킬 우려가 있고 업무상 배임 및 손해배상의 가능성이 있다는 보고를 받았다. 그러나 이사들은 이를 알고도 반대의사를 표시하지 않아 이 안을 의결시켰다. 이러한 이사의 책임은 그룹사 간의 거래에도 적용된다. 따라서 동일한 기업주라도 계열사 간에 거래를 하는 경우 이사의 책임에 유의하여야 한다. 이에 대해 2014년 감사원은 잘못된 결정으로 회사에 150억 원의 손해를 끼친 강원랜드의 이사들을 해임하고 손해배상을 청구할 것을 통보했다.

법률의 규정

이러한 책임은 「상법」에 명문화되어 있다. 주식회사의 이사가 위법한 행위를 할 때에는 회사에 대해 손해배상의 책임을 진다. 즉 이사가 고의 또는 과실로 법령 또는 정관에 위반한 행위를 하거나 그 임무를 게을리 한 경우 그 이사는 회사에 대하여 연대하여 손해를 배상할 책임이 있다(상법 제399조 제1항). 동 행위가 이사회의 결의에 의한 것인 때에는 그 결의에 찬성한 이사도 같은 책임이 있다(상법 제399조 제2항). 이사회 결의에 참가한 이사로서 이의를 한 기재가 의사록에 없는 자는 그 결의에 찬성한 것으로 추정한다(상법 제399조 제1항). 이사가 임무를 수행함에 있어서 법령에 위반한 행위를 한 때에는 그 행위 자체가 회사에 대하여 채무불이행에 해당하므로 이로 인하여 회사에 손해가 발생한 이상 손해배상책임을 면할 수 없다(대법원 2007.9.20. 선고, 2007다25865 판결).

회사와 회사의 대주주는 서로 별개의 법인격을 갖고 있을 뿐만 아니라, 회사의 임직원이 회사와의 위임관계에 따른 임무에 위배하여 대주주의 지시를 따라야 할 법률상 의무가 있다고 볼 수는 없다(대법원 2008.12.11. 선고, 2005다51471 판결).

비상근 이사

주식회사의 이사는 이사회의 일원으로서 이사회에 상정된 의안에 대하여 찬부의 의사표시를 하는데 그치지 않고, 담당업무는 물론 다른 업무담당 이사의 업무집행을 전반적으로 감시할 의무가 있고 이러한 의무는 비상근 이사라고 하여 면할 수 있는 것은 아니므로 주식회사의 이사가 이사회에 참석하지도 않고 사후적으로 이사회의 결의를 추인하는 등으로 실질적으로 이사의 임무를 전혀 수행하지 않은 이상 그 자체로서 임무해태가 된다고 할 것이다(대법원 2008.12.11. 선고, 2005다51471 판결).

배상의 사유－임무위반

① 임무의 범위

손해배상책임을 지는 사유가 되는 법령에 위반한 행위는 이사로서 임무를 수행함에 있어서 준수하여야 할 의무를 개별적으로 규정하고 있는 「상법」 등의 제 규정과 회사가 기업 활동을 함에 있어서 준수하여야 할 제 규정을 위반한 경우가 이에 해당된다(대법원 2005.10.28. 선고, 2003다69638 판결).

② 자금의 대여

회사의 이사 등이 타인에게 회사자금을 대여하면서 그 타인이 이미 채무변제능력을 상실하여 그에게 자금을 대여하거나 지급보증 할 경우 회사에 손해가 발생하리라는 정을 충분히 알면서 이에 나아갔거나, 충분한 담보를 제공받는 등 상당하고도 합리적인 채권회수조치를 취하지 아니한 채 만연히 대여해 주었다면, 그와 같은 자금대여나 지급보증은 타인에게 이익을 얻게 하고 회사에 손해를 가하는 행위로서 회사에 대하여 배임행위가 되고, 이러한 이치는 그 타인이 자금지원 회사의 계열회사라 하여 달라지지 않는 것이다(대법원 2000.3.14. 선고, 99도4923 판결, 대법원 2010.10.28. 선고, 2009도1149 판결 등 참조).

③ 신주의 고가인수

회사가 증자과정에서 발생한 실권주의 인수 여부를 결정함에 있어서는 스스로 그 인수 여부를 결정하는 데에 필요한 정보를 합리적인 정도로 수집하여 충분히 검토를 한 다음 회사의 이익에 합당한 상당성 있는 판단을 하여야 하는 것이지 그 증자를 승인한 감독기관의 판단을 믿고 그 인수 여부를 결정할 것은 아니며, 이사의 임무해태행위로 인하여 시가보다 높은 액면가로 신주를 인수하였다면 그 인수 당시에 그 차액 상당의 손해가 발생하는 것이다(대법원 2011.4.14. 선고, 2008다14633 판결).

④ 계열사 지원

주식회사의 이사 내지 대표이사가 개인적으로 지급의무를 부담하여야 할 비용을 회사의 자금으로 지급하도록 한 행위는 이사로서의 선관주의의무를 위반하여 회사로 하여금 그 금액 상당의 손해를 입게 한 것이므로 이 이사는 회사가 입은 손해를 배상할 책임이 있다(대법원 2007.10.11. 선고, 2007다34746 판결). 2010년 법원은 현대자동차 회장에게 회사에 700억 원을 배상하라는 판결을 내렸다. 글로비스 등 계열사를 부당지원한 혐의 등 회사에 거액의 손실을 입혔다며 손해배상 청구소송의 결과이다. 또한, 등기임원이 아닌 이사에게도 업무집행지시자로서 손해배상책임을 부담한다고 판단하였다.

⑤ 대주주 지시에 의한 분식회계

회사와 회사의 대주주 겸 대표이사는 서로 별개의 법인격을 갖고 있을 뿐만 아니라, 회사의 대주주 겸 대표이사의 지시가 위법한 경우 회사의 임직원이 반드시 그 지시를 따라야 할 법률상 의무가 있다고 볼 수 없으므로, 회사의 임직원이 대주주 겸 대표이사의 지시에 따라 위법한 분식회계 등에 고의·과실로 가담하는 행위를 함으로써 회사에 손해를 입힌 경우 회사의 그 임직원에 대한 손해배상청구가 신의칙에 반하는 것이라고 할 수 없고, 이는 위와 같은 위법한 분식회계로 인하여 회사의 신용등급이 상향 평가되어 회사가 영업활동이나 금융거래의 과정에서 유형·무형의 경제적 이익을 얻은 사정이 있다고 하여 달리 볼 것은 아니다(대법원 2007.11.30. 선고, 2006다19603 판결).

배상의 사유－감시책임

이사의 감시책임도 있다. 주식회사의 업무집행을 담당하지 아니한 평 이사는 이사회의 일원으로서 이사회를 통하여 대표이사를 비롯한 업무담당이사의 업무집행을 감시하는 것이 통상적이다. 그러나 평 이사의 임무는 단지 이사회에 상정된 의안에 대하여 찬부의 의사표시를 하는 데에 그치지 않으며 대표이사를 비롯한 업무담당이사의 전반적인 업무집행을 감시할 수 있는 것이므로, 업무담당 이사의 업무집행이 위법하다고 의심할 만한 사유가 있음에도 불구하고 평 이사가 감시의무를 위반하여 이를 방치한 때에는 이로 말미암아 회사가 입은 손해에 대하여 배상책임을 면할 수 없다(대법원 1985.6.25. 선고, 84다카1954 판결). 즉 이사에게 요구되는 선관주의의무 내지 감시의무를 해태한 것이므로 이로 말미암아 회사가 입은 손해에 대하여 배상책임을 면할 수 없다(대법원 2007.9.20. 선고, 2007다25865 판결).

회사 자금의 횡령행위가 이루어진 후에 그로 인한 회사 자금의 부족을 은폐하기 위하여 허위로 회계처리 하도록 업무를 집행한 이사는, 그 회계처리 당시에는 횡령행위에 관여한 자들로부터 횡령금액 또는 횡령으로 인한 손해배상채권을 회수할 수 있었으나 허위로 회계처리 함으로써 횡령행위를 적발하고 회수할 수 있는 기회를 놓쳤고 그 사이 그들의 자금사정이 악화되어 이를 회수할 수 없게 되었다는 등의 사정이 없는 한, 손해배상책임을 부담하지 않는다(대법원 2007.9.20. 선고, 2007다25865 판결).

▲ 금융기관 이사의 선관의무

금융기관인 은행은 주식회사로 운영되기는 하지만, 이윤추구만을 목표로 하는 영리법인인 일반의 주식회사와는 달리 예금자의 재산을 보호하고 신용질서 유지와 자금중개 기능의 효율성 유지를 통하여 금융시장의 안정 및 국민경제의 발전에 이바지해야 하는 공공적 역할을 담당하는 위치에 있다. 은행의 그러한 업무의 집행에 임하는 이사는 일반의 주식회사 이사의 선관의무에서 더 나아가 은행의 그 공공적 성격에 걸 맞는 내용의 선관의무까지 다할 것이 요구된다. 따라서 금융기관의 이사가 이와 같은 선량한 관리자의 주의의무에 위반하여 자신의 임무를 해태하였는지의 여부는 그 대출결정에 통상의 대출담당임원으로서 간과해서는 안 될 잘못이 있는지의 여부를 금융기관으로서의 공공적 역할의 관점에서 대출의 조건과 내용, 규모, 변제계획, 담보의 유무와 내용, 채무자의 재산 및 경영상황, 성장가능성 등 여러 가지 사항에 비추어 종합적으로 판정해야 한다. 은행의 대표이사 내지 이사가 대출결정에 있어서 선관의무에 위반하여 임무를 해태한 경우 회사에 대한 손해배상책임이 인정된다(대법원 2002.3.15. 선고, 2000다9086 판결).

구 「상호신용금고법」(2001.3.28. 법률 제6429호로 개정되기 전의 것) 제37조의 3 제1항에서는 상호신용금고의 임원은 금고의 예금 등과 관련한 채무에 대하여 금고와 연대하여 변제할 책임을 진다고 규정하고 있다. 이는 불법·부실대출에 관여하는 등 선량한 관리자의 주의의무 또는 충실의무를 해태하여 금고에 재산상 손해를 입게 함으로써 금고의 부실경영에 책임이 있는 임원에게 자신의 행위로 말미암아 금고가 입은 손해의 범위 내에서 금고의 예금 등과 관련한 채무에 대하여 금고와 연대하여 변제할 책임을 지게 하는 것으로서, 금고의 이사나 감사가 선량한 관리자의 주의의무를 해태하여 금고에 재산상 손해를 입힌 경우에 금고에 대하여 부담하는 「상법」 제399조 제1항, 제414조 제1항의 손해배상책임과 함께 양자 모두 금고 임원으로서의 임무해태에 따른 부실경영이라는 동일한 행위를 원인으로 그와 상당인과관계 있는 손해에 대한 책임이라는 점에서 그 책임의 원인과 범위를 같이 한다. 한편 구 「상호신용금고법」 제37조의 2에서 예금채권자는 그 예탁금액의 한도 안에서 금고의 총재산에 대하여 다른 채권자에 우선하여 변제받을 권리를 가지는 것으로 규정하고 있음에 비추어 금고의 유책임원이 예금채권자에 대하여 구 「상호신용금고법」 제37조의 3 제1항의 예금변제책임을 이행한 경우에는 동일한 임무해태행위를 원인으로 금고에 대하여 부담하는 「상법」 제399조 제1항, 제414조 제1항의 손해배상책임도 면하게 된다(대법원 2006.2.24. 선고, 2005다38492 판결).

▲▼ 시효의 기간

주식회사의 이사의 회사에 대한 임무해태로 인한 손해배상책임은 일반불법행위 책임이 아니라 위임관계로 인한 채무불이행 책임이므로 그 소멸시효기간은 일반채무의 경우와 같이 10년이라고 보아야 한다(대법원 1985.6.25. 선고, 84다카1954 판결 참조)(대법원 2006.8.25. 선고, 2004다24144 판결).

▲▼ 배상의 범위

이사의 법령·정관 위반행위 혹은 임무위반행위로 인한 손해배상책임은 그 위반행위와 상당인과관계 있는 손해에 한하여 인정될 뿐이므로, 비록 이사가 그 직무수행과정에서 법령·정관 위반행위 혹은 임무위반행위를 하였다고 하더라도, 그 결과로서 발생한 손해와의 사이에 상당인과관계가 인정되지 아니하는 경우에는 이사의 손해배상책임이 성립하지 아니한다(대법원 2007.7.26. 선고, 2006다33609 판결).

손해배상의 범위를 정함에 있어서는, 당해 사업의 내용과 성격, 당해 이사의 임무위반의 경위 및 임무위반행위의 태양, 회사의 손해 발생 및 확대에 관여된 객관적인 사정이나 그 정도, 평소 이사의 회사에 대한 공헌도, 임무위반행위로 인한 당해 이사의 이득 유무, 회사의 조직체계의 흠결 유무나 위험관리체제의 구축 여부 등 제반 사정을 참작하여 손해분담의 공평이라는 손해배상제도의 이념에 비추어 그 손해배상액을 제한할 수 있다(대법원 2007.7.26. 선고, 2006다33609 판결). 이때에 손해배상액 제한의 참작 사유에 관한 사실인정이나 그 제한의 비율을 정하는 것은 「민법」상 과실상계의 사유에 관한 사실인정이나 그 비율을 정하는 것과 마찬가지로 그것이 형평의 원칙에 비추어 현저히 불합리한 것이 아닌 한 사실심의 전권사항이다(대법원 2007.10.11. 선고, 2007다34746 판결). 회사가 기업 활동을 함에 있어서 「형법」상의 범죄를 수단으로 하여서는 안 되므로 뇌물 공여를 금지하는 규정은 회사가 기업 활동을 함에 있어서 준수하여야 할 것으로서 이사가 회사의 업무를 집행하면서 회사의 자금으로서 뇌물을 공여하였다면 이는 법령에 위반된 행위에 해당된다고 할 것이고 이로 인하여 회사가 입은 뇌물 액 상당의 손해를 배상할 책임이 있다(대법원 2005.10.28. 선고, 2003다69638 판결).

상호신용금고의 대표이사가 재직 당시 동일인에 대한 대출 한도를 초과하여 돈을 대출하면서 충분한 담보를 확보하지 아니하는 등 그 임무를 해태하여 상호신용금고로 하여금 대출금을 회수하지 못하게 하는 손해를 입게 한 경우, 회수하지 못한 대출금 중 동일인 대출 한도를 초과한 금액에 해당하는 손해를 상호신용금고에게 배상할 책임이 있다(대법원 2002.6.14. 선고, 2002다11441 판결).

주식회사의 대표이사가 그의 개인적인 용도에 사용할 목적으로 회사명의의 수표를 발행하거나 타인이 발행한 약속어음에 회사명의의 배서를 해주어 회사가 그 지급책임을 부담 이행하여 손해를 입은 경우에는 당해 주식회사는 대표이사의 이와 같은 행위가 「상법」 제398조 소정의 이사와 회사 간의 이해상반 하는 거래행위에 해당한다 하여 이사회의 승인여부에 불구하고 같은 제399조 소정의 손해배상청구권을 행사할 수 있음은 물론이고 대표권의 남용에 따른 불법행위를 이유로 한 손해배상청구권도 행사할 수 있다. 총주주의 동의를 얻어 대표이사의 행위로 손해를 입게 된 금액을 특별손실로 처리하기로 결의하였다면 그것은 바로 「상법」 제400조 소정의 이사의 책임소멸의 원인이 되는 면제에 해당되는 것이나 이로써 법적으로 소멸되는 손해배상청구권은 「상법」 제399조 소정의 권리에 국한되는 것이지 불법행위로 인한 손해배상청구권까지 소멸되는 것으로는 볼 수 없다(대법원 1989.1.31. 선고, 87누760 판결).

경영판단이 허용되는 재량범위

이사가 법령에 위반한 행위를 한 경우에 회사에 대하여 손해배상책임을 지도록 규정하고 있는데, 이사가 임무를 수행함에 있어서 법령에 위반한 행위를 한 때에는 그 행위 자체가 회사에 대하여 채무불이행에 해당하므로, 그로 인하여 회사에 손해가 발생한 이상 특별한 사정이 없는 한 손해배상책임을 면할 수 없다. 이사가 법령에 위반한 행위에 대하여는 원칙적으로 경영판단의 원칙이 적용되지 않는다(대법원 2007.7.26. 선고, 2006다33609 판결). 그러나 이사가 임무를 수행함에 있어서 선량한 관리자의 주의의무를 위반하여 임무위반으로 인한 손해배상책임이 문제되는 경우, 통상의 합리적인 임원이 그 당시의 상황에서 적합한 절차에 따라 회사의 최대이익을 위하여 신의성실에 따라 직무를 수행하였고 그 의사결정과정 및 내용이 현저하게 불합리하지 않다면, 그 임원의 행위는 경영판단이 허용되는 재량범위 내에 있다(대법원 2007.7.26. 선고, 2006다33609 판결).

회사의 이사가 법령에 위반됨이 없이 관계회사에게 자금을 대여하거나 관계회사의 유상증자에 참여하여 그 발행 신주를 인수함에 있어서, 관계회사의 회사 영업에 대한 기여도, 관계회사의 회생에 필요한 적정 지원자금의 액수 및 관계회사의 지원이 회사에 미치는 재정적 부담의 정도, 관계회사를 지원할 경우와 지원하지 아니할 경우 관계회사의 회생 또는 도산가능성과 그로 인하여 회사에 미칠 것으로 예상되는 이익 및 불이익의 정도 등에 관하여 합리적으로 이용가능 한 범위 내에서 필요한 정보를 충분히 수집·조사하고 검토하는 절차를 거친 다음, 이를 근거로 회사의 최대 이익에 부합한다고 합리적으로 신뢰하고 신의성실을 다하여 경영상의 판단을 내렸고, 그 내용이 현저히 불합리하지 않은 것으로서 통상의 이사를 기준으로 할 때 합리적으로 선택할 수 있는 범위 안에 있는 것이라면, 비록 사후에 회사가 손해를 입게 되는 결과가 발생하였다 하더라도 그 이사의 행위는 허용되는 경영판단의 재량범위 내에 있는 것이어서 회사에 대하여 손해배상책임을 부담한다고 할 수 없다. 그러나 회사의 이사가 이러한 과정을 거쳐 이사회 결의를 통하여 자금지원을 의결한 것이 아니라, 단순히 회사의 경영상의 부담에도 불구하고 관계회사의 부도 등을 방지하는 것이 회사의 신인도를 유지하고 회사의 영업에 이익이 될 것이라는 일반적·추상적인 기대 하에 일방적으로 관계회사에 자금을 지원하게 하여 회사에 손해를 입게 한 경우 등에는, 그와 같은 이사의 행위는 허용되는 경영판단의 재량범위 내에 있는 것이라고 할 수 없다(대법원 2007.10.11. 선고, 2006다33333 판결 참조).

손해배상의 해제

정기총회에서 재무제표의 승인을 한 후 2년 내에 다른 결의가 없으면 회사는 이사의 책임을 해제한 것으로 본다. 그러나 이사의 부정행위에 대하여는 그러하지 아니하다(상법 제450조). 그러나 이사 등의 제3자에 대한 책임에 대하여는 적용되지 아니한다(대법원 2009.11.12. 선고, 2007다53785 판결). 이러한 이사의 책임 해제는 재무제표 등에 그 책임사유가 기재되어 정기총회에서 승인을 얻은 경우에 한정되는 것이다(대법원 1969.1.28. 선고, 68다305 판결, 대법원 2002.2.26. 선고, 2001다76854 판결 등 참조)(대법원 2007.12.13. 선고, 2007다60080 판결). 책임해제를 주장하는 주식회사 이사는 회사의 정기총회에 제출 승인된 서류에 그 책임사유가 기재되어 있는 사실을 입증하여야 한다(대법원 1969.1.28. 선고, 68다305 판결).

이사가 회사가 보유하고 있는 비상장주식을 매도하면서 그 매도에 따른 회사의 손익을 제대로 따져보지 않은 채 당시 시행되던 상속세 관련 법령 만에 근거하여 주식의 가치를 평가함으로써 적정가격보다 현저히 낮은 가액으로 거래가액을 결정하기에 이른 것은 회사의 손해를 묵인 내지는 감수하였던 것이라 할 것이므로, 이러한 이사의 행위는 책임이 해제될 수 없는 부정행위에 해당한다(대법원 2005.10.28. 선고, 2003다69638 판결).

(3) 손해배상 대표소송

▲▼ 개요

2014년 대한항공 "땅콩" 회항사건은 유명한 사건이다. 법조계 전문가들은 이 사건으로 인해 가시적으로 회사의 비행기 예약률이 떨어지고 브랜드 가치가 실추된다면 이사로서의 회사에 대한 책임을 물을 수도 있고, 주주들이 대표소송으로 이사의 책임을 추궁하는 소를 제기할 수도 있을 것이라고 보았다. 같은 해에는 동양증권 소액주주들이 기업어음·회사채 사기 발행 혐의로 기소된 동양그룹 회장과 경영진들을 상대로 주주대표 소송을 냈다. 부실 계열사에 자금 지원으로 인해 소액 주주들이 손해를 입었다는 것이다.

이사가 업무상 손해를 끼치거나 불법 부당한 행위를 한 경우에는 회사에서 이사에 대하여 책임을 추궁할 수 있다. 또한 이를 위하여 회사가 이사에 대하여 소송을 제기하는 경우에는 주주총회 또는 이사회에서 선정된 사람이 그 소송에 대하여 회사를 대신하여 소송을 할 수가 있다. 그러나 회사가 이사의 책임을 추궁하지 않는 경우에는 어떻게 할까? 주주로서는 이사가 아닌 이상 회사의 업무에 관여할 수 없으므로 문제가 된다. 이러한 경우를 위하여 도입된 것이 대표소송 제도이다. 대표소송은 이사의 책임을 추궁하기 위한 제도이다. 이러한 이사의 책임이란 이사의 위법행위로 인한 책임(상법 제399조)을 포함하며 이사와 회사의 거래상의 이행채무의 청구까지를 포함한다. 본 소송은 본점소재지의 지방법원의 관할에 전속한다(상법 제403조 제7항, 상법 제186조).

▲▼ 소송제기 가능 소수주주

이러한 대표소송은 모든 주주가 할 수 있는 것은 아니다. 대표소송을 제기하려면 회사 자본금의 지분을 1% 이상 가지고 있어야 한다(상법 제403조 제1항). 동 소를 제기한 주주의 보유주식이 제소 후 발행주식 총수의 1% 미만으로 감소한 경우(발행주식을 보유하지 아니하게 된 경우를 제외)에도 제소의 효력에는 영향이 없다(상법 제403조 제5항). 여러 주주들이 함께 대표소송을 제기하려면 그들이 회사에 대하여 이사의 책임을 추궁할 소의 제기를 청구할 때와 회사를 위하여 그 소를 제기할 때 보유주식을 합산하여 주식보유요건을 갖추면 되고, 소 제기 후에는 보유주식의 수가 그 요건에 미달하게 되어도 무방하다. 그러나 대표소송을 제기한 주주 중 일부가 주식을 처분하는 등의 사유로 주식을 전혀 보유하지 아니하게 되어 주주의 지위를 상실하면, 특별한 사정이 없는 한 그 주주는 원고적격을 상실하여 그가 제기한 부분의 소는 부적법하게 되고, 이는 함께 대표소송을 제기한 다른 원고들이 주주의 지위를 유지하고 있다고 하여 달리 볼 것은 아니다(대법원 2013.9.12. 선고, 2011다57869 판결).

여기서 주주란 실질적인 주주를 말한다. 주주명부에 기재된 명의상 주주는 회사에 대한 관계에서 자신의 실질적 권리를 증명하지 않아도 주주 권리를 행사할 수 있는 자격수여적인 효력을 인정받을 뿐이지 주주명부 기재에 의하여 창설적 효력을 인정받는 것은 아니다. 주식을 인수하면서 타인의 승낙을 얻어 그 명의로 출자하여 주식대금을 납입한 경우에는 실제로 주식을 인수하여 대금을 납입한 명의차용인만이 실질상 주식 인수인으로서 주주가 되고 단순한 명의대여인은 주주가 될 수 없으며, 이는 회사를 설립하면서 타인 명의를 차용하여 주식을 인수한 경우에도 마찬가지이다. 주주대표소송을 제기할 수 있는 주주에 해당하는지는 위 법리에 따라 판단하여야 한다(대법원 2011.5.26. 선고, 2010다22552 판결).

모회사의 주주는 종속회사에 대표소송을 할 수 없다. 어느 한 회사가 다른 회사의 주식의 전부 또는 대부분을 소유하여 양자 간에 지배종속관계에 있고, 종속회사가 그 이사 등의 부정행위에 의하여 손해를 입었다고 하더라도, 지배회사와 종속회사는 별개의 법인격을 가진 회사이고, 대표소송의 제소자격은 책임추궁을 당하여야 하는 이사가 속한 당해 회사의 주주로 한정되어 있으므로, 종속회사의 주주가 아닌 지배회사의 주주는 종속회사의 이사 등에 대하여 책임을 추궁하는 이른바 이중대표소송을 제기할 수 없다(대법원 2004.9.23. 선고, 2003다49221 판결). 다중 대표소송제도는 일부 영미권 국가에서 시행중이다. 미국은 판례로 이를 인정하고 있으나, 모회사가 자회사 지분을 100% 소유한 경우로 한정하고 있다. 일본도 모회사가 자회사 지분을 100% 보유하고, 모회사가 보유한 자회사 주식 가액이 모회사 총자산의 20%를 초과하는 경우에만 이를 인정한다.

회사 상대 소송청구

이사의 책임을 물기 위하여 회사에 소송의 청구를 하는 경우에는 그 이유를 기재한 서면으로 하여야 한다(상법 제403조 제2항). 이해관계인이 회사에 소의 청구를 한 때에는 법원은 회사의 청구에 의하여 상당한 담보를 제공할 것을 명할 수 있다(상법 제403조 제7항, 상법 제176조 제3항). 이러한 청구는 회사가 이해관계인의 청구가 악의임을 소명하여야 가능하다(상법 제403조 제7항, 상법 제176조 제4항).

▲▼ 주주의 소송 제기

발행주식 총수의 1% 이상에 해당하는 주식을 가진 주주는 회사에 대하여 이사의 책임을 추궁할 소의 제기를 청구할 수 있는데, 회사가 위 청구를 받은 날로부터 30일 내에 소를 제기하지 아니하거나 위 기간의 경과로 인하여 회사에 회복할 수 없는 손해가 생길 염려가 있는 경우에는 발행주식 총수의 1% 이상에 해당하는 주식을 가진 주주가 즉시 회사를 위하여 소를 제기할 수 있다는 취지를 규정하고 있는바, 이는 주주의 대표소송이 회사가 가지는 권리에 바탕을 둔 것임을 고려하여 주주에 의한 남소를 방지하기 위해서 마련된 제소요건에 관한 규정에 해당한다. 따라서 회사에 회복할 수 없는 손해가 생길 염려가 없음에도 불구하고 회사에 대하여 이사의 책임을 추궁할 소의 제기를 청구하지 아니한 채 발행주식 총수의 1% 이상에 해당하는 주식을 가진 주주가 즉시 회사를 위하여 소를 제기하였다면 그 소송은 부적법한 것으로서 각하되어야 한다. 여기서 회복할 수 없는 손해가 생길 염려가 있는 경우라 함은 이사에 대한 손해배상청구권의 시효가 완성된다든지 이사가 도피하거나 재산을 처분하려는 때와 같이 이사에 대한 책임추궁이 불가능 또는 무익해질 염려가 있는 경우 등을 의미한다(대법원 2010.4.15. 선고, 2009다98058 판결).

▲▼ 회사의 소송참가

회사는 동 소송에 참가할 수 있다(상법 제404조 제1항). 주주의 대표소송에 있어서 원고 주주가 원고로서 제대로 소송수행을 하지 못하거나 혹은 상대방이 된 이사와 결탁함으로써 회사의 권리보호에 미흡하여 회사의 이익이 침해될 염려가 있는 경우 그 판결의 효력을 받는 권리귀속주체인 회사가 이를 막거나 자신의 권리를 보호하기 위하여 소송수행권한을 가진 정당한 당사자로서 그 소송에 참가할 필요가 있으며, 회사가 대표소송에 당사자로서 참가하는 경우 소송경제가 도모될 뿐만 아니라 판결의 모순·저촉을 유발할 가능성도 없다는 사정과, 「상법」 제404조 제1항에서 특별히 참가에 관한 규정을 두어 주주의 대표소송의 특성을 살려 회사의 권익을 보호하려한 입법 취지를 함께 고려할 때, 「상법」 제404조 제1항에서 규정하고 있는 회사의 참가는 공동소송참가를 의미하는 것으로 해석함이 타당하고, 나아가 이러한 해석이 중복제소를 금지하고 있는 「민사소송법」 제234조에 반하는 것도 아니다(대법원 2002.3.15. 선고, 2000다9086 판결).

▲▼ 소송취하의 제한

회사가 소를 제기하거나 주주가 소를 제기한 경우 당사자는 법원의 허가를 얻지 아니하고는 소의 취하, 청구의 포기 · 인락 · 화해를 할 수 없다(상법 제403조 제6항).

▲▼ 소송비용의 청구

소를 제기한 주주가 승소한 때에는 그 주주는 회사에 대하여 소송비용 및 그 밖에 소송으로 인하여 지출한 비용 중 상당한 금액의 지급을 청구할 수 있다. 이 경우 소송비용을 지급한 회사는 이사 또는 감사에 대하여 구상권이 있다(상법 제405조 제1항). 소를 제기한 주주가 패소한 때에는 악의인 경우 외에는 회사에 대하여 손해를 배상할 책임이 없다(상법 제405조 제2항).

▲▼ 재심의 소송

소가 제기된 경우에 원고와 피고의 공모로 인하여 소송의 목적인 회사의 권리를 사해할 목적으로써 판결을 하게 한 때에는 회사 또는 주주는 확정한 종국판결에 대하여 재심의 소를 제기할 수 있다(상법 제406조 제1항). 소를 제기한 주주가 승소한 때에는 그 주주는 회사에 대하여 소송비용 및 그 밖에 소송으로 인하여 지출한 비용 중 상당한 금액의 지급을 청구할 수 있다. 이 경우 소송비용을 지급한 회사는 이사 또는 감사에 대하여 구상권이 있다(상법 제406조 제2항, 상법 제405조 제1항). 소를 제기한 주주가 패소한 때에는 악의인 경우 외에는 회사에 대하여 손해를 배상할 책임이 없다(상법 제406조 제2항, 상법 제405조 제2항).

(4) 이사의 경업 금지

직원이 회사의 영업이나 회사업무에 관련된 일을 하면서 다른 회사의 명의로 하는 경우 어떤 법적인 문제가 있을까? 이런 종업원의 행위에는 물론 임원의 행위도 포함된다. 「상법」상 종업원은 상업사용인이라고 부른다. 종업원은 기업과 고용관계에 있으므로 당연히 자기를 고용한 기업에 충실해야 한다. 먼저 「상법」 제17조 제1항을 보면 "상업사용인은 영업주의 허락 없이 자기 또는 제3자의 계산으로 영업주의 영업부류에 속한 거래를 하거나 회사의 무한책임사원, 이사 또는 다른 상인의 사용인이 되지 못한다."고 정하고 있다. 쉽게 말하면 한 기업의 직원은 그 기업만을 위해 업무를 수행해야 하고 다른 기업을 위해 일을 하거나 다른 기업으로부터 수수료를 받아서는 안 된다는 것이다.

이사는 이사회의 승인이 있어야만 동종영업을 하는 다른 회사의 이사가 될 수 있다(상법 제397조 제1항). 따라서 동종업종이 아니면 이사회 승인 없이도 다른 회사의 이사가 될 수 있다. 감사는 회사 및 자회사의 이사 또는 종업원이 될 수 없다(상법 제411조). 따라서 자회사가 아닌 경우 다른 회사의 이사 또는 종업원이 될 수 있다. 이사는 다른 회사의 감사가 될 수 있다.

동 규정의 취지는, 이사가 그 지위를 이용하여 자신의 개인적 이익을 추구함으로써 회사의 이익을 침해할 우려가 큰 경업을 금지하여 이사로 하여금 선량한 관리자의 주의로써 회사를 유효적절하게 운영하여 그 직무를 충실하게 수행하여야 할 의무를 다하도록 하려는 데 있다. 따라서 이사는 경업 대상 회사의 이사, 대표이사가 되는 경우뿐만 아니라 그 회사의 지배주주가 되어 그 회사의 의사결정과 업무집행에 관여할 수 있게 되는 경우에도 자신이 속한 회사 이사회의 승인을 얻어야 하는 것으로 볼 것이다. 한편 어떤 회사가 이사가 속한 회사의 영업부류에 속한 거래를 하고 있다면 그 당시 서로 영업지역을 달리하고 있다고 하여 그것만으로 두 회사가 경업관계에 있지 아니하다고 볼 것은 아니지만, 두 회사의 지분소유 상황과 지배구조, 영업형태, 동일하거나 유사한 상호나 상표의 사용 여부, 시장에서 두 회사가 경쟁자로 인식되는지 여부 등 거래 전반의 사정에 비추어 볼 때 경업 대상 여부가 문제되는 회사가 실질적으로 이사가 속한 회사의 지점 내지 영업부문으로 운영되고 공동의 이익을 추구하는 관계에 있다면 두 회사 사이에는 서로 이익충돌의 여지가 있다고 볼 수 없고, 이사가 위와 같은 다른 회사의 주식을 인수하여 지배주주가 되려는 경우에는 이사회의 승인을 얻을 필요가 있다고 보기 어렵다(대법원 2013.9.12. 선고, 2011다57869 판결).

경업의 대상이 되는 회사가 영업을 개시하지 못한 채 공장의 부지를 매수하는 등 영업의 준비 작업을 추진하고 있는 단계에 있다 하여 "동종영업을 목적으로 하는 다른 회사"가 아니라고 볼 수는 없다. 경업금지의무를 위반한 경우 특별한 다른 사정이 없는 한 이사의 해임에 관한 「상법」 제385조 제2항 소정의 "법령에 위반한 중대한 사실"이 있는 경우에 해당한다(대법원 1993.4.9. 선고, 92다53583 판결).

이렇게 종업원이나 임원이 경업피지의무를 정한 「상법」을 위반하여 거래를 한 경우에는 어떻게 할 것인가? 회사가 할 수 있는 것은 세 가지이다. 손해배상청구를 하거나 그를 해임할 수 있고 또한 개입권을 행사할 수 있다. 우선 종업원을 해임하거나 손해배상청구를 할 수가 있다(상법 제17조 제3항). 다음으로는 개입권이다. 개입권이란 종업원이 경업피지의무를 위반한 경우 그 거래가 종업원의 계산으로 한 경우에는 회사를 위하여 한 것으로 볼 수 있고 다른 사람의 계산으로 한 때는 종업원이 얻은 보수 등 이득을 양도하도록 청구하는 것을 말한다. 「상법」 제17조 제2항을 보면 "상업사용인이 전항의 규정에 위반하여 거래를 한 경우에 그 거래가 자기의 계산으로 한 것인 때에는 영업주는 이를 영업주의 계산으로 한 것으로 볼 수 있고, 제3자의 계산으로 한 것인 때에는 영업주는 사용인에 대하여 이로 인한 이득의 양도를 청구할 수 있다."고 정하고 있다. 임원에 대하여는 「상법」 제397조 제2항을 보면 "이사가 제1항의 규정에 위반하여 거래를 한 경우에 회사는 이사회의 결의로 그 이사의 거래가 자기의 계산으로 한 것인 때에는 이를 회사의 계산으로 한 것으로 볼 수 있고, 제3자의 계산으로 한 것인 때에는 그 이사에 대하여 이로 인한 이득의 양도를 청구할 수 있다."고 정하고 있다. 아마도 앞서의 판결은 제3자인 법인을 통해서 거래한 것이므로 양도를 청구한 것으로 추정된다. 이러한 개입권을 행사함으로써 종업원은 그 거래의 경제적 효과를 전부 회사에 귀속시킬 의무를 부담하게 되는 것이다.

이러한 개입권은 회사가 그 거래를 안 날로부터 2주간을 경과하거나 그 거래가 있은 날로부터 1년을 경과하면 소멸하므로 그 전에 행사하여야 한다(상법 제17조 제4항). 이사인 경우에는 거래가 있은 날로부터 1년을 경과하면 소멸된다(상법 제397조). 경업금지의무 규정은 종업원이 자신의 개인적 이익을 추구함으로써 회사의 이익을 침해할 우려가 큰 경업을 금지하여 선량한 종업원으로써 회사를 운영하여 그 직무를 충실하게 수행하여야 할 의무를 다하도록 하려는 데 있다(대법원 1993.4.9. 선고, 92다53583 판결).

한편 「형법」은 업무상의 횡령과 배임에 대한 처벌을 규정하고 있다. 업무상의 임무에 위배하여 회사의 사무를 처리하는 자가 그 임무에 위배하는 행위로써 재산상의 이익을 취득하거나 제3자로 하여금 이를 취득하게 하여 본인에게 손해를 가한 자는 10년 이하의 징역 또는 3천만 원 이하의 벌금에 처한다고 규정하고 있으므로 처벌의 대상이 될 수도 있다.

(5) 이사의 제3자에 대한 책임

이사는 회사의 일을 하므로 원칙적으로 회사에 대하여 책임을 진다. 그러나 이사의 책임은 특별한 경우에 제3자에게까지 지게 할 수 있다. 즉 주주나 채권자 등에게도 책임을 지울 수가 있다. 퇴출된 금융기관의 이사에게 손해배상책임을 지우는 것은 이러한 예이다. 「상법」 제401조 제1항을 보면 "이사가 악의 또는 중대한 과실로 인하여 그 임무를 해태한 때에는 그 이사는 제3자에 대하여 연대하여 손해를 배상할 책임이 있다."고 하고 있다. 동 행위가 이사회의 결의에 의한 것인 때에는 그 결의에 찬성한 이사도 전항의 책임이 있다(상법 제401조 제2항, 상법 제399조 제2항). 그리고 결의에 참가한 이사로서 이의를 한 기재가 의사록에 없는 자는 그 결의에 찬성한 것으로 추정한다(상법 제401조 제2항, 상법 제399조 제3항).

즉 이사가 이사로서의 의무를 위반한 경우에는 당연히 회사에 대하여 책임을 지지만 그로 인하여 주주나 채권자 등 제3자가 손해를 입게 될 경우 이사의 직무에 관한 행위가 악의이거나 중대한 과실이 있는 경우에는 피해자인 제3자에게 손해배상의 책임을 지우는 것이다. 여기서 악의란 임무를 적법하게 하지 않음을 알고서 의무를 위반한 경우를 말하고 중대한 과실이란 이러한 의무위반을 알 수 있음에도 부주의로 인하여 알지 못한 경우이다.

임무를 위반한 경우를 예를 든다면 회사가 부도 등 채무불이행이 예견됐음에도 거래를 유인하거나 상대방을 기만하여 거래하게 한 경우, 종업원에 대한 감독을 잘하지 못하여 회사경영이 방만해진 경우 또는 경영의 방만함이 그 예일 수 있다. 그러나 이사가 회사재산을 횡령하여 회사재산이 감소함으로써 회사가 손해를 입고 결과적으로 주주의 경제적 이익이 침해되는 손해와 같은 간접적인 손해는 상법 제401조 제1항에서 말하는 손해의 개념에 포함되지 아니하므로 이에 대하여는 손해배상을 청구할 수 없다(대법원 1993.1.26. 선고, 91다36093 판결). 그러나 회사 경영진이 기업 경영자에게 일반적으로 기대되는 충실 · 선관의무를 위배하여 비합리적인 방법으로 기업을 운영하고 이로 인해 회사의 채권자나 주주 등 회사의 이해관계인조차도 도저히 예상할 수 없는, 통상적인 기업경영상 손실을 넘어서는 특별한 손실이 회사에 발생하고, 이러한 손실의 원인이 회사 경영진의 명백히 위법한 임무해태행위에 있으며, 그 손실의 규모가 막대하여 이를 직접적인 원인으로 회사가 도산하는 등 소멸하여 회사 경영진에 대한 회사의 책임 추궁이 실질적으로 불가능하고, 따라서 회사 경영진에 대한 주주의 직접적인 손해배상청구를 인정하지 않는다면 주주에게 발생한 손해의 회복은 사실상 불가능한 경우와 같이 특별한 사정이 인정되는 경우에는 주주의 간접손해에 대해서도 「상법」 제401조의 적용을 인정함이 타당하다(서울지방법원 2002.11.12. 선고, 2000가합6051 판결 : 항소). 즉 주식회사의 주주가 그 회사의 대표이사의 악의 또는 중대한 과실로 인한 임무해태행위로 직접 손해를 입은 경우에는 이사와 회사에 대하여 「상법」 제401조, 제389조 제3항, 제210조에 의하여 손해배상을 청구할 수 있다 하겠으나, 대표이사가 회사재산을 횡령하여 회사재산이 감소함으로써 회사가 손해를 입고 결과적으로 주주의 경제적 이익이 침해되는 손해와 같은 간접적인 손해는 같은 법 제401조 제1항에서 말하는 손해의 개념에 포함되지 아니하므로 이에 대하여는 위 법조항에 의한 손해배상을 청구할 수 없는 것으로 봄이 상당하다(대법원 1993.1.26. 선고, 91다36093 판결).

이러한 이사의 행위가 이사회의 결의에 의한 것인 때에는 그 결의에 찬성한 이사도 책임을 지며, 이사회의 결의에 참가한 이사로서 이의를 한 기재가 의사록에 없는 자는 그 결의에 찬성한 것으로 추정한다(상법 제401조 제2항). 따라서 이사는 이사회의 결의에 신중을 기하여야 하며 불법성이 있거나 문제가 있는 경우에는 반드시 반대의견을 표명하여야 한다. 이러한 이사의 제3자에 대한 책임의 소멸시효는 10년이다(민법 제162조). 2004년 고등법원은 대우전자가 분식회계를 통해 수백억 원을 대출받아 은행이 입은 손해를 경영진이 일부 책임지라는 판결을 내렸다. 그리고 동 손해배상 청구권의 소멸시효는 일반 법정채권과 같은 10년으로 소멸시효를 해석해야 한다고 판결했다.

사외이사도 책임을 진다. 상장회사 사외이사가 회사에 출근하지도 않고 이사회에 참석하지도 않았다는 것은 사외이사로서의 직무를 전혀 수행하지 않았다는 것으로, 대표이사의 횡령 등을 감추기 위해 허위로 자산을 기록하여 회사에 분식회계가 발생해 상장이 폐지돼 주주들이 손해를 입었다면 손해배상책임을 져야 한다는 대법원 판결이 나왔다(2015년). 주식회사의 이사는 선량한 관리자의 주의로써 대표이사 및 다른 이사들의 업무집행을 전반적으로 감시하고 특히 재무제표의 승인 등 이사회에 상정된 안건에 관하여는 이사회의 일원으로서 의결권을 행사함으로써 대표이사 등의 업무집행을 감시 · 감독할 지위에 있으며, 이는 사외이사라고 하여 달리 볼 것이 아니라는 것이다.

(6) 사실상 이사의 책임

「상법」은 등기된 이사가 아니라도 이사로서의 책임을 지게 한다. 기업주나 그 가족이 실질적으로 경영하면서도 책임을 회피하려는 것을 예방하려는 것이다. 회사에 대한 자신의 영향력을 이용하여 이사에게 업무집행을 지시한 자, 이사의 이름으로 직접 업무를 집행한 자 또는 이사가 아니면서 명예회장, 회장, 사장, 부사장, 전무, 상무, 이사 기타 회사의 업무를 집행할 권한이 있는 것으로 인정될 만한 명칭을 사용하여 회사의 업무를 집행한 자에게 책임을 지우는 것이다(상법 제401조의 2 제1항). 회사 또는 제3자에 대하여 손해를 배상할 책임이 있는 이사는 이러한 자와 연대하여 그 책임을 진다(상법 제401조의 2 제2항). 회사에 대해 영향력을 가졌다는 사실이나 단순 조언만으로는 부족하고 실제로 업무지시를 했음을 입증해야 하지만 쉽지 않다. 이사가 대주주로부터 부당한 업무지시를 받은 경우에는 그러한 지시를 받았다는 사실을 증거로 확보해 놓으면 책임을 질 수 있다. 대주주가 다른 사람을 이사나 대표이사로 등기하고 실제로는 자신이 그들의 이름으로 회사 업무를 집행하는 무권대행자인 경우에도 문제가 발생했을 때는 회사와 제3자에 대해 연대책임을 진다.

「상법」에 따라 주주총회에서 선임한 이사를 등기이사라고 하고, 「상법」상 이사는 아니지만 단지 회사가 이사라는 직함을 준 사람을 비 등기 이사라고 한다. 「상법」은 법률상 이사는 아니지만 '사실상 이사'에 해당하는 사람을 규정, 법률상 이사와 같은 책임을 지도록 하고 있다. 첫 번째는 지배주주 같이 회사에 대한 자신의 영향력을 이용해 이사에게 업무 집행을 지시한 사람이다(업무집행 지시자). 두 번째 유형은 이사의 이름으로 직접 업무를 지시한 사람이다. 보통은 이사의 직인을 가지고 이사의 이름으로 업무를 집행하는 사람이다. 세 번째 유형은 이사가 아니면서 명예회장, 회장, 사장, 부사장, 전무, 상무·이사 등 회사의 업무를 집행할 권한이 있는 것으로 인정될 만한 명칭을 사용해 회사 업무를 집행한 사람이다(표현이사). 이 유형에서는 회사에 대한 영향력이 있는 사람은 당연히 포함된다. 「상법」의 취지는 법률상 이사가 아니면서 법률상 이사에게 지시하거나, 법률상 이사의 이름으로 또는 이사 등 회사 업무를 집행할 권한이 있는 것으로 인정될 만한 명칭을 사용해 사실상 회사 업무를 집행한 자의 책임을 강화하려는 데 있다. 대법원은 첫 번째와 두 번째 유형은 회사에 대한 영향력을 가진 자를 전제로 하고 있으나, 세 번째 유형은 직명 자체에 업무집행권이 나타나 있기 때문에 그에 더해 회사에 대한 영향력을 가진 자일 것까지 요건으로 하는 것은 아니라고 했다(대법원 2009.11.26. 선고, 2009다39240 판결). 이 판결 이후 하급심 법원에서는 표현이사에 해당하는 사람은 실제 이사와 동등한 권한이 있었는지에 관계없이 책임이 있다고 했다. 회사에 대한 중대한 영향력은 없지만 회사에서 일정한 조직을 관리하면서 업무를 집행하는 비등기이사는 직접 법률상 업무집행담당 이사에 해당하는 업무를 수행하는 한 사실상 이사에 해당해 매우 엄격한 책임을 지게 되는 것이다.

4 가업의 대표이사 관리

4.1 대표이사의 권한과 책임

대표이사의 권한

주식회사의 대표이사는 대외적으로는 회사를 대표하고 대내적으로는 회사의 업무를 집행할 권한을 가진다. 대표이사는 회사의 영업에 관하여 재판상 또는 재판외의 모든 행위를 할 권한이 있다(상법 제389조 제3항, 상법 제209조 제1항). 대표이사로서의 지위가 형식적·명목적인 것에 불과하여 실제 경영자로부터 구체적·개별적인 지휘·감독을 받아 근로를 제공하고 근로 자체의 대상적 성격으로 보수를 지급받았음에 그쳤다는 등의 특별한 사정이 없는 한, 근로자에 해당하지 아니한다(대법원 2009.8.20. 선고, 2009두1440 판결 등 참조)(대법원 2014.5.29. 선고, 2012다98720 판결).

대표이사의 권한에 대한 제한은 선의의 제삼자에게 대항하지 못한다(상법 제389조 제3항, 상법 제209조 제2항). 제삼자의 회사에 대한 의사표시는 공동대표의 권한 있는 1인에 대하여 이를 함으로써 그 효력이 생긴다(상법 제389조 제3항, 상법 제208조 제2항).

일반적으로 주식회사 대표이사는 회사의 권리능력의 범위 내에서 재판상 또는 재판외의 일체의 행위를 할 수 있고, 이러한 대표권 그 자체는 성질상 제한될 수 없는 것이지만 대외적인 업무 집행에 관한 결정 권한으로서의 대표권은 법률의 규정에 의하여 제한될 뿐만 아니라 회사의 정관, 이사회의 결의 등의 내부적 절차 또는 내규 등에 의하여 내부적으로 제한될 수 있으며, 이렇게 대표권한이 내부적으로 제한된 경우에는 그 대표이사는 제한 범위 내에서만 대표권한이 있는데 불과하게 되는 것이지만 그렇더라도 그 대표권한의 범위를 벗어난 행위 다시 말하면 대표권의 제한을 위반한 행위라 하더라도 그것이 회사의 권리능력의 범위 내에 속한 행위이기만 하다면 대표권의 제한을 알지 못하는 제3자는 그 행위를 회사의 대표행위라고 믿는 것이 당연하고 이러한 신뢰는 보호되어야 한다. 주식회사의 대표이사가 그 대표권의 범위 내에서 한 행위는 설사 대표이사가 회사의 영리목적과 관계없이 자기 또는 제3자의 이익을 도모할 목적으로 그 권한을 남용한 것이라 할지라도 일단 회사의 행위로서 유효하고, 다만 그 행위의 상대방이 대표이사의 진의를 알았거나 알 수 있었을 때에는 회사에 대하여 무효가 되는 것이다(대법원 1997.8.29. 선고, 97다18059 판결).

대표이사의 책임

대표이사는 이사이므로 이사로서의 책임을 진다. 또한 대표이사가 그 업무집행으로 인하여 타인에게 손해를 가한 때에는 회사는 그 대표이사와 연대하여 배상할 책임이 있다(상법 제389조 제3항, 상법 제210조).

주식회사의 대표이사는 대외적으로 회사를 대표하고 대내적으로 업무집행을 총괄하여 지휘하는 직무와 권한을 갖는 기관으로서 선량한 관리자의 주의로써 회사를 위해 충실하게 그 직무를 집행하고 회사업무의 전반에 걸쳐 관심을 기울여야 할 의무가 있으므로 다른 대표이사와 내부적인 사무분장에 따라 각자의 분야를 전담하여 처리하는 경우 다른 대표이사가 담당하는 업무집행에 대해서도 전반적으로 감시할 의무가 있는바, 다른 대표이사의 업무집행이 위법하다고 의심할만한 사유가 있음에도 불구하고 이를 방치한 때에는 이로 말미암아 손해를 입은 제3자에 대하여 손해배상책임을 부담한다(대법원 2002.5.24. 선고, 2002다8131 판결 참조)(대법원 2012.7.12. 선고, 2009다61490 판결).

대표이사는 이사회의 구성원으로서 다른 대표이사를 비롯한 업무담당이사의 전반적인 업무집행을 감시할 권한과 책임이 있으므로, 다른 대표이사나 업무담당이사의 업무집행이 위법하다고 의심할 만한 사유가 있음에도 악의 또는 중대한 과실로 인하여 감시의무를 위반하여 이를 방치한 때에는 그로 말미암아 제3자가 입은 손해에 대하여 배상책임을 면할 수 없다. 이러한 감시의무의 구체적인 내용은 회사의 규모나 조직, 업종, 법령의 규제, 영업상황 및 재무 상태에 따라 크게 다를 수 있는바, 고도로 분업화되고 전문화된 대규모의 회사에서 공동대표이사와 업무담당이사들이 내부적인 사무분장에 따라 각자의 전문 분야를 전담하여 처리하는 것이 불가피한 경우라 할지라도 그러한 사정만으로 다른 이사들의 업무집행에 관한 감시의무를 면할 수는 없고, 그러한 경우 무엇보다 합리적인 정보 및 보고시스템과 내부통제시스템을 구축하고 그것이 제대로 작동하도록 배려할 의무가 이사회를 구성하는 개개의 이사들에게 주어진다는 점에 비추어 볼 때, 그러한 노력을 전혀 하지 아니하거나, 위와 같은 시스템이 구축되었다 하더라도 이를 이용한 회사 운영의 감시 · 감독을 의도적으로 외면한 결과 다른 이사의 위법하거나 부적절한 업무집행 등 이사들의 주의를 요하는 위험이나 문제점을 알지 못한 경우라면, 다른 이사의 위법하거나 부적절한 업무집행을 구체적으로 알지 못하였다는 이유만으로 책임을 면할 수는 없고, 위와 같은 지속적이거나 조직적인 감시 소홀의 결과로 발생한 다른 이사나 직원의 위법한 업무집행으로 인한 손해를 배상할 책임이 있다(대법원 2008. 9.11. 선고, 2006다68636 판결).

주식회사의 대표이사가 업무집행과 관련하여 정당한 권한 없이 직원으로 하여금 타인의 부동산을 지배 · 관리하게 하는 등으로 소유자의 사용수익권을 침해하고 있는 경우, 부동산의 점유자는 회사일 뿐이고 대표이사 개인은 독자적인 점유자는 아니기 때문에 부동산에 대한 인도청구 등의 상대방은 될 수 없다고 하더라도, 고의 또는 과실로 부동산에 대한 불법적인 점유상태를 형성 · 유지한 위법행위로 인한 손해배상책임은 회사와 별도로 부담한다고 보아야 한다. 대표이사 개인이 부동산에 대한 점유자가 아니라는 것과 업무집행으로 인하여 회사의 불법점유 상태를 야기하는 등으로 직접 불법행위를 한 행위자로서 손해배상책임을 지는 것은 별개라고 보아야 하기 때문이다(대법원 2013.6.27. 선고, 2011다50165 판결).

4.2 대표이사의 선임과 해임

선임의 방법

주식회사의 대표이사는 이사 중에서 선정한다(상법 제389조 제1항). 그리고 대표이사는 이사회에서 선정한다. 다만, 회사의 정관에서 '주주총회에서 대표이사를 선정한다.'고 정하고 있는 경우에는 주주총회에서 선정한다(상법 제389조 제1항). 주주총회에서 대표이사를 선정하는 경우에는 보통결의 방식으로 정한다. 주식을 과반수 이상 보유한 경우 주주총회에서 대표이사를 선정하는 것이 대주주에게 유리하다. 수인의 대표이사가 공동으로 회사를 대표할 것을 정할 수 있다(상법 제389조 제2항).

▲▼ 퇴임과 권한

임기의 만료 또는 사임으로 인하여 퇴임한 대표이사는 새로 선임된 대표이사가 취임할 때까지 대표이사의 권리의무가 있다(상법 제389조 제3항, 상법 제386조 제1항). 이 경우에 필요하다고 인정할 때에는 법원은 이사, 감사 기타의 이해관계인의 청구에 의하여 일시 대표이사의 직무를 행할 자를 선임할 수 있다. 이 경우에는 본점의 소재지에서 그 등기를 하여야 한다(상법 제389조 제3항, 상법 제386조 제2항).

▲▼ 퇴임의 방식

대표이사는 임기의 만료, 사임 또는 해임되는 경우에 대표이사의 직에서 퇴임한다. 퇴임하더라도 이사의 직은 유지될 수 있다. 이사의 직에서 해임하는 경우에는 대표이사의 직도 박탈된다. 이사의 해임은 주주총회 특별결의를 거쳐야 한다(상법 제385조 제1항). 회사가 임기 만료 전에 대표이사를 해임하는 경우에는 그 대표이사에게 손해배상책임을 지게 될 수도 있다.

▲▼ 해임과 소송

대표이사의 선임은 이사회 또는 주주총회에서 한다. 따라서 그 이사회 결의 또는 주주총회 결의 절차에 문제가 있는 경우에는 그 결의의 효력을 무효화하여 대표이사의 선임을 무효화할 수 있다. 주주총회 결의의 경우, 주주총회 소집절차와 관련해서 소집결의를 거치지 않은 경우, 소집권한이 없는 자에 의하여 소집된 경우, 적법한 소집통지를 하지 않은 경우 등이 대표적인 하자이다. 주주총회 결의 방법과 관련해서는 주주가 아닌 자 또는 의결권이 제한되는 주주가 의결권을 행사한 경우, 결의 요건을 위반한 경우, 현저히 불공정한 의사진행이 이루어진 경우 등이 대표적인 하자이다. 그 하자의 종류 또는 정도에 따라 결의 취소의 소, 결의 무효의 소, 결의 부존재확인의 소를 제기해 대표이사 선임을 무효화할 수 있다. 이사회 결의의 경우도 주주총회 결의의 경우와 같이 소집절차상의 하자, 결의방법 또는 내용의 하자가 있을 수 있지만 「상법」에서 별도로 취소소송에 관하여 규정하고 있지 않으므로 결의 무효 확인의 소만 가능한 것으로 보인다.

대주주가 주주총회 또는 이사회의 다수를 점하고 있는 경우에는 해임결의를 통해 바로 대표이사를 해임할 수 없다. 그러나 소수주주라도 이사를 해임할 수가 있다. 즉 이사가 그 직무에 관하여 부정행위 또는 법령이나 정관에 위반한 중대한 사실이 있음에도 불구하고 주주총회에서 그 해임을 부결한 때에는 발행주식의 총수의 3% 이상에 해당하는 주식을 가진 주주는 총회의 결의가 있은 날부터 1월 내에 그 이사의 해임을 본점 소재지 지방법원에 청구할 수 있다(상법 제385조 제2항 · 제3항). 상장회사의 경우는 요건이 다르다. 상장회사의 주주는 0.5%만 소유해도 가능하다. 다만 6개월 전부터 계속하여 0.5%를 소유하여야 한다(상법 제542조의 6 제3항). 또한 최근 사업연도 말 현재의 자본금이 1천억 원 이상인 상장회사는 0.25%를 적용한다(상법 제542조의 6 제3항, 상법 시행령 제32조). 요약하면 소수주주는 회사에 임시주주총회의 소집을 청구하고, 주주총회에서 대표이사 해임이 부결되면, 법원에 대표이사 해임청구 소송을 제기할 수 있다. 또한 주주총회를 소집을 하지 않는 경우, 법원에 주주총회 소집 허가 청구를 하여 주주총회를 소집할 수도 있다.

5 가업의 감사 관리

5.1 감사의 의의

주식회사는 주주와 회사채권자의 이해가 걸려 있으므로 주주와 채권자의 이익을 보호하기 위하여 만든 기관이 감사이다. 이러한 감사제도는 상법에 엄격한 규정을 두고 있으나 우리나라는 사실상 유명무실하게 운영되는 제도이다. 즉 주식회사의 감사는 형식상으로만 감사로 등기될 뿐 사실상 감사로서의 역할을 하는 회사는 드물다. 특히 영세한 법인인 경우에는 1인의 주주가 회사를 소유하고 그 일인이 대표이사로서 회사를 전적으로 경영하므로 감사도 사실상 명목상의 감사로서만 등기되고 사실상 감사는 없는 셈이다. 그러나 주식회사의 감사제도는 잘만 운영된다면 회사의 경영과 발전에 주요한 역할을 할 수 있으므로 그 제도를 잘 이해하여야 한다.

주식회사의 감사기관에는 여러 가지가 있다. 우선 감사라는 기관이 감사기관으로서 감사의 역할을 하는 것이다. 감사의 수는 제한이 없으나 자본금 10억 원 이상인 주식회사는 반드시 최소한 1인의 감사를 두어야 한다. 그밖에도 대표이사의 업무집행에 감사로서의 기능을 가지는 이사회에의 참여, 주주로서 회사장부 열람권 및 업무재산상태 검사권을 갖는 감사기능, 주주총회에서의 이사와 감사의 선임 및 해임, 재무제표의 승인, 주요 업무의 승인 등의 감사기능, 소수주주에 의한 임시주주총회를 통한 회사의 업무와 재산상태의 조사 등이 있다.

5.2 감사의 자격

일반적으로 감사가 될 수 있는 자격에는 제한이 없으나 감사는 개인만이 될 수 있으며 법인은 될 수 없다. 또한 감사는 당해 회사 및 자회사의 이사 또는 지배인 기타의 종업원인 자는 감사가 될 수 없다(상법 제411조). 회사와 자회사의 이사는 회사의 감사를 겸임할 수 없고, 종업원도 감사가 될 수 없다.

감사가 회사 또는 자회사의 이사 또는 지배인 기타의 사용인에 선임되거나 반대로 회사 또는 자회사의 이사 또는 지배인 기타의 사용인이 회사의 감사에 선임된 경우에는 그 선임행위는 각각의 선임 당시에 있어 현직을 사임하는 것을 조건으로 하여 효력을 가지고, 피선임자가 새로이 선임된 지위에 취임할 것을 승낙한 때에는 종전의 직을 사임하는 의사를 표시한 것으로 해석하여야 한다(대법원 2007.12.13. 선고, 2007다60080 판결).

5.3 감사의 선임과 퇴임

▲▼ 감사의 선임과 임기

감사는 주주총회에서 선임한다(상법 제409조 제1항). 감사의 임기는 취임 후 3년 내의 최종의 결산기에 관한 정기총회의 종결 시까지로 한다(상법 제410조). 감사의 선임에 관한 주주총회의 결의는 피선임자를 회사의 기관인 감사로 한다는 취지의 회사 내부의 결정에 불과한 것이므로, 주주총회에서 감사선임결의가 있었다고 하여 바로 피선임자가 감사의 지위를 취득하게 되는 것은 아니고, 주주총회의 선임결의에 따라 회사의 대표기관이 임용계약의 청약을 하고 피선임자가 이에 승낙을 함으로써 비로소 피선임자가 감사의 지위에 취임하여 감사로서의 직무를 수행할 수 있게 되는 것이므로, 주주총회에서 감사선임의 결의만 있었을 뿐 회사와 임용계약을 체결하지 아니한 자는 아직 감사로서의 지위를 취득하였다고 할 수 없다(대법원 2005.11.8.자 2005마541 결정).

의결권 없는 주식을 제외한 발행주식 총수의 3%를 초과하는 수의 주식을 가진 주주는 그 초과하는 주식에 관하여 감사의 선임에 있어서는 의결권을 행사하지 못한다(상법 제409조 제2항). 회사는 정관으로 3%보다 낮은 비율을 정할 수 있다(상법 제409조 제3항). 이렇게 주주가 일정 비율을 초과하여 소유하는 주식에 관하여 감사의 선임에 있어서 그 의결권을 제한하고 있고, 구 「증권거래법」(2007.8.3. 법률 제8635호 자본시장과 금융투자업에 관한 법률 부칙 제2조로 폐지) 제191조의 11은 '최대주주와 그 특수관계인 등'이 일정 비율을 초과하여 소유하는 주권상장법인의 주식에 관하여 감사의 선임 및 해임에 있어서 의결권을 제한하고 있을 뿐이므로, '최대주주가 아닌 주주와 그 특수관계인 등'에 대하여도 일정 비율을 초과하여 소유하는 주식에 관하여 감사의 선임 및 해임에 있어서 의결권을 제한하는 내용의 정관 규정이나 주주총회 결의 등은 무효라고 보아야 한다(대법원 2009.11.26. 선고, 2009다51820 판결).

자본금의 총액이 10억 원 미만인 회사의 경우에는 감사를 선임하지 아니할 수 있다(상법 제409조 제4항). 이에 따라 감사를 선임하지 아니한 회사가 이사에 대하여 또는 이사가 그 회사에 대하여 소를 제기하는 경우에 회사, 이사 또는 이해관계인은 법원에 회사를 대표할 자를 선임하여 줄 것을 신청하여야 한다(상법 제409조 제5항). 그리고 이사는 회사에 현저하게 손해를 미칠 염려가 있는 사실을 발견한 때에는 즉시 감사대신에 주주총회에 이를 보고하여야 한다(상법 제409조 제6항, 상법 제412조의 2). 또한 모회사의 감사 대신에 주주총회는 그 직무를 수행하기 위하여 필요한 때에는 자회사에 대하여 영업의 보고를 요구할 수 있고(상법 제409조 제6항, 상법 제412조의 5 제1항), 이 경우 자회사가 지체 없이 보고를 하지 아니할 때 또는 그 보고의 내용을 확인할 필요가 있는 때에는 감사 대신에 주주총회는 자회사의 업무와 재산 상태를 조사할 수 있다(상법 제409조 제6항, 상법 제412조의 5 제2항).

감사의 해임

① 특별결의로 해임

감사의 해임은 이사의 해임조항이 그대로 준용된다. 따라서 상세한 사항은 이사의 해임을 보면 된다. 주주는 주주총회를 통해 감사를 해임할 권한이 있다(상법 제415조, 상법

제385조 제1항). 언제든지 특별 주주총회의 결의로 감사를 해임할 수 있다. 특별 주주총회는 출석한 주주의 결의권의 3분의 2 이상이고 또한 발행주식 총수의 3분의 1 이상의 수로써 하여야 한다(상법 제415조, 상법 제385조 제1항).

② 소수주주의 해임청구

감사의 해임 권리는 대주주인 경우에만 가능하므로 소액주주는 방법이 없다. 이에 따라 「상법」은 소액주주에게도 특별한 경우에는 감사의 해임을 청구할 수 있도록 하고 있다. 즉 감사가 그 직무에 관하여 부정행위 또는 법령이나 정관에 위반한 중대한 사실이 있음에도 불구하고 주주총회에서 그 해임을 부결한 때에는 발행주식 총수의 3% 이상에 해당하는 주식을 가진 주주는 총회의 결의가 있은 날부터 1개월 내에 그 감사의 해임을 법원에 청구할 수 있도록 하였다(상법 제415조, 상법 제385조 제2항). 단독 주주의 지분이 3%가 안 되면 여러 명의 지분을 모아 3% 이상을 만들어 할 수도 있다. 즉 소액주주는 주주총회의 소집을 청구하여 감사를 해임하도록 할 수 있다. 그러나 대주주의 반대로 감사를 해임하지 못할 수 있으므로 이 경우에는 법원에 해임청구를 할 수 있도록 한 것이다. 다만, 감사의 직무행위가 부정하거나 법령 또는 정관을 위배한 경우에만 청구가 가능하도록 하였다.

③ 배상의 책임

감사의 임기를 정한 경우에 정당한 이유 없이 해임하였다면 회사는 그 감사에 대하여 손해배상책임이 있다(상법 제415조, 상법 제385조 제1항).

'정당한 이유'란 주주와 감사 사이에 불화 등 단순히 주관적인 신뢰관계가 상실된 것만으로는 부족하고, 감사가 그 직무와 관련하여 법령이나 정관에 위반된 행위를 하였거나 정신적·육체적으로 감사로서 직무를 감당하기 현저하게 곤란한 경우, 감사로서 직무수행능력에 대한 근본적인 신뢰관계가 상실된 경우 등과 같이 당해 감사가 그 직무를 수행하는 데 장해가 될 객관적 상황이 발생한 경우에 비로소 임기 전에 해임할 수 있는 정당한 이유가 있다고 할 것이다(대법원 2013.9.26. 선고, 2011다42348 판결).

임기가 정하여져 있는 감사가 임기만료 전에 정당한 이유 없이 주주총회의 특별결의로 해임되었음을 이유로 「상법」 제415조, 제385조 제1항에 의하여 회사를 상대로 남은 임기 동안 또는 임기 만료 시 얻을 수 있었던 보수 상당액을 해임으로 인한 손해배상액으로 청구하는 경우, 당해 감사가 그 해임으로 인하여 남은 임기 동안 회사를 위한 위임

사무 처리에 들이지 않게 된 자신의 시간과 노력을 다른 직장에 종사하여 사용함으로써 얻은 이익이 해임과 사이에 상당인과관계가 인정된다면 해임으로 인한 손해배상액을 산정함에 있어서 공제되어야 한다(대법원 2013.9.26. 선고, 2011다42348 판결).

▲▼ 결원의 경우

감사의 결원의 경우도 이사의 규정을 준용한다. 따라서 이사 결원의 경우를 참고하여 이해하면 된다. 법률 또는 정관에 정한 감사의 수가 부족한 경우에는 임기의 만료 또는 사임으로 인하여 퇴임한 감사는 새로 선임된 감사가 취임할 때까지 감사의 권리의무가 있다(상법 제415조, 상법 제386조 제1항). 이 경우에 필요하다고 인정할 때에는 법원은 이사, 감사 기타의 이해관계인의 청구에 의하여 일시 감사의 직무를 행할 자를 선임할 수 있다. 이 경우에는 본점의 소재지에서 그 등기를 하여야 한다(상법 제415조, 상법 제386조 제2항).

▲▼ 직무정지 및 직무대행

① 개요

감사에 대하여도 이사와 같이 직무집행 가처분을 할 수 있고 직무대행자를 임명하는 것도 가능하다. 상세한 것은 이사의 경우를 참고하기 바란다. 감사선임결의의 무효나 취소 또는 감사해임의 소가 제기된 경우에는 법원은 당사자의 신청에 의하여 가처분으로써 감사의 직무집행을 정지할 수 있고 또는 직무대행자를 선임할 수 있다. 급박한 사정이 있는 때에는 본안소송의 제기 전에도 그 처분을 할 수 있다(상법 제415조, 상법 제407조 제1항).

② 신청의 자격

가처분의 신청자는 감사의 선임결의 취소의 경우에는 원고인 주주, 이사, 감사가 될 수 있고, 감사해임의 소인 경우에는 소수주주, 원고의 제한이 없는 감사선임결의 무효확인의 소의 경우에는 누구든지 신청할 수 있다. 법원은 당사자의 신청에 의하여 동 가처분을 변경 또는 취소할 수 있다(상법 제415조, 상법 제407조 제2항).

③ 처분의 등기

이러한 처분이 있는 때에는 본점과 지점의 소재지에서 그 등기를 하여야 한다(상법 제415조, 상법 제407조 제3항).

5.4 감사와 회사와의 관계

회사와 감사와의 관계는 이사와 같이 「민법」의 위임에 관한 규정을 준용한다(상법 제415조, 상법 제382조 제2항). 감사는 재임 중 뿐만 아니라 퇴임 후에도 직무상 알게 된 회사의 영업상 비밀을 누설하여서는 아니 된다(상법 제415조, 상법 제382조의 4).

5.5 감사의 업무와 권한

기본적 권한

감사는 이사의 직무의 집행을 감사하고(상법 제412조 제1항), 이사에 대하여 영업에 관한 보고를 요구하거나 회사의 업무와 재산 상태를 조사할 수 있고(상법 제412조 제2항), 회사의 비용으로 전문가의 도움을 구할 수 있다(상법 제412조 제3항). 감사를 선임하지 않은 회사인 경우 감사 대신에 주주총회에서 이를 한다(상법 제409조 제6항).

자회사 감사

모회사의 감사는 그 직무를 수행하기 위하여 필요한 때에는 자회사에 대하여 영업의 보고를 요구할 수 있다(상법 제412조의 5 제1항). 자회사가 지체 없이 보고를 하지 아니할 때 또는 그 보고의 내용을 확인할 필요가 있는 때에는 자회사의 업무와 재산 상태도 조사할 수 있다(상법 제412조의 5 제2항). 자회사는 정당한 이유가 없는 한 동 보고나 조사를 거부하지 못한다(상법 제412조의 5 제3항).

이사의 보고

감사는 이사로부터 보고받을 권한이 있다. 즉 이사는 회사에 현저하게 손해를 미칠 염려가 있는 사실을 발견한 때에는 즉시 감사에게 이를 보고하여야 한다(상법 제412조의 2).

이사회 소집

감사는 필요하면 회의의 목적사항과 소집이유를 서면에 적어 이사(소집권자가 있는 경우에는 소집권자)에게 제출하여 이사회 소집을 청구할 수 있다(상법 제412조의 4 제1항). 동

청구를 하였는데도 이사가 지체 없이 이사회를 소집하지 아니하면 그 청구한 감사가 이사회를 소집할 수 있다(상법 제412조의 4 제2항).

총회의 소집

감사는 주주총회도 소집할 수 있다. 즉 감사는 회의의 목적사항과 소집의 이유를 기재한 서면을 이사회에 제출하여 임시총회의 소집을 청구할 수 있다(상법 제412조의 3 제1항). 동 청구가 있은 후 지체 없이 총회소집의 절차를 밟지 아니한 때에는 청구한 주주는 법원의 허가를 받아 총회를 소집할 수 있다. 이 경우 주주총회의 의장은 법원이 이해관계인의 청구나 직권으로 선임할 수 있다(상법 제412조의 3 제2항, 상법 제366조 제2항).

5.6 감사의 의무와 책임

서류의 작성

감사는 감사에 관하여 감사록을 작성하여야 한다(상법 제413조의 2 제1항). 감사록에는 감사의 실시요령과 그 결과를 기재하고 감사를 실시한 감사가 기명날인 또는 서명하여야 한다(상법 제413조의 2 제2항).

주주총회에서의 의견진술

감사는 이사가 주주총회에 제출할 의안 및 서류를 조사하여 법령 또는 정관에 위반하거나 현저하게 부당한 사항이 있는지의 여부에 관하여 주주총회에 그 의견을 진술하여야 한다(상법 제413조).

회사에 대한 손해배상 책임

2011년 금융당국이 부실 저축은행의 사외이사와 감사 등도 재산 환수 대상에 올려 부실과 관련해 책임이 있는지 여부를 조사하여 손해배상 소송 등을 통해 재산 환수를 추진하였다. 감사가 그 임무를 해태한 때에는 그 감사는 회사에 대하여 연대하여 손해를 배상할 책임이 있다(상법 제414조 제1항).

주식회사의 이사나 감사가 어떠한 직무집행을 함에 있어서, 자신의 직무집행이 법령 등에 위반한 것임을 알았거나 또는 어떤 부정한 청탁을 받거나 당해 직무집행에 어떤 이해관계가 있어 자기 또는 제3자의 부정한 이익을 취득할 목적으로 직무집행을 감행한 경우 또는 조금만 주의를 기울였으면 이사나 감사로서의 주의의무를 다할 수 있었을 것임에도 그러한 주의를 현저히 게을리 하여 쉽게 알 수 있었던 사실을 알지 못하고 직무집행을 한 경우라야 고의 또는 중과실로 인한 책임을 진다(대법원 2008.2.28. 선고, 2005다77091 판결 등 참조)(대법원 2010.12.9. 선고, 2009다101824 판결).

감사의 손해배상책임은 그 위반행위와 상당한 인과관계 있는 손해에 한하여 인정될 뿐이므로, 비록 이사나 감사가 그 직무수행과정에서 법령 · 정관 위반행위 혹은 임무위반행위를 하였다고 하더라도, 그 결과로서 발생한 손해와의 사이에 상당인과관계가 인정되지 아니하는 경우에는 이사나 감사의 손해배상책임이 성립하지 아니한다고 할 것이다(대법원 2005.4.29. 선고, 2005다2820 판결 참조)(대법원 2007.7.26. 선고, 2006다33609 판결).

회사의 감사가 회사의 사정에 비추어 회계감사 등의 필요성이 있음을 충분히 인식하고 있었고 또 경리업무담당자의 부정행위의 수법이 교묘하게 저질러진 것이 아닌 것이어서 어음용지의 수량과 발행매수를 조사하거나 은행의 어음결제 량을 확인하는 정도의 조사만이라도 했다면 경리업무 담당자의 부정행위를 쉽게 발견할 수 있었을 것인데도 아무런 조사도 하지 아니하였다면 이는 감사로서의 중대한 과실로 인하여 그 임무를 해태한 것이 되므로 경리업무담당자의 부정행위로 발행된 어음을 취득함으로써 손해를 입은 어음소지인들에 대하여 감사는 손해를 배상할 책임이 있다(대법원 1988.10.25. 선고, 87다카1370 판결).

결산과 관련하여 감사로서의 직무를 전혀 수행하지 아니한 경우와는 달리 감사로서 결산과 관련한 업무 자체를 수행하기는 하였으나 분식결산이 회사의 다른 임직원들에 의하여 조직적으로 교묘하게 이루어진 것이고 재무제표 등을 법정기한 내에 제출받지 못하여 위와 같이 조직적으로 분식된 재무제표 등에 허위의 기재가 있다는 사실을 밝혀낼 수 없었던 때에는 감사가 분식결산을 발견하지 못하였다는 사정만으로 과실이 있다고 할 수는 없다(대법원 2011.4.14. 선고, 2008다14633 판결).

감사의 구체적인 주의의무의 내용과 범위는 회사의 종류나 규모, 업종, 지배구조 및 내부통제 시스템, 재정상태, 법령상 규제의 정도, 감사 개개인의 능력과 경력, 근무 여건 등에 따라 다를 수 있다 하더라도, 감사가 주식회사의 필요적 상설기관으로서 회계감사를 비롯하여 이사의 업무집행 전반을 감사할 권한을 갖는 등 「상법」상의 권한 또는 의무와 기타 법령이나 정관에서 정한 권한과 의무를 가지고 있는 점에 비추어 볼 때, 감사로 재직하였던 대우와 같은 대규모 상장기업에서 일부 임직원의 전횡이 방치되고 있었다거나 중요한 재무정보에 대한 감사의 접근이 조직적 · 지속적으로 차단되고 있는 상황이라면, 감사의 주의의무는 경감되는 것이 아니라, 오히려 현격히 가중된다고 보아야 한다(대법원 2008.9.11. 선고, 2006다68636 판결).

이사가 임무를 수행함에 있어서 법령에 위반한 행위를 한 때에는 그 행위 자체가 회사에 대하여 채무불이행에 해당되므로 감사는 경영판단의 재량권을 들어 감사의무를 면할 수 없고, 회사의 감사직무규정에서 최종결재자의 결재에 앞서 내용을 검토하고 의견을 첨부하는 방법에 의하여 사전감사를 할 의무를 정하고 있는 사항에 대하여는 감사에게 그와 같은 사전감사가 충실히 이루어질 수 있도록 할 의무가 있는 것이므로 결재절차가 마련되어 있지 않았다거나 이사의 임의적인 업무처리로 인하여 감사사항을 알지 못하였다는 사정만으로는 그 책임을 면할 수 없다고 할 것이다(대법원 2007.11.16. 선고, 2005다58830 판결).

「상법」이 감사를 상임 감사와 비상임 감사로 구별하여 비상임 감사는 상임 감사에 비해 그 직무와 책임이 감경되는 것으로 규정하고 있지도 않을 뿐 아니라, 우리나라의 회사들이 비상임 감사를 두어 비상임 감사는 상임 감사의 유고시에만 감사의 직무를 수행하도록 하고 있다는 상관습의 존재도 인정할 수 없으므로, 비상임 감사는 감사로서의 선관주의의무 위반에 따른 책임을 지지 않는다는 주장은 허용될 수 없다(대법원 2007.12.13. 선고, 2007다60080 판결). 주주총회에서 선임된 이사 · 감사가 회사와의 명시적 또는 묵시적 약정에 따라 업무를 다른 이사 등에게 포괄적으로 위임하고 이사 · 감사로서의 실질적인 업무를 수행하지 않는 경우라 하더라도 이사 · 감사로서 법적 책임을 진다(대법원 2015.9.10. 선고, 2015다213308 판결).

▲▼ 감사의 제3자에 대한 손해배상 책임

① 책임의 내용

감사가 악의 또는 중대한 과실로 인하여 그 임무를 해태한 때에는 그 감사는 제삼자에 대하여 연대하여 손해를 배상할 책임이 있다(상법 제414조 제2항). 감사가 회사 또는 제삼자에 대하여 손해를 배상할 책임이 있는 경우에 이사도 그 책임이 있는 때에는 그 감사와 이사는 연대하여 배상할 책임이 있다(상법 제414조 제3항).

감사는 이사와 같이 제3자에 대하여 책임이 있다. 상세한 사항은 이사의 제3자에 대한 책임을 참고하면 된다. 감사는 회사의 일을 하므로 원칙적으로 회사에 대하여 책임을 진다. 그러나 감사의 책임은 특별한 경우에 제3자에게까지 지게 할 수 있다. 즉 주주나 채권자 등에게도 책임을 지울 수가 있다. 「상법」 제401조 제1항(감사에 준용)을 보면 "감사가 악의 또는 중대한 과실로 인하여 그 임무를 해태한 때에는 그 감사는 제3자에 대하여 연대하여 손해를 배상할 책임이 있다."고 하고 있다. 그리고 결의에 참가한 감사로서 이의를 한 기재가 의사록에 없는 자는 그 결의에 찬성한 것으로 추정한다(상법 제415조, 상법 제401조 제2항, 상법 제399조 제3항).

주식회사의 감사가 감사로서 결산과 관련한 업무 자체를 수행하기는 하였으나 재무제표 등이 허위로 기재되었다는 사실을 과실로 알지 못한 경우에는, 문제된 분식결산이 쉽게 발견 가능한 것이어서 조금만 주의를 기울였더라면 허위로 작성된 사실을 알아내 이사가 허위의 재무제표 등을 주주총회에서 승인받는 것을 저지할 수 있었다는 등 중대한 과실을 추단할 만한 사정이 인정되어야 비로소 제3자에 대한 손해배상의 책임을 인정할 수 있고, 분식결산이 회사의 다른 임직원들에 의하여 조직적으로 교묘하게 이루어진 것이어서 감사가 쉽게 발견할 수 없었던 때에는 분식결산을 발견하지 못하였다는 사정만으로 중대한 과실이 있다고 할 수는 없고, 따라서 감사에게 분식결산으로 인하여 제3자가 입은 손해에 대한 배상책임을 인정할 수 없다(대법원 2008.2.14. 선고, 2006다82601 판결).

주식회사의 감사가 실질적으로 감사로서의 직무를 수행할 의사가 전혀 없으면서도 자신의 도장을 이사에게 맡기는 등의 방식으로 그 명의만을 빌려줌으로써 회사의 이사로 하여금 어떠한 간섭이나 감독도 받지 않고 재무제표 등에 허위의 사실을 기재한 다음 그와 같이 분식된 재무제표 등을 이용하여 거래 상대방인 제3자에게 손해를 입히도록 묵인하거나 방치한 경우, 감사는 악의 또는 중대한 과실로 인하여 임무를 해태한 때에 해당하여 그로 말미암아 제3자가 입은 손해를 배상할 책임이 있다(대법원 2008.2.14. 선고, 2006다82601 판결).

② 책임의 해제

주식회사의 이사 또는 감사의 회사에 대한 임무해태로 인한 손해배상책임은 일반불법행위 책임이 아니라 위임관계로 인한 채무불이행 책임이므로 그 소멸시효기간은 일반채무의 경우와 같이 10년이라고 보아야 한다(대법원 1985.6.25. 선고, 84다카1954 판결).

이사의 경우와 같이 정기총회에서 재무제표의 승인을 한 후 2년 내에 다른 결의가 없으면 회사는 감사의 책임을 해제한 것으로 본다. 그러나 감사의 부정행위에 대하여는 그러하지 아니하다(상법 제450조). 그러나 감사 등의 제3자에 대한 책임에 대하여는 적용되지 아니한다(대법원 2009.11.12. 선고, 2007다53785 판결). 이러한 감사의 책임 해제는 재무제표 등에 그 책임사유가 기재되어 정기총회에서 승인을 얻은 경우에 한정되는 것이다(대법원 1969.1.28. 선고, 68다305 판결, 대법원 2002.2.26. 선고, 2001다76854 판결 등 참조)(대법원 2007.12.13. 선고, 2007다60080 판결). 책임해제를 주장하는 자는 회사의 정기총회에 제출 승인된 서류에 그 책임사유가 기재되어 있는 사실을 입증하여야 한다(대법원 1969.1.28. 선고, 68다305 판결).

손해배상 대표소송

① 개요

감사에게도 이사와 같이 대표소송이 허용된다. 상세한 사항은 이사의 대표소송을 참고하기 바란다.

감사가 업무상 손해를 끼치거나 불법 부당한 행위를 한 경우에는 회사에서 감사에 대하여 책임을 추궁할 수 있다. 또한 이를 위하여 회사가 감사에 대하여 소송을 제기하는 경우에는 주주총회 또는 이사회에서 선정된 사람이 그 소송에 대하여 회사를 대신하여 소송을 할 수가 있다. 대표소송은 감사의 책임을 추궁하기 위한 제도이다. 이러한 감사의 책임이란 감사의 위법행위로 인한 책임(상법 제399조)을 포함하며 감사와 회사의 거래상의 이행채무의 청구까지를 포함한다. 본 소송은 본점소재지의 지방법원의 관할에 전속한다(상법 제415조, 상법 제403조 제7항, 상법 제186조).

② 소송제기 가능 소수주주

이러한 대표소송은 모든 주주가 할 수 있는 것은 아니다. 대표소송을 제기하려면 회사 자본금의 지분을 1% 이상 가지고 있어야 한다(상법 제415조, 상법 제403조 제1항). 동 소를 제기한 주주의 보유주식이 제소 후 발행주식 총수의 1% 미만으로 감소한 경우(발행주식을 보유하지 아니하게 된 경우를 제외)에도 제소의 효력에는 영향이 없다(상법 제415조, 상법 제403조 제5항).

③ 소송의 청구

감사의 책임을 묻기 위하여 회사에 소송의 청구를 하는 경우에는 그 이유를 기재한 서면으로 하여야 한다(상법 제415조, 상법 제403조 제2항). 이해관계인이 회사에 소의 청구를 한 때에는 법원은 회사의 청구에 의하여 상당한 담보를 제공할 것을 명할 수 있다(상법 제415조, 상법 제403조 제7항, 상법 제176조 제3항). 이러한 청구는 회사가 이해관계인의 청구가 악의임을 소명하여야 가능하다(상법 제415조, 상법 제403조 제7항, 상법 제176조 제4항).

④ 주주의 소송 제기

회사가 청구를 받은 날로부터 30일 내에 소를 제기하지 아니한 때에는 동 청구를 한 주주는 즉시 회사를 위하여 소를 제기할 수 있다(상법 제415조, 상법 제403조 제3항). 그러나 동 기간의 경과로 인하여 회사에 회복할 수 없는 손해가 생길 염려가 있는 경우에는 즉시 소를 제기할 수 있다(상법 제415조, 상법 제403조 제4항). 동 소를 제기한 주주는 소를 제기한 후 지체 없이 회사에 대하여 그 소송의 고지를 하여야 한다(상법 제415조, 상법 제404조 제1항).

⑤ 회사의 소송참가

회사는 대표소송에 참가할 수 있다(상법 제415조, 상법 제404조 제1항).

⑥ 소송취하의 제한

회사가 소를 제기하거나 주주가 소를 제기한 경우 당사자는 법원의 허가를 얻지 아니하고는 소의 취하, 청구의 포기 · 인락 · 화해를 할 수 없다(상법 제415조, 상법 제403조 제6항).

⑦ 소송비용의 청구

소를 제기한 주주가 승소한 때에는 그 주주는 회사에 대하여 소송비용 및 그 밖에 소송으로 인하여 지출한 비용 중 상당한 금액의 지급을 청구할 수 있다. 이 경우 소송비용을 지급한 회사는 이사 또는 감사에 대하여 구상권이 있다(상법 제415조, 상법 제405조 제1항). 소를 제기한 주주가 패소한 때에는 악의인 경우 외에는 회사에 대하여 손해를 배상할 책임이 없다(상법 제415조, 상법 제405조 제2항).

⑧ 재심의 소송

소가 제기된 경우에 원고와 피고의 공모로 인하여 소송의 목적인 회사의 권리를 사해할 목적으로써 판결을 하게 한 때에는 회사 또는 주주는 확정한 종국판결에 대하여 재심의 소를 제기할 수 있다(상법 제415조, 상법 제406조 제1항). 소를 제기한 주주가 승소한 때에는 그 주주는 회사에 대하여 소송비용 및 그 밖에 소송으로 인하여 지출한 비용 중 상당한 금액의 지급을 청구할 수 있다. 이 경우 소송비용을 지급한 회사는 이사 또는 감사에 대하여 구상권이 있다(상법 제415조, 상법 제406조 제2항, 상법 제405조 제1항). 소를 제기한 주주가 패소한 때에는 악의인 경우 외에는 회사에 대하여 손해를 배상할 책임이 없다(상법 제415조, 상법 제406조 제2항, 상법 제405조 제2항).

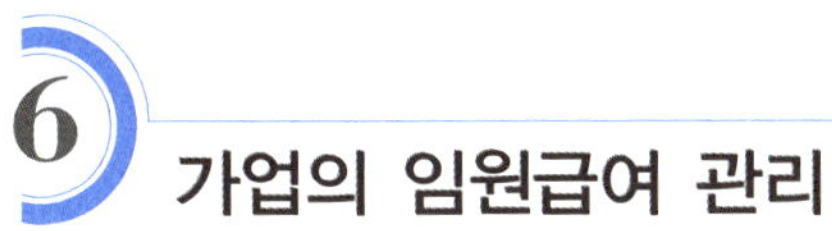

6 가업의 임원급여 관리

6.1 상법상 임원급여

급여의 관리

이사의 보수는 정관에서 정하는 것이 원칙이다. 정관에서 그 금액을 정하지 아니한 때에는 주주총회의 결의로 이를 정한다(상법 제388조). 「상법」상 이사의 보수에 관한 정관의 규정 또는 주주총회의 결의는 이사에게 보수를 지급한다는 뜻을 정하는 것만으로는 부족하고 그 보수액을 구체적으로 정하여야 한다. 이때 이사의 보수액은 각 이사의 보수를 각각 정할 수도 있으나 이사전체의 보수총액을 정하고 각 이사에 대한 지급액의 결정은 이사회에 위임할 수 있다. 일반적으로 주주총회에서 임원들에 대한 1년간의 보수 한도액을 정하고 이사회에서 이 한도 내에서 지급기준을 정한다. 다음은 예시인데 관련 법령을 검토하여 문제가 없도록 전문가의 도움을 받아야 한다.

1. 주주총회에 의한 임원보수 규정의 승인 문안
   임원 보수한도 및 임원보수(퇴직금포함)규정(별첨)의 승인
   의장은 정관 제XX조의 규정에 의하여 임원보수 계획을 제출하고 2006년 1월 1일부터 2006년 12월 31일까지 회계연도에 지불될 회사 임원보수 한도액을 결정하여 줄 것을 요청하다.

요청에 따라 참석 주주들은 회사 임원의 보수를 다음과 같이 할 것을 승인하고 가결하다.
대표이사 : 연간 500,000,000원을 한도로 한다. 또한 주주총회의 승인을 받아 회사에서 별도로 규정하는 임직원보수규정에 의한 상여금과 제 수당을 지급할 수 있다.
이사와 감사 : 상근 또는 근무하는 이사와 감사에 한하여 연간 100,000,000원을 한도로 한다.
(임원 퇴직금 규정도 주주총회의 결의로 만들어야 한다)

2. 정관의 규정
제XX조【이사의 보수와 퇴직금】① 이사의 보수는 주주총회의 결의로 이를 정한다.
② 이사의 퇴직금의 지급은 주주총회결의를 거친 임원퇴직금지급규정에 의한다.

임원급여의 성격

주식회사의 이사가 정관이나 주주총회의 결의에서 정한 바에 따라 일정한 보수를 받는 경우에 원칙적으로 이는「상법」제388조에 근거한 것이다. 임원의 보수는「근로기준법」에서 정한 임금이라 할 수 없으며, 또한 회사의 규정에 의하여 이사에게 퇴직금을 지급하는 경우에도 원칙적으로 그 퇴직금은「근로기준법」등에서 정한 퇴직금이 아니라 재직 중의 위임 사무 집행에 대한 대가로 지급되는 보수의 일종이라 할 수 있다(대법원 2013.9.26. 선고, 2012도6537 판결). 회사의 규정에 의하여 이사 등 임원에게 퇴직금을 지급하는 경우에도 그 퇴직금은「근로기준법」소정의 퇴직금이 아니라 재직 중의 직무집행에 대한 대가로 지급되는 보수의 일종이라고 할 것이므로(대법원 1977.11.22. 선고, 77다1742 판결 참조) 이사 등 임원의 퇴직금청구권에는「근로기준법」소정 임금채권의 시효에 관한 규정이 적용되지 아니하고 일반채권의 시효규정이 적용된다(대법원 1988.6.14. 선고, 87다카2268 판결).

임원급여의 결정

주주 및 임원에 대한 급여를 지급하는 경우 여러 가지 복잡한 문제가 발생하므로 주의하여야 한다.「상법」에서는 이사 및 감사의 보수가 정관에 다른 정함이 없으면 주주총회의 결의에 의하여 정하도록 하고 있다(상법 제388조, 상법 제415조). 즉 정관의 규정을 우선 따르고 정관에 규정이 없는 경우 주주총회에서 정하는 것이다. 한편 우리나라 상장기업은 자본시장 법에 따라 임원의 보수가 일정금액을 넘는 경우 사업보고서에 공개하도록 하고 있다. 정관 또는 주주총회의 결의로 이사의 보수를 정하도록 한 것은 이사들의 고용계약과 관련하여 사익 도모의 폐해를 방지함으로써 회사와 주주 및 회사채권자의 이익을 보호하기 위한 것이므로, 비록 보수와 직무의 상관관계가 「상법」에 명시되어 있지 않더라도 이사가 회사에 대하여 제공하는 직무와 지급받는 보수 사이에는 합리적 비례관계가 유지되어야 하며, 회사의 채무 상황이나 영업실적에 비추어 합리적인 수준을 벗어나서 현저히 균형성을 잃을 정도로 과다하여서는 아니 된다(대법원 2016.1.28. 선고, 2014다11888 판결).

▲▼ 대주주가 결정할 수 있는 경우

회사주식의 80%를 가진 대표이사가 주주총회 결의에 의하지 않고 이사에게 공로상여금 지급을 약속한 경우에도 주주총회에서 이를 지급하기로 하는 결의가 이루어질 것은 당연하므로 주주총회의 결의가 있었음과 다름이 없다(대법원 1978.1.10. 선고, 77다1788 판결). 그러나 약간 다른 판결은 다르다. 회사의 정관에 이사의 보수 및 퇴직금은 주주총회의 결의에 의하여 정하게 되어 있는 경우, 동 회사의 대표이사가 이사에 대한 보수 및 퇴직금에 관하여 한 약정은 그 대표이사가 동 회사의 전 주식 3,000주중 2,000주를 가지고 있더라도 주주총회의 결의가 없는 이상 동 회사에 대하여 효력이 있다고 할 수 없다(대법원 1979.11.27. 선고, 79다1599 판결).

▲▼ 지급기준이 없는 경우

정관 및 관계법규 상 이사의 보수 또는 퇴직금에 관하여 주주총회의 결의로 정한다고 규정되어 있는 경우 그 금액, 지급방법, 지급시기 등에 관한 주주총회의 결의가 있었음을 인정할 증거가 없는 한 이사는 보수나 퇴직금청구권을 행사할 수 없다(대법원 1983.3.22. 선고, 81다343 판결 참조, 대법원 1992.12.22. 선고, 92다28228 판결). 그러나 무조건 부인하는 것은 아니다. 정관이나 주주총회의 결의 또는 주무부장관의 승인에 의한 보수액의 결정이 없었다고 하더라도 주주총회의 결의에 의하여 상무이사로 선임되고 그 임무를 수행한 자에 대하여는 보수 지급의 특약이 전혀 없었다고 단정할 수 없고 명시적이든 묵시적이든 그 특약이 있었다고 볼 것이므로 환송한다고 대법원이 판결한 경우가 있기 때문이다(대법원 1964.3.31. 선고, 63다715 판결). 주식회사의 이사회의 결의만으로서 작성된 이사의 퇴직금지급규정에 대하여 재임 중의 보수지급의 근거규정이나 종래 다른 퇴임이사에 대한 퇴직금지급사실 여부 등에 관한 아무런 심리와 판단 없이 단지 주주총회의 승인이 없다하여 그 효력을 부인하고 퇴직금청구를 기각하였음은 심리미진으로 인한 이유 불비의 위법이 있다는 판결도 있다(대법원 1969.5.27. 선고, 69다327 판결).

회사주식의 과반수를 소유한 대표이사에게 공로상여금을 지급하기로 하였으나 주주총회의 결의가 없는 경우, 주주총회를 하는 경우 이를 지급하기로 하는 결의가 이루어질 것은 당연하여 주주총회의 결의가 있었음과 다름이 없다고 볼 수 있다. 그럼에도 불구하고 주주총회의 결의가 없었으니 회사는 이를 지급할 의무가 없다는 뜻으로 판단해 버리는 것은 심리미진, 이유 불비 내지 모순의 잘못 있다(대법원 1978.1.10. 선고, 77다1788 판결). 하지만 회사의 정관에 이사의 보수 및 퇴직금은 주주총회의 결의에 의하여 정하게 되어 있는 경우, 동 회사의 대표이사가 이사에 대한 보수 및 퇴직금에 관하여 한 약정은 그 대표이사가 동 회사의 전 주식 과반수를 가지고 있더라도 주주총회의 결의가 없는 이상 동 회사에 대하여 효력이 있다고 할 수 없다(대법원 1979.11.27. 선고, 79다1599 판결).

과다한 보수의 문제

이사의 직무내용, 회사의 재무상황이나 영업실적 등에 비추어 지나치게 과다하여 합리적 수준을 현저히 벗어나는 보수 지급 기준을 마련하고 지위를 이용하여 주주총회에 영향력을 행사함으로써 소수주주의 반대에 불구하고 이에 관한 주주총회결의가 성립되도록 하였다면, 이는 회사를 위하여 직무를 충실하게 수행하여야 하는 「상법」 제382조의 3에서 정한 의무를 위반하여 회사재산의 부당한 유출을 야기함으로써 회사와 주주의 이익을 침해하는 것으로서 회사에 대한 배임행위에 해당하므로, 주주총회결의를 거쳤다 하더라도 그러한 위법행위가 유효하다 할 수는 없다(대법원 2016.1.28. 선고, 2014다11888 판결).

명목상 임원의 보수청구권

명목상의 임원이라도 보수청구권이 인정된다. 법적으로는 주식회사 이사·감사의 지위를 갖지만 회사와의 명시적 또는 묵시적 약정에 따라 이사·감사로서의 실질적인 직무를 수행하지 않는 이른바 명목상 이사·감사도 법인인 회사의 기관으로서 회사가 사회적 실체로서 성립하고 활동하는 데 필요한 기초를 제공함과 아울러 법령이 정한 권한과 의무를 갖고 의무 위반에 따른 책임을 부담하는 것은 일반적인 이사·감사와 다를 바 없다. 따라서 특별한 사정이 없는 한, 회사에 대하여 정관의 규정 또는 주주총회의 결의에 의하여 결정된 보수의 청구권을 갖는다(대법원 2015.7.23. 선고, 2014다236311 판결).

또한 주주총회에서 선임된 이사·감사가 회사와의 명시적 또는 묵시적 약정에 따라 업무를 다른 이사 등에게 포괄적으로 위임하고 이사·감사로서의 실질적인 업무를 수행하지 않는 경우라 하더라도 이사·감사로서 「상법」 제399조, 제401조, 제414조 등에서 정한 법적 책임을 지므로, 이사·감사를 선임하거나 보수를 정한 주주총회 결의의 효력이 무효이거나 또는 소극적인 직무 수행이 주주총회에서 이사·감사를 선임하면서 예정하였던 직무 내용과 달라 주주총회에서 한 선임 결의 및 보수지급 결의에 위배되는 배임적인 행위에 해당하는 등의 특별한 사정이 없다면, 소극적인 직무 수행 사유만을 가지고 이사·감사로서의 자격을 부정하거나 주주총회 결의에서 정한 보수청구권의 효력을 부정하기는 어렵다. 다만 이사·감사의 소극적인 직무 수행에 대하여 보수청구권이 인정된다 하더라도, 이사·감사의 보수는 직무 수행에 대한 보상으로 지급되는 대가로서 이사·감사가 회사에 대하여 제공하는 반대급부와 지급받는 보수 사이에는 합리적 비례관계가 유지되어야 한다. 따라서 보수가 합리적인 수준을 벗어나서 현저히 균형성을 잃을 정도로 과다하거나, 오로지 보수의 지급이라는 형식으로 회사의 자금을 개인에게 지급하기 위한 방편으로 이사·감사로 선임하였다는 등의 특별한 사정이 있는 경우에는 보수청구권의 일부 또는 전부에 대한 행사가 제한되고 회사는 합리적이라고 인정되는 범위를 초과하여 지급된 보수의 반환을 구할 수 있다. 이때 보수청구권의 제한 여부와 제한 범위는, 소극적으로 직무를 수행하는 이사·감사가 제공하는 급부의 내용 또는 직무 수행의 정도, 지급받는 보수의 액수와 회사의 재무상태, 실질적인 직무를 수행하는 이사 등의 보수와의 차이, 소극적으로 직무를 수행하는 이사·감사를 선임한 목적과 선임 및 자격 유지의 필요성 등 변론에 나타난 여러 사정을 종합적으로 고려하여 판단하여야 한다(대법원 2015.9.10. 선고, 2015다213308 판결).

▲▼ 임원 퇴직금 지급

① 보수에 포함

이사의 퇴직금은 이사의 보수에 포함된다. 이사보수의 액을 정관으로 정하거나 주주총회의 결의로 정하라고 규정한 것임이 법조문의 취지로 보아 분명하다. 정관이나 주주총회의 결의로 퇴직위로금의 액이 결정되었다면 주주총회에서 특정된 퇴임한 이사에 대하여 그 보수청구권을 박탈하거나 이를 감액하는 결의를 하였다 하여도 이는 「상법」 388조의 법리와 이사의 보수청구권의 성질상 그 효력이 없다(대법원 1977.11.22. 선고, 77다

1742 판결).

② 이사회 결의

회사가 정관에서 퇴직하는 이사에 대한 퇴직금액의 범위를 구체적으로 정한 다음, 재임 중 공로 등 여러 사정을 고려하여 이사회가 그 금액을 결정할 수 있도록 한 경우, 이사회로서는 퇴직한 이사에 대한 퇴직금액을 정하면서, 퇴임한 이사가 회사에 대하여 배임 행위 등 명백히 회사에 손해를 끼쳤다는 등의 특별한 사정이 없는 한, 재임 중 공로의 정도를 고려하여 정관에서 정한 퇴직금액을 어느 정도 감액할 수 있을 뿐 퇴직금 청구권을 아예 박탈하는 결의를 할 수는 없다. 이사회가 퇴직한 이사에 대한 퇴직금을 감액하는 등의 어떠한 결의도 하지 않았을 경우 회사로서는 그와 같은 이사회 결의가 없었음을 이유로 퇴직한 이사에 대하여 정관에 구체적으로 정한 범위 안에서의 퇴직금 지급을 거절할 수는 없다(대법원 2006.5.25. 선고, 2003다16092 판결).

③ 1인주주의 경우

임원퇴직금지급규정에 관하여 주주총회 결의가 있거나 주주총회의사록이 작성된 적은 없으나 퇴직금이 사실상 1인회사의 실질적 1인 주주의 결재·승인을 거쳐 관행적으로 지급되었다면 주주총회의 결의가 있었던 것으로 볼 수 있다(대법원 2004.12.10. 선고, 2004다25123 판결).

④ 승진한 경우

회사의 직원으로 근무하면서 맺은 근로관계는 이사로 취임함으로써 종료되고 이후로는 회사와 새로이 위임관계를 맺었다고 할 것이지만, 이사로 취임할 때 회사가 직원으로 근무한 데에 대한 퇴직금을 지급하지 아니하였고 퇴직한 다른 이사에게 퇴직금을 지급하면서 직원으로 근무한 기간까지 정관에 정하여진 근속연수에 가산하여 퇴직금을 산정하여 지급한 사례 등을 고려하여, 퇴직한 이사에 대하여 직원으로 근무한 기간과 이사로 근무한 기간을 합쳐서 퇴직금을 산정한 것은 정당하다(대법원 2006.5.25. 선고, 2003다16092 판결).

⑤ 규정의 변경

회사가 정관으로 퇴직하는 이사에 대한 퇴직금의 구체적 액수를 일정 범위의 퇴직 당시 급여액과 지급률, 근속연수를 기초로 산정하도록 정하였다가 그 정관을 변경하여 지급률을 감축한 경우라도, 퇴직하는 이사에 대한 퇴직금을 산출할 때에는 전체 근속 기간에 대하여 퇴직 당시 적법하게 변경된 정관의 퇴직금 규정에 따른 지급률을 적용하여야 하지 퇴직금에 관한 정관 규정 변경 전후의 기간을 나누어서 변경 전 근속 기간에 대하여 변경 전의 정관 규정에 따른 지급률을 적용할 것은 아니다(대법원 2006.5.25. 선고, 2003다16092 판결).

⑥ 퇴직 위로금

이사에 대한 퇴직위로금은 그 직에서 퇴임한 자에 대하여 그 재직 중 직무집행의 대가로 지급되는 보수의 일종으로서 「상법」 제388조에 규정된 보수에 포함된다(대법원 2004.12.10. 선고, 2004다25123 판결).

⑦ 해직 보상금

주식회사와 이사 사이에 체결된 고용계약에서 이사가 그 의사에 반하여 이사직에서 해임될 경우 퇴직위로금과는 별도로 일정한 금액의 해직보상금을 지급받기로 약정한 경우, 그 해직보상금은 형식상으로는 보수에 해당하지 않는다 하여도 보수와 함께 같은 고용계약의 내용에 포함되어 그 고용계약과 관련하여 지급되는 것일 뿐 아니라, 의사에 반하여 해임된 이사에 대하여 정당한 이유의 유무와 관계없이 지급하도록 되어 있어 이사에게 유리하도록 회사에 추가적인 의무를 부과한다. 보수에 해당하지 않는다는 이유로 주주총회 결의를 요하지 않는다고 한다면, 이사들이 고용계약을 체결하는 과정에서 개인적인 이득을 취할 목적으로 과다한 해직보상금을 약정하는 것을 막을 수 없게 되어, 이사들의 고용계약과 관련하여 그 사익 도모의 폐해를 방지하여 회사와 주주의 이익을 보호하고자 하는 「상법」 제388조의 입법 취지가 잠탈되고, 나아가 해직보상금액이 특히 거액일 경우 회사의 자유로운 이사해임 권 행사를 저해하는 기능을 하게 되어 이사선임 기관인 주주총회의 권한을 사실상 제한함으로써 회사법이 규정하는 주주총회의 기능이 심히 왜곡되는 부당한 결과가 초래되므로, 이사의 보수에 관한 「상법」 제388조를 준용 내지 유추적용 하여 이사는 해직보상금에 관하여도 정관에서 그 액을 정하지 않는 한 주주총회 결의가 있어야만 회사에 대하여 이를 청구할 수 있다(대법원 2006.11.23. 선고, 2004다49570 판결).

6.2 세법상 임원급여

▲▼ 임원의 의미

「근로기준법」에서는 근로자와 사용자라는 용어를 사용한다. '근로자'라 함은 직업의 종류를 불문하고 사업 또는 사업장에 임금을 목적으로 근로를 제공하는 자이고, '사용자'라 함은 사업주 또는 사업경영담당자 기타 근로자에 관한 사항에 대하여 사업주를 위하여 행위 하는 자라고 정의한다(근로기준법 제2조). 사업주는 법인인 경우 법인과 그 대표이사를 말할 것이고 개인사업자인 경우 그 대표자를 말한다. 사업경영담당자라 함은 사업경영 일반에 관하여 책임을 지는 자로서 사업주로부터 사업경영의 전부 또는 일부에 대하여 포괄적인 위임을 받고 대외적으로 사업을 대표하거나 대리하는 자를 말한다(대법원 97도813, 1997.11.11.). 즉 사업주로부터 사업경영의 전부 또는 일부에 대하여 포괄적인 위임을 받고 대외적으로 사업주를 대표하거나 대리하는 자(대법원 99도2910, 2000.1.18.)도 포함한다. 이사(대법원 90도1794, 1990.10.12.), 건설회사 현장소장(대법원 83도2505, 1983.11.8.), 지배인은 사용자에 해당한다.

한편, 세법에서는 임원과 사용인이라는 용어를 사용한다. 「법인세법」상의 임원은 물론 원칙적으로 등기임원을 포함할 것이다. 그러나 「법인세법」상 임원은 당해 임원의 등기 여부에 관계없으며, 당해 법인에의 출자 여부에 관계없이 법인의 회장, 사장, 부사장, 이사장, 대표이사, 전무이사 및 상무이사 등 이사회의 구성원 전원과 청산인, 감사, 합명회사 합자회사 및 유한회사의 업무집행사원 또는 이사 그리고 그밖에 이에 준하는 직무에 종사하는 자를 말한다(법인세법 시행령 제20조 제1항). 법인의 이사회의 구성원이 아닌 임원이 임원에 해당하는지 여부는 당해 법인과 정관 그 임원의 선임방법, 직무내용 등을 종합하여 판단한다(재경원 법인 46012－78, 1995.6.23.).

▲▼ 보수의 범위

임원 보수규정의 범위 내에서 지급하는 경우 보험료를 법인이 부담하는 경우에도 원칙적으로 급여로 인정될 수 있다(법인 46012－281, 1998.2.3.3). 임원에 대한 상여금도 급여이다.

▲ 상여금 한도

법인이 임원에게 지급하는 상여금 중 정관 · 주주총회 · 사원총회 또는 이사회의 결의에 의하여 결정된 급여지급기준에 의하여 지급하는 금액을 초과하여 지급한 경우 그 초과금액은 이를 손금에 산입하지 아니한다(법인세법 시행령 제43조 제2항). 상여금도 이러한 한도 내에서만 인정하므로 이사나 대표이사의 급여는 사전에 정해야 한다.

임원의 상여금을 실적에 따라 지급하는 것도 허용된다. 그러나 사실상 이익잉여금을 처분하는 것인 경우에는 인정되지 않는다. 법인이 정관 · 주주총회 또는 이사회의 결의에 의하여 결정된 대표이사 상여금지급기준에 의하여 실적상여금을 지급하는 경우 지급기준 범위 내에서 이를 손금에 산입한다. 그러나 그 지급기준이 급여형식을 가장한 이익처분에 해당하는 경우에는 그러하지 아니한다(서이 46012－12336, 2002.12.27.).

▲ 특수관계인

법인이 지배주주 등(특수관계에 있는 자를 포함)인 임원 또는 사용인에게 정당한 사유없이 동일직위에 있는 지배주주 등 이외의 임원 또는 사용인에게 지급하는 금액을 초과하여 보수를 지급한 경우 그 초과금액은 이를 손금에 산입하지 아니한다(법인세법 시행령 제43조 제3항). 동일직위 여부는 법인등기부상 직위 등에 관계없이 실제 종사하는 사실상의 직무를 기준으로 판단한다(법인 46012－1526, 1999.4.23.). 예를 들어 임원에 대한 급여지급 기준을 주주총회의 결의에 따라 정하고 있고, 임원에 대한 급여를 주주총회에서 사전승인 된 한도 범위 내에서 실제 지급하면서, 지배주주인 법인의 회장이 경영에 실지 참여하면서 회사전반의 중요 정책결정을 최종결재 하여 회사의 최종 의사결정권자인 경우 대표이사보다 급여를 더 받았더라도 대표이사가 회장을 보좌하는 업무를 수행하고 있으므로 동일한 직위로 볼 수 없으므로 회장의 급여액은 지급기준에 의하여 정당하게 지급한 것으로 보아 손금으로 인정한다(심사법인 2003－42, 2003.10.13.). 따라서 동일한 직위에 있는 임원인 경우 특별한 사유가 없으면 동일한 급여를 지급하여야 인정된다. 그러나 특별한 사유가 있다면 인정될 것이다.

정관에 임원보수는 주주총회에서 결정한다고 규정하고, 정기주주총회 및 이사회에서 임원보수지급규정을 정하고 지급 대상 선정, 지급 시기 및 방법 등은 이사회에서 결정한다고 결의하였다. 특별상여금지급규정으로 "회사의 정관 제24조 제1항은 임직원을 대상으로 해당 사업연도에서 특별이익 발생 시 이익발생에 지대한 공헌을 한 사람에 대하여는 특별상여를 지급할 수 있다.…."고 규정하고 정기주주총회 및 이사회 회의에 의하여, 특별상여금지급기준과 관련하여 "당해 사업연도에서 특별이익 발생 시 이익발생에 지대한 공헌을 한 사람에 대해서는 그 이익금에서 회사의 적정한 수익을 제외한 금액을 급여로 지급할 수 있다." "임원 직급별 한도액을 회장 xx원, 대표이사…으로 하고 지급대상 선정, 지급시기 및 방법 등은 이사회에서 결정한다."고 각각 결의하고 이사회 회의 시 회장에게 당해 사업연도에 특별이익 창출에 지대한 공헌을 하였다 하여 특별상여금으로 xx원…을 각각 지급하는 것으로 결의하고 지급하였다. 그러나 특별상여금이 특별상여금지급규정에 따라 지급되었고, 회장의 특별이익 창출에 대한 공헌이 인정된다고 하더라도 그 지급액이 특별이익 대비 33~89%의 수준이고, 회사의 임원보수지급기준에 비하여 과다한 특별상여금은 통상적인 임원에 대한 보수 및 근로의 대가의 급여로 보기 어려운 경우에는 「법인세법」 제26조에서 인건비 중 과다하다거나 부당하다고 인정되는 금액은 손금에 산입하지 아니하는 것으로 규정하고 있는 점 등에 비추어 볼 때, 이러한 특별상여금 전액을 손금산입 하는 것은 어렵다. 그러나 회장의 이익창출 공헌이 인정되어 특별상여금 지급에는 정당한 사유가 있었고, 특별상여금지급에 있어서 다른 임원들과 차별을 두고 있는 것으로 보이지 아니하는 경우에는 특별상여금은 사실상 이익처분이라고 단정할 수는 없다. 그러나 이러한 경우에도 임원보수기준 초과금액에 대하여는 손금으로 인정하지 않는다(조심 2012서2381, 2013.7.10.).

임원 퇴직금

① 임원퇴직금규정

임원의 퇴직금은 정관에 퇴직금(퇴직위로금 등을 포함)으로 지급할 금액이 정해진 경우에는 정관에 정하여진 금액을 한도액으로 한다. 정관에 정하여진 금액에는 임원의 퇴직금을 계산할 수 있는 기준이 정관에 기재된 경우를 포함하며, 정관에서 위임된 퇴직급여지급규정이 따로 있는 때에는 당해 규정에 의한 금액에 의한다(법인세법 시행령 제44조 제4항 제1호). 임원에 대한 퇴직급여는 정관에서 정한 지급기준에 의하고 정관에 지급기준이 없을 때에는 주주총회 또는 이사회 등의 결의에 의하여 지급한다. 임원퇴직급여를 정관에 규정한 사례를 보면 다음과 같다.

〈이사의 보수와 퇴직금 정관규정의 사례〉

제41조 【이사의 보수와 퇴직금】 ① 이사의 보수는 주주총회의 결의로 이를 정한다.
② 이사의 퇴직금의 지급은 주주총회결의를 거친 임원퇴직금지급규정에 의한다.

② 구체적인 위임범위

정관에서 지급할 금액을 구체적으로 정하지 아니하고 퇴직급여지급규정을 따로 두는 때에 위임의 범위를 어느 정도로 할 것인가 하는 것이 문제가 된다. 법인이 임원에게 퇴직금을 지급함에 있어 정관에 퇴직금 지급규정에 대한 구체적인 위임사항을 규정하지 아니하고 "별도의 퇴직금 지급규정에 의한다."라고만 규정하여 특정 임원의 퇴직 시 임의로 동 규정을 변경하여 지급할 수 있는 경우에는 정관에서 위임된 퇴직급여지급규정에 의하여 지급한 것으로 보지 아니하므로(법인 4602-405, 2001.2.21.), 정관에서 퇴직급여지급규정에 위임하는 경우에는 구체적인 위임의 범위를 정하여야 한다.

③ 정관에서 주주총회에 위임

정관의 규정에 따라 이사회가 퇴직금 지급규정을 제정할 것을 포괄적으로 위임하여 이사회에서 정한 것은 정관에서 위임된 규정으로 인정되지 아니하며(국심 80부1144, 1981.2.6), 임원의 퇴직금은 주주총회에서 정한다는 정관의 위임규정을 두고 임원의 보수는 주주총회에서 정한다는 「상법」의 규정에 따라 적법한 절차에 의하여 주주총회에서 정한 임원퇴직금에 관한 지급기준을 두는 것도 정관에 퇴직금 지급규정이 있는 것으로 본다(국심 95부3119, 1996.5.27.).

④ 차등규정은 인정되지 않음

이러한 임원퇴직금 규정은 임원별로 차등한 규정을 두는 것은 정당한 규정으로 보지 아니한다. 또한 임원에 대한 법인의 퇴직급여지급규정이 불특정다수를 대상으로 지급배율을 정하지 아니하고 개인별로 지급배율을 정하는 경우에는 정관에서 위임된 퇴직급여지급규정으로 보지 않으며, 특수관계자인 특정임원에게만 정당한 사유 없이 지급배율을 차별적으로 높게 정하는 경우에는 부당행위 계산부인 규정이 적용된다(서이 46012-11540, 2003.8.25.).

⑤ 개정규정 소급적용가능

임원이 퇴직하기 전에 규정을 개정한 경우에는 당해 규정의 개정 전까지의 근속기간에 대하여도 개정된 규정을 적용할 수 있다(서이 46012－11540, 2003.8.25.).

⑥ 규정이 없는 경우의 세법상 한도

임원에 대한 퇴직급여는 정관 또는 정관의 위임에 의한 퇴직급여규정에 의한 금액을 세법상 인정한다. 그러나 이러한 규정이 없는 경우에는 임원의 최근 1년간 총 급여를 10으로 나눈 금액에 근속연수를 곱한 금액만 퇴직급여로 인정한다(법인세법 시행령 제44조 제4항 제2호). 한편 임원이 사용인에서 임원으로 된 때에 퇴직금을 지급하지 아니한 경우에는 사용인으로 근무한 기간을 근속연수에 합산할 수 있다(법인세법 시행령 제44조 제4항 제2호). 근속연수를 계산할 때 1월 미만의 기간은 없는 것으로 본다(법인세법 시행규칙 제22조 제5항).

⑦ 무보수 임원의 문제

임원으로 등재만 되어 있을 뿐 그 직무에 종사하지 아니한 비상근임원에게 퇴직금을 지급함으로써 조세의 부담을 부당히 감소시킨 것으로 인정되는 경우에는 부당행위계산의 부인규정을 적용된다(법인 46012－2912, 1998.10.8.).

임원 등의 거주자가 창업초기 때는 무보수로 수년간 근무하고 그 이후로는 급여를 받다가 실제 퇴직하여 임원퇴직금지급규정에 따라 퇴직소득을 지급받는 경우 근속연수에 의한 퇴직소득공제금액 계산은 해당 법인에 직접 고용되어 실제 근로를 계속 제공한 총 기간으로 하는 것이나,「법인세법」제52조에 따른 부당행위계산의 부인 대상이 되는 경우에는 그러하지 않는다(소득세법 집행기준 22－105－4).

다음과 같은 법률에 따라 제정된 임원퇴직금 규정은 여러 가지 점에서 합리적이다.

제 x 조【근속기간의 계산】
① 근속기간 계산은 무보수근속기간, 휴직기간 등을 모두 포함한 재직기간으로 한다.

부　　칙
제 1 조 [시행일] 본 규정은 xxxx년 xx월 xx일부터 시행한다.
제 2 조 [경과규정] 본 규정 시행 이전에 선임된 임원도 본 규정의 적용을 받는다.
제 3 조 [적용시기] 이 규정은 본 규정 시행이전의 근속기간에 대해서도 소급 적용한다.

퇴직금 중간정산

임원도 연봉제로 전환하면 중간정산이 가능하였었다. 그러나 2016년 1월 1일 이후에는 세법이 개정되어 인정되지 않는다(법인세법 시행령 제44조 제2항 제4호). 그러나 요양이나 무주택자가 주택을 구매하기 위한 경우 예외가 있다(법인세법 시행령 제44조 제2항 제5호). 2016년 이전에는 법인의 임원에 대한 급여를 연봉제로 전환함에 따라 향후 퇴직급여를 지급하지 아니하는 조건으로 그 때까지의 퇴직급여를 정산하여 지급한 때에는 중간정산이 인정되었었다. 따라서 중간정산이 인정되지 않으므로 실질적으로 퇴사를 하고 받아야 한다.

PART

2

가업의 경영권 관리

Chapter 3
가업의 경영진 관리
Chapter 4
가업의 내부거래 관리
Chapter 5
가업의 정관 관리

1 가업의 계열사거래 관리

1.1 공정거래법 위반 문제

계열사 간의 거래에서 가장 이슈가 되는 것은 공정위의 '일감 몰아주기' 제재이다. 공정위의 규제 대상은 자산 5조원 이상 대기업 기업주 가족 지분이 30%(비상장기업은 20%) 이상인 계열사이고 내부거래액이 연간 2백억 원을 넘거나 연 매출액의 12% 이상이면 기업주는 처벌대상이고 그 계열사가 과징금 처분을 받는다.

그러나 이러한 규제를 피하려면 주식 보유, 임원 겸임, 채무보증, 자금대차 등 법령이 정한 요건을 갖추면 친족 분리가 가능하고 독립 법인으로 인정받으면 이러한 규제를 피할 수 없다. 예를 들어 한진해운의 전 회장은 한진해운 지분을 3% 아래로 낮춰 한진그룹으로부터 완전히 분리되어 일감 몰아주기 규제를 받지 않았다. 공정거래위원회에 따르면 2010년 이후 대기업 그룹의 친족 분리 기업은 100개에 육박한다.

1.2 증여세 문제

(1) 일감 몰아주기와 떼어주기에 대한 증여세 과세

우리나라 세법은 계열사 간의 거래로 인하여 주주가 이익(주식가치의 증가)을 보는 경우 증여세를 과세한다. '일감 몰아주기'는 기업이 친·인척이 운영하는 회사에 일감을 줬을 때 이를 증여로 간주하여, 혜택을 본 회사의 주주가 증여세를 내도록 하는 제도로 2014년부터 시행되었다. '일감 떼어주기'는 2017년부터 시행된 제도로, 기업이 거래처와 거래를 끊고 친·인척 회사와 거래하는 경우 그 혜택으로 인한 이익을 기업의 주주에게 증여세로 과세하는 제도이다. 2017년 국세청은 일감 몰아주기와 떼어주기로 증여세를 신고·납부해야 하는 대상자 4,100명과 이들이 대주주로 있는 기업 6,300곳에 증여세를 신고하라는 안내문을 보냈다.

관련된 세법은「상속세 및 증여세법」제45조의 3(특수관계법인과의 거래를 통한 이익의 증여 의제),「상속세 및 증여세법」제45조의 4(특수관계법인으로부터 제공받은 사업기회로 발생한 이익의 증여 의제),「상속세 및 증여세법」제45조의 5(특정법인과의 거래를 통한 이익의 증여 의제)이다. 따라서 이에 해당하는지를 검토하고 증여세가 과세되는 일이 없도록 사전 예방하여야 한다.

(2) 계열회사 간 거래의 증여세

개요

법인의 매출 중 관계회사로의 매출이 차지하는 비율이 큰 경우에는 그 법인의 주주가 증여를 받은 것으로 보아 증여세를 낼 수 있다. 관계회사로 상품을 팔아 매출수입으로 이익을 보는 회사를 세법상 수혜법인이라고 부른다. 이러한 수혜법인의 주주가 특수관계에 있는 주주인 경우 그 주주에 대하여 증여를 한 것으로 보아 증여세를 과세하는 것이다.

가혹한 면이 있는 이러한 증여세 과세제도는 다행히 중소기업에 대한 일부 혜택이 있다. 우선 수혜법인이 중소기업이고 중소기업인 특수관계법인과 거래한 매출에 대하여는 적용상 유리한 점이 있으며 수출에 대해서도 적용하지 않는다. 중소기업의 범위는 업종별로 정해져있다. 제조업은 중소기업 업종에 속하고 도소매업도 포함된다. 중소기업의 범위는 까다로운 면이 있으므로 조심스럽게 검토하여야 한다.

과세대상 주주

① 지배주주와 친족

증여세의 과세는 모든 주주에게 적용되는 것이 아니라 그 법인의 주주 중 지배주주와 그 지배주주의 친족의 경우에만 증여받은 것으로 보아 증여세를 과세한다(상속세 및 증여세법 시행령 제34조의 2 제1항).

이 경우 주주란 수혜법인의 발행주식 총수에 대한 주식보유비율(직접 또는 간접으로 보유하는 주식보유비율)이 일정한 보유비율(한계보유비율)을 초과하는 주주만 해당된다(상속세 및 증여세법 제45조의 3 제1항). 한계보유비율은 수혜법인이 중소기업 또는 중견기업에 해당하는 경우에는 10%, 기타기업은 3%이다(상속세 및 증여세법 시행령 제34조의 2 제7항).

② 지배주주의 범위

지배주주란 주식소유비율이 가장 높은 개인을 말한다(상속세 및 증여세법 시행령 제34조의 2 제1항). 그 법인의 주식 최대보유자가 개인인 경우 그 개인, 최대보유자가 법인인 경우에는 수혜법인에 직접 또는 간접보유 주식이 가장 큰 개인주주를 말한다(상속세 및 증여세법 시행령 제34조의 2 제1항). 따라서 법인주주는 해당이 없다.

즉 수혜법인의 최대주주 등 중에서 수혜법인에 대한 직접보유비율이 가장 높은 자가 개인인 경우에는 그 개인이 지배주주이다(상속세 및 증여세법 시행령 제34조의 2 제1항 제1호). 직접소유비율이란 보유하고 있는 법인의 주식을 그 법인의 발행주식 총수(자기주식은 제외)로 나눈 비율을 말한다(상속세 및 증여세법 시행령 제34조의 2 제1항 제1호 괄호). 수혜법인의 최대주주 등 중에서 수혜법인에 대한 직접보유비율이 가장 높은 자가 법인인 경우에는 수혜법인에 대한 직접보유비율과 간접보유비율을 모두 합하여 계산한 비율이 가장 높은 개인이 지배주주이다(상속세 및 증여세법 시행령 제34조의 2 제1항 제2호). 다만, 수혜법인의 주주이면서 수혜법인의 최대주주에 해당하지 아니한 자, 수혜법인의 최대주주 중에서 수혜법인에 대한 직접보유비율이 가장 높은 자에 해당하는 법인의 주주이면서 최대주주에 해당하지 아니한 자는 제외된다(상속세 및 증여세법 시행령 제34조의 2 제1항 제2호 단서).

이때 수혜법인에 대한 간접보유비율은 개인과 수혜법인 사이에 주식보유를 통하여 한 개 이상의 간접출자법인이 개재되어 간접출자관계에 있는 경우에 각 단계의 직접보유비율을 모두 곱하여 산출한 비율을 말한다. 이 경우 개인과 수혜법인 사이에 둘 이상의 간접출자관계가 있는 경우에는 개인의 수혜법인에 대한 간접보유비율은 각각의 간접출자관계에서 산출한 비율을 모두 합하여 산출한다(상속세 및 증여세법 시행령 제34조의 2 제2항).

수혜법인의 최대주주 등 중에서 본인과 본인의 친족 등(사용인을 제외한 본인의 특수관계인을 말한다)의 주식 보유비율의 합계가 사용인의 주식 보유비율보다 많은 경우에는 본인과 본인의 친족 등 중에서 지배주주를 판정한다(상속세 및 증여세법 시행령 제34조의 2 제1항 단서). 최대주주 등이란 주주 1인과 그의 특수관계인의 보유주식을 합하여 그 보유주식의 합계가 가장 많은 경우의 해당 주주 1인과 그의 특수관계인 모두를 말한다(상속세 및 증여세법 시행령 제19조 제2항).

지배주주에 해당하는 자가 두 명 이상일 때에는 수혜법인의 임원에 대한 임면권의 행사와 사업 방침의 결정 등을 통하여 그 경영에 관하여 사실상의 영향력이 더 큰 자로 하는데 다음의 순서에 따라 정한다(상속세 및 증여세법 시행령 제34조의 2 제1항). 첫째는 본인과 그 친족의 수혜법인에 대한 주식보유비율(영 제34조의 2 제1항 제1호에 따라 계산된 직접보유비율과 같은 조 제6항에 따라 계산된 간접보유비율을 합하여 계산한 비율을 말한다)을 합하여 계산한 비율이 더 큰 경우의 그 본인, 본인의 영 제34조의 2 제3항에 따른 특수관계법인에 대한 수혜법인의 매출액이 더 큰 경우의 그 본인, 사업연도 종료일을 기준으로 가장 최근에 수혜법인의 대표이사였던 자의 순이다(상속세 및 증여세법 시행규칙 제10조의 7).

과세대상 수혜법인

① 특수관계비율이 큰 기업

법인의 사업연도 매출액 중에서 그 법인의 지배주주와 특수관계법인에 대한 매출액이 차지하는 '특수관계법인거래비율'이 '일정비율'을 초과하는 경우(상속세 및 증여세법 제45조의 3 제1항 제1호 가목), 수혜법인의 지배주주와 그 지배주주의 친족이 증여받은 것으로 본다(상속세 및 증여세법 제45조의 3 제1항). 지배주주의 친족이란 지배주주의 친족으로서 수혜법인의 사업연도 말에 수혜법인에 대한 직접보유비율과 간접보유비율을 합하여 계산한 비율이 한계보유비율을 초과하는 자를 말한다(상속세 및 증여세법 시행령 제34조의 2 제6항). 친족은 6촌 이내의 혈족, 4촌 이내의 인척, 배우자(사실상의 혼인관계에 있는 자를 포함), 친생자로서 다른 사람에게 친 양자 입양된 자 및 그 배우자 · 직계비속이다(상속세 및 증여세법 시행령 제2조의 2 제1항, 국세기본법 시행령 제 제1조의 2 제1항 제1호 내지 제4호). 간접소유비율의 경우 간접출자법인을 통하여 수혜법인에 간접적으로 출자하는 경우의 간접보유비율을 말한다(상속세 및 증여세법 시행령 제34조의 2 제6항). 간접출자법인이란 지배주주 등이 발행주식 총수의 30% 이상을 출자하고 있는 법인, 지배주주와 30% 이상 출자하고 있는 법인이 발행주식 총수의 50% 이상을 출자하고 있는 법인, 이 두 법인과 수혜법인 사이에 주식의 보유를 통하여 하나 이상의 법인이 개재되어 있는 경우에는 해당 법인을 말한다(상속세 및 증여세법 시행령 제34조의 2 제16항).

과세대상 수혜법인은 「법인세법」 제1조 제1호에 따른 내국법인에 한정한다(상속세 및 증여세법 시행령 제34조의 2 제1항). 국내법에 따라 설립된 법인이라도 「외국인투자 촉진법」 제2조 제1항 제6호에 따른 외국인투자기업으로서 같은 법 제2조 제1항 제1호에 따른 외국인이 해당 외국인투자기업의 의결권 있는 발행주식 총수 또는 출자총액의 50% 이상을 소유하는 법인은 제외한다. 이 경우 거주자 및 내국법인이 의결권 있는 발행주식 총수 또는 출자총액의 30% 이상을 소유하는 외국법인은 외국인으로 보지 아니한다(상속세 및 증여세법 시행령 제34조의 2 제1항 괄호).

부동산임대업을 영위하는 수혜법인이 설령 제3자와의 부동산임대계약과 동일한 조건으로 특수관계에 있는 법인에 임대하더라도 증여세를 과세한다(재산세과-38, 2013.1.29.).

② 특수관계법인의 범위

특수관계법인이란 지배주주와 다음의 관계에 있는 자를 말한다(상속세 및 증여세법 시행령 제34조의 2 제3항, 상속세 및 증여세법 시행령 제2조의 2 제3호~제8호).

첫째는 경영에 영향력을 행사하는 기업집단 소속기업과 그 임원이다. 지배주주가 직접 또는 지배주주의 친인척이 임원에 대한 임면권의 행사 및 사업방침의 결정 등을 통하여 그 경영에 관하여 사실상의 영향력을 행사하고 있는 기업집단의 소속 기업과 그 임원이다. 임원에는 현직 임원과 퇴직 후 5년이 지나지 아니한 그 임원이었던 사람으로서 사외이사가 아니었던 사람을 포함한다(상속세 및 증여세법 시행령 제34조의 2 제3항, 상속세 및 증여세법 시행령 제2조의 2 제3호 가목). 임원이란 법인의 회장, 사장, 부사장, 이사장, 대표이사, 전무이사 및 상무이사 등 이사회의 구성원 전원과 청산인, 합명회사, 합자회사 및 유한회사의 업무집행사원 또는 이사, 유한책임회사의 업무집행자, 감사, 그밖에 이에 준하는 직무에 종사하는 자를 말한다(상속세 및 증여세법 시행령 제34조의 2 제3항, 상속세 및 증여세법 시행령 제2조의 2 제3호 가목, 법인세법 시행령 제20조 제1항 제4호). 기업집단의 소속 기업이란 「독점규제 및 공정거래에 관한 법률 시행령」 제3조 각 호의 어느 하나에 해당하는 기업집단에 속하는 계열회사를 말한다(상속세 및 증여세법 시행규칙 제2조 제1항). 기획재정부 장관은 이를 적용할 때 필요한 경우에는 「독점규제 및 공정거래에 관한 법률 시행령」 제3조 제2호 라목에 따른 사회통념상 경제적 동일체로 인정되는 회사의 범위에 관한 기준을 정하여 고시할 수 있다(상속세 및 증여세법 시행규칙 제2조 제1항). 친인척이란 친족과 인척을 말한다. 친족은 6촌 이내의 혈족, 4촌 이내의 인척, 배우자(사실상의 혼인관계에 있는 자를 포함), 친생자로서 다른 사람에게 친 양자 입양된 자 및 그 배우자 · 직계비속이고 인척은 직계비속의 배우자의 2촌 이내의 혈족과 그 배우자이다(상속세 및 증여세법 시행령 제2조의 2 제1항, 국세기본법 시행령 제 제1조의 2 제1항 제1호 내지 제4호).

둘째는 본인, 친인척, 사용인(출자에 의하여 지배하고 있는 법인의 사용인을 포함), 사용인 외의 자로서 본인의 재산으로 생계를 유지하는 자 또는 이들이 공동으로 재산을 출연하여 설립하거나 이사의 과반수를 차지하는 비영리법인이다(상속세 및 증여세법 시행령 제34조의 2 제3항, 상속세 및 증여세법 시행령 제2조의 2 제4호).

셋째는 경영에 영향력을 행사하는 기업집단 소속기업의 임원이 이사장인 비영리법인이다(상속세 및 증여세법 시행령 제34조의 2 제3항, 상속세 및 증여세법 시행령 제2조의 2 제5호).

넷째 본인, 첫째부터 셋째까지의 자 또는 이들이 공동으로 발행주식 총수의 30% 이상을 출자하고 있는 법인이다(상속세 및 증여세법 시행령 제34조의 2 제3항, 상속세 및 증여세법 시행령 제2조의 2 제6호).

다섯째 본인, 첫째부터 넷째까지의 자 또는 본인과 이들이 공동으로 발행주식 총수의 50% 이상을 출자하고 있는 법인이다(상속세 및 증여세법 시행령 제34조의 2 제3항, 상속세 및 증여세법 시행령 제2조의 2 제7호).

여섯째 본인, 첫째부터 다섯째까지의 자 또는 본인과 이들이 공동으로 재산을 출연하여 설립하거나 이사의 과반수를 차지하는 비영리법인이다(상속세 및 증여세법 시행령 제34조의 2 제3항, 상속세 및 증여세법 시행령 제2조의 2 제8호).

과세표준의 계산

① 계산식

수혜법인 증여의 이익은 다음과 같이 계산한다(상속세 및 증여세법 제45조의 3 제1항 제2호 가목 · 나목 · 다목). 기타의 기업인 경우에는 정상거래비율의 3분의 2를 초과하고 1천억 원을 초과하는 경우 과세한다(상속세 및 증여세법 제45조의 3 제1항 제1호 가목 · 나목 2, 상속세 및 증여세법 시행령 제34조의 2 제15항). 2018년부터 대기업의 경우 특수관계법인과의 거래비율이 20%를 초과하면서 특수관계법인과 거래금액이 1000억 원을 초과하는 경우를 추가하여 사실상 대기업의 특수관계법인 거래비율을 30%에서 20%로 낮추었다. 또한 제3자를 통해 거래를 할 경우에도 이를 특수거래로 인정하기로 했다.

특수관계법인이 둘 이상인 경우에도 하나의 법인으로부터 이익을 얻은 것으로 본다(상속세 및 증여세법 시행령 제34조의 2 제17항).

증여의 이익
=수혜법인의 세후영업이익
×정상거래비율 등(중견기업은 정상거래비율의 50%)을 초과하는 특수관계법인 거래비율

×한계보유비율(중견기업은 한계보유비율의 50%)을 초과하는 주식보유비율(기타법인은 '주식보유비율')
－배당소득

② 세후영업이익의 계산

수혜법인의 세후영업이익은 조정 후 영업 손익에서 영업 손익 법인세액을 뺀 금액에 과세매출비율을 곱하여 계산한다(상속세 및 증여세법 시행령 제34조의 2 제10항).

조정 후 영업 손익이란 수혜법인의 영업 손익에 세무조정사항을 반영한 가액이다(상속세 및 증여세법 시행령 제34조의 2 제10항 제1호). 영업 손익이란 기업회계기준에 따라 계산한 매출액에서 매출원가 및 판매비와 관리비를 차감한 영업 손익이다(상속세 및 증여세법 시행령 제34조의 2 제10항 제1호 괄호). 세무조정사항에는 감가상각비, 퇴직급여충당금, 퇴직보험료, 대손충당금, 손익의 귀속 사업연도, 자산의 취득가액, 재고자산 평가의 세무조정을 말한다(상속세 및 증여세법 시행령 제34조의 2 제10항 제1호).

영업 손익 법인세액은 법인세액에 소득금액에서 조정 후 영업이익이 차지하는 비율을 곱하여 계산한다. 법인세액이란 수혜법인의 산출세액에서 법인세액의 공제 · 감면액을 뺀 세액을 말한다(상속세 및 증여세법 시행령 제34조의 2 제10항 제2호 나목). 이 경우 법인세에는 「법인세법」 제55조의 2에 따른 토지 등 양도소득에 대한 법인세액은 제외한다(상속세 및 증여세법 시행령 제34조의 2 제10항 제2호 나목). 영업이익이 차지하는 비율이란 조정 후 영업이익이 수혜법인의 각 사업연도의 소득금액에서 차지하는 비율(1을 초과하는 경우에는 1로 한다)을 말한다(상속세 및 증여세법 시행령 제34조의 2 제10항 제2호 나목).

과세매출비율이란 사업연도의 매출액에서 과세제외 매출액을 차감한 매출이 차지하는 비율을 말한다(상속세 및 증여세법 시행령 제34조의 2 제10항 제3호).

③ 거래비율의 계산

법인("수혜법인")의 매출액 중에서 그 법인의 지배주주와 특수관계에 있는 법인에 대한 매출액이 차지하는 비율이 정상거래비율(30%, 중견기업은 40%, 중소기업은 50%)을 초과하는 경우에 적용된다(상속세 및 증여세법 시행령 제34조의 2 제5항). 특수관계법인 거래비율을 계산할 때 특수관계법인이 둘 이상인 경우에는 각각의 매출액을 모두 합하여 계산한다(상속세 및 증여세법 시행령 제34조의 2 제9항).

매출액은 「법인세법」 제43조의 기업회계기준에 따라 계산한 매출액을 말하고, 「독점규제 및 공정거래에 관한 법률」 제14조에 따른 공시대상기업집단 간의 교차거래 등에서 발생한 매출액을 포함한다(상속세 및 증여세법 제45조의 3 제1항 제1호 가목 괄호). 「독점규제 및 공정거래에 관한 법률」 제14조에 따른 공시대상기업집단 간의 교차거래 등의 매출액이란 동 증여의제를 회피할 목적 또는 「독점규제 및 공정거래에 관한 법률」 제23조의 2에 따른 특수관계인에 대한 부당한 이익제공 등의 금지를 회피할 목적으로 「독점규제 및 공정거래에 관한 법률」 제14조에 따른 공시대상기업집단 간에 계약 · 협정 및 결의 등에 따라 제3자를 통한 간접적인 방법이나 둘 이상의 거래를 거치는 방법으로 발생한 수혜법인의 매출액을 말한다(상속세 및 증여세법 시행령 제34조의 2 제14항).

매출액에서 중소기업인 수혜법인과 중소기업인 특수관계법인 간의 거래에서 발생하는 매출액 등은 과세가 제외된다(상속세 및 증여세법 제45조의 3 제4항). 과세제외매출액은 중소기업인 수혜법인이 중소기업인 특수관계법인과 거래한 매출액, 수혜법인이 본인의 주식보유비율이 50% 이상인 특수관계법인과 거래한 매출액, 수혜법인이 본인의 주식보유비율이 50% 미만인 특수관계법인과 거래한 매출액에 그 특수관계법인에 대한 수혜법인의 주식보유비율을 곱한 금액, 수혜법인이 「독점규제 및 공정거래에 관한 법률」 제2조 제1호의 2에 따른 지주회사인 경우로서 수혜법인의 같은 법 제2조 제1호의 3에 따른 자회사 및 같은 법 제2조 제1호의 4에 따른 손자회사(같은 법 제8조의 2 제5항에 따른 증손회사를 포함하며, 이하 "손자회사"라 한다)와 거래한 매출액, 수혜법인이 제품 · 상품의 수출을 목적으로 특수관계법인(수혜법인이 중소기업 또는 중견기업에 해당하지 아니하는 경우에는 국외에 소재하는 특수관계법인으로 한정)과 거래한 매출액, 수혜법인이 다른 법률에 따라 의무적으로 특수관계법인과 거래한 매출액, 한국표준산업분류에 따른 스포츠클럽 운영업 중 프로스포츠구단 운영을 주된 사업으로 하는 수혜법인이 특수관계법인과 거래한 광고매출액이다. 이 경우 매출이 동시에 여러 사례에 해당하는 경우에는 더 큰 금액으로 한다(상속세 및 증여세법 시행령 제34조의 2 제8항). 수출은 수혜법인이 제품이나 상품의 수출을 목적으로 특수관계법인과 거래한 매출액을 말한다. 그러나 수혜법인이 중소기업 또는 중견기업에 해당하지 아니하는 경우에는 국내에 소재하는 특수관계법인과의 거래는 적용되지 않고 국외에 소재하는 특수관계법인과의 거래에만 적용된다(상속세 및 증여세법 시행령 제34조의 2 제8항 제1호 및 제5호).

④ 한계보유비율을 초과하는 주식보유비율

수혜법인의 지배주주에 대한 증여의제이익 계산 시 한계보유비율을 초과하는 주식보유비율이란 수혜법인에 대한 직접보유비율에서 한계보유비율을 차감한 비율을 말한다(상속증여세과-390, 2013.7.22.).

이 경우 간접보유비율도 감안하여 계산한다. 즉 증여의제이익의 계산 시 지배주주와 지배주주의 친족이 수혜법인에 직접적으로 출자하는 동시에 법인을 통하여 수혜법인에 간접적으로 출자하는 경우에는 증여이익을 계산할 때 이를 합산하여 계산한다(상속세 및 증여세법 제45조의 3 제2항). 간접출자법인이란 지배주주 등이 발행주식 총수의 30% 이상을 출자하고 있는 법인, 지배주주와 30% 이상 출자하고 있는 법인이 발행주식 총수의 50% 이상을 출자하고 있는 법인, 이 두 법인과 수혜법인 사이에 주식의 보유를 통하여 하나 이상의 법인이 개재되어 있는 경우에는 해당 법인을 말한다(상속세 및 증여세법 시행령 제34조의 2 제16항).

증여의제이익은 사업연도 말 현재 지배주주와 그 친족의 수혜법인에 대한 출자관계별로 각각 구분하여 계산한 금액을 모두 합하여 계산한다. 이 경우 "한계보유비율을 초과하는 주식보유비율" 또는 "한계보유비율의 50%를 초과하는 주식보유비율"을 계산할 때 수혜법인에 대한 간접보유비율이 있는 경우에는 해당 간접보유비율에서 한계보유비율을 먼저 빼고 간접출자관계가 두 개 이상인 경우에는 각각의 간접보유비율 중 작은 것에서부터 뺀다(상속세 및 증여세법 시행령 제34조의 2 제11항).

"수혜법인에 대한 출자관계"에서 간접보유비율이 1천분의 1 미만인 경우의 해당 출자관계는 제외한다(상속세 및 증여세법 시행령 제34조의 2 제11항 괄호). 이런 방식으로 증여의제이익을 계산할 때 과세제외매출에 해당하지 아니하는 것 중에서 지배주주와 그 친족의 출자관계별로 수혜법인이 제16항에 따른 간접출자법인인 특수관계법인과 거래한 매출액, 지주회사의 자회사 또는 손자회사에 해당하는 수혜법인이 그 지주회사의 다른 자회사 또는 손자회사에 해당하는 특수관계법인과 거래한 매출액에 그 지주회사의 특수관계법인에 대한 주식보유비율을 곱한 금액(지배주주와 그 친족이 수혜법인 및 특수관계법인과 지주회사를 통하여 각각 간접출자관계에 있는 경우로 한정), 수혜법인이 특수관계법인과 거래한 매출액에 지배주주와 그 친족의 그 특수관계법인에 대한 주식보유비율을 곱한 금액을 과세제외매출액에 포함하여 계산한다. 이 경우 하나의 매출 여러 개에 동시에 해당하는 경우에는 더 큰 금액으로 한다(상속세 및 증여세법 시행령 제34조의 2 제12항).

⑤ 배당소득

지배주주와 그 친족이 수혜법인의 사업연도 말일부터 증여세 과세표준 신고기한까지 수혜법인 또는 간접출자법인으로부터 배당받은 소득이 있는 경우에는 해당 출자관계의 증여의제이익에서 공제한다. 다만, 공제 후의 금액이 음수(陰數)인 경우에는 영으로 본다(상속세 및 증여세법 시행령 제34조의 2 제13항).

수혜법인으로부터 받은 배당소득인 경우에는 다음 계산식에 따라 계산한 금액을 공제한다. 이 경우 배당가능이익은 「법인세법 시행령」 제86조의 2 제1항에 따른 배당가능이익으로 한다(상속세 및 증여세법 시행령 제34조의 2 제13항 제1호).

배당소득×{직접 출자관계의 증여의제이익÷(수혜법인의 사업연도 말일 배당가능이익×지배주주와 친족의 수혜법인에 대한 직접보유비율)}

간접출자법인으로부터 받은 배당소득인 경우에는 다음 계산식에 따라 계산한 금액을 공제한다(상속세 및 증여세법 시행령 제34조의 2 제13항 제2호).

배당소득×[간접 출자관례의 증여의제 이익÷{간접출자법인의 사업연도 말일 배당가능이익+(수혜법인의 사업연도 말일 배당가능이익×간접출자법인의 수혜법인에 대한 주식보유비율)×지배주주와 친족의 간접출자법인에 대한 직접보유비율}]

⑥ 중소기업과 중견기업의 범위

중소기업이란 「조세특례제한법」 제5조 제1항에 따른 중소기업을 말하고, 중견기업이란 「조세특례제한법 시행령」 제9조 제4항에 따른 기업을 말한다(상속세 및 증여세법 시행령 제34조의 2 제4항). 중소기업과 중견기업에는 「독점규제 및 공정거래에 관한 법률」 제14조에 따른 공시대상기업집단에 소속된 기업은 제외된다(상속세 및 증여세법 시행령 제34조의 2 제4항 괄호).

증여세의 납부

증여의제이익의 계산은 수혜법인의 사업연도 단위로 하고, 수혜법인의 해당 사업연도 종료일을 증여시기로 본다(상속세 및 증여세법 제45조의 3 제3항).

(3) 사업기회로 인한 증여세

지배주주와 그 친족의 주식보유비율이 30% 이상인 법인("수혜법인")이 지배주주와 특수관계에 있는 법인(중소기업과 수혜법인의 주식보유비율이 100분의 50 이상인 법인은 제외)으로부터 사업기회를 제공받는 경우에는 이로 인한 증여세를 내야한다(상속세 및 증여세법 제45조의 4 제1항, 상속세 및 증여세법 시행령 제34조의 3 제6항 · 제7항). 사업기회를 제공한 법인이 중소기업인 경우에는 해당이 없다. 중소기업 간의 사업기회 제공은 적용되지 않는다.

사업기회를 제공받는 경우란 특수관계법인이 직접 수행하거나 다른 사업자가 수행하고 있던 사업기회를 임대차계약, 입점계약, 대리점계약 및 프랜차이즈계약 등 명칭 여하를 불문한 약정으로 정하는 방법으로 제공받는 경우를 말한다(상속세 및 증여세법 시행령 제34조의 3 제2항, 상속세 및 증여세법 시행규칙 제10조의 8).

(4) 거래를 통한 이익의 증여세

개요

우리나라 세법은 법인이 특수관계인과 무상거래, 저가 또는 고가 거래, 증여 등을 하는 경우에는 그 법인의 주주가 증여를 받은 것으로 보아 증여세를 과세하고 있다. 그 거래로 인하여 주식가치가 높아짐으로써 주주가 이익을 보기 때문이다.

기업과 주주나 특수관계인 간에도 정상적인 시장거래를 하지 않는 경우 증여세가 과세된다. 결손금이 있는 법인, 휴업 또는 폐업 상태인 법인, 지배주주와 그 친족이 50% 이상 주식을 보유한 법인에 특수관계인이 재산이나 용역을 무상 또는 시가와 크게 차이나게 거래하는 경우는 차이금액에 주식소유 비율을 곱한 금액을 주주가 증여를 받은 것으로 본다(상속세 및 증여세법 제45조의 5). 시가와 크게 차이 나는 것은 시가의 30% 이상 또는 3억 원 이상 차이가 나는 것을 말한다(상속세 및 증여세법 시행령 제34조의 4 제7항). 따라서 법인은 이익규모에 따라 10% 또는 20%의 법인세가 과세되고 다시 특수관계인인 주주가 증여세를 부담한다. 물론 이 경우 동 주식을 양도하는 경우 증여세가 과세된 부분은 취득가액으로 인정하여 양도소득세는 내지 않는 것으로 보인다. 상속 또는 증여받은 자산은 그 가액을 취득가액으로 보기 때문이다(소득세법 시행령 제163조 제9항). 그러나 이와 관련한 국세청 해석이나 판례는 아직은 없는 것으로 보인다.

적용대상 법인(특정법인)

적용대상 법인은 특정법인이라고 부른다. 첫째 결손금이 있는 법인 또는 증여일 현재 휴업 또는 폐업 상태인 법인이다(상속세 및 증여세법 제45조의 5 제1호 · 제2호). 둘째 증여일 현재 결손금이 없고 휴업이나 폐업 상태가 아닌 법인이라도 지배주주와 그 특수관계인의 주식보유비율이 50% 이상인 법인에게 적용된다(상속세 및 증여세법 제45조의 5 제1호 · 제2호).

지배주주는 주식소유비율이 가장 높은 자를 말한다(조세특례제한법 제45조의 3 제1항, 조세특례제한법시행령 제34조의 2 제1항). 최대주주 등은 주주 1인과 그의 특수관계인의 보유주식을 합하여 그 보유주식의 합계가 가장 많은 경우의 해당 주주 1인과 그의 특수관계인 모두를 말한다(조세특례제한법 시행령 제15조 제3항, 조세특례제한법 시행령 제19조 제2항). 최대주주 등 중에서 법인에 대한 직접보유비율(발행주식 총수에서 자기주식은 제외)이 가장 높은 자가 개인인 경우에는 그 개인이 지배주주이다(조세특례제한법 제45조의 3 제1항, 조세특례제한법 시행령 제34조의 2 제1항 제1호). 법인에 대한 직접보유비율이 가장 높은 자가 법인인 경우에는 법인에 대한 직접보유비율과 간접보유비율을 모두 합하여 계산한 비율이 가장 높은 개인이 지배주주이다(조세특례제한법 제45조의 3 제1항, 조세특례제한법 시행령 제34조의 2 제1항 제2호). 그러나 최대주주 등에 해당하지 아니한 자는 제외한다(조세특례제한법 제45조의 3 제1항, 조세특례제한법 시행령 제34조의 2 제1항 제2호 단서).

적용대상 특수관계

'특정법인'이 그 특정법인과 특수관계인과 첫째 무상거래, 둘째 통상적인 거래 관행에 비추어 볼 때 현저히 낮거나 높은 가격으로 거래한 경우, 셋째 재산을 증여하거나 해당 법인의 채무를 면제 · 인수 또는 변제하는 경우, 넷째 저가로 출자를 하는 경우에는 그 특정법인의 주주 등이 증여받은 것으로 보아 증여세를 과세한다(상속세 및 증여세법 제45조의 5, 상속세 및 증여세법 시행령 제34조의 4 제4항 · 제6항). "현저히 낮거나 높은 대가"란 각각 해당 재산 및 용역의 시가와 대가(출자한 재산에 대하여 교부받은 주식 등의 액면 가액의 합계액)와의 차액이 시가의 30% 이상이거나 그 차액이 3억 원 이상인 경우의 해당 가액을 말한다(상속세 및 증여세법 시행령 제34조의 4 제7항). 따라서 특수관계인이 아닌 기업과의 차이가 30% 이상이거나 3억 원 이상의 차이가 나지 않도록 유의하여야 한다.

▲▼ 증여의 금액

그 특정법인의 이익에 특정법인의 주주의 주식보유비율을 곱하여 계산한 금액을 그 특정법인의 주주가 증여받은 것으로 본다(상속세 및 증여세법 제45조의 5 제1항). 그 금액이 1억 원 이상인 경우만 증여세를 과세한다(상속세 및 증여세법 시행령 제34조의 4 제5항).

특정법인의 이익은 특정법인이 얻은 이익에서 이로 인한 법인세 등을 차감한 금액이다(상속세 및 증여세법 시행령 제34조의 4 제4항). 특정법인이 얻은 이익은 재산을 증여하거나 법인의 채무를 면제, 인수 또는 변제하는 경우에는 증여재산가액 또는 그 면제, 인수 또는 변제로 인하여 해당 법인이 얻는 이익에 상당하는 금액을 말하고, 기타의 경우에는 시가와 대가와의 차액에 상당하는 금액이다(상속세 및 증여세법 시행령 제34조의 4 제4항 제1호). 차감하는 법인세 등은 법인세 산출세액에서 공제 · 감면액을 뺀 금액에 특정법인이 얻은 이익이 각 사업연도의 소득금액에서 차지하는 비율을 곱하여 계산한다(상속세 및 증여세법 시행령 제34조의 4 제4항 제2호).

주식보유비율은 결손금이 있는 법인과 휴업 또는 폐업 중인 법인인 경우 그 특정법인의 최대주주 등의 주식의 비율(상속세 및 증여세법 시행령 제34조의 4 제5항 제1호), 기타의 경우 그 특정법인의 지배주주 등의 주식보유비율을 말한다(상속세 및 증여세법 시행령 제34조의 4 제5항 제2호).

예를 들어 지배주주가 기업의 평가금액이 310억 원인 주식의 10%(31억 원 상당)를 특정법인에 증여하는 경우 지배주주의 지분비율이 39%인 경우 나머지 특수관계인에게 61%인 19억 원만큼 자산가치가 증가한다. 주식을 평가할 때 자산가치가 40% 반영되므로 총 약 8억 원이 지분비율대로 증여된 것으로 증여세가 과세될 것으로 본다.

2 가업의 주주 · 임원거래 관리

2.1 법률적 문제

개요

기업경영에서 주주 또는 이사가 회사와 거래하는 경우에는 법적인 제한이 많으니 유의하여야 한다. 이사와 주주 및 회사 간의 거래가 대표적이다.

이사회 승인

① 법령의 규정

회사가 이사와 주요주주, 그 친족 및 관계회사와 거래를 하려면 이사회의 승인을 받아야 한다. 이 경우 이사회의 승인은 이사 3분의 2 이상의 수로써 하여야 하고, 그 거래의 내용과 절차는 공정하여야 한다(상법 제398조). 결의에 관하여 특별한 이해관계가 있는 자는 의결권을 행사하지 못한다(상법 제391조 제3항, 상법 제368조 제3항).

이사와 회사 간의 거래에 대하여 이사회의 승인을 받도록 정한 것은 이사가 그 지위를 이용하여 회사와 직접 거래를 하거나 이사 자신의 이익을 위하여 회사와 제3자 간에 거래를 함으로써 이사 자신의 이익을 도모하고 회사 또는 주주에게 손해를 입히는 것을 방지하고자 하는 것이다(대법원 2013.9.12. 선고, 2011다57869 판결).

② 당사자의 범위

친족이란 배우자, 직계존비속, 배우자의 직계존비속을 말하고, 회사, 이사 및 주요주주 그리고 그 친족이 50% 이상 주주인 관계회사도 포함한다(상법 제398조). 주요주주란 발행주식 총수의 10% 이상의 주식을 소유하거나 이사 · 집행임원 · 감사의 선임과 해임 등 상장회사의 주요 경영사항에 대하여 사실상의 영향력을 행사하는 주주를 말한다(상법 제542조의 8 제2항 제6호).

③ 이사의 설명의무

이사와 회사 사이의 이익 상반거래가 비밀리에 행해지는 것을 방지하고 그 거래의 공정성을 확보함과 아울러 이사회에 의한 적정한 직무감독권의 행사를 보장하기 위해서는 그 거래와 관련된 이사는 이사회의 승인을 받기에 앞서 이사회에 그 거래에 관한 자기의 이해관계 및 그 거래에 관한 중요한 사실들을 개시하여야 할 의무가 있다. 만일 이러한 사항들이 이사회에 개시되지 아니한 채 그 거래가 이익 상반거래로서 공정한 것인지 여부가 심의된 것이 아니라 단순히 통상의 거래로서 이를 허용하는 이사회의 결의가 이루어진 것에 불과한 경우 등에는 이사회의 승인이 있다고 할 수는 없다(대법원 2007.5.10. 선고, 2005다4284 판결).

④ 묵시적 추인

회사가 이익 상반거래를 묵시적으로 추인하였다고 보기 위해서는 그 거래에 대하여 승인 권한을 갖고 있는 이사회가 그 거래와 관련된 이사의 이해관계 및 그와 관련된 중요한 사실들을 지득한 상태에서 그 거래를 추인할 경우 원래 무효인 거래가 유효로 전환됨으로써 회사에 손해가 발생할 수 있고 그에 대하여 이사들이 연대책임을 부담할 수 있다는 점을 용인하면서까지 추인에 나아갔다고 볼 만한 사유가 인정되어야 한다(대법원 2007.5.10. 선고, 2005다4284 판결).

⑤ 주주총회와의 관계

회사의 이사에 대한 채무부담행위가 이사의 자기거래에 해당하여 이사회의 승인을 요한다고 할지라도, 동 규정의 취지가 회사 및 주주에게 예기치 못한 손해를 끼치는 것을 방지함에 있다고 할 것이므로, 그 채무부담행위에 대하여 사전에 주주 전원의 동의가 있었다면 회사는 이사회의 승인이 없었음을 이유로 그 책임을 회피할 수 없는 것이다(대법원 1992.3.31. 선고, 91다16310 판결).

이사와 회사 사이의 이익 상반거래에 대한 승인은 주주 전원의 동의가 있다거나 그 승인이 정관에 주주총회의 권한사항으로 정해져 있다는 등의 특별한 사정이 없는 한 이사회의 전결사항이라 할 것이므로, 이사회의 승인을 받지 못한 이익 상반거래에 대하여 아무런 승인 권한이 없는 주주총회에서 사후적으로 추인 결의를 하였다 하여 그 거래가 유효하게 될 수는 없다(대법원 2007.5.10. 선고, 2005다4284 판결).

⑥ 승인의 예외

이사와 회사 사이의 거래라고 하더라도 양자 사이의 이해가 상반되지 않고 회사에 불이익을 초래할 우려가 없는 때에는 이사회의 승인을 얻을 필요가 없다(대법원 2000.9.26. 선고, 99다54905 판결 참조)(대법원 2010.3.11. 선고, 2007다71271 판결).

이사가 회사에 대하여 담보 약정이나 이자 약정 없이 금전을 대여하는 행위와 같이 성질상 회사와 이사 사이의 이해충돌로 인하여 회사에 불이익이 생길 염려가 없는 경우에는 이사회의 승인을 거칠 필요가 없다(대법원 2010.1.14. 선고, 2009다55808 판결).

⑦ 이사와 자회사와의 거래

자회사가 모회사의 이사와 거래를 한 경우에는 설령 모회사가 자회사의 주식 전부를 소유하고 있더라도 모회사와 자회사는 별개의 법인격을 가진 회사이고, 그 거래로 인한 불이익이 있더라도 그것은 자회사에게 돌아갈 뿐 모회사는 간접적인 영향을 받는 데 지나지 아니하므로, 자회사의 거래를 곧바로 모회사의 거래와 동일하게 볼 수는 없다. 따라서 모회사의 이사와 자회사의 거래는 모회사와의 관계에서 「상법」 제398조가 규율하는 거래에 해당하지 아니하고, 모회사의 이사는 그 거래에 관하여 모회사 이사회의 승인을 받아야 하는 것이 아니다(대법원 2013.9.12. 선고, 2011다57869 판결).

⑧ 이해충돌의 범위

두 회사의 대표이사를 겸하고 있던 자에 의하여 두 회사 사이의 매매계약은 이사의 자기거래에 해당하고, 그 거래에 대하여 이사회의 승인이 없었던 경우 상대방 회사에 대한 관계에 있어서 무효이다(대법원 1996.5.28. 선고, 95다12101 판결). 이와 같이 법인과 이사의 이익이 상반하는 사항은 법인과 이사가 직접 거래의 상대방이 되는 경우뿐 아니라, 이사의 개인적 이익과 법인의 이익이 충돌하고 이사에게 선량한 관리자로서의 의무 이행을 기대할 수 없는 사항은 모두 포함한다고 할 것이고, 형식상 전혀 별개의 법인 대표를 겸하고 있는 자가 양쪽 법인을 대표하여 계약을 체결하는 경우는 쌍방대리로서 특별한 사정이 없는 이상 이사의 개인적 이익과 법인의 이익이 충돌할 염려가 있는 경우에 해당한다고 볼 것이다(대법원 1984.12.11. 선고, 84다카1591 판결, 대법원 1996.5.28. 선고, 95다12101, 12118 판결 참조)(대법원 2013.11.28. 선고, 2010다91831 판결). 별개 두 회사의 대표이사를 겸하고 있는 자가 어느 일방 회사의 채무에 관하여 나머지 회사를 대표하여 연대보증을 한 경우에도 역시 동 규정이 적용되는 것으로 보아야 한다. 별개 두 회사의 대표이사를 겸하고 있는 자가 어느 일방 회사의 채무에 관하여 타 회사를 대표하여 연대보증을 한 경우, 회사가 이 거래가 이사회의 승인을 얻지 못하여 무효라는 것을 거래의 상대방인 제3자에게 주장하기 위해서는 거래의 안전과 선의의 제3자를 보호할 필요상 이사회의 승인을 얻지 못하였다는 것 외에 거래의 상대방인 제3자가 이사회의 승인 없음을 알았다는 사실을 주장 입증하여야만 한다(대법원 1984.12.11. 선고, 84다카1591 판결).

⑨ 거래의 사례

회사와 이사 사이에 이해가 충돌될 염려가 있는 이사의 회사에 대한 금전대여행위는 이사의 자기거래행위에 해당하여 이사회의 승인을 거쳐야 한다(대법원 2010.1.14. 선고, 2009다55808 판결).

⑩ 이사회 없는 거래의 효력

이사가 이사회의 결의를 거쳐야 할 대외적 거래행위에 관하여 이를 거치지 아니한 경우라도, 이와 같은 이사회 결의사항은 회사의 내부적 의사결정에 불과하다 할 것이므로, 그 거래 상대방이 그와 같은 이사회 결의가 없었음을 알았거나 알 수 있었을 경우가 아니라면 그 거래행위는 유효하다 할 것이다(대법원 2005.7.28. 선고, 2005다3649 판결, 대법원 2012.8.17. 선고, 2012다45443 판결 등 참조). 이때 거래 상대방이 이사회 승인이 없음을 알았거나 알 수 있었던 사정 또는 이사회 결의가 없음을 알았거나 알 수 있었던 사정은 이를 주장하는 회사가 주장 · 증명하여야 할 사항에 속하므로 특별한 사정이 없는 한 거래 상대방으로서는 회사의 대표자가 거래에 필요한 회사의 내부절차는 마쳤을 것으로 신뢰하였다고 보는 것이 일반 경험칙에 부합하는 해석이라 할 것이다(대법원 2005.5.27. 선고, 2005다480 판결, 대법원 2009.3.26. 선고, 2006다47677 판결 등 참조)(대법원 2014.6.26. 선고, 2012다73530 판결).

이사회의 승인 없이 행하여진 이른바 이사의 자기거래행위는 회사와 이사 간에서는 무효이지만, 회사가 동 거래를 이사회의 승인을 얻지 못하여 무효라는 것을 제3자에 대하여 주장하기 위해서는 이사회의 승인을 얻지 못하였다는 것 외에 제3자가 이사회의 승인 없음을 알았거나 이를 알지 못한 데 중대한 과실이 있음을 증명하여야 한다(대법원 2004.3.25. 선고, 2003다64688 판결, 대법원 2005.5.27. 선고, 2005다480 판결 등 참조). 예를 들어 어음의 발행 또는 배서행위가 동 규정에 저촉되는 경우에도 어음취득자의 악의를 주장 입증하여야만 어음발행의 무효를 주장할 수 있다(대법원 1978.3.28. 선고, 78다4 판결). 그리고 이사회의 승인 없는 이사의 자기거래행위에 대하여 회사가 책임을 면하는 경우에 있어서 제3자의 중대한 과실이라 함은 제3자가 조금만 주의를 기울였더라면 이사와 회사 간의 거래로서 이사회의 승인이 필요하다는 점과 이사회의 승인을 얻지 못하였다는 사정을 알 수 있었음에도, 막연히 그 거래가 이사회의 승인을 얻은 것으로 믿는 등으로 거래통념상 요구되는 주의의무에 현저히 위반하는 것으로서 공평의 관점에서 제3자를 구태여 보호할 필요가 없다고 봄이 상당하다고 인정되는 상태를 말한다(대법원 2003.7.22. 선고, 2002다40432 판결, 대법원 2004.3.25. 선고, 2003다64688 판결 등 참조)(대법원 2013.7.11. 선고, 2013다5091 판결). 동 규정의 취지에 비추어 이사와 회사 사이의 거래가 무효임을 주장할 수 있는 자는 회사에 한정되고 특별한 사정이 없는 한 거래의 상대방이나 제3자는 그 무효를 주장할 이익이 없다고 보아야 하므로, 거래의 상대방인 당해 이사 스스로가 위 규정 위반을 내세워 그 거래의 무효를 주장하는 것은 허용되지 않는다(대법원 2012.12. 27. 선고, 2011다67651 판결).

공정위 신고

회사가 자기주식을 취득하거나 계열회사 간에 거래를 하는 경우에는 이사회의 동의를 받아야 한다. 그것이 중대한 경우에는 주주총회의 승인을 받는 경우도 있다. 또한 규모가 2천억 원이 넘는 기업은 계열사 주식 20% 이상을 취득하는 경우는 '기업결합'에 해당되어 공정거래위원회에 기업결합의 신고를 할 의무가 있다. 2천억 원이 넘는 기업은 개별회사가 2천억 원이 넘는 경우도 해당되지만 회사와 특수관계인의 회사의 자산총액 또는 매출액의 규모가 2천억 원 이상인 회사도 포함된다(독점규제 및 공정거래에 관한 법률 시행령 제18조 제1항). 신고대상에는 회사가 특수관계회사의 주식 20%(상장회사인 경우 15%)을 소유하거나, 최다출자자가 되는 경우, 임원겸임의 경우, 특수관계법인과 새로운 회사 설립에 참여하여 그 회사의 최다출자자가 되는 경우가 포함된다(독점규제 및 공정거래에 관한 법률 제12조 제1항). 특수관계인이란 회사를 사실상 지배하고 있는 자, 동일인관련자, 경영을 지배하려는 공동의 목적을 가지고 당해 기업결합에 참여하는 자를 말한다(독점규제 및 공정거래에 관한 법률 시행령 제11조). 동일인 관련자에는 배우자, 6촌 이내의 혈족, 4촌 이내의 인척 등이 포함된다(독점규제 및 공정거래에 관한 법률 시행령 제3조 제1호).

2016년 상호출자제한 기업집단(대기업 집단) 지정 기준이 자산 5조원 이상에서 자산 10조원 이상으로 완화되었다. 또한 그룹의 소유자는 국내 계열사는 물론 해외 계열사의 주주와 출자 현황을 공개해야 한다. 자산 5조원 이상 중견 그룹을 '공시 대상 기업집단'으로 지정하여 기존 '대기업 집단'과 구분하여 규제한다.

▲▼ 처벌규정

위와 같은 내부자거래는 업무상배임죄가 적용될 수 있어 유의하여야 한다. 거래의 목적, 계약체결의 경위 및 내용, 거래대금의 규모 및 회사의 재정상태 등 제반 사정에 비추어 그것이 회사의 입장에서 볼 때 경영상의 필요에 의한 정상적인 거래로서 허용될 수 있는 한계를 넘어 주로 대주주나 특수관계자의 개인적인 이익을 위한 것에 불과한 경우 그 대주주와 특수관계자, 관련된 회사의 임직원들에 대하여 업무상배임죄가 성립한다(대법원 2005.4.29. 선고, 2005도856 판결).

형사상 업무상배임죄 이외에도 「상법」에는 임원의 특별배임죄를 규정하고 있다. 즉 회사의 이사, 감사 또는 사용인이 그 임무에 위배한 행위로써 재산상의 이익을 취하거나 제삼자로 하여금 이를 취득하게 하여 회사에 손해를 가한 때에는 10년 이하의 징역 또는 3천만 원 이하의 벌금에 처한다(상법 제622조 제1항)고 정하고 있다. 이러한 행위의 미수범도 처벌한다(상법 제624조).

참고로 주식의 매매에도 처벌규정이 있다. 이사, 감사 또는 사용인이 회사의 계산으로 부정하게 그 주식을 취득하거나 회사의 영업범위 외에서 투기행위를 하기 위하여 회사재산을 처분한 때는 5년 이하의 징역 또는 1천500만 원 이하의 벌금에 처한다(상법 제625조).

그러나 이 규정은 특별배임죄와 일반적인 업무상배임죄의 보충규정으로 특별배임죄 또는 업무상배임죄가 성립하는 경우에는 별도로 이 규정이 적용되지 않는다(대법원 2007. 3.15. 선고, 2004도5742 판결).

따라서 특수관계자 간의 거래를 할 때에는 상당히 공정한 조건으로 계약을 하고 이사회의 승인을 받아 거래하여야 한다.

가업승계와
100년 가업경영

PART

2

가업의 경영권 관리

Chapter 1

가업의 지배구조 관리

Chapter 2

가업의 주주 관리

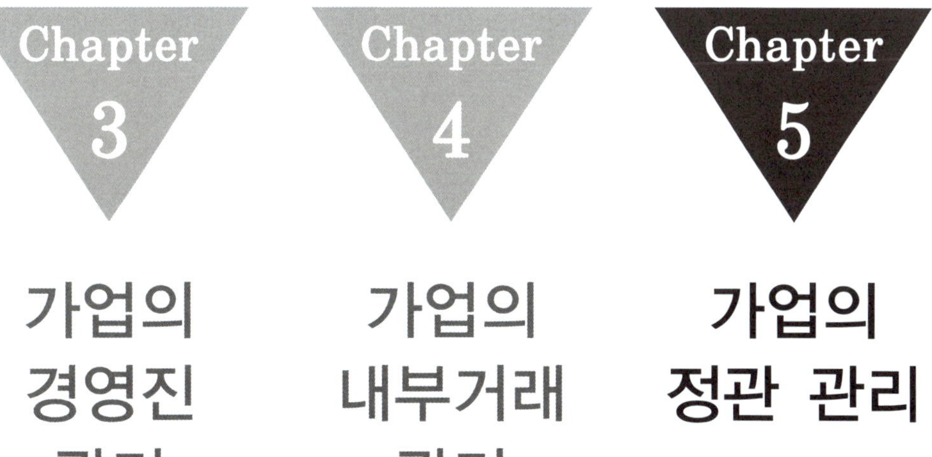
Chapter
3
가업의
경영진
관리
Chapter
4
가업의
내부거래
관리
Chapter
5
가업의
정관 관리

1 가업의 정관과 경영

기업의 정관은 국가의 헌법과 같은 기능을 가진다. 따라서 정관은 기업의 경영, 투자와 자금조달 등과 관련된 주주와 경영진의 권리와 의무를 정하고 있다. 특히 최근 적대적 인수를 막기 위해 정관 변경을 추진하는 기업들이 많다. 초・다수결의제, 황금낙하산, 이사 및 감사 해임에 대한 결의 조건을 상향, 포이즌 필 등이 그것이다. 많은 경우 주주총회의 특별결의를 통해 정관을 변경하여야 한다.

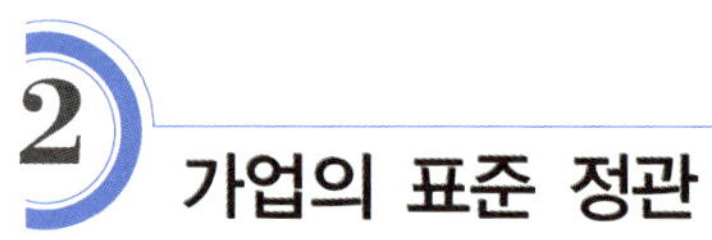

2 가업의 표준 정관

2.1 총칙의 규정

표준정관으로 코스닥협회가 제시한 코스닥상장법인 표준정관(2016.1.15. 개정)을 표로 정리하여 제시한다. 중요한 부분은 별도로 설명하였다.

〈표준정관 총칙〉(출처 : 코스닥상장법인 표준정관 2016.1.15.)

기본조항	선택조항・필요조항
제1조 【상호】 이 회사는 "○○○주식회사"라 한다. 영문으로는 ○○○(약호○○○)라 표기한다.	
제2조 【목적】 회사는 다음의 사업을 영위함을 목적으로 한다. 1. 2.	

기본조항	선택조항 · 필요조항
5. 기타 위에 부대되는 사업	
제 3 조 【본점의 소재지】 ① 회사의 본점은 ○○에 둔다. ② 회사는 이사회의 결의로 국내외에 지점, 출장소, 사무소 및 현지법인을 둘 수 있다.	
제 4 조 【공고방법】 회사의 공고는 ○○시에서 발행되는 ○○신문에 한다.	선택조항 상장법인으로 전자공고 제도를 시행하는 경우 다음과 같은 조항을 둘 수 있다. 제 4 조 【공고방법】 회사의 공고는 회사의 인터넷 홈페이지(www.○○○.△△△)에 한다. 다만, 전산장애 또는 그 밖의 부득이한 사유로 회사의 인터넷홈페이지에 공고를 할 수 없는 때에는 ○○시에서 발행되는 ○○신문에 한다.

Tip

- 제1조에서 회사의 상호를 기재함에 있어 "주식회사"라는 문자는 반드시 포함시켜야 하지만(상법 제19조) 그 형식에는 제한이 없으므로 "○○○주식회사"와 "주식회사○○○"이 모두 가능함.

2.2 주식의 규정

표준정관 안

〈표준정관 주식〉(출처 : 코스닥상장법인 표준정관 2016.1.15.)

기본조항	선택조항 · 필요조항
제 5 조 【발행예정주식총수】 회사가 발행할 주식의 총수는 ○○주로 한다.	
제 6 조 【설립 시에 발행하는 주식의 총수】 회사가 설립 시에 발행하는 주식의 총수는 ○○주(1주의 금액 ○○원 기준)로 한다.	
제 7 조 【1주의 금액】 주식 1주의 금액은 ○○원으로 한다.	선택조항 • 무 액면주를 발행하는 경우는 다음과 같다.

기본조항	선택조항 · 필요조항
	제 7 조【무 액면주식의 발행】① 회사가 발행하는 주식은 무 액면주식으로 한다. ② 신주를 발행하는 경우 신주의 발행가액 중 자본금으로 계상하는 금액은 총 발행가액의 2분의 1 이상 범위에서 발행 시 이사회에서 정한다.
제 8 조【주권의 종류】회사의 주권은 1주권, 5주권, 10주권, 50주권, 100주권, 500주권, 1,000주권 및 10,000주권의 8종류로 한다.	
	선택조항 제 9 조【주식의 종류】① 회사가 발행할 주식은 보통주식과 종류주식으로 한다. ② 회사가 발행하는 종류주식은 이익배당 또는 잔여재산분배에 관한 우선주식, 의결권 배제 또는 제한에 관한 주식, 상환주식, 전환주식 및 이들의 전부 또는 일부를 혼합한 주식으로 한다.
	선택조항 제 9 조의 2 (1)【이익배당, 의결권 배제 및 주식의 상환에 관한 종류주식】① 회사는 이익배당, 의결권 배제 및 주식의 상환에 관한 종류주식(이하 이 조에서 "종류주식"이라 한다)을 발행할 수 있다. ② 제5조의 발행예정주식총수 중 종류주식의 발행한도는 ○○주로 한다. ③ 종류주식에 대하여는 우선 배당한다. 종류주식에 대한 우선배당은 1주의 금액을 기준으로 연 ○○% 이상 ○○% 이내에서 발행 시에 이사회가 정한 배당률에 따라 현금으로 지급한다. ④ 종류주식에 대하여 제3항에 따른 배당을 하고 보통주식에 대하여 종류주식의 배당률과 동률의 배당을 한 후, 잔여배당가능이익이 있으면 보통주식과 종류주식에 대하여 동등한 비율로 배당한다. ⑤ 종류주식에 대하여 제3항에 따른 배당을 하지 못한 사업연도가 있는 경우에는 미 배당분을

기본조항	선택조항 · 필요조항
	누적하여 다음 사업연도의 배당 시에 우선하여 배당한다. ⑥ 종류주식의 주주에게는 종류주식에 대하여 제3항에 따른 배당을 하지 아니한다는 결의가 있는 총회의 다음 총회부터 그 우선적 배당을 한다는 결의가 있는 총회의 종료 시까지는 의결권이 있다. ⑦ 회사는 이사회 결의로 종류주식을 상환할 수 있다. ⑧ 주주는 회사에 대하여 종류주식의 상환을 청구할 수 있다. ⑨ 상환가액은 발행가액에 발행가액의 ○○%를 넘지 않는 범위 내에서 발행 시 이사회에서 정한 금액을 더한 가액으로 한다. 다만, 상환가액을 조정하려는 경우 이사회에서 조정할 수 있다는 뜻, 조정사유, 조정방법 등을 정하여야 한다. ⑩ 상환기간(또는 상환청구 기간)은 종류주식의 발행 후 ○월이 경과한 날로부터 ○년이 되는 날의 범위 내에서 발행 시 이사회 결의로 정한다. ⑪ 회사는 주식의 취득의 대가로 현금이외의 유가증권이나(다른 종류의 주식은 제외한다) 그 밖의 자산을 교부할 수 있다.
	선택조항 **제 9 조의 2 (2) 【이익배당, 의결권 배제 및 주식의 전환에 관한 종류주식】** ① 회사는 이익배당, 의결권 배제 및 주식의 전환에 관한 종류주식(이하 이 조에서 "종류주식"이라 한다)을 발행할 수 있다. ②~⑥ (상 동) ⑦ 종류주식의 주주는 발행일로부터 ○년이 경과하면 종류주식을 전환할 것을 청구할 수 있다. ⑧ 회사는 발행일로부터 ○년이 경과한 후 다음 각 호의 어느 하나에 해당하는 경우 종류주식을 전환할 수 있다.

기본조항	선택조항 · 필요조항
	1. ················· 2. ················· 3. ················· ⑨ 제7항 또는 제8항의 전환으로 인하여 발행할 주식은 보통주식으로 하고, 그 전환비율은 종류주식 1주 당 전환으로 인하여 발행하는 주식 1주로 한다. ⑩ 제7항 또는 제8항에 따라 발행되는 신주에 대한 이익의 배당에 관하여는 제13조를 준용한다.
	선택조항 **제 9 조의 2 (3) 【이익배당, 의결권 제한 및 주식의 상환에 관한 종류주식】** ① 회사는 이익배당, 의결권 제한 및 주식의 상환에 관한 종류주식(이하 이 조에서 "종류주식"이라 한다)을 발행할 수 있다. ②~⑤ (상 동) ⑥ 종류주식은 다음 각 호의 경우 의결권이 없다. 1. ················· 2. ················· 3. ················· ⑦~⑪ (상 동)
	선택조항 **제 9 조의 2 (4) 【이익배당, 의결권 제한 및 주식의 전환에 관한 종류주식】** ① 회사는 이익배당, 의결권 제한 및 주식의 전환에 관한 종류주식(이하 이 조에서 "종류주식"이라 한다)을 발행할 수 있다. ②~⑥ (상 동) ⑦ 종류주식의 주주는 발행일로부터 ○년이 경과하면 종류주식을 전환할 것을 청구할 수 있다. ⑧ 회사는 발행일로부터 ○년이 경과한 후 다음 각 호의 어느 하나에 해당하는 경우 종류주식을 전환할 수 있다. 1. ·················

기본조항	선택조항 · 필요조항
	2. ……………… 3. ……………… ⑨ 제7항 또는 제8항의 전환으로 인하여 발행할 주식은 보통주식으로 하고, 그 전환비율은 종류주식 1주 당 전환으로 인하여 발행하는 주식 1주로 한다. ⑩ 제7항 또는 제8항에 따라 발행되는 신주에 대한 이익의 배당에 관하여는 제13조를 준용한다.
제10조 【신주인수권】 ① 주주는 그가 소유한 주식의 수에 비례하여 신주의 배정을 받을 권리를 갖는다.	선택조항 ② 회사는 제1항의 규정에도 불구하고 다음 각 호의 어느 하나에 해당하는 경우 이사회의 결의로 주주 외의 자에게 신주를 배정할 수 있다. 1. 발행주식 총수의 100분의 ○○을 초과하지 않는 범위 내에서 자본시장과 금융투자업에 관한 법률 제165조의 6에 따라 일반 공모 증자 방식으로 신주를 발행하는 경우 2. 상법 제542조의 3에 따른 주식매수선택권의 행사로 인하여 신주를 발행하는 경우 3. 발행하는 주식총수의 100분의 20 범위 내에서 우리사주 조합원에게 주식을 우선배정 하는 경우 4. 「근로복지기본법」 제39조의 규정에 의한 우리사주매수선택권의 행사로 인하여 신주를 발행하는 경우 5. 발행주식 총수의 100분의 ○○을 초과하지 않는 범위 내에서 긴급한 자금조달을 위하여 국내외 금융기관 또는 기관 투자자에게 신주를 발행하는 경우 6. 발행주식 총수의 100분의 ○○을 초과하지 않는 범위 내에서 사업상 중요한 기술도입, 연구개발, 생산 · 판매 · 자본제휴를 위하여 그 상대방에게 신주를 발행하는 경우 필요조항 7. 주권을 코스닥시장에 상장하기 위하여 신주를

기본조항	선택조항 · 필요조항
	모집하거나 인수인에게 인수하게 하는 경우 선택조항 ③ 제2항 각 호 중 어느 하나의 규정에 의해 신주를 발행할 경우 발행할 주식의 종류와 수 및 발행가격 등은 이사회의 결의로 정한다. ④ 신주인수권의 포기 또는 상실에 따른 주식과 신주배정에서 발생한 단주에 대한 처리방법은 이사회의 결의로 정한다.
	선택조항 제12조 【주식매수선택권】 ① 회사는 주주총회의 특별결의로 발행주식 총수의 100분의 ○○ 범위 내에서 주식매수선택권을 부여할 수 있다. 다만, 상법 제542조의 3 제3항(상장회사의 주식매수선택권)의 규정에 따라 발행주식 총수의 100분의 ○○범위 내에서 이사회의 결의로 주식매수선택권을 부여할 수 있다. 이 경우 주식매수선택권은 경영성과 또는 주가지수 등에 연동하는 성과연동형으로 부여할 수 있다. ② 제1항 단서의 규정에 따라 이사회 결의로 주식매수선택권을 부여한 경우에는 그 부여 후 처음으로 소집되는 주주총회의 승인을 얻어야 한다. ③ 제1항의 규정에 의한 주식매수선택권 부여대상자는 회사의 설립 · 경영과 기술혁신 등에 기여하거나 기여할 수 있는 회사의 이사 · 감사 또는 피용자 및 상법 시행령 제30조 제1항이 정하는 관계회사의 이사 · 감사 또는 피용자로 한다. 다만, 회사의 이사에 대하여는 이사회의 결의로 주식매수선택권을 부여할 수 없다. ④ 제3항의 규정에 불구하고 상법 제542조의 8 제2항의 최대주주와 그 특수관계인 및 주요주주와 그 특수관계인에게는 주식매수선택권을 부여할 수 없다. 다만, 회사 또는 제3항의 관계회사의 임원이 됨으로써 특수관계인에 해당하게 된 자(그 임원이 계열회사의 상무에 종사하

기본조항	선택조항 · 필요조항
	지 아니하는 이사 · 감사인 경우를 포함한다)에게는 주식매수선택권을 부여할 수 있다. ⑤ 임원 또는 직원 1인에 대하여 부여하는 주식매수선택권은 발행주식 총수의 100분의 ○을 초과할 수 없다. ⑥ 다음 각 호의 어느 하나에 해당하는 경우에는 이사회의 결의로 주식매수선택권의 부여를 취소할 수 있다. 1. 주식매수선택권을 부여받은 자가 본인의 의사에 따라 사임 또는 사직한 경우 2. 주식매수선택권을 부여받은 자가 고의 또는 과실로 회사에 중대한 손해를 입힌 경우 3. 회사의 파산 등으로 주식매수선택권의 행사에 응할 수 없는 경우 4. 기타 주식매수선택권 부여계약에서 정한 취소사유가 발생한 경우 ⑦ 회사는 주식매수선택권을 다음 각 호의 1에서 정한 방법으로 부여한다. 1. 주식매수선택권의 행사가격으로 보통주식(또는 종류주식)을 발행하여 교부하는 방법 2. 주식매수선택권의 행사가격으로 보통주식(또는 종류주식)의 자기주식을 교부하는 방법 3. 주식매수선택권의 행사가격과 시가와의 차액을 현금 또는 자기주식으로 교부하는 방법 ⑧ 주식매수선택권을 부여받은 자는 제1항의 결의일부터 2년 이상 재임 또는 재직한 날부터 ○년 내에 권리를 행사할 수 있다. 다만, 제1항의 결의일로부터 2년 내에 사망하거나 그 밖에 본인의 책임이 아닌 사유로 퇴임 또는 퇴직한 자는 그 행사기간 동안 주식매수선택권을 행사할 수 있다. ⑨ 주식매수선택권의 행사로 인하여 발행한 신주에 대한 이익의 배당에 관하여는 제13조의 규정을 준용한다.

기본조항	선택조항 · 필요조항
	선택조항 제12조의 2【우리사주매수선택권】① 회사는 주주총회의 특별결의로 우리사주 조합원에게 발행주식 총수의 100분의 ○○ 범위 내에서 근로복지기본법 제39조의 규정에 의한 우리사주매수선택권을 부여할 수 있다. 다만, 발행주식 총수의 100분의 ○○ 범위 내에서는 이사회의 결의로 우리사주매수선택권을 부여할 수 있다. ② 우리사주매수선택권의 행사로 발행하거나 양도할 주식은 보통주식으로 한다. ③ 삭제 ④ 우리사주매수선택권을 부여받은 자는 제1항의 결의일부터 6월 이상 2년 이하의 기간 이내에 권리를 행사할 수 있다. 다만, 제1항의 결의로 그 기간 중 또는 그 기간 종료 후 일정한 행사기간을 정하여 권리를 행사하게 할 수 있다. ⑤ 우리사주매수선택권의 행사가격은 근로복지기본법 시행규칙 제14조의 규정이 정하는 평가가격의 100분의 70 이상으로 한다. 다만, 주식을 발행하여 교부하는 경우로서 행사가격이 당해 주식의 권면액보다 낮은 때에는 그 권면액을 행사가격으로 한다. ⑥ 다음 각 호의 어느 하나에 해당하는 경우에는 이사회의 결의로 우리사주매수선택권의 부여를 취소할 수 있다. 1. 우리사주매수선택권을 부여받은 우리사주조합원이 고의 또는 과실로 회사에 중대한 손해를 끼친 경우 2. 회사의 파산 또는 해산 등으로 우리사주매수선택권의 행사에 응할 수 없는 경우 3. 기타 우리사주매수선택권 부여계약에서 정한 취소사유가 발생한 경우 ⑦ 우리사주매수선택권의 행사로 인하여 발행한 신주에 대한 이익의 배당에 관하여는 제13조의 규정을 준용한다.

기본조항	선택조항 · 필요조항
제13조【신주의 배당기산일】 회사가 유상증자, 무상증자 및 주식배당에 의하여 발행한 신주에 대한 이익의 배당에 관하여는 신주를 발행한 때가 속하는 영업연도의 직전영업연도 말에 발행된 것으로 본다.	
제14조【주식의 소각】 회사는 이사회의 결의에 의하여 회사가 보유하는 자기주식을 소각할 수 있다.	
	선택조항 제15조【명의개서 대리인】 ① 회사는 주식의 명의개서 대리인을 둔다. ② 명의개서 대리인 및 그 영업소와 대행업무의 범위는 이사회의 결의로 정한다. ③ 회사는 주주명부 또는 그 복본을 명의개서 대리인의 사무취급 장소에 비치하고, 주식의 명의개서, 질권의 등록 또는 말소, 신탁재산의 표시 또는 말소, 주권의 발행, 신고의 접수, 기타 주식에 관한 사무는 명의개서 대리인으로 하여금 취급케 한다. ④ 제3항의 사무취급에 관한 절차는 명의개서 대리인의 증권명의개서 대행업무규정에 따른다.
	선택조항 제16조【주주 등의 주소, 성명 및 인감 또는 서명 등 신고】 ① 주주와 등록 질권자는 그 성명, 주소 및 인감 또는 서명 등을 명의개서 대리인에게 신고하여야 한다. ② 외국에 거주하는 주주와 등록 질권자는 대한민국 내에 통지를 받을 장소와 대리인을 정하여 신고하여야 한다. ③ 제1항 및 제2항에 정한 사항에 변동이 있는 경우에도 이에 따라 신고하여야 한다.
	선택조항 제16조의 2【주주명부】 회사의 주주명부는 상

기본조항	선택조항 · 필요조항
	법 제352조의 2에 따라 전자문서로 작성한다.
제17조 【주주명부의 폐쇄 및 기준일】 ① 회사는 매년 ○월 ○일부터 ○월○일까지 주주의 권리에 관한 주주명부의 기재변경을 정지한다. ② 회사는 매년 ○월 ○일 현재 주주명부에 기재되어 있는 주주를 그 결산기에 관한 정기주주총회에서 권리를 행사할 주주로 한다. ③ 회사는 임시주주총회의 소집 기타 필요한 경우 이사회의 결의로 3월을 경과하지 아니하는 일정한 기간을 정하여 권리에 관한 주주명부의 기재변경을 정지하거나, 이사회의 결의로 3월 내로 정한 날에 주주명부에 기재되어 있는 주주를 그 권리를 행사할 주주로 할 수 있다. 이 경우 이사회는 필요하다고 인정하는 때에는 주주명부의 기재변경 정지와 기준일의 지정을 함께 할 수 있다. 이 경우 회사는 주주명부 폐쇄기간 또는 기준일의 2주간 전에 이를 공고하여야 한다.	

Tip

- 제9조의 2(1)에서 제시하는 종류주식의 유형은 코스닥상장법인이 가장 많이 이용할 것으로 예상되는 내용을 조합하여 예시한 것이므로, 회사가 필요에 따라 혼합방법을 달리하여 다양한 형태의 종류주식을 만들 수 있음. 이에 따라 2가지 이상의 종류주식을 발행하고자 하는 경우 각 종류주식별로 조문을 두고 그 수와 내용을 기재해야 함. 제3항의 경우 무 액면주식을 발행하는 경우 '○○%'를 '○○원'으로, '배당률'을 '배당액'으로 수정함. 제4항의 경우 종류주식에 대한 배당을 비참가적으로 하고자 하는 경우에는 제4항을 '종류 주식은 보통주식의 배당에 참가하지 아니한다.'로 수정해야 함. 제5항의 경우 종류주식에 대한 배당을 비누적적으로 하고자 하는 경우에는 미배당분이 다음 사업연도로 이연되지 아니한다는 취지의 규정을 두어야 함. 제6항의 경우 의결권을 부활하지 않게 할 경우 제6항을 삭제해야 함. 제7항의 경우 상환의 여부를 주주만이 선택할 수 있도록 할 경우에는 제7항을 삭제해야 함. 제8항의 경우 상환의 여부를 회사만이 선택할 수 있도록 할 경우에는 제8항을 삭제해야 함.
- 제9조의 2(2)는 이익배당, 의결권 배제 및 주식의 전환에 관한 종류주식을 발행하고자 하는 경우 제9조의 2 규정임. 제7항의 경우 전환의 여부를 회사만이 선택할 수 있도록 할 경우에는 제7항을 삭제해야 함. 제8항의 경우 전환의 여부를 주주만이 선택할 수 있도록 할 경우에는 제8항을 삭제해야 함.
- 제9항의 경우 전환으로 인하여 발행할 주식의 종류는 상기의 보통주식 외에 다른 종류주

식으로도 가능함(다만, 상환 및 전환에 관한 종류주식은 불가함).

- 제9조의 2(3)은 의결권의 배제 대신 의결권의 제한에 관한 종류주식을 발행할 경우임.
- 제9조의 2(4)는 이익배당, 의결권 제한 및 주식의 전환에 관한 종류주식을 발행하고자 하는 경우임. 제9항의 경우 전환으로 인하여 발행할 주식의 종류는 상기의 보통주식 외에 다른 종류주식으로도 가능함(단, 상환 및 전환에 관한 종류주식은 불가함)
- 제10조 제2항 제5호 및 제6호는 제3자 배정 신주발행을 위한 정관규정을 예시한 것으로 회사의 필요에 따라 그 목적 또는 대상을 표준정관의 예시와는 다르게 정할 수 있음. 제3자 배정 신주발행을 위한 근거를 정관에 규정하는 경우 그 목적과 대상을 구체적으로 정하여야 하며, 목적을 특정하지 않거나 대상을 '개인', '투자자', '법인' 등과 같이 정해서는 안 됨. 정관에 제3자 배정 신주발행의 목적과 대상을 구체적으로 규정하는 경우에도 그 한도를 지나치게 높게 설정하면 주주의 신주인수권을 침해할 소지가 있으므로 제5호 및 제6호와 같은 제3자 배정 신주발행의 한도를 '발행주식 총수의 20%' 내외로 정할 것을 권고함. 신규로 주권을 코스닥시장에 상장하고자 하는 회사는 "주권을 코스닥시장에 상장하기 위하여 신주를 모집하거나 인수인에게 인수하게 하는 경우"와 같은 주주의 신주인수권 배제근거를 정관에 규정하여야 함. 제3항의 경우 코스닥 법인의 발행가격은 증권의 발행 및 공시 등에 관한 규정 제5－18조에 따라 산정하여야 함. 제3항의 경우 코스닥 법인이 실권 주를 철회하지 않고 발행하고자 하는 경우에는 증권의 발행 및 공시 등에 관한 규정 제5－15조의 2에 따라 산정한 가격 이상으로 신주를 발행하여야 함. 제4항의 경우 신주를 배정하는 경우 그 기일까지 신주인수의 청약을 하지 아니하거나 그 가액을 납입하지 아니한 주식(실권 주)은 자본시장과 금융투자업에 관한 법률 제165조의 6제2항에 따라 처리하여야 하며, 신주발행에 관한 이사회 결의 시 그 처리 방법을 정하여야 함
- 제12조에서 집행임원을 두는 경우 주식매수선택권의 부여대상자를 이사·감사에서 이사·감사·집행임원으로 수정해야 함. 제1항의 경우 이사회 결의로 부여할 수 있는 주식매수선택권의 한도는 최근 사업연도 말 현재의 자본금을 기준으로 ⅰ) 3천억 원 이상인 법인은 발행주식 총수의 100분의 1에 해당하는 주식 수, ⅱ) 3천억 원 미만인 법인은 발행주식 총수의 100분의 3에 해당하는 주식수임(상법 시행령 제30조 제4항).
- 제12조의 2에서 우리사주매수선택권제도를 도입하고자 하는 회사는 정관에 그 근거를 규정하여야 함(근로복지기본법 제39조 제2항). 제2항의 경우 우리사주매수선택권의 행사로 발행하거나 양도할 주식의 종류는 회사가 선택하여 정관에 규정할 수 있음(근로복지기본법 제39조 제2항 제2호).
- 제12조의 2는 주주명부를 전자문서로 작성하는 경우임.

주식의 거래제한

주주는 주식을 자유로이 거래할 수 있다. 그러나 생각지도 않은 주주가 경영에 관여하는 경우 불편한 경우가 있다. 이런 경우 주식거래에 대하여 제한을 할 수가 있다.

주주는 주식을 자유로이 처분할 수 있지만 회사가 정관으로 정하는 바에 따라 주식

양도를 이사회의 승인을 받도록 하는 경우 이사회의 승인을 얻지 않은 주식의 양도는 회사에 대해 효력이 없다(상법 제335조). 주주 사이에는 무효는 아니다(대법원 2008.7.10. 선고, 2007다14193 판결). 그러나 정관이나 특약으로 주식 양도를 원천적으로 금지할 수는 없다. 설립 후 일정기간 일체 주식의 양도를 금지한다고 정관으로 규정하더라도 주주의 투하자본회수의 가능성을 전면적으로 부정하는 것으로서 무효이다(대법원 2000.9.26. 선고, 99다48429 판결). 주주가 주식을 회사, 대주주 또는 경영진이 원하지 않는 사람에게 양도하려고 하는 경우, 회사는 회사가 직접 주식을 인수하거나 회사에 우호적인 사람을 지정해서 그 사람이 주식을 취득하게 할 수 있다. 회사는 원칙적으로 자기주식을 취득할 수 없지만 이러한 경우에는 예외적으로 자기주식을 취득할 수 있다.

주식의 양도에 관하여 이사회의 승인을 얻어야 하는 경우에는 주식을 양도하고자 하는 주주는 회사에 대하여 양도의 상대방 및 양도하고자 하는 주식의 종류와 수를 기재한 서면으로 양도의 승인을 청구하고(상법 제335조의 2 제1항), 회사는 청구가 있는 날부터 1월 이내에 주주에게 그 승인여부를 서면으로 통지하여야 하며(상법 제335조의 2 제2항), 회사가 기간 내에 주주에게 거부의 통지를 하지 아니한 때에는 주식의 양도에 관하여 이사회의 승인이 있는 것으로 본다(상법 제335조의 2 제3항). 양도승인거부의 통지를 받은 주주는 통지를 받은 날부터 20일 내에 회사에 대하여 양도의 상대방의 지정 또는 그 주식의 매수를 청구할 수 있다(상법 제335조의 2 제4항, 상법 제335조의 7 제1항). 주주가 양도의 상대방을 지정하여 줄 것을 청구한 경우에는 이사회는 이를 지정하고, 그 청구가 있은 날부터 2주간 내에 주주 및 지정된 상대방에게 서면으로 이를 통지하여야 한다(상법 제335조의 3 제1항). 동 기간 내에 주주에게 상대방지정의 통지를 하지 아니한 때에는 주식의 양도에 관하여 이사회의 승인이 있는 것으로 본다(상법 제335조의 3 제1항). 거래 상대방으로 지정된 자는 지정통지를 받은 날부터 10일 이내에 지정청구를 한 주주에 대하여 서면으로 그 주식을 자기에게 매도할 것을 청구할 수 있다(상법 제335조의 4 제1항). 주식의 양도상대방으로 지정된 자가 동 기간 내에 매도의 청구를 하지 아니한 때에 양도의 청구를 한 것으로 본다(상법 제335조의 4 제1항). 이 경우 그 주식의 매도가액은 주주와 매도청구인간의 협의로 이를 결정한다(상법 제335조의 5 제1항). 청구를 받은 날부터 30일 이내에 가격 협의가 이루어지지 아니하는 경우에는 회사 또는 주식의 매수를 청구한 주주는 법원에 대하여 매수가액의 결정을 청구할 수 있다(상법 제335조의 5 제2항, 상법 제374조의 2 제4항). 법원이 주식의 매수가액을 결정하는 경우에는 회사의 재산상태 그 밖의 사정을 참작하여 공정한 가액으로 이를 산정하여야 한다(상법 제335조의 5 제2항, 상법 제374조의 2 제4항). 통상 감정평가인이 평가한 금액을 기초로 한다.

양도승인거부의 통지를 받은 주주는 통지를 받은 날부터 20일 내에 회사에 대하여 양도의 상대방의 지정 또는 그 주식의 매수를 청구할 수 있고(상법 제335조의 2 제4항, 상법 제335조의 7 제1항), 동 청구를 받으면 해당 회사는 청구 기간이 종료하는 날부터 2개월 이내에는 그 주식을 매수하여야 한다(상법 제335조의 6, 상법 제374조의 2 제2항). 마찬가지로 주식의 매수가액은 주주와 회사 간의 협의에 의하여 결정하고(상법 제335조의 6, 상법 제374조의 2 제3항), 매수청구기간이 종료하는 날부터 30일 이내에 협의가 이루어지지 아니한 경우에는 회사 또는 주식의 매수를 청구한 주주는 법원에 대하여 매수가액의 결정을 청구할 수 있고(상법 제335조의 6, 상법 제374조의 2 제4항), 법원이 주식의 매수가액을 결정하는 경우에는 회사의 재산상태 그 밖의 사정을 참작하여 공정한 가액으로 이를 산정하여야 한다(상법 제335조의 6, 상법 제374조의 2 제2항). 통상 감정평가인이 평가한 금액을 기초로 한다.

2.3 사채의 규정

〈표준정관 사채〉(출처 : 코스닥상장법인 표준정관 2016.1.15.)

기본조항	선택조항 · 필요조항
	선택조항 제18조 【전환사채의 발행】 ① 회사는 다음 각 호의 어느 하나에 해당하는 경우 이사회의 결의로 주주 외의 자에게 전환사채를 발행할 수 있다. 1. 사채의 액면총액이 ○○원을 초과하지 않는 범위 내에서 일반 공모의 방법으로 전환사채를 발행하는 경우 2. 사채의 액면총액이 ○○원(발행주식 총수의 20%에 해당하는 금액을 한도로 한다)을 초과하지 않는 범위 내에서 긴급한 자금조달을 위하여 국내외 금융기관 또는 기관 투자자에게 전환사채를 발행하는 경우

기본조항	선택조항 · 필요조항
	3. 사채의 액면총액이 ○○원(발행주식 총수의 20%에 해당하는 금액을 한도로 한다)을 초과하지 않는 범위 내에서 사업상 중요한 기술도입, 연구개발, 생산 · 판매 · 자본제휴를 위하여 그 상대방에게 전환사채를 발행하는 경우 ② 전환으로 인하여 발행하는 주식은 ○○주식으로 하고, 전환가액은 주식의 액면금액 또는 그 이상의 가액으로 사채발행 시 이사회가 정한다. (여러 종류의 주식으로 전환하는 경우는 다음과 같이 함) ③ 전환으로 인하여 발행하는 주식의 종류는 사채의 액면총액 중 ○○원은 보통주식으로, ○○원은 ○○종류주식으로 하고, 전환가액은 주식의 액면금액 또는 그 이상의 가액으로 사채발행 시 이사회가 정한다. ④ 전환을 청구할 수 있는 기간은 당해 사채의 발행일후 ○○월(또는 ○○일)이 경과하는 날로부터 그 상환기일의 직전 일까지로 한다. 그러나 위 기간 내에서 이사회의 결의로써 전환청구기간을 조정할 수 있다. ⑤ 전환으로 인하여 발행하는 신주에 대한 이익의 배당과 전환사채에 대한 이자의 지급에 대하여는 제13조의 규정을 준용한다.
	선택조항 제19조 【신주인수권부사채의 발행】 ① 회사는 다음 각 호의 어느 하나에 해당하는 경우 이사회의 결의로 주주 외의 자에게 신주인수권부사채를 발행할 수 있다. 1. 사채의 액면총액이 ○○원을 초과하지 않는 범위 내에서 일반 공모의 방법으로 신주인수권부사채를 발행하는 경우 2. 사채의 액면총액이 ○○원을 초과하지 않는 범위 내에서 긴급한 자금조달을 위하여 국내외 금융기관 또는 기관 투자자에게 신주인수

기본조항	선택조항 · 필요조항
	권부사채를 발행하는 경우 3. 사채의 액면총액이 ○○원을 초과하지 않는 범위 내에서 사업상 중요한 기술도입, 연구개발, 생산 · 판매 · 자본제휴를 위하여 그 상대방에게 신주인수권부사채를 발행하는 경우 ② 신주인수를 청구할 수 있는 금액은 사채의 액면총액을 초과하지 않는 범위 내에서 이사회가 정한다. ③ 신주인수권의 행사로 발행하는 주식의 종류는 ○○주식으로 하고, 그 발행가액은 액면금액 또는 그 이상의 가액으로 사채발행 시 이사회가 정한다. ④ 신주인수권을 행사할 수 있는 기간은 당해 사채발행일후 ○○월(또는 ○○일)이 경과한 날로부터 그 상환기일의 직전 일까지로 한다. 그러나 위 기간 내에서 이사회의 결의로써 신주인수권의 행사기간을 조정할 수 있다. ⑤ 신주인수권의 행사로 발행하는 신주에 대한 이익의 배당에 대하여는 제13조의 규정을 준용한다.
	선택조항 제20조 【이익참가부사채의 발행】 ① 회사는 사채의 액면총액이 ○○원을 초과하지 않는 범위 내에서 주주외의 자에게 이익참가부사채를 발행할 수 있다. ② 제1항의 이익참가부사채는 보통주식에 대한 이익배당의 100분의 ○○비율로 이익배당에 참가할 수 있다. ③ 이익참가부사채에 대하여는 제60조에 의한 분기배당은 하지 아니한다. ④ 제1항의 이익참가부사채의 가액은 발행 시에 이사회가 정한다.
	선택조항 제21조 【교환사채의 발행】 ① 회사는 이사회결

기본조항	선택조항 · 필요조항
	의로 사채의 액면총액이 ○○원을 초과하지 않는 범위 내에서 교환사채를 발행할 수 있다. ② 교환사채의 발행에 관한 세부사항은 이사회의 결의로 정한다.
	선택조항 **제21조의 2【사채 발행의 위임】** 이사회는 대표이사에게 사채의 금액 및 종류를 정하여 1년을 초과하지 아니하는 기간 내에 사채를 발행할 것을 위임할 수 있다.
	선택조항 **제22조【사채발행에 관한 준용규정】** 제15조 및 제16조의 규정은 사채발행의 경우에 준용한다.

Tip

- 제18조 제1항의 경우 제2호 및 제3호는 전환사채의 제3자 배정을 위한 정관규정을 예시한 것으로 회사의 필요에 따라 그 목적 또는 대상을 표준정관의 예시와는 다르게 정할 수 있음. 전환사채의 제3자 배정을 위한 근거를 정관에 규정하는 경우 그 목적과 대상을 구체적으로 정하여야 하며, 목적을 특정하지 않거나 대상을 '개인', '투자자', '법인' 등과 같이 정해서는 안 됨. 정관에 전환사채의 제3자 배정의 목적과 대상을 구체적으로 규정하는 경우에도 그 한도를 지나치게 높게 설정하면 주주의 신주인수권을 침해할 소지가 있으므로 제2호 및 제3호와 같은 전환사채의 제3자 배정 한도는 발행 주식 총수의 20%에 해당하는 금액' 내외로 정할 것을 권고함. 제2항의 경우 무 액면주식을 발행하는 경우 제2항의 "주식의 액면금액 또는 그 이상의 가액으로"를 삭제해야 함.
- 제19조 제1항의 경우 제2호 및 제3호는 신주인수권부사채의 제3자 배정을 위한 정관규정을 예시한 것으로 회사의 필요에 따라 그 목적 또는 대상을 표준정관의 예시와는 다르게 정할 수 있음. 신주인수권부사채의 제3자 배정을 위한 근거를 정관에 규정하는 경우 그 목적과 대상을 구체적으로 정하여야 하며, 목적을 특정하지 않거나 대상을 '개인', '투자자', '법인' 등과 같이 정해서는 안 됨. 정관에 신주인수권부사채의 제3자 배정의 목적과 대상을 구체적으로 규정하는 경우에도 그 한도를 지나치게 높게 설정하면 주주의 신주인수권을 침해할 소지가 있으므로 제2호 및 제3호와 같은 신주인수권부사채의 제3자 배정 한도는 '발행주식 총수의 20%에 해당하는 금액' 내외로 정할 것을 권고함. 제3항의 경우 무 액면주식을 발행하는 경우 제3항의 "주식의 액면금액 또는 그 이상의 가액으로"를 삭제해야 함.
- 제21조의 2의 경우 집행임원을 두는 경우 대표이사 대신 대표집행임원으로 수정하여야 함.

2.4 주주총회의 규정

〈표준정관 주주총회〉(출처 : 코스닥상장법인 표준정관 2016.1.15.)

기본조항	선택조항 · 필요조항
제23조 【소집시기】 ① 회사의 주주총회는 정기주주총회와 임시주주총회로 한다. ② 정기주주총회는 매사업연도 종료 후 ○월 이내에, 임시주주총회는 필요에 따라 소집한다.	
제24조 【소집권자】 ① 주주총회는 법령에 다른 규정이 있는 경우를 제외하고는 이사회의 결의에 따라 대표이사(사장)가 소집한다. ② 대표이사(사장)의 유고시에는 정관 제39조의 규정을 준용한다.	
제25조 【소집통지 및 공고】 ① 주주총회를 소집할 때에는 그 일시, 장소 및 회의의 목적사항에 관하여 주주총회일의 2주 전에 주주에게 서면으로 통지를 발송하거나 각 주주의 동의를 받아 전자문서로 통지를 발송하여야 한다.	선택조항 ② 의결권 있는 발행주식 총수의 100분의 1 이하의 주식을 소유한 주주에 대하여는 회의일 2주 전에 주주총회를 소집한다는 뜻과 회의의 목적사항을 ○○시에서 발행하는 ○○일보(○○신문)와 ○○신문(○○일보)에 각각 2회 이상 공고하거나 금융감독원 또는 한국거래소가 운용하는 전자공시시스템에 공고함으로써 제1항의 규정에 의한 통지에 갈음할 수 있다. ③ 회사가 제1항의 규정에 의한 소집통지 또는 제2항의 규정에 의한 공고를 함에 있어 회의의 목적사항이 이사 또는 감사의 선임에 관한 사항인 경우에는 이사후보자 또는 감사후보자의 성명, 약력, 추천인 그밖에 상법 시행령 이 정하는 후보자에 관한 사항을 통지 또는 공고하여야 한다. ④ 회사가 제1항과 제2항에 따라 주주총회의 소집통지 또는 공고를 하는 경우에는 상법 제542조의 4 제3항(상장회사의 통지사항)이 규정하는 사항을 통지 또는 공고하여야 한다. 다만, 그 사항을 회사의 인터넷 홈페이지에 게재하고, 회사의 본 · 지점, 명의개서 대행회사, 금융위원회,

기본조항	선택조항 · 필요조항
	한국거래소에 비치하는 경우에는 그러하지 아니하다. 필요조항 (서면에 의한 의결권행사를 인정하는 경우) ② 회사는 제1항의 소집통지서에 주주가 서면에 의한 의결권을 행사하는데 필요한 서면과 참고자료를 첨부하여야 한다. ③ 회사가 제1항의 규정에 의한 소집통지를 함에 있어 회의의 목적사항이 이사 또는 감사의 선임에 관한 사항인 경우에는 이사후보자 또는 감사후보자의 성명, 약력, 추천인 그밖에 상법 시행령 이 정하는 후보자에 관한 사항을 통지하여야 한다.
제26조 【소집 지】 주주총회는 본점소재지에서 개최하되, 필요에 따라 이의 인접지역에서도 개최할 수 있다.	
제27조 【의장】 ① 주주총회의 의장은 대표이사(사장)로 한다. ② 대표이사(사장)의 유고시에는 제39조의 규정을 준용한다.	
제28조 【의장의 질서유지권】 ① 주주총회의 의장은 주주총회에서 고의로 의사진행을 방해하기 위한 발언·행동을 하는 등 현저히 질서를 문란하게 하는 자에 대하여 그 발언의 정지 또는 퇴장을 명할 수 있다. ② 주주총회의 의장은 원활한 의사진행을 위하여 필요하다고 인정할 때에는 주주의 발언시간과 회수를 제한할 수 있다.	
제29조 【주주의 의결권】 주주의 의결권은 1주마다 1개로 한다.	
	선택조항 제30조 【상호주에 대한 의결권 제한】 회사, 회사와 회사의 자회사 또는 회사의 자회사가 다른 회사의 발행주식 총수의 10분의 1을 초과하는

기본조항	선택조항 · 필요조항
	주식을 가지고 있는 경우, 그 다른 회사가 가지고 있는 이 회사의 주식은 의결권이 없다.
	선택조항 제31조 【의결권의 불통일행사】 ① 2 이상의 의결권을 가지고 있는 주주가 의결권의 불통일행사를 하고자 할 때에는 회일의 3일전에 회사에 대하여 서면 또는 전자문서로 그 뜻과 이유를 통지하여야 한다. ② 회사는 주주의 의결권의 불통일행사를 거부할 수 있다. 그러나 주주가 주식의 신탁을 인수하였거나 기타 타인을 위하여 주식을 가지고 있는 경우에는 그러하지 아니하다.
	선택조항 1안 (의결권의 대리행사만을 규정하는 경우) 제32조 【의결권의 대리행사】 ① 주주는 대리인으로 하여금 그 의결권을 행사하게 할 수 있다. ② 제1항의 대리인은 주주총회 개시 전에 그 대리권을 증명하는 서면(위임장)을 제출하여야 한다. 2안 (서면에 의한 의결권행사제도까지 인정하는 경우) 제32조 【의결권의 행사】 ① 주주는 총회에 출석하지 아니하고 서면에 의하여 의결권을 행사할 수 있다. ② 서면에 의하여 의결권을 행사하고자 하는 주주는 의결권행사에 관한 서면에 필요한 사항을 기재하여, 회일의 전일까지 회사에 제출하여야 한다. ③ 주주는 대리인으로 하여금 그 의결권을 행사하게 할 수 있으며, 이 경우 대리인은 주주총회 개시 전에 그 대리권을 증명하는 서면(위임장)을 제출하여야 한다.
제33조 【주주총회의 결의방법】 주주총회의 결의는 법령과 정관에 다른 정함이 있는 경우를	

기본조항	선택조항 · 필요조항
제외하고는 출석한 주주의 의결권의 과반수와 발행주식 총수의 4분의 1 이상의 수로써 한다.	
제34조 【주주총회의 의사록】 ① 주주총회의 의사에는 의사록을 작성하여야 한다. ② 의사록에는 그 경과요령과 결과를 기재하고, 의장과 출석한 이사가 기명날인 또는 서명을 하여 본점과 지점에 비치한다.	

Tip
- 제24조에서 집행임원을 두는 경우 제1항의 대표이사(사장) 대신 대표집행임원으로 수정하여야 하며, 제2항은 삭제하여야 함.
- 제27조에서 집행임원을 두는 경우 제1항의 대표이사(사장) 대신 대표집행임원으로 수정하여야 하며, 제2항은 삭제하여야 함.

2.5 이사의 규정

이사는 3명 이상이어야 하지만 자본금 총액이 10억 원 미만인 회사는 1명 또는 2명으로 할 수 있다(상법 제383조). 자본금이란 발행주식의 액면총액을 말한다(상법 제451조).

〈표준정관 이사〉(출처 : 코스닥상장법인 표준정관 2016.1.15.)

기본조항	선택조항 · 필요조항
제35조 【이사의 수】 회사의 이사는 3명 이상 ○○명 이내로 한다.	선택조항 (사외이사를 두는 경우) 제35조 【이사의 수】 회사의 이사는 3인 이상 ○인 이내로 하고, 사외이사는 이사총수의 ○분의 1(또는 ○인) 이상으로 한다.
제36조 【이사의 선임】 ① 이사는 주주총회에서 선임한다. ② 이사의 선임은 출석한 주주의 의결권의 과반수로 하되 발행주식 총수의 4분의 1 이상의 수로 하여야 한다.	필요조항 ③ 2인 이상의 이사를 선임하는 경우 상법 제382조의 2에서 규정하는 집중투표제는 적용하지 아니한다.
제37조 【이사의 임기】 ① 이사의 임기는 ○년	

기본조항	선택조항 · 필요조항
으로 한다. 그러나 그 임기가 최종의 결산기 종료 후 당해 결산기에 관한 정기주주총회 전에 만료될 경우에는 그 총회의 종결 시까지 그 임기를 연장한다. ② 보궐선임 된 이사의 임기는 전임자의 잔여기간으로 한다.	
	선택조항 제38조【자격주】① 이사는 이 회사의 주식을 ○○주 이상 보유하여야 한다. (1안 감사를 두는 경우) ② 이사가 보유한 이 회사의 주식은 감사에게 공탁하여야 한다. (2안 감사위원회를 두는 경우) ② 이사가 보유한 이 회사의 주식은 감사위원회에 공탁하여야 한다.
제39조【이사의 직무】부사장, 전무이사, 상무이사 및 이사는 대표이사(사장)를 보좌하고, 이사회에서 정하는 바에 따라 회사의 업무를 분장 집행하며, 대표이사(사장)의 유고시에는 위 순서에 따라 그 직무를 대행한다.	
제40조【이사의 의무】① 이사는 법령과 정관의 규정에 따라 회사를 위하여 그 직무를 충실하게 수행하여야 한다. ② 이사는 선량한 관리자의 주의로서 회사를 위하여 그 직무를 수행하여야 한다. ③ 이사는 재임 중뿐만 아니라 퇴임 후에도 직무상 지득한 회사의 영업상비밀을 누설하여서는 아니 된다.	선택조항 (1안 감사를 두는 경우) ④ 이사는 회사에 현저하게 손해를 미칠 염려가 있는 사실을 발견한 때에는 즉시 감사에게 이를 보고하여야 한다. (2안 감사위원회를 두는 경우) ④ 이사는 회사에 현저하게 손해를 미칠 염려가 있는 사실을 발견한 때에는 즉시 감사위원회나 감사위원회위원에게 이를 보고하여야 한다.
	필요조항 제41조【이사의 보수와 퇴직금】① 이사의 보수는 주주총회의 결의로 이를 정한다. ② 이사의 퇴직금의 지급은 주주총회결의를 거친

기본조항	선택조항 · 필요조항
	임원퇴직금지급규정에 의한다.
	선택조항 제41조의 2【이사의 책임감경】상법 제399조에 따른 이사의 책임을 이사가 그 행위를 한 날 이전 최근 1년간의 보수액(상여금과 주식매수선택권의 행사로 인한 이익 등을 포함한다)의 6배(사외이사는 3배)를 초과하는 금액에 대하여 면제한다. 다만, 이사가 고의 또는 중대한 과실로 손해를 발생시킨 경우와 상법 제397조, 제397조의 2 및 제398조에 해당하는 경우에는 그러하지 아니하다.

Tip

- 제35조의 경우 그 장의 제목은 집행임원을 두는 경우 대표이사 대신 집행임원으로 수정해야 함. 「벤처기업육성에 관한 특별조치법」에 의한 벤처기업 중 최근 사업연도 말 현재의 자산 총액이 1천억 원 미만인 벤처기업을 제외한 코스닥상장법인은 사외이사를 이사 총수의 4분의 1 이상이 되도록 하여야 하고, 최근 사업연도 말 현재의 자산총액이 2조원 이상인 상장회사의 사외이사는 3인 이상으로 하되 이사 총수의 과반수가 되도록 하여야 함(상법 제542조의 8 제1항, 상법 시행령 제34조 제1항 · 제2항). 「상법」은 사외이사의 사임 · 사망 등의 사유로 인하여 사외이사의 수가 법률이 요구하는 수에 미달하게 된 경우에는 그 사유가 발생한 후 처음으로 소집되는 주주총회에서 사외이사를 선임하도록 규정하고 있음(상법 제542조의 8 제3항).
- 제36조 제1항의 경우 최근 사업연도 말 현재의 자산총액이 2조원 이상인 상장회사는 사외이사후보를 추천하기 위하여 「상법」 제393조의 2의 규정에 의한 위원회를 설치하여야 함. 이 경우 사외이사후보추천위원회는 사외이사가 총 위원의 과반수가 되도록 구성하여야 함(상법 제542조의 8 제4항, 상법 시행령 제34조 제2항). 제3항은 경영권 확보를 위하여 필수적으로 규정하여야 함.
- 제38조 제2항의 경우 자격주제도를 채택하는 경우에는 제38조 예시와 같이 규정을 두면 되고, 동 제도를 채택하지 않을 경우에는 제38조를 둘 필요가 없음.
- 제39조의 경우 집행임원을 두는 경우 삭제해야 함.
- 제41조 이사의 보수규정은 세무 상의 문제를 해결하기 위하여 필수적인 조항임. 이 조항에 따라 주주총회에 결의로 정하여야 함.
- 제41조의 2 이사의 책임감경은 주주의 권리와 밀접한 관련을 가지는 사항이므로 신규로 주권을 코스닥시장에 상장하고자 하는 회사는 상장 후에 도입여부를 결정하는 것이 바람직함.

2.6 이사회 규정

〈표준정관 이사회〉(출처 : 코스닥상장법인 표준정관 2016.1.15.)

기본조항	선택조항 · 필요조항
제42조【이사회의 구성과 소집】① 이사회는 이사로 구성한다. (감사를 두는 경우) ② 이사회는 대표이사(사장) 또는 이사회에서 따로 정한 이사가 있을 때에는 그 이사가 회일 ○일 전에 각 이사 및 감사에게 통지하여 소집한다. ③ 제2항의 규정에 의하여 소집권자로 지정되지 않은 다른 이사는 소집권자인 이사에게 이사회 소집을 요구할 수 있다. 소집권자인 이사가 정당한 이유 없이 이사회 소집을 거절하는 경우에는 다른 이사가 이사회를 소집할 수 있다. ④ 이사 및 감사 전원의 동의가 있을 때에는 제2항의 소집절차를 생략할 수 있다.	선택조항 (감사위원회를 두는 경우) ② 이사회는 대표이사(사장) 또는 이사회에서 따로 정한 이사가 있을 때에는 그 이사가 회일 ○일전에 각 이사에게 통지하여 소집한다. ③ 제2항의 규정에 의하여 소집권자로 지정되지 않은 다른 이사는 소집권자인 이사에게 이사회 소집을 요구할 수 있다. 소집권자인 이사가 정당한 이유 없이 이사회 소집을 거절하는 경우에는 다른 이사가 이사회를 소집할 수 있다. ④ 이사 전원의 동의가 있을 때에는 제2항의 소집절차를 생략할 수 있다. ⑤ 이사회의 의장은 제2항 및 제3항의 규정에 의한 이사회의 소집권자로 한다. ⑥ 이사는 3개월에 1회 이상 업무의 집행상황을 이사회에 보고하여야 한다.
제43조【이사회의 결의방법】① 이사회의 결의는 법령과 정관에 다른 정함이 있는 경우를 제외하고는 이사 과반수의 출석과 출석이사의 과반수로 한다. ③ 이사회의 결의에 관하여 특별한 이해관계가 있는 자는 의결권을 행사하지 못한다.	필요조항 (2안 결의요건을 강화하는 경우) 제43조【이사회의 결의방법】① 이사회의 결의는 법령과 정관에 다른 정함이 있는 경우를 제외하고는 이사 ○분의 ○의 출석과 출석이사의 ○분의 ○이상의 수로 한다. (1안 전화회의를 배제하는 경우) ② 이사회는 이사가 직접 이사회에 참석하여야 한다. 선택조항 (2안 전화회의를 인정하는 경우) ② 이사회는 이사의 전부 또는 일부가 직접 회의에 출석하지 아니하고 모든 이사가 음성을 동시에 송수신하는 원격통신수단에 의하여 결의에 참가하는 것을 허용할 수 있다. 이 경우 당해

기본조항	선택조항 · 필요조항
	이사는 이사회에 직접 출석한 것으로 본다.
제44조 【이사회의 의사록】 ① 이사회의 의사에 관하여는 의사록을 작성하여야 한다. (1안 감사를 두는 경우) ② 의사록에는 의사의 안건, 경과요령, 그 결과, 반대하는 자와 그 반대이유를 기재하고 출석한 이사 및 감사가 기명날인 또는 서명하여야 한다.	선택조항 (2안 감사위원회를 두는 경우) ② 의사록에는 의사의 안건, 경과요령, 그 결과, 반대하는 자와 그 반대이유를 기재하고 출석한 이사가 기명날인 또는 서명하여야 한다.
	선택조항 제45조 【위원회】 ① 회사는 이사회 내에 다음 각 호의 위원회를 둔다. 1. ○○위원회 2. ○○위원회 . . . ② 각 위원회의 구성, 권한, 운영 등에 관한 세부사항은 이사회의 결의로 정한다. ③ 위원회에 대해서는 정관에 다른 규정이 있는 경우를 제외하고는 정관 제42조 내지 제44조의 규정을 준용한다.
	선택조항 제46조 【상담역 및 고문】 회사는 이사회의 결의로 상담역 또는 고문 약간 명을 둘 수 있다.

Tip

- 제42조의 경우 집행임원을 두는 경우 대표이사(사장)를 이사회의장으로 수정하고 제6항의 내용은 집행임원에 관한 절에 기재되니 이 조에서는 삭제해야 함.
- 제43조 제1항의 경우 「상법」 제397조의 2(이사의 사업기회 이용) 신설 및 제398조(이사 등의 회사와의 거래)의 개정으로 해당 조문과 관련된 사안은 이사회 승인요건이 이사 3분의 2 이상의 수로 강화됨. 제1항의 경우 결의요건 강화는 공동경영의 경우 소수주주를 위하여 필요하나 대주주에게 불리함.
- 제45조는 이사회 내에 위원회를 두는 경우임.

2.7 대표의 규정

〈표준정관 대표이사〉(출처 : 코스닥상장법인 표준정관 2016.1.15.)

기본조항	선택조항 · 필요조항
제47조 【대표이사의 선임】 대표이사는 이사회에서 선임한다. 제48조 【대표이사의 직무】 대표이사(사장)는 회사를 대표하고 회사의 업무를 총괄한다.	선택조항 (집행임원을 두는 경우 다음과 같이 수정해야 함) 제 3 절 집행임원 제47조 【집행임원의 선임】 회사는 집행임원을 두고, 집행임원은 이사회에서 선임 및 해임한다. 제48조 【집행임원의 임기】 집행임원의 임기는 ○년으로 한다. 그러나 그 임기 중의 최종 결산기에 관한 정기주주총회가 종결된 후 가장 먼저 소집하는 이사회의 종결 시까지로 한다. 제48조의 2 【대표집행임원의 선임】 대표집행임원은 이사회 결의로 선임하며, 회사를 대표한다. 다만, 집행임원이 1명인 경우에는 그 집행임원이 대표집행임원이 된다. 제48조의 3 【집행임원의 권한 및 의무】 ① 집행임원은 회사의 업무를 집행하고 정관이나 이사회의 결의에 의하여 위임받은 업무집행에 관한 의사결정을 할 수 있다. ② 집행임원은 3개월에 1회 이상 업무의 집행상황을 이사회에 보고하여야 한다. ③ 집행임원은 제2항의 경우 외에도 이사회의 요구가 있으면 언제든지 이사회에 출석하여 요구한 사항을 보고하여야 한다. ④ 집행임원은 필요하면 회의의 목적사항과 소집이유를 적은 서면을 이사(소집권자가 있는 경우에는 소집권자)에게 제출하여 이사회 소집을 청구할 수 있다. ⑤ 집행임원에 대하여는 제40조 및 제41조의 2를 준용한다.

2.8 감사의 규정

〈표준정관 감사〉(출처 : 코스닥상장법인 표준정관 2016.1.15.)

기본조항	선택조항 · 필요조항
제49조 【감사의 수】 회사는 1인 이상 ○인 이내의 감사를 둘 수 있다.	선택조항 (상근감사를 두어야 하는 경우) 제49조 【감사의 수】 회사는 1인 이상 ○인 이내의 감사를 둘 수 있다. 그 중 1명 이상은 상근으로 한다. (감사위원회를 두는 경우) 제 6 장 감사위원회 제49조 【감사위원회의 구성】 ① 회사는 감사에 갈음하여 제45조의 규정에 의한 감사위원회를 둔다. ② 감사위원회는 3인 이상의 이사로 구성하고, 총 위원의 3분의 2 이상은 사외이사이어야 한다. ③ 최대주주, 최대주주의 특수관계인, 그밖에 상법 시행령 제38조 제1항이 정하는 자가 소유하는 의결권 있는 주식의 합계가 의결권 있는 발행주식 총수의 100분의 3을 초과하는 경우 그 주주는 그 초과하는 주식에 관하여 사외이사가 아닌 감사위원회 위원의 선임 및 해임에 있어서는 의결권을 행사하지 못한다. ④ 감사위원회는 필요한 경우 회사의 비용으로 전문가의 조력을 구할 수 있다. 제50조 【감사위원회 대표의 선임】 ① 감사위원회는 그 결의로 위원회의 대표를 선임하여야 한다. ② (삭제 2009.1.29.) 제51조 【감사위원회의 직무 등】 ① 감사위원회는 회사의 회계와 업무를 감사한다. ② 감사위원회는 회의의 목적사항과 소집의 이유를 기재한 서면을 이사회에 제출하여 임시주

기본조항	선택조항 · 필요조항
	주총회의 소집을 청구할 수 있다. ③ 감사위원회는 주식회사의 외부감사에 관한 법률 에 따라 감사인을 선임한다. ④ 감사위원회는 그 직무를 수행하기 위하여 필요한 때에는 자회사에 대하여 영업의 보고를 요구할 수 있다. 이 경우 자회사가 지체 없이 보고를 하지 아니할 때 또는 그 보고의 내용을 확인할 필요가 있는 때에는 자회사의 업무와 재산 상태를 조사할 수 있다. ⑤ 감사위원회는 제1항 내지 제4항외에 이사회가 위임한 사항을 처리한다. ⑥ 감사위원회는 필요하면 회의의 목적사항과 소집이유를 적은 서면을 이사(소집권자가 있는 경우에는 소집권자)에게 제출하여 이사회 소집을 청구할 수 있다. ⑦ 제6항의 청구를 하였는데도 이사가 지체 없이 이사회를 소집하지 아니하면 그 청구한 감사위원회가 이사회를 소집할 수 있다. 제52조【감사록】① 감사위원회는 감사에 관하여 감사록을 작성하여야 한다. ② 감사록에는 감사의 실시요령과 그 결과를 기재하고 감사를 실시한 감사위원회 위원이 기명날인 또는 서명하여야 한다.
제50조【감사의 선임】① 감사는 주주총회에서 선임한다. ② 감사의 선임을 위한 의안은 이사의 선임을 위한 의안과는 별도로 상정하여 의결하여야 한다. ③ 감사의 선임은 출석한 주주의 의결권의 과반수로 하되 발행주식 총수의 4분의 1 이상의 수로 하여야 한다. 그러나 의결권 있는 발행주식 총수의 100분의 3을 초과하는 수의 주식을 가진 주주는 그 초과하는 주식에 관하여 감사의 선임에는 의결권을 행사하지 못한다. 다만, 소유주식수의 산정에 있어 최대주주와 그 특수관계인,	

기본조항	선택조항 · 필요조항
최대주주 또는 그 특수관계인의 계산으로 주식을 보유하는 자, 최대주주 또는 그 특수관계인에게 의결권을 위임한 자가 소유하는 의결권 있는 주식의 수는 합산한다.	
제51조 【감사의 임기와 보선】 ① 감사의 임기는 취임 후 3년 내의 최종의 결산기에 관한 정기주주총회 종결 시까지로 한다. ② 감사 중 결원이 생긴 때에는 주주총회에서 이를 선임한다. 그러나 정관 제49조에서 정하는 원수를 결하지 아니하고 업무수행 상 지장이 없는 경우에는 그러하지 아니한다.	
제52조 【감사의 직무 등】 ① 감사는 회사의 회계와 업무를 감사한다. ② 감사는 회의의 목적사항과 소집의 이유를 기재한 서면을 이사회에 제출하여 임시주주총회의 소집을 청구할 수 있다. ③ 감사는 그 직무를 수행하기 위하여 필요한 때에는 자회사에 대하여 영업의 보고를 요구할 수 있다. 이 경우 자회사가 지체 없이 보고를 하지 아니할 때 또는 그 보고의 내용을 확인할 필요가 있는 때에는 자회사의 업무와 재산 상태를 조사할 수 있다. ④ 감사에 대해서는 제40조 제3항 및 제41조의2의 규정을 준용한다. ⑤ 감사는 회사의 비용으로 전문가의 도움을 구할 수 있다. ⑥ 감사는 필요하면 회의의 목적사항과 소집이유를 적은 서면을 이사(소집권자가 있는 경우에는 소집권자)에게 제출하여 이사회 소집을 청구할 수 있다. ⑦ 제6항의 청구를 하였는데도 이사가 지체 없이 이사회를 소집하지 아니하면 그 청구한 감사가 이사회를 소집할 수 있다.	
제53조 【감사록】 감사는 감사에 관하여 감사	

기본조항	선택조항 · 필요조항
록을 작성하여야 하며, 감사록에는 감사의 실시 요령과 그 결과를 기재하고 감사를 실시한 감사가 기명날인 또는 서명하여야 한다.	
제54조【감사의 보수와 퇴직금】 ① 감사의 보수와 퇴직금에 관하여는 제41조의 규정을 준용한다. ② 감사의 보수를 결정하기 위한 의안은 이사의 보수결정을 위한 의안과 구분하여 상정 · 의결하여야 한다.	

Tip

- 제49조의 경우 사업연도 말 현재 자산총액 1천억 원 이상인 상장회사가 상근감사 대신 감사위원회를 설치하려는 경우 및 최근 사업연도 말 현재 자산총액 2조원 이상의 상장회사는 「상법」 제542조의 11에 의한 감사위원회를 설치하여야 하며(다만, 최근 사업연도 말 현재 자산총액 1천 억 원 미만인 상장회사는 상법 제415조의 2에 의한 감사위원회를 설치할 수 있음), 감사위원회를 설치하는 경우에는 감사를 둘 수 없음. 제3항의 경우 사업연도 말 현재의 자산총액이 2조원 이상인 상장회사가 사외이사인 감사위원회 위원을 선임하는 경우 의결권 없는 주식을 제외한 발행주식 총수의 100분의 3을 초과하는 수의 주식을 가진 주주는 그 초과하는 주식에 관하여 사외이사인 감사위원회 위원의 선임에 있어서는 의결권을 행사할 수 없음(상법 제542조의 12 제4항, 상법 시행령 제38조 제2항). 제50조 제1항의 경우 사업연도 말 현재 자산총액이 2조원 이상인 상장회사의 감사위원회 대표는 사외이사이어야 함(상법 제542조의 11 제2항 제2호).
- 제50조에서 감사선임은 특수관계인으로 구성된 대주주는 의결권이 제한됨. 따라서 우호적인 소수주주를 확보하도록 해야 함.
- 제52조 제4항의 경우 제40조는 "이사는 재임 중 뿐만 아니라 퇴임 후에도 직무상 지득한 회사의 영업상비밀을 누설하여서는 아니 된다."임. 제4항의 경우 감사의 책임감경(제41조의 2의 준용)은 주주의 권리와 밀접한 관련을 가지는 사항이므로 신규로 주권을 코스닥시장에 상장하고자 하는 회사는 상장 후에 도입 여부를 결정하는 것이 바람직함.

2.9 회계의 규정

〈표준정관 회계〉(출처 : 코스닥상장법인 표준정관 2016.1.15.)

기본조항	선택조항 · 필요조항
제55조 【사업연도】 회사의 사업연도는 매년 ○○월 ○○일부터 (익 년) ○○월 ○○일까지로 한다.	
제56조 【재무제표 등의 작성 등】 ① 대표이사(사장)는 상법 제447조 및 제447조의 2의 각 서류를 작성하여 이사회의 승인을 얻어야 한다. ② 대표이사(사장)는 정기주주총회 회일의 6주간 전에 제1항의 서류를 감사에게 제출하여야 한다. ③ 감사는 정기주주총회일의 1주전까지 감사보고서를 대표이사(사장)에게 제출하여야 한다. ④ 대표이사(사장)는 제1항의 서류와 감사보고서를 정기주주총회 회일의 1주간 전부터 본점에 5년간, 그 등본을 지점에 3년간 비치하여야 한다. ⑤ 대표이사(사장)는 상법 제447조의 서류를 정기주주총회에 제출하여 승인을 얻어야 하며, 제447조의 2의 서류를 정기주주총회에 제출하여 그 내용을 보고하여야 한다. ⑥ 제5항에도 불구하고 회사는 상법 제447조의 각 서류가 법령 및 정관에 따라 회사의 재무상태 및 경영성과를 적정하게 표시하고 있다는 외부감사인의 의견이 있고, 감사 전원의 동의가 있는 경우 상법 제447조의 각 서류 를 이사회 결의로 승인할 수 있다. ⑦ 제6항에 따라 승인받은 서류의 내용은 주주총회에 보고하여야 한다. ⑧ 대표이사(사장)는 제5항 또는 제6항의 규정에 의한 승인을 얻은 때에는 지체 없이 대차대조표와 외부감사인의 감사의견을 공고하여야	선택조항 (감사위원회를 두는 경우) 제56조 【재무제표 등의 작성 등】 ① 대표이사(사장)는 상법 제447조 및 제447조의 2의 각 서류를 작성하여 이사회의 승인을 얻어야 한다. ② 대표이사(사장)는 정기주주총회 회일의 6주간 전에 제1항의 서류를 감사위원회에 제출하여야 한다. ③ 감사위원회는 정기주주총회일의 1주전까지 감사보고서를 대표이사(사장)에게 제출하여야 한다. ④ 대표이사(사장)는 제1항의 서류와 감사보고서를 정기주주총회 회일의 1주간 전부터 본점에 5년간, 그 등본을 지점에 3년간 비치하여야 한다. ⑤ 대표이사(사장)는 상법 제447조의 서류를 정기주주총회에 제출하여 승인을 얻어야 하며, 제447조의 2의 서류를 정기주주총회에 제출하여 그 내용을 보고하여야 한다. ⑥ 제5항에도 불구하고 회사는 상법 제447조의 각 서류가 법령 및 정관에 따라 회사의 재무상태 및 경영성과를 적정하게 표시하고 있다는 외부감사인의 의견이 있고, 감사위원 전원의 동의가 있는 경우 상법 제447조의 각 서류를 이사회 결의로 승인할 수 있다. ⑦ 제6항에 따라 승인받은 서류의 내용은 주주총회에 보고하여야 한다.

기본조항	선택조항 · 필요조항
한다.	⑧ 대표이사(사장)는 제5항 또는 제6항의 규정에 의한 승인을 얻은 때에는 지체 없이 대차대조표와 외부감사인의 감사의견을 공고하여야 한다.
第57조 【외부감사인의 선임】 회사가 외부감사인을 선임함에 있어서는 주식회사의 외부감사에 관한 법률 의 규정에 의한 감사인선임 위원회(또는 감사위원회)의 승인을 얻어야 하고, 그 사실을 외부감사인을 선임한 사업연도 중에 소집되는 정기주주총회에 보고하거나 주주에게 통지 또는 공고하여야 한다.	
第58조 【이익금의 처분】 회사는 매사업연도의 처분 전 이익잉여금을 다음과 같이 처분한다. 1. 이익준비금 2. 기타의 법정준비금 3. 배당금 4. 임의적립금 5. 기타의 이익잉여금 처분 액	
第59조 【이익배당】 ① 이익배당은 금전 또는 금전 외의 재산으로 할 수 있다. ② 이익의 배당을 주식으로 하는 경우 회사가 종류주식을 발행한 때에는 각각 그와 같은 종류의 주식으로 할 수 있다. ③ 제1항의 배당은 매 결산기 말 현재의 주주명부에 기재된 주주 또는 등록된 질권자에게 지급한다. ④ 이익배당은 주주총회의 결의로 정한다. 다만, 제56조 제6항에 따라 재무제표를 이사회가 승인하는 경우 이사회 결의로 이익배당을 정한다.	선택조항 第60조 【분기배당】 ① 회사는 이사회의 결의로 사업연도 개시일부터 3월 · 6월 및 9월의 말일(이하 "분기배당 기준일"이라 한다)의 주주에게 자본시장과 금융투자업에 관한 법률 제165조의 12(상장법인 규정)에 따라 분기배당을 할 수 있다. ② 제1항의 이사회 결의는 분기배당 기준일 이후 45일 내에 하여야 한다. ③ 분기배당은 직전결산기의 대차대조표상의 순자산액에서 다음 각 호의 금액을 공제한 액을 한도로 한다. 1. 직전결산기의 자본금의 액 2. 직전결산기까지 적립된 자본준비금과 이익준비금의 합계액 3. 직전결산기의 정기주주총회에서 이익배당하

기본조항	선택조항 · 필요조항
	기로 정한 금액 4. 직전결산기까지 정관의 규정 또는 주주총회의 결의에 의하여 특정목적을 위해 적립한 임의준비금 5. 상법 시행령 제19조에서 정한 미 실현이익 6. 분기배당에 따라 당해 결산기에 적립하여야 할 이익준비금의 합계액 ④ 사업연도 개시일 이후 분기배당 기준일 이전에 신주를 발행한 경우(준비금의 자본전입, 주식배당, 전환사채의 전환청구, 신주인수권부사채의 신주인수권 행사에 의한 경우를 포함한다)에는 분기배당에 관해서는 당해신주는 직전사업연도 말에 발행된 것으로 본다. 다만, 분기배당 기준일후에 발행된 신주에 대하여는 최근 분기배당 기준일 직후에 발행된 것으로 본다. ⑤ 제9조2의 종류주식에 대한 분기배당은 보통주식과 동일한 배당률을 적용한다. (비상장법인인 경우) 제xx조 【중간배당】 ① 회사는 이사회의 결의로 ○○월 ○○일 ○○시 현재의 주주에게 중간배당을 할 수 있다. 중간배당은 금전으로 한다. ② 제1항의 결의는 제1항의 기준일 이후 45일 내에 하여야 한다. ③ 중간배당은 직전결산기의 대차대조표상의 순자산액에서 다음 각 호의 금액을 공제한 액을 한도로 한다. 1. 직전결산기의 자본의 액 2. 직전결산기까지 적립된 자본준비금과 이익준비금의 합계액 3. 직전결산기의 정기주주총회에서 이익배당하기로 정한 금액 4. 직전결산기까지 정관의 규정 또는 주주총회의 결의에 의하여 특정목적을 위해 적립한

기본조항	선택조항 · 필요조항
	임의준비금 5. 중간배당에 따라 당해 결산기에 적립하여야 할 이익준비금 ④ 사업연도 개시일 이후 제1항의 기준일 이전에 신주를 발행한 경우(준비금의 자본전입, 주식배당, 전환사채의 전환청구, 신주인수권부사채의 신주인수권 행사에 의한 경우를 포함한다)에는 중간배당에 관해서는 당해 신주는 직전사업연도 말에 발행된 것으로 본다. 다만 중간배당 후에 발행된 신주에 대하여는 중간배당기준일 직후에 발행된 것으로 본다. ⑤ 우선주식에 대한 중간배당은 보통주식과 동일한 배당률을 적용한다.
부 칙 이 정관은 2000년 ○○월 ○○일부터 시행한다.	

Tip

- 제56조 제6항과 제7항의 경우 재무제표를 이사회 결의로 승인하지 않고자 할 경우 제6항과 제7항을 삭제해야 함. 이사회의 재무제표 승인은 주주의 권리와 밀접한 관련을 가지는 사항이므로 신규로 주권을 코스닥시장에 상장하고자 하는 회사는 상장 후에 도입여부를 결정하는 것이 바람직함. 집행임원을 두는 경우 대표이사(사장)를 대표집행임원으로 수정.
- 제57조의 경우 「주식회사의 외부감사에 관한 법률」 제4조 제2항은 "회사는 감사인을 선임할 때에는 감사 또는 전문성과 독립성이 확보된 감사인 선임위원회(상법 제415조의2에 따른 감사위원회를 설치한 경우에는 이를 감사인 선임위원회로 본다)의 승인을 받아야 한다. 다만, 주권상장법인은 감사인 선임위원회의 승인을 받아야 한다.", 제6항은 "제2항 본문에도 불구하고 주권상장법인이 아닌 회사가 직전사업연도의 감사인을 다시 감사인으로 선임할 때에는 감사 또는 감사인 선임위원회의 승인을 받지 아니할 수 있다."고 규정하고 있음. 감사인 선임위원회 대상이 아닌 기업은 감사의 승인을 받아야 하므로 경영권 확보목적으로 우호적인 감사를 선임하여야 함.
- 제59조 제4항의 경우 이사회의 배당 결정은 주주의 권리와 밀접한 관련을 가지는 사항이므로 신규로 주권을 코스닥시장에 상장하고자 하는 회사는 상장 후에 도입여부를 결정하는 것이 바람직함.

3 가업의 정관 사례

코스닥상장법인 표준정관을 기초로 비상장기업의 표준정관을 다음과 같이 제시한다. 이것은 필자가 고객 기업을 위하여 작성하고 법률전문가의 자문을 받은 내용을 일부 편집한 것이다(관련 법률에 의하여 고객과 법률전문가의 실명은 공개하지 않는다).

〈비상장법인 정관변경의 사례 제시〉

비상장법인 정관 제안(저자가 만듦)	법률전문가의 의견
제1장 총 칙 제1조【상호】이 회사는 "○○○주식회사"라 한다. 영문으로는 ○○○(약호○○○)라 표기한다. 제2조【목적】회사는 다음의 사업을 영위함을 목적으로 한다. 1. 2. 5. 기타 위에 부대되는 사업 제3조【본점의 소재지】① 회사의 본점은 ○○에 둔다. ② 회사는 이사회의 결의로 국내외에 지점, 출장소, 사무소 및 현지법인을 둘 수 있다. 제4조【공고방법】회사의 공고는 ○○시에서 발행되는 ○○신문에 한다.	
제2장 주 식 제6조【발행예정주식총수】회사가 발행할 주식의 총수는 ○○주	

비상장법인 정관 제안(저자가 만듦)	법률전문가의 의견
로 한다.	
제7조【1주의 금액】 주식 1주의 금액은 ○○원으로 한다.	
제8조【설립 시에 발행하는 주식의 총수】 회사가 설립 시에 발행하는 주식의 총수는 ○○주(1주의 금액 ○○원 기준)로 한다. **제8조【주권의 종류】** 회사의 주권은 1주권, 5주권, 10주권, 50주권, 100주권, 500주권, 1,000주권 및 10,000주권의 8종류로 한다.	
제9조【주식의 종류】 ① 회사가 발행할 주식은 보통주식과 종류주식으로 한다. ② 회사가 발행하는 종류주식은 이익배당 또는 잔여재산분배에 관한 우선주식, 의결권 배제 또는 제한에 관한 주식, 상환주식, 전환주식 및 이들의 전부 또는 일부를 혼합한 주식으로 한다.	**제9조【주식의 종류】** 상법 제344조에 의하면 회사는 종류주식을 발행할 수 있으나, 정관으로 각 종류주식의 내용과 수를 정하도록 하고 있다. 종류주식의 내용은 정하고 있으나 그 수는 정하고 있지 않은 경우 종류주식의 수를 추가하여야 한다.
제10조【신주인수권】 ① 주주는 그가 소유한 주식의 수에 비례하여 신주의 배정을 받을 권리를 갖는다. ② 회사는 제1항의 규정에도 불구하고 다음 각 호의 어느 하나에 해당하는 경우 이사회의 결의로 주주 외의 자에게 신주를 배정할 수 있다. 1. 발행주식 총수의 100분의 ○○을 초과하지 않는 범위 내에서 자본시장과 금융투자업에 관한 법률 제165조의 6에 따라 일반 공모증자 방식으로 신주를 발행하는 경우 2. 상법 제542조의 3에 따른 주식매수선택권의 행사로 인하여 신주를 발행하는 경우 3. 발행하는 주식총수의 100분의 20 범위 내에서 우리사주 조합원에게 주식을 우선배정 하는 경우 4. 「근로복지기본법」 제39조의 규정에 의한 우리사주매수선택권의 행사로 인하여 신주를 발행하는 경우 5. 발행주식 총수의 100분의 ○○을 초과하지 않는 범위 내에서 긴	**제10조【신주인수권】** 제2항 제3호, 제4호 : 근로복지기본법 제39조 제1항에 따르면 발행주식 총수의 100분의 20 범위에서 정관으로 정하는 바에 따라 주주총회의 결의로 우리사주 조합원에게 신주를 인수하거나 해당 우리사주제도 실시회사가 보유하고 있는 자기주식을 매수할 수 있는 권리(우리사주매수선택권)을 부여할 수 있도록 하면서, 다만, 발행주식 총수의 100분의 10의 범위에서 우리사주매

비상장법인 정관 제안(저자가 만듦)	법률전문가의 의견
급한 자금조달을 위하여 국내외 금융기관 또는 기관 투자자에게 신주를 발행하는 경우 6. 발행주식 총수의 100분의 ○○을 초과하지 않는 범위 내에서 사업상 중요한 기술도입, 연구개발, 생산·판매·자본제휴를 위하여 그 상대방에게 신주를 발행하는 경우 7. 주권을 코스닥시장에 상장하기 위하여 신주를 모집하거나 인수인에게 인수하게 하는 경우 ③ 제2항 각 호 중 어느 하나의 규정에 의해 신주를 발행할 경우 발행할 주식의 종류와 수 및 발행가격 등은 이사회의 결의로 정한다. ④ 신주인수권의 포기 또는 상실에 따른 주식과 신주배정에서 발생한 단주에 대한 처리방법은 이사회의 결의로 정한다. 제11조 【신주의 배당기산일】 회사가 유상증자, 무상증자 및 주식배당에 의하여 발행한 신주에 대한 이익의 배당에 관하여는 신주를 발행한 때가 속하는 영업연도의 직전영업연도 말에 발행된 것으로 본다. 제12조 【주식의 소각】 회사는 이사회의 결의에 의하여 회사가 보유하는 자기주식을 소각할 수 있다. 제13조 【명의개서와 대리인】 ① 회사의 주식에 관하여 명의개서를 청구함에 있어서는 회사에서 정하는 청구서에 기명날인 또는 서명하고 이에 주권 및 취득원인을 증명하는 서류를 첨부하여 제출하여야 한다. ② 회사는 주식의 명의개서 대리인을 둘 수 있다. ③ 제2항의 명의개서 대리인 및 그 영업소와 대행업무의 범위는 이사회의 결의로 정한다. ④ 명의개서 대리인을 둔 경우 회사는 주주명부 또는 그 복본을 명의개서 대리인의 사무취급 장소에 비치하고, 주식의 명의개서, 질권의 등록 또는 말소, 신탁재산의 표시 또는 말소, 주권의 발행, 신고의 접수, 기타 주식에 관한 사무는 명의개서 대리인으로 하여금 취급케 한다. ⑤ 제4항의 사무취급에 관한 절차는 명의개서 대리인의 증권명의개서 대행업무규정에 따른다.	수선택권을 부여하는 경우에는 정관으로 정하는 바에 따라 이사회 결의로 우리사주매수선택권을 부여할 수 있도록 하고 있다. 따라서 3호의 경우 이사회 결의에 의하여 우리사주 조합원에게 주식을 우선 배정할 수는 없으므로 삭제하거나 주주총회 결의로 요하는 것으로 수정하여야 하고, 4호의 경우 우리사주매수선택권은 우리사주제도 실시회사가 보유하고 있는 자기주식을 매수할 수 있는 권리로 신주의 발행을 전제로 하는 것이 아니므로 삭제하거나 신주인수권 조문이 아닌 별도의 조문으로 규정하여야 할 것으로 보임.

비상장법인 정관 제안(저자가 만듦)	법률전문가의 의견
제14조 【주주 등의 주소, 성명 및 인감 또는 서명 등 신고】 ① 주주와 등록 질권자는 그 성명, 주소 및 인감 또는 서명 등을 회사(명의개서 대리인이 있는 경우 그 명의개서 대리인)에게 신고하여야 한다. ② 외국에 거주하는 주주와 등록 질권자는 대한민국 내에 통지를 받을 장소와 대리인을 정하여 신고하여야 한다. ③ 제1항 및 제2항에 정한 사항에 변동이 있는 경우에도 이에 따라 신고하여야 한다. ④ 회사의 주식에 관하여 질권의 등록 또는 신탁재산의 표시를 청구함에 있어서는 회사가 정하는 청구서에 당사자가 기명날인 또는 서명하고 이에 주권을 첨부하여 제출하여야 한다. 그 등록 또는 표시의 말소를 청구함에 있어서도 같다.	
제15조 【주주명부의 폐쇄 및 기준일】 ① 회사는 매년 12월 31일부터 주주총회의 종결일까지 주주의 권리에 관한 주주명부의 기재변경을 정지한다. ② 회사는 매년 12월 31일 현재 주주명부에 기재되어 있는 주주를 그 결산기에 관한 정기주주총회에서 권리를 행사할 주주로 한다. 다만 주주 또는 질권자로서 권리를 행사할 자를 확정하기 위하여 필요한 때에는 이사회의 결의에 의하여 주주명부의 기재의 변경을 정지하고 또는 기준 일을 정할 수가 있다. 이 경우에는 그 기간 또는 기준일의 貳주간전에 공고하는 것으로 한다. ③ 회사는 임시주주총회의 소집 기타 필요한 경우 이사회의 결의로 3월을 경과하지 아니하는 일정한 기간을 정하여 권리에 관한 주주명부의 기재변경을 정지하거나, 이사회의 결의로 3월내로 정한 날에 주주명부에 기재되어 있는 주주를 그 권리를 행사할 주주로 할 수 있다. 이 경우 이사회는 필요하다고 인정하는 때에는 주주명부의 기재변경 정지와 기준일의 지정을 함께 할 수 있다. 이 경우 회사는 주주명부 폐쇄기간 또는 기준일의 2주간 전에 이를 공고하여야 한다.	제15조 【주주명부의 폐쇄 및 기준일】 제1항 : "주주총회의 종결일까지"는 "정기주주총회의 종결일까지"로 수정하는 것이 타당함. 그리고 경영권 관리목적 등을 위하여 정관에서 주식 거래를 이사회의 승인을 받도록 권장(상법 제335조 제1항 단서)
제16조 【주권의 재발행】 ① 주권의 분할, 병합, 오손 등의 사유로 인하여 주권의 재발행을 청구함에 있어서는 회사가 정하는 청구서에 기명날인 또는 서명하고 주권을 첨부하여 제출하여야 한다. ② 주권의 상실로 인하여 그 재발행을 청구함에 있어서는 회사가 정하는 청구서에 기명날인 또는 서명하고 이에 제권판결의 정본 또	

비상장법인 정관 제안(저자가 만듦)	법률전문가의 의견
는 등본을 첨부하여 제출하여야 한다. 제17조 【수수료】 제 13조 또는 제 15조에서 정하는 청구를 하는 자는 회사가 정하는 수수료를 납부하여야 한다.	
제3장 사 채 제18조 【전환사채의 발행】 ① 회사는 다음 각 호의 어느 하나에 해당하는 경우 이사회의 결의로 주주 외의 자에게 전환사채를 발행할 수 있다. 이 경우 이사회는 그 일부에 대하여만 전환권을 부여하는 조건으로 이를 발행할 수 있다. 1. 사채의 액면총액이 일백억 원을 초과하지 않는 범위 내에서 일반 공모의 방법으로 전환사채를 발행하는 경우 2. 사채의 액면총액이 일백억 원(발행주식 총수의 20%에 해당하는 금액을 한도로 한다)을 초과하지 않는 범위 내에서 긴급한 자금 조달을 위하여 국내외 금융기관 또는 기관 투자자에게 전환사채를 발행하는 경우 3. 사채의 액면총액이 일백억 원(발행주식 총수의 20%에 해당하는 금액을 한도로 한다)을 초과하지 않는 범위 내에서 사업상 중요한 기술도입, 연구개발, 생산 · 판매 · 자본제휴를 위하여 그 상대방에게 전환사채를 발행하는 경우 ② 전환으로 인하여 발행하는 주식은 보통주식으로 하고, 전환가액은 주식의 액면금액 또는 그 이상의 가액으로 사채발행 시 이사회가 정한다. ③ 전환을 청구할 수 있는 기간은 당해 사채의 발행일후 3개월이 경과하는 날로부터 그 상환기일의 직전 일까지로 한다. 그러나 위 기간 내에서 이사회의 결의로써 전환청구기간을 조정할 수 있다. ④ 전환으로 인하여 발행하는 신주에 대한 이익의 배당과 전환사채에 대한 이자의 지급에 대하여는 제13조의 규정을 준용한다. 제19조 【신주인수권부사채의 발행】 ① 회사는 다음 각 호의 어느 하나에 해당하는 경우 이사회의 결의로 주주 외의 자에게 신주인수권부사채를 발행할 수 있다.	

비상장법인 정관 제안(저자가 만듦)	법률전문가의 의견
1. 사채의 액면총액이 일백억 원을 초과하지 않는 범위 내에서 일반 공모의 방법으로 신주인수권부사채를 발행하는 경우 2. 사채의 액면총액이 일백억 원(발행주식 총수의 20%에 해당하는 금액을 한도로 한다)을 초과하지 않는 범위 내에서 긴급한 자금 조달을 위하여 국내외 금융기관 또는 기관 투자자에게 신주인수권부사채를 발행하는 경우 3. 사채의 액면총액이 일백억 원(발행주식 총수의 20%에 해당하는 금액을 한도로 한다)을 초과하지 않는 범위 내에서 사업상 중요한 기술도입, 연구개발, 생산 · 판매 · 자본제휴를 위하여 그 상대방에게 신주인수권부사채를 발행하는 경우 ② 신주인수를 청구할 수 있는 금액은 사채의 액면총액을 초과하지 않는 범위 내에서 이사회가 정한다. ③ 신주인수권의 행사로 발행하는 주식의 종류는 보통주식으로 하고, 그 발행가액은 액면금액 또는 그 이상의 가액으로 사채발행 시 이사회가 정한다. ④ 신주인수권을 행사할 수 있는 기간은 당해 사채발행일후 3개월이 경과한 날로부터 그 상환기일의 직전 일까지로 한다. 그러나 위 기간 내에서 이사회의 결의로써 신주인수권의 행사기간을 조정할 수 있다. ⑤ 신주인수권의 행사로 발행하는 신주에 대한 이익의 배당에 대하여는 제13조의 규정을 준용한다. 제19조의 2 【사채 발행의 위임】 이사회는 대표이사에게 사채의 금액 및 종류를 정하여 1년을 초과하지 아니하는 기간 내에 사채를 발행할 것을 위임할 수 있다. 제20조 【사채발행에 관한 준용규정】 제13조 및 제14조의 규정은 사채발행의 경우에 준용한다.	
제 4 장 주주총회 제21조 【소집시기】 ① 회사의 주주총회는 정기주주총회와 임시주주총회로 한다.	

비상장법인 정관 제안(저자가 만듦)	법률전문가의 의견
② 정기주주총회는 매사업연도 종료 후 3월 이내에, 임시주주총회는 필요에 따라 소집한다.	
제22조 【소집권자】 ① 주주총회는 법령에 다른 규정이 있는 경우를 제외하고는 이사회의 결의에 따라 대표이사가 소집한다. ② 대표이사의 유고시에는 정관 제34조의 규정을 준용한다.	
제23조 【소집통지 및 공고】 ① 주주총회를 소집할 때에는 그 일시, 장소 및 회의의 목적사항에 관하여 주주총회일의 2주 전에 주주에게 서면으로 통지를 발송하거나 각 주주의 동의를 받아 전자문서로 통지를 발송하여야 한다. 다만, 주주전원의 동의가 있는 때에는 소집절차 없이 주주총회를 개최할 수 있다. ② 의결권 있는 발행주식 총수의 100분의 1 이하의 주식을 소유한 주주에 대하여는 회의일 2주 전에 주주총회를 소집한다는 뜻과 회의의 목적사항을 신문에 각각 2회 이상 공고함으로써 제1항의 규정에 의한 통지에 갈음할 수 있다.	제23조 【소집통지 및 공고】 제1항 단서 "다만, 주주전원의 동의가 있는 때에는 소집절차 없이 주주총회를 개최할 수 있다." : 자본금 총액 10억 원 미만인 경우에만 주주전원의 동의가 있는 경우 소집절차 없이 주주총회를 개최할 수 있으나(상법 제363조 제3항), 자본금 총액이 10억 원이 넘는 경우 주주전원의 동의가 있는 경우에도 소집절차 없이 주주총회를 개최할 수 없으므로, 이에 해당하는 회사의 정관에는 위 단서를 삭제하여야 함. 제2항 "의결권 있는 발행주식 총수의 100분의 1 이하의 주식을 소유한 주주에 대하여는 회의일 2주 전에 주주총회를 소집한다는 뜻과 회의의 목적사항을 신문에 각각 2회 이상 공고함으로써 제1항의 규정에 의한 통지에 갈음할 수 있다." : 상법 제542조의 4에 의하여 상장회사에만 적용 가능한
제24조 【소집 지】 주주총회는 본점소재지에서 개최하되, 필요에 따라 이의 인접지역에서도 개최할 수 있다.	
제25조 【의장】 ① 주주총회의 의장은 대표이사로 한다. ② 대표이사의 유고시에는 이사회에서 선임한 다른 이사가 의장이 된다.	
제26조 【의장의 질서유지권】 ① 주주총회의 의장은 주주총회에서 고의로 의사진행을 방해하기 위한 발언·행동을 하는 등 현저히 질서를 문란하게 하는 자에 대하여 그 발언의 정지 또는 퇴장을 명할 수 있다. ② 주주총회의 의장은 원활한 의사진행을 위하여 필요하다고 인정할 때에는 주주의 발언시간과 회수를 제한할 수 있다.	
제27조 【주주의 의결권】 주주의 의결권은 1주마다 1개로 한다.	
제28조 【의결권의 행사】 ① 주주는 총회에 출석하지 아니하고 서	

비상장법인 정관 제안(저자가 만듦)	법률전문가의 의견
면에 의하여 의결권을 행사할 수 있다. ② 서면에 의하여 의결권을 행사하고자 하는 주주는 의결권행사에 관한 서면에 필요한 사항을 기재하여, 회일의 전일까지 회사에 제출하여야 한다. ③ 주주는 대리인으로 하여금 그 의결권을 행사하게 할 수 있으며, 이 경우 대리인은 주주총회 개시 전에 그 대리권을 증명하는 서면(위임장)을 제출하여야 한다. 제29조【주주총회의 결의방법】주주총회의 결의는 법령과 정관에 다른 정함이 있는 경우를 제외하고는 출석한 주주의 의결권의 과반수와 발행주식 총수의 4분의 1 이상의 수로써 한다. 제30조【주주총회의 의사록】① 주주총회의 의사에는 의사록을 작성하여야 한다. ② 의사록에는 그 경과요령과 결과를 기재하고, 의장과 출석한 이사가 기명날인 또는 서명을 하여 본점과 지점에 비치한다.	특례이므로 비상장회사이므로 삭제하는 것이 좋음. (주주총회 소집통지를 홈페이지 팝업으로 할 수 있는지 여부 : 상법 제524조의 4 제1항은 "상장회사가 주주총회를 소집하는 경우 대통령령으로 정하는 수 이하의 주식을 소유하는 주주에게는 정관으로 정하는 바에 따라 주주총회 일의 2주 전에 주주총회를 소집하는 뜻과 회의의 목적사항을 둘 이상의 일간신문에 각각 2회 이상 공고하거나 대통령령으로 정하는 바에 따라 전자적 방법으로 공고함으로써 제363조 제1항의 소집통지를 갈음할 수 있다"고 규정하고 있고, 이에 따른 상법시행령 제31조 제2항은 "상장회사는 「금융위원회의 설치 등에 관한 법률」 제24조에 따라 설립된 금융감독원 또는 「자본시장과 금융투자업에 관한 법률」 제373조의 2에 따라 허가를 받은 거래소(이하 "거래소"라 한다)가 운용하는 전자공시시스템을 통하여 법 제542조의 4 제1항의 공고를 할 수 있다."고 규정하고 있다. 따라서 전자적 방법으로 주주총회 소집의 공고가 가능

비상장법인 정관 제안(저자가 만듦)	법률전문가의 의견
	한 회사는 상장회사에 한하므로, 상장회사가 아닌 기업은 전자적 방법으로 주총소집 공고를 할 수 없고, 상장회사라 하더라도 금융감독원 또는 거래소가 운용하는 전자공시시스템을 통하여만 공고를 할 수 있을 뿐이므로, 홈페이지 팝업으로 주주총회 소집통지를 할 수는 없을 것으로 보인다.
제5장 이사 이사회 대표이사 **제1절 이 사** 제31조【이사의 수】회사의 이사는 3명 이상 5명 이내로 한다. 제32조【이사의 선임】① 이사는 주주총회에서 선임한다. ② 이사의 선임은 출석한 주주의 의결권의 과반수로 하되 발행주식총수의 4분의 1 이상의 수로 하여야 한다. ③ 2인 이상의 이사를 선임하는 경우 상법 제382조의 2에서 규정하는 집중투표제는 적용하지 아니한다. 제33조【이사의 임기】① 이사의 임기는 ○년으로 한다. 그러나 그 임기가 최종의 결산기 종료 후 당해 결산기에 관한 정기주주총회 전에 만료될 경우에는 그 총회의 종결 시까지 그 임기를 연장한다. ② 보궐선임 된 이사의 임기는 전임자의 잔여기간으로 한다. 제34조【이사의 직무】부사장, 전무이사, 상무이사 및 이사는 대표이사를 보좌하고, 이사회에서 정하는 바에 따라 회사의 업무를 분장 집행하며, 대표이사의 유고시에는 위 순서에 따라 그 직무를 대행한다.	이사의 임기를 정한 경우에 정당한 이유 없이 해임하였다면 회사는 그 이사에 대하여 손해배상책임이 있다(상법 제385조 제1항). 이때 이사의 임기를 정한 경우라 함은 정관 또는 주주총회의 결의로 임기를 정하고 있는 경우를 말하고, 이사의 임기를 정하지 않은 때에는 이사의 임기의 최장기인 3년을 경과하지 않는 동안에 해임되더라도 그로 인한 손해의 배상을 청구할 수 없다. 회사의 정관에서 "이사의 임기는 3년을 초과하지 못한다." 고 규정한 것이 이사의 임기를 3년으로 정하는 취지라고 해석할 수는 없다(대법원 2001.6.15. 선고, 2001다23928 판결). 따라서 이사의 임기는 손해배상문제를 피하기 위하여 연수를 정하지

비상장법인 정관 제안(저자가 만듦)	법률전문가의 의견
第35條【이사의 의무】① 이사는 법령과 정관의 규정에 따라 회사를 위하여 그 직무를 충실하게 수행하여야 한다. ② 이사는 선량한 관리자의 주의로서 회사를 위하여 그 직무를 수행하여야 한다. ③ 이사는 재임 중뿐만 아니라 퇴임 후에도 직무상 지득한 회사의 영업상비밀을 누설하여서는 아니 된다. ④ 이사는 회사에 현저하게 손해를 미칠 염려가 있는 사실을 발견한 때에는 즉시 감사에게 이를 보고하여야 한다. 第36條【이사의 보수와 퇴직금】① 이사의 보수는 주주총회의 결의로 이를 정한다. ② 이사의 퇴직금의 지급은 주주총회결의를 거친 임원퇴직금지급규정에 의한다. **제 2 절 이사회** 第37條【이사회의 구성과 소집】① 이사회는 이사로 구성한다. ② 이사회는 대표이사 또는 이사회에서 따로 정한 이사가 있을 때에는 그 이사가 회일 1주일 전에 각 이사 및 감사에게 통지하여 소집한다. ③ 제2항의 규정에 의하여 소집권자로 지정되지 않은 다른 이사는 소집권자인 이사에게 이사회 소집을 요구할 수 있다. 소집권자인 이사가 정당한 이유 없이 이사회 소집을 거절하는 경우에는 다른 이사가 이사회를 소집할 수 있다. ④ 이사 및 감사 전원의 동의가 있을 때에는 제2항의 소집절차를 생략할 수 있다. 第38條【이사회의 결의방법】① 이사회의 결의는 법령과 정관에 다른 정함이 있는 경우를 제외하고는 이사 과반수의 출석과 출석이사의 과반수로 한다. ② 이사회는 이사가 직접 이사회에 참석하여야 한다. ③ 이사회의 결의에 관하여 특별한 이해관계가 있는 자는 의결권을 행사하지 못한다.	말고 3년을 초과하지 못한다는 것 같이 정하는 것이 좋다.

비상장법인 정관 제안(저자가 만듦)	법률전문가의 의견
제39조【이사회의 의사록】① 이사회의 의사에 관하여는 의사록을 작성하여야 한다. ② 의사록에는 의사의 안건, 경과요령, 그 결과, 반대하는 자와 그 반대이유를 기재하고 출석한 이사 및 감사가 기명날인 또는 서명하여야 한다. **제3절 대표이사** 제40조【대표이사의 선임】대표이사는 이사회에서 선임한다. 제41조【대표이사의 직무】대표이사는 회사를 대표하고 회사의 업무를 총괄한다.	
제6장 감 사 제42조【감사의 수】회사는 1인 이상 ○인 이내의 감사를 둘 수 있다. 제43조【감사의 선임】① 감사는 주주총회에서 선임한다. ② 감사의 선임을 위한 의안은 이사의 선임을 위한 의안과는 별도로 상정하여 의결하여야 한다. ③ 감사의 선임은 출석한 주주의 의결권의 과반수로 하되 발행주식총수의 4분의 1 이상의 수로 하여야 한다. 그러나 의결권 있는 발행주식 총수의 100분의 3을 초과하는 수의 주식을 가진 주주는 그 초과하는 주식에 관하여 감사의 선임에는 의결권을 행사하지 못한다. 다만, 소유주식수의 산정에 있어 최대주주와 그 특수관계인, 최대주주 또는 그 특수관계인의 계산으로 주식을 보유하는 자, 최대주주 또는 그 특수관계인에게 의결권을 위임한 자가 소유하는 의결권 있는 주식의 수는 합산한다. 제44조【감사의 임기와 보선】① 감사의 임기는 취임 후 3년 내의 최종의 결산기에 관한 정기주주총회 종결 시까지로 한다. ② 감사 중 결원이 생긴 때에는 주주총회에서 이를 선임한다. 그러	제43조【감사의 선임】제3항의 경우 상장회사의 경우 상법에서 위와 같이 합산하도록 규정하고 있어 어쩔 수 없으나, 상장되기 전인 비상장회사인 경우 굳이 위와 같은 규정을 둘 필요는 없을 것으로 보이므로 삭제하는 것이 좋다(위 규정은 대주주의 권한을 제한하는 내용이므로 굳이 이러한 규정을 둘 이유는 없다).

비상장법인 정관 제안(저자가 만듦)	법률전문가의 의견
나 정관 제42조에서 정하는 원수를 결하지 아니하고 업무수행 상 지장이 없는 경우에는 그러하지 아니한다. 제45조 【감사의 직무 등】 ① 감사는 회사의 회계와 업무를 감사한다. ② 감사는 회의의 목적사항과 소집의 이유를 기재한 서면을 이사회에 제출하여 임시주주총회의 소집을 청구할 수 있다. ③ 감사는 그 직무를 수행하기 위하여 필요한 때에는 자회사에 대하여 영업의 보고를 요구할 수 있다. 이 경우 자회사가 지체 없이 보고를 하지 아니할 때 또는 그 보고의 내용을 확인할 필요가 있는 때에는 자회사의 업무와 재산 상태를 조사할 수 있다. ④ 감사에 대해서는 제40조 제3항 및 제41조의 2의 규정을 준용한다. ⑤ 감사는 회사의 비용으로 전문가의 도움을 구할 수 있다. ⑥ 감사는 필요하면 회의의 목적사항과 소집이유를 적은 서면을 이사(소집권자가 있는 경우에는 소집권자)에게 제출하여 이사회 소집을 청구할 수 있다. ⑦ 제6항의 청구를 하였는데도 이사가 지체 없이 이사회를 소집하지 아니하면 그 청구한 감사가 이사회를 소집할 수 있다. 제46조 【감사록】 감사는 감사에 관하여 감사록을 작성하여야 하며, 감사록에는 감사의 실시요령과 그 결과를 기재하고 감사를 실시한 감사가 기명날인 또는 서명하여야 한다. 제47조 【감사의 보수와 퇴직금】 ① 감사의 보수와 퇴직금에 관하여는 제36조의 규정을 준용한다. ② 감사의 보수를 결정하기 위한 의안은 이사의 보수결정을 위한 의안과 구분하여 상정 · 의결하여야 한다.	
제7장 회 계 제48조 【사업연도】 회사의 사업연도는 매년 1월 1일부터 12월 31일까지로 한다.	

비상장법인 정관 제안(저자가 만듦)	법률전문가의 의견
제49조 【재무제표 등의 작성 등】 ① 대표이사는 상법 제447조 및 제447조의 2의 각 서류를 작성하여 이사회의 승인을 얻어야 한다. ② 대표이사는 정기주주총회 회일의 6주간 전에 제1항의 서류를 감사에게 제출하여야 한다. ③ 감사는 정기주주총회일의 1주전까지 감사보고서를 대표이사에게 제출하여야 한다. ④ 대표이사는 제1항의 서류와 감사보고서를 정기주주총회 회일의 1주간 전부터 본점에 5년간, 그 등본을 지점에 3년간 비치하여야 한다. ⑤ 대표이사는 상법 제447조의 서류를 정기주주총회에 제출하여 승인을 얻어야 하며, 제447조의 2의 서류를 정기주주총회에 제출하여 그 내용을 보고하여야 한다. ⑥ 제5항에도 불구하고 회사는 상법 제447조의 각 서류가 법령 및 정관에 따라 회사의 재무상태 및 경영성과를 적정하게 표시하고 있다는 외부감사인의 의견이 있고, 감사 전원의 동의가 있는 경우 상법 제447조의 각 서류를 이사회 결의로 승인할 수 있다. ⑦ 제6항에 따라 승인받은 서류의 내용은 주주총회에 보고하여야 한다. ⑧ 대표이사는 제5항 또는 제6항의 규정에 의한 승인을 얻은 때에는 지체 없이 대차대조표와 외부감사인의 감사의견을 공고하여야 한다. 제50조 【이익금의 처분】 회사는 매사업연도의 처분 전 이익잉여금을 다음과 같이 처분한다. 1. 이익준비금 2. 기타의 법정준비금 3. 배당금 4. 임의적립금 5. 기타의 이익잉여금 처분 액 제51조 【이익배당】 ① 이익배당은 금전 또는 금전 외의 재산으로 할 수 있다. ② 이익의 배당을 주식으로 하는 경우 회사가 종류주식을 발행한 때에는 각각 그와 같은 종류의 주식으로 할 수 있다.	

비상장법인 정관 제안(저자가 만듦)	법률전문가의 의견
③ 제1항의 배당은 매 결산기 말 현재의 주주명부에 기재된 주주 또는 등록된 질권자에게 지급한다.	
제52조 【분기배당】 ① 회사는 이사회의 결의로 사업연도 개시일부터 3월 · 6월 및 9월의 말일(이하 "분기배당 기준일"이라 한다)의 주주에게 자본시장과 금융투자업에 관한 법률 제165조의 12(상장법인 규정)에 따라 분기배당을 할 수 있다. ② 제1항의 이사회 결의는 분기배당 기준일 이후 45일 내에 하여야 한다. ③ 분기배당은 직전결산기의 대차대조표상의 순자산액에서 다음 각 호의 금액을 공제한 액을 한도로 한다. 1. 직전결산기의 자본금의 액 2. 직전결산기까지 적립된 자본준비금과 이익준비금의 합계액 3. 직전결산기의 정기주주총회에서 이익배당하기로 정한 금액 4. 직전결산기까지 정관의 규정 또는 주주총회의 결의에 의하여 특정목적을 위해 적립한 임의준비금 5. 상법 시행령 제19조에서 정한 미 실현이익 6. 분기배당에 따라 당해 결산기에 적립하여야 할 이익준비금의 합계액 ④ 사업연도 개시일 이후 분기배당 기준일 이전에 신주를 발행한 경우(준비금의 자본전입, 주식배당, 전환사채의 전환청구, 신주인수권부사채의 신주인수권 행사에 의한 경우를 포함한다)에는 분기배당에 관해서는 당해신주는 직전사업연도 말에 발행된 것으로 본다. 다만, 분기배당 기준일후에 발행된 신주에 대하여는 최근 분기배당 기준일 직후에 발행된 것으로 본다. ⑤ 제9조2의 종류주식에 대한 분기배당은 보통주식과 동일한 배당률을 적용한다.	제52조(분기배당)의 경우 주권상장법인의 경우 자본시장과 금융투자업에 관한 법률 제165조의 12에 따라 이사회 결의로 분기배당을 할 수 있으나, 상장하기 전에는 분기배당을 할 수 없다. 따라서 위 조문은 삭제하는 것이 좋을 것 같다. 다만, 상법 제462조의 3 제1항 "년 1회의 결산기를 정한 회사는 영업연도 중 1회에 한하여 이사회의 결의로 일정한 날을 정하여 그날의 주주에 대하여 이익을 배당(이하 이 조에서 "중간배당"이라 한다)할 수 있음을 정관으로 정할 수 있다"에 따라 비상장법인이라도 중간배당은 할 수 있는바, 만일 중간배당이 가능하도록 할 의도라면, "제52조(중간배당) 영업연도 중 1회에 한하여 이사회의 결의로 일정한 날을 정하여 그날의 주주에 대하여 이익을 배당할 수 있다"라고 규정하면 될 것으로 보인다.

PART

3

가업의 승계와 상속

Chapter 1

가업의 상속과 증여

Chapter 2

가업의 승계전략

Chapter 3

가업승계와 조세전략

Chapter 4

가업의 재산평가

Chapter 5

가업의 주식평가

1 가업의 승계와 상속

우리나라는 소득 대비 상속금액의 비율이 1980년 5%를 차지했지만 30년 뒤인 2010년에는 8.2%로 높아졌다. 소득수준이 높아지면서 후대에 남기는 재산축적도 늘어나고 있는 것이다. 이에 따라 개인의 재산 형성 중 상속 재산의 비중도 1980년 27%에서 1990년 29%, 2000년 42%로 30년 만에 50% 가량 늘어났다. 더욱이 21세기 들어 우리 사회의 고령화가 급속하게 이루어지면서 상속 재산의 규모도 크게 늘어날 것이다. 이러다보니 상속과 관련한 분쟁과 소송도 2000년 8,207건에서 2013년 3만5,031건으로 기하급수적으로 늘고 있다. 또한 가업과 기업의 승계와 관련한 분쟁과 소송도 크게 늘어나고 있다.

기업 또는 가업과 가문의 재산을 잠식하는 위험은 많지만 상속과 승계는 그 중에서도 가장 큰 위험 요인을 내재하고 있다. 후손들에게 가업과 재산이 분배되고 국가에 상속세를 내야 한다. 이 과정에서 무능하거나 비도덕적인 사람에게 가업기업이나 가문의 재산이 승계되는 경우 가업과 가문이 붕괴될 위험이 도사리고 있다. 또한 가업의 승계는 주식으로 하지만 막대한 상속세 문제로 기업을 매각하거나 폐업할 수밖에 없는 경우도 발생하고 있다. 그러나 가업과 기업 그리고 가문의 재산은 세대를 달리하면서 지속적으로 유지되어야 한다.

2 가업의 상속 전략

2.1 가업상속의 예비 검토

기업과 가업을 포함하여 재산의 승계는 증여 또는 상속을 통하여 이전한다. 사전에 증여를 할 것인지 아니면 최종적으로 상속할 것인지는 다양한 요인을 감안하여 결정하여야 한다. 창업자나 부모세대의 은퇴계획, 은퇴 후 생활과 경제문제, 자녀의 경영능력과

의사, 세금문제 등을 종합적으로 고려해야 한다.

가장 중요한 것은 대화이다. 창업자와 승계를 할 부모세대와 승계를 받을 자녀세대가 충분한 대화를 통하여 가장 바람직하고 합리적인 방향을 모색하여야 한다. 창업자와 부모세대가 일방적으로 결정하거나 아무런 결정을 하지 않는 경우 상속과 승계를 통한 위험이 가장 크다. 승계자와 자녀세대가 여러 명인 경우 분쟁의 소지가 늘 있으므로 사전에 충분히 검토하고 준비한 후 시행하여야 한다. 그렇지 않으면 창업자와 부모 세대가 이룬 가업과 재산이 하루아침에 공중분해 될 수 있다.

2.2 가업상속 계획의 개요

상속과 기업의 승계 작업은 장기간 준비가 필요하다.

준비할 사항 중 첫째는 재산의 파악이다. 둘째는 피상속인과 상속인의 희망, 의사 등 니즈(needs)를 파악한다. 셋째는 분쟁가능성과 관련된 이슈를 파악하고 정리하고 해결방안을 모색한다. 넷째는 실행이다. 유언장도 이때 작성될 수 있고 상속 플랜의 일환으로 가업을 청산하거나 기업을 매각하거나 구조조정을 할 수도 있다. 기업지배구조 개선, 계열사 합병이나 분할, 공익법인 설립, 세금 문제 점검 등을 한다. 다섯째는 사후마무리이며, 마지막으로 사후 분쟁 발생 시 이를 해결하는 일이다.

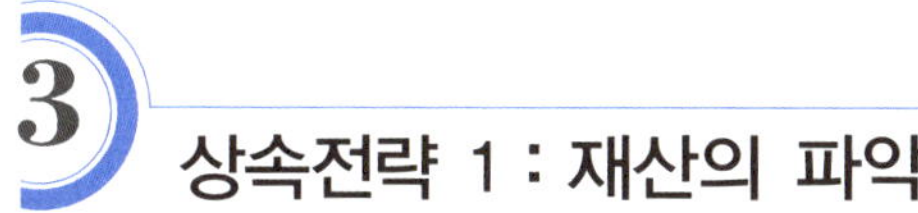

3 상속전략 1 : 재산의 파악

3.1 재산파악의 의의

승계 또는 상속할 재산의 종류와 금액을 확정하고 그 재산이 얼마인지 평가하여야 한다. 간혹 창업주나 부모세대의 재산 파악이 어렵거나 불가능한 경우도 있다. 세대 간에 대화를 하지 않기 때문이다. 부모세대나 창업주가 먼저 솔직하게 대화를 꺼내지 않으면 자녀나 승계자는 먼저 이 주제에 대하여 말 꺼내기가 어렵다. 불필요한 오해의 소지가 많기 때문이다.

3.2 상속재산의 평가

재산의 평가는 상속과 승계 시 재산분배의 기준이 되고 법정상속이나 분쟁 시 또는 세금부과 시의 기준이 된다. 법원은 상속재산의 평가는 통상적으로 상속 당시의 시가에 의하여 평가한다는 입장이다. 그리고 상당부분 「상속세 및 증여세법」의 평가규정을 수용하고 있다. 따라서 감정평가 전문가가 평가한 것을 인정하고 있다. 동일한 사항에 관하여 상이한 수개의 감정결과가 있을 때 그 중 하나에 의거하여 법원이 직권으로 평가할 수 있다.

비상장법인 주식도 평가하여야 한다. 법원은 비상장법인이라도 객관적가치가 반영된 정상적인 거래의 실례가 있다면 그 거래가격을 시가로 보아 평가한다. 거래사례가 없는 경우에는 제반 사정을 종합적으로 고려하여 평가한다. 「상속세 및 증여세법 시행령」에 따른 순손익가치와 순자산가치를 평균한 가액, 자산 가치평가, 유사기업으로 평가하는 시장가치법, 미래현금흐름으로 평가하는 방법을 인정한다. 전문가에 의하여 감정된 결과도 인정한다. 전문가가 자산 가치평가 방식으로 평가하였더라도 특별한 사유가 없는 경우 인정되지만 순자산가치와 순손익가치를 모두 고려하여 평가한 감정결과가 우선될 것으로 보인다. 「상속세 및 증여세법」 제63조 제3항은 대주주에 대하여 할증평가도 수용한다.

4 상속전략 2 : 니즈의 파악

4.1 니즈의 의의

기업주 또는 부모세대와 자녀 또는 승계자의 니즈(needs)를 파악하여야 한다. 승계자와 자녀들 사이의 이해관계를 분명히 파악하고, 미리 조정함으로써 가족 간 화합을 도모하여야 한다.

4.2 상속재산의 배분

(1) 법률의 이해

기업과 가업 및 재산을 상속 또는 승계하는 것은 기본적으로 협의에 의할 수 있다. 그러나 현실적으로 쉬운 문제가 아니다. '돈'과 관련된 문제는 피보다 '진하기' 때문이다. 사전적으로 부모자식 간에 동의를 하고 유언으로 분배배율을 정한다고 하더라도 사후적으로 분쟁의 소지는 있으며 실제로도 많은 분쟁이 발생한다. 따라서 법정상속비율로 분배하는 것이 분쟁을 막는 가장 쉬운 방법이다.

상속과 승계를 하려면 상속과 승계에 따른 법적문제를 검토하여야 한다. 상속은 사망으로 인하여 피상속인의 주소지에서 개시된다(민법 제997조, 민법 제998조). 상속인은 상속이 개시된 때로부터 피상속인의 일신에 전속된 것을 제외하고 재산에 관한 포괄적 권리의무를 승계한다(민법 제1005조). 상속인이 수인인 때에는 상속재산은 그 공유로 하고(민법 제1006조), 공동상속인은 각자의 상속분에 응하여 피상속인의 권리의무를 승계한다(민법 제1007조). 우선 상속 시의 법정상속비율에 따른 분배 금액을 검토한다. 배우자는 1.5, 자녀들은 1의 비율로 법정상속 지분을 가진다.

우리나라는 조선시대 초기만 해도 '제·자녀균분상속(諸子女均分相續)'으로 아들과 딸을 구별하지 않고 상속하였다. 그러다가 조선시대 후기와 일본식민지시대를 거치며 장자에 대한 상속 우선권이 생겼고, 관행처럼 유지되어 왔다. 그러나 1977년 유류분 제도가 도입되고, 2005년 호주제가 폐지되면서 남녀균분상속으로 돌아갔다.

(2) 법정 상속분

▲▼ 개요와 배경

가업과 재산을 상속하는 경우 문제가 되는 것은 상속의 법정비율이다. 법정비율을 무시하고 승계하거나 상속하는 경우 분쟁이 발생할 수 있다. 따라서 법정 상속분을 잘 이해하고 승계 플랜을 구상하여야 한다. 상속재산은 법적으로 배우자와 자녀에게 골고루 배분되도록 법률적으로 제한하기 때문에 향후 지분구성 문제와 상속재산의 분할문제를 사전에 검토하여야 한다. 우선 알아야 할 것은 법정상속이 누구에게 이루어지느냐이다.

▲▼ 상속의 순위

① 순위의 개요

상속의 순위는 피상속인의 직계비속, 피상속인의 직계존속, 피상속인의 형제자매, 피상속인의 4촌 이내의 방계혈족이다(민법 제1000조 제1항). 피상속인의 배우자는 피상속인의 직계비속과 피상속인의 형제자매가 상속인이 되는 경우에는 그 상속인과 동순위로 공동상속인이 되고 그 상속인이 없는 때에는 단독 상속인이 된다(민법 제1003조 제1항). 직계비속이 있는 경우 피상속인의 직계존속 등은 상속과는 관계가 없다. 직계비속이 없는 경우 차례로 상속분이 이전된다. 즉 동순위의 상속인이 수인인 때에는 최근친을 선순위로 하고 동 최근친의 상속인이 수인인 때에는 공동상속인이 된다(민법 제1000조 제2항). 태아는 상속순위에 관하여는 이미 출생한 것으로 본다(민법 제1000조 제3항). 따라서 임신중인 태아가 있는 경우에도 이를 감안하여야 한다.

② 대습상속인

상속인이 될 피상속인의 직계비속 또는 피상속인의 형제자매가 상속개시 전에 사망하거나 결격자가 된 경우에 그 직계비속이 있는 때에는 그 직계비속이 사망하거나 결격된 자의 순위에 갈음하여 상속인이 된다. 이를 대습상속이라 한다(민법 제1001조). 이 경우 상속개시 전에 사망 또는 결격된 자의 배우자는 상속인과 동순위로 공동상속인이 되고 그 상속인이 없는 때에는 단독 상속인이 된다(민법 제1003조 제2항). 사망 또는 결격된 자에 갈음하여 상속인이 된 자의 상속분은 사망 또는 결격된 자의 상속분에 의한다(민법 제1010조 제1항). 사망 또는 결격된 자의 직계비속이 수인인 때에는 그 상속분은 사망 또는 결격된 자의 상속분의 한도에서 이를 정한다(민법 제1010조 제1항).

③ 결격 상속인

고의로 직계존속, 피상속인, 그 배우자 또는 상속의 선순위나 동순위에 있는 자를 살해하거나 살해하려한 자, 고의로 직계존속, 피상속인과 그 배우자에게 상해를 가하여 사망에 이르게 한 자, 사기 또는 강박으로 피상속인의 상속에 관한 유언 또는 유언의 철회를 방해한 자, 사기 또는 강박으로 피상속인의 상속에 관한 유언을 하게 한 자, 피상속인의 상속에 관한 유언서를 위조 · 변조 · 파기 또는 은닉한 자는 상속인이 되지 못한다(민법 제1004조).

▲▼ 지분의 비율

배우자는 직계비속 또는 직계존속과 공동으로 상속하는 때에는 직계비속 또는 직계존속 상속분의 5할을 가산한다. 배우자는 1.5, 자녀들은 1의 비율로 법정상속 지분을 가진다(민법 제1009조). 이에 따라 상속을 받을 사람을 확정하고 그 비율을 확정하고 그 배분을 생각하여야 한다.

(3) 증여와 분배

상속 전에 증여를 한 재산이 있는 경우에는 그 증여 분만큼 분배에서 차감된다. 따라서 증여를 하였다고 그 증여가 독립적인 승계로서 상속과 별도로 인정되는 것은 아니다.

즉 공동상속인 중에 피상속인으로부터 재산의 증여 또는 유증을 받은 자가 있는 경우에 그 수증재산이 자기의 상속분에 달하지 못한 때에는 그 부족한 부분의 한도에서 상속분이 있다(민법 제1008조). 이는 공동상속인 중에 피상속인에게서 재산의 증여 또는 유증을 받은 특별수익자가 있는 경우에 공동상속인들 사이의 공평을 기하기 위하여 수증재산을 상속분의 선급으로 다루어 구체적인 상속분을 산정할 때 이를 참작하도록 하려는 데 그 취지가 있다. 여기서 어떠한 생전 증여가 특별수익에 해당하는지는 피상속인의 생전의 자산, 수입, 생활수준, 가정상황 등을 참작하고 공동상속인들 사이의 형평을 고려하여 당해 생전 증여가 장차 상속인으로 될 자에게 돌아갈 상속재산 중 그의 몫의 일부를 미리 주는 것이라고 볼 수 있는지에 의하여 결정하여야 한다(대법원 2011.12.8. 선고, 2010다66644 판결). 유의할 것은 여기서 생전 증여는 사실상의 증여도 반영한다는 점이다. 즉 사전에 재산을 취득하더라도 그것이 사실상 증여로 보이는 경우에는 특별수익에 해당하는 것으로 보고 있다. 예를 들어 주식 취득 당시 20대 초로 독립적인 경제활동을 통하여 주식을 취득하였다고 보기 어려운 경우에는 피상속인이 주식을 증여하였다고 보는 것이 타당하므로 특별수익에 해당한다(서울고등법원 2013.1.10.자 2011브115 본 심판, 2011브116 반 심판).

그러나 배우자에 대하여는 법원은 특별한 배려를 하고 있다. 생전 증여를 받은 상속인이 배우자로서 일생 동안 피상속인의 반려가 되어 그와 함께 가정공동체를 형성하고 이를 토대로 서로 헌신하며 가족의 경제적 기반인 재산을 획득・유지하고 자녀들에게 양육과 지원을 계속해 온 경우, 생전 증여에는 이와 같은 배우자의 기여나 노력에 대한 보상 내지 평가, 실질적 공동재산의 청산, 배우자 여생에 대한 부양의무 이행 등의 의미도 함께 담겨 있다고 봄이 타당하므로 그러한 한도 내에서는 생전 증여를 특별수익에서 제외하더라도 자녀인 공동상속인들과의 관계에서 공평을 해친다고 말할 수 없다(대법원 2011.12.8. 선고, 2010다66644 판결).

(4) 상속기여분

상속과 승계 시 또 하나의 이슈는 상속재산 형성에 기여한 사람의 문제로 매우 민감한 사항 중 하나이다.

공동상속인 중에 상당한 기간 동거, 간호 그 밖의 방법으로 피상속인을 특별히 부양하거나 피상속인의 재산의 유지 또는 증가에 특별히 기여한 자가 있을 때에는 상속개시 당시의 피상속인의 재산가액에서 공동상속인의 협의로 정한 그 자의 기여분을 공제한 것을 상속재산으로 보고 제1009조 법정상속분 및 제1010조 대습상속에 의하여 산정한 상속분에 기여분을 가산한 액으로써 그 자의 상속분으로 한다(민법 제1008조의 2 제1항). 동거 등의 경우도 판단하기 어렵지만 재산형성에 기여한 부분도 어려운 문제이다. 결혼 이후 재산이 증가한 부분에 대해서 기여도는 분쟁이 발생할 여지가 많고 재판까지 갈 경우 어떤 판결이 날지 알 수 없다. 특히 가업승계가 어떤 결과가 날지 예측하기가 어렵다.

우선 기여분은 상속인 간에 협의가 있어야 한다. 이러한 협의가 되지 아니하거나 협의할 수 없는 때에는 가정법원은 기여자의 청구에 의하여 기여의 시기, 방법 및 정도와 상속재산의 액 기타의 사정을 참작하여 기여분을 정한다(민법 제1008조의 2 제2항, 민법 제1008조의 2 제4항). 기여분은 상속이 개시된 때의 피상속인의 재산가액에서 유증의 가액을 공제한 액을 넘지 못한다(민법 제1008조의 2 제3항). 협의와 법원청구라는 방식은 결국 분쟁가능성이 높음을 암시한다. 상속기여분은 민감하고 어려운 문제이므로 사전에 당사자 간에 충분한 협의와 법적인 장치를 마련하지 않으면 분쟁은 필연적이다. 유류분 반환청구에서는 기여분을 인정하지 않는다. 따라서 다른 상속인들의 유류분이 자신의 기여분을 침해할 수 있는 경우 다른 공동상속인들로부터 유류분 반환청구를 받기 전에 상속재산분할심판 및 기여분 결정청구를 제기해야 한다.

기업경영에 기여하여 기업의 가치가 상승한 경우 그 부분을 인정하여 주는 것은 물론이다. 그런데 그 기여분의 산정은 쉽지 않다. 예를 들어 부동산 자산이 대부분을 차지하는 회사로 회사 경영에 참여할 당시 이미 상당한 자산을 보유하면서 안정적인 경영이 이루어지고 있는 상태였던 관계로 그 경영능력을 통해 주식 가치가 증가하였다고 보기는 어렵다(서울고등법원 2013.1.10.자 2011브115 본 심판, 2011브116 반 심판).

(5) 유류분 문제

문제의 개요

상속유류분은 최소한도의 상속분을 정한 것이다. 직계비속과 배우자의 유류분은 그 법정상속분의 2분의 1이다(민법 제1112조). 따라서 직계비속은 0.5, 배우자는 0.75가 최소한의 분배비율이다. 유류분 권리자가 피상속인의 증여 및 유증으로 인하여 그 유류분에 부족이 생긴 때에는 부족한 한도에서 그 재산의 반환을 청구할 수 있다(민법 제1115조 제1항). 유류분 제도는 피상속인의 재산 처분의 자유와 법정상속인의 이익을 조정하기 위한 입법적 결단이다. 상속 개시 후 유류분 권리자가 그 권리를 포기할 수는 있지만 당사자 간의 합의에 의해 변경하거나 어느 한쪽을 배제할 수 없다. 따라서 이를 무시하고 상속이나 승계를 하는 것은 불가능하다. 사전에 법적으로 확고한 방법을 사용하거나 유류분을 포기하겠다는 분명한 의지가 없는 이상 결국 상속 분쟁으로 갈 수밖에 없다.

산정의 범위

유류분의 범위는 사전 증여재산도 포함해서 산정한다. 심지어는 등록금, 차량 구입비, 아파트 분양 대금 등도 포함될 수 있다. 문제는 사전 증여재산의 범위도 기간에 관계없이 포함된다는 점이다. 공동상속인 중에 피상속인으로부터 재산의 증여에 의하여 특별수익을 한 자가 있는 경우에는 증여는 상속 개시 전 1년간에 행한 것인지 여부에 관계없이 유류분 산정을 위한 기초 재산에 산입된다(대법원 93다11715, 1995.6.30.). 생전에 부모가 자녀에게 준 대학교 등록금, 차량, 아파트 등은 상속인의 특별수익이라고 부르며, 특별수익은 상속재산분할이나 유류분 산정에서 전체 상속재산에 포함될 수 있다. 심지어 수십년에 증여받은 재산도 유류분 계산 시 포함시킨다는 판결도 있다.

유류분은 피상속인의 상속개시 시에 있어서 가진 재산의 가액에 증여재산의 가액을 가산하고 채무의 전액을 공제한 금액을 기준으로 한다(민법 제1113조). 여기서 증여재산의 가액은 상속개시 전의 1년간에 행한 것에 한하나 당사자 쌍방이 유류분 권리자에 손해를 가할 것을 알고 증여를 한 때에는 1년 전에 한 것도 포함되기 때문이다(민법 제1114조). 유류분은 피상속인의 상속개시 당시의 재산 가액에 증여재산의 가액을 가산하고 상속채무액을 공제한 금액을 기초로 산정하는데(민법 제1113조), 공동상속인 중에 피상속인으로부터 재산의 생전 증여에 의하여 특별수익을 한 자가 있는 경우에는 「민법」 제1114조(유류분에 포함될 증여 규정)의 규정은 그 적용이 배제되고, 따라서 그 증여는 상속개시 1년 이전의 것인지 여부, 당사자 쌍방이 손해를 가할 것을 알고서 하였는지 여부에 관계없이 유류분 산정을 위한 기초재산에 산입된다(대법원 1996.2.9. 선고, 95다17885 판결 등 참조). 유류분반환청구의 목적인 증여나 유증이 병존하고 있는 경우에는 유류분 권리자는 먼저 유증을 받은 자를 상대로 유류분 침해금액의 반환을 구하여야 하고, 그 이후에도 여전히 유류분 침해금액이 남아 있는 경우에 한하여 증여를 받은 자에 대하여 그 부족분을 청구할 수 있다. 이 경우 사인증여는 유증과 같이 본다(대법원 2001다6947, 2001.11.30.).

더 큰 문제는 상속 개시 시점을 기준으로 하므로 수십 년 전에 증여한 재산도 상속 개시 시점의 가액으로 평가하여 유류분 산정 대상 재산에 포함될 수 있다는 점이다. 증여재산 일부가 상속개시 전에 이미 처분되었다 하더라도 유류분 산정을 위한 기초재산에서 제외될 수는 없고, 이 경우에도 그 처분 당시의 시가나 실제 처분대금이 아니라 상속개시 당시의 시가를 기준으로 유류분액을 산정한다(부산지법 2007.5.16. 선고, 2006가합17563, 17570 판결). 유류분액을 산정함에 있어 반환의무자가 증여받은 재산의 시가는 상속개시 당시를 기준으로 하여 산정하여야 한다(대법원 1996.2.9. 선고, 95다17885 판결, 대법원 2005.6.23. 선고, 2004다51887 판결 등 참조). 따라서 그 증여받은 재산이 금전일 경우에는 그 증여받은 금액을 상속개시 당시의 화폐가치로 환산하여 이를 증여재산의 가액으로 봄이 상당하고, 그러한 화폐가치의 환산은 증여 당시부터 상속개시 당시까지 사이의 물가변동률을 반영하는 방법으로 산정하는 것이 합리적이라고 할 것이다(대법원 2009.7.23. 선고, 2006다28126 판결 참조). 한편 물가변동률로는 경제 전체의 물가수준 변동을 잘 반영하는 것으로 보이는 한국은행의 GDP 디플레이터를 사용하는 것이 타당하므로, 수증한 현금의 상속 개시 당시의 화폐가치는 "증여금액×사망 당시의 GDP 디플레이터 수치÷증여 당시의 GDP 디플레이터 수치"의 공식에 따라 산정한다(서울고법 2012.10.24. 선고, 2012나3168, 3175 판결).

반환의 방법

유류분의 반환방법에 관하여는 별도의 법률 규정이 없어, 반환의무자는 통상적으로 재산 그 자체를 반환하면 될 것이나 원물반환이 불가능한 경우에는 그 가액 상당액을 반환할 수밖에 없다. 그렇다고 하더라도 유류분으로 반환하여야 할 대상이 주식인 경우, 반환의무자가 피상속인으로부터 증여받은 주권 그 자체를 보유하고 있지 않다고 하더라도 그 대체물인 주식을 제3자로부터 취득하여 반환할 수 없다는 등의 특별한 사정이 없는 한 원물반환의무의 이행이 불가능한 것은 아니다(대법원 2005.6.23. 선고, 2004다51887 판결).

유류분반환청구권의 행사에 의하여 반환하여야 할 유증 또는 증여의 목적이 된 재산이 타인에게 양도된 경우 그 양수인이 양도 당시 유류분 권리자를 해함을 안 때에는 양수인에 대하여도 그 재산의 반환을 청구할 수 있다(대법원 2002.4.26. 선고, 2000다8878 판결). 유류분을 피하기 위하여 법인에 증여를 하는 경우에도 마찬가지라고 본다. 이 경우 증여를 받은 법인은 법인세를 부담하여야 하고 주주가 증여세를 부담할 수 있다. 즉 지배주주와 그 친족의 주식소유비율이 50% 이상인 법인이 그 법인과 특수관계인과 무상거래 등으로 주식 가치가 올라가므로 증여받은 것으로 보아 증여세를 과세한다(상속세 및 증여세법 제45조의 5, 상속세 및 증여세법 시행령 제34조의 4 제4항 · 제6항).

다수 유류분의 반납방법

증여 및 유증을 받은 자가 수인인 때에는 각자가 얻은 유증가액의 비례로 반환하여야 한다(민법 제1115조 제2항).

유류분의 시효

유류분 반환의 청구권은 유류분 권리자가 상속의 개시와 반환하여야 할 증여 또는 유증을 한 사실을 안 때로부터 1년 내에 하지 아니하면 시효에 의하여 소멸한다. 상속이 개시한 때로부터 10년을 경과한 때도 같다(민법 제1117조). 「민법」 제1001조 대습상속의 규정, 제1008조 특별수익자의 상속분의 규정, 제1010조의 대습상속 규정은 유류분에 이를 준용한다(민법 제1118조).

(6) 묘지의 상속

분묘에 속한 1정보(3000평) 이내의 금양임야와 600평 이내의 묘토인 농지, 족보와 제구의 소유권은 제사를 주재하는 자가 이를 승계한다(민법 제1008조의 3). 금양임야란 묘지를 보호하기 위해 벌목을 금지하고 나무를 기르는 묘지 주변의 임야를 말한다.

(7) 인지와 청구

상속개시 후의 인지 또는 재판의 확정에 의하여 공동상속인이 된 자가 상속재산의 분할을 청구할 경우에 다른 공동상속인이 이미 분할 기타 처분을 한 때에는 그 상속분에 상당한 가액의 지급을 청구할 권리가 있다(민법 제1014조). 인지란 혼인 외에 출생한 자녀에 대하여 친아버지나 친어머니가 자기 자식임을 확인하는 것을 말한다. 혼인 외 자녀나 재판 등으로 상속인이 추가된 경우 어려운 문제가 발생한다.

피인지자(자녀) 등의 상속분상당가액지급청구권은 그 성질상 상속회복청구권의 일종이므로 「민법」 제999조 제2항에 정한 제척기간이 적용된다. 즉 그 침해를 안 날부터 3년, 침해행위가 있은 날부터 10년을 경과하면 소멸된다.

3년의 제척기간의 기산일로 규정한 '그 침해를 안 날'이라 함은 피인지자가 자신이 진정상속인인 사실과 자신이 상속에서 제외된 사실을 안 때를 가리키는 것으로 혼인 외의 자가 법원의 인지판결 확정으로 공동상속인이 된 때에는 그 인지판결이 확정된 날에 상속권이 침해되었음을 알았다고 할 것이다. 상속회복청구권의 경우 상속재산의 일부에 대해서만 제소하여 제척기간을 준수하였을 때에는 청구의 목적물로 하지 않은 나머지 상속재산에 대해서는 제척기간을 준수한 것으로 볼 수 없다. 「민법」 제1014조에 의한 상속분상당가액지급청구권의 경우도 같은 법 제999조 제2항의 제척기간이 도과되면 소멸하므로 그 기간 내에 한 청구채권에 터 잡아 제척기간 경과 후 청구취지를 확장하더라도 그 추가 부분의 청구권은 소멸한다(대법원 2007.7.26. 선고, 2006므2757, 2764 판결).

(8) 참칭 상속자

참칭상속자란 법률상 상속인이 될 수 없는데도 사실상 상속인으로서의 지위를 지니고 있는 사람을 말한다. 상속권이 참칭상속권자로 인하여 침해된 때에는 상속권자 또는 그 법정대리인은 상속회복의 소를 제기할 수 있다(민법 제999조 제1항). 상속회복청구권은 그 침해를 안 날부터 3년, 상속권의 침해행위가 있은 날부터 10년을 경과하면 소멸된다(민법 제999조 제2항).

5 상속전략 3 : 분쟁의 예방

5.1 분쟁의 이해

'권력은 측근이 원수고 재벌은 핏줄이 원수이다.'이란 말이 있다. 가업의 승계과정에서 나타나는 가족 간의 분쟁을 빗댄 말이다. 기업의 승계와 상속과정에서 한 푼이라도 더 받으려는 법정 싸움이 크게 늘어나고 있다. 매년 20~30%씩 상속재산의 분배문제로 인한 분쟁이 증가하고 있다. 이는 우리나라만의 문제는 아니다. 세계적인 기업들도 마찬가지이다. 프랑스의 화장품 대기업은 상속재산 분쟁으로 딸이 자신의 어머니에 대한 관찰보호를 신청하고 3년 동안의 분쟁에 휩쓸렸다. 우리나라에서 인기 있는 구찌(Gucci) 역시 창업자 사후 두 아들에게 경영권을 나누어주었으나 손자 세대에 와서 경영권 분쟁으로 창업자 가문은 역사 속으로 사라졌다. 가업과 재산을 잘 물려주려면 우선 가족들의 분쟁을 예방하고 불식시켜야 한다. 그 방식은 사람에 의존하기보다는 구체적인 계획과 실행에 의하여야 한다.

재산과 가업을 잘 물려주려면 우선 분쟁부터 예방하여야 하므로 상속과 승계 관련 분쟁가능성을 예측하고 이에 대한 대비가 필요하다. 기여분 산정분쟁, 유류분 반환 청구소송, 유언 무효 소송, 상속재산 분할 청구 분쟁을 검토하여야 한다. 따라서 재산상황과 증여재산을 파악하고 가업과 재산을 어떻게 분리할 것인지에 대하여 유류분, 기여분을 고려하여 판단하여야 한다.

5.2 기여분 분쟁

가장 민감한 부분은 기여분 문제이다. 피상속인을 부양하거나 피상속인의 재산의 유지 또는 증가에 특별히 기여한 자가 있는 경우 별도로 인정해준다. 그 금액은 공동상속인의 협의로 하지만 협의가 되지 않으면 법원에서 정한다. 부모가 자신을 봉양하는 등의 공헌을 한 자녀를 위하여 유언을 통해 기여분을 지정하는 것은 법적 효력을 인정받지 못한다. 기여분을 정하는 방법은 공동상속인 간의 협의 또는 가정법원의 심판밖에 없다. 분쟁이 일어날 가능성 당연히 크다. 특히 분쟁가능성이 확실한 경우 심도 있는 검토가 필요하다.

5.3 유류분 분쟁

우리나라는 부모가 재산을 자신의 뜻에 따라 누구에게나 상속 또는 증여하거나 매각을 하는 처분의 자유를 인정한다. 다만 예외적으로 유류분이라는 제도가 있는데, 재산처분의 자유를 제한해 상속인들을 보호한다. 유류분은 유언장으로도 막을 수 없는 제도이다. 생전 증여가 있는 경우에도 유류분 산정을 위한 기초재산에 산입된다. 유류분액을 산정 시 증여재산의 시가는 상속개시 당시를 기준으로 하여 산정한다. 유류분의 범위는 무한대다. 대학교 등록금, 차량 구입비, 아파트 분양 대금 등도 포함될 수 있다. 수십 년 전에 증여한 재산도 상속 '개시 시점'의 가액으로 유류분 산정 대상 재산에 포함될 수 있다. 유류분 소송은 가족과 기업 그리고 가업의 붕괴를 초래할 수 있다. 상속의 시작은 유언이지만 유언장으로도 막을 수 없는 것이 유류분이다. 유류분 제도는 평생 소식을 끊고 살았던 가족이나 혼외 자의 문제가 도사린다. 유류분은 가업승계의 걸림돌로 작용하여 유류분을 요구하면 회사의 경영권이 흔들리고 경영권 분쟁이 발생할 수 있다. 기업 이외의 재산이 많은 경우에는 기업과 기타 재산을 분리하여 상속하면 된지만 기업의 주식이 대부분인 경우에는 사전에 정리하여야 한다. 가업을 분리하던지, 상장을 하여 일부를 현금화 하여야 한다.

유류분과 관련하여 유류분의 금액을 계산할 때 재산의 평가시점이 어려운 문제를 발생시킨다. 유류분반환의 범위는 상속개시 당시 피상속인의 순 재산과 증여대산을 합한 재산을 평가하여 그 재산액에 유류분청구권자의 유류분 비율을 곱하여 얻은 유류분액을 기준으로 산정하는데, 증여받은 재산의 시가는 상속개시 당시를 기준으로 하여 산정하여야 한다(대법원 2011.4.28. 선고, 2010다29409 판결 등 참조). 즉 20년 전에 부동산 1억 원을 증여했는데 시가가 1백억 원으로 증가한 경우 1백억 원을 기준으로 계산한다는 것이다. 다만 증여 이후 증여재산을 취득한 사람이 자기 비용으로 증여재산을 개량하여 상속개시 당시 가액이 증가되어 있는 경우에는 그와 같은 변경을 고려하지 않고 증여 당시의 성상 등을 기준으로 상속개시 당시의 가액을 산정하여야 한다(대법원 2010다104768, 2015. 11.12.).

5.4 이혼과 분쟁

엄청난 자산가들은 무방비로 이혼할 경우 재산분할뿐만 아니라 거액의 위자료를 상대에게 주는 경우 재산을 한 번에 날릴 수 있다. 특히 재혼에 이은 이혼으로 재산과 경영권이 흔들리는 경우가 많다. 따라서 결혼하기 전에 약정서를 쓰기도 한다. 부부가 혼인성립 전에 그 재산에 관하여 따로 약정을 하지 아니한 때에는 그 재산관계를 법률이 정하고 있다(민법 제829조 제1항).

우선 부부의 누구에게 속한 것인지 분명하지 아니한 재산은 부부의 공유로 추정한다(민법 제830조 제1항). 그러나 부부의 일방이 혼인 전부터 가진 고유재산과 혼안 중 자기의 명의로 취득한 재산은 그 특유재산으로 한다(민법 제830조 제1항). 부부는 그 특유재산을 각자 관리, 사용, 수익한다(민법 제831조 제1항). 부부의 공동생활에 필요한 비용은 당사자 간에 특별한 약정을 하여 각각 부담할 수 있다(민법 제833조). 부부의 공동생활에 필요한 비용에 대하여 당사자 간에 특별한 약정이 없으면 부부가 공동으로 부담한다(민법 제833조). 참고로 부부의 일방이 일상의 가사에 관하여 제삼자와 법률행위를 한 때에는 다른 일방은 이로 인한 채무에 대하여 연대책임이 있다. 그러나 이미 제삼자에 대하여 다른 일방의 책임 없음을 명시한 때에는 그러하지 아니하다(민법 제832조).

협의상 이혼한 자의 일방은 다른 일방에 대하여 재산분할을 청구할 수 있다(민법 제839조의 2 제1항). 재산분할은 협의로 정하지만 협의가 되지 아니하거나 협의할 수 없는 때에는 가정법원은 당사자의 청구에 의하여 당사자 쌍방의 협력으로 이룩한 재산의 액수 기타 사정을 참작하여 분할의 액수와 방법을 정한다(민법 제839조의 2 제2항). 재산분할청구권은 이혼한 날부터 2년을 경과한 때에는 소멸한다(민법 제839조의 2 제3항). 부부의 일방이 다른 일방의 재산분할청구권 행사를 해함을 알면서도 재산권을 목적으로 하는 법률행위를 한 때에는 다른 일방은 그 취소 및 원상회복을 가정법원에 청구할 수 있다. 그러나 그 행위로 인하여 이익을 받은 자나 전득한 자가 그 행위 또는 전득당시에 채권자를 해함을 알지 못한 경우에는 그러하지 아니하다(민법 제839조의 3 제1항, 민법 제406조 제1항). 동 소송은 취소원인을 안 날로부터 1년, 법률행위 있은 날로부터 5년 내에 제기하여야 한다(민법 제839조의 3 제2항, 민법 제406조 제2항).

5.5 혼전 계약서의 이해

계약의 의의

"아무리 사랑해도 혼전계약서(Pre-nuptial Agreements)를 써라." 미국의 부동산 재벌 도널드 트럼프가 쓴 책(『Trump, How to Get Rich』)에 나오는 글이다. 미국 헤지펀드의 소로스는 부인과 이혼을 하면서 재산분할로 8천만 달러를 주고 합의했고, GE의 전 회장인 잭 웰치는 부인에게 무려 1억8천만 달러를 재산분할로 지급했다. 소로스가 웰치보다 작은 금액을 지급한 것은 혼전계약서를 작성했기 때문이라고 한다. 영화 '원초적 본능'의 마이클 더글라스와 캐서린 제타 존스은 결혼 조건으로 캐서린 제타 존스는 결혼 일에 2천만 달러를 받고 외도할 경우 5백만 달러, 별거하기로 결정한 경우에도 매년 백5십만 달러를 받는다고 계약했다고 한다. 미국은 이혼으로 엄청난 금전적 손실을 보는 억만장자들이 많다. 이혼율이 최상위권인 우리나라에서도 황혼 재혼을 하는 재산가들 사이에 혼전계약서에 대한 관심이 커지고 있다. 혼전계약서는 가업승계에 있어서도 민감한 사안이다. 승계를 받을 자녀가 결혼 후 이혼하는 경우 재산분할로 경영권이 흔들릴 수 있기 때문이다. 혼전계약서는 상대방을 믿지 못해서가 아니라 상호간의 약속을 확인하고 분쟁을 예방하도록 하는 것이라는 인식이 필요하다.

부부재산약정서를 쓰고 대법원 등기까지 마쳐 법적 효력을 지니는 혼전계약서가 꾸준히 증가하고 있다. 2001년 5월 21일 국내 최초로 부부재산계약이 인천 남동등기소에 등기된 이후 2001~2002년 7건, 2003년 3건, 2004년과 2005년 각 1건, 2006년 3건, 2007년

10건, 2008년 15건, 2012년 17건, 2013년 29건으로 늘었다. 혼전계약서는 머지않아 '선택'이 아닌 '필수'가 될 것으로 보인다. 이혼 후 재산분할뿐만 아니라 자녀양육, 가사 분담 등 에 대해 계약서에 기록한 사례도 있다.

약정의 내용

우리나라는 '부부별산제'를 원칙으로 한다. 부부별산제란 결혼하기 전에 소유한 재산과 혼인 후 자신 명의로 취득한 재산은 '특유재산'이 되어 각자에게 관리, 사용, 수익을 얻게 하는 제도를 말한다. 예를 들어 배우자가 소유한 주택에서 결혼생활을 하다가 이혼하는 경우 결혼 생활을 하는 동안 오른 집값만 재산분할의 대상이 되는 것이다. 이때 결혼 전의 재산은 각자의 소유로 하고, 결혼 후 증가한 재산만 이혼 시 분할한다고 계약하면 보호를 받을 수 있다. 예를 들어 "결혼 전에 각자가 갖고 있던 재산은 특유재산이므로 이혼을 해도 재산분할로 청구할 수 없다."고 약정하면 유리할 것이다.

부부재산약정등기(夫婦財産約定登記)란 혼인신고 전에 결혼 후의 재산관리방법을 미리 정하여 하는 등기를 말한다. 결혼 전 부부가 각자 보유한 재산에 대한 권리관계와 이혼 시 재산분할 비율, 결혼 생활에서 지켜야 할 조건 등을 구체적으로 명시하는 혼전계약이다. 근거법규는 「민법」과 「부부재산약정등기규칙」이지만 계약의 표준이 없다. 유럽에서는 부부재산계약의 유형을 제시해서 그중 하나의 유형을 선택할 수 있다. 우리나라도 외국의 입법례를 참조하여 표준양식을 만들면 좋을 것이다.

재산에 관한 내용 외에도 가사 분배, 자녀 양육 등 부부 사이에 필요한 여러 내용을 자유롭게 넣을 수 있다. 2001년 5월 21일 인천 남동등기소에 등기된 혼전계약의 내용 중에는 "혼인 중 부담하게 되는 어떠한 형태의 채무에 대해서도 처의 사전 동의를 반드시 얻어야 하며, 그렇지 아니하는 경우 그 채무의 연대책임은 처가 부담하지 않는다."는 내용이 담겨 있다. 안양등기소에 2005년 11월 등기된 계약서에는 "도박 등에 빠져 가정을 파탄으로 몰고 갔을 때, 이유 없이 3일 이상 외박할 때에는 이혼 시 자산에 대한 권리를 상실한다." 등 이혼의 사유가 되는 조항을 조목조목 넣었다. 또한 이혼 사유의 원인을 제공한 상대방은 양육권을 포기하거나, 생활비 등으로 수입의 일정 비율을 지급하거나, 외도 등의 귀책사유로 인해 이혼하는 경우 재산분할 비율을 9대 1로 한다는 조항도 넣을 수 있다. 그러나 혼전계약의 내용이 지나치게 불합리적이거나, 강압에 의해 이루어진 경우, 선량한 풍속이나 사회질서에 위반하는 경우 무효가 될 수 있다.

약정의 등기

부부가 혼인성립 전에 그 재산에 관하여 따로 약정을 할 수 있다(민법 제829조 제1항). 부부재산약정등기는 혼인신고 전에 결혼 당사자 쌍방(대리인도 가능)이 신청해야 효력이 발생한다. 신청을 위해선 부부재산약정등기신청서, 인감증명서, 혼인관계증명서, 주민등록표등·초본의 서류가 필요하다.

혼전에 이러한 계약서를 쓴다고 해서 법원이 이혼 시에 계약 내용 전부를 그대로 인정해주지 않으며 법원에서 중요한 참고자료 정도로 인정된다. 우리나라의 혼전 재산계약이 이렇게 불완전하지만 구체적인 내용을 작성해 등기한다면 이혼 시 어느 정도 증거로 채택돼 재산을 지키는 데 유리할 것이라는 것이 법률전문가의 의견이다.

부부가 그 재산에 관하여 따로 약정을 한 때에는 혼인성립까지에 그 등기를 하지 아니하면 이로써 부부의 승계인 또는 제삼자에게 대항하지 못한다(민법 제829조 제4항). 부부재산약정은 혼인신고 전까지 등기하지 않으면 부부의 승계인 또는 제3자에게 대항할 수 없다.

부부재산약정은 일단 체결하면 부부의 합의에 의해 해지하거나 내용을 변경하는 것이 원칙적으로 불가능하므로 신중해야 한다. 부부가 혼인성립 전에 그 재산에 관하여 약정한 때에는 혼인중 이를 변경하지 못한다. 그러나 정당한 사유가 있는 때에는 법원의 허가를 얻어 변경할 수 있다(민법 제829조 제2항). 부부재산약정등기를 하면 혼인 중에 변경할 수 없지만, 정당한 사유가 있는 경우에는 법원의 허가를 받아 변경할 수 있는 것이다. 또한, 부부 중 일방이 사망한 경우에는 다른 일방이 부부재산약정등기의 소멸등기를 신청할 수 있다.

다음은 관련된 대법원등기규칙이다.

부부재산약정등기규칙

제1조【등기기록의 양식】① 부부재산약정 등기기록에는 약정자의 표시에 관한 사항을 기록하는 약정자부와 부부재산약정의 내용을 기록하는 약정사항부를 둔다.
② 약정자부에는 표시번호란, 접수란, 약정자의 기본사항란, 등기원인 및 기타사항란을 둔다.
③ 약정사항부에는 사항번호란, 접수란, 등기원인란 및 약정내역란을 둔다.
④ 부부재산약정 등기기록은 별지 제1호 양식에 따른다.

[별지 제1호 양식] 부부재산약정 등기기록

[약정자]		(약정자의 표시)	
표시번호	접 수	약정자의 기본사항	등기원인 및 기타사항

[약정사항]			(약정의 내역)
사항번호	접 수	등기원인	약정내역

제 2 조 【신청서 기재사항】 부부재산약정등기의 신청서에는 다음 각 호의 사항을 적고 신청인 또는 그 대리인이 기명날인 또는 서명을 하여야 한다.

1. 등기의 목적
2. 등기원인과 그 연월일
3. 약정자의 성명, 주소 및 주민등록번호(다만, 주민등록번호가 없는 재외국민이나 외국인의 경우에는 생년월일)
4. 부부재산약정의 내용
5. 대리인에 의하여 등기를 신청하는 경우에는 그 성명과 주소
6. 등기소의 표시
7. 신청연월일

제 3 조 【첨부서면】 부부재산약정등기를 신청하는 경우에는 신청서에 다음 각 호의 서면을 첨부하여야 한다.

1. 부부재산약정서
2. 각 약정자의 인감증명서. 다만, 본국에 인감증명제도가 없고 또한 「인감증명법」에 따른

인감증명을 받을 수 없는 외국인은 신청서(위임에 의한 대리인이 신청하는 경우에는 그 권한을 증명하는 서면)에 한 서명에 관하여 본인이 직접 작성하였다는 뜻의 본국 관공서의 증명이나 이에 관한 공정증서를 제출하여야 한다.

3. 혼인신고를 하지 아니한 것을 증명하는 서면
4. 주소를 증명하는 서면
5. 주민등록번호를 증명하는 서면(다만, 주민등록번호가 없는 재외국민이나 외국인의 경우에는 생년월일을 증명하는 서면)
6. 대리인에 의하여 등기를 신청하는 경우에는 그 권한을 증명하는 서면

제4조【부부재산약정 변경등기】 ① 부부재산약정의 변경등기를 신청하는 경우에는 신청서에 약정내용의 변경, 재산관리자의 변경 또는 공유재산의 분할을 허가한 재판의 등본이나 이에 관한 약정서를 첨부하여야 한다.
② 약정자의 표시에 관한 사항 또는 약정의 내역에 관하여 등기한 사항의 변경 또는 경정의 등기는 종전 등기사항을 전부 말소하는 기호를 기록한 뒤 새로운 표시번호 또는 사항번호에 변경 후 사항으로 전부를 다시 기록한다.

제5조【부부재산약정 소멸등기】 ①「비송사건절차법」 제70조 단서에 따라 부부 일방의 사망으로 인한 부부재산약정의 소멸등기를 신청하는 경우에는 신청서에 그 사유를 증명하는 서면을 첨부하여야 한다.
② 부부재산약정등기의 소멸등기는 등기기록의 약정자부의 약정자표시를 전부 말소하는 기호를 기록한 뒤 등기기록을 폐쇄한다.

제6조【「부동산등기규칙」의 준용】 부부재산약정등기에 관하여 이 규칙에 특별한 규정이 있는 경우와 「부동산등기규칙」 제27조, 제28조, 제64조 및 제67조부터 제71조까지의 규정 등을 제외하고는 성질에 반하지 아니하는 한 「부동산등기규칙」을 준용한다.

재산의 관리

부부는 혼인성립 전에 그 재산에 관하여 약정을 하여 그 약정에 의하여 부부의 일방이 다른 일방의 재산을 관리할 수 있다(민법 제829조 제3항). 그러나 이 경우 부적당한 관리로 인하여 그 재산을 위태하게 한 때에는 다른 일방은 자기가 관리할 것을 법원에 청구할 수 있고 그 재산이 부부의 공유인 때에는 그 분할을 청구할 수 있다(민법 제829조 제3항). 이렇게 관리자를 변경하거나 공유재산을 분할하였을 때에는 그 등기를 하지 아니하면 이로써 부부의 승계인 또는 제삼자에게 대항하지 못한다(민법 제829조 제5항).

5.6 사실혼 문제

사실혼 문제는 상속과 재산문제와 관련하여 민감한 문제이다. 사실혼이란 당사자 사이에 주관적으로 혼인의 의사가 있고, 객관적으로도 사회관념상 가족질서적인 면에서 부부공동생활을 인정할 만한 혼인생활의 실체가 있는 경우를 말한다(대법원 2001.4.13. 선고, 2000다52943 판결 등 참조, 대법원 2010.3.25. 선고, 2009다84141). 혼인의 합의란 법률혼주의를 택하고 있는 우리나라 법제 하에서는 법률상 유효한 혼인을 성립케 하는 합의를 말하는 것이므로 양성간의 정신적, 육체적 관계를 맺는 의사가 있다는 것만으로 혼인의 합의가 있다고는 할 수 없다(대법원 1983.9.27. 선고, 83므22 판결). 결국 사실혼이란 혼인신고라는 결혼의 형식적 요건만 갖추지 않았을 뿐 혼인하겠다는 의사의 합치, 결혼적령 나이, 근친혼금지 위배, 중혼금지 등 결혼의 실질적 요건은 충족한 상태를 말한다. 여기서 중요한 점 하나는 혼인하겠다는 의사의 합치이다. 혼인관계나 부부관계를 형성할 의사가 없는 단순 동거 등은 사실혼 관계에 해당되지 않는다. '가끔 성관계를 맺으며 동거했다는 사정만으로는 사실혼 관계를 인정받을 수 없다.'는 법원판결도 있다. 사실혼에 해당하여 법률혼에 준하는 보호를 받기 위해서는 당사자 사이에 주관적 혼인의사가 있고, 객관적으로도 부부 공동생활을 인정할 만한 혼인생활의 실체가 있어야 한다. 아울러 가족들에게 사실혼 관계라고 알리거나 서로의 가족모임에 함께 참석한다든지 하는 등의 사실이 있어야 한다. 나이 들어 실질적으로 혼인의 의사 없이 '같이' 지내는 의미의 관계라면 굳이 사실혼으로 나아갈 필요는 없어 보인다. 왜냐하면 사실혼의 경우 혼인신고를 요구할 수 있기 때문이다. 또한 혼인이라는 의사보다는 '같이' 지내거나 '함께' 할 사람이 필요한 나이든 사람이라면 더욱 그렇다. 어떠한 관계이던 재정적인 지원이나 도움이 필요한 것은 어쩔 수가 없다. 나이 든 기업가라면 가사를 도와줄 사람이 필요하고 질병이 있는 경우 약을 제공하고 병을 보살필 사람이 필요하며 업무상으로도 도움이 필요한 경우가 많다. 이런 경우에는 경제적 도움은 '일정한' 고용관계를 맺어 정기적으로 지원해주는 방법도 생각해 볼 일이다. 이것이 가능한지는 법률전문가의 조언을 받아야 할 것이다.

사실혼 관계에 있는데 배우자 일방이 혼인신고에 협력하지 않을 경우 타방은 사실상 혼인관계존재확인청구를 해 혼인신고를 할 수 있다. 혼인신고를 하게 되면 사실혼이 아니라 법률혼이 되므로 사후 재산문제나 상속문제 및 기업승계 문제는 복잡하게 된다.

혼인청구를 하려면 먼저 조정을 신청해야 한다. 조정이 불성립될 경우, 사실상혼인관계 존재확인의 소를 제기할 수 있다. 재판에서 승소하면 소를 제기한 자는 재판확정일로부터 1개월 이내에 재판서의 등본과 확정증명서를 첨부하여 혼인신고를 하면 된다. 혼인신고를 하게 되면 사실혼은 법률혼이 되므로 상속권의 문제도 발생하게 된다.

사실혼과 관련하여 혼인빙자간음죄가 문제가 되었었다. 혼인빙자간음죄는 혼인을 빙자하여 간음하는 죄로 과거 「형법」 제304조에 규정되어 있었다. 그러나 2009년 헌법재판소는 위헌 결정을 하여 2012년 「형법」에서 삭제되었다. 따라서 이 문제는 없다.

가장 큰 문제는 상속문제이다. 물론 사실혼 배우자는 상속권이나 재산분할이 인정되지 않는다. 사실혼 배우자가 데려온 자녀도 상대방 배우자가 사망한 경우 상속권이 없다. 사실혼 배우자인 남편이 사망한 경우 사실혼으로 낳은 자녀는 인지를 하여야 상속권이 있다.

그러나 사실혼은 부부공동생활을 전제로 하는 일반적인 결혼의 효과가 인정된다. 사실혼 상태에서도 동거, 부양, 협조, 정조의무, 일상가사채무의 연대책임 등 부부공동생활을 전제로 하는 혼인의 효과가 인정된다. 다만 인척관계의 발생 등 혼인신고를 전제로 하는 혼인의 효과는 인정받을 수 없다. 또한 사실혼이 인정되면 사실혼 관계도 보호받을 수 있는 경우가 있다. 「공무원연금법」, 「군인연금법」, 「사립학교교직원연금법」 등 사회보장적 급부를 내용으로 하는 법률에서는 배우자의 개념에 '사실상 혼인관계에 있는 자'를 포함시키므로, 사실혼 권리자는 위의 법에서 정한 요건을 충족하면 연금 수령이 가능하다.

사실혼관계는 파기할 수 있다. 사실혼 파기의 정당한 해제사유로는 자격정지 이상의 형의 선고를 받은 때, 금치산 또는 한정치산의 선고를 받은 때, 성병, 불치의 정신병 기타 불치의 악질이 있는 때, 타인과 약혼 또는 혼인을 한 때, 타인과 간음한 때, 1년 이상 그 생사가 불명한 때, '정당한 이유 없이 혼인을 거절하거나 그 시기를 지연한 때, 기타 중대한 사유가 있는 때이다. 사실혼의 파기 및 해소가 부당한 경우에는 혼인파탄에 준하여 상대방이 손해배상을 청구할 수 있고 경우에 따라서는 예물 등의 반환을 청구할 수 있다. 동거할 목적으로 주택을 구입하기 위해 상대방에게 금전을 지급하여 상대방이 자신의 명의로 주택을 구입한 경우, 사실혼 관계가 단기간에 파탄에 이르렀다면 교부한 금전은 원상회복으로서 전액 반환하여야 한다. 사실혼관계가 입증되면 이혼할 때와 마찬가지로 사실혼관계를 정리할 때 위자료를 받을 수 있다. 판례에 따르면 사실혼의 경우에도 헤어질 때 재산분할을 해야 한다. 이때의 재산분할은 상호 간에 모은 재산을 청산하는 의미다. 서울가정법원의 판례에 의하면 사실혼관계의 부부가 다툼으로 헤어지게 된 경우 아내가 남편으로부터 총 자산의 5%에 해당하는 금액을 재산분할 받은 경우가 있다. 법원은 사실혼 기간 및 그 경과, 나이 및 생활 능력, 재산의 규모 및 대부분의 재산이 사실혼관계 이전에 형성된 점, 가사노동 등의 여러 사정을 참작하여 결정한 것이다. 만약 사실혼 관계에 있는 남편이 그 배우자 명의로 아파트를 샀지만 그 자금의 출처는 본인임을 입증할 수 있다면 소송을 통해 그 재산을 찾아올 수 있다. 결국 사실혼 관계는 많은 문제점과 위험이 상존하므로 혼인을 전제로 하지 않는 '관계'를 형성하는 것이 합리적이다.

상속전략 4 : 플랜의 실행

6.1 상속플랜 실행의 개요

사전에 검토하여 준비된 승계 플랜을 실행한다. 자산의 분배계획, 유언장 작성, 기업 지배구조 검토, 합병이나 분할, 청산이나 매각, 가업승계, 공익법인 설립, 세금 문제 점검 등을 한다. 상속개시가 되면 상속세에 대한 조사가 이루어지고 과거 10년 이전까지 자금흐름을 조사한다. 상속인들도 모르는 자금흐름과 증여사실이 드러나는 경우도 있다. 따라서 피상속인은 사전에 자금흐름 등에 대한 기록을 정리해놓아야 한다. 상속인들이 생전에 상속에 대하여 언급하는 것은 어려운 일이므로 피상속인이 하여야 한다. 가업의 승계부분과 상속 및 증여와 관련된 조세문제는 별도의 절에서 다룬다.

6.2 상속재산의 사전 증여

기업의 주식의 가치가 오르기 전, 부동산 등 자산 가격이 오르기 전에 절세목적으로 사전 증여를 하는 것도 바람직하다. 이를 사인증여라 한다. 사인증여는 증여자의 사망으로 인하여 효력이 생기는 증여이다(민법 제562조).

그러나 유의할 것은 자녀들이 상속분을 받아 사업을 시작하여 빚만 남는 사례가 비일비재하다는 점이다.

6.3 상속 유언장 작성

▲▼ 개요

상속과 승계에서 최종 목표는 분쟁 없는 종결이다. 유언장만 꼼꼼하게 써 놔도 불필요한 분쟁을 막을 수 있다. 「민법」 제1063조에 "금치산자의 경우 의사 능력이 회복된 때에 유언할 수 있다."고 명시돼있다. 따라서 부모가 건강할 때 사전에 미리 유언을 하여야 한다. 기여분의 경우도 사전에 협의를 하여 유언으로 남기는 것이 좋다.

상속과 승계에서 가장 중요하고 첫 번째 할 일은 유언이다. 유언에 대한 인식이 낮아서인지 우리나라의 유언장 작성 비율은 5% 미만인 것으로 추정된다. 유언이 없는 경우 협의에 의하나 협의가 성사되지 않는 경우 상속 분쟁으로 치닫는다. 유언에 대하여는 「민법」에 의해 상세한 규정을 정하고 있다.

생전에 유언을 '받는 것'은 쉽지 않다. 우리나라 정서상 자녀가 부모에게 유언을 요청하는 것은 쉽지 않기 때문이다. 따라서 유언을 남기지 않는 경우에 발생할 수 있는 경우의 수를 구체적으로 제시하는 것이 좋다. 즉 유언을 남기지 않는 경우 법정 상속비율에 따라 재산이나 기업의 주식이 분배되는 경우 문제점을 적시하는 것이다. 특히 기업의 주주가 분산되면서 발생할 수 있는 분쟁과 상속세를 납부하여야 할 때의 문제점이 핵심이다.

▲▼ 법령의 이해

유언은 유언자가 사망한 때로부터 그 효력이 생긴다. 유언에 정지조건이 있는 경우에 그 조건이 유언자의 사망 후에 성취한 때에는 그 조건성취한 때로부터 유언의 효력이 생긴다(민법 제1073조). 아버지가 아들에게 '대학에 합격하면 자동차를 사주겠다.'고 약속한 경우, 합격이라는 장래에 일어날지도 모르는 불확실한 사실의 성립에 따라 자동차를 사준다는 법률행위의 효력이 발생한다. 여기서 '합격하면'이 바로 정지조건이다. 현행법에서는 정지조건이 있는 법률행위는 조건이 성취한 때로부터 그 효력이 생긴다(민법 147조 1항).

유언의 방식

유언은 「민법」이 정한 방식에 의하지 아니하면 효력이 발생하지 아니하므로(민법 제1060조), 「민법」에 따라 하여야 한다. 유언은 태아에 대해서도 할 수 있으나(민법 제1000조 제3항), 상속결격자(민법 제1004조)에게는 할 수가 없다(민법 제1064조). 유언의 방식은 자필증서, 녹음, 공정증서, 비밀증서와 구수증서의 5종을 인정하고 있다(민법 제1065조).

자필증서에 의한 유언은 유언자가 그 전문과 연월일, 주소, 성명을 자서하고 날인하여야 한다(민법 제1066조 제1항). 자필증서에 문자의 삽입, 삭제 또는 변경을 함에는 유언자가 이를 자서하고 날인하여야 한다(민법 제1066조 제2항).

녹음에 의한 유언은 유언자가 유언의 취지, 그 성명과 연월일을 구술하고 이에 참여한 증인이 유언의 정확함과 그 성명을 구술하여야 한다(민법 제1067조).

공정증서에 의한 유언은 유언자가 증인 2인이 참여한 공증인의 면전에서 유언의 취지를 구수하고 공증인이 이를 필기낭독 하여 유언자와 증인이 그 정확함을 승인한 후 각자 서명 또는 기명날인하여야 한다(민법 제1068조).

비밀증서에 의한 유언은 유언자가 필자의 성명을 기입한 증서를 엄봉날인하고 이를 2인 이상의 증인의 면전에 제출하여 자기의 유언서임을 표시한 후 그 봉서표면에 제출연월일을 기재하고 유언자와 증인이 각자 서명 또는 기명날인하여야 한다(민법 제1069조 제1항). 유언봉서는 그 표면에 기재된 날로부터 5일내에 공증인 또는 법원서기에게 제출하여 그 봉인 상에 확정일자 인을 받아야 한다(민법 제1069조 제2항). 비밀증서에 의한 유언이 그 방식에 흠결이 있는 경우에 그 증서가 자필증서의 방식에 적합한 때에는 자필증서에 의한 유언으로 본다(민법 제1071조).

구수증서에 의한 유언은 질병 기타 급박한 사유로 인하여 위 4개의 방식에 의할 수 없는 경우에 유언자가 2인 이상의 증인의 참여로 그 1인에게 유언의 취지를 구수하고 그 구수를 받은 자가 이를 필기낭독 하여 유언자의 증인이 그 정확함을 승인한 후 각자 서명 또는 기명날인하여야 한다(민법 제1070조 제1항). 구수증서에 의한 유언은 그 증인 또는 이해관계인이 급박한 사유의 종료한 날로부터 7일내에 법원에 그 검인을 신청하여야 한다(민법 제1070조 제2항). 이 경우에는 의사가 심신 회복의 상태를 유언서에 부기하고 서명날인 하지 않아도 된다(민법 제1070조 제3항).

미성년자, 피성년후견인과 피한정후견인, 유언으로 이익을 받을 사람(그의 배우자와 직계혈족)은 유언에 참여하는 증인이 되지 못한다. 공정증서에 의한 유언에는 「공증인법」에 따른 결격자는 증인이 되지 못한다(민법 제1072조).

유언의 철회

유언자는 언제든지 유언 또는 생전행위로써 유언의 전부나 일부를 철회할 수 있다(민법 제1108호 제1항). 유언자가 고의로 유언증서 또는 유증의 목적물을 파훼한 때에는 그 파훼한 부분에 관한 유언은 이를 철회한 것으로 본다(민법 제1110조). 유언자는 그 유언을 철회할 권리를 포기하지 못한다(민법 제1108호 제2항).

전후의 유언이 저촉되거나 유언후의 생전행위가 유언과 저촉되는 경우에는 그 저촉된 부분의 전 유언은 이를 철회한 것으로 본다(민법 제1109조).

유증의 선택

유증을 받을 자는 유언자의 사망 후에 언제든지 유증을 승인 또는 포기할 수 있다(민법 제1074조 제2항). 유증의 승인이나 포기는 유언자의 사망한 때에 소급하여 그 효력이 있다(민법 제1074조 제2항). 유증의 승인이나 포기는 취소하지 못한다(민법 제1075조 제1항). 수증자가 승인이나 포기를 하지 아니하고 사망한 때에는 그 상속인은 상속분의 한도에서 승인 또는 포기할 수 있다. 그러나 유언자가 유언으로 다른 의사를 표시한 때에는 그 의사에 의한다(민법 제1075조).

유언의 효력

① 효력발생의 시기

유언은 유언자가 사망한 때로부터 그 효력이 생긴다(민법 제1073조 제1항). 유언에 정지조건이 있는 경우에 그 조건이 유언자의 사망 후에 성취한 때에는 그 조건성취한 때로부터 유언의 효력이 생긴다(민법 제1073조 제2항).

예를 들어 "딸에게는 재산상속을 하지 않는다."라는 유언을 남겼다면, 상속재산목록에 포함되지 않은 차명주식이 발견됐더라도 딸은 이에 대해 상속권을 주장할 수 없다는 판결이 2018년에 나왔다(서울고법 민사합의 12부, 2018.1.12.). 태광그룹 창업주의 딸이 남동생을 상대로 낸 136억 원대 주식인도 청구가 각하되었다. 창업주가 아들에게만 재산을 승계한다는 유언공정증서를 작성해 둬 그대로 집행됐기 때문에 딸들은 제외되었다. 상속재산이 차명주식에 대해 법정상속분을 달라는 소송을 2013년 소송을 냈으나 상속권이 침해되었다고 볼 수 있지만 기한이 지나 상속회복 청구 권리가 사라졌다며 각하했다. 그리고 유언이 무효가 아닌 이상 차명주식에 대한 상속권을 인정할 수 없다고 판시했다.

② 치매상태에서 한 유언의 효력

치매상태에서 한 유언은 법적 효력이 인정되지 않는다. 치매환자는 보통 정상과 치매상태를 오고가는 경향이 있다. 이에 대하여 대법원은 상태 호전과 악화가 반복되는 혈관성 치매여서, 간단한 의사표현은 할 수 있는 경우 유언이 불가능한 상태는 아니라고 판단한 판결이 있다. 유언을 남기려면 최대한 정신이 명료할 때 하여야 분쟁을 미리 막을 수 있다.

분할방법의 유언

상속재산은 상속인 간이 공동소유이므로 언젠가는 분할을 하여야 한다. 피상속인은 유언으로 상속재산의 분할방법을 정하거나 이를 정할 것을 제삼자에게 위탁할 수 있고 상속개시의 날로부터 5년을 초과하지 아니하는 기간 내의 그 분할을 금지할 수 있다(민법 제1012조). 유언이 없는 경우에는 공동상속인은 언제든지 그 협의에 의하여 상속재산을 분할할 수 있다(민법 제1013조). 협의에 의한 상속재산의 분할은 공동상속인 전원의 동의가 있어야 유효하므로 쉽지 않다. 따라서 사전에 논의를 하여 분할 방법에 대한 유언을 받는 것을 고려하여야 한다. 상속재산의 분할은 상속이 개시된 때에 소급하여 그 효력이 있다. 그러나 제삼자의 권리를 해하지 못한다(민법 제1015조).

피상속인은 유언으로 상속재산의 분할방법을 정할 수는 있지만, 생전행위에 의한 분할방법의 지정은 그 효력이 없어 상속인들이 피상속인의 의사에 구속되지는 않는다. 생전행위는 행위자가 생존하는 동안에도 효력을 발생하는 법률행위이고 사후행위는 행위자의 사망을 법정조건으로 하는 법률행위로서 사인행위라고도 한다. 대부분의 법률행위는 생전행위이며, 유언, 유증, 사인증여 등이 사후행위에 속한다. 피상속인이 그의 상속인들에게 상속재산의 분할방법을 지정해 주었다고 하더라도 그 지정이 유언의 방식에 의한 것이라고 인정되지 않는 한 그 효력이 없다. 협의에 의한 상속재산의 분할은 공동상속인 전원의 동의가 있어야 유효하고 공동상속인 중 일부의 동의가 없거나 그 의사표시에 대리권의 흠결이 있다면 분할은 무효이다(대법원 1987.3.10. 선고, 85므80 판결, 1995.4.7. 선고, 93다54736 판결 등 참조)(대법원 2001다28299, 2001.6.29.).

6.4 신탁 방식에 의한 상속

의의와 배경

'신탁(信託, Trust)'이란 위탁자가 수탁자를 믿고 계약을 체결하여, 정해진 목적으로 재산을 관리하고 처분하는 행위를 하게 하는 법률관계를 말한다. 신탁으로 가능한 관리행위로는 투자의 관리, 재산의 관리, 상속·증여의 관리 등이 있다. 이렇게 신탁은 상속과 승계의 목적으로 활용될 수 있다. 실제로 신탁상품은 금융기관에서 제공하며 신탁재산 자산을 운용하고, 관리하고, 처분하는 서비스를 제공한다.

미국에서는 상속문제를 신탁으로 처리하는 경우가 많다. 스티브 잡스 등 유명인사 들도 생전에 신탁 계약을 맺어 미성년자인 자녀에게 보유재산을 이전했다. 우리나라에서 '금 수저'라는 속어는 미국에서는 '신탁 자녀(Trust Baby)'라고도 부르는데 신탁(trust)을 통해 큰 재산을 물려받은 사람을 말한다.

신탁은 십자군전쟁에서 기원한 것으로 알려졌다. 십자군 전쟁 당시 유럽은 귀족들이 사망하면 재산이 국가로 귀속되는 일이 많았다. 따라서 부자들은 재산이 국가에 귀속되는 것을 막기 위해 '믿을 수 있는(trustful)' 사람(trustee)에게 재산을 맡기고 재산에서 나오는 수익의 일정 부분을 주는 계약을 맺었는데 이것이 '유언대용신탁'의 기원이다. 이러한 신탁방식이 영미권에서는 보편적인 상속 방법으로 자리 잡았고, 일본도 신탁 제도를 도입하였다.

신탁의 장점

신탁은 가업재단이나 공익법인을 설립하는 데 필요한 비용과 사무실 비용, 이사와 감사를 고용해야 하는 등 운영비용을 회피할 수 있고, 법인 설립 허가나 등기에 따른 까다로운 요건도 피할 수 있다.

또한 공증을 하지 않아도 신탁계약은 그 자체가 유언의 효력을 가질 수 있다. 신탁은 유연하게 사용할 수 있는 장점도 있다. 신탁의 경우 금융기관에서 관리를 하여 집행의 안정과 투명성을 확보할 수 있고, 금융기관이 상속집행자의 기능을 수행하므로 신뢰할 수 있고 안전하게 관리되므로 상속이나 승계로 인한 갈등을 없앨 수 있다. 가업승계 과정에서 발생할 수 있는 유류분으로 인해 경영권이 흔들릴 수 있는데 신탁계약을 맺어 경영권 지분을 신탁하여 상속인들이 주식에서 나오는 수익이나 배당만을 가져가도록 하면 문제가 해결될 수 있다. 또한 재산관리 능력이 부족하거나 재산관리에 문제가 있는 경우, 미성년자가 있는 경우에는 신탁으로 재산을 보존하고 자녀 일탈도 방지하는 효과가 있다. 안정적인 재산 관리가 필요한 고령자도 재산관리를 신탁계약으로 진행하면 깔끔하다. 또한 임대료 관리, 임대차 관리, 시설관리까지의 업무를 수행해 주는 신탁계약도 있다.

유언은 유언법정주의에 따라 법에 정해 놓은 것만 효력이 발생하기 때문에 모든 것을 유언장에 담을 수 없다. 이를 해결하는 데 유언대용신탁이 해결책이 될 수 있으며 신탁계약에서 위탁자가 원하는 모든 사항을 담을 수 있다. 한편 유언장은 상속인만 지정하지만 신탁은 자식세대, 손자세대에게 연속적인 상속이 가능하다. 상속인이 미성년자인 경우 성년이 될 때 유산을 상속하도록 계약을 할 수도 있다.

신탁의 방식

우리나라는 1961년 「신탁법」과 「신탁업법」이 제정되었고, 2009년에는 「신탁업법」이 통합 자본시장법에 흡수되었고, 2012년 개정되면서 유언대용신탁과 수익자연속신탁이 도입되었다. 이에 따라 신탁도 유언의 효력을 발휘할 수 있게 됐다. 유언을 신탁 형태로 하는 '유언대용신탁'이 등장한 것이다. 국내 대형 로펌은 유언대용신탁 전담 팀을 만들었고 시중 은행들도 신탁 관련 금융상품을 내놓고 있다. 수익자연속신탁은 위탁자가 사망 이후에 자신이 원하는 대로 수익자를 순차적으로 지정할 수 있는 신탁이다.

신탁은 재산 관리의 고유 기능을 활용하는 생존신탁, 유언신탁, 후견신탁, 복지신탁 등이 있다. 생존신탁은 가족을 수익자로 지정해 생존 시 파산이나 질병 등의 위험으로부터 가족의 생활비 등을 확보하는 것이 목적이다.

승계와 신탁

유언신탁은 상속재산의 처분 계획을 설정하는 신탁이다. 유언대용신탁은 위탁자가 생전에 사망 시를 대비해 사후 수익자를 신탁계약으로 정해서 상속할 수 있도록 한 것이다. 유언 신탁은 생전에는 신탁자의 의사대로 재산이 운용되고, 사후에는 지정한 몫대로 상속하거나 혹은 기부도 할 수 있는 구조다. 죽기 전에 돈을 물려주면 자식들로부터 홀대받을까 걱정되고, 본인 사후에 상속인들이 재산 싸움을 벌이지 않을까 우려한 경우 적합한 상품이다. 경영권을 승계시키는 경우에도 신탁을 활용할 수 있다. 주식을 신탁하여 상속인들이 주식에서 나오는 수익이나 배당만을 가져가도록 하여 경영권 분쟁을 막고 기업의 지속성은 담보될 수 있다. 유언대용신탁은 기본적으로 재산을 남기는 사람과 대리인 간의 자유로운 계약이기 때문에 기존 상속관련 법 하에서는 불가능한 다양한 조건을 걸어둘 수 있다. 유언대용신탁의 효력은 법적으로 판결로 인정되었다. 생전신탁(living trust)도 가능하여 신탁의 수익자를 자신으로 지정해 놓아 자신을 위해 쓸 수도 있다. '생전에는 내 의료비와 생활비로 매달 천만 원을 사용하고 사후에는 자녀에게 동일하게 나눠준다. 이 계약을 해지 혹은 변경하기 위해선 자녀 모두가 동의해야 한다.'는 계약을 신탁 은행과 체결할 수 있다. 자녀들에게 재산을 맡기면 투자로 재산을 날리거나 사업실패로 부도가 나는 것을 예방할 수 있다. '아들이 박사학위를 받고 교수 혹은 취업한 후 결혼을 하면 A건물을 물려준다.' 등 다양한 상속의 조건으로 할 수 있다. 신탁 재산의 경우 유류분 산정 대상에 포함되지 않아 분쟁을 예장할 수 있다고 하는데 이 부분은 전문가의 조언을 받아야 한다.

유언대용신탁과 자기신탁의 결합을 통해 가업을 승계하는 방식도 있다. 자기신탁이란 위탁자가 자신을 수탁자로 정하는 신탁을 말한다(신탁법 제3조 제1항). 기업주가 위탁자로서 승계 대상 기업을 신탁하면서 자신을 수탁자로 하고(자기신탁), 승계자인 자녀 등을 사후수익자로 정하는 것이다(유언대용신탁). 생전에는 스스로 경영을 하고 사후에는 후계자가 신탁재산을 받는 방식이다. 「자본시장법」(제103조)은 영업신탁을 허용하지 않으므로 기업을 신탁할 수 없고, 주식 중 15%를 초과하는 신탁재산은 의결권 행사도 제한하여 가업승계 시 문제가 된다(제 112조). 반면 「신탁법」은 신탁 재산으로 '영업'을 허용하고 있고(제2조), 의결권 문제도 해결된다.

종합자산관리와 상속 기능을 강조한 유언대용신탁 상품에는 KEB하나은행의 '하나트러스트', 신한은행의 '내리사랑신탁', 국민은행의 '골든라이프스마트 증여신탁', 신영증권의 '신영 패밀리 헤리티지 서비스'가 있다. 국민은행은 치매에 걸렸을 때 후견인이 치매 치료비나 요양 자금을 받아 사용할 수 있도록 하는 '성년후견제도 지원신탁'도 내놨다. 예를 들어 하나트러스트는 하나종합신탁(Hana Total Care Trust)이라는 개념으로 4가지의 맞춤신탁 프로그램(Four in One)을 제공하는데 이를 요약하면 다음과 같다.

〈Hana Total Care Trust의 구성(2017년 기준)〉

구 분	내 용
하나 Living Trust	• 유언장 없이 분쟁을 예방하는 투명한 유산 집행, 기업의 지속가능 경영 보장 신탁을 통해 상속이 집행되기 때문에 보다 투명하고 객관적인 상속 집행이 가능하여 상속인 간 분쟁도 최소화 • 작성방법이 엄격한 유언장과 달리 신탁계약만으로 유언이 성립되기 때문에 유언서의 작성 및 변경이 쉽고 편리함 • 생전에도 또 상속인에게 재산이 이전된 후에도 뜻하는 바대로 재산관리 및 운용은 물론, 유언장 변경까지 얼마든지 가능해 가문의 부를 확실하게 대물림 가능 수익자연속신탁을 활용, 자녀뿐 아니라 손자에게도 상속 가능
하나 Care Trust	신탁재산에서 중병, 치매 등의 병원비, 요양비, 간병비용, 생활비 등을 보장해줌
하나 부동산 Trust	부동산 관련 금융, 세무, 회계, 법률서비스 노후 건물의 증개축, 임대 관리
하나 기부 Trust	서울대병원 등에의 기부 및 VIP 서비스
신탁보수의 경우 기본보수 및 집행보수는 신탁재산가액 및 관리내용에 따라 차등적용하며, 개별 신탁보수는 0.1% 이상 개별계약서에서 정함.	

사회 환원목적 신탁

공익신탁은 사회 환원 등 공익목적용 신탁을 말한다. 「신탁법」에도 공익신탁 제도가 있지만 신탁의 목적이 다양할 경우 부처별로 허가와 감독을 받아야 하는 등 복잡하다. 이에 대한 대안이 공익신탁이다. 「공익신탁법」에 따라 공익신탁은 공익에 사용할 목적으로 재산의 관리, 운용 및 처분을 은행 등 수탁자에게 맡기는 제도이다. 소정의 요건만 갖추면 공익신탁 인가를 받을 수 있다. 수탁자는 매년 감사도 받아야 하여 감시기능도 있다. 수탁자는 신탁 받은 재산을 국채, 금융기관 예금 등 안전자산으로만 운용하여 안정적으로 유지할 수 있고, 신탁재산 운용으로 얻은 수입의 70%는 공익사업에만 사용한다. 신탁이 종료되더라도 남은 재산은 국가나 지방자치단체의 다른 공익신탁에 귀속된다. 공익신탁은 세제혜택이 분명하며 「상속세 및 증여세법」 제17조 및 제52조에 의하여 상속세 및 증여세가 과세되지 않는다.

6.5 공익재단에 의한 상속

▲▼ 사회 환원과 공익재단

세계적인 부호들은 대부분 재단을 가지고 있다. 미국에는 5만 개(2015년 기준)에 달하는 기부재단이 있다. 이러한 재단은 사회 환원과 공헌을 목적으로 한다. 재단의 설립은 또한 절세의 수단으로 그리고 재산의 관리목적으로도 이루어진다. 그래서 편법 상속이라는 비판도 나온다.

해외의 장수기업은 대체로 소유와 경영이 분리된 사례가 많다. 독일의 '글로벌' 기업 머크그룹은 3백 년이 넘었는데 장수할 수 있었던 것 중 하나는 바로 소유와 경영의 분리 때문이다. 스웨덴의 발렌베리그룹도 소유와 경영이 분리된 대표적인 사례이다. 주식은 지주회사가 갖고 있으며 주식은 다시 공익재단이 소유하고 있다. 가문에 속한 사람들은 오로지 재단이나 기업에 재직하며 급여를 받는다. 재단은 그 이익을 사회에 환원하고 있고 경영권을 갖되 그 수익은 사회에 돌려준다.

▲▼ 한국의 재단

삼양사 창업자인 김연수 회장(김성수 고대설립자의 동생)은 1939년 국내 최초의 공익재단을 설립했다. 같은 해에 경성방직이 경방육영회를, 1940년에는 은성장학회, 1941년에는 영신아카데미가 설립되었다. 2016년 기준으로는 사기업이 출연한 재단은 수천 개가 되는 것으로 추정된다. 우리나라의 가업재단은 장학사업과 학술사업이 대다수를 차지하고 있다. 국내에서 자산 천억 원 이상 재단은 백 개가 되지 않는다. 자산규모로는 아산사회복지재단과 삼성생명공익재단이 가장 크다. 천억 원 이상 재단 중 순수하게 개인의 기부로 설립된 것은 현대차 정몽구재단과 관정 이종환교육재단뿐이고 대부분은 기업주의 재산과 기업의 주식을 공동 출연한 재단이다. 그래서 기업들이 지배 구조와 경영권 관리 목적으로 공익재단을 활용한다는 비판을 종종 받고 있다. 또한 편법 상속과 절세 수단으로 악용되는 면도 있다. 국세청은 공익법인의 투명성을 높이기 위해 2009년부터 '공익법인 공시 시스템(npoinfo.hometax.go.kr)'을 운영하고 있지만 30여%만 등록돼 있어 나머지는 운영 현황 등에 대해 공식적인 자료를 확인할 수가 없다.

설립과 운영

우리나라의 경우 공익법인이나 공익재단을 설립하는 것은 매우 까다롭다. 하지만 상대적으로 사후 관리는 그렇지는 않다. 반면 미국은 재단 설립이 아주 용이한 편이지만 공익 활동에 따른 세제 혜택을 받으려면 까다로운 조건이 적용된다.

우리나라에서 공익법인 또는 공익재단을 설립하려면 정부 관련부처나 지방자치단체의 허가를 받아야 한다. 복지, 교육 등 다양한 목적으로 설립하려면 주무 관청별로 각각 설립 허가를 받아야 하므로 쉽지 않다. 공익재단은 그 주체에 따라 신탁 형식, 법인 형태, 비법인 재단으로 나뉜다. 우리나라는 거의 대부분 법인 형태로 설립된다. 재단법인 설립과 관련해 최소 출연자산 얼마 이상이라고 공식적인 규정은 없지만 소관부처별로 가이드라인은 있는 것으로 알려졌다. 이사는 5명 이상 15명 이내로 하는 것이 일반적이나 그 중 특수관계인은 20% 이내이어야 한다. 설립허가를 위한 허가신청서 등의 서류와 양식은 해당부서 홈페이지 등에서 찾을 수 있다. 보통은 2주 내에 허가여부를 결정하도록 되어있지만 어려운 협의를 거친다. 허가를 받으면 설립 등기를 하고 사업자 등록을 신청한 후 주무관청에 법인 설립 결과를 보고하면 끝난다. 참고로 한국재단센터(http://www.koreafcc.com/)라는 곳에서 설립에 대한 상세한 정보를 제공한다.

우리나라의 경우 공익법인은 설립 시 출연한 원금을 사용하지 못하도록 1976년부터 규제하고 있다. 반면 미국은 공익법인의 사회 환원을 촉진하기 위해 매년 공익법인 원금의 5% 이상을 공익사업에 사용하도록 정하고 있다. 또한 우리나라는 기업 주식을 5% 넘게 기부하면 증여세를 과세하는 규제도 하고 있다. 반면 미국은 20%, 일본은 50%까지 허용하고 독일 등 유럽 국가에는 이런 제한 자체가 없다.

조세의 문제

① 개요

우리나라에서는 공익법인에 출연하는 경우 상속세나 증여세가 감면된다. 감면이 적용되는 세법상 공익법인은 「법인세법」상 비영리법인 중 「상속세 및 증여세법 시행령」 제12조 각호에 열거된 공익사업을 영위하는 법인이다. 「법인세법」 제1조 제2호 규정에 의한 비영리법인이란 「민법」 제32조에 따라 설립된 법인, 「사립학교법」이나 그 밖의 특별법에 따라 설립된 법인으로서 「민법」 제32조에 규정된 목적과 유사한 목적을 가진 법인, 「국세기본법」 제13조 제4항의 법인으로 보는 단체를 말하며, 비영리법인은 반드시 사회 일반의 이익을 목적으로 하지 않아도 되는 반면, 「상속세 및 증여세법」상 공익법인은 불특정다수의 이익(공익)을 사업목적으로 하고 있는 법인을 말한다. 「상속세 및 증여세법 시행령」 제12조에서 구체적으로 열거하고 있는 공익목적에는 종교, 교육, 복지, 의료, 예술과 문화 그리고 「공익법인의 설립·운영에 관한 법률」의 적용을 받는 장학, 연구 및 자선목적의 공익법인이 있다.

다만, 공익법인 등이 출연 받은 재산을 공익목적사업에 사용하지 않는 경우에는 증여세가 추징된다(상속세 및 증여세법 제48조 제2항). 또한 공익법인 등이 내국법인의 의결권 있는 발행주식 총수 등의 5%를 초과하여 보유하는 경우에는 초과분에 대하여 상속세나 증여세 감면되지 않는다(상속세 및 증여세법 제16조 제2항, 상속세 및 증여세법 제48조 제1항). 따라서 주식을 공익법인에 출연하는 데에는 한계가 있다.

② 주식의 출연

우리나라 「상속세 및 증여세법」은 공익목적의 법인이 계열사의 지분을 5% 이상 보유하는 경우 증여세를 과세한다.

공익법인 등이 내국법인의 의결권 있는 발행주식 총수 등의 5%(성실공익법인은 10%)의 범위의 출연에 대해서만 상속세나 증여세가 감면된다(상속세 및 증여세법 제16조 제2항, 상속세 및 증여세법 제48조 제1항). 여기서 성실공익법인 등이란 제50조 제3항에 따른 외부감사, 제50조의 2에 따른 전용계좌의 개설 및 사용, 제50조의 3에 따른 결산서류 등의 공시, 제51조에 따른 장부의 작성·비치 등 요건을 모두 갖춘 공익법인 등을 말하는 것으로 그 요건이 까다롭다(상속세 및 증여세법 제16조 제2항). 여기서 5% 또는 10%의 비율은 출연자가 출연할 당시 해당 공익법인 등이 보유하고 있는 동일한 내국법인의 주식 등을 합쳐서 계산하며 출연자 및 그의 특수관계인이 다른 공익법인 등에 출연한 동일한 내국법인의 주식 등을 합하여 계산하므로 전체 주식 중 5% 또는 10%만 감면이 되는 셈이다(상속세 및 증여세법 제48조 제1항).

다만, 성실공익법인으로서 특수관계인이 아닌 자가 출연한 경우에는 5% 또는 10%를 초과하여 주식을 출연한 경우에도 상속세나 증여세가 부과되지 않는다(상속세 및 증여세법 제48조 제1항 단서, 상속세 및 증여세법 제16조 제2항). 따라서 가족이나 가문이 보유한 주식을 출연한 경우에는 해당이 되지 않는다.

국가나 지방자치단체가 설립한 공익법인 등 및 성실공익법인 등을 제외한 공익법인 등이 특수관계에 있는 내국법인의 주식 등의 가액이 총 재산가액의 30%(외부감사, 전용계좌의 개설 및 사용과 결산서류 등의 공시를 이행하는 공익법인 등은 50%)을 초과하는 경우에는, 매년 그 초과하여 보유하는 주식 등의 시가의 5%를 부과하여(상속세 및 증여세법 제48조 제9항, 상속세 및 증여세법 제78조 제7항), 계열회사의 주식을 보유하는 경우 불이익을 주고 있다.

출연자 또는 그의 특수관계인이 단독으로 또는 공동으로 재산을 출연하여 설립하거나 이사의 과반수를 차지하는 비영리법인(의료법인은 제외)의 이사 중 출연자와 특수관계인인 이사 수(이사 수가 5명 미만인 경우에는 5명으로 본다)의 5분의 1을 초과하거나, 이사를 제외한 임직원이 되는 경우에는 그와 관련된 직접경비 또는 간접경비 전액을 매년 납부할 세액에 가산하여 부과하도록 규정하고 있다(상속세 및 증여세법 제48조 제8항, 상속세 및 증여세법 제78조 제6항). 직접경비 또는 간접경비란 해당 이사 또는 임 · 직원을 위하여 지출된 급료, 판공비, 비서실 운영경비 및 차량유지비 등을 말한다. 그러나 의사, 학교의 교직원(교직원 중 직원은 사립학교법 제29조에 따른 학교에 속하는 회계로 경비를 지급하는 직원만 해당), 아동복지시설의 보육사, 도서관의 사서, 박물관 · 미술관의 학예사, 사회복지시설의 사회복지사 자격을 가진 자와 관련된 경비는 제외한다(상속세 및 증여세법 시행령 제80조 제10항). 또한 장학재단 등 일반적인 공익법인에는 80% 이상을 제3자로 구성하여야 하므로 직접 관리하는 것이 쉽지 않다.

③ 최근의 판례

미국에선 공익재단에 주식을 기부하면 대부분 상속세나 증여세를 내지 않는다. 조세를 피하면서 재단에 기부한 몫만큼 기업 의결권도 유지할 수 있다. 그러나 한국은 기업인의 편법 상속을 막는다는 취지로 세금을 과세하고 있다. 주식을 기부하는 것에 대하여 증여세를 과세하는 규정은 1991년에 도입되었다. 기업이 계열사를 우회 지배하기 위해 공익재단을 세우고 주식을 증여하여 증여세를 회피하는 편법을 막으려는 취지였다. 문제는 '선의'로 공익재단에 주식을 5%를 초과하여 기부할 때에도 증여세가 과세된다는 불합리한 점이다.

그런데 2017년 '선의'의 기부를 인정하여야 한다는 대법원판례가 나왔다. 아주대의 장학재단에 180억 원대의 주식 90%를 기부했다가 140억 원의 세금을 추징당한 황필상 전 수원교차로 대표가 2017년 대법원에서 승소하였다. 동 대법원 판결은 '순수한' 기부까지 세금을 과세하며 봉쇄하는 것을 막아야 한다는 공감대에서 나온 것이다. 대법원은 '순수한' 기부를 인정하려면 두 가지가 충족되는 것을 요구했다.

첫째는 최대주주의 판단 시점이다. 최대주주의 판단시점은 회사 주식을 공익 재단에 기부하기 전이 아니라 기부한 이후의 주식 지분 상황을 기준으로 하여야 한다고 하여 과세의 기준 시점을 분명히 했다. 주식을 출연(기부)하기 전의 시점을 기준으로 하면 기업 최대 주주의 재단 기부는 무조건 증여세가 부과되며 이것은 주식 출연 후 공익 법인을 회사에 대한 지배 수단으로 악용할 수 있는 사정이 있는지를 살펴보지도 않은 채 그 악용을 미리 간주하는 결과가 된다는 것이다. 주식을 기부한 사람의 남은 주식과 '실질적으로 지배하는' 공익 재단이 보유하게 된 주식을 합해 최대 주주인지를 판단하여야만 과세 처분의 정당성이 확보된다는 것이다.

둘째는 실질적 영향력의 판단이다. 단순히 주식을 출연한 것으로만 판단하는 것이 아니라 기부자가 재단의 정관 작성이나 이사 선임 등 설립 과정에 실질적 영향력을 행사했을 때만 둘의 주식을 합할 수 있다는 점이다. 경영권을 승계하기 위해 공익 재단을 장악하고 기업을 지배하려 했을 때만 증여세를 물릴 수 있다는 것이다. 대법원은 "재단에 재산을 출연했을 뿐 '정관 작성 및 기명날인'이라는 '설립 행위'를 하지 않았으므로 특수관계는 아니니다."라고 판단했다. 이렇게 특수관계를 확인하지 않고 입법 취지와 다르게 과세하면 「헌법」상 과잉금지 원칙이나 조세 법률주의에 맞지 않는다는 것이 대법원의 판단이다.

이러한 판례에 따라 공익법인에 전체 발행 주식의 5% 초과분에 대하여 최고 50%까지 증여세를 과세하는 법조항이 개정되거나 과세행정의 변경이 따를 것으로 보인다. 대법원 판결은 과세 당국에도 큰 영향을 끼칠 것으로 전망된다. 최대 주주가 공익 재단에 주식을 출연한 사실만 파악되면 무조건 증여세를 과세했지만 앞으로는 기부 목적과 재단 설립·운영 개입 여부 등을 확인할 수밖에 없게 됐다. 문제는 사건마다 특수관계를 따져 선의를 판단하기 쉽지 않다는 점이다. 특수관계를 '실질적' 또는 '지배적'인지 여부로 판단하게 되면 문제가 될 때마다 모든 사정을 종합해 법원의 판단을 받아야 하므로 납세자로서는 불확실성의 문제가 발생한다. 일본(50%)이나 미국(20%)처럼 세금 부과의 비율을 높여 주식 기부를 활성화시켜야 한다.

가업승계와

100년 가업경영

PART

3

가업의 승계와 상속

Chapter 1

가업의 상속과 증여

Chapter 2

가업의 승계전략

Chapter 3

가업승계와 조세전략

Chapter 4

가업의 재산평가

Chapter 5

가업의 주식평가

1 가업과 승계 문제

1.1 가업승계의 어려움

가업승계 또는 가업상속이란 재산의 동질성을 유지하면서 상속이나 증여를 통해 소유권뿐만 아니라 경영권을 완전하게 다음 세대로 이전하는 것을 말한다. 1996년 비행기가 추락해 ABB 등 세계적인 기업의 최고경영자가 사망하면서 주가가 하락하고 경영권 승계를 놓고 혼란에 휩싸였다. 반면 일부 기업은 사전에 대비해놓은 승계 프로그램에 맞춰 2인자를 CEO로 임명함으로써 혼란을 최소화하였다. 몇 년 전 우리나라 기업을 대상으로 조사한 결과 가업의 승계를 충분히 준비하고 있는 업체는 30%에 불과했고 절반 이상이 불충분이라고 답했으며, 아예 준비를 하지 못하고 있다는 응답도 5%가 넘었다.

대통령이 임기를 마치면 새로운 대통령을 뽑는다. 대통령이 유고한 경우 국무총리가 대행하는 등 법적인 대비책이 마련되어 있다. 새로운 대통령이 없으면 국가는 풍전등화이다. 기업도 마찬가지이다. CEO 승계는 기업의 존속을 좌우할 중요한 문제이다. 창업주, 창업 2세 등으로 이어지는 기업의 승계는 승계의 구도를 명확하게 짜지 않을 경우 기업들은 승계의 분쟁과 경영권 소송에 휘말릴 수 있다. 창업자가 기업을 승계하는 과정에서 70%가 실패를 한다고 한다. 70%의 기업이 창업자의 사망과 함께 사라진다는 것을 의미한다. 기업이 2대까지 생존하는 비율은 30%, 3대까지의 생존율은 10~20%, 4대까지의 생존율은 5%가 안 된다. 창업이수성난(創業易守成難)이란 말이 있다. 창업이란 개국(開國)을 의미하고 창업자의 뜻을 잘 계승하여 지속적으로 발전시키는 것을 수성(守成)이라 한다. 맹자가 처음 말 한 것으로 알려졌는데 결국 이 말은 창업보다 수성이 더 어렵다는 의미다.

아시아에서는 기업이 성장하는 데 가족의 결속력이 중요한 역할을 했다. 하지만 가족경영은 승계와 관련하여 기업 존속의 발목을 잡을 수 있다. 유교문화권에서 특히 승계와 상속을 공론화하여 논의하는 것을 꺼리는 특유의 문화도 문제이다. 가부장적인 전통이 강하여 기업승계의 논의가 쉽지 않다. 유럽이나 미국은 가업 경영 역사가 오래되어 어느 정도 승계의 모델과 출구 전략의 전통이 확립되어 왔다. 나라마다 문화와 역사적 배경이 다르므로 각각의 국가에 맞는 승계의 전략을 개발하여야 하고 개별기업도 자기 나름의 승계의 방식을 개발해야 한다.

우리나라의 중소기업은 1970~80년대 성장기에 대부분 창업하였다. 당시 창업자가 30대라면 2017년 기준으로 70~80대이다. 1990년대에는 IT 버블이 있었지만 대부분 살아남지 못해 60년대에 출생한 기업주는 드물다. 상속이나 증여를 통해 가업승계를 해야 하지만 조세부담이 크고 현금을 보유한 창업주가 많지 않아 어려움이 많을 것으로 예상된다. 설령 가업승계가 가능하더라도 적임자도 드물고 승계를 원치 않는 2, 3세들도 많다. 승계를 받더라도 장인정신과 가업의식이 강한 일본과 달리 우리나라 2, 3세들은 주력사업 전환을 고려하는 경우가 더 많다. 가업승계를 포기하더라도 M&A 가능성도 낮아서 결국 청산하는 수밖에 없다.

2016년 기준으로 우리나라 3백만 개 내외의 중소기업 기업주 중 나이가 50대 이상인 기업이 약 60%를 차지한다. 이들 기업은 자녀들에게 승계하거나 매각을 통하여 은퇴하여야 한다. M&A와 승계는 중차대한 일로 쉽게 이루어질 수 없는 일이다. 기업은 영원할 수 있지만 경영자는 영원할 수 없다. 언젠가는 누군가에게 승계하거나 정리하여야 한다. 승계는 자녀나 친척 또는 임직원에게 할 수 있지만 매각하여 다른 기업이나 제3자가 기업을 승계할 수도 있다. 승계가 되지 않는다면 청산하여 배당금을 받아야 한다. 따라서 기업주는 사전에 승계를 할지, 매각을 할지 또는 청산을 할지를 분명하게 정하여야한다.

우리나라 기업 중 기업주가 떠난 후의 경영자를 선정하여 육성하는 'CEO 승계 프로그램'을 가진 기업은 20%에도 미치지 못한다고 한다. 승계 프로그램이 있는 기업도 공식적으로 도입한 기업은 20%에 불과하여 절반이 비공식적으로 후계자를 결정한다고 한다. 80%가 넘는 기업들은 그나마 승계 프로그램이 없고 후계자를 정하지 못하고 있다.

일본도 승계 프로그램에 문제가 발생하고 있다. 일본 기업 특히 중소기업은 창업주가 특정 분야에서 한 우물을 파는 장인정신으로 회사를 키우고 다음 세대가 가업을 승계하여 기업을 지속시키는 것이 오랜 전통이었다. 그러나 21세기 들면서 일본에서도 자녀세대가 가업승계를 원하지 않거나 세대 간 갈등으로 인해 가업 승계가 어려워지고 있다. 일본의 중소기업도 거의 70%가 승계 프로그램이나 승계자 결정을 못하고 있다. 이에 따라 기업을 매각하거나 전문경영인 체제로 운영하는 경우가 늘고 있고 폐업하는 경우도 많다.

1.2 가업승계의 대안: 가업매각

마땅히 승계자가 없거나 자녀가 승계를 원하지 않거나, 경영권 분쟁의 가능성이 있는 경우 매각할 수밖에 없다. 또한 승계 과정에서 기업이나 사업이 유지되기 어려운 경우에도 그렇다. 우리나라의 많은 기업이 승계를 포기하고 매각을 추진하는 경향이 나타나고 있다. 일본도 젊은 세대의 사업기피로 어려움을 겪고 있다. 또한 젊은 세대들이 부모 세대의 전통산업을 기피하고 신사업을 하길 원하는 경우도 많다.

또한 기업을 자녀들에게 승계하여 기업을 경영하게 하는 것은 큰 위험성이 따르게 된다. 기업의 차입금에 대하여 보증을 하여야 하고 기업이 어려워지면 기업뿐만 아니라 자녀도 경제적으로 파산할 수도 있기 때문이다. 매각도 하루아침에 이루어지는 것이 아니며 매각이 불가능할 수도 있다. 따라서 전문가와 장기적인 계약에 따라 자문을 받으면서 준비하여야 한다. 경우에 따라서는 매각과 승계 작업을 함께 할 수도 있다. 승계 작업을 하면서도 좋은 기회가 있으면 매각하는 것이다.

사업이나 업종에 따라서 승계가 곤란한 경우도 있다. 예를 들어 건설회사는 업종의 특성상 자식에게 승계하는 것은 어렵고 위험하다. 기업가의 성공적인 은퇴는 기업의 지속 성장과 이어져야 하며 상속과 증여는 이제 개인의 문제에서 머물지 않고 기업의 장기적인 운명과 지속가능성을 함께 고려하여 판단해야 한다.

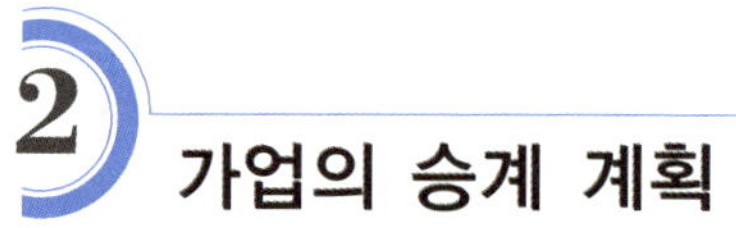

2 가업의 승계 계획

2.1 가업승계 계획의 의의

후계구도가 명확하지 않은 경우 분쟁에 휘말릴 수 있으므로 분명한 계획과 실행이 수반되어야 한다. 그리고 경영권 승계는 장기간 준비하여야 한다. 또한 승계의 방식도 결정해야 한다. 복수가문 공동승계, 단독 가문의 공동승계, 단독 승계 공동소유, 공동소유와 전문경영인, 사업의 분리 승계, 단독 승계, 가업재단 설립 후 소유와 경영에 배제하는 방법 등 다양한 방법이 있으므로 선택하여야 한다. 물론 유류분 문제 등을 사전에 정리지하여야 한다.

창업주나 기업주의 마음자세가 중요하다. 은퇴는 생각하지 않고 후계자도 양성되지 않는 경우 승계는 어렵다. 사전에 계획한 어느 시점에 이르면 후계자에게 경영권을 넘기고 대외적인 일이나 후계자의 후원자 역할로 소극적인 역할을 하거나 다른 일을 만들어 기업을 떠나 지내는 계획을 세워야 한다. 후계자 선정은 자질, 의지, 능력, 도덕적 성향을 고려하여 결정한다. 가업승계는 충분한 경영수업, 경영능력의 검증 등 최소 10년 이상 준비해야 한다. 경영권 분쟁의 가능성이 있는 경우, 자녀들이 승계를 기피하는 경우, 세금 부담이 큰 경우, 특수한 사업인 경우(건설회사 등)에는 매각할 수도 있다. 경우에 따라서는 매각과 승계 작업을 함께 할 수도 있다.

경영권 승계 작업은 장기간 준비가 필요하다. 우선 기업과 가업의 비전과 장기적 입지에 대한 고민이 필요하다. 비전과 장기 전략이 없는 플랜은 방향감각을 잃기 마련이다. 비전과 전략이 정해지면 해야 할 일들 중 첫째는 재산의 파악이다. 둘째는 경영권 승계의 목표나 피상속인의 니즈(needs)를 파악하여 경영권 승계 플랜에 반영한다. 세금을 최소화할 것인지, 경영권 방어가 중요한지, 아니면 상속인 간 분쟁 방지에 역점을 둘 것인지에 따라 플랜은 달라질 수밖에 없다. 셋째는 니즈를 반영한 실행이다. 기업지배구조 개선, 계열사 합병이나 분할, 공익법인 설립, 공정거래 이슈나 세금 문제 점검 등을 한다. 유언장 공증 등도 이때 이뤄질 수 있고 상속 플랜의 일환으로 기업을 매각할 수도 있다. 동일제지나 태림포장, 범한판토스 등의 기업은 경영권 승계 대신 지분 매각을 선택했다. 동일제지의 경우 10여 개의 자회사를 운영하고 있었는데 제지 업체의 특성상 자회사 간 수평적, 수직적 계열화가 있어야 시너지를 발생시키는 구조였다. 다수의 상속인이 존재하는 상황에서 상속재산 분배가 이뤄지고 기업이 분리되면 그만큼 경쟁력을 상실할 수 있다는 판단에서 전격적으로 회사 매각이 결정된 것이다. 넷째는 사후마무리로서 유류분이나 상속재산 분할 문제로 분쟁이 발생할 수 있으므로 이에 대한 해결이 전제되어야 한다.

2.2 가업승계의 사전 검토

▲ 비전의 결정

가업의 승계 계획(succession planning)은 비전의 설정으로부터 시작하여야 한다. 가업의 승계는 가업과 가문의 장기적인 비전과 직접적인 관련이 있다. 가족기업이 장수하려면 창업주 가족의 일치된 단결과 지원이 필수이다.

▲ 재산현황의 파악

가업을 승계하려면 우선 먼저 보유하고 있는 재산을 파악하여야 한다. 현금, 예금, 부동산, 비상장주식 등으로 분류하고 평가하여 보유현황을 정리하여야 한다.

▲ 절세방안 검토

농우바이오는 1981년 설립된 이후 코스닥 상장 등 빠른 성장을 이어갔으나 창업주가 2013년 8월 급작스럽게 타계하면서 1200억 원에 달하는 상속세를 내지 못해 농협경제지주에 지분 52.8%를 약 3천억 원에 매각했다. 가업의 승계에 따른 세금문제는 중대한 문제이다. 설령 가업 승계로 인한 감면을 받는다고 하더라도 감면의 사후관리 요건이 까다로운 점에 유의하여야 한다.

상속과 가업의 승계는 상속세와 증여세 문제가 필연적으로 따른다. 따라서 상속 및 승계에 따른 세금문제를 검토하여야 하며 조세절감방안도 마련하여야 한다. 가업상속공제제도, 가업의 승계에 대한 증여세 과세 특례제도, 창업자금에 대한 증여세 과세 특례제도 등이 세법상 절감방안이다.

2.3 가업승계의 방식

▲ 개요

승계의 방식은 다양하다. 롯데그룹은 기업주 나이가 아흔을 넘길 때까지 누가 그룹을 승계할지 결정하지 못한 것이 갈등의 원인이 되었다. 유교적 가풍이 있는 것으로 보이는

LG는 장사승계 원칙을, 두산은 형제경영과 장자승계의 전통을 갖고 있다. 우리나라는 대체로 장자승계를 선호하지만 시대가 바뀌어 딸에게 승계하는 경우도 종종 있다. 이 방법은 단독 승계방식이다. 이외에도 복수가문 공동승계, 단독 가문의 공동승계, 단독 승계 공동소유, 공동소유와 전문경영인, 사업의 분리 승계, 단독 승계, 가업재단 설립 후 소유와 경영에 배제하는 방법 등 다양한 방법이 있으므로 여러 가지 요인들을 감안하여 결정하여야 한다.

독일 등 해외에서는 창업자 가문이 전 재산을 기부해 재단을 설립하거나, 이사회 이사로 직접 경영에 참여하거나 대주주로만 남는 등 다양한 방식으로 가업을 이어간다. 독일 최대 철강기업인 티센크루프는 19세기 초 크루프 가문이 창업한 후 1967년 마지막 상속자가 사망하면서 아들의 연금을 제외한 전 지분(23%) 등 재산을 가업재단에 기부해 전문경영인이 운영한다. 창업가문이 지배주주로 남아 영향력을 행사하면서도 전문 경영자에 의한 경영을 하는 경우도 많이 있다.

복수가문 승계

기업을 여러 사람이 공동으로 창업한 경우에는 경영권 승계의 문제는 복잡하고 어렵다. 공동창업자 중의 한 사람이 모두 나머지 지분을 인수하여 경영권을 인수받을 수 있지만 쉽지는 않다. 그래서 공동창업자가 공동으로 기업을 승계하는 것이 복수 가문에 의한 기업 승계이다.

예를 들어 1899년 설립된 밀레는 공동 창업자 두 개의 가문이 4대째 공동 경영 체제를 이어오고 있다. 기술 부문과 경영 부문의 독식을 예방하기 위하여 세대마다 각 가문이 대표를 번갈아 가면서 맡는다. 각 가문의 경영후계자는 각각의 가문에서 엄격한 '기준'을 통과하여 결정된다. 물론 밀레와는 다르게 공동대표 방식이나 번갈아가면서 경영을 하는 방식도 있다. 또는 경영은 한 가문의 대표이사가 맡고, 경영감시는 다른 가문이 감사로 참여하여 맡고 번갈아가면서 대표이사와 감사를 맡는 것도 고려할 수 있다. 물론 지주회사를 통해 각 가문이 이사회에 참여하면서, 전문경영인에 의한 경영을 하는 것도 가능하다.

단일가문 승계

기업을 대대손손 한 가문이 지속적으로 경영하는 승계의 방법이다. 한 가문이 기업을 장기적으로 경영하는 것은 어려운 일이다. 세대가 바뀌면서 살아남을 확률이 통계적으로 점점 작아지기 때문이다. 물론 기업이 한 세대를 유지하는 것도 어려운 일이긴 하다. 기업이 성장하더라도 그 가문이 평화로이 지속되고 분쟁이 없도록 분명한 규약이나 지침이 없으면 언제 어떤 일이 발생할지 모른다. 대개 2대나 3대에 이르면 가족들이 늘고 지분이 여러 가족들에게 분산되기 마련이다.

창업주가 가업을 승계하는 경우 가족 내에서 여러 사람이 공동승계 하는 방식도 있다. 공동승계는 늘 분쟁의 회오리에 빠질 수 있기 때문에 가급적 공동승계는 하지 않는 것이 좋다. 물론 사전에 잘 정비된 시스템을 구축하면 가능할 수 있다.

단독소유 소유경영

단독으로 주식과 경영권을 승계하는 방식이다. 단일 기업을 경영하는 기업에서 가장 흔하게 고려하는 승계방식이다. 물론 승계자를 누구로 할 것인지를 결정하는 문제는 남아있다. 우리나라의 대표기업 삼성그룹도 단독소유 소유경영의 승계를 추진했다. 1995년에 이건희 회장은 이재용부회장에게 60억 원을 증여했고, 에버랜드로부터 삼성그룹 비상장 계열사인 에스원의 주식을 23억 원, 삼성엔지니어링 주식을 19억 원을 주고 취득했다. 1년 뒤에 두 회사는 상장되었고 주식을 605억 원에 매각했다. 그 후 에버랜드가 전환사채를 발행했고 약 1백억 원으로 에버랜드의 전환사채를 구입했다. 나머지 주주 90여%를 보유한 중앙일보, 삼성물산 등 계열사들은 전환사채 배정을 포기했다. 당시 에버랜드의 주식은 23만 원까지 거래되기도 했는데 약 8천 원에 에버랜드 주식 32%를 인수하여 천억 원에 가까운 시세차익을 얻었다. 배임죄로 기소되었으나 대법원 전원합의체에서 무죄 판결을 받았다. 1998년 에버랜드는 비상장 회사였던 삼성생명을 주당 9000원씩 344만 주를 매입하여 보유지분이 2%에서 20%로 증가했고, 삼성생명은 2011년에 상장했는데 상장가가 10여만 원에 달했다. 삼성생명은 삼성전자 지분을 인수하여 삼성전자의 최대주주가 됐다. 2015년 에버랜드는 제일모직을 인수해서 회사명도 제일모직으로 바꾸었다. 삼성전자 주식을 7.2% 가지고 있는 제일모직과 4.1% 가지고 있는 삼성물산을 합병해서 삼성전자를 더 강하게 지배하겠다는 의도였다. 이재용은 제일모직의 지분 23%를 보유했지만 삼성물산 지분은 없었다. 삼성물산 주식 3주와 제일모직 주식 1주를 교환하는 것으로 합병비율이 결정되었고 외국계 펀드들이 반대하였지만 국민연금은 손실을 본다는 사실을 알면서도 합병에 찬성했다(가톨릭평화방송 '열린 세상 오늘' 2017.5.31.).

공동소유 단독경영

공동소유 단독경영은 가족 또는 가문 구성원 중 가장 적합한 사람이 경영을 하고 경영에 참여하지 않는 나머지 가족은 소유 주식에 따라 배당에만 참여하는 방식이다. 물론 가족들은 경영 현안에는 참여하지 않지만 가족회의나 패밀리오피스를 통해 이사회에 참여하여 이사회에서 비전이나 전략의 방향을 제시할 수는 있다. 이를 통해서 경영에 참여하는 가족이 창업 정신이나 불합리한 경영을 추구하는 결정을 못하게 막을 수 있다. 그러나 이 방식도 공동 승계와 마찬가지로 사전에 분쟁을 예방할 수 있는 분명한 합의나 사전 준비가 없으면 분쟁의 소지가 있기 마련이다.

공동소유의 경우 세대가 계속되면 지분의 관리가 어렵다. '글로벌' 가문 기업 머크는 10대 넘게 이어져 오면서 한 명의 머크 가족이 갖고 있는 주식은 한 자릿수밖에 안 되고 모두 합쳐야 70%가 된다. 가문 구성원들은 주식의 소유자가 아닌 신탁 관리자라고 생각한다. 가문 구성원들이 보유한 주식은 가문의 허락 없이 제3자에게 매각하는 것은 불가능하다. 보유 주식의 상속은 자녀들에게 똑같이 배분하는 것을 원칙으로 한다.

공동소유 전문경영

공동소유 전문경영은 가족은 주식을 소유만 하고 경영은 전문경영인에 맡기는 시스템이다. 가족 주주로 구성된 기업을 전문경영인에게 맡긴 경우 기업경영에 성공적일 수 있다. 대주주인 가족이 경영자와 그 경영을 관리하기 때문이다. 가족기업의 자녀들이 직접 경영을 하는 경우 나쁜 결과를 가져오는 경우가 있는 것이다. 객관적으로 보아도 가족구성원의 수가 적기 때문에 능력 있는 경영진이 나타날 확률이 작을 수밖에 없다.[1] 가업을 승계한 경우 전문경영인과 공동 관리하는 방식으로 성공한 경우도 있다. 한국전자가 그 예이다.

기업주 경영과 전문 경영인들과의 공동경영 체제를 취하는 방식도 있다. 기업주를 보좌할 수 있도록 부회장이나 대표이사 등을 전문 경영인이 함께 하는 방식이다. 기업주는 큰 흐름을, 실질적인 집행과 관리는 전문 경영인이 담당한다. 해외에서는 매출이 거의 10조 원에 달하는 독일 프로이덴베르그 그룹이 해당한다. 1849년에 설립되어 주식을 무려 3백여 명의 가족이 소유하고 있다. 가족 간에 합의된 규정상 한 사람 지분이 2%를 넘지 못한다. 경영은 외부전문가에 맡겨 최고경영자를 포함한 집행이사회 임원은 전문

1) Donald DePamphilis, Mergers and Acquisi*tions Basics, Burlingto*n, Elsevier, 2011, p.345.

경영인이 맡는다. 연매출 규모는 9조원에 달한다.

단일가문 분리승계

공동경영이 늘 분쟁에 빠질 위험이 있기 때문에 가업을 분리하여 승계하는 방식을 선택하는 방식도 있다. 특히 여러 가지 업종과 사업을 하는 경우에는 분리하여 승계하는 것이 용이하다. 그러나 유의할 것은 같은 사업을 쪼개어 승계하는 경우 승계자가 사업경쟁으로 두 기업 모두 위험에 빠질 수 있으며 분리 승계된 기업에 지분이 혼합되는 경우 또 다른 분쟁으로 이어질 수 있음을 알아야 한다.

우리나라의 대기업들도 이 방식을 많이 사용한다. LG그룹은 LG와 GS, LS, LIG 등으로 분리되었다. 구인회 창업주의 장남 구자경이 LG그룹을 맡았고 구태회, 구평회, 구두회 등이 LS그룹을, 창업주의 처가인 '허'씨는 현재 GS그룹을 경영하고 있다. LG그룹은 2003년 지주회사 체제로 변화하면서 LS그룹과 GS그룹을 분리시켰다. 삼성은 이병철 창업주가 경영권을 3남인 이건희 회장에게 승계하면서 분화했다. 장남은 CJ, 차남은 새한, 장녀는 한솔, 막내딸은 신세계로 각자의 길을 갔다. 현대그룹은 현대차그룹, 현대중공업, 현대그룹 등으로 분리되었다.

신세계그룹은 조직 개편을 통해 백화점 부문과 이마트 부문을 신설하였다. 정용진이 그룹 총괄과 이마트 사업을, 여동생인 정유경이 백화점과 면세점 사업을 주로 맡았다. 그러나 여전히 이명희 회장이 ㈜이마트와 ㈜신세계 양사의 최대주주(각각 18.22%)이다.

가업재단의 설립

가업재단을 설립하여 지분을 승계하고 자녀는 직접적인 소유와 경영에서는 배제시키는 방식이다. 국내 1위 가구 회사인 한샘의 기업주는 주식을 재단을 설립해 기부하기로 했다. 1994년부터는 대표이사직을 전문경영인에게 맡기고 일상적 회사 경영에는 거의 관여하지 않고 있다. 세 자녀의 지분은 3% 미만이다. '글로벌' 기업을 일군 일본의 창업주들도 승계를 하지 않고 가족 입사 금지까지 하는 경우도 있다. 가족의 영화보다 기업의 영속성과 종업원을 포함한 공동체의 번영을 더 중시하기 때문일 것이다.

2.4 가업승계의 장기 계획

2010년 우리나라 중소기업을 대상으로 조사한 것을 보면 경영권을 승계하는 데 필요한 적정 기간을 대부분 2~5년 정도로 그 기간을 짧게 인식했다. 승계는 단순히 주식과 경영권을 넘기면 되는 일이 아니고, 오랜 시간에 걸쳐 만들어지는 과정이다. 승계는 10~20년에 걸쳐 진행되는 장기간의 프로세스다. 가업승계는 승계자의 양육 및 교육, 경영수업, 경영능력의 검증 등 최소 10년 이상 준비해야 하는 장기적 과제이다. 많은 경영 전문가들은 경영 승계 프로그램은 승계 기간을 길게 준비할수록 성공확률이 높다고 말한다. 조병선 기은경제연구소장은 "CEO 승계는 1년을 준비하면 성공률이 10%, 5년을 준비하면 성공할 확률이 50%, 10년 이상 준비해야 성공할 확률이 90% 이상이라고 할 만큼 오랜 준비기간과 노력이 필요한 과정"이라고 말했다.

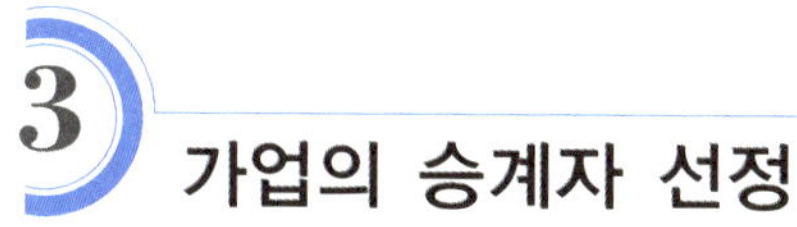

3 가업의 승계자 선정

3.1 승계자 선정 시스템

경영권 승계를 위해선 무엇보다 경영 능력에 대한 검증이 필요하다. 기업주의 2세 또는 3세가 공통적으로 안고 있는 가장 큰 문제는 경영 능력이다. 결국 '기업주의 자녀'가 아닌 '경영인'으로서 경영능력이 있는지 혹독한 검증을 하는 것이 관건이다. 능력이 검증되지 않은 젊은 후계자를 초고속 승진을 거쳐 경영을 맡기는 것은 기업 생존력을 약화시킬 위험이 높다. 따라서 기업에 맞는 합리적 시스템을 구축하여 승계자를 선정하는 것이 필요하다.

1980~1990년대 우리나라 대기업의 후계자 선정방식은 젊은 나이에 회사에 중견관리자로 입사해 경영수업을 받는 방식이었다. 삼성그룹과 신세계그룹은 해외 MBA를 거쳐 바로 그룹 기획조정실이나 경영전략부서에 입사하기도 했다. 대기업 기업주들의 자녀들

은 20대에 입사하여 수 년 만에 임원으로 승진하거나 처음부터 임원으로 입사하였다. 2000년대 전후 50대 그룹의 기업주 일가의 경우 입사에서 임원자리까지 오르는 데 5년이 채 걸리지 않는 것으로 나타났다. 평균적으로 약 35세에 임원에 오르고 약 43세에 사장 이상의 최고경영자 자리에 올랐다.

그러나 이후로는 점차 금융회사나 컨설팅 회사를 거치며 경력을 쌓은 뒤에 부장급으로 입사하는 사례가 늘고 있다. 기업을 잘 물려주려면 승계자가 스스로 능력을 입증한 후 입사시키는 과정을 거치는 것이 좋다. 최소 5～10년 이상 다른 회사에서 근무해 경험과 실력을 쌓고 그곳에서도 성공적인 '인재'만을 경영진으로 선정하는 방안을 검토해볼 만하다. 미국이나 유럽의 성공한 장수기업들은 대부분 대학을 졸업하고 외부에서 수년간의 경험을 쌓아 능력을 검증받은 후, 일반 임직원과 동일한 평가과정을 거쳐 회사에서 경영자로 승진시키도록 한다. 특히 '글로벌' 컨설팅기업이나 '글로벌' 투자은행에서 경력을 쌓았다. IMF경영위기, 2008년 '글로벌' 금융위기와 기업경영의 세계화와 함께 글로벌 경영 안목을 강조하는 분위기로 인한 것이다. 또한 '글로벌' 컨설팅 경험은 기업의 문제해결 능력을 키우고 '글로벌' 네트워크 구축도 할 수 있는 것이다.

현장경험을 중시하는 승계시스템도 있다. GS그룹 회장의 아들은 주유소의 '주유원'으로 일했고 동원산업의 경우 수 개월간 원양어선 선원생활을 하며 참치를 잡는 경험을 하였다.

세계적인 가족기업 머크는 외부에서 자신들의 실력이 입증되어야 회사에 경영진으로 입사할 수 있다. 그 회사에서 자력으로 임원 이상 자리로 올라가야 하고, 패밀리위원회와 외부 인사도 포함된 파트너위원회의 평가를 거쳐야 한다. 외부 인사의 영입보다도 조건이 까다롭다. 입사한 이후에도 엄격한 평가는 계속된다. 가족이 아닌 임직원들이 가족이라는 이유로 높은 자리에 있다는 느낌이 들지 않도록 더욱 엄격하게 관리하고 평가한다. 가족이라도 일반 임직원들과 동등한 조건으로 엄격한 평가를 통과해야만 경영자가 될 수 있도록 규정하는 '글로벌' 명문가문이 많다. 1804년에 설립된 스웨덴의 출판·미디어 기업인 보니에르 그룹(Bonnier Group)은 '가족 임직원도 반드시 직원과 동등하게 일하고 동등한 조건으로 보상을 받는다.', '가족구성원 중에서 최고경영자가 되려면 이사회의 평가를 거쳐 승인을 받아야 한다.' 등의 원칙을 가지고 있다.

3.2 승계 자녀의 교육

승계는 자녀교육으로부터 시작된다. 사람은 누구나 잠재능력이 다르고 가치와 인생관도 성장하면서 형성된다. 어떤 사람은 학자가 되고 싶어 하고 어떤 사람은 음악가가 되고 싶어 한다. 사람마다 적성이 다르므로 성장기에는 포괄적인 교양교육과 고등교육을 승계에 관계없이 시켜야 한다. 제대로 된 전인교육 없이는 올바른 기업가가 될 수 없다.

교육을 통하여 자녀의 정신적 경제적 독립이 가능하여야 한다. 미국에서는 대학 졸업 후에도 정신적으로 경제적으로 독립하지 못하고 부모에 의존하는 자녀를 '트윅스터(Twixter)'라고 부른다. 캐나다에서는 경제적 독립을 못하고 집으로 돌아온다는 뜻에서 '부메랑 키즈', 영국에서는 부모의 연금을 축낸다는 뜻에서 '키퍼스(KIPPERS, Kids in Parents Pockets Eroding Retirement Savings)', 이탈리아에서는 엄마가 해 주는 음식에 집착한다는 의미의 '맘모네(Mammone)'라고 칭한다. 우리나라는 학교를 졸업한 이후에도 취업을 못 해 경제적으로 독립하지 못하고 부모에게 의존하는 20~30대 젊은 층을 캥거루족, 취업을 했더라도 경제적인 독립을 못 하고 부모에게 의존하는 30~40대를 신 캥거루족이라고 부른다. 이런 자녀가 가업을 물려받는다는 것은 스스로 자멸하는 길이다(조선일보, 2016.8.26. 편집). 부모의 재산 없이도 홀로 경제적 자립이 가능하도록 교육받아야 한다. 정신적 경제적 독립이 가능하지 않은 자녀는 승계도 생각할 수 없다.

'글로벌' 가문 기업인 스웨덴 발렌베리그룹은 최고경영자가 되기 위한 과정이 혹독하고 엄격하다. 후계자가 되기 위해서는 부모의 '도움' 없이 명문대를 졸업하고, 단독으로 해외유학을 마쳐야 하며 군대 장교로 복무해야 한다는 다소 가혹하다 할 수 있는 전제조건을 충족하여야 한다. 우리나라에서는 과거 대부분의 주요 그룹의 자녀들이 국내에서 학부를 마친 뒤 해외 유학을 떠났다. 그러나 1990년대 들어 대학을 해외유학으로 시작하는 추세가 나타났다. 학부 전공은 경영학, 인문학, 자연과학 등으로 다양한 편이었지만 석박사 과정은 해외 명문대 경영대학원(MBA) 출신이 압도적으로 많다. 개별기업에 맞는 최적화된 프로그램이라기보다는 해외에서 공부하는 획일적인 모습을 보인다.

또한 공통적인 교육뿐만 아니라 자녀들의 후계자 교육을 어린 시절 가정에서부터 시작하기도 한다. 사람들의 일에 대한 태도나 습관, 가치관, 사람들과의 관계 등은 어린 시절부터 오랜 시간을 거쳐 형성되기 때문이다. 어린 자녀들로 하여금 기업과 경영을 일치감치 체험하게 하는 교육도 많다. 가령 중고등학교에 다니는 자녀를 방학이 되면 해외 출장에 동행하는 것이다. 출장길에서 사적인 대화를 나누고, 기업의 철학 등에 대하여도 얘기해주는 것이다. 그리하여 자연스럽게 기꺼이 회사에 들어와서 후계 수업을 받을 수 있다. 세계적인 가족기업 머크 가문은 2016년 창업자의 13세손까지 이어져 주식을 갖고 있는 가족이 2백 명이 넘는다. 모든 가족들은 어릴 때부터 전 세계에 있는 지사에서 견습, 인턴 생활을 하며 가문 사업을 익힌다. 그리고 가족 관리 구조, 회사의 재정 등에 대해서도 교육을 받는다. 대학을 졸업한 자녀들은 '머크 가문 대학'이라고 부르는 교육을 받아 2년 동안 리더십, 법, 경제, 경영 등을 배운다. 그 후에 외부 기업에서 실력을 쌓아, 인정을 받아야만, 패밀리위원회에 참가할 기회를 갖게 된다.

3.3 가업승계자의 선정기준

▲ 경영능력과 승계의사

누구를 후계자로 선정할지는 승계시 가장 핵심이 되는 문제이다. 대부분의 경우 장남이 가업을 이어받지만 능력이 있을 경우 차남이나 가족 외의 사람에게 가업을 물려주는 것도 고려해야 한다. 일본의 장수기업들은 장자가 있어도 자질이 부족하다고 생각되면 직원이나 사위 등을 후계자로 키우는 경우가 많다. 기업을 승계하는 경우 그 승계 받는 사람이 경영자로서의 역할과 해당 기업과 사업을 이끌어 갈 자질이 있는지가 중요하다. 경영을 위한 학습의지와 능력도 있어야 한다. 기업을 경영하는 능력은 반드시 학문능력과 일치하는 것은 아니다. 기업경영을 위한 교육훈련과 "mentoring"도 필요하다.

또한 정말로 이 기업을 승계하여 경영할 의사가 있는지도 알아야 한다. 현 CEO와 호흡이 맞아야 하고 같은 목적을 가지고 기업을 성장시킬 열망을 지닌 사람이어야 한다. 그렇지 못한 경우 승계는 "독약"이 될 수 있다. 능력이 있고 의욕이 있어도 승계의 성공 확률은 아주 낮은 것이 현실이다.

▲ 태도와 도덕성

고대 영국의 리어 왕은 효심 깊은 막내딸을 의심하여 프랑스로 시집보내고, 충성을 맹세하는 감언이설을 늘어놓는 두 딸에게 모든 재산과 왕권을 넘겨주었다. 하지만 딸들은 리어 왕을 쫓아내고 권력을 장악했다. 명확한 지분 조정과 투명한 과정이 없는 승계가 낳은 비극이었다. 리어 왕은 막내딸에게 도움을 청했고 프랑스 군대가 영국을 침입해 제3자를 통해 조정하는 최악의 선택을 한다. 이로 인하여 내부의 신망을 잃었고 조정을 추진한 자들이 정국을 주도하는 결과를 낳았다. 결국 리어 왕과 막내딸 그리고 전 가족이 파멸하고 만다. 기업가가 리어왕 같은 사례를 만들지 않기 위해 얼마나 고민하고 노력해야 하는지 알 수 있는 대목이다. 올바른 승계에는 승계하려는 본인의 절제력과 합리성이 요구된다(매일경제, 2014.6.13. 편집).

이러한 일은 오늘날에도 쉽게 볼 수 있는 일이다. 2011년 말, 일본의 대기업 다이오제지 회장이 도박으로 큰 손실을 내고 회사를 떠난 사건이 있었다. 이 재벌 3세는 자녀 교육의 실패가 가업승계의 실패로 이어진 사례이다. 우리나라에서 흔히 신문지상에서 보는 사례이기도 하다. 이 회장은 도쿄대학교 법학부 출신의 엘리트 경영인이었지만 윤리의식과 준법에 대한 태도가 부족한 사람이었다. 기업경영보다는 개인적인 주식투자로 일확천금을 추구하다가 2008년 미국 리먼 사태로 거액의 손실을 내고 도박으로 만회하려다 엄청난 손실을 낸 것이다. 결국 다이오제지 경영권은 다른 기업으로 넘어갔다.

기업을 승계한 후 많은 기업들이 횡령과 배임, 경영악화, 부도, 상장폐지, 분식회계 등으로 혼란을 겪는다. 기업가의 윤리성과 도덕성은 기업경영에서 중요한 변수이다. 많은 기업들이 잘못된 교육과 잘못된 승계로 가업 승계자가 횡령, 분식회계, 배임 등으로 처벌을 받고 기업이 위기에 처하는 것이다. 따라서 승계자를 결정할 때 승계자의 기질을 잘 보고 결정하여야 한다. 자녀에게 가업을 승계시키는 경우 많은 부모들이 객관적인 판단을 하는데 어려움이 생기기 마련이다. 따라서 승계자의 결정은 기업주의 냉담한 판단이 필요하며 때로는 제3자로부터 자문을 받는 것이 필요하다. 부모란 자식을 보는 눈이 늘 편파적일 수밖에 없다. 자녀에 대한 사랑과 기업경영은 별개의 문제이다.

3.4 가업승계자의 최종선정

▲▼ 승계자 결정

① 자녀의 승계

기업의 경영권을 자녀에게 세습하는 가족 기업은 과감한 경영의사결정, 장기적 사업계획의 수립, 위기 대응력 등 장점이 있다. 그러나 장점만 있는 것은 아니다. 아시아의 상장기업을 조사한 연구결과를 보면 가업 승계가 이뤄지고 난 뒤 8년이 지나자 상장된 주식가치가 평균 60% 하락하였다고 한다. 미국과 유럽의 경우 가족기업이 2대까지 생존하는 비율은 전체의 30%, 3대까지 건재 하는 장수기업 비율은 12%, 4대 이상까지 살아남는 초 장수 기업 비율은 3%에 불과한 것으로 파악됐다. 한편 가업을 물려줘도 그 중에 10%만 사업을 유지하고 3대에 이르면 그 중에 1%가 유지한다는 통계 결과가 있다.

② 임직원 승계

마땅히 승계할 자녀가 없거나 제3자에의 매각을 원하지 않는 경우 기업의 능력 있는 임원이나 직원을 양성하여 승계시키는 것도 고려할 수 있다. 사실 임직원을 승계자로 결정하고 주주로 남는 것은 언젠가는 누군가에게 매각하거나 청산이 전제된다. 언젠가는 떠나야하기 때문이다. 따라서 경영자로서 승계자를 정하는 경우 어떻게 주식을 승계할지를 결정하여야 한다. 제3자에게 매각을 추진하던지 아니면 그 임원이 인수하여야 한다. 만일 인수할 재정능력이 없다면 증여할 수밖에 없다. 조건부로 매각할 수도 있다. 매각을 하되 인수대금은 기업경영에서 나온 이익을 배당받아 지급하는 조건이다.

한편 승계할 경영자를 정하는 것은 기술적으로 어려운 점도 있다. 한국적 기업문화 때문이다. 승계할 경영자를 선임하기로 한 경우 가능성이 있는 능력 있는 임원에 대해 모함 · 투서가 발생할 수 있기 때문이다.

포스코는 2007년 최고경영자 선정 프로그램을 도입하다 실패하였다. 몇 명의 최고경영자 후보 가운데 한 명을 선임하는 계획이었지만 이사회에서 최종 탈락한 능력 있는 임원들이 회사를 떠날 수 있다는 문제제기가 있었던 것이다. 따라서 공개적으로 승계자를 결정하는 프로그램 대신 암암리에 비공식적으로 후계자를 선정하게 되는 일이 많다. 공정하게 이루어지는 공개적인 경쟁 문화가 부재한 사회에서 경쟁에서 탈락하면 굴욕으로 받아들여 퇴사해버리는 사고방식이 문제인 것이다. 승계 프로그램이 권력 '투쟁'으로 변질되지 않도록 프로그램을 준비하고 실행하는 것이 요구된다.

결정의 시기

대부분의 기업가는 경영에 몰두하여 기업승계에 대하여 생각할 겨를이 없거나 막연하게 생각하다가 시간을 놓치는 경우가 많다. 기업을 경영하면서 많은 어려움을 겪는 창업자들은 자녀들에게 힘든 일을 넘겨주고 싶지 않기도 하고 각자가 원하는 대로 살기를 원하는 경우도 종종 본다. 세월이 흘러 나이가 들고 은퇴 시기가 다가와서야 승계 문제를 생각하는 경향이 있다. 기업의 승계는 막연하게 생각하기보다는 구체적으로 계획을 세우는 것으로부터 생각하여야 한다. 그 방향은 기업에 따라 또는 창업자의 철학이나 자녀의 성장과정에 따라 달라질 것이지만 승계문제는 조기에 구체적으로 준비하는 것이 바람직하다.

4 가업승계의 실행

고령의 창업주가 경영현장에서 진두지휘를 하고 승계자는 대표이사이고 중년이 훌쩍 넘었는데도 아무런 권한이 없다. 많은 창업주들이 산전수전 다 겪으면서 기업가정신(ownership)을 바탕으로 회사를 성장시켰다. 그러다보니 창업주는 전지전능 기업가로 경영현장을 누비는 것이 일반적이다. 결국 승계는 되지 않고 후계자는 기능적인 일만 하고 때로는 창업주와 불화에 휘말리고 결국은 승계를 포기하고 떠나기도 한다. 우리나라의 많은 기업들이 겪는 승계현상이다. 승계자만 결정하였다고 모든 것이 끝나는 것이 아니다. 또한 승계 이슈가 시작되는 시점은 대부분 창업주가 수십 년의 성장기 동안 기업을 운영하다가 성숙기나 쇠퇴기에 도달해 있을 때이다. 성장기에도 승계는 쉽지 않은데 성숙기나 쇠퇴기에는 더욱 어렵다. 승계가 성공적으로 이루어져 재도약의 기회가 된다면 가장 좋은 시나리오이지만 많은 경우 승계 후 기업경영은 실패한다. 제국의 황제는 대부분 죽을 때까지 국가를 통치한다. 창업주들이 황제와 같은 생각으로 죽을 때까지 기업을 '통치'한다면 후계자들이 설 자리는 없다. 이런 생각으로는 승계란 불가능하다. 일부 기업주들은 기업을 은퇴하고 승계자에게 권한을 넘기지만 회사에 문제가 있다고 생각되면 경영에 개입하거나 다시 경영일선으로 돌아와 현장에 선다. 후자도 승계가 제대로 되지 않고 갈등만 야기될 수 있다.

기업 승계를 하려면 나이가 들면서 어느 시점에 이르면 후계자를 정하고 경영권을 승계하고 기업을 떠나는 것이 좋다. 물론 하루아침에 기업경영을 승계하는 것은 어려운 일이므로 필요한 경우에만 중요한 일에 대하여 자문을 해주고 '멘토' 역할을 하는 것이 필요하다. 이를 통하여 승계자가 경영과 비즈니스를 배우고 경영능력을 갖추도록 도움을 주는 것이다. 물론 사전에 계획을 세워 일정한 기간 동안 후계자를 선정하고 지속적으로 핵심 임직원, 공급자, 고객 등과의 협의를 통해 승계를 이행하는 것도 필요하다. 물론 창업자는 은퇴 후 자신의 일을 만들어야 한다. 그렇다고 회사와 경영을 단절하면 어려움이 있을 있기 때문에 잘 조화시켜야 한다.

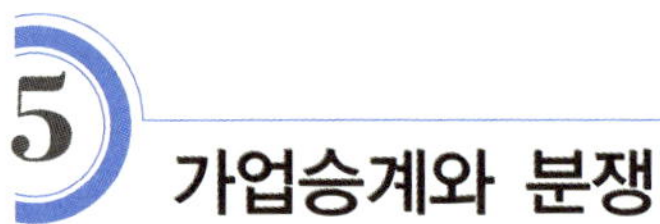

5 가업승계와 분쟁

5.1 가업승계 분쟁의 의의

이혼이나 유산을 둘러싼 가족 간 싸움, 가업을 둘러싼 분쟁 등 가족 간 분쟁은 가업과 가문을 무너뜨리는 대표적인 원인이다. '창업보다 수성이 어렵다.'는 말이 있듯 번 돈을 지키기는 더 어렵다.

조금이라도 더 상속 재산을 차지하기 위해 가족 간에도 서로의 치부를 드러내고, 남보다도 못한 원수가 되는 경우가 많다. 대법원 통계에 따르면 상속과 관련된 재판은 크게 증가하고 있다. 2004년 2만1,709건에서 2013년 3만5,030건다. 2013년 사망자 수가 26만6,257명임을 생각하면 8명 중 1명꼴이지만 상속과 관련이 없는 사망자를 감안하면 훨씬 많을 것이다.

창업주가 은퇴하고 자녀가 경영권을 물려받은 재벌기업들은 대부분 경영권을 둘러싸고 홍역을 겪었다. '피보다 경영권, 피보다 돈이 더 붉고 진하다.'는 말이 유행할 정도이다. 우리나라 재벌그룹에서 승계과정에서 거의 절반이 형제간 경영권 분쟁으로 발생했다.

현대그룹의 경영권 승계 분쟁을 언론은 '왕자의 난'이라고 보도했다. 고 정주영 현대그룹 창업주는 후계자를 낙점했지만 2000년 '왕자의 난'이 일어났다. 결국 현대그룹은 현대차그룹과 현대그룹 등으로 계열분리가 이루어졌다. 우리나라 최장수 기업 두산그룹은 '형제 경영'을 기본으로 삼아 나름대로 안정적인 경영을 하였으나 2005년 박용성이 그룹 회장으로 추대되면서 '형제의 난'이 발생하였다. 형인 박용오가 그룹 비자금 횡령 등의 내용을 검찰에 제출하여 그룹 전체를 흔들어 놓은 것이다. 결국 그는 가문에서 제명당하고, 스스로 생을 마감하는 비극이 일어났다. 금호그룹도 창업주 뜻에 따라 '형제 경영'을 시작했지만 박삼구와 박찬구 형제 간 갈등으로 금호아시아나그룹과 금호석유화학그룹으로의 분리로 나아갔고 계열분리 된 이후에도 소송 전을 이어가며 형제간 갈등은 지속되었다. 효성그룹은 형제간에 횡령·배임 등으로 민형사상 고발과 소송 등으로 분쟁이 발생하였다. 승계과정의 분쟁은 기업을 위험에 빠뜨린다. 검찰 수사와 압수수색, 처벌, 특별세무조사로 기업 뿌리가 흔들리기도 한다.

모든 기업이 승계과정에서 분쟁이 발생하는 것은 아니다. 경영권 승계과정에서 분쟁이 없는 대표적인 그룹은 LG그룹이다. 1970년 구인회 창업회장이 사퇴하고, 1995년 구자경 LG 회장이 퇴임의사를 표명하고 허준구 LG전선 회장 등도 동반 사퇴했다. 이에 따라 당시 구본무와 허창수가 회장에 취임하여 허씨와 구씨 가문과의 균형이 이루어졌다. LG는 1999년 LIG를 시작으로 2003년 LS, 2005년 GS, 2007년 LF 등을 차례로 계열분리 했다. LG그룹은 2003년 지주사 체제로 전환을 일찌감치 끝내 안정적 지배체제를 구축했다.

5.2 가업승계 분쟁의 종류

▲▼ 개요

상속과 승계로 인한 분쟁은 상속과 증여의 재산분배 분쟁, 이혼으로 인한 재산 분쟁, 재산의 분할에 관한 분쟁, 유언을 둘러 싼 분쟁, 유류분 분쟁, 상속재산의 신탁으로 인한 분쟁, 지배구조와 경영권 분쟁 등, 민사법, 회사법, 조세법, 기업지배구조 문제 등 많은 법률적 쟁점이 혼재되어 복잡한 양상을 가진다. 이로 인해 유류분 반환 청구 소송, 유언무효 소송, 상속재산 분할 청구 소송 등 법률적 분쟁이 많이 발생한다.

▲▼ 유류분 분쟁

유류분은 상속인이 법률상 받을 수 있는 최소한의 상속분을 말한다. 유언자가 재산을 자유롭게 처분할 경우 남은 가족들의 재산분배의 형평을 고려해 법으로 최소 상속분을 정해놓은 것이다. 유류분 반환 청구 소송은 상속으로 인한 분쟁에서 중요한 비중을 차지한다. 직계비속과 배우자는 유류분으로 법정 상속분의 2분의 1을, 직계존속과 형제자매는 3분의 1을 정하고 있다. 유류분 반환 청구소송 외에 상속재산 분할청구 소송도 많다.

▲▼ 유언 무효 소송

유언 무효 소송은 유언자가 치매에 걸려 판단 능력이 없는 상태에서 유언을 했다는 등의 사유를 들어 제기하는 소송이다. 물론 치매 등으로 합리적 판단이 불가능한 상태에서 한 유언은 무효이다. 「민법」 제1063조에 "금치산자의 경우 의사 능력이 회복된 때에 유언할 수 있다."고 정하고 있으므로 의사능력이 없는 경우에는 유언을 해도 효력이 없다.

▲▼ 기여분 분쟁

기여분은 재산을 형성하는데 기여를 한 사람에 대한 몫을 말한다. 자녀나 배우자 또는 제3자가 피상속인의 재산 형성에 기여를 하거나 피상속인이 사망하기 전까지 돌봐줬다면 상속재산 중 일정 비율을 기여분으로 받을 수 있다. 분쟁의 소지가 가장 큰 부분이고 쉽게 해결하기도 어려운 분쟁이다. 기여분 요구는 피상속인이 사후 공익법인을 설립해도 인정받을 수 있다. 2009년 세상을 떠난 녹십자 회장은 재산 중 일부를 사회복지재단에 기부하는 유언을 했지만 한 자녀가 복지재단을 상대로 반환소송을 하여 상당한 금액을 돌려주라는 판결을 받았다.

▲▼ 부부의 분쟁

창업주 부부의 이혼은 상속과 승계에서 가장 분쟁의 소지가 많다. 특히 경영권 분쟁의 경우 기업의 지속가능성에 치명적인 후유증을 남기기도 한다. 특히 재산분할로 인한 문제는 심각하다. 이를 예방하기 위하여 부부 간에 각서를 작성해도 법원은 인정하지 않는다. 대법원은 정식 재판을 통해 이뤄지는 재판상 이혼에서는 그 같은 각서가 무효라는 판례를 유지해왔다. 협의이혼도 마찬가지이다. 과거에는 재산 포기 각서가 효력을 가진다는 게 대부분의 하급심 판단이었다. 그런데 2016년 재산분할청구권을 포기한 것으로 볼 수 없다고 하여 당사자 간 합의로 이뤄지는 협의이혼에서 '재산 포기 각서는 무효'라고 판단한 대법원의 첫 판결이 나왔다. 대법원은 "부부가 총 재산액, 재산 형성 기여도, 재산 분할 방식 등에 대해 협의한 것이 아닌 이상, 각서를 썼더라도 재산 분할을 포기했다고 볼 수는 없다."고 했다. 대법원 판결은 일단 재산 포기 각서를 쓰고 협의이혼을 했더라도 다시 소송을 통해 따져볼 길을 터준 셈이다.

또한 나이 든 기업주가 재혼하여 상속 분쟁이 발생하는 경우도 많다. 특히 판단능력이 없는 기업주의 혼인이 문제가 된다. 사례를 하나 보자. 2016년에 아내와 사별한 남자가 우연히 알게 된 어떤 이혼녀와 혼인신고를 하였다. 혼인신고 시에는 2명의 증인을 세웠다. 당시 이 남자는 중병을 앓고 있었고 판단능력도 없었다. 그 후 남편이 사망하자 수십억 원의 부동산을 상속받았다. 이를 알게 된 고인의 조카는 가정법원에 혼인이 무효라는 것을 확인해달라는 소송을 제기해 승소했다. 혼인신고 당시 혼인에 대해 판단할 능력이 없었기 때문이다. 결국에는 상속은 인정되지 않고 조카들이 나눠 갖게 된다.

5.3 가업승계 분쟁의 예방

승계 시 중요한 것은 사후적 분쟁 해결이 아니라 생전에 합리적인 플랜을 세워 가족들 간 불필요한 소송 분쟁을 막는 것이 중요하다. 분쟁을 예방하기 위하여 가문과 기업을 관리할 조직을 만들거나 가문 관리 기업을 설립하여 조정하는 것도 좋은 방법이다. 1865년 창업한 '글로벌' 농업기업 카길은 창업주 카길 가문과 사돈 간인 맥밀런 가문이 공동경영을 하고 있는 미국 최대 비상장기업이다. 1909년 창업자가 사망하면서 도산위기에 몰렸을 때 창업주의 사위 존 맥밀런 1세가 회사를 살려냈지만 두 가문 간에 갈등이 생기기 시작했다. 이에 따라 1965년 가족 문제를 담당할 회사 웨이크로스(Waycrosse)를 설립하였다. 승계와 후계자 갈등을 막기 위하여 공정한 경쟁 원칙을 도입하고 가족이 아니라도 능력 있는 직원은 경영진으로 임명하기로 하는 규약을 맺었다.

특히 이혼으로 인한 분쟁은 치명적이기 때문에 이에 대한 가족과 가문의 규약을 만드는 것도 유용하다. 리만탓(李文達) 홍콩 이금기유한공사 명예회장은 2013년 조선비즈와의 인터뷰에서 "최고경영자가 되기 위해선 이혼을 하거나 바람을 피워선 안 된다. 이를 어길 경우 가족위원회 위원 자격을 박탈한다. 회사 역시 하나의 큰 가족이기 때문에 아버지인 최고경영자가 도덕적으로 깨끗해야 잘 돌아간다."고 말했다.

유언을 하는 경우 치매 등으로 금치산 선고를 받은 상태에서 한 유언은 효력이 없는 점을 알아야 한다. 따라서 가정법원에 성년 후견인 신청을 하여야 한다. 성년 후견인 제도는 치매나 노환 등 건강상의 이유로 정상적인 판단이 어려운 사람에 한해 의사 결정을 대신해 줄 후견인을 정하는 제도다. 그러나 사전에 건강할 때 유언장을 작성하는 것이 최선이다.

5.4 가업승계 분쟁의 대응

경영권 분쟁은 통상 상대방의 비리를 파내는 것으로부터 시작한다. 회계장부열람이나 검사인에 의한 조사를 추진하기도 한다. 발행주식 총수의 3% 이상 주주는 이유를 붙인 서면으로 회계의 장부와 서류의 열람 또는 등사를 청구할 수 있다. 회사는 주주의 청구가 부당함을 증명하지 아니하면 이를 거부하지 못한다(상법 제466조). 또한 회사의 업무집행에 관하여 부정행위 또는 법령이나 정관에 위반한 중대한 사실이 있음을 의심할 사유가 있는 때에는 3% 이상 주식을 가진 주주는 회사의 업무와 재산 상태의 조사를 위하여 법원에 검사인의 선임을 청구할 수 있다(상법 제466조 제1항). 검사인은 그 조사의 결과를 법원에 보고하여야 한다(상법 제466조 제2항). 법원은 동 보고에 의하여 필요하다고 인정한 때에는 대표이사에게 주주총회의 소집을 명할 수 있다(상법 제466조 제3항). 이사와 감사는 지체 없이 검사인의 보고서의 정확 여부를 조사하여 이를 주주총회에 보고하여야 한다(상법 제466조 제4항).

일단 분쟁이 발생하면 법적 공방은 끝이 없고 기업은 흔들릴 수밖에 없다. 소송은 일단 시작하면 몇 년을 끌고, 감정의 폭은 커지고 그러다보면 끝없이 이어지게 된다. 따라서 분쟁이 생긴 경우 소송보다는 빠른 화해가 합리적이다. 법무법인의 소송담당 변호사보다는 화해를 담당할 수 있는 변호사를 찾는 것이 좋다. 이를 통해 수개월 또는 수년간 협의와 화해를 시도하다보면, 모두가 피해를 보는 법적 분쟁보다는 서로 피해를 줄이고 어느 정도 만족을 얻을 수 있는 길이 생길 수도 있다. 심각한 분쟁도 1년 이상 동안 지속적인 협의를 진행해 대타협으로 마무리할 수도 있다. 2016년 금호석유화학이 금호아시아나그룹을 상대로 냈던 소송을 전격 철회하며 7년 동안의 분쟁이 마무리되었다. 그동안 기업경영은 뿌리부터 흔들리고 양측의 감정은 극에 달했을 것이다. 경영권 분쟁은 결국 기업의 생존이 걸린 문제이며, 양측 모두에게 회복할 수 없는 상처를 남기게 된다. 따라서 화해와 대화를 통한 해결이 최선이다.

가업승계와 100년 가업경영

PART

3

가업의 승계와 상속

Chapter 3

가업승계와 조세전략

Chapter 4

가업의 재산평가

Chapter 5

가업의 주식평가

1 가업의 상속 · 증여와 세금

1.1 상속과 세금

▲▼ 과세의 대상

상속세는 상속재산에서 채무를 공제한 금액에 과세한다. 채무에는 공과금과 장례비용도 포함된다(상속세 및 증여세법 제14조 제1항).

상속세는 피상속인이 남긴 재산에 대하여 과세한다. 그러나 과거 5년 또는 10년 이내에 증여한 재산이 있는 경우 그 증여한 재산도 상속재산에 포함시킨다. 물론 증여하면서 낸 증여세는 상속세를 낼 때 차감해준다.

상속인에게 증여한 재산인 경우에는 상속개시일(사망일) 전 10년 이내에 증여한 재산가액, 상속인이 아닌 자에게 증여한 경우에는 상속개시일 전 5년 이내에 증여한 재산가액이 상속세 과세대상에 포함된다. 상속세 조사 시 가장 민감한 부분은 상속개시 전에 피상속인이 재산을 매각하거나 예금을 인출한 경우이다. 이러한 매각대금과 인출금액의 사용처가 명확하지 않은 경우에는 '숨겨 놓은' 재산으로 의심되어 상속재산에 포함시키는 것이다. 따라서 이러한 금액을 어디에 사용하였는지에 대한 확실한 입증자료를 미리 준비하여야 한다.

사망 전 1~2년 내에 재산을 매각하거나 예금을 인출하였는데 어디에 사용하였는지 입증하지 않으면 그 금액도 상속재산에 포함한다. 또한 차입을 하였는데 그 사용용도가 명확하지 않은 것도 상속재산에 포함된다. 따라서 예금 등 재산과 차입금의 자금흐름을 세밀하게 사전에 분석하여야 한다.

상속세와 관련해 피상속인이 사망 전 5년 이내에 제3자에게 증여한 재산도 무조건 상속재산에 포함돼 상속세를 내야 하는 규정은 많은 문제를 야기한다. 이와 관련하여 발생하는 황당한 사건은 내연관계의 여자에게 증여한 부분이다. 예컨대 사망하기 전에 알지도 못하는 남편의 내연녀에게 수억 원 또는 수십억 원을 송금한 것이 상속재산에 포함되어 상속세를 내야하는 경우이다. 또한 사망 전에 인출한 금액에 대해 사용용도를 입증하지 못하는 경우 상속재산으로 추정하는 규정도 문제가 많이 발생한다. 피상속인이 사망

전에 몰래 예금을 인출하여 내연녀에게 준 경우 상속인은 어디에 썼는지 알 수가 없지만 상속세를 추징당하는 불상사가 발생한다.

상속재산의 평가

상속재산은 상속개시일 현재의 시가로 평가하고 증여재산의 가액은 증여일 현재의 시가로 평가한다. 따라서 재산의 가치가 상승하는 경우 사전에 증여하는 것이 유리하다. 거래가액, 수용가격, 공매가격 및 감정가격 등도 시가로 인정하지만 주식은 감정가액으로 할 수 없다. 저당권 등이 설정된 경우 시가보다 큰 금액으로 평가할 수 있으므로 유의하여야 한다. 시가를 산정하기 어려운 경우에는 보완적인 평가방법이 적용되어 원칙적으로 토지는 개별공시지가, 건물(오피스텔, 상업용 건물, 주택 및 아파트 포함)은 국세청장이 산정 · 고시하는 가액으로 하지만 비상장주식의 경우 수익가치와 자산 가치의 평균으로 평가한다.

시가에는 상속개시일 전후 6개월 내에 거래가액, 수용가격, 공매가격 및 감정가격 등도 포함한다(상속세 및 증여세법 제60조 제2항). 정상적으로 거래되는 상장주식(상장추진 중인 경우는 제외)은 최근 평균거래가액을 시가로 본다(상속세 및 증여세법 제60조 제1항). 감정가격은 둘 이상의 감정기관에 의한 감정평가 금액의 평균에 의한다(상속세 및 증여세법 제60조 제5항). 주식은 감정가액으로 할 수 없다. 감정가액이 보충적인 평가방법에 의하여 평가한 가액에 미달하는 경우에는 관할세무서장이 다른 감정기관에 의뢰하여 감정한 가액에 의한다(그 가액이 납세자가 제시한 감정가액보다 낮은 경우에는 그러하지 아니하다)(상속세 및 증여세법 시행령 제49조 제2호).

저당권 등이 설정된 경우 시가보다 큰 금액으로 평가할 수 있다. 저당권(공동저당권 및 근저당권을 제외)이 설정된 재산의 가액은 당해 재산이 담보하는 채권액, 공동저당권이 설정된 재산의 가액은 당해 재산이 담보하는 채권액을 공동저당 된 재산의 평가기준일 현재의 가액으로 안분하여 계산한 가액, 근저당이 설정된 재산의 가액은 평가기준일 현재 당해 재산이 담보하는 채권액, 질권이 설정된 재산 및 양도담보재산의 가액은 당해 재산이 담보하는 채권액, 전세권이 등기된 재산의 가액은 등기된 전세금(임대보증금을 받고 임대한 경우에는 임대보증금)이 시가보다 큰 경우에는 이 금액에 의한다(상속세 및 증여세법 제66조, 상속세 및 증여세법 시행령 제63조).

시가를 산정하기 어려운 경우에는 보충적인 평가방법이 적용된다(상속세 및 증여세법

제60조 제3항). 원칙적으로 토지는 개별공시지가, 건물(오피스텔, 상업용 건물, 주택 및 아파트 포함)은 국세청장이 산정 · 고시하는 가액으로 한다(상속세 및 증여세법 제61조 제1항). 비상장주식의 경우 수익가치와 자산 가치의 평균으로 평가한다(상속세 및 증여세법 시행령 제54조).

상세한 평가방법은 별도의 Chapter에서 설명한다.

공익법인 출연을 통한 상속세 절약

상속세를 절약하는 방법으로 공익법인과 공익신탁에 출연하는 방법이 있지만 주식의 경우 지분의 5%를 넘으면 증여세가 과세된다. 전자부품 업체인 대덕전자가 재단을 활용하는 승계로 절세 효과를 누렸다. 최대주주였던 창업주가 지분의 반(4.92%)을 해동과학문화재단에 증여했다. 2대주주였던 아들은 부친의 지분 감소로 최대주주가 되었고 해동과학문화재단이라는 우호 지분을 확보했다. 공익재단이 5% 이하의 계열사 지분을 상속 · 증여 받을 경우 세금을 면제받도록 하고 있다.

상속공제

① 인적 공제액

상속 시 공제금액은 기초공제 2억 원, 인적공제로서 자녀 1명에 대해서는 5천만 원, 상속인(배우자는 제외) 및 동거가족 중 65세 이상인 사람에 대해서는 5천만 원이다. 그러나 기초공제와 인적공제가 5억 원보다 작은 경우에는 5억 원을 공제받을 수 있다. 그러나 배우자가 단독상속을 받은 경우에는 '5억 원'이 적용되지 않는다.

그러나 배우자가 있다면 배우자공제가 적용되므로 상속세가 과세되지 않는 상속재산의 범위는 좀 더 커진다. 배우자는 배우자가 받을 법정상속의 범위에서 받은 금액을 30억 원까지 공제받을 수 있다.

② 금융재산에 대한 공제

금융재산(금융자산에서 금융부채를 차감한 금액)은 2천만 원 이하인 경우에는 전액 공제, 2천만 원을 초과하는 경우에는 금융재산의 20%(최소 2천만 원)을 공제해주며, 그 공제금액은 최대 2억 원까지이다.

그러나 금융재산 중 대주주가 보유한 주식과 상속세 과세표준 신고기한까지 신고하지 아니한 타인 명의의 금융재산은 공제를 받지 못한다(상속세 및 증여세법 제22조 제2항).

피상속인과 직계비속이 10년 이상 계속하여 1세대1주택(무주택기간도 포함)이었고, 하나의 주택에서 동거한 무주택 직계비속이 동거한 주택을 상속받은 경우 주택의 80%(최대 5억 원)을 공제한다.

③ 가업 및 영농상속에 대한 공제

가업상속에 대한 공제로 200억~500억 원, 영농상속공제로 15억 원까지의 공제가 있다. 자세한 것은 뒤에서 별도로 설명하기로 한다.

④ 공제의 한도

상속 공제 시 유의할 것은 상속세 공제금액은 상속세 과세가액에서 상속인이 아닌 자에게 유증 등을 한 재산의 가액, 상속인의 상속 포기로 그 다음 순위의 상속인이 상속받은 재산의 가액, 상속세 과세가액이 5억 원을 초과하는 경우로서 상속세 과세가액에 가산한 5년 또는 10년 이내에 증여한 재산가액(증여재산 공제받은 금액이 있는 경우 그 공제받은 금액을 뺀 가액)을 차감한 금액을 한도로 한다는 점이다.

상속세 세율

상속세의 세율은 다음과 같다(상속세 및 증여세법 제26조).

과세표준	세 율
1억 원 이하	10%
1억 원~5억 원	천만 원+1억 원 초과금액의 20%
5억 원~10억 원	9천만 원+5억 원 초과금액의 30%
10억 원~30억 원	2억4천만 원+1억 원 초과금액의 40%
30억 원~	10억4천만 원+1억 원 초과금액의 50%

상속세 할증과세

피상속인의 자녀를 제외한 직계비속(예를 들어 손자)인 경우에는 그가 받은 것에 대하여는 30%(미성년자인 경우 40%)을 가산한다. 다만, 「민법」 제1001조에 따른 대습상속의 경우에는 그러하지 아니하다(상속세 및 증여세법 제27조).

신고세액공제

법정기간에 상속세 신고를 하면 세액(감면과 징수유예를 차감한 세액)의 3%를 공제해준다(상속세 및 증여세법 제69조 제1항). 다만 2018년 1월 1일부터 2018년 12월 31일까지의 기간 동안에 상속이 개시되거나 증여를 받은 분에 대하여 5%를 공제해준다(부칙 제8조, 2017.12.19.).

연대납세의무

상속세는 상속인 또는 수유자 각자가 받았거나 받을 재산을 한도로 연대하여 납부할 의무를 진다(상속세 및 증여세법 제3조의 2 제3항). "각자가 받았거나 받을 재산"이란 상속으로 인하여 얻은 자산총액에서 부채총액과 그 상속으로 인하여 부과되거나 납부할 상속세를 공제한 가액을 말한다(상속세 및 증여세법시행령 제3조 제3항).

예를 들어 가업상속공제를 받았으나 후에 추징되는 경우 당해 가업상속공제액을 상속개시당시의 상속세 과세가액에 산입하여 상속세를 징수하므로(재삼 46014-484, 1998.3.20.), 동 가업을 상속받은 사람이 세금을 내야할 것이다.

1.2 증여와 세금

증여의 범위

증여세는 동일인(직계존속인 경우 부모 모두를 동일인으로 봄)으로부터 10년 간 받은 증여재산가액을 합쳐서 과세한다.

피상속인의 유증 또는 사인증여에 의하여 취득한 재산은 상속재산에 포함되어 상속세가 부과되는 것이며, 이 경우 그 재산에 대하여 별도로 증여세가 과세되지 아니한다(재산세과-2724, 2008.9.9.).

증여세는 동일인(직계존속인 경우 부모 모두를 동일인으로 본다)으로부터 10년 간 받은 증여재산가액을 합쳐서 과세한다(상속세 및 증여세법 제47조 제2항). 피상속인이 상속인에게 사전증여를 한 이후 10년이 지나면 상속 재산에 포함되지 않기 때문에 상속세의 과세표준 을 낮추는 데 유리할 수 있고 증여에 대한 세율도 낮게 적용되어 유리하다. 설령 피상속인이 사전증여를 한 후 10년 내 사망했더라도 증여 재산은 상속 재산에 포함해 세금을 책정하게 되지만 납부한 증여세를 차감해 주고, 증여가액은 상속 시점이 아니라 증여 시점을 기준으로 매겨지게 되어 유리하다. 즉, 재산가치가 계속 상승할 가능성이 높으면 사전증여가 유리하다.

포괄적 과세

「상속세 및 증여세법」에서 개별적으로 정한 증여규정 외에 재산거래, 용역거래 및 자본거래로 인한 증여에 해당되는 경우 증여로 보는 포괄적인 규정을 두고 있다. 즉 「상속세 및 증여세법」은 제31조에서 제41조의 5까지 증여세의 과세대상을 나열하고 제42조에는 그 밖의 이익의 증여 등의 규정을 둔 것이다(상속세 및 증여세법 제42조 제1항). 2004년 1월 1일 이후 증여세가 완전포괄주의 과세제도로 전환됨으로써 종전의 증여의제 유형 외에 재산 · 용역의 무상사용 · 제공, 출자 · 합병 · 감자 · 주식전환 등 자본거래, 법인의 조직변경 등, 기타 타인의 기여 등을 통하여 얻은 이익에 대해서도 증여세 과세대상으로 하고, 특수관계 여부에 불구하고 모든 거래를 과세대상으로 하되 특수관계없는 자간의 거래는 납세자의 입증에 의하여 정당한 사유가 있다고 인정되는 경우 과세제외하고 있다(상속세 및 증여세법 집행기준 42-0-1).

2003년 12월 30일 법률 제7010호로 개정된 「상속세 및 증여세법」에 대한 당시 국회재정경제위원회 심사보고서 등에 의하면, 동 법률 개정 시 변칙적인 상속 · 증여에 사전적으로 대처하기 위하여 민법상 증여와 구별하여 그 행위 또는 거래의 명칭 · 형식 · 목적 등에 불구하고 경제적 가치를 계산할 수 있는 유형 · 무형의 재산을 타인에게 직접 또는 간접적인 방법에 의하여 무상으로 이전하는 것 또는 타인의 기여에 의하여 재산의 가치가 증가하는 것을 증여세 과세대상이 되는 증여로 새롭게 규정한 제2조 제3항이 신설되었는바, 이는 「민법」상의 증여 외에 세법상의 증여를 포괄적으로 정의하고 기존의 증여의제 열거규정을 예시규정으로 전환하는 등 완전포괄주의를 도입하기 위한 것으로서 동 제도의 도입이 헌법상 조세법률주의를 위배하는지 여부 등에 대한 의견대립이 있었으나 그 당시 우리나라가 직면한 사회적 갈등의 요인이 되는 빈부격차가 제조업 공동화와 실업증가 및 경제성장률 저하 등으로 더욱 증폭될 전망이고, 증폭될 갈등의 해결은 결과적으로 국가구성원 모두가 분담해야 하는 사회적 비용으로 전환되므로 이를 사전에 해결하기 위한 제도적 장치가 필요하다는 입법정책적인 판단에 따라 변칙적이고 불법적인 부의 세습을 사전에 예방하기 위한 방어벽으로서 도입한 것으로 나타난다.

이와 같은 「상속세 및 증여세법」 제2조 제4항을 신설하여 제3자를 통한 간접적인 방법, 2 이상의 행위 또는 거래를 거치는 방법에 의하여 상속세 또는 증여세를 부당하게 감소시킨 것으로 인정되는 경우에는 그 경제적 실질에 따라 당사자가 직접 거래한 것으로 보거나 하나의 행위 또는 거래로 보아서 증여에 해당되는지 여부를 판단할 수 있게 하였는데, 이는 증여세의 부담을 회피하고자 특수관계 없는 제3자를 통해 거래하거나 실질적으로 1건인 거래를 수회의 거래로 나누어 거래하는 경우에도 그 경제적 실질에 따라 증여세 과세대상 여부를 판단할 수 있도록 하기 위한 것이었다. 예를 들어 특수관계인이 자신의 법인에 부동산을 증여하여 자산 가치를 증가시키는 것은 설령 법에 정하지 않더라도 증여로 과세하는 것이다(조심 2012중4732, 2013.10.17.).

이러한 조세심판원의 심판례에 대하여 법적으로 검토하면 다음과 같다. 지배주주와 그 친족의 주식보유비율이 50% 이상인 법인("특정법인"이라 부른다)의 지배주주와 지배주주의 배우자 · 직계존비속 · 배우자와 직계존비속이 최대주주인 법인이 그 특정법인과 부동산 등 재산을 무상이나 저가로 제공하는 거래(출자 포함)를 하는 경우에는 거래를 한 날을 증여일로 하여 그 특정법인의 이익에 특정법인의 주주 등의 주식보유비율을 곱하여 계산한 금액을 그 특정법인의 주주 등이 증여받은 것으로 본다(상속세 및 증여세법 제45조의 5, 상속세 및 증여세법 시행령 제34조의 4 제1항 · 제2항 · 제6항). 특정법인의 이익은 증여상당금액에서 그에 상당하는 법인세를 차감한 금액을 말한다(상속세 및 증여세법 시행령 제34조의 4 제4항). 증여금액은 특정법인의 이익에 그 특정법인의 지배주주의 주식보유비율을 곱하여 계산하며 1억 원 이하인 경우에는 과세하지 않는다(상속세 및 증여세법 시행령 제34조의 4 제5항). 이를 보면 가족들이 주식을 50% 이상 보유한 경우에 증여세를 과세하는 것으로 규정되어 있다. 그러나 우리나라 세법은 50% 미만이라도 증여세가 과세될 수 있는 근거규정이 있으니 유의하여야 한다. 우선 '증여'의 정의를 "그 행위 또는 거래의 명칭, 형식, 목적 등과 관계없이 직접 또는 간접적인 방법으로 타인에게 무상으로 유형, 무형의 재산 또는 이익을 이전(현저히 낮은 대가를 받고 이전하는 경우를 포함)하거나 타인의 재산 가치를 증가시키는 것을 말한다."(상속세 및 증여세법 제2조 제6호)고 규정하고 있어 사실상 '모든' 증여에 대하여 증여세를 과세할 수 있다. 또한 법에서 개별적으로 증여로 본다는 규정 이외에도 그것과 경제적 실질이 유사하여 증여재산의 가액을 계산할 수 있는 경우에는 증여세를 과세할 수 있다고 정하고 있다(상속세 및 증여세법 제4조 제1항 제6호). 따라서 어떤 우회적인 방법을 쓰더라도 증여로 볼 수 있다.

「상속세 및 증여세법」 제2조 제3항은 "이 법에서 '증여'란 그 행위 또는 거래의 명칭·형식·목적 등과 관계없이 경제적 가치를 계산할 수 있는 유형·무형의 재산을 직접 또는 간접적인 방법으로 타인에게 무상으로 이전(현저히 저렴한 대가를 받고 이전하는 경우를 포함)하는 것 또는 기여에 의하여 타인의 재산 가치를 증가시키는 것을 말한다."고 정하여 "증여세 완전포괄주의"가 적용되는 과세대상을 규정하고 있다. 그러나 그 증여를 통하여 얻은 증여재산가액의 계산방법에 관하여는 직접 규정하고 있지 않다. 이는 「민법」상 증여의 형식에 의하지 않은 다양하고 새로운 유형의 변칙 증여에 대하여 「상속세 및 증여세법」 제2조 제3항에서 증여재산가액의 계산방법에 관하여 직접 일일이 규정하는 것은 "증여세 완전포괄주의" 입법형식상 불가능하기 때문인 것으로 보인다. 증여재산가액의 계산에 관하여는 「상증세법」 제3장 제2절(제32조에서 제41조의 5까지)의 "증여재산가액의 계산"이라는 제목 아래에 기존의 개별 증여의제규정(구 「상속세 및 증여세법」 제32조 내지 제42조)을 증여재산가액의 계산에 관한 예시규정으로 전환하여 「상속세 및 증여세법」 제33조 내지 제42조 규정을 두었다. 증여세 완전포괄주의의 도입배경, 입법취지 등에 비추어 이와 같은 입법형식을 두고 과세요건 법정주의에 반한다고 할 수는 없다. 과세요건 법정주의와 관련한 납세자의 예측가능성의 측면을 고려할 때, 「상증세법」 제2조 제3항에 의한 증여세 과세의 경우 증여재산가액을 산정하면서 「상증세법」 제33조 내지 제42조의 예시규정 중 그 과세요건이나 거래유형, 경제적 실질 등이 같거나 유사한 것을 준용하여 객관적이고 합리적인 방법으로 그 가액을 산정하여야 한다고 봄이 타당하다(서울고법 2012누38178, 2013.6.19.).

이렇게 우리나라는 증여세 완전포괄주의가 적용된다. 증여세 완전포괄주의 과세제도에 대해서는 과세요건 법정주의에 반한다는 견해가 지속적으로 제기되어 왔고 실무상으로도 이를 직접 적용하여 증여세를 과세한 사례는 거의 없었지만 국세청은 흑자법인에 증여한 경우 그 주주에 대해서도 증여세를 과세하기 시작하였다. 대법원은 완전포괄주의에 의한 증여세 과세를 원칙적으로는 긍정하면서도, 과거증여의제규정이 증여재산의 가액산정규정으로 전환되었더라도 각 규정의 내용 및 입법취지에 따라 일정 유형의 거래·행위에 대하여 증여세 과세범위와 한계를 정하는 규정으로 볼 수 있다고 판단함으로써, 증여세 완전포괄주의의 도입 취지와 납세자의 예측가능성, 법적 안정성과의 조화를 도모하고 있다. 증여세 완전포괄주의에도 불구하고, 개별예시규정이 여전히 과세의 범위와 한계를 정하는 경우에는 조세법률주의의 요청인 엄격해석의 원칙에 따라야 한다는 취지이다(대법원 2015.10.15. 선고, 2014두47945 판결). 향후 개별예시규정이 정하고 있지 않은 구체적 변칙적 증여사안에 대해 완전포괄주의를 근거로 증여세 과세가 가능하다고 판단할 것인지는 아직 알 수는 없다.

채무의 공제

과세되는 증여재산가액은 그 증여받은 재산에 담보된 채무와 보증금 중 증여받은 자가 인수한 금액을 뺀 금액이다(상속세 및 증여세법 제47조 제1항, 상속세 및 증여세법 시행령 제36조 제1항). 그러나 이러한 부담 부 증여는 배우자 간 또는 직계존비속 간의 증여인 경우에는 그 채무가 국가, 금융기관 부채이거나 이자지급 등 객관적인 증거가 없는 이상 부채를 인정하지 않는다(상속세 및 증여세법 제47조 제3항, 상속세 및 증여세법 시행령 제36조 제2항).

증여의 공제

증여재산 공제는 수증자를 기준으로 10년 동안 배우자로부터 증여를 받은 경우 6억 원, 직계존속(직계존속과 법적 혼인 중인 배우자 포함)으로부터 증여를 받은 경우 5천만 원(수증자가 미성년인 경우 2천만 원)이다(상속세 및 증여세법 제53조).

증여세 세율

증여세의 세율은 상속세와 같다.

과세표준	세율
1억 원 이하	10%
1억 원~5억 원	천만 원+1억 원 초과금액의 20%
5억 원~10억 원	9천만 원+5억 원 초과금액의 30%
10억 원~30억 원	2억4천만 원+10억 원 초과금액의 40%
30억 원~	10억4천만 원+30억 원 초과금액의 50%

증여세 할증과세

수증자가 증여자의 자녀가 아닌 직계비속인 경우에는 증여세산출세액에 30%(미성년자인 경우로서 증여재산가액이 20억 원을 초과하는 경우에는 40%)를 추가한다. 다만, 증여자의 최근친인 직계비속이 사망하여 그 사망자의 최근친인 직계비속이 증여받은 경우에는 그러하지 아니하다(상속세 및 증여세법 제57조).

▲▼ 신고세액공제

법정기간에 증여세 신고를 하면 세액(감면과 징수유예를 차감한 세액)의 3%를 공제해준다(상속세 및 증여세법 제69조 제2항). 다만 2018년 1월 1일부터 2018년 12월 31일까지의 기간 동안에 상속이 개시되거나 증여를 받은 분에 대하여 5%를 공제해준다(부칙 제8조, 2017.12.19.).

1.3 해외 재산과 증여세

증여세를 회피하기 위해 많이 쓰는 방법이 해외 자산이다. 자녀로 하여금 해외시민권을 취득하게 한 뒤 국내 재산을 해당 국가로 이전시켜 해외 재산을 증여하는 것이다. 증여세를 면제받을 수 있는 경우는 상속인이 '국내 거주자'가 아닌 '해외 거주자'일 경우에 한한다. 상속인이 시민권이나 영주권을 취득한 상태에서 국내에 생계를 같이하는 가족이 없고, 그 직업 및 자산 상태에 비추어 다시 입국해 주로 국내에 거주하리라고 인정되지 아니하는 때에 비로소 '해외 거주자'로 인정받아 과세 의무를 피할 수 있다. 혹은 시민권이나 영주권이 없더라도 직업상 1년 이상 지속적으로 국외에 거주할 것을 필요로 하는 경우에도 '해외 거주자'로 인정된다. 주의할 것은 실제로 해외 국가의 시민권이나 영주권을 취득했다 하더라도 해외 거주자로 인정되기는 까다로운 편이다. 그러나 우리나라 세법상 상속인이 해외 거주자라 하더라도 피상속인이 국내 거주자인 경우 증여받은 국내외 모든 재산에 대해 증여세를 납부할 의무를 지니기 때문에 현실적으로 증여세를 회피하기란 쉽지 않다(한국경제신문, 2014.6.10. 편집).

2 가업의 승계와 세금

2.1 개요

수백억 원의 매출을 올리는 중소기업의 기업주는 수십 년간 기업을 경영했다. 그런데 기업주가 사고로 갑자기 사망하면서 경영권 승계에 대한 아무런 준비를 하지 못하는 바람에 백억 원이 넘는 상속세를 낼 돈이 없었다. 결국 상속세를 주식으로 물납하거나 기업을 매각하여 상속세를 낼 수밖에 없게 되면서 기업이 존폐의 기로에 놓이게 되었다.

이렇게 예상치 못한 기업주의 부재로 어려움을 겪은 기업이 적지 않다. 대표적인 사례가 국내 종자업계를 대표하는 기업인 농우바이오일 것이다. 천억 원이 넘는 상속세가 부과되면서 결국은 매각하기로 하였다. 코스닥 상장기업인 우리로광통신도 기업주가 갑작스럽게 사망하고 상속세가 백억 원이 넘자 결국 매각하기로 결정했다. 한국의 상속세 최고 세율은 50%로 경제협력개발기구 국가 중 최고이며, OECD 평균인 26%의 두 배 수준이다.

승계를 원하는 경우 반드시 상속이나 증여로 인한 세금을 사전에 검토하여야 한다. 그렇지 않으면 상속세와 증여세 문제로 심각한 문제가 발생한다. 기업가가 상속세 부담을 느끼는 가장 큰 이유는 비상장회사 주식의 평가가액이 높은데 비해 세금을 내기 위한 현금화 방안이 없기 때문이다. 비상장주식의 평가는 평가 시점이나 방식에 따라 달라질 수 있기 때문에 장기적으로 주식이 저평가되는 시점에서 조기에 증여를 하는 것이 절세를 위한 합리적인 방법이다. 또한 배당 등을 통하여 미리 상속세의 재원을 마련해 놓으면 평가금액이 감소하고 안정적인 상속이 가능하다. 물론 배당 등을 받게 되면 소득세를 내야하는 문제가 있지만, 가업상속 시 상속세를 낼 자금이 없어서 기업을 매각해야 하는 불상사는 막을 수 있다. 그리고 가장 효과적인 절세 포인트는 가업승계의 감면을 이용하는 것이다.

우리나라도 가업승계에 대한 획기적인 조세개혁이 필요하다. 선진국들은 가업승계의 감면을 통해 가업승계를 쉽게 할 수 있다. 예를 들어 독일은 기업을 유지한다는 조건하에 매년 상속세의 10분의 1씩을 감면해 10년간 기업이 유지되면 상속세 전액을 면제하는 제도를 채택하고 있다.

2.2 가업승계 세금의 준비

'부자가 삼대 못 가는' 원인의 중의 하나는 최고세율이 50%에 달하는 상속세 부담이다. 회사를 자녀에게 상속하는 경우 엄청난 세금부담을 감당하기 어려운 경우가 많다. 상속세를 낼 자금이 부족한 경우 결국 가업승계를 포기하고 회사를 매각할 수밖에 없고 실제로 그런 경우가 많다. 따라서 10년 이상 장기적으로 가업승계와 조세 계획을 준비해야 한다. 상속세를 납부할 재원을 준비하지 않으면 승계 받은 재산을 처분하거나 공매를 당하는 상황이 발생될 수도 있다. 따라서 상속세 납부를 위한 계획을 세우고 재원을 준비하여야 한다. 상속과 승계로 인한 조세전략은 2가지로 대별된다. 상속재산을 줄여서 상속세 부담을 낮추는 것과 납부할 세금을 효과적으로 준비하는 것이다.

첫 번째 할 일은 사전에 증여 등에 의하여 재산을 미리 승계시키는 것이다. 상속 10년 이전에 증여한 재산은 상속재산에 포함되지 않기 때문에 미리 증여를 하면 상속세를 줄일 수 있다. 특히 향후 가치 상승이 예상되고 그 자산에서 임대소득, 배당소득 등이 가능한 경우에는 미리 증여하는 것이 최선의 선택이다. 그 수입으로 세금을 확보할 수도 있다. 또한 격세(隔世) 승계도 고려하여야 한다. 삼양그룹은 2017년 주식을 자녀들에게 승계하면서 손주에게도 일부 증여하였다. 삼양식품 계열사 지배회사인 에스와이캠퍼스의 지분은 창업주 3세가 소유하고 있다. 이러한 격세 증여는 합법적이며 상속을 위한 절세 수단이다. 격세 증여는 당장은 세금을 더 내지만 장기적으로는 상속세나 증여세가 절세된다.

두 번째는 세금 낼 돈을 확보하는 일이다. 많은 사람들이 물납을 고려하지만 문제가 있다. 부동산의 상속세 신고를 기준시가로 하는 경우 물납도 기준시가로 하므로 시세와의 차이만큼 손해가 나기 때문이다. 상속세의 조달을 상속자산을 담보로 대출을 받을 수 있지만 쉽지는 않다. 대출이 가능하더라도 금융기관이 감정평가를 하는 경우 기준시가로 신고한 재산이 감정가액으로 상향 평가되면 상속세가 추징될 수 있다. 재산이 비상장주식이나 부동산에 치중돼 있는 경우 가능한 범위 내에서 매각하여 유동성 자산으로 전환시키는 것이 필요하다.

3 가업의 승계와 세액감면

3.1 승계의 감면 문제

가업을 증여나 상속으로 승계하는 것은 엄청난 증여세와 상속세의 부담이 따른다. 세금부담으로 인하여 가업의 승계가 사실상 어려워짐에 따라 세법은 가업을 승계하는 경우 증여세와 상속세를 면제해주는 규정을 두고 있다. 그러나 가업상속공제는 그 조건이 까다롭다보니 이용하는 건수도 많지 않다. 가업상속공제 이용 건수는 2009년 40여건, 2010년 50여건, 2011년 30~50여건, 2012년 40여건, 2013년 60~70여건, 2014년 60여건, 2015년 50여건에 불과하여 전체 기업 수에 비하면 아직도 미미하다. 가업승계에 대한 세금감면은 엄격한 사후관리 규정, 상속공제 제외 사업무관자산(자회사 등 포함) 등 까다로운 규정이 있어 조심스럽게 검토하고 준비하여야 한다.

3.2 가업상속 · 증여에 대한 공제 · 감면

개요

우리나라 세법은 가업을 상속하거나 증여하는 경우 상속세와 증여세를 공제해주고 있다. 따라서 이를 잘 이해하고 절세방안을 마련하여야 한다.

상속세의 경우 피상속인이 10년 이상 20년 미만 계속하여 경영한 경우 200억 원, 피상속인이 20년 이상 30년 미만 계속하여 경영한 경우 300억 원, 피상속인이 30년 이상 계속하여 경영한 경우 500억 원을 공제한다. 이 금액은 2018년 1월 1일 이후 상속되는 경우부터 적용한다.

그러나 가업을 증여하는 경우에는 감면의 범위가 아주 작다. 증여세 과세가액 5억 원까지는 감면을 받지만, 5억 원을 초과하는 금액은 5억 원을 공제한 금액 중 30억 원까지는 10%(30억 원에서 100억 원까지는 20%)의 세율로 증여세를 부과한다. 주식 중 일부만 증여하는 경우나 여러 차례에 걸쳐 증여받는 경우에도 적용된다. 동 주식은 증여받은 날부터 상속개시일까지의 기간과 관계없이 10년이 넘어도 상속세 과세가액에 가산한다. 따라서 가업증여가 된 주식은 무조건 상속세가 과세되므로 증여세를 감면한다기보다는 납부를 연기하는 측면이 강하다. 오히려 증여세를 납부하고 10년이 경과하면 상속재산에 포함되지 않아 상속세의 세율적용이 낮아져서 세금 면에서 유리할 수 있다. 가업을 증여한 후 상속하는 경우에도 가업상속 감면을 받을 수 있다.

▲▼ 가업상속공제

가업상속공제는 기업주의 사망으로 인하여 상속이 개시되는 경우, 상속인이 당해 중소기업의 기술 및 경영노하우를 효율적으로 전수받아 그 원천기술을 계승 · 발전시키고 영속적으로 성장시킬 수 있도록 지원하고자 하는 조세지원 제도이다(조심 2015부1892, 2015.7.21.).

다만 10년 이상 경영한 경우에만 인정된다. 상속세의 경우 피상속인이 10년 이상 20년 미만 계속하여 경영한 경우 200억 원, 피상속인이 20년 이상 30년 미만 계속하여 경영한 경우 300억 원, 피상속인이 30년 이상 계속하여 경영한 경우 500억 원을 공제한다(상속세 및 증여세법 제18조 제2항 제1호). 이 금액은 2018년 1월 1일 이후 상속되는 경우부터 적용한다(부칙, 2017.12.19.). 종전에는 10년 이상 경영한 가업을 상속받은 경우 200억 원, 15년 이상인 경우에는 300억 원, 20년 이상인 경우에는 500억 원까지 상속세가 면제되었다.

그러나 가업이 중견기업에 해당하는 경우 가업을 상속받거나 받을 상속인의 가업상속재산 외에 받거나 받을 상속재산의 가액이 해당 상속인이 상속세로 납부할 금액에 2배를 초과하면 해당 상속인이 받거나 받을 가업상속재산에 대해서는 가업상속공제를 적용하지 아니한다(상속세 및 증여세법 제18조 제3항). "가업을 상속받거나 받을 상속인의 가업상속재산 외에 받거나 받을 상속재산의 가액"은 가업상속인이 받거나 받을 상속재산의 가액에서 해당 가업상속인이 부담하는 채무로서 제10조 제1항에 따라 증명되는 채무의 금액과 해당 가업상속인이 받거나 받을 가업상속 재산가액을 차감한 금액을 말한다(상속세 및 증여세법 시행령 제15조 제6항). 이 경우 상속재산의 가액에는 법 제13조에 따라 상속재산에 가산하는 증여재산 중 가업상속인이 받은 증여재산을 포함한다(상속세 및 증여세법 시행령 제15조 제6항). 상속세로 납부할 금액의 2배란 가업상속공제를 받지 아니하였을 경우 해당 가업상속인이 납부할 의무가 있는 상속세액에 2를 곱한 금액을 말한다(상속세 및 증여세법 시행령 제15조 제7항).

여러 개 기업이 있는 경우 법인별이 아니라 전체 법인 주식의 합계액을 기준으로 한다. 상속인 1인이 가업에 해당하는 여러 개 법인의 주식을 전부 상속받는 경우에는 법인별로 한도를 계산하는 것이 아니라 전체 법인 주식가액의 합계액을 기준으로 계산한다(재산세과-1118, 2009.12.24.). 가업상속공제 대상이 되는 2개 이상의 기업을 상속받은 경우 가업상속공제금액은 피상속인이 계속하여 경영한 기간이 가장 긴 기업을 기준으로 적용한 공제한도를 한도로 하며, 피상속인이 계속하여 경영한 기간이 긴 기업부터 순차적으로 공제하되, 각 기업별 공제금액은 해당 기업의 경영기간별 공제한도 내에서 공제한다(재산세제과-255, 2014.3.11.).

가업상속이 이루어진 후에 가업상속 당시 최대주주 등에 해당하는 자의 사망으로 상속이 개시되는 경우는 제외하므로 가업상속공제는 주주 중 한 사람의 사망의 경우에만 적용된다(상속세 및 증여세법 시행령 제15조 제3항 단서). 그러나 가업상속을 받은 상속인은 제외한다고 정하고 있으므로 가업상속을 받은 자의 사망한 경우에는 또 다시 가업상속공제를 받는다(상속세 및 증여세법 시행령 제15조 제3항 단서 괄호 부분).

2010.12.31. 이전에 상속이 개시되는 경우에는 부와 모가 공동으로 1개의 중소기업을 경영하는 경우 부와 모로부터 상속받은 주식의 가액을 합산하여 적용하였으나(재산세과-991, 2010.12.30.), 가업상속공제가 적용되는 피상속인은 상속개시 당시 최대주주 1인에 대해서만 공제하는 것이므로 가업상속이 이루어진 후에 가업상속 당시 최대주주에 해당하는 다른 피상속인의 사망으로 상속이 개시되는 경우에는 가업상속공제를 적용받을 수 없다(상속증여세과-153, 2014.5.22.). 그러나 부모 중 1인으로부터 가업을 상속받고 가업상속공제를 적용받은 상속인이 상속 받은 가업과 별도로 부모 중 다른 1인으로부터 요건을 갖춘 가업을 상속받은 경우에는 가업상속공제를 적용받을 수 있다(서면법규과-487, 2014.5.15.).

가업증여에 대한 저율과세

가업의 증여의 경우에도 증여세가 감면되거나 낮은 세율로 과세되는 특례 규정이 있다. 가업상속감면을 적용받을 수 있는 중소기업 법인인 경우 그 주식은 증여세 과세가액(증여세 과세가액 100억 원까지만 적용) 5억 원까지는 증여세가 없고, 5억 원을 초과하는 금액은 5억 원을 공제한 금액 중 30억 원까지는 10%, 30억 원이 초과되는 금액은 20%의 세율로 증여세를 부과한다(조세특례제한법 제30조의 6 제1항). 양부모로부터 받는 증여도 혜택을 받는다(재산세과-430, 2009.10.9.). 일부만 증여하는 경우에도 혜택을 받으므로 가업승계를 위해 주식을 증여받은 이후에도 증여자의 지분이 잔존하는 경우에도 동 특례는 적용된다(재산세과-278, 2010.5.4.). 여러 차례에 걸쳐 증여받는 경우에도 그 한도 내에서 적용된다(상속증여세과-548, 2013.9.11.).

가업의 승계 후 가업의 승계 당시 해당 주식 등의 증여자 및 「상속세 및 증여세법」 제22조 제2항에 따른 최대주주 또는 최대출자자에 해당하는 자(가업의 승계 당시 해당 주식 등을 증여받는 자는 제외)로부터 증여받는 경우에는 적용되지 않는다(조세특례제한법 제30조의 6 제1항 단서). 가업의 승계란 해당 가업의 주식을 증여받은 자 또는 그 배우자가 증여세 과세표준 신고기한까지 가업에 종사하고 증여일부터 5년 이내에 대표이사에 취임하는 경우를 말한다(조세특례제한법 시행령 제27조의 6).

수증자가 거주자인 경우에만 적용된다. 거주자란 일반적으로 내국인을 말하며 내국인이라도 해외이민이나 해외에서 거주하는 사람은 제외된다. 거주자와 비거주자의 판단은 「소득세법」 제1조 및 「소득세법 시행령」 제2조의 규정에 따라 거주기간, 직업, 국내에서 생계를 같이하는 가족 및 국내 소재 자산 유무 등 생활관계의 객관적 사실을 종합하여 판단한다(재산세과-844, 2009.11.24.).

증여세 과세특례 적용대상 주식 등을 증여받은 후 해당 주식 등의 증여에 대한 「상속세 및 증여세법」 제41조의 3의 상장에 따른 증여이익, 제41조의 5의 합병에 따른 상장의 증여이익은 증여세 과세특례 대상 주식 등의 과세가액과 증여이익을 합하여 100억 원까지 납세자의 선택에 따라 증여세 과세특례를 적용받을 수 있다. 이 경우 증여세 과세특례 적용을 받은 증여이익은 상속세 과세가액에 가산한다(조세특례제한법 시행령 제27조의 6 제7항). 동 주식 증여에 대하여는 과거 10년 간 증여를 합산할 때 동일인(그 배우자를 포함)으로부터 증여받은 주식 외의 다른 증여재산의 가액은 주식에 대한 증여세 과세가액에 가산하지 아니한다. 그리고 동 주식에 대한 증여세 과세표준을 신고하는 경우에는 신고세액공제를 적용하지 아니한다(상속세 및 증여세법 제30조의 6 제3항, 상속세 및 증여세법 제30조의 5 제10항).

가업 법인을 인적 분할한 경우로서 분할법인 또는 분할신설법인 중, 분할 전 법인과 동일한 업종을 유지하는 법인의 주식을 증여하는 경우 먼저 증여하는 주식의 순서에 따라 100억 원을 한도로 증여세 과세특례를 적용받을 수 있는 것이며, 이 경우 당해 분할신설법인의 사업영위기간은 분할 전 분할법인의 사업개시일부터 계산한다(재산세과-809, 2010.11.1.).

▲▼ 증여 후 상속 시

가업을 증여한 후 상속하는 경우 동 주식은 상속재산에 가산하는 증여재산으로 본다(조세특례제한법 제30조의 6 제3항, 조세특례제한법 제30조의 5 제7항). 가업증여 증여세 특례 대상인 주식 등을 증여받은 후 상속이 개시되는 경우 「상속세 및 증여세법 시행령」 제15조 제3항에 따른 가업에 해당하고, 수증자가 증여받은 주식 등을 처분하거나 지분율이 낮아지지 아니한 경우로서 가업에 종사하거나 대표이사로 재직하고 있는 경우 가업상속 감면을 받을 수 있다(조세특례제한법 시행령 제27조의 6 제8항). 증여세 특례대상인 주식 등을 증여받은 후 상속이 개시되는 경우 가업상속요건을 갖춘 가업은 가업상속제를 받는데, 이때 가업상속공제는 증여세 과세특례를 적용받은 수증자 1인에 대하여만 적용한다(재산세과-1656, 2009.8.10.).

가업증여 특례를 받은 후 가업상속이 이루어지는 경우 피상속인이 가업의 영위기간 중 50% 이상의 기간, 10년 이상의 기간(상속인이 피상속인의 대표이사 등의 직을 승계하여 승계한 날부터 상속개시일까지 계속 재직한 경우로 한정), 또는 상속개시일부터 소급하여 10년 중 5년 이상의 기간을 법인의 대표이사, 개인사업자인 경우 대표자로 재직한 경우 경우에 감면받을 수 있는 조항이 있는데 이 조항은 적용되지 않는다(조세특례제한법 시행령 27조의 6 제8항 괄호, 상속세 및 증여세법 시행령 제15조 제3항 제1호). 즉 피상속인의 대표이사 재직요건은 적용하지 아니하며 이때 가업상속공제 대상은 증여세 과세특례를 받은 해당 주식 등에 한한다(재산세과-311, 2012.8.31.). 가업을 경영하는 자가 가업을 경영하지 아니한 배우자로부터 증여받아 10년이 경과하지 아니한 주식에 대하여는 가업상속공제가 적용되지 않는다(재산세제과-385, 2014.5.14.).

동 주식은 증여받은 날부터 상속개시일까지의 기간과 관계없이 10년이 넘어도 상속세 과세가액에 가산한다. 따라서 가업증여가 된 주식은 무조건 상속세가 과세되므로 증여세를 감면한다기보다는 납부를 연기하는 측면이 강하다. 오히려 증여세를 납부하고 10년이 경과하면 상속재산에 포함되지 않으면 세율적용이 낮아져서 세금 면에서 유리할 수 있다. 그러나 가업상속 감면을 받을 수 있고, 상속세 공제한도를 계산할 때 차감하는 증여재산가액으로 보지 아니한다(조세특례제한법 제30조의 6 제3항, 상속세 및 증여세법 제30조의 5 제8항). 동 증여 주식 등에 대한 증여세액은 공제의 한도를 계산하지 않고 상속세 산출세액에서 전액 공제한다. 이 경우 공제할 증여세액이 상속세 산출세액보다 많은 경우 그 차액에 상당하는 증여세액은 환급하지 아니한다(조세특례제한법 제30조의 6 제3항,

상속세 및 증여세법 제30조의 5 제9항).

3.3 감면대상 중소기업

개요

가업상속 감면 특례는 동일업종의 중소기업을 10년 간 경영한 경우에만 적용된다. 중소기업이란 「중소기업기본법 시행령」별표 1에 따른 중소기업을 말한다. 중소기업이었던 기업이 규모의 확대 등으로 중견기업 즉 중소기업에 해당하지 아니하게 된 경우도 매출액이 3천억 원 미만인 경우에는 대상이 된다. 가업증여의 감면대상도 같다.

상속의 경우

가업상속 공제의 특례가 작용되는 기업은 중소기업과 중견기업이어야 한다(상속세 및 증여세법 제18조 제2항 제1호).

이때 가업이란 피상속인이 10년 이상 계속하여 중소기업으로 유지 경영한 기업이어야 하고(상속증여세과-575, 2013.10.14.), 또한 중소기업을 동일업종으로 유지 경영하였어야 한다(재산세과-1135, 2009.6.9.).

중소기업이란 업종의 제한이 있고, 중소기업 요건에 해당하고, 자산총액이 5천억 원 미만이어야 한다(상속세 및 증여세법 시행령 제15조 제1항).

중소기업의 판정은 상속개시일이 속하는 과세연도의 직전 과세연도 말 현재를 기준으로 한다(상속세 및 증여세법 시행령 제15조 제1항). 우선 다음의 업종을 주업으로 하여야 한다. 이는 중견기업에도 적용된다(상속세 및 증여세법 시행령 제15조 제1항 제1호).

〈가업상속공제를 적용받는 중소중견기업의 해당 업종〉(2017.2.7. 신설)

한국표준산업분류에 따른 업종	
표준산업분류상 구분	가업 해당 업종
농업, 임업 및 어업	작물재배업 중 종자 및 묘목생산업(01123)을 영위하는 기업으로서 다음의 계산식에 따라 계산한 비율이 100분의 50 미만인 경우 [시행령 제15조 제7항에 따른 가업용 자산 중에서 토지와 건물 자산의 가액]÷(시행령 제15조 제7항에 따른 가업용 자산의 가액)

한국표준산업분류에 따른 업종	
표준산업분류상 구분	가업 해당 업종
	• 토지는 「공간정보의 구축 및 관리 등에 관한 법률」에 따라 지적공부에 등록하여야 할 지목에 해당하는 것을 말한다. • 건물은 건물에 부속된 시설물과 구축물을 포함한다.
광업	광업 전체
제조업	제조업 전체 이 경우 자기가 제품을 직접 제조하지 않고 제조업체(사업장이 국내 또는 「개성공업지구 지원에 관한 법률」 제2조 제1호에 따른 개성공업지구에 소재하는 업체에 한정한다)에 의뢰하여 제조하는 사업으로서 그 사업이 다음의 요건을 모두 충족하는 경우를 포함한다. 1) 생산할 제품을 직접 기획(고안 · 디자인 및 견본제작 등을 말한다)할 것 2) 해당 제품을 자기명의로 제조할 것 3) 해당 제품을 인수하여 자기책임 하에 직접 판매할 것
하수와 폐기물 처리, 원료 재생 및 환경보건 업	하수 · 폐기물 처리(재활용을 포함한다), 원료 재생 및 환경보건 업 전체
건설업	건설업 전체
도매 및 소매업	도매 및 소매업 전체
운수업	여객운송업[육상운송 및 파이프라인 운송업(49), 수상 운송업(50), 항공운송업(51) 중 여객을 운송하는 경우]
숙박 및 음식점 업	음식점 및 주점 업 중 음식점 업
출판, 영상, 방송통신 및 정보서비스업	출판업
	영상 오디오 기록물 제작 및 배급 업. 다만, 비디오 감상실 운영 업을 제외한다.
	방송 업
	통신업 중 전기통신업
	컴퓨터 프로그래밍, 시스템 통합 및 관리 업
	정보서비스업
부동산업 및 임대업	무형재산권 임대업(「지식재산 기본법」 제3조 제1호에 따른 지식재산을 임대하는 경우로 한정)
전문, 과학 및 기술서비스업	연구개발 업

한국표준산업분류에 따른 업종	
표준산업분류상 구분	가업 해당 업종
	전문서비스업 중 광고업, 시장조사 및 여론조사 업
	건축기술, 엔지니어링 및 기타 과학기술 서비스업 중 기타 과학기술 서비스업(729)
	기타 전문, 과학 및 기술 서비스업 중 전문디자인업(732)
사업시설관리 및 사업지원 서비스업	사업시설 관리 및 조경 서비스업 중 건물 및 산업설비 청소업
	사업지원 서비스업 중 인력공급 및 고용알선 업(농업노동자 공급 업을 포함), 경비 및 경호 서비스업, 보안시스템 서비스업, 콜센터 및 텔레마케팅 서비스업, 전시 및 행사대행업, 포장 및 충전업
교육 서비스업	교육 서비스업 중 사회교육시설, 직원훈련기관, 기타 기술 및 직업훈련 학원
보건 업 및 사회복지 서비스업	사회복지 서비스업
예술, 스포츠 및 여가 관련 서비스업	창작, 예술 및 여가관련서비스업 중 창작 및 예술관련 서비스업, 도서관, 사적지 및 유사 여가관련 서비스업. 다만, 독서실 운영업은 제외한다.
협회 및 단체, 수리 및 기타 개인 서비스업	기타 개인 서비스업 중 개인 간병인 및 유사 서비스업
개별 법률의 규정에 따른 업종	
가. 「조세특례제한법」 제7조 제1항 제1호 커목에 따른 직업기술 분야 학원 나. 「조세특례제한법 시행령」 제5조 제6항에 따른 엔지니어링사업 다. 「조세특례제한법 시행령」 제5조 제8항에 따른 물류산업 라. 「조세특례제한법 시행령」 제6조 제1항에 따른 수탁생산업 마. 「조세특례제한법 시행령」 제54조 제1항에 따른 자동차정비공장을 운영하는 사업 바. 「해운법」에 따른 선박관리업 사. 「의료법」에 따른 의료기관을 운영하는 사업 아. 「관광진흥법」에 따른 관광사업(카지노, 관광유흥음식점업 및 외국인전용 유흥음식점업은 제외한다) 자. 「노인복지법」에 따른 노인복지시설을 운영하는 사업 차. 「노인장기요양보험법」 제32조에 따른 재가장기요양기관을 운영하는 사업 카. 「전시산업발전법」에 따른 전시산업 타. 「에너지이용 합리화법」 제25조에 따른 에너지절약전문기업이 하는 사업 파. 「근로자직업능력 개발법」에 따른 직업능력개발훈련시설을 운영하는 사업 하. 「도시가스사업법」 제2조 제4호에 따른 일반도시가스사업	

거. 「국가과학기술 경쟁력 강화를 위한 이공계지원 특별법」 제2조 제4호 나목에 따른 연구개발 지원업
너. 「민간임대주택에 관한 특별법」에 따른 주택임대관리업
더. 「신에너지 및 재생에너지 개발 · 이용 · 보급 촉진법」에 따른 신 · 재생에너지 발전사업

중소기업은 매출액이 업종별로 「중소기업기본법 시행령」 별표 1에 따른 규모 기준에 해당되어야 한다(상속세 및 증여세법 시행령 제15조 제1항 제2호, 조세특례제한법 제2조 제1항 제1호).

〈주된 업종별 평균매출액등의 중소기업 규모 기준〉(2017.10.17. 기준)

주된 업종	분류기호	규모기준
의복, 의복액세서리 및 모피제품 제조업	C14	평균매출액등 1,500억 원 이하
가죽, 가방 및 신발 제조업	C15	
펄프, 종이 및 종이제품 제조업	C17	
1차 금속 제조업	C24	
전기 장비 제조업	C28	
가구 제조업	C32	
농업, 임업 및 어업	A	평균매출액등 1,000억 원 이하
광업	B	
식료품 제조업	C10	
담배 제조업	C12	
섬유제품 제조업(의복 제조업은 제외한다)	C13	
목재 및 나무제품 제조업(가구 제조업은 제외한다)	C16	
코크스, 연탄 및 석유정제품 제조업	C19	
화학물질 및 화학제품 제조업(의약품 제조업은 제외한다)	C20	
고무제품 및 플라스틱제품 제조업	C22	
금속가공제품 제조업(기계 및 가구 제조업은 제외한다)	C25	
전자부품, 컴퓨터, 영상, 음향 및 통신장비 제조업	C26	
그 밖의 기계 및 장비 제조업	C29	
자동차 및 트레일러 제조업	C30	

주된 업종	분류기호	규모기준
그 밖의 운송장비 제조업	C31	
전기, 가스, 증기 및 공기조절 공급업	D	
수도업	E36	
건설업	F	
도매 및 소매업	G	
음료 제조업	C11	평균매출액등 800억 원 이하
인쇄 및 기록매체 복제업	C18	
의료용 물질 및 의약품 제조업	C21	
비금속 광물제품 제조업	C23	
의료, 정밀, 광학기기 및 시계 제조업	C27	
그 밖의 제품 제조업	C33	
수도, 하수 및 폐기물 처리, 원료재생업(수도업은 제외한다)	E	
운수 및 창고업	H	
정보통신업	J	
산업용 기계 및 장비수리업	C34	평균매출액등 600억 원 이하
전문, 과학 및 기술 서비스업	M	
사업시설관리, 사업지원 및 임대 서비스업(임대업은 제외한다)	N	
보건업 및 사회복지 서비스업	Q	
예술, 스포츠 및 여가 관련 서비스업	R	
수리(修理) 및 기타 개인 서비스업	S	
숙박 및 음식점업	I	평균매출액등 400억 원 이하
금융 및 보험업	K	
부동산업	L	
임대업	N76	
교육 서비스업	P	

비고 : 1. 해당 기업의 주된 업종의 분류 및 분류기호는 「통계법」 제22조에 따라 통계청장이 고시한 한국표준산업분류에 따른다.

2. 위 표에도 불구하고 자동차용 신품 의자 제조업(C30393), 철도 차량 부품 및 관련 장치물 제조업(C31202) 중 철도 차량용 의자 제조업, 항공기용 부품 제조업(C31322) 중 항공기용 의자 제조업의 규모 기준은 평균매출액등 1,500억 원 이하로 한다.

업종별 매출을 판단할 때 2 이상의 서로 다른 사업을 영위하는 경우에는 사업별 사업수입금액이 큰 사업을 주된 사업으로 본다(조세특례제한법 시행령 제2조 제3항). 그리고 사업 전체의 종업원 수 · 자본금 또는 매출액을 기준으로 하여 중소기업 해당여부를 판정한다(재산세과-270, 2012.7.24.).

참고로 제조업 회사본부 및 비 금융 지주회사는 '그 밖의 과학기술서비스업'에 해당하지 않는다(재산세과-157, 2011.3.14.).

소유와 경영의 실질적인 독립성이 있어야 한다. 이는 중소기업과 중견기업에 모두 적용된다(상속세 및 증여세법 제18조 제2항 제1호, 상속세 및 증여세법 시행령 제15조 제2항 제2호, 조세특례제한법 시행령 제9조 제1호 · 제3호). 독립성의 판단의 기준은 다음과 같다. 우선 비영리법인 및 영리법인 중 금융업, 보험 및 연금, 금융 및 보험 관련 서비스업은 제외된다(중견기업 성장촉진 및 경쟁력 강화에 관한 특별법 시행령 제2조 제2항 제1호). 「독점규제 및 공정거래에 관한 법률」 제14조 제1항에 따른 상호출자제한 기업집단 또는 채무보증제한 기업집단에 속하는 기업(중견기업 성장촉진 및 경쟁력 강화에 관한 특별법 시행령 제2조 제2항 제1호 가목)과 「독점규제 및 공정거래에 관한 법률 시행령」 제17조 제1항에 따른 상호출자제한 기업집단 지정기준인 자산총액 이상인 기업 또는 법인(외국법인을 포함)이 해당 기업의 지분 30% 이상을 직접적 또는 간접적으로 소유하면서 최다출자자인 기업도 제외된다(중견기업 성장촉진 및 경쟁력 강화에 관한 특별법 시행령 제2조 제2항 제1호 나목). 이 경우 최다출자자는 해당 기업의 지분을 소유한 법인과 그 임원 또는 개인과 그 친족이 합산하여 해당 기업의 지분을 가장 많이 소유한 자로 하며, 지분의 간접소유비율에 관하여는 「국제조세조정에 관한 법률 시행령」 제2조 제2항을 준용한다(중견기업 성장촉진 및 경쟁력 강화에 관한 특별법 시행령 제2조 제2항 제1호 나목).

모든 중견기업이 해당되는 것은 아니고 업종, 소유의 경영의 분리, 매출액 기준에 해당되는 기업에 한해 제한적으로 적용된다(상속세 및 증여세법 제18조 제2항 제1호, 상속세 및 증여세법 시행령 제15조 제2항 제1호). 매출액 기준은 상속개시일의 직전 3개 소득세 과세기간 또는 법인세 사업연도의 매출액의 평균금액이 3천억 원 미만이어야 한다. 소득세 과세기간 또는 법인세 사업연도가 1년 미만인 소득세 과세기간 또는 법인세 사업연도의 매출액은 1년으로 환산한 매출액을 말한다(상속세 및 증여세법 제18조 제2항 제1호, 상속세 및 증여세법 시행령 제15조 제2항 제3호). 매출액은 기업회계기준에 따라 작성한 손익계산서상의 매출액으로 한다(상속세 및 증여세법 시행규칙 제4조의 2).

증여의 경우

가업증여의 감면 적용대상은 가업상속의 대상과 같다(조세특례제한법 제30조의 6 제1항). 따라서 위의 가업상속의 대상을 적용하면 된다.

3.4 감면대상 자산의 범위

개요

가업상속 감면대상은 개인사업자와 법인사업자이다. 개인사업자인 경우에는 상속재산 중 가업에 직접 사용되는 자산을 말하고, 법인인 경우에는 상속재산 중 가업에 해당하는 의결권 있는 법인의 주식이 해당한다. 법인인 경우 법인자산 중 사업무관자산에 해당하는 비율에 해당하는 금액은 제외한다. 법인이 보유한 타 회사 주식도 사업무관자산에 해당한다. 가업증여의 경우에도 유사하다. 다만, 가업증여는 법인에만 한정하여 적용되며 개인 사업에는 적용되지 않는다.

가업상속의 경우

가업상속 재산에는 가업 상속재산에서 유류분 상속재산을 제외한 상속재산이 해당한다. 따라서 유류분은 과세된다. 개인사업자인 경우에는 상속재산 중 가업에 직접 사용되는 토지, 건축물, 기계장치 등 사업용 자산에서 해당 자산에 담보된 채무액을 뺀 가액을 말하고, 법인인 경우에는 상속재산 중 가업에 해당하는 법인의 주식이 해당한다(상속세 및 증여세법 시행령 제15조 제5항). 「상법」에 따른 의결권이 없는 우선주는 가업상속재산에 해당하지 않는다(법규과－1088, 2014.10.14.).

개인사업인 경우 가업상속재산가액은 가업에 직접 사용되는 토지, 건축물, 기계장치 등 사업용 고정자산으로서 「기업회계기준」의 유형 자산 및 무형자산을 말한다(재산세과－705, 2010.9.17.). 가업상속공제대상이 되는 사업용 자산의 범위를 토지와 건물 등 유형고정자산으로 한정하지 않는다. 가업상속재산을 유형고정자산으로 한정할 경우 자금력이 영세하여 토지, 건물을 임차하여 사업을 영위하는 중소기업은 가업상속공제를 적용받지 못하는 반면 자금력이 풍부하여 토지, 건물을 보유한 중소기업은 가업상속공제를 받는 불합리하다. 따라서 가업에 직접 사용되는 토지, 건물의 임차보증금은 가업상속재산으로 보는 것이 합리적이라고 판단된다(국심 1994중3540, 1994.10.15., 같은 뜻임)(조심 2012서626, 2012.6.19.). 피상속인과 상속인이 사업용 토지와 건물을 공동으로 소유하던 중 상속 개시되는 경우도 가업상속 요건에 해당하면 가업상속공제를 적용한다(재산세과-283, 2010.5.7.). 가업에 해당하는 법인에 임대하고 있는 피상속인 개인 소유의 부동산에 대해서는 가업상속공제를 적용받을 수 없다(재산세과-335, 2012.9.20.).

가업이 법인인 경우 주식가액 전체를 가업상속으로 보지는 않으며 자산 중 사업무관자산을 차감한 금액이 차지하는 비율에 따라 계산한다. 가업에 해당하는 법인의 주식의 가액은 해당 주식의 가액에 그 법인의 총자산가액(상속개시일 현재 상속세 및 증여세법 제4장에 따라 평가한 가액을 말한다) 중 상속개시일 현재 사업무관자산을 제외한 자산 가액이 차지하는 비율을 곱하여 계산한 금액에 해당하는 것을 말한다(상속세 및 증여세법시행령 제15조 제5항). 법인의 총자산가액과 사업무관자산은 상속개시일 현재「상속세 및 증여세법」제4장에 따라 평가한 가액을 말한다. 사업무관자산은「법인세법」제55조의 2에 해당하는 비사업용 토지와 건물 등,「법인세법 시행령」제49조에 해당하는 업무무관자산 및 타인에게 임대하고 있는 부동산(지상권 및 부동산임차권 등 부동산에 관한 권리를 포함),「법인세법 시행령」제61조 제1항 제2호에 해당하는 대여금, 과다보유현금(상속개시일 직전 5개 사업연도 말 평균 현금, 요구 불 예금 및 취득일부터 만기가 3개월 이내인 금융상품 보유액의 100분의 150을 초과하는 것), 법인의 영업활동과 직접 관련이 없이 보유하고 있는 주식, 채권 및 금융상품(과다보유현금에 해당하는 것은 제외)이다(상속세 및 증여세법 시행령 제15조 제5항). 법인이 같은 업종을 영위하는 다른 법인이 발행한 주식을 보유하고 있는 경우에도 그 보유주식은 법인의 영업활동과 직접 관련이 없이 보유하는 주식으로 사업무관자산에 해당한다(서면법규과-842, 2014.8.11.).

가업증여의 경우

가업증여는 법인에만 한정하여 적용되며 개인 사업에는 적용되지 않는다. 사전상속인 증여에 대한 특례제도는 당초「조세특례제한법」제30조의 5에서 창업자금의 증여에 대하여만 적용하였다가 2007년 12월 31일 법령개정에 따라 같은 법 제30조의 6에서 중소기업 주식의 사전상속인 가업증여에 대해서도 확대하였다(조심 2011중3102, 2012.2.6.).「상법」에 따른 의결권이 없는 우선주를 증여받는 경우 해당 주식은 가업의 승계에 대한 증여세 과세특례를 적용받을 수 없다(법규과-1088, 2014.10.14.). 가업에 해당하는 법인이 보유하고 있는 동일업종의 완전자회사 주식은 법인의 영업활동과 직접 관련이 없이 보유하고 있는 주식에 해당한다(재산세제과-312, 2015.4.16.).

제조업을 영위하는 법인이 지분법적용 투자주식을 보유하고 있다. 회사 측은 회사가 보유하고 있는 주식이 매출처에 대한 영업활동 및 회사의 경영과 관련된 중요한 자산으로 영업활동과 직접 관련이 없이 보유하고 있는 주식에 해당하지 아니한다는 입장이다. 하지만 조세심판원은 주식은 영업활동과 직접 관련이 없이 보유하고 있는 주식에 해당하며, 기업회계기준에서 투자자산은 기업이 장기적인 투자수익이나 타 기업 지배목적 등의 부수적인 기업 활동의 결과로 보유하는 자산으로 기업 본연의 영업활동을 위해 장기간 사용하는 유형 자산이나 무형자산과 성격이 다르기 때문에 구분 · 표시하는 것이 바람직하여 별도 분류하고 있는 점, 회사도 투자자산으로 계상하고 있어 사업무관자산에 해당하며 증여세 과세특례 적용을 배제하는 것이 타당하다고 판단했다(조심 2017서167, 2017.5.16.).

동일한 건물이 가업의 승계가 적용되는 사업용으로 사용하는 부분과 적용되지 아니하는 사업으로 사용하는 부분이 있는 경우, 사업무관자산의 가액은 건물의 경우 기준시가로 평가한 가액 중 적용되지 않는 사업용으로 사용하는 부분의 기준시가로 평가한 가액이 차지하는 비율을 곱하여 계산한 가액을 말하고, 토지의 경우 「상속세 및 증여세법」에 따라 평가한 토지의 평가액에 토지의 전체 면적을 안분하여 계산한다(법규재산 2014-1894, 2014.11.19.).

3.5 피상속인 또는 증여자의 경영요건

개요

가업상속 특례를 적용받으려면 피상속인이 10년 이상 계속하여 사업을 영위했어야 한다. 법인전환 한 경우에는 개인사업자로서 가업을 영위한 기간을 포함하여 계산한다. 합병을 한 경우에는 합병 후 사업개시일부터 다시 계산한다.

가업승계에 대한 증여세 과세특례도 10년 이상 계속하여 가업을 경영한 경우에 적용된다. 경영이란 지분소유에 관계없이 실제 가업운영에 참여하여 그 경영에 사실상의 영향력을 행사하고 있다고 인정되는 경우를 말한다. 증여자가 개인사업자를 법인전환 한 경우에는 개인사업자로서 가업을 영위한 기간을 포함하여 계산한다. 합병한 경우는 가업상속과 유사하게 적용된다.

▲▼ 가업상속의 경우

가업상속 특례를 적용받으려면 피상속인이 10년 이상 계속하여 사업을 영위했어야 한다.

가업영위기간은 당해 법인이 처음으로 재화 또는 용역의 공급을 개시한 때부터 기산한다(재산세과-489, 2010.7.7.). 피상속인이 10년 이상 계속하여 영위한 사업의 판정 시 피상속인이 사업장을 이전하여 같은 업종의 사업을 계속하여 영위하는 경우에는 종전 사업장에서의 사업영위기간을 포함하여 계산한다(상속세 및 증여세법 기본통칙 18-15…1 제2항). 법인이 2 이상의 서로 다른 사업을 영위하는 경우에는 피상속인이 영위하는 사업 전부를 10년 이상 계속하여 경영한 경우에 적용된다(재산세과-770, 2010.10.19.).

과거 국세청은 피상속인이 상속개시일 현재 가업에 종사하지 아니한 경우에는 적용받을 수 없다(법규과-597, 2012.5.30.)고 해석했으나 심판사례를 보면 피상속인이 상속개시일 현재 가업에 종사하지 아니하였다 하여 가업상속공제를 부인하는 것은 잘못된 것이라고 판결했다(조심 2013중32, 2013.10.16.).

개인사업자로서 영위하던 가업을 동일업종의 법인으로 전환하여 피상속인이 법인 설립일 이후 계속하여 그 법인의 최대주주 등에 해당하는 경우에는 개인사업자로서 가업을 영위한 기간을 포함하여 계산한다(상속세 및 증여세법 기본통칙 18-15…1 제3항). 유의하여야 할 것은 개인사업자로서 영위하던 가업을 폐업하고 같은 장소에서 법인을 설립하여 동일업종을 영위하는 경우라도 법인전환에 해당하지 않거나, 개인사업의 사업용자산의 일부를 제외하고 법인전환 한 경우에는 개인사업자로서 가업을 영위한 기간은 포함하지 않는다는 점이다(서면법규과-1179, 2014.11.7.). 개인기업의 종전사업장을 폐업하고 다른 장소에 신규로 사업을 영위한 경우에는 종전 사업장에서의 사업영위기간을 포함하지 아니하는 것이나, 사업장을 사실상 폐업하지 아니하고 이전하여 같은 업종의 사업을 계속하여 영위하는 경우에는 종전 사업장에서의 사업영위기간을 포함하여 계산한다(재산세과-301, 2012.8.26.).

합병을 한 경우에는 합병 후 사업개시일부터 다시 계산한다(상속증여세과-170, 2014.5.30.). 「자본시장과 금융투자업에 관한 법률 시행령」 제6조 제4항 제14호에 따른 기업인수목적회사가 10년 이상 계속하여 경영한 다른 법인을 흡수 합병한 경우 피상속인이 10년 이상 계속하여 경영한 기업에 해당하는지 여부는 합병법인이 합병 후 사업을 개시한 날부터 시작하여 판단한다(재산세과-294, 2012.8.22.). 합병을 한 경우에는 인정되지 못하는 불합리한 면이 보인다. 그러나 과거의 해석은 다르다. 가업상속의 요건을 모두 갖춘 두 법인이 합병 후 존속법인이 그 존속법인의 사업을 계속 영위 중에 상속이 개시된 경우 피상속인의 가업 계속영위기간은 피합병법인의 사업영위기간을 포함하여 계산한다는 것이다. 이때 가업상속재산은 상속개시일 현재 피상속인이 보유한 존속법인의 주식을 대상으로 한다(재산세과-288, 2012.8.14.). 또 하나의 사례는 형과 동생이 모두 최대주주인 법인 간에 합병으로 인해 합병 후 존속법인(형과 동생이 최대주주)이 피합병법인의 사업을 승계하여 계속 영위하던 중에 상속이 개시되는 경우 가업영위기간은 피합병법인의 사업영위기간을 포함하여 계산하며, 이 경우 형의 대표이사 재직기간은 형이 피합병법인의 대표이사로 재직한 기간을 포함하여 계산한다고 해석하였다(재산세과-465, 2009.10. 14.). 새로운 해석이 기존의 해석을 변경한 것이라면 합병인 경우 새로 계산하는 것이 타당하다. 인적분할 한 경우 분할신설법인의 사업영위기간은 분할 전 분할법인의 사업개시일부터 계산하여 감면 상속세 및 증여세를 적용한다(재산세과-519, 2010.7.15., 서면상속증여-1133, 2017.5.23.에서 인용. 재산세과-951, 2009.5.15.).

가업증여의 경우

가업증여의 감면은 증여자가 증여일로부터 소급하여 10년 이상 가업을 계속 경영한 경우에 한하여 적용된다. 동 감면규정의 취지는 기업의 영속성을 유지하고, 중소기업의 사전상속 활성화를 통한 경제의 활력 회복 도모에 있다. 가업을 타인에게 양도 내지 임대하여 영속성이 단절된 경우에는 특례로서 보호해 줄 이익이 존재하지 않게 되고, 가업을 다시 양수하여 영위한다고 해도 사라진 영속성이 회복된다고 볼 수도 없다(서울행법 2016구합72754, 2017.5.12.).

가업승계에 대한 증여세 과세특례는 증여자인 60세 이상의 부 또는 모가 각각 10년 이상 계속하여 가업을 경영한 경우에 적용되는 것으로, 여기서 경영이란 단순히 지분을 소유하는 것을 넘어 가업의 효과적이고 효율적인 관리 및 운영을 위하여 실제 가업운영에 참여한 경우를 의미한다(기획재정부 재산세제과-825, 2011.9.30.). 즉 가업의 사업방침 결정 등을 통하여 그 경영에 사실상의 영향력을 행사하고 있다고 인정되는 경우를 말한다(재산세과-247, 2011.5.18.). 증여자가 전문경영인과 함께 각자대표이사로서 가업을 실제 경영한 경우에도 적용된다(재산세과-1, 2013.1.3.).

증여자가 개인사업자로서 영위하던 가업을 동일한 업종의 법인으로 전환된 경우로서 증여자가 법인설립일 이후 계속하여 당해 법인의 최대주주 등에 해당하는 경우에는 개인사업자로서 가업을 영위한 기간을 포함하여 계산한다(재산세과-625, 2009.3.25.). 즉 증여자가 개인사업자로서 영위하던 가업을 동일한 업종의 법인으로 현물출자에 의하여 신설하거나 법인설립 후 사업양수도 방법에 의하여 전환한 경우로서 증여자가 법인설립일 이후 계속하여 당해 법인의 최대주주 등에 해당하는 경우에는 개인사업자로서 가업을 영위한 기간을 포함하여 계산하는 것이다(재산세과-899, 2009.3.13.). 증여자가 가업을 10년 이상 계속하여 영위하였는지를 판단할 때, 증여자가 개인사업자로서 영위하던 가업을 동일한 업종의 법인으로 현물출자에 의하여 신설하거나 법인 설립 후 사업양수도 방법에 의하여 전환한 경우로서 증여자가 법인설립일 이후 계속하여 당해 법인의 최대주주 등에 해당하는 경우에는 개인사업자로서 가업을 영위한 기간을 포함하여 계산한다(재산세과-32, 2012.2.1.).

가업을 다른 법인에 합병한 경우 10년 이상 계속하여 경영한 가업에 해당하는지 여부는 합병법인이 합병 후 사업을 개시한 날부터 시작하여 판단한다(재산세과-729, 2010.10.5.). 반면 가업의 요건을 모두 갖춘 법인 간의 합병으로 인해 합병 후 존속법인의 최대주주가 증여자이고 피합병법인의 사업을 승계하여 계속 영위하던 중에 주식 등을 증여하는 경우에 가업영위기간은 피합병법인의 사업영위기간을 포함하여 판단한다(재산세과-358, 2010.6.3.). 인적분할 한 경우 분할신설법인의 사업영위기간은 분할 전 분할법인의 사업개시일부터 계산하여 감면 상속세 및 증여세를 적용한다(재산세과-519, 2010.7.15., 서면상속증여-1133, 2017.5.23.에서 인용. 재산세과-951, 2009.5.15.).

가업을 경영하는 자가 가업을 경영하지 아니한 배우자로부터 증여받아 10년이 경과하지 아니한 주식에 대하여는 가업승계에 대한 증여세 과세특례가 적용되지 않는다(재산세제과-385, 2014.5.14.).

3.6 피상속인 또는 증여자의 대표 재직요건

개요

상속의 경우에는 피상속인이 가업의 영위기간 중 '상당한' 기간 동안 대표이사(대표자)로 재직하였어야 한다. 즉 가업의 영위기간 중 50% 이상, 10년 이상 또는 상속개시일부터 소급하여 10년 중 5년 이상의 기간 동안 대표로 재직하였어야 한다. 여기서 대표이사란 대표이사로 법인등기부에 등재되고 대표이사직을 수행하는 것을 말한다. 피상속인이 상속인과 함께 대표이사로 등기된 경우에도 적용된다. 법인전환으로 개인사업자로 가업을 영위한 기간을 포함하는 경우에는 개인사업자의 대표자 기간을 대표이사 기간에 포함한다. 가업증여의 경우에는 대표이사 재직요건이 없다.

가업상속의 경우

상속의 경우에는 피상속인이 가업의 영위기간 중 대표이사(개인사업자인 경우 대표자)로 재직하였어야 한다. 전체 기간이 아니라 가업의 영위기간 중 50% 이상, 10년 이상 또는 상속개시일부터 소급하여 10년 중 5년 이상의 기간 동안 대표로 재직하면 된다. 10년 이상 재직한 경우에 해당하는 경우에는 상속인이 피상속인의 대표이사의 직을 승계하여 승계한 날부터 상속개시일까지 계속 재직하여야 한다(상속세 및 증여세법 시행령 제15조 제3항 제1호).

대표이사 등으로 재직한 경우란 피상속인이 대표이사로 선임되어 법인등기부에 등재되고 대표이사직을 수행하는 것을 말한다(재산세과-172, 2011.4.1.). 「상법」상 집행임원 설치회사에서는 대표집행임원을 대표이사로 본다(상속증여세과-496, 2013.8.23.). 피상속인의 대표이사 재직기간 판단 시 피상속인이 상속인과 함께 대표이사로 등기된 경우에도 적용된다(재산세과-197, 2010.3.30.). 즉 대표이사 재직기간에는 공동대표이사 또는 각자대표이사로 재직한 기간을 포함한다(상속증여세과-206, 2014.6.19.). 법인전환으로 개인사업자로 가업을 영위한 기간을 포함하는 경우에는 개인사업자의 대표자 기간을 대표이사 기간에 포함하여 판단한다(서면상속증여-611, 2015.6.11.).

가업증여의 경우

증여자의 가업영위기간 중 대표이사 재직요건을 요하지는 않으나 증여일 전 10년 이상 계속하여 해당 가업을 실제 영위한 것으로 확인되어야 한다(재산세과-779, 2009.11.19.).

3.7 나이의 제한

상속의 경우 상속인이 상속개시일 현재 18세 이상이어야 한다. 상속인의 배우자가 18세 이상인 경우도 포함된다(상속세 및 증여세법 시행령 제15조 제3항 제2호).

가업을 증여받는 경우에도 증여받는 사람이 18세 이상인 거주자이어야 하고 60세 이상의 부모이어야 한다. 증여 당시 아버지나 어머니가 사망한 경우에는 그 사망한 아버지나 어머니의 부모로부터 증여받는 것도 포함되는데 이 경우에도 60세 이상이어야 한다(조세특례제한법 제30조의 6 제1항).

3.8 상속인 가업종사의 요건

개요

상속인 또는 그 배우자가 상속개시일 전에 2년 이상 직접 가업에 종사하여야 한다. 그러나 병역의무의 이행, 질병의 요양사유 등 세법이 정하는 사유가 있는 경우에는 가업에 종사한 기간으로 본다. 특별한 사유 없이 퇴사한 경우 다시 계산한다.

내용

상속의 경우 상속인 또는 그 배우자가 상속개시일 전에 2년 이상 직접 가업에 종사하여야 한다. 그러나 상속개시일 2년 전부터 가업에 종사한 경우로서 상속개시일부터 소급하여 2년에 해당하는 날부터 상속개시일까지의 기간 중 상속인이 법률에 따른 병역의무의 이행, 질병의 요양사유, 취학 상 형편 등으로 가업에 종사하지 못한 기간이 있는 경우에는 그 기간은 가업에 종사한 기간으로 본다. 다만, 가업상속 받은 재산을 처분하거나 그 부득이한 사유가 종료된 후 가업 또는 영농에 종사하지 아니하는 경우를 제외한다(상속세 및 증여세법 시행령 제15조 제8항 제2호 다목, 상속세 및 증여세법 시행규칙 제6조). 또한 피상속인이 65세 이전에 사망하거나 천재지변 및 인재 등 부득이한 사유로 사망한 경우도 제외한다(상속세 및 증여세법 시행령 제15조 제3항 제2호). 상속인이 직접 가업에 종사한 기간의 판정 시 상속인이 가업에 종사하다가 중도에 퇴사한 후 다시 입사한 경우 재입사 전 가업에 종사한 기간은 포함하지 아니한다. 다만, 그 가업에 종사할 수 없는 부득이한 사유가 있는 경우에는 그러하지 아니하다(상속세 및 증여세법 기본통칙 18－15…1 제1항, 상속세 및 증여세법 집행기준 18－15－8).

실제로 가업에 종사한 경우에는 문제가 없지만 가업에 종사하였는지를 판단하기가 어려운 경우 사실 판단의 문제가 있다. 상속인의 근로소득을 피상속인이 사망 후 원천징수 이행상황 수정신고로 이루어지거나, 4대 보험 납부자와 근로자 건강검진 대상자에 상속인이 없거나, 상속세 신고 시 가업상속부채로 신고한 내역 중 퇴직급여추계에 상속인이 포함되지 않은 경우, 다른 직원들은 급여를 은행 계좌로부터 이체 받은 반면 상속인은 다른 방법으로 받은 경우, 자금업무 등 회사의 업무를 담당했는데 중요한 거래를 모르는 경우는 상속인이 가업에 종사한 것으로 보지 않는 사유에 해당한다(조심 2015서674, 2015. 6.29.). 가업기업으로부터 상속인이 매월 수십만 원씩(명절에는 50%의 상여금) 지급받아 일반적인 급여와 유사한 형태이고, 상속인은 경영학과의 학업과 별도로 가업에 필요한 전문지식인 습득을 위해 학원에서 수강한 경우 대학생의 신분이었으나 상속개시일 2년 이전부터 피상속인의 가업을 승계하기 위하여 학업과 가업에의 종사를 병행하였다는 주장이 신빙성이 있는 경우 가업상속 공제를 인정받은 사례도 있다(조심 2011부1761, 2011.11. 2.). 상속인이 의사로 개업하여 활동하면서 법인의 등기부등본에 감사로 등재되어, 월계표 등에 서명을 하고, 감사로서 감사보고서를 낸 경우 가업에 종사한 것으로 본다(조심 2008부2692, 2008.11.4.).

3.9 가업의 승계요건

개요

종전에는 상속인 1명이 가업 전부를 상속받아야 했으나 1인 승계요건은 폐지되었다. 2016년 2월 5일 시행령이 개정되어 상속인 1인이 가업을 모두 승계 받는 경우에만 가업상속공제를 받을 수 있도록 하던 것을 가업을 공동 상속하는 경우에도 가업상속공제를 받을 수 있도록 하였다(상속세 및 증여세법 시행령 제15조 제3항 제2호 다목 삭제).

유의할 것은 차명주식도 모두 상속받아야 가업상속으로 인정된다는 점이다. 따라서 차명주식이 있는 경우 이에 대한 세법검토를 통하여 실명으로 전환하고 관련 세금을 납부하여야 한다. 그렇지 않은 경우 차명이 확인 시 상속세가 추징될 위험이 있다. 또한 상속인 또는 그 배우자가 상속세과세표준 신고기한까지 임원으로 취임하고, 상속세 신고기한부터 2년 이내에 대표이사로 취임하여야 한다.

증여세 과세특례는 수증자 중 1인만 인정된다. 가업의 주식을 증여받은 자 또는 그 배우자가 증여세 과세표준 신고기한까지 가업에 종사하고 증여일부터 5년 이내에 대표이사에 취임하여야 한다.

▲▼ 상속의 경우

상속인 또는 그 배우자가 상속세과세표준 신고기한까지 임원으로 취임하고, 상속세 신고기한부터 2년 이내에 대표이사로 취임하여야 한다(상속세 및 증여세법 시행령 제15조 제3항 제2호 라목). 상속인이 취학 상 형편으로 상속세과세표준 신고기한까지 임원으로 취임하지 못한 경우에는 가업상속공제를 적용할 수 없으며, 상속세과세표준 신고기한까지 임원으로 취임하여 학업과 가업 종사를 병행하는 경우 임원으로서 직무에 종사하였는지는 사실판단 할 사항이다(법규재산 2014-1325, 2014.8.13.). 상속인의 대표이사 취임여부는 상속인이 대표이사로 선임되어 법인등기부에 등재되고 대표이사직을 수행하는 경우에 취임한 것으로 본다(상속세 및 증여세법 집행기준 18-15-4). 상속인이 공동대표이사로 취임하는 경우에도 가업상속공제를 받을 수 있다(상속세 및 증여세법 집행기준 18-15-9).

과거에는 상속인 1명이 해당 가업의 전부를 상속받아야 한다고 규정되어 있었으나 폐지되었다. 아래 내용은 참고목적으로 종전 규정에 대한 설명이다.

주식이 1인에게 상속되지 아니하고 분산되어 상속되는 경우는 특례를 적용받지 못한다. 상속세 신고기한 내에 상속재산 분할협의를 마치고 가업상속에 필요한 주식 전부를 1인에게 양도한 후 가업상속 공제를 신청할 수도 있다(조심 2015부1892, 2015.7.21.). 개인사업자인 경우에는 가업의 가업상속재산 전부를 상속받은 상속인이 가업상속 당시 가업상속재산을 상속받지 아니한 다른 상속인을 공동사업자로 추가하는 것은 가업상속공제 대상에 해당하지 아니한다(법규재산 2012-257, 2013.3.29.). 피상속인이 보유한 차명주식을 상속세 과세표준 신고 시 상속재산에 포함하지 아니하고 신고함으로써 상속인 1명이 상속세 과세표준 신고기한까지 해당가업의 전부를 상속받지 아니한 경우에는 가업상속공제를 적용하지 않는다(법규과-909, 2014.8.22.).

피상속인이 여러 개의 법인이나 개인 사업을 하는 경우 2개 이상 복수의 가업 모두를 상속받는 상속인 1명에 대해서만 가업상속공제가 적용된다(재산세제과-35, 2012.1.16.).

중소기업에 해당하는 가업 주식 중 일부를 공익법인에 출연하고 남은 주식 전부를 상속인 1인이 상속받은 때에는 가업 전부를 상속받은 것으로 가업상속 요건에 해당하는지를 판단한다(재산세과-730, 2010.10.6.).

상속개시 후 공동상속인간에 상속재산인 가업상속기업의 주식을 공동상속인 중 1명이 상속하는 대가로 나머지 상속인들에게 현금을 지급하기로 협의 분할한 경우, 그 나머지 상속인들의 지분에 해당하는 재산은 상속재산을 상속받은 상속인에게 유상이전된 것으로 보아 관할 세무서에서 가업상속을 인정하지 않은 사례가 있다. 그러나 심판청구결과 공동상속인들과의 개별적인 상속재산의 협의분할을 통하여 최종적으로 가업상속재산의 전부를 취득하여, 결과적으로 가업의 전부를 상속한 것으로 볼 수 있는 것으로 판단하였다. 왜냐하면 피상속인이 가업상속재산 외에 특별한 다른 재산이 없는 경우에는 다른 상속인들이 상속을 포기하거나 피상속인이 직접 유언을 하지 않는 이상 애당초 가업상속공제가 불가능하게 되어 불합리한 결과를 초래하기 때문이다(조심 2012부934, 2014.3.18.).

「민법」 제1115조에 따른 유류분 반환청구에 따라 다른 상속인이 받았거나 받을 상속재산은 제외한다(구 상속세 및 증여세법 시행령 제15조 제4항 제2호). 당초에는 가업을 전부 상속하였다가 공동상속인들 간의 유류분 반환 청구소송 등으로 인하여 결과적으로 가업을 전부 상속하지 못하게 되는 경우가 있을 수 있는데, 이와 관련하여 2014.2.21. 대통령령 제25195호로 「상속세 및 증여세법 시행령」 제15조 제4항 제2호가 개정되어 이후부터는 유류분 반환청구에 따라 다른 상속인에게 상속될 재산은 이를 상속하지 아니한 경우에도 가업상속공제를 적용받을 수 있게 되었다(조심 2012부934, 2014.3.18.).

증여의 경우

가업증여 시 증여세 감면을 받으려면 증여를 받은 자가 가업을 승계하여야 한다. 가업의 승계란 가업의 주식을 증여받은 자 또는 그 배우자가 증여세 과세표준 신고기한까지 가업에 종사하고 증여일부터 5년 이내에 대표이사에 취임하는 것을 말한다(조세특례제한법 시행령 제27조의 6 제1항). 감사로서 직접 가업에 종사한 경우도 가업에 종사한 경우에 포함하는 것이나, 실제로 직접 종사하였는지 여부는 사실 확인하여 판단한다(재산세과-1580, 2009.7.30.). 수증자가 가업의 승계를 목적으로 주식 등을 증여받기 전에 해당 기업의 대표이사로 취임한 경우에도 적용된다(재산세과-424, 2009.2.6.). 공동대표이사에 취임하는 경우에도 적용된다(재산세과-197, 2010.3.30.). 그러나 가업승계에 대한 증여세 과세특례 요건을 갖춘 증여자의 증여일 이후 공동대표이사직 퇴임여부는 동 규정의 적용과 무관하다(재산세과-251, 2010.4.26.).

증여세 과세특례는 수증자 중 1인에 대하여만 적용된다(재산세과-340, 2009.9.29.). 피상속인이 여러 개의 법인이나 개인 사업을 하는 경우 2개 이상 복수의 가업 모두를 승계받는 수증자 1인에 대하여만 적용된다(재산세제과-35, 2012.1.16.). 가업승계의 요건을 만족하는 법인을 인적 분할한 경우로서 분할법인 또는 분할신설법인이 분할 전 법인과 동일한 업종을 유지하는 법인의 주식을 증여하는 경우에도 먼저 증여하는 주식의 순서에 따라 소정의 한도로 증여세 과세특례를 적용받을 수 있다(재산세과-613, 2011.12.26.).

가업을 공동으로 경영하는 경우 한 사람이 그 자녀에게 가업을 승계하는 경우에는 증여세 과세특례를 적용받을 수 있다. 다만 그 공동사업자가 특수관계에 해당하여 동일한 최대주주 등에 해당하는 경우에는 다른 공동사업자의 자녀는 증여세 과세특례를 적용받을 수 없다. 즉 동일한 사업인 경우 특수관계에 해당하는 경우 수증자는 한 사람에게만 적용되는 것이다(재산세과-163, 2009.6.9., 재산세과-2081, 2008.8.1.). 그러나 특수관계가 아닌 최대주주 3인으로부터 각각 증여받은 자녀 3인은 가업의 승계에 대한 증여세 과세특례의 적용대상에 해당한다(재산세제과-670, 2010.7.12.).

3.10 피상속인 또는 증여자의 최대주주 요건

개요

가업상속이나 가업증여 감면의 혜택을 받는 가업은 피상속인이나 증여자가 최대주주이고 그의 특수관계인의 주식을 합하여 50%(거래소에 상장되어 있는 법인인 경우 30%) 이상을 10년 이상 계속하여 보유하는 경우에만 적용된다. 그리고 부모가 최대주주 등으로서 10년 이상 계속하여 그 특수관계인의 주식 등을 합하여 그 비율 이상 주식 등의 지분을 보유할 것이 요구된다.

▲▼ 요건의 내용

최대주주 요건은 상속과 증여에 모두 적용된다. 증여의 경우 가업상속의 범위를 상속의 경우를 준용하고 있기 때문이다.

가업상속공제의 혜택을 받는 가업은 피상속인이 해당기업의 최대주주 또는 최대출자자인 경우로서 피상속인과 그의 특수관계인의 주식을 합하여 해당 기업의 발행주식 총수의 50%(거래소에 상장되어 있는 법인인 경우 30%) 이상을 10년 이상 계속하여 보유하는 경우에 한정한다(상속세 및 증여세법 시행령 제15조 제3항 제1호 가목). 중소기업이 상장되는 경우 상장 전에는 50%가 적용되지만 한국거래소에 상장된 후에는 30% 이상을 각각 보유한 경우에 가업승계 증여세 과세특례가 적용된다(재산세과-432, 2011.9.20.). 최대주주 또는 최대출자자란 주주 1인과 그의 특수관계인의 보유주식을 합하여 그 보유주식의 합계가 가장 많은 경우의 해당 주주 1인과 그의 특수관계인 모두를 말한다(상속세 및 증여세법 시행령 제19조 제2항). 사용인도 특수관계가 있는 것이며, 이때 임원은 퇴직 후 5년이 경과하지 아니한 그 임원이었던 자를 포함한다(재산세과-227, 2011.5.3.). 사내근로복지기금은 최대주주 등과 특수관계에 있는 자에 해당된다(재산세제과-1039, 2011.12.2.). 「상법」에 따른 의결권이 없는 우선주는 발행주식 총수 및 피상속인과 그의 특수관계인이 보유하는 주식 수에서 제외한다(법규과-1088, 2014.10.14.). 발행주식 총수의 50% 이상을 계속하여 보유하는지 여부를 판정할 때 주식발행법인이 보유하는 자기주식은 발행주식 총수에서 제외한다(상속증여세과-153, 2014.5.22.). 한편 개인기업의 경우 50%의 지분으로 개인공동사업을 경영하던 중 공동 사업자 1인의 사망으로 상속이 개시된 경우 가업상속공제를 받을 수 있으나 또 다른 공동사업자에게는 적용되지 않는다(서면법규과-556, 2014.5.30.).

개인사업의 경우에는 대표자가 곧바로 기업 경영의 주체가 될 수 있으므로 상속인이나 수증자가 부모로부터 가업용 자산을 상속받거나 증여받아 그 기업을 계속 경영한다면 가업을 승계한 것으로 볼 수 있다. 그러나 법인의 형태로 기업을 경영한 경우 '가업'에 해당하려면 피상속인이나 증여자인 부모가 최대주주 등으로서 10년 이상 계속하여 그 특수관계자의 주식 등을 합하여 일정 비율 이상으로 주식 등의 지분을 보유할 것이 요구된다. 따라서 10년의 기간 동안 일정비율 이상 주식을 소유하지 않은 경우가 있는 경우에는 적용되지 않는다(대법원 2013두17206, 2014.3.13.).

3.11 가업의 유지요건

개요

가업상속이나 가업증여에 대한 감면을 받은 기업은 10년 동안 사후관리를 받는다. 10년 동안 사업용 자산과 상속주식을 매각하지 않고 상속당시의 규모(종업원 수 기준)를 유지하며 계속 경영하여야 된다. 이를 어기는 경우 공제 또는 감면받은 상속세와 증여세가 추징된다. 10년 간 가업을 유지할 가능성, 규모가 줄어들지 않을 가능성은 통계적으로 매우 낮다. 가업유지에 실패한다면 가업을 승계한 자녀는 세금이 추징되며 현금이 없는 경우 기업을 매각하여야 한다. 그러나 이미 가업이 위축되어 매각이 어려워지면 상속인이나 수증자는 세금체납자가 되어 신용불량자로 전락할 수도 있다. 또한 자녀가 여럿 있는 경우 연대납세의무가 있으므로 상속세로 인한 재산분쟁의 위험성도 있다. 따라서 가업의 승계는 신중하게 생각하여야 한다.

가업상속의 사후관리기간의 계산에 있어 정당한 사유(상속세 및 증여세법 제18조 제6항)로 직접 가업에 종사하지 못하게 된 기간은 제외한다(상속세 및 증여세법 기본통칙 18-0…3 제1항). 동 사유가 발생한 기간에 따라 추징비율은 다음과 같다(상속세 및 증여세법 시행령 제15조 제13항 제2호). 상속인의 지분이 감소한 경우에는 공제받은 금액을 상속개시 당시의 상속세 과세가액에 산입하여 상속세를 계산한다(재산세과-25, 2011.1.12.).

〈가업상속 추징비율〉

기 간	비 율
7년 미만	100%
7년 이상 8년 미만	90%
8년 이상 9년 미만	80%
9년 이상 10년 미만	70%

종업원 수의 감소로 인한 추징사유가 발생한 경우 기간의 계산 시 상속개시일이라 함은 상속이 개시된 사업연도의 말일을 말한다(상속세 및 증여세법 제18조 제6항).

승계 후 사업용 고정자산의 처분

상속개시일부터 10년 이내에 가업용 자산을 처분하는 경우에는 상속세가 추징된다. 내용연수가 다한 자산의 처분이나 가업용 자산을 개체하는 경우를 제외하고는 추징되므로 사업의 부진으로 처분하는 경우에도 상속세가 추징된다. 시설개체를 위한 처분은 인정하지만 사업부진이 예상되는 경우에도 자산을 팔지 못하는 문제점이 있으므로 유의하여야 한다. 아래 설명은 이와 관련된 법령 등의 내용이므로 참고가 되길 바란다.

가업상속공제 후 공제받은 상속세가 추징되는 경우는 상속개시일부터 5년 이내에 가업용 자산의 10% 이상, 10년 이내에 20% 이상을 처분한 경우이다(상속세 및 증여세법 제18조 제6항 제1호 가목). 그러나 내용연수가 다한 가업용 자산을 매각하는 경우는 해당이 없다. 가업용 자산이란 가업에 해당하는 법인의 사업에 직접 사용되는 사업용 고정자산을 말하며 사업무관자산은 제외한다. 개인 사업자인 경우는 가업에 직접 사용되는 토지, 건축물, 기계장치 등 사업용 자산을 말한다(상속세 및 증여세법 시행령 제15조 제9항). 가업상속재산을 가업에 직접 사용하지 않고 임대하는 등 다른 사업에 전용한 경우도 포함한다(조심 2013부1082, 2013.6.28.). 이에 해당하는 경우에는 상속개시일부터 해당일까지의 기간에 따라 추징비율이 정해진다(상속세 및 증여세법 시행령 제15조 제11항 제1호 가목).

가업용 자산의 처분비율은 상속개시일 현재 가업용 자산의 가액에 가업용자산 중 처분(사업에 사용하지 아니하고 임대하는 경우를 포함)한 자산의 상속개시일 현재의 가액이 차지하는 비율을 말한다(상속세 및 증여세법 시행령 제15조 제10항).

예외가 있다. 가업용 자산이 「공익사업을 위한 토지 등의 취득 및 보상에 관한 법률」, 그 밖의 법률에 따라 수용 또는 협의 매수되거나 국가 또는 지방자치단체에 양도되거나 시설의 개체(改替) 또는 사업장 이전 등으로 처분되는 경우(처분자산과 같은 종류의 자산을 대체 취득하여 가업에 계속 사용하는 경우에 한한다), 가업용 자산을 국가 또는 지방자치단체에 증여하는 경우, 가업상속 받은 상속인이 사망한 경우, 합병 · 분할, 통합, 개인사업의 법인전환 등 조직변경으로 인하여 자산의 소유권이 이전되는 경우(조직변경 이전의 업종과 같은 업종을 영위하는 경우로서 이전된 가업용 자산을 그 사업에 계속 사용하는 경우에 한한다), 내용연수가 지난 가업용 자산을 처분하는 경우가 그렇다(상속세 및 증여세법 시행령 제15조 제8항). '처분자산과 같은 종류의 자산을 대체 취득하여 가업에 계속 사용하는 경우'는 처분자산 양도가액 이상의 금액에 상당하는 같은 종류의 자산을 취득하여 가업에 계속 사용하는 경우를 말한다(재산세과-140, 2011.3.17.). 「조세특례제한법」 제37조에 따라 자산을 포괄적으로 양도한 후에도 최대주주 등에 해당하는 경우는 조직변경에 해당한다(재산세과-186, 2012.5.16.). 상속받은 사업을 대표이사로 영위하다 동일 장소에 다른 법인을 설립하고 포괄 양도하여 대표이사로 취임한 경우 이는 가업상속으로 본다(서면4팀-485, 2008.2.27.).

▲▼ 가업에 종사하지 않는 경우

가업 승계를 받은 상속인이 가업에 종사하지 아니하게 된 경우에도 추징된다(상속세 및 증여세법 제18조 제6항 제1호 나목). 가업에 종사하지 않는 경우는 여러 가지가 있다.

상속인(배우자가 승계한 경우 배우자)이 대표이사 등으로 종사하지 아니하는 경우, 가업의 주된 업종을 변경하는 경우(한국표준산업분류에 따른 소분류 내에서 업종을 변경하는 경우로서 상속개시일 현재 영위하고 있는 세 분류 업종의 매출액이 사업연도 종료일 기준으로 30% 이상인 경우는 제외), 해당 가업을 1년 이상 휴업하거나 실적이 없는 경우, 폐업하는 경우가 이에 해당한다(상속세 및 증여세법 시행령 제15조 제11항).

한편, 2016년 2월 5일 시행령이 개정되어 가업상속공제를 받은 상속인이 가업을 상속받은 후 상속 당시 영위하던 업종의 매출액 비중을 매년 30퍼센트 이상을 유지하는 경우 사후관리 기간 중 한국표준산업분류에 따른 소분류 내 주된 업종의 변경을 허용하도록 개정되었다(상속세 및 증여세법 시행령 제15조 제11항).

동일한 사업장에서 2이상의 서로 다른 사업을 영위하는 경우에는 사업별 사업수입금액이 큰 사업을 주된 사업으로 보아 주된 업종의 변경여부를 판단한다(재산세과-270, 2012.7.24.). 그러나 가업상속 받은 상속인이 사망한 경우, 가업상속 재산을 국가 또는 지방자치단체에 증여하는 경우, 상속인이 법률에 따른 병역의무의 이행, 질병의 요양, 취학상 형편 등으로 가업에 직접 종사할 수 없는 경우에는 추징하지 않는다(상속세 및 증여세법 시행령 제15조 제8항 제2호, 상속세 및 증여세법 시행규칙 제6조). 그러나 가업상속 받은 재산을 처분하거나 그 부득이한 사유가 종료된 후 가업에 종사하지 아니하는 경우를 제외한다(상속세 및 증여세법 시행규칙 제6조). 이에 해당하는 경우에는 상속개시일부터 해당일까지의 기간에 따라 추징비율이 정해진다(상속세 및 증여세법 시행령 제15조 제13항).

증여의 경우에는 가업 주식을 증여받은 자 또는 그 배우자가 증여세 과세표준 신고기한까지 가업에 종사하고 증여일부터 5년 이내에 대표이사에 취임하지 않는 경우(조세특례제한법 시행령 제27조의 6 제2항 · 제1항, 조세특례제한법 시행령 제27조의 6 제5항), 수증자가 주식 등의 증여일부터 7년까지 대표이사직을 유지하지 아니하는 경우(조세특례제한법 시행령 제27조의 6 제5항)에는 추징한다. 또한 증여를 받은 후 가업에 종사하지 아니하거나 가업을 1년 이상 휴업(실적이 없는 경우를 포함)하거나 폐업하는 경우(조세특례제한법 제30조의 6 제2항, 조세특례제한법 시행령 제27조의 6 제5항)와 가업의 주된 업종을 한국표준산업분류에 따른 세분류가 다른 업종으로 변경하는 경우(한국표준산업분류에 따른 소분류 내에서 변경하는 경우로서 증여일 현재 영위하고 있는 세분류 업종의 매출액이 사업연도 종료일을 기준으로 전체 매출액의 30% 이상인 경우는 제외)(조세특례제한법 시행령 제27조의 6 제5항)에는 감면된 증여세를 추징한다. 가업승계 후 경영사정 등으로 폐업하는 경우에도 추징된다(재산세과-224, 2010.4.7.). 그러나 수증자가 사망한 경우로서 수증자의 상속인이 「상속세 및 증여세법」 제67조에 따른 상속세 과세표준 신고기한까지 당초 수증자의 지위를 승계하여 가업에 종사하는 경우, 수증자가 증여받은 주식 등을 국가 또는 지방자치단체에 증여하는 경우(조세특례제한법 시행령 제27조의 6 제3항), 수증자가 법률에 따른 병역의무 이행, 질병의 요양, 취학 상 형편 등으로 가업에 직접 종사할 수 없는 경우(증여받은 주식 또는 출자지분을 처분하거나 그 부득이한 사유가 종료된 후 가업에 종사하지 아니하는 경우는 제외)(조세특례제한법 시행령 제27조의 6 제3항, 조세특례제한법 시행규칙 제14조의 4)는 제외한다.

한편, 2개의 서로 다른 사업을 영위하는 중소기업의 주식을 증여받은 후 사업별 수입금액이 작은 사업 부문을 물적 분할한 경우에는 주된 업종을 변경한 경우에 해당하지 아니한다(재산세과-92, 2011.2.23.). 가업의 승계에 따른 증여세 과세특례를 적용받은 후 가업용 자산인 공장시설을 확장 · 이전하기 위해 기존 공장을 처분하고 새로운 공장을 취득하는 경우에는 이 규정에 따라 추징되지 않는다(서면법규과-150, 2014.2.18.).

▲▼ 지분이 감소한 경우

가업상속 감면의 경우 상속인의 지분이 감소한 경우이다(상속세 및 증여세법 제18조 제6항 제1호 다목). 상속인의 지분이 감소한 경우라도 상속인이 상속받은 주식 등을 물납하여 지분이 감소한 경우는 제외하되, 이 경우에도 상속인은 「상속세 및 증여세법」 제22조 제2항에 따른 최대주주나 최대출자자에 해당하여야 한다(상속세 및 증여세법 제18조 제7항 1호 다목 단서). 지분이 감소하는 경우에는 상속인이 상속받은 주식 등을 처분하는 경우, 해당 법인이 유상증자할 때 상속인의 실권 등으로 지분율이 감소한 경우, 상속인의 특수관계인이 주식 등을 처분하거나 유상증자할 때 실권 등으로 상속인이 최대주주 등에 해당되지 아니하게 되는 경우이다(상속세 및 증여세법 시행령 제15조 제12항). 상속받은 주식 등의 처분에는 균등 유상감자를 포함한다(서면법규과-943, 2014.8.28.). 지분이 감소한 경우에는 상속개시일부터 해당일까지의 기간에 따라 추징비율이 정해진다(상속세 및 증여세법 시행령 제15조 제13항).

그러나 가업승계 증여세 과세특례를 적용받지 아니하고 상속인이 상속개시일 전 보유한 기존주식을 처분하는 경우로서 처분 후에도 최대주주 등에 해당하는 경우에는 상속세를 추징하지 않는다(서면법규과-943, 2014.8.28., 재산세과-25, 2011.1.12.).

합병 · 분할 등 조직변경에 따라 주식 등을 처분하는 경우(처분 후에도 상속인이 합병법인 또는 분할신설법인 등 조직변경에 따른 법인의 최대주주 등에 해당하는 경우에 한한다), 해당 법인의 사업 확장 등에 따라 유상증자할 때 상속인의 특수관계인 외의 자에게 주식 등을 배정함에 따라 상속인의 지분율이 낮아지는 경우(다만, 상속인이 최대주주 등에 해당하는 경우에 한한다), 상속인이 사망한 경우(사망한 자의 상속인이 원래 상속인의 지위를 승계하여 가업에 종사하는 경우에 한한다), 주식 등을 국가 또는 지방자치단체에 증여하는 경우, 「자본시장과 금융투자업에 관한 법률」 제390조 제1항에 따른 상장규정의 상장요건을 갖추기 위하여 지분을 감소시킨 경우(다만, 상속인이 최대주주 등에 해당하는 경우에 한정)는 제외한다(상속세 및 증여세법 시행령 제15조 제8항 제3호).

증여의 경우에도 수증자가 증여받은 주식 등을 처분하는 경우, 증여받은 주식 등을 발행한 법인이 유상증자 등을 하는 과정에서 실권 등으로 수증자의 지분율이 낮아지는 경우, 수증자와 특수관계에 있는 자의 주식처분 또는 유상증자 시 실권 등으로 지분율이 낮아져 수증자가 최대주주 등에 해당되지 아니하는 경우 등 증여받은 주식 등의 지분이 줄어드는 경우 추징한다(조세특례제한법 제30조의 6 제2항, 조세특례제한법 시행령 제27조의 6 제6항).

그러나 수증자가 증여받은 주식 등을 처분하는 경우라도 합병 · 분할 등 조직변경에 따른 처분으로서 수증자가 「상속세 및 증여세법 시행령」 제15조 제3항에 따른 최대주주 등에 해당하는 경우나 「자본시장과 금융투자업에 관한 법률」 제390조 제1항에 따른 상장규정의 상장요건을 갖추기 위하여 지분을 감소시킨 경우는 제외하며(조세특례제한법 시행령 제27조의 6 제6항 제1호 단서), 증여받은 주식 등을 발행한 법인이 유상증자 등을 하는 과정에서 실권 등으로 수증자의 지분율이 낮아지는 경우라도 해당 법인의 시설투자 · 사업규모의 확장 등에 따른 유상증자로서 수증자의 특수관계인(상속세 및 증여세법 시행령 제12조의 2 제1항 각 호의 어느 하나에 해당하는 자) 외의 자에게 신주를 배정하기 위하여 실권하는 경우로서 수증자가 최대주주 등에 해당하는 경우는 그러하지 아니하다(조세특례제한법 시행령 제27조의 6 제6항 제2호 단서). 가업의 승계를 위하여 주식을 증여받은 후 회사가 신주인수권부사채나 전환사채를 사모형태로 발행하여 사채권자의 권리 행사로 수증자의 지분율이 낮아지는 경우로서 수증자가 최대주주 등에 해당하면 추징하지 아니한다(재산세과-821, 2009.4.29.).

또한 수증자가 증여받은 주식 등을 국가 또는 지방자치단체에 증여하는 경우는 제외한다(조세특례제한법 시행령 제27조의 6 제3항).

종업원이 감소한 경우

상속이 개시된 사업연도 말부터 10년간 정규직 근로자 수의 전체 평균이 기준고용인원(중견기업은 100분의 120)에 미달하는 경우(상속세 및 증여세법 제18조 제6항 제1호 마목)에는 추징된다. 기준고용인원이란 상속이 개시된 사업연도의 직전 2개 사업연도의 정규직 근로자 수의 평균을 말한다(상속세 및 증여세법 제18조 제6항 제1호 마목). 여기서 정규직근로자란「통계법」제17조에 따라 통계청장이 지정하여 고시하는 경제활동인구조사의 정규직 근로자를 말한다(상속세 및 증여세법 제18조 제6항 제1호 라목). 일반적으로 경제활동인구조사에서 정규직근로자란 근무기간이 정해지지 않고 전일제 근로를 하는 종업원을 말한다. 종업원 감소로 추징되는 것은 상속이 개시된 사업연도 말부터 10년간 각 사업연도 말 기준 정규직 근로자수를 합하여 10으로 나눈 평균값이 기준고용인원(또는 기준고용인원의 120%)에 미달하는 경우이다(상속증여세과-435, 2013.7.30.).

추징비율은 상속이 개시된 사업연도의 말일부터 각 사업연도의 말일까지 각각 누적하여 계산한 정규직 근로자 수의 전체 평균이 기준고용인원의 100분의 100(중견기업은 100분의 120) 이상을 충족한 기간 중 가장 긴 기간에 따라 정해진다(상속세 및 증여세법 시행령 제15조 제13항 제1호 다목).

또한 각 사업연도의 정규직 근로자(통계법 제17조에 따라 통계청장이 지정하여 고시하는 경제활동인구조사의 정규직 근로자를 말한다) 수의 평균이 상속이 개시된 사업연도의 직전 2개 사업연도의 정규직근로자 수의 평균('기준고용인원')의 80%에 미달하는 경우에도 추징된다(상속세 및 증여세법 제18조 제6항 제1호 라목). 정규직 근로자 수의 평균은 각 사업연도의 매월 말일 현재의 정규직 근로자 수를 합하여 해당 사업연도의 월수로 나누어 계산한다(상속세 및 증여세법 시행령 제15조 제15항). 이 경우에는 상속이 개시된 사업연도의 말일부터 해당일까지의 기간에 따라 추징비율이 정해진다(상속세 및 증여세법 시행령 제15조 제13항).

3.12 가업상속공제신청 등

가업상속공제를 받으려면 가업상속재산명세서, 최대주주 증명서류 및 가업상속 사실을 입증할 수 있는 서류를 상속세신고와 함께 제출하여야 한다(상속세 및 증여세법 시행령 제15조 제17항, 상속세 및 증여세법 시행규칙 제6조의 2). 가업증여 특례를 적용받으려는 자는 증여세 과세표준 신고기한까지 특례신청을 하여야 한다. 이 경우 그 신고기한까지 특례신청을 하지 아니한 경우에는 이 특례규정을 적용하지 아니한다(조세특례제한법 제30조의 6 제3항, 조세특례제한법 제30조의 5 제11항).

3.13 가업상속공제 자산의 양도차익 계산

가업상속공제가 적용된 자산의 양도 시 양도차익을 계산할 때 취득가액은 다음과 같이 계산한다(소득세법 제97조의 2 제4항).

〈가업상속공제가 적용된 자산의 양도소득세 계산 시 취득가액〉

피상속인의 취득가액×가업상속공제가 적용된 비율(가업상속공제적용률)+ 상속개시일 현재 해당 자산가액×(1－가업상속공제적용률)

이렇게 양도차익을 계산하여 양도소득세를 납부한 경우에는 상속세를 추징할 가업상속 재산에 대하여는 위에 의하여 계산한 양도소득세액과 통상의 양도소득세액의 차액에 기간별 추징비율을 곱한 금액을 상속세 산출세액에서 공제한다. 다만, 공제한 해당 금액이 음수인 경우에는 영으로 본다(상속세 및 증여세법 제18조 제10항, 상속세 및 증여세법 시행령 제15조 제16항).

4 창업자금 증여세 감면

4.1 개요

가업을 승계하는 경우 상속세나 증여세 세율이 높아 부담이 크다. 가업승계에 대한 감면도 10년 간 사후관리 해야 하는 부담이 있다. 따라서 새로운 사업을 하는 경우 처음부터 상속인 이름으로 하는 것이 유리하다. 세법도 창업자금에 대한 세율을 낮게 정하고 있으니 이를 활용할 필요가 있다.

4.2 증여세 감면내용

18세 이상인 내국인(거주자)이 중소기업을 창업할 목적으로 60세 이상의 부모(증여 당시 아버지나 어머니가 사망한 경우에는 그 사망한 아버지나 어머니의 부모를 포함)로부터 30억 원(창업을 통하여 10명 이상을 신규 고용한 경우에는 50억 원)을 한도로 창업자금을 증여받는 경우에는 5억 원을 공제하고 세율을 10%로 증여세를 과세한다. 즉 5억 원까지는 증여세를 내지 않고 5억 원을 넘는 금액은 10%의 증여세를 낸다(조세특례제한법 제30조의 5 제1항). 창업자금을 증여받아 1년 이내에 창업을 한 자가 새로 창업자금을 증여받아 자금으로 증자를 하여 창업자금중소기업의 사업과 관련하여 사용하는 경우에도 적용된다(재산세과-250, 2012.7.4.).

동 감면은 수증 자별로 적용받을 수 있는 것이며, 공동으로 창업하는 경우에도 수증자별로 동 규정을 적용받을 수 있다(재산세과-4457, 2008.12.30.). 창업자금을 2회 이상 증여받거나 부모로부터 각각 증여받는 경우에는 각각의 증여세 과세가액을 합산하여 적용한다(조세특례제한법 제30조의 5 제1항).

창업자금에 대하여 증여세를 부과하는 경우에는 동일인(그 배우자를 포함)으로부터 증여받은 창업자금 외의 다른 증여재산의 가액은 창업자금에 대한 증여세 과세가액에 가산하지 아니하며, 창업자금에 대한 증여세 과세표준을 신고하는 경우에도 신고세액공제를 적용하지 아니한다(조세특례제한법 제30조의 5 제9항). 즉 동 창업자금에 대하여는 동일인(그 배우자를 포함)으로부터 증여받은 창업자금 외의 다른 증여재산의 가액은 창업자금에 대한 증여세 과세가액에 합산하여 과세하지 않으나, 10%의 신고세액공제를 받지 못한다(조세특례제한법 제30조의 5 제10항). 창업자금과 창업자금 이외 현금을 동시에 증여받는 경우, 창업자금에 대해서는 5억 원을 공제하고 창업자금 이외 현금에 대해서는 증여재산공제를 적용한다(상속증여세과－372, 2014.9.25.).

토지, 건물, 부동산에 관한 권리, 주식 등「소득세법」제94조 제1항의 자산은 가업창업자금의 감면의 대상에 해당되지 않는다(조세특례제한법 시행령 제27조의 5 제1항).

4.3 증여자금의 상속세 과세

창업자금은 상속재산에 가산하는 증여재산으로 보아 상속인의 연대납세의무 규정을 적용하여 상속인들이 연대납세의무를 부담한다(조세특례제한법 제30조의 5 제7항).

또한 동 창업자금은 증여받은 날부터 상속개시일까지의 기간과 관계없이 상속세 과세가액에 가산하며, 공제금액을 계산할 때 상속세 과세가액에 가산한 증여재산가액으로 보지 아니한다(조세특례제한법 제30조의 5 제8항). 따라서 기간에 관계없이 상속재산에 포함되어 상속세가 과세되므로 결국은 증여세를 적게 내지만 상속 시에 다시 상속세를 내야하므로 세금납부를 연기하는 의미밖에 없어 보인다. 다만 과세가액에 가산한 증여재산가액으로 보지 않으므로 공제금액의 한도가 커지는 효과는 있다.

창업자금에 대한 증여세액에 대하여 상속세계산 시 공제하는 증여세액을 계산하는 경우에는 한도에 관계없이 상속세 산출세액에서 창업자금에 대한 증여세액을 공제한다. 이 경우 공제할 증여세액이 상속세 산출세액보다 많은 경우 그 차액에 상당하는 증여세액은 환급하지 아니한다(조세특례제한법 제30조의 5 제9항).

4.4 1년 내 창업요건

창업자금을 증여받은 자는 증여받은 날부터 1년 이내에 창업을 하여야 한다(조세특례제한법 제30조의 5 제2항). 창업이라 함은「소득세법」제168조 제1항,「법인세법」제111조 제1항 또는「부가가치세법」제8조 제1항 및 제5항에 따라 납세지관할세무서장에게 등록하는 것을 말한다(조세특례제한법 시행령 제27조의 5 제3항). 따라서 중소기업을 창업한 후에 증여받은 경우에는 창업자금에 대한 증여세 과세특례를 적용하지 않는다(재산세과-446, 2012.12.10.).

창업자금이란 감면대상 창업에 직접 사용되는 사업용 자산의 취득자금, 사업장의 임차보증금(전세금을 포함) 및 임차료 지급액으로 사용되는 금액을 말한다(조세특례제한법 제30조의 5 제1항, 조세특례제한법 시행령 제27조의 5 제2항, 서면상속증여-4857, 2016.8.30.). 이 경우 사업을 확장하는 경우로서 사업용 자산을 취득하거나 확장한 사업장의 임차보증금 및 임차료를 지급하는 경우는 창업으로 본다(조세특례제한법 제30조의 5 제2항, 조세특례제한법 시행령 제27조의 5 제3항).

창업자금을 증여받아 증여자의 토지를 매입하여 중소기업을 창업하는 경우에도 적용받을 수 있다(재산세과-250, 2009.1.21.). 창업자금을 증여받아 법인을 설립하고 증여자인 부모와 법인의 공동대표이사로 취임한 경우에는 창업자금에 대한 증여세 과세특례를 적용하지 않는다(재산세과-291, 2012.8.21.).

4.5 창업업종과 중소기업 요건 충족

대부분의 업종이 인정되지만 인정되지 않는 업종도 일부 있다. 해당되는 업종은 광업, 제조업, 건설업, 음식점, 출판업, 영상 · 오디오 기록물 제작 및 배급(비디오물 감상실 운영은 제외), 방송업, 전기통신업, 컴퓨터 프로그래밍, 시스템통합 및 관리업, 정보서비스업(뉴스제공업은 제외), 연구개발업, 광고업, 그 밖의 과학기술서비스업, 전문디자인업, 전시 및 행사대행업, 창작 및 예술관련 서비스업(자영예술가는 제외). 엔지니어링사업, 물류산업,「학원의 설립 · 운영 및 과외교습에 관한 법률」에 따른 직업기술 분야를 교습하는 학원을 운영하는 사업 또는「근로자직업능력개발법」에 따른 직업능력개발훈련시설을 운영하는 사업(직업능력개발훈련을 주된 사업으로 하는 경우에 한한다),「관광진흥법」에 따른 관광숙박업, 국제회의업, 유원시설업 및 관광객이용시설업,「노인복지법」에 따른 노인복지시설을 운영하는 사업,「전시산업발전법」에 따른 전시산업, 인력공급 및 고용알선업(농업

노동자 공급업을 포함), 건물 및 산업설비 청소업, 경비 및 경호 서비스업, 시장조사 및 여론조사업, 사회복지 서비스업이 해당한다(조세특례제한법 제30조의 5 제1항, 조세특례제한법 제6조 제3항).

참고로 부모가 영위하던 사업과 동종 사업을 창업하는 경우에도 과세특례가 적용된다(재산세과-198, 2011.4.19.). 또한 부모가 영위하는 사업의 하청업체를 창업하는 경우에도 과세특례가 적용된다(재산세과-334, 2011.7.14.).

4.6 창업으로 인정되지 않는 경우

다음의 경우에는 창업자금 증여에 대한 증여세특례가 적용되는 창업으로 보지 않는다.

첫째 합병 · 분할 · 현물출자 또는 사업의 양수를 통하여 종전의 사업을 승계하거나 종전의 사업에 사용되던 자산을 인수 또는 매입하여 같은 종류의 사업을 하는 경우이다. 둘째, 거주자가 하던 사업을 법인으로 전환하여 새로운 법인을 설립하는 경우이다. 셋째, 폐업 후 사업을 다시 개시하여 폐업 전의 사업과 같은 종류의 사업을 하는 경우이다. 넷째, 사업을 확장하거나 다른 업종을 추가하는 등 새로운 사업을 최초로 개시하는 것으로 보기 곤란한 경우, 창업자금을 증여받기 이전부터 영위한 사업의 운용자금과 대체설비자금 등으로 사용하는 경우이다(조세특례제한법 제30조의 5 제2항, 조세특례제한법 시행령 제27조의 5 제5항).

그러나 창업자금을 증여받아 창업을 한 자가 새로 창업자금을 증여받아 당초 창업한 사업과 관련하여 사용하는 경우에는 위 셋째와 넷째의 내용이 적용되지 아니한다(조세특례제한법 제30조의 5 제3항).

한편, 위에서 말하는 같은 종류의 사업이란 통계청장이 작성 · 고시하는 한국표준산업분류상의 세 분류가 동일한 업종을 영위하는 경우를 말한다(상속증여세과-125, 2013.5.20.).

4.7 창업자금의 3년 내 사용의무

창업자금을 증여받은 후 3년이 되는 날까지 창업자금을 모두 해당 목적에 사용하여야 한다(조세특례제한법 제30조의 5 제4항). 증여받은 자금을 법인에 출자한 사실만으로 창업 목적에 사용한 것으로 보지는 않는다(서면4팀-1393, 2007.4.30.). 창업자금을 증여받은 자가 창업자금에 대한 증여세를 창업자금으로 납부하는 경우 증여세 납부세액 상당액은 해당 사업용도 외의 용도로 사용된 창업자금에 해당한다(재산세과-361, 2011.7.28.).

창업자금을 증여받은 자가 창업하는 경우에는 창업자금 사용명세를 증여세 납세지 관할 세무서장에게 제출하여야 한다. 이 경우 창업자금 사용명세를 제출하지 아니하거나 제출된 창업자금 사용명세가 분명하지 아니한 경우에는 그 미제출분 또는 불분명한 부분의 금액에 1천분의 3을 곱하여 산출한 금액을 창업자금 사용명세서 미제출 가산세로 부과한다(조세특례제한법 제30조의 5 제5항). 창업자금사용내역에는 증여받은 창업자금의 내역, 증여받은 창업자금의 사용내역 및 이를 확인할 수 있는 사항, 증여받은 창업자금이 30억 원을 초과하는 경우에는 고용 내역을 확인할 수 있는 사항을 포함하여야 한다(조세특례제한법 시행령 제27조의 5 제6항). 제출기한은 창업일이 속하는 달의 다음 달 말일과 창업일이 속하는 과세연도부터 4년 이내의 과세연도(창업자금을 모두 사용한 경우에는 그 날이 속하는 과세연도)까지 매 과세연도의 과세표준 신고기한까지이다(조세특례제한법 시행령 제27조의 5 제4항).

4.8 증여세 과세특례 적용신청

창업자금에 대한 증여세과세특례를 적용받고자 하는 자는 증여세과세표준 신고와 함께 창업자금 특례신청서 및 사용내역서류를 납세지관할세무서장에게 제출하여야 한다(조세특례제한법 시행령 제27조의 5 제11항). 증여세 과세표준 신고기한까지 특례신청을 하지 아니한 경우에는 이 특례규정을 적용하지 아니한다(조세특례제한법 제30조의 5 제11항).

4.9 감면세액의 추징

창업자금을 증여받은 후 창업 등을 하지 않은 경우에는 그 금액에 대하여 「상속세 및 증여세법」에 따라 감면받은 증여세와 상속세를 추징한다. 이 경우 이자상당액도 추징한다(조세특례제한법 제30조의 5 제6항). 창업하지 아니한 경우에는 창업자금(조세특례제한법 제30조의 5 제6항 제1호), 창업자금으로 해당업종 외의 업종을 경영하는 경우에는 타 업종에 사용된 창업자금(조세특례제한법 제30조의 5 제6항 제2호), 새로 증여받은 창업자금을 해당목적에 사용하지 아니한 경우에는 해당 목적에 사용되지 아니한 창업자금(조세특례제한법 제30조의 5 제6항 제3호), 창업자금을 증여받은 날부터 3년이 되는 날까지 모두 해당 목적에 사용하지 아니한 경우에는 해당 목적에 사용되지 아니한 창업자금(조세특례제한법 제30조의 5 제6항 제4호), 증여받은 후 10년 이내에 창업자금(창업으로 인한 가치증가분을 포함하며, 이하 '창업자금 등'이라 한다)을 해당 사업용도 외의 용도로 사용한 경우에는 해당 사업용도 외의 용도로 사용된 창업자금 등(조세특례제한법 제30조의 5 제6항 제5호), 창업 후 10년 이내에 해당 사업을 폐업하는 경우에는 창업자금(창업으로 가치증가 분 포함) 등(조세특례제한법 제30조의 5 제6항 제6호, 조세특례제한법 시행령 제27조의 5 제9항)에 대하여 추징한다.

또한 증여받은 창업자금이 30억 원을 초과하는 경우로서 창업한 날이 속하는 과세연도의 종료일부터 5년 이내에 각 과세연도의 근로자 수가 다음 계산식에 따라 계산한 수보다 적은 경우에는 그 30억 원을 초과하는 창업자금에 대하여 감면받은 증여세와 상속세를 추징한다(조세특례제한법 제30조의 5 제6항 제7호).

창업한 날의 근로자 수 − (창업을 통하여 신규 고용한 인원 수 − 10명)

창업자금과 대출금으로 창업을 하여 창업목적과 기타목적으로 사용하는 경우 창업자금의 해당 사업목적 사용부분에 대한 실지 귀속이 구분되는 경우에는 그 구분에 따라 판단하는 것이나 실지 귀속이 구분되지 아니하는 경우 그 사업목적 외 사업용도로 사용한 창업자금 부분의 계산은 사업용 자산 중 사업목적 외 사업용도로 사용한 부분의 취득금액을 증여받은 창업자금과 대출금 등의 자금의 비율에 의하여 안분계산 한다(재산세제과−441, 2011.6.16.).

창업 후 사업을 폐업하여 창업자금중소기업에 해당하지 않는 업종을 영위하는 경우에는 증여받은 창업자금(창업으로 인한 가치증가분을 포함)에 대하여 증여세를 부과한다(상속증여세과−576, 2013.10.14.). 증여받은 창업자금으로 창업자금중소기업을 창업한 후 10년 이내에 창업자금중소기업이 당해 창업자금으로 국외 현지법인에 투자하는 경우 사업용도 외의 용도로 사용하는 경우에 해당한다(재산세과-317, 2011.7.4.).

또한 수증자가 사망한 경우와 당해 사업을 폐업하거나 휴업(실질적 휴업을 포함)한 경우에 창업자금 등에 대하여 추징한다(조세특례제한법 시행령 제27조의 5 제8항). 그러나 수증자가 사망한 경우라도 첫째 수증자가 창업자금을 증여받고 요건에 맞춰 창업하기 전에 사망한 경우로서 수증자의 상속인이 당초 수증자의 지위를 승계하여 요건을 맞춰 창업하는 경우, 둘째 수증자가 창업자금을 증여받고 요건에 맞게 창업한 후 요건에 맞춰 창업목적에 사용하기 전에 사망한 경우로서 수증자의 상속인이 당초 수증자의 지위를 승계하여 요건에 맞춰 창업하는 경우, 셋째 수증자가 창업자금을 증여받고 요건에 맞춰 창업을 완료한 후 사망한 경우로서 수증자의 상속인이 당초 수증자의 지위를 승계하여 요건에 맞춰 창업하는 경우는 제외한다(조세특례제한법 시행령 제27조의 5 제8항 제1호).

또한 폐업이나 휴업을 한 경우라도 부채가 자산을 초과하여 폐업하는 경우, 최초 창업 이후 영업상 필요 또는 사업전환을 위하여 1회에 한하여 2년(폐업의 경우에는 폐업 후 다시 개업할 때까지 2년) 이내의 기간 동안 휴업하거나 폐업하는 경우(휴업 또는 폐업 중 어느 하나에 한한다)는 제외한다(조세특례제한법 시행령 제27조의 5 제8항 제2호). 현물출자에 따라 개인 사업을 법인으로 전환하는 경우 영업상 필요 또는 사업전환을 위하여 폐업하는 경우에 해당된다(서면법규과-1016, 2014.9.21.).

4.10 중복감면 배제

가업증여 증여세감면과 창업자금 증여세 과세특례는 하나만 선택하여 적용된다(상속세 및 증여세법 제30조의 6 제5항, 조세특례제한법 제30조의 5 제13항). 그러나 가업승계 특례를 적용받는 자 외의 자는 수증자 별로 각각 창업자금특례의 규정을 적용받을 수 있다(재산세과-968, 2010.12.22.).

가업증여의 특례를 적용받은 후 가업상속이 이루어지는 경우 요건을 갖추면 가업상속감면을 받을 수 있지만 가업상속공제 한도액에 가업승계 증여세 과세특례 한도액 30억원을 추가하여 적용하지 않는다(재산세과-329, 2012.9.17.).

PART

3

가업의 승계와 상속

Chapter 1

가업의 상속과 증여

Chapter 2

가업의 승계전략

Chapter 3

가업승계와 조세전략

Chapter 4

가업의 재산평가

Chapter 5

가업의 주식평가

1 가업의 재산평가 원칙

1.1 일반적 원칙

개요

상속재산 등 재산의 평가는 통상적으로 시가에 의하여 평가하는 것으로 법원은 판단하고 있다. 그리고 상당부분 「상속세 및 증여세법」의 평가규정을 수용하고 있다(서울고법 2012.10.24. 선고, 2012나3168,3175 판결). 이에 따라 감정평가 전문가가 평가한 것도 수용하고 있다. 동일한 사항에 관하여 상이한 수개의 감정결과가 있을 때 그 중 하나에 의거하여 법원이 직권으로 수용할 수 있다(대법원 2005.1.14. 선고, 2001다81320 판결 등 참조).

평가 기준일

상속세와 증여세를 계산하기 위하여 상속세나 증여세가 부과되는 재산의 가액을 평가할 때 평가기준일은 상속개시일 또는 증여일이다(상속세 및 증여세법 제60조 제1항). 상속개시일 전 처분재산은 재산 처분일, 사전증여재산은 증여일을 기준으로 한다(상속세 및 증여세법 집행기준 60-49-1). 상속재산의 가액에 가산하는 증여재산의 가액은 증여일 현재의 시가로 평가하는 것이다(상속세 및 증여세법 제60조 제4항). 따라서 재산가치가 상승하는 경우 사전에 증여하는 것이 상속세를 절약할 수 있는 방법이다.

절사기준 및 환율적용

배율에 따른 부동산의 제곱미터 당 가액, 상장주식의 1주당 최종시세가액의 평균액과 비상장주식의 1주당가액, 1주당 순손익 및 1주당 순손익 가중평균액 등의 계산에 있어 원단위 미만의 금액은 이를 버린다(상속세 및 증여세법 기본통칙 60-0…1). 국외재산은 평가기준일 현재 「외국환거래법」에 의한 기준 환율 또는 재정환율에 의하여 환산한다(상속세 및 증여세법 시행규칙 제15조 제2항).

1.2 시가평가의 원칙

시가의 의의

상속세나 증여세 과세 시 재산의 평가는 평가기준일 현재의 시가에 의한다(상속세 및 증여세법 제60조 제1항). 이때 시가는 불특정 다수인 사이에 자유롭게 거래가 이루어지는 경우에 통상적으로 성립된다고 인정되는 가액이다(상속세 및 증여세법 제60조 제2항). 시가로 보는 가액이 2 이상인 경우에는 평가기준일을 전후하여 가장 가까운 날에 해당하는 가액에 의한다(상속세 및 증여세법 시행령 제49조 제2항, 상속세 및 증여세법 집행기준 60－49－2 제3항).

매매사례가액

① 개요

해당 평가대상 재산에 대하여 평가기준일 전후 6개월(증여재산의 경우에는 3개월) 이내의 기간 중 매매사실이 있는 경우에는 그 거래가액은 시가에 포함한다(상속세 및 증여세법 시행령 제49조 제1항). 이때 시가로 보는 가액이 2 이상인 경우에는 평가기준일을 전후하여 가장 가까운 날에 해당하는 가액에 의한다(상속세 및 증여세법 시행령 제49조 제2항). 이때 평가기준일 전후 6월 또는 증여재산의 경우 3월 이내에 해당하는지 여부는 매매계약일을 기준으로 하여 판단한다(상속세 및 증여세법 시행령 제49조 제2항). 그러나 평가기준일로부터 6개월 또는 3개월을 넘는 것도 인정받을 수 있는 경우가 있다. 평가기간에 해당하지 아니하는 기간 중 평가기준일 전 2년 이내의 기간에 매매가 있는 경우에도 평가기준일부터 매매계약일까지의 기간 중에 주식발행회사의 경영상태, 시간의 경과 및 주위환경의 변화 등을 감안하여 가격변동의 특별한 사정이 없다고 인정되는 때에는 평가심의위원회의 자문을 거쳐 해당 매매의 가액을 포함시킬 수 있다(상속세 및 증여세법 시행령 제49조 제1항 단서, 상속세 및 증여세법 집행기준 60－49－2 제2항). 여기서 '평가기준일전 2년' 조항은 2014년 2월 21일 신설된 것으로 이날 이후 재산가액을 평가하는 분부터 적용한다(부칙).

이때 결정된 날이 평가기준일 전에 해당하는 경우로서 그 날부터 평가기준일까지 해당 재산에 대한 자본적 지출액이 확인되는 경우에는 그 자본적 지출액을 시가에 더할 수 있다(상속세 및 증여세법 시행령 제49조 제5항). 이 조항은 2014년 2월 21일 신설된 조항이며 이날 이후 재산가액을 평가하는 분부터 적용한다(부칙). 이렇게 해당 재산의 매개사례 가액이 있는 경우에는 유사재산 비교가액을 적용하지 아니한다(상속세 및 증여세법 시행령 제49조 제2항 단서). 다만, 그 거래가액이 특수관계에 있는 자(상속세와 증여세법 시행령 제26조 제4항 설명 참조)와의 거래 등 객관적으로 부당하다고 인정되는 경우를 제외한다(상속세 및 증여세법 시행령 제49조 제1항 제1호 가목).

실질거래내용과 관계없이 거래당사자간에 정한 토지거래계약 신고금액은 당연히 매매가액으로 인정하지 않는다(상속세 및 증여세법 집행기준 60-49-9).

② 비상장주식의 시가평가

한국증권거래소에 상장되거나 한국증권업협회에 등록되지 않은 법인이 발행한 주식의 경우 그에 관한 객관적 교환가치가 적정하게 반영된 정상적인 거래의 실례가 있다면 그 거래가격을 시가로 보아 주식의 가액을 평가하여야 한다(대법원 2000.7.28. 선고, 2000두1287 판결, 대법원 2001.9.28. 선고, 2001도3191 판결 참조). 그러나 '코넥스' 시장에 상장된 법인의 주식에 대하여는 상장법인에 대한 평가방법을 적용하지 않고 비상장법인에 대한 평가규정이 적용된다(서면법규과-1021, 2013.9.16.).

비상장주식이라도 매매사실이 있는 경우에 그 거래가액은 시가에 해당하는 것이나, 그 거래가액이 특수관계에 있는 자 와의 거래 등 객관적으로 부당하다고 인정되는 경우는 제외한다. 이 경우 그 가액이 객관적으로 부당하다고 인정되는 경우란 가격변동 요인과 거래 당사자 사이의 관계, 거래경위 및 가격결정 과정과 거래규모 등을 종합적으로 고려하여 당해 가액이 불특정다수인 사이에 자유로이 거래가 이루어지는 경우에 통상 성립된다고 인정되는 가액에 해당하는지 여부를 사실판단 한다(재산세과-603, 2009.10.30.).

한편, 비상장주식의 경우 거래된 비상장주식의 액면 가액의 합계액이 전체 지분의 1% 미만이거나 3억 원 미만인 경우는 시가로 인정하지 않는다(상속세 및 증여세법 시행령 제49조 제1항 제1호 나목). 다만 평가심의위원회의 심의를 거쳐 그 거래가액이 거래의 관행상 정당한 사유가 있다고 인정되는 경우는 시가로 인정할 수 있다(상속세 및 증여세법 시행령 제49조 제1항 제1호 나목 괄호).

수용가격 등

수용가격과 공매가격 등도 인정되는 것은 시가에 포함한다(상속세 및 증여세법 제60조 제2항). 즉 수용·「민사집행법」에 따른 경매 또는 공매가 있는 경우에 그 확인되는 가액이 인정된다(상속세 및 증여세법 시행령 제49조 제1항). 이 경우에도 시가로 보는 가액이 2 이상인 경우에는 평가기준일을 전후하여 가장 가까운 날에 해당하는 가액에 의한다(상속세 및 증여세법 시행령 제49조 제2항). 이렇게 해당 재산의 수용·「민사집행법」에 따른 경매 또는 공매의 가액이 있는 경우에는 유사재산 비교가액을 적용하지 아니한다(상속세 및 증여세법 시행령 제49조 제2항 단서).

다만, 이러한 경우 수용 등의 가격을 시가로 인정하기 위해서는 해당 가격 결정일에 대한 기간의 제한이 있다. 즉, 평가기준일 전후 6개월(증여재산의 경우에는 3개월) 이내의 기간에 결정된 가액만 인정한다(상속세 및 증여세법 시행령 제49조 제1항). 이때 평가기준일 전후 6월 또는 증여재산의 경우 3월 이내에 해당하는지 여부는 가격산정기준일, 보상가액·경매가액 또는 공매가액이 결정된 날을 기준으로 하여 판단한다(상속세 및 증여세법 시행령 제49조 제2항). 이때 결정된 날이 평가기준일 전에 해당하는 경우로서 그 날부터 평가기준일까지 해당 재산에 대한 자본적 지출액이 확인되는 경우에는 그 자본적 지출액을 시가에 더할 수 있다(상속세 및 증여세법 시행령 제49조 제5항). 이 조항은 2014년 2월 21일 신설된 조항이며 이날 이후 재산가액을 평가하는 분부터 적용한다(부칙).

그러나 평가기준일로부터 6개월 또는 3개월 넘는 것도 인정받을 수 있는 경우가 있다. 평가기간에 해당하지 아니하는 기간 중 평가기준일 전 2년 이내의 기간에 수용·「민사집행법」에 따른 경매 또는 공매가 있는 경우에도 평가기준일부터 보상가액·경매가액 또는 공매가액이 결정된 날까지의 기간 중에 주식발행회사의 경영상태, 시간의 경과 및 주위환경의 변화 등을 감안하여 가격변동의 특별한 사정이 없다고 인정되는 때에는 평가심의위원회의 자문을 거쳐 해당 수용·「민사집행법」에 따른 경매 또는 공매의 가액을 포함시킬 수 있다(상속세 및 증여세법 시행령 제49조 제1항 단서, 상속세 및 증여세법 집행기준 60-49-2 제2항). 여기서 '평가기준일전 2년' 조항은 2014년 2월 21일 신설된 것으로 이 날 이후 재산가액을 평가하는 분부터 적용한다(부칙).

당해 재산에 대하여 수용·「민사집행법」에 따른 경매 또는 공매사실이 있는 경우에는 그 보상가액·경매가액 또는 공매가액을 시가로 인정하지만 인정되지 않는 경우가 세 가지 있다(상속세 및 증여세법 시행령 제49조 제1항 제3호 단서). 첫 번째는 상속세나 증여세를 현금으로 납부하지 아니하고 물납한 재산을 상속인·증여자·수증자 또는 그와 특수관계에 있는 자(상속세 및 증여세법 시행령 제19조 제2항)가 「민사집행법」에 따른 경매 또는 공매로 취득한 경우는 인정하지 않는다(상속세 및 증여세법 시행령 제49조 제1항 제3호 단서 가목). 두 번째는 「민사집행법」에 따른 경매 또는 공매로 취득한 비상장주식의 가액(액면가액의 합계액)이 소액인 경우이다. 소액이라 함은 액면 가액의 합계액으로 계산한 당해 법인의 발행주식 총액 또는 출자총액의 1% 또는 3억 원보다 적은 것을 말한다(상속세 및 증여세법 시행령 제49조 제1항 제3호 나목). 세 번째는 「민사집행법」에 따른 경매 또는 공매절차의 개시 후 관련법령이 정한 바에 따라 수의계약에 의하여 취득하는 경우이다(상속세 및 증여세법 시행령 제49조 제1항 제3호 다목).

수의계약이 가능한 경우는 1회 공매 후 1년간에 5회 이상 공매하여도 매각되지 아니한 때, 부패 · 변질 또는 감량되기 쉬운 재산으로서 속히 매각하지 않으면 그 재산가액이 감손될 우려가 있는 때이다(상속세 및 증여세법 집행기준 60-49-9). 계약 불이행 등으로 공매가 무효가 된 경우에도 인정하지 않는다(상속세 및 증여세법 집행기준 60-49-9).

감정평가액

감정가격도 인정되는 것은 시가에 포함한다(상속세 및 증여세법 제60조 제2항, 상속세 및 증여세법 시행령 제49조 제1항). 다만, 주식에 대하여는 감정평가액을 적용하지 않는다(상속세 및 증여세법 시행령 제49조 제1항 제2호 괄호). 감정은 당해 재산에 대하여 2 이상의 감정평가법인(기준시가가 10억 원 이하인 부동산의 경우 1 이상의 감정평가법인)이 평가한 감정가액이 있는 경우에는 그 감정가액의 평균액으로 한다(상속세 및 증여세법 제60조 제5항, 상속세 및 증여세법 시행령 제49조 제1항 제2호 및 제6항, 상속세 및 증여세법 시행규칙 제15조 제1항). 다만 부동산 중 기준시가 10억 원 이하의 것은 '하나' 이상의 감정가액으로 한다(상속세 및 증여세법 시행령 제49조 제7항). 이때 시가로 보는 가액이 2 이상인 경우에는 평가기준일을 전후하여 가장 가까운 날에 해당하는 가액에 의한다(상속세 및 증여세법 시행령 제49조 제2항). 이렇게 해당 재산의 감정가액이 있는 경우에는 유사재산 비교가액을 적용하지 아니한다(상속세 및 증여세법 시행령 제49조 제2항 단서).

감정을 하는 경우 평가기준일 전후 6개월(증여재산의 경우에는 3개월) 이내의 기간 중의 가액만 인정한다(상속세 및 증여세법 시행령 제49조 제1항). 이때 평가기준일 전후 6월 또는 증여재산의 경우 3월 이내에 해당하는지 여부는 감정가액평가서를 작성한 날을 기준으로 하여 판단한다(상속세 및 증여세법 시행령 제49조 제2항). 이때 결정된 날이 평가기준일 전에 해당하는 경우로서 그 날부터 평가기준일까지 해당 재산에 대한 자본적 지출액이 확인되는 경우에는 그 자본적 지출액을 시가에 더할 수 있다(상속세 및 증여세법 시행령

제49조 5항). 이 조항은 2014년 2월 21일 신설된 조항이며 이날 이후 재산가액을 평가하는 분부터 적용한다(부칙).

그러나 평가기준일로부터 6개월 또는 3개월을 넘는 것도 인정받을 수 있는 경우가 있다. 평가기간에 해당하지 아니하는 기간 중 평가기준일 전 2년 이내의 기간에 감정이 있는 경우에도 평가기준일부터 감정가액평가서를 작성한 날까지의 기간 중에 주식발행회사의 경영상태, 시간의 경과 및 주위환경의 변화 등을 감안하여 가격변동의 특별한 사정이 없다고 인정되는 때에는 평가심의위원회의 자문을 거쳐 해당 감정에 따른 가액을 포함시킬 수 있다(상속세 및 증여세법 시행령 제49조 제1항 단서, 상속세 및 증여세법 집행기준 60-49-2 제2항). 여기서 '평가기준일전 2년' 조항은 2014년 2월 21일 신설된 것으로 이날 이후 재산가액을 평가하는 분부터 적용한다(부칙).

감정평가 금액을 인정하지 않는 경우도 있다. 즉 일정한 조건이 충족될 것을 전제로 당해 재산을 평가하는 등 상속세 및 증여세의 납부목적에 적합하지 아니한 감정가액 또는 평가기준일 현재 당해 재산의 원형대로 감정하지 아니한 경우의 당해 감정가액은 인정하지 않는다(상속세 및 증여세법 시행령 제49조 제1항 제2호 단서).

또한 감정가액이 소정의 '기준금액'에 미달하는 경우 또는 기준금액 이상이라도 평가심의위원회의 자문을 거쳐 감정평가목적 등을 감안하여 동 가액이 부적정하다고 인정되는 경우에는 세무서장 또는 관할지방 국세청장이 다른 감정기관에 의뢰하여 감정한 가액에 의한다. 그러나 상속세 또는 증여세 납세의무자가 제시한 감정가액보다 낮은 경우에는 납세의무자가 제시한 감정가액에 의한다(상속세 및 증여세법 시행령 제49조 제1항 제2호 단서). '기준금액'이란 보충적 평가방법에 의하여 평가한 가액과 시가로 보는 유사재산의 가액의 90% 중 적은 금액을 말한다(상속세 및 증여세법 시행령 제49조 제1항 제2호 단서). 여기서 보충적 평가방법이란 시가를 산정하기 어려운 경우에 적용되는 법 제61조의 부동산평가 · 법 제62조의 유형재산의 평가 · 법 제64조의 무체재산권의 평가 및 법 제65조의 조건부권리의 평가를 말하고, 법 제63조의 유가증권의 평가와 법 제66조의 저당권 등이 설정된 재산평가의 특례는 제외한다(상속세 및 증여세법 시행령 제49조 제1항 제2호 단서 괄호). 또한 시가로 보는 유사재산의 가액이란 「상속세 및 증여세법 시행령」 제49조 제5항에 따라 시가로 보는 유사재산의 거래가액, 감정가액, 수용가액, 공매와 경매가액을 말한다(상속세 및 증여세법 시행령 제49조 제1항 제2호 단서).

평가대상 재산이 공유물인 경우 그 재산의 타인지분에 감정가액이 있는 경우에는 그 감정가액을 재산의 시가로 볼 수 있다. 다만, 공유물이 현실적으로 각자가 별도로 관리·처분할 수 있고 이에 대한 계약 등에 따라 그 사실이 확인되거나 상호 명의신탁재산에 해당하여 사실상 이를 공유물로 볼 수 없는 경우에는 타인지분에 대한 감정가액을 평가대상 재산의 시가로 보지 아니한다(상속세 및 증여세법 기본통칙 60-49…3).

동일 또는 유사재산의 범위

당해 재산과 면적·위치·용도·종목 및 기준시가가 동일하거나 유사한 다른 재산에 대한 매매·감정·수용·「민사집행법」에 따른 경매 또는 공매 가액(상속세 또는 증여세 과세표준을 신고한 경우에는 평가기준일 전 6개월, 증여의 경우에는 3개월부터 신고일까지의 가액을 말한다)이 있는 경우에는 당해 가액을 시가로 본다(상속세 및 증여세법 시행령 제49조 제4항). 다만 해당 재산의 매매사례가액, 감정평가금액, 수용가격이 있는 경우에는 유사재산 등에 따른 평가 가액을 적용하지 아니한다. (상속세 및 증여세법 시행령 제49조 제2항 단서).

해당 재산과 면적·위치·용도·종목 및 기준시가가 동일하거나 유사한 다른 재산에 대하여는 시행규칙에서 공동주택에 관한 규정을 두고 있다. 이 규정에 따르면 「부동산 가격공시에 관한 법률」에 따른 공동주택가격(새로운 공동주택가격이 고시되기 전에는 직전의 공동주택가격을 말한다)이 있는 공동주택의 경우에는 다음의 세 가지 요건을 모두 충족하는 주택을 말하는 것으로 정하고 있다.

첫째, 평가대상 주택과 동일한 공동주택단지(공동주택관리법에 따른 공동주택단지를 말한다) 내에 있을 것, 둘째, 평가대상 주택과 주거전용면적(주택법에 따른 주거전용면적을 말한다)의 차이가 평가대상 주택의 주거전용면적의 100분의 5 이내일 것, 셋째, 평가대상 주택과 공동주택가격의 차이가 평가대상 주택의 공동주택가격의 100분의 5 이내일 것 등이다(상속세 및 증여세법 시행규칙 제15조 제3항 제1호).

상장주식의 시가평가

상장주식을 평균시세로 평가한 것(법 제63조 제1항 제1호 가목 및 나목에 규정된 평가방법으로 평가한 가액)은 시가로 본다(상속세 및 증여세법 제60조 제1항). 다만, 상장신청 중인 주식과 상장법인이 증자 후 아직 상장되지 않은 주식에는 적용되지 않는다(상속세 및 증여세법 제60조 제1항 괄호).

2 이상의 재산에 대한 시가평가

거래사례, 수용가격 등, 감정평가 등을 적용할 때 2 이상의 재산가액이 포함됨으로써 각각의 재산가액이 구분되지 아니하는 경우에는, 각각의 재산을 시가를 알 수 없는 경우에 적용되는 보충적 평가방법(상속세 및 증여세법 제61조 내지 제65조의 규정)에 의하여 평가한 가액에 비례하여 안분계산 하되 각각의 재산에 대하여 감정가액(동일감정기관이 동일한 시기에 감정한 각각의 감정가액을 말한다)이 있는 경우에는 감정가액에 비례하여 안분계산 한다(상속세 및 증여세법 시행령 제49조 제3항).

그러나 토지와 그 토지에 정착된 건물 기타 구축물의 가액이 구분되지 아니하는 경우에는 「부가가치세법 시행령」 제64조의 규정에 따라 세 가지 방식으로 안분계산 한다(상속세 및 증여세법 시행령 제49조 제3항 단서).

첫째는 토지와 건물 등에 대한 「소득세법」 제99조의 규정에 의한 기준시가가 모두 있는 경우에는 공급계약일 현재의 기준시가에 따라 계산한 가액에 비례하여 안분계산 한다. 다만, 감정평가가액이 있는 경우에는 그 가액에 비례하여 안분계산 한다(부가가치세법 시행령 제63조 제1호). 여기서 감정평가액은 「부가가치세법 시행령」 제28조에 규정된 공급시기(중간지급조건부 또는 장기할부판매의 경우는 최초공급시기)가 속하는 과세기간의 직전과세기간 개시일부터 공급시기가 속하는 과세기간의 종료일까지 「감정평가 및 감정평가사에 관한 법률」에 따른 감정평가업자가 평가한 감정평가가액을 말한다(부가가치세법 시행령 제64조 제1호 괄호).

둘째는 토지와 건물 등 중 어느 하나 또는 모두의 기준시가가 없는 경우로서 감정평가가액이 있는 경우에는 그 가액에 비례하여 안분계산 한다. 다만, 감정평가가액이 없는 경우에는 장부가액(장부가액이 없는 경우에는 취득가액)에 비례하여 안분계산한 후 기준시가가 있는 자산에 대하여는 그 합계액을 다시 기준시가에 의하여 안분계산 한다(부가가치세법 시행령 제64조 제2호). 여기서 감정평가액은 「부가가치세법 시행령」 제21조에 규정된 공급시기(중간지급조건부 또는 장기할부판매의 경우는 최초공급시기)가 속하는 과세기간의 직전과세기간 개시일부터 공급시기가 속하는 과세기간의 종료일까지 「부동산가격공시 및 감정평가에 관한 법률」에 따른 감정평가업자가 평가한 감정평가가액을 말한다(부가가치세법 시행령 제64조 제1호 괄호).

셋째는 이 두 가지를 적용할 수 없거나 적용하기 곤란한 경우로 국세청장이 정하는 바에 따라 안분계산 한다(부가가치세법 시행령 제64조 제3호).

토지와 건물 등의 가액구분이 불분명한 경우 과세표준 안분계산방법 고시

(2015.8.24. 국세청고시 제2015-43호)

「부가가치세법」 제29조 제9항, 같은 법 시행령 제64조 제3호의 위임에 따라 사업자가 토지와 건물 등을 함께 공급하는 경우로서 실지거래가액 중 토지의 가액과 건물 등의 가액의 구분이 불분명한 경우에 대한 과세표준 안분계산방법에 관한 사항을 다음과 같이 개정하여 고시합니다.

2015년 8월 24일
국 세 청 장

제1조【목적】
이 고시는 「부가가치세법」 제29조 제9항, 같은 법 시행령 제64조 제3호에서 국세청장에게 위임한, 사업자가 토지와 건물 등을 함께 공급하는 경우로서 실지거래가액 중 토지의 가액과 건물 등의 가액의 구분이 불분명한 경우에 대한 과세표준 안분계산방법에 관한 사항을 정함을 목적으로 한다.

제2조【토지와 건물 등의 가액을 일괄 산정 · 고시하는 오피스텔, 상업용 건물 및 주택을 공급하는 경우】
사업자가 「소득세법」 제99조 제1항 제1호 다목 및 라목에 규정하는 오피스텔, 상업용 건물, 주택을 공급하는 경우로서 실지거래가액 중 토지의 가액과 건물 등의 가액의 구분이 불분명한 경우에는 다음 각 호와 같이 과세표준을 계산한다.

1. 토지 및 건물 등의 기준가액 산정
   토지의 기준가액은 「소득세법」 제99조 제1항 제1호 가목에 따른 토지의 기준시가로 하고, 건물 등의 기준가액은 같은 법 제99조 제1항 제1호 나목의 규정에 따라 국세청장이 고시한 건물의 기준시가의 산정방법을 준용하여 계산한 가액으로 한다.
2. 과세표준의 안분계산

$$\text{과세표준} = \frac{\text{실지거래가액}}{\text{(부가가치세 불 포함)}} \times \frac{\text{제1호에 따른 건물 등의 기준가액}}{\text{제1호에 따른 토지의 기준가액과 건물 등의 기준가액의 합계액}}$$

제3조【건물의 건축 중에 토지와 건물을 함께 공급하는 경우】
사업자가 건물의 건축 중에 토지와 건물의 공급계약을 체결하면서 해당 건물을 완성하여 공급하기로 한 경우로서 실지거래가액 중 토지의 가액과 건물 등의 가액의 구분이 불분명한 경우에는 다음 각 호의 순서에 따라 과세표준을 계산한다.

1. 토지 및 건물 등의 기준가액 산정
   토지는 제2조 제1호에 따른 토지의 기준가액에 의하고, 건물 등은 공급계약일 현재에 건축법상의 건축허가조건에 따라 건물이 완성된 것으로 보아 제2조 제1호에 따른 건물 등의 기준가액에 의한다. 다만, 당초의 건축허가조건이 변경되거나 건축허가조건과 다르게 건물이 완성되는 경우에는 해당 건물 등이 완성된 날(완성된 날이 불분명한 경우에는 준공검사일)에 정산하여야 한다.

2. 과세표준의 안분계산

$$과세표준 = \frac{실지거래가액}{(부가가치세\ 불\ 포함)} \times \frac{제1호에\ 따른\ 건물\ 등의\ 기준가액}{제1호에\ 따른\ 토지의\ 기준가액과\ 건물\ 등의\ 기준가액의\ 합계액}$$

3. 과세표준의 정산

제1호의 단서규정에 따라 토지와 건물 등의 기준가액을 정산하는 경우에는 제2호의 규정에 따른 과세표준을 정산하여야 한다.

제 4 조【미완성된 건물 등을 토지와 함께 공급하는 경우】

사업자가 토지와 미완성된 건물 등을 함께 공급하며 실지거래가액 중 토지의 가액과 건물 등의 가액의 구분이 불분명한 경우, 토지는 제2조 제1호의 기준가액으로 하고, 미완성된 건물 등은 장부가액(장부가액이 없는 경우에는 취득가액)으로 하여 그 가액에 비례하여 실지거래가액을 안분계산 한다.

제 5 조【재검토기한】

「훈령 · 예규 등의 발령 및 관리에 관한 규정」(대통령 훈령 제334호)에 따라 이 고시 발령 후의 법령이나 현실여건의 변화 등을 검토하여 이 고시의 폐지, 개정 등의 조치를 하여야 하는 기한은 2018년 8월 23일까지로 한다.

부 칙 (2015.8.24. 국세청고시 제2015 - 43호)

제 1 조【시행일】

이 고시는 고시한 날부터 시행한다.

제 2 조【종전 고시의 폐지】

종전의 「토지와 건물 등의 가액구분이 불분명한 경우 과세표준 안분계산방법 고시」(2012.8.24. 국세청고시 제2012 - 61호)는 폐지한다.

이상의 내용을 정리해보면 다음과 같다(부가가치세법 집행기준 29 - 64 - 1).

〈2 이상 재산의 평가금액 구분계산방법〉

구 분	계산방법
실거래가액이 모두 있는 경우	구분된 건물 등의 실지거래가액
감정평가액이 모두 있는 경우	감정평가법인이 평가한 감정평가액에 비례하여 안분계산

구 분	계산방법
기준시가가 모두 있는 경우	기준시가에 비례하여 안분계산
기준시가가 일부 있는 경우	• 먼저 장부가액(장부가액이 없는 경우 취득가액)에 비례하여 안분계산 • 기준시가가 있는 자산에 대하여는 그 합계액을 다시 기준시가에 비례하여 안분계산
기준시가가 모두 없는 경우	장부가액(장부가액이 없는 경우 취득가액)에 비례하여 안분계산
국세청장이 정한 과세표준 안분계산 방법	• 토지와 건물 등의 가액을 일괄 산정 · 고시하는 오피스텔 등의 경우 ⇒토지의 기준시가와 건물 등의 기준시가에 비례하여 안분계산 * 국세청장이 고시한 건물의 기준시가 : 신축가격, 구조, 용도, 위치, 신축연도 등을 고려하여 매년 1회 이상 국세청장이 산정 · 고시하는 가액
	• 건축 중에 있는 건물과 토지를 함께 양도하는 경우 ⇒해당 건물을 완성하여 공급하기로 한 경우 에는 토지의 기준시가와 완성될 건물의 기준시가에 비례하여 안분계산
	• 미완성 건물 등과 토지를 함께 공급하는 경우 ⇒토지의 기준시가와 미완성 건물 등의 장부가액(장부가액이 없는 경우 취득가액)에 비례하여 안분계산

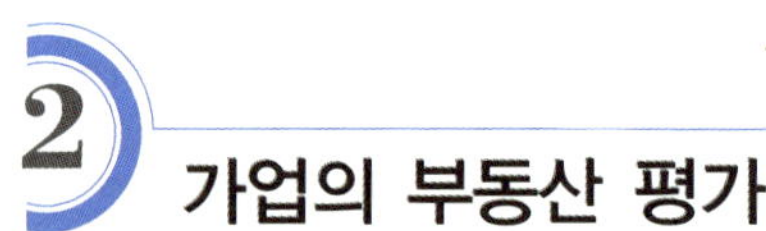

2 가업의 부동산 평가

2.1 평가의 개요

위에서 시가를 산정하기 어려운 경우에는 해당 재산의 종류, 규모, 거래 상황 등을 고려하여 「상속세 및 증여세법」 제61조부터 제65조까지에 규정된 방법으로 평가한 가액을 시가로 본다(상속세 및 증여세법 제60조 제3항). 이를 보충적 평가라 하는데 여기서는 부동산의 보충적 평가에 대하여 설명한다.

2.2 오피스텔 및 상업용 건물의 평가

국세청장 고시가격

국세청장이 지정하는 지역에 소재하는 오피스텔 및 상업용 건물 및 부수토지에 대해서는 매년 1회 이상 국세청장이 토지와 건물에 대하여 일괄하여 산정 · 고시한 가액으로 한다(상속세 및 증여세법 제61조 제1항 제3호, 상속세 및 증여세법 시행령 제50조 제3항). 그러나 이렇게 지정되지 않은 오피스텔이나 상업용 건물은 토지는 원칙적으로 개별공시지가, 건물은 일반건물 평가방식에 의한다(상속세 및 증여세법 집행기준 61-50-6). 국세청사이트(www.hometax.go.kr)에 들어가면 기준시가를 열람할 수 있다.

고시 가격에 대한 이의신청 등

국세청장이 산정하고 고시한 가액에 대한 소유자나 그 밖의 이해관계인의 의견 청취 및 재 산정, 고시신청에 관하여는「소득세법」제99조 제4항부터 제6항까지 및 제99조의 2를 준용한다(상속세 및 증여세법 제61조 제6항).

2.3 주택의 평가

공시가격 또는 고시가격

「부동산 가격공시에 관한 법률」에 따른 개별주택가격 및 공동주택가격 또는 국세청장이 결정 · 고시한 공동주택가격이 있는 때에는 그 가격을 평가금액으로 한다(상속세 및 증여세법 제61조 제1항 제4호).

국토교통부 장관은 용도지역, 건물구조 등이 일반적으로 유사하다고 인정되는 일단의 단독주택 중에서 선정한 표준주택에 대하여 매년 공시기준일 현재의 표준주택가격을 조사 · 평가하고, 중앙부동산평가위원회의 심의를 거쳐 이를 공시한다(부동산 가격공시에 관한 법률 제18조 제1항). 또한 국토교통부 장관은 공동주택에 대하여 매년 공시기준일 현재의 공동주택가격을 조사 · 산정하여, 중앙부동산평가위원회의 심의를 거쳐 공시하고, 이를 관계행정기관 등에 제공한다. 다만, 국세청장이 국토교통부 장관과 협의하여 공동주택가격을 별도로 결정 · 고시하는 경우를 제외한다(부동산 가격공시에 관한 법률 제18조 제1항 단서). 이는 국세청사이트에서 열람할 수 있다. 공동주택에 부속 또는 부착된 시설물 및 구축물은 토지 또는 건물과 일괄하여 평가한 것으로 본다(상속세 및 증여세법 시행령 제51조 제5항).

만일 주택의 고시 가격보다 부수토지의 개별공시지가가 더 큰 경우에도 주택은 고시 가격으로 평가한다(상속세 및 증여세법 집행기준 61－50－8).

관할세무서장의 평가가액

개별주택가격 및 공동주택가격이 없는 주택 또는 주택가격 고시 후에 해당 주택을 「건축법」 제2조 제1항 제9호 및 제10호에 따른 대수선 또는 리－모델링을 하여 고시주택가격으로 평가하는 것이 적절하지 아니한 경우의 가격은 납세지 관할세무서장이 인근 유사주택의 개별주택가격 및 공동주택가격을 고려하여 평가한 금액으로 한다(상속세 및 증여세법 제61조 제1항 제4호). 이를 구체적으로 살펴보면 다음과 같다.

첫째, 「부동산 가격공시에 관한 법률」에 따른 개별주택가격이 없는 단독주택의 경우에는 해당 주택과 구조 · 용도 · 이용 상황 등 이용가치가 유사한 인근주택을 표준주택으로 보고 주택가격 비준 표에 따라 납세지 관할세무서장(납세지 관할세무서장과 해당 주택의 소재지를 관할하는 세무서장이 서로 다른 경우로서 납세지 관할세무서장의 요청이 있는 경우에는 해당 주택의 소재지를 관할하는 세무서장)이 평가한 가액으로 한다(상속세 및 증여세법 시행령 제50조 제4항 제1호 가목). 시장 · 군수 또는 구청장이 개별주택가격을 결정 · 공시하는 경우에는 당해 주택과 유사한 이용가치를 지닌다고 인정되는 표준주택가격을 기준으로 주택가격 비준표를 사용하여 가격을 산정한다(부동산 가격공시 및 감정평가에 관한 법률 제16조).

둘째, 「부동산 가격공시에 관한 법률」에 따른 공동주택가격이 없는 공동주택의 경우에는 인근 유사 공동주택의 거래가격 · 임대료 및 해당 공동주택과 유사한 이용가치를 지닌다고 인정되는 공동주택의 건설에 필요한 비용추정액 등을 종합적으로 고려하여 납세지 관할세무서장(납세지 관할세무서장과 해당 주택의 소재지를 관할하는 세무서장이 서로 다른 경우로서 납세지 관할세무서장의 요청이 있는 경우에는 해당 주택의 소재지를 관할하는 세무서장)이 평가한 가액으로 한다(상속세 및 증여세법 시행령 제50조 제4항 제1호 나목).

셋째, 「지방세법」은 개별주택가격이 공시되지 아니한 경우에는 시장 · 군수 또는 구청장(자치구의 구청장을 말한다)이 주택가격 비준 표를 사용하여 산정한 가액으로 하고, 공동주택가격이 공시되지 아니한 경우에는 시장 · 군수가 산정한 가액으로 하도록 정하고 있다(지방세법 제4조). 이에 따라 시장 · 군수가 산정한 가액이나 둘 이상의 감정평가기관에 해당 주택에 대한 감정을 의뢰하여 산정된 감정가액을 고려하여 납세지 관할세무서장이 평가한 가액으로 할 수 있다(상속세 및 증여세법 시행령 제50조 제4항 제2호).

2.4 토지의 평가

▲▼ 개별공시지가

시가가 없는 토지의 평가는 「부동산 가격공시에 관한 법률」에 따른 개별공시지가로 평가한다(상속세 및 증여세법 제61조 제1항 제1호, 상속세 및 증여세법 집행기준 61－0－2). 개별공시지가는 평가기준일 현재 고시되어 있는 것을 적용한다(상속세 및 증여세법 시행령 제50조 제6항).

이 경우 환지 및 택지개발 등에 따라 토지의 형질이 변경된 경우로서 평가기준일 현재 고시되어 있는 개별공시지가를 적용하는 것이 불합리하다고 인정되는 경우에는 아래의 개별공시지가가 없는 토지의 평가방법을 준용하여 평가한다(상속세 및 증여세법 기본통칙 61－50…1 제1항). 분할 또는 합병된 토지의 개별공시지가도 마찬가지이다(상속세 및 증여세법 기본통칙 61－50…1 제2항). 그러나 분할 또는 합병 전후 그 토지의 지목변경 및 이용상태 등으로 보아 종전의 개별공시지가를 적용하는 것이 합리적이라고 인정되는 경우에는 분할된 토지는 분할 전 토지에 대한 개별공시지가에 의하고, 합병된 토지는 합병 전 토지에 대한 각 개별공시지가의 합계액을 총면적으로 나눈 금액으로 한다(상속세 및 증여세법 기본통칙 61－50…1 제2항 후단).

▲▼ 개별공시지가가 없는 토지

개별공시지가가 없는 토지의 가액은 납세지 관할세무서장이 인근 유사 토지의 개별공시지가를 고려하여 평가한 금액으로 한다(상속세 및 증여세법 제61조 제1항 제1호 단서). 즉 개별공시지가가 없는 경우 즉 「공간정보의 구축 및 관리 등에 관한 법률」에 의한 신규등록 토지, 「공간정보의 구축 및 관리 등에 관한 법률」에 의하여 분할 또는 합병된 토지, 토지의 형질변경 또는 용도변경으로 인하여 「공간정보의 구축 및 관리 등에 관한 법률」상의 지목이 변경된 토지, 개별공시지가의 결정 · 고시가 누락된 토지(국 · 공유지를 포함)

등은 해당 토지와 지목 · 이용 상황 등 지가형성요인이 유사한 인근 토지를 표준지로 보고 「부동산 가격공시에 관한 법률」 제3조 제7항에 따른 비교표에 따라 납세지관할세무서장(납세지관할세무서장과 해당 토지의 소재지를 관할하는 세무서장이 서로 다른 경우로서 납세지관할세무서장의 요청이 있는 경우에는 해당 토지의 소재지를 관할하는 세무서장으로 한다)이 평가한 가액을 말한다. 이 경우 납세지관할세무서장은 「지방세법」 제4조 제1항 단서에 따라 시장 · 군수가 산정한 가액 또는 둘 이상의 감정기관에 의뢰하여 해당 감정기관의 감정가액을 참작하여 평가할 수 있다(상속세 및 증여세법 시행령 제50조 제1항). 국토교통부는 표준지와 지가산정대상토지의 지가형성요인에 관한 표준적인 비교표(이하 "토지가격비준표"라 한다)를 작성하여 관계행정기관 등에 제공하며, 관계행정기관 등은 이를 사용하여 지가를 산정한다(부동산 가격공시에 관한 법률 제10조 제7항). 토지가격비준표는 표준지를 기준으로 도로접면상태, 토지이용상태, 용도지역, 교통편의, 유해시설과의 거래 등 토지가격에 영향을 주는 22개의 토지특성의 현황에 따른 지가수준차이를 나타내는 배율표이다.

지정지역 토지

각종 개발사업 등으로 지가가 급등하거나 급등할 우려가 있는 지역으로서 국세청장이 지정한 지역의 토지 가액은 배율방법(倍率方法)으로 평가한다(상속세 및 증여세법 제61조 제1항 제1호 단서, 상속세 및 증여세법 시행령 제50조 제2항). 배율방법이란 국세청장이 평가기준일 현재의 개별공시지가에 지역마다 그 지역에 있는 가격사정이 유사한 토지의 매매실례가액을 감안하여 고시하는 배율을 곱하여 계산한 금액에 의하여 계산하는 방법을 말한다(상속세 및 증여세법 제61조 제2항, 상속세 및 증여세법 시행령 제50조 제5항). 그러나 현재까지 국세청장이 지정지역으로 고시한 지역은 없다(상속세 및 증여세법 집행기준 61－50－3).

기타 특수한 경우의 토지 평가

① 환지예정지의 평가

환지예정지의 가액은 환지권리면적에 따라 계산한 가액에 따른다(상속세 및 증여세법 기본통칙 61－50…3).

② 도로 등의 평가

불특정다수인이 공용하는 사실상 도로 및 하천 · 제방 · 구거 등은 상속재산 또는 증여재산에 포함되나, 평가기준일 현재 도로 등 외의 용도로 사용할 수 없는 경우로서 보상가격이 없는 등 재산적 가치가 없다고 인정되는 때에는 그 평가액을 영으로 한다(상속세 및 증여세법 기본통칙 61－50…4).

③ 조성중인 토지의 평가

조성중인 토지의 가액은 그 지목에 대한 개별공시지가로 평가한 가액에 그 조성과 관련된 비용(차입금에 대한 이자비용 포함)을 가산한 가액에 의하여 평가한다(상속세 및 증여세법 집행기준 61－50－2 제5항).

2.5 기타 건물의 평가

위의 오피스텔 및 상업용 건물과 주택을 제외한 건물은 그 신축가격, 구조, 용도, 위치, 신축연도 등을 고려하여 매년 1회 이상 국세청장이 산정 · 고시하는 가액으로 한다(상속세 및 증여세법 제61조 제1항 제2호).

평가기준일 현재 다른 법령에 따라 철거대상에 해당하는 건물의 평가액은 그 재산의 이용도, 철거의 시기 및 철거에 따른 보상의 유무 등 제반 상황을 감안한 적정가액에 따라 평가한다(상속세 및 증여세법 기본통칙 61－50…2).

2.6 부동산에 관한 권리의 평가

지상권

타인의 토지에 건물 기타 공작물이나 수목을 소유하기 위하여 그 토지를 사용하는 권리를 지상권이라 한다(민법 제279조). 시가가 확인되지 않는 지상권의 가액은 지상권이 설정되어 있는 토지의 가액에 연간 2%를 곱하여 계산한 금액을 해당 지상권의 잔존연수를 감안하여 환산한 가액으로 한다(상속세 및 증여세법 시행령 제51조 제1항, 상속세 및 증여세법 시행규칙 제16조 제1항 · 제2항, 상속세 및 증여세법 집행기준 61－51－2).

〈지상권의 평가 계산식〉

$$\sum_{n=1}^{n} \frac{\text{각 연도의 수입금액}}{(1+\frac{10}{100})^{n}}$$

n : 평가기준일로부터의 경과연수
각 연도의 수입금액＝토지가액×2%

지상권의 존속기간은 계약으로 정한다. 그러나 최소기간을 정하고 있다. 즉 석조, 석회 조, 연와 조 또는 이와 유사한 견고한 건물이나 수목의 소유를 목적으로 하는 때에는 30년, 기타건물의 소유를 목적으로 하는 때에는 15년, 건물 이외의 공작물의 소유를 목적으로 하는 때에는 5년이다. 이보다 단축한 기간을 정한 때에는 이 최소한의 기간까지 연장한다(민법 제280조, 상속세 및 증여세법 시행령 제51조 제1항). 계약으로 지상권의 존속기간을 정하지 아니한 때에는 그 기간은 이 최단존속기간을 존속기간으로 한다. 한편 지상권 설정당시에 공작물의 종류와 구조를 정하지 아니한 때에는 지상권은 석조 건물의 소유를 목적으로 한 것으로 본다(민법 제281조, 상속세 및 증여세법 시행령 제51조 제1항).

▲▼ 부동산을 취득할 수 있는 권리의 평가

① 부동산을 취득할 수 있는 권리의 범위

부동산을 취득할 수 있는 권리는 취득시기가 도래하기 전에 해당 부동산을 취득할 수 있는 권리를 말하는 것으로 건물이 완성되는 때에 그 건물과 이에 딸린 토지를 취득할 수 있는 권리를 포함한다. 예를 들어 부동산매매계약을 체결한 자가 계약금만 지급한 상태에서 양도하는 경우, 아파트당첨권 등이 이에 속한다(상속세 및 증여세법 집행기준 61－51－3). 특정시설물을 이용할 수 있는 권리라 함은 특정시설물이용권 · 회원권 기타 명칭여하에 불문하고 당해 시설물을 배타적으로 이용하거나 일반이용자에 비하여 유리한 조건으로 이용할 수 있도록 약정한 단체의 일원이 된 자에게 부여되는 권리를 말한다(상속세 및 증여세법 시행령 제51조 제3항, 상속세 및 증여세법 집행기준 61－51－4).

② 평가의 방법

부동산을 취득할 수 있는 권리 및 특정시설물을 이용할 수 있는 권리의 가액은 평가기준일까지 불입한 금액과 평가기준일 현재의 프리미엄에 상당하는 금액을 합한 금액으로 한다(상속세 및 증여세법 시행령 제51조 제2항).

다만, 해당 권리에 대하여 시가표준액이 있는 경우에는 그 가액으로 한다(상속세 및 증여세법 시행령 제51조 제2항 단서). 주식을 제외한 시설물이용권(소득세법 제94조 제1항 제4호 나목)은 즉 골프회원권 · 승마회원권 · 콘도미니엄회원권 및 종합체육시설이용회원권에 대하여 「지방세법 시행령」 제80조 제1항 제9호에 따라 고시한 시가표준액으로 한다(소득세법 시행령 제165조 제8항 제3호). 이러한 고시는 각 시군구별로 각각 하고 있다. 다만, 취득 또는 양도 당시의 시가표준액을 확인할 수 없는 경우에는 환산한 가액으로 한다(소득세법 시행령 제165조 제8항 제3호 단서). 환산은 다음과 같이 한다. 여기서 생산자물가지수란 「한국은행법」에 따라 한국은행이 조사한 매월의 생산자물가지수를 말한다(소득세법 시행규칙 제81조 제3항). 생산자물가지수는 한국은행 사이트에 들어가면 '한국은행경제통계시스템'에서 볼 수 있다.

〈시설물이용권의 시가표준액 환산산식〉

구 분	
양도 당시의 기준시가는 정하여져 있으나 취득 당시의 기준시가를 정할 수 없는 경우에 취득 당시의 기준시가로 하는 가액	최초로 고시한 시가표준액 × $\frac{\text{취득일이 속하는 달의 생산자 물가지수}}{\text{시가표준액을 최초로 고시한 날이 속하는 달의 생산자물가지수}}$
취득 당시의 기준시가와 양도 당시의 기준시가를 모두 정할 수 없는 경우에 취득 또는 양도 당시의 기준시가로 하는 가액	분양가 × $\frac{\text{취득일(양도일)이 속하는 달의 생산자물가지수}}{\text{분양일이 속하는 달의 생산자물가지수}}$

이러한 고시가 없는 경우, 부동산을 취득할 수 있는 권리 및 특정시설물을 이용할 수 있는 권리의 가액은 평가기준일까지 불입한 금액과 평가기준일 현재의 프리미엄에 상당하는 금액을 합한 금액으로 한다(상속세 및 증여세법 집행기준 61-51-5). 여기서 프리미엄은 그 당시 불특정다수인간의 거래에 있어서 통상 지급되는 프리미엄을 말한다(상속세 및 증여세법 집행기준 61-51-6 제1항).

③ 특수한 사례

구 주택을 현물출자 하여 신 주택을 신축할 경우에 신축 중에 공동주택의 부수 토지를 증여한 경우 이는 부동산을 취득할 수 있는 권리를 증여한 것으로 증여재산가액은 출자한 토지 및 건물의 평가금액과 증여일까지 불입한 부담금과 증여일 현재의 프리미엄에 상당하는 금액을 합한 금액이 된다(상속세 및 증여세법 집행기준 61-51-6 제2항).

재건축입주권을 증여한 경우 이는 부동산을 취득할 수 있는 권리를 증여한 것으로 평가기준일까지 불입한 금액은 재건축조합이 산정한 조합원의 권리가액과 불입한 계약금, 중도금 등을 합한 금액이며 동 금액에 프리미엄 상당액을 합하여 평가한다(상속세 및 증여세법 집행기준 61-51-6 제3항).

재개발조합원으로서 평가기준일 현재 상환하지 않은 시유지 불하대금 및 평가기준일까지 발생한 이자 중 미지급금액을 합한 금액을 수증자가 인수하는 경우 당해 금액은 채무로서 공제된다(상속세 및 증여세법 집행기준 61-51-6 제4항).

2.7 구축물의 평가

그밖에 시설물과 구축물은 재취득가액(평가기준일에 다시 건축하거나 다시 취득할 때 드는 가액을 말한다)으로 평가한다. 재취득가액이란 해당 구축물을 다시 건축하거나 다시 취득할 경우에 소요되는 재취득가액에서 그것의 설치일부터 평가기준일까지의 감가상각비 상당액을 뺀 것을 말한다(상속세 및 증여세법 제61조 제4항, 상속세 및 증여세법 시행령 제51조 제4항, 상속세 및 증여세법 집행기준 61-51-7, 상속세 및 증여세법 집행기준 61-51-8). 차감되는 감가상각비는 상각한도 내(법인세법 제23조 및 동법 시행령 제24조 · 제26조 및 제28조의 규정)에서 계산한 금액을 말한다. 이 경우 감가상각자산의 내용연수는 기준내용연수를 적용한다(상속세 및 증여세법 시행규칙 제16조 제3항).

재취득가액을 산정하기 어려운 경우에는 시가표준액(지방세법 시행령 제4조 제1항에 따른 가액)을 해당 시설물 및 구축물의 가액으로 할 수 있다(상속세 및 증여세법 제61조 제4항, 상속세 및 증여세법 시행령 제51조 제4항 후단).

승강기(엘리베이터, 에스컬레이터, 그 밖의 승강시설), 시간당 20킬로와트 이상의 발전시설, 난방용 · 욕탕용 보일러, 시간당 7천560킬로칼로리급 이상의 에어컨(중앙조절식만 해당), 부착된 금고, 교환시설, 건물의 냉난방, 급수 · 배수, 방화, 방범 등의 자동관리를 위하여 설치하는 인텔리전트 빌딩시스템 시설, 구내의 변전 · 배전시설(지방세법 시행령 제6조 각 호에 규정된 특수부대설비)에 대하여 시설물 및 구축물과 별도로 평가한 가액이 있는 경우에는 이를 가산한다(상속세 및 증여세법 제61조 제4항, 상속세 및 증여세법 시행령 제51조 제4항 후단 괄호).

2.8 임대부동산의 평가

임대료 등의 환산가액

사실상 임대차계약이 체결되거나 임차권이 등기된 재산의 경우에는 임대료 등을 기준으로 하여 평가한 가액과 위에 의하여 평가한 가액 중 큰 금액으로 한다(상속세 및 증여세법 제61조 제5항). 임대료 등을 기준으로 평가한 가액이란 1년간 임대료를 12%로 나눈 금액과 임대보증금의 합계액을 말한다(상속세 및 증여세법 시행령 제50조 제7항, 상속세 및 증여세법 시행규칙 제15조의 2).

〈임대부동산의 임대료기준 평가액〉

$$\frac{\text{1년간 임대료}}{0.12} + \text{임대보증금}$$

토지와 건물의 안분

이 경우 토지와 건물의 소유자가 동일한 경우에는 토지 및 건물의 소유자가 임차인으로부터 받은 임대료 등의 환산가액을 위 산식에 의하여 평가한 후 토지와 건물의 기준시가를 기준으로 안분하여 각각 토지와 건물의 평가가액으로 한다(상속세 및 증여세법 시행령 제50조 제8항 제1호).

토지와 건물의 소유자가 다른 경우에는 토지 소유자와 건물 소유자가 제3자와의 임대차계약 당사자인 경우에는 토지 소유자와 건물 소유자에게 구분되어 귀속되는 임대료 등의 환산가액을 각각 토지와 건물의 평가가액으로 한다(상속세 및 증여세법 시행령 제50조 제8항 제2호 가목). 그러나 토지 소유자와 건물 소유자 중 어느 한 사람만이 제3자와의 임대차계약의 당사자인 경우에는 토지 소유자와 건물 소유자 사이의 임대차계약의 존재 여부 및 그 내용에 상관없이 제3자가 지급하는 임대료와 임대보증금을 토지와 건물 전체에 대한 것으로 보아 제3자가 지급하는 임대료 등의 환산가액을 토지와 건물의 기준시가로 나누어 계산한 금액을 각각 토지와 건물의 평가가액으로 한다(상속세 및 증여세법 시행령 제50조 제8항 제2호 나목).

2.9 선박 · 항공기 · 차량 · 기계장비 · 입목의 평가

선박 · 항공기 · 차량 · 기계장비 및 「입목에 관한 법률」의 적용을 받는 입목의 경우에는 이를 처분할 경우 다시 취득할 수 있다고 예상되는 가액으로 한다(상속세 및 증여세법 제62조 제1항, 상속세 및 증여세법 시행령 제52조 제1항). 그 가액이 확인되지 아니하는 경우에는 장부가액(취득가액에서 감가상각비를 뺀 가액) 및 「지방세법 시행령」 제4조 제1항의 시가표준액에 따른 가액을 순차로 적용한 가액을 말한다(상속세 및 증여세법 시행령 제52조 제1항 후단). 장부가액은 기업회계기준 등에 의해 작성된 대차대조표상 가액을 말하며 취득가액에서 차감하는 감가상각비는 법인이 납세지 관할세무서장에게 신고한 상각방법에 의하여 기준내용연수를 적용하여 계산한 취득일부터 평가기준일까지의 감가상각비를 말한다(상속세 및 증여세법 집행기준 62-52-2).

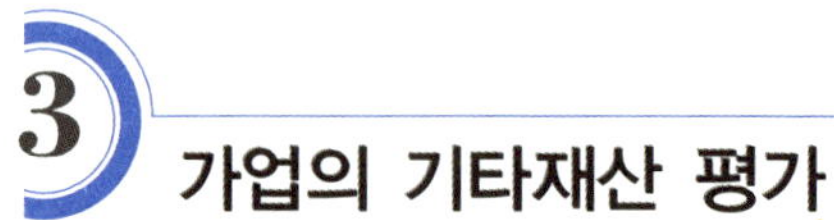

3 가업의 기타재산 평가

3.1 재고자산의 평가

상품 · 제품 · 반제품 · 재공 품 · 원재료 기타 이에 준하는 동산 및 소유권의 대상이 되는 동산의 평가는 그것을 처분할 때에 취득할 수 있다고 예상되는 가액으로 한다. 다만, 그 가액이 확인되지 아니하는 경우에는 장부가액으로 한다(상속세 및 증여세법 시행령 제

52조 제2항 제1호). “그것을 처분할 때에 취득할 수 있다고 예상되는 가액”이라 함은 재취득가액을 말한다. 다만, 사업용재고자산인 경우 재취득가액에는 부가가치세가 포함되지 아니한다(상속세 및 증여세법 기본통칙 62－52…1).

3.2 서화 골동품의 평가

판매용이 아닌 서화 · 골동품의 평가는 서화 · 전적, 도자기 · 토기 · 철물, 목공예 · 민속장신구, 선사유물, 석공예, 기타 골동품, 그 밖의 미술품의 구분에 의한 전문분야별로 2인 이상의 전문가가 감정한 가액의 평균액으로 한다. 다만, 그 가액이 국세청장이 위촉한 3인 이상의 전문가로 구성된 감정평가심의회에서 감정한 감정가액에 미달하는 경우에는 그 감정가액에 의한다(상속세 및 증여세법 시행령 제52조 제2항 제2호).

3.3 동물 및 기타 유형재산의 평가

소유권의 대상이 되는 동물 및 따로 평가방법을 규정하지 아니한 기타 유형재산의 평가는 재고자산과 동산의 평가방법을 준용하여 평가한다(상속세 및 증여세법 시행령 제52조 제2항 제3호).

3.4 국공채 및 사채의 평가

상장된 채권

한국거래소에서 거래되는 국채 · 공채 및 (전환사채 등을 제외한) 사채는 상장주식의 평가방법을 준용하여 평가한 가액(거래실적 유무를 따지지 않고 평가기준일 이전 2개월 동안 공표된 매일의 한국거래소 최종 시세가액의 평균액)과 평가기준일 이전 최근일의 최종 시세가액 중 큰 가액으로 한다(상속세 및 증여세법 시행령 제58조 제1항 제1호). 그러나 평가기준일 이전 2개월의 기간 중 거래실적이 없는 국채 · 공채 및 (전환사채 등을 제외한) 사채는 비상장 채권의 평가규정에 의하여 평가한다(상속세 및 증여세법 시행령 제58조 제1항 제1호).

비상장 채권

타인으로부터 매입한 국채 · 공채 및 (전환사채 등을 제외한) 사채(국채 등의 발행기관 및 발행회사로부터 액면 가액으로 직접 매입한 것은 제외)는 매입가액에 평가기준일까지의 미수이자상당액을 가산한 금액으로 한다(상속세 및 증여세법 시행령 제58조 제1항 제2호 가목). 이를 제외한 국채 등은 평가기준일 현재 이를 처분하는 경우에 받을 수 있다고 예상되는 처분예상금액으로 평가한다(상속세 및 증여세법 시행령 제58조 제1항 제2호 나목).

다만, 처분예상금액을 산정하기 어려운 경우에는 당해 국채 등의 상환기간 · 이자율 · 이자지급방법 등을 참작하여 「자본시장과 금융투자업에 관한 법률」에 따라 인가를 받은 투자매매업자, 투자 중개업자, 「공인회계사법」에 따른 회계법인 또는 「세무사법」에 따른 세무법인 중 둘 이상의 자가 상환기간 · 이자율 · 이자지급방법 등을 감안하여 평가한 금액의 평균액으로 할 수 있다(상속세 및 증여세법 시행령 제58조 제1항 제2호 나목 단서, 상속세 및 증여세법 시행규칙 제18조의 2 제1항).

전환사채 등

① 전환사채 등의 범위

전환사채 등이란 전환사채, 신주인수권부 사채(신주인수권증권이 분리된 경우의 신주인수권증권), 그 밖의 주식으로 전환 · 교환하거나, 주식을 인수할 수 있는 권리가 부여된 사채를 말한다(상속세 및 증여세법 시행령 제58의 2 제1항 괄호, 상속세 및 증여세법 제40조 제1항).

전환사채(CB : Convertible bonds)는 일반사채에 전환권이 부여된 사채이다. 전환권이란 계약내용에 따라 사채권자가 일정기간(행사기간) 동안 사채권을 일정 수(전환비율)의 주식으로 전환할 수 있는 권리를 말한다(상속세 및 증여세법 집행기준 40-0-1 제1항). 신주인수권 부 사채(BW : Bond with warrants)는 일반사채에 신주인수권이 부여된 사채이다. 신주인수권은 사채권자가 그 계약내용에 따라 일정기간(행사기간) 동안 사채발행회사의 신주를 특정가격(행사가격)에 매입할 수 있는 권리를 말한다(상속세 및 증여세법 집행기준 40-0-1 제2항). 신주인수권을 행사한 경우에도 기존의 사채가 소멸하지 않는 점에서 전환사채와는 다르고 신주인수권부사채는 신주인수권이 별도로 분리되어 거래될 수 있는지에 따라 분리형과 비 분리형으로 구분되며, 분리형의 경우 신주인수권의 가치를 표방하는 유가

증권을 신주인수권증권이라고 한다(상속세 및 증여세법 집행기준 63-58의 2-3).

교환사채(EB : Exchangeable bond)는 채권자가 상장법인이 보유하고 있는 타사 상장유가증권으로 교환을 청구할 수 있는 권리가 부여된 증권이다(상속세 및 증여세법 집행기준 40-0-1 제3항).

② 상장된 전환사채 등의 평가

한국거래소에서 거래되는 전환사채 등은 상장된 위의 국채 등의 평가방법을 준용하여 평가한다(상속세 및 증여세법 시행령 제58의 2 제1항). 한국거래소에서 거래되는 경우에는 평가기준일 이전 2개월간의 공표된 최종시세가액의 평균액과 평가기준일 이전 최근일의 최종시세가액 중 큰 금액으로 평가한다(상속세 및 증여세법 집행기준 63-58의 2-1).

③ 비상장 전환사채 등의 평가

비상장 전환사채 등 및 신주인수권증서는 전환이 불가능한 기간의 평가와 전환이 가능한 기간의 평가로 나누어 평가한다(상속세 및 증여세법 시행령 제58의 2 제2항). 상세한 것은 세법을 참조하기 바란다. 다만, 제58조 제1항 제2호 나목 단서에 따라 평가한 가액이 있는 경우에는 해당 가액으로 할 수 있다(상속세 및 증여세법 시행령 제58조의 2 제2항 후단). 즉 처분예상금액을 산정하기 어려운 경우에, 당해 국채 등의 상환기간 · 이자율 · 이자지급방법 등을 참작하여 「자본시장과 금융투자업에 관한 법률」에 따라 인가를 받은 투자매매업자, 투자 중개업자, 「공인회계사법」에 따른 회계법인 또는 「세무사법」에 따른 세무법인 중 둘 이상의 자가 상환기간 · 이자율 · 이자지급방법 등을 감안하여 평가한 금액의 평균액으로 할 수 있다(상속세 및 증여세법 시행령 제58조 제1항 제2호 나목 단서, 상속세 및 증여세법 시행규칙 제18조의 2 제1항).

3.5 채권과 채무의 평가

개요

대부금 · 외상매출금 및 받을 어음 등의 채권가액과 입회금 · 보증금 등의 채무가액은 원본의 회수기간, 약정이자율 및 금융시장에서 형성되는 평균이자율 등을 감안하여 평가한다(상속세 및 증여세법 시행령 제58조 제2항). 다만, 채권의 전부 또는 일부가 평가기준일 현재 회수불가능 한 것으로 인정되는 경우에는 그 가액을 산입하지 아니한다(상속세 및 증여세법 시행령 제58조 제2항 단서). 「상속세 및 증여세법 시행령」 제58조 제2항 및 같은 법 시행규칙 제18조의 2 제2항 제1호는 채권의 평가에 관한 규정에 해당하고, 이를 부채평가에 관하여 그대로 적용하기 어렵다(조심 2009서3402, 2009.12.10.).

이러한 채권과 채무의 평가방법은 두 가지가 있다(상속세 및 증여세법 시행규칙 제18조의 2 제2항).

첫째, 원본의 회수기간이 5년을 초과하거나 회사정리절차 또는 화의절차의 개시 등의 사유로 당초 채권의 내용이 변경된 경우에는 각 연도에 회수할 금액(원본에 이자상당액을 가산한 금액을 말한다)을 8%에 의하여 현재가치로 할인한 금액의 합계액으로 한다(상속세 및 증여세법 시행규칙 제18조의 2 제2항 제1호). 이 경우 (소득세법 제94조 제1항 제4호 나목의 규정에 의한) 시설물이용권에 대한 입회금 · 보증금 등으로서 원본의 회수기간이 정하여지지 아니한 것은 그 회수기간을 5년으로 본다(상속세 및 증여세법 시행규칙 제18의 2 제2항 제1호 후단). 평가 산식은 다음과 같다(상속세 및 증여세법 집행기준 63－58－2).

〈채권의 현재가치평가의 산식〉

$$현재가치 = \sum_{n=1}^{n} \frac{회수금액}{(1+r)^n}$$

골프장을 영위하는 법인의 부채 중 입회금도 이에 따라 평가한다(서면4팀－1030, 2008.4.25.).

둘째, 위를 제외한 채권의 경우에는 원본의 가액에 평가기준일까지의 미수이자상당액을 가산한 금액으로 한다(상속세 및 증여세법 시행규칙 제18조의 2 제2항 제2호).

특이한 판례가 있다. 과거 3년 간 결손이 난 골프장 및 골프 텔을 운영하고 있는 비상장법인의 주식을 보충적 평가방법에 의하여 평가한 가액으로 특수관계인에게 양도하고 양도소득세를 납부하였는데 지방 국세청에서 세무조사를 하면서 골프장의 입회보증금을 현재가치로 할인하여 다시 평가하여 부당행위계산부인 규정과 저가양수에 따른 증여의제 규정을 적용하여 세금을 추징하였다. 그러나 조세심판원은 이러한 추징을 잘못된 것으로 결정하였다. 이 골프장의 회원모집약관을 보면, 골프회원권과 골프 텔 입회금은 약정기간 만료(5년) 후 회원이 원할 경우 원금을 반환하도록 되어 있고, 회원은 약정기간 중 회사가 지정한 시설물을 정한 요금으로 이용할 수 있도록 약정하였다. 입회보증금은 약정기간 만료 시 원금을 상환하여야 하고, 약정기간 중 에는 회사의 시설물을 회원에게 우선적으로 저렴하게 이용할 수 있는 혜택을 제공할 의무가 있는 것이므로 입회보증금에는 시설물 이용용역이 포함되었다고 보이므로 전액을 현재가치할인 대상으로 볼 수도 없다. 따라서 법인의 부채인 입회보증금을 현재가치로 할인평가 하여 과세하는 것은 잘못이라고 판단하였다(조심 2009서3402, 2009.12.10.).

▲▼ 골프 회원권

골프회원권 같이 부동산을 취득할 수 있는 권리 및 특정시설물을 이용할 수 있는 권리의 가액은 국세청기준시가에 의하여 평가하고, 기준시가가 없는 경우 평가기준일까지 불입한 금액과 평가기준일 현재의 프리미엄에 상당하는 금액을 합한 금액으로 한다(상속세 및 증여세법 시행령 제51조 제2항). 그러나 골프장의 주중회원권으로 국세청기준시가는 고시되었으나 골프회원권 거래소 등을 통하여 매매가 금지된 회원권이어서 회원권소지자가 동 회원권으로 현금화를 원할 시는 단지 회사 측에 회원권 반환을 통하여 원금을 반환받을 수 있는 명의개서가 불가능한 골프회원권은 평가기준일까지 불입한 금액으로 평가한다(재산세과-2791, 2008.9.11.).

회원의 입회보증금 반환의 의사표시가 없어 입회보증금의 반환기간이 연장되는 경우에 있어, 골프장 회원권과 관련하여 계약기간 만료시점에서 회원권의 계약기간을 연장하는 것은 새로이 회원의 입회청약을 하고 회원제 골프장업자가 이를 승낙하는 계약이 체결된 것이며, 신규로 회원권을 취득하는 자와 종전의 회원권을 연장하는 형태로 계약을 체결하여 동일한 회원권을 소유하는 자와 아무런 차이가 없으므로 회원권을 연장하는 것도 새로운 골프장 회원권의 취득이 이루어진 것으로 보고 있다(조심 2008지783, 2009.5.12.).

3.6 집합투자증권의 평가

「자본시장과 금융투자업에 관한 법률」에 따른 집합투자증권의 평가는 평가기준일 현재의 한국거래소의 기준가격으로 하거나 집합투자업자 또는 투자회사가 같은 법에 따라 산정 · 공고한 기준가격으로 한다. 다만, 평가기준일 현재의 기준가격이 없는 경우에는 평가기준일 현재의 환매가격 또는 평가기준일 전 가장 가까운 날의 기준가격으로 한다(상속세 및 증여세법 시행령 제58조 제3항).

집합투자는 2인 이상에게 투자권유를 하여 모은 금전 등 또는 「국가재정법」에 따른 여유자금을 투자자 또는 각 기금관리주체로부터 일상적인 운용지시를 받지 아니하면서 재산적 가치가 있는 투자대상자산을 취득 · 처분, 그 밖의 방법으로 운용하고 그 결과를 투자자 또는 각 기금관리주체에게 배분하여 귀속시키는 것을 말한다. 다만, 사모의 방법으로 금전 등을 모아 운용 · 배분하는 것으로서 투자자의 수가 일정 이하인 경우, 「자산유동화에 관한 법률」의 자산유동화계획에 따라 금전 등을 모아 운용 · 배분하는 경우, 그밖에 행위의 성격 및 투자자 보호의 필요성 등을 고려하여 대통령령으로 정하는 경우는 제외한다(상속세 및 증여세법 집행기준 63－58－3).

3.7 예금의 평가

예금, 저금, 적금 등의 평가는 평가기준일 현재 예입 총액과 같은 날 현재 이미 지난 미수이자 상당액을 합친 금액에서 「소득세법」 제127조 제1항에 따른 원천징수세액 상당 금액을 뺀 가액으로 한다(상속세 및 증여세법 제63조 제4항).

3.8 무체재산권의 평가

매입한 경우

무체재산권(無體財產權)을 매입한 경우에는 매입가액에서 매입한 날부터 평가기준일까지의 「법인세법」상의 감가상각비를 뺀 금액과 시행령 제59조에 의한 아래의 '경제적' 평가금액 중 큰 금액으로 평가한다(상속세 및 증여세법 제64조 제1항).

경제적 평가

① 어업권

어업권의 가액은 영업권에 준하여 평가한다(상속세 및 증여세법 시행령 제59조 제4항). 영업권은 아래에서 따로 설명하기로 한다.

② 지적재산권

특허권, 실용신안권, 상표권, 디자인 권 및 저작권 등은 그 권리에 의하여 장래에 받을 각 연도의 수입금액을 다음과 같이 현재가치로 환산하여 평가한다(상속세 및 증여세법 시행령 제59조 제5항, 상속세 및 증여세법 시행규칙 제19조 제2항).

〈지적소유권의 평가 산식〉

$$\frac{\text{각연도의수입금액}}{(1+\frac{10}{100})^{n}}$$

n : 평가기준일부터의 경과연수

평가기준일부터의 최종 경과연수는 당해 권리의 존속기간에서 평가기준일 전일까지 경과된 연수를 차감하여 계산한다. 이 경우 평가기준일부터의 최종 경과연수가 20년을 초과하는 때에는 20년으로 한다(상속세 및 증여세법 시행규칙 제19조 제3항).

그러나 장래에 받을 각 연도의 수입금액이 확정되지 아니한 경우에는 평가기준일 전 3년간(3년에 미달하는 경우에는 그 미달하는 연수로 한다)의 각 연도 수입금액의 합계액을 평균한 금액을 각 연도의 수입금액으로 한다(상속세 및 증여세법 시행령 제59조 제5항 후단, 상속세 및 증여세법 시행규칙 제19조 제4항). 최근 3년간 수입금액이 없거나 저작권(저작인접권을 포함)으로서 평가기준일 현재 장래에 받을 각 연도의 수입금액이 하락할 것이 명백한 경우에는 피상속인의 주소지(주소지가 없거나 분명하지 아니한 경우에는 거소지를 말한다)를 관할하는 세무서장(국세청장이 특히 중요하다고 인정하는 것에 대해서는 관할 지방 국세청장으로 한다) 등이 2 이상의 공신력 있는 감정기관(부동산 가격공시 및 감정평가에 관한 법률에 의한 감정평가법인을 말한다) 또는 전문가의 감정가액 및 해당 권리의 성질 기타 제반사정을 감안하여 적정한 가액으로 평가할 수 있다(상속세 및 증여세법 시행규칙 제19조 제4항 후단).

③ 광업권 및 채석권

광업권 및 채석권 등은 평가기준일 이후의 채굴가능연수에 대하여 평가기준일 전 3년간 평균소득을 각 연도마다 환산한 금액의 합계액을 그 가액으로 한다(상속세 및 증여세법 시행령 제59조 제6항). 3년간 평균소득의 경우 실적이 없는 경우에는 예상순소득으로 한다(상속세 및 증여세법 시행령 제59조 제6항). 예상순소득은 광물의 매출액에서 광물의 채굴까지 소요된 생산비용 등을 차감하여 계산한다(상속세 및 증여세법 집행기준 64-59-5). 광업권 및 채석권 등의 평가 산식은 다음과 같다(상속세 및 증여세법 시행규칙 제19조 제5항, 상속세 및 증여세법 집행기준 64-59-5).

〈광업권 및 채석권의 평가 산식〉

$$\sum_{n=1}^{n} \frac{\text{평가기준일 전 3년간 평균소득}}{(1+0.1)^n}$$

n : 평가기준일부터 채굴가능연수

조업할 가치가 없는 광업권 및 채석권 등은 설비 등에 의하여만 평가한다(상속세 및 증여세법 시행령 제59조 제6항 단서).

영업권 평가

① 평가의 산식

영업권은 수익성을 기초로 하여 현재가치로 평가한다. 영업권의 평가는 평가대상 법인기업 또는 개인기업의 초과이익이 영업권 지속연수(원칙 : 5년) 동안 계속된다는 가정 하에서 산출된 초과이익의 현재가치로 평가하며, 다음과 같이 평가한다(상속세 및 증여세법 시행령 제59조 제2항, 상속세 및 증여세법 시행규칙 제19조 제1항, 상속세 및 증여세법 집행기준 64-59-1).

〈영업권 평가의 계산 산식〉

구분	산 식
영업권의 평가	$\sum_{n=1}^{n} \frac{\text{초과이익금액}}{(1+r)^n}$ n : 영업권 지속연수, r : 초과이익 환원 율(10%)
초과이익의 계산	최근 3년간(3년에 미달하는 경우 당해 연수) 순손익의 가중평균액×50% - 평가기준일 현재의 자기자본×10%

평가기준일 현재의 자기자본은 「상속세 및 증여세법」에 따라 계산한 해당 법인의 총

자산가액에서 부채를 뺀 가액을 말하며, 이 경우 영업권은 자산 가액에 포함하지 아니한다(상속세 및 증여세법 기본통칙 64-59…1 제2항). 결국 자기자본이란 비상장주식 평가 시 산출된 순자산가액을 말하나, 자산 가액에는 이 영업권 가액은 포함하지 아니한다(상속세 및 증여세법 집행기준 64-59-2 제2항). 그러나 영업권을 평가할 때 제시한 증빙에 의하여 자기자본을 확인할 수 없는 경우에는 다음에 의하여 계산한다(상속세 및 증여세법 시행령 제59조 제7항).

〈영업권 평가 시 자기자본이 확인되지 않는 경우 계산 산식〉

구분	산식	비고
평가방법	Max. A, B	
A	$\frac{\text{사업소득금액}}{\text{자기자본이익률}}$	소득세법 시행규칙 제81조 제6항, 시행령 제165조 제10항 제1호 및 제2호에 규정하는 자기자본이익률 및 자기자본회전율은 한국은행이 업종별, 규모별로 발표한 자기자본이익률 및 자기자본회전율을 말한다.
B	$\frac{\text{수입금액}}{\text{자기자본회전율}}$	

최근 3년간의 순손익 금액의 가중평균액은 주식의 수익가치평가 시의 규정(상속세 및 증여세법 시행령 제56조 제1항과 제2항의 규정)을 준용하여 평가하므로 그것을 참고하기 바란다(상속세 및 증여세법 시행령 제59조 제3항). 그리고 개인으로서 경영하는 사업체의 영업권을 평가하는 경우 평가기준일 전 최근 3년간의 손익액의 가중평균액을 계산할 때 「법인세법」상 각사업연도 소득 대신에 「소득세법」상 종합소득금액에 의하여 평가한다. 그리고 각 사업연도 소득의 조정항목은 「소득세법」상 동일한 성격의 금액을 적용하여 계산한다(상속세 및 증여세법 기본통칙 64-59…1 제1항).

평가의 예외

매입한 무체재산권으로서 그 성질상 영업권에 포함시켜 평가되는 무체재산권의 경우에는 이를 별도로 평가하지 아니하되, 당해 무체재산권의 평가액이 환산한 가액보다 큰 경우에는 당해 가액을 영업권의 평가액으로 한다(상속세 및 증여세법 시행령 제59조 제2항 단서).

3.9 해외 재산의 평가

외국에 있는 재산에 대하여는 여기에서 설명되는 규정을 준용하여 평가한다. 그러나 그것이 부적당한 경우에는 당해 재산이 소재하는 국가에서 양도소득세, 상속세 또는 증여세 등의 부과목적으로 평가한 가액을 평가액으로 할 수 있다(상속세 및 증여세법 시행령 제58조의 3 제1항). 그러나 이에 의한 평가액이 없는 경우에는 세무서장 등이 2 이상의 국내 또는 외국의 감정기관에 의뢰하여 감정한 가액을 참작하여 평가한 가액에 의한다(상속세 및 증여세법 시행령 제58조의 3 제2항).

국외재산의 가액은 평가기준일 현재 「외국환거래법」에 의한 기준 환율 또는 재정 환율에 의하여 환산한 가액으로 이를 평가한다(상속세 및 증여세법 시행규칙 제15조 제2항).

3.10 조건부 권리 등의 평가

▲ 평가의 원칙

조건부 권리, 존속기간이 확정되지 아니한 권리, 신탁의 이익을 받을 권리 또는 소송중인 권리 및 정기금(定期金)을 받을 권리에 대해서는 해당 권리의 성질, 내용, 남은 기간 등을 기준으로 아래와 같이 평가한다(상속세 및 증여세법 제65조 제1항).

▲ 조건부 권리

조건부권리는 본래의 권리의 가액을 기초로 하여 평가기준일 현재의 조건내용을 구성하는 사실, 조건성취의 확실성, 기타 제반사정을 감안한 적정가액으로 평가한다(상속세 및 증여세법 시행령 제60조 제1호).

▲ 존속기간이 불확정상태인 권리

존속기간이 불확정한 권리의 가액은 평가기준일 현재의 권리의 성질, 목적물의 내용 연수 기타 제반사항을 감안한 적정가액으로 평가한다(상속세 및 증여세법 시행령 제60조 제2호).

소송중인 권리

소송중인 권리의 가액은 평가기준일 현재의 분쟁관계의 진상을 조사하고 소송 진행의 상황을 감안한 적정가액으로 평가한다(상속세 및 증여세법 시행령 제60조 제3호).

신탁의 이익을 받을 권리

신탁의 이익을 받을 권리의 가액은 다음과 같이 평가한다(상속세 및 증여세법 시행령 제61조). 원본과 수익의 이익의 수익자가 동일한 경우에는 「상속세 및 증여세법」에 의하여 평가한 신탁재산의 가액에 대하여 수익시기까지의 기간 및 수익의 이익에 대한 원천징수세액상당액 등을 감안하여 환산한 가액으로 평가한다(상속세 및 증여세법 시행령 제61조 제1호, 상속세 및 증여세법 시행규칙 제19조의 2 제1항).

〈수익자가 동일한 신탁권리 평가〉

$$\frac{\text{신탁재산가액} + \text{각 연도에 받을 원본 및 수익의 이익} - \text{원천징수세액상당액}}{(1+0.03)^n}$$

n : 평가기준일부터 수익시기까지의 연수

신탁원본의 이익을 받을 권리란 신탁거래의 목적물이 되는 특정의 재산권 자체를 향수할 권리로서 위탁자가 신탁계약 시 위탁한 금전, 동산, 부동산 자체를 받을 권리를 말한다(상속세 및 증여세법 집행기준 65-61-2 제1항). 신탁수익의 이익을 받을 권리란 신탁이익 중 신탁원본 이외의 이익을 받을 권리를 말한다(상속세 및 증여세법 집행기준 65-61-2 제2항).

원본의 이익과 수익의 이익의 수익자가 다를 경우에는 수익자별로 받는 신탁이익의 현재가치로서 평가한다. 즉 원본의 이익의 수익자는 원본의 이익가액의 현재가치를 계산하여 평가하고 수익의 이익의 수익자는 수익의 이익가액에 대한 현재가치를 계산하여 평가하면 된다(상속세 및 증여세법 시행령 제61조 제2호, 상속세 및 증여세법 시행규칙 제19조의 2 제1항, 상속세 및 증여세법 집행기준 65-61-3). 원본의 이익을 수익하는 경우에는 다음과 같이 환산한 가액이다(상속세 및 증여세법 시행령 제61조 제2호 나목, 상속세 및 증여세법 시행규칙 제19조의 2 제1항).

〈수익자가 다른 신탁권리 원본 이익의 평가〉

$$\frac{\text{평가기준일 현재 원본의 가액}}{(1+0.03)^n}$$

n : 평가기준일부터 수익시기까지의 연수

수익의 이익을 수익하는 경우에는 평가기준일 현재 추산한 장래 받을 각 연도의 수익금에 대하여 수익의 이익에 대한 원천징수세액상당액 등을 감안하여 평가한다(상속세 및 증여세법 시행령 제61조 제2호 나목, 상속세 및 증여세법 시행규칙 제19조의 2 제1항). 추산한 장래 받을 각 연도의 수익금이라 함은 평가기준일 현재 신탁재산의 수익에 대한 수익률이 확정되지 아니한 경우 원본의 가액에 3%를 곱하여 계산한 금액을 말한다(상속세 및 증여세법 시행규칙 제19의 2 제2항).

〈수익자가 다른 신탁권리 원본 이익의 평가〉

$$\frac{\text{각 연도에 받을 수익의 이익}-\text{원천징수세액상당액}}{(1+0.03)^n}$$

n : 평가기준일부터 수익시기까지의 연수

▲▼ 정기금을 받을 권리

정기금을 받을 권리의 가액은 무기정기금의 경우에는 그 1년분 정기금액의 20배에 상당하는 금액으로 한다(상속세 및 증여세법 시행령 제62조 제2호).

유기정기금의 경우에는 그 잔존기간에 각 연도에 받을 정기금액을 기준으로 계산한 금액의 합계액에 따라 아래 공식에 의한다. 다만, 1년분 정기금액의 20배를 초과할 수 없다(상속세 및 증여세법 시행령 제62조 제1호, 상속세 및 증여세법 시행규칙 제19조의 2 제3항). 종신정기금의 경우에는 그 목적으로 된 자의 「통계법」 제18조에 따라 통계청장이 승인하여 고시하는 통계표에 따른 성별 · 연령별 기대여명의 연수(소수점 이하는 버린다)까지의 기간 중 각 연도에 받을 정기금액을 기준으로 계산한 금액의 합계액에 의한다(상속세 및 증여세법 시행령 제62조 제3호).

〈정기금의 평가 산식〉

$$\frac{\text{각 연도에 받을 정기금액}}{(1+0.03)^n}$$

n : 평가기준일부터의 경과연수

이를 정리하면 다음과 같다(상속세 및 증여세법 집행기준 65－62－1).

〈정기금의 평가 산식 요약〉

구분	산 식	비고
유기정기금의 평가	정기금 수령기한이 정하여진 정기금	n : 평가기준일부터의 경과연수
	$\sum_{n=1}^{n} \frac{\text{각 연도에 받을 정기금액}}{(1+0.03)^n}$	
무기정기금의 평가	정기금 수령기한이 무기한인 경우	
	1년분 정기금액×20	
종신정기금의 평가	평가기준일로부터 기대수명까지 받을 정기금액 기준	
	$\sum_{n=1}^{n} \frac{\text{각 연도에 받을 정기금액}}{(1+0.03)^n}$	

할부 · 연부취득 재산

연부 또는 월부에 따라 취득한 재산으로서 평가기준일 현재 상환이 완료되지 아니한 재산에 대해서는 그 재산의 가액에서 미상환금을 뺀 가액으로 평가하는 것이며, 이 경우 그 뺀 가액이 음수인 경우에는 '0'으로 한다(상속세 및 증여세법 기본통칙 65－0…1).

주식매수권

주식매수선택권은 기초자산인 주식을 행사가격으로 매입할 수 있는 권리이다. 주식매수선택권 소유자는 행사가능시점에 주식의 시가가 행사가격보다 크면 행사할 것이며, 작으면 행사하지 않을 것이다. 따라서 주식매수선택권은 주식가격에 따라 행사여부가 결정되는 조건부 권리이다. 다만, 상속세 신고기한 이내에 행사한 경우에는 행사당시의 주식의 시가와 행사가격의 차이를 상속재산으로 평가한다(상속세 및 증여세법 집행기준 65－60－2).

3.11 기타의 평가

그밖에 「상속세 및 증여세법」에서 따로 평가방법을 규정하지 아니한 재산의 평가에 대해서는 앞에서 설명한 평가방법을 준용하여 평가한다(상속세 및 증여세법 제65조 제2항).

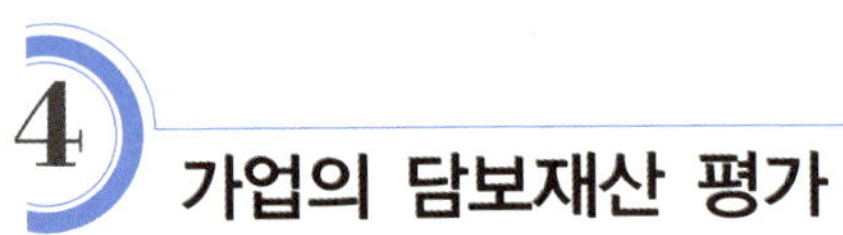

4 가업의 담보재산 평가

4.1 개요

저당권, 「동산 · 채권 등의 담보에 관한 법률」에 따른 담보권 또는 질권이 설정된 재산, 양도담보재산, 전세권이 등기된 재산, 임대보증금을 받고 임대한 재산은 여기서 평가한 가액과 앞에서 설명한 평가가액 중 큰 금액을 그 재산의 가액으로 한다(상속세 및 증여세법 제66조).

4.2 저당권 설정시 평가

공동저당권 및 근저당권을 제외한 저당권이 설정된 재산의 가액은 당해 재산이 담보하는 채권액으로 평가한다(상속세 및 증여세법 시행령 제63조 제1항 제1호).

4.3 공동저당권 설정시 평가

공동저당권이 설정된 재산의 가액은 당해 재산이 담보하는 채권액을 공동저당 된 재산의 평가기준일 현재의 가액으로 안분하여 계산한 가액으로 한다(상속세 및 증여세법 시행령 제63조 제1항 제2호). 공동저당권이란 동일한 채권을 담보하기 위하여 여러 부동산에 설정된 저당권을 말한다(상속세 및 증여세법 집행기준 66-63-3).

4.4 근저당 설정시 평가

근저당이 설정된 재산의 가액은 평가기준일 현재 당해 재산이 담보하는 채권액으로 평가한다(상속세 및 증여세법 시행령 제63조 제1항 제3호). 이때 당해 재산에 설정된 근저당의 채권최고액이 담보하는 채권액보다 적은 경우에는 채권최고액으로 한다(상속세 및 증여세법 시행령 제63조 제2항). 근저당권이 설정된 재산이 공유물로서 공유자와 공동으로 그 재산을 담보로 제공한 경우에는 그 재산이 담보하는 채권액 중 각 공유자의 지분비율에 상당하는 금액을 그 채권액으로 한다(상속세 및 증여세법 기본통칙 66-63…3 제1항).

4.5 질권 설정시 평가

질권이 설정된 재산 및 양도담보재산의 가액은 당해 재산이 담보하는 채권액으로 평가한다(상속세 및 증여세법 시행령 제63조 제1항 제4호). 「자동차저당법」 등에 따라 담보제공 된 자동차 등 단기소모성 재산에 대하여도 이를 적용한다(상속세 및 증여세법 기본통칙 66-0…1 제1항).

4.6 전세권 설정시 평가

전세권이 등기된 재산의 가액은 등기된 전세금, 임대보증금을 받고 임대한 경우에는 임대보증금으로 평가한다(상속세 및 증여세법 시행령 제63조 제1항 제5호).

4.7 기타 사례

▲ 보증이 있는 경우

당해 재산에 설정된 물적 담보 외에 신용보증기관의 보증이 있는 경우에는 담보하는 채권액에서 당해 신용보증기관이 보증한 금액을 차감한 가액으로 한다(상속세 및 증여세법 시행령 제63조 제2항, 상속세 및 증여세법 시행규칙 제19조의 3, 법인세법 시행령 제63조 제1항). 신용보증기관에 대하여는 「법인세법 시행령」 제63조 제1항에 나열되어 있는데 금융기관 등 주요한 금융관련 법인이 포함된다.

▲ 다수의 채권과 담보가 있는 경우

동일한 재산이 다수의 채권(전세금채권과 임차보증금채권을 포함)의 담보로 되어 있는 경우에는 그 재산이 담보하는 채권액의 합계액으로 한다(상속세 및 증여세법 시행령 제63조 제2항).

평가할 재산과 그 외의 재산에 동일한 공동저당권 등이 설정되어 있거나 동일한 채무를 담보하기 위하여 양도담보 된 경우 평가할 재산이 담보하는 채권액은 전체 채권액을 평가할 재산과 그 외 재산의 가액(평가기준일 현재 법에 따른 평가액을 말한다)으로 안분하여 계산한다(상속세 및 증여세법 기본통칙 66-63…3 제2항).

▲ 기간의 적용

담보제공재산에 대한 채권액 등은 평가기준일 현재 설정되어 있는 채권액 등에 한하여 적용한다(상속세 및 증여세법 기본통칙 66-0…1 제2항).

▲ 외화채권의 경우

채권액 등이 외화로 표시된 경우에는 평가기준일 현재 「외국환거래법」에 따른 기준환율 또는 재정환율에 따라 환산한 가액으로 평가한다(상속세 및 증여세법 기본통칙 66-0…1 제3항).

4.8 평가의 사례

다음은 저당권 등이 설정된 재산을 평가하는 사례이다(상속세 및 증여세법 집행기준 66－63－5).

〈저당권 등이 설정된 재산의 평가 사례〉

구분	내　　용
사례	• 평가기준일 : 2009.4.25. • 재산현황 ① 평가대상 물건 : 연립주택 ② 공시가격 : 2008.4.30. 300,000,000원 2007.4.30. 350,000,000원 ③ 평가대상물건의 임대차 현황 : 임대보증금 2억 원, 월세 3,000,000원 ④ 근저당이 설정된 금융채무 잔액 : 320,000,000원 ⑤ 근저당 채권최고액 : 450,000,000원
평가	• 임대차계약 체결 재산 보충적 평가방법에 따른 평가액 : Max[가, 나] : 5억 원 가. 보충적평가액 : 300,000,000원 나. 임대보증금 등 환산가액 : 2억 원＋(3,000천원×12) / 12%＝500,000,000원 • 저당권 등 평가특례규정 적용 : Max[가, 나] : 520,000,000원 가. 임대차계약 체결 재산 평가액 : 500,000,000원 나. 재산이 담보하는 채권액 : 2억 원(임대보증금)＋3.2억 원(금융채무)＝5.2억 원 • 평가액 : 5.2억 원

PART

3

가업의 승계와 상속

Chapter 1

가업의 상속과 증여

Chapter 2

가업의 승계전략

Chapter 3

가업승계와 조세전략

Chapter 4

가업의 재산평가

Chapter 5

가업의 주식평가

1 주식평가의 개요

주식을 평가하는 목적은 다양하다. 주식의 매매, 상속이나 증여 시의 세금계산을 위한 목적도 있고 합병 시 합병비율을 산정하기 위하여 평가하는 경우도 있다. 여기서는 세법상 평가방법을 설명한다.

기업이 합병을 하는 경우에는 합병법인과 피합병법인의 주식가치 평가 및 그에 따른 합병비율을 산정하여야 한다. 이 경우 주식가치는 「상속세 및 증여세법」 및 「자본시장법」과 「유가증권 발행 및 공시에 관한 규정」의 평가방법 및 기준주가법(상장주식), 본질가치법(비상장주식) 등에 의해 평가하며, 이에 따라 두 회사 간의 합병비율 및 주식 교환비율을 정하게 된다. 본질가치법은 자산 가치와 수익가치를 40%와 60%의 비율로 가중평균한 가액에 상대가치를 반영하여 산술평균하는 방법으로 비상장주식의 평가에 사용된다. 자산 가치는 순자산가액을 의미하며 수익가치는 회사가 미래의 이익에 기초하여 평가한 것을 말한다. 합병이나 영업양수도 등에 반대하는 주주들은 주식매수청구권을 행사할 수 있는데 이때에도 비상장주식의 경우에는 매수가격을 정함에 있어 외부평가기관이 산정한 가격을 참고한다.

2 가업의 상장주식 평가

2.1 시가 평가

상속세나 증여세가 부과되는 재산의 가액은 상속개시일 또는 증여일 현재의 시가를 적용하는 것이 원칙이다(상속세 및 증여세법 제60조 제1항). 따라서 시가를 판단하는 것이 우선이다. 시가를 산정하기 어려운 경우에는 해당 재산의 종류, 규모, 거래 상황 등을 고려하여 법률 제61조부터 제65조까지에 규정된 방법으로 평가한 가액을 시가로 본다고 정하고 있다(상속세 및 증여세법 제60조 제3항). 법 제63조가 유가증권의 평가방법이므로 이에 의하여 평가한 것이 시가로 인정된다. 이 경우 아래에서 설명되는 상장주식의 평균시세와 증자나 합병 시의 평가를 시가로 보고 있다(상속세 및 증여세법 제60조 제1항 후단). 따라서 이에 의한 평가가 시가를 적용할 때 결정적인 평가로 볼 수 있다. 다만 기업공개 목적으로 증자 등의 경우의 평가는 적용되지 않으므로 아래의 '증자된 주식' 부분은 시가로 보지 않는다(상속세 및 증여세법 제60조 제1항 후단). 그러나 이를 보충적인 평가방법으로 인정하고 있으므로 시가가 불분명한 경우에는 이에 의한 평가가 인정될 것이다.

2.2 평균시세에 의한 평가

4개월 평균시세로 평가

주권상장법인(코스닥시장 상장주식도 포함)의 주식 및 출자지분은 평가기준일 이전 · 이후 각 2개월 동안 공표된 매일의 한국거래소 최종 시세가액(거래실적 유무를 따지지 아니한다)의 평균액으로 평가한다(상속세 및 증여세법 제63조 제1항 제1호 가목, 상속세 및 증여세법 시행령 제52조의 2 제1항). 이 경우 평가기준일이 공휴일(매매거래가 없는 토요일을 포함)인 경우에는 그 전일을 기준으로 한다(상속세 및 증여세법 제63조 제1항 제1호 가목 괄호, 상속세 및 증여세법 시행령 제52조의 2 제4항). 그리고 상장주식의 평가기준일이 매매거래 정지일, 납회기간 등인 경우에는 그 전일을 기준으로 한다(상속세 및 증여세법 기본통칙 63－0…1 제2항).

합산기간이 4개월에 미달되는 경우

평가기준일 이전 · 이후 각 2월간의 합산기간이 4월에 미달하는 경우에는 당해 합산기간을 기준으로 한다(상속세 및 증여세법 시행규칙 제16조의 2 제1항). 즉 평가기준일 전후의 기간이 4월에 미달하는 경우에는 동 기간에 대한 최종시세가액의 평균액으로 평가한다(상속세 및 증여세법 기본통칙 63－0…1 제1항). 예를 들어 평가기준일 이전 · 이후 당해 법인의 상장폐지 등으로 평가대상기간이 4개월에 미달하는 경우에는 미달하는 그 기간의 평균액으로 한다(상속세 및 증여세법 집행기준 63－52의 2－1).

매매거래 정지, 투자유의종목과 관리종목 평가특례

코스닥시장 상장주식이라도 평가기준일 전후 2개월 이내에 한국거래소가 정하는 기준에 따라 매매거래가 정지되거나 관리종목으로 지정된 기간의 일부 또는 전부가 포함되는 주식은 위의 평가가 적용되지 아니한다(상속세 및 증여세법 제63조 제1항 제1호 가목, 상속세 및 증여세법 시행령 제52조의 2 제3항). 이 경우에도 공시의무 위반 및 사업보고서제출의무 위반 등으로 인하여 관리종목으로 지정 · 고시되거나 등록신청서 허위기재 등으로 인하여 일정 기간 동안 매매거래가 정지된 경우로서 적정하게 시가를 반영하여 정상적으로 매매거래가 이루어지는 경우는 위의 평가가 적용된다(상속세 및 증여세법 제63조 제1항 제1호 가목, 상속세 및 증여세법 시행령 제52조의 2 제3항, 상속세 및 증여세법 시행규칙 제16조의 2 제2항).

이 경우에는 비상장주식 평가방법에 따라 평가한다(상속세 및 증여세법 집행기준 63－53－1). 관리종목으로 지정되었을 경우 보충적 평가방법에 의하도록 한 취지는, 관리종목 지정 전이나 혹은 지정 후 해제되더라도 그로부터 일정한 기간이 지나야 적정한 시가를 반영 하여 정상적인 매매가 이루어진다는 점을 고려하여 관리종목 지정이 주식의 시세에 미치는 영향을 배제하고 정상적인 거래가 유지되고 있는 기간의 가액만을 평균하여 적정한 주식가치를 산정하기 위한 것으로 보인다. 따라서 평가기준일 전후 2월 이내에 관리종목으로 지정 · 고시된 경우라 함은 평가기준일 전후 2월 이내에 관리종목으로 지정된 날이 속하는 경우만을 의미하는 것이 아니라 평가기준일 전후 2월 이내에 관리종목 지정 기간이 속해 있으면 족하다고 봄이 상당하다(광주지법 2011구합4299, 2012.7.5.). 평가기준일 전후 2월 이내에 관리종목으로 지정되어 있는 기간이 일부라도 속해 있으면 평가기준일 전후까지 상당한 기간 동안 시세에 영향을 미칠 가능성이 있어 평가기준일 이전 · 이후 각 2월간에 형성된 시장의 거래가격을 정상적인 시가로 보기 어려운 점 등에 비추어 볼 때, "평가기준일 전후 2월 이내에 관리종목으로 지정 · 고시된 경우"에는 평가기준일 전후 2월 이내에 관리종목으로 지정 · 고시된 날이 속하는 경우뿐만 아니라 평가기준일 전후 2월 이내에 관리종목으로 지정되어 있는 기간이 속한 경우도 포함된다(대법원 2012두25699, 2013.3.28.). 결국 이러한 규정의 취지는 주식 가격의 단기 급등락에 따른 평가의 왜곡을 막고 일정 기간 동안 안정적으로 형성된 주식의 가치를 파악함으로써 시가주의의 원칙에 충실하고자 함에 있다(대법원 2012두25699, 2013.3.28.). 협회등록법인의 주식이 법인의 의무해태가 아닌 재무상의 부실 등의 사유로 인하여 관리종목으로 지정되어 있는 경우에는 투자자들이 상장폐지를 우려하여 거래를 꺼리거나 반대로 투기의 대상이 될 수도 있어 비록 매매거래가 유지된다고 하더라도 기업 가치를 적정하게 반영한 올바른 시세가 형성되기 어렵다는 이유에서 시장의 거래가격을 기초로 한 평가를 배제하고 법인의 자산 및 수익 등을 감안한 보충적 평가방법에 의하도록 규정하고 있는 것이다(대법원 2012두25699, 2013.3.28.).

2.3 4개월내 증자 · 합병시 평가특례

개요

평가기준일 이전 · 이후 각 2개월 동안에 증자 · 합병 등의 사유가 발생하여 그 평균액으로 하는 것이 부적당한 경우에는 별도로 정한 기간 동안 평균액으로 하도록 하고 있다(상속세 및 증여세법 제63조 제1항 제1호 가목 괄호). 증자 · 합병 등의 사유에는 감자, 주식 등의 액면분할 또는 병합, 회사의 분할을 포함한다(상속세 및 증여세법 기본통칙 63-0…2 제2항). 「상속세 및 증여세법」 제63조 제1항 제1호 가목 괄호에서는 같은 목 본문에 따른 평가기준일 이전 2월의 평균액 산정방법에 의하지 아니하는 예외적 사유를 규정함에 있어 증자 및 합병의 경우에만 한정하지 아니하였다(조심 2012서5038, 2013.10.14.).

평가기준일 전에 증자 등이 발생한 경우

평가기준일 이전에 증자 · 합병 등의 사유가 발생한 경우에는 동 사유가 발생한 날(증자 · 합병의 사유가 2회 이상 발생한 경우에는 평가기준일에 가장 가까운 날)의 다음날, 즉 권리락 일부터 평가기준일 이후 2월이 되는 날까지의 기간의 평균으로 한다(상속세 및 증여세법 시행령 제52조의 2 제2항 제1호, 상속세 및 증여세법 기본통칙 63-0…2 제1항).

평가기준일 후에 발생한 경우

평가기준일 이후에 증자 · 합병 등의 사유가 발생한 경우에는 평가기준일 이전 2월이 되는 날부터 동 사유가 발생한 날의 전일까지의 기간의 평균으로 한다(상속세 및 증여세법 시행령 제52조의 2 제2항 2호).

▲ 평가기준일 전후에 발생한 경우

평가기준일 이전 · 이후에 증자 · 합병 등의 사유가 발생한 경우에는 평가기준일 이전 동 사유가 발생한 날의 다음날부터 평가기준일 이후 동 사유가 발생한 날의 전일까지의 기간의 평균으로 한다(상속세 및 증여세법 시행령 제52조의 2 제2항 제3호).

▲ 실제의 사례

평가기준일 이전에 증자 · 합병 등의 사유가 발생한 경우의 평가기간은 다음과 같다(상속세 및 증여세법 집행기준 63－52의 2－2 제1항).

〈평가기준일 이전에 증자 등이 있는 경우의 평가기간 사례〉

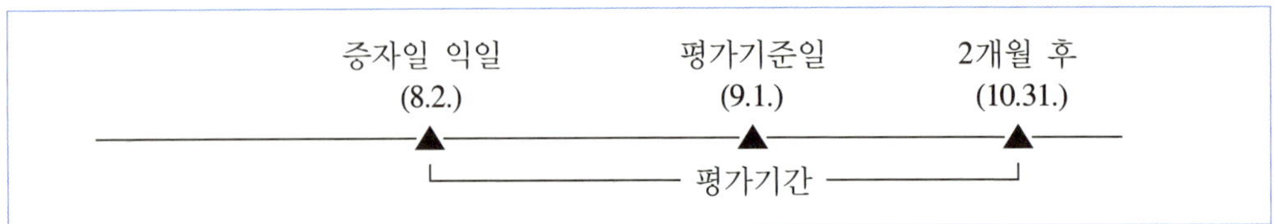

평가기준일 이후에 증자 · 합병 등의 사유가 발생한 경우는 다음과 같다(상속세 및 증여세법 집행기준 63－52의 2－2 제1항).

〈평가기준일 이전에 증자 등이 있는 경우의 평가기간 사례〉

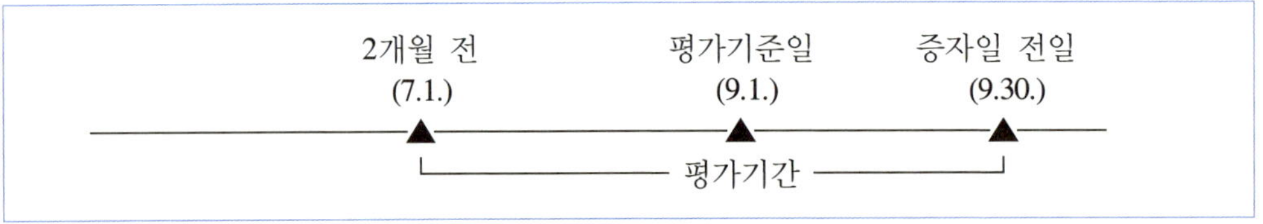

평가기준일 전 · 후에 증자 합병 등의 사유가 발생한 경우는 다음과 같다(상속세 및 증여세법 집행기준 63－52의 2－2 제1항).

〈평가기준일 이전에 증자 등이 있는 경우의 평가기간 사례〉

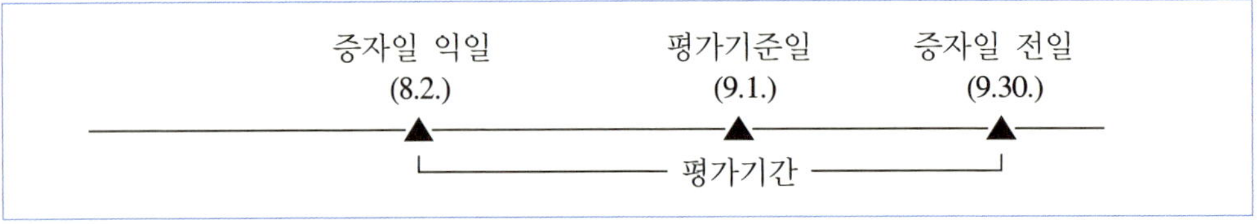

2.4 증자 주식의 평가

한국거래소에 상장되어 있는 법인의 주식 중 그 법인의 증자로 인하여 취득한 새로운 주식으로서 평가기준일 현재 상장되지 아니한 주식은 별도로 평가규정이 있다(상속세 및 증여세법 제63조 제2항 제3호). 상장주식을 평균시세로 평가한 것은 시가로 보지만(상속세 및 증여세법 제60조 제1항), 상장법인이 증자 후 아직 상장되지 않은 주식에는 적용되지 않고 여기서 평가하는 방식에 의하여 평가한 금액은 시가로 보지 않는다(상속세 및 증여세법 제60조 제1항).

동 주식은 상장법인 평가규정에 따른 구주의 평가가액에서 배당차액을 뺀 가액으로 한다(상속세 및 증여세법 시행령 제57조 제3항). 배당차액은 다음에 의하여 계산한다(상속세 및 증여세법 시행규칙 제18조 제2항).

〈「상속세 및 증여세법」상 주식평가 시 배당차액의 계산산식〉

$$\text{주식등 1주당 액면가액} \times \text{직전기 배당율} \times \frac{\text{신주발행일이 속하는 사업연도 개시일부터 배당기산일 전일까지의 일수}}{365}$$

다만, 구주와 신주의 배당기산일이 동일한 경우는 배당차액을 차감하지 않는다(상속세 및 증여세법 집행기준 63-57-2). 예를 들어 당해 법인의 정관에 의하여 당해 법인의 증자로 인하여 취득한 새로운 주식 또는 출자지분에 대한 이익을 배당함에 있어서 평가기준일 현재 상장되어 있는 당해 법인의 주식 또는 출자지분과 배당기산일을 동일하게 정하는 경우는 이에 의하여 평가하지 않는다(상속세 및 증여세법 시행규칙 제18조 제2항 단서).

3 가업의 비상장주식 평가

3.1 시가 평가

상속세나 증여세가 부과되는 재산의 가액은 상속개시일 또는 증여일 현재의 시가를 적용하는 것이 원칙이다(상속세 및 증여세법 제60조 제1항). 따라서 비상주식도 시가를 판단하는 것이 우선이다. 시가에 대하여는 앞 '절'의 첫 부분에서 설명하였으니 그것을 먼저 보아야 한다. 시가를 산정하기 어려운 경우에는 해당 재산의 종류, 규모, 거래 상황 등을 고려하여 법률 제61조부터 제65조까지에 규정된 방법으로 평가한 가액을 시가로 본다고 정하고 있다(상속세 및 증여세법 제60조 제3항). 법 제63조의 보충적인 평가방법이 비상장법인 주식의 평가방법이므로 이에 의하여 평가한 것이 시가로 인정된다(상속세 및 증여세법 제60조 제1항 후단). 따라서 이에 의한 평가가 시가를 적용할 때 결정적인 평가로 볼 수 있다.

주식 가액의 평가방법이 적정한지 여부는 결국 그 평가방법이 기업의 가치를 얼마나 적절히 반영하고 있는지에 달려 있는데, 여기에는 「상속세 및 증여세법시행령」에 따라 순손익가치와 순자산가치를 평균한 가액을 기준으로 산정하는 방법, 평가기준일 현재 기업이 보유하고 있는 자산의 가치를 평가하여 이를 기업 가치로 보는 자산 가치평가, 시장원리에 의하여 형성되는 가치를 기업의 가치로 보는 것으로서 평가대상 기업과 유사한 표준기업을 선정한 후 이와 비교하여 기업 가치를 평가하는 시장가치법, 기업이 보유하고 있는 자산으로부터 향후 얼마의 수익과 현금흐름을 창출시킬 수 있는가를 평가하는 것으로 미래 주주의 입장에서 처분가능 한 영업현금흐름을 예측하여 이러한 미래현금흐름에 적절한 자본비용을 적용하여 기업의 내재가치를 산출하는 미래현금할인법 등 여러 가지 평가방법이 있다(서울고등법원 2006.10.24. 선고, 2004르1714, 2004르1721(병합) 판결).

일반적으로 감정가격도 인정되는 것은 시가에 포함한다(상속세 및 증여세법 제60조 제2항, 상속세 및 증여세법 시행령 제49조 제1항). 그러나 상속세와 증여세 부과목적으로는 주식에 대하여는 감정평가액을 적용하지 않는다(상속세 및 증여세법 시행령 제49조 제1항 제2호 괄호). 상속세와 증여세 부과목적이 아닌 상속재산의 평가나 상속재산의 분배목적으로는 감정평가가 인정될 수 있다. 객관적 교환가치가 적정하게 반영된 정상적인 거래의 실례가 없는 경우 법원이 적정하다고 인정하는 평가방법에 의하여 비상장주식의 가액을 평가하는 수밖에 없다. 법원으로서는 객관적으로 신뢰할 만한 전문가에 의하여 감정된 결과를 반영할 수밖에 없다. 따라서 감정전문가가 자산 가치평가 방식으로 평가하였더라도 이를 수용할 수밖에 없다(서울가법 2004.9.16. 선고, 2000느합61, 2002느합133 판결). 그러나 비상장주식의 가액 평가에 관하여 상이한 수개의 감정결과 중 「상속세 및 증여세법 시행령」에 정한 방법에 의해 순자산가치와 순손익가치를 모두 고려하여 평가한 감정결과는 인정된다(대법원 2007.7.26. 선고, 2006므2757, 2764 판결).

또한 「상속세 및 증여세법」 제63조 제3항은 대주주에 대하여 할증평가를 하도록 정하고 있다. 법원은 이러한 경영권 할증평가를 타당한 것으로 인정하고 있다. 이 경우 피상속인이 최대주주 또는 최대출자자에 해당되는 경우는 물론이고, 피상속인이 최대주주와 특수관계에 있는 경우도 포함된다(서울고법 2012.10.24. 선고, 2012나3168, 3175 판결).

비상장주식은 평가기준일 현재의 시가에 의하고 그 시가의 범위에는 당해 주식에 대한 매매사실이 있는 경우에는 그 거래가액을 포함하되, 그 거래가액이 특수관계에 있는 자와의 거래 등으로 인해 시가산정이 어려운 경우에는 보충적 평가방법에 의하여 평가한 가액을 시가로 하도록 하고 있다. 매매사실이 있는 경우에도 그 거래가액이 객관적인 합리성이 있어야 인정된다. 객관적인 평가절차 및 근거 없이 거래당사자 간의 합의만으로 주식의 거래가격을 결정하였고, 그 가액도 보충적 평가액과 현저한 차이가 있는 등 공정한 시장가치를 반영한 합리적인 가격이라고 보기 어렵다(조심 2017중175, 2017.3.27.). 매매사례의 경우 증자 시의 기관투자가의 평가는 일반적으로 인정되지는 않는다. 즉 평가기준일로부터 3월 이내에 기관투자가가 유상증자에 참여하여 인수한 신주인수가액이 미래 성장가능성을 감안하여 주식가치를 공정하게 객관적으로 평가하여 인수한 가액이므로 주식의 시가(매매사례가액)로 보기는 어렵다. 왜냐하면 일반법인의 유상증자 시 외부기관투자가에게 발행한 주식의 가액은 회사와 투자주체 사이의 배타적인 투자계약에 의하여 시가보다 할인된 가액으로 정하여지는 것이 일반적인 점에서 통상적인 시가의 범위로 보는 불특정다수인 사이에 자유로이 거래가 이루어지는 경우에 통상적으로 성립된다고 인정되는 가액으로 볼 수 없다(조심 2013중1621, 2013.7.2.). 또한 명의신탁주식의 거래가액으로 보충적 평가방법에 의한 평가액에 비해 현저히 차이가 나는 경우에는 시가로 인정하기 어렵다(조심 2013서2111, 2013.7.15.).

3.2 평균값에 의한 평가

개요

시가로 보는 주식의 평가는 「상속세 및 증여세법」 제63조에 규정되어 있다. 비상장주식은 순자산가치와 및 수익가치의 평균으로 계산한 보충적 평가방법에 의한 평가금액을 시가로 인정한다(상속세 및 증여세법 제60조 제3항, 상속세 및 증여세법 제63조 제1항 제1호 나목). 비상장주식 등에 관하여 보충적 평가방법을 규정하고 있는 것은, 상속재산 등의 평가에 있어 시가주의 원칙을 정한 세법의 규정을 보충하여 시가에 좀 더 근접한 가액을 산정하려는 취지(대법원 2000.6.23. 선고, 97누1679 판결 등 참조)와 아울러, 시가 산정이 어려운 경우 납세의무자에게 법적 안정성과 예측 가능성을 보장하고 과세관청에 조세행정의 획일성과 신속성을 가져다주기 위한 것으로 이해함이 타당하다(서울고법 2012누12268, 2012.12.27.). 비상장 주식은 기준일(상속과 증여는 상속일과 증여일, 양도의 경우 양도일) 현재의 손익가치와 순자산가치의 가중평균금액에 의하여 평가하는데 순손익가치 또는 순자산가치가 0 이하인 경우에는 0으로 한다(상속세 및 증여세법 시행령 제55조 제1항, 상속세 및 증여세법 시행령 제56조 제1항). 법인이 우선주 등 이익배당에 관하여 내용이 다른 수종의 주식을 발행한 경우에는 그 내용을 감안하여 적정한 가액으로 평가하여야 한다(상속세 및 증여세법 기본통칙 63－0…3).

일반법인

일반법인인 경우 수익가치와 순자산가치를 각각 3과 2의 비율로 가중평균 한다(상속세 및 증여세법 시행령 제54조 제1항). 다만, 그 가중평균 한 가액이 1주당 순자산가치에 80%를 곱한 금액 보다 낮은 경우에는 1주당 순자산가치에 80%를 곱한 금액으로 한다(상속세 및 증여세법 시행령 제54조 제1항 단서).

부동산과다보유법인

부동산과다보유법인의 경우에는 1주당 수익가치와 순자산가치의 비율을 각각 2와 3

으로 한다. 부동산과다보유법인이란 자산총액 중 토지와 건축물이 차지하는 비율이 50% 이상인 법인을 말한다(상속세 및 증여세법 시행령 제54조 제1항, 소득세법 제94조 제1항 제4호 다목). 마찬가지로 그 가중평균 한 가액이 1주당 순자산가치에 80%를 곱한 금액 보다 낮은 경우에는 1주당 순자산가치에 80%를 곱한 금액으로 한다(상속세 및 증여세법 시행령 제54조 제1항 단서). 그러나 2012년 2월 2일 이후 상속 · 증여 분부터는 당해 법인의 자산총액 중 부동산이 80% 이상인 법인으로 골프장 · 스키장 등 체육시설 및 「관광진흥법」에 의한 관광사업 중 휴양시설관련업과 부동산업 · 부동산개발업은 순자산가치만으로 평가한다(상속세 및 증여세법 시행령 제54조 제4항 제4호, 소득세법 제94조 제1항 제4호 라목, 재산세과 - 279, 2012.7.30.).

순자산가치로만 평가하는 법인

순자산가치에 의해서 평가하는 경우는 6가지이다(상속세 및 증여세법 시행령 제54조 제4항).

첫째, 「상속세 및 증여세법」 제67조 및 법 제68조의 규정에 의한 상속세 및 증여세 과세표준 신고기한 이내에 평가대상법인의 청산절차가 진행 중이거나 사업자의 사망 등으로 인하여 사업의 계속이 곤란하다고 인정되는 법인의 주식 또는 출자 지분이다(상속세 및 증여세법 시행령 제54조 제4항 제1호). 청산 등 정상적인 영업활동이 이루어지지 않는 기업은 수익 능력 측정이 무의미하므로 순자산가치로만 평가하고, 영업권도 별도로 평가하지 아니한다(상속세 및 증여세법 집행기준 63 - 54 - 2). 비상장주식의 가액은 사업자의 사망 등으로 인하여 사업의 계속이 곤란하다고 인정되는 경우에는 순자산가치로만 평가할 수 있는 것이며, 골프장 부지의 수용으로 인하여 골프장사업의 허가가 취소된 법인이 주주간의 분쟁으로 인하여 청산이 지연되는 경우로서 보유자산 및 경영상태 등으로 보아 소송이 종료된 후에는 청산할 것이 확실하다고 인정되는 경우에는 사업의 계속이 곤란한 경우로 볼 수 있다(서면4팀 - 1969, 2004.12.3.).

둘째 사업개시전의 법인, 사업개시 후 3년 미만의 법인과 휴 · 폐업 중에 있는 법인의 주식 또는 출자 지분이다(상속세 및 증여세법 시행령 제54조 제4항 제2호). “사업개시 후 3년 미만의 법인”이란 당해 법인의 사업개시일부터 평가기준일까지 역에 의하여 계산한 기간이 3년 미만인 법인을 말한다. 이 경우 사업개시일은 업종변경 여부에 관계없이 당해 법인이 처음으로 재화 또는 용역의 공급을 개시한 때를 말한다(재산세과 - 447, 2010.6.28.). 이 경우 「법인세법」 제46조의 3, 제46조의 5 및 제47조의 요건을 갖춘 적격분할 또는 적격 물적 분할로 신설된 법인의 사업기간은 분할 전 동일 사업부분의 사업개시일부터 기산한다(상속세 및 증여세법 시행령 제54조 제4항 제2호 후단). 휴 · 폐업 등 정상적인 영업 활동이 이루어지지 않는 기업은 수익 능력 측정이 무의미하므로 순자산가치로만 평가하고, 영업권도 별도로 평가하지 아니한다(상속세 및 증여세법 집행기준 63-54-2).

셋째 평가기준일이 속하는 사업연도 전 3년 내의 사업연도부터 계속하여 「법인세법」상 각 사업연도에 속하거나 속하게 될 손금의 총액이 그 사업연도에 속하거나 속하게 될 익금의 총액을 초과하는 결손금이 있는 법인의 주식 또는 출자 지분이다(상속세 및 증여세법 시행령 제54조 제4항 제3호).

넷째 골프장 등 부동산이 많은 사업을 하는 법인의 주식이다(상속세 및 증여세법 시행령 제54조 제4항 제4호). 동 사업에는 「체육시설의 설치 · 이용에 관한 법률」에 따른 골프장 사업 및 스키장 사업 등 체육시설사업, 「관광진흥법」에 따른 관광사업 중 휴양시설관련 업 및 부동산업 · 부동산개발 업 중에서 골프장, 스키장, 휴양콘도미니엄과 전문휴양시설이 해당된다(소득세법 시행령 제58조 제7항, 소득세법 시행규칙 제76조 제2항). 이러한 사업을 하는 법인으로서 자산총액 중 부동산 등이 차지하는 비율이 80% 이상인 법인의 주식이다(소득세법 제94조 제1항 제4호 라목). 부동산 등이란 법인이 보유한 부동산에 법인이 보유한 다른 법인의 주식가액에 그 다른 법인의 부동산 등 보유비율을 곱하여 산출한 가액을 합한 금액을 말한다(소득세법 제94조 제1항 제4호 라목). 부동산 등 보유비율은 다음 계산식에 따라 계산한다(소득세법 시행령 제58조 제6항).

$$\text{부동산 등 보유비율} = \frac{\text{부동산} + \text{부동산에 관한 권리}}{\text{자산총액}}$$

다섯째 법인의 자산총액 중 주식 등의 가액의 합계액이 차지하는 비율이 80% 이상인 법인의 주식이다(상속세 및 증여세법 시행령 제54조 제4항 제5호).

여섯째 법인의 설립 시 정관에 존속기한이 확정된 법인으로서 평가기준일 현재 잔여 존속기한이 3년 이내인 법인의 주식이다(상속세 및 증여세법 시행령 제54조 제4항 제6호).

3.3 상장 신청시 평가

▲▼ 개요

상장을 목적으로 유가증권 신고를 한 법인과 코스닥시장에서 상장신청을 한 법인의 주식은 별도의 평가규정을 두고 있다(상속세 및 증여세법 제63조 제2항 제1호 · 제2호). 원래 상장주식은 평균시세로 평가한 것은 시가로 본다(상속세 및 증여세법 제60조 제1항). 하지만 이 방법에 의하여 평가한 금액은 시가로 보지 않는다(상속세 및 증여세법 제60조 제1항).

▲▼ 적용대상 주식

평가기준일 현재, 유가증권 신고(유가증권 신고를 하지 아니하고 상장신청 또는 등록신청을 한 경우에는 상장신청을 말한다) 직전 6개월(증여세가 부과되는 주식 등의 경우에는 3개월)부터 한국거래소에 최초로 주식 등을 상장하기 전까지의 기간 또는 한국금융투자협회에 등록하기 전까지의 기간에 해당되는 비상장주식에 적용된다(상속세 및 증여세법 시행령 제57조 제1항 · 제2항).

▲▼ 평가방법

이러한 주식은 공모 가격과 「상속세 및 증여세법」에 따른 평가 가격(상장주식은 평균거래가액, 비상장주식은 보충적 평가방법) 중 큰 가액으로 평가한다(상속세 및 증여세법 시행령 제57조 제1항 · 제2항).

공모 가격이란 「자본시장과 금융투자업에 관한 법률」에 따라 금융위원회가 정하는 기준에 따라 결정된 공모 가격을 말한다(상속세 및 증여세법 시행령 제57조 제1항 · 제2항 제1호).

법에 따라 평가한 금액이란 2개월 평균시세(법 제63조 제1항 제1호 나목에 의한 평가)를 말한다. 이에 의한 금액이 없는 경우에는 비상장법인 주식평가규정(법 제63조 제1항 제1호 다목에 의한 평가)에 의한 가액으로 한다(상속세 및 증여세법 시행령 제57조 제1항 제2호). 코스닥에 등록하는 법인인 경우 법에 따라 평가한 금액은 비상장법인 주식평가규정(상속세 및 증여세법 제63조 제1항 제1호 다목에 의한 평가)에 의한 가액으로 한다(상속세 및 증여세법 시행령 제57조 제2항 제2호). 이를 정리하면 다음과 같다(상속세 및 증여세법 집행기준 63－57－1).

〈상장 중인 법인의 평가방법의 요약〉

구분	기업공개 목적으로 유가증권 신고한 법인	코스닥 상장 신청한 법인
평가액	평가액=Max [①, ②] ① 금융위원회가 정한 기준에 따라 결정된 공모가격 ② 코스닥상장법인 주식 등의 평가 방법에 의한 평가액(그 가액이 없는 경우 비상장주식의 평가방법에 따른 평가액)	평가액=Max [①, ②] ① 금융위원회가 정한 기준에 따라 결정된 공모가격 ② 코스닥상장법인 주식 등의 평가 방법에 의한 평가액
적용대상 기간	평가기준일이 유가증권신고서 접수일 직전 6개월(증여의 경우 3개월)부터 한국거래소 · 한국금융투자협회에 최초로 주식 등을 상장 · 등록하기 전까지의 기간 내에 있을 것	

3.4 평가심의위원회의 평가

납세자가 소정의 방법으로 평가한 평가가액을 첨부하여 평가심의위원회에 평가가액 및 평가방법에 대한 심의를 신청하는 경우에는 평가심의위원회가 심의하여 제시하는 평가가액에 의하거나 그 위원회가 제시하는 평가방법 등을 고려하여 계산한 평가가액에 의할 수 있다(상속세 및 증여세법 시행령 제56조 제6항). 다만, 납세자가 평가한 가액이 보충적 평가방법에 따른 주식평가액의 70%에서 130%까지의 범위 안의 가액인 경우로 한정한다(상속세 및 증여세법 시행령 제56조 제6항 단서).

납세자가 평가할 수 있는 소정의 방법은 유사기업 거래사례의 이용, 현금흐름할인, 배당할인 등 금융시장에서의 평가방법을 이용하는 방법이다(상속세 및 증여세법 시행령 제56조 제6항). 유사기업 거래사례는 해당 법인의 자산, 매출액 규모 및 사업의 영위기간 등을 고려하여 같은 업종을 영위하고 있는 다른 법인(유가증권시장과 코스닥시장에 상장된 법인을 말한다)의 주식가액을 이용하여 평가하는 방법을 말한다(상속세 및 증여세법 시행령 제56조 제6항 제1호). 현금흐름할인 접근은 향후 기업에 유입될 것으로 예상되는 현금흐름에 일정한 할인율을 적용하여 평가하는 방법(상속세 및 증여세법 시행령 제56조 제6항 제2호), 배당할인 접근은 향후 주주가 받을 것으로 예상되는 배당수익에 일정한 할인율을 적용하여 평가하는 방법이다(상속세 및 증여세법 시행령 제56조 제6항 제3호). 그밖에도 이에 준하는 방법으로서 일반적으로 공정하고 타당한 것으로 인정되는 방법을 규정하고 있는데 이와 관련하여 시행규칙은 아직 없다(상속세 및 증여세법 시행령 제56조 제6항 제4호). 2017년에 개정된 것이라 앞으로 예규 등을 참고하여야 할 것이다.

3.5 수익가치에 의한 평가

개요

수익가치는 다음에 의하여 계산한다(상속세 및 증여세법 시행령 제54조 제1항). 이 경우 가중평균이익이 0원 이하인 경우에는 0원으로 한다(상속세 및 증여세법 시행령 제56조 제1항).

〈주식의 수익가치 계산식〉

$$수익가치 = \frac{가중평균이익}{수익가치환원율}$$

가중평균이익은 최근 3년 가중평균이익이나 추정이익에 의한다(상속세 및 증여세법 시행령 제56조 제1항 · 제2항).

최근3년 가중평균이익

① 기본산식

최근3년 가중평균이익은 다음에 의하여 계산한다(상속세 및 증여세법 시행령 제56조 제1항 제1호, 상속세 및 증여세법 집행기준 63-56-1).

〈주식평가 시 가중평균이익의 계산식〉

1주당 순손익가치	$\frac{1주당\ 최근\ 3년간\ 순손익의\ 가중평균}{환원율(10\%)}$
가중평균액	$\frac{A \times 3 + B \times 2 + C \times 1}{6}$

<table>
<tr><td colspan="2"></td><td>A : 평가기준일 이전 1년이 되는 사업연도의 1주당 순손익
B : 평가기준일 이전 2년이 되는 사업연도의 1주당 순손익
C : 평가기준일 이전 3년이 되는 사업연도의 1주당 순손익
$$1주당\ 순손익 = \frac{각\ 사업연도\ 순손익}{각\ 사업연도종료일\ 현재의\ 발행주식\ 총수}$$</td></tr>
<tr><td colspan="2">기본원칙</td><td>• 1주당 최근 3년간의 순손익의 가중평균액이 0원 이하인 경우에는 0원으로 한다.
• 사업연도가 1년 미만일 경우 1년으로 환산한 가액으로 계산한다.
• 각 사업연도의 주식 수는 각 사업연도 종료일 현재의 발행주식 총수에 따른다.</td></tr>
<tr><td rowspan="3">각
사업연도
순손익</td><td>가산</td><td>• 국세 및 지방세 과오 납 환급금이자
• 익금 부인된 수입배당금
• 법정기부금, 지정기부금의 한도초과액
• 기부금한도초과액의 이월공제액의 손금산입 금액</td></tr>
<tr><td>차감</td><td>• 벌금, 과료, 과태료, 가산금, 체납처분비
• 손금으로 인정되지 않는 공과금
• 업무와 관련 없는 지출
• 각 세법상 징수불이행 납부세액
• 기부금 한도초과금액
• 접대비 한도초과금액
• 지급이자 손금부인금액
• 광고 선전비 한도초과금액
• 법인세 총 결정세액(농어촌특별세, 지방소득세 포함)
• 손금불산입한 외국법인세액
• 감가상각비 시인부족액</td></tr>
<tr><td>일반</td><td>• 각사업연도 1주당 순손익이 0원 이하인 경우에는 0원 이하 가액을 그대로 적용한다.
• 각 사업연도 소득금액 계산 시 손금산입 된 충당금 및 준비금이 일시 환입될 경우에는 그 금액이 환입될 연도를 기준으로 안분한 금액만 가산한다.</td></tr>
</table>

② 사업연도의 구분

사업연도의 말일이라도 평가기준일 속한 사업연도는 제외된다(조심 2009서65, 2009.2.27.). 그러나 예규는 약간 다르다. 평가기준일이 2006년 12월 30일인 경우 "평가기준일 이전 1년이 되는 사업연도"라 함은 2005년 사업연도를 말하는 것이다(서면4팀－499, 2007.

2.6.). 그러나 평가기준일이 2005년 12월 31일인 경우 최근 3년간의 순손익 사업연도는 2005년, 2004년, 2003년 사업연도를 말한다(서면4팀 - 263, 2006.2.10., 서면4팀 - 499, 2007.2.6. 에서 재인용). 심판이 예규에 우선 적용되고, 예규와 판례의 연도를 보아도 심판이 더 늦은 2009년이므로 당연히 심판사례가 적용된다(물론 전문가의 자문을 받아야 한다).

3개 사업연도 중 1년 미만의 사업연도가 있는 경우 1년으로 계산한 가액으로 한다고 규정하지만 사업연도 변경이 있는 경우 가중평균액의 계산방법에 대해서는 명문규정이 없다. 과세관청은 다수의 예규에서 "평가기준일 이전 1년, 2년 및 3년이 되는 날이 속하는 사업연도의 1주당 손익금액을 기준으로 하여 계산하는 것"이라는 취지로 회신하였다(조심 2017서708, 2017.9.21.).

〈서면4팀 - 499, 2007.2.6.〉

【질의】 상속세 및 증여세법 시행령 제56조 제1항 제1호 산식에서 2001.12.31. 시행령 개정 전에는 "평가기준일 이전" 대신 "상속개시 전"으로 계산을 했는데, 사업연도종료일이 상속 또는 증여일인 경우 중도결산을 할 필요 없이 순손익가치를 산정할 수 있으므로 당해 사업연도 순손익액을 반영하여 평가하도록 개정된 것으로 알고 있음.
평가기준일과 사업연도종료일이 2006.12.31.로 같은 경우 1주당 최근 3년간의 순손익액의 가중평균액에서 평가기준일 이전 1년이 되는 사업연도는 2006년으로 해야 된다는 의미로 해석되며, 2006년도 결산이 가능하므로 평가기준일 현재의 평가액은 최근 사업연도가 반영되어야 합리적이므로 타당하다고 생각됨.
그런데 평가기준일이 2006.12.30.이고 사업연도종료일이 2006.12.31.인 경우 상속세및증여세법 시행령 제56조 제1항 제1호 산식을 적용하여 "1주당 최근 3년간의 순손익액의 가중평균액"을 산정할 때, "평가기준일 이전 1년이 되는 사업연도"는 2006년도와 2005년도 중 어느 연도가 해당되는지.

【회신】 1.「상속세 및 증여세법 시행령」 제56조 제1항 제1호의 규정에 의하여 비상장법인의 "1주당 최근 3년간의 순손익액의 가중평균액"을 계산할 때, 귀 질의와 같이 평가기준일이 2006.12.30.인 경우 "평가기준일 이전 1년이 되는 사업연도"라 함은 2005년 사업연도를 말하는 것임.
2. 귀 질의와 관련 있는 내용의 예규(서면4팀 - 263, 2006.2.10. 및 서면4팀 - 1991, 2006.6.27.)를 참고하기 바람.
참고예규 : 1. 서면4팀 - 263(2006.2.10.)
「상속세 및 증여세법 시행령」 제56조 제1항의 규정에 의하여 비상장법인의 1주당 최근 3년간의 순손익액의 가중평균액을 계산할 때, 귀 질의와 같이 평가기준일이 2005.12.31.인 경우 최근 3년간의 순손익 사업연도는 2005년, 2004

년, 2003년 사업연도를 말하는 것임.

2. 서면4팀－1991(2006.6.27.)

「상속세 및 증여세법 시행령」 제56조 제1항 제1호의 규정에 의하여 비상장법인의 "1주당 최근 3년간의 순손익액의 가중평균액"은 평가기준일 이전 1년, 2년 및 3년이 되는 날이 속하는 사업연도의 1주당 순손익액을 기준으로 하여 계산하는 것임.

사업연도가 1년 미만인 경우에는 1년으로 계산한 가액으로 한다(상속세 및 증여세법 시행규칙 제17조의 3 제2항).

이 경우 이익은 주당 평균이익을 말한다. 주당평균이익을 계산할 때 각 사업연도의 주식 수는 각 사업연도종료일 현재의 발행주식 총수에 의한다(상속세 및 증여세법 시행령 제56조 제3항).

③ 합병 시의 계산

법인이 평가기준일 전 3년이 되는 날이 속하는 사업연도 개시일부터 평가기준일까지의 기간 중 합병한 경우 1주당 최근 3년간 순손익의 가중평균액은 평가기준일 이전 1년·2년·3년이 되는 날이 속하는 사업연도별로 합병법인과 피합병법인의 순손익을 합계하여 합병 후 발행주식 총수로 나누어서 계산한다(서면4팀－2049, 2005.11.3.). 이 경우 1년 미만인 사업연도의 손익액은 연으로 환산한 가액에 의하는 것이나, 합병일이 속하는 피합병법인의 사업연도가 1년 미만으로서 합병 후부터 피합병법인과 합병법인의 손익액이 합산되어 계산되는 경우에는 연으로 환산하지 아니한다(상속세 및 증여세법 기본통칙 63－56…12).

④ 유상 증자와 감자 시 손익계산

순손익을 계산할 때 평가기준일이 속하는 사업연도 이전 3년 이내에 유상증자를 하거나 유상감자를 한 경우에는 유상증자 또는 유상감자를 한 사업연도와 그 이전 사업연도의 순손익은 계산한 금액에 일정한 금액을 가감하여 계산한다. 이 경우 유상증자 또는 유상감자를 한 사업연도의 순손익은 사업연도 개시일부터 유상증자 또는 유상감자를 한 날까지의 기간에 대하여 월 할로 계산하며, 1개월 미만은 1개월로 하여 계산한다(상속세 및 증여세법 시행령 제56조 제5항). 유상증자를 한 경우에는 유상증자로 1주당 납입금액에 유상증자로 증가한 주식의 수와 10%를 곱한 금액을 더한다(상속세 및 증여세법 시행령 제

56조 제5항 제1호, 상속세 및 증여세법 시행규칙 제17조의 3 제6항, 상속세 및 증여세법 시행규칙 제17조). 유상감자의 경우에는 유상감자 시 지급한 1주당 금액에 유상감자로 감소된 주식 수와 10%를 곱한 금액을 차감한다(상속세 및 증여세법 시행령 제56조 제5항 제2호, 상속세 및 증여세법 시행규칙 제17조의 3 제6항, 상속세 및 증여세법 시행규칙 제17조).

비상장주식을 보충적 평가방법으로 평가함에 있어 무상증자 또는 무상 감자를 한 사실이 있는 경우에는 순손익가치 계산 시 각 사업연도 말 주식 수에 무상증자 또는 무상 감자 주식수를 반영하여 환산하도록 규정하고 있는 반면, 유상증자의 경우에는 그러한 환산규정이 없어 순손익가치는 증자 전 주식수로 평가하게 되어 불합리하고, 또한 이는 증자 후 주식수로 평가하는 순자산가치와 비교할 때 평가기준이 서로 달라지고, 신주를 저가발행하면 증자 후의 주식가치는 희석되어 낮아지는 것임에도 평가기준일 현재 관계 규정이 마련되어 있지 아니하다고 하여 불합리한 평가방법으로 시가를 평가하는 것은 시가주의의 평가원칙에 어긋나는 것으로 보인다(조심 2008서4078, 2009.12.28. 조세심판관 합동회의, 같은 뜻임). 유상증자에 따른 1주당 순손익 계산 시에도 희석된 평균 가치로 과세하는 것이 합리성 등의 측면에서 적합하다(조심 2008서4078, 2009.12.28.; 국심 2006서111, 2007.5.1.; 국심 2004서3011, 2005.12.7. 같은 뜻임)(조심 2013서2111, 2013.7.15.).

⑤ 증자 · 감자 시의 주식 수의 계산

평가기준일이 속하는 사업연도 전 3년 이내에 증자 또는 감자를 한 경우에는 증자 또는 감자 이전의 각사업연도 종료일 현재의 발행주식 총수는 다음에 의하여 환산한다(상속세 및 증여세법 시행령 제56조 제3항, 상속세 및 증여세법 시행규칙 제17조의 3 제5항).

〈증자의 경우 환산주식 수의 계산 산식〉

$$\text{증자 전 각 사업연도말 주식수} \times \frac{\text{증자 직전 사업연도말 주식수} - \text{증자주식수}}{\text{증자 직전 사업연도말 주식수}}$$

〈감자의 경우 환산주식 수의 계산 산식〉

$$\text{감자 전 각 사업연도말 주식수} \times \frac{\text{감자 직전 사업연도말 주식수} - \text{감자주식수}}{\text{감자 직전 사업연도말 주식수}}$$

무상증자 시를 사례를 들어 설명하면 다음과 같다(상속세 및 증여세법 집행기준 63-56-1).

〈주식평가 시 무상증자의 경우 환산주식 수 계산의 사례〉

사례	• 평가기준일(xxxx.1.1.) 현재 발행주식 총수 : 100,000주 • 유상주 발행 : 전년도 10월 1일 40,000주 발행 • 유상주 발행 직전 사업연도 종료일의 발행주식 총수 : 전년도 : 60,000주(20,000주 무상증자), 전전년도 40,000주
계산	• 전년도 : 100,000주 • 전전년도 : 60,000×(60,000+40,000) ÷ 60,000=100,000주 • 전전전년도 : 40,000×(40,000+60,000) ÷ 40,000=100,000주

추정이익으로 하는 경우

① 대체의 사유

해당 법인이 일시 우발적 사건으로 최근 3년간 손익이 비정상적으로 증가하는 등 최근 3년의 가중평균이익으로 하는 것이 불합리한 경우에는 추정이익으로 대체할 수 있다(상속세 및 증여세법 시행령 제56조 제2항). 추정이익으로 대체하는 것은 4가지 요건을 갖추어야 한다. 첫째 일시적이고 우발적인 사건으로 해당 법인의 최근 3년간 순손익금액이 증가하는 등 기획재정부령으로 정하는 경우에 해당하여야 한다(상속세 및 증여세법 시행령 제56조 제2항 제1호). 이러한 사유에는 다음이 있다(상속세 및 증여세법 시행규칙 제17조의3 제1항).

〈추정이익으로 손익가치를 평가하는 경우〉

- 기업회계기준의 자산수증이익, 채무면제이익, 보험차익 및 재해손실의 합계액에 대한 최근 3년간 가중평균액이 법인세 차감 전 손익에서 동 자산수증이익 등을 뺀 금액에 대한 최근 3년간 가중평균액의 50퍼센트를 초과하는 경우
- 평가기준일 전 3년이 되는 날이 속하는 사업연도 개시일부터 평가기준일까지의 기간 중 합병·분할·증자 또는 감자를 하였거나 주요업종이 바뀐 경우
- 「상속세 및 증여세법」 제38조(합병에 따른 증여)의 규정에 의한 증여받은 이익을 산정하기 위하여 합병당사법인의 주식가액을 산정하는 경우
- 최근 3개 사업연도 중 1년 이상 휴업한 사실이 있는 경우
- 기업회계기준상 유가증권·유형 자산의 처분손익과 기업회계기준의 자산수증이익, 채무면제이익, 보험차익 및 재해손실의 합계액에 대한 최근 3년간 가중평균액이 법인세차감 전

손익에 대한 최근 3년간 가중평균액의 50퍼센트를 초과하는 경우
- 주요업종(당해 법인이 영위하는 사업 중 직접 사용하는 유형고정자산의 가액이 가장 큰 업종을 말한다)에 있어서 정상적인 매출발생기간이 3년 미만인 경우
- 제1호부터 제7호까지와 유사한 경우로서 기획재정부장관이 정하여 고시하는 사유에 해당하는 경우

둘째 상속세 과세표준 신고기한 및 증여세 과세표준 신고기한까지 1주당 추정이익의 평균가액을 신고하여야 한다(상속세 및 증여세법 시행령 제56조 제2항 제2호). 셋째 1주당 추정이익의 산정기준일과 평가서작성일이 해당 과세표준 신고기한 이내이어야 한다(상속세 및 증여세법 시행령 제56조 제2항 제3호). 넷째 1주당 추정이익의 산정기준일과 상속개시일 또는 증여일이 같은 연도에 속하여야 한다(상속세 및 증여세법 시행령 제56조 제2항 제4호). 관련 판결 사건이 있어서 이를 소개하면 다음과 같다.

순손익금액의 가중평균액 중에서 일시적이고 우발적인 특별이익은 그 규모와 성격 등에 비추어 정상적 영업활동을 통하여 발생하는 경상이익의 규모를 왜곡할 수 있어 세법의 산식을 그대로 적용하는 것이 합리적이지 않으므로 특별이익을 공제한 정상적 경상이익만을 기초로 한 가중평균액을 산정하는 것은, 정상적 영업활동을 통한 이익으로 볼 수 없는 특별이익만이 제외될 뿐이고, 그로 인하여 나머지 경상이익, 자산현황이나 재무상태 등에 어떠한 영향을 미치는 것도 아닌 이상, 특별히 불합리한 것으로는 보이지 않는다. 이에 대하여 특별이익을 공제하여 산정할 수 있다는 규정이 별도로 존재하지 않는 이상, 특별이익을 공제하고 산정할 수 없다고 주장할 수 있지만, 비상장 주식의 가액을 평가할 수 없는 경우에는 보충적 평가방법을 준용하여 객관적이고 합리적인 방법을 사용하여 평가할 수 있는 이상, 특별이익을 공제할 수 있다는 규정이 명시적으로 없다는 사정만으로, 위법하다고 단정할 것은 아니다(서울고법 2012누12268, 2012.12.27.).

② 추정의 방법

신용평가 전문기관, 회계법인 또는 세무법인 중 둘 이상의 신용평가 전문기관, 회계법인 또는 세무법인이 「자본시장과 금융투자업에 관한 법률 시행령」 제176조의 5 제2항에 따라 금융위원회가 정한 1주당 추정이익을 산출하기 위한 기준에 따라 산출한 1주당 추정이익의 평균가액으로 할 수 있다(상속세 및 증여세법 시행령 제56조 제2항, 상속세 및 증여세법 시행규칙 제17조의 3 제3항). 「자본시장과 금융투자업에 관한 법률 시행령」에 의하면

자산 가치 · 수익가치 및 그 가중산술평균방법과 상대가치의 산출방법은 금융위원회가 정하여 고시한다(자본시장과 금융투자업에 관한 법률 시행령 제176조의 5 제2항).

신용평가 전문기관이란 자본시장과 「금융투자업에 관한 법률 시행령」 제176조의 5 제6항 제2호에 따른 신용평가 회사(신용정보의 이용 및 보호에 관한 법률에 따라 허가를 받은 신용평가회사)를 말한다(상속세 및 증여세법 시행규칙 제17조의 3 제3항). 신용평가 전문기관에는 한국 신용평가주식회사, 한국 신용정보주식회사, 한국기업평가주식회사, 서울 신용평가정보주식회사가 있다(상속세 및 증여세법 기본통칙 63－56…11).

3.6 손익의 계산방법

개요

최근 3년간의 이익을 계산할 때 각 사업연도의 이익의 계산은 각사업연도 소득(이월결손금을 공제하기 전의 소득을 말한다)에 다음의 '가산' 금액을 더하고 '차감' 금액을 차감하는 방식으로 계산한다(상속세 및 증여세법 시행령 제56조 제4항).

소득 가산금액

① 「법인세법」 제18조 제4호 환급금이자

익금부인 한 국세 또는 지방세의 과오납금의 환급금에 대한 이자는 소득에 가산한다(상속세 및 증여세법 시행령 제56조 제4항 제1호). 법인세 소득을 계산할 때 세법상 이익에서 제외되지만 법인의 이익을 구성하기 때문이다.

② 「법인세법」 제18조의 2 · 제18조의 3 배당수입

익금부인 한 수입배당금액(지주회사 수입배당금, 타법인 배당금)은 소득에 가산한다(상속세 및 증여세법 시행령 제56조 제4항 제1호). 법인세 소득을 계산할 때 세법상 이익에서 제외되지만 법인의 이익을 구성하기 때문이다.

③ 「법인세법」 제24조 제4항 기부금

손금에 산입하지 아니한 지정기부금의 손금산입한도액 초과금액 및 법정기부금의 손

금산입한도액 초과금액은 해당 사업연도의 다음 사업연도 개시일부터 5년 이내에 끝나는 각 사업연도에 이월하여 그 초과금액을 손금에 산입하는데 동 금액은 가산한다(상속세 및 증여세법 시행령 제56조 제4항 제1호).

④ 「조세특례제한법」 제73조 제4항 기부금

「조세특례제한법」 제73조 제4항에 따라 해당 사업연도의 손금에 산입한 금액은 가산한다(상속세 및 증여세법 시행령 제56조 제4항 제1호). 여기서 「조세특례제한법」 제73조 제4항은 법률 제10406호 조세특례제한법 일부개정 법률로 개정되기 전의 것을 말한다. 이에 의하면 동법에 의한 기부금 중 손금에 산입하지 아니한 금액은 해당 과세연도의 다음 과세연도의 개시일부터 1년 이내에 끝나는 과세연도에 이월하여 손금에 산입한다.

물론 동 「조세특례제한법」 제73조 제3항에 따라 기부금 손금산입 한도를 넘어 손금에 산입하지 아니한 금액은 차감한다(상속세 및 증여세법 시행령 제56조 제4항 제2호 다목).

소득 차감금액

① 법인세

당해 사업연도의 법인세액, 법인세액(법인세법 제57조에 따른 외국법인세액으로서 손금에 산입되지 아니하는 세액을 포함)의 감면액 또는 과세표준에 부과되는 농어촌특별세액 및 지방소득세는 소득에서 차감한다(상속세 및 증여세법 시행령 제56조 제4항 제2호 가목). 차감되는 세액은 「법인세법」에 따라 각 사업연도의 소득에 대하여 납부하였거나 납부하여야 할 법인세 총 결정세액을 말한다. 이 경우 각 사업연도 소득은 이월결손금을 공제하기 전의 소득을 말하는 것이며, 법인세액에는 토지 등 양도소득에 대한 법인세, 법인세 부가세액, 법인세 감면세액에 대한 농어촌특별세를 포함한다(상속세 및 증여세법 기본통칙 63－56…9 제1항). 손익액을 계산할 때 그 법인에 대한 법인세경정으로 주식평가액에 변동이 생긴 때에는 평가액은 조정되어야 한다(상속세 및 증여세법 기본통칙 63－56…10).

② 가산세

손금부인 되는 벌금, 과료, 통고처분에 따른 벌금 또는 과료, 과태료, 과태금, 가산금 및 체납처분비(법인세법 제21조 제3호) 및 손금부인 되는 법령에 따라 의무적으로 납부하는 것이 아닌 공과금(법인세법 제21조 제4호) 및 손금부인 되는 업무무관비용(법인세법 제27조)에 규정하는 금액과 각 세법에서 규정하는 징수불이행으로 인하여 납부하였거나 납부할 세액은 소득에서 차감한다(상속세 및 증여세법 시행령 제56조 제4항 제2호 나목).

③「법인세법」제24조부터 제26조까지 접대비 등

손금부인 한 기부금, 접대비와 과다경비(법인세법 제24조부터 제26조)는 소득에서 차감한다(상속세 및 증여세법 시행령 제56조 제4항 제2호 다목).

④「법인세법」제27조, 제28조 비용

업무무관으로 손금부인 한 업무무관비용과 손금부인 된 이자비용은 소득에서 차감한다(상속세 및 증여세법 시행령 제56조 제4항 제2호).「국제조세 조정에 관한 법률」제14조의 규정에 의하여 배당으로 간주된 이자의 손금부인 금액은 각 사업연도소득금액에서 차감한다(상속세 및 증여세법 기본통칙 63－56…9 제2항).

⑤「조세특례제한법」제73조 제3항 기부금

한도초과로 손금부인 한 기부금은 소득에서 차감한다(상속세 및 증여세법 시행령 제56조 제4항 제2호 다목).

⑥「조세특례제한법」제136조 문화접대비

정부출연기기관의 접대비 한도규정과 문화접대비 규정에 의한 손금부인 한 접대비는 소득에서 차감한다(상속세 및 증여세법 시행령 제56조 제4항 제2호 다목).

상각부족금액 차감

감가상각비 시인부족액에서 상각부인금액을 손금으로 추인한 금액을 뺀 금액을 차감한다(상속세 및 증여세법 시행령 제56조 제4항 제2호 라목). 감가상각비를 덜 상각한 금액을 인정해주는 것이다.

준비금 일시 환입

각사업연도소득계산 시 손금에 산입 된 충당금 또는 준비금이 세법의 규정에 따라 일시환입 되는 경우에는 당해 금액이 환입될 연도를 기준으로 안분한 금액을 환입될 각사업연도 소득에 가산한다(상속세 및 증여세법 시행령 제56조 제4항).

3.7 순자산가치에 의한 평가

개요

순자산가치는 다음에 의하여 계산한다(상속세 및 증여세법 시행령 제54조 제2항, 상속세 및 증여세법 집행기준 63-54-3).

〈주식의 순자산가치 계산의 방법〉

<table>
<tr><th colspan="3">구 분</th><th>내 용</th></tr>
<tr><td colspan="3">기본 산식</td><td>$\frac{\text{평가기준일 현재 당해 법인의 순 자산 가액}}{\text{평가기준일 현재 발행주식 총수}}$</td></tr>
<tr><td colspan="3">순자산가액</td><td>순자산가액=자산총계-부채총계+장부에 계상되지 않은 영업권 평가액</td></tr>
<tr><td rowspan="4">순자산 가액의 계산</td><td colspan="2">기본원칙</td><td>• 평가기준일 현재 자산 및 부채의 상황에 따라 평가한다.
• B/S상 자산 가액을 시가로 평가하고 시가로 평가할 수 없는 경우에는 보충적 평가방법으로 평가한다.
• 평가대상 법인이 다른 비상장법인의 주식 등을 10% 이하 보유한 경우 그 주식의 평가는 취득가액에 의할 수 있다. 단, 시가가 있으면 시가를 우선하여 적용한다.
• 자산 가액을 보충적 평가방법으로 평가할 경우 평가기준일 현재 보충적 평가가액이 장부가액보다 작은 경우에는 정당한 사유가 없는 한 장부가액(취득원가-감가상각비 누계)으로 평가해야 한다.
• 법인이 신주주에게 증자 전 잉여금 유보액 등을 분배하지 않는 조건으로 증자한 경우 당해 잉여금 등은 순자산 가액에 포함하지 아니한다.
• 순자산가액이 0원 이하인 경우는 0원으로 한다.</td></tr>
<tr><td rowspan="2">자산 조정</td><td>가산</td><td>• 지급받을 권리가 확정된 금액으로서 대차대조표에 계상되지 아니한 것
• 유상증자가액 : 평가기준일의 직전 사업연도 말 재무상태 표를 기준으로 평가할 경우
• 영업권의 보충적 평가방법에 의한 평가액</td></tr>
<tr><td>차감</td><td>• 선급비용에서 평가기준일 현재 비용으로 확정된 것
• 무형고정자산 중 개발비
• 이연법인세자산</td></tr>
<tr><td>부채 조정</td><td>가산</td><td>• 평가기준일까지 가 결산한 경우 당해 소득에 대한 실제 납부할 법인세, 농특세, 지방소득세
• 퇴직급여추계금액</td></tr>
</table>

구 분			내 용
			• 평가기준일 현재 이익처분으로 확정된 배당금 및 상여금 지급의무
		차감	• 모든 준비금 및 모든 충당금(충당금설정금액 중 비용확정분과 보험업법에 따른 책임준비금 등은 제외) • 이연법인세 부채 • 평가기준일 이후에 이익의 처분으로 확정된 배당금 및 상여금 지급의무
발행주식 총수의 계산			• 발행주식 총수는 평가기준일 현재 발행주식 총수를 말한다. • 평가대상법인이 자기주식을 소유한 경우로서 감자의 목적인 경우에는 발행주식 총수에서 자기주식수를 차감하고 일시적 보유목적 등인 경우에는 차감하지 아니한다.

순자산가액

순자산가액은 평가기준일 현재 당해 법인의 자산을 「상속세 및 증여세법」에 따라 평가한 가액에서 부채를 차감한 가액으로 하며, 순자산가액이 0원 이하인 경우에는 0원으로 한다(상속세 및 증여세법 시행령 제55조 제1항). 이 경우 당해 법인의 자산을 보충적 평가방법 및 저당권 등의 설정자산의 평가 규정에 의하여 평가한 가액이 장부가액(취득가액에서 감가상각비를 차감한 가액을 말한다)보다 적은 경우에는 장부가액으로 하되, 장부가액보다 적은 정당한 사유가 있는 경우에는 그러하지 아니하다(상속세 및 증여세법 시행령 제55조 제1항 후단).

발행주식 총수

발행주식 총수는 평가기준일 현재의 발행주식 총수를 말한다(상속세 및 증여세법 시행령 제54조 제5항).

예금의 평가

예금 · 저금 · 적금 등의 평가는 평가기준일 현재 예입 총액과 같은 날 현재 이미 지난 미수이자 상당액을 합친 금액에서 원천징수세액 상당 금액을 뺀 가액으로 한다(상속세 및 증여세법 제63조 제4항).

▲ 선급비용 차감

선급비용으로 평가기준일 현재 비용으로 확정된 것은 자산에서 차감한다(상속세 및 증여세법 시행규칙 제17조의 2 제2호). 차감하는 선급비용은 장부상 계상되어 있는 선급비용 중 기간경과 등으로 인하여 평가기준일 현재 비용으로 확정된 금액을 한다(재삼 46014-2524, 1998.12.26.). 따라서 정상적인 선급비용은 차감할 수 없다.

▲ 타법인주식의 평가

비상장법인이 다른 법인의 주식을 보유한 경우 그 법인이 비상장주식인 경우 수익가치와 순자산가치의 평균에 의하는 것이 원칙이다. 그러나 10% 이하의 주식을 보유한 경우에는 취득가액(법인세법 시행령 제74조 제1항 제1호 마목의 규정에 의한 취득가액)으로 평가할 수 있다. 다만, 시가(상속세 및 증여세법 제60조 제1항에 따른 시가)가 있으면 시가를 우선하여 적용한다(상속세 및 증여세법 시행령 제54조 제3항).

▲ 권리의 가산

평가기준일 현재 지급받을 권리가 확정된 가액은 이를 자산에 가산하여 계산한다(상속세 및 증여세법 시행규칙 제17조의 2 제1호).

▲ 무형자산 차감

무형자산 중 개발비(법인세법 시행령 제24조 제1항 제2호 바목에 의한 무형고정자산)는 차감한다(상속세 및 증여세법 시행규칙 제17조의 2 제2호).

▲ 영업권의 평가

영업권평가액은 당해 법인의 자산 가액에 합산한다. 다만, 순자산가치로만 평가하는 법인인 경우에는 영업권을 평가하지 않는다(상속세 및 증여세법 시행령 제55조 제3항). 영업권의 평가방법은 앞에서 설명하였다.

그러나 상속세 및 증여세 과세표준 신고기한 이내에 평가대상법인의 청산절차가 진행중이거나 사업자의 사망 등으로 인하여 사업의 계속이 곤란하다고 인정되는 법인, 평가기준일이 속하는 사업연도 전 3년 내의 사업연도부터 계속하여 「법인세법」상 각 사업연도에 속하거나 속하게 될 손금의 총액이 그 사업연도에 속하거나 속하게 될 익금의 총액을 초과하는 결손금이 있는 법인, 골프장 등의 사업을 영위하는 법인으로 부동산 등이 80% 이상을 차지하는 법인은 영업권을 계산하지 않는다(상속세 및 증여세법 시행령 제55조 제3항 제1호).

또한 사업개시 전의 법인, 사업개시 후 3년 미만의 법인 또는 휴업 · 폐업 중인 법인의 주식도 영업권을 평가하지 않는다(적격분할 또는 적격 물적 분할로 신설된 법인의 사업기간은 분할 전 동일 사업부분의 사업개시일부터 기산)(상속세 및 증여세법 시행령 제55조 제3항 제2호). 그러나 개인사업자가 무체재산권을 현물출자하거나 「조세특례제한법 시행령」 제29조 제2항에 따른 사업 양도 · 양수의 방법에 따라 법인으로 전환하는 경우로서 그 법인이 해당 사업용 무형자산을 소유하면서 사업용으로 계속 사용하는 경우로서 개인사업자와 법인의 사업 영위기간의 합계가 3년 이상인 경우는 영업권을 계산한다(상속세 및 증여세법 시행령 제55조 제3항 제2호 단서).

유형고정자산의 평가

토지는 공시지가, 건물은 기준시가로 평가하는 것이 원칙이다. 그런데 「상속세 및 증여세법」(법 제60조 제3항 및 법 제66조의 규정)에 의하여 평가한 가액이 장부가액(취득가액에서 감가상각비를 차감한 가액)보다 적은 경우에는 장부가액으로 하되, 장부가액보다 적은 정당한 사유가 있는 경우에는 그러하지 아니하다(상속세 및 증여세법 시행령 제55조 제1항).

법인세 부채

평가기준일까지 발생된 소득에 대한 법인세액, 법인세액의 감면액 또는 과세표준에 부과되는 농어촌특별세액 및 지방소득세액은 부채에 가산한다(상속세 및 증여세법 시행규칙 제17조의 2 제3호 가목).

이익처분

평가기준일 현재 이익의 처분으로 확정된 배당금 · 상여금 및 기타 지급의무가 확정된 금액은 부채에 가산한다(상속세 및 증여세법 시행규칙 제17조의 2 제3호 나목). 배당기준일 현재 생존하고 있던 주주가 주주총회에서 잉여금 처분결의가 있기 전에 사망한 경우로서 상속개시 후에 주주총회에서 잉여금의 처분이 확정된 경우 그 배당금과 상여금은 상속세과세가액에 포함하지 아니하는 것이며, 상속받은 그 비상장주식 평가 시에는 동 배당금과 상여금은 순자산가액계산 시 부채에 포함하지 아니한다. 다만, 사망 전에 처분한 주식에 대한 배당금 등이 상속개시 후에 지급되는 경우 그 배당금 등은 상속재산에 포함한다(상속세 및 증여세법 기본통칙 63-55…8).

퇴직금부채

평가기준일 현재 재직하는 임원 또는 사용인 전원이 퇴직할 경우에 퇴직급여로 지급되어야 할 금액의 추계금액은 부채에 가산한다(상속세 및 증여세법 시행규칙 제17조의 2 제3호 다목).

충당금과 준비금

평가기준일 현재의 제충당금과 「조세특례제한법」 및 기타 법률에 의한 제 준비금은 부채로 인정하지 않아, 부채에서 차감한다(상속세 및 증여세법 시행규칙 제17조의 2 제4호). 다만, 충당금 중 평가기준일 현재 비용으로 확정된 것과 보험업을 영위하는 법인의 책임준비금과 비상위험준비금으로서 일정한 범위 내의 금액은 부채로 본다(상속세 및 증여세법 시행규칙 제17조의 2 제4호 단서).

이익잉여금

증자일 전의 잉여금의 유보금액을 신입주주 또는 신입사원에게 분배하지 아니한다는 것을 조건으로 증자한 경우 신입주주 또는 신입사원의 출자지분을 평가할 때 순자산가액에는 신입사원 또는 신입주주에게 분배하지 아니하기로 한 잉여금에 상당하는 금액이 포함되지 아니한다(상속세 및 증여세법 기본통칙 63-55…6).

자기주식

자기주식을 소각 등 감자 목적으로 보유한 경우에는 취득가액 상당액을 자산에 포함시키지 않고, 일시적 보유목적 등인 경우에는 취득가액 상당액을 자산에 포함하여 순자산을 계산한다(상속세 및 증여세법 집행기준 63-55-1).

4 가업의 최대주주 할증평가

4.1 할증평가의 의의

상장주식이나 비상장주식을 시가로 평가하거나 보충적 평가방법으로 평가할 때 최대주주 또는 최대출자자 및 그와 특수관계에 있는 주주 또는 출자자의 주식 등에 대해서는 최대주주와 특수관계인이 의결권 있는 주식을 50% 이하 보유한 경우에는 20%(중소기업의 경우에는 10%)을 가산하되, 최대주주와 특수관계인이 의결권 있는 주식을 50%를 초과하여 보유하는 경우에는 30%(중소기업의 경우에는 15%)을 가산한다(상속세 및 증여세법 제63조 제3항). 중소기업이란 「중소기업기본법」 제2조에 따른 중소기업을 말한다(상속세 및 증여세법 시행령 제53조 제7항). 이 경우 최대주주 등이 보유하는 주식 등의 지분은 평가기준일부터 소급하여 1년 이내에 양도하거나 증여한 주식 등을 최대주주 등이 보유하는 주식 등에 합산하여 이를 계산한다(상속세 및 증여세법 시행령 제53조 제5항). 이러한 할증평가는 주식 발행회사의 상장 여부를 불문하고 최대주주 또는 최대출자자 및 그와 특수관계에 있는 주주의 주식은 지분별로 할증 평가된다(상속세 및 증여세법 집행기준 63-53-2).

다만 중소기업의 최대주주 또는 최대출자자 및 그와 특수관계에 있는 주주 또는 출자자의 주식 또는 출자지분을 2017년 12월 31일 이전에 상속받거나 증여받는 경우에는 할증평가 규정을 적용하지 않고 평가한다(조세특례제한법 제101조). 중소기업의 경우 2005년 1월 1일부터 할증평가가 배제되었다(상속세 및 증여세법 집행기준 63-53-2).

4.2 최대주주의 범위

주주 1인과 특수관계자의 보유주식 등을 합하여 최대주주 등에 해당하는 경우에는 주주 1인 및 그와 특수관계에 있는 자 모두를 최대주주 등으로 본다(상속세 및 증여세법 집행기준 63-53-3 제1항). 또한 보유주식의 합계가 동일한 최대주주 등이 2 이상인 경우에는 모두를 최대주주 등으로 본다(상속세 및 증여세법 집행기준 63-53-3 제2항).

최대주주 등이란 주주 1인 및 그와 특수관계에 있는 주주가 평가기준일 현재 보유하고 있는 주식(의결권이 있는 주식) 등의 합계를 주주그룹별로 계산하여 당해 법인에서 보유지분율이 가장 많은 최대주주그룹에 속하는 모든 주주를 말하는 것이며, 최대주주그룹에 포함되기만 하면 지분율에 관계없이 동일한 할증을 적용하는 것이다. 즉 반드시 주식을 양도하거나 상속 · 증여한 당사자 기준으로 보는 것이 아니라 관련법인 내에서 최대의 지분을 가진 주주 1인과 그의 특수관계자 전체가 하나의 최대주주그룹을 형성하는 것이고, 그 최대주주그룹 범주 내에 속하기만 하면 할증평가 대상이 되는 것이다(조심 2007서3415, 2009.12.30.). 이때 양도, 상속 또는 증여되는 주식이 최대주주 등의 주식에 해당하는 경우에는 할증하여 평가하는 것이다(재경부 재산 46014－39, 2002.2.15.). 이렇게 최대주주 등이 50%를 초과하여 보유하였는지 여부는 주식 양수일 현재를 기준으로 양수인과 특수관계에 있는 자들인 최대주주 등의 주식 소유비율에 의하여 판단한다(조심 2008서1014, 2008.12.31.).

4.3 특수관계인의 범위

▲▼ 특수관계인의 범위

최대주주 또는 최대출자자란 「상속세 및 증여세법 시행령」 제19조 제2항에 따른 주주 등 1인을 말하며, 특수관계인이란 해당 주주 등 1인과 「상속세 및 증여세법 시행령」 제2조의 2에 해당하는 관계에 있는 자를 말한다(상속세 및 증여세법 시행령 제53조 제4항, 상속세 및 증여세법 시행령 제19조 제2항).

▲▼ 최근 1년 내 포함

최대주주 등이 보유하는 주식 등의 지분을 계산할 때 평가기준일부터 소급하여 1년 이내에 양도하거나 증여한 주식 등을 최대주주 등이 보유하는 주식 등에 합산하여 계산한다(상속세 및 증여세법 시행령 제53조 제5항). 상장주식 등의 경우 한국거래소에서 반복적으로 양도 양수한 경우에는 평가기준일부터 소급하여 1년 이내의 기간 중에 최대주주 등의 주식보유비율이 가장 높은 날 이후에 양도한 주식에서 양수한 주식을 차감한 주식(부수인 경우에는 “0”으로 한다)을 평가기준일 현재 보유주식에 합산한다(상속세 및 증여세법 집행기준 63-53-4).

4.4 할증평가 제외대상

결손지속법인

평가기준일이 속하는 사업연도 전 3년 이내의 사업연도부터 계속하여 결손금이 있는 법인의 주식은 할증평가를 하지 않는다(상속세 및 증여세법 제63조 제3항, 상속세 및 증여세법 시행령 제53조 제6항 제1호).

주식 전부 매각의 경우

평가기준일 전후 6월(증여재산의 경우에는 3월) 이내의 기간 중 최대주주와 특수관계인이 보유하는 주식이 전부 매각된 경우에는 할증평가를 하지 않는다(상속세 및 증여세법 제63조 제3항, 상속세 및 증여세법 시행령 제53조 제6항 제2호). 그 매각은 「상속세 및 증여세법 시행령」 제49조 제1항 제1호의 규정에 적합한 경우에 한한다(상속세 및 증여세법 시행령 제53조 제6항 제1호 괄호). 그 규정은 재산의 평가를 시가로 할 때 "당해 재산에 대한 매매사실이 있는 경우에는 그 거래가액"을 시가로 본다는 규정이다. 그리고 단서의 규정으로 "그 거래가액이 특수관계에 있는 자와의 거래 등 그 가액이 객관적으로 부당하다고 인정되는 경우와 소액거래를 제외하는 것"으로 규정되어 있다. 따라서 정상적인 거래를 통하여 매각된 것을 말하는 것으로 보인다.

재출자법인의 경우

평가대상인 주식을 발행한 법인이 다른 법인('1차 출자법인')에 출자하고, 1차 출자법인이 또 다른 법인('2차 출자법인')에 출자하여(2차 출자법인이 1차 출자법인 외의 법인에 출자한 경우의 법인을 포함) 1차 출자법인 및 2차 출자법인이 최대주주 및 특수관계인에 해당하는 경우에 1차 출자법인 및 2차 출자법인의 주식 등을 평가하는 경우에는 할증평가를 하지 아니한다(상속세 및 증여세법 제63조 제3항, 상속세 및 증여세법 시행령 제53조 제6항 제4호).

영업 손실인 신설법인

평가기준일부터 소급하여 3년 이내에 사업을 개시한 법인으로서 사업개시일이 속하는 사업연도부터 평가기준일이 속하는 사업연도의 직전사업연도까지 각 사업연도의 기업회계기준에 의한 영업이익이 모두 영 이하인 경우에는 할증평가를 하지 않는다(상속세 및 증여세법 제63조 제3항, 상속세 및 증여세법 시행령 제53조 제6항 제5호).

청산확정법인

상속세과세표준 신고기한 또는 증여세과세표준 신고기한 이내에 평가대상주식 등을 발행한 법인의 청산이 확정된 경우에는 할증평가를 하지 않는다(상속세 및 증여세법 제63조 제3항, 상속세 및 증여세법 시행령 제53조 제6항 제6호).

상속 또는 증여로 최대주주가 아닌 경우

최대주주와 특수관계인이 보유하고 있는 주식을 다른 사람이 「상속세 및 증여세법」 제47조 제2항에서 규정하고 있는 기간(10년) 이내에 상속 또는 증여받은 경우로서 상속 또는 증여로 인하여 최대주주와 특수관계인에 해당되지 아니하는 경우는 할증평가를 하지 않는다(상속세 및 증여세법 제63조 제3항, 상속세 및 증여세법 시행령 제53조 제6항 제7호).

명의신탁재산의 환수

주식의 실제소유자와 명의자가 다른 경우로서 명의신탁재산의 증여의제 규정인 법 제45조의 2에 따라 해당 주식을 명의자가 실제소유자로부터 증여받은 것으로 보는 경우에는 할증평가를 하지 않는다(상속세 및 증여세법 제63조 제3항, 상속세 및 증여세법 시행령 제53조 제6항 제8호).

증여의제의 경우

「상속세 및 증여세법 시행령」 제28조 내지 제30조의 규정에 의한 이익을 계산하는 경우에는 할증평가를 하지 않는다(상속세 및 증여세법 제63조 제3항, 상속세 및 증여세법 시행령 제53조 제6항 제3호). 즉 제28조 합병에 따른 이익의 계산, 제29조 증자에 따른 이익의 계산방법, 제29조의 2 감자에 따른 이익의 계산, 제29조의 3 현물출자에 따른 이익의 계산, 제30조 전환사채 등의 주식전환 등에 따른 이익의 계산의 경우에는 할증평가를 하지 않는다.

증여로 인한 평가 시 최대주주 할증평가가 제외되는 경우가 다음과 같이 있다(상증법 집행기준 33-0-2).

〈증여 시 주식평가로 인한 최대주주 할증평가 여부〉

증여유형	최대주주 할증평가의 배제
합병에 따른 이익의 증여	○
증자에 따른 이익의 증여	○
현물출자에 따른 이익의 증여	○
감자에 따른 이익의 증여	○
전환사채 등 주식전환 등에 따른 이익의 증여	○

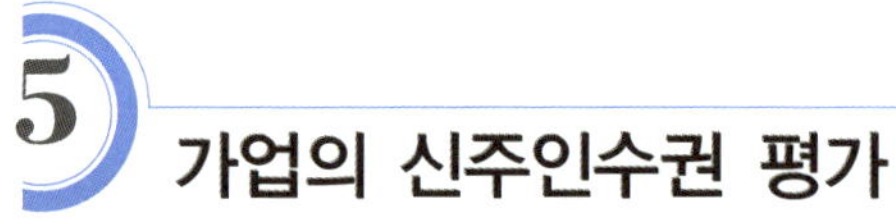

5 가업의 신주인수권 평가

5.1 신주인수권의 의의

신주인수권은 유상증자 또는 무상증자 배정기준일 현재 기존주주(구 주주)가 자신이 소유하고 있는 주식 수에 비례하여 신주를 인수할 수 있는 권리를 말한다(상속세 및 증여세법 집행기준 63-58의 2-7 제1항). 신주인수권증서는 유상증자 등에 참여할 수 있는 기존주주의 권리. 즉, 신주인수권을 증서화한 것을 말한다. 신주인수권증서를 발행하기 위해서는 정관에 규정되거나 또는 이사회의 결의가 있어야 하며, 기존주주가 증서의 발행을 청구하여야 한다(상속세 및 증여세법 집행기준 63-58의 2-8).

5.2 신주인수권 평가의 방법

신주인수권증서는 당해 신주인수권증서로 인수할 수 있는 주식의 권리락 전 가액에서 배당차액과 신주인수가액을 차감하여 평가한다. 다만, 당해 주식이 주권상장법인 또는 코스닥상장법인 주식인 경우로서 권리락 후 주식가액이 권리락 전 주식가액에서 배당차액을 차감한 가액보다 적은 경우에는 신주인수권증서는 권리락 후 주식가액에서 신주인수가액을 차감하여 평가한다(상속세 및 증여세법 집행기준 63－58의 2－9).

〈신주인수권의 평가 산식〉

Min[(권리락 전 주식가액－배당차액), 상장주식의 권리락 후 주식가액]－신주인수가액

$$\text{배당차액} = \text{1주당 액면가액} \times \text{직전기 배당율} \times \frac{\text{사업연도 개시일} - \text{신주배당기산일 전일}}{365}$$

권리락은 유상 또는 무상증자에 대한 신주인수권이 소멸되는 것을 의미한다. 상장법인이 유상증자를 할 경우 신주배정기준일 전일에 주식을 매수하는 투자자는 매매대금이 2일이 지나서 결제되어 당해 증자에 대한 신주인수권이 없으므로 신주배정기준일의 전일이 권리락일이 된다. 통상 권리락 후 주식가격은 권리락 전 투자자와 권리락 후 투자자와의 형평성을 맞추기 위해 권리락 전 주식가격에 유상증자 할인율 등을 고려하여 조정된다(상속세 및 증여세법 집행기준 63－58의 2－7 제2항).

제 2 부

가업의 경영전략

PART

4

가업의 성장전략

가업 환경변화와 전략

Chapter
2

가업의 성공전략

Chapter
3

가업의 자금조달

1 경제 환경변화 리스크

1.1 경제 환경의 변화와 기업의 대응

20세기에 국내 기업들은 사업 영역이 한정적이고 경쟁 상대도 명확했다. '빠른 추종자(Fast follower)' 전략을 추구하여 국내외 선두기업을 추격하는 성장방식으로 전략적 선택보다는 사업의 추진력을 중시하였다. 그러나 21세기 들어와서는 사정은 완전히 달라졌다. 경제의 예측가능성은 크게 떨어지고 '글로벌' 화와 시장통합으로 기업 간의 경쟁은 감당하기 어려운 상황으로 몰렸다. 단기간에 기술 혁신에 의해 패러다임 변화가 일어나고 어제의 '글로벌' 기업이 한순간에 무너지는 사태가 발생했다.

기업이 처한 경영환경은 기업성장과 수익성 성취를 위한 기업전략 수립에 중요한 외부환경 요인이다. 오늘날과 같이 사회변화의 속도와 방향을 예측하기 어려운 시기에는 기업의 환경적응은 기업의 성패와 장기적 생존에 필수적인 요건이다. 따라서 경제와 산업의 과거와 현재를 그리고 미래를 예측하는 것은 전략의 전제조건이 되었고 심지어는 전략 자체가 되었다.

1.2 경제 환경위험의 사례

금융위기와 가업경영

IMF 금융위기나 2008년 리먼 사태 등 전 세계적인 폭발적인 경제위기는 기업입장에서는 예측할 수 없는 최대의 위기이다. 그것이 문제가 되는 것은 그 후유증이 큰 것이겠지만 예측이 되지 않는다는 점이다. 따라서 기업은 이러한 초대형 위기를 예측하기는 어렵지만 그 대비책은 있어야 한다. 기업은 위기 이후의 기회에 대비해야 한다. 역사적으로 경기 침체를 겪을 때마다 기업의 순위가 크게 변해 왔기 때문이다.

▲▼ 산업변동과 기업경영

우리나라의 농림어업의 총부가가치 대비 비중은 1950년대 초 40% 이상에서 2010년대에는 2%대로, 제조업과 서비스업의 총부가가치 대비 비중은 각각 10%와 40% 내외에서 30%와 60% 내외로 커졌다. 우리나라의 주력산업도 1960년대 경공업, 1970년대 중화학공업, 1980년대 후반 이후 첨단기술 산업, 1990년대 반도체 등으로 끊임없이 변화를 거듭하고 있다. 주력산업의 성장과 쇠퇴는 기업이 가장 유념할 기회이자 위험요인이다. 산업별로 특히 자동차 시장의 급격한 변화도 있을 것으로 보인다. 2017년 미국 싱크탱크 리싱크엑스는 자동차산업이 2020년을 정점으로 하락하기 시작해, 2030년 완전히 사라진다는 보고서를 냈다. 2030년경이면 자율주행 기능을 갖춘 전기자동차가 전체 자동차 판매 대수의 60%를 점유할 것이라고 예측했다. 이러한 예측이 맞는다면 이로 인하여 석유수요도 2020년의 70% 수준으로 줄어들어 석유산업이 타격을 입고 보험사도 자동차보험 비즈니스 모델이 완전히 바뀔 것이다. 이 보고서는 2020년대 초기 완전자율주행 시대가 열린다는 가정을 바탕으로 하지만 그 가정이 틀리더라도 언젠가는 이러한 예측은 현실이 될 수 있다.

미래의 불확실성이 커지는 경제 환경에서는 기업전략의 중심은 경쟁자가 아닌 산업과 시장을 중심으로 해야 한다. 대부분의 기업이 경쟁기업과의 경쟁에만 치중하는 경향이 있는데 이것은 오류이다. 더욱 중요한 것은 해당 산업과 시장이 어떻게 변하고 있느냐는 점이며 이에 대한 대응전략이 더 중요하다.

산업의 변동은 기업에게는 위험이자 기회이다. 산업이 쇠퇴하면 기업은 발 빠르게 빠져나오거나 지속가능한 사업조정을 하여야 한다. 새로운 산업이 뜨면 발 빠르게 투자하여야 한다. 산업이 깊은 수렁에 빠져서야 뒤늦게 매각을 하거나 구조조정을 해봐야 이미 늦었다. 새로운 산업이 성장가도를 달릴 때 뒤늦게 뛰어드는 기업은 오래가지 못한다.

2000년대 초반 자율주행 및 전기자동차 열풍이 불었다. 2020년을 전후로 자율주행자동차 상용화가 가시화되었다. '글로벌' 기업들의 기술과 인재 확보 경쟁이 가열되고 있다. 이제야 이 시장에 진출하려는 기업은 이미 늦었다.

난공불락으로 생각되던 코카콜라도 구조조정에 나섰다. 매출이 수년 연속 감소하면서 대대적인 구조조정에 나선 것이다(2017년). 더 나아가 주력사업인 코카콜라 사업을 사실상 포기하고 새로운 주력 제품 개발에 나서 탈(脫) 탄산음료를 선언하였다. 코카콜라의 매출 70%가 탄산음료다(2017년). 변화하는 소비자의 입맛과 취향 변화에 맞춰 음료를 개발하는 방향으로 전략을 수정할 것이다. 경쟁사인 펩시는 매출의 20%만이 탄산음료다. 펩시는 선제적인 사업 다각화 전략을 이미 실행 중이다.

인구감소와 가업경영

자본주의와 시장경제가 발전하고 경제가 고도성장단계로 들어갈수록 여성들의 출산기피 현상은 가속화된다. 유럽에서 지난 100년간 진행된 인구 감소와 고령화가 아시아에서는 한 세대(30년)에 압축적으로 진행되고 있다. 우리나라는 고령화의 진행이 매우 빠르다. 2100년에는 인구가 반 이하로 떨어져 구한말 당시의 인구인 1천5백만명 수준을 약간 상회할 것으로 추정된다. 즉 인구수는 2020년 5,251만 명으로 정점을 찍은 후 그때부터 점차 감소하여 2055년쯤에는 3천만 명대, 2100년쯤에는 2천만 명 정도가 될 것으로 추정된다. 2020년에는 한국 사회와 경제는 구조적인 변화가 예상된다. 생산가능 인구(15~64세 인구)가 2016년 3천7백만 명을 정점으로 1년에 약 34만 명씩 지속적으로 줄어 54년간 총 1,500만 명 정도가 감소한 결과 2060년경에는 결국 2,187만 명에 이를 것으로 통계청은 추정한다. 생산가능 인구는 2040년에는 전체 인구의 60% 미만, 고령인구(65세 이상)는 32%를 넘어설 전망이고, 유소년 인구(0~14세)는 11% 미만까지 떨어질 것으로 추산됐다.

따라서 우리 경제는 다른 여건이 동일하다면 인구의 감소만큼 생산과 소비가 감소하여 마이너스성장 시대가 온다. 경제규모, 노동시장, 1인당 소득, 소득구조, 소비패턴 등 모든 것이 변할 것이다. 향후 기업과 산업의 대변화를 예고한다. 2017년 고용노동부에 의하면 저출산과 고령화로 2017~2026년 10년 동안 생산가능 인구(만 15~64세)가 약 220만 명 줄어들 것이고 고교졸업생은 2016년 약 60만 명에서 45만 명(대학정원 52만 명) 정도로 줄어들 것이라고 한다. 15세 이상 전체 인구 중 일할 수 있을 것으로 추정되는 사람은 2026년까지 약 210만 증가하지만 인구 중 65세 이상 고령층의 비중이 커짐을 의미한다. 청년 인구가 10년간 급격한 감소세를 보여 일자리 경쟁은 완화될 수 있지만 한정된 일자리에 고령 인구의 지속적인 증가로 청년층의 고용 문제가 해소되려면 상당한 시간이 필요할 것이다.

일본이 1990년대 부동산 버블붕괴와 금융위기에 빠진 이후 20년이 넘도록 저성장의 악순환에 갇혀 있던 것은 생산연령인구 감소가 결정적이었다고 할 수 있다. 세계 최고의 기술과 기업들을 가진 일본도 무너져 내렸다. '한 자녀 정책'을 의무화한 중국은 2015년을 전후해서 생산연령인구가 감소하는데, 중국도 여기에 제대로 대응하지 못하면 버블

붕괴와 금융위기에 빠질 수 있다. 인구 감소는 노동력의 감소를 의미하고 이는 성장 동력의 저하로 이어져 성장률을 떨어뜨린다. 고령자가 증가하면 정치인들이 그들의 표를 의식해서 복지비 감축 같은 고통을 동반한 정책을 펴기 어렵다.

한편, 일본과 비슷한 시기에 생산연령인구 감소에 들어간 독일은 한동안 저성장에 시달렸지만 높은 생산성과 기술력으로 수출을 늘려 경제위기를 극복했다. 선진국과 개발도상국의 인구감소는 세계적인 현상이다. 이러한 현상이 가져올 경제적 결과에 대하여 국가는 물론 산업과 기업도 구체적인 대안을 마련하여야 한다.

경기변동과 기업경영

① 경기변동의 의의

경기변동(Business cycle)이 미치는 영향은 산업마다 다르다. 쌀 같은 필수재화(Consumer staples)는 경기변동에 비탄력적(With inelastic demand)이어서 경기변동에 크게 민감하지 않으나, 관광산업, 외식산업 등은 경기변동에 민감하다. 예를 들어 호텔 객실판매나 식음료 매출, 여행사의 매출은 세계와 국내의 경제동향(Global economic conditions)에 의하여 직접적으로 영향을 받는다.

개별산업은 경기순환에 반응하는 행태와 관련하여 세 가지로 구분하여 볼 수 있다. 성장산업(Growth)은 경기순환과 관련 없이 성장하는 산업으로 2000년 전후 인터넷산업이 그 예이다. 이러한 산업은 경기변동에 덜 민감하고 성장을 지속한다. 방어적 산업(Defensive)은 경기순환에 크게 관계없는 산업으로 음식 등 필수재화이다. 이러한 생활필수품은 경기에 관계없이 인간이 반드시 소비하여야 하는 것이기 때문이다. 경기순환산업(Cyclical)은 경기에 민감한 산업으로 관광산업, 레저산업 등이 포함될 것이다.

경기의 순환 사이클은 2000년대 이후에 순환 주기가 불분명해지고 경기순환 주기도 유례없이 짧아지면서 경제예측이 갈수록 어려워지고 있다. 통계청에 따르면 1972년부터 공식 집계된 우리나라 경기의 순환 주기는 평균 4년(50개월)으로 특히 경기가 저점을 찍고 상승세를 구가한 확장기(31개월)가 다시 움츠러드는 수축기(18개월)보다 훨씬 길었다. 2000년 이후 우리 경제는 두 차례의 경기정점(2002년 4분기와 2003년 4분기)과 세 차례의 저점(2001년 4분기, 2003년 2분기, 2005년 1분기)을 지나와 이 기간 경기 순환주기는 27개월로 짧아져서 외환위기 이전과 비교하면 거의 절반 수준이다. 또한 경기 사이클이 빨라진 것은 물론 수축기(평균 16개월)가 확장기(12개월)보다 길어지는 양상이 뚜렷하다.

이와 같은 현상은 우리나라가 경기 사이클이 짧은 정보기술(IT)에 치우친 산업구조가 그 원인일 수 있다. IT 비중이 높은 대만도 2002년 이후 거의 1년 주기로 경기가 정점과 저점을 오가고 있다. 하지만 더 근본적인 문제는 쇠약해진 경제 활력과 성장 잠재력 탓이라는 분석이다. 저성장의 늪에 빠지면서 나타나는 후유증이라는 것이다. 따라서 기업은 이러한 경기의 불안정에 대비하여 각종 시나리오별로 위험관리시스템을 구축하여야 한다.

② 경기변동과 기업의 대응

경기란 항상 사이클이 있는 것이다. 사실 여기에 기업의 기회와 위험이 함께 있다. 이러한 경기변동이 전혀 통제 불능한 변수인가? 그렇지는 않다. 기업이 경기변동과 관련하여 관리 가능한 것은 첫째, 경기를 예측하고, 둘째, 경기변동에 대비한 관리를 하는 것이다.

좋을 땐 경기가 나빠지는 것에 대비하여야 하고 반대로 경기가 나쁠 땐 다시 찾아올 기회에 대비하여 준비하여야 한다. 경기가 나빠지면 대부분의 기업들은 의기소침해지고 투자를 등한시하게 된다. 그런 경우 다시 찾아온 기회를 놓치기 일쑤이다. 반면 경기가 좋다고 방만하게 운영하다 보면 경기가 악화될 때 순식간에 무너지는 것이다. 기업들은 매출이 증가하고 이익이 커지면 쉽게 방심한다. 이것이 실패의 원인이다. 기업이 성장하고 수익성이 좋을 때 사전에 위기에 대비하여야 한다.

반대로 기업의 수익성이 떨어지고 매출이 감소하면 가장 많이 하는 것이 인재를 해고하거나 중요한 투자를 기피한다. 사실 경기는 다시 좋아질 것이므로 이럴 때일수록 다가올 기회를 준비하여야 하는 것이다. 일류기업은 좋을 때에는 나쁠 때를 대비하고 나쁠 때 좋은 기회를 기다린다. 반대로 이류기업은 좋을 때는 방심하고 나쁠 때는 투자를 기피하고 인재를 해고한다. 화학회사인 OCI는 2016년 말레이시아에 있는 폴리실리콘 생산공장을 2천억 원에 인수하기로 하였다. 폴리실리콘 시장이 극심한 공급 과잉으로 불황을 겪는데도 불황이 투자 적기라는 판단으로 투자를 과감하게 결정했다. 지금의 불황이 머지않아 기회가 될 것으로 판단한 것이다.

성장률 저하와 기업경영

잠재 성장률의 저하는 중요한 위험요인이다. 잠재성장률은 사람으로 치면 기초체력이라고 할 수 있다. 잠재 성장률은 한 국가가 물가 안정을 해치지 않는 범위 내에서 이룰 수 있는 경제성장률을 말한다. 마라톤선수가 체력에 맞게 적정한 속도로 뛰면 끝까지 잘하지만 그 이상으로 빨리 뛰면 곧 지쳐서 제대로 못 달리게 되는 것과 비교되는 개념이다. 한 나라의 경제가 잠재성장률 이상으로 빠르게 성장하면 얼마 지나지 않아 물가가 오르고 성장속도는 오히려 떨어지게 되는 것으로 잠재성장률은 한 경제의 '적정한' 성장속도라고 할 수 있다. 한국의 1인당 GDP 성장률을 기간별로 보면 1953~1961년대 5%대, 1970~1979년대 10%대, 1980~1988년대 8%대, 1989~1997년대 7%대, 1998~2007년대 4%대, 2008~2013년대 3%대로 점차적으로 하락하고 있다. 한국의 잠재성장률은 지속적으로 하락하고 이젠 2% 대에 돌입한 것으로 보인다. 한국 경제는 1990년대만 해도 6%대의 비교적 높은 잠재성장률을 유지했으나 2001년부터 잠재성장률 하락이 시작되었다. 잠재성장률은 인구고령화와 노동력 부족문제, R&D 투자, 규제완화, 사회·경제 시스템의 선진화와 관련이 된다. 2000년대 초의 한국 경제는 1990년대 초의 일본과 유사하다. 자산(부동산 등) 가격 하락, 저금리, 투자와 대출의 감소로 잠재 성장률이 하락하고 있다. 금리는 0%로 내려가고 있고, 투자증가율은 1% 이하로, 내수 소비 증가율도 1%대로 내려가고, 수출은 마이너스를 기록하고 있다. 우리나라 경제의 구조적인 내수 부진, 수출주도형 성장이 벽에 부딪힘으로써 한국 경제는 한계에 부딪히고 사업 재편과 구조조정을 할 기업들이 늘어날 것이다. 그래서 그런지 구조조정을 전문으로 하는 '글로벌' 컨설팅 기업들이 한국 진출을 서두르고 있다. 또한 우리나라 경제는 구조적인 문제점도 있다. 2016년 산업연구원 보고서에 따르면 2008년 '글로벌' 금융위기 이후 한국 경제의 성장은 기술 개발 등 혁신성과의 기여도는 감소했다. 우리나라의 기술이나 교육 수준, 사회제도의 효율성 등이 떨어지고 있고 기술개발 등을 통한 혁신이 하락하고 있는 것이다.

제조업은 더 심각하다. 1970년대 연평균 30%대였던 국내제조업의 매출증가율은 1990년대 10%대로 낮아졌고 2012년에는 4.8%, 2013년 3.4%로 급격하게 떨어지고 있다. 매출액 대비 영업이익률은 1970년대 8.4%, 1980년대 7.3%, 1990년대 7.0%, 2000년대 6.3% 등으로 하락해 2012년 4.2%까지 떨어졌다. 2013년 상장기업의 순이익 총액은 삼성전자와 현대차를 제외하면 32%나 감소하였다.

세계 경제도 산업혁명 이후 250여 년간 지속된 성장의 시대가 한계에 봉착해있다. 문제는 주기적으로 순환하는 경기 침체가 아니라 인류 역사상 처음으로 나타나는 구조적 전환일지도 모른다는 사실이다. 세계 경제는 점차 새로운 경제 질서(new normal) 시대를 맞이하고 있다. 저성장, 저물가, 저금리, 저유가라는 4저 현상이 일반화되는 것이다.

세계화와 가업경영

21세기 들어 글로벌화는 세계적인 산업의 조정을 가져오고 있다. 이젠 기업의 시장은 세계이다. 경쟁자도 전 세계의 기업이다.[1)]

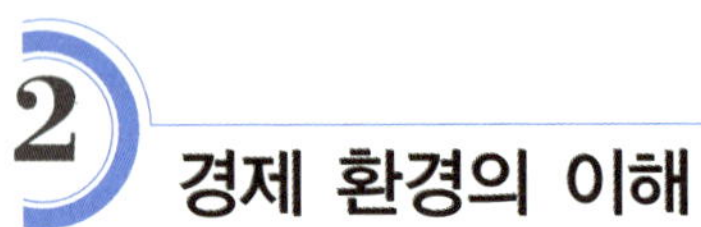

2 경제 환경의 이해

2.1 경제정보의 출처

경제흐름과 거시경제지표를 이해하려면 관련된 정보를 찾아야 한다. 이러한 자료는 신문의 기사나 각종 언론기관의 보도에 의하여 알 수도 있지만 전문적인 조사기관인 한국은행 등 국가기관, 삼성경제연구소 등 민간연구소에서 볼 수 있다. 이를 정리하면 다음과 같다.

〈경제 분석 자료의 출처와 내용〉

출처	자료명	찾아보기	내용
한국은행 (www.bok.or.kr)	기업경영분석 결과 (해설편 및 통계편)	'한은DB'에 있는 '발간자료' 중 '연간자료'에 매년 발표	기업분석 자료
	우리나라의 국내 총생산(GDP) 성장률	'경제통계시스템'의 '주제별 통계'의 '주요 통계'	1970년대부터 자료가 있음
	우리나라 국민소득 시계열통계	'경제통계시스템'의 '주제별 통계'의 '국민소득'	
	기업경영분석	'경제통계시스템'의 '주제별 통계'	숙박업, 여행알선 등 업종별 재무비율
	금리통계	'경제통계시스템'의 '주제별 통계'	

1) Donald DePamphilis, Mergers and Acquisi*tions Basics, Burlingto*n, Elsevier, 2011, p.187.

출처	자료명	찾아보기	내용
	주요 국가의 시계열 자료	'경제통계시스템'의 '주요 경제지표'의 '주요국'	주요 국가의 경제성장률, 환율 등의 시계열자료
통계청 (www.nso.go.kr)	경기종합지수(선행, 동행, 후행지수 등), 소비자전망지수 등	'분야별 통계자료' 중 '경제 산업 활동'	
	사업체기초 통계조사	'분야별 통계자료' 중 '사업체 기업 활동'	업종별(숙박, 음식, 여행사, 골프장 등)의 사업자 숫자와 종사자 통계가 제공
	도소매업 서비스 조사	'분야별 통계자료' 중 '사업체 기업 활동'	숙박업 및 음식점의 지역별 사업체수, 종사자수, 매출액, 사업경비, 판매비와관리비, 매장면적 통계
	서비스업 활동지수	'분야별 통계자료' 중 '도소매 서비스업 활동'	매월·분기별·연도별 음식, 숙박, 여행사, 문화 등 서비스분야의 생산 증감에 대한 비율

2.2 경기지수의 이해

경제동향을 나타내는 지수는 크게 세 가지로 분류할 수 있다. 선행지수(Leading indicators), 동행지수(Coincidental indicators) 및 후행지수(Lagging indicators)가 그것이다.

선행지수는 경제동향의 실제 변동(Actual changes in the level of economic activity)보다 앞서서 움직이는 지수를 말한다. 일반적으로 주식시장(Stock market)의 종합주가지수는 약 6개월 정도의 신뢰성 있는 선행지수로 받아들여지는데 가장 일관성이 있는 지수로 인정된다. 즉 현재의 주가지수 상승은 6개월 뒤의 경제동향을 나타낸다는 것이다. 동행지수는 현재의 경제 상태(Current state of the economy)를 반영한 지수를 말하고, 후행지수는 과거의 경제를 반영한 지수를 말한다. 국가통계포털은 매월 산업 활동 동향을 발표하고 경기종합지수(선행지수, 동행지수, 후행지수)를 제시하고 있다.

2.3 경제의 역사 이해

▲▼ 지속적 경제 혁명

인류의 역사를 바꾼 경제의 변화는 혁명에 의한 것이다. 신석기 농업혁명, 근대 산업혁명, 현대 지식정보화혁명이 인류의 패러다임을 바꾸고 경제와 기업을 바꾸었다. 선사시대 인간은 수십만 년 간 수렵 채취의 경제였지만 신석기 시대 농업혁명이 일어났다. 농업혁명 후 인간은 농경을 중심으로 봉건적 지주경제 체계에서 살아왔다. 거의 만년이 지난 후 18세기 산업혁명으로 농업중심적인 사회는 무너지고 산업사회가 태동했다. 이제 정보화 혁명, 생명공학 등의 혁명이 일어나고 있다. 세상은 늘 변화하고 경제를 구성하는 기업의 모습도 변화한다. 이러한 혁명과 변화를 이해하지 못한 기업은 도태한다.

▲▼ 맬서스의 함정 이해

18세기 말 맬서스는 식량보다 인구가 더 빠른 속도로 증가하기 때문에, 인구가 일시적으로 증가하더라도 식량 부족과 기아 등으로 인해 다시 감소할 수밖에 없다고 주장하였다. 맬서스가 『인구론』을 출간한 바로 그 시기에 시작된 산업혁명은 기술 혁신과 생산성의 향상을 통해 자원의 제약을 넘어섬으로써 맬서스의 암울한 전망을 부정하였지만, 산업혁명 이전까지 세계경제의 흐름은 맬서스의 주장에 부합하는 것이었다. 오늘날의 경제사 연구들을 보면, 산업혁명 이전까지 수천 년 동안 세계의 1인당 소득은 거의 변하지 않았으며, 기원후 1500여 년 동안 세계경제의 연평균 성장률은 0.02~0.03% 정도로 거의 제자리 수준이었다는 점에서 '맬서스의 함정'에 빠져 있었다.

산업혁명을 계기로 세계경제 성장률은 0.5% 수준으로 높아지며 맬서스의 예언과 전혀 다른 방향으로 진행되었다. 그러나 식량위기 가능성이 제기되는 현실은 '자원 제약에 따른 성장의 한계'라는 맬서스의 문제의식을 다시 떠오르게 하고 있다. 산업혁명 이후의 세계경제는 지역 간 성장률이 크게 차이가 나며 이전 시기와 뚜렷하게 다르다. 산업혁명 이전 대부분의 나라들은 생산성이나 성장이 별다른 차이가 없었던 반면, 산업혁명을 계기로 격차가 크게 확대되었다. 영국과 서유럽에서 시작된 산업혁명은 북미와 오세아니아 등으로 파급되었으나, 아시아 등의 지역은 상당 기간 정체상태에 머물렀다.

현대의 세계경제 추세

기원전부터 1700년께까지 중국과 인도 두 나라의 경제 규모의 비중은 50% 안팎을 유지하였으나, 산업혁명을 계기로 서구 선진국들이 빠르게 성장하면서 1970년에는 8%대까지 하락하였다. 그러나 산업혁명을 계기로 확대되었던 지역 간 격차는 현대에 들어 점차 축소되고 있고, 중국과 인도 등 거대 신흥국이 떠오르고 있다. 선진국의 저성장과 거대 신흥국들의 고성장이 동시에 진행되면서 소득 격차가 다시 줄어들고 있는 것이다.

2.4 경제규모의 이해

국가별 경제규모를 아는 것이 중요하다. 다음은 주요국가의 GDP규모이다. 우선 세계 10대 경제대국이 총생산의 50% 이상을 차지한다.

〈국가별 GDP〉(명목기준, 2017년 기준)

순위	국가명	GDP($)
1	미 국	19조 3,906억
2	중 국	14조 0,925억
3	일 본	4조 8,721억
4	독 일	4조 2,116억
5	프랑스	2조 9,251억
6	인 도	2조 8,482억
7	영 국	2조 6,245억
8	브라질	2조 1,389억
9	이탈리아	1조 9,379억
10	캐나다	1조 7,985억
11	러시아	1조 7,199억
12	**대한민국**	**1조 5,380억**
13	에스파냐/스페인	1조 5,064억
14	오스트레일리아	1조 5,002억
15	멕시코	1조 2,128억

※ 출처 : International Monetary Fund

세계 주요국가의 GDP 구성비율의 시대별 추이는 다음과 같다.

〈시대별 주요국가의 총생산 구성 비율(%)〉

국가명	1820년(월드뱅크)	2008년	2050년(월드뱅크)
중 국	28.7%	4.2%	25.6%
인 도	16.0%	1.5%	16.0%
프랑스	5.4%	2.8%	–
영 국	5.2%	2.8%	–
프러시아	4.9%	–	–
미 국	–	14.3%	20.3%
일 본	–	4.8%	3.9%

18세기 이전만 해도 중국과 인도가 세계경제의 50% 이상을 차지했다. 근대에 들어 서구가 산업혁명과 근대화를 통하여 잠시 역전되었지만 다시 아시아로 경제대권이 넘어오고 있다.

2.5 경제이슈의 이해

'FTA' 논쟁

장하준 교수는 FTA에 대해 비관적이다. 미국이든 유럽연합이든 경제수준이 높은 나라들과 자유무역협정을 맺으면 결국 우리나라가 장기적으로 발전하는데 손해를 본다는 입장이다. 우리 기업이 세계적인 수준에 올라가 있는 자동차, 전자 등은 어느 정도 효과가 있겠지만 우리 경제가 한 단계 높은 나라가 되기 위해 필요한 특히 부품 · 소재산업이나 신기술 산업 등을 개발할 기업들이 선진국 기업들과 경쟁을 하면 발전이 안 된다는 점을 지적한다.

실업률과 고용률

실업(unemployment)은 일할 의사와 능력을 가진 사람이 일자리를 갖지 않거나 갖지 못한 상태를 말한다. 실업과 대비되는 용어로 경제활동인구가 있다. 경제활동인구는 15세 이상의 인구로서 주부, 학생, 취업의 의지가 없는 사람을 뺀 숫자를 말한다. 따라서 실업률은 실제의 고용률과는 다르다. 고용률은 실제 고용된 사람을 총인구로 나눈 것이다(the employment-to-population ratio). 이는 한 나라의 전체 인구 대비 고용된 사람(the country's working-age population)(대부분 OECD국가들은 15~64세 나이 기준)의 비율을 의미한다.

우리나라의 실업률은 OECD 국가 중에 낮은 수치이다. 그러나 2010년 기준 우리나라의 고용률은 63.3%로 34개 OECD 회원국 평균 64.6%에도 못 미치고 OECD 회원국 중 21위에 불과하다. 고용률 지표는 하위권인데, 실업률 지표만 유난히 좋은 건 직장을 구하지 못해 아예 구직을 포기하는 사람들은 실업률을 계산할 때 빼기 때문이다. 따라서 실업률만으로 고용 지표를 분석하는 것은 문제가 있다.

OECD가입 국가들의 고용률 구간과 그 구간별 1인당 국민소득의 비율을 보면 다음과 같다. 이를 보면 고용의 수준이 국민소득에서 중요함을 알 수 있다.

〈OECD 국가의 고용과 소득분석표〉

고용률의 구간	평균소득	비고
59~60	19,663	10개국
60~65	32,655	5개국(한국)
65~70	36,326	8개국
70~75	36,075	9개국
75~80	45,601	3개국

분배와 성장 논쟁

산업혁명 이전 부의 차이는 완만했다. 세계 10개 부국의 일인당 소득은 최하빈국 10위권의 6배 밖에 되지 않았다. 산업혁명은 국가 간의 빈부격차 및 국민사이의 빈부격차를 벌렸다. 2006년 12월 5일 유엔개발경제연구소가 내 놓은 '가계자산(household wealth)의 세계 분배' 보고서는 세계 최초로 전 세계 각국의 가계자산 현황을 분석한 조사이다.

이에 따르면 전 세계 상위 1%에 해당하는 세계 최고의 부자는 3,700만 명이다. 이들이 가진 재산은 1인당 50만 달러 정도이다. 10% 이내인 사람은 6만1,000달러이다. 상위 2%가 전 세계 총 가계자산의 절반 이상을 소유한다. 반대로 전 세계 인구의 반이 소유한 재산은 전 세계 재산의 1%밖에 되지 않는다. 2011년의 한 연구에 의하면 미국의 상위 20%가 전체 부의 84%를 차지한 반면 스웨덴에서는 상위 20%가 36%만 보유한 것으로 나타났다.[2] 국가별로 빈부의 격차가 크게 차이가 나는 것이다. 미국은 2009년과 2010년에 국민소득이 2.3% 성장하였다. 그러나 미국인의 99%는 단 0.2%만 증가하는데 그치고 최상위 1%는 11.6% 소득이 증가하였다.[3] 1970년대 미국 최상위 1%의 소득은 전체 미국 소득의 10%를 차지했다. 그러나 35년 뒤 2005년에는 전체소득의 거의 3분의 1을 차지하였다.[4]

우리나라의 경우에도 순자산의 절반 가까이를 상위 10% 계층이 보유한다. 2010년 기준인데 한국의 전체 순자산 중 47.2%를 상위 10% 계층(순자산 10분위)이 차지하고 있었다. 반면 순자산 하위 50% 계층인 1분위부터 5분위 계층이 보유한 순자산은 전체의 8.9%에 불과했다. 특히 순자산 최하위 계층인 1분위 계층의 자산 점유율은 −0.5%에 불과해, 빚이 더 많은 것으로 나타났다.

미국은 상위 10% 계층이 전체 자산의 71%를 차지했고, 스웨덴도 58%의 자산을 10분위 계층이 점유하고 있었다. 캐나다(53%), 핀란드(45%), 영국(45%), 이탈리아(42%) 등은 한국과 비슷했다. 순자산의 불평등 수준을 나타내는 순자산 지니계수는 0.63으로 조사됐다. 스웨덴이 0.89로 매우 불평등한 순자산 분포도를 보였고 미국도 0.84에 달했다. 영국(0.66), 이탈리아(0.61)는 한국과 비슷한 수준이었다(경제협력개발기구 전체로는 중간쯤이다). 지니계수는 보통 소득의 불평등 도를 나타내는 수치이나 이번 조사는 순자산 불평등 수준을 조사했다. 0에 가까울수록 순자산이 잘 분배됐고, 1에 가까울수록 자산의 쏠림현상이 심하다(프레시안, 2010.12.29.). 대륙별로 지니계수를 평균하면 다음과 같다(인구를 감안한 가중평균이다).

〈세계의 대륙별 지니계수와 인구〉

대륙		지니계수	인구(백만 명)
구분	소분류		
아메리카	남미	51.88	579
	북미	39.99	341
아시아	아시아	38.33	4,038
	남아시아	36.43	1,364

2) Chrystia Freeland, *Plutocrats* (New York : Penguin Books, 2012) : p.viv.
3) Chrystia Freeland, *Plutocrats* (New York : Penguin Books, 2012) : p.xv.
4) Chrystia Freeland, *Plutocrats* (New York : Penguin Books, 2012) : p.3.

대륙		지니계수	인구(백만 명)
구분	소분류		
아시아	동북아시아	39.54	1,563
	동남아시아	40.23	593
	중동	37.66	456
	중앙아시아	36.47	63
아프리카		41.80	959
오세아니아		38.30	31
유럽		33.13	727
OECD		36.29	1,209
세계		39.52	6,676

이를 보면 세계의 지니계수 평균은 약 40이다. 이 중 유럽이 33.13으로 가장 낮고 다음으로 오세아니아 38.30, 아시아 38.33, 북미 39.99로 그 뒤를 따르며, 가장 높은 지역은 남미로 51.88, 아프리카는 41.80이다. 대체로 선진국이 낮으며 후진국일수록 높은 경향이 있다.

다음은 우리나라가 속해 있는 동아시아의 지니계수이다. 동아시아는 중국이 자본주의 경제를 받아들임에 따라 빈부의 격차가 심한 것을 제외하면 지니계수가 아주 낮은 편이다. 특히 선진국인 일본은 매우 낮으며 한국과 대만 신흥개발 국가도 비슷하다. 북한의 경우는 우리나라보다 낮지만 전반적인 경제수준이 너무 낮아 무의미하다고 본다. 우리나라는 31.6으로 149개국 중 상위 29위를 차지하며 유럽 평균보다도 낮다.

〈동아시아 국가별 지니계수〉

국 가	계 수
일 본	24.9
북 한	31.0
한 국	31.6
대 만	32.6
몽 고	33.0
중 국	41.5

우리나라는 OECD 평균인 36.3보다는 훨씬 낮으며 전체 32개 국가 중 13위로 상위국가에 해당한다.

〈OECD 국가별 지니계수 분포〉

국 가	계 수	국 가	계 수
덴마크	24.7	스위스	33.7
일 본	24.9	그리스	34.3
아이슬란드	25	아일랜드	34.3
스웨덴	25	스페인	34.7
체코공화국	25.8	폴란드	34.9
노르웨이	25.8	호 주	35.2
슬로바키아	25.8	에스토니아	36
핀란드	26.9	이탈리아	36
독 일	28.3	영 국	36
오스트리아	29.1	뉴질랜드	36.2
룩셈부르크	30.8	포르투갈	38.5
네덜란드	30.9	이스라엘	39.2
한 국	31.6	미 국	40.8
캐나다	32.6	터 키	43.2
프랑스	32.7	멕시코	48.1
벨기에	33	칠 레	52
평 균		36.3	

중세에는 귀족이 대토지를 소유하고, 대물림되고 경제적 강자와 약자는 이미 태어나면서부터 정해져 있었다. 그러나 현대의 산업사회에서는 자본 또는 기업을 소유한 자본가 또는 기업가가 '소작'하게 하여 월급을 주고 종업원을 거느린다. 자본과 기업은 대물림되지만 하루아침에 파산하기도 하고 종업원이 기업가가 되기도 한다. 또한 중세의 소작농이 단지 소작농이라면 현대의 종업원은 경영자로 발탁되어 관리자로 기업의 성패, 존폐와 미래를 결정할 수 있다. 중세에는 경제적 강자와 약자가 거의 고정적이지만 현대에는 상대적으로 유동적이다. 그러나 인간사회의 소유의 삶은 불평등이 기본적인 모습이다. 불평등을 좁히기 위해 조세정책, 정부지출 및 규제 등의 수단이 사용된다. 19세기

말까지 관세와 세금이 정부수입의 주공급원이 됐다. 가혹한 세금 비율은 그 자체로 소득 분배를 바꾸지 않았다. 세금은 선진국에서 증가했지만 정부가 세수를 지출하는 방법은 다양하게 바뀌었다. 미국에서 이 전환은 대중교육 확대로 나타났다. 1910년부터 미국은 공립 고등학교에 대규모 투자를 했다. 2차 대전 후에는 돌아온 병사들을 위해 고등교육을 제공했다. 20세기 중반 교육이 미국의 불평등을 좁히는데 드라마틱한 성과를 가져왔다. 유럽에서는 공공교육보다 실업수당, 육아보조 및 소득 보조 등 사회보장에 치중했다. 유럽에서는 노조의 힘이 세지고 최저임금이 보장됐다. 미국에서는 불공평한 차이가 30년대와 40년대 사이 줄어들었다. 유럽에서는 2차 대전 후였다.

소득불균형을 측정하는 지표로는 십분위배율, 지니계수, 로렌츠곡선이 있다. 십분위배율은 소득계층을 10등분 해 최하위 4등급 소득계층의 소득을 최상위 2등급 소득계층의 소득으로 나눈 것이다. 계산한 값이 2에 가까울수록 균등하게 소득이 분배되고 있으며 반대로 0에 가까울수록 소득분배가 불균등하다는 뜻이다. 로렌츠곡선은 미국의 통계학자 M. 로렌츠가 창안한 것으로 가로축에 소득액 순으로 소득인원 수의 누적 백분비를 나타내고, 세로축에 소득금액의 누적 백분비를 나타냄으로써 얻어지는 곡선이다. 즉 하위 x%의 가구가 y%의 소득이 분배될 때의 확률 분포를 누적 분포 함수의 그래프로 나타낸 것이다. 소득의 분포가 완전히 균등하면 곡선은 대각선(45도 직선)과 일치한다(균등분포선). 곡선과 대각선 사이의 면적의 크기가 불평등도의 지표가 된다. 로렌츠 곡선은 재산의 분포를 나타내는 데에도 사용될 수 있으며 사회적 불평등의 정도를 측정하는 척도로 사용한다.

지니계수(Gini coefficient, 이탈리아어 : coefficiente di Gini)는 소득 불균형의 정도를 나타내는 통계학적 지수로, 이탈리아의 통계학자인 코라도 지니(Corrado Gini)가 1912년 발표한 논문 「Variabilità e mutabilità」에 처음 소개되었다. 로렌츠곡선에서 대각선인 균등분포선과 로렌츠곡선이 만드는 반달 모양의 면적을 균등분포선 아래 삼각형 면적으로 나눈 값이다. 지니계수는 0과 1 사이의 값을 갖는 데, 값이 0에 가까울수록 소득분배가 평등하다는 것을 의미한다. 보통 0.4가 넘으면 소득분배 불평등 정도가 심하다는 뜻이다. 지니계수는 소득 분배의 불평등함 외에도, 부의 편중이나 에너지 소비에 있어서의 불평등함에도 응용된다.

통계청에 따르면 2010년 도시가구(1인 및 농가 제외)의 지니계수는 0.315를 기록했다. 이번에 발표된 수치는 지수를 발표하기 시작한 1990년 이후 최고치(2009년 0.320)보다는 낮다. 하지만 추세적으로는 해마다 꾸준히 증가하고 있다. 특히 1997~1998년 외환위기와 최근 금융위기 이후 급증한 게 도드라진다.

경제양극화는 기업측면에서도 나타나고 있다. 한국개발연구원이 우리나라 8천여 개 중소기업의 매출액 대비 영업이익률을 분석한 결과 하위 10% 기업은 1993년 마이너스 5.7%에서 2003년 마이너스 37.3%로 악화된 반면, 상위 10% 기업은 1993년 22.5%에서 2003년 26.5%로 올라갔다.

2000년대 중반 한국의 지니계수는 0.306으로 OECD 평균(0.315)보다 낮다. 다른 나라와 비교할 때 소득 분포가 상대적으로 고르다는 의미다. 하지만 소득계층 하위 10%의 소득에 대한 상위 10%의 소득을 비교한 '10분위 분배율'은 4.7배로 평균(4.2배)보다 높았다. 특히 상대적 빈곤 율은 14.4%로 OECD 국가 중 아홉 번째로 높았다.

〈한국의 소득구조(2009년도 기준)〉

연소득구분	숫자			비율	
	근로소득자	개인사업자	합계	구간(%)	누계(%)
5억 원 초과	3,609	9,556	13,165	0.1	0.1
3~5억 원	5,783	12,279	18,062	0.1	0.2
2~3억 원	10,855	21,537	32,392	0.2	0.4
1~2억 원	92,280	94,185	186,465	1.0	1.4
8천만~1억 원	124,796	57,775	182,571	1.0	2.4
4천만~8천만 원	1,465,614	306,307	1,771,921	9.9	12.3
4천만 원 이하	6,838,231	2,345,911	9,184,142	51.4	63.7
면세점	5,753,825	723,266	6,477,091	36.3	100.0
합 계	14,294,993	3,570,816	17,865,809	100.0	100.0

세전 소득을 기준으로 하고 근로소득자와 사업자가 일부 중복되며 상당수 영세사업자는 소득세 신고를 하지 않아 사업자 합계는 실제보다 적음

소득분배와 경제성장 간의 논쟁은 오래된 주제이다. 이에 대한 두 극단적인 주장에 대하여 장하준 영국 케임브리지대학 교수의 정리는 참고할 만하다. "우리나라는 소득분배에 있어서도 '평등을 동반한 성장'을 이룬 몇 안 되는 나라로 인정되었었다. 그런데 2004년에는 멕시코 · 미국에 이어 OECD에서 3번째로 불평등한 나라가 되었다. 악화된 소득분배를 걱정하면 보수주의자들이 "분배보다는 성장이 중요하다."고 주장한다. 그러

나 이 주장대로라면 왜 과거에는 소득 격차가 크지 않았는데도 성장이 잘 되었으며, 외환위기 이후에는 불평등이 크게 증가하였는데도 성장이 잘 안되었는가에 대한 설명이 안 된다. 또한 개혁론자들도 우리 경제의 성장 저하를 심각하게 받아들이고 자신들의 프로그램을 재검토해야 한다. 그리고 보수주의자들은 성장 촉진을 핑계로 분배를 더 악화시키려는 시도를 멈추어야 한다(장하준, 영국 케임브리지대학 경제학 교수, 조선일보 2005. 1.3.)." 실증적으로 이는 입증된다. 지니계수 구간별 1인당 국민소득의 평균을 보면 다음과 같다.

〈국가별 지니계수 구간별 1인당 평균소득〉

지니계수 구간	1인당 평균소득	비고
20~30	23,549	
30~35	14,033	
35~40	7,172	
40~45	11,796	미국과 중국요인
45~50	7,319	
50~55	8,128	
55~	9,363	

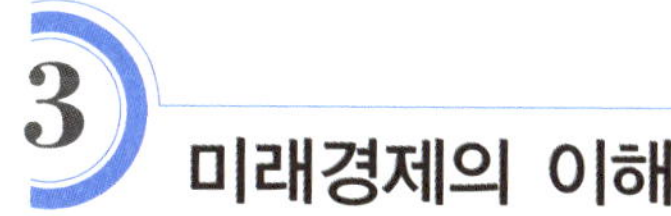

3 미래경제의 이해

3.1 중장기 미래의 이해

2030년대 경제예측

과거 골드만삭스(Goldman Sachs)는 브릭스(BRICS), 즉 브라질, 러시아, 인도와 중국 등 신흥경제대국이 2030년경에 서방 선진 7개국(G7; 미국, 일본, 독일, 영국, 프랑스, 이탈리아, 캐나다)을 추월할 것이라고 주장했다. 전문가들의 의견은 대체로 일치했고 세부내용에서만 약간 달랐다. 예를 들어 중국이 언제 미국을 추월할지 같은 것에 대하여 회계법인 PWC(PricewaterhouseCooper)는 2020년, 최근의 골드만삭스의 예측은 2027년, 카네기재단(Carnegie Institute)은 2035년, 카렌 워드(Karen Ward)의 최근 홍콩상하이은행(HSBC) 보고서는 2040년대 중반으로 차이를 보이나 언젠가는 중국이 미국을 추월할 것이라는 데는 모두들 동의한다.

▲▼ 2050년대 경제예측

2050년의 세계경제대국에 대한 예측은 흥미롭고 기업경영에도 의미 있는 미래이다. 아시아와 남미가 뜨고, 유럽과 북미는 현상유지, 아프리카와 중동은 침체이다. 그러나 예측은 늘 유동적이다. 카렌 워드의 「2050년의 세계(The World in 2050)」라는 연구보고서는 흥미 있는 예측을 하였다. 중국경제는 2050년에 총생산규모가 25조 달러(인구 15억 명 기준으로 1인당 GNP는 17,000달러 내외)로 미국에 몇 조 달러정도 앞선다(모든 수치는 2000년 불변달러 기준이다). 인도는 8조 달러, 일본은 6조 달러로 큰 차이를 보인다. 그밖에 5조 달러에 이르는 국가는 없다. 5위부터 11위까지는 나머지 서방선진 7개국이 차지하고 브라질과 멕시코가 뒤를 잇는다. 나머지 20대 경제대국에는 거의 모두 개발도상국가(터키, 우리나라, 러시아, 인도네시아, 아르헨티나, 이집트와 말레이시아)가 차지하고 스페인과 호주가 선진국 중 유일하게 여기에 남는다. 결국 20대 경제대국 중 아시아와 남미의 국가가 11개나 포진한다. 세계에서 가장 높은 인구증가율을 보이는 아프리카이지만 2050년에 20대 경제대국에 아프리카의 국가들은 진입하지 못한다. 중동에선 이집트만이 말레이시아(말레이시아 인구는 이집트 인구의 삼분의 일 수준)보다 앞선 19번째 국가에 간신히 낀다.

3.2 미래의 경제위기 이해

세계경제는 점차적으로 한계에 부딪힐 것으로 보인다. 가장 큰 문제는 인구의 문제이다. 전 세계 인구는 2050년을 전후로 90억~100억 명을 최고점으로 정체하거나 감소할 것으로 추정된다. 세계 인구는 감소하더라도 경제성장은 공급과잉을 낳는다. 생산성과 생산능력은 가속되었지만 수요 증가는 이를 따라가지 못하게 되기 때문이다. 양극화의 문제도 경제성장을 가로막는다. 임금소득의 비율이 떨어지고 기업이익이 급격하게 증가하면서 이익과 재화가 기업가, 자본가, 기업으로 집중되었다. 또한 부의 편중과 함께 부의 세습으로 중산층의 비중이 줄어 구조적인 소비 감소의 위기가 닥쳤다. 거기다가 경제성장을 견인했던 인간의 혁신도 한계에 부딪혔다. 19~20세기에 인간은 놀라운 혁신을 통하여 성장을 이루어냈지만 인류의 혁신은 한계에 부딪혔다. 거기다가 경제성장에 따른 환경오염은 영원한 성장을 가로막을 것이다.

우리나라도 인구문제는 심각한 상황이다. 우리나라는 2017년부터 생산 가능 인구(15~64세)가 줄어들기 시작하여 2020년부터는 매년 30만 명씩 줄어들 전망이다. 우리나라 인구는 2030년 전후 약 5천3백 명으로 정점에 도달한 뒤 이후에는 감소세로 돌아서고, 50년 후인 2065년에는 약 4천3백 명, 100년 뒤에는 약 2천5백만 명까지 감소한다. 인구감소는 청년인구에서 확연하게 드러난다. 우리나라 청소년 인구가 2017년 처음으로 1천만 명 밑으로 떨어져서 924만 명이다. 2060년에는 5백만 명대에 머물 것으로 예측된다. 청소년 인구 감소는 향후 노동력 부족으로 이어져 경제성장에 부정적인 요인으로 작용할 가능성이 있다는 지적이 나온다. 1970년 1,133만 명이었던 청소년 인구는 1980년 1,402만 명을 정점으로 내리막길을 걸었다.

우리나라의 장기채권의 금리도 향후 우리나라의 미래에 대한 위험을 보여주고 있다. 2016년 미국의 기준금리 인상 이후 미국 국고채 금리는 오르는 반면 한국 국고채 금리는 떨어지고 있다. 만기가 5년 이상인 국고채들은 미국 금리가 한국 금리를 모두 앞질렀다. 2016년 말 5년 만기 한국 국고채 금리는 1.927%로 약 1.902%인 미국보다 0.025%포인트 가까이 높았다. 10~30년 만기 국고채 금리도 모두 미국이 한국보다 높은 상태다. 경기가 좋아져 물가가 오르면 금리가 상승하는데 미국은 경기 상승이 예상되는 반면 한국은 경기 하강이 점쳐지고 있기 때문이다.

3.3 미래의 기업기회 이해

산업의 변화와 기회

과거 우리 경제를 선도하던 의류산업 등 노동집약적인 산업은 대부분 경쟁력을 잃었고, 2만 달러 시대의 산업인 철강업, 조선업, 석유화학 산업 등은 점차적으로 대내외적 요인으로 구조개편이 불가피하다. 중국 등 후발 개도국들의 도전 때문이다. 또한 언젠가는 반도체, 통신 산업 등도 한계에 다다를 것이다. 우리 경제나 기업이 살아남기 위해 필요한 것은 국민소득 3만 달러, 5만 달러나 7만 달러를 견뎌낼 산업이다. 국민소득 5만 달러는 물론이고 10만 달러의 시대에는 첨단 과학기술 산업, 정밀기계화학 그리고 첨단 부품소재 등이 후발 개도국들의 도전에도 살아남을 수 있는 산업이다. 또한 세계는 제4차 산업혁명시대로 접어들고 있어 사물인터넷(IoT), 빅 데이터, 3D프린팅 같은 기술도 미래를 결정할 기술이다.

인구변동과 기회

세계경제의 지리적인 축이 크게 변화될 것으로 보인다. 세계적인 미래학자 존 나이스비트(John Naisbitt)와 도리스(Doris) 나이스비트는 한국 기업들이 저성장에서 탈출하려면 아시아, 아프리카와 남미 신흥국 소비자들을 사로잡아야 한다고 말했다. 전 세계 중산층 인구는 2012년 20억 명에서 2030년에 49억 명까지 증가할 전망이고 이 중 64%가 아시아 인구가 될 것으로 보인다. 반면 유럽과 미국의 중산층의 비중은 2012년 50%에서 2030년 22%까지 급격히 감소할 것으로 예측된다. 이러한 통계를 보면 역사적으로 유례없이 전 세계 중산층이 확대되며 이는 새로운 비즈니스 기회와 환경이 형성됨을 의미한다. 신흥시장의 1년 소비가 2016년 12조 달러에서 10년 후 30조 달러까지 증가할 수 있다. 이에 따라 향후 10년간 새롭게 설립되는 시가총액 10억 달러 이상 기업 중 70%는 신흥 경제국의 기업에서 나올 것이라고 예측한다(2016년 조선일보 인터뷰).

성장산업과 기회

2013년 기준으로 전 세계 국가의 국내총생산(GDP)에서 연구개발비가 차지하는 비중인 R&D 집중도는 제약 · 바이오 14.4%, 소프트웨어 9.9%, 하드웨어장비 7.9% 순이다. 이에 따라 미래의 성장산업은 헬스 케어, 소프트웨어와 자동차 · 부품, 우주항공 산업 등이 될 것이라는 분석이 나온다.

효모는 빵과 술 등을 만드는 데 사용되는 미생물로 약 1500종이 알려져 있다. 효모의 발효 작용은 1857년 프랑스 미생물학자인 파스퇴르가 규명하였다. 1876년경부터 효모가 상업적으로 이용되기 시작했고, 1940년대부터 제빵용 효모 사용이 보편화됐다. 전 세계 효모 시장 규모는 거의 30억 달러(2017년)에 이르고 2020년에는 43억~50억 달러일 것으로 추정된다. 술과 친환경 에너지인 바이오에탄올을 만드는 데 쓰이는 효모 시장이 전체의 79%를 차지하고, 30% 정도는 제빵용 효모 시장이다. 세계적인 효모 전문 기업은 역사가 1백 년이 넘으며 프랑스 르사프르(Lesaffre)나 캐나다의 랄레르망(Lallemand) 등이 있다. 국내에 수입되는 미생물 종균은 연간 1억 달러에 이르며 효모는 4,000~4,000만 달러 정도이다.

업종별 사례

① 에너지 산업

우선 에너지원의 커다란 변화가 경제구조를 바꿀 것이다. 석유, 석탄 등 산업화를 이끌었던 지하자원이 2030년 이전 고갈될 것으로 추정된다. 태양열, 풍력, 바이오 등 대체 에너지 산업이 성장할 것이다.

② 3D 프린터

3D 프린터의 등장으로 2040년경이면 제조업 등 산업은 구조적인 변화를 맞이할 것이며 인공지능의 발전은 4차 산업혁명을 초래할 가능성도 있다. 또한 전 세계적인 고령화 물결에 실버관련 경제와 산업(silver economy)도 크게 성장할 것으로 보인다.

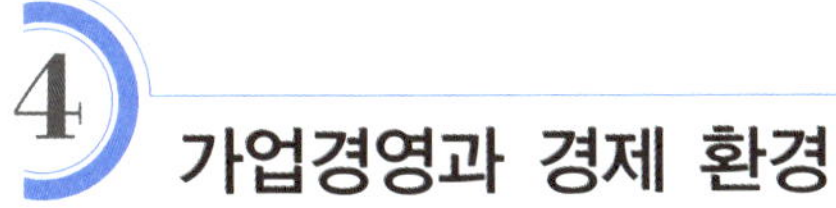

4 가업경영과 경제 환경

4.1 가업과 사업 리스크

1960년대 국내 100대 기업 중 1990년대까지 살아남은 곳은 10여개 회사에 불과하다. 범위를 좁혀 10대 그룹만 보면 삼성과 LG뿐이다. 1970년대에 떠오른 율산은 무리한 사업 확장과 자금난, 기업주가 불법 외환거래 및 업무상 횡령혐의로 구속되면서 사라졌다. 1980년대 명성그룹은 기업주가 불법자금조달로 구속되면서 막을 내렸다. 1990년대 거평그룹은 무리한 확장과 외환위기에 따른 금융기관의 자금회수로 무너졌고 뉴코아, 나산 등도 외환위기 이후 과다한 금융비용으로 무너졌다. 2000년대 재계 서열 17위였던 동양그룹의 회장이 2016년 대규모 사기성 기업어음과 회사채를 발행해 수많은 투자자에게 피해를 준 혐의로 징역 7년을 선고받고 파산했다.

한때 대마불사(大馬不死)라는 바둑용어가 한국 경제에서 통용되었다. 하지만 20세기말과 21세기에 들어오면서 오히려 대마필사(大馬必死)라는 말이 나올 정도로 좌초되는 대기업이 많다. 무리한 차입과 투자, 불법 등으로 많은 대기업이 하루아침에 무너졌다. 이를 한 단어로 정리한다면 무모함(risk)이다. 여기에 기업 '리스크' 관리가 대두된다. 대마불사나 대마필사라기보다는 든든하고 견실한 말, 견마불사(堅馬不死)가 필요한 시대이다. 기업은 성공하기도 어렵지만 살아남기는 더욱 어렵다.

우리나라만의 일이 아니다. 1983년부터 2005년 사이 22년 동안 S&P500의 최고 기업은 IBM, 엑손모빌, GE, 마이크로소프트로 옮겨갔다. 포브스가 발표한 '2016년 세계 억만장자(10억 달러)' 명단에 198명의 억만장자가 새로이 오르고 221명이 탈락했다. 억만장자 리스트에서 탈락한 사람들의 원인을 분석해보면 '리스크'가 얼마나 중요한지 알 수가 있다. 첫째는 법률 '리스크'의 하나인 분식회계이다. 분식회계는 회계조작, 탈세, 횡령 등 불법과 관련된 대표적인 법률 '리스크'이다. 둘째는 환경변화 '리스크'인 시장 침체이다. 명품 브랜드 '토리 버치'의 토리 버치(Tory Burch)의 재산은 10억 달러에서 2억 달러로 80%가 줄었다. 중국 경제와 소비 위축, 반부패 정책으로 명품시장 침체가 가속화한 것이다. 셋째는 환경변화 '리스크'의 하나인 경쟁심화이다. 짐 코크(Jim Koch) 보스턴비어 창업주는 경쟁심화로 그 주가가 2015년 40% 하락했다. 어떤 산업도 초과이윤이 나면 언젠가는 경쟁이 격화되고 수익성이 떨어진다는 너무도 당연한 것을 기업가들은 잊는다. 이를 보면 얼마나 '리스크' 문제가 기업경영에서 중요한지 피부로 느낄 수 있다.

우리나라는 그동안 많은 경제위기를 겪었다. 1997년 외환위기, 2008년 '글로벌' 금융위기와 함께 2017년에는 '10년 주기설'과 함께 또 다른 불확실성이 거론되고 있다. 우리나라 내년 경제성장률 전망은 2%대로 심할 경우 1%대까지 가능하다는 위기설이다. 우리나라의 경제성장률은 1990년대 7%대 성장, 2010년대 2%대 성장, 2026년경엔 잠재성장률이 1%대에 머물 것이란 추정이다. 2009년 삼성경제연구소는 「경영실패의 주범 'AIDS'」라는 보고서에서, 경영 실패를 부르는 요인 4가지를 영문 첫 글자를 따서 만들었다. 과욕(Avarice), 타성(Inertia), 착각(Delusion), 자아도취(Self-absorption)가 그것이다. 기업위험을 부르는 원인을 잘 요약한 단어이다. 경제 환경의 불확실성과 함께 기업경영의 방향을 가늠해보아야 한다.

4.2 가업과 불확실 이슈

▲ 경제의 불확실성 문제

그 옛날 소크라테스는 미래의 불확실성과 위험에 대하여 이렇게 간파했다. "인간사에는 안정된 것이 하나도 없음을 기억하라. 그러므로 성공에 들뜨거나 역경에 지나치게 의기소침하지 마라(Remember that there is nothing stable in human affairs; therefore avoid undue elation in prosperity, or undue depression in adversity. Socrates). 이러한 불확실한 미래의 모습은 20세기 초에 생생하게 보여주었다.

1929년 10월 24일 뉴욕증시가 폭삭 무너진 것이다. 당시 한 달 만에 1,800억 달러가 허공에 사라졌고, 1930년까지 미국에서 천 개가 훨씬 넘는 은행이 파산하고 2만 개가 훨씬 넘는 기업이 일거에 도산했다. 20세기 들어 이런 일은 반복적으로 발생하고 있다. 1999년 닷컴버블의 붕괴, 2007년 주택시장 신용거품의 붕괴는 금융시장과 경제가 합리적이라기보다는 예측할 수 없고 불확실하다는 것을 보여준다. 2008년 금융시장 붕괴도 월가의 "천재"들이 그러한 실수를 할 것이라고는 아무도 예상치 못했다. 2009년 "미국 월가가 한 개의 수학 공식으로 붕괴됐다."는 기사가 신문에 났다. 수학 공식 하나가 '글로벌' 금융위기를 키운 불씨가 되었다는 기사이다. 그 수학공식은 2000년 '데이비드 X. 리'라는 금융공학자가 발표한 "가우시안 코풀라 함수(Gaussian copula function)"이다. 이 함수하나로 불확실성이 커서 거래가 힘들다던 주택담보 증권에 가격을 매길 수 있게 되자 엄청난 시장이 열렸다. 절정에 달했던 2006년 4조7,000억 달러에 이르렀다. 그러나 시장은 결국 붕괴되었고 금융위기가 찾아왔다. 미래의 불확실성은 이제 예측이 불가능하다.

▲ 사업의 불확실성 문제

경제의 불확실성은 예측할 수 없는 기업 비즈니스 모델의 대변동에서도 나타난다. 2000년대 초의 전 세계 기업가들은 기업의 가장 큰 위험으로 전혀 예상치 못한 경쟁자와 산업의 출현을 꼽았다. 생각지도 못한 새로운 유형의 비즈니스 모델이 나타나서 예측하지 못한 경쟁자가 새로운 시장을 주도하고 관련된 기업과 산업이 도태되고 소멸할 수도 있는 위험이다. 숙박 공유 서비스를 제공하는 에어비앤비(Airbnb) 같은 새로운 비즈니스 모델의 출현은 기존 호텔에 뜻밖의 경쟁자로 부각되었다. 그리고 그것은 기존 기업과 산업의 붕괴를 초래하기도 한다. 미국의 택시회사인 뉴욕 옐로캡과 샌프란시스코 옐로

캡이 파산신청을 했다. 차량 공유 서비스인 우버 등의 새로운 비즈니스 모델이 이들을 파산으로 몰아넣는 것이다. 2018년 2월 20일 월마트 주가는 10% 이상 급락했다. 1988년 이래 30년 만에 닥친 최악의 주가 폭락이다. 2017년 월마트 매출은 4859억 달러, 아마존은 1,799억 달러로 2배 넘게 차이가 난다. 그 후로도 월마트 매출은 2009년 이후 2017년까지 9년째 4,000억 달러대에 멈춰있고 순이익 등 실적은 악화되었다. 반면 온라인 쇼핑몰 업체 아마존은 매년 20~30%씩 매출이 증가했다.

어떤 산업에 어떤 변화가 올 지 예측할 수 없다.

산업의 불확실성 문제

미국에서는 보통 10년마다 호황인 업종이 바뀌었다. 선두업종이 바뀌면 선두기업도 바뀐다. S&P500지수 기업 중 가장 큰 순이익을 달성한 10대 기업과 산업은 거의 10년마다 달라졌다. 1950년대에는 자동차, 중공업, 화학 등이 호황이었고 제너럴모터스와 포드 등 자동차 기업과 엑슨모빌, 걸프오일 등 에너지기업들이 최고의 기업이었다. 1960년대에는 컴퓨터 산업이 호황이었고 이에 따라 IBM이 부각되었으며, 그 후 20여 년 동안 IBM 등이 선두였다. 1980년대는 대규모 인수합병과 함께 소비재 회사 필립모리스와 나비스코가 두각을 나타냈다. 1990년대에는 정보통신 산업과 함께 인텔과 마이크로소프트, 2000년대에는 금융기업들의 시대였다.

일본도 이러한 산업 변동을 겪었다. 세계 2차 대전이 끝나고 1945년부터 1950년대까지 일본 기업들은 저임금을 바탕으로 다양한 산업에 진출하여 섬유, 조선, 철강 같은 노동집약적인 산업에 집중하여 서구의 산업과 시장에 도전했다. 그러나 1960년대에 들어 임금이 상승하면서 노동시장 경쟁력이 하락하여 수익성이 떨어졌다. 일본 기업들은 설비투자를 통한 규모의 경제와 핵심영역 집중화전략으로 어려움을 타개했다. 그러나 1970년대에 성장의 한계에 부딪히자 신축 생산시스템(flexible factory)을 도입하여 원가절감과 다품종생산(great variety in the market)을 추구하였다. 1980년대에는 시간 관리전략(time-based strategy)으로 미국기업보다 훨씬 빨리 새로운 제품을 개발해내는 전략이 추구되었다. 1990년대 이후 일본은 장기적으로 불황에 허덕이고 있다. 더욱이 일본의 장수기업도 도산하고 있다. 전체 퇴출 기업 중 30년 이상 된 장수기업이 1990년대 중반 10% 정도에서 2000년대 20%대로 올라갔고 2007~2009년에는 3년 연속 30%대를 기록했다.

우리나라도 같은 전철을 밟았다. 2008년 금융위기 이전까지만 해도 호황을 누리던 건설업, 철강업, 조선업, 해운업, 금융업 등 주요 산업은 금융위기로 '글로벌' 경기가 급랭하면서 직격탄을 맞은 뒤 회복되지 않고 있다. 과거 이 업종의 대부분의 기업과 경영진들은 호황이 계속될 것이라고 생각했다. 경기 사이클을 타는 산업에서는 좋은 시절이 오면 모든 것을 안이 하게 보는 경향이 있다. 대표적인 것이 2016 외식업계의 위기이다. 커피, 햄버거, 치킨 등 다양한 외식업체들이 일거에 매각에 나섰다. 이미 외식업계 트렌드는 나빠졌고 세계경제가 침체와 함께 경기에 민감한 업종이기 때문이다. 2017년도의 면세점도 마찬가지이다. 면세점은 한때 '황금알을 낳는 거위'로 불렸다. 그러나 2017년 들어 적자까지 나면서 경영위기에 직면하고 급여삭감 및 반납, 명퇴, 대표이사 교체, M&A 등에 휘말렸다.

이전에 수익을 창출하던 사업이 어느 날 갑자기 바뀌어 수익을 내지 못하거나 사라져 버리기도 한다. 산업 지각변동이 급속하게 진행되고 있는 환경에서 '한 우물 파기'란 위험하기 짝이 없다. 산업의 부침은 세계적인 기업도 피해가지 못했다. 코닥의 필름, 노키아의 휴대폰, 델의 PC 등 수많은 기업이 제품과 산업의 판도가 바뀌었는데도 기존 전략을 고수하다 몰락했다. 노키아는 피처 폰 성공에 취해 스마트 폰이라는 시장 변화의 불확실하고 달갑지 않은 상황을 애써 외면했다. 휴대폰 시장을 지배했던 노키아는 처음에는 블랙베리, 다음에는 삼성과 애플에 의해 허무하게 무너졌다. 델의 경영진은 소비자들은 여전히 좀 더 싼 가격에 PC를 공급받기 원하며 노트북처럼 비싼 제품은 시기상조라는 말을 믿었다가 추락했다. 소니는 TV가 브라운관에서 평판으로 변하고 있는데도 2000년대 초반까지 브라운관 개량에 집중하다가 무너졌다. 카메라와 필름 시장 최강자였던 코닥은 디지털 시장에 적응하지 못해 파산했다. 짐 콜린스(Jim Collins)는 『위대한 기업은 다 어디로 갔을까(How the mighty falls)』에서 '위대한' 기업들은 정점에 올랐을 때 경영상의 문제들을 심각하게 생각하지 않은 경향이 있다고 강조했다. 기이하게도 '변하지 않는' 진실은 변화한다는 것이다.

해가 뜨면 해가 지는 것이 확실하듯이 경기가 좋으면 나빠지고 산업이 호황이면 언젠가는 불황의 나락으로 떨어지는 것도 확실하다. 태어나 성장하다가 어느 순간 성장이 정체되고 늙어서 죽는 것이 생명체의 운명이다. 기업도 생명체와 마찬가지이다. 기업의 제품이나 그 기업 자체 그리고 산업은 도입기(창업초기), 성장기, 성숙기, 쇠퇴기의 라이프 사이클을 그린다. 제품이던 기업이던 산업이던 언젠가는 쇠퇴기에 들어서게 되고 기업은 위기 국면을 맞을 수밖에 없다.

기업 또는 산업의 실적이나 경기가 좋더라도 시간이 흐르면 나빠지는 것은 해가 뜬 후에 해가 지는 것처럼 확실한 사실이다. 그러나 많은 기업들은 매출이 증가하고 수익성이 좋고 성장이 지속되면 그것이 영원할 것이라고 착각한다. 그래서 지속적인 성장과 생존가능성을 높이기 위한 투자를 하지 않는다.[5] 특히 경기가 좋고 산업이 호황일 때 무리한 차입을 통한 투자는 경기가 나빠지고 산업이 후퇴하면 순식간에 부실기업의 나락으로 추락하고 도산한다. 우리는 이를 "과거 환상" "과거 리스크"라고 부를 수 있다. 과거의 성공이 미래에도 지속될 것이라는 착각이다. 과거 실적에 만족하다가 하루아침에 도산하는 것은 흔한 일이다. 경영은 미래를 만드는 것이지 과거를 연장하는 것이 아니다.

안주(安住)의 위험 관리

진정한 등반가는 산을 무서워하는 사람이다. 등반사고는 늘 정상을 밟고 하산할 때 발생한다. 방심하면 반드시 사고가 나고 "돌아오지 않는 길(죽음)"이 기다리는 것이다. 대부분의 기업가들은 기업이 높은 이익을 내고 성장을 지속하면 자만심이 하늘을 찌른다. 그 성공이 언제까지나 지속될 것처럼 확신하고, 자신의 능력을 과도평가 하게 된다. 타성(Inertia)에 젖은 경영은 현재의 경영 상태에 만족해 변화와 도전을 주저하고 경쟁 우위를 지키려는 노력을 게을리 한다. "넉넉할 때 흉년에 대비한다."는 속담은 여기에 딱 맞는 말이다. 경영학자 짐 콜린스는 『위대한 기업들은 다 어디로 갔나?』에서 기업이 망하는 1단계를 "성공에서 자만심이 생기는 것"이라고 말했다.

호텔과 예약사이트 사업의 사례를 들어보자. 호텔과 온라인 예약 사이트들은 오랫동안 우군이자 적(friend+enemy) 관계를 유지해왔다. 호텔은 예약사이트를 통해 안정적으로 수익을 창출하고 예약사이트는 호텔과의 제휴를 통하여 성장해 왔다. 그러나 온라인 예약 사이트의 힘이 커지면서 공생의 균형이 깨졌다. 미국에서 2016년 처음으로 온라인 사이트의 예약 총액이 호텔 직접 예약보다 많은 역전 현상이 나타난 것이다. 이에 따라 '글로벌' 호텔업체들이 온라인 호텔 예약 사이트와 관계를 전면 수정하는 전략을 시행하고 있다. 호텔의 고객 프로그램 등에 회원 가입을 하고, 호텔에 직접 예약을 하면 온라인 예약 사이트보다 방값을 더 싸게 이용할 수 있게 한 것이다. 대형 호텔 체인의 회원 가격을 검색할 수 있는 웹사이트(www.RoomKey.com)도 생겼다. 이곳에서는 대형 호텔 체인의 고객 프로그램 가입 회원이 누릴 수 있는 객실 할인 요금을 검색하고 비교할 수 있다.

---

5) Donald DePamphilis, Mergers and Acquisi*tions Basics, Burlingto*n, Elsevier, 2011, pp.34 - 5.

물론 온라인 예약 사이트가 여행자들의 필수 도구로 자리 잡았기 때문에 호텔의 전략변경은 쉽지 않을 것이다. 바야흐로 기업환경이 변화되고 온라인 예약기업과 호텔은 새로운 경쟁구조에 들어선 것이다.

기업이 성공하여 성장하다가 일정 기간이 지나면 기업의 가치나 수익성이 극대화되고 더 이상 고성장이나 고수익을 달성하기가 어려워지기 시작한다. 이 시점에서 기업경영진들은 높은 시장가치와 그동안 달성한 수익성 및 성장성에 안주하게 된다. 기업이 설정한 전략은 기업이 미래를 위한 나침반이지만 시간이 지나 환경이 변하면 방해요소가 될 수 있다. 산업과 환경이 변하는데 기존 전략을 고수하여 변화할 기회를 막아버리는 것이다. 기업이 현재의 성과에 도취되거나 기존전략에 매달리는 경우 닥쳐올지도 모를 미래의 위기에 대응하지 않거나 변화의 노력을 게을리 한다면 기업의 미래는 기약할 수 없다.

4.3 가업의 위험대응 전략

불확실성과 경영

기업의 경영환경은 언제 어떻게 변할지 모른다. 2000년대 초반에는 21세기 초반 전 세계에서 5대 자동차 회사만이 살아남을 거라는 Big5 생존대세론이 널리 수용되었다. 당시에는 그것이 사실이었을 수는 있지만 기업한경은 늘 변한다. GM과 포드는 이 예측이 확실하다고 전제하고 기업인수에 나섰다가 무너졌다. 미래는 늘 불확실하며 예측이란 틀릴 수 있으며 확실한 미래는 없다. 초우량기업이 갑자기 도산하는 것은 예측하지 못한 급격한 환경변화에서 온다. 미래는 예측이 어렵고 늘 변화한다는 것은 확실하다. 그래서 "미래를 예측하는 사람들은 두 종류가 있다. 하나는 미래를 모르는 사람이고 하나는 자신이 미래를 모른다는 사실을 모르는 사람이 있다(There are two kinds of forecasters : the ones who don't know and the ones who don't know they don't know. John Kenneth Galbraith)."라고 까지 말하는 것이다. 우리는 변화를 막을 수는 없다. 단지 변화를 미리 예견하고 앞서갈 수만 있다. 변화를 경영하는 것을 기업경영의 일환으로 삼지 않는다면 살아남을 수 없다(One cannot manage change. One can only be ahead of it…Unless it is seen as the task of the organization to lead change, the organization will not survive. Peter Drucker.).

기업의 실패는 경제적 위기 국면에 집중되는 경향이 있다. 기업환경 불확실성으로 인한 위험에 대처하려면 그 불확실성을 알아야 한다. 우선 환경 변화의 흐름을 민감하게 인식하고 파악하여야 한다. CEO들은 일상 업무에만 매달리면 안 되며 기업과 산업의 동향 그리고 세계 경제의 흐름을 늘 예의주시하여야 한다. 외부 전문가들을 만나고 한가한 시간을 만들어 늘 생각할 시간을 가져야 한다.

삼정KPMG경제연구원이 펴낸『리질리언스』(2016년)는 경영환경의 불확실성에 대하여 기업의 내부적인 대응능력을 강조한다. 기업이 불확실한 미래의 변화를 인지하고 그 변화에 대응하여 지속가능한 성장을 이룰 수 있는 역량인 복원능력이 필요하다는 것이다. 복원능력(Resilience)이란 역경과 난관에 부딪혀 어려움을 겪은 후 스스로 이전 상태로 회복할 수 있는 능력을 의미한다. 미래의 불확실성을 정확히 예측하여 제거하는 것은 불가능하다. 예측이 빗나가 그간의 노력이 물거품이 되거나, 미처 예측하지 못한 상황이 발생해 한순간에 기업이 위험에 빠지는 경우가 수시로 생긴다. 기업가의 능력에만 의존하는 것이 아니라 예측하지 못한 상황에 대비하고 당면한 위기를 극복할 수 있는 기업의 자체적인 역량이 필요한 것이다.

▲▼ 과거로부터의 탈피

기업의 가장 큰 위험 중 하나는 과거와 현재의 성공에 안주하는 것이다. 자신이 속한 기업이 현재 전성기를 맞고 있다면 그것은 회사의 위기의 시작임을 명심하여야 한다. 한때 성공한 기업과 계속적으로 실적을 내는 우량기업의 차이는 첫 번째 성공을 운으로 돌리고 긴장을 늦추지 않고 미래를 새로이 준비를 하느냐 안하느냐의 차이이다. 과거 성공요인이 현재나 미래의 패배요인이 된다는 것은 검증된 이론이다. 환경이 변화함에 따라 세상이 변화함에도 불구하고 지금까지 통했던 방법이 앞으로도 계속 효력을 발휘할 것으로 믿고 "고집을 피우면서" 새로운 것을 받아들이지 않기 때문에 기업은 실패한다.

찰스 다윈의 진화론에 의하면 살아남는 종은 강인하고 지적 능력이 뛰어난 종이 아니다. 변화에 가장 잘 적응하는 종이 '선택'되어 살아남는다. 가장 크고 강력했던 공룡은 멸종했다. 기업과 경제에도 진화론이 똑같이 적용될 수 있는 것은 아니지만 최강자인 초우량기업이 살아남는 것이 아니라 앞으로 환경변화에 잘 적응하는 기업이 살아남을 가능성이 크다. 기업은 기업과 산업의 성장 사이클, 외부 환경의 변화에 발 빠르게 대응하지 못함으로써 역사 속으로 사라진 기업들의 전철을 밟지 말아야 한다. "이루었다고 생각하는 바로 그날 실패에 대한 걱정을 시작해야 한다."는 것이 생명과 기업이라는 유기체의 현실이다.

칼 마르크스도 지속적으로 새로운 산업이 도입되어 기존 산업이 도태되며 그 변화는 기업의 생사의 문제가 된다고 예측했으며, 지속적인 혁신 없이는 기업은 지속될 수 없다고 경고했다(The bourgeoisie cannot exist without constantly revolutionizing…). 뿐만 아니라 무한한 사회변화와 불확실성이 자본주의 사회의 특징이라고 보았다(Constant revolutionizing of production, uninterrupted disturbance of all social conditions, everlasting uncertainty and agitation distinguish th bourgeois epoch from all earlier ones).[6)]

과거와 현재의 성공 그리고 경쟁력은 언제 어떻게 바뀔지 예측할 수 없다. 과거를 잊고 도도히 진화하고 변화하는 시장에 과감하게 혁신과 변화를 추진하는 것은 결단이 필요하지만 그렇게 추진한 기업과 경영자가 드물다. 먼저 알아야 할 것은 기업의 과거와 현재의 성공이 앞으로도 지속될 것이라는 생각을 버리는 것이다.

▲▼ 전략적 유연성 확보

인시아드(INSEAD)의 이브 도즈(Yves Doz) 교수는 "지금처럼 불확실하고 변화의 속도가 빠른 상황에서 기업들이 핵심역량에만 집중하다 보면 망하기 십상이다. 요즘처럼 급변하는 상황에서 핵심역량 이론은, 빠르게 달리는 자동차 운전자가 한곳만 바라보는 것처럼 위험할 수 있다."고 말했다. 핵심역량 이론은 1990년대 혼다와 캐논 등의 일본 회사에서 성공을 거둔 전략으로 핵심 분야에 집중해 큰 성공을 거두었다. 하지만 21세기는 기업환경은 끊임없이 변하고 불확실성이 높아지고 있다. 한 분야만 집중하는 것은 빠른 속도로 한 방향으로 자동차를 몰면 시야가 좁아지고 앞만 보게 되는 것과 같아 옆과 뒤에서 닥치는 장애물을 피하지 못한다. 물론 단기적으로 핵심 역량에 집중하여 성공할 수는 있지만 장기적인 미래의 성장은 다르다. 앞만 보고 한 길을 달리다보면 갑자기 낭떠러지의 나락으로 주저앉는 '승리의 저주(the curse of success)'라는 함정에 빠진다.

노키아 휴대폰은 시장의 변화에도 불구하고 자신의 전략을 수정하지 않은 기업몰락의 대표적인 사례이다. 기업이 전략 추진 과정에서 발생하는 예기치 않은 변수에 대한 유연성과 적응력은 중요하다. 기업의 유연성은 기업전략을 세울 때 가정했던 전제조건이 변했을 때 유연하게 자신의 전략을 수정할 수 있는 능력이다. 오늘날의 기업환경은 역동적이고 이젠 기업의 전략은 변화의 전쟁(war of movement)이다. 한 기업의 경쟁력은 쉽게 모

---

6) Karl Marx & Frederick Engels, *The Communist Manifesto*, International Publisher, 2015, p.12.

방되고 일시적이다.[7] 기존 핵심 사업을 기초로 새로운 개발을 추진하는 방법이 하나의 사례이다. 일본 기업 도카이전자는 종업원 백 명이 안 되는 중소기업이다. 대기업 시계 업체의 하청 조립 사업을 했지만 장기불황으로 대기업의 생산 거점이 해외로 이동하면서 위기에 몰렸다. 회사는 이에 대처하기 위해 '자체 제품 개발'에 주력하여 살아남았다. 일본 중소기업들은 대기업과의 하청 관계를 통해 제품 기술력을 높인 다음 독자적인 경쟁력을 가진 '글로벌' 틈새시장의 강자로 부상한 경우가 많다. 완전히 새로운 분야가 아니라 그동안 쌓아온 기술력을 바탕으로 제품을 개량하고 새로운 틈새시장을 개척하는 데 성공했다.

▲▼ 장기 전략과 방향의 설정

우리나라 제조업체의 반 정도가 단기 사업에만 집중하여 1년 이상 중장기 사업전략을 수립하지 않는다(2016년). 따라서 선제적 투자를 통한 시장 선점, 위기대응에 취약하다. 대기업은 약 70%가 중장기전략을 수립하지만 중소기업은 약 50%만이 그렇다. 5년 이상의 장기 사업계획을 세운 기업은 30%밖에 되지 않는다. 당장 눈앞의 사업에만 매달려 미래를 준비하지 못하고 있다. 중장기 사업계획을 추진하면 선제투자로 시장점유율 확대, 위기 시 계획적 대응으로 피해규모를 축소할 수 있다.

시장 환경의 변화에 대응하는 전략은 여러 가지 접근방법이 있다. "가진 게 없는 사람은 노동을 하고, 약간의 재물이 있는 사람은 지혜를 써 경쟁하고, 많은 재산을 가진 사람은 시기를 노린다. 이것이 재산 증식의 대강이다." 사마천의 말이다. 그만큼 시기의 중요성이 부각된다. 급변하는 시장 환경 하에서 시장을 선도하는 전략(first mover)은 성공했을 경우 선두기업으로서 경쟁력을 확보할 수 있지만 실패할 경우 그 대가가 크다. 대표적인 사례가 아마존이다. 아마존은 2015년 시가총액이 3천억 달러를 넘어 미국증시에서 6위였다. 아마존은 차고에서 인터넷 서점으로 출발한 조그만 벤처기업이다. 아마존이 성공했던 것은 인터넷보급이 활성화되는 변혁기에 시장을 초기에 장악하고 독점적 위치에 올랐다는 점이다. 이렇게 시장을 선도하는 전략으로 빌 게이츠나 마크 저거버그도 선두기업으로 치고나갔다.

반면 선도 기업이 진입한 이후 신속한 추격자(fast follower) 전략도 있다. 병행전략(parallel mover)은 모든 가능성을 염두에 두고 시장진입과 기술개발을 추진하되 전략적 타당성이

---

7) *HBR's 10 Must Reads : On Strategy*, Harvard Business Review, Boston, 2011, p.1.

확보되면 그것에 집중하는 전략이다. 시장의 변화에 빠르게 대응할 수 있도록 모든 가능성에 대비하는 것이다. 현대자동차가 병행전략을 구사하는 것으로 볼 수 있다. 미래형 차에 대한 전략으로 전기차, 하이브리드, 수소연료전지차를 병행해서 투자하고 있다. 세계 자동차시장은 어떤 차가 어떻게 시장에서 성장을 주도할지 미궁에 빠져 있다. 현대차그룹으로서는 시장이 향후 어떤 방향으로 나아가던 신속하게 대응할 수 있도록 각 분야에서 기술력을 축적하는 데 초점을 맞추고 있는 것이다. 일반적으로 먼저 변하는 기업이 성공하며 단지 모방하는 기업은 어렵다.8) 기업의 성쇠는 변화하는 시장과 변화하는 고객니즈에 부응하는 것에 달려있다. 성공적인 기업은 훨씬 빠르게 제품, 시장 그리고 사업자체까지도 새로이 도입하거나 철수한다. 기업은 인간이나 생명과는 달리 환경에 적응하여 점차적으로 진화한다고 해서 살아남을 수 없다. 진화의 시점이 더 중요하다. 생명의 진화와 같이 환경의 변화에 따라 점차적으로 진화하여 선택되는 것이 아니라 기업은 환경의 변화에 따라 신속하게 때로는 환경변화보다 앞서서 더 나아가 환경을 변화시키는 혁명적인 진화가 필요하다. 아모레퍼시픽은 경쟁력이 있는 화장품에 역량을 집중하기로 결정하여 1991년 태평양증권, 패션 부문, 상호신용금고를 매각했다. 어떤 전략적 지향을 가질지 기업과 기업가에 맞는 것을 선택하여야 한다.

▲▼ 전사적인 신사업전략의 실행

미래의 불확실성을 인식하고 새로운 환경에 따른 신사업전략을 추진한다고 모든 것이 해결되는 것은 아니다. 기업 내부적으로 최고경영자의 지휘아래 전사적으로 실행되지 않으면 신사업의 성공은 보장되지 않는다. 과거 카메라로 세계 최고의 기업이었던 코닥은 붕괴되었다. 물론 코닥도 디지털카메라가 대세일 것이라는 판단 아래 디지털카메라 시장 진입을 꾀했지만 실패했다. 연구개발 투자와 기술력에도 불구하고 디지털카메라 출시로 매출 하락이 불가피해질 기존 카메라 사업부와의 갈등이 발목을 잡았다.

▲▼ 기존사업 경쟁력 강화

현재의 사업을 강화시켜야 한다. 기업이 시간이 흐르고 환경이 변하더라도 끝까지 살아남고 성공하려면 경쟁력의 기반을 획기적으로 변화시키고(transforming the basis of competition), 환경의 변환에 따라 경쟁상의 우위를 창조하거나 강화하고 자신의 입지를

8) Donald DePamphilis, *Mergers and Acquisitions Basics*, Burlington, Elsevier, 2011, p.14.

강화시켜야 한다. 금융업을 제외한 국내 600여개 상장기업의 평균 순이익률은 설립초기인 10년 미만 시기에는 5.9%로 가장 높지만 차츰 감소하기 시작해 20~30년 된 기업이 3.4%로 가장 낮고 그 이후 30~40년부터 3.7%로 반등하였다. 기업은 창업 후 20~30년이 위험한 시기이고 기업의 장기적 생존의 갈림길이며 이 시기를 극복하면 장수기업으로 수익을 달성함을 알 수 있다. 기존 사업을 강화하여 장수기업으로 높은 수익성을 달성할지 변신을 시도할지가 관건이다. 그러나 시장이 포화되면 산업의 구조조정이 이루어진다. 이런 경우에는 규모의 경제를 위한 M&A와 통합은 필연적인 전략이다. 반대로 제품과 시장을 니치시장으로 전환하여 전문화하는 방법도 있다.[9)]

▲▼ 선제적 조치와 보수적인 자세

경영환경이 변화하고 기업의 위기관리는 일상적인 상황이다. 선제적으로 재무적 안정성을 확보할 필요가 있다. 불황 장기화와 불확실성의 증대에 따라 예측하기 어려운 위험이 발생할 수 있으므로 선제적으로 재무적 안정성(유동성)을 확보하는 전략이 필요하다. 불필요한 자산과 사업을 매각하고 단기적인 부채의 장기 전환 등의 채무 재조정 등을 통해 만일 대비한 보수적인 재무구조를 만들어야 한다. 물론 단기적 관점이 아니라 중·장기적으로 경쟁력을 확보하기 위한 보다 더 넓고 멀리 내다보는 관점이 요구된다. 늘 최악의 환경을 가정하고 이에 대비한 구체적인 계획을 세워놓아야 한다.

세계에서 가장 오래된 기업이었던 곤고구미가 파산했다. 578년 창업하여 2005년까지 천 년 이상 된 기업이 2006년 파산을 신청하고 역사에 막을 내렸다. 회사는 일본의 '거품경제' 시기에 대규모 차입을 하여 부동산에 투자하고 사업을 무리하게 확장한 것이 원인이었다. 기업가들이 늘 잊지 말아야하는 것은 차입은 양날의 칼(doubled-edged sword)이라는 점이다. 경기가 좋고 기업이 성장할 때는 차입투자로 큰 이익을 낼 수 있지만 경기가 나쁘고 기업실적이 부진해지면 바로 부도로 이어지는 부담이라는 점이다.[10)] 기업의 차입금은 피할 수 없다. 이론적으로나 현실적으로 차입은 주주의 가치를 높일 수 있다. 그러나 지나침은 늘 리스크를 수반하기 마련이다. 『구약성서』「잠언」(22.7.)을 보면 "가난하면 부자의 지배를 받고, 빚지면 빚쟁이의 종이 된다."고 말한다. 차입은 기업을 발전시키는 원동력이 될 수도 있지만 파산으로 치닫게 하는 악이 될 수 있다. 세계적인 장수기업들은 상당수가 무 차입 경영을 하고 있음을 기억해야 한다.

---

9) Donald DePamphilis, Mergers and Acquisi*tions Basics, Burlingto*n, Elsevier, 2011, p.91.

10) Gary Hamel, *What Matters Now*, San Francisco, Jossey-Bass, 2012, p.13.

가업승계와
100년 가업경영

PART

4

가업의 성장전략

Chapter 1

가업 환경변화와 전략

Chapter 2

가업의 성공전략

Chapter 3

가업의 자금조달

1 기업의 경영전략

1.1 기업의 경영전략 이해

전략과 계획

사업계획(business plan)은 기업의 미션과 비전을 설정하고 그것을 실현하기 위한 전략을 세우는 것이다. 사업계획은 기업과 주주를 위한 것이지만 그 외에도 기업의 이해관계자(stake · holders)인 고객, 임직원, 납품업체, 채권자, 규제당국과 사회도 관련이 있다.[11] 이러한 사업계획에는 기업의 전략도 포함된다. 전략계획(strategic plan) 또는 경쟁전략(competitive strategy)은 목표시장에서의 성공적 경영을 위한 수단을 말한다. 동 전략에는 M&A가 포함될 수 있다.[12] 이러한 전략계획에는 기업수준의 계획(overall enterprise strategy)과 기능수준(functional strategy)의 계획이 포함된다.[13]

기업의 전략이 갖는 의미는 효과적인 기업경영을 위한 것이다. 21세기 사회와 경제는 과잉의 시대로 수많은 정보의 홍수와 기업경영의 복잡성을 가져왔다. 기업의 조직은 커지고 복잡해지면서 조직 구성원들은 바쁘게 움직인다. 기업의 임직원들이 보고서 작성에 많은 시간을 소비하고, 업무 조율을 위한 협의와 회의에 많은 시간을 투자한다. 일을 위한 일을 한다는 얘기이다. 경영의 단순화(Simplicity Management)가 요구되는 것이다. '거대기업' 애플은 1990년대 후반 20여 개의 제품군에서 4개의 제품군으로 제품 포트폴리오를 단순화하여 집중했다. 제품군이 복잡하면 관리업무가 복잡해지고 많아지면서 시간과 자원이 분산되기 마련이다. 경영의 단순화는 조직 구성원으로 하여금 기업의 핵심영역에 집중하게 하는 것으로 비즈니스의 본질에 초점을 맞추고, 본질이 아닌 중요하지 않거나 불필요한 것은 제거하는 경영이다. 경영의 단순화는 경쟁사와의 경쟁을 통한 차별화가 아니라 기업 존재의 이유인 제품의 가치에 집중하는 전략이다. 즉 전략의 수립은 기업의 핵심에 집중하고자하는 것이지 복잡한 기업구조를 만드는 것은 아니다.

---

11) Donald DePamphilis, Mergers and Acquisi*tions Basics, Burlington*, Elsevier, 2011, p.117.
12) Donald DePamphilis, Mergers and Acquisi*tions Basics, Burlington*, Elsevier, 2011, p.94 편집.
13) Donald DePamphilis, Mergers and Acquisi*tions Basics, Burlington*, Elsevier, 2011, p.95.

'최순실' 국정농단 사건으로 뒤숭숭했던 2016~2017년 우리나라 30대 그룹은 '글로벌' 침체 등 대내외 변수와 불확실한 환경으로 인해 투자를 줄였다. 대부분의 기업이 보수적인 사업계획을 수립하였다. 특히 저성장, 저소비, 저물가 등을 특징으로 하는 '뉴노멀' 경제로 인하여 기업전략의 수립도 점점 어려워지고 있다. 이러한 시대에는 일관성이 없는 임기응변적인 사업계획과 전략이 아니라 지속가능한 전략에 집중하여야 한다. 그것이 기업전략이 갖는 의미이다.

전략의 범위

여기서 다루는 전략이란 사업단위별 '경쟁' 전략(business unit strategy)을 말하며 하나의 사업을 위한 전략이다. 기업이 영위할 사업의 결정이나 조정 그리고 기업자원의 배분이나 M&A전략은 PART 6 '가업의 구조조정'에서 별도로 다룬다. 때로는 기업전략에서 경쟁전략(competitive strategy)으로서 M&A를 추진할 수도 있다.[14] 예를 들어 산업 내에서 규모의 경제가 존재하는 경우 인수를 추진할 수 있는 것이다. 인수합병에 의하여 원가경쟁력을 달성하지 못하고, 수성이 가능한 틈새시장을 포착하지 않으면 기업은 살아남기 어렵다.[15] 또한 기능별 전략(functional strategy)도 다룬다. 이것은 기업의 가치체인(value chain)의 각 수준에서의 기능별 경영전략이다.[16]

사업단위별 전략은 원가절감, 상품개발 등 경쟁력을 위한 전략이다.[17] 사업전략은 가격 또는 원가경쟁력(price or cost leadership), 제품차별화(product differentiation), 틈새전략(focus or niche strategies)과 이들의 혼합전략(hybrid strategy)으로 나누어진다.[18]

세계적인 유리 제조기업인 상고방은 범용제품을 생산하므로 원가와 가격이 중요하다. 따라서 그룹 부회장이 소형계산기를 가지고 다닐 정도로 원가에 집중한다. 기술이 중요한 기업은 기술에, 품질이 중요한 기업은 품질에 집중해야 한다. 즉 기본과 본질에 집중하여야 하는 것이 전략이다.

기업의 경영과 기업의 경영전략은 기업의 가치를 높이는 것이 목표이다. 가장 주요한 포인트는 기업이 성공하려면 다른 기업과 "다르고" "지속적으로 유지할 수 있는" 차별성(difference)을 가져야 하는 것이다. 예를 들어 고객에게 지속적으로 더 큰 가치를 제공

14) Donald DePamphilis, Mergers and Acquisi*tions Basics, Burlington*, Elsevier, 2011, p.96.
15) Donald DePamphilis, Mergers and Acquisi*tions Basics, Burlington*, Elsevier, 2011, p.102.
16) Donald DePamphilis, Mergers and Acquisi*tions Basics, Burlington*, Elsevier, 2011, p.96.
17) Donald DePamphilis, Mergers and Acquisi*tions Basics, Burlington*, Elsevier, 2011, p.102.
18) Donald DePamphilis, Mergers and Acquisi*tions Basics, Burlington*, Elsevier, 2011, p.128.

하거나 낮은 원가로 유사한 가치를 제공할 수 있어야 한다.[19] 여기서 알아두어야 할 점이 있다면 세계적인 장수기업들은 남들이 모르는 비결이 있어서가 아니라 모두가 다 아는 것이지만 그것을 탁월하게 실행했기 때문에서 살아남고 성장했다는 점이다.

변화와 전략

21세기 기업환경은 끊임없이 변하고 불확실성은 확대되고 있다. 그래서 그런지 모두가 변하지 않으면 안 된다고 구호를 외치며 심지어는 변하지 않으면 죽는다(change or die)고까지 한다. 그러나 그렇지만은 않다. 여기서 논의되는 제품차별화 같은 기본적인 전략은 변하는 것이 아니다.

2007년 하버드비즈니스 리뷰에 아마존의 창업자 제프 베조스(Jeffrey Preston Bezos)의 인터뷰는 이 점을 분명히 한다. 당시 아마존은 아직 지금처럼 성장하지 않았던 시절이었고 누구도 아마존의 미래를 확신할 수 없었던 시기이다. “아마존의 기업 전략은 변하지 않는 것에 기초하고 있다. 사람들은 향후 5년 내지 10년 내에 어떤 변화가 있을지 궁금해 한다. 우리는 그것보다는 변하지 않는 것이 무엇인지에 초점을 맞춘다. 그것에 기초하여 씨앗을 부리고 성장을 기대한다. 변화에 따라 전략을 수정하다보면 혼란을 낳고 제대로 경영을 할 수가 없다.”

전략수립의 과정

사업계획을 수립하기 위한 첫 번째 할 일은 외부환경의 분석(external analysis)이다. 기업이 진입할 산업(industry)이나 시장(market)을 정하고 그 목표시장에서의 경쟁전략(how to compete)을 수립하는 것이다. 고객과 고객의 취향(needs), 수익성과 현금흐름을 결정하는 시장과 산업의 경쟁구도나 요인, 새로운 트렌드를 파악하여 성장의 기회와 경쟁의 위험을 찾아내는 것이다.[20]

다음으로 내부분석(internal analysis or self－assessment)을 한다. 경쟁시장에서 자사의 강점과 약점을 평가하는 것이다. 외부환경 분석과 내부분석을 스와트분석(SWOT analysis)라고 한다. 사업의 강점(strength), 약점(weakness), 기회(opportunity)와 위험(threats)을 평가하는 것이다.[21]

---

19) *HBR's 10 Must Reads : On Strategy*, Harvard Business Review, Boston, 2011, p.2.
20) Donald DePamphilis, Mergers and Acquisi*tions Basics, Burlingto*n, Elsevier, 2011, p.120.
21) Donald DePamphilis, Mergers and Acquisi*tions Basics, Burlingto*n, Elsevier, 2011, p.120.

그리고 기업의 미션(mission; why it exists)과 비전(what it is striving to become)을 명확히 한다.[22] 전략적 비전은 기업의 미래의 기업환경, 미래의 목표시장과 미래의 경쟁력의 목표를 기술한 것이다. 그것은 기업의 목표시장(where the company will compete), 목표시장의 선택이유(why the company chooses to compete there), 목표시장에서의 경쟁전략(on what basis it will compete)을 구체화하는 것이다. 1990년대 말 IBM의 전략적 비전은 대표적인 사례이다.[23]

〈IBM의 전략적 비전(1990년대 말)〉

IBM은 하드웨어 제조 기업에서 비즈니스 소프트웨어와 서비스분야에서 세계적인 리더로 전환한다.

- 미래의 예측(Vision of the future) : 정보통신기술은 지속적으로 성장할 것으로 보이나 하드웨어 제조업에서의 경쟁을 더욱 치열해지고 수익성은 저하될 것이다.
- 경쟁력 기반(Arenas of competition) : IBM은 고객과 시장의 이해를 바탕으로 새롭고 우수한 애플리케이션을 개발하고, 회사의 R&D 역량을 활용하여 기술발전을 추진한다. 제조기능은 점차적으로 외부에 의뢰한다.
- 경쟁의 수단(Sources of competitive advantage) : 우월한 고객관계와 고객이해, 탁월한 R&D 응용기술; 인수합병과 공급체인에서의 제휴를 통하여 역량을 개발

기업의 미션은 기업이 되고자하는 것 기업이 가고자 하는 방향을 나타낸 것이다. 그렇지만 애매한 말이 아니라 구체적인 방향을 보여줘야 한다.[24] 100년이 넘는 업력을 가진 세계적인 장수기업들의 일반적인 특징을 보면 기본에 충실하고(회계와 경영 의사결정의 투명성), 시대 변화에 유연하게 대응하며, 종업원을 가족과 같이 생각하면서 지역사회에 공헌을 하고, 끊임없이 혁신을 창출한다. 국내의 장수기업들은 연구개발비 투입 비중이 높다.

다음은 목표(objectives)를 정하고 재무적 비재무적 목표수치를 설정하는 것이다.[25] 매출증가율 확대 같은 목표는 좋지 않는 목표설정이며 구체적인 목표가 설정되어야 한다.[26] 그리고 최종적으로 내부분석에 의하여 파악된 제약 하에서 목적을 달성할 기업전략을 선택한다. 기업전략은 기업의 경쟁전략을 구체화하는 것이다. 예를 들어 원가리더

---

22) Donald DePamphilis, Mergers and Acquisi*tions Basics, Burlingto*n, Elsevier, 2011, p.91.
23) Donald DePamphilis, Mergers and Acquisi*tions Basics, Burlingto*n, Elsevier, 2011, p.94.
24) Donald DePamphilis, Mergers and Acquisi*tions Basics, Burlingto*n, Elsevier, 2011, p.126.
25) Donald DePamphilis, Mergers and Acquisi*tions Basics, Burlingto*n, Elsevier, 2011, p.120.
26) Donald DePamphilis, Mergers and Acquisi*tions Basics, Burlingto*n, Elsevier, 2011, p.127.

십, 차별화 또는 목표시장의 확대 같은 것이다.

기업전략이 수립되면 실행전략(implementation strategy)이 따라야 한다. 다양한 선택대안 중에서 선택하여 실행할 계획을 수립하는 것이다. 기업은 자체성장을 추진하기도 하지만 전략적 제휴, 투자, 인수합병을 실행전략으로 도입하기도 한다.[27] 실행전략별로 장단점은 다음과 같다.[28]

〈실행전략(implementation strategy)별 장단점 비교〉

실행전략	장 점	단 점
자체성장전략 (organic growth : solo venture or build)	• 경영통제(control)	• 투자지출 (capital & expense requirements) • 시간소비(speed)
전략적 제휴 (partner : shared growth, shared control) –마케팅 제휴(marketing/ distribution alliance) –공동사업(joint venture) –사업제휴(license, franchising)	• 작은 투자(limits capital and expense investment requirements) • 인수가능성(may be precursors to acquisition)	• 제한적 경영통제 (lack of or limited control) • 경영목표의 이탈가능성 (potential for diverging objectives) • 경쟁자 육성위험(potential for creating a competitor)
투자(invest) : 지분투자	• 저비용(limits initial capital, expenses requirements)	• 실패위험(high risk of failure) • 경영통제의 제한 (lack of control) • 시간소비(time)
인수 합병 (acquire or merge)	• 시간절약(speed) • 경영통제(control)	• 고비용 (capital, expense requirements) • 수익성 저하 (potential earnings dilution)

※ 출처 : Donald DePamphilis, Mergers and Acquisitions Basics, Burlington, Elsevier, 2011, p.131.

실행전략이 나오면 기능별 전략이 차례대로 수립된다. 마지막으로 사후적인 전략관리(strategy control)를 한다. 계획과 실적을 관리하고 개인별 또는 부서별 등 성과시스템을 기획하고 상황에 따라 필요한 조치를 취한다. 그리고 상황이 변화하면 새로운 계획(contingent

27) Donald DePamphilis, Mergers and Acquisi*tions Basics, Burlingto*n, Elsevier, 2011, p.120, 130.
28) Donald DePamphilis, Mergers and Acquisi*tions Basics, Burlingto*n, Elsevier, 2011, p.131.

plan)으로 대체된다.[29]

사업수준의 사업계획의 양식을 신용카드 산업을 목표로 응용프로그램을 개척하려는 회사의 사례로 표로 만들면 다음과 같다.[30]

〈종합 전략 계획의 사례〉

전략설정		사　　례
구 분	내　　용	
경영자용 요약 (Executive Summary)	1~2페이지로 계획된 제안, 그 이유, 달성 방법 및 목표 일정을 중요한 가정, 리스크 및 필요한 자원과 함께 기술	
산업과 마켓의 기술 (Industry/Market Definition)	회사가 경쟁하는 산업 또는 시장을 시장규모, 성장률, 제품 및 기타 관련요소별로 기술	
환경요인 분석 (External Analysis)	• 고객, 경쟁기업, 잠재적 진출기업, 대체 제품(product or services substitutes) 및 납품업체에 영향을 주는 요인을 중심으로 한 산업과 시장의 경쟁구도와 이것이 수익성과 현금흐름을 결정하는 방식을 기술 • 산업의 경쟁구도로 인한 주요 기회와 위험을 논의 • 여기서 수집된 정보로부터 추정 재무제표를 작성하여 매출과 비용을 추정하는데 사용한 가정 명확히 함	
기업내적 분석 (Internal Analysis)	• 경쟁기업과 비교하여 회사의 장점과 단점을 기술 • 목표 고객과 관련한 장점과 단점을 기술 • 여기서 수집된 정보로부터 추정 재무제표를 작성하여 매출과 비용을 추정하는데 사용한 가정 명확히 함	

29) Donald DePamphilis, Mergers and Acquisi*tions Basics, Burlingto*n, Elsevier, 2011, p.120, 130.
30) Donald DePamphilis, Mergers and Acquisi*tions Basics, Burlingto*n, Elsevier, 2011, pp.132 – 3.

<table>
<tr><th colspan="2">전략설정</th><th colspan="2" rowspan="2">사 례</th></tr>
<tr><th>구 분</th><th>내 용</th></tr>
<tr><td>사업 비전과 미션
(Business Mission/Vision)</td><td>회사의 목적과 목표, 회사의 이미지를 기술</td><td colspan="2">20XX년까지 신용카드 처리 분야에서 거래용 소프트웨어의 정확성, 속도 및 처리용량에서 선두주자로 소비자에게 인식시킨다.</td></tr>
<tr><td>전략목표 계량화
(Quantified Strategic Objectives)</td><td>• 재무적 목표설정 : 회전율, 매출, 현금흐름 또는 주가
• 비재무적 목표설정 : 시장점유율, 목표시장에서 소비자나 투자자에 의한 회사의 이미지(예를 들어 시장점유율, 품질, 가격 및 혁신 성 면에서 최고의 기업으로 인지되는 것)</td><td colspan="2"></td></tr>
<tr><td>사업전략
(Business Strategy)</td><td>• 회사의 미션과 목표를 달성할 수 있는 방법 제시 : 원가경쟁력, 차별화, 틈새시장 등
• 선정한 사업전략으로 어떻게 핵심고객의 수요에 맞추고 경쟁력을 창출할 수 있는 방법 제시
• 가격에 민감한 시장에서는 원가경쟁력을 키워 판매가격을 낮추고 시장점유율을 제고하여 수익성 창출
• 기업브랜드가 널리 인지된 기업의 경우 가치 있는 새로운 제품특질을 확장</td><td colspan="2">20XX년까지 제품을 주요 경쟁사와 차별화 하고 고객요구사항을 만족시킬 수 있는 기능과 성능을 개발 하여 현재 소프트웨어를 새롭게 한다.</td></tr>
<tr><td>실행전략
(Implementation Strategy)</td><td>• 독자적 개발투자, 조인트 벤처 등을 통한 전략적 제휴, 지분투자, 인수 등의 선택 가능한 대안 중 사업전략을 가장 효과적으로 달성할 수 있는 실행전략 선정하고 선정배경의 제시</td><td colspan="2">20XX년까지 4백 억 원 범위 내에서 관련 소프트웨어 회사를 인수한다.</td></tr>
<tr><td rowspan="2">기능별 전략
(Functional Strategy)</td><td rowspan="2">• 생산, 엔지니어링, 판매 및 마케팅, 연구개발, 재무, 법률, 인사 등 주요 기능별 계획</td><td>개발전략
(Research and development)</td><td>해당 소프트웨어를 위한 기술을 개발한다.</td></tr>
<tr><td>마케팅과 영업
(Marketing and sales)</td><td>신제품 출시로 인한 매출효과를 분석한다.</td></tr>
</table>

전략설정		사례	
구분	내용		
		인사(Human resources)	관련 인력수요를 추정한다.
		재무(Finance)	신제품 개발로 인한 원가절감과 인수합병으로 인한 중복인력 감소를 측정하고 재무제표에의 영향을 분석한다.
		법률(Legal)	인수대상기업의 고객과의 계약이 유효하고 인수 후에도 계약이 지속되어야 한다.
		조세(Tax)	인수합병으로 인하여 현금흐름에 미치는 영향을 평가한다.
재무제표 및 재무추정 (Business Plan Financial and Valuation)	• 재무제표의 추정 및 기업 가치의 산정 • 추정에 사용된 가정의 제시		
리스크 관리 (Risk Assessment)	• 추정에 사용된 가정 요소별로 예상과 다른 경우 기업 평가에 미치는 영향 분석 및 변동 계획(contingency plans)의 제시		

※ 출처 : Donald DePamphilis, Mergers and Acquisitions Basics, Burlington, Elsevier, 2011, pp.132－4.

▲ 전략의 장기적 관점

게리 하멜은 런던 비즈니스 스쿨의 마지막 학기 후 학생들에게 고별인사(parting advice)

로 다음과 같이 말한다고 한다. "당신이 MBA를 마치고 처음 취업이나 비스니스에 뛰어든다면 이렇게 가정하고 일하라고 말해주고 싶다. 당신 회사에 홀로되신 어머님이 자신의 전 재산을 투자하였다. 당신 회사의 주주는 한 사람뿐이고 그 주식이 어머님의 전 재산이다. 분명 당신은 어머니의 안정되고 행복한 말년을 위하여 모든 노력을 기울일 것이다. 이는 단기적인 실적을 위하여 장기적인 이윤을 희생시키지 않아야 하는 이유이기도 하다.[31]

단기적인 수익성과 성장에만 집중하는 전략은 좋지 않다. 기업이 단기적으로 이익을 내는 것은 필수적이긴 하지만 눈앞의 이익이 장기적인 성장의 뿌리인 품질, 인력개발, 기술개발, 기업 이미지를 훼손하면 안 된다. 지속가능성이 기업전략에서 중요한 것이다.[32] 성공한 많은 기업들이 점차적으로 전략적 입지를 잊는다.[33] 성장에 대한 욕구도 전략적 입지의 지속에 나쁜 결과를 가져온다. 전략적 기업입지는 그 자체가 제한된 제품과 고객을 대상으로 하므로 성장가능성을 제한하는 요소가 된다. 따라서 경영진들은 늘 기업입지를 확장하려는 유혹을 갖는다.[34] 그러나 성장을 위한 입지의 확장은 매출을 확장시킬 수는 있지만 수익성이 악화될 수 있고 입지의 경쟁력도 약화될 수 있다.[35] 매출성장으로의 유혹은 기업경쟁력과 전략에 위험한 요소이다.[36]

M&A와 경영전략

M&A는 사업전략(business strategy)이 아니라 사업전략을 실행하는 하나의 수단이다.[37] 기업이 전략계획으로 M&A전략을 선택한 경우 기업의 사명과 비전과 함께 기업의 전략이 명확하고 분명하여야 한다. 그렇지 않으면 잘못된 인수 또는 좋은 인수기회의 상실로 이어질 수 있다.[38] 예를 들어 향후 10년 내에 매출 1조원 달성이 목표이며 M&A도 주요한 수단이라고 발표를 했다고 하자. 이 기업의 M&A 시도에는 이후 왜곡된 방향성이 발생할 수밖에 없다. 따라서 M&A를 성장전략으로 채택한 경우에도 사업전략이 우선 정립되어야 지속적인 성장이 가능하다.[39] M&A를 실행전략으로 선택한 경우 인수계획

---

31) Gary Hamel, *What Matters Now*, San Francisco, Jossey-Bass, 2012, p.7.
32) *HBR's 10 Must Reads : On Strategy*, Harvard Business Review, Boston, 2011, p.16.
33) *HBR's 10 Must Reads : On Strategy*, Harvard Business Review, Boston, 2011, p.30.
34) *HBR's 10 Must Reads : On Strategy*, Harvard Business Review, Boston, 2011, p.31.
35) *HBR's 10 Must Reads : On Strategy*, Harvard Business Review, Boston, 2011, p.32.
36) *HBR's 10 Must Reads : On Strategy*, Harvard Business Review, Boston, 2011, p.33.
37) Donald DePamphilis, Mergers and Acquisi*tions Basics, Burlingto*n, Elsevier, 2011, p.116.
38) Donald DePamphilis, Mergers and Acquisi*tions Basics, Burlingto*n, Elsevier, 2011, p.92.

(acquisition plan)이 마련되어야 한다.[40] 이에 대하여는 별도로 설명한다.

전략계획으로 M&A를 선택한 경우, 인수 전략을 세울 때 몇 가지 점이 체계적으로 검토되어야 한다. 또한 인수 자문사도 이를 정확히 알아야 한다. 우선 대주주와 기업주의 목적(shareholder objectives)을 분명히 이해하여야 한다. 그리고 기업이 중장기 기업전략을 명확히 하고 그러한 중장기 전략의 구도 하에서 M&A의 계획을 구체화하는 것이 성공을 위한 첫 단추이다. 다시 말하면 기업 가치의 증대를 위하여 M&A의 필요성이 인정되는 경우에만 인수를 추진하여야 하는 것이다. 기업의 경영전략에는 물론 인수 전략이 포함된다. 그러나 공식적으로는 경영전략에 인수 전략을 공개하지 않는 것이 좋다. 시장에 알려지면 인수가격 협상에 불리하다.[41]

1.2 가업 경영전략의 범주

▲▾ 범주의 의미

전략은 기업과 가업의 비전이나 미션을 기초로 그 범주는 광범위하다. 기업전략은 스케일에 따른 계층구조가 있다. 거대 '글로벌' 그룹사들의 전략과 단 한 개의 사업을 하는 중소기업의 전략은 근본적으로 다르다.

▲▾ 기업군 전략

독자적으로 경영되는(not under common management) 기업군을 보유한 경우에는 전체 기업군을 위한 전략(enterprise strategy)이 있다. 목표산업을 결정(industry focus)하고 관련기업을 인수하고 소유 기업이나 사업을 매각하는 의사결정이 포함된다.[42]

기업군 전략에서 목표산업과 시장의 결정이 핵심이다. 관련된 기업을 인수하는 경우 "선택과 집중"이 기준이 될 수 있다. 특히 어떤 분야, 어떤 지역에 초점을 맞출지 전략적으로 판단해야 한다. 바로 전략적 사업 분야의 선택이다. 한국의 대기업들은 막연하게 사업 다각화를 추진하면서 M&A의 초점이 흐려진다. 아무리 큰 그룹이라도 자원과 자본의

39) Donald DePamphilis, Mergers and Acquisi*tions Basics, Burlington*, Elsevier, 2011, pp.116 – 7.
40) Donald DePamphilis, Mergers and Acquisi*tions Basics, Burlington*, Elsevier, 2011, p.135.
41) Donald DePamphilis, Mergers and Acquisi*tions Basics, Burlington*, Elsevier, 2011, p.89.
42) Donald DePamphilis, Mergers and Acquisi*tions Basics, Burlington*, Elsevier, 2011, p.95.

제약은 있으며 효율적으로 자원을 배분해야 한다. 어떤 분야를 미래 성장 엔진으로 삼을지 먼저 전략적으로 판단해야 한다. 예를 들어 2014년 한화그룹은 석유화학, 태양광, 첨단소재 등 3대 사업 분야에서 2020년까지 세계 일류기업으로 도약한다는 전략을 세우고 인수와 사업조정을 추진하였다. 그 결과 한화그룹에 인수된 한화케미칼은 2017년 영업이익이 인수전과 비교해 10배 이상 증가하는 등 3대 사업 분야에서 성장을 지속하고 있다.

그룹의 전략

계열기업으로 공동으로 그룹경영이 이루어지는 경우에는 계열기업 전체전략(corporate strategy)이 최고수준의 전략이 된다. 물론 이 경우에도 지주회사(holding companies)는 유사기업들을 묶어 사업군(groups of companies)으로 관리할 수 있다. 그룹경영의 기업전략은 투자의 기준(investment criteria)과 계열기업 군별로 자원의 배분을 다룬다. 권한위양이 잘 된 기업은 그룹본부(corporate center)와 독립적으로 군별로 인수를 추진한다. 이 경우의 전략은 단일사업을 영위하는 기업(신사업개발팀, corporate development function)이 추진하는 인수합병과 전략적 제휴 그리고 기업매각을 포함하는 전략을 의미하기도 한다.[43)]

섹터의 전략

섹터란 사업부문의 전략(sector or group strategy)을 말한다. 사업부문은 그룹 하나일 수 있고 그룹의 한 사업부문인 경우도 있다. 사업별 공통점이나 시너지가 있는 전략적 사업단위(strategic business units)를 구성한다.[44)] 특정사업 내에서의 M&A전략을 세울 때는 그 산업의 미래와 핵심 성공요인을 명확히 이해하여야 한다. 이를 선점하는 기업이 성공할 것이다.[45)]

단위별 전략

사업단위별 전략(business unit strategy)은 하나의 사업을 위한 전략이다. 이 전략계획에는 기업자원의 배분이나 M&A전략에 관한 것은 없지만, 경쟁전략(competitive strategy)을 다루면서 M&A는 전략적 도구의 하나가 될 수 있다.[46)] 예를 들어 산업의 범주(scope and

---

43) Donald DePamphilis, Mergers and Acquisi*tions Basics, Burlingto*n, Elsevier, 2011, p.95.
44) Donald DePamphilis, Mergers and Acquisi*tions Basics, Burlingto*n, Elsevier, 2011, p.96.
45) Donald DePamphilis, Mergers and Acquisi*tions Basics, Burlingto*n, Elsevier, 2011, p.103.
46) Donald DePamphilis, Mergers and Acquisi*tions Basics, Burlingto*n, Elsevier, 2011, p.96.

definition)가 달라지는 경우의 인수 전략이다. 술 제조업의 세계화(시장의 확장)에 따른 인수, 통신, 미디어와 엔터테인먼트 산업의 통합(상품마켓의 변화)이 그것이다.[47] 기업은 상황의 변동에 대비하여 유연한 전략(contingent strategy)을 만들기도 한다. 매출목표의 미달 등 전략을 수정할 요인(trigger point)이 생기면 여러 대안(real options) 중 하나를 선택하게 된다.[48] 실행전략(implementation strategy)은 사업전략을 실행하기 위한 실행방법을 말한다.[49] 기능별 전략(functional strategy)도 M&A전략과 관련될 수 있다. 생산설비의 추가나 처분을 M&A를 통해서 할 수 있다.[50]

기능별 전략

기능별 전략(functional strategy)은 기업의 생산, 마케팅 등 주요 기능별로 사업전략을 달성하기 위한 전략을 말한다.[51]

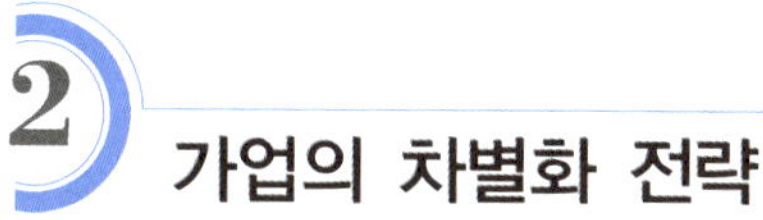

2 가업의 차별화 전략

2.1 차별화의 의의

전략이란 차별화(unique)되고 경제적 가치 있는(valuable) 기업입지(position)를 창출(creation)하는 것을 말한다. 이상적인 기업입지가 하나밖에 없다면 전략도 없을 것이고 경영효율(operational efficiency)만이 유일한 성과의 요인이 될 것이다.[52] 과거에는 한 산업 내에서 유일한 이상적인 전략적 입지(one ideal competitive position)가 있다는 생각이 있었다. 이젠 기업마다 나름대로 독특한(unique) 전략적 입지가 가능하다고 본다.[53]

---

47) Donald DePamphilis, Mergers and Acquisi*tions Basics, Burlingto*n, Elsevier, 2011, p.104.
48) Donald DePamphilis, Mergers and Acquisi*tions Basics, Burlingto*n, Elsevier, 2011, p.118.
49) Donald DePamphilis, Mergers and Acquisi*tions Basics, Burlingto*n, Elsevier, 2011, p.117.
50) Donald DePamphilis, Mergers and Acquisi*tions Basics, Burlingto*n, Elsevier, 2011, p.96.
51) Donald DePamphilis, Mergers and Acquisi*tions Basics, Burlingto*n, Elsevier, 2011, p.118.
52) *HBR's 10 Must Reads : On Strategy*, Harvard Business Review, Boston, 2011, p.16.
53) *HBR's 10 Must Reads : On Strategy*, Harvard Business Review, Boston, 2011, p.29.

여기서 말하는 경영 전략 또는 전략적 포지셔닝(strategic positioning)은 경영효율(operational effectiveness)과는 다르다. 후자는 제품결함의 감소, 생산성의 제고 같이 경쟁기업보다 더 잘 하는 것을 의미하고, 전략은 차별화 또는 다름(different activities, ways)을 의미한다.[54] 역발상도 다름의 하나이다. 투자의 세계에도 차별화가 결정적인 전략이다. 세계적인 투자자 워렌 버핏이나 존 템플턴은 남들과 다른 시각으로 투자하는 역발상(contrary) 투자를 추구한다. 워렌 버핏은 시장이 침체돼 주가가 폭락해 투자자가 떠날 때 투자했고 존 템플턴은 1930년대 대공황 때 주가가 1달러 이하로 떨어진 주식들 100개를 선별하여 투자해 큰돈을 벌었다.

한편 경영효율은 특정 경영활동이나 기능의 탁월함을 의미한다.[55] 토털품질관리, 벤치마킹 등을 통하여 경영효율을 높이는 것은 중요하고 필요하지만 그것으로 충분하지 않다.[56] 경영기법, 신기술, 고객만족 등 경영효율을 높이는 기법은 경쟁기업이 쉽게 모방할 수 있기 때문이다.[57] 따라서 소모적인 경쟁으로 끝난다.[58] 경영효율은 모방으로 인한 기업 간 유사함을 가져올 뿐으로 제로섬 게임이다.[59] 반면에 기업전략은 그 기업만의 독특하고도 지속가능한 차별화 또는 차이를 기반으로 한 경쟁우위를 만들어내는 것이다.[60]

경제학에서 완전경쟁시장은 자본주의 경제에서 이상적인 시장이다. 동일한 제품과 동일한 가격으로 수많은 기업이 경쟁하는 완전경쟁시장이 주는 전략적 교훈은 기업이 지속가능한 성장과 수익을 확보하고 싶다면 차별화된 사업을 하라는 것이다. 왜냐하면 완전경쟁시장에서는 초과이익을 내는 기업은 없기 때문이다. 완전경쟁시장은 기업이 가서는 안 되는 시장이다. "행복한 가정은 모두 비슷하지만 불행한 가정은 제각기 나름대로 불행하다." 톨스토이의『안나 카레니나』에 나오는 말이다. 가정과는 정반대인 것이 기업의 '행복'이다. 비슷한 기업은 실패하며 다른 기업은 성공한다. "실패한 기업은 모두 비슷하지만, 성공한 기업은 제각기 나름대로 성공한다."는 것이 진정한 '안나 카레니나'이다. "이 학생은 장차 어떤 일을 해도 성공할 수 없을 것으로 판단된다." 아인슈타인이 받아온 성적표에 쓰여 진 글이다. "너는 남과 아주 다른 특별한 능력을 가지고 있단다.

54) *HBR's 10 Must Reads : On Strategy*, Harvard Business Review, Boston, 2011, p.2.
55) *HBR's 10 Must Reads : On Strategy*, Harvard Business Review, Boston, 2011, p.20.
56) *HBR's 10 Must Reads : On Strategy*, Harvard Business Review, Boston, 2011, p.6.
57) *HBR's 10 Must Reads : On Strategy*, Harvard Business Review, Boston, 2011, p.3.
58) *HBR's 10 Must Reads : On Strategy*, Harvard Business Review, Boston, 2011, p.7.
59) *HBR's 10 Must Reads : On Strategy*, Harvard Business Review, Boston, 2011, p.7.
60) *HBR's 10 Must Reads : On Strategy*, Harvard Business Review, Boston, 2011, p.3.

남과 같아서야 어떻게 성공하겠니?" 아인슈타인의 어머니가 한 말이다. "똑같은 일을 비슷한 방법으로 계속하면서 나아질 것을 기대하는 것만큼 어리석은 일은 없다." 아인슈타인이 한 명언이다. 이것이 전략이자 차별화이다. 차별화는 잃는 것이 있다(trade-off). 특정시장에 차별화한다면 다른 시장은 놓치는 것이다. 전략은 결국 경쟁에서의 트레이드오프인 셈이다.[61)]

보스턴컨설팅의 창업자 브루스 핸더슨(Bruce Henderson)은 경영전략을 "다른 기업보다 차별화를 통하여 자기만의 강점을 유지하여야 한다. 차별화를 관리하는 것이 장기적인 기업전략의 핵심이다."라고 정의하였다. 기업의 경쟁력은 다른 기업과 다른 차별성을 가지느냐에 달려있다. 생물학적 진화의 세계에서도 종들 간의 차이는 자연경쟁에서 필수적인 요건이다. 같은 시기에 같은 지역에서 같은 방식으로 살아가는 종들은 안정적인 균형을 유지하는 것은 아주 어렵다. 다른 종과 비교하여 우월한 차이가 있다면 종의 생존과 번영이 보장된다. 인간과 기업도 경제생활에서 살아남으려면 마찬가지이다. 제프리 페퍼(Jeffrey Pfeffer) 스탠포드대학 교수는 『Human Equation』이라는 책에서 "You can't be 'normal' and expect 'abnormal' returns."라는 말을 한다. 다른 기업과 똑같이 행동하고 탁월한 결과를 기대할 수 없다는 것이다.

2.2 가업의 차별화 요소

차별화는 무엇을 차별화할 것인지, 얼마나 차별화할 것인가가 핵심이다. 상품으로 차별화된 입지(variety-based positioning)를 추구하는 것,[62)] 특정한 고객의 수요에 전문화(needs-based positioning)하는 것,[63)] 특정 고객에게 차별화된 방식으로 접근하는 것이 전자의 접근법이다.[64)] 제품 차별화, 설비차별화, 인적자원 차별화, 차별화된 경영시스템으로 구분할 수도 있다.[65)] 기업의 브랜드도 차별화를 위한 전략이다.[66)] 차별화란 경쟁기업이 모방할 수 없거나 모방이 어려운 것 또는 모방에 시간이 걸리는 것을 말한다. 대표적인

---

61) *HBR's 10 Must Reads : On Strategy*, Harvard Business Review, Boston, 2011, p.20.
62) *HBR's 10 Must Reads : On Strategy*, Harvard Business Review, Boston, 2011, p.11.
63) *HBR's 10 Must Reads : On Strategy*, Harvard Business Review, Boston, 2011, p.12.
64) *HBR's 10 Must Reads : On Strategy*, Harvard Business Review, Boston, 2011, p.14.
65) *HBR's 10 Must Reads : On Strategy*, Harvard Business Review, Boston, 2011, p.18.
66) Donald DePamphilis, Mergers and Acquisi*tions Basics, Burlingto*n, Elsevier, 2011, p.129.

것이 진입장벽이다. 진입장벽(Entry Barrier)에는 법적인 진입장벽이 있다. 특허권(Patents), 저작권(Copyrights), 상표권(Trademarks)은 법적인 진입장벽이다.

기업은 자신만의 성공적인 비즈니스를 위해 선택한 '핵심 성공요소'로서 무엇을 얼마나 차별화시킬 지에 대한 분명한 결정을 하여야 한다. 예를 들어 정보통신 등 벤처기업의 '결정적인' 경쟁력은 인적자원과 다른 기업이 가지지 못한 차별화된 기술이지 마케팅 전략이 아니다. 마이클 포터를 비롯한 경영전략가들은 성장 산업을 찾아내고 경쟁자들이 모방할 수 없도록 진입 장벽을 쌓는 것이 기업의 성장과 발전의 핵심이라고 본다. 많은 기업가들이 자사 제품의 경쟁우위에 대하여 성능, 가격 등에 대하여 자신 있게 말한다. 그런데 왜 그렇게 좋은 제품이 시장에서 팔리지 않는지를 설명하지 못한다. 차별화 또는 경쟁우위란 시장에서 잘 팔리고 이익을 내고 성장하는 것을 말하는 것이지 '우리 제품과 기업이 좋다.'는 주장을 하는 것이 아니다. 그럼에도 불구하고 많은 기업가들이 이러한 우를 범한다.

차별화할만한 것도 별로 없고 차별화한다 해도 별 차이가 없는 시장을 교착상태라고 한다. 이러한 시장은 시장점유율을 높이거나 원가를 낮추더라도 살아남기가 쉽지 않다. 건설업, 여행사 같은 업종이 그렇다. 그러나 차별화 요인은 개발하기 나름이다. 그 안에서도 차별화요인을 개발하여 전문화한다면 성공할 수 있다. 일반적으로 성공한 기업은 전문화를 통하여 차별적 경쟁력을 개발한 기업이다. 아무리 좋은 상품과 시장이라도 모든 또는 많은 기업이 비슷하게 경쟁한다면 경쟁력을 가질 수 없다. 달라야 하는 것이다. 국내 커피 브랜드 이디야는 매장이 다른 커피전문점에 비하여 훨씬 작고 가격도 아주 저렴하다. 하지만 투자 대비 수익률은 높고, 폐점비율은 1%도 안 된다. 무차별적으로 점포수를 늘려온 다른 커피전문점과 '다른' 전략을 구사한 것이다.

2.3 가업차별화 전략의 변화

시대에 따라 성공으로 이끄는 기업의 전략이 같을 리가 없다. 성공적인 전략도 기업환경의 변화를 무시하고 안주하면 '실패한' 전략이 될 수 있다. 상황이 바뀌었음에도 과거에 얽매이거나 교만한 자세로 경영하는 것은 결국 위기를 불러온다. 지속가능한 경쟁력을 유지하려면 유연한 태도가 요구된다. 또한 시간이 지나면 강력한 경쟁기업의 도전을 받기 마련이다. 세상에 절대적으로 모방할 수 없는 것은 없다. 시간이 지나면 차별화 되었던 상품도 일반상품(commodity)으로 된다. 기업 간의 경쟁 우위는 끊임없이 변화한다. 기업은 늘 시간과 변화 속에서 차별화의 경쟁을 하는 것이다. 따라서 차별화란 끊임없는 진화를 통하여 후발기업이 모방하여 추월하는 것을 막는 것이다. 시간과 변화 속에서 끊임없는 변신을 통하여 경쟁력을 유지하는 기업은 살아남을 것이다.

오늘날 기업의 성장은 생존을 위한 필수 조건이다. 1만여 개 '글로벌' 대기업 중 10년 동안 연간 5.5% 성장을 기록한 기업은 27%뿐이고, 30%가 넘는 기업은 사라졌다(2015년 기준). 그만큼 지속적인 차별화와 경쟁력 유지가 어렵다는 증거이다. 더욱이 '글로벌화'에 따라 기업이 성장하고 싶다면 국내에서 최고가 아니라 세계에서 최고가 되어야 지속적인 성공이 가능한 세상이 되었다. 경쟁이 점점 더 치열해지고 환경의 변화가 격심한 여건에 살아남으려면 기업의 차별화된 경쟁력을 끊임없이 업그레이드 하여야 한다.

시간이 흘러 점점 경쟁기업 간의 차별화나 경쟁우위의 요소가 미미해지는 경우에는 모든 기업이 경영위기에 직면한다. 어떤 기업도 다른 기업에 비하여 지속적인 경쟁력이나 경쟁우위를 얻지 못하면 모든 기업들이 막다른 교착상태(stalemate)에 빠진다. 교착상태에 빠진 기업들은 전략을 수정하지 못하고 수요공급이 정상화되고 가격이 현실화되고 포화상태의 기업들이 물러서기를 기다린다. 이러한 상황에서는 승자는 없고 근근이 버티는 생존자들만 남게 된다. 미국에서도 1970~80년대 10여 년 동안 규모가 큰 산업분야에서 이러한 교착상태를 경험하였다. 교착상태는 인생의 노년과 말년 같이 사업의 세계에도 공통적인 현상이다. 우리나라에서도 건설업, 여행업, 제조업에서 이러한 현상이 나타나고 있다. 교착상태를 피하는 최선의 시기는 교착상태가 시작되기 전이다. 그러나 어떤 산업이든지 산업의 초기단계에서는 성장률이 높고 새로운 상품이나 개발로 인하여 수익성도 높기 때문에 언젠가는 성숙기에 접어들면 경쟁력이 잃게 된다는 것을 알아차리지 못한다. 많은 기업들이 교착상태에 빠진 상태에서 매각하려고 시도한다. 그러나 매각은 불가능하다. 사실 교착상태에 빠지기 훨씬 전에, 성장성이 둔화되기 시작하는 시점에 아니 가장 수익성이 좋을 때 매각에 착수하여야 했다. 그러나 그렇게 현명한 기업가는 드물다. 이미 교착상태에 빠졌다면 과감하게 시장과 상품의 범위를 줄이고 시장이나 부문을 더욱 세분화하여 경쟁력을 발휘할 수 있는 작은 분야로 진출하는 것이 좋다.

3 가업의 니치 차별화 전략

3.1 가업의 사업범위

방어적인 기업전략(defender)으로서의 틈새시장(Niche) 전략은 자신의 시장에만 집중하고 그 시장 밖은 관심을 갖지 않는 전략이다. 틈새시장에 경영을 집중화하여 경쟁력을 확보하여 경쟁기업이 자기 영역에 들어오지 못하도록 방어적인 노력을 계속하는 전략이다. 국내기업을 대상으로 한 실증적 분석에 의하면 방어 전략이 가장 탁월한 전략으로 나타나고 있다.

니치마켓에서의 성공을 가장 쉽게 볼 수 있는 산업은 외식산업일 것이다. 주위의 음식점들을 보면 적은 수의 메뉴만 제공하는 음식점과 다양한 메뉴의 다양한 음식을 제공하는 음식점이 있다. 그런데 잘 알려지고 잘되는 음식점의 대부분은 한두 가지 메뉴로 널리 알려져 있다. 명동교자 같은 곳이 대표적이다. 반면 대부분의 소형음식점들을 보면 다양한 메뉴를 제공하고 있다. 그런 곳이 잘 되는 곳은 드물다. '글로벌' 가구기업 니케아의 목표시장은 저가의 가구에 자신만의 스타일을 원하는 젊은 소비자이다.[67] 니케아는 기존의 가구기업들이 간과한 시장을 간파한 것이다.[68] 1980~90년대부터 중국에 진출한 일본 기업들은 고급 제품에 집중하였다. 중국에서 모든 계층을 겨냥했다가는 중국기업들과의 경쟁에서 살아남기 어렵기 때문이었다.

사실 니치마켓이라는 개념은 상대적인 개념이다. 하나의 기업이 세상의 모든 사업을 할 수 없으므로 모든 기업은 니치마켓을 가지고 있다고 할 수 있다. 미국의 듀폰은 1802년에 창립된 기업으로 포천 5백대 기업 중 최장수 회사에 속한다. 연구개발에 집중하는 이 회사는 신제품을 꾸준히 출시하는 이른바 '30% rule'을 통해 최근 4년 내 출시된 신제품이 전체 매출의 30%를 점할 수 있도록 하는 전략을 구사하였다. 그러다보니 지나친 사업 다각화로 1990년대 들어서는 수익성이 크게 떨어졌으며, 그 결과 대규모 구조조정을 통해 사업 포트폴리오 전략을 바꾸었고 제한된 사업으로 한정하였다. 틈새시장과 관

67) *HBR's 10 Must Reads : On Strategy*, Harvard Business Review, Boston, 2011, p.9.
68) *HBR's 10 Must Reads : On Strategy*, Harvard Business Review, Boston, 2011, p.10.

련하여 3의 법칙(the rule of three)이란 용어가 있다. 이것은 3개의 강력한 기업이 시장의 70~90%를 차지하는 현상을 말한다. 중소기업이나 중견기업은 이러한 시장에 뛰어드는 것보다는 나머지 시장이나 그 시장의 일부분에서 효과적으로 전문화할 수 있는 틈새시장에서 경쟁력을 확보할 수 있다.

장기적으로 성공적인 기업은 대체로 사업범위에서 소수의 핵심 사업에 집중한다는 특징이 있다는 것이다. 이들 중 74%는 단 하나의 핵심사업, 17%가 2개의 사업, 10%만이 3개 이상의 사업에 집중하는 것으로 나타나 핵심 사업의 강점을 발휘할 수 있는 분야로만 사업 확장을 한다는 점이다. 특히 기업주가 모르는 사업에는 참여하지 않으며 기업이 보유한 현금흐름 내에서 사업투자와 연구개발을 실시한다. 오늘날 많은 우량기업의 실패에는 방만한 경영과 핵심 사업을 벗어난 무리한 투자의 결과라는 공통점이 있다.

3.2 가업의 니치전략

의의

사업범위와 관련하여 기업은 상품 또는 시장의 종합화와 다각화를 추구하는 기업과 전문화 또는 집중화의 전략을 추구하는 기업으로 나누어진다. 후자는 흔히 니치마켓 또는 틈새시장 전략이라고 부른다. 틈새전략은 적은 범위의 제품, 고객, 지역 또는 시장을 공략하는 전략이다.[69] 심지어는 '초 니치'(Ultra-niches) 전략이란 말도 나온다. 틈새를 가리키는 '니치'를 더 세분화해 공략하는 것을 전략을 의미한다. 전 세계시장을 대상으로 한다면 초 니치 시장도 가능하다. 틈새시장 전략에서 '니치 톱'(niche top) 전략이 필요하다. 니치 톱이란 틈새시장을 선점하여 누구도 따라올 수 없을 만큼 압도적인 격차를 만들어 내는 것이다. 특히 시장 규모가 작아 누구도 관심을 보이지 않는 분야에서 쉽게 도전할 수 있는 전략이다. 일본의 반도체 디스플레이는 세계시장의 과반을 차지하는데 그중에서도 금속소재와 도금기판 등은 거의 100% 가까운 점유율을 보인다. 이렇게 완전독점을 함으로써 압도적인 경쟁력을 유지할 수 있는 것이다. 일단 경쟁력을 확보하고 지속적인 혁신을 추구하면 누구도 넘보지 못하는 기업으로 성장할 수 있는 것이다. 이렇게 니치시장 또는 틈새시장 전략은 세계를 대상으로 하는 것이 좋다. 독일기업에는 히든

69) Donald DePamphilis, Mergers and Acquisi*tions Basics, Burlingto*n, Elsevier, 2011, p.129.

챔피언이 많으며 대부분 고도의 전문성을 통한 틈새전략이 특징이다. 또 하나는 그 틈새전략이 국내뿐만이 아니라 전 세계를 대상으로 한다는 점이며 해당 분야에서 전 세계 최고의 기업을 목표로 한다는 점이다. 이들 기업은 해당 분야에서 최고 기술을 위해 연구개발에 집중한다.

블루오션과 니치

같은 시장에 경쟁자가 많으면 많을수록 피를 흘릴 수밖에 없다. 이러한 시장을 레드오션(red ocean)이라고 부른다. 반면 시장에 경쟁자가 없거나 적을 경우, 또 독점과 선점을 할 수 있는 업종이라면 굳이 피를 흘리며 싸우지 않아도 시장 진입이 가능해진다. 우리는 이를 블루오션(blue ocean)이라고 부른다. 고객층을 세분하여 이 중 특정 세분된 고객을 공략하는 것이 틈새시장 전략이다. 틈새시장은 커다란 파이 중 일부에 집중하는 전략이지만 블루오션은 오히려 반대 전략이다. 기회가 있는 더 큰 시장을 찾는 것이다.

"경쟁하지 마라. 극심한 경쟁으로 물든 레드오션에서 빠져나와라. 수요와 기회는 있고, 경쟁은 없는 시장인 '블루오션'을 찾아라."가 블루오션을 주창하는 사람들의 주장이다. 2005년 초『Blue Ocean Strategy』이 발간되어 수백만 권이 팔렸고 2천 년대를 휩쓸었다. 그러나 '글로벌' 경쟁과 저성장 시대엔 블루오션을 창출해도 순식간에 경쟁자가 몰려 레드오션이 될 수 있다. 많은 기업이 착각하고 있는 것이 블루오션 시장을 한번 개척하면 그 효과가 영원할 것이라는 생각이다. 절대 그렇지 않다. 따라서 끊임없는 혁신과 변신을 통해 블루오션 재창출 전략을 찾아야 한다. 블루오션은 계속 만들어지는 과정이지 그냥 어딘가에 있는 것은 아니다. 따라서 "경쟁하지 마라. 극심한 경쟁으로 물든 레드오션에서 빠져나와라. 경쟁은 없는 시장인 '블루오션'을 찾아라."는 세상에 없는 것을 찾는 구호이다. 따라서 치열한 경쟁을 거치지 않는 블루오션 시장은 환상일 뿐이다. 블루오션을 개발하더라도 끊임없이 블루오션을 재창출하여야 하는 것이다.

블루오션 전략의 핵심은 기존 고객이 아닌 비(非) 고객이다. 2000년대 후반 소니는 전자책 단말기 이용자들에게 '전자책 단말기가 무엇이 불편한가?'라는 설문조사를 하였다. 소비자들은 '단말기가 작고 글자 간격이 좁아 스크린이 잘 안 보인다.'고 답했고, 소니는 고성능 전자책 단말기를 출시했다. 반대로 아마존은 전자책 단말기를 사용하지 않는 '비고객'에게 '왜 전자책 단말기를 쓰지 않는가?'는 질문을 하였다. 비 고객들은 '자신들이 원하는 콘텐츠가 없다.'고 답했고, 아마존은 소니보다 4배 많은 콘텐츠를 제공하고, 전자책을 내려 받기 쉽게 제작했다. 전자책 시장에서 아마존이 강자가 됐다.

반면 레드오션에서 성공하는 기업들도 많다. 레드오션에서 새로운 돌파구를 찾는 것을 퍼플오션이라고 부른다. 퍼플오션은 포화시장을 뜻하는 레드오션과 경쟁자가 없는 시장인 블루오션을 조합한 말로, 새로운 가치를 창조해 신 수요층을 개발하는 전략을 뜻한다. 예를 들어 건강에 나쁘다는 인식으로 정체된 햄 시장에서 '무 첨가 햄'을 출시하여 커다란 성공을 거둔 사례가 그것이다.

시장점유율과 니치전략

시장에서의 입지 전략과 관련하여 시장점유율 입지 전략에 대한 이해가 중요하다. 1970년대부터 주장된 것이지만, 어떤 분야건 경쟁시장에서는 살아남는 기업은 최대 3개뿐인 것으로 알려졌다. 이를 3과 4의 원칙(rule of three and four)라고 부르는 '가설'이지만 현실세계도 그렇다. 결국 특정 산업, 시장 또는 분야에서 살아남으려면 최소한 3위 또는 2위의 기업이어야 한다. 동일한 시장에서 경쟁하는 선두기업 사이의 시장점유율은 보통 1대 2의 비율을 보이고 어떤 기업도 이것을 깨는 것이 현실적으로 불가능하고, 이 비율을 깨더라도 그 기업에 이익이 될 수도 없다는 것이 실증적으로 입증되었다. 그런데 특정시장, 산업 또는 분야에서 선두 기업의 4분의 1 미만 시장점유율을 가진 기업은 효과적으로 살아남을 수 없다는 것도 실증적으로 입증되었다. 따라서 수치만 보더라도 3개를 초과하는 기업이 생존할 수는 없다. 오늘날 기업은 자신의 사업 분야에서 1등 또는 2등의 자리에 서는 것은 필수적(necessity)이다. 그리고 기업전략의 핵심이다. 기업이 생존하려면 특정 산업, 시장이나 부분에서 선두주자이거나 최소한 2위이어야 하고 가장 큰 기업의 4분의 1 미만인 경우 살아남기 어렵다는 결론이 나온다. 따라서 기업이 집중하는 분야에서 선두주자가 될 수 있도록 더 작은 부분으로 전문화시키는 것이 바람직하다.

시장의 선두주자로서 강력한 기업에 오르려면 자기만의 독자적 시장(independent sectors)에서 강한 경쟁력을 확보하는 전략을 구사하여야 한다. 자신만의 시장(relevant market)과 그 시장에 대한 시장장악력(boundary barrier)은 높은 전략적 가치(major strategy evaluation)를 가진다. 규모가 큰 마켓은 수요나 성격이 크게 다른 분야가 있기 마련이다. 우량고객과의 장기계약관계가 있으면 좋지만 특정 고객에 의존도가 높은 경우(예를 들어 30% 이상인 경우) 사업위험이 크다.

고객과 마켓에서의 전략적 차별화는 세 가지의 입지 전략이 나올 수 있다. 첫째는 많은 고객의 일부 수요(few needs of many customers)를 맞추는 것이다. 둘째는 작은 고객의 다양한 수요(broad needs of few customers)를 맞추는 접근이다. 셋째는 일부 시장에서 여러 고객(broad needs of many customers in a narrow market)을 상대하는 것이다.[70] 이 중에서 작은 고객의 다양한 수요를 맞추는 기업으로 돈키호테가 유명하다. 저가 만물 잡화상인 일본의 '돈키호테'라는 기업은 1989년 1호점이 설립되었고 27년간 매출이 성장했다. 3백여 개 매장, 정 직원 3천여 명, 아르바이트 직원 2만여 명에 달하는 대형 기업이다. 판매하는 상품의 60%는 본사에서 공급하지만 나머지 40%는 전적으로 각 매장에서 일하는 현장 직원들에게 맡긴다. 또한 어떻게 진열할지 등의 세부적인 사항뿐만 아니라 운영 시간도 매장 직원들이 자율적으로 결정한다. 이를 통해 각 지역마다 다른 소비자들의 취향을 공략하는 것은 물론 급변하는 소비 시장에 그때그때 대응할 수 있도록 했다.

히든 챔피언과 니치

19세기에 영국에서 산업혁명이 일어나면서 유럽에는 저가 대량생산 제품이 쏟아져 나왔다. 이 시기 독일의 기업들은 영국 기업들과의 경쟁보다는 고품질 고가의 제품 쪽으로 나아갔다. 2012년 전 세계 3천개에 가까운 히든 챔피언 기업 중 천개 이상의 기업이 독일 기업이라고 한다. 히든 챔피언이란 잘 알려져 있지는 않지만 세계시장점유율 1~3위 또는 그 기업이 있는 대륙에서 1위를 차지하며, 매출액 40억 달러 이하인 잘 알려져 있지 않은 우량 강소기업을 지칭한다. 이러한 히든 챔피언은 니치시장 개념과 어울리는 기업이다.

헤르만 지몬이 쓴 『히든 챔피언』(2008년 번역출간)은 히든 챔피언으로부터 배울 수 있는 교훈을 제시한다. 우선 기업은 큰 비전이나 야망을 가져야 한다. 예를 들어 자신의 분야에서 세계 최고의 기술력을 가진 기업이 되는 것이다. 그리고 자신의 분야에 집중하여야 한다. 자신이 선택한 분야에 장기적으로 지속적으로 집중 투자를 하고 기술개발을 하는 것이 그것이다. 세계 최고가 되기 위해서는 자신의 분야에서 지속적 혁신을 통한 기술개발 등을 추진하여 경쟁업체를 뛰어넘어야 한다.

중소기업이나 중견기업이 단일한 제품으로 고객의 주문을 받아 공급하는 방식은 매출의 안정성이 떨어진다. 따라서 연구개발을 통한 제품개발을 통해 다양성을 확보하여 매출을 안정화시켜야 한다. 과당경쟁 산업인 경우 가격경쟁으로 수익성이 떨어지므로 과

70) *HBR's 10 Must Reads : On Strategy*, Harvard Business Review, Boston, 2011, p.4.

감한 인수합병을 통해 시장점유율을 올려야 한다. 국내시장에만 의존하면 안 되며 해외 시장도 다양하게 개척하여야 한다. 이것은 일반적인 기업전략이지만 히든 챔피언의 전략과 대동소이하다.

휴대폰 칩 접착제를 만드는 델로(Delo), 생선가공 장비를 만드는 바더(Baader), 관상용 물고기 사료를 만드는 테트라(Tetra) 등 독일기업은 세계시장 점유율이 60%가 넘는 대표적인 히든 챔피언이지만 아는 사람은 별로 없다. 히든 챔피언 기업은 대부분 장수기업으로 평균적으로 60년 이상 되었으며 매출에서 수출이 차지하는 비중이 60%가 넘는다. 세계적인 대기업이 별로 없는 독일이 전 세계 수출에서 높은 점유율을 차지하게 된 원동력은 바로 '히든 챔피언들 때문이다.

2014년도에 세계시장에서 점유율 1위를 달성한 우리나라 중견 · 중소기업은 백 개가 채 안 된다. 이들 기업의 유사점은 니치시장에 집중함은 물론이고 끊임없이 R&D 투자에 집중하고 매출에서 수출이 차지하는 비율이 높다는 점이다. 우리나라 기업이 가야할 길이 바로 히든 챔피언임은 분명하다. 히든챔피언은 사양 산업에서도 빛이 난다. 효성은 2016년 매출 약 12조원, 영업이익 1조여 원이다. 사양 산업을 영위하는 효성은 지속적인 기술개발과 세계 최고 수준의 원천 기술 확보, 그리고 '글로벌'화를 통해서 이와 같은 실적을 달성한 것이다.

▲▼ 니치 차별화

기업의 경쟁력이 차별화에 달려있다고 한다면 제한된 상품이나 특수한 시장에 집중하는 니치마켓이나 틈새시장전략은 차별화 전략의 하나이다. 그러나 틈새시장 또는 특정한 수요에 집중한다고 되는 것이 아니다. 그 안에서 차별화를 이루어야 하는 것이다.[71] 니치마켓 경영전략을 추구하는 기업의 성공률이 높은 것이 일반적인 통계이다. 오늘날 점점 특정산업 또는 특정 시장 전체를 대상으로 사업으로 하는 입지가 점점 줄어들고 있고, 전문화는 점차적으로 중요해지고 있다. 또한 다각화 전략을 추구하는 대기업("conglomerate"이라고 부른다)은 그렇지 않은 기업에 비하여 주가가 낮게 평가(conglomerate or diversification discount)되는 것을 보면 집중화전략의 이점이 나타난다.[72] 틈새시장에서 성공하려면 그 시장이 규모를 통한 시너지가 어려운 작은 시장이어야 한다.[73]

---

71) *HBR's 10 Must Reads : On Strategy*, Harvard Business Review, Boston, 2011, p.13.
72) Donald DePamphilis, *Mergers and Acquisitions Basics*, Burlington, Elsevier, 2011, p.8.
73) Donald DePamphilis, Mergers and Acquisi*tions Basics, Burlingto*n, Elsevier, 2011, p.45.

페이팔 창업자 피터 틸(Peter Thiel)의 말이다. "경쟁은 실패자(loser)들의 것이다. 보통 자본주의를 경쟁과 동의어라고 생각하지만 내가 보기엔 '반의어'이다. 모든 훌륭한 기업은 독점이란 점을 기억해야 한다. 창업자나 투자자 입장에서 추구할 것은 독점이지, 경쟁이 아니다. 수많은 경쟁자들이 참여하는 시장에선 실패할 수밖에 없다. 너무 많은 사람들이 동일한 일에 몰린다는 건 그것이 나쁜 아이디어란 사실을 입증한다. 시장 규모보다 독점을 중심으로 판단해야 한다. 무분별하게 시장과 유행을 따라가는 기업은 차별화가 어렵고 경쟁으로 인한 레드오션이 불가피하다는 이유에서다. 사람들이 아직 알아채지 못한 사각지대가 있느냐, 그리고 사람들이 간과하는 것을 볼 수 있느냐가 투자의 핵심이다."

기업을 인수하는 경우에도 연관성이 없는 기업을 인수하는 경우 실패확률이 높다. 산업 내에서 전반적인 M&A를 통한 대규모화가 진행되는 경우 자기만의 시장에서 사업을 하는 기업은 틈새시장에서의 경쟁력 확보와 시장수성(守城)이 가장 중요한 전략적 방향이다.[74]

3.3 가업과 전략적 확장

니치시장과 전문화 전략은 두 가지 스타일이 있다. 전문화에 의하여 서비스와 원가를 줄이고 가격을 낮추는 전략과 전문화에 의하여 서비스를 늘리고 원가가 올라가나 더 높은 가격을 받는 경우이다.[75] 전문화전략의 성공은 전문화로 인한 원가절감 또는 가격상승에 기초한다. 전문화 전략은 원가 면에서 유리한 고지를 점할 수 있다. 다양한 고객선호(variety in customer preferences)가 있는 경우 니치시장에서 차별화를 통하여 전문화함으로써 원가가 절감된다. 원가를 절감하면 가격을 내릴 수 있고 가격경쟁에서 경쟁기업에 대하여 효과적으로 높은 장벽을 만들 수 있게 한다. 또한 전문화나 틈새시장 전략은 상품과 서비스의 질을 높일 수 있게 하여 경쟁의 우위에 설 수 있다.

전문화는 프리미엄 시장에서 높은 가격을 설정할 수도 있다. 물론 추가되는 원가에 대하여 가격을 올릴 수 있는 경우에만 가능하다. 예를 들어 BMW나 Daimler-Benz는 고급차시장을 대상으로 자동차를 만들어 성공한 기업이다. 이들은 고품질의 니치시장에 전문화하여 그 부분에서 규모의 경제를 달성하고 경쟁력을 확보하였고 비싼 가격의 자동

---

74) Donald DePamphilis, Mergers and Acquisi*tions Basics, Burlingto*n, Elsevier, 2011, p.45.
75) *HBR's 10 Must Reads : On Strategy*, Harvard Business Review, Boston, 2011, p.15.

차를 판매하고 있다. 한편 소비자를 대상으로 하지 않는 B2B 기업이 추구하는 최고의 사업 모델은 '고객사에 종속되지 않고, 시장을 주도하며 다수의 고객사를 대상으로 높은 수익성을 달성하는 것'이다. 즉 전문화와 틈새시장 전략으로 경쟁력 있는 제품을 개발하여 특정고객 기업에게 지나치게 의지하지 않고 시장의 선도 기업으로 여러 기업의 주문을 받아 수익성을 높이는 것이다.

프리미엄 제품의 경쟁력은 그야말로 고급이라는 이미지와 소량판매 전략이다. 이 전략이 무너지면 경쟁력은 급격하게 상실된다. 루이비통의 경우 급격하게 이미지가 상실되고 성장성이 하락한 경험을 하였다. 루이비통은 시간이 흘러가면서 너무 흔한 '대중' 명품이 되고 '짝퉁'이 너무 많아서 소비자의 선호도가 떨어졌기 때문이다. 대중화된 명품을 판매할 것인가 아니면 극소수 부유층만을 위한 명품을 공급할 것인가 하는 것은 결국 니치마켓, 전문화, 프리미엄이라는 기본으로 돌아가 판단해야 한다.

3.4 가업니치의 확장

니치시장 전략은 성장을 위한 확장전략을 추진할 수 있다. 니치시장의 핵심 분야에 집중하여 성공을 거두고 그 사업에서의 성공을 바탕으로 관련 분야에 진출할 수 있는 것이다. 물론 새로이 진출하려는 분야로 경쟁우위를 차지할 수 없는 것은 안 된다. 크리스 주크(Chris Zook)와 제임스 앨런(James Allen)이 쓴『핵심에 집중하라(Profit from the Core)』에 의하면 상장회사의 13%만이 이익을 실현하면서 성장을 지속하는데 대부분 핵심 사업에 집중하고 연관성이 높은 분야로 사업을 확장하는 것으로 나타났다. 단 하나의 상품보다는 유사 상품군(product families)을 영위함으로써 원가를 감소시킨다. 두 상품이 전혀 관련이 없는 상품인 경우 규모의 경제의 효과는 없다. 또 하나의 기회는 세계경제의 글로벌화이다. 틈새시장에서의 경쟁력으로 세계시장에 진출하는 것이다.76)

일본의 '강소기업'은 압도적 기술력을 바탕으로 소규모 시장에서 세계 1위를 달성한 후, 타 고객, 타 산업으로 사업 영역을 신속히 확장하여 성공했다. 수십 년에 걸친 기간 동안 핵심기술에 '한 우물 파기'로 '글로벌' 경쟁력을 확보해왔다. 이렇게 확보한 경쟁력을 바탕으로 '글로벌' 시장에 진출하여 세계시장에 1위 기업으로 시장을 장악한 것이다.

76) *HBR's 10 Must Reads : On Strategy*, Harvard Business Review, Boston, 2011, p.34.

또한 경쟁력을 가진 핵심기술의 적용범위를 확대하여 다각화를 추진했다. 물론 종업원에게 파격적인 인센티브를 제공하는 등 동기부여 면에서 성공적인 접근을 한 것이 밑거름이 된 부분도 있었다. 2005년 삼성경제연구소가 발표한 '일류중견기업의 성공요인' 보고서에 따르면 국내 일류 중견기업들은 '글로벌' 니치마켓 공략, 개방형 연구개발, 고효율경영, 독자사업 전개, 대내외 신뢰구축, 기업가 역량 등 6가지의 공통요인을 갖고 있는 것으로 밝혀졌다. 이중 '글로벌' 니치마켓 공략은 큰 시장에서 대기업들과 경쟁하지 않고 상대적으로 규모가 작은 틈새시장을 집중 공략한 것을 말한다. 국내 일류 중견기업들은 자사가 보유한 기술을 응용할 수 있는 새로운 시장을 찾아내고 그 곳에서 우위를 확보하는 것에 주력했다. 특히 경쟁사들에 비해 일찍부터 해외시장에 눈을 돌렸다. 국내 일류기업 15개사 중 10개사의 전체 매출대비 수출비중이 50% 이상이라는 게 이를 입증한다.

틈새 전략 또는 전문화 전략과 반대되는 것이 사업 다각화이다. 사업 다각화는 명확한 목표가 없이 추진되는 경우 위험하다. 대체로 서로 관련성이 높은 사업으로 다각화를 추진한다면 사업 시너지를 위해 그룹본사의 역할이 커져야 하지만, 관련성이 상대적으로 적은 사업 다각화의 경우에는 지주회사 형태로 운영하여 사업별로 계열사를 만들고 재무적 시너지에 집중하는 것이 좋다.

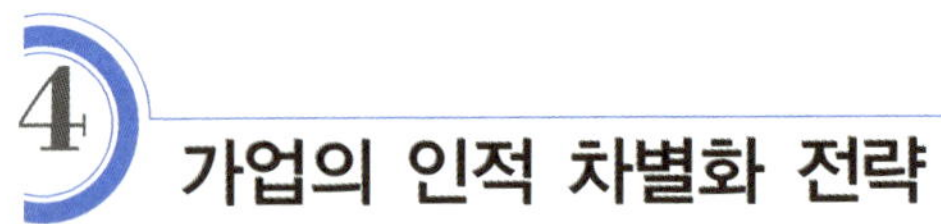

4 가업의 인적 차별화 전략

4.1 기업은 사람

기업경영에서 무엇이 가장 중요한가? 재무자료인가, 각종 경영기법인가. 사업성분석이나 경영전략 검토에서 무엇을 첫 번째 항목에 놓아야 할 것인가? 바로 사람이다. 모든 비즈니스는 사람과 함께 일하는 사람의 비즈니스(People Business)이다. 인간을 꽃에 비유하는 것은 적절한 비유는 아니지만 "경영자는 한 손에는 물뿌리개를, 다른 한 손에는 비료를 들고 꽃밭에서 꽃을 가꾸는 사람과 같다."라고 한 잭 웰치의 말은 좋은 비유일 것이다. 그는 스스로도 일의 75%를 사람에 쏟았다. '잭 웰치가 제너럴모터스사의 최고경영자로 임명된다면'이라는 설문조사를 기업 최고경영자와 애널리스트들에게 했더니 높은 성과를 창출할 것이고 자신들은 제너럴모터스사의 주식을 살 것이라고 응답했다. 자동차 산업에 경험이 없는 그가 어떻게 그런 일을 할 것인지에 대해 제너럴모터스의 간부들은 "잭 웰치라면 전략을 다시 정립하고, 전략의 집행을 위한 팀을 재구성하고 사업을 성장시킬 수 있는 새로운 기회를 찾을 것이다. 이를 달성하기 위해 우선적으로 임직원의 능력을 평가하여 인재를 찾아내어, 적재적소에 인재를 기용해, 잭 웰치가 의지할 수 있는 경영자를 확보할 것이다."라고 대답하였다. 사실 아무리 훌륭한 전략이라도 사람이 받혀주지 않으면 무의미하다. 기업의 인적경쟁력의 요인은 다양하다. 탁월한 임직원, 충성심을 가진 경영진 구성, 핵심인재 육성전략(Succession Plan)의 수립 및 실행이다.

마조리 켈 리가 쓴 『주식회사 이데올로기』(2013년 번역출간)는 주주 자본주의를 비판하며 기업은 '인간 공동체'라고 주장한다. 종업원이 열심히 일하고 기업의 이익을 창출하는데도 이익을 제대로 나눠 갖지 못한다고 비난한다. 저자는 모두가 함께 번영할 수 있는 기업과 경제를 만드는 일이 중요하다고 강조한다. 그가 비록 자본주의를 비판하고 경제민주화를 주창하지만 기업의 경영에서 큰 시사점을 제시하는 주장이다. 기업의 이익이 종업원의 이익이 되지 못하는 기업보다는 종업원이 이익이 되는 기업이 성공할 가능성이 높다. 정해진 월급만 받는 기업보다는 이익이 나면 추가적인 보상을 받는 기업의 종업원이 더 열심히 일한다면 어떤 기업이 성공할지가 분명하다.

연구에 의하면 직원 5명 중 1명만이 자신의 직업 또는 기업에 대하여 애정을 가지고 일을 한다고 한다. 나머지 4명이 애정이 없는데 무엇을 기대할까. 반대로 탁월한 인재들이 높은 충성심을 가지고 일하는 기업은 높은 성과를 낳는 것은 자연스런 일이다. 같은 업계에서 다른 기업들보다 우수한 인재를 보유하거나 충성심이 강한 종업원들이 일한다면 성공할 수밖에 없지 않을까. 이러한 사람의 문제를 해결하지 않으면 모든 전략은 의미가 없다. 경영학자 게리 하멜(Gary Hamel)도 기업가나 임직원이 기업에 대하여 책임감(fiduciary)을 가지고 부모가 자식에 대하여 가지는 헌신적인 자세가 필요하다고 강조한다.[77] 물론 맞는 말이지만 어떻게 그렇게 한단 말인가. 많은 기업가들과 경영주들이 종업원들이 주인의식이 없다고 한탄한다. 그러나 주인이 아닌데 어떻게 주인처럼 일을 할까 스스로 질문을 해보라. 그런데 어떤 기업은 직원들이 뛰어나고, 직원 5명 중 2명, 3명

77) Gary Hamel, *What Matters Now*, San Francisco, Jossey-Bass, 2012, p.7.

아니 5명이 모두 자신의 직업 또는 기업에 대하여 애정을 가지고 일한다. 그 차이는 무엇인가.

링겔만 효과(Ringelmann effect)는 집단의 구성원이 증가와 비례하게 그 집단의 역량이 증가하지 않는 현상을 의미하는 것으로 시너지 효과(synergy effect)의 반대 개념이라고 할 수 있다. 쉽게 말하면 "양편에서 각각 두 사람이 줄다리기를 하면 이들은 한 사람씩 줄다리기를 하는 것에 비해 93%의 힘을 쏟는다. 세 사람이 되면 두 사람 때와 비교해 85%, 그리고 팀당 8명이 되면 그 수치는 64%로 떨어진다. 팀 멤버가 8명만 되도 각자가 쏟을 수 있는 총력의 49%만 쏟게 되는 것이다." 많은 사람이 함께 일하는 기업의 경영이 얼마나 어려운 것인지를 단적으로 보여준다. 어떤 조사에 의하면 기업의 종업원은 잠재력의 30%정도만을 사용한다고 한다. 결국 나머지 70%, 혹은 그 이상은 사용되지 않고 있다. 기업의 성공은 나머지 70%를 얼마나 기업에 투신하게 만드느냐의 게임이다. 여기에서 동기부여라는 것이 나온다.

4.2 가업경영과 동기부여

동기 시스템

『밀코비치의 보상』라는 책의 서문에 이런 글이 있다.

> 완두콩 캔 제조회사에서 콩에 벌레가 생겨
> 자꾸 품질이 떨어진다는 것을 알고 벌레 제거 작업에 들어갔다.
> 작업자에게 잡은 벌레 수에 따라 인센티브를 주는 제도를 도입했다.
> 확실히 많은 벌레가 잡혔다.
> 그런데 문제는 작업자들이 출근하면서
> 벌레를 가지고 와서 완두콩에 붙이는 사태가 벌어졌다.

동기부여의 방식을 잘못 사용한 사례이자 인간에 대한 부정적인 생각을 나타낸 사례이다. 동기부여처럼 많이 쓰는 말이 없다. 그러나 동기부여 시스템을 구축하는 것은 어려운 과제이다. 많은 기업이 동기부여 시스템을 도입하지만 실패를 경험한다.

게리 하멜은 런던 비즈니스 스쿨의 마지막 학기 후 학생들에게 고별인사(parting advice)

로 다음과 같이 말한다고 한다. "당신이 MBA를 마치고 처음 취업이나 비스니스에 뛰어든다면 이렇게 가정하고 일하라고 말해주고 싶다. 당신의 보스가 당신의 형이나 누나이다. 그러면 당신은 늘 보스를 존경하는 자세를 가질 것이며 또한 필요한 경우 솔직한 직언도 할 것이다. 그러면 결코 아첨만 하지는 않을 것이다."[78] 종업원이 이러한 자세를 가지면 금상첨화이겠지만 어떻게 이런 태도를 가지게 하느냐가 관건이다.

이익의 공유

기업주와 직원의 관계는 기업경쟁력의 핵심이며 기업의 앞날을 결정하는 결정적 변수이다. 그러나 종업원의 동기부여는 기업주와 회사의 시스템이 갖추어지지 않으면 작동하지 않는다. 주인처럼 일하라는 기업가의 잔소리는 공허한 말이다. 주인이 아닌데 어떻게 주인처럼 일하겠는가.

독일은 2차 세계대전 이후 사회적 시장경제시스템(Soziale Marktswirtschaftssytem)을 도입하였다. 미국식의 자본주의도 아니고, 구 소련식의 사회주의 계획경제도 아닌 제3의 경제모델이다. 기업과 시장에서 자유와 경쟁을 인정하면서도 기업의 이익과 과실을 나누어 공유하는 모델이다. 독일 기업은 공동체를 강조해 왔고 종업원 우선주의도 일찍 정착했다. 이러한 기업문화 안에서 종업원들의 충성심을 강조할 필요가 있을까. 비록 우리나라의 시장경제와 자본주의와는 다르지만 기업경영에 시사점이 있는 시스템이다. 근로자의 경영 참여는 외국에서 활발하다. 독일 등 30여 개 유럽 국가 중 일반 사기업에 근로자의 경영 참여를 법제화하는 나라가 절반을 넘는다. 다만 이런 유럽 국가들은 노사대립이 우리나라처럼 극단적이지 않고, 이사회 구조를 '감독이사회와 경영이사회'로 이원화하고 있어, 근로자 역할을 적절히 제어할 수 있는 장치를 마련했다는 게 다르다. 유럽의 국가들은 기업주와 종업원이 기업경영을 공동 결정하는 시스템이 널리 이용되고 있다. 독일에서 기업의 이사회는 감독이사회와 경영이사회로 나누어지는데 감독이사회는 주주총회에서 선임된 기업주 측과 종업원 대표들로 구성되어 기업의 중요한 의사결정을 한다. 독일의 기업주들은 이러한 공동결정제가 종업원에게 동기를 부여하고, 파업이 감소하며, 생산성이 향상되는 효과가 있어서 긍정적으로 평가한다.

기업가는 기업의 이익과 성장을 위해 종업원을 희생시키는 종을 만드느냐, 종업원들과 공감하며 종업원을 주인이 되도록 만드느냐가 기업의 성과차이를 극명하게 만든다.

---

78) Gary Hamel, *What Matters Now*, San Francisco, Jossey-Bass, 2012, p.7.

동기부여 시스템의 기본은 단순하다. 기업의 이익이 종업원에게 이익이 되고 종업원의 이익이 기업의 이익이 되도록 시스템을 만드는 것이다. 실패한 동기부여 시스템은 기업만 이익이 되거나, 종업원만 이익이 되거나, 모두에게 이익이 되지 않는 것이다. 독일 기업 지멘스는 1847년 시작하여 매출이 백조 원에 이르고 전 세계 2백여 개 국에 30여만 명 직원이 근무하는 기업이다. 지멘스가 장기적 · 지속적으로 성장할 수 있었던 원인의 핵심은 임직원들의 주인의식으로 임직원들 대부분이 회사의 주주로 참여하고, 이를 통해 분명한 성과보상을 하는 것에 있다. 국내에서도 종종 중소기업이 상과공유시스템을 도입하고 있다. 사출성형기계회사인 동신유압은 경영 성과를 성과급, 회사유보, 배당 등으로 3분의 1씩 배분하는 '3 · 3 · 3 제도'를 2013년에 도입했다. 그러나 성과보상시스템은 쉽지 않다. 기업의 이익이 실질적으로 종업원에게 분배되지 않는 형식적인 시스템은 부작용만 낳을 수 있다. 성과보상시스템을 도입하고 종업원들이 노력하여 큰 이익을 냈음에도 실제로 돌아오는 보상이 미미한 경우 오히려 종업원들의 이탈만을 가져올 수 있다.

헨리 포드는 노동운동을 반대하고 노조를 탄압했지만 종업원에게 높은 임금을 주는 것이 결코 손해가 아님을 간파하였다. 1914년, 근로자의 임금을 2달러대에서 5달러로 파격적으로 인상하고 노동시간은 일일 9시간에서 8시간으로 한 시간 줄이는 파격적인 결정을 하였다. 임금 인상과 노동시간 단축이 이익을 극대화시킬 수 있다는 판단에서 나온 결정이었다. 근로자들은 포드에서 해고된다면 결코 이런 대우를 받을 수 없다는 생각에 더욱 열심히 일했고, 기업은 늘어난 인건비 이상의 성과를 냈다. 많은 기업가들이 성과를 공유하는 시스템에 부정적이고 회사이익을 나누어주는 것에 인색하다. 그러나 회사이익의 분배는 곧 회사의 이익으로 돌아온다는 것을 잘 이해하지 못한다. 오히려 회사이익이 종업원의 이익이 되지 않는 경우 종업원들은 '적당히' 일함으로서 회사가 손해를 본다는 것을 인지하지 못한다. 일본의 중견기업 키엔스는 매출이 4조 원대, 영업이익 2조 원대에 이르는 중견기업으로 일본의 '신의 직장'으로 불리며 직원 1인당 평균연봉이 1억 원이 넘는다. 이 회사는 오랫동안 영업 이익의 10%를 종업원에게 돌려주는 제도를 유지하고 있다. 성과만큼 높은 보상이 돌아오게 하는 전략이 직원들의 높은 동기부여를 가져오고 자연스레 영업 이익률로 연결되는 선순환 구조가 확립된 것이다.

일과 삶의 조화

네덜란드와 덴마크 · 스웨덴 등 유럽에선 주 4일제가 정착돼 있다. 기업이 주 4일제를 받아들이는 것은 근로시간은 줄어도 생산성은 떨어지지 않는다고 보기 때문이다. 일과 삶의 균형 '워라밸' 즉 워크 앤 라이프 밸런스(Work & Life Balance)를 중시하는 것이 기업에 도움을 줄 수 있다.

비타민 유통 기업인 리오단은 '격주 주 4일제 근무를 도입했다. 가정이 화목해야 일에도 집중할 수 있다고 보고 제도를 도입했다. 화장품 회사인 에네스티는 2010년에 주 4일제를 도입하였다. 모든 직원이 월요일부터 목요일만 일하고, 금요일엔 당직자만 출근한다. 일하는 시간은 줄었지만, 경영 성과는 줄지 않았다. 주 4일제로 업무 집중도가 올라가면 근로자가 일과 무관한 잡담, 인터넷 서핑 등에 시간을 낭비하는 '빈 노동(empty labor)'을 없앨 수 있다. 그러나 쉽지 않은 문제점도 나타난다. 여행 업체인 여행박사는 격주 주 4일제를 시범 도입했지만 고객 요청에 실시간 대응이 어려웠다. 또 공장을 돌려야하는 제조업체엔 적용이 쉽지 않다.

▲▼ 인간적 가치

삼진어묵은 2013년 국내 최초로 베이커리형 어묵을 선보이며 2013년 82억 원이던 매출액이 2016년 700억 원으로 급증했다. 창업주의 35세의 젊은 아들인 박용준 부사장이 고안한 베이커리형 어묵 아이디어가 인기를 끌면서다. 회사가 커지면서 2013년 45명이던 직원은 3년 6개월 만에 475명으로 늘었지만 새로 채용한 직원 중 한 명도 비정규직으로 고용하지 않아 직원들이 책임감 있게 일하니 매출도 올랐다고 박 부사장은 말했다. 신입사원 연봉이 2,400만원으로 높지 않은데도 사람을 존중하는 중소기업이란 소문이 나면서 신입사원 공채 경쟁률이 대기업과 비슷한 160대 1을 기록했다.

따라서 기업가가 알아야 할 것은 직원은 사람이며 그들은 삶에서 의미와 목적을 찾으며, 회사를 통해 급여를 받기를 원하지만 또는 의미와 목적의식을 찾으려고 한다는 점이다. 그러나 대부분의 사람들은 직장 밖에서 의미를 찾으며 회사에서의 열정은 상당히 낮고 결과적으로 직원들의 성과는 낮을 수밖에 없다. 직원으로 하여금 회사에의 헌신을 이끌어내는 것은 만족할 수 있는 급여와 성과에 대한 보상뿐만 아니라 업무 자체가 의미가 있어야 한다는 점이다. 기업은 업무가 의미가 있도록 설계하여야 하며 사랑받는 기업이 되어야 한다. 그렇지 않으면 좋은 사람을 채용할 수도 없고 성과도 기대할 수 없다. 톰 피터스의 『초우량 기업의 조건』(2005년 번역출간)은 종업원 등 사람에 대한 관심과 공유 가치를 중시하였다. 그것은 전혀 독창적인 주장이라고 할 수는 없지만 흔히 간과되는 것이다. 초우량 기업인 거대 기업들도 기업가 정신과 자율성이 넘치는 조직을 지향했으며 기업가는 늘 종업원들과 호흡하려고 시도했음을 알아야 한다.

기업 내에서 인간적인 공감대 형성에 필요한 것이 무엇인지 한번 생각해보라. 직원들과의 미팅과 회의 또는 대화에서 경영진이나 기업가가 사용하는 단어가 무엇인지를 보자. 경쟁력, 경쟁우위, 리더십, 차별화, 가치, 책임과 효율 같은 단어들이 대부분일 것이다. 물론 이것 자체가 잘못된 것은 아니다. 그런데 과연 사람들은 이 말을 듣고 가슴이 뛰는지 동감하는지 돌아보자. 그리고 기업에 얼마나 헌신을 할까. 간디, 갈릴레오 같은 위인들을 만들어낸 영감은 무엇일까. 위의 단어 중에 위인을 만들어 낼 영감이 있는가.79) 그렇지 않다. 아름다움, 진실, 지혜, 정의, 신의, 용기와 존경 같은 인간적 가치가 만들어내는 것이다.80) 이것이 기업의 언어와 일을 '인간화'하는 것이 얼마나 중요한 일이지를 간접적으로나마 나타내는 것이다. 이러한 인간적 가치(noble purpose)가 사람을 움직여서 헌신과 인내 그리고 혁신을 이끌어낸다. 기업에서의 일이 식상하고, 기계적이고, 비인간적이라면 어떻게 사람들을 창의적이고 혁신적이고 신명나게 일하게 할 것인가를 생각해보면 알 것이다.81) 개인의 삶이던 기업의 경영이던 지속적인 성공은 인간적인 숭고한 가치에 대한 헌신에서 나온다.82)

4.3 가업의 경영자와 리더

경영진 구성

"'전문' 경영을 무시하는 사람으로부터 황금은 슬금슬금 떠난다."는 말은 수천 년 전 고대 메소포타미아 문명 바빌론의 부자가 자손에게 교훈으로 물려주려고 진흙 판에 새긴 '황금의 5대 법칙' 중 하나라고 한다. 기원전 2백 년 전의 유방도 천하를 통일한 후 비슷한 말을 했다. "장막 안에서 계책을 세워 천리 밖에서 승리를 거두게 하는 데 있어서 나는 장량만 못하다. 국가의 안녕을 도모하고 백성을 사랑하며 군대의 양식을 대주는 데 있어 나는 소하만 못하다. 백만 대군을 이끌고 나아가 싸우면 이기고 공격하면 반드

79) Gary Hamel, *What Matters Now*, San Francisco, Jossey-Bass, 2012, p.36.
80) Gary Hamel, *What Matters Now*, San Francisco, Jossey-Bass, 2012, pp.36-7.
81) Gary Hamel, *What Matters Now*, San Francisco, Jossey-Bass, 2012, p.37.
82) Gary Hamel, *What Matters Now*, San Francisco, Jossey-Bass, 2012, p.38.

시 빼앗는 데 있어 나는 한신만 못하다. 하지만 나는 이들을 얻어 그들의 능력을 충분히 발휘하도록 해주었다. 바로 이것이 내가 천하를 얻은 까닭이다." 기업경영에서 경영진 구성의 중요성을 의미하는 역사적 사실이다. 그만큼 '좋은' 경영진이 중요하며 '좋은' 경영진을 구성할 수 있는 것이 기업가의 중요한 능력과 자질임을 강조하는 대목이다. 물론 '오너' 경영자가 '능력 있는 독재자(beneficial dictator)'라면 성공할 수 있다. 하지만 최고의 인재들이 좀 더 경영에 참여할 수 있는 시스템이 더욱 좋다.

백년 넘게 명맥을 이어온 세계적 명문기업들은 주식을 공익재단에 위탁관리 해 기업의 사유화를 예방하면서 전문경영인을 등용하여 가족경영의 전통에서 벗어나 전문 경영 체제로 전환하고 있다. 스웨덴 대기업 발렌베리그룹은 지주사만 대주주 가문이 경영을 하고 자회사는 모두 전문경영인에게 맡긴다. 가족이 아닌 사람이 그룹 회장직에 오르는 등 능력 있는 전문경영인을 중용한다. 독일의 지멘스그룹은 일상적인 경영을 전문 경영인들의 경영 이사회를 통해 결정하고, 경영이사회를 통제하는 최고 의사 기구로 감독이사회를 두고 있는데 구성원 중 일부만이 주주 가문 출신이다.

세계의 많은 장수 기업은 결코 단 한명의 뛰어난 천재에게 의존하는 기업 시스템을 가지고 있지 않다. 훌륭한 경영자와 관리자를 양성하는 시스템을 갖추고 있다. 2015년 빌 메리어트(Marriott) 미국 메리어트인터내셔널 회장은 조선비즈와의 인터뷰에서 이렇게 말한다. "첫째, 둘째, 셋째가 모두 사람에 대한 것이다. 늘 나보다 더 훌륭한 사람들을 고용하기 위해 노력했고, 그들에게 기회를 주어 성공할 수 있도록 신경을 써왔다. 리츠칼튼호텔 총지배인은 25년 전 도어맨으로 시작해서 지금 위치까지 올라왔다."

2015년도 애플의 이사회는 최고경영자를 제외한 나머지 여섯 명이 사외이사다. 또한 미국 기업의 40%가량은 애플처럼 최고경영자 이외의 이사가 모두 사외이사다. 대부분의 회사도 사외이사가 이사회의 80%를 차지한다. 기업주는 이러한 이사회를 통해 경영 전략을 검증받고 자신의 경영을 스스로 감독시킨다. 그들은 최고경영자가 다른 회사의 사외이사를 겸하면서 경영 노하우를 공유한다. 우리나라는 1997년 외환위기를 겪으면서 사외이사 제도를 도입하여 기업주의 방만한 경영을 감시하려고 하였다. 그러나 대부분의 사외이사가 교수, 관료, 법조계 출신 인사들이며 이사회의 '거수기' 역할을 하며 엄청난 보수를 받기도 하는 등의 부작용이 발생하기도 했다. 이는 '정경유착'과 국가의 간섭과 통제가 아직도 강한 우리나라의 현실을 반영한다.

▲▼ 최고 경영자

① 기업가의 철학

기업경영에서 중요한 변수 중의 하나는 최고경영자나 기업가의 인생관, 철학과 자세이다. 특이한 예로 세계적인 기업자인 칼리 피오리나 전 휴렛팩커드 회장과 애플의 스티브 잡스 그리고 조지 소로스는 철학을 전공했다. 스티브 잡스는 “만약에 내가 소크라테스와 점심을 같이할 수 있다면 우리 회사가 가지고 있는 모든 기술을 소크라테스의 철학과 바꾸겠다.”고 까지 말했다. 경영자의 철학과 인생관은 기업의 미래에 큰 영향을 미친다. 기업경영에는 전문적인 경영기법만으로는 한계가 있다.

② 기업가의 책임의식

초등학교 출신인 다나카(田中) 전 수상이 동경대 출신이 많은 대장성 장관으로 임명되었을 때 불만이 많이 표출되었다. 다나카는 취임사 한마디로 이를 일거에 해소했다. “여러분은 천하가 알아주는 수재들이고, 나는 초등학교 밖에 나오지 못한 사람입니다. 더구나 대장성 일에 대해서는 깜깜합니다. 따라서 대장성 일은 여러분들이 하십시오. 나는 책임만 지겠습니다.” 기업가와 경영자는 모든 책임은 자신이 지는 자세를 가져야 한다.

③ 장기적 비전

경영자들에게 가장 중요한 것은 장기적 안목과 비전을 가진 경영이다. 기업가는 장기적 안목으로 남들이 보지 못하는 미래에 도전하여야 한다. 기업가는 보이지 않는 먼 미래를 보고, 기업을 끌고 가는 사람이다. 장기적인 연구개발에 지속적으로 투자하여 중장기적 경쟁력을 확보하는 노력도 기업가의 장기적인 안목의 하나이다. 전 세계 상장 기업의 CEO 재직 기간은 평균 7년 내외이지만 독일의 히든 챔피언 기업은 20년에 달한다. 즉, 기업가는 단기 실적보다는 장기적인 안목으로 기업을 바라 볼 수 있어야 한다는 점을 말해준다.

기업은 장기적으로 성장하여야 하지만 단기적으로도 살아남아야 한다. 단기적인 실적을 위해 장래의 성장을 등한시하기 쉽고, 장기적 번영에 눈을 돌리다 눈앞의 위험을 소홀히 하여 무너질 수 있다. 단기적인 성과의 극대화에만 집중하는 것을 흔히 ‘단기성과주의(short-termism)’라고 한다. 단기적인 성과 극대화에 집중하는 경우 장기적인 성장 동력 부재로 어려움을 겪고 생존마저 위태롭게 할 수 있다. 지나치게 단기실적에 급급하다 보면 경쟁력 제고, 연구개발 등 지속가능 경영에 필수적인 투자에 소홀하기 쉽다. 기업

경영의 전략을 수립하고 투자와 의사결정 전에 그것이 기업의 장기적인 지속가능성에 문제가 없는지 판단하는 비전이 꼭 필요하다.

④ 인간 존중

우리나라는 기업인들의 '갑'질과 비윤리적 행동이 종종 언론에 보도되고 비판을 받는다. 회사 경비원 폭행, 수행기사 폭언과 폭행, 대한항공 땅콩회항, 포스코 라면 상무 등 다양하다. 우리나라 투자자들은 국내 기업인들에게 바라는 윤리적 기대치가 아주 낮아 이러한 상황들이 기업의 매출이나 주가에 중장기적으로는 별로 영향을 미치지 않는다는 자조적인 말이 나오는 분위기도 있다. 그러나 기업이 단기적인 이익에 매몰된다면 장기적으로 실패할 위험이 큰 것은 역사적인 사실이다. 기업의 장기적인 성장의 기초에는 존경받는 기업인 상이 중요한 역할을 하는 것도 역사가 보여준다.

"투자에 성공하기 위해서는 경제학 같은 하드 사이언스를 하는 것이 필요할 것 같지만 그렇지 않다. 오히려 소프트 사이언스, 즉 인간을 이해하는 학문을 하는 것이 훨씬 더 중요하다." 워런 버핏의 정신적 스승으로 불리는 찰스 멍거가 한 말이다. 만일 기업가가 사람을 소모품쯤으로 생각하거나 자신을 위한 노예로 본다면 더 얘기할 것이 없다. 그는 돈을 많이 벌수도 있지만 소모품과 노예가 일하는 기업은 집단농장이나 나치당일 것이고 그것은 오래 갈 수가 없다. 그가 성공할 수는 있지만 언젠가는 추락할 구소련의 초대형 집단수용소로 남을 것이다. 기업가나 경영자는 종업원이 비록 기업의 경쟁력을 구성하지만 종업원을 '물리적' 자원(resources)로 보아서는 안 된다.83) 세계적인 초우량기업의 모습도 인간을 존중하는 모습을 보인다.

막스플랑크연구소는 1인당 국민소득과 기업가 정신의 상관관계를 조사하였었다. 1인당 국민소득이 2만 달러가 될 때까지는 돈과 종업원의 노동만으로 국민소득이 증가할 수 있다. 하지만 2만 달러를 넘어 3만, 4만 달러를 달성하려면 '새로운' 기업가정신이 필요하다는 결론이다. 4만 달러 이상의 선진국의 기업들은 사람중심 기업가정신이 강하다. 사람중심 기업가정신이 중진국 기업을 넘어서는데 결정적인 역할을 한 것이다. 임직원이 비용이나 부담이 아닌 기업과 함께 성장하는 미래의 동력이라는 점을 인지하는 것이야 말로 선진기업으로 가는 길이다. 세계적인 선진기업 보쉬는 세계 1위 자동차부품 기업의 인간중심 경영의 대표적인 사례이다. 이 기업에는 휴머니스트 기업가인 창업자가 최우선적 가치를 두었던 '인간 존중'의 창업 정신이 흐르고 있다. 그는 기술과 마케팅

---

83) Gary Hamel, *What Matters Now*, San Francisco, Jossey-Bass, 2012, p.8.

등 사업전략이 아무리 중요해도 이는 결국 사람에 의해 좌우되는 점을 주목하고 강조했다. 인간을 존중하고 종업원을 동료로 인식하고 높은 급여를 지불하는 등 사람 중심의 경영에 집중했다. 특히 급변하는 기업환경과 불확실성이 높은 21세기는 기업주가 카리스마를 토대로 임직원을 이끌기보다는 상호 존중과 신뢰를 바탕으로 임직원이 주체적으로 기업을 주도하는 능력이 요구된다.

이런 회사가 있다. 한미파슨스. 1996년 창업됐고 국내 1위 건설사업 관리(CM)업체라고 한다. 주식 100%를 직원들이 소유, 임직원이 암에 걸리더라도 회복되면 다시 채용, 자녀 대학학자금 지원, 입양자 장학금 지원, 출산휴가 의무화 등 이상적인 직장, 꿈의 직장, 직장인의 천국을 지향한다고 한다. 회사의 전략은 단순하다. 직원을 행복하게 해주고 대접해주면 열심히 일할 수밖에 없고 제품이 좋으면 고객이 만족하고 기업 가치가 올라가는 선순환이 가능하다는 것이다.

⑤ 인재의 판단

기업가의 문제 중 하나가 충신과 간신을 제대로 보지 못하는 것이다. 기업가나 경영자는 사람이고 임직원도 사람인지라 사람을 판단하는 것은 정말 어렵다. 많은 기업가나 경영자가 자신의 '입맛'에 맞는 사람을 선호하고 기업의 이익에 도움을 주는 직원을 놓치는 우를 범한다. 너무 자연스런 것이다. 그러나 기업은 친구를 만나는 곳이 아니라 사업을 하는 곳이다.

한진그룹은 '땅콩 회항' 사건으로 고초를 겪었다. 당시 대한항공 사내 게시판에는 퇴직을 열흘 앞둔 부기장이 비판적인 글을 올렸다고 언론에 보도되었다. "대한항공은 철저히 회장님의 말 한마디 한마디에 따라 움직인다. 그 밑의 임원들, 보직을 맡고 있는 각 본부장 및 팀장들은 회장님의 눈치만을 보기 바쁘다. 처음부터 직언을 하는 충신들을 곁에 두셨다면 이들이 발을 붙이지 못했을 것이다." '쓴 소리'를 귀담아 들었다면 검찰 조사를 받는 일은 없었을 것이라는 비판도 있었다. 그 외에도 우리나라 기업의 기업주들은 종업원들의 비판을 듣거나 수용하는 일이 거의 없다. 늘 아첨하는 임직원에 둘러싸여 있는 것이다. 그것은 기업뿐만 아니라 정치세계 등 어디든 일어나는 일이다. 이를 해결할 사람은 기업주의 자세일 뿐이다.

리더십과 충성심(Followership)은 동전의 양면이다. 훌륭한 지도자와 훌륭한 추종자는 같은 말이다. 사실 지도자는 타고나는 면이 강하다. 훌륭한 지도자가 되려면 부하들이 진실로 따라야하고 직언을 받아주어야 한다.[84] 남을 따르는 법을 알지 못하는 사람은 위대한 지도자가 될 수 없다(He who cannot be a good follower cannot be a good leader. Aristotle). 만일 부하직원들이 자신을 친형처럼 생각한다면 지도자와 부하는 가장 이상적인 관계일 수 있다.

⑥ 경영자의 업무

많은 기업가가 '자동화된 인형'처럼 살고 있다. 할 일을 빽빽하게 일정표에 적어놓고 회의, 이-메일, 미팅 등으로 정신없이 하루를 보낸다. 틈틈이 시간 관리에 관한 책을 읽기도 하고 산적한 일들을 끊임없이 하고 있다. 그러나 뭔가 잘못된 일이 아닌지 최고경영자의 역할인지 생각해볼 일이다. 임직원들도 할 수 있는 일상적인 일에 시달리는 것은 기업가의 큰 '일'인 기업 경쟁력과 성장성의 창출이라는 핵심을 벗어나 있는 것이다. 최고경영자가 시간에 쫓기며 업무에 시달리는 것은 마치 전투에서 장군이 전투에 참여하여 소총을 쏴대는 것과 같다. 많은 기업가가 시간의 2.4%만을 미래를 위한 전략계획을 세우는데 사용하고 대부분의 시간을 빡빡한 일상일과에 쫓긴다는 통계가 있다. 기업가는 기업의 비전을 찾고 미래를 개척하는 사람이다. 기업가는 바쁜(busy) 사람이 아닌 비즈니스맨(businessman)이 되어야 한다. 기업이 사람을 뽑는 것은 기업가가 모든 일을 다 할 수는 없기 때문이다. 피터 드러커는 권한위양(Delegation)을 "나의 일을 다른 사람에게 위임하려는 것이 아니라 경영자로서 할 일을 하려는 것이다."라고 말했다. 많은 기업가가 사람을 믿지 못하여 권한 위양을 하지 않으며 모든 것을 자기가 하려는 자세로 일을 한다. 사람을 뽑을 이유가 없다.

보스턴 필하모니 지휘자인 벤 젠더는 "오케스트라를 지휘하는 지휘자는 자기는 정작 아무 소리도 내지 않습니다. 그는 얼마나 다른 이들로 하여금 소리를 잘 내게 하는가에 따라 능력을 평가받습니다. 다른 이들 속에 잠자고 있는 가능성을 깨워서 꽃피게 해주는 것이 바로 리더십 아니겠습니까?"라고 말했다. 리더십은 종업원이 한 일로 평가받는 것으로 리더 자신이 한 일로 평가받는 것이 아니다. 기업의 경쟁력과 낮은 이직률, 종업원들의 근면함과 충실성은 눈에 보이지 않는 기업주의 리더십이 작용하고 있다. 기업주의 리더십은 인격과 성품, 도덕성, 책임감과 솔선수범, 정직과 성실, 포용력이며 기업주에 대한 종업원의 신뢰가 무너지면 기업은 성공할 수가 없다.

또한 기업가는 건강관리에 집중하여야 한다. 세계적인 베스트셀러 작가 무라카미 하루키의 『직업으로서의 소설가』(2016년 번역출간)를 보면 자신의 성공비결을 지속력이라

84) Gary Hamel, *What Matters Now*, San Francisco, Jossey-Bass, 2012, p.7.

고 말하며 체력의 중요성을 강조하고 있다. 문학 작가의 성공이 영감이나 창의력이 아니라 육체적 힘이라는 점을 강조한 것이다. 그는 매일 적어도 1시간씩 조깅하며, 매년 마라톤 풀코스를 뛰고 있으며, 철인 3종 경기에도 도전한다고 한다. 2천 년대 총리를 지낸 한승수는 걷거나 뛰는 운동을 하루도 거른 일이 없고 장관시절 서울대에 차를 두고 관악산을 넘어 과천정부청사로 출근하였다. 대부분의 장수 기업가들은 규칙적인 생활과 운동을 하며 건강한 몸과 마음으로 경영에 성공했다.

⑦ 자만의 위험

마셸 오스펠은 1999년부터 2008년까지 스위스 UBS 은행의 최고경영자 회장이었다. 그는 공격적인 인수합병과 강력한 리더십을 발휘해 놀라운 성장과 수익성을 달성하면서 UBS 은행을 세계 3~4위권의 '글로벌' 금융회사로 키웠다. 역설적이지만 이 같은 성공으로 그는 자만심이 생기고 다른 사람의 말을 전혀 듣지 않게 되었다. 2006년 서브프라임 모기지 시장에서 균열이 나타나기 시작하면서 금융회사들은 조금씩 투자를 줄이기 시작했지만 그는 다른 경쟁사가 발을 뺄 때가 더 큰 이익을 낼 수 있는 절호의 기회라며 투자를 늘렸다. 당시 내부에서 위험성을 경고했지만, 그는 위험한 투자를 강행했다. 결국 회사는 치명타를 입었다.

기업경영자가 단 한 번도 실패를 겪지 않고 사업을 번창시키고 있다면 그것이야말로 위험의 신호임을 암시하는 사례이다. 이렇게 성공한 기업가들이 자아도취(narcissism)에 빠지는 것은 흔한 일이다. 자아도취에 빠진 기업가들은 흔히 인터뷰 등에서 '나(I)'라는 단어를 '우리(We)'라는 단어보다 훨씬 많이 사용하는 경향을 보인다. 천상천하유아독존의 자신감이 하늘을 찌른다. 자아도취적인 성향이 나쁜 것만은 아니지만 이것이 지나쳐 과대망상이 되면 기업을 나락으로 떨어뜨릴 수 있다. 자아도취형 기업가가 오랫동안 기업경영에 성공적인 경우 자신의 능력을 과신한 나머지 몰락의 길을 걷는 경우가 많기 때문이다.

자신감과 확신으로 기업을 이끌면서도 겸손한 기업가는 기업을 장기적으로 안정적으로 이끌어나간다. 현명한 사람이라면 자가당착에 빠질 위험을 깨닫고 자신의 한계를 깨닫고 겸손한 자세로 균형을 잡을 수 있다. 현명한 기업가들은 다양한 시각을 가진 사람들로부터 조언을 구할 줄 안아야 한다. 늘 우호적인 태도를 보이는 임직원이나 이사회 구성원들과의 대화만으로는 기업경영자는 자신을 객관화할 수 없다. 회사 안에 국한된 정보는 자신과 기업 그리고 비즈니스를 객관화하기 어렵다. 더 겸손한 자세로 회사 밖의 사람과 그리고 다양한 관점을 가진 사람과의 대화나 조언을 구하는 자세는 경영자가 자아도취의 덫에 쉽사리 빠지지 않게 해준다. 기업경영자는 다양한 정보를 받아들이며 자신을 객관적으로 다시 파악하도록 노력하여야 한다. 특히 감수성이 예민하고 순수한 청소년과의 대화도 필요하다. 젊은이들이 바라보는 자신의 모습이 어떤지 순수한 의견을 들어보는 것도 좋은 방법이다. 젊은 직원들과 진정으로 개방적인 대화를 나누면서 아픈 지적을 받을 수 있는 자리를 마련하는 것도 필요하다.

⑧ 환경변화와 기업가

기업과 산업은 흥망성쇠의 주기가 있기 마련이다. 영원한 기업도 산업도 없다. 대부분의 기업과 산업은 수십 년을 가지 못한다. 그 주기도 급격히 단축되고 있다. 특히 휴대전화 산업은 10년도 가지 못한 역사를 가지고 있다. 1990년대 아날로그 휴대전화 시장을 장악했던 모토롤라는 2000년대 디지털 휴대전화의 노키아에 몰락했고, 노키아는 2010년대 이후 애플과 삼성이 주도하는 스마트폰에 무너졌다. 21세기 초에는 아마존 등이 모바일과 빅 데이터를 기초로 유통 비즈니스 혁신이 진행되고 있다. 택시를 보유하지 않는 세계 최대 택시 회사인 우버, 호텔을 가지지 않은 세계 최대 숙박업체인 에어비엔비가 그 예이다. 온라인 – 투 – 오프라인(O2O) 모델은 온라인 – 포 – 오프라인(O4O) 모델로 진화하며 온라인은 고객 정보를 오프라인 매출 증대를 위해 활용한다. 아마존이 대표적이며 세계 최대 소매업체 월마트를 위협하고 있다. 변화의 시대, 4차 산업혁명 시대는 모험적으로 도전하고 혁신하는 기업가를 필요로 하고 있다.

이러한 상황은 위험을 회피하는 관리자형 기업가에게는 어려운 환경이다. 새로운 제품개발을 위한 연구개발보다는 기존 제품에의 안주, 인적 경쟁력보다는 장비 경쟁력, 주인의식 없는 분위기, 권위적인 기업가들이 바로 그렇다.

수탁자 경영

대부분의 기업주는 기업이 '내 것'이라는 생각을 한다. 당연히 대주주이므로 법적으로나 경제적으로나 기업을 소유한다. 그러나 기업주는 내 것이라는 소유자 관념에서 수탁자 마인드로 자세를 바꾸어야 할 필요가 있다. 즉 회사의 대주주로서 그리고 대표이사로서 자신은 소유자가 아니라 기업의 경영 대리인 또는 수탁자가 되어야 한다. 회사에 투자한 주주 그리고 회사에 대출을 해 준 금융기관의 대리인으로서 수탁자로서 기업을 경영한다는 자세를 가져야 한다. 비록 주식을 100% 소유하더라도 기업은 종업원, 고객, 금융기관 등 많은 이해관계자가 있고 기업의 경영진은 이러한 이해관계자의 대리인인 것이다. 또한 기업주라도 영원히 대주주나 경영자일 수는 없으며 언젠가는 누구에게인가 물려줘야 하므로 차기 대주주나나 경영자를 위한 대리인으로서의 자세를 가져야 한다.

대리인 또는 수탁자로서의 경영은 눈앞의 이익이 아니라 다음 기업주에게 더 좋은, 더 튼튼한, 더 안정적인 기업을 넘겨줄 마인드를 가지게 한다. 단기적인 이익이 아니라 장기적인 시각에서 경영하게 만드는 것이다. 또한 기업주는 스스로 회사를 떠나도 회사가 시스템으로 경영될 수 있는 기업으로 만들게 한다.

기업주가 대리인 또는 수탁자의 마인드로 경영하는 것은 기업이 기업주에 대한 의존성을 줄이는 것에서 출발한다(Reduce dependence on yourself.). 기업의 실적이 기업주에 의존될수록 위험은 커진다. 기업주가 사고로 경영에 참여하지 못하거나 기업을 승계하거나 매각할 때 그 기업은 위험에 직면하게 되는 것이다. 이를 위해서는 시스템을 구축하여야 한다. 그 시스템은 기업의 실적과 성장이 기업주나 특정인에 의존되지 않고 기업 자체에 의존하도록 만드는 것이다. 기업의 주요 의사결정을 이사회 등의 시스템으로 이루어지도록 하는 것도 한 방법이다.

▲▼ 전문 경영인

① 개요

기업의 장기적 발전과 지속가능한 기업 유지에 어떤 체제가 좋은지를 놓고 소유경영과 전문경영 체제의 장단점이 주목받고 있다. 소유경영은 기업주의 책임·신속·일관성 있는 의사 결정을 가능하게 하지만 기업주의 성향과 자질에 따라 위험(owner risk)이 있다. 전문경영체제는 전문지식과 경험을 바탕으로 한 합리적 의사결과 투명한 경영이 가능하지만 장기적인 비전이 취약하고 위기 때 책임경영을 하지 못한다는 단점이 있다. 주주이익과 전문경영인 이익이 상충할 때 전문경영인은 자신의 이익을 추구한다는 것이 대리인 문제이다. 대리인 문제 때문에 전문경영인은 자신의 이익에 집중하고, 재선임을 위해 임기 내 단기적인 성과에 치중하게 되며, 위험이 수반되는 의사결정을 주저하게 된다. 이 외에도 우리나라의 가족주의적이고 전근대적인 기업주 경영 지배 구조와 위기관리 시스템의 부재가 기업 가치를 떨어뜨리고 있다는 비판도 있다.

② 세계의 동향

가족경영과 소유와 경영이 분리된 기업의 현황을 보면 전 세계적으로 가족기업이 많다. 미국이나 독일, 프랑스 등 선진국에서도 소유·경영이 분리된 기업보다도 가족경영이 많다. 전 세계 선진국과 개발도상국 5백여 개 대기업의 소유구조를 분석한 미국 하버드대학교 조사(1999년)에 따르면 소유와 경영이 분리된 기업은 24%, 가족소유 기업 35%, 국가소유 20%, 기타 21% 등으로 나타났다. 그러나 글로벌 100위 이내에 포함된 기업 가운데 소유경영 체제의 가족기업은 월마트와 폭스바겐 등 6개 기업 정도에 그친다(2016년). 대기업보다 규모가 작은 상장 중견기업의 경우 멕시코는 거의 100%, 홍콩 90%, 뉴질랜드 86%, 이탈리아 80%, 영국과 스웨덴 60%, 프랑스, 캐나다, 스위스, 호주 50%, 독일, 노르웨이, 덴마크, 벨기에 40%, 미국 30% 등 선진국 중견기업들의 경영형태도 가족지배 구조를 보였다. 비상장기업을 포함할 경우 중견기업의 가족지배 비율은 훨씬 높게 나타날 것이다. 우리나라의 20대 기업의 소유구조를 살펴보면 가족소유 기업 35% 정도이다. 포천 5백대 기업 중 3분의 1 이상이 가족 또는 친족 기업이다. 선진국의 기업들은 한국에 비해 전문경영인의 비중이 더 높다.

③ 국내의 동향

한국증권거래소에 상장된 제조업기업 총 5,751개 중 소유경영일치 기업은 5,146개(89.48%)에 달했으나, 소유경영분리 기업은 605개(10.52%)에 불과했다(1993~2005년 기간). 그러나 외환위기 이전에 5%에 불과한 것을 고려하면 2배 가까이 증가하였다. 우리나라는 1997년 외환위기 이후 소유경영일치기업 비중은 감소하고 소유경영분리기업 수가 증가하였다. 외환위기 이후 국내 기업들에 대한 지배구조에 관심을 갖고 개선한 결과다. 또한 많은 기업이 부실로 법정관리 체제에 들어가며 개인소유주 경영권이 박탈되고 전문경영인 체제로 전환한 것도 원인이다. 그러나 2000년대 들어 법정관리를 탈피한 기업들이 소유경영으로 전환되며 소유경영분리기업 비중이 다시 감소하는 추세다.

그러나 소유경영이 유리한 점도 적지 않다. 우리나라에서도 소유경영일치기업의 수익률이 소유경영분리 기업에 비해 약 11% 높다는 통계도 있다(1993~2005년). 최근 우리나라의 중소기업도 전문경영인에게 맡기는 사례가 늘어나고 있다. 전문경영인이 경영을 하는 경우 실적이 좋아지는 경우가 제법 많다. 최양하 한샘 회장은 국내 최장수 전문경영인으로 알려졌다. 1994년 대표이사에 올라 매출이 1천억 원대에 가구회사를 매출 수조 원대의 종합 홈 인테리어 회사로 성장시켰다. 할리스커피도 전문경영인으로 영입한 후 3년 만에 매출과 영업이익이 모두 성장한 경험을 가지고 있다. 물론 전문경영인이 늘어나는 것은 자연스런 현상일 수도 있다. 경제 성장기였던 1970년대 창업주들이 은퇴를 하면서 자녀들에게 사업을 승계하지 못하는 경우가 많기 때문이다.

전문경영인 체제의 대표적인 사례는 오리온 그룹이다. 2017년 오리온그룹 허인철 부회장이 취임 3년을 맞았다. 2014년 오리온 그룹 부회장으로 취임 후 회장실 폐지를 골자로 한 조직 개편을 하면서 임원을 절반 가까이 교체했고 지원부서 조직을 간소화하고, 영업·생산·연구 등의 핵심 부서를 강화했다. 초코파이 바나나로 허니버터칩 '품귀현상' 열풍을 잇는 등 마케팅 부문에서도 실력을 발휘했다. 재무구조 개선을 위하여 해외법인들의 모회사격인 오리온과 오리온스낵인터내셔널을 합병시켰다. 2016년에는 인도네시아 제과 1위 기업과 합작 법인 설립을 계약, 중국과 러시아, 베트남에 이은 인도네시아로 사업영역을 확대했고 제주용암수를 자회사로 인수하며 음료사업 진출을 향한 발판을 다졌다. 2016년 말 기준 오리온의 부채는 1조2,040억 원으로, 2013년 1조7,043억 원에 비해 5,003억 원 감소하며 134.3%이던 부채비율이 3년 만에 70.6%까지 떨어졌다. 오리온의 영업이익은 지난 2013년 2,595억 원에서 2016년 3,262억 원으로 증가하고 영업이익률은 3년 새 10.4%에서 13.7%로 3.3%P 늘었다. 오리온의 한국, 중국, 베트남, 러시아 등 4개 법인의 2016년 합산매출은 2조4,927억 원으로, 2013년 2조2,670억 원에 비해 약 2,300억 원 늘었다. 허 부회장은 신세계 시절 월마트코리아와 센트럴시티 인수에 성공한 경험으로 성장세가 주춤한 오리온의 사업 확대를 위해 '글로벌' 기업의 M&A를 추진할 것이란 관측이다. 허 부회장의 지주사 대표 취임으로 향후 '글로벌' 기업을 인수를 통한 신사업 확대를 공격적으로 진두지휘할 것으로 전망된다.

④ 도입 필요성

대주주가 경영하는 소유경영이 '기업가정신'을 바탕으로 전문경영인에 의한 경영보다 경영성과가 크게 앞선다는 주장은 설득력이 있다. 특히 전문경영인은 단기적인 실적에 집중하지만 소유경영인은 장기적인 안목에서 경영을 한다는 장점이 강조된다. 국내뿐만 아니라 해외의 실증조사에서도 소유경영의 이점이 두드러지는 것으로 조사되었다. 우리나라 기업과 경제의 발전도 소유 경영자의 기업가 정신이 큰 공헌을 한 것은 알려진 사실이다. 소유경영이 주인의식에서 비롯된 신속한 의사결정, 장기적인 안목, 리더십 등 장점을 누릴 수 있다. 그러나 소유경영자가 무능력하거나 무분별한 경영으로 기업 가치를 훼손할 수 있는 위험도 있다. 또한 세계경제의 불확실성과 세계경제의 저성장 등으로 특징지어지는 21세기에 이러한 소유경영은 한계에 직면하고 있어 전문경영인 제도를 도입할 필요성이 커지고 있다. 그러나 위기 시에는 오히려 소유경영일치 기업이 좋은 성과를 낸다는 연구보고도 있다. 외환위기를 기준으로 1993년부터 1997년, 2002년부터 2005년까지 두 기간을 구분해 분석한 결과, 외환위기 이후 기간에서만 소유경영일치 기업이 소유경영분리 기업에 비해 우수한 성과를 보였다. 외환위기 이전 기간에는 두 유형 간의 성과 차이를 확인할 수 없었으나, 외환위기 이후 기간에는 소유경영일치기업 성과가 소유경영분리 기업에 비해 약 15% 이상 높은 것으로 나타났다. 물론 이는 외환위기 이후 국내기업들이 기업지배구조를 개선한 결과일 수도 있다.

따라서 전문 경영과 소유 경영의 절대적인 우위는 없으며 그것을 어떻게 기업에서 적절하게 시스템화하느냐에 달려있다.

⑤ 도입의 방식

월마트와 K마트는 1962년 같은 해에 설립되었다. K마트는 30여 년간 미국의 할인소매점 업계 선두를 달려왔지만 2002년 파산신청 했다. 반면 월마트는 1991년 이후 K마트를 추월해 미국 할인소매업에서 1위를 유지하며 '글로벌' 기업으로 성장했다. 전문경영인이 경영했던 K마트는 단기적인 성과에 집중하여 장기 시설투자와 연구개발에 소홀히 하였지만 월마트는 장기 경쟁력에 중점을 둔 투자에 집중했다. 그러나 전문경영 체제를 도입한 마이크로소프트나 스티브 잡스가 사망한 이후 전문경영 체제를 선택한 애플과 같이 전문경영인에 의해 성공적인 성과를 내는 기업들도 많다.

선진국 기업들이 전문경영자를 많이 고용하지만 소유자를 완전히 배제하면서 전문경영인에만 전적으로 의존하지는 않는다. 포드, 록펠러, 듀폰 등은 기업주와 전문경영인의 역할분담을 통해 성공적으로 기업을 이끌어가고 있다. 핀란드의 대기업인 알스트롬사는 1851년 설립된 친족경영 형태의 소유경영 기업이다. 회사는 소유와 경영의 분리를 원칙으로 하지만 능력 있는 가족은 경영에 참여한다. 물론 가족이 경영에 참여하려면 그 능력을 검증받아야 한다.

소유경영체제가 강한 우리나라 기업은 소유경영체제의 장점을 극대화하고 단점을 최소화하는 지배구조를 구축하여야 한다. 기업주와 전문경영자 사이의 이해 상충을 없애기 위해 전문경영자의 이해를 기업주의 이해와 일치시키는 방법 중 하나가 전문경영자에게 주식 또는 스톡옵션을 주거나 전문경영자의 승진과 보상을 주가 또는 기업 성과에 연계하는 방법이다. 소유경영일치 기업도 기업지배구조를 통해 소유경영자 견제가 합리적으로 이루어지는 경우 소유경영일치 기업의 우월한 경영성과가 보장될 수 있다. 기업지배구조로는 이사회제도, 회계의 투명성 및 공시제도 등이 있다.

또 하나의 대안은 최근 들어 도입되는 것으로 소유간접경영, 즉 소유와 전문경영인 투톱 시스템에 의한 경영방식으로 기업 소유경영자는 장기적 관점에서 비전을 제시하고, 전문경영인은 이를 실행하는 시스템이 도입되고 있다. 이 경우 소유경영의 장점과 전문경영의 장점이 조화를 이루려면 소유경영자 영향력과는 독립적으로 전문경영인에 의한 경영이 이루어져야 한다.

전문경영인 체제와 대주주가 지배하는 소유경영인 체제 모두 장점과 단점을 갖고 있다. 따라서 소유경영인과 전문경영인의 장점을 모두 가진 소유전문경영(Owner－Professional Management) 시스템도 바람직하다. 치열한 경쟁을 통해 경영자로서 능력이 검증된 사람을 소유경영인이자 전문경영인으로 선정하는 방식이다.

4.4 가업의 사람관리

인재의 채용

① 급여와 채용

"네가 선택한 일은 열정이 느껴지는 것이어야 해. 그렇지 않으면 그 일을 해낼 인내심이 생기지 않을 테니까.…무언가에 미친 사람들, 사회 부적응자, 반항아, 말썽꾼, 사물을 다르게 보는 사람들…이 사람들이 변화를 만들어. 그들이야말로 인류 진보를 이루지. 어떤 사람들은 그들을 보고 미쳤다고 하지만 나에게는 그들의 천재성이 보여(스티브 잡스)." 스티브 잡스의 말은 인재 채용이 얼마나 중요한지 암시한다. 그러나 많은 기업가들이 쓸 만한 인재가 없다고 투덜거린다. 하지만 그 반대이다. "다이아몬드가 비싸긴 하지만 없어서 못 사지는 않는다. 돈만 충분히 쓸 생각이 있다면 얼마든지 다이아몬드를 구할 수 있다. 마찬가지로 기업도 인재가 없어서 못 구하는 게 아니다. 재능이 있는 사람에게 고용주가 시장 가격을 지급할 능력 또는 의지가 부족한 것뿐이다(Peter Cappelli, 와튼 스쿨)." 어떤 사람을 채용할 것인가와 연봉을 얼마로 할까는 같은 말이다. 냉정하게 말해 연봉을 많이 주면 고급인력을 뽑을 수 있다. 한 마디로 연봉수준이 그 기업의 인재상이다. 인재를 뽑으려면 인재를 뽑을 수 있는 연봉을 높여야 한다. 수익성이 나빠 안 된다고 하면 영원히 좋은 인재를 뽑을 수 없다.

어느 중소 제조업체를 방문하였다. 최근 순이익 60억~70억 원에 이를 우량 중소기업이다. 공장 근로자들은 대부분 십 년 이상인 숙련공이고 연봉도 1억 원 가까이 된다. 이 기업의 연혁을 보면 이익이 많아서 연봉이 많은 것이 아니라 연봉을 많이 주는 고급인력을 채용하여 높은 부가가치를 낸 기업이다. "많은 기업이 노래를 부르게 하려고 돼지를 때리는 우를 범한다. 그러나 이로 인해 기업은 지치고 돼지는 괴로울 뿐이다. 차라리 돼지를 팔아 카나리아를 사는 편이 더 낫다."는 말은 씁쓸한 이야기이지만 맞는 말이다. 이는 낮은 급여를 주고 최고의 인재를 찾는 기업가에 대한 경고의 메시지이다.

② 기업가의 핵심 업무

'구글'은 인력 예산의 대부분을 신입 직원 선발에 지출한다. 평범한 사람을 교육으로 탁월하게 키우기는 불가능에 가깝다는 판단이다. 좋은 인재를 뽑으려면 채용의 방법, 채용의 과정과 절차가 신중하고 많은 시간을 투자하여야 한다. 그 과정에서 시간과 지출이 많지만 적당히 '적당한(mediocre)' 사람을 뽑으면 인건비만 지출하고 회사에 손해만 가져온다. 그래서 GE 회장이었던 잭 웰치는 일하는 시간의 75% 정도를 인적자원 관련 업무에 사용하였고 삼성의 창업자인 고 이병철 회장은 "나는 내 일생을 통해서 한 일의 80%는 인재를 모으고 기르고 육성시키는 데 시간을 보냈다."고 말했다. 채용은 기업가의 일이지 종업원의 일이 아니다.

사람들은 대부분 자신보다 못한 사람들을 고용하는 경향이 있다. 이를 해리의 법칙(Harry's Rule)이라고 한다. 회사와 기업주는 우수인재를 채용하려고 하지만, 실제로는 채용권자가 자신보다 우수한 사람을 기피하는 현상이 일어난다는 것이다. 따라서 채용에는 기업가가 직접 전면에 서야 한다. 위대한 경영자와 기업가는 부하보다 뛰어난 사람이 아니며 재능이 뛰어난 사람들을 끌어들여 효율적으로 배치한 사람이다. 내 경험으로는 산업마다 업종마다 시장마다 한 분야의 최고기업은 경쟁기업 중 가장 뛰어난 임직원이 일하고 있다. 가장 성공적인 기업과 기업가는 대체로 최고의 종업원을 둔 경우이다.

21세기 기업 최대의 화두는 인재확보이다. 세계적인 컨설팅회사인 맥킨지의 라자 굽타 전 회장은 21세기를 '인재를 확보하기 위한 전쟁(the war for talent)의 시대'로 규정했다. '글로벌' 기업들은 중장기 미래를 책임질 핵심인재를 뽑는 데 모든 노력을 경주한다.

기업주가 직접 인재를 채용하는 대표적인 기업이 삼성이다. 삼성그룹은 2000년대 초반부터 해외 우수인재 채용에 적극 나섰고 핵심인재는 최고경영자가 직접 면접을 본다. 핵심인재 한 사람을 영입하기 위해 그룹회장이 10시간짜리 면접을 볼 때도 있다. 미국 하버드대와 버클리대 등을 순회하며 인재 영입에 적극적이다. 계열사 최고경영자들은 핵심 인재를 얼마나 확보했느냐 여부로 연말 인사평가를 받는다. 최고경영자보다 훨씬 많은 연봉을 받을 수 있는 인재들을 확보하라는 주문도 한다. 핵심인재가 석연찮은 이유로 회사를 그만두게 되면 최고경영자가 책임을 져야 한다.

③ 채용의 기준

대졸 신입사원의 경우 채용 후 몇 년이 지나면 학교 성적은 큰 의미가 없음이 입증되었다. '글로벌' 기업 구글은 창업 초창기엔 출신 학교, 성적 등을 채용기준으로 하였지만 지금은 아니다. 현재의 능력과 업무능력도 감안하지만 장기적인 잠재력을 가진 사람에 주목하는 것이다. 구글의 채용기준은 종합 인지 능력과 문제 해결 능력, 리더십이다. 그리고 '구글다움(googleyness)'이라는 기준도 적용된다. 회사의 문화에 어울리는지, 정직한지(conscientious), 지적인 겸손을 갖추었는지 등이다. 업무 전문성은 중시하지 않는다. 같은 과제를 성공적으로 수행해 온 전문가는 창조성과 문제해결능력에서 문제가 있기 때문이다. 전문가보다는 새로운 환경에서 정보를 효과적으로 습득하고 활용할 수 있는 능력이 요구되기 때문이다. 따라서 대졸이 아닌 고등학교 졸업 또는 대학 중퇴자도 채용하여 대학 이하 학력을 가진 직원이 10%가 넘는 부서도 있다. 그렇다고 학교나 학점 기술을 무시하는 것은 아니며 그것을 기초로 한 능력을 평가한다. 리더십도 중요한 기준이다. 그 누구도 해결할 의지가 없을 때 창조적으로 개척해가는 리더십을 높이 평가한다.

사람을 뽑기 위하여 심지어는 행동유전학, 분자생물학, 신경과학, 내분비의학 등의 연구도 사용하고 있다고 한다. 그만큼 유전적 요인이 중요하기 때문이다. 남성호르몬인 테스토스테론은 창의성, 모험심, 도전 정신 등과 관련성이 크다고 한다. 가능성도 없는 사람보다는 가능성이 있는 사람을 뽑아야 하기 때문이다. 한편 세계적인 투자은행(Investment Bank)인 Bear Stearns는 과거 "PSD" 학위를 가진 사람을 뽑았다. PSD란 가난하지만 똑똑하고 부자가 되고자 하는 강한 열망(Poor, Smart and Deep desire to become rich)을 지닌 사람을 뜻한다. 그들은 성공을 위해 최선을 다해 업무에 임하지만 좋은 배경을 가진 사람은 그 충실도가 약하다는 경험에서 나온 발상인 것 같다.

채용의 기준은 기업마다 다를 것이다. 21세기는 급변하는 경영환경의 시대이고 글로벌화가 진행된다. 구글의 채용기준과 같이 출신학교, 학점, 전문성뿐만 아니라 변화하는 새로운 환경에 적응할 수 있는 새로운 지식에 대한 학습열의가 높고 도전적인 사람이 필요하다. 21세기는 또한 글로벌화와 융합과 통합의 시대이며 따라서 단순한 경영지식이나 기술이 아니라 폭넓은 관점을 가진 사람이 필요하다. 기본적으로 기업은 공동체이므로 정직성과 겸손함을 가진 타인을 배려하는 자질도 필요하다.

④ 채용의 전략

"Hire hard, Manage easy. Hire easy, Manage hard."라는 말은 채용의 중요성을 강조하는 말이다. 사람을 뽑는 것만큼 어려운 일이 없다. "3333"법칙이란 말도 생겼다. 한 사람을 채용하는데 최소한 3명까지 후보를 선발하고, 3명의 면접관이 3번에 걸쳐 면접을 하여야 하며 이렇게 엄격한 심사를 거쳐 채용을 해도 성공확률은 3할을 넘기 힘들다는 것이다. 나는 직원 한명을 뽑을 때조차 채용사이트에서 내가 선호하는 100명 이상의 사람에게 면접요청 메시지를 보내고 10명 이상의 면접자 중 한 사람을 뽑는다. 이 정도의 정성을 기울이지 않으면 제대로 된 사람을 뽑기가 어렵다. 많은 기업이 채용공고를 내고 면접을 보고 맘에 드는 사람을 뽑는다. 그러나 진정한 기업가는 직접 인재를 찾아 나선다. 기업가로서 경영자는 능력 있는 종업원을 '찾아서' 영입하는 사람이다. 성공적인 기업주 중의 많은 사람이 임직원 채용에 최선의 시간과 투자를 하고 자신은 기업의 전략에만 몰두하고 일상적인 경영은 임직원에게 맡긴다.

면접방식도 주먹구구로 하면 안 된다. 많은 기업이 면접을 하면서 첫 5분에 호불호(好不好)가 결정되고 나머지 시간은 그것을 확인하는 데 쓴다. 그런 직관적인 방법으로는 면접은 의미가 없다. '글로벌' 기업 구글은 면접을 진행 시 입증된 데이터를 토대로 객관적이고 다층적인 면접을 진행한다.

해고와 승진

"내가 생각하는 잔인하고 거짓된 친절은 바로 스스로 더욱 발전하기 위해 노력하지 않는 사람을 회사에 계속 붙잡아 두는 것이다. 진정으로 잔인한 것은 그들이 나이가 들어 직업을 선택할 수 있는 기회가 줄어들고 자녀들이 성장하여 교육비가 엄청나게 늘어날 때까지 기다렸다가 그 때서야 회사를 그만두게 하는 것이다." 잭 웰치(Jack Welch)의 말이다. 우리나라의 많은 기업들의 '문화'이기도 하다. 시간이 흐르면 승진시키고 무능함에도 기업주의 눈에 띄어 임원이 된다. 40~50대에 퇴직한다. 퇴직자의 상당수는 '무능함'으로 아무 것도 하지 못한다. 정말 잔인한 짓이다. 임직원의 퇴직과 해직은 일상적인 일이다. 무능력하고 성실하지 않은 임직원은 차갑게 내보내야 한다. 회사나 당사자나 모두에게 아무런 도움이 되지 않는다. 최고의 인재들은 승진이 되고 실적이 안 좋으면 해고되는 게 맞다. 회사의 이익을 위해서 본인의 장래를 위해서 능력이 안 되는 사람은 다른 길을 가도록 해야 한다. 그러나 떠나는 임직원의 마무리를 잘 해주는 것은 기업들이 흔히 경시하는 일이다.

미국의 노동 생산성을 100이라 할 때 일본은 78, 한국은 45 정도라고 추정한다. 미국의 생산성이 높은 이유는 구조적인 요인도 있지만 승진시스템과도 관련이 있다. 미국 기업은 경영능력이 확인되면 경력과는 무관하게 승진된다. 반면 우리 기업들은 경력과 근무연수 등에 따른 연공서열과 혈연, 지연, 학연 등을 바탕으로 한 문화로 인해 발탁 승진은 어렵고 이것이 결국 생산성 저하로 이어지는 것이다. 능력 없는 상사의 비효율성과 능력 있는 하급직원의 도태는 결국 기업 수익성과 성장성을 저해하는 요인인 셈이다. 우리나라 사람들은 전 세계적으로 지능이 가장 높은 나라이다. 우리의 생산성이 낮은 이유는 인재풀(pool)이 나빠서가 아니라 이를 활용하지 못하는 것이 문제인 셈이다.

▲▼ 대화와 협업

9.11 테러가 일어나기 이전에 미국 중앙정보국, 연방수사국, 국가안보국 등 10여개 정보기관은 알카에다의 모든 행동을 파악하고 있었다. 하지만 각 기관들이 자신들의 목표에만 집중하고 타 조직과의 협력에 실패하는 바람에 테러를 막지 못했다고 한다. 2003년 애플의 휴대용 디지털 음악 플레이어(iPod)에 반격을 시도했던 소니는 경쟁력 있는 PC, 휴대용 오디오, 플래시메모리, 배터리, 콘텐츠 부서를 모두 보유하고 있었지만 회사내부에서 부문들 간 경쟁으로 다져진 기업문화는 협업이 불가능하여 출시 한 제품은 실패했다. 소니는 사업 부서를 10여개로 세분하고 사업부별로 이익에 대하여 책임을 부여했다. 이에 따라 직원들은 사업부의 이익에만 집중하여 전사적 협력은 사라졌고, 사업부를 보호하려는 이기주의가 만연했다. 회사는 뒤늦게 협력을 강조하면서 '소니 유나이티드'라는 슬로건을 내걸었지만, 관행은 바뀌지 않았다. 당시 소니 회장은 사일로가 너무 많아 소통이 불가능했다고 회고했다. 사일로는 원래 곡식을 저장하기 위해 깊게 판 구덩이를 말하는데, 사일로 현상은 조직원들이 타부서와 협력하지 않고 그 '구덩이'에 닫혀 지내는 것을 말한다. 사일로(silo)는 다른 부서와 소통하지 않고 자신의 이익을 추구하는 부서나 부문을 말한다. 협업의 중요성을 보여주는 대표적인 사례이다.

반면 애플의 창업자 스티브 잡스는 모든 임직원과 부서가 회사전체 단일 손익구조를 기반으로 조직화했다. 애플이 획기적 제품을 출시한 것은 회사 전체의 이익을 목적으로 내부 임직원과 부서들이 적극적으로 협력한 덕분이다. 전사적 협업은 기업경영에서 필수적인 요소이며 전사적인 협업은 기업의 성장에 결정적인 역할을 한다. 캘리포니아 주립대학교 버클리의 한센(Hanssen) 교수는 협업을 각 이해관계자들이 소통과 협력을 통해 공동의 목표를 달성하고 성과를 창출하는 행동으로 정의했다. 협업은 그 자체가 목적이 아니라 성과 창출을 위한 수단이다.

위계적인 서열은 원활한 의사소통을 저해하고 '꼰대 문화'가 나타난다. 상사가 모든 것을 결정하는 시스템에서 의사소통은 무용지물이다. 의사결정 권한의 차이는 있어야겠지만 모두가 동등하게 말할 수 있는 수평적 의사소통이 협업과 창의성을 키운다.

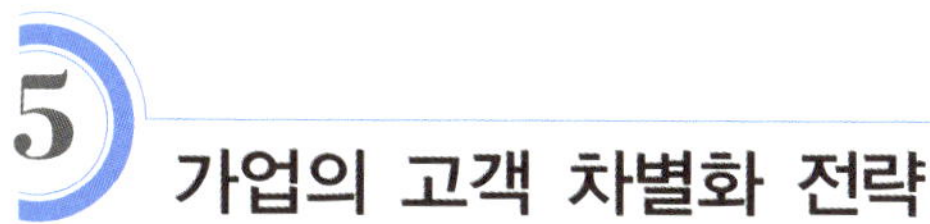

5 가업의 고객 차별화 전략

5.1 가업과 고객관리

기업의 기초는 종업원이지만 그 기준은 고객이다. 고객이 없다면 기업도 존재할 수 없다(The practice of business strategy must begin with the customer, for without customers with needs to be met, the business has no raison d'être.). 아마존닷컴의 설립자 베조스(Jeffrey Preston Bezos)는 고객의 중요성을 이렇게 말한다. "아무리 빨리 변하는 경영 환경이라도 사실 고객들의 근원적인 니즈는 크게 변하지 않는다. 고객들이 구매할 때 바라는 것들은 사실상 동일하다. 그래서 늘 고객에게 집중해야 한다."

2014년까지 세계 최대 온라인 여행사인 프라이스라인의 최고경영자였던 대런 휴스턴은 "'항상 배고프고 겸손하여야 한다.'는 게 우리 모토다. 매우 신속하고 쉴 새 없이 변하는 고객의 니즈에 대응한다는 의미에서 늘 배고파야 한다는 것이다. 겸손의 의미는 이렇다. 우리는 물건이 아니라 호텔과 레스토랑 예약을 판다. 그래서 파트너가 중요하며 그들과 Win-win해야 한다."

많은 기업들이 혁신이라는 구호를 전략으로 삼는다. 하지만 종종 잘못된 방향의 혁신이 추구된다. 커티스 칼슨, 윌리엄 윌못의 『혁신이란 무엇인가』(2008년 번역출간)에는 혁신은 기업을 위한 것이 아니라 고객을 위한 것이라고 정의했다. 혁신은 최종 목표는 경영 효율성 확보가 아닌 고객 가치 창출이며 혁신의 성과는 기업이 아닌 고객에게 돌아가야 한다는 것이다. 과거 성장기에 도요타와 소니가 미국 기업들을 추월한 것도 고객의 니즈에 중심을 두고 혁신을 단행했기 때문이다.

기업은 늘 자신의 제품을 구입하거나 서비스를 이용한 고객의 반응을 듣고 이를 반영하고 고객의 니즈가 어떻게 변화하는지를 파악할 수 있는 시스템을 구축하여야 한다.

5.2 고객 충성도관리

개 요

고객이 기업과 장기적으로 지속적으로 거래를 하거나 반복 구매를 하여야 수익성이 보장되고 안정적인 성장이 가능하다. 끊임없이 마케팅이나 영업활동을 하지 않아도 고객이 지속적으로 반복적으로 구매를 한다면 그것이 최상이다. 반면 매출을 위해서 끊임없이 마케팅활동을 하고 영업을 하여야 하거나 로비를 해야 하고 접대를 해야 하는 구조는 위태위태하며 지속가능성도 없으며 기업과 제품이 경쟁력이 없음을 반증하는 것이다. 많은 기업들이 기존 고객의 유지보다는 신규고객 영입에 급급하다. 그러나 충성도가 높은 고객이 다시 구매하지 않는 경우 이를 제대로 인지하고 반영하지 못하기 때문이다.

또 하나 초점은 기업주가 바뀌는 경우 거래가 끊기거나 특정 임직원이 없으면 매출이 크게 감소하는 구조는 경쟁력이 없는 기업이다. 고객 충성도란 고객의 기업에의 충성도를 말한다. 고객이 기업주나 특정경영자에게 충성도가 있는 경우는 기업의 고객이 아니다. 이 경우 기업은 언제라도 무너질 수 있는 허약한 기업이다.

기업의 가치를 평가하는 경우 핵심 변수는 미래 현금흐름과 위험, 그리고 성장률 3가지다. 이 3가지 변수에 직접적인 영향을 주는 것이 고객의 재 구매 또는 고객충성도이다. 고객충성도가 높으면 현금흐름이 안정적으로 창출되고, 사업의 위험도 감소하며 기업의 성장도 보장된다. 따라서 미래현금흐름도 크고 위험이 작고 성장성이 크므로 당연히 기업의 가치는 높게 평가된다. 재이용이 낮거나 미미한 기업은 곧 실패를 의미한다. 사실 재이용은 기업의 사활이 걸린 '모든' 것이다. 기업은 고객을 확보하기 위해 노력한다. 최초의 고객, 초기의 고객은 어느 기업이나 있다. 기업 성패를 결정하는 것은 바로 이 최초의 고객 또는 초기의 고객이 다시 찾아오느냐이다. 기존 고객도 마찬가지이다. 프레더릭

라이켈트(Frederick Reichheld)는 『충성도경영(The Loyalty Effect)』에서 금융기관은 신규 고객 유치비용이 너무 많이 들기 때문에 기존고객을 유지하고 충성도를 높이는 전략이 최고의 전략이라고 썼다.

제품에 대한 충성도가 높은 기업들의 사례를 보자. 독일의 밀레는 최고급 가전제품을 만드는 업체로 타사의 동종 제품에 비해 훨씬 비싸 고급소비층이 찾는 제품을 공급한다. 회사 제품의 재 구매비율이 90%를 훨씬 넘어 "제품에 대한 고객 충성도가 높다. 충성도의 원동력은 '첫째도 품질, 둘째도 품질, 셋째도 품질'이라는 정신으로 제품을 만들기 때문이다. 이러한 충성도를 낳는 제품을 만들기 위하여 세 가지 정신에 집중한다. 첫째는 지속적으로 더 좋은(immer besse, forever better) 정신이다. 품질과 성능을 지속적으로 업그레이드 하는 것이다. 둘째, 장기근속을 통한 기술력 확보이다. 반 이상의 종업원이 25년 이상 장기근속자로 이를 통한 인력과 기술 확보를 통한 제품품질 유지를 도모한다. 셋째, 장기적인 비전의 경영이다. 제품의 품질 등을 장기적인 관점에서 판단한다.

고객 충성도가 높은 고객 기반도 좋지만 고객충성도가 높은 소수의 고객기반도 좋다. '80대 20'의 법칙은 20%의 고객이 전체 이익의 80%를 차지한다는 법칙이다. '20대 80대 30'의 법칙은 하위 30%의 고객이 기업의 이익의 절반을 감소시킨다는 것이다. 기업의 이익의 80%를 차지하는 고객이 20%라면 당연히 그 고객에 집중하여야 하고 기업의 이익을 훼손하는 고객이라면 '해고'하여야 한다. 어리석은 기업은 후자에 집중하느라 전자를 놓치는 기업이다. 또한 고객기반은 너무 지나쳐서 관리를 어렵게 하는 경우(glittering fool's gold)는 좋지 않다. 지나치게 다양한 고객기반은 기업자원을 분산시키고 비용을 과대하게 발생하게 한다. 고객기반이 너무 폭넓고 각 고객기반별로 시장점유율이나 경쟁력이 없으면(a mile wide and an inch deep) 기업은 경쟁력이 떨어질 수밖에 없다. 또한 지나치게 매출이 특정고객에 집중(reliance on large customers)되는 것도 위험이 크다. 기업의 가치를 평가할 때도 특정 고객에의 의존도가 큰 기업은 높은 평가를 받을 수 없다. 위험이 크기 때문이다.

약속과 신뢰

기업과 비즈니스의 역사에서 신의는 늘 강조되어 왔다. 기업과 기업가가 신뢰를 잃으면 기업은 존재의 기반이 없어진다. 약속을 지키고 기대를 저버리지 않는 것이 신의이다. 이익에는 '나쁜 이익'과 '좋은 이익'이 있다. 고객의 신뢰를 희생해가며 얻는 이익이

전자에 해당한다. '좋은 이익'을 내는 기업의 고객은 다른 사람에게 적극적으로 그 회사의 상품과 서비스를 추천한다. 고객에 대한 신뢰를 지키고 기업의 명성을 잃지 않으려는 노력을 하는 것이 '좋은 이익'의 경영이다. 정치인은 국민이 정기적으로 표를 찍지만 기업은 소비자가 끊임없이 '돈'이라는 투표권을 기업에 찍는다.

신뢰의 문제와 관련하여 대표적인 사례가 옥시의 가습기 사건이다. 옥시는 1996년 가습기 살균제를 기획하여 생산을 준비하기 시작했다. 제품을 위해 사용한 원료가 문제였다. 사용한 항균제는 독성은 약한 물질이었으나 밀폐 장소에서 누출되는 경우 공기호흡기나 방독면을 착용해야 하는 문제점이 있었지만 흡입독성 실험을 하지 않고 신제품을 만들어 팔기 시작했고, '인체에 안전한 성분을 사용하여 안심하고 쓸 수 있다.'는 문구까지 넣었다. 흡입독성 실험의 필요성을 충분히 인지하고 있었고, 안전성 검증을 촉구하는 내 · 외부 지적이 있었지만 묵살했다. 그 결과는 수많은 사망자와 관련임직원의 처벌로 이어졌고 기업의 신뢰는 땅에 떨어졌다. 기업은 다시 설 자리가 없어졌다.

고객의 신뢰를 받으면 마케팅도 영업활동도 적극적일 이유가 없다. 고객의 신뢰를 얻으려면 무엇이 필요할까. 샘 월튼 월마트 창업자는 이런 말을 하였다. "항상 고객의 기대를 넘어서라. 만약 당신이 항상 고객의 기대를 넘어선다면 그들은 다시 오고 또 올 것이다. 고객에게 고객이 원하는 것을 주라. 나아가 그 이상을 주라." 과장 광고와 지킬 수도 없는 약속을 하면, 그 상품은 고객의 기대 이하일 것이고 고객은 실망하고 다시 사지 않는다. 많은 기업이 상품과 서비스에 대하여 고객에게 '큰' 약속을 하고 '작은' 실행을 한다. 샘 월튼의 말은 약속은 신중하고 작게 하고 약속 이상의 것을 제공하여야 한다는 일침이다. 그리고 꼭 할 수 있는 것만 약속하고 이를 충실히 이행하고 또한 그 이상의 것을 제공하는 기업이어야 한다. "약속을 지키는 최선의 방법은 약속을 하지 않는 것이다(The best way to keep one's word is not to give it. Napoleon Bonaparte)"는 말이 있다. 최소의 약속으로 최대의 실천을 하는 것이 최선이다.

국내여행사의 상품가격이야말로 신뢰에 대한 교훈적인 사례이다. 많은 사람들이 경험하듯이 여행사 사이트에 들어가 상품 가격만 보고 예약을 하면 안 된다. 유류할증료, 팁, 옵션 등 추가적인 비용이 많기 때문이다. 심지어는 상품 가격의 2배의 비용이 든다. 이러한 여행상품으로 인한 분쟁은 너무 많다. 기분 상한 고객이 과연 얼마나 재구매할까 생각해보면 이런 가격 전략이 얼마나 나쁜 전략인지 알 것이다. 상황이 이렇다보니 공정거래위원회는 여행상품에 소비자가 반드시 지불할 필수경비를 명확히 표시하도록 하는

"중요한 표시·광고사항 고시"를 개정했다. 유류할증료, 가이드 비용을 여행경비 총액에 포함하고 예상되는 추가경비도 명확하게 별도표기를 하고, 가이드 팁 또한 여행자의 자유의사에 따라 지불하도록 하였다. 그러나 가이드 팁을 여행자의 자유의사에 따라 지불하도록 하는 것도 문제가 있다. 사실상 지급의무가 있기 때문이고 금액도 상당히 크기 때문이다. 차라리 여행상품 가격에 다 포함시키는 것이 장기적으로 고객의 신뢰를 받고 고객 충성도를 강화할 것이다.

증권투자와 펀드 상품처럼 신뢰의 문제가 부각되는 것은 없을 것이다. 많은 투자자들이 이러한 상품을 신뢰하지 않으며 심지어는 '사기꾼' 집단이라고 매도한다. 고객의 신뢰와 충성도 측면에서 펀드회사 뱅가드(Vanguard)는 좋은 사례이다. 뱅가드는 회사의 펀드운용 철학을 고객에게 제공하고 이를 철저히 이행한다. 즉, 단기매매보다 장기 투자를 지향하고, 유명한 펀드 매니저에 의한 투자보다는 지수를 중심으로 한 인덱스 펀드에 집중한다는 것이다.

▲▼ 불만의 관리

고객이 기업에 불만이 없을 수가 없다. 고객의 불만이 제기되었을 때 고객을 쫓아버리기는 아주 쉽다. 고객의 항의를 무시하거나 고객의 항의를 소홀히 처리하는 것이다. 고객의 불만은 기업의 약이 될 수도 있고 독이 될 수도 있다. 고객의 항의나 불만을 '선물'로 받아들이는 기업과 무시하거나 소홀히 하는 기업은 적자생존(the survival of the fittest)과 자연도태(natural selection)의 갈림길 위에 선다.

불만을 가진 고객의 4%만이 실제로 불만을 제기한다는 조사가 있다. 불만이 접수되면 같은 불만을 가진 고객이 평균 24명은 더 있다는 뜻이고 불만을 제기한 고객의 25배의 불만고객이 있을 수 있다는 의미이다. 전체고객이 천명인데 4십 명의 불만제기가 있었다며 불만비율은 4%로 보이지만 실제로 25배인 전체 고객 천명이 불만이 있을 수 있다는 점이다. 이런 회사가 살아남을까. 불만을 제기한 고객 중 56~70%는 불만이 해소되면 다시 찾아온다. 회사가 신속하게 대처하면 96%까지도 가능하다고 한다. 불만이 있으나, 문제를 제기하지 않고 조용히 있는 경우 91%가 다시 구매하지 않는다고 한다. 음식점에서 밥을 먹고 맛이 없으면 다시 오지 않는 것을 생각해보면 알 수 있다. 따라서 기업은 불만을 적극적으로 찾아내서 관리하는 전략이 필요하다. 불만을 찾아내거나 고객이 불만을 제기한 경우, 문제가 해결될 경우 계속 거래하는 비율은 54%로 6배나 높아진다(불만이 있는 고객 중 91%가 구매하지 않으므로 9%는 구매한다).[85] 과거 제너럴모터스는 10여명의 목숨을 앗아간 점화스위치 문제로 리콜 사태에 직면하였었다. 당시 스위치 결함의 보상비용은 개당 몇 백 원에 불과했는데 리콜을 거부하다가 천문학적인 금액을 보상하고 리콜을 하였으나 기업 이미지는 실추하였다. 소탐대실(小貪大失)은 기업의 최악의 선택이다.

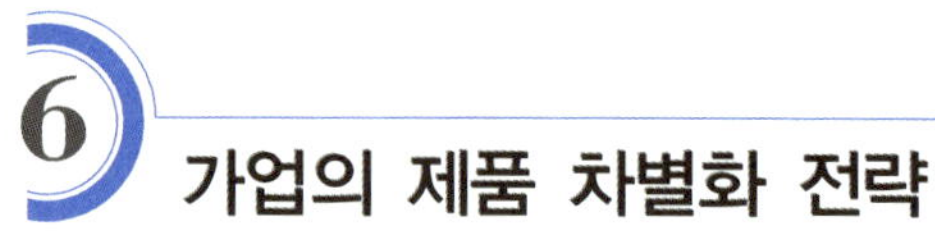

6 가업의 제품 차별화 전략

6.1 제품은 기업의 본질

세계적인 장수기업의 특징 중 하나는 뛰어난 기술을 갖고 있다는 점이다. 최고의 기술력을 가진 기업이 무너지는 일이란 흔치 않기 때문일 것이다. 상품과 제품 그리고 기술력은 기업의 본질이다. 그것 없는 기업의 장기생존이란 가능하지가 않다.

19세기 독일은 후발 산업국이었다. 독일산(Made in Germany) 원산지 표시는 1887년 등장했는데, 품질이 떨어지는 독일산 제품을 구별하기 위해 영국 당국이 도입했다고 한다. 산업화가 늦어 제품엔 불량품이 많았다. 130년이 지난 21세기 독일산은 전 세계에서 가장 신뢰받는 브랜드이다. 독일 산업계는 품질이 곧 생존이라는 것을 피부로 느끼며 제품을 생산해왔다. 세계적인 경쟁력을 자랑하는 독일 제조업의 경쟁력은 지속적인 기술개발투자에서 나온다. 매출액 대비 기술개발비용이 평균 6%가 넘어 우리나라의 2배 이상이다. '기술은 마르지 않는 금광과도 같다.'라는 독일 속담이 있을 정도로 독일 기업들은 기술 전통과 장인정신이 흐른다. 세계의 명품차인 BMW나 벤츠도 독일의 기술개발 전통의 산물이다. 세계적인 전자기기 기업 지멘스는 기술역량에 집중해 기술선도적인 기업으로 최고의 기업이 되었다.

1939년 설립된 도요타는 창업 이래 처음으로 2009년 무려 5조원의 영업적자를 기록하

85) 벳시 샌더스, 양영철 번역, 신화가 된 전설적인 서비스, 미래지식, 2004에서 편집

였다. 그러나 3년만인 2012년 제너럴모터스에 내줬던 자동차 생산 세계 1위 자리를 되찾았다. 도요타가 정상을 탈환한 것은 기본으로 돌아가자는 최고경영자의 결단 다시 말해 품질과 기술이라는 기본으로 돌아간 결과였다. 스타벅스도 마찬가지였다. 2007년 이 회사의 주가는 거의 반 토막이 나면서 위기에 빠졌다. 2008년 경영에 복귀한 하워드 슐츠는 문제의 핵심이 '최고의 커피를 제공한다.'는 기본철학에 충실하지 못했던 것이 원인이라고 진단했고 혁신을 단행하여 2010년 사상 최대의 매출을 달성하였다.

1949년 창업한 미국 시카고의 가족기업인 '가렛팝콘'을 2005년 랜스 초디가 인수하여 '글로벌' 브랜드로 성장했다. 인수 후 경영효율화나 혁신과 변화보다는 기존의 전통을 유지하여 제조방법은 1949년 가렛팝콘이 처음 탄생했을 때와 같았고, 무 방부제, 신선한 유기농 옥수수를 재료로 하였다. 국가마다 마케팅전략은 다르지만 '가렛' 만의 고유한 맛은 같다. 사람들이 선호하는 취향은 시간이 지남에 따라 달라질 수 있지만 제공하는 가치는 일관성이 있어야 한다. 고유한 맛과 핵심 맛은 일관성 있게 유지하는 것이 수십 년 동안 유지할 수 있게 한 원동력이다. 물론 국가별로 맞는 맛을 개발하는 유연함도 비즈니스 전략 중 하나다. 비즈니스를 할 때 매출을 올리기 위해서 과도한 마케팅 등으로 매출을 일으킬 수는 있지만 제품에 만족하지 않으면 고객은 다시 그 제품을 사지 않을 것이다. 따라서 무작정 해외사장에 뛰어들지 않는다. 미국 지역 이외에 처음으로 진출한 국가는 싱가포르이다. 이후 말레이시아, 태국, 홍콩 등에서 매장을 열어달라는 요청이 있었다. 고객이 팝콘을 구매한 후 그 나라에서도 매장개설 요청을 받으면 철저한 시장 조사를 바탕으로 매장 개설을 준비한다.

우리나라 기업도 제품과 기술경쟁력이 중심적인 문제로 부각되고 있다. 21세기 한국은 일본과 중국 사이에 끼여서 한국만의 경쟁력을 확보하기가 쉽지 않은 어려운 경제 환경에 처해 있다. 이런 환경 하에서 우리나라 기업이 가야할 길은 R&D 투자를 강화해 고부가가치 제품 생산과 서비스 경쟁력 향상에 주력하는 것이다. 조지프 스티글리츠 컬럼비아대학교 교수도 한국의 기업들은 기술 개발에 힘써야 한다고 강조했다(2016년).

제품이란 무엇인가. 결국 이것이 기업의 출발점이다. 여기서 잘못 출발한 기업은 이미 실패한 기업이다. 음식점이 가장 대표적인 사례이다. 우리 회사 주위의 음식점을 보면 수시로 주인이 바뀌고 생기고 문을 닫는다. 음식점은 음식을 판다. 음식이 제품이다. 음식점이 그렇게도 많이 망하는 이유는 누구나 만들 수 있는 평범한 맛의 그렇고 그런 음식을 팔기 때문이다. 제품이란 누구나 만들 수 있는 것을 의미하지 않는다.

누구나 만들 수 있는 제품을 파는 기업은 제품이 없는 기업이다. '독일은 좋은 재료로 좋은 기술로 좋은 물건을 만드는 것은 잘하지만, 프랑스나 이탈리아 사람처럼 싼 물건을 멋지게 만들어 비싸게 파는 건 못한다.'는 말이 있다. 프랑스와 이탈리아가 디자인 중심, 명품 산업 중심이지만, 이들은 지금 빚에 허덕이고 있다. 그만큼 기업의 상품과 제품이 중요하다는 함축이다. 2017년 천호식품이 중국산 인삼농축액과 물엿 등을 섞어 만든 가짜 홍삼제품을 100% 홍삼 농축액으로 속여 팔아온 것으로 드러났다. 고의성 여부에 대하여 논란이 있지만 해당기업에 치명적인 내용이다. 한번 소비자로부터 잃은 기업 이미지와 신뢰도는 회복이 어렵다.

6.2 가업의 제품개발

상품과 제품의 선정, 개발과 개량 그리고 혁신은 특별한 프로젝트가 아니라 기업의 본질이며 창업부터 일상적인 집중하여야 할 '기본'이다. 특히 만들고 싶은 제품이 아니라 소비자가 원하는 제품을 만드는 것이 중요하다. "게임 개발할 때 뭘 만들어야 할 지보다는 돈을 벌어야겠다는 생각부터 한 적이 있다. 그러나 돈을 벌겠다는 게 목표가 되면 이상하게 돈을 벌수가 없었다. 오히려 많은 사람들에게 즐거움을 줘야겠다는 생각을 하고 어떻게 하면 즐거움을 줄까만 고민했더니 대박이 터졌다."는 말은 어느 게임개발실장의 말이다.

기업의 기술과 제품의 경쟁력은 하루아침에 '글로벌' 경쟁력을 갖출 수 있는 것이 아니다. 리치몬드 과자점은 수십 년 동안 빵과 과자를 만들었다. 그 기업주는 세계적인 빵을 만들려면 100년은 공력을 쌓아야 한다고 말한다. 매일 새벽 빵을 굽고 오늘 빵은 내일 팔지 않는 원칙은 평생 그대로다. 흔한 프랜차이즈도 하지 않는다. 맛을 직접 관리할 수 없기 때문이다. '빵' 같은 소비재도 100년을 기약하며 개발하는데 고기술 고성능 제품을 몇 년 만에 세계적 경쟁력을 갖춘다는 것은 그 자체가 어불성설이다.

미텔슈탄트(Mittelstand)는 독일의 중소기업을 가리키는 단어이다. 독일 중소기업의 강점은 연구개발(R&D) 역량으로 이들의 다국적 특허권 등록 수는 대기업 비중이 높은 일본보다 두 배 이상 높다고 한다. 그만큼 기술개발과 제품개발에 중점을 둔다는 것이다. 세계적인 기업 코닝도 연구개발에 막대한 투자를 하며 그 비중이 매출의 약 10%를 차지한다.

6.3 가업의 제품군 선정

1960년대에 기업의 성장성이 저하되자 많은 기업들이 다변화(diversification) 전략을 추진하여 다품종 초대형복합기업(multi · business conglomerate)이 산업의 주축이 되었다. 그러나 10년이 지난 1970년대와 1980년대에 들자 다변화를 통한 성장이 불가능하다는 것이 분명해졌다. 따라서 기업경영의 사조와 흐름이 다시 크게 변하였다. 기업은 자신의 핵심사업에 집중(stick to one's knitting)하는 전략으로 돌아선 것이다. 즉 핵심 사업에 집중하여 수익성 있는 것을 찾아내고 수익성이 없는 사업은 제거하는 것이다. 전문화된 상품이나 고급 제품을 제공하는 기업은 고평가 된다. 이러한 상품은 높은 수익성을 보이며 경제악화에도 안정적인 영업흐름을 보인다. 신기술, 특허, 특수공법, 소프트웨어, 웹사이트 등을 보유한 기업도 높은 평가를 받는다. 따라서 기업의 기술이나 소프트웨어 등에 대하여 늘 특허 등을 받아놓는 것이 유리하다.

기업이 성장하기 위한 접근방식에는 기존 사업을 확장하는 방식과 신규 사업 진출 또는 인수합병을 통한 사업 다각화 방식이 있다. 후자는 빠르게 기업을 성장시킬 수 있다는 장점이 있지만 기존 사업과의 시너지가 없고 무리한 자금조달로 기업을 위험에 빠뜨릴 수도 있다. 과거 재계 서열 8위까지 올랐던 기아자동차는 계열사인 기아특수강에 대한 무리한 투자로 위기를 맞았다. 그밖에도 많은 우리 기업들이 M&A를 통한 사업진출과 차입으로 무너졌다. 반면 국내에 진출한 우량 외국기업들은 선택과 집중을 기반으로 높은 수익을 창출한다. 대부분 국내진출 외국기업은 업종전문화를 통하여 수익성과 성장성을 유지하고 있다.

6.4 가업의 기술개발

2010년 포천 선정 5백대 기업 중 매출액 대비 수익률 1위는 코닝이다. 거의 40%의 수익률이다. 당시 5백대 기업의 평균수익률은 8%, 우리나라 상장기업의 수익률은 5% 정도였다. 이 회사의 연구개발비 지출은 매출의 10%에 달한다.

우리나라에서 2015년 매출 천억 원이 넘는 벤처기업은 474곳이었다. 이들 벤처기업들의 특징은 연구개발에 대한 과감한 투자를 바탕으로 창업 초기부터 해외에 진출한 것이다. 기술과 연구개발의 중요성을 보여주는 통계이다. 히든챔피언의 사례도 이를 보여준다. '히든 챔피언'(hidden champion)은 중소규모이지만 특화된 경쟁력으로 세계시장을 선점한 강소기업을 말하는 단어이다. 독일의 경영학자 헤르만 지몬(Hermann Simon)이 책으로 내면서 유명해졌다. 히든 챔피언은 통상 세계시장 점유율 30% 이상, 기업수명 50년 이상, 평균 매출 4,000억 원 수준으로 쉽게 말해 일반인에게 알려져 있지 않지만 각 분야에서 세계 시장 점유율 1~3위를 차지하는 강소기업을 말한다. 이에 해당하는 히든챔피언은 전 세계적으로 3천 개 가량으로 추산되는데, 그중 절반가량이 독일 기업이다. 이들 독일 히든챔피언은 장인정신을 통한 기술력이 경쟁력이다. 기술력은 하루아침에 이루어질 수 없으며 여러 대에 걸쳐 기술력을 개발하여 세계적인 경쟁력을 확보한 것이다. 이들 히든챔피언들은 대체로 매출액의 5~10%를 연구개발 투자에 지출하는 연구개발 집중 기업이다.

세계적인 '글로벌' 기업, 강소기업, 히든챔피언 등 경쟁력 있는 기업이 많은 일본은 오랫동안 쌓아온 기술 경쟁력과 기초과학에 대한 투자의 결과이다. 기업이 연구개발과 인력개발 등을 소홀히 하는 것은 농부가 배가 고프다고 뿌릴 종자를 먹는 것과 같다.

중소기업이 R&D 투자를 바탕으로 신기술을 개발해도 실제 제품으로 만들어 사업화에 성공하는 비율은 40% 정도로 절반에도 못 미친다. 다른 나라는 우리나라의 경우보다 높지만 모든 기업이 다 성공하는 것이 아니다. 미국과 영국이 70% 정도로 우리나라보다 높고, 일본은 50% 정도이다.

신기술을 개발하고도 사업화하지 못하는 것은 자금부족이 25%, 판매 시장 미성숙 15%, 높은 가격과 원가가 15% 정도이다. 따라서 신기술개발을 시작하기 전에 자금조달 계획을 세우고 시장동향을 제대로 파악하는 것이 중요하다.

연구개발의 투자는 기업의 장기적인 가치 창출과 직접적인 관련을 가진다. 기업의 연구개발 투자와 기업의 장기적 기업 가치창출이 직접적인 관련이 있음은 널리 알려진 사실이다.[86] 기술개발을 통한 해외시장 진출 전략은 기업이 나아갈 길이다. 서울반도체는 20년 이상 매출의 10%를 R&D에 투자하고 1만 건이 넘는 특허를 유지하고 있다. 세계시

86) McKinsey & Company, *Valuation*, John Wiley & Sons, 2010, pp.11-2.

장으로 진출하려는 기업은 기술개발을 통한 지적소유권 확보 등 기술 경쟁력이 필수이다. 그러나 2015년 우리나라는 경기 불황 등의 영향으로 기업들이 지출한 연구개발비가 10%나 감소하여 2010년 이후 처음으로 감소하였다. 2010년 이후 매년 10% 내외로 증가하다 2014년 증가 폭이 2%로 뚝 떨어진 데 이어 2015년에는 결국 마이너스로 전환하고 만 것이다.

7 가업의 원가 차별화 전략

7.1 가격과 원가의 관계

가격경쟁력 또는 원가경쟁력 전략(price or cost leadership strategy)은 생산의 효율, 간접비용의 통제 등을 통하여 원가경쟁력을 확보하고 수익성이 낮은 거래를 제거하는 전략이다. 원가경쟁력을 확보하는 대표적인 사례는 규모의 경제이다. 원가경쟁력을 확보한 기업은 가격을 낮춤으로써 시장지배력을 강화할 수 있다.[87] 원가경쟁력이 중요한 시장은 범용시장이다. 누구나 쉽게 만들 수 있는 범용제품은 경쟁이 치열하고 성숙한 시장인 경우가 많아 가격경쟁이 심하고 수익률도 낮아 원가절감이 중요하다. 삼성전자가 2천년대에 베트남을 중심으로 동남아 지역에 대규모 생산기지를 구축하는 것은 원가경쟁력을 확보하기 위한 것이다. 특히 중저가로 재편되는 스마트폰 시장에 대응하기 위한 중요한 전략이다.

가격과 관련하여 기업이 선택하는 최악의 전략은 고정된 가격으로 이익을 내기 위하여 상품의 질을 낮추고 원가를 낮추는 것이다. 이러한 전략은 소비자를 배신하는 전략으로 소비자를 쫓아내고 결국 기업의 미래를 팔아버리는 전략이다. 대표적인 것이 저가 중국관광객시장이다. 중국인 관광 여행사들은 최저가 출혈경쟁으로 관광객을 유치하고 쇼핑 강요와 질 낮은 숙박, 음식의 제공으로 중국인들의 원성을 샀다. "정해진 가격으로 이익을 챙기기 위하여 상품의 질을 낮추는 것은 기업의 미래를 팔아버리는 것이다."라는

87) Donald DePamphilis, Mergers and Acquisi*tions Basics, Burlingto*n, Elsevier, 2011, p.128.

경고는 시장에서 작동하는 분명한 진실이다. 도요타는 2009년 380만대를 리콜 한다고 발표했다. 다른 요인도 있었지만 도요타가 원가 절감을 위해 지나치게 하도급 업체를 압박한 것이 결정적으로 제품의 품질 저하를 가져온 것이다.

7.2 시장 양극화와 가격전략

20세기 말부터 시장은 고가 프리미엄 시장과 저가 상품시장으로 양분되고 각각의 시장은 크게 성장하고 있다. 세계시장에서 텔레비전, 호텔, 식품, 여성 옷 시장 등은 중저가 시장은 크게 감소하고 고가 브랜드와 초저가 보급시장은 크게 성장하였다. 우리나라도 마찬가지이다. 명품시계, 명품가방, 명품의류, 고가 화장품, 고급승용차 등의 판매는 급증하고 있지만 중저가 시계 등은 오히려 성장은커녕 후퇴하고 있다. 초고가 명품과 초저가 제품 판매는 늘어나는 반면, 중간 제품 판매는 줄고 있다. 따라서 중저가 중간층 시장으로의 접근은 니치시장 전략이 아니면 접근하지 않는 것이 좋다. 프리미엄시장과 저가 시장 양쪽을 함께 공략하는 경우도 있다. 애플은 전통적으로 프리미엄 이미지의 고가 스마트폰 시장을 공략했지만 시장점유율이 낮아지자 저가 모델시장에도 진출하여 시장점유율을 끌어올리는 전략을 구사했다.

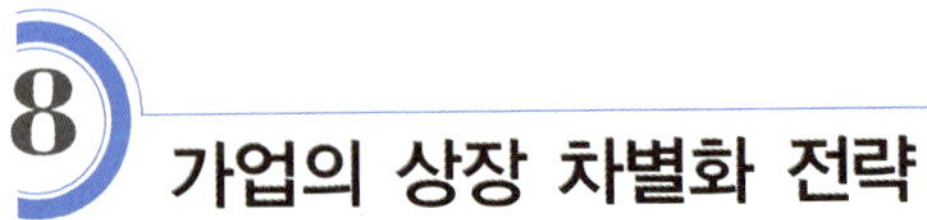

8 가업의 상장 차별화 전략

8.1 가업의 상장과 경영

사업을 키워 상장한 기업이 자진하여 상장폐지를 하는 경우가 많다. 1999년부터 2002년까지 4년 동안 매년 100개가 넘는 기업들이 코스닥 시장에 진출했지만 1999년 한 해만 100곳 중 42곳이 상장 폐지됐다.

소액주주의 경영권 간섭(회계장부 열람, 대표이사 해임과 사외이사 교체 요구), 증시 불황으로 인한 주가 유지의 어려움과 증자의 부진(자금 조달의 어려움), 상장 유지비용과 공시 의무 부담 등으로 인한 것이 그 원인이기도 하다. 상장회사에 대한 회계감사는 비상장기업에 대한 감사보다 강하다. 그러나 상장으로 인한 사후관리는 기업의 성장을 위한 필요 사항으로 받아들여야 한다. 경영권 '간섭'은 기업경영의 견제로 받아들여야 하며, 기업 투명성의 강화는 기업이 지속가능한 성장으로 가는 길임을 받아들여야 한다.

상장만이 성장의 유일한 길은 아니다. 물론 우리가 아는 대부분의 이름난 기업은 상장기업이다. 그러나 유수한 비상장 기업도 있다. 대부분 장수 기업으로 세계적인 기업도 많다. 미국 비상장 기업 1위인 카길은 1864년, 2위 코크 인더스트리스는 1939년 창업했다. 1960년대 창업한 오디오 기기 메이커 보스는 1980년대 R&D 투자에 엄청난 금액을 퍼부었지만 결과는 미미했다. 그러나 결국 성공했다. 상장기업이라면 주가유지 등으로 불가능한 일이었다. 주가유지는 단기 이익에 집중할 수밖에 없으며 장기적 전략이나 비전을 소홀히 할 수 있는 문제점이 도사리고 있다. 특히 가족기업으로서 강소기업을 추구한다면 이점은 중요하다. 단기적인, 현 세대만의 이익이 아니라 여러 세대에 걸쳐서 장기적인 이익 개념이 필요한 것이다. 상장은 여러 가지 면을 감안하여 전략적으로 결정할 일이다. 그리고 상장은 그 자체가 목적은 아니며 '무언가' 목적을 달성하기 위한 수단임을 잊어서는 안 된다.

증권시장에 상장하는 기업은 매년 증가하여 2012년 28개, 2013년 41개, 2014년 73개, 2015년에는 약 140개였다. 2006년부터 2012년까지 거래소 상장심사를 통과한 비율은 2009년 87.3%를 제외하고 매년 70%대였다. 하지만 2013년 94.4%, 2014년 50개사 중 48개사가 통과되어 96%였다. 우리나라 외부감사 대상기업 중 9,000여 곳이 코스닥 상장요건을 충족한 것으로 추정되지만 연간 신규상장은 40건 내외에 불과하여 상장요건을 갖춘 기업 중 0.5% 정도만이 상장하고 있다.

8.2 코스닥 상장의 요건

대부분의 중소기업이나 중견기업이 상장을 추진하는 경우 코스닥시장을 목표로 한다. 따라서 여기서는 코스닥 상장에 대해서만 설명한다.

재무적 요건

코스닥시장에 상장하려면 설립 후 3년 이상 된 기업으로 자기자본이 30억 원(벤처기업 15억 원, 기술기업 10억 원) 이상, 자기자본이익률 10% 이상(벤처기업 5%), 당기순이익 20억 원 이상(벤처기업 10억 원)이어야 하고 기본적으로 매출은 100억 원 이상이어야 하지만 시가총액이 300억 원 이상은 되어야 한다. 따라서 영업이익 규모가 50억 원 규모는 되는 것이 바람직하다. 벤처기업이나 기술기업은 별도의 요건이 있다. 구체적인 것은 회계사 등 자문사와 자문계약을 통하여 준비하는 것이 바람직하다.

실질적 요건

① 개요

실질적 심사기준은 기업경영의 계속성, 기업의 지배구조, 공시와 주주이익의 보호를 심사한다. 한국거래소는 상장심사의 객관성을 확보하기 위하여 상장심사지침을 제정, 운영하고 있다. 지속가능 경영, 경영의 투명성 등과 관련된 사항으로 사실상 상장심사의 요건이다. 기업으로서는 기업의 상장뿐만 아니라 장래를 결정하는 문제이지만, 많은 기업이 이를 소홀히 하여 상장심사에 탈락하기도 하고 끝내는 경영실패로 이어지기도 한다.

② 기업의 계속성

기업의 계속성은 코스닥 상장의 기초적인 요건이지만 기업의 장기적 생존이 걸린 문제이다.

첫 번째 심사요건은 '영업의 안정성'이다. 주된 사업이 다른 법인의 경영정책이나 실적에 의존하지 않는 등 경영의 독립성이 있는지(하청업체이가나 거래가 특정기업에 지나치게 의존하는 기업 등), 인허가나 면허취소 또는 법령 위반 등으로 인하여 주된 사업의 계속성의 문제가 있는지, 시장 점유율 등 안정적인 영업기반을 가지고 있는지를 심사한다.

두 번째는 '경영기반 및 수익 구조'이다. 대체산업이 존재하는지, 경쟁상황 및 정부정책 등에 비추어 산업의 성장전망이 우호적인지, 상장이후에도 최근 이익 수준을 유지할 수 있고, 최근 이익이 악화된 경우에는 조기에 회복이 될 수 있는지, 유동비율, 당좌비율, 부채비율, 차입의존도 또는 금융비용 부담비율 등에 비추어 재무적 안정성이 있는지 등이다.

세 번째는 '주된 영업의 특성'이다. 국가 경제적 측면에서 주된 사업이 증권시장을 통하여 자금을 조달하는 것이 부적절한 것은 아닌지, 이익배분 등과 관련하여 「상법」상 주식회사로서의 역할을 하는지이다.

2012년의 경우 상장심사에서 정량적 평가뿐만 아니라 안정적이고 투명성을 더욱 중시하였었다. 자기자본이나 최근 3개년 간 매출실적 등 이외에도 사업성, 수익성, 관계회사 관련 위험, 재무안정성, 경영투명성 및 내부통제 미흡 등을 지적하며 미승인 결정을 내렸다. 시장을 관리하는 감독당국의 입장에서 시장을 좀 더 안정시키고 지속가능 경영을 이끌 수 있느냐를 강조한 셈이다(뉴스토마토, 2012.10.17.).

기업을 상장하고자 할 때 가장 중요한 것은 상장기업으로서 충분한 자질(qualification)을 갖추고 있는지 경영자 스스로 냉정한 판단이 필요하다. 물론 상장을 위해서가 아니라도 기업이 현재의 사업과 미래에 얼마나 경쟁력을 갖추고 성장할 수 있는지 검토하여야 한다. 방향이 잘못되면 결과는 노력에 관계없이 좋을 수가 없다. 우선 기업의 현재 모습(Fundamental)이 경쟁력을 갖추고 우량한지를 객관적으로 돌아보아야 하고 자금조달을 통해 성장할 수 있는 충분한 시장규모와 경쟁력이 존재하는지에 대하여 검토하는 것도 필요하다. 특히, 현재 실적은 매우 양호하나 미래 성장성이 불투명한 기업 또는 성장할 충분한 시장이 없는 기업은 상장심사에서나 향후 성장성에서 좋은 결과를 기대하기 어려운 것은 자명하다(한국경제신문, 2012.2.10. 편집).

③ 기업경영의 투명성

기업경영의 투명성은 상장기업의 필수요건이다. 기업주가 회사 돈을 마음대로 사용하거나 회계가 투명하지 않은 경우 상장은 어렵다. 기업주의 가족이 경영을 좌지우지해서는 안 되며 이사회와 내부감사의 기능이 제대로 수행되고 독립성이 인정되어야 한다. 이를 위하여 정관, 회사내규 등 경영관련 규정이 완비되어야 한다. 회사의 규모 및 특성에 적합한 합리적인 회계조직 및 장부를 구비하고 외부감사인도 가능하면 강력한 감사를 수행하는 대형 회계법인을 선정하여야 한다. 기업주나 대주주와 회사 간의 부적정한 가격에 의한 전환사채 또는 신주인수권부사채의 발행, 주식매수선택권 등의 부여로 인하여 주주이익을 저해할 우려가 없어야 하며, 최대주주 등 및 관계회사 등에 대하여 내부거래, 지급보증 등의 행위로 인하여 부당이익을 제공하지 않아야 한다. 상장기업은 다양한 공시를 하여야 하므로 공시관련 조직이나 인력도 갖추어야 한다.

2007~2012 5년간 400여개 기업이 코스닥시장에 상장심사를 청구하였고 이중 승인된 기업은 약 70% 수준이다. 주요 미승인 사유를 살펴보면 경영투명성 미흡이 가장 많고

그 다음으로 사업성, 수익성, 재무안정성 등이 그 뒤를 잇는다(한국경제신문, 2012.2.10.). 2006년 27.3%에서 2007년에는 31.4%, 2008년에는 40.7%, 2010년에는 전체의 50.0%가 경영투명성과 내부통제 미흡을 이유로 상장심사에서 탈락했다.

기업의 주주구성이 대부분 가족으로 돼 있는 경우에는 최대주주와 혈연관계가 없는 제3자가 이사회의 과반수 이상이 되도록 요구하고 있다. 이밖에 관계회사 밀어내기 매출 여부, 청구서 허위기재 등 불건전 기업의 상장 가능성을 원천 차단해 나간다는 방침이다(이 · 데일리, 2010.7.30.). 따라서 상장기업으로서의 충분한 자질이 있다고 판단되는 경우 이젠 경영투명성 제고를 위한 노력이 필요하다. 경영투명성은 경영자가 일반주주를 대신하여 선량한 관리자로서 의무를 이행하기 위한 필수적인 요건이므로 투자자 보호 차원에서 기업의 운영체제 전반에 대한 엄격한 심사가 이루어진다. 기업은 상장심사청구 전 독립적 기업경영을 위한 지배구조(corporate governance)를 확보하고 불투명한 자금거래나 부당한 부의 이전이 발생하지 않도록 내부통제시스템을 구축하고 충분한 운영기간을 확보하여야 한다. 내부적으로 견제 받지 않는 경영자에 의한 횡령, 배임 등 도덕적 해이가 코스닥상장 기업 퇴출의 가장 주요한 원인인 점을 감안할 때 상장 전 단계부터 경영투명성 제고를 위한 준비는 반드시 필요하다(한국경제신문, 2012.2.10.).

8.3 상장의 절차

▲▼ 절차의 개요

코스닥시장 상장 시 절차는 다음과 같다. 상장예비심사(예비심사의 청구, 심의), 주식의 공모(신고서제출, 예비투자설명서, 투자설명서, 가격결정, 청약과 자본금증자), 주식의 거래와 상장(상장신청서 제출, 승인 및 통보, 기준가격결정, 거래개시) 등으로 이루어진다. 상세한 자문은 필자에게 문의 바란다.

〈코스닥 상장절차〉

구 분		주 체	일정(예시)	기 타
외부감사 (감사인 지정)		회사, 회계법인		금융감독원 회계자료실
주관 증권사 선정		회사, 증권사		금융투자협회 자율규제기획부에 계약서 등 제출(체결일로부터 5 영업일 이내)
예비준비	정관	회사, 증권사		표준 정관으로 개정
	사전 실사 및 발행가액 분석자료 준비	회사, 증권사		
	명의개서 대행기관 선정	회사		국민은행, 하나은행, 한국예탁결제원
	주권가쇄 계약	회사, 가쇄 소		
예비심사	예비심사청구서 제출	회사, 증권사	D	
	예비심사청구서 검토	코스닥시장본부 상장심사팀		
	청구기업 심의	코스닥시장상장위원회	D+60	상장위원회 상정
	예비심사 승인	코스닥 시장본부	D+63	
증권신고	증권신고서 제출	회사, 감독원	D+65	
	발행가액 결정	발행사, 증권사	D+75	
	증권신고서 효력발생		D+81	수리 후 15일
증자	청약	증권사	D+82~84	
	배정	증권사	D+91	
	신규 상장 신청	회사, 증권사	D+92	
	증자등기	회사	D+93	
상장	코스닥 상장승인	코스닥 상장본부	D+94	
	매매 개시	코스닥 상장본부	D+96	

※ 한국증권거래소 2014.6.18. 개정기준 기준

▲▼ 사전적 준비

① 상장과 비전의 설정

기업의 상장은 그 자체로 목표가 아니다. 상장은 성장을 위한 자금을 일반투자자로부터 조달하고 기업의 시스템을 구축하고, 경쟁력 있는 기업으로 지속가능한 성장을 위한 발판을 마련하는 것이다. 이러한 목표는 상장을 하지 않더라도 달성될 수 있다. 단지 상장을 위한 상장을 추진하는 기업이 많다. 왜 상장을 하는지를 명확하게 하여야 한다.

기업의 현재를 이해하고 미래를 분명히 하려면 산업과 시장을 선택하고 전략과 계획을 수립하여야 한다. 이를 통하여 기업이 나가야할 방향을 분명히 하고 매출성장과 수익성을 수치로 명확히 하여야 하며 이를 바탕으로 구체적인 투자계획도 세워야 한다. 기업은 단기적으로는 경영관리를 위하여, 그리고 장기적으로는 경영환경변화에 대응하여 성공적으로 살아남기 위하여 사업계획을 세운다. 사업계획 중의 하나가 예산이다. 예산은 경영계획을 숫자화 하고 공식적으로 문서화(Formalization of planning)한 것으로 미래를 계획하고 통제하는 경영기법(Manager's tool)이다. 예산을 설정하려면 미래를 예측하여야 하고 예측된 미래와 그 환경변화에 대응할 경영대책을 수립하여야 한다. 예산에는 우선 기업 전체의 목적과 목표를 나타내는 전략계획(Strategic plan)이 있다. 기업은 경영전략계획을 기준으로 5년 내지 10년의 중장기경영계획과 중장기예산(Long-range planning and budgets)을 설정한다. 중장기경영계획에서는 기업이 앞으로 시장에서 판매할 상품과 용역을 결정하고 이를 위한 투자의사결정, 재무계획이 만들어진다. 반면 종합예산은 단기의 예산으로 매출예산(Target for sales), 구매와 생산, 목표이익, 현금예산 등 구체적인 예산서가 작성되고 추정재무제표(Pro Forma Statements)가 작성된다.

② 상장추진팀 구축

상장을 결정하면 상장을 추진할 팀과 전문가를 구축하여야 한다. 팀 구성 시 상장을 경험한 외부전문가를 영입하거나 임직원을 채용하는 것도 좋다. 기업 시스템(경영관리조직, 내부통제시스템, 회계 관리 시스템 및 내부규정 정비 등)의 정비가 필요하므로 회계사 등 전문가의 꼼꼼한 자문을 받아야 한다. 상장이 성공하면 기업에 커다란 기업 가치 상승을 가져오는 것이므로 투자를 아끼지 말아야 한다. 상장추진팀은 주관회사, 회계법인, 법무법인, 기타 관련기관 등과의 교섭창구 역할을 한다. 또한 상장계획 및 일정을 수립하고 추진한다.

③ 강력한 회계감사 진행

상장을 하려면 엄격한 회계감사를 받아야 한다. 상장을 위한 회계감사는 소극적으로 해서는 안 되며 상장으로 기업의 경쟁력제고와 지속가능성 확보를 위하여 적극적으로 준비하고 강한 회계감사를 사전에 요청하는 것이 좋다. 상장직전에는 정부에서 지정한 회계법인이 회계감사를 하므로 그 전에 회계법인과 다양한 계약을 통하여 사전에 준비하고 미리 강한 감사를 받는 것이 회사의 이익이 되며 상장에도 도움이 된다. 상장하고자 하는 사업연도의 전년 또는 당해 연도에 증권선물위원회에 회계감사인 지정을 신청하여 지정받은 회계법인으로부터 회계감사를 받는다. 특히 금융감독원은 회계감사인 사전 지정과는 별도로 기업공개를 추진하는 기업의 회계투명성을 강화하기 위하여 상장예정기업 중 일부기업을 선정하여 한국공인회계사회가 감리를 실시하도록 하는 우선 감리제도를 도입하였다. 회계의 투명성 문제는 감사뿐만 아니라 감리제도 그리고 상장심사에서도 중요한 부분이므로 적극적으로 시스템을 정비하고 회계문제를 검토하여 정리하여야 한다.

PART

4

가업의 성장전략

가업 환경변화와 전략

Chapter 2

가업의 성공전략

Chapter 3

가업의 자금조달

1 가업경영과 자금조달

기업의 자금조달은 크게 자기자금과 차입으로 구성된다. 차입금과 채권발행은 자기자금보다 역사가 길며 가장 오래된 기록은 5000년 전으로 거슬러 올라가며 기원전 3000년 바빌로니아에서 채권이 발행된 기록이 있다.

자금조달 방법은 내부이익에 의한 자체적인 자금조달뿐만 아니라 기업공개 또는 신주발행에 의한 자본금 증자, 금융기관 차입 또는 회사채 발행 등에 의한 타인자본 조달이 있다. 기업과 사업의 성격, 기업의 재무상황 및 신용, 자금시장의 현황, 자본비용, 기업의 미래 등에 따라 자금조달의 방식은 모두 다르다. 자금조달 시장으로서 자본시장은 기업들이 장기자금(long-term funds)을 조달할 수 있는 채권과 주식의 증권시장(market for securities, debt or equity)을 말한다. 비공개시장 또는 비상장기업의 자본시장(private capital market)은 상장기업과 달리 자금조달의 한계가 있고 제한적인 거래가 이루어 질 수밖에 없다. 오늘날 금융기관의 대출은 기업실사와 유사하다. 마치 투자자와 같이 경쟁상황을 분석하고 시장점유율 추세를 분석하는 등 실사를 통하여 기업의 신용을 파악한 후 대출을 하고 있다. 따라서 전통적인 담보뿐만 아니라 회사의 현금흐름과 재무상태가 중요시되고 있다.

자금조달 시 기본적인 원칙이 있다. 기업이나 국가경제가 위기가 닥치는 것은 과도한 차입금의 사용이 원인인 경우가 많다. 특히 장기적인 투자를 단기 차입에 의존하는 경우가 대표적인 사례이다. 2008년 금융위기 시 '글로벌' 공조라는 구호 아래 양적완화를 통해 돈을 풀기 시작하면서 기업들은 채권 발행과 차입 등으로 확보한 자금으로 기업 확장에 매진했다. 그 결과 금융위기 이후 5년 만에 웅진그룹, 동양그룹 등이 무리한 사업 확장과 부채비율 증가 등 재무구조 악화의 악순환으로 무너졌다. 2012년 도산한 웅진그룹은 위험이 큰 태양광과 건설 부문에 대규모 투자를 하면서 회사채 발행으로 자금조달을 하였다. 동양그룹은 수익성이 확실하지 않은 사업을 과도하게 확장하면서 회사채 및 CP 발행 확대 등 차입을 지속적으로 증가하였다.

2 자본금에 의한 자금조달

2.1 가업과 주주의 출자

자본금 증자는 주주로부터 자금을 조달하는 방법이다. 물론 기존주주가 출자할 수도 있지만 주주 이외의 제3자도 주주로 참여할 수 있다. 특히 자본잠식, 상장폐지의 위기 등 부실기업의 경우 유상증자를 통하여 주주가 자금을 공급할 수밖에 없다.

제3자의 자본금 출자는 배당금의 지급, 회사의 상장이나 주식의 매각가능성 등을 전제하지 않으면 쉽지 않다. 물론 출자 후 기존주주가 제3자 보유의 주식을 일정한 가격으로 인수할 것을 약정하거나 기존주주가 경영권을 매각하는 조건을 부여할 수도 있다. 대주주가 소수주주로부터 지분투자를 받을 때 동반매도청구권(Drag - along right)을 조항을 계약에 포함하기도 한다. 소수 지분 투자자가 보유 지분 매각 과정에서 대주주의 지분을 묶어서 함께 팔 수 있는 권리이다. 약속한 기한까지 기업공개 등이 이뤄지지 않아 투자회수에 실패할 경우에 대비한 장치다. 2016년 두산인프라코어 중국법인(DICC) 매각 실패를 둘러싼 두산인프라코어와 재무적 투자자 간 법정 공방이 결론을 앞두고 있다. 동반매도청구권에 대한 국내 첫 판결이다. 하나금융투자 사모펀드 등은 의도적으로 매각을 방해해 동반매도청구권 조항을 무력화했다며 투자원금과 계약서에서 보장한 15%의 이자 지급을 요구하고 있다. 두산이 인수후보와의 협상에 필요한 중국법인 정보 제공에 협조하지 않아 매각이 불발됐다며 사실상 동 조항을 무시한 것이라고 주장했다. 반면 두산은 인수후보 사모펀드들의 인수 의지가 의심됐다며 제한된 정보 제공은 어쩔 수 없는 조치였다고 반박했다.

이렇게 제3자를 증자에 참여시키려면 정관에 구체적인 규정을 두어야 한다. 즉 정관의 규정에 따라 신기술의 도입, 재무구조의 개선 등 회사의 경영상 목적을 달성하기 위하여 필요한 경우에 한하여 주주 외의 자에게 신주를 배정할 수 있다(상법 제418조 제2항). 정관에 구체적으로 정해진 제3자 배정 규정이 없이 제3자 배정으로 증자를 하는 경우 무효이다.

2.2 증자와 「상법」 이해

▲▼ 증자의 절차

① 증자의 승인

증자의 결정은 원칙적으로 이사회의 의결사항이다(상법 제416조). 그러나 「상법」에 다른 규정이 있거나 정관으로 주주총회에서 증자 여부를 결정하기로 정한 경우에는 주주총회에서 결정한다(상법 제416조 단서). 그 결정 내용은 다음의 사항으로서 정관에 규정이 있는 것은 정관에 따라 그렇지 않은 경우에는 주주총회 또는 이사회가 결정한다(상법 제416조).

〈증자 시 결정할 사항〉

1. 신주의 종류와 수
2. 신주의 발행가액과 납입기일

2의 2. 무 액면주식의 경우에는 신주의 발행가액 중 자본금으로 계상하는 금액

3. 신주의 인수방법
4. 현물출자를 하는 자의 성명과 그 목적인 재산의 종류, 수량, 가액과 이에 대하여 부여할 주식의 종류와 수
5. 주주가 가지는 신주인수권을 양도할 수 있는 것에 관한 사항
6. 주주의 청구가 있는 때에만 신주인수권증서를 발행한다는 것과 그 청구기간

따라서 이사회나 주주총회의 승인을 받아야 하므로 이사회나 주주들이 증자에 우호적이어야 한다.

「상법」 제416조 제5호에 의하면, 회사의 정관 또는 이사회의 결의로 주주가 가지는 신주인수권을 양도할 수 있는 것에 관한 사항을 결정하도록 되어있다. 신주인수권의 양도성을 제한할 필요성은 주로 회사 측의 신주발행사무의 편의를 위한 것에서 비롯된 것으로 볼 수 있고, 또 「상법」이 주권발행 전 주식의 양도는 회사에 대하여 효력이 없다고 엄격하게 규정한 것과는 달리 신주인수권의 양도에 대하여는 정관이나 이사회의 결의를 통하여 자유롭게 결정할 수 있도록 한 점에 비추어 보면, 회사가 정관이나 이사회의 결의로 신주인수권의 양도에 관한 사항을 결정하지 아니하였다 하여 신주인수권의 양도가 전혀 허용되지 아니하는 것은 아니고, 회사가 그와 같은 양도를 승낙한 경우에는 회사에

대하여도 그 효력이 있다. 주권발행 전의 주식의 양도는 지명채권 양도의 일반원칙에 따르고, 신주인수권증서가 발행되지 아니한 신주인수권의 양도 또한 주권발행 전의 주식 양도에 준하여 지명채권 양도의 일반원칙에 따른다고 보아야 하므로, 주권발행 전의 주식양도나 신주인수권증서가 발행되지 아니한 신주인수권 양도의 제3자에 대한 대항요건으로는 지명채권의 양도와 마찬가지로 확정일자 있는 증서에 의한 양도통지 또는 회사의 승낙이라고 보는 것이 상당하고, 주주명부상의 명의개서는 주식 또는 신주인수권의 양수인들 상호간의 대항요건이 아니라 적법한 양수인이 회사에 대한 관계에서 주주의 권리를 행사하기 위한 대항요건에 지나지 아니한다(대법원 1995.5.23. 선고, 94다36421 판결).

주식회사의 신주발행은 주식회사의 업무집행에 준하는 것으로서 대표이사가 그 권한에 기하여 신주를 발행한 이상 신주발행은 유효하고, 설령 신주발행에 관한 이사회의 결의가 없거나 이사회의 결의에 하자가 있더라도 이사회의 결의는 회사의 내부적 의사결정에 불과하므로 신주발행의 효력에는 영향이 없다(대법원 2007.2.22. 선고, 2005다77060 판결).

주식은 액면 이상 발행하여 하며, 액면에 미달하게 발행하려면 회사가 성립한 날로부터 2년을 경과하고 주주총회 특별결의와 법원의 인가를 받아야 할 수 있다(상법 제417조).

② 증자의 공고 및 통지

회사는 일정한 날을 정하여 그 날에 주주명부에 기재된 주주가 신주인수의 권리를 가진다는 뜻과 신주인수권을 양도할 수 있을 경우에는 그 뜻을, 그 날의 2주간 전에 공고하여야 한다. 그러나 그 날이 주주명부의 폐쇄기간 중인 때에는 그 기간의 초일의 2주간 전에 이를 공고하여야 한다(상법 제418 제3항). 주주 외의 자에게 신주를 배정하는 경우 회사는 다음 사항을 그 납입기일의 2주 전까지 주주에게 통지하거나 공고하여야 한다(상법 제418조 제4항).

〈증자 시 결정할 사항〉

1. 신주의 종류와 수
2. 신주의 발행가액과 납입기일

2의 2. 무 액면주식의 경우에는 신주의 발행가액 중 자본금으로 계상하는 금액

3. 신주의 인수방법
4. 현물출자를 하는 자의 성명과 그 목적인 재산의 종류, 수량, 가액과 이에 대하여 부여할 주식의 종류와 수

또한 회사는 신주의 인수권을 가진 자에 대하여 그 인수권을 가지는 주식의 종류 및 수와 일정한 기일까지 주식인수의 청약을 하지 아니하면 그 권리를 잃는다는 뜻을 통지를 하여야 한다. 이 경우 주주가 가지는 신주인수권을 양도할 수 있는 것에 관한 사항, 주주의 청구가 있는 때에만 신주인수권증서를 발행한다는 것과 그 청구기간의 정함이 있는 때에는 그 내용도 통지하여야 한다(상법 제419조 제1항). 회사가 무기명식의 주권을 발행한 때에는 통지대신 공고하여야 한다(상법 제419조 제2항). 이러한 통지 또는 공고는 그 기일의 2주간 전에 하여야 한다(상법 제419조 제3항). 통지 또는 공고에도 불구하고 그 기일까지 주식인수의 청약을 하지 아니한 때에는 신주의 인수권을 가진 자는 그 권리를 잃는다(상법 제419조 제4항).

주식회사가 신주를 발행하는 경우 주주 또는 제3자는, 주주배정, 제3자배정, 모집 등의 방법에 의하여 해당 신주를 인수하여 취득하거나, 또는 해당 신주를 인수한 자로부터 이를 매수하여 취득하는 것이 통상적이라고 할 것이고, 이와 달리 제3자가 직접 그 주식회사와 해당 신주에 관한 매매계약을 체결하여 그 주식회사로부터 해당 신주를 직접 매수하여 취득할 수는 없다(대법원 2008.9.25. 선고, 2008다42515 판결).

③ 신주인수권증서의 발행

증자 시 "주주가 가지는 신주인수권을 양도할 수 있는 것에 관한 사항"을 정하고 "주주의 청구가 있는 때에만 신주인수권증서를 발행한다는 것과 그 청구기간"을 정한 경우에는 그 정함에 따라, 그 정함이 없는 때에는 신주인수권의 공고 또는 통지 시 정한 기일의 2주간 전에 신주인수권증서를 발행하여야 한다(상법 제420조의 2 제1항).

신주인수권증서에는 신주인수권증서라는 뜻의 표시, 주식청약서의 기재사항, 신주인수권의 목적인 주식의 종류와 수, 일정기일까지 주식의 청약을 하지 아니할 때에는 그 권리를 잃는다는 뜻과 번호를 기재하고 이사가 기명날인 또는 서명하여야 한다(상법 제420조의 2 제2항).

회사는 신주인수권증서를 발행하는 대신 정관으로 정하는 바에 따라 전자등록기관의 전자등록부에 신주인수권을 등록할 수 있다(상법 제420조의 4). 전자등록부에 신주인수권증서를 등록한 자는 그 등록된 신주인수권에 대한 권리를 적법하게 보유한 것으로 추정하며, 이러한 전자등록을 선의로, 그리고 중대한 과실 없이 신뢰하고 전자등록부에의 등록에 따라 권리를 취득한 자는 그 권리를 적법하게 취득한다(상법 제420조의 4 후단). 전자등록부에 등록된 신주인수권증서의 양도나 입질(入質)은 전자등록부에 등록하여야 효력이 발생한다(상법 제420조의 4 후단). 회사가 전자신주인수권 전자등록 부를 작성하는 경우에는 회사의 본점 또는 명의개서 대리인의 영업소에서 그 전자등록부의 내용을 서면으로 인쇄할 수 있으면 그 명부를 비치한 것으로 본다(상법 제420조의 4 후단, 상법 시행령 제4조의 2 제1항). 주주와 회사채권자는 영업시간 내에 언제든지 서면 또는 파일의 형태로 그 명부에 기록된 사항의 열람 또는 복사를 청구할 수 있다. 이 경우 회사는 신주인수권자의 전자우편주소를 열람 또는 복사의 범위에서 제외하는 조치를 취하여야 한다(상법 제420조의 4 후단, 상법 시행령 제4조의 2 제2항).

신주인수권의 점유자는 이를 적법한 소지인으로 추정한다(상법 제420조의 3 제2항, 상법 제336조 제2항). 어떤 사유로든 신주인수권의 점유를 잃은 자가 있는 경우에 그 신주인수권의 소지인은 그 신주인수권이 소지인출급식일 때 또는 배서로 양도할 수 있는 신주인수권의 소지인이 배서에 따라 그 권리를 증명할 때에는 그 신주인수권을 반환할 의무가 없다. 그러나 소지인이 악의 또는 중대한 과실로 인하여 신주인수권 취득한 경우에는 그러하지 아니하다(상법 제420조의 3 제2항, 수표법 제21조). 즉 배서로 양도할 수 있는 신주인수권의 점유자가 배서의 연속에 의하여 그 권리를 증명할 때에는 그를 적법한 소지인으로 추정한다. 최후의 배서가 백지식인 경우에도 같다. 말소한 배서는 배서의 연속에 관하여는 배서를 하지 아니한 것으로 본다. 백지식 배서의 다음에 다른 배서가 있는 경우에는 그 배서를 한 자는 백지식 배서에 의하여 신주인수권을 취득한 것으로 본다(수표법 제19조).

④ 주식청약서의 작성

주식인수의 청약을 하고자 하는 자는 주식청약서 2통에 인수할 주식의 종류 및 수와 주소를 기재하고 기명날인 또는 서명하여야 한다(상법 제425조 제1항, 상법 제302조 제1항).

주식청약서는 이사가 작성의 책임이 있다. 주식청약서에는 다음사항을 기재하여야 한다(상법 제420조).

〈주식청약서의 기재사항〉

기재사항	비고
상호	「상법」 제289조 제1항 제2호 내지 제4호에 게기한 사항
회사가 발행할 주식의 총수	
액면주식을 발행하는 경우 1주의 금액	

기재사항	비고
주주에게 배당할 이익으로 주식을 소각할 것을 정한 때에는 그 규정	「상법」 제302조 제2항 제7호 · 제9호 및 제10호에 게기한 사항
납입을 맡을 은행 기타 금융기관과 납입장소	
명의개서 대리인을 둔 때에는 그 성명 · 주소 및 영업소	
신주의 종류와 수	「상법」 제416조 제1호 내지 제4호에 게기한 사항
신주의 발행가액과 납입기일	
무액면주식의 경우에는 신주의 발행가액 중 자본금으로 계상하는 금액	
신주의 인수방법	
현물출자를 하는 자의 성명과 그 목적인 재산의 종류, 수량, 가액과 이에 대하여 부여할 주식의 종류와 수	
액면미달로 주식을 발행한 경우에는 그 발행조건과 미상각 액	
주주에 대한 신주인수권의 제한에 관한 사항 또는 특정한 제3자에게 이를 부여할 것을 정한 때에는 그 사항	
주식발행의 결의연월일	

신주인수권증서를 발행한 경우에는 신주인수권증서에 의하여 주식의 청약을 한다(상법 제420조의 5 제1항). 이 경우에도 주식인수의 청약을 하고자 하는 자는 주식청약서 2통에 인수할 주식의 종류 및 수와 주소를 기재하고 기명날인 또는 서명하여야 한다(상법 제420조의 5 제1항 후단, 상법 제302조 제1항). 신주인수권증서를 상실한 자는 주식청약서에 의하여 주식의 청약을 할 수 있다. 그러나 그 청약은 신주인수권증서에 의한 청약이 있는 때에는 그 효력을 잃는다(상법 제420조의 5 제2항).

⑤ 신주인수대금의 납입

이사는 신주의 인수인으로 하여금 그 배정한 주수에 따라 납입기일에 그 인수한 주식에 대한 인수가액의 전액을 납입시켜야 한다(상법 제421조 제1항). 주식인수를 청약한 자는 배정한 주식의 수에 따라서 인수가액을 납입할 의무를 부담한다(상법 제425조 제1항, 상법 제303조). 신주의 인수인은 회사의 동의 없이 납입채무와 주식회사에 대한 채권을 상계할 수 없다(상법 제421조 제2항). 회사의 동의를 받으면 상계가 가능하다. 따라서 주식인수가액을 현실적으로 납입하지 않고, 주주의 채권과 상계하는 방식으로 진행할 수 있으므로 가수금이 있는 경우 회사의 동의를 받아 상계하여 증자를 하면 된다.

증자대금의 납입은 주식청약서에 기재한 납입장소에서 하여야 한다(상법 제425조 제1항, 상법 제305조 제2항). 신주인수권증서를 발행하는 경우에도 마찬가지이다(상법 제425조 제2항, 상법 제305조 제2항). 납입금의 보관자 또는 납입장소를 변경할 때에는 법원의 허가를 얻어야 한다(상법 제425조 제1항, 상법 제306조). 납입금을 보관한 은행이나 그 밖의 금융기관은 이사의 청구를 받으면 그 보관금액에 관하여 증명서를 발급하여야 한다(상법 제425조 제1항, 상법 제318조 제1항). 은행이나 그 밖의 금융기관은 증명한 보관금액에 대하여는 납입이 부실하거나 그 금액의 반환에 제한이 있다는 것을 이유로 회사에 대항하지 못한다(상법 제425조 제1항, 상법 제318조 제2항).

⑥ 현물출자의 경우

현물출자를 하는 자가 있는 경우에는 이사는 현물출자를 하는 자의 성명과 그 목적인 재산의 종류, 수량, 가액과 이에 대하여 부여할 주식의 종류와 수를 조사하게 하기 위하여 검사인의 선임을 법원에 청구하여야 한다. 이 경우 공인된 감정인의 감정으로 검사인의 조사에 갈음할 수 있다(상법 제422조 제1항). 상장법인인 경우에도 「상법」 제422조에 따라 현물출자 시 기업은 법원의 최종 심사를 통과한 뒤 다시 금융감독원의 허가를 얻어야 한다. 통상 법원 결정사항에 대해서는 금융감독원도 이의를 제기하지 않는다.

주식회사의 현물출자에 있어서 이사는 법원에 검사역의 선임을 청구하여 일정한 사항을 조사하도록 하고, 법원은 그 보고서를 심사하도록 되어 있으나, 이와 같은 절차를 거치지 아니한 신주발행 및 변경등기가 당연무효사유가 된다고는 볼 수 없다(대법원 1980.2.12. 선고, 79다509 판결).

검사인을 선임하지 않아도 되는 경우도 있다(상법 제422조 제2항). 첫째, 현물출자의 목적인 재산의 가액이 자본금의 20%를 초과하지 아니하고 5천만 원을 초과하지 아니하는 경우이다(상법 제422조 제2항 제1호, 상법 시행령 제14조 제1항). 둘째, 현물출자의 목적인 재산이 거래소의 시세 있는 유가증권인 경우 현물출자로 결정된 가격이 시세를 초과하지 아니하는 경우이다(상법 제422조 제2항 제2호). 시세란 이사회 또는 주주총회의 결의가 있은 날부터 소급하여 1개월간의 거래소에서의 평균 종가, 결의 일부터 소급하여 1주일간의 거래소에서의 평균 종가 및 결의일 직전 거래일의 거래소에서의 종가를 산술평균하여 산정한 금액과 결의일 직전 거래일의 거래소에서의 종가 중 낮은 금액을 말한다(상법 시행령 제14조 제2항). 그러나 현물출자의 목적인 재산에 그 사용, 수익, 담보제공, 소유권 이전 등에 대한 물권적 또는 채권적 제한이나 부담이 설정된 경우에는 적용하지 아니한다(상법 시행령 제14조 제2항). 셋째, 변제기가 돌아온 회사에 대한 금전채권을 출자의 목적으로 하는 경우로서 그 가액이 회사장부에 적혀 있는 가액을 초과하지 아니하는 경우이다(상법 제422조 제2항 제3호). 넷째 그밖에 이에 준하는 경우로서 대통령령(없음)으로 정하는 경우이다(상법 제422조 제2항 제4호).

법원은 검사인의 조사보고서 또는 감정인 감정결과를 심사하여 부당하다고 인정한 때에는 이를 변경하여 이사와 현물출자를 한 자에게 통고할 수 있다(상법 제422조 제3항). 이러한 변경에 불복하는 현물출자를 한 자는 그 주식의 인수를 취소할 수 있다(상법 제422조 제4항). 법원의 통고가 있은 후 2주 내에 주식의 인수를 취소한 현물출자를 한 자가 없는 때에는 통고에 따라 변경된 것으로 본다(상법 제422조 제5항). 현물출자를 하는 자는 납입기일에 지체 없이 출자의 목적인 재산을 인도하고 등기, 등록 기타 권리의 설정 또는 이전을 요할 경우에는 이에 관한 서류를 완비하여 교부하여야 한다(상법 제425조 제1항, 상법 제305조 제3항, 상법 제295조 제2항).

⑦ 이사의 인수담보책임

신주의 발행으로 인한 변경등기가 있은 후에 아직 인수하지 아니한 주식이 있거나 주식인수의 청약이 취소된 때에는 이사가 이를 공동으로 인수한 것으로 본다(상법 제428조 제1항). 또한 이사에 대하여 이로 인한 손해배상의 청구를 할 수 있다(상법 제428조 제2항).

2003년 중앙제지는 유상증자에 대해 인수담보책임 문제가 발생했다. 증자대금을 납입하지 않아 경영진은 이에 대한 책임을 지고 주금을 납입해야 했으나 증자대금의 반만 증자하기로 하였다. 그러나 법원은 신주 발행에 대해 변경등기 한 이후 아직 인수하지 않은 주식이 있거나 주식인수 청약이 취소됐을 때에는 이사가 이를 공동으로 인수한 것으로 간주된다며 주금이 전혀 납입되지 않았고 주금 납입보관증명서가 위조된 것이라고 하더라도 변경등기가 된 이상 신주 발행 자체를 무효라고 할 수 없다고 판결 내렸다. 중앙제지 경영진에게 인수담보책임을 물어 증자대금 전액을 납입하라는 판결이다.

⑧ 주주가 되는 시기

신주의 인수인은 납입 또는 현물출자의 이행을 한 때에는 납입기일의 다음날로부터 주주의 권리의무가 있다(상법 제423조 제1항). 신주의 인수인이 납입기일에 납입 또는 현물출자의 이행을 하지 아니한 때에는 그 권리를 잃는다(상법 제423조 제2항). 증자 시 주식의 인수로 인한 권리의 양도는 회사에 대하여 효력이 없다(상법 제425조 제1항, 상법 제319조).

신주발행 반대와 소송

① 개요

신주발행에 반대하거나 이의가 있는 경우 발행유지청구나 무효소송을 제기할 수 있다. 신주발행 무효의 소를 규정하는 「상법」 제429조에는 그 무효원인이 따로 규정되어 있지 않으므로 신주발행유지청구의 요건으로 「상법」 제424조에서 규정하는 '법령이나 정관의 위반 또는 현저하게 불공정한 방법에 의한 주식의 발행'을 신주발행의 무효원인으로 일응 고려할 수 있다. 한편, 신주가 일단 발행되면 그 인수인의 이익을 고려할 필요가 있고 또 발행된 주식은 유가증권으로서 유통되는 것이므로 거래의 안전을 보호하여야 할 필요가 크다고 할 것인데, 신주발행유지청구권은 위법한 발행에 대한 사전 구제수단임에 반하여 신주발행 무효의 소는 사후에 이를 무효로 함으로써 거래의 안전과 법적 안정성을 해칠 위험이 큰 점을 고려할 때, 그 무효원인은 가급적 엄격하게 해석하여야 한다. 따라서 법령이나 정관의 중대한 위반 또는 현저한 불공정이 있어 그것이 주식회사의 본질이나 회사법의 기본원칙에 반하거나 기존 주주들의 이익과 회사의 경영권 내지 지배권에 중대한 영향을 미치는 경우로서 신주와 관련된 거래의 안전, 주주 기타 이해관계인의 이익 등을 고려하더라도 도저히 묵과할 수 없는 정도라고 평가되는 경우에 한하여 신주의 발행을 무효로 할 수 있을 것이다. 예를 들어 신주발행을 결의한 회사의 이사회에 참여한 이사들이 하자 있는 주주총회에서 선임된 이사들이어서, 그 후 이사 선임에 관한 주주총회결의가 확정판결로 취소되었고, 이와 같은 하자를 지적한 신주발행금지가처분이 발령되었음에도 이 이사들을 동원하여 이 이사회를 진행한 측만이 신주를 인수한 사안에서, 이 신주발행이 신주의 발행사항을 이사회결의에 의하도록 한 법령과 정관을 위반하였을 뿐만 아니라 현저하게 불공정하고, 그로 인하여 기존 주주들의 이익과 회사의 경영권 내지 지배권에 중대한 영향을 미치므로 무효이다(대법원 2010.4.29. 선고, 2008다65860 판결).

② 유지청구권

회사가 법령 또는 정관에 위반하거나 현저하게 불공정한 방법에 의하여 주식을 발행함으로써 주주가 불이익을 받을 염려가 있는 경우에는 그 주주는 회사에 대하여 그 발행을 유지할 것을 청구할 수 있다(상법 제424조). 그렇지만 주주가 회사에 대하여 신주의 발행을 유지할 것을 단순히 청구하였을 뿐인 경우에 이 청구에 반하여 이루어진 신주발행을 무효라고 할 수는 없다(서울고등법원 1977.4.7. 선고, 76나2887 제7민사부판결 : 확정).

2003년 현대엘리베이터 유상증자 방침에 대해 KCC측이 '금지' 가처분신청을 냈다. KCC측은 유상증자결정이 「증권거래법」과 정관상의 증자요건을 벗어나 위법성이 있고 주가 하락 가속화를 초래, 주주이익을 침해하고, 인수주식 수 제한을 통해 기존주주의 신주 인수권을 배제하는 것도 문제라고 주장했다.

③ 무효소송의 제기와 사유

신주발행의 무효는 주주, 이사 또는 감사에 한하여 신주를 발행한 날로부터 6월내에 소만으로 이를 주장할 수 있다(상법 제429조). 동 소송은 본점소재지의 지방법원의 관할에 전속한다(상법 제430조, 상법 제186조). 소가 제기된 때에는 회사는 지체 없이 공고하여야 한다(상법 제430조, 상법 제187조). 수개의 소가 제기된 때에는 법원은 이를 병합심리한다(상법 제430조, 상법 제188조). 신주발행절차의 일부로서 이루어진 특정인의 신주인수에 대하여 일반 민사소송절차로서 신주인수무효의 소를 제기하는 것은 허용되지 아니한다. 그리고 특정주주의 신주인수권이 불법하게 침해받은 경우라 하더라도 그 주주가 직접 회사를 상대로 불법하게 배정한 신주에 관하여 신주인수절차이행의 소를 제기하는 것은 허용되지 아니한다(서울고등법원 1987.4.2. 선고, 86나3345 제14민사부판결 : 확정).

신주발행의 무효는 설령 이사회나 주주총회의 신주발행 결의에 취소 또는 무효의 하자가 있다고 하더라도 그 하자가 극히 중대하여 신주발행이 존재하지 아니하는 정도에 이르는 등의 특별한 사정이 없는 한 신주발행의 효력이 발생한 후에는 신주발행무효의 소에 의하여서만 다툴 수 있다(대법원 1989.7.25. 선고, 87다카2316 판결 참조)(대법원 2004.8.20. 선고, 2003다20060 판결). 신주발행 무효의 소를 규정하는 「상법」 제429조에는 그 무효원인이 따로 규정되어 있지 않으므로 신주발행유지청구의 요건으로 「상법」 제424조에서 규정하는 '법령이나 정관의 위반 또는 현저하게 불공정한 방법에 의한 주식의 발행'을 신주발행의 무효원인으로 고려할 수 있다. 신주가 일단 발행되면 그 인수인의 이익을 고려할 필요가 있고 또 발행된 주식은 유가증권으로서 유통되는 것이므로 거래의 안전을 보호하여야 할 필요가 크다고 할 것인데, 신주발행유지청구권은 위법한 발행에 대한 사전 구제수단임에 반하여 신주발행 무효의 소는 사후에 이를 무효로 함으로써 거래의 안전과 법적 안정성을 해칠 위험이 큰 점을 고려할 때, 그 무효원인은 가급적 엄격하게 해석하여야 하고, 따라서 법령이나 정관의 중대한 위반 또는 현저한 불공정이 있어 그것이 주식회사의 본질이나 「회사법」의 기본원칙에 반하거나 기존 주주들의 이익과 회사의 경영권 내지 지배권에 중대한 영향을 미치는 경우로서 신주와 관련된 거래의 안전, 주주 기타 이해관계인의 이익 등을 고려하더라도 도저히 묵과할 수 없는 정도라고 평가되는 경우에 한하여 신주의 발행을 무효로 할 수 있을 것이다(대법원 2010.4.29. 선고, 2008다65860 판결). 또한 신주발행이 선량한 풍속 기타 사회질서에 반하여 현저히 불공정한 방법으로 이루어진 경우도 무효이다(대법원 2003.2.26. 선고, 2000다42786 판결).

주식회사의 신주발행은 주식회사의 업무집행에 준하는 것으로서 대표이사가 그 권한에 기하여 신주를 발행한 이상 신주발행은 유효하고, 설령 신주발행에 관한 이사회의 결의가 없거나 이사회의 결의에 하자가 있더라도 이사회의 결의는 회사의 내부적 의사결정에 불과하므로 신주발행의 효력에는 영향이 없다(대법원 2007.2.22. 선고, 2005다77060 판결). 신주발행을 결의한 회사의 이사회에 참여한 이사들이 하자 있는 주주총회에서 선임된 이사들이어서, 그 후 이사 선임에 관한 주주총회결의가 확정판결로 취소되었고, 위와 같은 하자를 지적한 신주발행금지가처분이 발령되었음에도 이사들을 동원하여 이사회를 진행한 측만이 신주를 인수한 사안에서, 신주발행이 신주의 발행사항을 이사회결의에 의하도록 한 법령과 정관을 위반하였을 뿐만 아니라 현저하게 불공정하고, 그로 인하여 기존 주주들의 이익과 회사의 경영권 내지 지배권에 중대한 영향을 미쳤으므로 무효이다(대법원 2010.4.29. 선고, 2008다65860 판결).

④ 담보 요청

주주가 소를 제기한 때에는 법원은 회사의 청구에 의하여 상당한 담보를 제공할 것을 명할 수 있다. 그러나 그 주주가 이사 또는 감사인 때에는 그러하지 아니하다(상법 제430조, 상법 제377조 제1항). 회사가 전항의 청구를 함에는 청구가 악의임을 소명하여야 한다(상법 제430조, 상법 제377조 제2항, 상법 제176조 제4항).

⑤ 판결의 확정

소송의 심리 중에 원인이 된 하자가 보완되고 회사의 현황과 제반사정을 참작하여 무효 또는 취소하는 것이 부적당하다고 인정한 때에는 법원은 그 청구를 기각할 수 있다(상법 제430조, 상법 제189조).

신주발행무효의 판결이 확정된 때에는 신주는 장래에 대하여 그 효력을 잃는다(상법 제431조 제1항). 이와 관련한 사례를 보자. 정관상 '발행할 주식의 총수'를 무시하고 추가로 신주를 발행한 뒤 임시주주총회를 열어 '발행할 주식의 총수를 변경하여' 정관을 변경한 경우 법원은 신주발행은 무효라고 하면서도 신주의 의결권 행사는 유효하다고 판결하였다. 또 이 의결권 행사에 기초한 정관 변경과 정관 변경이 이뤄진 임시주주총회 또한 하자가 없다고 판단했다. 그 이유는 우리 법이 신주발행무효판결에 대해 '장래효력'만 인정하고 있기 때문이다. 즉 신주발행이 사후에 무효라는 판결을 받더라도 그 판결이 확정되기 전까지는 유효한 것이므로, 신주에 대해서도 의결권 행사는 가능하며, 의결권 행사를 통해 정관을 변경한 것도 유효한 것이다(머니투데이, 2016.6.13. 김도형 변호사).

무효판결이 난 경우 회사는 지체 없이 그 뜻과 일정한 기간 내에 신주의 주권을 회사에 제출할 것을 공고하고 주주명부에 기재된 주주와 질권자에 대하여는 각 별로 그 통지를 하여야 한다. 그러나 그 기간은 3월 이상으로 하여야 한다(상법 제431조 제2항).

무효판결이 난 경우 주주가 받을 금전이나 주식에 대하여도 주식을 목적으로 한 질권을 행사할 수 있다(상법 제432조 제3항, 상법 제339조). 기명주식을 질권의 목적으로 한 경우에 회사가 질권 설정자의 청구에 따라 그 성명과 주소를 주주명부에 덧붙여 쓰고 그 성명을 주권에 적은 경우에는 질권자는 회사로부터 받은 금액에 대하여 다른 채권자에 우선하여 자기채권의 변제에 충당할 수 있다(상법 제432조 제3항, 상법 제340조 제1항). 채권의 변제기가 질권자의 채권의 변제기보다 먼저 도래한 때에는 질권자는 제3채무자에 대하여 그 변제금액의 공탁을 청구할 수 있다. 이 경우에 질권은 그 공탁금에 존재한다(상법 제432조 제3항, 상법 제340조 제2항, 민법 제353조 제3항).

신주발행무효의 판결이 확정된 때에는 회사는 신주의 주주에 대하여 그 납입한 금액을 반환하여야 한다(상법 제432조 제1항). 반환금액이 판결확정 시의 회사의 재산 상태에 비추어 현저하게 부당한 때에는 법원은 회사 또는 주주의 청구에 의하여 그 금액의 증감을 명할 수 있다(상법 제432조 제2항). 판결은 제3자에 대하여도 그 효력이 있다(상법 제430조, 상법 제190조). 판결이 확정된 때에는 본점과 지점의 소재지에서 등기하여야 한다(상법 제430조, 상법 제192조). 소를 제기한 자가 패소한 경우에 악의 또는 중대한 과실이 있는 때에는 회사에 대하여 연대하여 손해를 배상할 책임이 있다(상법 제430조, 상법 제191조).

⑥ 증자등기 후 1년 후에는 무효나 취소제한

신주의 발행으로 인한 변경등기를 한 날로부터 1년을 경과한 후에는 신주를 인수한 자는 주식청약서 또는 신주인수권증서의 요건의 흠결을 이유로 하여 그 인수의 무효를 주장하거나 사기 · 강박 또는 착오를 이유로 하여 인수를 취소하지 못한다. 그 주식에 대하여 주주의 권리를 행사한 때에도 같다(상법 제427조).

▲ 증자의 이슈

① 허위정보와 형사문제

이사, 집행임원, 감사위원회 위원, 감사 또는 직무대행자, 지배인 기타 회사영업에 관한 어느 종류 또는 특정한 사항의 위임을 받은 사용인, 주식의 모집의 위탁을 받은 자가 주식을 모집함에 있어서 중요한 사항에 관하여 부실한 기재가 있는 주식청약서, 사업계획서, 주식의 모집에 관한 광고 기타의 문서를 행사한 때에는 5년 이하의 징역 또는 1천500만 원 이하의 벌금에 처한다(상법 제627조 제1항). 주식을 매출하는 자가 그 매출에 관한 문서로서 중요한 사항에 관하여 부실한 기재가 있는 것을 행사한 때에도 같다(상법 제627조 제1항). 이러한 부실문서행사 죄는 주식의 모집에 있어 일반 투자자에게 중요한 투자판단의 자료로 제공되는 사항에 대하여 정확을 기하고, 오류를 방지하여 회사의 주식 등의 모집에 공정성과 투명성을 보장하기 위한 것이다(대법원 2003.3.25. 선고, 2000도5712 판결).

부실기업의 대표이사와 공모하여 회계 상 적자사실을 은폐하면서 당기순이익이 발생한 양 재무제표를 허위 작성하는 등의 방법으로 재무 상태를 기업공개요건에 맞도록 구비한 다음 신주를 공모한 임원에 대하여 「상법」 제627조 제1항, 제622조 제1항, 「증권거래법」 제210조 제6호, 제92조를, 이 기업에 대한 감사 시 대차대조표 및 손익계산서 등이 자의적으로 분식되어 있음을 발견하고도 이를 묵인하고 감사보고서를 작성하여 증권관리위원회와 증권거래소에 제출케 한 공인회계사에 대하여는 「공인회계사법」 제20조, 제12조 제2항을 각 적용하여 처벌한다(서울형사지방법원 1992.6.10. 선고, 92고단3525 판결 : 확정).

② 발행가액과 형사문제

회사가 주주 배정의 방법, 즉 주주가 가진 주식 수에 따라 신주 등을 발행하는 경우에는 발행가액 등을 반드시 시가에 의하여 하는 것은 아니고, 회사의 임원인 이사로서는 주주 전체의 이익과 회사의 자금조달의 필요성과 급박성 등을 감안하여 경영판단에 따라 자유로이 그 발행조건을 정할 수 있다. 신주의 발행가격을 시가보다 낮게 정하여 주주들로부터 가능한 최대한의 자금을 유치하지 못하였다고 하더라도 배임죄의 구성요건인 임무위배, 즉 회사의 재산보호 의무를 위반하였다고 볼 것은 아니다(대법원 2009.5.29. 선고, 2008도9436 판결).

③ 불공정한 인수인의 책임

이사와 통모하여 현저하게 불공정한 발행가액으로 주식을 인수한 자는 회사에 대하여 공정한 발행가액과의 차액에 상당한 금액을 지급할 의무가 있다(상법 제424조의 2 제1항). 동 지급을 청구하는 소송의 경우 대표소송을 할 수 있다(상법 제403조 내지 제406조의 규정의 준용)(상법 제424조의 2 제2항). 또한 이와는 관계없이 이사의 회사 또는 주주에 대한 손해배상의 책임이 있다(상법 제424조의 2 제3항).

2.3 증자와 증여세 문제

▲▼ 증여세 발생원인

자본금을 증자하는 경우에도 주주들에게 증여세 문제가 발생할 수 있다(상속세 및 증여세법 제39조 제1항). 증자를 하면서 증여세가 과세되는 것은 주식을 시가보다 높거나 낮게 발행하면서 제3자 배정하거나 실권주를 주식 소유비율대로 배분하지 않은 경우이다.

▲▼ 증여세 과세의 제외

증자 전 · 후의 주식 1주당 가액이 모두 마이너스인 경우에는 증여세를 과세하지 않는다(상속세 및 증여세법 시행령 제29조 제2항 단서). 그리고 주주 지분비율 그대로 증자하는 경우와 시가대로 발행하는 경우, 실권주가 발생하지 않은 경우에도 증여세 문제는 발생하지 않는다(상속세 및 증여세법 집행기준 39－0－1).

또한 상장법인의 공모증자 시에도 증여세 문제는 발생하지 않는다. 즉 「자본시장과 금융투자업에 관한 법률」에 따른 주권상장법인이 같은 법 제9조 제7항에 따른 유가증권의 모집방법으로 배정하는 경우는 제외한다(상속세 및 증여세법 제39조 제1항). 이 경우 주의할 것은 금융감독위원회에게 제출된 증권신고서 등에는 배정대상자가 50인 이상으로 기재되어 있으나 증권신고서를 철회하였거나, 증권관련 법령에 의하면 당해 유가증권에 관한 신고서를 금융위원회에 제출하여 수리되지 아니하면 그 유가증권의 모집 또는 매출을 할 수 없도록 규정하고 있으므로 이러한 경우에는 일반모집(50인 이상에게 청약 등의 권유)에 해당한다고 보기 어렵다. 또한 유상증자 당시 주식을 배정받은 자는 50인 이상이나 이 중 몇 명이 주주총회를 통하여 임원으로 선임된 자 등인 경우에는 일반모집의 요건이 되는 “청약을 권유받은 자”에서 제외되는 것으로 보이므로 이들을 제외하고 실제 주식 취득의 청약 등의 권유받은 자가 50인 미만인 경우에는 증여세 과세대상에서 제외되는 일반모집에 해당한다고 보기 어렵다(조심 2012중4813, 2012.12.27. 참고)(조심 2012서5038, 2013.10.14.).

증여세가 과세되는 경우

증여세가 과세되는 경우는 주식을 고가 또는 저가로 발행하고 발행주식을 지분 비율대로 배정하지 않은 경우이다. 예를 들어 저가로 발행한 경우 특정 주주가 신주인수권을 포기하여 실권주를 배정받은 경우 시가보다 싸게 받았으므로 그만큼의 이익을 증여로 보는 것이다(상속세 및 증여세법 제39조 제1항 제1호 가목). 물론 주주가 아닌 자가 신주를 직접 배정받거나, 주주가 자기 몫보다 초과하여 신주를 직접 배정받는 경우도 마찬가지로 증여세 과세대상이 된다(상속세 및 증여세법 제39조 제1항 제1호 다목 · 라목). 결국 주주로서 지분비율대로 받을 주식보다 더 많은 주식을 저가로 배정받은 경우에는 증여세를 과세한다는 것이다.

신주를 시가보다 높은 가액으로 발행하는 경우에도 실권주로 증여세가 과세될 수 있다. 고가로 발행하고 주주가 신주인수권을 포기하여 실권주를 배정하는 경우에는 그 실권주를 배정받은 자가 그 실권주를 고가에 인수함으로써 신주 인수를 포기한 자가 보유하고 있는 주식의 가치가 증가한 부분에 대하여 증여세가 과세되는 것이다(상속세 및 증여세법 제39조 제1항 제2호 가목).

저가 발행 증여금액의 계산

저가로 발행한 경우를 들어 설명한다. 저가로 발행한 경우 실권주를 인수하는데 들어간 금액보다 실권주를 인수한 후의 주식평가액이 크므로 그 차액에 대하여 증여세를 과세하는 것이다. 따라서 증여가액은 실권주를 인수한 후의 1주당 주식평가액에서 실권주 1주당 인수가액을 뺀 금액에 주식 수를 곱하여 계산한다(상속세 및 증여세법 시행령 제29조 제2항 제1호). 주식 수란 자기 지분 비율에 의하여 배정받을 수량보다 더 많이 받은 주식 수를 말한다(상속세 및 증여세법 시행령 제29조 제2항 제1호 다목).

〈저가증자 시 증여의제금액의 계산〉

(실권주 인수 후의 평가액 - 실권주 1주당 인수가액)×초과배정 실권주 수

실권주의 인수가액은 명확하지만 인수 후의 평가액은 계산하여야 하는데 복잡한 세법에 따라 계산하여야 하므로 전문가의 도움을 받아야 한다. 인수 후의 평가액은 다음에 의하여 계산한다. 다만, 주권상장법인 등의 경우로서 증자 후의 1주당 평가가액이 다음에 의하여 계산한 1주당 가액보다 적은 경우에는 당해 가액으로 한다(상속세 및 증여세법 시행령 제29조 제2항 제1호 가목).

〈저가증자 시 증여의제금액 계산 시 인수 후의 평가액〉

$$\frac{(\text{증자 전의 1주당 평가가액} \times \text{증자 전의 발행주식 총수}) + (\text{신주 1주당 인수가액} \times \text{증자에 의하여 증가한 주식 수})}{\text{증자 전의 발행주식 총수} + \text{증자에 의하여 증가한 주식 수}}$$

만일 주주가 신주인수권을 포기하였지만 실권주를 배정하지 아니하고 그 신주 인수를 포기한 자와 특수 관계에 있는 자가 신주를 인수하는 경우는 초과배정 실권주수가 아니라 그 배정된 실권주수에 대하여 증여금액을 계산한다(상속세 및 증여세법 제39조 제1항 제1호 나목). 이 경우 증자 후의 주식평가액은 다음에 의하여 계산한다(상속세 및 증여세법 시행령 제29조 제2항 제2호 가목).

〈저가증자 시 특수 관계자에 배정한 경우 인수 후의 평가액〉

$$\frac{(\text{증자 전의 1주당 평가가액} \times \text{증자 전의 발행주식 총수}) + (\text{신주 1주당 인수가액} \times \text{증자에 의하여 증가한 주식 수})}{\text{증자 전의 발행주식 총수} + \text{증자 전의 지분비율대로 균등하게 증자하는 경우의 증가주식 수}}$$

실권주수는 다음과 같이 계산한다(상속세 및 증여세법 시행령 제29조 제2항 제2호 다목).

〈저가증자 시 특수 관계자에 배정한 경우의 실권주수의 계산〉

$$\text{실권주 총수} \times \text{증자 후 신주인수자의 지분비율} \times \frac{\text{신주인수자와 특수관계에 있는 자의 실권주 수}}{\text{실권주 총수}}$$

간단한 예를 들면 증자 전 1주당 만원이었던 주식(발행주식 만주로 가정)을 5천원에 천주를 발행했다면 다음과 같이 평가되는 것이다.

〈저가증자 시 증여의제금액 계산 시 인수 후의 평가액 사례〉

$$\frac{(10{,}000 \times 10{,}000) + (5{,}000 \times 1{,}000) = 105{,}000{,}000}{10{,}000 + 1{,}000 = 11{,}000} = 9{,}545$$

실권주 천주를 기존주주에게 배정하지 않고 아들에게 전부 배정했다면 증여금액은 다음과 같다. 쉽게 이해하면 인수 후에 주가가 9,545원짜리 주식을 5,000원에 인수했으니 그 차이만큼 증여를 받은 것으로 보는 것이다. 금액에 관계없이 증여로 과세되는 것이 아니라 중요한 경우에만 과세된다.

〈저가증자 시 증여의제금액의 계산사례〉

(실권주 인수 후의 평가액 − 실권주 1주당 인수가액)×초과배정 실권주 수
=(9,545 − 5,000)×1,000 = 4,545,000

즉 증자 후의 주식평가액에서 신주 1주당 인수가액의 차액이 증자 후의 주식평가액의 30% 이상이거나 그 차액에 실권주수를 곱한 금액이 3억 원 이상인 경우 증여세를 과세한다(상속세 및 증여세법 시행령 제29조 제2항 제2호). 위의 예에서 3억 원보다 작으므로 30% 이상 차이가 나야 과세한다. 차액이 4,545원인데 인수 후 평가금액이 9,545원이므로 47%의 차이가 나므로 금액은 적지만 과세된다. 따라서 증여세를 피하려면 30% 이상 차이가 나지 않게 하거나 3억 원 이상 차이가 나지 않도록 하여야 한다. 다음은 증여금액 계산의 사례이다.

저가발행 실권주를 다른 주주가 전부 재배정 받은 경우 증여이익의 계산사례는 다음과 같다(상속세 및 증여세법 집행기준 39−29−3).

〈저가증자 시 실권주를 다른 주주가 전부 배정 받은 경우 증여계산 사례〉

사례의 내용	
증자 전 현황	유상증자 현황
○발행주식 총수 : 20,000주(액면가 @5,000원)	○유상증자일(주금납입일) : xxxx. 10. 31. ○증자금액 : 2억 원(증자주식 수 : 20,000주, 1주당 인수가액 : 10,000원) ○甲주주가 자기에게 배정된 신주 10,000주의 인수를 포기하여 발생한 실권주를 乙이 모두 인수함.

지분변동의 내역							
주주	증자 전		당초배정	당초인수	재배정	증자 후	
	주식 수	지분율	주식 수	주식 수		주식 수	지분율
갑	10,000	50%	10,000	실권		10,000	25%
을	5,000	25%	5,000	5,000	10,000	20,000	50%
병	2,000	10%	2,000	2,000		4,000	10%
소액주주	3,000	15%	3,000	3,000		6,000	15%
합계	20,000	100%	20,000	10,000	10,000	40,000	100%

비상장법인인 경우		상장법인인 경우	
주식가치	증여이익의 계산	주식가치	증여이익의 계산
• 증자 전 보충적 평가액 : 15,000원 • 증자 후 1주당 평가가격(이론적 권리락 가격) : (15,000원×20,000주＋10,000원×20,000주)÷(20,000주＋20,000주) ＝12,500원	증여이익＝(12,500원－10,000원)×10,000주 ＝25,000,000원	• 권리락일 전 2개월부터 권리락일 전일까지 최종시세가격 평균가격 : 20,000원 • 증자 후 1주당 평가가격 · 권리락일 이후 2개월간 최종시세가액의 평균액 : 18,000원(①) · 이론적 권리락 주가 : (20,000원×20,000주＋10,000원×20,000주)/(20,000주＋20,000주) ＝15,000원(②)	증여이익＝(15,000원(Min[①,②])－10,000원)×10,000주 ＝50,000,000원

저가발행 시 실권주를 배정하지 않은 경우 증여이익의 계산사례는 다음과 같다(상속세 및 증여세법 집행기준 39－29－5).

〈저가발행 신주 미배정 시의 증여이익 계산사례〉

증자사례	
증자 전 현황	유상증자 현황
○발행주식 총수 : 100,000주(액면가 @5,000원)	○유상증자일(주금납입일) : xxxx. 10. 31. ○증자예정금액 : 10억 원(증자주식 수 : 100,000주, 1주당 인수가액 : 10,000원) ○甲주주가 자기에게 배정된 신주 40,000주의 인수를 포기하여 발생한 실권주를 모두 실권 처리함.

지분변동의 내역							
주주	증자 전		당초배정	당초인수	재배정	증자 후	
	주식 수	지분율	주식 수	주식 수		주식 수	지분율
갑(부친)	40,000	40%	40,000	실권		40,000	25%
을(아들)	30,000	30%	30,000	30,000		60,000	37.5%
병(아들)	20,000	20%	20,000	20,000		40,000	25%
소액주주	10,000	10%	10,000	10,000		20,000	12.5%
합계	100,000	100%	100,000	60,000		160,000	100%

비상장법인인 경우		상장법인인 경우	
주식가치	증여이익의 계산	주식가치	증여이익의 계산
• 증자 전 보충적 평가액 : 40,000원 • 증자 후 1주당 평가가격(이론적 권리락가격) : (40,000원×100,000주＋10,000원×100,000주)÷(100,000주＋100,000주) ＝25,000원	• 30% Rule 검토 : (25,000－10,000)/25,000＝60%>30% • 증여이익(갑) · (25,000원－10,000원)×40,000주 ＝600,000,000원 · 600,000,000원×37.5%=225,000,000원 · 225,000,000원 ×40, 000/40,000 ＝225,000,000원	• 권리락일 전 2개월부터 권리락일 전일까지 최종시세가격 평균가격 : 30,000원 • 증자 후 1주당 평가가격 · 권리락일 이후 2개월간 최종시세가액의 평균액 : 18,000원 · 이론적 권리락 주가 : (30,000원×100,000주＋10,000	• 30% Rule 검토 : (18,000－10,000)/18,000＝60%>30% • 증여이익(갑) · (18,000원－10,000원)×40,000주 ＝320,000,000원 · 320,000,000원 ×37.5%＝ 120,000,000원 · 225,000,000원 ×40,000/40,000 ＝120,000,000원

	• 증여이익(을) · (25,000원 − 10,000원)×40,000주 =600,000,000원 · 600,000,000원×25% =150,000,000원 · 225,000,000원 ×40,000/40,000 =150,000,000원	원×100,000주)/(100,000주+100,000주)=20,000원	• 증여이익(을) · (18,000원 − 10,000원)×40,000주 =320,000,000원 · 320,000,000원×25% =80,000,000원 · 80,000,000원 ×40,000/40,000 =80,000,000원

고가발행 시 증여세 계산

신주인수권을 포기하고 실권주를 배정하지 않은 경우를 본다. 법률규정을 보면 신주인수권의 전부 또는 일부를 포기한 경우로서 해당 법인이 실권주를 배정하지 아니한 경우에는 그 신주를 인수함으로써 그의 특수 관계인에 해당하는 신주 인수 포기 자가 얻은 이익에 대하여 증여세가 과세된다(상속세 및 증여세법 제39조 제1항 제2호 나목). 고가로 증자했으니 증자에 참여하지 않은 주주는 주식의 평가금액이 증가하여 이익을 보았으므로 증여세를 과세하자는 취지이다.

증여금액은 다음과 같이 계산한다(상속세 및 증여세법 시행령 제29조 제2항 제4호).

〈고가증자와 실권주 배정하지 않은 경우 증여금액의 계산〉

구분	계산산식
증여금액	(신주 1주당 인수가액 − 증자 후 평가금액)×신주인수를 포기한 주주의 실권주 수 × 신주인수를 포기한 주주의 특수관계인이 인수한 신주 수 / 증자 전의 지분비율대로 균등하게 증자하는 경우의 증자주식 총수
증자 후 평가금액	(증자 전 1주당 평가가액×증자 전 발행주식 수+신주 1주당 인수가액×증자로 증가한 주식 수) / (증자 전 발행주식 총수+증자로 증가한 주식 수) 주권상장법인인 경우로서 증자 후의 1주당 평가가액이 동 가액보다 큰 경우에는 당해 가액

다만 증여금액 3억 원 이상인 경우 또는 신주 1주당 인수가액에서 증자 후 평가금액을 차감한 금액이 증자 후 평가금액의 30% 이상인 경우에만 증여세가 과세된다(상속세 및 증여세법 시행령 제29조 제2항 제4호).

3자 배정의 경우는 약간 다르다. 신주를 시가보다 높은 가액으로 발행하는 경우 해당 법인의 주주 등이 아닌 자가 해당 법인으로부터 신주를 직접 배정받아 인수함으로써 그의 특수 관계인인 주주 등이 얻은 이익은 증여세를 과세한다(상속세 및 증여세법 제39조 제1항 제2호 다목). 이 경우 증여금액은 다음에 의하여 계산한다(상속세 및 증여세법 시행령 제29조 제2항 제5호).

$$(\text{신주 1주당 인수가액} - \text{증자 후의 1주당 평가가액}) \times \frac{\text{신주를 배정받지 아니하거나 균등한 조건에 의하여 배정받을 신주 수에 미달되게 신주를 배정받은 주주의 배정받지 아니하거나 그 미달되게 배정받은 부분의 신주 수} \times \text{신주를 배정받지 아니하거나 미달되게 배정받은 주주의 특수관계인이 인수한 신주 수}}{\text{주주가 아닌 자에게 배정된 신주 및 당해 법인의 주주가 균등한 조건에 의하여 배정받을 신주수를 초과하여 인수한 신주의 총수}}$$

증자 후의 1주당 평가가액은 다음에 의하여 계산한다. 다만 주권상장법인 등의 경우로서 증자 후의 1주당 평가가액이 다음 산식에 의하여 계산한 1주당 가액보다 큰 경우에는 당해 가액으로 한다(상속세 및 증여세법 시행령 제29조 제2항 제5호).

$$\text{증자 후의 1주당 평가가액} = \frac{\text{증자 전의 1주당 평가가액} \times \text{증자 전의 발행주식 총수} + \text{신주 1주당 인수가액} \times \text{증자에 의하여 증가한 주식 수}}{\text{증자 전의 발행주식 총수} + \text{증자에 의하여 증가한 주식 수}}$$

3 회사채에 의한 자금조달

3.1 회사채의 이해

의의

기업의 자금조달은 금융기관으로부터의 대출뿐만 아니라 자본시장에서 주식이나 채권을 발행해 투자자들에게서 직접 조달하기도 한다. 전자를 간접 조달, 후자를 직접 조달이라고 한다. 기업이 발행하는 채권은 회사채이며 여기에는 일반 회사채이외에도 전환사채, 신주인수권사채, 교환사채 등이 있다. 후자는 주식과 채권이 혼합된 성격의 증권으로 메자닌(Mezzanine) 채권이라고 부른다.

메자닌(Mezzanine)은 이탈리아어에서 온 단어로 건물 1층과 2층 사이의 중간층을 뜻한다. 메자닌 금융(Mezzanine Financing)은 채권과 주식의 성격을 모두 가진 신주인수권 사채, 전환사채 등의 발행에 의한 자금조달을 말한다. 보통주식을 통한 자금조달이 어려울 때, 담보나 신용이 없어 대출을 받기 힘들 때 사용하며 일반적으로 무담보이며 채권변제 순위에서 차입 다음이고 보통주보다는 앞서서 후순위채의 성격이다. 중소・중견기업이 기업공개에 앞서 자금 조달에도 사용된다.

회사채의 종류

전환사채(CB, Convertible bonds)는 일반사채에 전환권이 부여된 사채이다. 전환권이란 계약내용에 따라 사채권자가 일정기간(행사기간) 동안 사채권을 일정 수(전환비율)의 주식으로 전환할 수 있는 권리를 말한다. 신주인수권 사채(BW, Bond with warrants)는 일반사채에 신주인수권이 부여된 사채이다. 신주인수권은 사채권자가 그 계약내용에 따라 일정기간(행사기간) 동안 사채발행회사의 신주를 특정가격(행사가격)에 매입할 수 있는 권리를 말한다. 교환사채(EB, Exchangeable bond)는 채권자가 상장법인이 보유하고 있는 타사 상장유가증권으로 교환을 청구할 수 있는 권리가 부여된 증권이다.

이익참가부사채(Participating Bond)는 확정된 이자를 지급받는 이외에 회사의 이익배당에 참가할 수 있는 권리가 부여된 채권이다. 주주가 일정률 이상의 배당을 받을 때 채권자도 배당에 참가할 수 있는 권한을 가진다는 뜻이다. 배당을 받지 못했을 때 다음 연도로 권리가 넘어가는지 여부에 따라서 누적적 이익참가부사채와 비누적적 이익참가부사채로 구분된다. 회사의 이익배분에 대한 참가권이 부여됨으로써 투자 상의 매력이 높아져 회사채 발행에 의한 자금조달을 촉진할 수 있는 장점이 있다. 그러나 이러한 이익배분에 대한 참가권은 그만큼 주식에 대한 배당을 감소시키기 때문에 주식발행에 의한 자본조달을 어렵게 하는 요인이 되기도 한다. 기존 주주의 이익배당청구권이 침해받을 우려가 있기 때문에 엄격한 절차가 요구된다.

영구사채(consol bond, perpetual bond)는 만기 없이 이자만 지급하는 채권으로, 일반적으로 회사가 부도날 경우 다른 채권보다 상환 순위가 밀리기 때문에 고위험 · 고수익 채권으로 분류된다. 만기를 계속 연장할 수 있지만, 발행회사 선택에 따라 수년 뒤 돈을 갚을 수 있는 콜옵션이 있어 중도 상환이 이뤄지는 경우가 대부분이다. 주식과 채권의 중간 성격을 띠는 신종자본증권(하이브리드채권)으로, 부채지만 발행자의 명시적 상환의무가 없다는 측면에서 국제회계기준(IFRS)상 자본으로 인정받고 있다. 따라서 부채비율을 낮출 수 있고, 유상증자와 비교 시 대주주 지분율도 그대로 유지되어 지배구조에 변동 없이 자본 확충을 동시에 꾀할 수 있다는 장점이 있다. 2105년 현대오일뱅크는 약 2,000억원 규모의 30년 만기 영구사채를 발행한다고 발표했는데 발행 시점으로부터 5년 뒤에 콜옵션(조기상환 청구권)을 행사할 수 있는 조건을 붙였다.

우리나라 「상법」에서도 다양한 사채를 인정하고 있다. 이익참가부사채와 교환사채, 그리고 파생결합사채 등도 정하고 있다. 사채에는 보통의 사채이외에도 특수한 사채로 이익참가부사채(이익배당에 참가할 수 있는 사채), 교환사채 · 상환사채(주식이나 그 밖의 다른 유가증권으로 교환 또는 상환할 수 있는 사채), 파생결합사채가 있다(상법 제469조 제2항). 파생결합사채도 기초자산이나 거래구조 등에 대한 제한이 없어 발행 조건이나 구조에 대해 폭넓은 재량권이 부여되었다.

이러한 특수한 사채를 발행하는 경우 사채청약서, 채권 및 사채 원부에는 다음 사항이 포함되어야 한다(상법 제514조 제1항, 상법 제516조의 4, 상법 시행령 제25조).

〈특수한 사채의 사채청약서, 채권 및 사채 원부 기재사항〉

구분	기재사항	비고
이익참가부 사채	1. 이익참가부사채의 총액 2. 이익배당 참가의 조건 및 내용 3. 주주에게 이익참가부사채의 인수권을 준다는 뜻과 인수권의 목적인 이익참가부사채의 금액	「상법 시행령」 제21조 제1항 제1호부터 제3호까지의 사항
교환사채	1. 교환할 주식이나 유가증권의 종류 및 내용 2. 교환의 조건 3. 교환을 청구할 수 있는 기간	「상법 시행령」 제22조 제1항 제1호부터 제3호까지의 사항
상환사채	1. 상환할 주식이나 유가증권의 종류 및 내용 2. 상환의 조건 3. 회사의 선택 또는 일정한 조건의 성취나 기한의 도래에 따라 주식이나 그 밖의 다른 유가증권으로 상환한다는 뜻	「상법 시행령」 제23조 제1항 제1호부터 제3호까지의 사항
파생결합사채	1. 상환 또는 지급 금액을 결정하는 데 연계할 유가증권이나 통화 또는 그 밖의 자산이나 지표 2. 제1호의 자산이나 지표와 연계하여 상환 또는 지급 금액을 결정하는 방법	「상법 시행령」 제24조 제1호 및 제2호의 사항
전환사채	1. 사채를 주식으로 전환할 수 있다는 뜻 2. 전환의 조건 3. 전환으로 인하여 발행할 주식의 내용 4. 전환을 청구할 수 있는 기간 5. 주식의 양도에 관하여 이사회의 승인을 얻도록 정한 때에는 그 규정	
신주인수권부 사채	1. 신주인수권부사채라는 뜻 2. 각 신주인수권부사채에 부여된 신주인수권의 내용, 신주인수권을 행사할 수 있는 기간, 신주인수권만을 양도할 수 있는 것에 관한 사항, 신주인수권을 행사하려는 자의 청구가 있는 때에는 신주인수권부사채의 상환에 갈음하여 그 발행가액으로 주금납입이 있는 것으로 본다는 뜻 3. 신주인수권의 행사에 납입을 맡을 은행이나 그 밖의 금융기관 및 납입장소 4. 주식의 양도에 관하여 이사회의 승인을 얻도록 정한 때에는 그 규정	신주인수권을 양도할 수 있고 채권과 신주인수권을 분리하여 발행한 경우에는 채권에는 기재하지 않음

3.2 사채발행과 「상법」 이해

(1) 사채발행의 절차

▲▼ 이사회의 승인

① 일반적인 승인

사채의 발행은 이사회에서 정한다. 또한 이사회에서 대표이사에게 발행을 위임할 수 있다.

「상법」은 기업의 자유롭고 신속한 자금조달에 유용하게 다양한 사채발행의 근거규정을 마련하고 또 규정에 없는 사채도 발행할 수 있다는 점을 명확히 하고 있다. 사채의 발행은 주주총회가 아니라 이사회의 결의사항이다(상법 제469조 제1항). 이익배당에 참가할 수 있는 이익참가형사채, 주식이나 그 밖의 다른 유가증권으로 교환 또는 상환할 수 있는 교환사채, 유가증권이나 통화 또는 기타 자산이나 지표 등의 변동과 연계하여 미리 정하여진 방법에 따라 상환 또는 지급금액이 결정되는 상환사채도 마찬가지이다(상법 제469조 제2항).

또한 정관으로 정하는 바에 따라 이사회는 대표이사에게 사채의 금액 및 종류를 정하여 1년을 초과하지 아니하는 기간 내에 사채를 발행할 것을 위임할 수도 있다(상법 제469조 제4항).

② 이익참가부사채의 승인

이익참가부사채도 이사회에서 발행을 결정한다. 이익참가부사채의 발행내용(이익참가부사채의 총액, 이익배당 참가의 조건 및 내용, 주주에게 이익참가부사채의 인수권을 준다는 뜻과 인수권의 목적인 이익참가부사채의 금액)은 정관 규정에 따라야 하며 정관에 규정이 없는 경우에는 이사회에서 정한다. 정관에서 그 발행내용을 주주총회에서 결정하기로 할 수 있으며 이 경우에는 주주총회에서 그 내용을 정해야 한다. 따라서 회사는 정관에 이익참가부사채에 관한 규정을 마련하여야 하며 발행내용을 정관에 정할지, 아니면 이사회에서 정할 것인지 주주총회에서 정할 것인지 명확히 하여야 한다.

이익참가부사채는 이익배당에 참가할 수 있는 사채이다(상법 제469조 제2항). 사채권자가 그 사채발행회사의 이익배당에 참가할 수 있는 이익참가부사채를 발행하는 경우에 발행내용(이익참가부사채의 총액, 이익배당 참가의 조건 및 내용, 주주에게 이익참가부사채의 인수권을 준다는 뜻과 인수권의 목적인 이익참가부사채의 금액)은 정관에 규정이 있는 경우에는 그에 의하고, 정관에 규정이 없는 사항은 이사회가 결정한다. 다만, 정관에서 주주총회에서 이를 결정하도록 정한 경우에는 그러하지 아니하다(상법 시행령 제21조 제1항).

이익참가부사채는 원칙적으로 주주에게 발행하여야 한다. 만일 주주 외의 자에게 이익참가부사채를 발행하는 경우에 그 발행할 수 있는 이익참가부사채의 가액과 이익배당 참가의 내용에 관하여 정관에 규정이 있으면 정관규정에 의하여, 없으면 주주총회의 특별결의로 정하여야 한다(상법 시행령 제21조 제2항). 주주의 이해관계가 걸린 중요한 문제이기 때문이다. 이에 따라 주주총회의 특별결의를 할 때 이익참가부사채 발행에 관한 의안의 요령은 주주총회의 소집통지와 공고에 적어야 한다(상법 시행령 제21조 제3항).

③ 교환사채의 승인

교환사채의 발행도 이사회에서 정한다. 교환사채는 사채권자가 회사 소유의 주식이나 그 밖의 다른 유가증권으로 교환할 수 있는 사채이다(상법 시행령 제22조 제1항). 사채권자가 회사 소유의 주식이나 그 밖의 다른 유가증권으로 교환할 수 있는 교환사채를 발행하는 경우에도 이사회가 결정한다. 결정할 내용은 교환할 주식이나 유가증권의 종류 및 내용, 교환의 조건, 교환을 청구할 수 있는 기간이다(상법 시행령 제22조 제1항).

주주 외의 자에게 발행회사의 자기주식으로 교환할 수 있는 사채를 발행하는 경우에 사채를 발행할 상대방에 관하여 정관에 규정이 있으면 정관에 따르고 정관에 규정이 없으면 이사회가 이를 결정한다(상법 시행령 제22조 제2항). 교환사채는 회사의 주식을 주거나 이익의 배당에 관한 것이 아니므로 주주총회의 승인이 필요 없다. 교환사채를 발행하려면 정관에 관련 규정을 도입하여야 한다.

④ 상환사채의 승인

상환사체도 마찬가지로 이사회에서 발행을 결정한다. 다만 주주 이외의 자에게 발행하는 경우 정관으로 정한 경우에는 정관에 따른다.

상환사채란 회사가 그 소유의 주식이나 그 밖의 다른 유가증권으로 상환할 수 있는 사채를 말한다(상법 시행령 제23조 제1항). 상환사채를 발행하는 경우에도 이사회가 이를 결정한다. 결정내용에는 상환할 주식이나 유가증권의 종류 및 내용, 상환의 조건, 회사의 선택 또는 일정한 조건의 성취나 기한의 도래에 따라 주식이나 그 밖의 다른 유가증권으로 상환한다는 뜻이다(상법 시행령 제23조 제1항). 주주 외의 자에게 발행회사의 자기주식으로 상환할 수 있는 사채를 발행하는 경우에 사채를 발행할 상대방에 관하여 정관에 규정이 있으면 정관에 따라, 정관의 규정이 없으면 이사회가 이를 결정한다(상법 시행령 제23조 제2항).

⑤ 파생결합사채의 승인

파생결합사채란 유가증권이나 통화 또는 그 밖의 자산이나 지표 등의 변동과 연계하여 미리 정하여진 방법에 따라 상환 또는 지급금액이 결정되는 사채이다(상법 제469조 제2항). 그 밖의 자산이나 지표란 「자본시장과 금융투자업에 관한 법률」 제4조 제10항에 따른 기초자산의 가격 · 이자율 · 지표 · 단위 또는 이를 기초로 하는 지수를 말한다(상법 시행령 제20조).

파생결합사채를 발행하는 경우에는 이사회가 결정한다. 결정내용은 상환 또는 지급금액을 결정하는 데 연계할 유가증권이나 통화 또는 그 밖의 자산이나 지표, 이러한 자산이나 지표와 연계하여 상환 또는 지급 금액을 결정하는 방법이다(상법 시행령 제24조).

⑥ 전환사채의 승인

전환사채는 이사회 또는 주주총회에서 발행을 결정한다. 정관에 규정이 없는 경우 이사회가 이를 결정하지만 정관으로 주주총회에서 이를 결정하기로 정한 경우에는 주주총회에서 결정하는 것이다.

결정사항으로는 전환사채의 총액, 전환의 조건, 전환으로 인하여 발행할 주식의 내용, 전환을 청구할 수 있는 기간, 주주에게 전환사채의 인수권을 준다는 뜻과 인수권의 목적인 전환사채의 액, 주주 외의 자에게 전환사채를 발행하는 것과 이에 대하여 발행할 전환사채의 액이다(상법 제513조 제2항). 그리고 주주 외의 자에 대하여 전환사채를 발행하는 것은 신기술의 도입, 재무구조의 개선 등 회사의 경영상 목적을 달성하기 위하여 필요한 경우에 한한다. 이 경우 그 발행할 수 있는 전환사채의 액, 전환의 조건, 전환으로 인하여 발행할 주식의 내용과 전환을 청구할 수 있는 기간에 관하여 정관에 규정이 없으면 주주총회 특별결의로써 이를 정하여야 한다(상법 제513조 제3항, 상법 제418조 제2항 단서). 또한 주주총회 통지 시에도 전환사채의 발행에 관한 의안의 요령을 기재하여야 한다(상법 제513조 제4항).

주주 외의 자에 대하여 전환사채를 발행하는 경우에 그 발행할 수 있는 전환사채의 액, 전환의 조건, 전환으로 인하여 발행할 주식의 내용과 전환을 청구할 수 있는 기간에 관하여 정관에 규정이 없으면 「상법」 제434조의 결의로써 이를 정하여야 한다고 규정하고 있다. 전환의 조건 등이 정관에 이미 규정되어 있어 주주총회의 특별결의를 다시 거칠 필요가 없기 위해서는 전환의 조건 등이 정관에 상당한 정도로 특정되어 있을 것이 요구된다. 주식회사가 필요한 자금수요에 대응한 다양한 자금조달의 방법 중에서 주주 외의 자에게 전환사채를 발행하는 방법을 선택하여 자금을 조달함에 있어서는 전환가액 등 전환의 조건을 그때그때의 필요자금의 규모와 긴급성, 발행회사의 주가, 이자율과 시장상황 등 구체적인 경제사정에 즉응하여 신축적으로 결정할 수 있도록 하는 것이 바람직하다. 따라서 주주총회의 특별결의에 의해서만 변경이 가능한 정관에 전환의 조건 등을 미리 획일적으로 확정하여 규정하도록 요구할 것은 아니며, 정관에 기준을 정해 놓은 다음 이에 기하여 실제로 발행할 전환사채의 구체적인 전환의 조건 등은 그 발행 시마다 정관에 벗어나지 않는 범위에서 이사회에서 결정하도록 위임하는 방법을 취하는 것도 허용된다. 정관이 전환사채의 발행에 관하여 "전환가액은 주식의 액면금액 또는 그 이상의 가액으로 사채발행 시 이사회가 정한다."라고 규정하고 있는 경우, 전환가액 등 전환의 조건의 결정방법과 관련하여 고려되어야 할 특수성을 감안할 때, 이러한 정관의 규정은 같은 「상법」 제513조 제3항이 요구하는 최소한도의 요건을 충족하고 있는 것이라고 봄이 상당하고, 그 기준 또는 위임방식이 지나치게 추상적이거나 포괄적이어서 무효라고 볼 수는 없다(대법원 2004.6.25. 선고, 2000다37326 판결).

⑦ 신주인수권부사채의 승인

회사는 신주인수권부사채를 발행할 수 있는데(상법 제516조의 2 제1항), 이 경우 정관에 규정이 없는 것은 이사회가 이를 결정하고 정관으로 주주총회에서 이를 결정하도록 정한 경우에는 주주총회에서 결정한다. 그 결정사항에는 신주인수권부사채의 총액, 각 신주인수권부사채에 부여된 신주인수권의 내용, 신주인수권을 행사할 수 있는 기간, 신주인수권만을 양도할 수 있는 것에 관한 사항, 신주인수권을 행사하려는 자의 청구가 있는 때에는 신주인수권부사채의 상환에 갈음하여 그 발행가액으로 주금의 납입이 있는 것으로 본다는 뜻, 주주에게 신주인수권부사채의 인수권을 준다는 뜻과 인수권의 목적인 신주인수권부사채의 액, 주주외의 자에게 신주인수권부사채를 발행하는 것과 이에 대하여 발행할 신주인수권부사채의 액이다(상법 제516조의 2 제2항).

회사는 신기술의 도입, 재무구조의 개선 등 회사의 경영상 목적을 달성하기 위하여 필요한 경우에 주주 외의 자에 대하여 신주인수권부사채를 발행할 수 있다. 이 경우 그 발행할 수 있는 신주인수권부사채의 액, 신주인수권의 내용과 신주인수권을 행사할 수 있는 기간에 관하여 정관에 규정이 없으면 주주총회의 특별결의로써 이를 정하여야 한다(상법 제516조의 2 제4항, 상법 제418조 제2항 단서). 신주인수권부사채의 발행의 주주총회의 통지에는 그 내용을 함께 통지하여야 한다(상법 제516조의 2 제5항, 상법 제513조 제4항).

증권사를 통한 발행

은행에서 돈을 빌리는 것을 간접금융이라고 한다. 또 하나는 기업이 스스로의 신용(자기신용)을 바탕으로 유가증권(주식과 회사채)을 발행해 자금을 조달하는 것이다. 간접금융과 달리 직접금융은 증권사나 투자은행(Investment Bank)을 통하여 이루어진다. 직접 금융을 통한 자금조달은 금융감독원이나 한국거래소의 관련 규정을 준수해야 하고 유가증권 발행 신고도 하여야 한다.

상장회사가 해외에서 해외투자자를 상대로 전환사채를 공모함에 있어서 내국인이 최초 인수자인 해외투자자로부터 재매수하기로 하는 이면계약을 별도로 체결하였다 할지라도, 해외투자자와 발행회사 사이의 투자계약은 여전히 유효하다. 증권거래관련법령에 의한 유가증권발행신고서 제출의무는 국내 발행시장에서 모집에 응하는 투자자를 보호하기 위한 것임에 비추어 볼 때, 국내 투자자가 유통시장에서 그 이면약정에 따라 이를 다시 인수하였는지 여부를 불문하고 해외에서 발행된 전환사채에 대하여는 유가증권발행신고서 제출의무가 인정되지 아니한다(대법원 2004.6.17. 선고, 2003도7645 전원합의체 판결).

사채청약서의 준비

사채청약서는 이사가 작성하고 일반사채의 경우 다음의 사항을 기재한다(상법 제474조 제2항). 사채모집을 위탁한 경우에는 위탁을 받은 회사는 그 명의로 위탁회사를 위하여 이를 할 수 있다(상법 제476조 제2항).

〈일반사채의 사채청약서의 기재사항〉

1. 회사의 상호
2. 자본금과 준비금의 총액
3. 최종의 대차대조표에 의하여 회사에 현존하는 순재산액
4. 사채의 총액

5. 각 사채의 금액
6. 사채발행의 가액 또는 그 최저가액
7. 사채의 이율
8. 사채의 상환과 이자지급의 방법과 기한
9. 사채를 수회에 분납할 것을 정한 때에는 그 분납금액과 시기
10. 채권을 기명식 또는 무기명식에 한한 때에는 그 뜻
10의 2. 채권을 발행하는 대신 전자등록기관의 전자등록부에 사채권자의 권리를 등록하는 때에는 그 뜻
11. 전에 모집한 사채가 있는 때에는 그 상환하지 아니한 금액
12. 삭 제
13. 사채모집에 위탁을 받은 회사가 있는 때에는 그 상호와 주소
13의 2. 사채관리회사가 있는 때에는 그 상호와 주소
13의 3. 사채관리회사가 사채권자집회결의에 의하지 아니하고 제484조 제4항 제2호의 행위(해당 사채 전부에 관한 소송행위 또는 채무자회생 및 파산에 관한 절차에 속하는 행위)를 할 수 있도록 정한 때에는 그 뜻
14. 제13호의 위탁을 받은 회사가 그 모집 액이 총액에 달하지 못한 경우에 그 잔액을 인수할 것을 약정한 때에는 그 뜻
15. 명의개서 대리인을 둔 때에는 그 성명 · 주소 및 영업소

발행의 공고와 통지

① 이익참가부 사채의 공고와 통지

회사는 일정한 날을 정하여, 그 날의 주주명부에 기재된 주주가 이익참가부사채의 배정을 받을 권리를 가진다는 뜻을 그 날의 2주일 전에 공고하여야 한다. 다만, 그 날이 주주명부의 폐쇄기간 중일 때에는 그 기간의 초일의 2주일 전에 이를 공고하여야 한다(상법 시행령 제21조 제5항). 주주가 이익참가부사채의 인수권을 가진 경우에는 각 주주에게 그 인수권을 가진 이익참가부사채의 액, 발행가액, 이익참가의 조건과 일정한 기일까지 이익참가부사채 인수의 청약을 하지 아니하면 그 권리를 잃는다는 뜻을 통지하여야 한다(상법 시행령 제21조 제6항). 회사가 무기명식의 주권을 발행하였을 때에는 이를 공고하여야 한다(상법 시행령 제21조 제7항).

동 통지 또는 공고는 주주에게 이익참가부사채의 배정을 받을 권리를 가진다는 뜻을 공고하는 기일의 2주일 전까지 하여야 한다(상법 시행령 제21조 제8항). 동 통지 또는 공고에도 불구하고 그 기일까지 이익참가부사채 인수의 청약을 하지 아니한 경우에는 이익

참가부사채의 인수권을 가진 자는 그 권리를 잃는다(상법 시행령 제21조 제9항).

② 전환사채의 공고와 통지

주주가 전환사채의 인수권을 가진 경우에는 회사는 일정한 날을 정하여 그 날에 주주명부에 기재된 주주가 그 권리를 가진다는 뜻과 사채인수권을 양도할 수 있을 경우에는 그 뜻을 그 날의 2주간 전에 공고하여야 한다. 그러나 그 날이 주주명부 폐쇄기간 중인 때에는 그 기간의 초일의 2주간 전에 이를 공고하여야 한다(상법 제513조의 2 제2항, 상법 제418조 제3항). 주주가 전환사채의 인수권을 가진 경우에는 각 주주에 대하여 그 인수권을 가지는 전환사채의 액, 발행가액, 전환의 조건, 전환으로 인하여 발행할 주식의 내용, 전환을 청구할 수 있는 기간과 일정한 기일까지 전환사채의 청약을 하지 아니하면 그 권리를 잃는다는 뜻을 통지하여야 한다(상법 제513조의 3 제1항).

동 통지는 청약기일의 2주간 전에 하여야 한다. 이 통지에도 불구하고 그 기일까지 주식인수의 청약을 하지 아니한 때에는 신주의 인수권을 가진 자는 그 권리를 잃는다(상법 제513조의 3 제2항, 상법 제419조 제2항 · 제3항).

③ 신주인수권부사채의 공고와 통지

주주가 신주인수권부사채의 인수권을 가진 경우에는 각 주주에 대하여 인수권을 가지는 신주인수권부사채의 액, 발행가액, 신주인수권의 내용, 신주인수권을 행사할 수 있는 기간과 일정한 기일까지 신주인수권부사채의 청약을 하지 아니하면 그 권리를 잃는다는 뜻, 신주인수권만을 양도할 수 있는 것에 관한 사항(있는 경우), 신주인수권을 행사하려는 자의 청구가 있는 때에는 신주인수권부사채의 상환에 갈음하여 그 발행가액으로 주금의 납입이 있는 것으로 본다는 뜻(있는 경우)을 통지하여야 한다(상법 제516조의 3 제1항). 동 통지는 청약기일의 2주간 전에 이를 하여야 한다(상법 제516조의 3 제1항, 상법 제419조 제2항).

주주가 신주인수권부사채를 인수할 권리를 가진 경우에는 회사는 일정한 날을 정하여 그 날에 주주명부에 기재된 주주가 신주인수권부사채의 인수권을 가진다는 뜻과 신주인수권을 양도할 수 있을 경우에는 그 뜻을 그 날의 2주간 전에 공고하여야 한다. 그러나 그 날이 주주명부 폐쇄기간 중인 때에는 그 기간의 초일의 2주간 전에 이를 공고하여야 한다(상법 제516조의 11, 상법 제513조의 2 제2항, 상법 제418조 제3항).

사채인수의 청약

사채의 모집에 응하고자 하는 자는 사채청약서 2통에 그 인수할 사채의 수와 주소를 기재하고 기명날인 또는 서명한다(상법 제474조 제1항). 사채발행의 최저가액을 정한 경우에는 응모자는 사채청약서에 응모가액을 기재하여야 한다(상법 제474조 제3항). 계약에 의하여 사채의 총액을 인수하는 경우 또는 사채모집의 위탁을 받은 회사가 사채의 일부를 인수하는 경우에는 그 일부에 대하여는 사채청약을 하지 않는다(상법 제475조).

사채의 배정

전환사채, 이익참가부사채 및 신주인수권부사채의 인수권을 가진 주주는 그가 가진 주식의 수에 따라 이익참가부사채의 배정을 받을 권리가 있다. 다만, 각 사채의 금액 중 최저액에 미달하는 끝수에 대해서는 그러하지 아니하다(상법 제513조의 2 제1항, 상법 제516조의 11, 상법 시행령 제21조 제4항).

회사가 신주를 발행하는 경우 원칙적으로 기존 주주에게 배정하고 정관에 정한 경우에만 제3자에게 신주배정을 할 수 있게 하면서 사유도 신기술의 도입이나 재무구조의 개선 등 경영상 목적을 달성하기 위하여 필요한 경우에 한정함으로써 기존 주주의 신주인수권을 보호하고 있다. 따라서 회사가 이와 같은 사유가 없음에도 경영진의 경영권이나 지배권 방어라는 목적을 달성하기 위하여 제3자에게 신주를 배정하는 것은 주주의 신주인수권을 침해하는 것이다. 그리고 이러한 법리는 신주인수권부사채를 제3자에게 발행하는 경우에도 마찬가지로 적용된다(대법원 2015.12.10. 선고, 2015다202919 판결).

전환사채를 주주 배정방식에 의하여 발행하는 경우에도 주주가 그 인수권을 잃은 때에는 회사는 이사회의 결의에 의하여 그 인수가 없는 부분에 대하여 자유로이 이를 제3자에게 처분할 수 있다. 단일한 기회에 발행되는 전환사채의 발행조건은 동일하여야 하므로, 주주배정으로 전환사채를 발행하는 경우에 주주가 인수하지 아니하여 실권된 부분에 관하여 이를 주주가 인수한 부분과 별도로 취급하여 전환가액 등 발행조건을 변경하여 발행할 여지가 없다. 주주배정의 방법으로 주주에게 전환사채인수권을 부여하였지만 주주들이 인수청약하지 아니하여 실권된 부분을 제3자에게 발행하더라도 주주의 경우와 같은 조건으로 발행할 수밖에 없고, 이러한 법리는 주주들이 전환사채의 인수청약을 하지 아니함으로써 발생하는 실권의 규모에 따라 달라지는 것은 아니다. 전환사채 발행을 위한 이사회 결의에는 하자가 있었다 하더라도 실권된 전환사채를 제3자에게 배정하기로 의결한 이사회 결의에는 하자가 없는 경우, 전환사채의 발행절차를 진행한 것이 재산보호의무 위반으로서의 임무위배에 해당하지 않는다(대법원 2009.5.29. 선고, 2007도4949).

발행금액의 납입

사채의 모집이 완료한 때에는 이사는 지체 없이 인수인에 대하여 각 사채의 전액 또는 제1회의 납입을 시켜야 한다(상법 제476조 제1항). 사채모집을 위탁한 경우에는, 사채모집의 위탁을 받은 회사는 그 명의로 위탁회사를 위하여 이를 할 수 있다(상법 제476조 제2항).

사채권의 발행

채권은 사채전액의 납입이 완료한 후에만 발행할 수 있다(상법 제478조 제1항). 채권에는 다음의 사항을 적고 대표이사가 기명날인 또는 서명하여야 한다(상법 제478조 제2항).

〈사채권의 기재사항〉

기재사항	비고
채권의 번호	
회사의 상호	「상법」 제474조 제2항 제1호 · 제4호 · 제5호 · 제7호 · 제8호 · 제10호 · 제13호 · 제13호의 2 및 제13호의 3에 규정된 사항
사채의 총액	
각 사채의 금액	
사채의 이율	
사채의 상환과 이자지급의 방법과 기한	
채권을 기명식 또는 무기명식에 한한 때에는 그 뜻	
사채모집에 위탁을 받은 회사가 있는 때에는 그 상호와 주소	
사채관리회사가 있는 때에는 그 상호와 주소	
사채관리회사가 사채권자집회결의에 의하지 아니하고 「상법」 제484조 제4항 제2호의 행위(해당 사채 전부에 관한 소송행위 또는 채무자회생 및 파산에 관한 절차에 속하는 행위)를 할 수 있도록 정한 때에는 그 뜻	

신주인수권부사채를 발행하면서 인수인수권을 양도할 수 있는 경우에는 채권과 함께 신주인수권증권을 발행하여야 한다(상법 제516조의 5 제1항). 신주인수권증권에는 신주인

수권증권이라는 뜻의 표시, 회사의 상호, 각 신주인수권부사채에 부여된 신주인수권의 내용, 신주인수권을 행사할 수 있는 기간, 신주인수권을 행사하려는 자의 청구가 있는 때에는 신주인수권부사채의 상환에 갈음하여 그 발행가액으로 주금납입이 있는 것으로 본다는 뜻, 신주인수권 행사 시 납입을 맡을 은행이나 그 밖의 금융기관 및 납입장소 및 그 번호를 기재하고 이사가 기명날인 또는 서명하여야 한다(상법 제516조의 5 제2항).

회사는 회사채 또는 신주인수권부사채의 신주인수권증권을 발행하는 대신 정관으로 정하는 바에 따라 전자등록기관의 전자등록부에 사채권 또는 신주인수권증권을 등록할 수 있다(상법 제478조 제3항, 상법 제516조의 7). 전자등록부에 등록된 사채권 또는 신주인수권증권의 양도나 입질은 전자등록부에 등록하여야 효력이 발생한다(상법 제478조 제3항 후단, 상법 제516조의 7, 상법 제356조의 2 제2항).

전자등록부에 사채권 또는 신주인수권증권을 등록한 자는 그 등록된 채권 또는 증권에 대한 권리를 적법하게 보유한 것으로 추정하며, 이러한 동 등록 부를 선의로, 그리고 중대한 과실 없이 신뢰하고 전자등록부에 등록에 따라 권리를 취득한 자는 그 권리를 적법하게 취득한다(상법 제478조 제3항 후단, 상법 제516조의 7, 상법 제356조의 2 제3항).

발행의 등기

① 이익참가부사채 발행등기

회사가 이익참가부사채를 발행하였을 때에는 납입이 완료된 날부터 2주일 내에 본점 소재지에서 이익참가부사채의 총액, 각 이익참가부사채의 금액, 각 이익참가부사채의 납입금액, 이익배당에 참가할 수 있다는 뜻과 이익배당 참가의 조건 및 내용을 등기하여야 한다(상법 시행령 제21조 제10항). 등기된 내용이 변경된 때에는 본점 소재지에서는 2주일 내, 지점 소재지에서는 3주일 내에 변경등기를 하여야 한다(상법 시행령 제21조 제11항). 외국에서 이익참가부사채를 모집한 경우에 등기할 사항이 외국에서 생겼을 때에는 그 등기기간은 그 통지가 도달한 날부터 기산한다(상법 시행령 제21조 제12항).

② 전환사채의 등기

회사가 전환사채를 발행한 때에는 납입이 완료된 날로부터 2주간 내에 본점의 소재지에서 전환사채의 총액, 각 전환사채의 금액, 각 전환사채의 납입금액, 사채를 주식으로 전환할 수 있다는 뜻, 전환의 조건, 전환으로 인하여 발행할 주식의 내용, 전환을 청구할 수 있는 기간을 등기를 하여야 한다(상법 제514조의 2 제1항 · 제2항). 등기사항에 변경이 있는 때에는 본점소재지에서는 2주간 내, 지점소재지에서는 3주간 내에 변경등기를 하여야 한다(상법 제514조의 2 제3항). 이 경우 외국에서 전환사채를 모집한 경우에 등기할 사항이 외국에서 생긴 때에는 등기기간은 그 통지가 도달한 날로부터 기산한다(상법 제514조의 2 제4항).

③ 신주인수권부사채의 등기

신주인수권부사채를 발행한 때에는 납입이 완료된 날부터 2주간 내에 본점의 소재지에서 신주인수권부사채라는 뜻, 신주인수권의 행사로 인하여 발행할 주식의 발행가액의 총액, 각 신주인수권부사채의 금액, 각 신주인수권부사채의 납입금액, 신주인수권부사채의 총액, 각 신주인수권부사채에 부여된 신주인수권의 내용, 신주인수권을 행사할 수 있는 기간을 등기하여야 한다(상법 제516조의 8 제1항, 상법 제514조의 2 제1항). 등기사항에 변경이 있는 때에는 본점소재지에서는 2주간 내, 지점소재지에서는 3주간 내에 변경등기를 하여야 한다(상법 제516조의 8 제2항, 상법 제514조의 2 제3항). 이 경우 외국에서 전환사채를 모집한 경우에 등기할 사항이 외국에서 생긴 때에는 등기기간은 그 통지가 도달한 날로부터 기산한다(상법 제516조의 8 제2항, 상법 제514조의 2 제4항).

사채의 교환, 상환, 전환

① 교환사채의 교환

교환사채를 발행하는 회사는 사채권자가 교환청구를 하는 때 또는 그 사채의 교환청구기간이 끝나는 때까지 교환에 필요한 주식 또는 유가증권을 한국예탁결제원에 예탁하여야 한다. 이 경우 한국예탁결제원은 그 주식 또는 유가증권을 신탁재산임을 표시하여 관리하여야 한다(상법 시행령 제22조 제3항).

사채의 교환을 청구하는 자는 청구서 2통에 사채권을 첨부하여 회사에 제출하여야 한다(상법 시행령 제22조 제4항). 청구서에는 교환하려는 주식이나 유가증권의 종류 및 내용, 수와 청구 연월일을 적고 기명날인 또는 서명하여야 한다(상법 시행령 제22조 제5항).

② 상환사채의 상환

일정한 조건의 성취나 기한의 도래에 따라 상환할 수 있는 경우에는 상환사채를 발행하는 회사는 조건이 성취되는 때 또는 기한이 도래하는 때까지 상환에 필요한 주식 또는 유가증권을 한국예탁결제원에 예탁하여야 한다. 이 경우 한국예탁결제원은 그 주식 또는 유가증권을 신탁재산임을 표시하여 관리하여야 한다(상법 시행령 제23조 제3항).

③ 전환사채의 전환

전환사채의 전환으로 인하여 신주식을 발행하는 경우에는 전환전의 전환사채의 발행가액을 신주식의 발행가액으로 한다(상법 제516조 제1항, 상법 제348조). 전환사채를 보유한 자가 전환을 청구하는 경우 전환청구서 2통에 채권을 첨부하여 회사에 제출하여야 한다. 다만, 채권을 발행하는 대신 전자등록기관의 전자등록부에 채권을 등록한 경우에는 그 채권을 증명할 수 있는 자료를 첨부하여 회사에 제출하여야 한다(상법 제515조 제1항). 동 청구서에는 전환하고자 하는 사채와 청구의 연월일을 기재하고 기명날인 또는 서명하여야 한다(상법 제515조 제2항).

전환사채의 전환은 주주가 전환을 청구한 경우에는 그 청구한 때에, 회사가 전환을 한 경우에는 회사가 2주 이상의 일정한 기간 내에 그 주권을 회사에 제출하게 하여 그 기간이 끝난 때에 그 효력이 발생한다(상법 제516조 제1항, 상법 제350조 제1항). 주주명부의 폐쇄기간 중에 전환된 주식의 주주는 그 기간 중의 총회의 결의에 관하여는 의결권을 행사할 수 없다(상법 제516조 제1항, 상법 제350조 제2항). 전환에 의하여 발행된 주식의 이익배당에 관하여는 주주가 전환을 청구한 때 또는 회사가 2주 이상의 일정한 기간 내에 그 주권을 회사에 제출하게 하여 그 기간이 끝난 때가 속하는 영업연도 말에 전환된 것으로 본다. 이 경우 신주에 대한 이익배당에 관하여는 정관으로 정하는 바에 따라 그 청구를 한 때 또는 동 기간이 끝난 때가 속하는 영업연도의 직전 영업연도 말에 전환된 것으로 할 수 있다(상법 제516조 제1항, 상법 제350조 제3항).

전환사채의 전환으로 인한 변경등기는 전환을 청구한 날 또는 회사가 2주 이상의 일정한 기간 내에 그 주권을 회사에 제출하게 하여 그 기간이 끝난 날이 속하는 달의 마지막 날부터 2주 내에 본점소재지에서 하여야 한다(상법 제516조 제1항, 상법 제351조).

④ 신주인수권부사채의 주식발행

신주인수권을 행사하려는 자는 청구서 2통을 회사에 제출하고, 신주의 발행가액의 전액을 납입하여야 한다(상법 제516조의 9 제1항). 청구서에는 인수할 주식의 종류 및 수와 주소를 기재하고 기명날인 또는 서명하여야 한다(상법 제516조의 9 제1항, 상법 제302조 제1항). 청구서를 제출하는 경우에 신주인수권증권이 발행된 때에는 신주인수권증권을 첨부하고, 이를 발행하지 아니한 때에는 채권을 제시하여야 한다. 다만, 채권이나 신주인수권증권을 발행하는 대신 전자등록기관의 전자등록부에 채권이나 신주인수권을 등록한 경우에는 그 채권이나 신주인수권을 증명할 수 있는 자료를 첨부하여 회사에 제출하여야 한다(상법 제516조의 9 제2항). 주금의 납입은 채권 또는 신주인수권증권에 기재한 은행 기타 금융기관의 납입장소에서 하여야 한다(상법 제516조의 9 제3항). 납입금의 보관자 또는 납입장소를 변경할 때에는 법원의 허가를 얻어야 한다(상법 제516조의 9 제1항, 상법 제306조). 납입금을 보관한 은행이나 그 밖의 금융기관은 이사의 청구를 받으면 그 보관금액에 관하여 증명서를 발급하여야 한다(상법 제516조의 9 제1항, 상법 제318조 제1항). 은행이나 그 밖의 금융기관은 증명한 보관금액에 대하여는 납입이 부실하거나 그 금액의 반환에 제한이 있다는 것을 이유로 회사에 대항하지 못한다(상법 제516조의 9 제1항, 상법 제318조 제2항).

신주인수권부사채에 부여된 신주인수권의 행사로 인하여 발행할 주식의 발행가액의 합계액은 각 신주인수권부사채의 금액을 초과할 수 없다(상법 제516조의 2 제3항). 신주인수권부사채를 발행할 때 신주인수권증권이 발행된 경우에 신주인수권의 양도는 신주인수권증권의 교부에 의하여서만 이를 행한다(상법 제516조의 6 제1항). 이 경우 신주인수권의 점유자는 이를 적법한 소지인으로 추정한다(상법 제516조의 6 제2항, 상법 제336조 제2항). 신주인수권은 공시최고의 절차에 의하여 이를 무효로 할 수 있다. 신주인수권을 상실한 자는 제권판결을 얻지 아니하면 회사에 대하여 주권의 재발행을 청구하지 못하다(상법 제516조의 6 제2항, 상법 제360조). 어떤 사유로든 신주인수권증권의 점유를 잃은 자가 있는 경우에 그 신주인수권증권의 소지인은 그 소지인이 그 권리를 증명할 때에는 그것을 반환할 의무가 없다. 그러나 소지인이 악의 또는 중대한 과실로 인하여 수표를 취득한 경우에는 그러하지 아니하다(상법 제516조의 6 제2항, 수표법 제21조).

신주인수권을 행사한 자는 동항의 납입을 한 때에 주주가 된다(상법 제516조의 10). 동 주주는 그 기간 중의 총회의 결의에 관하여는 의결권을 행사할 수 없다(상법 제516조의 10, 상법 제350조 제2항). 신주인수권의 행사가 있는 경우에 주식의 발행으로 인한 변경등기는 그 주식발행한 날이 속하는 달의 마지막 날부터 2주 내에 본점소재지에서 하여야 한다(상법 제516조의 11, 상법 제351조).

종류주식의 수 중 새로 발행할 주식의 수는 신주인수권부사채의 신주의 청구기간 또는 신주의 발행 기간 내에는 그 발행을 유보하여야 한다(상법 제516조의 11, 상법 제516조 제1항, 상법 제346조 제4항).

신주인수권만의 양도가 가능한 분리형 신주인수권부사채를 발행한 발행회사가 신주인수권의 발행조건으로 주식의 시가하락 시 신주인수권의 행사가액을 하향조정하는 이른바 '조정(refixing) 조항'을 둔 경우, 주식의 시가하락에 따른 신주인수권 행사가액의 조정사유가 발생하였음에도 발행회사가 그 조정을 거절하고 있다면, 신주인수권자는 발행회사를 상대로 조정사유 발생시점을 기준으로 신주인수권 행사가액 조정절차의 이행을 구하는 소를 제기할 수 있다. 신주인수권 행사가액 조정절차의 이행을 구하는 소는 신주인수권의 행사 여부와 관계없이 허용된다고 보아야 한다(대법원 2014.9.4. 선고, 2013다40858 판결).

(2) 사채발행의 대행(사채관리회사)

사채관리회사는 회사채 투자자들을 대신해 회사채 발행회사의 계약 이행 여부를 관리하고 채권자집회 운영 등을 맡도록 지정된 회사이다. 증권사, 증권금융, 예탁결제원 등이 사채관리회사로 지정되어 있다.

회사는 사채를 발행하는 경우에 사채관리회사를 정하여 변제의 수령, 채권의 보전, 그 밖에 사채의 관리를 위탁할 수 있다(상법 제480조의 2). 사채발행을 금융기관이나 증권회사에 의뢰하는 것이다. 사채관리회사가 다음의 기업만이 할 수 있다(상법 제480조의 3 제1항, 상법 시행령 제26조).

〈사채관리회사가 될 수 있는 회사〉

1. 「은행법」에 따른 은행
2. 「한국 산업은행법」에 따른 한국산업은행
3. 「중소기업은행법」에 따른 중소기업은행
4. 「농업협동조합법」에 따른 농협은행
5. 「수산업협동조합법」에 따른 수산업협동조합중앙회의 신용사업부문
6. 「자본시장과 금융투자업에 관한 법률」에 따라 신탁업 인가를 받은 자로서 일반투자자로부터 금전을 위탁받을 수 있는 자
7. 「자본시장과 금융투자업에 관한 법률」에 따라 투자매매업 인가를 받은 자로서 일반투자자를 상대로 증권의 인수업무를 할 수 있는 자
8. 한국예탁결제원
9. 「자본시장과 금융투자업에 관한 법률」에 따른 증권금융회사

그러나 사채의 인수인은 그 사채의 사채관리회사가 될 수 없으며(상법 제480조의 3 제2항), 사채를 발행한 회사와 특수한 이해관계가 있는 자는 사채관리회사가 될 수 없다(상법 제480조의 3 제3항). 특수한 이해관계가 있는 것은 사채관리회사가 사채발행회사에 대하여 최대주주 또는 주요주주인 경우(사채관리회사가 된 후에 해당하게 된 자를 포함)이다(상법 시행령 제27조 제1호). 최대주주란 상장회사의 주주로서 의결권 없는 주식을 제외한 발행주식 총수를 기준으로 본인 및 그의 특수 관계인이 소유하는 주식의 수가 가장 많은 경우 그 본인을 말한다(상법 제542조의 8 제2항 제5호).

(3) 기타 사채발행 관련 이슈

전환사채 등 발행 중지 청구

회사가 법령 또는 정관에 위반하거나 현저하게 불공정한 방법에 의하여 전환사채 또는 신주인수권부사채를 발행함으로써 주주가 불이익을 받을 염려가 있는 경우에는 그 주주는 회사에 대하여 그 발행을 유지할 것을 청구할 수 있다(상법 제516조 제1항, 상법 제516조의 11, 상법 제424조).

사채발행 무효의 소

「상법」은 제516조 제1항에서 신주발행의 유지청구권에 관한 제424조 및 불공정한 가액으로 주식을 인수한 자의 책임에 관한 제424조의 2 등을 전환사채의 발행의 경우에 준용한다고 규정하면서도 신주발행무효의 소에 관한 제429조의 준용 여부에 대해서는 아무런 규정을 두고 있지 않으나, 전환사채는 전환권의 행사에 의하여 장차 주식으로 전환될 수 있는 권리가 부여된 사채로서, 이러한 전환사채의 발행은 주식회사의 물적 기초와 기존 주주들의 이해관계에 영향을 미친다는 점에서 사실상 신주를 발행하는 것과 유사하므로, 전환사채 발행의 경우에도 신주발행무효의 소에 관한 「상법」 제429조가 유추적용 된다고 봄이 타당하다.

「상법」 제429조는 신주발행의 무효는 주주·이사 또는 감사에 한하여 신주를 발행한 날로부터 6월내에 소만으로 이를 주장할 수 있다고 규정하고 있는바, 이는 신주발행에 수반되는 복잡한 법률관계를 조기에 확정하고자 하는 것이므로, 새로운 무효사유를 출소시간의 경과 후에도 주장할 수 있도록 하면 법률관계가 불안정하게 되어 위 규정의 취지가 몰각된다는 점에 비추어 위 규정은 무효사유의 주장시기도 제한하고 있는 것이라고 해석함이 타당하다.

한편 「상법」 제429조의 유추적용에 의한 전환사채발행무효의 소에 있어서도 전환사채를 발행한 날로부터 6월의 출소기간이 경과한 후에는 새로운 무효사유를 추가하여 주장할 수 없다고 보아야 한다. 신주발행무효의 소에 관한 「상법」 제429조에도 무효원인이 규정되어 있지 않고 다만, 전환사채의 발행의 경우에도 준용되는 「상법」 제424조에 '법령이나 정관의 위반 또는 현저하게 불공정한 방법에 의한 주식의 발행'이 신주발행유지청구의 요건으로 규정되어 있으므로, 위와 같은 요건을 전환사채 발행의 무효원인으로 고려할 수 있다. 그러나 전환사채가 일단 발행되면 그 인수인의 이익을 고려할 필요가 있고 또 전환사채나 전환권의 행사에 의하여 발행된 주식은 유가증권으로서 유통되는 것이므로 거래의 안전을 보호 하여야 할 필요가 크다고 할 것인데, 전환사채발행유지청구권은 위법한 발행에 대한 사전 구제수단임에 반하여, 전환사채발행무효의 소는 사후에 이를 무효로 함으로써 거래의 안전과 법적 안정성을 해칠 위험이 큰 점을 고려할 때, 그 무효원인은 가급적 엄격하게 해석하여야 한다.

따라서 법령이나 정관의 중대한 위반 또는 현저한 불공정이 있어 그것이 주식회사의 본질이나 「회사법」의 기본원칙에 반하거나 기존 주주들의 이익과 회사의 경영권 내지 지배권에 중대한 영향을 미치는 경우로서 전환사채와 관련된 거래의 안전, 주주 기타 이해관계인의 이익 등을 고려하더라도 도저히 묵과할 수 없는 정도라고 평가되는 경우에 한하여 전환사채의 발행 또는 그 전환권의 행사에 의한 주식의 발행을 무효로 할 수 있을 것이며, 그 무효원인을 회사의 경영권 분쟁이 현재 계속 중이거나 임박해 있는 등 오직 지배권의 변경을 초래하거나 이를 저지할 목적으로 전환사채를 발행하였음이 객관적으로 명백한 경우에 한정할 것은 아니다. 전환사채의 인수인이 회사의 지배주주와 특별한 관계에 있는 자라거나 그 전환가액이 발행시점의 주가 등에 비추어 다소 낮은 가격이라는 것과 같은 사유는 일반적으로 전환사채발행유지청구의 원인이 될 수 있지만 이미 발행된 전환사채 또는 그 전환권의 행사로 발행된 주식을 무효화할 만한 원인이 되지는 못한다(대법원 2004.6.25. 선고, 2000다37326 판결).

허위정보와 처벌

이사, 집행임원, 감사위원회 위원, 감사 또는 직무대행자, 지배인 기타 회사영업에 관한 어느 종류 또는 특정한 사항의 위임을 받은 사용인, 사채의 모집의 위탁을 받은 자가 사채를 모집함에 있어서 중요한 사항에 관하여 부실한 기재가 있는 사채청약서, 사업계획서, 사채의 모집에 관한 광고 기타의 문서를 행사한 때에는 5년 이하의 징역 또는 1천 500만 원 이하의 벌금에 처한다(상법 제627조 제1항). 사채를 매출하는 자가 그 매출에 관한 문서로서 중요한 사항에 관하여 부실한 기재가 있는 것을 행사한 때에도 같다(상법 제627조 제1항). 이러한 부실문서행사 죄는 사채의 모집에 있어 일반 투자자에게 중요한 투자판단의 자료로 제공되는 사항에 대하여 정확을 기하고, 오류를 방지하여 회사의 사채 등의 모집에 공정성과 투명성을 보장하기 위한 것이다(대법원 2003.3.25. 선고, 2000도5712 판결).

부실기업의 대표이사와 공모하여 회계 상 적자사실을 은폐하면서 당기순이익이 발생한 양 재무제표를 허위 작성하는 등의 방법으로 재무 상태를 기업공개요건에 맞도록 구비한 다음 사채를 모집한 임원에 대하여 「상법」 제627조 제1항, 제622조 제1항, 「증권거래법」 제210조 제6호, 제92조를, 이 기업에 대한 감사 시 대차대조표 및 손익계산서 등이 자의적으로 분식되어 있음을 발견하고도 이를 묵인하고 감사보고서를 작성하여 증권관리위원회와 증권거래소에 제출케 한 공인회계사에 대하여는 「공인회계사법」 제20조, 제12조 제2항을 각 적용하여 처벌한다(서울형사지방법원 1992.6.10. 선고, 92고단3525 판결 : 확정).

발행가액과 처벌

회사채를 발행하려면 발행가액을 결정하여 한다. 이와 관련하여 형사문제가 있으니 유의하여야 한다.

우선 시가보다 낮게 발행하였을 경우 배임죄에 해당하는지가 문제가 된다. 우선 주주배정 방식으로 하는 경우에는 배임죄가 되지 않는다는 판결이 있다. 대법원이 2009.5.29. 선고 2007도4949 전원합의체 판결로 채택한 견해에 의하면, 회사가 주주 배정의 방법, 즉 주주가 가진 주식 수에 따라 신주 등을 발행하는 경우에는 발행가액 등을 반드시 시가에 의하여 하는 것은 아니고, 회사의 임원인 이사로서는 주주 전체의 이익과 회사의 자금조달의 필요성과 급박성 등을 감안하여 경영판단에 따라 자유로이 그 발행조건을 정할 수 있다고 보아야 할 것이므로, 시가보다 낮게 발행가액 등을 정함으로써 주주들로부터 가능한 최대한의 자금을 유치하지 못하였다고 하여 배임죄의 구성요건인 임무위배, 즉 회사의 재산보호 의무를 위반하였다고 볼 것은 아니다. 이 경우 신주 등의 발행이 주주 배정방식인지 또는 제3자 배정방식인지를 구별하는 기준은 회사가 주주들에게 그들의 지분비율에 따라 신주 등을 우선적으로 인수할 기회를 부여하였는지 여부에 따라 객관적으로 결정되어야 할 성질의 것이지, 신주 등의 인수권을 부여받은 주주들이 실제로 인수권을 행사하여 신주 등을 배정받았는지 여부에 좌우되는 것은 아니다. 또한 「상법」상 전환사채를 주주 배정방식에 의하여 발행하는 경우에 주주가 그 인수권을 잃은 때에는 회사는 이사회의 결의에 의하여 그 인수가 없는 부분에 대하여 자유로이 이를 제3자에게 처분할 수 있는 것인데, 단일한 기회에 발행되는 전환사채의 발행조건은 동일하여야 하므로, 주주가 인수하지 아니하여 실권된 부분에 관하여 이를 주주가 인수한 부분과 별도로 취급하여 전환가액 등 발행조건을 변경하여 발행할 여지가 없는 것이어서, 주주들의 실권 분을 제3자에게 주주의 경우와 같은 조건으로 발행하였다고 하더라도 이를 두고 이사가 회사에 대한 관계에서 어떠한 임무에 위배하여 손해를 끼쳤다고 볼 수 없다(대법원 2009.5.29. 선고, 2008도9436 판결).

제3자 배정의 경우에도 마찬가지의 판결이다. 자금을 조달하려는 목적이 아니라 조세를 회피하면서 경영지배권을 이전할 목적으로 신주 등을 저가로 발행하는 경우, 발행되는 주식의 수량과 같은 수량의 주식을 적정가격으로 발행하는 경우 그에 상당하는 자금이 회사에 유입되도록 할 임무가 회사의 경영자에게 있다고 볼 수는 없다. 따라서 회사가 그 차액 상당의 손해가 발생하였다고 볼 수는 없다. 그런데 주주 배정방식의 발행의 경우에는 저가로 발행하더라도 주주들 사이에 아무런 이해의 득실이 없고 지분가치의 변동이 없어 주주들에게나 회사에 손해가 없다. 그러나 제3자 배정방식의 발행의 경우에는 기존주주들에게 기존주식의 가치 하락으로 인한 손해가 발생하는데, 주주와 회사는 별개의 법인격을 가지고 있을 뿐만 아니라 주주의 손해와 회사의 손해가 일치한다고 할 수도 없으므로, 「상법」 제424조의 2의 규정만을 근거로 기존주주들의 손해를 회사의 손해로 볼 수 없다. 따라서 회사 경영자가 조세를 회피하면서 지배권 이전을 목적으로 신주 등을 저가로 발행한 경우, 회사의 경영자에 대하여 기존주주들에 대한 임무위배를 이유로 손해배상을 청구하는 등의 방법을 통하여 그 책임을 묻는 것은 별론으로 하고, 회사에 대한 임무위배를 이유로 업무상배임죄의 책임을 물을 수는 없다(서울고등법원 2008.10.10. 선고, 2008노1841 판결).

그러나 대법원의 입장은 다르다. 대법원이 위 2007도4949 전원합의체 판결로 채택한 견해에 의하면, 회사가 주주 배정의 방법이 아니라 제3자에게 인수권을 부여하는 제3자

배정의 방법으로 신주 등을 발행하는 경우에는 제3자는 신주인수권을 행사하여 신주 등을 인수함으로써 회사의 지분을 새로 취득하게 되는바, 그 제3자와 회사와의 관계를 주주의 경우와 동일하게 볼 수는 없는 것이므로, 만약 회사의 이사가 시가보다 현저하게 낮은 가액으로 신주 등을 발행하는 경우에는 시가를 적정하게 반영하여 발행조건을 정하거나 또는 주식의 실질가액을 고려한 적정한 가격에 의하여 발행하는 경우와 비교하여 그 차이에 상당한 만큼 회사의 자산을 증가시키지 못하게 되는 결과가 발생하는데, 이는 「회사법」상 공정한 발행가액과 실제 발행가액과의 차액에 발행주식수를 곱하여 산출된 액수만큼 회사가 손해를 입은 것으로 보아야 한다. 따라서 이와 같이 현저하게 불공정한 가액으로 제3자에게 신주 등을 발행하는 행위는 이사의 임무위배행위에 해당하는 것으로서 그로 인하여 회사에 공정한 발행가액과의 차액에 상당하는 자금을 취득하지 못하게 되는 손해를 입힌 이상 이사에 대하여 배임죄의 죄책을 물을 수 있다고 할 것이다(대법원 2001.9.28. 선고, 2001도3191 판결, 대법원 2005.5.27. 선고, 2003도5309 판결 등 참조)(대법원 2009.5.29. 선고, 2008도9436 판결).

설령 이사회 결의가 문제가 있더라도 배임죄에 해당하지 않는다고 본다. 배임죄에 있어서 임무위배행위라 함은 형식적으로 법령을 위반한 모든 경우를 의미하는 것이 아니고, 문제가 된 구체적인 행위유형 또는 거래유형 및 보호법익 등을 종합적으로 고려하여 경제적 · 실질적 관점에서 본인에게 재산상의 손해가 발생할 위험이 있는 행위를 의미한다(대법원 2008.6.19. 선고, 2006도4876 전원합의체 판결 등 참조). 전환사채의 발행이 주주 배정방식으로 이루어진 이상 회사에 어떠한 손해가 생겼다고 보기 어렵고, 신주 발행에 관한 이사회의 결의가 없거나 그 결의에 흠이 있다고 하더라도 이사회의 결의는 회사의 내부적 의사결정에 불과하므로 신주발행의 효력에는 영향이 없으며(대법원 2007.2.22. 선고, 2005다77060, 77077 판결 등 참조), 실권된 전환사채를 제3자에게 배정하기로 의결한 이사회 결의에 어떠한 흠이 없다면 이사가 전환사채의 발행절차를 중단하지 아니하고 이를 진행한 것이 회사의 재산보호의무 위반으로서의 임무위배에 해당한다고 볼 수는 없다. 따라서 전환사채 발행을 위한 이사회 결의가 무효인데도 전환사채의 발행절차를 진행한 것이 이사로서의 임무위배에 해당하는 것은 아니다(대법원 2009.5.29. 선고, 2008도9436 판결). 결국 이사가 주식회사의 지배권을 기존 주주의 의사에 반하여 제3자에게 이전하는 것은 기존 주주의 이익을 침해하는 행위일 뿐 지배권의 객체인 주식회사의 이익을 침해하는 것으로 볼 수는 없다 할 것인바, 주식회사의 이사는 주식회사의 사무를 처리하는 자의 지위에 있다고 할 수 있지만 주식회사와 별개인 주주들에 대한 관계에서 직접 그들의 사무를 처리하는 자의 지위에 있는 것은 아닐 뿐더러(대법원 2004.6.17. 선고, 2003도7645 전원합의체 판결 참조), 경영권의 이전은 지배주식을 확보하는 데 따르는 부수적인 효과에 불과한 것이어서(대법원 2004.2.13. 선고, 2001다36580 판결 참조), 회사 지분비율의 변화가 기존 주주 스스로의 선택에 기인한 것이라면 이사에게 지배권 이전과 관련하여 임무위배가 있다고 할 수 없다(대법원 2009.5.29. 선고, 2008도9436 판결).

그러나 비등록 비상장 법인의 대표이사가 시세차익을 얻을 의도로 주식 시가보다 현저히 낮은 금액을 전환가격으로 한 전환사채를 발행하고 제3자의 이름을 빌려 이를 인수한 후 전환권을 행사하여 인수한 주식 중 일부를 직원들에게 전환가격 상당에 배분한 경우, 전환사채의 발행·인수로써 주식 시가와 전환가격의 차액 상당의 재산상의 이익을 취득하고 법인에게 손해를 가한 업무상배임죄가 성립한다(대법원 2001.9.28. 선고, 2001도3191 판결).

▲▼ 불공정 발행가액과 인수인의 책임

이사와 통모하여 현저하게 불공정한 발행가액으로 전환사채 또는 신주인수권부사채를 인수한 자는 회사에 대하여 공정한 발행가액과의 차액에 상당한 금액을 지급할 의무가 있다(상법 제516조 제1항, 상법 제516조의 11, 상법 제424조의 2 제1항). 동 지급을 청구하는 소에는 대표소송 규정(제403조 내지 제406조)이 준용된다(상법 제516조 제1항, 상법 제516조의 11, 상법 제424조의 2 제2항). 이러한 책임은 이사의 회사 또는 주주에 대한 손해배상의 책임에 영향을 미치지 아니한다(상법 제516조 제1항, 상법 제516조의 11, 상법 제424조의 2 제3항).

▲▼ 경영권 이전과 이사의 책임

이사가 주식회사의 지배권을 기존 주주의 의사에 반하여 제3자에게 이전하는 것은 기존 주주의 이익을 침해하는 행위일 뿐 지배권의 객체인 주식회사의 이익을 침해하는 것으로 볼 수는 없다. 주식회사의 이사는 주식회사의 사무를 처리하는 자의 지위에 있다고 할 수 있지만 주식회사와 별개인 주주들에 대한 관계에서 직접 그들의 사무를 처리하는 자의 지위에 있는 것은 아니다. 더욱이 경영권의 이전은 지배주식을 확보하는 데 따르는 부수적인 효과에 불과한 것이어서, 회사 지분비율의 변화가 기존 주주 자신의 선택에 기인한 것이라면 지배권 이전과 관련하여 이사에게 임무위배가 있다고 할 수 없다(대법원 2009.5.29. 선고, 2007도4949 판결).

3.3 사채발행과 증여세 문제

전환사채, 신주인수권사채 등의 주식전환 등에 의하여 저가로 인수하여 이익을 얻은 경우에는 증여세가 과세될 수 있다(상속세 및 증여세법 제40조 제1항). 그러나 전환사채 등의 발행법인이 주권상장법인으로서 유가증권의 모집방법으로 발행한 경우에는 증여세가 과세되지 않는다(상속세 및 증여세법 제40조 제1항 제1호 나목 괄호, 상속세 및 증여세법 집행기준 40-30-7). 그러나 모집하는 경우에도 청약의 권유를 받는 자의 수가 50인 미만으로서 증권의 모집에 해당되지 아니한 경우에는 증여규정이 적용된다(상속세 및 증여세법 시행령 제40조 제4항). 증여세의 과세요건과 과세내용은 다음과 같다(상속세 및 증여세법 집행기준 40-30-1).

〈전환증권 취득 시의 증여세 과세내용 요약〉

구 분	내 용
과세대상	• 특수 관계자로부터 저가로 전환증권을 취득하는 경우 • 전환증권 발행법인의 최대주주 등이 발행법인으로부터 저가로 균등 지분을 초과하여 증권을 인수 취득하는 경우 • 최대주주의 특수 관계자가 전환증권을 발행법인으로부터 저가로 인수 취득하는 경우
과세요건 및 증여이익	• 이익규모요건 : (전환증권시가 - 전환증권 취득 · 인수가격) ≥ 전환증권 시가×30% or 1억 원 이상 • 증여이익 : 시가 - 취득 · 인수가

4 특수한 자금조달

4.1 크라우드 펀딩

일반인을 대상으로 자금을 조달하는 방법도 있다. 불특정 다수의 투자자로부터 투자 자금을 조달하는 것으로 Crowd Funding이 그것이다. 여기에는 후원형 투자가 있는데, 이것은 문화 예술이나 프로젝트에 투자를 한 후 공연 관람권 또는 시제품을 대가로 받는 방식이다. Crowd Funding으로 자금조달한 후 페이스 북에 20억 달러에 매각한 오큘러스 VR 등이 그 사례이다. 한국에도 이 같은 후원형 펀딩 업체들은 이미 적지 않으며, '변호인'이나 '연평해전' 같은 영화가 그 사례에 해당한다. Crowd Funding의 또 다른 유형은 대출 형이다. 미국의 P2P(개인 간) 대출 사이트인 렌딩클럽은 2015년까지 70여억 달러의 대출을 성사시켰다. 국내에도 머니옥션, 팝펀딩 같은 대출형 업체들이 대부업으로 등록하고 영업 중이다. 아직 우리나라에서 사실상 금지돼 있어 논란이 되는 지분형은 투자자가 돈을 대고 기업이 발행한 주식이나 회사채를 받는 방식이다.

가업승계와
100년 가업경영

PART

5

가업의 리스크 관리

Chapter 1

가업의 법률리스크 관리

Chapter 2

가업의 기술 · 정보리스크 관리

Chapter 3

가업의 조세 · 회계리스크 관리

1 가업경영과 법률관리

1.1 국가 투명성과 가업경영

2016년 '국정농단사건'으로 우리사회와 국민은 침통한 분위기에 억눌렸다. 대기업 총수들이 줄줄이 청문회에 소환되고 처벌의 위험에 노출되고 기업도 흔들리고 관련된 기업의 주가도 폭락하였다. 우리사회의 정경유착의 관행은 악순환의 고리를 끊지 못하고 있고 누구도 끊을 수 없는 구조적인 문제가 되고 있다.

국가의 잠재성장률을 높이고 지속가능한 기업경영을 위해서는 기업의 윤리가 중요하다. 기업경영에서 이와 관련한 용어는 윤리경영, 도덕경영, 정도경영, 준법경영, 정상경영이다. 부패한 나라가 선진국인 경우가 없는 것은 그것이 그 국가의 하부구조(infrastructure)를 구성하고 잠재성장률에 반영되기 때문이다. 객관적인 증거도 있다. 연구에 의하면 국제투명성기구에서 측정하는 국가청렴도지수가 1단위 오르면 국민 1인당 국내총생산은 2.64% 상승한다고 한다. 우리나라가 경제협력개발기구 평균 수준만큼 청렴해지면 연평균 성장률도 약 0.65%포인트 상승할 것으로 예상한다는 연구도 있다. 21세기 들어 우리나라의 잠재성장률은 3% 이하로 떨어지고 있고 장기채권의 수익률이 1%대까지 떨어지면서 잠재성장률이 1%대로 떨어질 가능성이 있어 이젠 선진국이 아니라 후진국으로 돌아갈 수 있는 위험성마저 도사리고 있다. 자본이나 노동의 투입이 경제성장에 큰 영향을 미쳤지만 제도 같은 소프트웨어도 경제성장률에 큰 영향을 미친다. 제도 중에서도 정부정책의 효율성에 큰 영향을 미치는 부패와 청렴도는 경제성장에 중요한 변수이며, 선진국으로 갈수록 영향력이 더 커지는 것으로 나타난다. 국가 간 자본이동이 많은 오늘날 부패국가로 인식되면 해외자본 유치 및 자국기업 해외진출에 큰 장애요인이 된다. 불투명한 회계, 주가의 조작, 불법자금 및 비자금 조성, 정경유착, 편법경영 등은 기업의 효율을 떨어뜨리고 국가 정책의 효율성도 희석되게 마련이다.

1.2 기업과 법률 위험

기업에게 닥치는 위험은 다양하다. 국가경제의 침체, 산업의 침체, 정치적 위기 등은 외부적 위험으로 기업이 직접 통제할 수 없다. 그러나 내부적 위험은 통제가 가능한 위험으로 이 중에는 법률과 관련된 위험이 있다. 많은 기업가와 기업이 기업자금의 횡령, 분식회계, 허위공시, 주가조작 등으로 구속된다. 우리나라 기업주 중 약 10%가 벌금형, 징역 등 처벌을 받는다(1995년~2003년 기준). 대부분 벌금형이 많았고 벌금형은 환경관련 법규위반이 약 70%, 산업안전 관련이 약 10%, 불법외국인근로자 고용이 약 5%이다. 또한 국내 기업이 2005년에서 2013년까지 해외에서 부과 받은 과징금도 모두 3조2천억 원에 이를 정도로 해외에서의 법적인 위험도 크다. 횡령과 배임, 탈세, 비자금 조성 등 경제범죄는 기업을 위기로 몰아넣는다.

혈당 측정기 제조업체 인포피아는 2007년 코스닥에 상장한 유망기업이지만 창업주는 2009년부터 2014년까지 수출실적을 부풀리고 가족명의 외주업체에 일감 몰아주기로 회사에 큰 손해를 입혔다. 회사가 어려워지자 2015년에는 '무자본' M&A 세력을 끌어들여 자사주를 처분해 횡령했고 2016년 상장 폐지됐다. 기업주 등은 횡령 등 혐의로 구속 기소되었다.

다국적기업 옥시레킷벤키저는 영국 사람들이 존경하는 기업 10위에 올랐었고 세계경제포럼 '지속가능경영 100대 기업' 7위에 올랐던 기업이다. 그 옥시가 유해성 여부가 불분명한데도 '아이에게도 안심' 등의 문구를 기재한 채 가습기 살균제를 팔기 시작했다. 결국 옥시 제품으로 인한 사망자는 백 명이 넘게 나왔다.

부정이나 불법행위를 저지르면 엄청난 평판대가(reputation cost)를 치른다. 평판비용은 단기적 이익을 노리다 부정행위를 저지른 기업의 손실과 기회비용을 망라한다. 소비자들의 불신과 불매 확산으로 매출액과 이익은 떨어지고 경영진은 처벌될 수 있다.

1.3 기업과 오너 리스크

2018년 한진그룹 총수 일가의 "갑질" 문제, 삼성바이오로직스 분식회계 논란 등으로 기업의 경영 투명성, 기업주 리스크 등 법률 위험, 사회적 책임(Corporate Social Responsibility)

이 중요한 사회 이슈가 되었다. 기업은 환경과 사회적 책임 그리고 지배구조(Environment · Social · Governance)에서 투명하고 책임 있는 경영이 요구된다.

기업경영에서 가장 민감한 부분은 기업과 기업주의 분리이다. 많은 기업의 기업주들이 회사 돈을 개인적으로 사용하다 배임이나 횡령으로 처벌된다. 회사의 대표이사가 회사를 위한 지출 이외의 용도로 회사 자금을 빼가거나 가지급금 등의 명목으로 인출, 사용하면서 이자나 변제기의 약정이 없음은 물론 이사회 결의 등 적법한 절차도 거치지 아니하는 것은 통상 용인될 수 있는 범위를 벗어나 대표이사의 지위를 이용하여 회사 자금을 사적인 용도로 임의로 대여, 처분하는 것과 다름없어 횡령죄를 구성한다. 따라서 회사자금을 가져가는 경우 약정을 하고 이사회의 승인을 받아야하며 반드시 이자를 감안하여 반환하여야 한다(대법원 2006.4.27. 선고, 2003도135 판결, 대법원 2010.5.27. 선고, 2010도3399 판결 등 참조). 과거에는 횡령금액이 수십억 원에 달해도 모두 변제하고 초범이라면 정상참작이 돼 집행유예를 받을 수 있었지만 최근에는 점차 경제사범에 대한 처벌이 강화되는 추세이다. 물론 사전에 변제를 한다면 유리할 수도 있다.

기업주의 횡령, 배임 등 비리가 불거져 주주 간에 또는 가족 간에 경영권 분쟁이 발생하는 경우 결단을 해야 한다. 분명한 방향이 없이 허둥거리고 변호사에만 지나치게 의존하면 사안은 더욱 복잡해지고 시간만 끌 뿐 근본적인 문제는 해결되지 않는다. 어떤 경우이던 분쟁이 발생하지 않은 다른 계열사의 주식의 정리도 필요하다. 경영권을 승계하기로 되어 있는 사람에게 주식을 매각하거나 증여하여 경영권과 재산권을 보호하는 조치가 필요하다.

한국에서 기업을 경영한다는 것은 마치 교도소 담장 위를 걸어가는 것과 같다는 말이 있다. 기업이 아무리 준법경영을 추구하고 조심하더라도 언제 어떤 식으로 법률에 저촉될지 모르는 것이 우리나라 기업의 현실이다. 그런가 하면 우리나라 기업들은 대부분 1인 소유와 지배 · 경영으로 종종 역량이 부족한 기업주가 사회적 물의를 일으키는 경우가 많다. 세상을 떠들썩하게 했던 2014년 조현아 전 대한항공 부사장의 "땅콩회항" 사건은 임직원을 하인 부리듯 함부로 대하는 대표적인 사례이다. 2016년엔 삼성그룹의 기업주가 성매매 의혹을 받았고, 넥슨은 창업주의 뇌물 의혹을 받았다. 이러한 상황을 이른바 "오너리스크"라고 한다.

기업주 위험(owner risk)은 강력한 경영권을 가진 기업주의 '독단' 경영이 기업의 경영활동에 부정적인 영향을 주는 것을 말한다. 최고경영자(CEO) 리스크는 최고경영자의 불합리한 의사결정으로 인한 위험을 말한다. 소유와 경영이 분리된 선진국에서는 전문경영인들이 단기성과 위주의 보상체계로 인해 기업의 장기적 성장성과 수익성을 해치는 것을 위험으로 꼽는다. 하지만 우리나라와 같이 기업주가 최고경영자인 경우가 많은 경우에는 기업주의 비리와 전횡이 가장 큰 원인이다. 그중 상당수는 기업주의 배임이나 횡령, 탈세, 불법 주식거래 등과 관련된다. 미국의 세계적 가치투자자인 워런 버핏 버크셔해서웨이 회장은 아무리 성장성과 수익성이 큰 기업이라도 기업주나 최고경영자의 자질이 의심스러우면 투자하지 않는다고 한다. '돈'을 노리는 투자자가 투자를 회피한다는 것은 그만큼 그 기업의 미래는 불투명함을 의미한다. 기업주 위험(owner risk)의 문제점은 예방적 대책을 세우기가 어렵다는 점이다. 그 실상을 아는 사람은 기업주뿐이기 때문이다. 설령 위험관리 시스템을 갖춘다고 하더라도 실행이 어렵다. 기업주가 수용하지 않기 때문이다. 잘못된 기업주는 고치기 어렵고 고치려고 시도하다가는 임직원이 해고될 수도 있다.

기업주 경영자(owner CEO)에 의한 경영은 장점도 있다. 단기적인 실적보다는 보다 장기적인 비전을 가지고 경영할 수 있고 자신의 재산이기 때문에 위험관리에 더 철저할 수 있고 과감한 투자도 가능하다. 현대 · 기아차나 삼성그룹 같은 경우가 이러한 예라고 할 수 있다. 그러나 창업 초기에는 강점을 보이지만 2 · 3세로 넘어갈수록 약점이 커진다. 경영권 승계 시 경영 능력을 제대로 검증하지 않고 자녀에게 승계시키기 때문이다. 전문경영자 중심의 선진국 기업들은 문제가 있는 경영자의 교체가 가능하다. 하지만 기업주 경영자는 교체되지 않는다. 왕정시대에는 국가가 망하기 전에는 왕이 바뀌지 않듯이, 기업이 망해야 기업주가 '해고'될 수 있다. 기업주 경영주에 의한 경영은 대부분 감시와 견제를 받지 않는다. 기업 지배구조상 이사회는 독립성이 거의 없고, 소수주주들이 있지만 사실상 감시와 견제 기능을 하지 않는다. 그러다보니 한국 기업의 지배구조 투명성 지수는 매우 낮다. 우선 기업은 독립적인 이사회를 구성하여야 한다. 물론 자신을 견제하는 이사회가 불편하겠지만 장기적으로는 기업경영에 유리함을 받아들여야 한다. 이사는 모든 측면에서 대주주나 경영진에서 독립된 사람만이 맡도록 하여야 한다.

1.4 기업과 법률리스크 관리

법은 그 종류도 많고 그 내용을 다 이해하는 것은 불가능하다. 그러나 기업을 운영하면서 최소한 알아야 할 법이 있고 유의하여야 할 경영상의 주의점도 있다. 기업경영은 수도 없는 많은 법과 직접적인 또는 간접적인 관련을 가진다. 법은 기업경영을 지원하기도 하지만 많은 처벌규정과 벌칙규정이 있는 것이 사실이다. 따라서 법이란 경영에서 기회이기도 하지만 경영의 리스크를 의미하기도 한다. 기업경영은 서바이벌 게임(Survival Game), 즉 살아남기 게임이다. 성장과 발전이 중요하지만 살아남는 것이 더 중요하다는 점을 잊지 말아야 한다.

기업 평판의 관리는 중요하다. 기업이 위기를 포착할 수 있는 시스템이 효과적으로 운영되고, 평판 위험이 발생하면 초기 대응에 바로 나서야 하며 위기를 수습하려면 '진정성' 있는 전략이 필요하다. 잘못과 책임은 분명하게 인정하고, 경영진이 진정성 있는 공개 해명과 사과를 하여야 하며, 실질적인 수습 방안과 재발 방지책을 제시하여야 하며 피해자에게 실질적인 배상을 해야 한다. 설령 기업의 책임이 확실하지 않더라도 먼저 피해자에게 사과하는 것이 바람직하다. 위기 때에는 최고경영자가 나서야 한다.

「형법」 제16조는 "자기의 행위가 법령에 의하여 죄가 되지 아니하는 것으로 오인한 행위는 그 오인에 정당한 이유가 있는 때에 한하여 벌하지 아니한다."고 한다. 이 경우 행위자가 오인한 데에 정당한 이유가 있는지 여부는 행위자가 자기 행위의 위법의 가능성에 대해 심사숙고하거나 또는 권한 있는 관청에 문의하는 등 진지한 노력을 다했는지 여부에 달려있다(대법원 2009.6.25. 선고, 2009도1936 판결 등 참조). 기업경영에서 법률위험의 관리는 이 판례대로 기업주와 기업이 관련 법률을 늘 숙지하고 관련 전문가를 찾으라는 요구이다. 법률 위험에 대하여는 저자가 법률전문가가 아니므로 관련된 법조문과 판례를 간단하게 요약하여 제시하고 구체적인 것은 반드시 법률전문가의 조언을 받기를 바란다.

2 가업의 배임 · 횡령 · 뇌물 관리

2.1 가업의 배임죄 관리

배임죄의 이해

2016년 문학사상사 대표가 배임혐의로 기소되어 1심에서 징역 3년 실형을 선고받았다. 회사 돈 60여 억 원을 이사회 결의 등 절차 없이 기업주가 운영하는 개인회사에 대여하고 관계회사 채무 40여 억 원을 대신 갚아준 혐의이다. 자신이 대주주인 계열사끼리 자금지원을 해주는 것도 배임으로 처벌된다는 것을 제대로 이해하는 기업인은 드물다. 회사의 모든 주식이 사실상 한 사람에게 귀속되어 있어 소위 1인 주식회사라 하더라도 주식회사와 주주는 행위주체에 있어 별개의 인격체이므로 그 본인인 주식회사에 손해가 발생하였을 때 배임죄는 기수가 되는 것이며, 궁극적으로 그 손해가 주주의 손해가 된다 하더라도 손해가 반드시 주주의 손해와 일치한다고도 할 수 없다(대법원 1984.9.25. 선고, 84도1581 판결).

2016년 법정관리에 들어간 한진해운에 대주주인 대항항공이 수백 억 원의 자금지원을 한 사실을 놓고 대한항공 이사회는 배임죄 이슈로 난항을 겪었다. 계열사이지만 법적으로 독립된 법인이므로 대한항공이 일방적으로 한진해운을 지원하는 것은 대한항공에 손해를 끼치는 '배신' 행위로 이에 찬성한 이사는 배임죄로 처벌될 수 있기 때문이다.

업무상의 배임은 10년 이하의 징역 또는 3천만 원 이하의 벌금에 처한다(형법 제356조). 「형법」상 배임죄는 독일, 일본을 거쳐 우리나라에 도입되어 독일 법률 체계를 따른다. 독일이나 일본은 배임죄 처벌이 적은데 사회적인 배경(투명성)이 다른 것이 원인일 수 있다. 독일은 '경영상 판단'을 명문화하여 인정하고 일본은 '손해를 가할 목적으로' 고의성이 있는 경우 처벌하도록 정하고 있다. 일본은 배임죄에서 고의성을 중시하고 회사 이익을 위한 결정을 중시한다. 우리나라의 배임죄는 독일이나 일본보다 적용이 모호하고 포괄적이어서 예측 가능성이 떨어진다는 문제점이 있다. 반면 미국과 영국은 배임죄 규정이 따로 없고, 민사상 손해배상 제도가 적용된다. 미국에서는 회사에 손해를 끼치려는 고의가 없는 경우 책임을 묻지 않은 1971년 델라웨어주 대법원의 '싱클레어 오일' 판결로 '경영상 판단'을 존중한다. 그러나 우리나라는 경영상 판단 등의 조항이 명시되어 있지 않으며 중과실이나 고의가 있는 경우 처벌될 수 있다. 우리나라 판례는 일관성이 떨어진다는 비판도 있어 판례의 일관성이 요구되고 법령을 좀 더 구체적으로 명문화할 필요성이 있다.

2005~2008년 기간 동안 배임죄의 무죄판결비율 5.1%, 특정경제범죄가중처벌의 무죄비율 11.6%로 전체 형사범죄 비율 1.2%보다 5배 또는 10배나 높았다. 2009년 이전에는 배임죄로 기소된 기업인들에게 대부분 징역3년에 집행유예 5년을 선고하였다. 하지만 2009년 대법원 양형위원회가 양형기준을 만든 이후 경제민주화라는 사회적 요구가 대두되면서 재벌총수 등에게 실형선고와 법정구속이 이어졌다. 계열사 지원이나 담보제공, 금융기관의 대출행위 등 다양한 경영활동에 대해 손해발생의 위험만 있어도 배임죄로 처벌하고 있다. 기업이 중장기적인 전략적 판단에 따라 의사결정을 내리더라도 단기적인 위험과 손실이 나는 경우 배임죄로 처벌된다면 기업경영을 지나치게 간섭하는 불합리한 문제점이 나타난다.

배임과 횡령의 관계

업무상배임죄와 업무상횡령죄는 다 같이 신임관계를 기본으로 하고 있는 재산범죄로서 그 형벌에 있어서도 같은 조문에 규정되어 경중의 차이가 없으므로 업무상배임죄에 해당하는데도 이를 업무상횡령죄로 처벌하였다 하더라도 그와 같은 법령적용의 잘못은 판결 결과에 영향을 미치는 것이 아니다(대법원 1990.11.27. 선고, 90도1335 판결 등 참조)(대법원 2006.6.27. 선고, 2006도1187 판결).

배임죄의 주체

배임죄의 주체로서 '타인의 사무를 처리하는 자'란 타인과의 대내관계에 있어서 신의성실의 원칙에 비추어 그 사무를 처리할 신임관계가 존재한다고 인정되는 자를 의미하고, 반드시 제3자에 대한 대외관계에서 그 사무에 관한 대리권이 존재할 것을 요하지 않는다(대법원 2000.3.14. 선고, 99도457 판결 등 참조)(대법원 2007.10.11. 선고, 2007도6012 판결).

업무상배임죄에 있어서 타인의 사무를 처리하는 자란 고유의 권한으로서 그 처리를 하는 자에 한하지 않고 그 자의 보조기관으로서 직접 또는 간접으로 그 처리에 관한 사무를 담당하는 자도 포함한다(대법원 2004.6.24. 선고, 2004도520 판결). 타인의 사무를 처리하는 자는 직접 업무를 담당하고 있는 자가 아니더라도 그 업무 담당자의 상급기관으로서 실행행위자의 행위가 피해자인 본인에 대한 배임행위에 해당한다는 것을 알면서도 실행행위자의 배임행위를 교사하거나 또는 배임행위의 전 과정에 관여하는 등으로 배임행위에 적극 가담한 경우에는 배임죄의 주체가 된다(대법원 2004.7.9. 선고, 2004도810 판결). 업무상배임죄는 업무상 타인의 사무를 처리하는 지위에 있는 사람이 그 임무에 위배하는 행위로써 재산상의 이익을 취득하거나 제3자로 하여금 이를 취득하게 하여 본인에게 손해를 가한 때에 성립하는 것으로서, 이는 타인의 사무를 처리하는 지위라는 점에서 보면 신분관계로 인하여 성립될 범죄이고, 업무상 타인의 사무를 처리하는 지위라는 점에서 보면 단순배임죄에 대한 가중규정으로서 신분관계로 인하여 형의 경중이 있는 경우라고 할 것이다. 그러므로 그와 같은 신분관계가 없는 자가 그러한 신분관계가 있는 자와 공모하여 업무상배임죄를 저질렀다면, 그러한 신분관계가 없는 자에 대하여는 「형법」 제33조 단서에 의하여 단순배임죄에 정한 형으로 처단하여야 할 것이다(대법원 1997. 12.26. 선고 97도2609 판결, 1986.10.28. 선고 86도1517 판결 등 참조).

▲▾ 배임죄의 객체

주식회사의 대표이사의 경우 배임죄는 회사에 대한 것이다. 따라서 원칙적으로 주주와 대표이사와의 관계는 아닌 것이다. 신주발행은 주식회사의 자본조달을 목적으로 하는 것으로서, 신주발행과 관련한 대표이사의 업무는 회사의 사무일 뿐이므로 신주발행 과정에서 대표이사가 납입된 주금을 회사를 위하여 사용하도록 관리ㆍ보관하는 업무 역시 회사에 대한 선관주의의무 내지 충실의무에 기한 것으로서 회사의 사무에 속하는 것이고, 신주발행에서 대표이사가 일반 주주들에 대하여 그들의 신주인수권과 기존 주식의 가치를 보존하는 임무를 대행한다거나 주주의 재산보전 행위에 협력하는 자로서 타인의 사무를 처리하는 자의 지위에 있다고는 볼 수 없다(대법원 2010.10.14. 선고, 2010도387 판결).

▲▾ 배임죄의 업무 범위

업무상 배임죄에 있어서의 업무의 근거는 법령, 계약, 관습의 어느 것이든 묻지 않고, 사실상의 것도 포함한다(대법원 2000.3.14. 선고, 99도457 판결 등 참조)(대법원 2007.10.11. 선고, 2007도6012 판결). '업무'란 법령, 계약에 의한 것뿐만 아니라 관례나 사실상의 것이거나를 묻지 않고 같은 행위를 반복할 지위에 따른 사무를 가리키는 것이다(대법원 2006.4.27. 선고, 2003도135 판결).

▲ 배임행위의 존재

'임무에 위배하는 행위'라 함은 사무의 내용, 성질 등 구체적 상황에 비추어 법률의 규정, 계약의 내용 혹은 신의칙상 당연히 할 것으로 기대되는 행위를 하지 않거나 당연히 하지 않아야 할 것으로 기대되는 행위를 함으로써 본인과 사이의 신임관계를 저버리는 일체의 행위를 포함한다(대법원 2004.6.24. 선고, 2004도520 판결). 배임죄에 있어서 임무위배행위라 함은 형식적으로 법령을 위반한 모든 경우를 의미하는 것이 아니고, 문제가 된 구체적인 행위유형 또는 거래유형 및 보호법익 등을 종합적으로 고려하여 경제적·실질적 관점에서 본인에게 재산상의 손해가 발생할 위험이 있는 행위를 의미한다(대법원 2008.6.19. 선고, 2006도4876 전원합의체 판결 등 참조)(대법원 2009.5.29. 선고, 2008도9436 판결).

임무에 위배하는 행위는 그러한 행위가 법률상 유효한가 여부는 따져볼 필요가 없고, 행위자가 가사 본인을 위한다는 의사를 가지고 행위를 하였다고 하더라도 그 목적과 취지가 법령이나 사회상규에 위반된 위법한 행위로서 용인할 수 없는 경우에는 그 행위의 결과가 일부 본인을 위하는 측면이 있다고 하더라도 이는 본인과의 신임관계를 저버리는 행위로서 배임죄의 성립을 인정함에 영향이 없다(대법원 2002.7.22. 선고, 2002도1696 판결 참조)(대법원 2003.10.10. 선고, 2003도3516 판결).

▲ 재산상 손해발생

업무상배임죄에 있어 본인에게 재산상의 손해를 가한다 함은 총체적으로 보아 본인의 재산 상태에 손해를 가하는 경우, 즉 본인의 전체적 재산가치의 감소를 가져오는 것을 말하는 것으로, 현실적인 손해를 가한 경우뿐만 아니라 재산상 실해 발생의 위험을 초래한 경우도 포함되며, 재산상 손해의 유무에 대한 판단은 법률적 판단에 의하지 아니하고 경제적 관점에서 파악하여야 한다(대법원 2007.3.15. 선고, 2004도5742 판결). 따라서 법률적 판단에 의하여 당해 배임행위가 무효라 하더라도 경제적 관점에서 파악하여 배임행위로 인하여 본인에게 현실적인 손해를 가하였거나 재산상 실해 발생의 위험을 초래한 경우에는 재산상의 손해를 가한 때에 해당되어 배임죄를 구성한다(대법원 2012.2.23. 선고, 2011도15857 판결).

실해 발생의 위험을 초래케 한 경우도 포함하는 것이므로 손해액이 구체적으로 명백하게 산정되지 않았더라도 배임죄의 성립에는 영향이 없다고 할 것이다(대법원 1999.4.13. 선고, 98도4022 판결, 대법원 2001.1.19. 선고, 2000도2914 판결 등 참조)(대법원 2006.10.27. 선고, 2004도6876 판결). 그러나 재산상 손해가 발생하였다고 평가될 수 있는 재산상 실해 발생의 위험이란 본인에게 손해가 발생할 막연한 위험이 있는 것만으로는 부족하고 경제적인 관점에서 보아 본인에게 손해가 발생한 것과 같은 정도로 구체적인 위험이 있는 경우를 의미한다. 따라서 재산상 실해 발생의 위험은 구체적 · 현실적인 위험이 야기된 정도에 이르러야 하고 단지 막연한 가능성이 있다는 정도로는 부족하다(대법원 2015.9.10. 선고, 2015도6745 판결).

업무상배임죄에 있어서 본인에게 손해를 가한다 함은 총체적으로 보아 본인의 재산상태에 손해를 가하는 경우를 말하고, 위와 같은 손해에는 장차 취득할 것이 기대되는 이익을 얻지 못하는 경우도 포함된다(대법원 2004.7.9. 선고, 2004도810 판결).

일단 손해의 위험성을 발생시킨 이상 사후에 담보를 취득하였거나 피해가 회복되었다 하여도 배임죄의 성립에 영향을 주는 것은 아니다(대법원 2003.2.11. 선고, 2002도5679 판결).

재산상 이익의 획득

업무상 배임죄는 본인에게 재산상의 손해를 가하는 외에 배임행위로 인하여 행위자 스스로 재산상의 이익을 취득하거나 제3자로 하여금 재산상의 이익을 취득하게 할 것을 요건으로 하므로, 본인에게 손해를 가하였다고 할지라도 행위자 또는 제3자가 재산상 이익을 취득한 사실이 없다면 배임죄가 성립할 수 없다(대법원 2007.7.26. 선고, 2005도6439 판결).

고의의 요건

업무상배임죄가 성립하려면 주관적 요건으로서 임무위배의 인식과 그로 인하여 자기 또는 제3자가 이익을 취득하고 본인에게 손해를 가한다는 인식, 즉 배임의 고의가 있어야 하고, 이러한 인식은 미필적 인식으로도 족하다(대법원 2004.6.24. 선고, 2004도520 판결). 배임죄에 있어서 배임의 범의는 배임행위의 결과 본인에게 재산상의 손해가 발생하거나 발생할 염려가 있다는 인식과 자기 또는 제3자가 재산상의 이득을 얻는다는 인식이 있으면 족하고 본인에게 재산상의 손해를 가한다는 의사나 자기 또는 제3자에게 재산상의 이득을 얻게 하려는 목적은 요하지 아니하며, 이러한 인식은 미필적 인식으로도 족하다(대법원 2004.7.9. 선고, 2004도810 판결). 업무상배임죄의 고의는 업무상 타인의 사무를 처리하는 자가 본인에게 재산상의 손해를 가한다는 의사와 자기 또는 제3자의 재산상의 이득의 의사가 임무에 위배된다는 인식과 결합되어 성립되는 것이다(대법원 2003.2.11. 선고, 2002도5679 판결 등 참조)(대법원 2003.10.10. 선고, 2003도3516 판결).

업무상배임죄의 주관적 요소로 되는 사실(고의, 동기 등의 내심적 사실)은 본인의 이익을 위하여 문제가 된 행위를 하였다고 주장하면서 범의를 부인하고 있는 경우에는 사물의 성질상 고의와 상당한 관련성이 있는 간접사실을 증명하는 방법에 의하여 입증할 수밖에 없고, 무엇이 상당한 관련성이 있는 간접사실에 해당할 것인가는 정상적인 경험칙에 바탕을 두고 치밀한 관찰력이나 분석력에 의하여 사실의 연결 상태를 합리적으로 판단하는 방법에 의하여야 한다(대법원 2003.2.11. 선고, 2002도5679 판결 등 참조)(대법원 2003.10.10. 선고, 2003도3516 판결).

업무상배임죄의 고의는 그 행위자가 본인의 이익을 위한다는 의사도 있는 경우에는 주된 의사가 어느 것인가를 판별하여 본인의 이익을 위한다는 의사는 부수적일 뿐이고 이득 또는 가해의 의사가 주된 것임이 판명되면 본죄의 고의가 있었다고 보아야 한다(대법원 1988.11.22. 선고, 88도1523 판결).

승인과 배임의 관계

회사의 임원이 그 임무에 위배되는 행위로 재산상 이익을 취득하거나 제3자로 하여금 이를 취득하게 하여 회사에 손해를 가한 때에는 이로써 배임죄가 성립하고, 그 임무위배행위에 대하여 사실상 대주주의 양해를 얻었다거나, 이사회의 결의가 있었다고 하여 배임죄의 성립에 어떠한 영향이 있는 것이 아니다(대법원 2000.11.24. 선고, 99도822 판결).

경영상 판단의 이슈

경영상의 판단과 관련하여 기업의 경영자에게 배임의 고의가 있었는지 여부를 판단함에 있어서도 일반적인 업무상배임죄에서의 고의의 증명방법과 마찬가지의 법리가 적용되어야 함은 물론이다. 그러나 기업의 경영에는 원천적으로 위험이 내재하고 있어서 경영자가 아무런 개인적 이익을 취할 의도 없이 선의에 기하여 가능한 범위 내에서 수집된 정보를 바탕으로 기업의 이익에 합치된다는 믿음을 가지고 신중하게 결정을 내린다 하더라도 그 예측이 빗나가 기업에 손해가 발생하는 경우가 있을 수 있으므로, 이러한 경우까지 고의에 관한 해석기준을 완화하여 업무상배임죄의 형사책임을 묻는다면 이는 죄형법정주의의 원칙에 위배됨은 물론이고 정책적인 차원에서 보아도 영업이익의 원천인 기업가 정신을 위축시키는 결과를 낳게 되어 당해 기업뿐 아니라 사회적으로도 큰 손실이 될 것이다. 따라서 현행 「형법」상의 배임죄가 위태범이라는 법리를 부인할 수 없을지라도, 경영상의 판단에 이르게 된 경위와 동기, 판단대상인 사업의 내용, 기업이 처한 경제적 상황, 손실발생과 이익획득의 개연성 등 제반 사정에 비추어 자기 또는 제3자가 재산상 이익을 취득한다는 인식과 본인에게 손해를 가한다는 인식하에 이루어진 의도적 행위임이 인정되는 경우에 한하여 배임죄의 고의를 인정하는 엄격한 해석기준은 유지되어야 하고, 이러한 인식이 없음에도 단순히 본인에게 손해가 발생하였다는 결과만으로 책임을 묻거나 주의의무를 소홀히 한 과실이 있다고 보아 책임을 물을 수는 없다(대법원 2004.7.22. 선고, 2002도4229 판결, 대법원 2010.1.14. 선고, 2007도10415 판결 등 참조)(대법원 2014.11.27. 선고, 2013도2858 판결).

경영상의 판단을 이유로 배임죄의 고의를 인정할 수 있는지는 문제된 경영상의 판단에 이르게 된 경위와 동기, 판단대상인 사업의 내용, 기업이 처한 경제적 상황, 손실발생의 개연성과 이익획득의 개연성 등 제반 사정에 비추어 자기 또는 제3자가 재산상 이익을 취득한다는 인식과 본인에게 손해를 가한다는 인식하의 의도적 행위임이 인정되는 경우인지에 따라 개별적으로 판단하여야 한다(대법원 2013.9.26. 선고, 2013도5214 판결).

▲▼ 배임과 계열사 문제

이익을 취득하는 제3자가 같은 계열회사이고, 계열그룹 전체의 회생을 위한다는 목적에서 이루어진 행위로서 그 행위의 결과가 일부 본인을 위한 측면이 있다 하더라도 본인의 이익을 위한다는 의사는 부수적일 뿐이고 이득 또는 가해의 의사가 주된 것임이 판명되면 배임죄의 고의를 부정할 수 없다(대법원 2004.6.24. 선고, 2004도520 판결).

▲▼ 정보 유출과 배임죄

회사직원이 영업 비밀을 경쟁업체에 유출하거나 스스로의 이익을 위하여 이용할 목적으로 무단으로 반출하였다면 그 반출 시에 업무상배임죄의 기수가 되고, 영업비밀이 아니더라도 그 자료가 불특정 다수의 사람에게 공개되지 않았고 사용자가 상당한 시간,

노력 및 비용을 들여 제작한 영업상 주요한 자산인 경우에도 그 자료의 반출행위는 업무상배임죄를 구성하며, 회사직원이 영업비밀이나 영업상 주요한 자산인 자료를 적법하게 반출하여 그 반출행위가 업무상배임죄에 해당하지 않는 경우라도 퇴사 시에 그 영업비밀 등을 회사에 반환하거나 폐기할 의무가 있음에도 경쟁업체에 유출하거나 스스로의 이익을 위하여 이용할 목적으로 이를 반환하거나 폐기하지 아니하였다면, 이러한 행위는 업무상배임죄에 해당한다(대법원 2008.4.24. 선고, 2006도9089 판결).

회사 관련 파일에 관한 보안준수서약서 또는 비밀유지서약서, 고용계약에 따른 부수적 의무 내지 신의칙상 퇴사 시 이 파일들을 회사에 반환하거나 폐기할 의무가 있고, 업무상 필요가 있는 경우에 한하여 업무용 자료의 반출을 용인하고 있음에도, 회사직원이 회사의 승낙을 받지 않은 채 이 파일들을 반출하고, 퇴사 시에 이 사실을 고지하지 않은 채 이 파일들을 폐기하지 않고 계속 보관하여 이 파일들 중 일부를 경쟁업체에 반출한 경우, 이 파일들이 회사의 영업비밀 또는 영업상 주요한 자산에 해당한다면, 이 파일들의 반출행위 또는 파일들의 미 반환, 미 폐기 행위는 업무상배임죄를 구성한다(대법원 2008.4.24. 선고, 2006도9089 판결).

배임죄의 사례

① 주주와 회사의 거래

모회사와 자회사가 모회사의 대주주로부터 그가 소유한 다른 회사의 비상장주식을 매입한 경우, 거래의 목적, 계약체결의 경위 및 내용, 거래대금의 규모 및 회사의 재정상태 등 제반 사정에 비추어 그것이 회사의 입장에서 볼 때 경영상의 필요에 의한 정상적인 거래로서 허용될 수 있는 한계를 넘어 주로 주식을 매도하려는 대주주의 개인적인 이익을 위한 것에 불과한 경우 그 대주주와 모회사 및 자회사의 임직원들에 대하여 업무상배임죄가 성립한다(대법원 2005.4.29. 선고, 2005도856 판결).

② 기업주의 정치적 목적

기업의 경영자가 문제된 행위를 함에 있어 합리적으로 가능한 범위 내에서 수집한 정보를 근거로 하여 당해 기업이 처한 경제적 상황이나 그 행위로 인한 손실발생과 이익획득의 개연성 등의 제반 사정을 신중하게 검토하지 아니한 채, 당해 기업이나 경영자 개인이 정치적인 이유 등으로 곤란함을 겪고 있는 상황에서 벗어나기 위해서는 비록 경제적인 관점에서 기업에 재산상 손해를 가하는 결과가 초래되더라도 이를 용인할 수밖에 없다는 인식하에 의도적으로 그와 같은 행위를 하였다면 업무상배임죄의 고의는 있었다고 봄이 상당하다. 그룹사의 회장 등 개인이 정치적으로 난처한 상황에서 벗어나기 위하여 자회사 및 협력회사 등으로 하여금 특정 회사의 주식을 매입수량, 가격 및 매입 시기를 미리 정하여 매입하게 한 행위는 업무상 배임행위에 해당한다(대법원 2007.3.15. 선고, 2004도5742 판결).

③ 회사의 담보제공과 자금지원

회사의 이사 등이 타인에게 회사자금을 대여하거나 타인의 채무를 회사 이름으로 지급보증 함에 있어 그 타인이 이미 채무변제능력을 상실하여 그를 위하여 자금을 대여하거나 지급보증을 할 경우 회사에 손해가 발생하리라는 점을 충분히 알면서 이에 나아갔거나, 충분한 담보를 제공받는 등 상당하고도 합리적인 채권회수조치를 취하지 아니한 채 만연히 대여해 주었다면, 그와 같은 자금대여나 지급보증은 타인에게 이익을 얻게 하고 회사에 손해를 가하는 행위로서 회사에 대하여 배임행위가 되고, 이러한 이치는 그 타인이 자금지원 회사의 계열회사라 하여 달라지지 않는다(대법원 2013.9.26. 선고, 2013도5214 판결). 그러나 그 타인이 단순히 채무초과 상태에 있다는 이유만으로는 그러한 지급보증 또는 연대보증이 곧 회사에 대하여 배임행위가 된다고 단정할 수 없다(대법원 2004.6.24. 선고, 2004도520 판결).

회사의 실질적 경영자가 자신의 개인채무를 담보하기 위하여 회사 소유 부동산에 제3자에게 근저당권설정등기를 한 경우 제3자가 그 기업주가 개인채무를 담보하기 위하여 근저당권을 설정한다는 사정을 잘 알고 있어서 근저당권 설정행위는 대표권 남용행위로서 무효이므로 회사는 을에 대하여 무효인 근저당권에 기한 채무는 물론 사용자책임이나 법인의 불법행위 등에 따른 손해배상의무도 부담할 여지가 없다. 따라서 근저당권이 그 후 해지를 원인으로 말소되어, 근저당권 설정행위로 말미암아 회사에 재산상 손해가 발생하였다거나 재산상 실해 발생의 위험이 초래된 것으로 볼 수 없음에도, 업무상배임죄가 성립한다고 본 원심판결은 법리오해의 위법이 있다(대법원 2012.2.23. 선고, 2011도15857 판결).

이미 타인의 채무에 대하여 보증을 하였는데, 피보증인이 변제 자력이 없어 결국 보증인이 보증 채무를 이행하게 될 우려가 있고, 보증인이 피보증인에게 신규로 자금을 제공하거나 피보증인이 신규로 자금을 차용하는 데 담보를 제공하면서 그 신규자금이 이미 보증을 한 채무의 변제에 사용되도록 한 경우라면, 보증인으로서는 기 보증채무와 별도로 새로 손해를 발생시킬 위험을 초래한 것이라고 볼 수 없다(대법원 2013.9.26. 선고, 2013도5214 판결).

어떤 법인이 다른 법인에 자금을 대여한 경우, 그 자금을 대여한 당해 법인 임원의 행위가 배임죄에 해당하는지를 판단할 때에는 그 임원이 사무의 내용, 성질 등 구체적 상황에 비추어 법률의 규정, 계약의 내용 혹은 신의칙상 당연히 할 것으로 기대되는 행위를 하지 않거나 당연히 하지 않아야 할 것으로 기대되는 행위를 함으로써 당해 법인과 임원 사이의 신임관계를 저버리는 행위를 하였는지 및 그러한 행위를 통해 당해 법인에 재산상 실해 발생의 위험을 초래하였는지를 기준으로 판단하여야 한다(대법원 2010.10.28. 선고, 2009도1149 판결).

법인의 임원이 회계처리를 적정하게 하지 아니함으로써 다른 법인에 자금을 대여한 사실 자체를 은폐한 경우, 그러한 부적정한 회계처리는 자금대여와 관련된 배임행위의 고의를 뒷받침하는 유력한 요소로 평가할 수 있는 것이므로, 그러한 부적정한 회계처리에도 불구하고 배임죄의 성립을 부정하려면 당해 법인과 다른 법인의 관계, 자금대여의 경위와 목적, 자금대여의 방법 등 제반 사정을 종합적으로 고려하여 보다 신중하게 판단할 필요가 있다(대법원 2010.10.28. 선고, 2009도1149 판결).

④ 시가미달 신주발행

회사가 주주 배정의 방법, 즉 주주가 가진 주식 수에 따라 신주 등을 발행하는 경우에는 발행가액 등을 반드시 시가에 의하여 하는 것은 아니고, 회사의 임원인 이사로서는 주주 전체의 이익과 회사의 자금조달의 필요성과 급박성 등을 감안하여 경영판단에 따라 자유로이 그 발행조건을 정할 수 있다고 보아야 할 것이므로, 시가보다 낮게 발행가액 등을 정함으로써 주주들로부터 가능한 최대한의 자금을 유치하지 못하였다고 하여 배임죄의 구성요건인 임무위배, 즉 회사의 재산보호 의무를 위반하였다고 볼 것은 아니다(대법원 2009.5.29. 선고, 2008도9436 판결).

⑤ 부실 자회사 증자 참여

대기업의 기업주 등이 경영상의 판단이라는 이유로 계열회사의 자금으로 재무구조가 상당히 불량한 상태에 있는 다른 계열회사가 발행하는 신주를 액면가격으로 인수한 것이 그 자체로 업무상배임 행위임이 분명하고 배임에 대한 고의도 충분히 인정된다(대법원 2004.6.24. 선고, 2004도520 판결).

⑥ 법인카드의 사적인 사용

주식회사의 임원이 공적 업무수행을 위하여서만 사용이 가능한 법인카드를 개인 용도로 계속적, 반복적으로 사용한 경우 특별한 사정이 없는 한 임원에게는 임무위배의 인식과 그로 인하여 자신이 이익을 취득하고 주식회사에 손해를 가한다는 인식이 있었다고 볼 수 있으므로, 이러한 행위는 업무상배임죄를 구성한다. 위와 같은 법인카드 사용에 대하여 실질적 1인 주주의 양해를 얻었다거나 실질적 1인 주주가 향후 그 법인카드 대금을 변상, 보전해 줄 것이라고 일방적으로 기대하였다는 사정만으로는 업무상배임의 고의나 불법이득의 의사가 부정된다고 볼 수 없다(대법원 2014.2.21. 선고, 2011도8870 판결).

2.2 가업의 특별배임죄 관리

배임죄의 법률간 관계

회사재산을 위태롭게 하는 자에 대한 처벌규정인 「상법」 제625조는 회사 임원 등의 특별배임죄를 규정한 「상법」 제622조 및 일반적인 업무상배임죄를 규정한 「형법」 제356조의 보충규정으로서, 특별배임죄 또는 업무상배임죄가 성립하는 경우에는 별도로 「상법」 제625조 위반죄가 성립하지 않는다(대법원 2007.3.15. 선고, 2004도5742 판결).

특별배임죄의 법률 규정

회사의 이사, 집행임원, 청산인, 감사위원회 위원, 감사, 이사와 감사 결원 또는 이사와 감사 선임의 소송으로 인한 직무대행자, 지배인 기타 회사영업에 관한 어느 종류 또는 특정한 사항의 위임을 받은 사용인이 그 임무에 위배한 행위로써 재산상의 이익을 취하거나 제삼자로 하여금 이를 취득하게 하여 회사에 손해를 가한 때에는 10년 이하의 징역 또는 3천만 원 이하의 벌금에 처한다(상법 제622조). 이러한 행위의 미수범도 처벌한다(상법 제624조).

여기서 이사라 함은 「상법」상 회사의 적법한 이사나 대표이사의 지위에 있는 자를 의미한다(대법원 1978.11.28. 선고, 78도1297 판결, 대법원 1986.9.9. 선고, 85도218 판결 등 참조)(대법원 2006.6.2. 선고, 2005도3431 판결). 주주총회나 이사회가 적법하게 개최된 바도 없으면서 마치 결의한 사실이 있는 것처럼 결의록을 만들고 그에 기하여 이사나 대표이사의 선임등기를 마친 경우, 그 결의는 부존재한 결의로서 효력을 발생할 수 없고 따라서 그와 같은 자는 회사의 이사나 대표이사의 지위에 있는 자라고 인정할 수 없어 위 특별배임죄의 주체가 될 수 없다(대법원 1986.9.9. 선고, 85도218 판결).

기타 회사영업에 관한 어느 종류 또는 특정한 사항의 위임을 받은 사용인이라 함은 적어도 회사의 영업의 어떤 종류 또는 특정한 사항에 관하여 대외적으로 회사를 대리할 수 있는 부분적이기는 하나 포괄대리권을 가진 자만을 말하고 비록 그 회사의 영업에 관하여 어떤 사항을 위임받은 사용인이라 하더라도 그 위임받은 사항이 포괄적인 것이 아닌 개개의 구체적 사항에 불과한 것인 경우에는 이에 해당하지 않는다(대법원 1978.1.24. 선고, 77도1637 판결 참조)(대법원 2006.6.2. 선고, 2005도3431 판결).

성립의 요건

특별배임죄가 성립하려면 임원 등의 임무위배행위로 인하여 당해 회사에 대하여 재산상손해를 발생시키고 그 임무위배 및 손해발생의 각 요건에 대한 인식과 인용을 필요로 하는 것이라고 할 것이다(대법원 1981.1.27. 선고, 79도2810 판결).

배임행위는 사무의 내용, 성질 등 구체적 상황에 비추어 법률의 규정, 계약의 내용 혹은 신의칙상 당연히 할 것으로 기대되는 행위를 하지 않거나 당연히 하지 않아야 할 것으로 기대되는 행위를 함으로써 본인과 사이의 신임관계를 저버리는 행위를 말한다(대법원 1998.2.10. 선고, 96도2287 판결).

'회사에 손해를 가한 때'라 함은 회사에 현실적으로 재산상의 손해가 발생한 경우뿐만 아니라 회사 재산 가치의 감소라고 볼 수 있는 재산상 손해의 위험이 발생한 경우도 포함된다(대법원 2000.11.24. 선고, 99도822 판결). 일단 회사에 대하여 재산상 손해의 위험을 발생시킨 이상 사후에 피해가 회복되었다고 하더라도 특별배임죄의 성립에 영향을 주지 못한다(대법원 1998.2.24. 선고, 97도183 판결).

처벌의 사례

① 분식과 횡령

주식회사에서 주주인 대표이사와 이사가 회사의 경비를 허위로 과다하게 지출한 양 경리장부를 작성하게 하여 그 돈을 회사의 정식경리에서 제외시켰더라도 이를 회사의 비밀경리에 입금시켜 회사의 자금으로 관리하고 회사의 사업집행 상 필요한 용도에 사용하였다면 특별배임죄는 성립되지 아니하고, 나아가 그 나머지를 합의하여 분배한 경우에도 회사의 재산 상태와 경영실적에 비추어 감추어진 상여 또는 감추어진 이익배당으로서 적정규모라고 인정되고 회사의 일반채권자 등 제3자를 해할 우려가 없다면 역시 특별배임죄를 구성한다고 볼 수 없다. 그러나 정식경리에서 제외된 공금의 용도가 구체적으로 밝혀지지 아니하였고 정식경리에서 제외시킨 공금이 거액이어서 이의 관리가 장부에 의하지 않고는 불가능할 터인데 대표이사와 이사도 위 금액의 대강에 부합하는 지출의 내역에 관한 주장조차 하지 못하고 있다면 위 금액이 회사의 자금으로 관리되었다고 보기 어렵고, 또 이들이 분배받은 금액이 확정되지 않았다면 그 돈이 감추어진 상여 또는 이익배당으로서 적정규모라고 한 것은 잘못이다(대법원 1989.10.10. 선고, 87도966 판결).

과대계상에 의하여 생긴 잉여금을 주주에게 주식비율에 따라 배당함에 있어서 이사회의 결의와 주주총회의 동의를 얻었을 뿐만 아니라 주주들이 회사설립 이후 오랫동안 무보수로 노력봉사를 하고 급여를 정상적으로 받지 못하던 차에 명절을 맞이하여 잉여금을 주주들에게 배당하였는데 그 배당액은 회사에서 주주들에게 정상적으로 급여를 지급하였을 경우의 급여액수에 미달되는 경우 이건 배당으로 인하여 회사에게 손해를 가한 것이 없고, 또 이건 배당으로 인하여 회사에 대하여 임무를 위배하여 회사에 손해를 가하려는 범의가 있었던 것으로도 볼 수 없다(대법원 1981.1.27. 선고, 79도2810 판결).

② 개인비용 법인부담

회사대표가 고소당한 형사사건으로 처벌받게 됨을 두려워하여 별도로 회사가 지급할 의무 없는 금원을 지급하였다면 이는 특별배임죄에 해당한다(대법원 1984.2.28. 선고, 83도2928 판결).

2.3 가업의 횡령죄 관리

법률의 규정

업무상의 임무에 위배하여 그 재물을 횡령하거나 그 반환을 거부한 때, 그 임무에 위배하는 행위로써 재산상의 이익을 취득하거나 제삼자로 하여금 이를 취득하게 하여 본인에게 손해를 가한 자는 10년 이하의 징역 또는 3천만 원 이하의 벌금에 처한다(형법

제356조). 미수범도 처벌한다(형법 제359조).

5억 이상인 경우에는 무기징역까지 가능하고 그 이득만큼 추징될 수 있다. 동 범죄를 범한 사람은 그 범죄행위로 인하여 취득하거나 제3자로 하여금 취득하게 한 재물 또는 재산상 이익의 가액이 50억 원 이상일 때는 무기 또는 5년 이상의 징역, 5억 원 이상 50억 원 미만일 때는 3년 이상의 유기징역으로 가중 처벌한다(특정경제범죄 가중처벌 등에 관한 법률 제3조 제1항). 이 경우 동 이득액 이하에 상당하는 벌금을 병과 할 수 있다(특정경제범죄 가중처벌 등에 관한 법률 제3조 제1항).

불법적 영득

업무상횡령죄에 있어서 불법영득의 의사라 함은 자기 또는 제3자의 이익을 꾀할 목적으로 업무상의 임무에 위배하여 보관하는 타인의 재물을 자기의 소유인 경우와 같은 처분을 하는 의사를 말하고 사후에 이를 반환하거나 변상, 보전하는 의사가 있다 하더라도 불법영득의 의사를 인정함에 지장이 없다(대법원 2006.6.2. 선고, 2005도3431 판결). 반드시 자기 스스로 영득하여야만 횡령죄가 성립되는 것은 아니다(대법원 1989.9.12. 선고, 89도382 판결, 대법원 1996.9.6. 선고, 95도2551 판결 등 참조)(대법원 2006.11.10. 선고, 2004도5167 판결).

업무상횡령죄에서 불법영득의사를 실현하는 행위로서의 횡령행위가 있다는 점은 검사가 입증하여야 하는 것으로, 그 입증은 법관으로 하여금 합리적인 의심을 할 여지가 없을 정도의 확신을 생기게 하는 증명력을 가진 엄격한 증거에 의하여 입증하여야 하는 것이고, 이와 같은 증거가 없다면 설령 유죄의 의심이 간다 하더라도 피고인의 이익으로 판단할 수밖에 없다(대법원 2010.6.24. 선고, 2008도6755 판결 등 참조)(대법원 2013.12.26. 선고, 2013도7360 판결).

반환의 거부

횡령죄에서 '반환의 거부'라고 함은 보관물에 대하여 소유자의 권리를 배제하는 의사표시를 하는 행위를 뜻하므로, 타인의 재물을 보관하는 사람이 단순히 반환을 거부한 사실만으로 횡령죄가 성립하는 것은 아니며, 반환거부의 이유 및 주관적인 의사 등을 종합하여 반환거부행위가 횡령행위와 같다고 볼 수 있을 정도이어야만 횡령죄가 성립할 수 있다(대법원 2006.2.10. 선고, 2003도7487 판결, 대법원 2008.12.11. 선고, 2008도8279 판결 등 참조)(대법원 2013.8.23. 선고, 2011도7637 판결).

▲▼ 반환과 처벌

업무상횡령죄에서 사후에 이를 반환하거나 변상, 보전하는 의사가 있다고 하더라도 불법영득의 의사를 인정함에 지장이 없다(대법원 1983.9.13. 선고, 82도75 판결, 대법원 2006. 6.2. 선고, 2005도3431 판결 등 참조)(대법원 2014.12.24. 선고, 2014도11263 판결).

▲▼ 사용목적과 횡령

타인으로부터 용도나 목적이 엄격히 제한된 자금을 위탁받아 집행하면서 제한된 용도 이외의 목적으로 자금을 사용하는 것은 사용행위 자체로서 불법영득의 의사를 실현한 것이 되어 횡령죄가 성립한다. 그러나 회사의 경영자가 회사를 위하여 자금을 지출할 때, 법령의 규정 또는 회사 내부의 규정에 의해 자금의 용도가 엄격하게 제한되어 있는 것이 아닐 뿐 아니라 자금을 집행하기 위한 회사 내부의 정상적인 절차도 거쳤다면, 원래 사용될 이외의 목적으로 자금을 지출하였다는 사정만으로 지출행위에 불법영득의 의사가 있었다고 단정할 수 없다(대법원 2012.5.24. 선고, 2012도535 판결).

▲▼ 횡령의 사례

① 정치자금과 횡령

회사의 대표이사가 보관 중인 회사 재산을 처분하여 그 대금을 정치자금으로 기부한 경우 그것이 회사의 이익을 도모할 목적으로 합리적인 범위 내에서 이루어졌다면 그 이사에게 횡령죄에 있어서 요구되는 불법영득의 의사가 있다고 할 수 없을 것이나, 그것이 회사의 이익을 도모할 목적보다는 후보자 개인의 이익을 도모할 목적이나 기타의 다른 목적으로 행하여졌다면 그 이사는 회사에 대하여 횡령죄의 죄책을 면하지 못한다고 할 것이다(대법원 1999.6.25. 선고, 99도1141 판결, 대법원 2005.5.26. 선고, 2003도5519 판결 등 참조)(대법원 2009.12.10. 선고, 2007다58285 판결).

② 가지급금과 사적 인출

가지급금은 최악의 경우 횡령 배임죄가 적용될 수 있다. 회사의 대표이사 혹은 그에 준하여 회사 자금의 보관이나 운용에 관한 사실상의 사무를 처리하여 온 자가 회사를 위한 지출 이외의 용도로 거액의 회사 자금을 가지급금 등의 명목으로 인출, 사용함에 있어서 이자나 변제기의 약정이 없음은 물론 이사회 결의 등 적법한 절차도 거치지 아니하는 것은 통상 용인될 수 있는 범위를 벗어나 대표이사 등의 지위를 이용하여 회사 자금을 사적인 용도로 임의로 대여, 처분하는 것과 다름없어 횡령죄를 구성한다고 볼 수 있다(대법원 2006.4.27. 선고, 2003도135 판결).

주식을 취득하여 주식회사의 경영권을 인수한 후 주주총회에서 인수자 측 이사를 선출됨으로써 회사의 실질적 운영자의 지위를 취득하고 회사 예금을 인출하여 회사 인수를 위한 개인 대출금 변제에 사용한 경우 횡령죄가 인정된다(대법원 2011.3.24. 선고, 2010도17396 판결).

③ 담보제공과 횡령

주식회사는 주주와 독립된 별개의 권리주체로서 이해가 반드시 일치하는 것은 아니므로, 주주나 대표이사 또는 그에 준하여 회사 자금의 보관이나 운용에 관한 사실상의 사무를 처리하는 자가 회사 소유 재산을 제3자의 자금 조달을 위하여 담보로 제공하는 등 사적인 용도로 임의 처분하였다면 그 처분에 관하여 주주총회나 이사회의 결의가 있었는지 여부와는 관계없이 횡령죄의 죄책을 면할 수는 없다(대법원 2011.3.24. 선고, 2010도17396 판결).

④ 뇌물제공과 횡령

회사가 기업 활동을 하면서 형사상의 범죄를 수단으로 하여서는 안 되므로 뇌물공여를 금지하는 법률 규정은 회사가 기업 활동을 할 때 준수하여야 하고, 따라서 회사의 이사 등이 업무상의 임무에 위배하여 보관 중인 회사의 자금으로 뇌물을 공여하였다면 이는 오로지 회사의 이익을 도모할 목적이라기보다는 뇌물공여 상대방의 이익을 도모할 목적이나 기타의 다른 목적으로 행하여진 것이라고 보아야 하므로, 그 이사 등은 회사에 대하여 업무상횡령죄의 죄책을 면하지 못한다(대법원 2013.4.25. 선고, 2011도9238 판결).

⑤ 소송비용과 횡령

법인의 대표자 개인이 당사자가 된 민·형사사건의 변호사 비용은 법인의 비용으로 지출할 수 없는 것이 원칙이고, 예외적으로 분쟁에 대한 실질적인 이해관계는 법인에게 있으나 법적인 이유로 그 대표자의 지위에 있는 개인이 소송 기타 법적 절차의 당사자가 되었다거나 대표자로서 법인을 위해 적법하게 행한 직무행위 또는 대표자의 지위에 있음으로 말미암아 의무적으로 행한 행위 등과 관련하여 분쟁이 발생한 경우와 같이, 당해 법적 분쟁이 법인과 업무적인 관련이 깊고 당시의 제반 사정에 비추어 법인의 이익을 위하여 소송을 수행하거나 고소에 대응하여야 할 특별한 필요성이 있는 경우에 한하여 법인의 비용으로 변호사 선임비용을 지출할 수 있으며(대법원 2006.10.26. 선고, 2004도6280 판결 등 참조), 반대로 법인 자체가 소송당사자가 된 경우에는 원칙적으로 그 소송의 수행이 법인의 업무수행이라고 볼 수 있으므로 그 변호사 선임비용을 법인의 비용으로 지출할 수 있을 것이나, 그 소송에서 법인이 형식적으로 소송당사자가 되어 있을 뿐 실질적인 당사자가 따로 있고 법인으로서는 그 소송의 결과에 있어서 별다른 이해관계가 없다고 볼 특별한 사정이 있는 경우에는, 그 소송의 수행이 법인의 업무수행이라고 볼 수 없어 법인의 비용으로 이를 위한 변호사 선임비용을 지출할 수 없다고 할 것이다(대법원 2008.6.26. 선고, 2007도9679 판결).

주식회사의 구성원들은 적법한 방법으로 회사를 위한 업무를 수행하여야 하므로, 회사의 임직원이 업무수행을 하면서 관계 법령을 위반함으로써 형사재판을 받게 된 것에 관하여 회사의 대표이사가 해당 임직원의 변호사비용, 벌금, 위로금 등을 회사의 자금으로 지급하는 경우, 원칙적으로 그 대표이사는 해당 임직원에게는 그 지급액 상당의 이익을 취득하게 하고 회사에게는 동액 상당의 손해를 가한 것으로서 업무상 배임죄에 해당한다고 하겠고(대법원 2003.5.30. 선고, 2002도235 판결 등 참조), 이러한 변호사선임비용 등의 지급이 회사의 이익을 도모할 목적으로 합리적인 범위 내에서 이루어졌다는 등의 특별한 사정이 없는 이상 이에 관하여 이사회의 의결 등이 있었다는 사정만으로 형사책임을 면한다고 할 수 없다(대법원 1990.2.23. 선고, 89도2466 판결, 대법원 1999.6.25. 선고, 99도1141 판결, 대법원 2003.5.30. 선고, 2003도1174 판결 등 참조)(대법원 2006.6.27. 선고, 2006도1187 판결).

2.4 가업의 투기행위죄 관리

법률의 규정

회사의 이사, 집행임원, 감사위원회 위원, 감사 등이 회사의 영업범위 외에서 투기행위를 하기 위하여 회사재산을 처분한 때에는 5년 이하의 징역 또는 1천500만 원 이하의 벌금에 처한다(상법 제625조). 「상법」 제625조는 회사 임원 등의 특별배임죄를 규정한 「상법」

제622조 및 일반적인 업무상배임죄를 규정한 「형법」 제356조의 보충규정으로서, 특별배임죄 또는 업무상배임죄가 성립하는 경우에는 별도로 「상법」 제625조 위반죄가 성립하지 않는다(대법원 2007.3.15. 선고, 2004도5742 판결).

처벌의 요건

회사의 임원 등이 회사재산을 위태롭게 하는 죄의 유형 중 하나로 '회사의 영업범위 외에서 투기행위를 위하여 회사재산을 처분한 때'를 규정하고 있다. 여기에서 '회사의 영업범위 외'라고 함은 회사의 정관에 명시된 목적 및 그 목적을 수행하는 데 직접 또는 간접적으로 필요한 통상적인 부대업무의 범위를 벗어난 것을 말한다. 목적 수행에 필요한지 여부는 행위의 객관적 성질에 따라 추상적으로 판단할 것이지 행위자의 주관적 · 구체적 의사에 따라 판단할 것은 아니며, 또 '투기행위'라 함은 거래시세의 변동에서 생기는 차액의 이득을 목적으로 하는 거래행위 중에서 사회통념상 회사의 자금운용방법 또는 자산보유수단으로 용인될 수 없는 행위를 말한다. 구체적으로 회사 임원 등의 회사재산 처분이 투기행위를 위한 것인지를 판단함에 있어서는 당해 회사의 목적과 주된 영업내용, 회사의 자산 규모, 당해 거래에 이르게 된 경위, 거래 목적물의 특성, 예상되는 시세변동의 폭, 거래의 방법 · 기간 · 규모와 횟수, 거래자금의 조성경위, 일반적인 거래관행 및 거래 당시의 경제상황 등 제반 사정을 종합적으로 고려해야 한다(대법원 2007.3.15. 선고, 2004도5742 판결).

2.5 가업의 신용공여죄 관리

상장회사는 주요주주 및 그의 특수 관계인, 이사 및 집행임원, 감사를 상대방으로 하거나 그를 위하여 신용공여를 하여서는 아니 된다(상법 제542조의 9 제1항). 이사에는 회사에 대한 자신의 영향력을 이용하여 이사에게 업무집행을 지시한 자, 이사의 이름으로 직접 업무를 집행한 자, 이사가 아니면서 명예회장 · 회장 · 사장 · 부사장 · 전무 · 상무 · 이사 기타 회사의 업무를 집행할 권한이 있는 것으로 인정될 만한 명칭을 사용하여 회사의 업무를 집행한 자를 포함한다(상법 제401조의 2 제1항, 상법 제542조의 9 제1항). 신용공여란 금전 등 경제적 가치가 있는 재산의 대여, 채무이행의 보증, 자금 지원적 성격의 증권 매입, 그 밖에 거래상의 신용위험이 따르는 직접적 · 간접적 거래로서 말한다(상법 제542조의 9 제1항). 이에는 담보를 제공하는 거래, 어음 또는 전자어음을 배서(어음법 제15조 제1항에 따른 담보 효력이 없는 배서는 제외)하는 거래, 출자의 이행을 약정하는 거래, 동 신용공여의 제한을 회피할 목적으로 하는 거래로서 제3자와의 계약 또는 담합 등에 의하여 서로 교차하는 방법으로 하는 거래나 장외파생상품거래, 신탁계약, 연계거래 등을 이용하는 거래, 그 밖에 채무인수 등 신용위험을 수반하는 거래로서 금융위원회가 정하여 고시하는 거래가 포함된다(상법 시행령 제35조 제1항). 이를 위반하여 신용공여를 한 자는 5년 이하의 징역 또는 2억 원 이하의 벌금에 처한다(상법 제624조의 2).

2.6 가업의 부정청탁과 뇌물죄 관리

(1) 일반적 청탁

법률의 규정

타인의 사무를 처리하는 자가 그 임무에 관하여 부정한 청탁을 받고 재물 또는 재산상의 이익을 취득하거나 제3자로 하여금 이를 취득하게 한 때에는 5년 이하의 징역 또는 1천만 원 이하의 벌금에 처한다(형법 제357조 제1항). 범인 또는 정(情)을 아는 제3자가 취득한 동 재물은 몰수한다. 그 재물을 몰수하기 불가능하거나 재산상의 이익을 취득한 때에는 그 가액을 추징한다(형법 제357조 제2항). 동 재물 또는 이익을 공여한 자는 2년 이하의 징역 또는 500만 원 이하의 벌금에 처한다(형법 제357조 제2항).

미수범도 처벌한다(형법 제359조).

청탁의 의의

부정한 청탁이라 함은 청탁이 사회상규와 신의성실의 원칙에 반하는 것을 말하고 이를 판단함에 있어서는 청탁의 내용과 이에 관련되어 취득한 재물이나 재산상 이익의 액수와 형식, 보호법익인 거래의 청렴성 등을 종합적으로 고찰하여야 하며, 그 청탁이 반드시 명시적으로 이루어져야 하는 것도 아니고 묵시적으로 이루어지더라도 무방하다(대법원 2006.5.11. 선고, 2003도4320 판결). 배임수 · 증재죄에서 '부정한 청탁'은 반드시 업무상

배임의 내용이 되는 정도에 이를 필요는 없고, 사회상규 또는 신의성실의 원칙에 반하는 것을 내용으로 하면 충분하다(대법원 2012.5.24. 선고, 2012도535 판결 등 참조)(대법원 2015.7.23. 선고, 2015도3080 판결).

청탁한 내용이 단순히 규정이 허용하는 범위 내에서 최대한의 선처를 바란다는 내용에 불과하다면 사회상규에 어긋난 부정한 청탁이라고 볼 수 없고 따라서 이러한 청탁의 사례로 금품을 수수한 것은 배임증재 또는 배임수재에 해당하지 않는다(대법원 1982.9.28. 선고, 82도1656 판결).

타인의 업무를 처리하는 사람에게 공여한 금품에 부정한 청탁의 대가로서의 성질과 그 외의 행위에 대한 사례로서의 성질이 불가분적으로 결합되어 있는 경우에는 그 전부가 불가분적으로 부정한 청탁의 대가로서의 성질을 갖는 것으로 보아야 한다(대법원 2012.5.24. 선고, 2012도535 판결 등 참조)(대법원 2015.7.23. 선고, 2015도3080 판결).

▲ 증재와 수재

배임수재죄와 배임증재죄는 통상 필요적 공범의 관계에 있기는 하나, 이것은 반드시 수재자와 증재자가 같이 처벌받아야 하는 것을 의미하는 것은 아니고, 증재자에게는 정당한 업무에 속하는 청탁이라도 수재자에게는 부정한 청탁이 될 수도 있다(대법원 2011.10.27. 선고, 2010도7624 판결).

▲ 증재의 처벌

① 처벌의 요건

배임증재죄는 타인의 사무를 처리하는 자에게 그 임무에 관하여 부정한 청탁을 하고 재물 또는 재산상 이익을 공여하는 경우에 성립하는 범죄로서 원칙적으로 타인의 사무를 처리하는 자에게 교부할 것을 요한다. 사무처리 자가 아닌 자에게 교부한 때에는 배임증재죄가 성립되지 아니한다 할 것인데, 여기서 타인의 사무를 처리하는 자라 함은 타인과의 대내관계에 있어서 신의성실의 원칙에 비추어 그 사무를 처리할 신임관계가 존재한다고 인정되는 자를 의미하고(대법원 2003.2.26. 선고, 2002도6834 판결, 대법원 2006.3.24. 선고, 2005도6433 판결 등 참조), '타인의 사무처리'로 인정되려면 타인의 재산관리에 관한 사무의 전부 또는 일부를 타인을 위하여 대행하는 경우와 타인의 재산보전행위에 협력하는 경우라야만 되는 것이고 단순히 타인에 대하여 채무를 부담하는 경우에는 본인의 사무로 될지언정 타인의 사무 처리에 해당한다고 볼 수는 없다(대법원 1982.6.22. 선고, 82도45 판결 등 참조)(대법원 2007.6.14. 선고, 2007도2178 판결).

② 횡령과 증재

회사가 기업 활동을 하면서 형사상의 범죄를 수단으로 하여서는 안 되므로 뇌물공여를 금지하는 법률 규정은 회사가 기업 활동을 할 때 준수하여야 하고, 따라서 회사의 이사 등이 업무상의 임무에 위배하여 보관 중인 회사의 자금으로 뇌물을 공여하였다면 이는 오로지 회사의 이익을 도모할 목적이라기보다는 뇌물공여 상대방의 이익을 도모할 목적이나 다른 목적으로 행하여진 것이라고 보아야 하므로, 그 이사 등은 회사에 대하여 업무상횡령죄의 죄책을 면하지 못한다. 그리고 특별한 사정이 없는 한 이러한 법리는 회사의 이사 등이 회사의 자금으로 부정한 청탁을 하고 배임증재를 한 경우에도 마찬가지로 적용된다(대법원 2013.4.25. 선고, 2011도9238 판결).

회사의 임원이 회사 자금을 빼돌려 횡령한 다음 그 중 일부를 청탁과 함께 배임증재에 공여한 경우, 횡령의 범행과 배임증재의 범행은 서로 범의 및 행위의 태양과 보호법익을 달리하는 별개의 행위라고 보므로, 횡령의 점에 대하여 약식명령이 확정되었다고 하더라도 그 기판력이 배임증재의 점에는 미치지 아니한다(대법원 2010.5.13. 선고, 2009도13463 판결).

수재의 처벌

① 처벌의 요건

배임수재죄는 타인의 사무를 처리하는 자의 청렴성을 보호하려는 것으로서 타인의 사무를 처리하는 자가 그 임무에 관하여 부정한 청탁을 받고 재물 또는 재산상의 이익을 취득함으로써 성립되고 청탁에 따른 일정한 행위가 현실적으로 행하여질 것을 요하지 않는다(대법원 1987.11.24. 선고, 87도1560 판결). 법문 상 타인의 사무를 처리하는 자가 그 임무에 관하여 부정한 청탁을 받았다 하더라도 자신이 아니라 다른 사람으로 하여금 재물 또는 재산상의 이익을 취득하게 한 경우에는 죄가 성립하지 않음이 명백하다. 다만, 그 다른 사람이 부정한 청탁을 받은 자의 사자 또는 대리인으로서 재물 또는 재산상 이익을 취득한 경우나 그 밖에 평소 부정한 청탁을 받은 자가 그 다른 사람의 생활비 등을 부담하고 있었다거나 혹은 그 다른 사람에 대하여 채무를 부담하고 있었다는 등의 사정이 있어 그 다른 사람이 재물 또는 재산상 이익을 받음으로써 부정한 청탁을 받은 자가 그만큼 지출을 면하게 되는 경우 등 사회통념상 그 다른 사람이 재물 또는 재산상 이익을 받은 것을 부정한 청탁을 받은 자가 직접 받은 것과 동일하게 평가할 수 있는 관계가 있는 경우에는 죄가 성립할 수 있다(대법원 2006.12.22. 선고, 2004도2581 판결).

배임수증재죄는 재물 또는 이익을 공여하는 사람과 취득하는 사람 사이에 부정한 청탁이 개재되지 않는 한 성립하지 않는다(대법원 1982.9.28. 선고 82도1656 판결).

② 이사의 수재

주식회사의 이사는 주주총회에서 선임되며, 회사와 이사의 관계는 위임에 관한 규정을 준용하고, 이사는 법령과 정관의 규정에 따라 회사를 위하여 그 직무를 충실하게 수행하여야 할 의무가 있으므로, 주식회사의 이사는 법률의 규정에 의하여 '타인의 사무를 처리하는 자'로서 배임수재죄의 주체가 될 수 있다(대법원 2002.4.9. 선고, 99도2165 판결).

(2) 임원의 청탁

이사, 감사 등이 그 직무에 관하여 부정한 청탁을 받고 재산상의 이익을 수수, 요구 또는 약속한 때에는 5년 이하의 징역 또는 1천500만 원 이하의 벌금에 처한다(상법 제630조 제1항). 동 이익을 약속, 공여 또는 공여의 의사를 표시한 자도 같다(상법 제630조 제2항). 이사, 집행임원, 감사위원회 위원, 감사 등이 주주의 권리 행사와 관련하여 회사의 계산으로 재산상의 이익을 공여한 경우에는 1년 이하의 징역 또는 300만 원 이하의 벌금에 처한다(상법 제634조의 2 제1항). 동 이익을 수수하거나, 제3자에게 이를 공여하게 한 자도 같다(상법 제634조의 2 제1항).

독직죄는 부정한 청탁의 대가로서 재산상 이익의 수수 등이 있으면 되고 부정한 청탁으로 인한 행위를 하여 회사에 손해가 가고 안 가는 것은 그 구성요건이 아니다. 부정이란 뚜렷이 법령에 위배한 행위 외에 회사의 사무처리 규칙에 위배한 것 중 중요한 사항에 위반한 행위도 포함된다(대법원 1971.4.13. 선고, 71도326 판결). 이사 기타 임원의 독직죄에 관한 규정은 그들 임원의 직무의 엄격성을 확보한다는 것보다 회사의 건전한 운영을 위하여 그들의 회사에 대한 충실성을 확보하고 회사에 재산상 손해를 끼칠 염려가 있는 직무위반행위를 금하려는데 그 취지가 있으므로, 단지 감독청의 행정지시에 위반한다거나 사회상규에 반하는 것이라고 해서 부정한 청탁이라고 할 수 없다(대법원 1980.2.12. 선고, 78도3111 판결).

(3) 총회의 청탁

주주총회 또는 사채권자집회에서의 발언 또는 의결권의 행사에 관하여 부정한 청탁을 받고 재산상의 이익을 수수, 요구 또는 약속한 자는 1년 이하의 징역 또는 300만 원 이하의 벌금에 처한다(상법 제631조 제1항 제1호). 동 이익을 약속, 공여 또는 공여의 의사를 표시한 자도 제1항과 같다(상법 제631조 제2항).

「회사법」과 관련한 소의 제기, 발행주식의 총수의 1% 또는 3% 이상에 해당하는 주주, 사채총액의 10% 이상에 해당하는 사채권자의 권리의 행사에 관하여 부정한 청탁을 받고 재산상의 이익을 수수, 요구 또는 약속한 자는 1년 이하의 징역 또는 300만 원 이하의 벌금에 처한다(상법 제631조 제1항 제2호). 동 이익을 약속, 공여 또는 공여의 의사를 표시한 자도 제1항과 같다(상법 제631조 제2항).

(4) 부정청탁법 – 일명 김영란법

「부정청탁 및 금품 등 수수의 금지에 관한 법률」(이하 "부정청탁법"이라고 한다)이 2016년 발효되었다. 우선 알아야 할 것은 그 처벌이 무엇인가이다. 「부정청탁법」은 제22조에 징역 1~3년 또는 벌금 1천만 원~3천만 원의 처벌조항도 있고 청탁으로 제공한 금품은 몰수된다. 부정청탁을 한 사람은 3년 이하의 징역 또는 3천만 원 이하의 처벌을 받는다. 기업 경영에서 늘 알아야 하는 것은 법률위반으로 인한 처벌조항이다. 하루아침에 기업가와 기업이 무너질 수 있기 때문이다.

공직자 등 또는 그 공직자 등의 배우자에게 수수 금지 금품 등을 제공하거나 그 제공의 약속 또는 의사표시를 한 자는 3년 이하의 징역 또는 3천만 원 이하의 중형을 받는다(부정청탁법 제22조 제1항 제3호).

공직자 등이란 「국가공무원법」 또는 「지방공무원법」에 따른 공무원과 그 밖에 다른 법률에 따라 그 자격, 임용, 교육훈련, 복무, 보수, 신분보장 등에 있어서 공무원으로 인정된 사람, 「공직자윤리법」 제3조의 2에 따른 공직유관단체 및 기관의 장과 임직원, 「공공기관의 운영에 관한 법률」 제4조에 따른 기관 및 기관의 장과 그 임직원, 「초 · 중등교육법」, 「고등교육법」, 「유아교육법」 및 그 밖의 다른 법령에 따라 설치된 각급 학교 및 「사립학교법」에 따른 학교법인 등 학교의 장과 교직원 및 학교법인의 임직원, 「언론중재 및 피해구제 등에 관한 법률」 제2조 제12호에 따른 언론사의 대표자와 그 임직원으로 그 범위는 넓다(부정청탁법 제2조 제2호).

금품 등이 의미도 범위가 넓어 모든 경제적인 혜택을 포함한다고 보면 된다. 금전, 유가증권, 부동산, 물품, 숙박권, 회원권, 입장권, 할인권, 초대권, 관람권, 부동산 등의 사용권 등 일체의 재산적 이익, 음식물 · 주류 · 골프 등의 접대 · 향응 또는 교통 · 숙박 등의 편의 제공, 채무 면제, 취업 제공, 이권 부여 등 그 밖의 유형 · 무형의 경제적 이익으로 모든 것이라고 보면 된다(부정청탁법 제2조 제3호).

과태료 처벌도 있다. 제3자를 위하여 또는 제3자를 통하여 공직자 등에게 부정청탁을 한 자에게는 2천만 원 이하의 과태료를 부과한다. 다만, 형사처벌을 받은 경우에는 부과하지 않는다(부정청탁법 제23조 제2항 · 제3항). 수수 금지 금품 등을 공직자등 또는 그 배우자에게 제공하거나 그 제공의 약속 또는 의사표시를 한 자에게는 그 위반행위와 관련된 금품 등 가액의 2배 이상 5배 이하에 상당하는 금액의 과태료를 부과한다. 다만, 형사처벌(몰수나 추징을 당한 경우를 포함)을 받은 경우에는 부과하지 아니한다(부정청탁법 제23조 제2항 · 제3항).

결국 부정청탁을 하는 사람은 3년 이하의 징역이나 3천 만 원 이하의 벌금을 내고 제공한 금액의 2~5배의 과태료를 내야 한다.

(5) 국제거래의 적용

미국의 「해외부패방지법」(Foreign Corrupt Practices Act, FCPA)은 미국인이나 미국 기업 등이 사업상 이익을 위하여 외국 공무원이나 공기업 임직원에게 금품을 제공하는 것을 금한다. 이 법의 처벌 대상은 미국 증시에 상장돼 있는 외국기업에게도 적용된다. 일본 회사가 나이지리아에서 뇌물을 준 것이 적발돼 2억여 달러의 제재 합의금을 낸 사례가 있었다. 경제협력개발기구(OECD) 「뇌물방지협약」에 따라 우리나라는 1998년 제정된 「국제 상거래에 있어서 외국 공무원에 대한 뇌물방지법」이 적용된다.

3 가업의 기업규제 관리

3.1 가업의 「근로기준법」 관리

(1) 「근로기준법」의 중요성

기업경영 시 반드시 알아야 할 법 중 하나가 노동관계법이다. 노동관계법에는 여러 법률이 있지만 그중 가장 중요하고 기본적인 법이 「근로기준법」이다.

(2) 임직원 폭력의 처벌

근로자에게 근무를 강제하거나 폭행하는 경우 처벌될 수 있다. 2016년 재벌가의 자녀인 D산업 임원이 운전기사에게 상습 폭언과 폭행 등을 일삼았다는 논란에 휩싸였다. 그 임원이 했던 말에 협박이나 폭행이 있어 이를 통해 업무를 강요하거나 또는 직접 폭행행위를 했다면 「근로기준법」 위반으로 처벌될 것이며, 만약 「근로기준법」에 해당되지 않더라도 협박죄와 폭행죄에 해당될 여지도 있다.

사용자는 폭행, 협박, 감금, 그밖에 정신상 또는 신체상의 자유를 부당하게 구속하는 수단으로써 근로자의 자유의사에 어긋나는 근로를 강요하지 못한다(근로기준법 제7조). 이를 위반한 자는 5년 이하의 징역 또는 3천만 원 이하의 벌금에 처한다(근로기준법 제107조). 이러한 위반죄에 있어서는 일반형벌의 원칙에 따라 고의를 필요로 한다 할 것이므로(대법원 1994.5.27. 선고, 93도3377 판결 참조), 사용자가 근로자에게 어떠한 징벌을 가함에 있어서 소정의 절차를 밟지 아니하여 징벌의 효력이 인정될 수 없는 경우라 하더라도 사용자가 부당한 징벌을 가할 의사로 징벌의 절차를 의도적으로 무시하였다는 등의 특별한 사정이 없는 한 그와 같은 절차 위배의 사유만으로 곧바로 동법에 의한 처벌의 대상이 된다고 할 수 없다(대법원 1995.11.24. 선고, 95도2218 판결 참조)(대법원 1996.12.10. 선고, 95도830 판결). 여기에서 나아가 그와 같은 징벌이 그 내용에 있어 징벌권을 남용하거나 또는 그 범위를 벗어난 것으로 인정되고 또 이것이 사회통념상 가벌성이 있는 것으로 평가되는 경우에 한하여 처벌의 대상이 된다(대법원 1995.11.24. 선고, 95도2218 판결).

사용자는 사고의 발생이나 그 밖의 어떠한 이유로도 근로자에게 폭행을 하지 못한다(근로기준법 제8조). 이를 위반한 자는 5년 이하의 징역 또는 3천만 원 이하의 벌금에 처한다(근로기준법 제107조).

(3) 채용과 처벌규정

미성년자의 채용 금지

15세 미만인 자 또는 「초 · 중등교육법」에 따른 중학교에 재학 중인 18세 미만인 자는 근로자로 사용하지 못한다. 다만, 고용노동부장관이 발급한 취직인허증을 지닌 자는 근로자로 사용할 수 있다(근로기준법 제64조 제1항). 이를 위반한 자는 2년 이하의 징역 또는 1천만 원 이하의 벌금에 처한다(근로기준법 제110조 제1호).

유해사업에의 채용제한

사용자는 임산부(임신 중이거나 산후 1년이 지나지 않은 여성)와 18세 미만자를 도덕상 또는 보건상 유해 · 위험한 사업에 사용하지 못한다(근로기준법 제65조 제1항). 임산부가 아닌 18세 이상의 여성도 보건상 유해 · 위험한 사업 중 임신 또는 출산에 관한 기능에 유해 · 위험한 사업에 사용하지 못한다(근로기준법 제65조 제2항). 이를 위반한 자는 3년 이하의 징역 또는 2천만 원 이하의 벌금에 처한다(근로기준법 제109조 제1항). 이에 따른 업종분류는 다음과 같다.

〈임산부 등의 사용금지업종〉(근로기준법 시행령 별표 4)

구 분	사용금지 업종
임신 중인 여성	1. 「산업안전기준에 관한 규칙」 제59조와 제60조에서 규정한 둥근톱으로서 지름 25센티미터 이상, 같은 규칙 제61조와 제62조에서 규정하는 띠톱으로서 풀리(Pulley)의 지름 75센티미터 이상의 기계를 사용하여 목재를 가공하는 업무 2. 「산업안전기준에 관한 규칙」 제5편 제3장과 제4장에 따른 정전작업, 활선작업 및 활선 근접작업 3. 「산업안전기준에 관한 규칙」 제6편 제2장 제3절에서 규정한 통나무비계의 설치 또는 해체업무와 제6편 제5장에 따른 건물 해체작업(지상에서 작업을 보조하는 업무를 제외한다)

구 분	사용금지 업종
	4. 「산업안전기준에 관한 규칙」 제6편 제3장 제3절에서 규정하는 터널작업, 같은 규칙 제439조에 따른 추락위험이 있는 장소에서의 작업, 같은 규칙 제452조에 따른 붕괴 또는 낙하의 위험이 있는 장소에서의 작업 5. 「산업보건기준에 관한 규칙」 제58조 제4호에 따른 진동작업 6. 「산업보건기준에 관한 규칙」 제69조 제2호 및 제3호에 따른 고압작업 및 잠수작업 7. 「산업보건기준에 관한 규칙」 제108조에 따른 고열작업이나 한랭작업 8. 「원자력법」 제97조에 따른 방사선 작업 종사자 등의 피폭선량이 선량한도를 초과하는 원자력 및 방사선관련 업무 9. 납, 수은, 크롬, 비소, 황린, 불소(불화수소산), 염소(산), 시안화수소(시안산), 2-브로모프로판, 아닐린, 수산화칼륨, 페놀, 에틸렌글리콜모노메틸에테르, 에틸렌글리콜모노에틸에테르, 에틸렌글리콜모노에틸에테르 아세테이트, 염화비닐, 벤젠 등 유해물질을 취급하는 업무 10. 사이토메갈로바이러스(Cytomegalovirus)·B형 간염 바이러스 등 병원체로 인하여 오염될 우려가 짙은 업무. 다만, 의사·간호사·방사선기사 등으로서 면허증을 소지한 자 또는 양성 중에 있는 자를 제외한다. 11. 신체를 심하게 펴거나 굽힌다든지 또는 지속적으로 쭈그려야 하거나 앞으로 구부린 채 있어야 하는 업무 12. 연속작업에 있어서는 5킬로그램 이상, 단속작업에 있어서는 10킬로그램 이상의 중량물을 취급하는 업무 13. 그밖에 고용노동부장관이 「산업재해보상보험법」 제8조에 따른 산업재해보상보험및예방심의위원회의 심의를 거쳐 지정하여 고시하는 업무
산후 1년이 지나지 아니한 여성	1. 납, 비소를 취급하는 업무. 나반, 보유 수유를 하지 아니하는 여성으로서 본인이 취업 의사를 사업주에게 서면으로 제출한 경우에는 그러하지 아니한다. 2. 2-브로모프로판을 취급하거나 노출될 수 있는 업무 3. 그밖에 고용노동부장관이 산업재해보상보험및예방심의위원회의 심의를 거쳐 지정하여 고시하는 업무
임산부가 아닌 18세 이상인 여자	1. 2-브로모프로판을 취급하거나 노출될 수 있는 업무. 다만, 의학적으로 임신할 가능성이 전혀 없는 여성인 경우에는 그러하지 아니하다. 2. 그밖에 고용노동부장관이 산업재해보상보험및예방심의위원회의 심의를 거쳐 지정하여 고시하는 업무
18세 미만인 자	1. 「산업보건기준에 관한 규칙」 제69조 제2호 및 제3호에 따른 고압작업 및 잠수작업

구 분	사용금지 업종
	2. 「건설기계관리법」, 「도로교통법」 등에서 18세 미만인 자에 대하여 운전·조종면허 취득을 제한하고 있는 직종 또는 업종의 운전·조종업무 3. 「청소년보호법」 등 다른 법률에서 18세 미만 청소년의 고용이나 출입을 금지하고 있는 직종이나 업종 4. 교도소 또는 정신병원에서의 업무 5. 소각 또는 도살의 업무 6. 유류를 취급하는 업무(주유업무는 제외한다) 7. 2-브로모프로판을 취급하거나 노출될 수 있는 업무 8. 그밖에 고용노동부장관이 산업재해보상보험및예방심의위원회의 심의를 거쳐 지정하여 고시하는 업무

(4) 해고와 처벌규정

법령의 이해

해고는 노동관련법을 잘 활용하여야 한다. 사용자는 근로자에게 정당한 이유 없이 부당 해고 등을 할 수 없기 때문이다. 즉 해고, 휴직, 정직, 전직, 감봉, 그 밖의 징벌은 정당한 이유가 있어야 한다(근로기준법 제23조 제1항).

해고의 종류

해고의 유형을 법에서는 특별하게 구분하고 있지 않지만 통상적으로 해고의 이유가 근로자 측에 있는 일반적인 해고는 다시 근로자 측의 일신상의 사유에 의한 해고를 통상해고, 근로자 측의 행태상의 사유에 의한 해고를 징계해고로 구분한다.

통상해고에서의 '일신상의 사유'는 근로계약상의 급부의무의 이행에 필요한 정신적·육체적 또는 기타 노무수행상의 적격성을 현저하게 저해하는 사정이 근로자에게 발생하여 그 결과 근로자가 자신의 지위에 상응하여 정당하게 요구되는 업무를 충분히 감당할 수 없게 된 경우를 말한다. 직무능력의 결여, 성격상의 부적격성, 중한 질병, 경쟁기업과의 친밀한 관계(근로자가 경쟁기업주와 인척관계), 노무제공 불이행이 예이다.

징계해고의 사유는 일반적으로 취업규칙이나 단체협약에 규정되는데, 근로제공의무를 위반하거나 기업에 대한 충실의무를 위반한 경우 등으로 기업의 경영 질서에 부적격한 경우에 징계로서 행하여지는 해고를 말한다.

행정해석은 근로자 측의 귀책사유로 근무태도불량, 사업장내 범법행위, 경력위조 등 세 가지를 들고 있다(1984.12.10., 근기 1451-24180). 징계해고는 사유의 정당성, 절차의 정당성, 징계권 남용이 아닐 것이라고 하는 요건이 충족되는 경우에만, 징계해고의 정당성이 인정될 수 있다. 징계해고의 절차를 취업규칙이나 단체협약에 규정하고 있다면 이를 지키지 않은 해고는 무효이다(대법원 1994.10.25. 선고, 94다25889 판결). 다만, 다시 절차를 이행하면 정당한 해고가 될 수 있다(고용노동부 사이트에서 인용).

권고사직 등

회사의 권유에 따라 사직의 의사표시를 하여 회사가 이를 받아들였다면 근로관계가 유효하게 합의해지된 것으로 볼 수 있다(대법원 2003.4.22. 선고, 2002다65066 판결). 그러나 강요에 의해 제출된 사직서를 수리하는 것은 해고이며, 비록 희망퇴직신청 수리에 따라 근로자가 일시적인 혜택을 부여받았다 하더라도 정당한 이유가 존재하지 아니한 이상, 부당해고이다(대법원 2002.10.25. 선고, 2002두6552 판결).

징계해고

징계해고가 당시 시행되던 회사의 단체협약과 취업규칙, 인사규정, 상벌규정에 따라 행하여진 이상 적법하다(대법원 1990.12.21. 선고, 90다카23936 판결). 단체협약 등에서 징계에 특별한 절차를 요하는 것으로 규정되어 있는 경우, 그러한 절차는 실체적 징계사유의 존부, 부당노동행위에의 해당여부를 불문하고 사용자가 징계처분을 할 수 있는 유효요건이다(대법원 1994.10.25. 선고, 94다25889 판결).

근로자에 대한 징계해고를 함에 있어서는 징계사유와 징계처분 사이에 사회통념상 상당하다고 인정되는 균형의 존재가 요구된다(2004.1.14., 중노위 2003부해644).

직원이 거액의 횡령행위를 한 경우, 이에 대한 지휘감독상의 책임을 물어서 영업소장을 면직(징계해고)한 것은 정당하다(대법원 1989.1.17. 선고, 87다카1999 판결). 영업책임자가 판매대금을 일부 횡령하였다는 등의 이유로 징계면직 된 경우 그가 일부를 판촉비에 사용하였고, 징계면직 이전에 손해를 모두 배상하였다고 하더라도 징계면직이 재량권의 범위를 일탈한 것으로서 위법하여 무효라고 할 수 없다(대법원 1990.11.23. 선고, 90다카21589 판결).

회사가 근로시간을 연장하여 생산량 감소를 보충할 필요성이 있는데도 근로자가 작업

반원들에게 만약 회사로부터 연장근로요구가 있을 때에는 이를 수락하지 말고 연장근로에 임하지 말라고 한 것은 결국 회사의 업무를 방해하거나 방해하려고 한 경우에 해당한다고 할 것이므로 취업규칙상의 해고사유가 된다(대법원 1990.12.7. 선고, 90다6095 판결).

회사의 경영 질서유지를 위하여 무엇보다도 회사 내에서의 사원들이 엄격한 근무기강 확립이 요구될 것임에 비추어 이러한 회사 근무 질서를 저해하는 사원들의 폭력행위 등에 대하여 이를 징계해고 대상으로 삼을 수 있다고 정한 단체협약 등의 징계규정은 무효라고 할 수 없다. 비행근로자가 자기보다 16세나 연상이고 회사 근무경력이 10년이나 많은 노조위원장을 탁자 위에 뛰어올라 발로 턱을 차 쓰러뜨리고 주먹으로 얼굴을 때리는 등 폭행을 가하여 그에게 약 3주간의 치료를 요하는 상해를 입히고 그로 인하여 형사처벌을 받았다면, 그 비행의 동기와 경위 등에 비추어 다른 특별한 사정이 없는 한 사회통념상 고용계약을 계속 존속시킬 수 없을 정도의 책임 있는 사유가 존재하는 경우에 해당한다고 보아 그에 대한 해고처분이 정당하다(대법원 1992.3.13. 선고, 91다39559 판결).

영업시간 중 고객과의 접촉이 이루어지는 영업소에 집단으로 난입, 상급자에게 폭언·폭행을 한 행위에 대한 징계해고는 정당하다(대법원 1997.9.12. 선고, 97누7165 판결).

직원보수규정에 의한 상여금에 불만을 품고 집단적 상여금 반납운동을 주동하고, 그에 대한 감사 중 무단이탈하고 재 출석 지시도 거부하는 등의 행위에 대한 징계해고는 정당하다(대법원 1997.5.30. 선고, 97누34 판결).

입사 시 이력서에 대학교 졸업 또는 대학교 중퇴 사실을 기재하지 않고 고등학교까지만 기재하여 최종학력을 은폐한 행위는 징계해고사유에 해당한다(대법원 1999.3.26. 선고, 98두4672 판결).

사직서 제출

근로계약 해지를 통고하는 사직의사가 사용자에게 도달한 이후에는 이를 철회할 수 없다(대법원 2002.4.26. 선고, 2001다81269 판결). 사직원 제출자의 내심의 의사가 사직할 뜻이 아니었다 해도 그 의사가 외부로 표시된 이상 효력을 발휘한다(대법원 2001.8.24. 선고, 99두9971 판결).

해고의 절차

사용자는 근로자를 해고하려면 해고사유와 해고시기를 서면으로 통지해야 한다(근로기준법 제27조 제1항 · 제2항). 이를 위반한 경우 2년 이하의 징역 또는 천만 원 이하의 벌금에 처한다(근로기준법 제110조). 해고예고는 정당한 이유가 있어 해고하고자 할 때에만 적용되는 것이다(대법원 1992.3.31. 선고, 91누6184 판결). 해고예고절차는 통상해고, 징계해고의 경우를 구분하지 않고 적용되는 것이나 징계해고의 경우에 있어서는 비록 사용자가 해고예고절차를 거치지 않아 해고예고의무를 위반했다하더라도 해고의 정당한 이유를 갖추고 있는 한 해고의 사법상 효력에는 영향이 없어 절차를 무시한 해고도 유효하다(대법원 1993.9.24. 선고, 93누4199 판결).

사용자는 근로자를 해고하려면 적어도 30일 전에 예고를 해야 하고, 30일 전에 예고를 하지 않았을 때에는 30일분 이상의 통상임금을 지급해야 한다. 다만, 천재 · 사변, 그 밖의 부득이한 사유로 사업을 계속하는 것이 불가능한 경우 또는 근로자가 고의로 사업에 막대한 지장을 초래하거나 재산상 손해를 끼친 경우로서 고용노동부령으로 정하는 사유에 해당하는 경우에는 그렇지 않다(근로기준법 제26조). 사용자가 해고의 예고를 해고사유와 해고시기를 명시하여 서면으로 한 경우에는 해고의 통지를 한 것으로 본다(근로기준법 제27조 제3항). 고용노동부령으로 정하는 사유는 다음과 같다(별표).

〈해고 예고의 예외가 되는 근로자의 귀책사유(제4조 관련)〉

1. 납품업체로부터 금품이나 향응을 제공받고 불량품을 납품받아 생산에 차질을 가져온 경우
2. 영업용 차량을 임의로 타인에게 대리운전하게 하여 교통사고를 일으킨 경우
3. 사업의 기밀이나 그 밖의 정보를 경쟁관계에 있는 다른 사업자 등에게 제공하여 사업에 지장을 가져온 경우
4. 허위 사실을 날조하여 유포하거나 불법 집단행동을 주도하여 사업에 막대한 지장을 가져온 경우
5. 영업용 차량 운송 수입금을 부당하게 착복하는 등 직책을 이용하여 공금을 착복, 장기유용, 횡령 또는 배임한 경우
6. 제품 또는 원료 등을 몰래 훔치거나 불법 반출한 경우
7. 인사 · 경리 · 회계담당 직원이 근로자의 근무상황 실적을 조작하거나 허위 서류 등을 작성하여 사업에 손해를 끼친 경우
8. 사업장의 기물을 고의로 파손하여 생산에 막대한 지장을 가져온 경우
9. 그밖에 사회통념상 고의로 사업에 막대한 지장을 가져오거나 재산상 손해를 끼쳤다고 인정되는 경우

사용자가 근로자에게 부당해고 등을 하면 근로자는 부당해고 등이 있었던 날부터 3개

월 이내에 노동위원회에 구제를 신청할 수 있다(근로기준법 제28조).

사용자는 근로자를 해고(경영상 이유에 의한 해고 포함)하려면 적어도 30일 전에 예고를 해야 하고, 30일 전에 예고를 하지 않았을 때에는 30일분 이상의 통상임금을 지급해야 한다. 다만, 천재 · 사변, 그 밖의 부득이한 사유로 사업을 계속하는 것이 불가능한 경우 또는 근로자가 고의로 사업에 막대한 지장을 초래하거나 재산상 손해를 끼친 경우로서 다음 사유에 해당하는 경우에는 그렇지 않다(근로기준법 제26조). 그러나 일용근로자로서 3개월을 계속 근무하지 않은 자, 2개월 이내의 기간을 정하여 사용된 자, 월급근로자로서 6개월이 되지 못한 자, 계절적 업무에 6개월 이내의 기간을 정하여 사용된 자, 수습 사용 중인 근로자에게는 적용되지 않는다(근로기준법 제35조). 그러나 2015년 헌법재판소는 6개월 미만인 근로자의 근로의 권리를 침해해 「헌법」에 위배된다며 위헌결정 했다. 6개월 미만 일한 근로자라도 직장을 옮기기 위한 시간적 여유를 갖거나 실직으로 인한 경제적 곤란으로부터 보호받아야 한다는 취지이다.

이를 위반한 자는 2년 이하의 징역 또는 1천만 원 이하의 벌금에 처한다(근로기준법 제110조 제1호).

동 규정의 취지는 근로자로 하여금 해고에 대비하여 새로운 직장을 구할 수 있는 시간적 또는 경제적 여유를 주려는 것이므로, 사용자의 해고예고는 일정 시점을 특정하여 하거나 언제 해고되는지를 근로자가 알 수 있는 방법으로 하여야 한다. 회사가 근로자에게 "후임으로 발령받은 사람이 근무하여야 하니 업무 인수인계를 해 달라.", "당분간 근무를 계속하며 업무 인수인계를 해 주라."고만 말하는 것은 해고일자를 특정하거나 이를 알 수 있는 방법으로 예고한 것이라고 볼 수 없어 적법하게 해고예고를 하였다고 할 수 없다(대법원 2010.4.15. 선고, 2009도13833 판결).

근로계약기간을 정한 경우에 근로계약 당사자 사이의 근로관계는, 계약서의 내용과 근로계약이 이루어지게 된 동기 및 경위, 기간을 정한 목적과 당사자의 진정한 의사, 동종의 근로계약 체결방식에 관한 관행 그리고 근로자보호법규 등을 종합적으로 고려하여 그 기간의 정함이 단지 형식에 불과하다는 등 특별한 사정이 인정되지 않는 이상, 그 기간이 만료함에 따라 사용자의 해고 등 별도의 조처를 기다릴 것 없이 당연히 종료된다. 따라서 기간의 정함이 있는 계약이 유효하고 그 기간이 만료한 이상, 위와 같은 특별한 사정이 없는 한 재계약을 거절하거나 해고통고를 하더라도 동 규정이 적용되지 아니한다(대구지방법원 2008.11.21. 선고 2008고정744 판결 : 항소).

(5) 급여지급의무의 위반규정

▲ 급여지급 의무의 주체

사업주가 법인일 경우에는 지급권한을 갖는 대표자가 그 체불로 인한 죄책을 짐이 원칙이고, 그 지급권한을 상실하게 된 대표자는 특별한 사정이 없는 한 그 죄책을 지지 않는다(대법원 1995.11.10. 선고, 94도1477 판결, 대법원 2002.11.26. 선고, 2002도5044 판결 참조). 지급권한 상실의 원인에는 해임, 사임 등 법인과의 고용계약 종료에 기한 것은 물론 법령에 의한 지급권한 상실 또한 포함된다(대법원 2010.5.27. 선고, 2009도7722 판결).

▲ 경영이 악화된 경우

사용자가 기업이 불황이라는 사유만을 이유로 하여 임금을 지급하지 않거나 체불하는 것은 허용하지 않는 바이지만, 한편 그러한 경우에 사용자가 모든 성의와 노력을 다했어도 임금의 체불이나 미불을 방지할 수 없었다는 것이 사회통념상 긍정할 정도가 되어 사용자에게 더 이상의 적법행위를 기대할 수 없는 불가피한 사정이 있는 때에는 그러한 사유는 「근로기준법」 제36조 제2항 위반 범죄의 책임조각사유로 된다(대법원 1997.11.11. 선고, 97도813 판결).

경영부진으로 인한 자금사정 등으로 지급기일 내에 지급할 수 없었던 불가피한 사정이 사회통념에 비추어 인정되는 경우에만 면책되는 것이고, 단순히 사용자가 경영부진 등으로 자금압박을 받아 이를 지급할 수 없었다는 것만으로는 그 책임을 면할 수 없으며, '임금이나 퇴직금을 기일 안에 지급할 수 없었던 불가피한 사정'이 있었는지 여부를 판단함에 있어서는, 사용자가 퇴직 근로자 등의 생활안정을 도모하기 위하여 임금이나 퇴직금 등을 조기에 청산하기 위해 최대한 변제노력을 기울이거나 장래의 변제계획을 분명하게 제시하고 이에 관하여 근로자 측과 성실한 협의를 하는 등, 퇴직 근로자 등의 입장에서 상당한 정도 수긍할 만한 수준이라고 객관적으로 평가받을 수 있는 조치들이 행하여졌는지 여부도 하나의 구체적인 징표가 될 수 있다(대법원 2006.2.9. 선고, 2005도9230 판결 등 참조)(대법원 2011.11.10. 선고, 2011도10539 판결).

▲ 임금지급수단-통화

임금은 통화로 직접 근로자에게 그 전액을 지급해야 한다. 다만, 법령 또는 단체협약에 특별한 규정이 있는 경우에는 임금의 일부를 공제하거나 통화 이외의 것으로 지급할 수 있다(근로기준법 제43조). 임금은 매월 1회 이상 일정한 날짜를 정하여 지급해야 한다. 다만, 임시로 지급하는 임금 등에 대해서는 그렇지 않다(근로기준법 제43조). 임시로 지급하는 임금 등이란 1개월을 초과하는 기간의 출근 성적에 따라 지급하는 정근수당, 개월을 초과하는 일정 기간을 계속하여 근무한 경우에 지급되는 근속수당, 1개월을 초과하는 기간에 걸친 사유에 따라 산정되는 장려금, 능률수당 또는 상여금, 그밖에 부정기적으로 지급되는 모든 수당을 말한다(근로기준법 시행령 제23조).

이를 위반한 자는 3년 이하의 징역 또는 2천만 원 이하의 벌금에 처한다(근로기준법 제109조 제1항). 이를 위반한 자에 대해서는 피해자의 명시적인 의사와 다르게 공소를 제기할 수 없다(근로기준법 제109조 제2항).

동 규정의 취지는 사용자가 일방적으로 임금을 공제하는 것을 금지함으로써 임금 전액의 확실한 수령을 도모하여 근로자의 생활을 위협하는 일이 없도록 하는 등 결국 근로자를 보호하려는 것이다(광주고법 2000.9.20. 선고, 2000나569 판결).

강제저축의 금지

사용자는 근로계약에 덧붙여 강제 저축 또는 저축금의 관리를 규정하는 계약을 체결하지 못한다(근로기준법 제22조 제1항). 이를 위반한 자는 2년 이하의 징역 또는 1천만 원 이하의 벌금에 처한다(근로기준법 제110조 제1호). 2015년 한화투자증권이 직원들의 월급으로 자사 주식을 매입하고 수익을 나눠주는 형태의 직원연금을 도입하려고 하여 논란이 일어난 적이 있다.

퇴직금 등의 지급의무

사용자는 근로자가 사망 또는 퇴직한 경우 그 지급 사유가 발생한 때부터 14일 이내에 임금, 보상금, 그밖에 일체의 금품을 지급해야 한다. 다만, 특별한 사정이 있을 경우에는 당사자 사이의 합의에 의하여 기일을 연장할 수 있다(근로기준법 제36조). 이를 위반한 자는 3년 이하의 징역 또는 2천만 원 이하의 벌금에 처한다(근로기준법 제109조 제1항). 다만 이를 위반한 자에 대해서는 피해자의 명시적인 의사와 다르게 공소를 제기할 수 없다(근로기준법 제109조 제2항).

사용자는 근로자가 사망 또는 퇴직한 경우에는 그 지급사유가 발생한 때부터 14일 이내에 임금, 보상금 기타 일체의 금품을 지급하도록 규정함으로써, 퇴직근로자 등의 생활 안정을 도모하기 위하여 법률관계를 조기에 청산하도록 강제하는 한편, 사용자측에 대하여 그 청산에 소요되는 기간을 유예하여 주고 있다(대법원 2010.5.27. 선고, 2009도7722 판결).

근로소득세액의 연말정산에 의한 환급금은 「근로기준법」 제36조에서 정한 '근로자가 사망 또는 퇴직한 경우에 사용자가 그 지급사유가 발생한 때부터 14일 이내에 지급하여야 할 임금, 보상금, 그 밖에 일체의 금품'에 해당한다. 이 금액을 지급사유 발생일로부터 14일 이내에 지급하지 아니한 경우 처벌대상이다(대법원 2011.5.26. 선고, 2009도2357 판결).

▲▼ 연장근무 · 휴일근무수당 지급의무

사용자는 연장근로(제53조 · 제59조 및 제69조 단서에 따라 연장된 시간의 근로)와 야간근로(오후 10시부터 오전 6시까지 사이의 근로) 또는 휴일근로에 대해서는 통상임금의 50% 이상을 가산하여 지급해야 한다(근로기준법 제56조 제1항). 그러나 휴일근로에 대하여는 8시간 이내의 휴일근로는 통상임금의 50%, 8시간을 초과한 휴일근로는 통상임금의 100%를 가산하여 근로자에게 지급하여야 하고(근로기준법 제56조 제1항), 야간근로(오후 10시부터 다음 날 오전 6시 사이의 근로를 말한다)에 대하여는 통상임금의 50% 이상을 가산하여 근로자에게 지급하여야 한다(근로기준법 제56조 제1항). 이를 위반한 자는 3년 이하의 징역 또는 2천만 원 이하의 벌금에 처한다(근로기준법 제109조 제1항). 동 위반한 자에 대해서는 피해자의 명시적인 의사와 다르게 공소를 제기할 수 없다(근로기준법 제109조 제2항).

단체협약 등에서 특정된 휴일을 근로일로 하고 대신 통상의 근로일을 휴일로 교체할 수 있도록 하는 규정을 두거나 그렇지 않더라도 근로자의 동의를 얻은 경우, 미리 근로자에게 교체할 휴일을 특정하여 고지하면, 다른 특별한 사정이 없는 한 이는 적법한 휴일대체가 되어, 원래의 휴일은 통상의 근로일이 되고 그 날의 근로는 휴일근로가 아닌 통상근로가 되므로 사용자는 근로자에게 휴일근로수당을 지급할 의무를 지지 않는다고 할 것이다(대법원 2000.9.22. 선고, 99다7367 판결 참조)(대법원 2008.11.13. 선고, 2007다590 판결).

한편, 「근로자의 날 제정에 관한 법률」에 따르면 5월 1일 근로자의 날은 법적으로 유급휴일이다.

▲▼ 임금의 지연지급

임금지급 기일에 근로자들에게 임금을 지급하지 않았다면 그 후 그 임금의 일부 또는 전부를 지급하였더라도 「근로기준법」 제109조, 제36조 소정 범죄의 죄책을 면할 수 없다(대법원 1985.10.8. 선고, 85도1566 판결).

임금지급의무 위반의 고의성 요건

임금 등 지급의무의 존재에 관하여 다툴 만한 근거가 있는 경우라면 사용자가 임금 등을 지급하지 아니한 데 상당한 이유가 있다고 보아야 할 것이어서 사용자에게 「근로기준법」 제36조, 제109조 제1항 위반죄의 고의가 있었다고 인정하기 어렵다. 임금 등 지급의무의 존부 및 범위에 관하여 다툴 만한 근거가 있는지는 사용자의 지급거절 이유 및 지급의무의 근거, 사용자가 운영하는 회사의 조직과 규모, 사업 목적 등 제반 사항, 기타 임금 등 지급의무의 존부 및 범위에 관한 다툼 당시 제반 정황에 비추어 판단하여야 하며, 사후적으로 사용자의 민사상 지급책임이 인정된다고 하여 곧바로 사용자에게 「근로기준법」 제36조, 제109조 제1항 위반죄의 고의가 인정된다고 단정해서는 안 된다(대법원 2011.10.27. 선고, 2010도14693 판결).

민사사건에서 회사에 법정퇴직금과 이미 중간정산 하여 지급한 금액의 차액에 해당하는 퇴직금 지급의무가 있는 것으로 확정되기는 하였으나, 퇴직금 중간정산 시 아무런 이의를 제기하지 않았고 오히려 지급이 지연되면 회사에 지급을 요청하기도 하였던 점, 다른 근로자들도 퇴직금 중간정산에 대하여 이의를 제기하지 않았던 점, 6개월간 비정규직 촉탁 제 근로기간은 종전 근로관계와 단절된 것으로 볼 여지가 있고, 따라서 회사로서는 퇴직금 중간정산의 효력이 유효하고 1년 미만에 해당하는 근로계약기간에 대하여는 퇴직금 지급의무가 없다고 믿을 수 있었을 것으로 보이는 점 등 제반 사정을 종합할 때, 회사가 퇴직금 지급의무 존부에 관하여 다툴 만한 근거가 있다고 볼 수 있어 「근로기준법」 제36조, 제109조 제1항 위반죄의 고의가 있었다고 단정할 수 없다(대법원 2011.10.27. 선고, 2010도14693 판결).

퇴직금지급청구권은 퇴직이라는 근로관계의 종료를 요건으로 하여 비로소 발생하는 것으로 근로계약이 존속하는 한 퇴직금지급의무는 발생할 여지가 없다. 매월 지급받은 월급이나 매일 지급받는 일당 속에 퇴직금이란 명목으로 일정한 금원을 지급하였다고 하여도 그것은 「근로기준법」 제34조에서 정하는 퇴직금의 지급으로서의 효력은 없을 뿐만 아니라, 그와 같이 매월의 월급이나 매일의 일당 속에 퇴직금을 포함시켜 지급받기로 하는 약정은 최종 퇴직 시 발생하는 퇴직금청구권을 사전에 포기하는 것으로서 강행법규인 「근로기준법」 제34조에 위반되어 무효이다. 사용자가 사법상의 효력이 없는 '매월의 월급이나 매일의 일당 속에 퇴직금을 포함시켜 지급한다.'는 내용의 약정을 내세워 퇴직한 근로자에 대한 퇴직금의 지급을 거절하는 경우, 이를 퇴직금지급의무의 존부에 관하여 다툴 만한 근거가 있어 사용자가 퇴직금을 지급하지 아니한 데에 상당한 이유가 있는 경우라고 볼 수 없고, 이러한 사용자에게 「근로기준법」 제112조, 제36조 소정의 임금 등의 기일 내 지급의무 위반죄에 관한 고의가 없다고 할 수는 없다(대법원 2007.8.23. 선고, 2007도4171 판결). 이는 아마도 연봉제가 도입되기 전의 판례인 것 같은데 지금도 적용되는지는 확실하지 않다.

임금체계 관련 취업규정의 변경

2017년 호봉제를 성과연봉제로 바꾸는 것 같이 임금체계를 바꿀 때 노동조합의 동의 없이 일방적으로 바꾸는 행위는 위법하다는 법원의 판결이 나왔다. 「근로기준법」 제94조는 "사측이 취업규칙을 바꿔서 기존 근로조건 내용이 근로자에게 불리한 내용으로 바뀔 경우 근로자 과반수의 동의가 있어야 한다."라고 규정하고 있다. 취업규칙의 개정으로 근로자가 받는 전체 임금 총액이 기존 급여체계에 비해 증가했다고 하더라도 개인에 따라 성과 등급에 따른 유리함과 불리함의 결과가 달라지고, 하위 평가를 받는 노동자는 기존 임금이 저하될 것으로 보인다고 지적했다. 이는 근로자에게 불이익한 취업규칙 개정에 해당함에도 적법한 절차를 거치지 않았던 것으로 보여 「근로기준법」에 위반돼 무효라고 판시했다. 하급심의 판결로 아직 확정된 것은 아니다.

통상임금의 범위

정기적으로 지급되는 상여금은 통상임금으로 보는 것이 2013년 대법원 전원합의체 판결 이후 일관된 법원의 입장이다. 기업 실적에 따라 경영성과급을 지급하는 형식으로 성과에 따른 변동성 임금체계로 전환한 경우에는 통상임금이 아니다. 그러나 호봉제 임금체계를 가진 기업은 상여금이 통상임금에 해당되나 이를 노사합의로 통상임금에서 제외하기로 한 경우 문제가 발생한다. 신의칙(信義則)은 「민법」 제2조 제1항에 '권리 행사와 의무 이행은 신의에 좇아 성실히 해야 한다.'고 표현된 민사법(民事法)의 대원칙이다. 계약의 당사자는 서로 이익을 배려하고 형평성에 어긋나거나 신뢰를 저버리면서까지 권리를 행사해선 안 된다는 것이다. 한편 계약 당사자 사이의 합의가 강제성 있는 법률을 위반하는 내용일 경우에는 당사자 한쪽이 일방적으로 합의를 파기해도 신의칙 위반이 아니라는 게 민사 분쟁에 관한 그동안의 판례였다. 그러나 대법원 전원합의체는 2013년 갑을오토텍 통상임금 사건에서 신의칙 적용에 관한 새로운 법리를 제시했다. 정기 상여금을 통상임금 산정에서 배제하기로 한 노사 합의는 「근로기준법」 위반이라 효력이 없지만 그 합의를 깨는 주장이 "예측하지 못한 새로운 재정 부담으로 회사에 중대한 경영상 어려움이 초래되거나 존립이 위태롭게 된다면 신의성실의 원칙을 위반한 것"이라고 해석했다. 대법원이 이 기준을 제시한 뒤 하급심에선 회사의 신의칙 주장이 인정된 경우가 많았다. 대부분 이미 적자 상태이거나 부채비율이 높아 경영 위기가 도래한 기업과 관련된 재판이었다. 2017년 기아자동차에 대한 통상임금에 대한 재판에서 법원은 경영상의 어려움을 인정하지 않았다.

법률상 "평균임금이 그 근로자의 통상임금보다 적으면 그 통상임금액을 평균임금으로 한다(근로기준법 제2조 제2항)."라고 규정되어 있다. 대법원판례에 따라 동 규정의 적용시기에 대한 규정이 신설되었다. 상시 300명 이상의 근로자를 사용하는 사업 또는 사업장은 2018년 7월 1일(제59조의 개정규정에 따라 근로시간 및 휴게시간의 특례를 적용받지 아니하게 되는 업종의 경우 2019년 7월 1일), 상시 50명 이상 300명 미만의 근로자를 사용하는 사업 또는 사업장은 2020년 1월 1일, 상시 5명 이상 50명 미만의 근로자를 사용하는 사업 또는 사업장은 2021년 7월 1일부터 적용된다.

▲▼ 최저임금의 범위

미국, 일본, 독일을 제외하면 경제협력개발기구(OECD) 회원국 대부분은 최저임금을 정할 때 정기 상여금을 포함시킨다. 상여금을 빼고 계산하는 미국과 일본은 식비와 숙박비 등은 산입범위에 넣는다. 대부분의 나라는 지역별, 연령별로 최저임금을 달리 정한다. 일본은 업종으로도 구분한다. 한국은 지역, 연령, 업종 구분 없이 최저임금을 일률적으로 적용하고, 최저임금을 산정할 때 상여금이나 성과급, 각종 수당은 제외한다.

(6) 근로시간의 위반규정

▲▼ 법정 근로시간

1주간의 근로시간은 휴게시간을 제외하고 40시간을, 1일의 근로시간은 휴게시간을 제외하고 8시간을 초과할 수 없다. 근로시간을 산정함에 있어 작업을 위하여 근로자가 사용자의 지휘 · 감독 아래에 있는 대기시간 등은 근로시간으로 본다(근로기준법 제50조). 이를 위반한 자는 2년 이하의 징역 또는 1천만 원 이하의 벌금에 처한다(근로기준법 제110조 제1호).

근로시간은 근로자가 사용자의 지휘 · 감독 아래 근로계약상의 근로를 제공하는 시간을 말하는바, 근로자가 작업시간의 도중에 현실로 작업에 종사하지 않은 대기시간이나 휴식 · 수면시간 등이라 하더라도 그것이 휴게시간으로서 근로자에게 자유로운 이용이 보장된 것이 아니고 실질적으로 사용자의 지휘 · 감독 아래 놓여있는 시간이라면 이는 근로시간에 포함된다(대법원 2006.11.23. 선고, 2006다41990 판결).

▲▼ 근로시간 연장 범위

2016년 쿠쿠전자는 근로시간 연장을 승인받았다. 개성공단 폐쇄 발표로 제품의 납품기일을 지키기가 불가능하여 승인을 해 준 것으로 천재지변을 제외한 근로시간 연장 승인은 국내에서 처음이다.

당사자 간에 합의하면 1주간에 12시간을 한도로 법정 근로시간을 연장할 수 있다(근로기준법 제53조 제1항). 즉, 탄력적 근로시간제의 근로시간을 연장할 수 있고, 제52조의 선택적 근로시간제의 정산기간을 평균하여 1주간에 12시간을 초과하지 않는 범위에서 동 근로시간을 연장할 수 있다(근로기준법 제53조 제2항). 이를 위반한 자는 2년 이하의 징역 또는 1천만 원 이하의 벌금에 처한다(근로기준법 제110조 제1호). 18세 이상의 남자근로자의 경우에는 1주일에 12시간을 초과하지 않는다면 특별한 사정이 없는 한 1일 연장근로시간의 제한은 없다(대법원 1997.7.25. 선고, 96다29892 판결). 한편 상시 30명 미만의 근로자를 사용하는 사용자는 근로자대표와 서면으로 합의한 경우 연장된 근로시간에 더하여 1주간에 8시간을 초과하지 아니하는 범위에서 근로시간을 연장할 수 있다(근로기준법 제53조 제3항).

당사자 간의 합의라 함은 원칙적으로 사용자와 근로자간의 개별적 합의를 의미하고, 개별근로자의 연장근로에 관한 합의 권을 박탈하거나 제한하지 아니하는 범위에서는 단체협약에 의한 합의도 가능하다(대법원 1993.12.21. 선고, 93누5796 판결). 사용자는 특별한 사정이 있으면 고용노동부장관의 인가와 근로자의 동의를 받아 이러한 근로시간을 연장할 수 있다. 다만, 사태가 급박해 고용노동부장관의 인가를 받을 시간이 없는 경우에는 사후에 지체 없이 승인을 받아야 한다(근로기준법 제53조 제4항).

고용노동부장관은 근로시간의 연장이 부적당하다고 인정하면 그 후 연장시간에 상당하는 휴게시간이나 휴일을 줄 것을 명할 수 있다(근로기준법 제53조 제5항). 동 명령을 위반한 자는 2년 이하의 징역 또는 1천만 원 이하의 벌금에 처한다(근로기준법 제110조 제2호).

미성년자 근로시간 특례

15세 이상 18세 미만인 자의 근로시간은 1일에 7시간, 1주일에 35시간을 초과하지 못한다. 다만, 당사자 사이의 합의에 따라 1일에 1시간, 1주일에 5시간을 한도로 연장할 수 있다(근로기준법 제69조). 이를 위반한 자는 2년 이하의 징역 또는 1천만 원 이하의 벌금에 처한다(근로기준법 제110조 제1호). 당사자 간의 합의라 함은 원칙적으로 사용자와 근로자와의 개별적 합의를 의미하고, 개별근로자의 연장근로에 관한 합의권을 박탈하거나 제한하지 아니하는 범위에서는 단체협약에 의한 합의도 가능하다(대법원 1993.12.21. 선고, 93누5796 판결).

임신 중 여성의 시간외 근로 제한 등

임신 중의 여성 근로자에게 시간외근로를 하게 하여서는 아니 되며, 그 근로자의 요구가 있는 경우에는 쉬운 종류의 근로로 전환하여야 한다(근로기준법 제74조 제5항). 임신 중 여성의 시간외근로 법령을 위반한 자는 2년 이하의 징역 또는 1천만 원 이하의 벌금에 처한다(근로기준법 제110조 제1호).

산후 여성의 시간외 근로제한

사용자는 산후 1년이 지나지 않은 여성에 대해서는 단체협약이 있는 경우라도 1일에 2시간, 1주일에 6시간, 1년에 150시간을 초과하는 시간외근로를 시키지 못한다(근로기준법 제71조). 이를 위반한 자는 2년 이하의 징역 또는 1천만 원 이하의 벌금에 처한다(근로기준법 제110조 제1호).

수유 여성의 수유시간 보장의무

생후 1년 미만의 유아를 가진 여성 근로자가 청구하면 1일 2회 각각 30분 이상의 유급 수유 시간을 주어야 한다(근로기준법 제75조). 이를 위반한 자는 2년 이하의 징역 또는 1천만 원 이하의 벌금에 처한다(근로기준법 제110조 제1호).

휴식시간과 처벌

사용자는 근로시간이 4시간인 경우에는 30분 이상, 8시간인 경우에는 1시간 이상의 휴게시간을 근로시간 도중에 주어야 한다. 휴게시간은 근로자가 자유롭게 이용할 수 있다(근로기준법 제54조). 이를 위반한 자는 2년 이하의 징역 또는 1천만 원 이하의 벌금에 처한다(근로기준법 제110조 제1호). 2015년 법제처는 근로자가 사용자와 합의하더라도 휴식시간을 없애거나 줄일 수 없다고 해석했다.

모성보호 등을 위한 야간근로 및 휴일근로의 제한

사용자는 18세 이상의 여성을 오후 10시부터 오전 6시까지의 시간 및 휴일에 근로시키려면 그 근로자의 동의를 받아야 한다(근로기준법 제70조 제1항). 이를 위반한 자는 2년 이하의 징역 또는 1천만 원 이하의 벌금에 처한다(근로기준법 제110조 제1호).

사용자는 임산부와 18세 미만자를 오후 10시부터 오전 6시까지의 시간 및 휴일에 근로시키지 못한다(근로기준법 제70조 제2항). 다만, 18세 미만자의 동의가 있는 경우, 산후 1년이 지나지 않은 여성의 동의가 있는 경우, 임신 중의 여성이 명시적으로 청구하는 경우로서 고용노동부장관의 인가를 받으면 그렇지 않다(근로기준법 제70조 제2항 단서). 이를 위반한 자는 2년 이하의 징역 또는 1천만 원 이하의 벌금에 처한다(근로기준법 제110조 제1호). 사용자는 고용노동부장관의 인가를 받기 전에 근로자의 건강 및 모성 보호를 위해 그 시행 여부와 방법 등에 관해서 그 사업 또는 사업장의 근로자대표와 성실하게 협의해야 한다(근로기준법 제70조 제3항).

근로자의 선거권 등 필요시간 보장

사용자는 근로자가 근로시간 중에 선거권, 그 밖의 공민권 행사 또는 공의 직무를 집행하기 위하여 필요한 시간을 청구하면 거부하지 못한다. 다만, 그 권리 행사나 공의 직무를 수행하는 데에 지장이 없으면 청구한 시간을 변경할 수 있다(근로기준법 제10조). 이를 위반한 자는 2년 이하의 징역 또는 1천만 원 이하의 벌금에 처한다(근로기준법 제110조 제1호).

(7) 휴가의 보장규정

▲▼ 연차유급휴가 보장

사용자는 1년간 80퍼센트 이상 출근한 근로자에게 15일의 유급휴가를 주어야 한다(근로기준법 제60조 제1항). 이를 위반한 자는 2년 이하의 징역 또는 1천만 원 이하의 벌금에 처한다(근로기준법 제110조 제1호). 이 경우 근로자가 업무상의 부상 또는 질병으로 휴업한 기간, 임신 중의 여성이 출산휴가(제74조 제1항부터 제3항까지의 규정에 따른 휴가)로 휴업한 기간은 출근한 것으로 본다(근로기준법 제60조 제6항).

사용자는 계속해서 근로한 기간이 1년 미만인 근로자 또는 1년간 80퍼센트 미만 출근한 근로자에게 1개월 개근 시 1일의 유급휴가를 주어야 한다(근로기준법 제60조 제2항). 이를 위반한 자는 2년 이하의 징역 또는 1천만 원 이하의 벌금에 처한다(근로기준법 제110조 제1호). 이 경우 근로자가 업무상의 부상 또는 질병으로 휴업한 기간, 임신 중의 여성이 출산휴가(제74조 제1항부터 제3항까지의 규정에 따른 휴가)로 휴업한 기간은 출근한 것으로 본다(근로기준법 제60조 제6항).

사용자는 근로자의 최초 1년간의 근로에 대해서 유급휴가를 주는 경우에는 1년 미만인 근로자에게 주는 휴가를 포함해 15일로 하고, 근로자가 1년 미만인 근로자에게 주는 휴가를 이미 사용한 경우에는 그 사용한 휴가 일수를 15일에서 뺀다(근로기준법 제60조 제3항). 이 경우 근로자가 업무상의 부상 또는 질병으로 휴업한 기간, 임신 중의 여성이 출산휴가(제74조 제1항부터 제3항까지의 규정에 따른 휴가)로 휴업한 기간은 출근한 것으로 본다(근로기준법 제60조 제6항).

사용자는 3년 이상 계속해서 근로한 근로자에게는 15일에 최초 1년을 초과하는 계속 근로 연수 매 2년에 대해서 1일을 가산한 유급휴가를 주어야 한다. 이 경우 가산휴가를 포함한 총 휴가일수는 25일을 한도로 한다(근로기준법 제60조 제4항). 이를 위반한 자는 2년 이하의 징역 또는 1천만 원 이하의 벌금에 처한다(근로기준법 제110조 제1호).

사용자는 유급휴가를 근로자가 청구한 시기에 주어야 하고, 그 기간에 대해서는 취업규칙 등에서 정하는 통상임금 또는 평균임금을 지급해야 한다. 다만, 근로자가 청구한 시기에 휴가를 주는 것이 사업 운영에 막대한 지장이 있는 경우에는 그 시기를 변경할 수 있다(근로기준법 제60조 제5항). 이를 위반한 자는 2년 이하의 징역 또는 1천만 원 이하의 벌금에 처한다(근로기준법 제110조 제1호).

유급휴가는 1년간 행사하지 않으면 소멸된다. 다만, 사용자의 귀책사유로 사용하지 못한 경우에는 그렇지 않다(근로기준법 제60조 제7항).

연차유급휴가의 취지

연차유급휴가는 근로자에게 일정 기간 근로의무를 면제함으로써 정신적 · 육체적 휴양의 기회를 제공하고 문화적 생활의 향상을 기하려는 데 취지가 있다. 연차유급휴가는 다른 특별한 정함이 없는 이상 1년간의 근로에 대한 대가라고 볼 수 있고, 근로자가 연차유급휴가를 사용하지 못하게 됨에 따라 사용자에게 청구할 수 있는 연차휴가수당은 임금이다(대법원 2013.12.26. 선고, 2011다4629 판결).

연간 소정근로일수의 계산방법

근로자가 1년간 8할 이상 출근하였는지는 1년간의 총 역일에서 법령, 단체협약, 취업규칙 등에 의하여 근로의무가 없는 날로 정하여진 날을 제외한 나머지 일수, 즉 연간 근로의무가 있는 일수('연간 소정근로일수')를 기준으로 그 중 근로자가 현실적으로 근로를 제공한 날이 얼마인지를 비율적으로 따져 판단하여야 하고, 연간 소정근로일수는 본래 사용자와 근로자 사이에 평상적인 근로관계, 즉 근로자가 사용자에게 근로를 제공하여 왔고 또한 계속적인 근로제공이 예정되어 있는 상태를 전제로 한 것이다(대법원 2013.12.26. 선고, 2011다4629 판결).

근로자가 정당한 쟁의행위를 하거나 「남녀고용평등과 일 · 가정 양립 지원에 관한 법률」('남녀고용평등법')에 의한 육아휴직('쟁의행위 등')을 하여 현실적으로 근로를 제공하지 아니한 경우, 쟁의행위 등은 「헌법」이나 법률에 의하여 보장된 근로자의 정당한 권리행사이고 그 권리행사에 의하여 쟁의행위 등 기간 동안 근로관계가 정지됨으로써 근로자는 근로의무가 없으며, 쟁의행위 등을 이유로 근로자를 부당하거나 불리하게 처우하는 것이 법률상 금지되어 있으므로(노동조합 및 노동관계조정법 제3조, 노동조합 및 노동관계조정법 제4조, 노동조합 및 노동관계조정법 제81조 제5호, 남녀고용평등법 제19조 제3항), 근로자가 본래 연간 소정근로일수에 포함되었던 쟁의행위 등 기간 동안 근로를 제공하지 아니하였다 하더라도 이를 두고 근로자가 결근한 것으로 볼 수는 없다. 그런데 다른 한편 그 기간 동안 근로자가 현실적으로 근로를 제공한 바가 없고, 「근로기준법」, 「노동조합 및 노동관계조정법」, 「남녀고용평등법」 등 관련 법령에서 그 기간 동안 근로자가 '출근한 것으로 본다.'는 규정을 두고 있지도 아니하므로, 이를 두고 근로자가 출근한 것으로

의제할 수도 없다. 따라서 이러한 경우에는 「헌법」과 관련 법률에 따라 쟁의행위 등 근로자의 정당한 권리행사를 보장하고, 아울러 근로자에게 정신적·육체적 휴양의 기회를 제공하고 문화적 생활의 향상을 기하려는 연차유급휴가 제도의 취지를 살리는 한편, 연차유급휴가가 1년간의 근로에 대한 대가로서의 성질을 갖고 있고 현실적인 근로의 제공이 없었던 쟁의행위 등 기간에는 원칙적으로 근로에 대한 대가를 부여할 의무가 없는 점 등을 종합적으로 고려할 때, 연간 소정근로일수에서 쟁의행위 등 기간이 차지하는 일수를 제외한 나머지 일수를 기준으로 근로자의 출근율을 산정하여 연차유급휴가 취득 요건의 충족 여부를 판단하되, 그 요건이 충족된 경우에는 본래 평상적인 근로관계에서 8할의 출근율을 충족할 경우 산출되었을 연차유급휴가일수에 대하여 '연간 소정근로일수에서 쟁의행위 등 기간이 차지하는 일수를 제외한 나머지 일수'를 '연간 소정근로일수'로 나눈 비율을 곱하여 산출된 연차유급휴가일수를 근로자에게 부여함이 합리적이다(대법원 2013.12.26. 선고, 2011다4629 판결).

▲▼ 파업기간 중 임금청구권 존부

휴일 및 유급휴일 제도를 규정한 규범적 목적에 비추어 보면, 근로의 제공 없이도 근로자에게 임금을 지급하도록 한 유급휴일의 특별규정이 적용되기 위해서는 평상적인 근로관계, 즉 근로자가 근로를 제공하여 왔고 또한 계속적인 근로제공이 예정되어 있는 상태가 당연히 전제되어 있다고 볼 것이다. 그러므로 근로자는 휴직기간 중 또는 그와 동일하게 근로제공의무 등의 주된 권리·의무가 정지되어 근로자의 임금청구권이 발생하지 아니하는 파업기간 중에는 그 기간 중에 유급휴일이 포함되어 있다 하더라도 그 유급휴일에 대한 임금의 지급을 구할 수 없다(대법원 2009.12.24. 선고, 2007다73277 판결 등 참조). 나아가 관련 법률의 규정이나 단체협약·취업규칙·근로계약 등에 의하여 근로자에게 부여되는 유급휴가 역시 이를 규정한 규범적 목적에 비추어 보면 유급휴일과 마찬가지로 평상적인 근로관계를 당연히 전제하고 있는 것이다. 따라서 근로자가 유급휴가를 이용하여 파업에 참여하는 것은 평상적인 근로관계를 전제로 하는 유급휴가권의 행사라고 볼 수 없으므로 파업기간 중에 포함된 유급휴가에 대한 임금청구권 역시 발생하지 않는다(대법원 2010.7.15. 선고, 2008다33399 판결).

▲ 출산휴가의 보장

기업은 임신 중의 여성에게 출산 전과 출산 후를 통하여 90일(한 번에 둘 이상 자녀를 임신한 경우에는 120일)의 출산전후휴가를 주어야 한다. 이 경우 휴가기간의 배정은 출산 후에 45일(한 번에 둘 이상 자녀를 임신한 경우에는 60일) 이상이 되어야 한다(근로기준법 제74조 제1항).

기업은 임신 중인 여성 근로자가 유산의 경험 등 사유로 출산휴가를 청구하는 경우 출산 전 어느 때 라도 휴가를 나누어 사용할 수 있도록 하여야 한다(근로기준법 제74조 제2항). 임신한 근로자에게 유산 · 사산의 경험이 있는 경우, 임신한 근로자가 출산전후휴가를 청구할 당시 연령이 만 40세 이상인 경우, 임신한 근로자가 유산 · 사산의 위험이 있다는 의료기관의 진단서를 제출한 경우가 해당된다(근로기준법 시행령 제43조 제1항). 이 경우 출산 후의 휴가 기간은 연속하여 45일(한 번에 둘 이상 자녀를 임신한 경우에는 60일) 이상이 되어야 한다(근로기준법 제74조 제2항).

출산휴가, 유산휴가에 따른 휴가 중 최초 60일(한 번에 둘 이상 자녀를 임신한 경우에는 75일)은 유급으로 한다. 다만,「남녀고용평등과 일 · 가정 양립 지원에 관한 법률」제18조에 따라 출산전후휴가급여 등이 지급된 경우에는 그 금액의 한도에서 지급의 책임을 면한다(근로기준법 제74조 제4항).

출산휴가 법령을 위반한 자는 2년 이하의 징역 또는 1천만 원 이하의 벌금에 처한다(근로기준법 제110조 제1호).

▲ 유산 · 사산 시의 휴가보장

기업은 임신 중인 여성이 유산 또는 사산한 경우로서 그 근로자가 청구하면 유산 · 사산 휴가를 주어야 한다. 다만, 인공 임신중절 수술(「모자보건법」제14조 제1항에 따른 경우는 제외)에 따른 유산의 경우는 그러하지 아니하다(근로기준법 제74조 제3항). 유산 또는 사산한 근로자가 유산 · 사산휴가를 청구하는 경우에는 휴가 청구 사유, 유산 · 사산 발생일 및 임신기간 등을 적은 유산 · 사산휴가 신청서에 의료기관의 진단서를 첨부하여 사업주에게 제출하여야 한다(근로기준법 시행령 제43조 제2항). 이에 따라 유산 · 사산휴가를 청구한 근로자에게 유산 또는 사산한 근로자의 임신기간('임신기간')이 11주 이내인 경우 : 유산 또는 사산한 날부터 5일까지, 임신기간이 12주 이상 15주 이내인 경우 10일까지, 임신기간이 16주 이상 21주 이내인 경우 30일까지, 임신기간이 22주 이상 27주 이내인 경우 60일까지, 임신기간이 28주 이상인 경우 90일까지 휴가를 주어야 한다(근로기준법 시행령 제43조 제3항).

출산휴가, 유산휴가에 따른 휴가 중 최초 60일(한 번에 둘 이상 자녀를 임신한 경우에는 75일)은 유급으로 한다. 다만, 「남녀고용평등과 일 · 가정 양립 지원에 관한 법률」 제18조에 따라 출산전후휴가급여 등이 지급된 경우에는 그 금액의 한도에서 지급의 책임을 면한다(근로기준법 제74조 제4항).

유산휴가 법령을 위반한 자는 2년 이하의 징역 또는 1천만 원 이하의 벌금에 처한다(근로기준법 제110조 제1호).

(8) 요양의 보상규정

관련된 법령

근로자가 업무상 부상 또는 질병에 걸리면 사용자는 그 비용으로 필요한 요양을 행하거나 필요한 요양비를 부담해야 한다(근로기준법 제78조 제1항). 이를 위반한 자는 2년 이하의 징역 또는 1천만 원 이하의 벌금에 처한다(근로기준법 제110조 제1호).

업무상 재해의 보상

근로자가 근로계약에 의하여 통상 종사할 의무가 있는 업무로 규정되어 있지 아니한 회사 외의 행사나 모임에 참가하던 중 재해를 당한 경우, 이를 업무상 재해로 인정하려면, 우선 그 행사나 모임의 주최자, 목적, 내용, 참가인원과 그 강제성 여부, 운영방법, 비용부담 등의 사정들에 비추어, 사회통념상 그 행사나 모임의 전반적인 과정이 사용자의 지배나 관리를 받는 상태에 있어야 하고, 또한 근로자가 그와 같은 행사나 모임의 순리적인 경로를 일탈하지 아니한 상태에 있어야 한다. 사용자가 주재하던 정례회식을 마치고서 참석 근로자들에게 귀가를 지시한 후 먼저 귀가한 다음에도 근로자들이 다른 곳에 가서 술을 더 마시기 위하여 사용자 소유의 차량을 함께 타고 가다가 발생한 교통사고로 인하여 근로자들이 사망하거나 다친 경우, 피해 근로자들이 임의로 자기들만의 모임을 계속한 것은 그들의 사적인 행위에 해당하는 것으로서 이를 가리켜 사용자의 지배 관리하의 행사가 계속된 것이라고 볼 수는 없고, 더욱이 피해 근로자들은 당초 행사의 순리적인 경로를 이탈한 것이므로, 그 업무수행성을 인정할 수 없어 「근로기준법」에 의한 재해보상을 받을 수 있는 업무상의 재해에 해당한다고 볼 수 없다(대법원 1995.5.26. 선고, 94다60509 판결).

회사가 개최한 등산대회 및 회식에 참석하였다가 공식적인 회식이 끝난 후 분위기에 편승하여 사적으로 일부 직원들과 술집으로 자리를 옮겨 술을 마시던 중 술집계단에서 굴러 떨어져 상해를 입은 경우, '업무상 재해'로 볼 수 없다(대법원 2002.12.27. 선고, 2000다18714 판결). 노동조합업무 전임자가 근로계약상 본래 담당할 업무를 면하고 노동조합의 업무를 전임하게 된 것이 사용자인 회사의 승낙에 의한 것이며 재해 발생 당시 근로자의 지위를 보유하고 있었고 그 질병이 노동조합업무 수행 중 육체적·정신적 과로로 인하여 발병된 경우, 특별한 사정이 없는 한 이는 업무상 재해로 보아야 하고, 다만 그 업무의 성질상 사용자의 사업과는 무관한 상부 또는 연합관계에 있는 노동단체와 관련된 활동이거나 불법적인 노동조합 활동 또는 사용자와 대립관계로 되는 쟁의단계에 들어간 이후의 노동조합 활동 중에 생긴 재해 등은 이를 업무상 재해로 볼 수 없다(대법원 1996.6.28. 선고, 96다12733 판결).

요양보상의 시기

「근로기준법」은 제78조 제1항에서 "근로자가 업무상 부상 또는 질병에 걸린 경우에는 사용자는 그 비용으로 필요한 요양을 행하거나 또는 필요한 요양비를 부담하여야 한다."고만 정하고 있을 뿐, 사용자가 요양보상을 하여야 할 시기에 관하여는 정하지 않고 있다. 규정의 취지에 비추어 볼 때 요양보상의 사유가 발생하게 되면 지체 없이 보상을 하여야 하는 것으로 해석함이 상당하고, 「근로기준법 시행령」 제58조에 의하면 요양보상은 매월 1회 이상 이를 행하여야 하는 것으로 규정되어 있으므로, 사용자가 적어도 요양보상의 사유가 발생한 달의 말일까지 요양보상을 행하지 아니한 때에는, 그때부터 「근로기준법」 제78조에 위반한 자에 해당되어 「근로기준법」 제110조 제1호에 따라 처벌을 받을 수 있게 된다고 보아야 한다(대법원 1992.2.11. 선고, 91도2913 판결).

근로자 과실과 보상범위

요양보상에 대하여는 사용자는 특단의 사정이 없는 한 그 전액을 지급할 의무가 있는 것이고 근로자에게 과실이 있다고 하더라도 그 비율에 상당한 금액의 지급을 면할 수는 없다(대법원 1981.10.13. 선고, 81다카351 전원합의체 판결, 대법원 2008.11.27. 선고, 2008다40847

판결 등 참조)(대법원 2010.2.25. 선고, 2009다97314 판결).

▲ 치료방법과 휴업보상

요양보상은 요양 상 적당하다고 인정되는 범위 내에서만 허용되는 것이므로, 근로자가 치료효과를 기대할 수 있는 유효한 치료방법이 있음에도 이에 의하지 않고 의학상 일반적으로 승인되지 아니하는 방법에 의하여 치료를 하는 경우에는 그를 위하여 지출한 비용은 요양보상의 대상이 되지 아니하고, 그 기간 동안의 휴업보상도 인정되지 아니한다 할 것이지만, 근로자가 의학상 치료효과를 기대할 수 있는 유효한 치료방법에 나아간 경우에는 그 치료를 위한 비용은 요양보상의 대상이 되고, 그 치료를 위하여 일정한 기간 동안 취업할 수 없었다면 그 기간에 대하여는 휴업보상도 행해져야 한다(대법원 1999.7.9. 선고, 99다7473 판결).

▲ 장해보상과의 관계

요양 중인 근로자가 업무상 부상 또는 질병에 걸려 그 증상이 고정된 상태에 이른 경우에는 장해보상을 하도록 규정하고 있고, 「근로기준법」에 따른 사용자의 재해보상책임은 근로자의 생활보장을 위한 무과실책임으로 민사상 불법행위로 인한 손해배상책임과는 그 요건 및 책임 범위에 있어 차이가 있고, 「산업재해보상보험법」상 보험급여는 「근로기준법」에 따른 사용자의 재해보상과 그 사유 및 종류와 급여액의 산정 기준이 같거나 유사하고 사용자의 재해보상에 대한 책임보험의 성질을 갖는데, 「산업재해보상보험법」상 고정된 증상의 악화를 방지하기 위한 치료만이 필요한 경우는 치료종결 사유에 해당하여 요양급여의 대상이 되지 않는 점 등을 종합적으로 고려하면, 요양 중인 근로자의 상병을 호전시키기 위한 치료가 아니라 단지 고정된 증상의 악화를 방지하기 위한 치료는 「근로기준법」 제78조 제1항이 정한 요양보상의 대상에 해당하지 않는다고 보아야 한다(대법원 2013.12.12. 선고, 2013다210299 판결).

(9) 재해로 인한 휴업보상 규정

사용자는 요양 중에 있는 근로자에게 그 근로자의 요양 중 평균임금의 60%의 휴업보상을 해야 한다(근로기준법 제79조 제1항). 동 휴업보상을 받을 기간에 그 보상을 받을 자가 임금의 일부를 지급받은 경우에는 사용자는 평균임금에서 그 지급받은 금액을 뺀 금액의 60%의 휴업보상을 하여야 한다(근로기준법 제79조 제2항). 휴업보상은 매월 1회 이상 하여야 한다(근로기준법 시행령 제46조). 휴업보상 규정을 위반한 자는 2년 이하의 징역 또는 1천만 원 이하의 벌금에 처한다(근로기준법 제110조 제1호).

(10) 재해로 인한 장해보상 규정

근로자가 업무상 부상 또는 질병에 걸리고, 완치된 후 신체에 장해가 있으면 사용자는 그 장해 정도에 따라 평균임금에 별표에서 정한 일수를 곱한 금액의 장해보상을 해야 한다(근로기준법 제80조 제1항).

〈장해보상 일수〉(근로기준법 별표)

등 급	일 수	등 급	일 수
1	1,340	8	450
2	1,190	9	350
3	1,050	10	270
4	920	11	200
5	790	12	140
6	670	13	90
7	560	14	50

이미 신체에 장해가 있는 자기 부상 또는 질병으로 인하여 같은 부위에 장해가 더 심해진 경우에 그 장해에 대한 장해보상 금액은 장해 정도가 더 심해진 장해등급에 해당하는 장해보상의 일수에서 기존의 장해등급에 해당하는 장해보상의 일수를 뺀 일수에 보상청구사유 발생 당시의 평균임금을 곱하여 산정한 금액으로 한다(근로기준법 제80조 제2항).

신체 장해등급의 결정 기준은 시행령 별표 6에 나온다(근로기준법 시행령 제47조 제1항). 별표 6에 따른 장해가 둘 이상 있는 경우에는 정도가 심한 장해에 해당하는 등급에 따른다. 다만, 제5급 이상에 해당하는 장해가 둘 이상 있는 경우 정도가 심한 장해에 해당하는 등급에 3개 등급 인상, 제8급 이상에 해당하는 장해가 둘 이상 있는 경우 정도가 심한 장해에 해당하는 등급에 2개 등급 인상, 제13급 이상에 해당하는 장해가 둘 이상 있는 경우 정도가 심한 장해에 해당하는 등급에 1개 등급 인상한다. 이 경우 그 조정된 등급이 제1급을 초과하는 때에는 제1급으로 한다(근로기준법 시행령 제47조 제2항). 별표 6에 해당하지 아니하는 장해가 있는 경우에는 그 장해 정도에 따라 별표 6에 따른 장해에 준하여 장해보상을 하여야 한다(근로기준법 시행령 제47조 제3항).

이를 위반한 자는 2년 이하의 징역 또는 1천만 원 이하의 벌금에 처한다(근로기준법 제110조 제1호).

'업무상 부상 또는 질병의 완치'란 장해보상의 전제가 되는 점에 비추어, 부상 또는 질병 이전 상태로 완전히 회복된 경우뿐만 아니라 치료의 효과를 더 이상 기대할 수 없고 그 증상이 고정된 상태에 이르게 된 경우도 포함하는 것으로 풀이함이 타당하다(대법원 2013.12.12. 선고, 2013다210299 판결).

(11) 업무상 재해의 사망 시 유족보상 규정

▲▾ 법령의 규정

근로자가 업무상 사망한 경우에는 사용자는 근로자가 사망한 후 지체 없이 그 유족에게 평균임금 1,000일 분의 유족보상을 해야 한다(근로기준법 제82조 제1항). 유족보상 및 장의비의 지급은 근로자가 사망한 후 지체 없이 하여야 한다(근로기준법 시행령 제51조 제2항). 이를 위반한 자는 2년 이하의 징역 또는 1천만 원 이하의 벌금에 처한다(근로기준법 제110조 제1호).

근로자가 업무상 사망한 경우에는 사용자는 근로자가 사망한 후 지체 없이 평균임금 90일 분의 장의비를 지급해야 한다(근로기준법 제83조). 이를 위반한 자는 2년 이하의 징역 또는 1천만 원 이하의 벌금에 처한다(근로기준법 제110조 제1호).

유족보상은 근로자의 사망으로 인한 일실수익의 재산상 손해에 대하여 사용자의 불법행위책임의 유무를 막론하고 소정 유족에게 지급되는 것이며 위자료의 성질을 가지는 것이 아니다(대법원 1969.1.28. 선고, 68다1464 판결).

▲▾ 업무상 사망

업무상 사망으로 인정되기 위해서는 당해 사망이 업무수행 중 사망이어야 함은 물론이고 업무에 기인하여 발생한 것으로서 업무와 재해 사이에 상당인과관계가 있어야 하는 것이다(대법원 1994.11.11. 선고, 94다30560 판결). 근로자의 업무와 재해간의 인과관계에 관하여는 이를 주장하는 측에서 입증하여야 할 것이므로 근로자의 사망이 비록 업무수행 중에 일어났으나 그 사인이 분명하지 않은 경우에 이를 업무에 기인한 사망이 추정된다고 할 수 없다(대법원 1990.10.23. 선고, 88누5037 판결). 근로자가 어떠한 행위를 하다가 사망한 경우에 그 사망이 업무상 재해로 인정되기 위해서는, 그 행위가 당해 근로자의 본래의 업무행위 또는 그 업무의 준비행위 내지는 정리행위, 사회통념상 그에 수반되는 것으로 인정되는 생리적 행위 또는 합리적 · 필요적 행위이거나, 사업주의 지시나 주최에 의하여 이루어지는 행사 또는 취업규칙, 단체협약 기타 관행에 의하여 개최되는 행사에 참가하는 행위라는 등 그 행위 과정이 사업주의 지배 · 관리 하에 있다고 볼 수 있는 경우이어야 한다. 자동차종합수리 서비스업을 목적으로 하는 사업장의 근로자가 퇴근 후 사업장의 근무자로부터 연락을 받고 같은 장소에서 같은 사업주가 경영하는 특수화물자동차 운수업을 목적으로 하는 다른 사업장의 견인차를 운행하여 고장 차량을 견인하러 가던 중 교통사고로 사망한 경우 사업장에서의 업무수행성이 인정된다(대법원 1999. 4.9. 선고, 99두189 판결).

근로자의 혈압이 평소에도 높았다고 하더라도 평소의 피로와 과중한 업무로 인한 피로가 겹쳐서 혈압이 상승되어 갑자기 뇌졸 증을 일으켜 이로 인하여 사망한 경우 그 업무수행 중 그 업무에 기인한 것이었다고 할 것이다(대법원 1977.2.22. 선고, 76다2533 판결).

의사가 사망 당시 업무와는 직접 관련이 없는 감기로 인한 편도선염을 앓고 있었지만 휴진도 하지 아니한 채 계속적으로 진료 업무를 수행하다가 편도선염이 갑자기 기도폐쇄로까지 악화되어 사망한 경우, 비록 사망에 이른 데에는 의사의 치료 태만이나 다소의 방만한 생활이 경합되었다고 하더라도 그 의사의 사망은 업무상재해로 인정된다(대법원 1996.2.9. 선고, 95다28731 판결).

업무상 재해인 급성요추부염좌상을 치료하다가 급성폐렴으로 사망한 경우 사망원인이 그의 업무상 재해인 급성요추부염좌상과 인과관계가 없다면 그 사망 역시 업무와 인과관계가 없고 업무에 기인한 것도 아니라고 보아야 한다(대법원 1994.11.11. 선고, 94다30560 판결).

(12) 해고 등 보복금지 규정

사업 또는 사업장에서 이 법 또는 이 법에 따른 대통령령을 위반한 사실이 있으면 근로자는 그 사실을 고용노동부장관이나 근로감독관에게 통보할 수 있다(근로기준법 제104조 제1항). 사용자는 동 통보를 이유로 근로자에게 해고나 그밖에 불리한 처우를 하지 못한다(근로기준법 제104조 제2항). 이를 위반한 자는 2년 이하의 징역 또는 1천만 원 이하의 벌금에 처한다(근로기준법 제110조 제1호).

이를 위반된다는 이유로 처벌하기 위해서는 그 불리한 처우가 동 통보를 이유로 한 것이어야 하고, 불리한 처우를 하게 된 다른 실질적인 이유가 있는 경우에는 이를 위반으로 처벌할 수 없다고 보아야 한다. 이를 위반하였는지 여부는 불리한 처우를 하게 된 경위와 그 시기, 사용자가 내세우는 불리한 처우의 사유가 명목에 불과한지, 불리한 처우가 주로 근로자의 통보에 대한 보복적 조치로 이루어진 것인지 등을 종합적으로 고려하여 판단하여야 할 것이다(대법원 2012.10.25. 선고, 2012도8694 판결).

(13) 기간제 근로자와 단시간 근로자 규정

기간제 근로자의 의의

기간제 근로자는 기간의 정함이 있는 근로계약을 체결한 근로자를 말한다(기간제 및 단시간근로자 보호 등에 관한 법률 제2조 제1호, 이하 "기간제법"이라 한다). 한편 단시간근로자는 1주 동안의 소정근로시간이 그 사업장에서 같은 종류의 업무에 종사하는 통상 근로자의 1주 동안의 소정근로시간에 비하여 짧은 근로자를 말한다(기간제법 제2조 제2호, 근로기준법 제2조 제9호). 소정근로시간은 근로자와 사용자 사이에 정한 근로시간을 말한다(근로기준법 제2조 제8호).

2년 초과 고용 금지

사용자는 2년을 초과하지 아니하는 범위 안에서 기간제 근로자를 사용할 수 있다(기간제법 제4조 제1항). 기간제 근로계약의 반복갱신 등의 경우에는 그 계속 근로한 총기간이 2년을 초과하지 아니하는 범위 안에서 기간제 근로자를 사용할 수 있다(기간제법 제4조 제1항 괄호).

다만 예외적으로 2년을 초과하여 기간제 근로자로 사용할 수 있는 경우가 있는데(기간제법 제4조 제1항), 이를 살펴보면 다음과 같다.

- 사업의 완료 또는 특정한 업무의 완성에 필요한 기간을 정한 경우(기간제법 제4조 제1항 제1호).

  사용자가 2년을 초과하여 기간제 근로자를 사용할 수 있는 '사업의 완료 또는 특정한 업무의 완성에 필요한 기간을 정한 경우(기간제법 제4조 제1항 제1호)'란 건설공사,

특정 프로그램 개발 또는 프로젝트 완수를 위한 사업 등과 같이 객관적으로 일정 기간 후 종료될 것이 명백한 사업 또는 특정한 업무에 관하여 그 사업 또는 업무가 종료될 것으로 예상되는 시점까지로 계약기간을 정한 경우를 말한다(대법원 2017.2.3. 선고, 2016다255910 판결).

- 휴직 · 파견 등으로 결원이 발생하여 당해 근로자가 복귀할 때까지 그 업무를 대신할 필요가 있는 경우(기간제법 제4조 제1항 제2호)
- 근로자가 학업, 직업훈련 등을 이수함에 따라 그 이수에 필요한 기간을 정한 경우(기간제법 제4조 제1항 제3호)
- 「고용상 연령차별금지 및 고령자고용촉진에 관한 법률」 제2조 제1호의 고령자(55세 이상)와 근로계약을 체결하는 경우(기간제법 제4조 제1항 제4호)
- 전문적 지식 · 기술의 활용이 필요한 경우(기간제법 제4조 제1항 제5호).

  이에는 박사 학위(외국에서 수여받은 박사 학위 포함)를 소지하고 해당 분야에 종사하는 경우, 「국가기술자격법」 제9조 제1항 제1호에 따른 기술사 등급의 국가기술자격을 소지하고 해당 분야에 종사하는 경우, 별표 2에서 정한 전문자격을 소지하고 해당 분야에 종사하는 경우이다(기간제법 시행령 제3조 제1항).

〈별표 2 전문자격의 종류〉

1. 「건축사법」 제7조에 따른 건축사
2. 「공인노무사법」 제3조에 따른 공인노무사
3. 「공인회계사법」 제3조에 따른 공인회계사
4. 「관세사법」 제4조에 따른 관세사
5. 「변리사법」 제3조에 따른 변리사
6. 「변호사법」 제4조에 따른 변호사
7. 「보험업법」 제182조에 따른 보험계리사
8. 「보험업법」 제186조에 따른 손해사정사
9. 「부동산가격공시 및 감정평가에 관한 법률」 제23조에 따른 감정평가사
10. 「수의사법」 제2조 제1호에 따른 수의사
11. 「세무사법」 제3조에 따른 세무사
12. 「약사법」 제3조에 따른 약사
13. 「약사법」 제4조에 따른 한약사
14. 「약사법」 제45조에 따른 한약업사
15. 대통령령 제14319호 「약사법 시행령」 일부개정령 부칙 제2조에 따른 한약조제사

16. 「의료법」 제5조에 따른 의사
17. 「의료법」 제5조에 따른 치과의사
18. 「의료법」 제5조에 따른 한의사
19. 「중소기업진흥에 관한 법률」 제46조에 따른 경영지도사
20. 「중소기업진흥에 관한 법률」 제46조에 따른 기술지도사
21. 「항공법」 제26조에 따른 사업용조종사
22. 「항공법」 제26조에 따른 운송용조종사
23. 「항공법」 제26조에 따른 항공교통관제사
24. 「항공법」 제26조에 따른 항공기관사
25. 「항공법」 제26조에 따른 항공사

- 정부의 복지정책 · 실업대책 등에 따라 일자리를 제공하는 경우(기간제법 제4조 제1항 제5호).

  정부의 복지정책 · 실업대책 등에 의하여 일자리를 제공하는 경우에는 「고용정책기본법」, 「고용보험법」 등 다른 법령에 따라 국민의 직업능력 개발, 취업 촉진 및 사회적으로 필요한 서비스 제공 등을 위하여 일자리를 제공하는 경우, 「제대군인지원에 관한 법률」 제3조에 따라 제대군인의 고용증진 및 생활안정을 위하여 일자리를 제공하는 경우, 「국가보훈기본법」 제19조 제2항에 따라 국가보훈대상자에 대한 복지증진 및 생활안정을 위하여 보훈도우미 등 복지지원 인력을 운영하는 경우이다(기간제법 시행령 제3조 제2항).
- 다른 법령에서 기간제 근로자의 사용 기간을 달리 정하거나 별도의 기간을 정하여 근로계약을 체결할 수 있도록 한 경우(기간제법 시행령 제3조 제3항 제1호).
- 국방부장관이 인정하는 군사적 전문적 지식 · 기술을 가지고 관련 직업에 종사하거나 「고등교육법」 제2조 제1호에 따른 대학에서 안보 및 군사학 과목을 강의하는 경우, 특수한 경력을 갖추고 국가안전보장, 국방 · 외교 또는 통일과 관련된 업무에 종사하는 경우(기간제법 시행령 제3조 제3항 제2호 및 제3호).
- 「고등교육법」 제2조에 따른 학교(대학원대학을 포함)에서 「고등교육법」 제14조에 따른 조교의 업무, 「고등교육법 시행령」 제7조에 따른 겸임교원, 명예교수, 시간강사, 초빙교원 등의 업무(기간제법 시행령 제3조 제3항 제4호).

  국립 대학교에 1년 기간제 근로자 전문계약직으로 채용된 후 3년간 매년 계약을 갱신하며 홍보 · 기획업무를 담당하다가 근무기간 1년의 조교로 임용된 후 4년간 매년

재임용되어 같은 업무를 계속 담당하였는데 임용기간이 만료되었다며 당연 퇴직을 통보하였다. 예외적으로 사용자가 2년을 초과하여 기간제 근로자를 사용할 수 있는 조교는 실질적으로 학업을 이수하면서 사무를 병행하는 사람 내지 연구 또는 연구보조 업무를 수행하는 사람을 의미한다. 따라서 홍보 등의 업무를 맡은 사람은 이에 해당하지 않는다. 따라서 근로계약이 갱신된 때부터 2년을 초과하여 기간제 근로자로 근무하여 왔으므로 기간의 정함이 없는 근로계약을 체결한 근로자에 해당한다. 따라서 적법하게 해고하기 위해서는 정당한 해고사유 즉 사회통념상 고용관계를 계속할 수 없을 정도로 근로자에게 책임 있는 사유가 존재하여야 하는데, 정당한 사유 없이 단순히 근로계약기간의 만료라는 이유만으로 한 해고는 강행규정인 「근로기준법」 제23조 제1항에 위반되어 무효이다. 조교란 단순히 '조교'라는 명칭을 사용한다고 하여 그에 해당한다고 보기는 어렵고 나아가 실질적으로 학업을 이수하면서 사무를 병행하는 사람 내지 연구 또는 연구보조 업무를 수행하는 사람을 의미한다고 해석함이 상당하다. 「교육공무원법」, 「고등교육법」, 「대학교원 자격기준 등에 관한 규정」은 교육기관에 근무하는 교원 및 조교를 교육공무원으로 규정하고, 조교는 대학의 장이 임용하되 '근무하려는 학교와 동등 이상의 학교를 졸업한 학력이 있는 사람'이어야 한다고 규정한다. 「고등교육법」은 '조교는 교육·연구 및 학사에 관한 사무를 보조한다.'고 규정하고 학교에 두는 교원을 총장이나 학장 이외에 교수, 부교수, 조교수 및 강사로 구분하면서 학교에는 학교운영에 필요한 행정직원 등을 직원이라 칭하는 별도의 규정을 두고 있는바, 이들을 비추어 보면 조교는 학교운영에 필요한 사무를 담당하는 직원과는 그 업무 및 신분이 구분된다. 기간제 근로자로 근무하는 대학 시간강사, 연구원 등의 경우 대학 강의 및 연구과제의 수행기간이 2년을 초과하는 때에도 사용기간이 2년이 되면 정규직으로 전환되기보다는 대다수가 실직되므로, 고용안정과 대학 강의 및 연구과제의 안정적 수행을 위하여 이들의 업무를 기간제 근로자 사용기간 2년 제한의 예외 사유에 포함시키기 위한 것으로서 조교를 예외 사유에 포함시킨 취지와 유사하다. 조교는 홍보·기획 업무 등 학교운영에 필요한 업무를 사람은 포함되지 않는다(광주고법 2015.8.27. 선고, 2015누5558 판결).

- 「통계법」 제22조에 따라 고시한 한국표준 직업분류의 대분류 1인 관리자와 대분류 2인 전문가 및 관련 종사자에 종사하는 자의 최근 2년간의 연평균 「소득세법」 제20조 제1항에 따른 근로소득이 고용노동부장관이 최근 조사한 고용형태별근로실태조사의 한국표준 직업분류 대분류 2 직업에 종사하는 자의 근로소득 상위 25%에 해당

하는 경우(기간제법 시행령 제3조 제3항 제5호).

- 「근로기준법」 제18조 제3항에 따른 1주 동안의 소정근로시간이 뚜렷하게 짧은 단시간근로자를 사용하는 경우(4주 동안, 4주 미만인 경우 그 기간을 평균하여 1주 동안의 소정근로시간이 15시간 미만인 근로자)(기간제법 시행령 제3조 제3항 제6호).
- 「국민체육진흥법」 제2조 제4호에 따른 선수와 같은 조 제6호에 따른 체육지도자 업무에 종사하는 경우(기간제법 시행령 제3조 제3항 제7호).
- 연구기관에서 연구업무에 직접 종사하는 경우 또는 실험 · 조사 등을 수행하는 등 연구업무에 직접 관여하여 지원하는 업무에 종사하는 경우(시행령 제3조 제3항). 연구기관은 국공립연구기관, 「정부출연연구기관 등의 설립 · 운영 및 육성에 관한 법률」 또는 「과학기술분야 정부출연연구기관 등의 설립 · 운영 및 육성에 관한 법률」에 따라 설립된 정부출연 연구기관, 「특정연구기관 육성법」에 따른 특정연구기관, 「지방자치단체출연 연구원의 설립 및 운영에 관한 법률」에 따라 설립된 연구기관, 「공공기관의 운영에 관한 법률」에 따른 공공기관의 부설 연구기관, 기업 또는 대학의 부설 연구기관, 「민법」 또는 다른 법률에 따라 설립된 법인인 연구기관으로 거의 대부분의 연구기관이 포함된다(기간제법 시행령 제3조 제3항 제8호).

▲▼ 기간제 근로자 관련 특례규정

① 2년 초과고용 시 무기계약직 간주

사용자가 예외적인 사유가 없거나 소멸되었음에도 불구하고 2년을 초과하여 기간제 근로자로 사용하는 경우에는 그 기간제 근로자는 기간의 정함이 없는 근로계약을 체결한 근로자로 본다(기간제법 제4조 제2항).

② 의원면직 시 해고 간주

사용자가 사직의 의사 없는 근로자로 하여금 어쩔 수 없이 사직서를 작성 · 제출하게 한 후 이를 수리하는 이른바 의원면직의 형식을 취하여 근로계약관계를 종료시키는 경우에는 실질적으로 사용자의 일방적인 의사에 의하여 근로계약관계를 종료시키는 것이어서 해고에 해당한다. 그러나 그렇지 않은 경우에는 사용자가 사직서 제출에 따른 사직의 의사표시를 수락함으로써 사용자와 근로자의 근로계약관계는 합의해지에 의하여 종료되는 것이므로 사용자의 의원면직처분을 해고라고 볼 수 없다(대법원 2001.1.19. 선고,

2000다51919, 51926 판결, 대법원 2003.4.11. 선고, 2002다60528 판결 등 참조). 이때 의원면직이 실질적으로 해고에 해당하는지는 근로자가 사직서를 제출하게 된 경위, 사직서의 기재 내용과 회사의 관행, 사용자 측의 퇴직권유 또는 종용의 방법, 강도 및 횟수, 사직서를 제출하지 않을 경우 예상되는 불이익의 정도, 사직서 제출에 따른 경제적 이익의 제공 여부, 사직서 제출 전후의 근로자의 태도 등을 종합적으로 고려하여 판단하여야 한다(대법원 2015.2.26. 선고, 2014다52575 판결 참조). 기간의 정함이 없는 근로계약을 체결한 것으로 간주되는 근로자가 사직서를 제출하고 퇴직금을 지급받은 후 다시 기간제 근로계약을 체결하는 형식을 취하였다고 하더라도, 그것이 근로자의 자의에 의한 것이 아니라 사용자의 일방적인 결정에 따라 법의 적용을 회피하기 위하여 퇴직과 재입사의 형식을 거친 것에 불과한 때에는, 실질적으로 사용자의 일방적인 의사에 의하여 근로계약관계를 종료시키는 것이어서 해고에 해당한다(대법원 2017.2.3. 선고, 2016다255910 판결).

③ 계약갱신 간주 등

기간을 정하여 근로계약을 체결한 근로자의 경우 그 기간이 만료됨으로써 근로자로서의 신분관계는 당연히 종료되는 것이 원칙이다. 그러나 근로계약, 취업규칙, 단체협약 등에서 기간만료에도 불구하고 일정한 요건이 충족되면 당해 근로계약이 갱신된다는 취지의 규정을 두고 있거나, 그러한 규정이 없더라도 당해 근로관계를 둘러싼 여러 사정을 종합하여 볼 때 근로계약 당사자 사이에 일정한 요건이 충족되면 근로계약이 갱신된다는 신뢰관계가 형성되어 있어 근로자에게 그에 따라 근로계약이 갱신될 수 있으리라는 정당한 기대권이 인정되는 경우에는 사용자가 이에 위반하여 부당하게 근로계약의 갱신을 거절하는 것은 부당해고와 마찬가지로 아무런 효력이 없고, 이 경우 기간만료 후의 근로관계는 종전의 근로계약이 갱신된 것과 동일하다고 보아야 한다(대법원 2011.4.14. 선고, 2007두1729 판결 등 참조).

법은 제5조에서 "사용자는 기간의 정함이 없는 근로계약을 체결하고자 하는 경우에는 당해 사업 또는 사업장의 동종 또는 유사한 업무에 종사하는 기간제 근로자를 우선적으로 고용하도록 노력하여야 한다."라고 규정하고, 제8조 제1항에서 "사용자는 기간제 근로자임을 이유로 당해 사업 또는 사업장에서 동종 또는 유사한 업무에 종사하는 기간의 정함이 없는 근로계약을 체결한 근로자에 비하여 차별적 처우를 하여서는 아니 된다."라고 규정하고, 제9조 제1항에서 "기간제 근로자 또는 단시간근로자는 차별적 처우를 받은 경우 노동위원회법 제1조의 규정에 따른 노동위원회에 그 시정을 신청할 수 있다."라고 규정하고 있다. 법의 내용 및 입법 취지와 기간제 근로자의 기대권에 관한 법리를 더하여 살펴보면, 근로계약, 취업규칙, 단체협약 등에서 기간제 근로자의 계약기간이 만료될 무렵 인사평가 등을 거쳐 일정한 요건이 충족되면 기간의 정함이 없는 근로자로 전환된다는 취지의 규정을 두고 있거나, 그러한 규정이 없더라도 근로계약의 내용과 근로계약이 이루어지게 된 동기와 경위, 기간의 정함이 없는 근로자로의 전환에 관한 기준 등 그에 관한 요건이나 절차의 설정 여부 및 그 실태, 근로자가 수행하는 업무의 내용 등 당해 근로관계를 둘러싼 여러 사정을 종합하여 볼 때, 근로계약 당사자 사이에 일정한 요건이 충족되면 기간의 정함이 없는 근로자로 전환된다는 신뢰관계가 형성되어 있어 근로자에게 기간의 정함이 없는 근로자로 전환될 수 있으리라는 정당한 기대권이 인정되는 경우에는 사용자가 이를 위반하여 합리적 이유 없이 기간의 정함이 없는 근로자로의 전환을 거절하며 근로계약의 종료를 통보하더라도 부당해고와 마찬가지로 효력이 없고, 그 이후의 근로관계는 기간의 정함이 없는 근로자로 전환된 것과 동일하다고 보아야 한다(대법원 2016.11.10. 선고, 2014두45765 판결).

차별의 금지

「기간제법」 제9조 제1항은 "기간제 근로자 또는 단시간근로자는 차별적 처우를 받은 경우 노동위원회에 그 시정을 신청할 수 있다. 다만, 차별적 처우가 있은 날(계속되는 차별적 처우는 그 종료일)부터 3월이 경과한 때에는 그러하지 아니하다."라고 규정하고 있다. 이와 같은 차별적 처우의 시정신청기간은 제척기간이라고 할 것이므로 그 기간이 경과하면 그로써 「기간제법」에 따른 시정을 신청할 권리는 소멸하나, 계속되는 차별적 처우의 경우 그 종료일부터 3월 이내에 시정을 신청하였다면 그 계속되는 차별적 처우 전체에 대하여 제척기간을 준수한 것이 된다고 할 것이다. 기간제 직원으로 근무하던 자가 정규직에 비하여 임금지급에서 차별적 처우를 받았다며 차별 시정신청을 하였는데, 중앙노동위원회가 차별적인 처우를 인정하면서 시정신청일로부터 3개월 전인 날부터 차별적 처우 종료일인 정규직 영양사가 존재한 날까지 적게 지급한 금액을 지급하라는 시정명령을 하였지만 그 이전에 해당하는 부분은 기각하였다. 그러나 입사 후부터 임금지급에서 받아 온 일련의 차별적 처우는 '계속되는 차별적 처우'에 해당하므로 「기간제법」 시행일부터 차별적 처우 종료일까지 임금 지급과 관련된 차별적 처우 전체에 대하여 시정을 구하는 것이 정당하다(대법원 2011.12.22. 선고, 2010두3237 판결).

3.2 가업의 독점규제법 관리

세계 각국은 독점으로 인한 폐해를 막기 위해 '경쟁촉진법' 또는 '반독점법'을 제정해 시행하고 있다. 우리나라의 대기업집단 지정 제도는 「독점규제 및 공정거래에 관한 법률」에 근거하며 경쟁 제한 행위를 처벌하는 '경쟁 촉진 규정'을 정하고 있고, 경제력 집중의 완화를 위해 대규모 기업을 규제하는 규정도 두고 있는데 이를 대기업집단 지정 제도(상호출자제한, 채무보증제한 기업집단 지정 제도)라고 부른다. 대기업집단은 세계 각국에서도 흔히 찾아볼 수 있는 규제이다. 대기업집단 선정은 자산규모를 기준으로 하여 2008년부터 자산 5조원 이상을 기준으로 삼아 매년 4월 1일을 기준으로 대기업집단을 발표(2016년 65개)하였다. 2016년에는 자산 10조원으로 상향조정하면서 대기업집단 수는 65개에서 28개로 줄었다. 대기업집단으로 지정되면 수십 개의 규제를 받는다. 자금조달 면에서는 상호출자와 신규 순환출자, 채무보증의 금지, 시장 진입 면에서는 중소기업 적합 업종 진출금지, 금융회사인 경우에는 계열사 주식의 의결권(15%만 행사가능)의 제한을 받는다.

3.3 가업의 기타법률 관리

CCTV와 관련된 피해는 「개인정보보호법」의 적용을 받는다. CCTV 녹화를 통해 얻은 영상 정보가 「개인정보보호법」 제2조에서 규정하는 개인정보에 해당하기 때문이다. CCTV 녹화를 통해 얻은 영상 정보는 취득 시 정보주체인 개인의 동의가 필요하고 원칙적으로 제3자 제공이 금지되며, 취득목적 외 사용이 금지된다. 동의 없이 한 경우에는 5년 이하의 징역 또는 5천만 원 이하의 벌금에 처한다(개인정보보호법 제71조). 행정자치부는 '민간분야 영상정보처리기기 설치 · 운영 가이드라인'을 정했으나 지침이라 법적 구속력은 없지만, 조문별로 「개인정보보호법」과 연계된 내용은 법적 구속력을 가진다. 직원만 출입이 가능한 시설은 '비공개된 장소'로 분류돼 CCTV를 설치하기 위해서는 정보주체의 동의가 필요하다. CCTV를 설치할 때에는 정보주체가 쉽게 알아볼 수 있도록 안내판을 설치해야 한다. CCTV에 녹음 기능을 넣는 것은 불법이다.

'갑질' 위험도 우리사회에서 크게 부각되고 있다. '갑질'이라는 말이 대리점을 대상으로 한 본사 측의 횡포 등을 뜻하는 대명사가 된 것은 2013년 남양유업 사건으로 촉발되었다. 30대의 영업사원이 50대의 대리점 주에게 폭언, 제품강매 등을 한 녹취본이 공개되면서 논란이 불거졌다. 결국 남양유업은 수억 원의 과징금을 내고 기업주는 집행유예를 선고받았지만 회사는 타격을 입었다. 이 사건으로 「대리점 거래의 공정화에 관한 법률」이 제정되었다. 또한 유사한 법률인 「가맹사업 거래의 공정화에 관한 법률」도 있다. 미스터피자 기업주가 2017년 구속되었다. 가맹점을 대상으로 한 친인척 업체의 제품 강매와 보복 출점 등의 혐의이다. 정부는 '갑질' 의혹에 대하여 수사를 확대하였고 노동관련법 위반여부도 조사를 확대하였다.

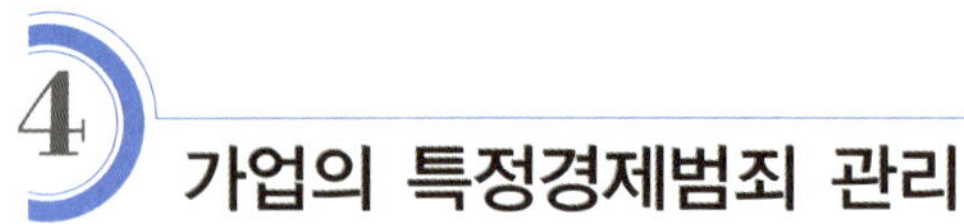

4 가업의 특정경제범죄 관리

4.1 법률의 규정

업무상의 횡령과 배임은 10년 이하의 징역 또는 3천만 원 이하의 벌금에 처한다(형법 제356조). 그러나 사기, 공갈, 횡령, 배임, 업무상 횡령 및 배임으로 50억 원 이상의 이익을 취한 사람은 무기 또는 5년 이상의 징역, 5억 원 이상 50억 원 미만인 경우에는 3년 이상의 유기징역에 처하며, 또한 그 이득금액 이하의 벌금도 추징될 수 있다(특정경제범죄 가중처벌 등에 관한 법률 제3조 제1항). 공소시효는 형량에 따라 다르다. 사형에 해당하는 범죄에는 25년, 무기징역 또는 무기금고 15년, 장기 10년 이상 10년, 장기 10년 미만 7년, 장기 5년 미만 5년이다(형사소송법 제249조 제1항). 몇 년 형을 받을지 모르므로 공소시효도 15년까지 갈 수 있다.

4.2 적용기준 금액 산정

이득금액은 범죄행위로 인하여 취득한 실질적인 이득의 합산금액을 말한다(대법원 2001.4.10. 선고, 2001도661 판결). 또는 범죄행위로 인하여 취득하거나 제3자로 하여금 취득하게 한 불법영득의 대상이 된 재물이나 재산상 이익의 가액의 합계인 것이지 궁극적으로 그와 같은 이득을 실현할 것인지, 거기에 어떠한 조건이나 부담이 붙었는지 여부는 영향이 없다(대법원 2000.2.25. 선고, 99도4305 판결).

취득한 재산상 이익의 가액인 이득금액이 범죄구성요건의 일부로 되어 있고 이득금액에 따라 형벌도 매우 가중되는 「특정경제범죄법」 제3조를 적용할 때에는 취득한 이득금액을 엄격하고 신중하게 산정함으로써, 범죄와 형벌 사이에 적정한 균형이 이루어져야 한다는 죄형균형 원칙이나, 형벌은 책임에 기초하고 책임에 비례하여야 한다는 책임주의 원칙이 훼손되지 않도록 유의하여야 한다. 따라서 업무상배임으로 취득한 재산상 이익이 있더라도 가액을 구체적으로 산정할 수 없는 경우에는, 재산상 이익의 가액을 기준으로 가중 처벌하는 「특정경제범죄법」 제3조를 적용할 수 없다(대법원 2015.9.10. 선고, 2014도12619 판결).

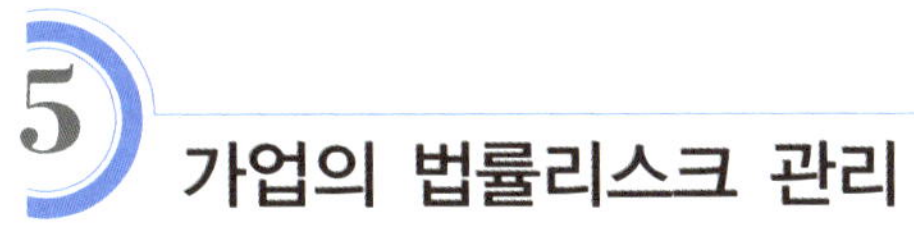

5 가업의 법률리스크 관리

5.1 가업의 정도경영

정도경영이란 단어에는 윤리경영이란 의미도 포함되겠지만 주로 기업의 본질적 가치인 기술개발, 고객중심 등에 집중하여야 한다는 개념이다. 기업경영의 합법성과 투명성은 기업을 매각하거나 기업의 가치를 평가하는 경우 그 의미가 명확히 드러난다. 기업이 불법적인 활동을 많이 하고, 비윤리적이고, 회계가 투명하지 않고, 부정이 많은 기업은 높은 평가를 받을 수도 매각될 수도 없다. 위험이 크니 낮은 평가를 받을 것이고 인수하는 기업도 그 위험을 감안하여 인수를 유보할 것이다. 윤리경영을 위하여 기업윤리 규정, 준법감시인, 불법행위 보고시스템, 불법행위 조사시스템(loss investigation system)을 운영하는 것이 권장된다.

기업이 도산하고 파산하는 사례도 합법적 경영과 투명경영이 중요함을 보여준다. 우리나라에는 법률문제에 휘말려서 망하는 기업이 많다. 기업주가 횡령, 배임 등으로 구속되었다는 기사도 흔하다.

특히 후진국에서의 기업경영은 어려운 점이 한 두 가지가 아니다. 세계 2대 강국인 중국은 뇌물 관행은 널리 알려져 있어 어려움이 있다. 중국에 진출한 다국적 제약회사 글락소스미스클라인(GSK)은 뇌물이 발각되어 약 5억 달러의 벌금을 냈고, 독일 지멘스도 비자금으로 2008년 8억 달러의 벌금을 냈다. 이러한 후진국과 개발도상국의 문제들은 경영자에겐 실로 난감한 과제이다.

우리나라도 기업이 투명경영이나 정도경영을 실천하기에는 여러 가지로 어려운 환경에 처해있다. 그저 말뿐인 헛된 구호에 불과할 수 있다. 그러나 기업은 1년 2년 하고 그만두는 것이 아니라 평생을 하는 더 나아가 자식에게까지 승계하여 대대손손 이어야 할 일이다. 어려운 환경이지만 장기생존과 성장을 위해서는 정도경영은 반드시 실천해야 할 과제라고 할 수 있다.

인간은 구실을 찾는 경향이 있다. 따라서 도덕 불감증에 쉽게 빠진다(We are scavengers for excuses; that's why moral equivocation is infectious.).[1] 그러나 기업은 언젠가는 이로 인한 비싼 대가를 치른다는 점을 늘 잊지 말아야 한다. 그렇다고 거창한 사회공헌 공언, 겉만 환경 친화적인 제품 등 그럴 듯한 말만 내세우면서 정도경영을 경시하는 것은 장기적으로는 기업에 도움이 되지 않는다.[2]

2014년 수백 명의 어린 학생들이 사망한 세월 호 침몰 사고는 돈에 눈먼 기업이 불법적으로 화물을 초과해서 싣고, 규정을 어기며 선박을 개조해서 정원보다 많은 인원을 태우는 등으로 발생한 재앙이다. 기업은 하루아침에 무너져 내린다. 2천 년 전에 쓴 『신약성경』은 "욕심이 잉태한즉 죄를 낳고 죄가 장성한즉 사망을 낳느니라."는 세모그룹의 "몰락으로 이끈 탐욕(Greed before the fall)"을 예견한 것 같다.

1992년부터 기록적인 최고의 수익률을 달성했던 코헨이 설립한 헤지펀드 SAC캐피털은 내부자거래 범죄로 18억 달러의 벌금 등을 부과 받고 폐쇄되었다. 코헨은 새로운 회사를 설립하고 최고 감시책임자(CSO, chief surveillance officer)로 검사출신 변호사를 임명하여 준법경영을 선언하였다. 2조 원의 수업료(벌금)을 내고서야 "정도경영"을 매운 것이다. 알베르토 빌라르(Alberto Vilar)라는 미국 투자가는 순자산 10억 달러에까지 이른 부자였지만 고객 돈을 개인 목적으로 전용하고, 돈세탁을 일삼고, 각종 조작과 눈속임 투자자문 등을 통해 주식사기를 주도하다가 9년형을 선고 받고 무너졌다.

---

1) Gary Hamel, *What Matters Now*, San Francisco, Jossey-Bass, 2012, p.20.
2) Gary Hamel, *What Matters Now*, San Francisco, Jossey-Bass, 2012, p.32.

2008년 월가로부터 시작된 금융위기는 정도경영이 무엇인지 분명하게 보여준다. 기업이 하루 아침에 도산하고 기업주가 파산하는 배경에는 늘 비윤리적 · 불법적 경영(deceit), 오만(hubris), 근시안적 경영(myopia), 과욕(greed)과 기업현실의 무시(denial)가 있다.[3] 여전히 많은 기업이 불공정한 경제행위와 거래, 정경유착, 비자금, 뇌물, 불법 정치자금, 회계부정, 탈세 등의 굴레에서 자유롭지 못하다.

5.2 가업의 사회공헌

마이클 포터 하버드대 교수가 2011년 처음 주창한 공동가치추구(Creating Shared Value, CSV)는 기업이 비즈니스를 통해 인류가 직면하고 있는 빈곤, 환경 등의 사회적 문제를 해결하면서 기업 이윤을 달성하는 경영을 말한다. 서로 상충하는 사회문제의 해결과 기업의 이윤추구 사이에 공유된 영역이 있으며 이를 통해 기업은 사회문제를 해결함과 동시에 장기적으로 기업도 이윤과 성장을 추구한다는 것이다. 따라서 인간 사회 전체의 이익을 무시한 단지 돈을 버는 것을 일차적 목적으로 하는 기업은 생존이 어렵다.[4]

5.3 기업주리스크 관리

우리나라에서는 기업주 위험(owner risk)라는 독특한 기업 위험이 매우 흔하게 발생하고 있다. 주식회사제도가 도입된 지 얼마 안 되고 법 감정이 아직 초보수준인 것이 원인일 수 있다. 기업주가 회사를 자신과 동일시하고 법을 등한시하고 기업을 마음대로 운영하는 위험이 유별나게 크다. 주식회사의 기본제도인 이사회도 거의 무력화시켜 가면서 회사 돈을 '주머니' 돈처럼 마음대로 쓰고 근시안적인 마인드로 기업을 운영하는 것이 현실이다.

우리나라는 아직 기업 법에 관련한 인식이 부족하다. 법적으로는 기업과 주주는 독립적이다. 기업의 주식을 100% 보유한 대주주라도 기업자금을 마음대로 쓸 수 없으며 그

---

3) Gary Hamel, *What Matters Now*, San Francisco, Jossey–Bass, 2012, p.15.
4) Gary Hamel, *What Matters Now*, San Francisco, Jossey–Bass, 2012, p.32.

럴 경우 형사상 횡령죄로 처벌대상이 된다.

대표적인 사례가 일명 '가지급금'이다. 많은 기업의 기업주들은 회사 돈을 별 생각 없이 인출하여 쓰고 있다. 회사의 대표이사가 회사를 위한 지출 이외의 용도로 회사 자금을 가지급금 등의 명목으로 인출, 사용하면서 이자나 변제기의 약정이 없음은 물론 이사회 결의 등 적법한 절차도 거치지 아니하는 것은 통상 용인될 수 있는 범위를 벗어나 대표이사의 지위를 이용하여 회사 자금을 사적인 용도로 임의로 대여, 처분하는 것과 다름없어 횡령죄를 구성한다고 법원은 판단하고 있다(대법원 2006.4.27. 선고, 2003도135 판결 등 참조). 특히 퇴사한 임직원이 이러한 사실을 고발하는 경우 어려움을 겪는 경우가 많다. 회사를 매각하는 경우에도 간혹 악의의 인수자가 이점을 악용하여 협박하고 헐값에 기업을 인수하려고 하니 유의하여야 한다.

피치 못할 사정으로 회사자금을 기업주가 사용하는 경우 법적인 문제가 되지 않도록 예방하여야 한다. 우선 회사자금을 사용하는 경우 다시 회사로 돌려줄 것을 명확히 하여야 한다. 그렇지 않으면 횡령에 해당한다(대법원 2008.11.13. 선고, 2007두23323 판결 등 참조). 또한 이러한 자금사용 시에는 그로 인해 기업주가 얻은 이익에 대해 소득세가 과세된다. 법인의 자금을 기업주에게 지급하고 회사의 대여금으로 계상하고 이자와 변제기간의 약정을 하지 않고 은폐하였고 횡령 등 불법행위에 대하여 형사고발이 이루어지거나 민사상 손해배상청구소송이 제기된 적이 없는 경우에는 세법상 사외유출 되어 대표이사나 기업주에게 귀속되었다고 보아 과세하는 것이 타당하다고 보기 때문이다(대법원 2013.2.28. 선고, 2012두23822 판결). 이러한 횡령문제에 대하여는 앞에서 설명한 법률 리스크를 참고하기 바란다.

5.4 이사회 실질적인 운용

기업경영에서 능력 있고 덕망 있는 기업주는 기업의 수익성과 성장성에 큰 기여를 하는 것은 사실이다. 그러나 아무리 뛰어난 사람이라도 한계는 있기 마련이다. 99% 성공한 기업주라도 1%의 실수로 기업은 무너지는 것이 역사적 사실이다. 따라서 기업주 단독경영을 견제할 수 있는 시스템을 구축하여야 한다. 물론 기업주의 부재 시 그리고 기업을 후손에게 승계 시를 위해서도 기업이 독자적으로 운영될 수 있는 시스템이 필요하다.

우선 이사회제도를 이해하여야 한다. 우리나라에서 가장 취약한 시스템이 이사회제도이다. 외국기업 사이트에 들어가서 보면 중소기업도 이사회와 경영진이 구분되어 있다. 선진기업이 이사회를 활용하는 것은 그만한 이유가 없을 리가 없다. 이사회 구성원도 대부분 외부인사가 많다. "실질적인" 이사회 또는 경영위원회를 운영하거나 최소한 한 명의 외부초대 인사 또는 사외이사를 초빙하여야 한다. 공식적인 이사회를 운영하기에는 너무 작은 기업이라면 비즈니스 코치, 멘토 또는 자문사 같은 최소한 한 사람의 외부 전문가를 두는 것이 좋다.

우리나라는 1997년 말 닥친 외환위기 이후 사외이사 제도가 도입되었다. 외환위기로 많은 대기업이 도산하면서 기업주에 의한 방만한 경영을 막을 수 있는 장치가 요청된 것이다. 먼저 상장회사는 사외이사를 선임하는 것을 의무화하였다. 하지만 우리나라 사외이사는 대정부 로비스트 역할을 할 수 있는 사람들의 자리가 되었다. 사실상 사외이사 제도의 의미가 퇴색된 것이다. 미국에선 사외이사들이 최고경영자를 해임하는 일도 벌어지는 것에 비하면 사외이사 제도가 무의미한 현실이다. 미국 대표 기업들은 이사회에서 사외이사 비율은 80%까지 차지하고 있다.

5.5 준법감시인 제도의 채택

우리나라는 IMF 외환위기 이후 2000년부터 기업지배구조 개선 및 경영 투명성 제고의 일환으로 준법감시인 제도를 도입했다. 준법감시부서는 기업의 준법감시 기능을 담당하여 기업의 법률리스크를 관리하고 필요한 경우 기업의 법무지원 기능을 한다. 대기업뿐만 아니라 중소기업도 준법 관리자를 임명하는 것이 바람직하다. 이를 통하여 컴플라이언스를 관리하여야 한다.

컴플라이언스(compliance)란 기업이 법령이나 각종규제 등 사회적 규범을 준수하는 것을 말하며 통상 비즈니스 컴플라이언스라고 한다. 이에는 국제적인 규제나 법안, 권고 등 각 나라별 혹은 '글로벌' 감독당국이 제시한 각종 요건을 충족시키는 것을 포함한다. 최근에는 법률이나 규제를 준수하는 것만이 아니라 기업윤리를 지키고 사회적 책임을 하는 것을 포함하는 포괄적인 개념으로 확장되고 있다. 따라서 준법관리자는 분쟁해결에 대한 경험이나 법적 위험에 대한 지식이 상대적으로 많고 다양한 경험을 쌓은 전문가를 임명하는 것이 좋다.

PART

5

가업의 리스크 관리

Chapter 1

가업의 법률리스크 관리

Chapter 2

가업의 기술 · 정보리스크 관리

Chapter 3

가업의 조세 · 회계리스크 관리

1 가업의 기업정보 관리

기업의 핵심기술, 고객리스트, 영업비밀과 같은 정보들은 기업의 사활이 달린 것으로, 이러한 기업의 정보 보호는 기업의 경쟁력, 성장과 생존을 위한 필수 선결조건이 된다. 따라서 보안시스템 구축 등 보안 투자는 기업의 위험을 낮추어 기업의 가치와 경쟁력 상승의 기초가 된다는 것을 인식해야 한다. 기술유출로 하루아침에 기업은 생사의 갈림길에 설 수 있다.

또한 기업의 웹 공격과 사이버 위협 등으로 인해 기업 서비스가 중단되면 당장 판매 손실뿐만 아니라 기업 이미지의 손상을 가져오고 심지어는 사업이 중단될 수 있는 중대한 위험이 발생할 수 있다.

우리나라의 중소기업 3.3%가 기술 유출을 경험했으며 이들 기업은 매출 면에서 25% 가량의 손실을 보았다고 한다. 중소기업뿐만 아니라 모든 사기업을 포함하는 국내 민간 기업의 약 15%가 기업기밀 유출로 인하여 피해를 입은 것으로 조사되었다(2004년 기준, 파이낸셜뉴스, 2016.4.14.). 특히 기업의 기술이나 정보 유출 등의 대부분이 외부인이 아니라 내부 직원에 의한 것이라고 한다.

문제는 기업의 기술 유출로 소송을 제기하더라도 피해자가 승소할 확률이 20%에 불과하다는 점이다. 「산업기술유출방지 및 보호에 관한 법률」로 처벌할 수 있지만 대부분 처벌되지 않고 끝나는 실정이다.

2 가업의 정보유출 관리

회사의 기술이나 영업 비밀을 누출하는 사람은 대부분 그 회사의 임직원이다. 특히 퇴직 사원이 거의 대부분을 차지하여 65%에 이르는 것으로 알려졌으며 협력업체 직원 15%, 경쟁업체 종사자 10%, 현직 사원 10%를 차지하는 것으로 알려졌다. 따라서 임직원에 대한 관리시스템 도입이 가장 중요한 과제이다.

LG화학의 경쟁사인 미국기업이 2008년 연구소 팀장 등 연구원 6명을 스카우트해 갔다. 10년 넘게 거액을 투자해 개발한 핵심기술이 경쟁사로 빠져나갈 것을 우려한 LG화학은 법원에 전직금지 및 영업비밀 침해금지 가처분 신청을 냈다. 법원은 동 전직은 LG화학의 영업비밀이 침해될 우려가 있는 동종 업체로의 전직에 해당한다며 퇴사일로부터 1년에서 1년 6개월간 외국계 경쟁사로 이직할 수 없다는 결정을 내렸다. 핵심기술의 유출, 스카우트, 핵심인력들의 퇴직 후 경쟁업체 창업 등은 영업비밀 침해와 관련해 법원에 가장 많이 제기되고 있는 분쟁 유형이다. 이를 예방하려면 영업비밀유지약정과 전직금지약정을 체결해야 한다. 우리나라에는 퇴직일부터 1년 이상 3년 이내의 기간에 동종업체 혹은 경쟁업체로 전직하지 않는다는 내용의 전직금지 약정의 유효성을 인정하고 있다. 법원이 판결을 내릴 때의 판결 기준은 보호할 만한 가치가 있는 회사이익 여부, 영업비밀의 종류, 종업원의 퇴직 전 직위, 전직금지나 제한의 기간 · 지역 및 대상 직종, 종업원에 대한 대가의 지급 여부, 종업원의 퇴직경위 등이 고려된다. 종업원 채용 시 기업비밀을 취급하거나 관리하는 직원에 대해서 영업비밀 준수 서약서와 전직 및 퇴직 시 사용 · 공개금지, 경업금지 서약서를 받아야 한다. 기업은 임직원들로부터 보안각서를 받고 사내 비밀보호와 관련된 지침이나 사규를 제정하고 회사 내의 각종 서류 등에 비밀 또는 대외비라고 표시해야 유출되는 경우 법적으로 대응할 수 있다. 지적재산의 보호를 위하여 모든 종업원과 종업원 이외의 컨설턴트와 직무관련 발명에 대한 계약, 비밀유지(non · disclosure), 경업 금지(non · compete)의 약정을 하여야한다. 직원이 퇴직하는 경우 기업비밀의 유출은 민형사상 침해행위에 속한다는 법률규정을 설명하고 재직 중 보유한 비밀 관련 서류 등을 반납 받아야 한다. 기업기밀 유출의 위험성을 예방하기 위해서는 직원에 대한 기업비밀 윤리 교육과 보안교육을 지속적으로 실시하고 강화하여야 한다.

우리나라 기업 중 보안담당 부서를 확보하고 있는 기업은 적은 편이다(2004년 기준 13% 정도). 기술보호를 위하여 우선 기업은 보안책임자를 임명하여야 한다. 보안 관련 부서는 기업 내에서 기피대상일 수 있다. 권한은 작고 책임은 커서 사고 발생 시에 책임이 무겁기 때문이다. 보안 관리자의 업무는 유출사고가 발생한 후의 조치뿐만 아니라 문서의 보안작업, 보안문서에의 접근 관리, 보안문서에의 접근권한 없는 사람의 접근제한 등 구체적인 것으로 구성된다. 우리나라 중소기업의 경우 대부분은 보안관리 규정 등 기본장치조차 갖추고 있지 않고 있다. 기업비밀이 유출된 경우 해당직원을 처벌하려면 그 정보가 비밀이라고 인식될 수 있는 표시를 하거나 고지를 하고, 그 정보에 접근할 수 있는 대상자나 접근 방법을 제한하거나 그 정보에 접근한 자에게 비밀 준수의무를 부과하는 등 객관적으로 그 정보가 비밀로 유지·관리되고 있다는 사실이 인식 가능하여야 하기 때문이다(대법원 2009.7.9. 선고, 2006도7916 판결 등 참조)(대법원 2012.6.28. 선고, 2012도3317 판결). 기업비밀 보안을 위한 관련 회사의 정책, 규정을 만들고 교육시켜야 한다. 회사의 주요한 기술 및 기밀자료를 대외비로 지정하여 관리하여야 한다. 기업비밀은 일반정보와 분리하여 관리하고 연구개발 부서에는 일반 직원 및 외부인이 접근하지 못하도록 통제구역으로 해야 한다.

기업이 개발된 기술을 보호하기 위하여 특허 등록해 공개하되 독점적 권리를 확보하는 방법과 이를 영업비밀 또는 노하우로 외부에 알려지지 않도록 하는 방법이 있다. 기업의 지적재산을 보호하는 중요한 법률은 「특허법」, 「실용신안법」, 「디자인보호법」, 「반도체집적회로의 배치설계에 관한 법률」 등이 있고, 영업 비밀을 보호받기 위한 법률로는 「부정경쟁방지 및 영업비밀보호에 관한 법률」과 「산업기술의 유출방지 및 보호에 관한 법률」이 있다. 지적소유권의 보호를 받을 수 있는 기술의 경우 독점적·배타적이지만 기술 공개인 특허출원을 통해 권리를 보호받는 방법과 영업비밀로 유지하는 방법이 있는데 어떻게 보호할지 결정하여야 한다. 기업이 보유한 기술을 사용하여 제작한 제품이 그 분해와 조립이 용이하고 쉽게 모방 및 설계가 가능한 경우에는 특허권으로 보호받는 것이 유리하다.

임직원이 기업비밀을 유출하는 것은 대부분 경제적인 동기가 그 원인이다. 따라서 임직원에 대한 적정한 급여체계를 도입하는 것이 필요하며 직무관련 기술 등에 대하여 합리적인 보상제도도 도입하여야 한다. 그러나 우리나라 기업의 직무발명 보상제도의 도입은 미미하여 20% 수준에 불과하며 일본의 90%대에 비해 크게 낮다(2007년 기준). 일본기업은 거의 70%가 특허로 인한 제품 매출과 특허권 수입에 대해 이익의 일정 비율을 직원에게 제한 없이 지급한다.

기업 내부에 기술보호를 위한 역량이나 경험이 부족한 경우 외부 전문가의 자문서비스를 받을 수도 있다. 공공부분에서는 무료 서비스를 제공하는 중소벤처기업부은 '중소기업 기술보호 역량 무료진단 서비스'를 실시한다. 진단 결과에 따라 심화컨설팅을 추가로 신청, 지원받을 수 있다. 기술보호 역량 진단은 '기술보호 통합포털'(울타리, www.ultari.go.kr)을 통해 신청할 수 있다.

3 가업정보 유출의 법적 조치

3.1 관련법령 개요

기술유출이 일어난 경우 법적으로 처리하는 것이 원칙이다. 소송에 들어가기 전에 공공기관을 통하여 해결을 시도할 수도 있다. 중소벤처기업부는 기술유출 분쟁에 휘말린 중소기업이 적은 비용으로 신속하게 분쟁을 해결할 수 있도록 '중소기업 기술 분쟁 조정 · 중재위원회'를 설치, 운영하고 있다. 기술유출과 관련된 법률로는 「부정경쟁방지 및 영업비밀보호에 관한 법률」, 「산업기술의 유출방지 및 보호에 관한 법률」이 있다.

3.2 정보유출의 배임고발

현직임직원이 회사 기밀을 유출한 경우에는 배임으로 고발할 수 있다.

회사의 대표이사가 다른 회사와의 대리점계약 관계를 계속 유지발전 하여야 할 업무상 임무가 있음에도 불구하고 다른 회사에 자신의 회사는 적당하지 않으며 자기는 대표이사직을 곧 사임할 것이라고 말하며 다른 회사로 하여금 대리점 계약의 해지를 통고케 하고 그 해지통고서를 접수하고서도 은닉하여 회사가 해명을 하는 등의 기회를 잃게 하여 대리점 계약이 종료되게 하고 새로이 대표이사로 재직하게 된 회사와 대리점계약을 체결하게 함으로써 다니던 회사에 손해를 입힌 경우에는 업무상 배임에 해당한다(대법원 1983.12.13. 선고, 83도2349 판결).

4 가업의 영업비밀 관리

4.1 영업비밀의 의의

영업비밀이란 공공연히 알려져 있지 아니하고 독립된 경제적 가치를 가지는 것으로서, 합리적인 노력에 의하여 비밀로 유지된 생산방법, 판매방법, 그 밖에 영업활동에 유용한 기술상 또는 경영상의 정보를 말한다(부정경쟁방지 및 영업비밀보호에 관한 법률 제2조 제2호, 대법원 1999.3.12. 선고, 98도4704 판결, 대법원 2004.4.27. 선고, 2002도4041 판결 등 참조, 대법원 2006.10.27. 선고, 2004도6876 판결). 기술상의 정보는 기계 설계도, 운용 매뉴얼 및 조작 방법, 원재료의 성분 및 배합 비율, 연구개발 보고서 등 기술에 사용되는 모든 지식이다. 경영상 정보는 원자재 거래처, 고객 리스트, 제품의 생산 및 판매 계획, 광고의 요령 등 거래에 직접적으로 필요한 정보와 조직 정보, 재무에 대한 정보 등이 해당할 수 있다.

영업비밀이 성립되려면 공공연히 알려지지 않아야 하고(非公知性), 생산 방법 또는 판매 방법 기타 영업 활동에 유용한 기술상 혹은 영업상의 정보로 독립된 경제적 가치를 지니며(經濟的 有用性), 상당한 노력으로 비밀로 유지되어야(秘密管理性) 한다. 영업 비밀은 비공지성이 전제되므로 간행물, 매체 등에 실리는 경우는 해당이 없다. 정보 취득이나 개발을 위해 상당한 비용이나 노력이 필요한 경우에 유용성이 인정된다.

여기서 '상당한 노력에 의하여 비밀로 유지된다.'는 것은 그 정보가 비밀이라고 인식될 수 있는 표시를 하거나 고지를 하고, 그 정보에 접근할 수 있는 대상자나 접근 방법을 제한하거나 그 정보에 접근한 자에게 비밀 준수의무를 부과하는 등 객관적으로 그 정보가 비밀로 유지·관리되고 있다는 사실이 인식 가능한 상태인 것을 말한다(대법원 2009.7.9. 선고, 2006도7916 판결 등 참조)(대법원 2012.6.28. 선고, 2012도3317 판결). 영업 비밀이 되려면 그 정보를 상당한 노력으로 비밀로 관리하고 있어야 한다. 즉 비밀로 관리할 의사가 있어야 하고, 이를 위한 실질적인 관리 노력이 있어야 한다. 비밀을 관리할 의사는 영업비밀 보관 장소에 출입을 제한하거나 비밀 자료의 보관 및 폐기 방법을 정하거나 비밀을 취급할 사람을 제한하거나 비밀유지 각서를 받거나 단체 협약이나 취업 규칙, 개별 근로계약에 규정하여 분명하게 비밀의 관리 노력을 기울여야 한다.

4.2 가업의 영업비밀 관리시스템

영업 비밀의 보호를 위해서는 영업 비밀의 관리시스템을 마련하여야 한다. 영업 비밀과 관련된 핵심 서류는 별도의 서버나 보관함에 분리하여야 하며 ‘기밀’임을 표시하여야 한다(Confidential). 특히 해킹과 도난을 막기 위하여 보안 프로그램과 CCTV를 설치하여야 한다. 임직원을 대상으로 영업 비밀 관련한 내용을 근로계약서와 취업규칙에 정하고 영업 비밀 서약서를 받아야 하며 관련된 교육도 시행하여야 한다. 영업 비밀이나 지적소유권 등의 보안을 담당하는 전담 직원을 두고 관리하여야 한다.

4.3 영업비밀 침해의 유형

영업비밀 침해행위는 6가지로 구분하여 정하고 있다.

첫째 절취, 기망, 협박, 그 밖의 부정한 수단으로 영업 비밀을 취득하는 부정 취득행위 또는 그 취득한 영업 비밀을 사용하거나 공개(비밀을 유지하면서 특정인에게 알리는 것을 포함)하는 행위이다(부정경쟁방지 및 영업비밀보호에 관한 법률 제2조 제3호 가목).

둘째 영업 비밀에 대하여 부정취득행위가 개입된 사실을 알거나 중대한 과실로 알지 못하고 그 영업 비밀을 취득하는 행위 또는 그 취득한 영업 비밀을 사용하거나 공개(비밀을 유지하면서 특정인에게 알리는 것을 포함)하는 행위이다(부정경쟁방지 및 영업비밀보호에 관한 법률 제2조 제3호 나목).

셋째 영업 비밀을 취득한 후에 그 영업 비밀에 대하여 부정취득행위가 개입된 사실을 알거나 중대한 과실로 알지 못하고 그 영업 비밀을 사용하거나 공개(비밀을 유지하면서 특정인에게 알리는 것을 포함)하는 행위이다(부정경쟁방지 및 영업비밀보호에 관한 법률 제2조 제3호 다목).

넷째 계약관계 등에 따라 영업 비밀을 비밀로서 유지하여야 할 의무가 있는 자가 부정한 이익을 얻거나 그 영업비밀의 보유자에게 손해를 입힐 목적으로 그 영업 비밀을 사용하거나 공개(비밀을 유지하면서 특정인에게 알리는 것을 포함)하는 행위이다(부정경쟁방지 및 영업비밀보호에 관한 법률 제2조 제3호 라목). 신사업을 시작하면서 동종 사업에 종사하던 회사에서 비밀유지의무가 있는 직원을 스카우트한 경우 동 영업비밀 침해행위라고 보는 판례가 있다.

다섯째 영업 비밀이 위의 '라목'에 따라 공개된 사실 또는 그러한 공개행위가 개입된 사실을 알거나 중대한 과실로 알지 못하고 그 영업 비밀을 취득하는 행위 또는 그 취득한 영업 비밀을 사용하거나 공개(비밀을 유지하면서 특정인에게 알리는 것을 포함)하는 행위이다(부정경쟁방지 및 영업비밀보호에 관한 법률 제2조 제3호 마목).

여섯째 영업 비밀을 취득한 후에 그 영업비밀이 위의 '라목'에 따라 공개된 사실 또는 그러한 공개행위가 개입된 사실을 알거나 중대한 과실로 알지 못하고 그 영업 비밀을 사용하거나 공개(비밀을 유지하면서 특정인에게 알리는 것을 포함)하는 행위이다(부정경쟁방지 및 영업비밀보호에 관한 법률 제2조 제3호 바목).

4.4 영업비밀 침해의 처벌과 보상

▲▼ 영업비밀 침해의 처벌

형사적 수단으로 처벌 규정을 두고 있고 업무상배임죄로 처벌될 수도 있다. 부정한 이익을 얻거나 영업비밀 보유자에게 손해를 입힐 목적으로 그 영업 비밀을 외국에서 사용하거나 외국에서 사용될 것임을 알면서 취득 · 사용 또는 제3자에게 누설한 자는 10년 이하의 징역 또는 1억 원 이하의 벌금에 처한다. 다만, 벌금형에 처하는 경우 위반행위로 인한 재산상 이득금액의 10배에 해당하는 금액이 1억 원을 초과하면 그 재산상 이득금액의 2배 이상 10배 이하의 벌금에 처한다(부정경쟁방지 및 영업비밀보호에 관한 법률 제18조 제1항). 동 죄를 범할 목적으로 예비 또는 음모한 자는 3년 이하의 징역 또는 2천만 원 이하의 벌금에 처한다(부정경쟁방지 및 영업비밀보호에 관한 법률 제18조의 3 제1항). 이 경우 징역과 벌금은 병과 할 수 있다(부정경쟁방지 및 영업비밀보호에 관한 법률 제18조 제5항).

부정한 이익을 얻거나 영업비밀 보유자에게 손해를 입힐 목적으로 그 영업 비밀을 취득 · 사용하거나 제3자에게 누설한 자는 5년 이하의 징역 또는 5천만 원 이하의 벌금에 처한다. 다만, 벌금형에 처하는 경우 위반행위로 인한 재산상 이득금액의 10배에 해당하는 금액이 5천만 원을 초과하면 그 재산상 이득금액의 2배 이상 10배 이하의 벌금에 처한다(부정경쟁방지 및 영업비밀보호에 관한 법률 제18조 제2항). 동 죄를 범할 목적으로 예비 또는 음모한 자는 2년 이하의 징역 또는 1천만 원 이하의 벌금에 처한다(부정경쟁방지 및 영업비밀보호에 관한 법률 제18조의 3 제1항). 이 경우 징역과 벌금은 병과 할 수 있다(부정경쟁방지 및 영업비밀보호에 관한 법률 제18조 제5항).

직무상 알게 된 비밀을 누설한 사람은 1년 이하의 징역 1천만 원 이하의 벌금에 처한다(부정경쟁방지 및 영업비밀보호에 관한 법률 제18조 제4항).

영업비밀 침해의 예방과 보상

영업 비밀을 침해한 경우 민사적인 수단으로 침해행위의 금지 · 예방청구권, 손해배상 청구권, 신용회복조치 청구권 등을 인정한다. 영업비밀의 보유자는 영업비밀 침해행위를 하거나 하려는 자에 대하여 그 행위에 의하여 영업상의 이익이 침해되거나 침해될 우려가 있는 경우에는 법원에 그 행위의 금지 또는 예방을 청구할 수 있다(부정경쟁방지 및 영업비밀보호에 관한 법률 제10조 제1항). 동 청구를 할 때에는 침해행위를 조성한 물건의 폐기, 침해행위에 제공된 설비의 제거, 그 밖에 침해행위의 금지 또는 예방을 위하여 필요한 조치를 함께 청구할 수 있다(부정경쟁방지 및 영업비밀보호에 관한 법률 제10조 제2항).

고의 또는 과실에 의한 영업비밀 침해행위로 영업비밀 보유자의 영업상 이익을 침해하여 손해를 입힌 자는 그 손해를 배상할 책임을 진다(부정경쟁방지 및 영업비밀보호에 관한 법률 제11조). 법원은 고의 또는 과실에 의한 영업비밀 침해행위로 영업비밀 보유자의 영업상의 신용을 실추시킨 자에게는 영업비밀 보유자의 청구에 의하여 손해배상을 갈음하거나 손해배상과 함께 영업상의 신용을 회복하는 데에 필요한 조치를 명할 수 있다(부정경쟁방지 및 영업비밀보호에 관한 법률 제12조).

그러나 거래 안전을 도모하기 위해 선의의 자에 대한 특례를 두고 있다. 거래에 의하여 영업 비밀을 정당하게 취득한 자가 그 거래에 의하여 허용된 범위에서 그 영업 비밀을 사용하거나 공개하는 행위에 대하여는 침해 행위의 금지 또는 예방의 청구, 손해의 배상, 신용회복 규정을 적용하지 아니한다(부정경쟁방지 및 영업비밀보호에 관한 법률 제13조 제1항). 여기서 '영업 비밀을 정당하게 취득한 자'란 영업 비밀을 취득할 당시에 그 영업비밀이 부정하게 공개된 사실 또는 영업비밀의 부정취득행위나 부정공개행위가 개입된 사실을 중대한 과실 없이 알지 못하고 그 영업 비밀을 취득한 자를 말한다(부정경쟁방지 및 영업비밀보호에 관한 법률 제13조 제2항).

5 가업의 경업금지 관리

사용자와 근로자 사이에 경업금지약정이 존재한다고 하더라도, 그와 같은 약정이 「헌법」상 보장된 근로자의 직업선택의 자유와 근로권 등을 과도하게 제한하거나 자유로운 경쟁을 지나치게 제한하는 경우에는 「민법」 제103조에 정한 선량한 풍속 기타 사회질서에 반하는 법률행위로서 무효라고 보아야 한다. 이와 같은 경업금지약정의 유효성에 관한 판단은 보호할 가치 있는 사용자의 이익, 근로자의 퇴직 전 지위, 경업 제한의 기간·지역 및 대상 직종, 근로자에 대한 대가의 제공 유무, 근로자의 퇴직 경위, 공공의 이익 및 기타 사정 등을 종합적으로 고려하여야 하고, 여기에서 말하는 '보호할 가치 있는 사용자의 이익'이라 함은 「부정경쟁방지 및 영업비밀보호에 관한 법률」 제2조 제2호에 정한 '영업비밀'뿐만 아니라 그 정도에 이르지 아니하였더라도 당해 사용자만이 가지고 있는 지식 또는 정보로서 근로자와 이를 제3자에게 누설하지 않기로 약정한 것이거나 고객관계나 영업상의 신용의 유지도 이에 해당한다(대법원 2010.3.11. 선고, 2009다82244 판결).

근로자가 회사를 퇴사한 후 그와 경쟁관계에 있는 회사를 설립·운영하자 회사 측이 경업금지약정 위반을 이유로 하여 손해배상을 청구한 경우, 고용기간 중에 습득한 기술상 또는 경영상의 정보 등을 사용하여 영업을 하였다고 하더라도 그 정보는 이미 동종업계 전반에 어느 정도 알려져 있었던 것으로, 설령 일부 구체적인 내용이 알려지지 않은 정보가 있었다고 하더라도 이를 입수하는데 그다지 많은 비용과 노력을 요하지는 않았던 것으로 보이고, 회사가 다른 업체의 진입을 막고 거래를 독점할 권리가 있었던 것은 아니며 그러한 거래처와의 신뢰관계는 업무를 수행하는 과정에서 자연스럽게 습득되는 측면이 강하므로 경업금지약정에 의해 보호할 가치가 있는 이익에 해당한다고 보기 어렵거나 그 보호가치가 상대적으로 적은 경우에 해당한다. 또한 회사에 대한 업무상 배임에 해당하여 불법행위를 구성한다고 보기는 어렵다. 경업금지약정이 이러한 영업행위까지 금지하는 것으로 해석된다면 근로자의 직업선택의 자유와 근로권 등을 과도하게 제한하거나 자유로운 경쟁을 지나치게 제한하는 경우에 해당되어 「민법」 제103조에 정한 선량한 풍속 기타 사회질서에 반하는 법률행위로서 무효라고 할 것이다(대법원 2010.3.11. 선고, 2009다82244 판결).

가업승계와
100년 가업경영

PART

5

가업의 리스크 관리

Chapter 1

가업의 법률리스크 관리

Chapter 2

가업의 기술·정보리스크 관리

Chapter 3

가업의 조세·회계리스크 관리

1 가업의 조세리스크 관리

1.1 탈세와 처벌리스크

개요

일부 기업들은 여전히 이중계약서를 만들어서 매출을 누락하거나 비용을 과다하게 계상한다. 해외법인을 만들고 그 곳에 페이퍼 회사를 설립하여 탈세를 한다. 그러나 이런 불법적인 일에는 많은 사람들이 관여하기 마련이고 언제 어떤 제보가 이루어질지 모른다. 그렇기 때문에 탈세로 고발당하고 세금을 추징당하는 일이 빈번하게 발생한다.

조세법 위반은 단순한 의무위반이 있을 때에는 가산세를 부과하지만 위반의 정도가 지나쳐 범죄 수준에 이를 경우에는 「조세범 처벌법」에 의한 처벌이 따른다. 조세범죄는 우선은 과세관청이 벌금 등을 부과하는 통고처분을 한 후에 이에 응하지 않을 경우 검찰에 고발하는 방법과 통고처분 없이 바로 검찰에 고발해 형사절차를 밟게 하는 방법이 있는데 대부분 후자에 의한다. 조세범죄는 국세청장, 지방 국세청장 또는 세무서장의 고발이 있어야만 처벌된다(조세범 처벌법 제21조).

정부는 조세 형평과 정의, 세수확보 등을 위해 조세범 처벌을 점차 강화하고 있다. 조세범처벌은 국세청이 독립한 1966년 1,233건 이후 점차 줄어 70년대 중반에는 300~400건, 1986년에는 불과 8건에 불과하기도 하고 1990년대에도 대체로 연간 3~30여건 수준, 2000년대에는 연간 수백 건이었다. 「조세범 처벌법」 위반 사건 수는 2000년대 중반 이후 매년 수천 건씩 발생하며 이 중 대략 10% 정도가 처벌을 받았다.

조세범 처벌규정

부정한 방법으로 탈세를 한 경우에는 2년 이하의 징역 또는 세금의 2배 이하에 상당하는 벌금에 처한다. 그러나 탈세금액 3억 원 이상이고 납부할 세액의 30% 이상이거나 탈세액이 5억 원 이상인 경우 3년 또는 3배를 적용한다(조세범 처벌법 제3조 제1항). 내용에 따라 징역형과 벌금형을 함께 할 수 있다(조세범 처벌법 제3조 제2항). 다만 법정신고기한이 지난 후 2년 이내에 수정신고를 하거나 법정신고기한이 지난 후 6개월 이내에 기한 후 신고를 하였을 때에는 형을 감경할 수 있다(조세범 처벌법 제3조 제3항). 상습적인 경우에는 형의 2분의 1을 가중한다(조세범 처벌법 제3조 제4항). 증거인멸의 목적으로 법정신고기한이 지난날부터 5년 이내에 증거인멸을 지도하는 경우 2년 이하의 징역 또는 2천만원 이하의 벌금에 처한다(조세범 처벌법 제8조).

처벌에는 기수시기라는 것이 있다. 조세범죄가 성립하는 시기를 말하는 것으로 이때부터 조세범으로 처벌할 수 있는 공소시효가 개시된다. 조세범의 기수시기는 신고하여 정부가 결정하는 조세는 납부기한이 지난 때, 기타의 경우에는 신고기한이 지난 때부터 적용된다(조세범 처벌법 제3조 제5항). 과세표준이나 세액을 허위로 과소신고 하여 탈세한 경우에는 그 신고 · 납부기한이 경과함으로써 조세포탈죄는 기수에 이른다(대법원 2006. 10.13. 선고, 2006오2 판결). 공소시효는 7년이다. 다만, 법인에 대하여 병과하는 경우 법인에 대한 공소시효는 10년이다(조세범 처벌법 제22조).

횡령과 탈세의 관계

탈세는 대부분 횡령과 관련이 있다. 「국세기본법」 제45조의 수정신고기한 내에 매출누락, 가공경비 등으로 가져간 금액을 법인에 돌려주고 법인이 수정하여 법인세를 추가로 신고하는 경우 사내유보로 개인에게는 세금을 부과하지 않는다. 그러나 세무조사의 통지를 받은 경우, 세무조사가 착수된 것을 알게 된 경우, 세무공무원이 과세자료의 수집 또는 민원 등을 처리하기 위하여 현지출장이나 확인업무에 착수한 경우, 납세지 관할 세무서장으로부터 과세자료 해명 통지를 받은 경우, 수사기관의 수사 또는 재판 과정에서 사외유출 사실이 확인된 경우 및 그밖에 유사한 경우로서 경정이 있을 것을 미리 안 것으로 인정되는 경우에는 인정되지 않는다(법인세법 시행령 제106조 제4항). 수정신고기한은 세금신고를 법정신고기한까지 한 법인은 관할 세무서장이 각 세법에 따라 해당 국세의 과세표준과 세액을 결정 또는 경정하여 통지하기 전으로서 부과제척 기간이 끝나기 전까지 과세표준수정신고서를 제출할 수 있다(국세기본법 제45조 제1항).

매출누락 등을 대표자 가수금 등 채무로 회계처리 하여 법인의 예금계좌로 입금되어 법인의 업무에 사용하였다하더라도 동 가수금 등은 법인이 대표이사에게 변제 하여야 할 별도채무가 되는 것이므로 매출누락액이 법인업무에 사용되었는지 여부에 불구하고 그 시점에서 상여처분 하는 것이 타당하다(국심 2007서5174, 2008.3.21.). 따라서 채무로 기록하면 상여처분 되므로 전기손익수정으로 하여야 한다. 전기손익수정으로 하면 가산세 등이 부과되고 세무조사가 이루어지는 등 심각한 문제가 발생할 가능성 있다. 따라서 만일 횡령 등 처벌만을 피할 목적이라면 채무로 기록한 후 채무면제이익으로 하여야 한다. 그러나 이것도 금액이 크거나 결손금 과다 당 특별한 사유가 없으면 세무당국의 의심을 받을 가능성이 있다.

▲▼ 「특정범죄 가중처벌 등에 관한 법률」에 의한 처벌

사기나 부정한 행위에 의한 탈세를 규정한 「조세범 처벌법」 제3조 제1항이나 「지방세기본법」 제102조 제1항에 규정된 죄를 범한 사람은 탈세액이 일정액을 초과하는 경우에는 해당 법률에 의한 처벌을 하는 것이 아니라 「특정범죄 가중처벌 등에 관한 법률」에 의하여 가중처벌 한다. 즉, 탈세액이 연간 5억 원 이상인 경우 가중처벌 한다. 탈세액이 연간 10억 원 이상인 경우에는 무기 또는 5년 이상의 징역, 연간 5억 원 이상 10억 원 미만인 경우에는 3년 이상의 유기징역에 처한다(특정범죄 가중처벌 등에 관한 법률 제8조 제1항). 탈세액이란 포탈하거나 환급받은 세액 또는 징수하지 아니하거나 납부하지 아니한 세액을 말한다(특정범죄 가중처벌 등에 관한 법률 제8조 제1항). 동 처벌에 추가로 탈세액의 2배 이상 5배 이하에 상당하는 벌금을 병과 한다(특정범죄 가중처벌 등에 관한 법률 제8조 제1항). 또한 가중처벌이 되는 탈세인 경우 공소(公訴)는 고소 또는 고발이 없는 경우에도 제기할 수 있다(특정범죄 가중처벌 등에 관한 법률 제8조 제1항).

공소시효는 죄질에 따라 다시 말해 형량에 따라 다르다. 사형에 해당하는 범죄에는 25년, 무기징역 또는 무기금고는 15년, 장기 10년 이상의 징역 또는 금고 10년, 장기 10년 미만의 징역 또는 금고는 7년, 장기 5년 미만의 징역 또는 금고, 장기10년 이상의 자격정지 또는 벌금 5년, 장기 5년 이상의 자격정지 3년, 장기 5년 미만의 자격정지, 구류, 과료 또는 몰수는 1년이다(형사소송법 제249조 제1항). 예를 들어 탈세액이 10억 원이 넘는 경우 무기징역이 가능하므로 최대 15년이다. 따라서 2006년은 2021년, 2008년은 2023년이 공소시효에 해당한다.

공소가 제기된 범죄는 판결의 확정이 없이 공소를 제기한 때로부터 25년을 경과하면 공소시효가 완성한 것으로 간주한다(형사소송법 제249조 제1항).

1.2 국세부과의 제척기간 이해

개요

국세는 세금의 종류별로, 납세자의 행위별로 세법이 정한 기간이 끝난 날 후에는 부과할 수 없도록 정하고 있다. 이를 제척기간이라고 부른다(국세기본법 제26조의 2 제1항). 국세부과의 제척기간은 국세납세의무의 권리관계를 조속히 확정하려는 것이다. 따라서 국세징수권 소멸시효와는 달리 진행기간의 중단이나 정지가 없으므로 그 기간이 경과하면 정부의 조세부과권은 소멸되어 과세표준이나 세액을 변경하는 어떤 결정이나 경정도 할 수 없다(국세기본법 기본통칙 26의 2－0…1).

특수한 사례로 국제조세의 경우에는 조세조약에 따라 상호합의 절차가 진행 중인 경우에는「국제조세조정에 관한 법률」제25조에서 정하는 바에 따른다고 정하고 있다(국세기본법 제26조의 2 제1항 단서).

부과제척기간은 부정행위로 세금을 내지 않은 경우에는 그 국세를 부과할 수 있는 날부터 10년간, 법인세와 관련된 소득처분 된 금액에 대한 소득세 또는 법인세는 그 소득세 또는 법인세를 부과할 수 있는 날부터 10년간, 부정행위로 인한 세금계산서 및 계산서 관련 가산세는 부과할 수 있는 날부터 10년간, 법정신고기한까지 과세표준 신고서를 제출하지 아니한 경우에는 해당 국세를 부과할 수 있는 날부터 7년간, 기타의 경우는 국세를 부과할 수 있는 날부터 5년간이다(국세기본법 제26조의 2 제1항). 과세표준과 세액을 신고하는 국세의 경우 해당 국세의 과세표준과 세액에 대한 신고기한 또는 신고서 제출기한의 다음 날이 국세를 부과할 수 있는 날이다(국세기본법 시행령 제12조의 3 제1항). 회사자금을 사적으로 사용한 경우 설령 반환했더라도 세법상 이자상당액만큼도 포함시켜 반환하여야 한다(이자율은 2006~2008년 9%, 2009~2011년 8.5%, 2012~2015년 6.9%, 2016년 4.5%이다.). 그러나 조사가 있을 것을 미리 안 것으로 인정되는 경우에는 과세하도록 정하고 있는데 여기에 해당할지는 확실하지 않다. 또한 가산세와 가산금도 내야 한다. 신고불성실 가산세 20%, 납부불성실가산세 연간 10.95%에 가산금으로 3%에 매년 14.4%씩 최대 5년간 징수된다.

국세 등의 납부의무는 납부나 충당, 부과가 취소된 때, 국세를 부과할 수 있는 기간에 국세가 부과되지 아니하고 그 기간이 끝난 때, 국세징수권의 소멸시효가 완성된 때에 소멸한다(국세기본법 제26조). 납부라 함은 당해 납세의무자는 물론 연대납세의무자, 제2

차 납세의무자, 납세보증인, 물적 납세의무자 및 기타 이해관계가 있는 제3자 등에 의한 납부를 말한다(국세기본법 기본통칙 26-0…1). 충당이라 함은 국세환급금을 당해 납세의무자가 납부할 국세 등과 상계시키는 것을 말한다(국세기본법 기본통칙 26-0…2). 제2차 납세의무자의 재산으로 세금을 낸 후 원래 납세의무자의 재산을 발견하더라도 소멸한 원래 납세의무자의 납부의무가 부활하지는 않는다(국세기본법 집행기준 26-0-1, 서울행정법원 2007구합6861, 2007.10.17.).

유형별 제척기간

① 일반적인 경우 5년

탈세나 무신고가 아닌 경우에는 해당 국세를 부과할 수 있는 날부터 5년간이다(국세기본법 제26조의 2 제1항 제3호).

동 기간이 끝난 날이 속하는 과세기간 이후의 과세기간에 「소득세법」 제45조 제3항, 「법인세법」 제13조 제1호, 제76조의 13 제1항 제1호 또는 제91조 제1항 제1호에 따라 이월결손금을 공제하는 경우에는 그 결손금이 발생한 과세기간의 소득세 또는 법인세는 5년의 부과세척기간이 경과했음에도 불구하고 이월결손금을 공제한 과세기간의 법정신고기한으로부터 1년간 부과할 수 있다(국세기본법 제26조의 2 제1항 제5호).

② 사기 등 부정행위 시 10년

부정행위로 탈세한 경우에는 제척기간은 10년이다.

납세자가 사기나 그 밖의 부정행위로 국세를 포탈, 환급, 공제받은 경우에는 그 국세를 부과할 수 있는 날부터 10년간으로 한다(국세기본법 제26조의 2 제1항 제1호). 이 경우 부정행위 포탈 등의 대상이 법인세인 경우 이와 관련하여 「법인세법」 제67조에 따라 처분된 금액에 대한 소득세 또는 법인세에 대해서도 그 소득세 또는 법인세를 부과할 수 있는 날부터 10년간으로 한다(국세기본법 제26조의 2 제1항 제1호). 다만 국제거래에서 발생한 부정행위에 의한 포탈 등은 15년을 적용한다(국세기본법 제26조의 2 제1항 제1호 괄호). 납세자가 부정행위로 소득세, 법인세, 부가가치세 가산세 부과대상이 되는 경우 해당 가산세도 부과할 수 있는 날부터 10년간이다. 해당 가산세는 「소득세법」 제81조 제3항 제4호, 「법인세법」 제76조 제9항 제4호, 「부가가치세법」 제60조 제2항 제2호 · 제3항 및 제4항이다(국세기본법 제26조의 2 제1항 제1호의 2).

사기나 그 밖의 부정한 행위란 이중장부의 작성 등 장부의 거짓 기장, 거짓 증빙 또는 거짓 문서의 작성 및 수취, 장부와 기록의 파기, 재산의 은닉, 소득 · 수익 · 행위 · 거래의 조작 또는 은폐, 고의적으로 장부를 작성하지 아니하거나 비치하지 아니하는 행위 또는 계산서, 세금계산서 또는 계산서합계표, 세금계산서합계표의 조작, 「조세특례제한법」 제5조의 2 제1호에 따른 전사적 기업자원 관리 설비의 조작 또는 전자세금계산서의 조작, 그밖에 위계에 의한 행위 또는 부정한 행위를 말한다(국세기본법 시행령 제12조의 2 제1항, 조세범 처벌법 제3조 제6항). 즉, "사기 그 밖의 부정한 행위"란 조세범칙 조사를 통하지 않더라도 조세의 부과와 징수를 불가능하게 하거나 현저히 곤란하게 하는 위계 그밖에 부정한 적극적 행위를 함으로써 국세를 포탈하거나 환급, 공제받는 것을 말한다(국세기본법 집행기준 26의 2－0－7).

③ 무신고는 7년

납세자가 법정신고기한까지 과세표준 신고서를 제출하지 아니한 경우에는 해당 국세를 부과할 수 있는 날부터 7년간 부과할 수 있다(국세기본법 제26조의 2 제1항 제2호).

동 기간이 끝난 날이 속하는 과세기간 이후의 과세기간에 「소득세법」 제45조 제3항, 「법인세법」 제13조 제1호, 제76조의 13 제1항 제1호 또는 제91조 제1항 제1호에 따라 이월결손금을 공제하는 경우에는 그 결손금이 발생한 과세기간의 소득세 또는 법인세는 7년의 부과세척기간이 경과했음에도 불구하고 이월결손금을 공제한 과세기간의 법정신고기한으로부터 1년간 부과할 수 있다(국세기본법 제26조의 2 제1항 제5호).

④ 소득처분 시 제척기간의 기산

「법인세법」에 의하여 처분되는 상여는 「소득세법」 제135조 제4항 및 동법시행령 제192조 제1항 및 제2항에 따라 법인이 소득금액변동통지서를 받은 날에 그 소득금액을 지급한 것으로 의제되어 법인의 원천징수의무가 성립하나 그 소득금액의 귀속사업연도 소득에 대한 국세부과의 제척기간이 만료되면 원천징수의무도 소멸한다(국세기본법 기본통칙 26의 2－0…2).

⑤ 상속세와 증여세의 제척기간 특례

상속세와 증여세 국세부과 제척기간은 5년이 적용되지 않고 부과할 수 있는 날부터 10년간이다(국세기본법 제26조의 2 제1항 제4호). 다만, 납세자가 부정행위로 상속세 · 증여세를 포탈하거나 환급 · 공제받은 경우, 「상속세 및 증여세법」 제67조 및 제68조에 따른 신고서를 제출하지 아니한 경우, 「상속세 및 증여세법」 제67조 및 제68조에 따라 신고서를 제출한 자가 거짓 신고 또는 누락신고를 한 경우 그 거짓신고 또는 누락신고를 한 부분은 부과할 수 있는 날부터 15년간으로 한다(국세기본법 제26조의 2 제1항 제4호).

거짓 신고 또는 누락신고를 한 경우란 상속재산가액 또는 증여재산가액에서 가공의 채무를 빼고 신고한 경우, 권리의 이전이나 그 행사에 등기, 등록, 명의개서 등이 필요한 재산을 상속인 또는 수증자의 명의로 등기 등을 하지 아니한 경우로서 그 재산을 상속재산 또는 증여재산의 신고에서 누락한 경우, 예금, 주식, 채권, 보험금, 그 밖의 금융자산을 상속재산 또는 증여재산의 신고에서 누락한 경우이다(국세기본법 시행령 제12조의 2 제2항). 이 규정은 부담부 증여에 따라 증여세와 함께 양도소득세가 과세되는 동 양도소득세에도 적용된다(국세기본법 제26조의 2 제1항 제4의 2).

한편 납세자가 부정행위로 상속세나 증여세를 포탈한 경우에는 해당 재산의 상속 또는 증여가 있음을 안 날부터 1년 이내에 상속세 및 증여세를 부과할 수 있다. 다만, 상속인이나 증여자 및 수증자가 사망한 경우와 포탈세액 산출의 기준이 되는 재산가액이 50억 원 이하인 경우에는 그러하지 아니하다(국세기본법 제26조의 2 제4항). 재산가액은 포탈한 해당 재산을 합친 금액을 기준으로 한다(국세기본법 제26조의 2 제4항 괄호). 포탈한 경우란 제3자의 명의로 되어 있는 피상속인 또는 증여자의 재산을 상속인이나 수증자가 보유하고 있거나 그 자의 명의로 실명전환을 한 경우, 계약에 따라 피상속인이 취득할 재산이 계약이행 기간에 상속이 개시됨으로써 등기 · 등록 또는 명의개서가 이루어지지 아니하고 상속인이 취득한 경우, 국외에 있는 상속재산이나 증여재산을 상속인이나 수증자가 취득한 경우, 등기 · 등록 또는 명의개서가 필요하지 아니한 유가증권, 서화(書畵), 골동품 등 상속재산 또는 증여재산을 상속인이나 수증자가 취득한 경우, 수증자의 명의로 되어 있는 증여자의 「금융실명거래 및 비밀보장에 관한 법률」 제2조 제2호에 따른 금융자산을 수증자가 보유하고 있거나 사용 · 수익한 경우, 「상속세 및 증여세법」 제3조 제2호에 따른 비거주자인 피상속인의 국내재산을 상속인이 취득한 경우를 말한다(국세기본법 제26조의 2 제4항).

소송 등 불복절차에 따른 결정시 제척기간 특례

이의신청 등 불복절차에 따라 세액의 결정 등 필요한 처분을 한 경우에는 위의 제척기간에 관계없이 별도의 제척기간을 정하고 있다(국세기본법 제26조의 2 제2항). 즉 이의신청, 심사청구, 심판청구, 「감사원법」에 따른 심사청구 또는 「행정소송법」에 따른 소송에 대한 결정이나 판결이 확정된 경우에는 그 결정 또는 판결이 확정된 날부터 1년이 지나기 전까지 경정결정이나 그밖에 필요한 처분을 할 수 있다(국세기본법 제26조의 2 제2항 제1호). '판결'이란 그 판결에 따라 경정결정 기타 필요한 처분을 행하지 않으면 안 되는 판결, 즉 조세부과처분이나 경정거부처분에 대한 취소판결 등을 의미하는 것이고, 원고의 청구를 기각하는 판결이나 소를 각하하는 판결은 여기에 해당하지 않는다(대법원 2005.2.25. 선고, 2004두11459 판결)(국세기본법 집행기준 26의 2-0-6 제3항).

또한 이러한 결정이나 판결이 확정됨에 따라 그 결정 또는 판결의 대상이 된 과세표준 또는 세액과 연동된 다른 과세기간의 과세표준 또는 세액의 조정이 필요한 경우에는 동 결정 또는 판결이 확정된 날부터 1년 이 지나기 전까지 경정결정이나 그밖에 필요한 처분을 할 수 있다(국세기본법 제26조의 2 제2항 제1호의 2).

또한 최초의 신고, 결정 또는 경정에서 과세표준 및 세액의 계산 근거가 된 거래 또는 행위 등이 그 거래, 행위 등과 관련된 소송에 대한 판결(판결과 같은 효력을 가지는 화해나 그 밖의 행위를 포함)에 의하여 다른 것으로 확정된 경우에는 판결이 확정된 날부터 1년이 지나기 전까지 경정결정이나 그밖에 필요한 처분을 할 수 있다(국세기본법 제26조의 2 제2항 제5호). 동 규정은 2017년 12월 19일 개정되었으며, 2018년 1월 1일 이후 제26조의 2 제2항 제3호에 따른 경정청구 또는 조정권고가 있거나 판결이 확정되는 경우부터 적용한다(부칙, 2017.12.19.). 그러나 동 개정 법 시행 전에 제26조의 2 제1항에 따라 제척기간이 만료된 경우에는 개정규정에도 불구하고 종전의 규정에 따른다(부칙, 2017.12.19.).

동법의 문언 상 과세권자로서는 당해 판결 등에 따른 경정결정이나 그에 부수되는 처분만을 할 수 있을 뿐, 판결 등이 확정된 날로부터 1년 내라 하여 당해 판결 등에 따르지 아니하는 새로운 결정이나 증액경정결정까지도 할 수 있는 것은 아니라 할 것이고, 또한 납세의무가 승계되는 등의 특별한 사정이 없는 한, 당해 판결 등을 받은 자로서 그 판결 등이 취소하거나 변경하고 있는 과세처분의 효력이 미치는 납세의무자에 대하여서만 그 판결 등에 따른 경정처분 등을 할 수 있을 뿐 그 취소나 변경 대상이 되고 있는 과세처분의 효력이 미치지 아니하는 제3자에 대하여서까지 위 규정을 적용할 수 있는 것은 아니다(대법원 2003두1752 선고, 2004.6.10. 판결)(재조세-1629, 2004.12.21.)(국세기본법 집행기준 26의 2-0-6 제4항).

경정결정 또는 판결에서 명의대여 사실이 확인된 경우에도 위의 제척기간에 관계없이 그 결정 또는 판결이 확정된 날부터 1년 이내에 명의대여자에 대한 부과처분을 취소하고 실제로 사업을 경영한 자에게 경정결정이나 그밖에 필요한 처분을 할 수 있다(국세기본법 제26조의 2 제3항). 당초 양도소득세 과세에 대해 양도소득이 아니라 사업소득이라는 법원의 확정판결이 있는 경우 그 판결에 따라 판결이 확정된 날부터 1년이 경과되기 전까지는 당초 양도소득세를 취소하고 당초 양도소득세의 부과세액을 한도로 하여 다시 종합소득세로 부과할 수 있다(재조세－1629, 2004.12.21.)(국세기본법 집행기준 26의 2－0－6 제1항). 귀속 사업연도의 적용 잘못을 들어 인용결정을 하면서 A사업연도가 아닌 B사업연도의 익금에 산입하여야 할 금액이라는 취지의 심판결정을 하였다고 하더라도 그 당시 B사업연도의 법인세에 대한 부과권의 제척기간이 이미 경과하였다면 이러한 경우에는 '결정이 확정된 날로부터 1년이 경과되기 전까지는 당해 결정에 따라 경정결정 기타 필요한 처분을 할 수 있는' 경우에 해당하지 않는다(대법원 2004.1.27. 선고, 2001두11011 판결)(국세기본법 집행기준 26의 2－0－6 제2항).

「국세기본법」 제45조의 2 제1항 및 제2항(경정청구 등)에 따른 경정청구가 있는 경우 경정청구일부터 2개월이 지나기 전까지 경정결정이나 그밖에 필요한 처분을 할 수 있다(국세기본법 제26조의 2 제2항 제3호). 동 경정청구가 있는 경우 그 경정청구의 대상이 된 과세표준 또는 세액과 연동된 다른 과세기간의 과세표준 또는 세액의 조정이 필요한 경우, 경정청구일부터 2개월 이 지나기 전까지 경정결정이나 그밖에 필요한 처분을 할 수 있다(국세기본법 제26조의 2 제2항 제4호).

▲▼ 국제조세 관련 제척기간 특례

조세조약에 부합하지 아니하는 과세의 원인이 되는 조치가 있는 경우 그 조치가 있음을 안 날부터 3년 이내(조세조약에서 따로 규정하는 경우에는 그에 따른다)에 그 조세조약의 규정에 따른 상호합의가 신청된 것으로서 그에 대하여 상호합의가 이루어진 경우에는 상호합의 절차의 종료일부터 1년 이 지나기 전까지 경정결정이나 그밖에 필요한 처분을 할 수 있다(국세기본법 제26조의 2 제2항 제2호).

「국제조세조정에 관한 법률」 제10조의 2 제1항 및 제19조 제4항에 따른 경정청구 또는 같은 법 제10조의 3 제1항에 따른 조정권고가 있는 경우에는 경정청구일 또는 조정권고일부터 2개월이 지나기 전까지 경정결정이나 그밖에 필요한 처분을 할 수 있다(국세기본법 제26조의 2 제2항 제3호).

동 조정권고가 있는 경우 그 조정권고의 대상이 된 과세표준 또는 세액과 연동된 다른 과세기간의 과세표준 또는 세액의 조정이 필요한 경우, 조정권고일부터 2개월이 지나기 전까지 경정결정이나 그밖에 필요한 처분을 할 수 있다(국세기본법 제26조의 2 제2항 제4호). 동 규정은 2017년 12월 19일 개정되었다. 동 개정규정은 2018년 1월 1일 이후 제26조의 2 제2항 제3호에 따른 경정청구 또는 조정권고가 있거나 판결이 확정되는 경우부터 적용한다(부칙, 2017.12.19.). 그러나 동 개정 법 시행 전에 제26조의 2 제1항에 따라 제척기간이 만료된 경우에는 개정규정에도 불구하고 종전의 규정에 따른다(부칙, 2017.12.19.).

▲▼ 국세 부과 제척기간의 기산일

① 기본 원칙

과세표준과 세액을 신고하는 국세의 경우 해당 국세의 과세표준과 세액에 대한 신고기한 또는 신고서 제출기한의 다음 날이 기산일이다(국세기본법 시행령 제12조의 3 제1항 제1호). 다만, 신고기한 또는 법정 납부기한이 연장되는 경우 그 연장된 기한의 다음 날부터이다(국세기본법 시행령 제12조의 3 제2항 제2호).

이 경우 중간예납, 예정신고기한과 수정신고기한은 신고기한에 포함되지 아니한다(국세기본법 시행령 제12조의 3 제1항 제1호). 여기서 "중간예납, 예정신고 및 수정신고기한은 과세표준 신고기한에 포함되지 아니한다."라 함은 중간예납, 예정신고 및 수정신고기한의 다음날을 국세부과제척기간의 기산일로 보지 아니하고, 당해 국세의 과세표준과 세액에 대한 정기분 확정 신고기한의 다음날을 그 기산일로 보는 것을 말한다(국세기본법 기본통칙 26의 2-12의 3…1).

그리고 종합부동산세 및 인지세와 같이 정부가 부과하는 방식을 취하는 국세의 경우에는 해당 국세의 납세의무가 성립한 날이 기산일이다(국세기본법 시행령 제12조의 3 제1항 제2호). 「종합부동산세법」 제16조 제3항에 따라 신고하는 종합부동산세는 신고하는 국세에서 제외되었다(국세기본법 시행령 제12조의 3 제1항 제1호 괄호).

② 기산일의 예외

원천징수의무자 또는 납세조합에 대하여 부과하는 국세의 경우 해당 원천징수세액 또는 납세조합징수세액의 법정 납부기한의 다음 날을 기산일로 한다(국세기본법 시행령 제12조의 3 제2항 제1호).

세액의 공제, 면제, 비과세 또는 낮은 세율의 적용 등에 따른 세액을 의무불이행 등의 사유로 징수하는 경우 해당 공제세액 등을 징수할 수 있는 사유가 발생한 날로 한다(국세기본법 시행령 제12조의 3 제2항 제3호). 이 경우 소득공제를 받은 경우에는 공제받은 소득금액에 상당하는 세액을 말하고, 낮은 세율을 적용받은 경우에는 일반세율과의 차이에 상당하는 세액을 말한다(국세기본법 시행령 제12조의 3 제2항 제3호 괄호).

제척기간의 사례

〈국세부과의 제척기간 사례(부정/무신고/일반)〉

사업연도	법인세	소득처분	소득세	부가가치세
2006	2017.3.31.	2018.5.31.	2017.5.31.	2016.7.25./2017.1.25.
	2014.3.31.	2015.5.31.	2014.5.31.	2013.7.25./2014.1.25.
	2012.3.31.	2013.5.31.	2012.3.31.	2011.7.25./2012.1.25.
2009	2020.3.31.	2021.5.31.	2020.5.31.	2019.7.25./2020.1.25.
	2017.3.31.	2018.5.31.	2017.5.31.	2016.7.25./2017.1.25.
	2015.3.31.	2016.5.31.	2015.3.31.	2014.7.25./2015.1.25.
~				
2018	2029.3.31.	2030.5.31.	2029.5.31.	2028.7.25./2029.1.25.
	2026.3.31.	2027.5.31.	2026.5.31.	2025.7.25./2026.1.25.
	2024.3.31.	2025.5.31.	2024.5.31.	2023.7.25./2024.1.25.

* 법인세의 경우 사업연도는 1.1.~12.31.로 가정

1.3 특수관계인 관련 리스크

문제의 개요

기업가와 특수관계인의 사적비용이 회사에서 지급되어서는 안 된다. 기업가나 특수관계인의 지출과 사적비용의 지출에 대해서는 제3자인 임원이나 내부감사의 사전검토와 승인을 받도록 하여야 한다. 그러한 승인절차는 회사의 투명성을 높여주고 회계에 대한 신뢰성을 높여준다.

기업의 매입이나 매출거래에서 특수관계인과의 거래에 대한 투명한 시스템을 구축하

여야 한다. 예를 들어 매출처로서 특약점, 관계회사, 대리점 등이 기업의 특수관계인인 경우 거래단가 및 거래조건 등이 다른 거래처에 비해 특혜를 주는 것은 부당거래이며, 법률상 배임의 문제, 세법상 부당행위계산 등으로 처벌되거나 세금이 추징될 수 있으며 상장을 추진하는 경우 부당한 거래로 인정되어 문제가 될 수 있다. 따라서 이에 대하여는 전문가의 검토를 받도록 하여야 한다. 기업은 특수관계인의 리스트를 관리하고 모든 거래가 세법과 조화되도록 사전에 검토하여 문제가 없도록 하여야 한다.

특수관계인 간 거래 시 증여세문제

가족 간의 거래를 하는 경우 세금문제에 유의하여야 한다. 특히 가족 간에 부당한 가격으로 거래를 하는 경우 증여세 문제가 발생할 수 있다. 특수관계인 간에 재산을 시가보다 낮거나 높은 가액으로 거래한 경우 시가와의 차액이 일정 금액을 초과하는 경우 그 차액에서 그 일정금액을 차감한 금액을 증여로 본다(상속세 및 증여세법 제35조 제1항). 그 일정금액이란 시가의 30%와 3억 원 중, 작은 금액을 말한다(상속세 및 증여세법 시행령 제26조 제2항). 시가가 20억 원인 재산을 10억 원에 산 경우 시가와 거래가의 차이가 10억 원이다. 시가의 30%는 6억 원이므로 6억 원과 3억 중 작은 금액인 3억 원보다 크다. 따라서 10억 원에서 3억 원을 차감한 금액 7억 원을 증여한 것으로 본다. 시가는 해당 재산에 대하여 매매, 감정, 수용, 경매 또는 공매한 사례가 있는 경우 그것을 시가로 한다(상속세 및 증여세법 제69조). 이러한 시가가 없는 경우 토지는 개별 공시지가로 한다(상속세 및 증여세법 제61조 제1항 제1호).

또한 특수관계인으로부터 재산을 증여받은 후 개발사업의 시행, 형질변경, 공유물 분할, 지하수개발 · 이용권 등의 인가 · 허가 및 그밖에 사업의 인가 · 허가 기타 유사한 사유로 재산 가치의 증가가 일정금액을 초과하는 금액이 3억 원을 넘는 경우 증여로 보아 과세한다(상속세 및 증여세법 제42조의 3 제1항, 상속세 및 증여세법 시행령 제32조의 3 제1항 · 제2항). 그러나 재산의 취득가액(증여받은 재산의 경우에는 증여세 과세가액), 연평균지가상승분과 가치상승기여분(개발사업의 시행, 형질변경, 사업의 인가 · 허가 등에 따른 자본적 지출액 등 해당 재산 가치를 증가시키기 위하여 지출한 금액)의 30%가 3억 원보다는 작은 경우는 그 작은 금액을 초과하는 경우이다(상속세 및 증여세법 시행령 제32조의 3 제3항).

한편 증여세 문제 외에도 특수관계인 간에 부당한 가격으로 거래한 경우 시가를 기준으로 양도소득세를 내야 한다는 문제도 발생한다(소득세법 시행령 제167조 제4항).

자산의 시가평가 이슈

특수관계인 간의 거래에는 많은 이슈가 있다. 특수관계인과 거래를 하기 위해서는 「상법」상 이사회의 승인을 받아야 한다. 거래가격이 부당하게 회사에 불리한 거래인 경우 배임의 문제가 발생하고, 「법인세법」상 부당행위계산 부인 규정이 적용되어 법인세나 소득세 또는 증여세까지 과세될 수 있다. 따라서 기업을 경영하는 경우 거래가격을 결정할 때 시가가 중요하다. 특수관계인 간에 거래를 하는 경우에는 시가를 평가하고 시가의 범위 내에서 거래를 하되 이사회의 승인을 받아야 한다. 여기서는 시가의 의미를 세법을 중심으로 설명한다.

세법상 시가는 해당 거래와 유사한 상황에서 해당 법인이 특수관계인 외의 불특정다수인과 계속적으로 거래한 가격 또는 특수관계인이 아닌 제3자간에 일반적으로 거래된 가격이 있는 경우에는 그 가격을 원칙으로 한다(법인세법 시행령 제89조 제1항). 시가란 건전한 사회통념 및 상관행과 특수관계인이 아닌 자간의 정상적인 거래에서 적용되거나 적용될 것으로 판단되는 가격(요율 · 이자율 · 임대료 및 교환비율 기타 이에 준하는 것을 포함)을 말하는 것으로, 해당 거래와 유사한 상황에서 해당 법인이 특수관계인 외의 불특정다수인과 계속적으로 거래한 가격 또는 특수관계인이 아닌 제3자간에 일반적으로 거래된 가격이 있는 경우에는 그 가격으로 한다(법인세법 집행기준 52-89-1).

그런데 시가를 파악하는 것은 쉽지 않다. 그래서 세법은 시가를 파악하기 어려운 경우 시가를 대체할 평가 기준을 정하고 있다. 즉 시가가 불분명한 경우에는 우선 감정가액을 적용하고 이를 적용하지 못하는 경우 「상속세 및 증여세법」 및 「조세특례제한법」에 의하여 평가한다(법인세법 시행령 제89조 제2항). 이를 요약하면 시가가 불분명한 경우에는 다음 순서로 계산한 금액을 시가로 본다(법인세법 시행령 제89조 제2항, 법인세법 집행기준 52-89-1 제2항).

〈시가가 불분명한 경우 시가적용〉

자산 구분	범위
주식 등	「상속세 및 증여세법」 제38조부터 제39조의 3까지 및 동법 제61조부터 제66조, 「조세특례제한법」 제101조까지의 규정을 준용하여 평가한 가액
기타의 자산	• 1순위 : 감정평가법인이 감정한 가액이 있는 경우 그 가액(감정가액이 2 이상인 경우에는 그 감정가액의 평균액) • 2순위 : 위와 같음

「부동산가격공시 및 감정평가에 관한 법률」에 의한 감정평가업자가 감정한 가액이 있는 경우 그 가액을 말한다(법인세법 시행령 제89조 제2항 제1호). 따라서 감정평가업자에게 의뢰하여 평가한 금액을 시가로 적용하여 거래할 수 있다. 이 경우 감정한 가액이 2 이상인 경우에는 그 감정한 가액의 평균액으로 한다(법인세법 시행령 제89조 제2항 제1호). 그러나 주식 등에는 감정가액을 적용하지 않으며, 감정평가사의 감정은 감정한 가액이 5억원 이하인 경우로 한정한다(법인세법 시행령 제89조 제2항 제1호 단서).

「상법」 제298조에 따라 법원이 선임한 검사인은 「부동산가격공시 및 감정평가에 관한 법률」에 의한 감정기관에 해당되지 아니하므로 현물출자자산에 대한 법원검사인의 감정가액은 시가로 보지 아니한다(법인세법 집행기준 52-89-1 제3항).

「상속세 및 증여세법」 제38조 · 제39조 · 제39조의 2 · 제39조의 3, 제61조부터 제64조까지의 규정 및 「조세특례제한법」 제101조를 준용하여 평가한 가액이다(법인세법 시행령 제89조 제2항 제2호).

〈시가적용 시 세법규정의 적용내용〉

법률	법조항	평가방법	비고
상속세 및 증여세법	제38조	합병 시의 증여의제의 주식평가	
	제39조	증자 시의 증여의제의 주식평가	
	제39조의 2	감자 시의 증여의제의 주식평가	
	제39조의 3	현물출자에 따른 이익의 증여의 주식평가	
	제61조	부동산 등의 평가	
	제62조	기타 유형재산의 평가	
	제63조	유가증권의 평가	
	제64조	무체재산권의 평가	
	제65조	조건부권리 등의 평가	
	제66조	저당권 등 설정 자산평가	
조세특례제한법	제101조	중소기업 최대주주 할증평가 특례	할증평가 하지 아니함

상세한 평가의 방법은 별도로 상속세 또는 증여세 관련 전문서적을 참고하기 바란다.

유형 자산의 예를 들어 본다. 선박, 항공기, 차량, 기계장비 및 「입목에 관한 법률」의 적용을 받는 입목을 처분할 경우 다시 취득할 수 있다고 예상되는 가액으로 평가한다.

즉 대체취득 가액을 평가금액으로 본다는 것이다. 그러나 그 가액이 확인되지 아니하는 경우에는 장부가액(취득가액에서 감가상각비를 뺀 가액) 및 「지방세법 시행령」 제4조 제1항의 시가표준액에 따른 가액을 순차로 적용한 가액으로 한다(상속세 및 증여세법 시행령 제52조 제1항). 장부가액은 기업회계기준 등에 의해 작성된 대차대조표상 가액을 말하며 취득가액에서 차감하는 감가상각비는 법인이 납세지 관할세무서장에게 신고한 상각방법에 의하여 기준내용연수를 적용하여 계산한 취득일부터 평가기준일까지의 감가상각비를 말한다(상속세 및 증여세법 집행기준 62-52-2). 한편 내용연수가 경과한 자산의 감가상각비를 장부상 계상하지 아니한 경우에는 당해 장부가액을 상속재산의 평가액으로 적용할 수는 없다(국심 2001중970, 2001.10.20. 같은 뜻임)(국심 2006중1722, 2006.12.1.). 감가상각비상당액이 반영되지 아니한 장부가액을 기준으로 과세(증여세)하는 것은 잘못이며 감가상각비상당액을 공제하여야 한다(심사증여 99-132, 1999.5.7.).

주식의 시가평가 이슈

주권상장법인이 발행한 주식을 한국거래소에서 거래한 경우 해당 주식의 시가는 그 거래일의 한국거래소 최종시세가액을 시가로 한다(법인세법 시행령 제89조 제1항 괄호).

비상장주식인 경우 객관적인 교환가치가 적정하게 반영된 정상적인 거래의 실례가 있으면 그 거래가격을 시가로 보아 주식의 가액을 평가하여야 한다. 어떠한 거래가 그 거래대상의 객관적인 교환가치를 적정하게 반영하는 일반적이고 정상적인 것인지 여부는 ① 거래당사자들이 각기 경제적 이익의 극대화를 추구하는 대등한 관계에 있는지, ② 거래당사자들이 거래 관련 사실에 관하여 합리적인 지식이 있으며 강요에 의하지 아니하고 자유로운 상태에서 거래를 하였는지 등 거래를 둘러싼 제반 사정을 종합적으로 검토하여 판단하여야 한다(조심 2010서1069, 2010.9.8. 참고)(조심 2011서181, 2011.6.29.). 시장성이 적은 비상장주식의 경우에도 그에 대한 매매사실이 있는 경우에는 그 거래가액을 시가로 보아 주식의 가액을 평가하여야 하나, 시가란 일반적이고 정상적인 거래에 의하여 형성된 객관적 교환가격을 의미하므로 그와 같은 매매사례가액이 시가로 인정되기 위해서는 당해 거래가 일반적이고 정상적인 방법으로 이루어져 증여일 당시의 객관적 교환가치를 적정하게 반영하고 있다고 볼 수 있는 사정이 인정되어야 한다(대법원 2012.4.26. 선고, 2010두26988 판결 등 참조). 한편 회사의 발행주식을 경영권과 함께 양도하는 경우 그 거래가액은 주식만을 양도하는 경우의 객관적 교환가치를 반영하는 일반적인 시가로 볼 수 없다(대법원 2007.8.23. 선고, 2005두5574 판결 등 참조)(대법원 2014.2.27. 선고, 2011두198 판결).

이자율의 시가평가 이슈

금전의 대여 또는 차용의 경우에는 앞의 '시장가 원칙'이나 '시가 불분명' 시의 보충적 평가방법이 적용되지 않고 가중평균차입이자율을 시가로 한다(법인세법 시행령 제89조 제3항). 가중평균차입이자율이란 자금을 대여한 법인의 대여시점 현재 각각의 차입금 잔액(특수관계인으로부터의 차입금은 제외)에 차입 당시의 각각의 이자율을 곱한 금액의 합계액을 해당 차입금 잔액의 총액으로 나눈 비율을 말한다. 이 경우 산출된 비율과 대여금리가 해당 대여시점 현재 자금을 차입한 법인의 각각의 차입금 잔액(특수관계인으로부터의 차입금은 제외)에 차입 당시의 각각의 이자율을 곱한 금액의 합계액을 해당 차입금 잔액의 총액으로 나눈 비율보다 높은 때에는 해당 사업연도의 가중평균차입이자율이 없는 것으로 본다(법인세법 시행규칙 제43조 제1항). 변동금리로 차입한 경우에는 차입 당시의 이자율로 차입금을 상환하고 변동된 이자율로 그 금액을 다시 차입한 것으로 보며, 차입금이 채권자가 불분명한 사채 또는 매입자가 불분명한 채권·증권의 발행으로 조달된 차입금에 해당하는 경우에는 해당 차입금의 잔액은 가중평균차입이자율 계산을 위한 잔액에 포함하지 아니한다(법인세법 시행규칙 제43조 제6항). 가중평균차입이자율은 다음과 같이 계산된다(법인세법 집행기준 52-89-3).

〈이자율 시가계산 시의 가중평균이자율 계산산식〉

(지금대여시점의 각각의 차입금 잔액×차입당시 각각의 이자율)의 합계액÷ 자금대여시점의 차입금 잔액의 총액

그러나 다음 세 가지의 경우에는 해당 각 호의 구분에 따라 당좌대출이자율(현재 4.6%)을 시가로 한다(법인세법 시행령 제89조 제3항 단서, 법인세법 시행규칙 제43조 제2항).

첫 번째는 가중평균차입이자율의 적용이 불가능한 경우로 해당 사업연도에 한정하여 당좌대출이자율을 시가로 한다(법인세법 시행령 제89조 제3항 단서 제1호). 이에는 가중평균차입이자율의 적용이 불가능한 경우로서 특수관계인이 아닌 자로부터 차입한 금액이 없는 경우 또는 차입금 전액이 채권자가 불분명한 사채 또는 매입자가 불분명한 채권·증권의 발행으로 조달된 경우 또는 실제 금리가 가중평균차입이자율보다 커서 가중평균차입이자율이 없는 것으로 보는 경우이다(법인세법 시행규칙 제43조 제3항).

두 번째는 법인이 법인세신고와 함께 당좌대출이자율을 시가로 선택하는 경우로 당좌대출이자율을 시가로 하여 선택한 사업연도와 이후 2개 사업연도는 당좌대출이자율을 시가로 한다(법인세법 시행령 제89조 제3항 단서 제2호). 이렇게 법인이 이자율을 선택하는 경우에는 별지 제19호 서식의 가지급금 등의 인정이자조정명세서(갑)를 작성하여 제출하여야 한다(법인세법 시행규칙 제43조 제5항).

세 번째는 대여한 날(계약을 갱신한 경우에는 그 갱신일을 말한다)부터 해당 사업연도 종료일(해당 사업연도에 상환하는 경우는 상환일을 말한다)까지의 기간이 5년을 초과하는 대여금이 있는 경우에는 해당 대여금 또는 차입금에 한정하여 당좌대출이자율을 시가로 한다(법인세법 시행령 제89조 제3항 단서 제1호의 2, 법인세법 시행규칙 제43조 제4항).

결국 금전의 대여 또는 차용의 경우에는 당좌대출이자율과 가중평균이자율 중 법인이 선택하는 비율(선택하지 아니한 경우에는 당좌대출이자율)을 시가로 하되, 선택한 비율은 해당되는 모든 거래에 대하여 적용하고, 그 후의 사업연도에도 계속 적용하여야 하며 수정신고, 신청 등으로 변경이 불가능하다(법인세법 집행기준 52－89－3).

임대의 시가평가 이슈

특수 관계있는 자 간에 토지를 임대하는 때의 적정임대료는 당해 토지의 인근에서 정상적인 거래에 의하여 형성되는 임대료에 상당하는 가액을 말한다(법인 22601－1694, 1992.8.3.).

「법인세법시행령」 제89조 제1항 및 제2항에 의하여 금전 이외에 자산 또는 용역의 대부나 제공에 있어서 '시장가' 또는 '시가 불분명'으로 인하여 보충적 방법 모두 적용할 수 없는 경우에는 별도로 세법이 정한 금액을 시가로 하고 있다(법인세법 시행령 제89조 제4항).

첫 번째는 유형 또는 무형의 자산을 제공하거나 제공받는 경우에는 당해 자산 시가의 50%에서 그 자산의 제공과 관련하여 받은 전세금 또는 보증금을 차감한 금액에 정기예금이자율을 곱하여 산출한 금액이다(법인세법 시행령 제89조 제4항 제1호). 정기예금이자율은 「법인세법 시행규칙」 제6조의 정기예금이자율(2.9%)을 말하며, 계약일 현재 고시된 정기예금이자율을 적용한다(법인세법 집행기준 52－89－2). 임대차 계약의 경우에 임차인이 자기부담으로 시설물을 설치하거나 건축물을 지어 사용하는 거래는 흔하다. 따라서 국세청은 이러한 거래에 대하여 비용처리를 인정하고 있다. 즉 "법인이 다른 법인이 소유하고 있는 토지 위에 건물을 신축하여 동 건물 및 건물의 부속 토지를 일정기간 사용하는 조건으로 건물의 소유권을 무상으로 이전하는 경우 건물의 신축비용은 선급임차료에 해당하며 사용수익 기간 동안 균등하게 안분하여 손금산입 한다(서면법인-2459, 2016.3.22.; 법인 46012-86, 2001.5.3.)." 비록 특수관계인이 아닌 경우의 예규이지만 이러한 거래는 '정상적인 거래'이므로 특수관계인 간의 거래에도 원용될 가능성은 있다. 반대로 이러한 설비를 임대인이 부담하고 그에 상당하는 비용을 임차인에게 부담시킬 수도 있다. 이 때 그 자산의 실질적인 내용연수(결정이 어려운 경우 세법상 내용연수도 가능할 것)를 결정하고 그 사용기간에 따라 정률법 또는 정액법으로 임차인에게 부담시킬 수 있다. 다만 이러한 설비비 등이 임차인의 필요에 따라 지출한 것이어야 한다. 결국 설비비 등의 항목별로 임차인의 필요에 의하여 지출한 것을 확인하고, 그 지출의 내용연수를 확정하고 임차기간 동안 안분하여 임차인이 부담하는 것이다. 물론 세무당국이 인정할 것인지는 확정할 수 없지만 회사에서 위험부담을 하고 결정하여야 할 사항이다.

두 번째는 건설 기타 용역을 제공하거나 제공받는 경우에는 당해 용역의 제공에 소요된 직접비 및 간접비 원가와 직접비 및 간접비 원가에 당해 사업연도 중 특수관계인 외의 자에게 제공한 유사한 용역제공거래에 있어서의 수익률(기업회계기준에 의하여 계산한 매출액에서 원가를 차감한 금액을 원가로 나눈 율을 말한다)을 곱하여 계산한 금액을 합한 금액이다(법인세법 시행령 제89조 제4항 제2호).

1.4 국적과 세금의 문제

기업가들과 그 자녀들은 이중국적을 보유하거나 외국 국적을 가진 경우가 많다. 특히 미국국적을 가진 경우 금융거래 정보를 국가 간에 공유하므로 주의가 필요하다. 「해외금융계좌 신고법」(Foreign Account Tax Compliance Act, FATCA)은 미국정부가 자국민의 역외탈세 방지 및 해외금융정보를 수집하기 위해 미국에서 만들어진 법으로 동 협정을 맺는 국가는 양국 간의 금융정보를 교환한다. 대부분의 국가가 미국과 협정을 맺고 있으며 우리나라와는 2014년도에 체결돼 시행되고 있다. 미국 시민권자 및 영주권자는 전 세계에서 발생하는 소득뿐만 아니라 해외에 보유하고 있는 금융계좌 보고를 하여야 하며 고의적으로 해외금융계좌를 보고하지 않은 경우 계좌잔고의 50% 또는 10만 달러 중 큰 금액이 연도별 벌금으로 추징되는 무서운 법이다. 국적 포기에도 많은 비용이 든다. 미국은 국적포기 수수료를 2,250달러 내야하고 국적포기세도 발생한다. 이는 미국 시민권자나 영주권자가 시민권 등을 포기할 때 보유한 전 세계의 재산을 모두 처분한 것으로 보아 그 이익에 대해 부과되는 세금이다. 최근 5년간 평균 순소득이 16만 달러 이상인 경우, 국적 포기 시 보유한 자산이 200만 달러 이상 이상인 경우, 최근 5년간의 미국 세법을 충분히 준수했음을 증명하지 못한 경우 국적포기세가 적용된다(2017년 기준).

2 가업의 회계리스크 관리

2.1 회계리스크의 중요성

회계분식도 기업경영의 대표적인 위험이다. 분식회계로 파산한 엔론의 대표이사에게 법원은 2006년 징역 24년 4개월 중형을 선고했고, 회계감사를 한 아서앤더슨은 증거인멸죄로 형사 기소돼 공중 분해됐다. 2008년 파산한 리먼브러더스도 회사의 부실을 분식회계로 은폐하였다. 우리나라에선 2016년 대우조선해양의 분식회계 사건이 터졌다. 이러한 분식회계 사건들은 회사를 둘러싼 규제 환경과 관행적인 기업 운영 방식 속에서 문제가 쌓여 발생하는 것이다.

기업의 위험 중 하나는 회계투명성과 관련이 된다. 엔론이 분식회계로 파산한 것은 대표적인 사례이다. 분식회계를 하다 적발되면 분식 금액의 10%까지, 최대 20억 원의 과징금을 물도록 「주식회사의 외부감사에 관한 법률」에서 정하고 있다.

한편, 회계투명성과 분식회계는 세무조사와 검찰조사로 이어지는 리스크도 있다. 2016년 국세청은 대우조선해양에 대한 특별 세무조사를 하였다. 회사는 2013~2014 회계연도에 영업 손실을 축소하는 등 수조 원 규모의 분식회계를 한 혐의로 검찰 조사를 받고 있었다. 분식회계 기업은 원칙적으로 모두 세무조사를 하는 것이 국세청의 방침이다. 금융감독원 등이 통보한 분식회계 기업은 원칙적으로 모두 세무조사를 벌이는 것이다.

2018년에는 삼성그룹의 삼성바이오로직스 회계처리로 논란이 일어났다. 분식회계는 내부회계 관리시스템, 준법통제 같은 기업내부의 노력, 외부감사인의 회계감사, 증권선물위원회(상장법인은 금융감독원, 비상장법인은 한국공인회계사회)의 '회계감리'로 어느 정도 예방된다. 회계감리로 문제가 있는 경우 회사에 대하여는 과징금, 증권발행 제한, 임원 해임권고 및 검찰고발을 할 수 있고, 외부감사인인 회계사에 대하여는 감사업무 제한, 직무정지 및 검찰고발을 할 수 있다. 분식회계로 인해 손해를 입은 투자자는 소송을 제기할 수 있다.

기업이 회계투명성을 확보하려면 기업주의 의지가 가장 중요하다. 이를 위해 기업주는 회계시스템을 구축하고 자발적으로 강도 높은 회계감사를 받아야 한다. 그러나 우리나라는 이러한 회계투명성에 대한 인식이 미미하고 이를 실천하기 이한 환경이 조성되어 있지 못한 실정이다.

2.2 가업의 회계리스크 관리

▲▼ 독립적 감사시스템

스위스 국제경영개발대학원(IMD)이 2016년 발표한 국제 경쟁력 평가에서 우리나라는 '회계 및 감사 적절성' 부문에서 꼴찌를 기록했다. 평가 대상 61개국 가운데 중국이나 베네수엘라보다도 신뢰도가 더 낮다. 합법적인 경영, 투명한 회계, 정도경영을 실현하기 위한 기본적인 장치로 독립적인 회계검토나 감사가 있다. 아직만 우리나라 많은 기업이 회계분식이나 탈세 등에 취약한 것이 현실이다. 물론 경영이 어려워지면서 어떻게든 살아남기 위하여 어쩔 수 없는 분식회계를 한다고 주장한다. 그러나 그런 행위는 근본적인 문제를 해결하지 못하며 결국은 점차 누적되어 '범죄자'로 전락하고 마는 경우도 꽤 많다.

선진국의 기업들이 투명한 회계를 강조하고 자발적으로 강력한 회계감사를 요구하고 받는 것은 그것이 얼마나 필요한 일인지 역사적으로 터득했기 때문이라는 것을 명심하여야 한다. 기업주의 불법과 분식회계를 눈감아주는 회계감사는 기업 스스로 자기 무덤을 돈 주고 파는 것이다.

또한 우리나라에서 기업주위험(owner risk)이 큰 것은 이사회가 독립성이 없고, 주주들의 감시 · 견제 기능이 약하기 때문이다. 또한 법률상 감사의 기능도 독립성이 없어 견제

기능이 없는 회사가 대부분이다. 이사회 구성원과 감사가 기업주가 선호하는 사람들로 채워지면 사실상 무의미한 조직일 뿐이다.

재무 책임자의 역할 강화

많은 기업들이 기업주의 일방적 판단에 의지하는 폐쇄적이고 불투명한 의사결정 방식으로 경영된다. 이 경우 독립성과 전문성을 갖춘 재무책임자(CFO)를 임명하여 견제의 역할을 맡길 수 있다. 그러나 많은 기업들이 기업주의 지인, 친구, 대학동문을 재무 책임자로 임명하여 견제의 역할은커녕 더욱 불투명한 경영에 일조하는 사람으로 만들고 있다. 선진 '글로벌' 기업들은 규모가 커질수록 재무책임자가 기업주를 견제하는 역할을 강화하며 기업주의 결정에 반대의견을 펼칠 수 있도록 하는 경우가 많다.

CFO의 역할은 기업이 속한 산업과 기업의 성장단계 및 기업규모에 따라 다르다. 1997년 IMF 외환위기 이전 우리나라 경제의 고도 성장기에는 기업은 늘 자금이 부족하였고 자금조달이 가장 중요한 업무가 되었다. 그러나 외환위기 이후 CFO는 재무구조의 개선, 경영정보시스템 구축으로 역할이 확장되었다. 특히 2001년 미국에서 엔론 회계부정과 도산으로 회계투명성이 강조되면서 내부통제시스템의 도입과 정착이 중요한 업무로 부상했으며, 2008년 리먼 사태와 서브프라임 모기지가 촉발한 금융위기 이후에는 리스크 관리가 중요한 이슈로 떠올랐다.

뿐만 아니라, 21세기에 들어 세계경제가 침체하고 경영환경이 급변함에 따라 성장 동력을 발굴하고 M&A 전략을 실행하는 일로 역할이 커졌고, 이제 그 역할은 경영전략뿐만 아니라 리스크 관리자 등 그 역할은 기업의 핵심이 되고 있다.

통제 시스템 강화

① 기업과 시스템

기업은 창업 후 확장기, 성장기, 성숙기를 거쳐 쇠퇴기를 맞는 것이 보편적이다. 물론 일부 기업은 제2의 성장을 통해 중소기업에서 중견기업으로, 중견기업에서 대기업으로 성장한다. 기업이 중도에 쇠퇴하는 것은 성장의 정체, 경쟁력 쇠퇴 등이 주요 원인이겠지만 전문적인 매니지먼트 시스템이 없는 것도 원인이다. 기업 경영시스템은 기업의 성격에 따라 다르다. 구글, 아마존이나 애플 같은 혁신추구형 기업은 실험정신과 끝없는 혁신이 특징이다. 따라서 보수적인 전략보다는 유연한 시스템으로 움직여야 한다.

② 내부통제 시스템

내부통제란 기업의 수익성과 성장성을 효과적으로 제고하면서 그 재무정보의 신뢰성을 확보하고 기업과 임직원 등이 관련 법규를 준수할 수 있도록 하는 제도나 절차를 말한다. 내부통제 시스템을 체계적이고 합리적으로 정립하고 운용하기 위해서는 전담인력이 필요하다. 기업 입장에서는 불편하거나 비용 증가를 가져올 수 있지만 기업에서 발생할 수 있는 위험을 최소화하고 투명성을 제고해 장기적으로 지속가능한 성장과 도약을 모색하기 위해서는 필수적인 시스템이다.

③ 기능의 분리

회계처리와 자금관리는 한 사람이 해서는 안 된다. 한 사람이 두 가지 기능을 하는 경우 횡령 등의 문제가 발생한다.

회계처리와 자금관리 담당자를 분리함에 따라 회계보고서와 자금보고서는 구분된다. 회계보고서는 기업회계에 따라 회계부서에서 작성되는 것을 기준으로 일일, 주간, 월간, 분기, 반기 및 연간 손익계산서, 대차대조표로 보고된다. 그러나 자금보고서는 회계보고서에 기초하지만 기능이 다르다. 자금보고서도 일일, 주간, 월간, 분기, 반기 및 연간보고서로 할 수 있다. 회계보고서와는 달리 현금기준에 의하여 작성된다. 다만 회계보고서의 계정과목을 그대로 사용하는 것이 좋다. 자금보고서도 매출, 매출원가, 판매비와관리비의 항목 등을 그대로 표시하여 현금수입과 현금지출을 표시하고 현금과 예금의 기초 잔액과 기말 잔액을 표시하는 형식으로 하여야 한다. 예를 들어 외상매출인 경우 판매시점에는 매출대금이 회수되지 않았지만 회계보고서에는 매출이 기록된다. 그러나 자금보고서에는 대금이 회수되지 않았으므로 매출수입이 기록되지 않는다.

④ 승인의 절차

지출의 승인은 지출결의서를 통하여 이루어진다. 지출의 승인은 매월 정기적인 지출과 비정기적 지출로 구분하고, 금액별로 전결규정에 따라 승인이 이루어져야 한다. 매월 정기적으로 지출되는 금액은 전월 말이나 월초에 별도로 정리하여 지출의 승인을 받고 실제로 지출이 이루어질 때는 재무담당 책임자 등의 전결로 승인(사전승인을 받았음을 표시한다)이 이루어지는 것이 합리적이다. 물론 그 중에 일정금액 이상 또는 특정한 항목에 대하여는 지출결의를 통하여 승인을 받도록 할 수 있다. 비정기적인 지출은 금액별로 전결권자를 정하여 운영한다. 모든 승인을 도장이 아닌 실명을 쓰고 서명하는 것이 바람직하다. 몇 년이 지나면 퇴사한 임직원이 누구인지 확인하기가 어렵고 도장은 언제라도 만들 수 있기 때문이다.

회계전표는 회사의 재무제표로 이어지는 중요한 원시 자료이다. 따라서 회계전표는 반드시 작성하는 사람의 서명, 회계전표의 적정성을 검토하는 사람의 서명 그리고 최종 승인권자에 의한 승인절차가 필요하다. 이 전표를 기초로 만들어지는 회계 또는 자금 일계표, 주계표, 월계표도 마찬가지이다.

회계전표와 일계표 등은 담당자가 작성하고 회계팀장이 검토 후 서명한 후 최종 결재 권자를 정하여 검토 후 승인을 받아야 한다.

⑤ 분석과 통제

지출과 비용에 대한 분석적 검토를 하여야 한다. 정기적으로 전년도 또는 예산과 비교하여 예외적인 변동이 있는지, 부당한 지출이 있는지 검토하여야 한다.

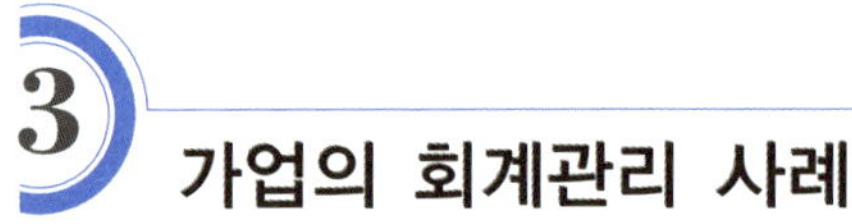

3 가업의 회계관리 사례

3.1 CFO의 역할

재무책임자(Chief Financial Officer, CFO)가 회계숫자만 관심을 갖는 콩알이나 세는 경리 책임자(Bean Counter)로서의 역할만 하는 것은 바람직하지 않다. 재무책임자는 내부통제 및 내부관리 회계제도를 도입해 정착시켜야 하며 위기관리 시스템도 구축하여야 한다. 2001년 엔론 회계부정 사건으로 회계투명성을 제고를 위하여 재무제표와 사업보고서가 문제가 없음을 서명해야 하는 의무가 생기면서 책임이 중요해졌다. 지주회사로 전환하는 지배구조 관련 업무도 재무책임자의 몫이다. 결국 기업전략의 책임자로 기업위험의 관리자로서의 역할을 맡아야 한다. 물론 재무책임자(Chief Financial Officer, CFO)의 역할은 기업이 속한 산업성격과 기업의 규모 및 성장단계에 따라 다르다. 기업의 성장기에는 자금조달이 중요한 업무이므로 자금의 원활한 조달에 많은 노력을 기울인다. 금융위기나 경제가 어려워져서 기업 위기에 처하면 구조조정에 따른 재무구조 개선과 경영정상화 그리고 새로운 성장 동력을 발굴하는 업무를 맡는다.

3.2 조세 피난처 이슈

▲▼ 의의

조세회피 또는 조세피난처는 세율이 낮거나 세금이 없으며 금융기관 등이 거래 고객들의 비밀을 보장해주는 것을 말한다. 제네바 은행들은 거의 18세기부터 유럽 지배계급들의 비자금을 숨겨주고 있었다. 스위스는 고객 비밀 보장 위반을 범죄로 처벌하는 비밀주의 법을 1934년 제정했다. 오스트리아, 벨기에, 리히텐슈타인, 모나코도 엄격한 비밀주의를 유지하고 있다. 조세 피난처에 은닉된 자산은 20조~40조 달러에 이르는 것이라는 추정이다. '글로벌; 최고 부유층과 다국적기업, 국제 금융자본이 조세 피난처를 중심으로 역외금융 네트워크를 만들고 있다.

▲▼ 조세 피난처 지역

1980~1990년대만 조세 피난처 국가는 몇 개 되지 않았지만 2010년대에는 60개국이 넘는다. 가난한 국가들이 수입을 확보할 목적으로 뛰어들었기 때문이다.

유럽의 조세 피난처는 1차 세계대전 당시 유럽의 각국이 전쟁비용을 조달하기 위해 세율을 올리면서 늘어났다. 룩셈부르크는 지주회사에 대한 소득세 감면으로 세계 최대 조세 피난처 중 하나가 됐다. 네덜란드도 주요 조세 피난처다. 네덜란드의 법인세율은 20~25%로 30%대의 프랑스, 벨기에, 스페인 등 유럽 국가들에 비해 낮은 수준이다. 네덜란드가 맺은 조세 조약들로 인하여 네덜란드 소재 기업이 외국에 지불하는 이자와 로얄티는 원천 과세되지 않고 외국 기업이 네덜란드 소재 기업에 지불하는 이자와 로열티에도 낮은 원천 세율을 적용한다.

영국령이었던 지역으로 홍콩, 싱가포르, 버뮤다, 버진아일랜드, 커트스케이커스데도, 벨리즈, 바하마, 케이맨제도, 마셜제도, 지브롤터 등이 있다. 그리고 런던시를 중심으로 이루어진 조세피난처가 있다. 영국계 조세 피난처의 자금의 비즈니스는 런던 시에서 관리한다. 가장 중심부는 저지 섬, 건지 섬, 맨 섬 등 영국 왕실 령 3곳이 있는데 이곳에만 자산이 수조 달러일 것으로 추정하고 있다. 케이맨제도는 세계에서 다섯 번째로 큰 금융 중심지로 10만 개 내외의 등기 회사, 세계 헤지 펀드의 80% 내외, 2조 달러 내외의 수신액을 보유한다.

미국은 과거 런던의 역외 유로마켓을 이용했지만 활용했지만 1980년 들어 미국 내에서 조세 피난처가 미국 내에서 시작되었다. 플로리다, 델라웨어, 네바다, 와이오밍 등 작은 주들이 규제가 거의 없고 비밀주의를 채택하고 있다. 마셜제도, 파나마 등도 포함된다. 카리브 해의 섬나라 네비스는 익명으로 계좌를 개설하거나 다른 사람의 명의로 회사를 등록할 수 있다. 결산서 제출의무와 회계장부 보관 의무가 없고 주주총회는 세계 어느 곳에서 해도 된다. 여기에 있는 것은 사무실, 책상, 전화와 인터넷뿐이며 진짜 업무는 런던 등 금융 중심지에서 이뤄진다.

조세 피난처의 활용

조세피난처를 활용하는 것은 기업 이익에 대하여 최대한 세금을 적게 내고 조세 피난처에 세운 회사로 송금하는 것이다. 세계적 다국적기업이 조세 피난처를 많이 이용하며 세율이 낮은 나라로 수익을 돌려 세금을 최소화한다.

캘리포니아에 본사가 있는 애플은 미국 내 모두 수입을 법인세가 없는 네바다에 집중시킨다. 아일랜드에 있는 자회사는 애플 제품에 대한 특허권과 지식재산권을 소유하여 사용수수료로 받는다. 미국은 애플의 아일랜드 자회사에 대해 과세권이 없지만 애플의 아일랜드 자회사는 본사에서 통제하기 때문에 미국에 과세권이 있다고 보므로 자회사는 미국과 아일랜드 어느 곳에도 세금을 내지 않는다.

조세피난처와 기업 현황

우리나라의 1997년 외환위기 시 알짜 기업과 은행들을 싸게 사들인 외국계 펀드들도 이들 조세 피난처의 페이퍼 컴퍼니를 이용하였다.

국내 대기업 그룹의 반 정도가 조세 피난처(Tax Haven)에 법인을 설립해 운영하는 것으로 알려졌다. 2014년 기준 33개 대기업 그룹이 조세 피난처에 237개 역외법인을 가지고 있는데, 홍콩이 140개사, 케이만군도 49개사, 파나마 19개사, 버진아일랜드 14개사, 마셜군도 6개사, 버뮤다 4개사, 모리셔스 3개사, 바베이도스 2개사 등이다. 대부분은 금융업, 투자자문업, 벤처투자 등 금융·투자 사업을 영위한다(경향신문, 2015.6.25. 편집).

롯데쇼핑은 2008년 네덜란드에 롯데 유럽 홀딩스라는 지주회사를 세워 러시아의 백화점과 호텔 사업체 지분을 모두 현물출자 하여 자회사로 편입했다. 주식은 롯데쇼핑이 약 31%로 가장 높고 호텔롯데, 롯데쇼핑, 롯데제과, 롯데칠성음료, 롯데리아와 함께 90%를 보유한다(The Bell, 2014.7.8. 편집).

▲ 조세 피난처의 위험

조세 피난처는 이제 안전한 곳이 아니다. 조세피난처에 대한 '글로벌' 규제가 강화되고 세금추징도 많아지고 있다. 2016년 뉴스타파는 국제탐사보도언론인협회(ICIJ)와 함께 조세피난처의 한국인 명단 약 200명을 공개했고 국세청은 탈세 혐의가 포착되는 경우 즉각 세무조사에 착수하였다. 국세청은 2013년에도 이 같은 공개에 따라 2013~2014년 동안 총 48명을 세무조사 해 총 1,324억 원을 추징 하였었다. 따라서 조세 피난처의 이용은 세율과 조세조약을 이용한 합법적인 수단으로 이용하여야 한다.

3.3 자본적 지출의 회계

▲ 의의

유형의 고정자산과 관련하여 지출하는 비용은 어떤 경우에는 바로 비용으로 인정되지만 어떤 경우에는 자산의 취득금액에 포함되어 감가상각을 하여야 한다. 전자를 회계용어로 수익적 지출 그리고 후자를 자본적 지출이라 한다. 이러한 구분은 자산의 취득에 적용되는 것이 아니라 수선비로 지출한 금액에 대하여 적용된다. 왜냐하면 「법인세법 시행령」 제31조 제2항에서 자본적 지출의 정의를 "법인이 소유하는 감가상각자산의 내용연수를 연장시키거나 당해 자산의 가치를 현실적으로 증가시키기 위하여 지출한 수선비를 말하며"라고 정의하고 있기 때문이다.

▲ 자본적 지출의 범위

자본적 지출은 자산의 내용연수를 연장시키거나 자산의 가치를 현실적으로 증가시키기 위하여 지출한 수선비를 말한다. 이에는 본래의 용도를 변경하기 위한 개조, 엘리베이터 또는 냉난방장치의 설치, 빌딩 등에 있어서 피난시설 등의 설치, 재해 등으로 인하여 멸실 또는 훼손되어 본래의 용도에 이용할 가치가 없는 건축물 · 기계 · 설비 등의 복구, 기타 개량 · 확장 · 증설 등 유사한 성질의 것을 말한다(법인세법 시행령 제31조 제2항).

즉시 비용처리

공구나 금형, 가구, 전기기구, 가스기기, 가정용 기구 · 비품, 시계, 시험기기, 측정기기 및 간판, 전화기와 휴대용 전화기, 개인용 컴퓨터 및 그 주변기기는 금액에 관계없이 대량보유나 사업 개시나 확장용 등에 관계없이 즉시 비용으로 처리할 수 있다. 그리고 이를 그 사업에 사용한 날이 속하는 사업연도에 비용으로 처리한 경우에만 인정하므로 그 후의 연도에는 즉시 비용으로 처리할 수 없다(법인세법 시행령 제31조 제6항).[5]

소액자산 비용처리

위를 제외하고 그 취득가액이 거래단위별로 100만 원 이하인 감가상각자산에 대하여는 이를 그 사업에 사용한 날이 속하는 사업연도의 손금으로 계상하는 경우 전액 비용으로 인정해준다. 다만 사용한 연도에 비용처리 한 것에 한하므로 당해 연도 이후에는 그렇게 처리할 수 없다(법인세법 시행령 제31조 제4항). 또한 그 고유 업무의 성질상 대량으로 보유하는 자산이나 그 사업의 개시 또는 확장을 위하여 취득한 자산은 100만 원 이하라도 즉시 비용으로 할 수 없다(법인세법 시행령 제31조 제4항).

여기서 거래단위라 함은 이를 취득한 법인이 그 취득한 자산을 독립적으로 사업에 직접 사용할 수 있는 것을 말한다(법인세법 시행령 제31조 제5항).

수선비로 처리하는 경우

자본적 지출에 해당하지 않는 일반적인 수선비는 바로 비용으로 처리한다. 그리고 「법인세법」은 자본적 지출에 해당하는 경우라도 즉시 비용으로 처리하는 것을 인정하는 경우가 있다. 주의할 것은 이와 같은 비용처리가 인정되는 것은 자산의 취득에 적용되는 것이 아니라 '수선비'에 적용된다는 점이다. 이에는 두 가지가 있는데, 첫째는 소액지출이고 둘째는 주기적 수선이다. 전자에는 다시 두 가지가 있다.

첫째는 개별자산별로 수선비로 지출한 금액이 300만원 미만인 경우이다. 둘째는 개별

---

5) 그 외에도 어업에 사용되는 어구나 어선용구, 영화필름, 대여사업용 비디오테이프 및 음악용 콤팩트디스크로서 개별자산의 취득가액이 30만원 미만인 것이 있다.

자산별로 수선비로 지출한 금액이 직전사업연도종료일 현재 대차대조표상의 자산 가액(취득가액에서 감가상각누계액상당액을 차감한 금액을 말한다)의 100분의 5에 미달하는 경우이다. 셋째는 3년 미만의 기간마다 주기적인 수선을 위하여 지출하는 경우이다(법인세법 시행령 제31조 제3항).

여기서 주의할 것이 있다. 수선비로 지출한 금액이 300만 원을 초과하는지 자산의 5%를 초과하는지를 판단하는지에 있어서 수선비라 함은 사업연도 기간 동안의 자본적 지출과 수익적 지출 총합계를 말한다. 총합계가 300만 원에 미달하거나 자산의 5%에 미달하는 경우에만 자본적 지출도 비용으로 처리가 가능하다는 것이다. 만일 이 기준금액 이상인 경우에는 자본적 지출은 자산으로 처리하여 감가상각을 하여야 한다(법인 46012-2660, 1996.9.20.).

3.4 임직원 사택 등 주거지원 회계

임직원이 주택을 제공받는 경우 이로 인한 이익은 근로소득으로 보아 과세한다(소득세법 시행령 제38조 제1항 제6호).

다만, 주주 또는 출자자가 아닌 임원, 소액주주인 임원, 임원이 아닌 종업원(비영리법인 또는 개인의 종업원을 포함), 국가 또는 지방자치단체로부터 근로소득을 지급받는 사람(소득세법 시행령 제38조 제1항 제6호 단서)이 사택을 받는 경우에는 근로소득으로 보지 아니한다.

이 경우 근로소득으로 과세되지 않으려면 다음 요건을 충족하여야 한다. 첫째 근무지로부터 통상 출퇴근 가능 지역 내에 자기소유의 주택이 없는 자 전원을 사택입주대상자로 할 것, 둘째 사택을 제공받는다는 이유로 사택을 제공받지 아니한 종업원과 급여지급액에 차등을 두지 아니할 것, 셋째 사택제공에 따른 비용이 통상 임금지급액에 포함되지 아니하고 기업의 추가적인 부담이어야 한다(소득 46011-278, 1999.10.30.). 그러나 근로자로서 사택에 거주하던 자가 인사이동으로 출퇴근이 불가능한 원거리로 전근되었으나, 가족이 질병요양 · 취학 등 부득이한 사유로 함께 이주하지 못하고 사택에 계속 거주하는 경우, 당해 사택을 제공받음으로써 얻는 이익은 당해 근로자의 근로소득으로 보지 아니한다(소득세법 기본통칙 20-38…4).

사택은 사용자가 소유하고 있는 주택을 무상 또는 저가로 제공하거나, 사용자가 직접 임차하여 무상으로 제공하는 주택을 말한다(소득세법 시행규칙 제15조의 2 제1항). 그러나 이러한 사택은 일시적으로 제공되는 경우에는 인정하지 않는다. 즉 사용자가 임차주택을 사택으로 제공하는 경우 임대차기간 중에 종업원 등이 전근 · 퇴직 또는 이사하는 때에는 다른 종업원 등이 당해 주택에 입주하는 경우에 한하여 이를 사택으로 본다(소득세법 시행규칙 제15조의 2 제2항). 다만, 입주한 종업원 등이 전근 · 퇴직 또는 이사한 후 당해 사업장의 종업원 등 중에서 입주희망자가 없는 경우나 당해 임차주택의 계약 잔여기간이 1년 이하인 경우로서 주택임대인이 주택임대차계약의 갱신을 거부하는 경우에는 예외로 한다(소득세법 시행규칙 제15조의 2 제2항 단서). 사택이라 함은 사실상 상시 주거용으로 사용하는 주택을 말하는 것으로, 레지던스 호텔이 이에 해당하는지 여부는 당해 레지던스 호텔의 건물구조, 객실의 규모와 내부설비, 요금의 산정방식 및 수준, 시설의 운영형태, 영업구조, 투숙객의 의무수준 등을 종합하여 사실판단 할 사항이다(소득세제과-176, 2011.5.3.). 종업원 등에게 제공되는 사택의 경우 법령이 요건을 갖추면 주택규모에 관계없이 근로소득에 해당하지 않는다. 호텔은 주택에 해당하지 아니하므로 주주가 아닌 임원 등을 위하여 지급한 호텔임차비용은 근로소득에 해당한다(소득세법 집행기준 20-38-2).

종업원이 사용하는 사택 또는 합숙소의 유지비, 관리비, 사용료와 이에 관련되는 지출금은 회사의 업무와 관련한 비용으로 인정하고 그 종업원의 근로소득으로도 보지 않는다. 그러나 유의할 것은 이러한 지출 중에 종업원의 생활과 관련된 사적비용인 냉난방비, 전기 · 수도 · 가스 · 전화요금 등은 비용으로 인정되지만 근로소득으로 보아 과세한다는 점이다(법인 46012-3960, 1995.10.24.).

한편 종업원이 주택(주택에 부수된 토지를 포함)의 구입 · 임차에 소요되는 자금을 저리 또는 무상으로 대여 받음으로써 얻는 이익은 근로소득으로 보지 않는다(소득세법 시행령 제38조 제1항 제7호).

3.5 해외 출장비의 회계

▲▼ 업무상 출장의 범위

임원 또는 사용인의 해외여행에 관련하여 지급하는 여비는 그 해외여행이 당해 법인의 업무수행상 통상 필요하다고 인정되는 부분의 금액에 한하여 출장비로 인정한다(법인세법 기본통칙 19-19…22). 임원 또는 사용인의 해외여행이 법인의 업무수행상 필요한 것인가는 그 여행의 목적, 여행지, 여행기간 등을 참작하여 판정한다(법인세법 기본통칙 19-19…23 제1항).

관광여행의 허가를 얻어 행하는 여행, 여행알선업자 등이 행하는 단체여행에 응모하여 행하는 여행, 동업자단체, 기타 이에 준하는 단체가 주최하여 행하는 단체여행으로서 주로 관광목적이라고 인정되는 여행은 원칙적으로 법인의 업무수행상 필요한 해외여행으로 보지 아니한다(법인세법 기본통칙 19-19…23 제1항 단서). 이 경우 그 해외여행기간 중에 있어서의 여행지, 수행한 일의 내용 등으로 보아 법인의 업무와 직접 관련이 있는 것이 있다고 인정될 때에는 법인이 지급하는 그 해외여행에 소요되는 여비 가운데 법인의 업무에 직접 관련이 있는 부분에 직접 소요된 비용(왕복 교통비는 제외)은 여비로서 손금에 산입한다(법인세법 기본통칙 19-19…23 제2항).

▲▼ 출장비 지급액의 근로소득 비과세

회사의 업무수행을 위하여 근로자가 회사의 '해외출장비 지급기준'에 따라 지급 받는 출장비로 출장목적, 출장지, 출장기간 등을 감안하여 실지 소요되는 비용을 충당할 정도의 범위 내에서 지급하는 경우 실비변상적인 성질의 급여에 해당되어 비과세 된다(소득세법 집행기준 12-12-5 제1항).

어떤 기업이 다음과 같이 출장비를 정산하는 규정을 두고 있다.

구 분	교통비	숙박비	현지교통비	식 대
임 원	실 비	실비	2만원 정액	3만원 정액
직 원	실 비	실비	1만5천원 정액	2만1천원 정액

이렇게 회사의 여비지급규정에 따라 시외출장 시 정액지급(증빙 확인 없이)하는 식대와

현지 교통비가 「소득세법 시행령」 제12조 제3호의 실비변상적인 급여에 해당하는지 여부를 국세청에 질의하였다. 해당 질의를 하면서 제도 46011-10737(2001.4.24.) 등을 사례로 들었다. "상시출장을 요하는 근로자에게 여비규정에 의하여 실비정도의 여비를 월액으로 지급하는 것은 소득세를 과세하지 아니 하는 것입니다." 이에 대하여 국세청은 "회사의 여비지급규정에 따라 지급받는 출장경비 중 식대는 출장목적, 출장지, 출장기간 등을 감안하여 실지 소요되는 비용을 충당할 정도의 범위 내에서 실비변상적인 성질의 급여로 비과세하는 것으로 기 해석사례(재소득 46073-146, 1999.7.19.)를 참조하시기 바랍니다."고 답변하였다. 기 해석사례(재소득 46073-146, 1999.7.19.)는 다음과 같은 것이다. "회사의 여비지급규정 또는 사규에 따라 지급받는 출장경비는 출장목적, 출장지, 출장기간 등을 감안하여 실지 소요되는 비용을 충당할 정도의 범위 내에서 실비변상적인 성질의 급여로 비과세하는 것이며, 이에 해당하는 실비변상적인 출장여비의 경우에는 당해 출장여비의 월 합계금액의 크기에 불구하고 비과세한다."

한편, 어떤 회사는 다음과 같이 해외출장비의 지급기준을 만들어서 집행을 하였다.

구분	항공	철도	선박	거마비	숙박		일당	
					갑 지역	을 지역	갑 지역	을 지역
임원	실비				70,000	65,000	50,000	45,000
과장 이상					60,000	55,000	40,000	35,000
대리 이상					55,000	50,000	35,000	30,000
사원					50,000	45,000	30,000	25,000

이에 대하여 국세청은 근로자가 회사의 업무수행을 위하여 해외로 출장할 때 당해 회사의 "해외출장비 지급기준"에 따라 지급 받는 출장비는 출장목적, 출장지, 출장기간 등을 감안하여 실지 소요되는 비용을 충당할 정도의 범위 내에서는 실비변상적인 성질의 급여에 해당되어 근로소득으로 보지 않는다고 해석하였다(법인 46013-452, 1996.2.8.).

종업원이 업무수행을 위한 해외출장으로 인하여 실제 소요된 항공료, 숙박비를 선지출하고 해당 법인으로부터 그 지출한 금액을 정산하여 지급받는 경우로서 해당 해외출장 비용이 「소득세법」에서 규정한 증빙(신용카드매출전표, 현금영수증, 세금계산서, 계산서)에 의하여 확인되는 때에는 동 금액은 해당 종업원의 근로소득에 해당하지 않는다(소득세법 집행기준 12-12-5 제2항). 법인의 업무수행상 필요하다고 인정되지 아니하는 해외여행의 여비와 법인의 업무수행상 필요하다고 인정되는 금액을 초과하는 부분의 금액은 비용으로 인정되지만 원칙적으로 당해 임원 또는 사용인에 대한 급여로 보므로 원천징수를 하여야 한다(법인세법 기본통칙 19－19…22).

또한 임원 또는 사용인의 해외여행에 있어서 그 해외여행기간에 걸쳐 법인의 업무수행상 필요하다고 인정할 수 없는 여행을 겸한 때에는 그 해외여행에 관련하여 지급되는 여비를 법인의 업무수행상 필요하다고 인정되는 여행의 기간과 인정할 수 없는 여행의 기간과의 비에 안분하여 업무수행과 관련 없는 여비는 이를 당해 임원 또는 사용인에 대한 급여로 한다. 이 경우 해외여행의 직접 동기가 특정의 거래처와의 상담, 계약의 체결 등 업무수행을 위한 것인 때에는 그 해외여행을 기회로 관광을 병행한 경우에도 그 왕복교통비(당해 거래처의 주소지 등 그 업무를 수행하는 장소까지의 것에 한한다)는 업무수행에 관련된 것으로 본다(법인세법 기본통칙 19－19…25).

출장 동반자 여비의 처리

임원이 법인의 업무수행상 필요하다고 인정되는 해외여행에 그 친족 또는 그 업무에 상시 종사하고 있지 아니하는 자를 동반한 경우에 있어서 그 동반자와 관련된 여비를 법인이 부담하는 때의 그 여비는 그 임원에 대한 급여로 한다. 다만, 그 동반이 그 임원이 상시 보좌를 필요로 하는 신체장애자이므로 동반하는 경우, 국제회의의 참석 등에 배우자를 필수적으로 동반하도록 하는 경우, 그 여행의 목적을 수행하기 위하여 외국어에 능숙한 자 또는 고도의 전문적 지식을 지니는 자를 필요로 하는 경우에 그러한 적임자가 법인의 임원이나 사용인 가운데 없기 때문에 임시로 위촉한 자를 동반하는 경우와 같이 분명히 그 해외여행의 목적을 달성하기 위하여 필요한 동반이라고 인정되는 때에는 그러하지 아니하다(법인세법 기본통칙 19－19…24).

해외여행 금액의 범위

해외여행이 여행기간의 거의 전 기간을 통하여 분명히 법인의 업무수행상 필요하다고 인정되는 것인 경우에는 그 해외여행을 위해 지급하는 여비는 사회통념상 합리적인 기준에 의하여 계산하고 있는 등, 부당하게 다액이 아니라고 인정되는 한 전액을 당해 법인의 손금으로 한다(법인세법 기본통칙 19－19…22).

증빙의 비치

임원 또는 사용인의 출장은 법인의 업무수행상 필요하다고 인정되는 범위 안에서 지급규정, 사규 등의 합리적인 기준에 따라 계산하고 거래증빙과 객관적인 자료에 의하여 지급사실을 입증하여야 한다. 다만, 사회통념상 부득이 하다고 인정되는 범위내의 비용과 해당 법인의 내부통제기능을 감안하여 인정할 수 있는 범위내의 지급은 그러하지 아니한다(법인세법 집행기준 19－19－14).

3.6 업무무관 자산의 회계

세법은 회사가 지출한 금액 중 업무와 관련된 비용만을 손비로 인정한다. 따라서 업무와 관련되지 않는 비용은 인정하지 않으며 이로 인한 지출은 이는 그 지출처가 개인일 경우에 한하여 개인에게 소득세를 부과할 수도 있다. 또한 세법은 법인의 업무와 직접 관련이 없는 자산을 취득 · 관리함으로써 생기는 비용은 손금으로 인정하지 않고 있다(법인세법 제27조). 즉 업무와 직접 관련이 없는 자산을 취득 · 관리함으로써 생기는 비용, 유지비, 수선비 및 재산세 등의 비용은 손금으로 인정되지 않는다(법인세법 시행령 제49조 제3항). 예를 들어 기업이 취득한 토지에서 농사를 짓는 경우 동 토지와 관련된 재산세 등은 비용으로 인정되지 않으며 농사로 인한 소득에 대하여 대표이사에 대한 상여로 보아 근로소득세를 부과할 가능성도 있다. 또한 이러한 토지는 비업무용부동산 등으로 보아 매년 지급이자 중 해당 부동산 등의 취득에 사용된 차입금 상당액에 대한 금액을 손금으로 인정하지 않는다(법인세법 제28조). 무심코 사 두었다가 비업무용부동산으로 보아 관련된 재산세 등의 비용과 지급이자가 부인되는 경우 그에 대한 세금은 물론 가산세까지 부과될 수 있으니 유의하여야 한다.

한편, 양도하는 경우에도 세금을 중과하는 규정이 있다. 비사업용 토지를 양도한 경우에는 토지 등의 양도소득에 20%의 법인세 이외에 추가로 10%의 세금을 과세한다(법인세법 제55조의 2 제1항 제3호).

3.7 비사업용 부동산 양도소득세 회계

▲ 개요

내국법인이 비사업용 토지나 별장용 토지 및 건물(건물에 부속된 시설물과 구축물 포함)을 양도한 경우에는 '일반' 법인세에 추가로 '양도소득'에 대한 법인세를 내야 한다(법인세법 제55조의 2 제1항).

▲ 비사업용 부동산 양도에 대한 법인세의 계산

양도소득은 양도금액에서 양도 당시의 장부가액을 뺀 금액으로 한다. 다만, 비영리 내국법인이 1990년 12월 31일 이전에 취득한 부동산의 양도소득은 양도금액에서 장부가액과 1991년 1월 1일 현재「상속세 및 증여세법」제60조와 같은 법 제61조 제1항에 따라 평가한 가액 중 큰 가액을 뺀 금액으로 할 수 있다(법인세법 제55조의 2 제6항).

비사업용 토지나 별장을 양도한 경우에는 양도소득에 10%(미등기 토지 등인 경우 40%)를 곱한 금액을 양도소득에 대한 법인세로 납부하여야 한다(법인세법 제55조의 2 제1항 제3호).

이 경우 하나의 자산이 비사업용 토지와 별장 등 둘 이상에 해당할 때에는 그 중 높은 세액을 납부한다(법인세법 제55조의 2 제1항 후단).

▲ 별장의 범위

① 과세대상

별장이란 국내에 소재하는 주택(이에 부수되는 토지 포함) 및 주거용 건축물로서 상시 주거용으로 사용하지 아니하고 휴양 · 피서 · 위락 등의 용도로 사용하는 건축물을 말한다(법인세법 제55조의 2 제1항 제2호).

② 과세제외대상

「지방자치법」제3조 제3항 및 제4항에 따른 읍 또는 면에 있는 농어촌주택(그 부속 토지 포함)은 제외한다(법인세법 제55조의 2 제1항 제2호 단서, 법인세법 시행령 제92조의 2 제2항). 농어촌주택이란 건물의 연 면적이 150제곱미터(약 45평) 이내이고 그 건물의 부속토지의 면적이 660제곱미터(약 200평) 이내이고, 건물과 그 부속토지의 가액이 기준시가 2억 원 이하이며 도시지역 등을 제외한 지역에 소재하는 주택을 말한다(법인세법 시행령

제92조의 10). 도시지역 등이란 수도권지역(「접경지역 지원 특별법」 제2조에 따른 접경지역 중 부동산가격동향 등을 고려하여 대통령령으로 정하는 지역은 제외), 「국토의 계획 및 이용에 관한 법률」 제6조 및 같은 법 제117조에 따른 도시지역 및 허가구역, 「국토의 계획 및 이용에 관한 법률」 제6조에 따른 도시지역, 「소득세법」 제104조의 2 제1항에 따른 지정지역, 「부동산 거래신고 등에 관한 법률」 제10조에 따른 허가구역, 「관광진흥법」 제2조에 따른 관광단지를 말한다(조세특례제한법 제99조의 4 제1항 제1호, 조세특례제한법 시행령 제99조의 4 제4항).

별장에서 제외되는 것이 있다. 주주나 출연자가 아닌 임원(소액주주 등인 임원 포함) 및 사용인에게 제공하는 사택 및 그밖에 무상으로 제공하는 법인 소유의 주택으로서 사택 제공기간 또는 무상제공기간이 10년 이상인 주택, 저당권의 실행으로 인하여 취득하거나 채권변제를 대신하여 취득한 주택으로서 취득일부터 3년이 경과하지 아니한 주택은 제외된다(법인세법 시행령 제92조의 2 제2항).

비사업용 토지의 범위

① 개요

비사업용 토지란 토지를 소유하는 기간 중 '상당한 기간' 동안 농지(논밭 및 과수원), 임야, 목장용지, 농지임야목장 이외의 비사업용 토지, 일정비율을 초과하는 주택부속 토지, 별장부속 토지, 기타 비사업용 토지를 말한다(법인세법 제55조의 2 제2항).

② 상당한 기간

위에서 '상당한 기간'이란 토지 소유기간에 따라 달리 적용된다. 토지의 소유기간이 3년 미만, 3년 이상 5년 미만, 5년 이상으로 나누어 적용된다(법인세법 시행령 제92조의 3). 토지의 소유기간이 5년 이상인 경우에는 세 가지 모두에 해당하는 기간을 말한다. 즉 양도일 직전 5년 중 2년을 초과하는 기간, 양도일 직전 3년 중 1년을 초과하는 기간, 토지의 소유기간의 40%에 상당하는 기간을 초과하는 기간(기간의 계산은 일수로 한다)을 말한다(법인세법 시행령 제92조의 3 제1호). 토지의 소유기간이 3년 이상이고 5년 미만인 경우에는 토지의 소유기간에서 3년을 차감한 기간을 초과하는 기간, 양도일 직전 3년 중 1년을 초과하는 기간, 토지의 소유기간의 40%에 상당하는 기간을 초과하는 기간이다(법인세법 시행령 제92조의 3 제2호). 토지의 소유기간이 3년 미만인 경우에는 토지의 소유기간에서 2년을 차감한 기간을 초과하는 기간(토지의 소유기간이 2년 미만인 경우 적용하지 않는다), 토지의 소유기간의 40%에 상당하는 기간이다(법인세법 시행령 제92조의 3 제3호). 따라서 토지의 소유기간 중 60% 이상의 기간에 사업용으로 전환하여 비사업용 토지에 해당하지 않아야 하며 매각 전에 상당한 기간 동안 사업용으로 전환되어야 한다.

비사업용 농지의 범위

① 개요

논밭 및 과수원 같은 농지는 농업을 주된 사업으로 법인이 소유하는 토지만 사업용으로 본다(법인세법 제55조의 2 제2항 제1호 가목).

한편 특별시, 광역시(광역시에 있는 군 지역은 제외), 특별자치시(특별자치시에 있는 읍 · 면 지역은 제외), 특별자치도(「제주특별자치도 설치 및 국제자유도시 조성을 위한 특별법」 제10조 제2항에 따라 설치된 행정시의 읍 · 면지역은 제외) 및 시 지역(「지방자치법」 제3조 제4항에 따른 도농 복합형태의 시의 읍 · 면 지역은 제외) 중 「국토의 계획 및 이용에 관한 법률」 제6조 제1호에 따른 도시지역에 있는 농지는 사업용으로 보지 않는다(법인세법 제55조의 2 제2항 제1호 나목). 다만, 특별시, 광역시(광역시에 있는 군 지역은 제외), 특별자치시(특별자치시에 있는 읍 · 면지역은 제외), 특별자치도(「제주특별자치도 설치 및 국제자유도시 조성을 위한 특별법」 제10조 제2항에 따라 설치된 행정시의 읍 · 면지역은 제외) 및 시 지역(「지방자치법」 제3조 제4항에 따른 도농 복합형태의 시의 읍 · 면 지역은 제외)의 도시지역에 편입된 날부터 3년이 지나지 아니한 농지는 제외한다(법인세법 제55조의 2 제2항 제1호 나목, 법인세법 시행령 제92조의 5). 도시지역의 범위에는 「국토의 계획 및 이용에 관한 법률」에 따른 녹지지역 및 개발제한구역은 제외한다(법인세법 시행령 제92조의 5 제4항).

② 농지의 범위

농지란 전 · 답 및 과수원으로서 지적공부상의 지목에 관계없이 실제로 경작에 사용되는 토지를 말한다. 이 경우 농지의 경영에 직접 필요한 농막, 퇴비사, 양수장, 지소(池沼), 농도, 수로 등의 토지 부분을 포함한다(법인세법 시행령 제92조의 5 제1항).

③ 주업의 판단

농업만을 사업으로 하는 경우는 주업이 농업이니 간단하다. 그런데 2 이상의 서로 다른 사업을 영위하는 경우에는 주업은 사업별 사업수입금액이 큰 사업으로 한다(법인세법 시행령 제92조의 5 제2항 제1호).

그러나 농업의 수입이 적더라도 당해 법인이 농업에 직접 사용한 농지에서 생산한 농산물을 당해 법인이 제조·생산하는 제품의 원료로 사용하고 그 농업과 제조업 등을 구분하여 경리하는 경우에는 농업을 주업으로 하는 것으로 본다. 이 경우 당해 법인이 생산한 농산물 중 당해 법인이 제조하는 제품의 원재료로 사용하는 것의 비율이 50% 미만인 경우에는 당해 농지의 면적 중 그 사용비율에 상당하는 면적의 2배 이내의 농지에 한하여 농업을 주업으로 하는 것으로 본다(법인세법 시행령 제92조의 5 제2항 제2호).

④ 비사업용 농지로 보지 않는 경우

농업이 주업이 아니라도 비사업용으로 보지 않는 농지가 있다.

첫째는 「초·중등교육법」 및 「고등교육법」에 따른 학교가 그 목적사업을 수행하기 위하여 필요한 시험지·연구지·실습지·종묘생산지 또는 과수 인공수분용 꽃가루 생산지로 쓰기 위하여 농림축산식품부령으로 정하는 바에 따라 농지를 취득하여 소유하는 경우이다(법인세법 시행령 제92조의 5 제3항 제1호, 농지법 제6조 제2항 제2호).

둘째는 공공단체·농업연구기관·농업생산자단체 또는 종묘나 그 밖의 농업 기자재 생산자가 그 목적사업을 수행하기 위하여 필요한 시험지·연구지·실습지·종묘생산지 또는 과수 인공수분용 꽃가루 생산지로 쓰기 위하여 농림축산식품부령으로 정하는 바에 따라 농지를 취득하여 소유하는 경우이다(법인세법 시행령 제92조의 5 제3항 제1호, 농지법 제6조 제2항 제2호). 공공단체·농업연구기관·농업생산자단체 또는 종묘나 그 밖의 농업 기자재 생산자란 다음 별표 2에 해당하는 단체 또는 기관을 말한다(농지법 시행규칙 제5조).

〈실습지등으로 농지를 소유할 수 있는 공공단체 등의 범위〉(2016.12.9. 개정)

구 분	범 위
공 공 단 체	1. 「한국농어촌공사 및 농지관리기금법」에 따른 한국농어촌공사 2. 「한국농수산식품유통공사법」에 따른 한국농수산식품유통공사 3. 「과학기술분야 정부출연 연구기관 등의 설립·운영 및 육성에 관한 법률」에 따른 한국식품연구원 및 한국원자력연구원 4. 「사회복지사업법」 제2조 제4호에 따른 사회복지시설을 설치하고 운영하는 같은 조 제3호에 따른 사회복지법인 5. 「전통사찰의 보존 및 지원에 관한 법률」 제4조에 따라 지정·등록된 전통사찰 6. 「정신보건법」 제3조 제3호에 따른 정신의료기관(의료법인에 한정한다) 7. 「문화재보호법」 제24조에 따라 중요무형문화재로 지정된 농요의 보존을

구 분	범 위
	위한 비영리단체 8. 「문화유산과 자연환경자산에 관한 국민신탁 법」 제3조에 따른 국민신탁 법인(문화유산과 자연환경자산의 보전을 목적으로 하는 경우에만 해당한다)
농업생산자단체	1. 「농업협동조합법」에 따른 조합과 그 중앙회, 품목조합연합회 및 조합공동사업법인 2. 「산림조합법」에 따른 조합과 그 중앙회 3. 「엽연초생산협동조합법」에 따른 엽연초생산협동조합과 그 중앙회 4. 「축산법」 제6조에 따른 가축 등록기관 및 같은 법 제7조에 따른 가축 검정기관
농업연구기관	1. 비영리법인이 설립하거나 운영하는 농업생산기술 · 자재 등의 개발 · 개량을 위한 연구기관으로서 농림축산식품부장관이 인정하는 연구기관 2. 「벤처기업육성에 관한 특별조치법」에 따른 생명공학 분야 벤처기업이 농업에 관한 연구를 위하여 설립하거나 운영하는 부설 연구소로서 농림축산식품부장관이 인정하는 연구소
종자생산자	「종자산업법」 제14조 제1항에 따라 설립된 단체 및 같은 법 제37조 제1항에 따라 등록을 한 종자업자
농업기자재 생산자	1. 「비료관리법」 제11조 제1항에 따라 등록한 비료생산업자 및 그 단체 2. 「농약관리법」 제3조에 따라 등록을 한 농약의 제조업자 · 수입업자 및 그 단체 3. 「농업기계화 촉진법」 제2조 제1호에 따른 농업기계를 생산하는 자 및 그 단체

「초 · 중등교육법」 및 「고등교육법」에 따른 학교 또는 공공단체 등이 시험지, 연구지, 실습지, 종묘생산지 또는 과수 인공수분용 꽃가루 생산지로 농지를 취득하려는 경우에는 소관 중앙행정기관의 장(소관 사무에 관한 권한을 위임받은 자를 포함)의 추천을 거쳐 농지소재지를 관할하는 특별시장, 광역시장 또는 도지사의 농지취득인정을 받아야 한다(농지법시행령 제6조 제1항). 농지취득인정을 받으려는 자는 별지 제1호서식의 농지취득인정신청서에 취득하려는 농지의 활용계획이 포함되어 있는 사업계획서, 신청당시 소유하고 있는 농지의 명세와 활용현황, 허가증 · 인가 증 · 등록증 등 농지취득자격이 있음을 입증하는 서류, 소관 중앙행정기관의 장의 농지취득인정추천서를 첨부하여 소관 중앙행정기관의 장에게 제출하여야 한다(농지법시행령 제6조 제2항). 소관 중앙행정기관의 장은

이를 검토한 후 농지취득인정의 추천을 할 필요가 있다고 인정하는 경우에 한하여 해당 신청 서류에 추천서를 첨부하여 시 · 도지사에게 보내야 한다(농지법 시행령 제6조 제4항). 시 · 도지사는 그 신청내용이 요건에 적합한지의 여부를 검토한 후 적합하다고 인정하는 경우에는 농지취득인정서를 신청인에게 내주어야 하며, 적합하지 아니하다고 인정하는 경우에는 그 사유를 구체적으로 밝혀 신청인에게 통보하여야 한다. 이 경우 시 · 도지사는 농지취득인정신청의 처리결과를 그 추천을 한 소관 중앙행정기관의 장에게 통보하여야 한다(농지법 시행령 제6조 제5항).

셋째는 담보로 취득하는 경우이다. 금융기관 등이 담보농지를 취득하여 소유하는 경우이다(법인세법 시행령 제92조의 5 제3항 제1호, 농지법 제6조 제2항 제6호). 즉 농지의 저당권자로서 금융기관, 한국자산관리공사, 유동화전문회사, 한국농어촌공사, 농업협동조합자산관리회사, 농협, 수협, 축협, 산림조합 등이 농지 저당권 실행을 위한 경매기일을 2회 이상 진행하여도 경락인이 없으면 그 후의 경매에 참가하여 그 담보 농지를 취득할 수 있다(농지법 제13조 제1항, 농지법 시행령 제11조).

넷째는 「한국농어촌공사 및 농지관리기금법」에 따라 한국농어촌공사가 농지를 취득하여 소유하는 경우와 「공유수면매립법」에 따라 매립농지를 취득하여 소유하는 경우이다(법인세법 시행령 제92조의 5 제3항 제1호, 농지법 제6조 제2항 제10호).

다섯째는 농지전용허가를 받거나 농지전용신고를 한 법인이 소유한 농지 또는 농지전용협의를 완료한 농지로서 당해 전용목적으로 사용되는 토지이다(법인세법 시행령 제92조의 5 제3항 제2호). 다만, 「농지법」이나 그 밖의 법률에 따라 소유할 수 있는 농지는 비사업용으로 보지 않는다(법인세법 제55조의 2 제2항 제1호 가목 단서). 법률에 따라 소유할 수 있는 농지는 다양하게 정하고 있다.

여섯째는 토지수용으로 농지를 취득하여 소유하는 경우와 농림축산식품부장관과 협의를 마치고 「공익사업을 위한 토지 등의 취득 및 보상에 관한 법률」에 따라 농지를 취득하여 소유하는 경우로서 당해 사업목적으로 사용되는 토지이다(법인세법 시행령 제92조의5 제3항 제3호, 농지법 제6조 제2항 제10호 라목 · 마목).

일곱째 종중이 2005년 12월 31일 이전에 취득하여 농지이다(법인세법 시행령 제92조의 5 제3항 제4호).

여덟째 제사, 종교, 자선, 학술, 기예, 그 밖의 공익사업을 목적으로 하는 「지방세법 시행령」 제22조에 따른 비영리사업자가 그 사업에 직접 사용하는 농지이다(법인세법 시행령 제92조의 5 제3항 제5호). 비영리사업자는 종교 및 제사를 목적으로 하는 단체, 「초 ·

중등교육법」 및 「고등교육법」에 따른 학교, 「경제자유구역 및 제주국제자유도시의 외국교육기관 설립 · 운영에 관한 특별법」 또는 「기업도시개발 특별법」에 따른 외국교육기관을 경영하는 자 및 「평생교육법」에 따른 교육시설을 운영하는 평생교육단체, 「사회복지 사업법」에 따라 설립된 사회복지법인, 양로원 · 보육원 · 모자원 · 한센병자치료보호시설 등 사회복지사업을 목적으로 하는 단체 및 한국한센복지협회, 「정당법」에 따라 설립된 정당이 해당된다(지방세법 시행령 제22조).

비사업용 임야의 범위

① 개요

임야는 별도의 예외 규정이 없는 이상 비사업용토지로 본다(법인세법 제55조의 2 제2항 제2호). 그러나 다음과 같은 경우에는 비사업용 토지로 보지 아니한다.

② 공익상 필요 또는 산림 보호 · 육성 목적 임야

「산림자원의 조성 및 관리에 관한 법률」에 따라 지정된 채종림(採種林)과 시험림, 「산림보호법」 제7조에 따른 산림보호구역, 그밖에 공익상 필요하거나 산림의 보호 · 육성을 위하여 필요한 임야로서 대통령령으로 정하는 것은 비사업용 토지로 보지 않는다(법인세법 제55조의 2 제2항 제2호 가목). 대통령령으로 정하는 것에는 「산림자원의 조성 및 관리에 관한 법률」에 따른 채종림과 시험림, 「산림보호법」에 따른 산림보호구역, 사찰림 또는 동유림(洞有林), 「자연공원법」에 따른 공원자연보존지구 및 공원자연환경지구 안의 임야, 「도시공원 및 녹지 등에 관한 법률」에 따른 도시공원 안의 임야, 「문화재보호법」에 따른 문화재보호구역 안의 임야, 「전통사찰의 보존 및 지원에 관한 법률」에 따라 전통사찰이 소유하고 있는 경내지, 「개발제한구역의 지정 및 관리에 관한 특별조치법」에 따른 개발제한구역 안의 임야, 「군사기지 및 군사시설 보호법」에 따른 군사기지 및 군사시설 보호구역 안의 임야, 「도로법」에 따른 접도구역 안의 임야, 「철도안전법」에 따른 철도보호지구 안의 임야, 「하천법」에 따른 홍수관리구역 안의 임야, 「수도법」에 따른 상수원보호구역 안의 임야, 그밖에 공익상 필요 또는 산림의 보호육성을 위하여 필요한 임야로서 기획재정부령(없음)이 정하는 것이 있다(법인세법 시행령 제92조의 6 제1항).

③ 임업을 주업으로 하는 법인 소유 임야

임업을 주된 사업으로 하는 법인은 비사업용토지로 보지 않는다(법인세법 제55조의 2

제2항 제2호 나목).

주업을 판단할 때 2 이상의 서로 다른 사업을 영위하는 경우에는 사업연도종료일 현재 당해 법인의 총자산가액 중 당해 사업에 공여되는 자산의 가액이 큰 사업으로 한다(법인세법 시행령 제92조의 6 제2항).

④ 독림가인 법인 소유 임야

「산림자원의 조성 및 관리에 관한 법률」에 따른 독림가(篤林家)인 법인이 소유하는 임야는 비사업용토지로 보지 않는다(법인세법 제55조의 2 제2항 제2호 나목). 독림가는 산림경영을 하여 국가로부터 인정을 받은 자로 개인독림가, 법인독림가 등으로 구분된다.

비사업용토지로 보지 않는 토지는 「산지관리법」에 따른 산지 안의 임야로서 「산림자원의 조성 및 관리에 관한 법률」에 따른 산림경영계획 인가를 받아 시업(施業)중인 임야 또는 「산림자원의 조성 및 관리에 관한 법률」에 따른 특수산림사업지구 안의 임야를 말한다(법인세법 시행령 제92조의 6 제3항). 다만, 「국토의 계획 및 이용에 관한 법률」에 따른 도시지역(동법 시행령 제30조의 규정에 따른 보전녹지지역을 제외) 안의 임야로서 도시지역으로 편입된 날부터 3년이 경과한 임야를 제외한다(법인세법 시행령 제92조의 6 제3항 단서).

⑤ 직접 업무관련 간주 임야

토지의 소유자, 소재지, 이용 상황, 보유기간 및 면적 등을 고려하여 법인의 업무와 직접 관련이 있다고 인정할 만한 상당한 이유가 있는 임야는 비사업용으로 보지 않는다(법인세법 제55조의 2 제2항 제2호 다목). 비사업용으로 보지 않은 이러한 임야는 「산림자원의 조성 및 관리에 관한 법률」에 따른 종 · 묘 생산업자가 산림용 종자 또는 산림용 묘목의 생산에 사용하는 임야, 「산림문화 · 휴양에 관한 법률」에 따른 자연휴양림을 조성 또는 관리 · 운영하는 사업에 사용되는 임야, 「수목원 · 정원의 조성 및 진흥에 관한 법률」에 따른 수목원을 조성 또는 관리 · 운영하는 사업에 사용되는 임야, 산림조합 및 산림계가 그 고유목적에 직접 사용하는 임야, 제사 · 종교 · 자선 · 학술 · 기예 그 밖의 공익사업을 목적으로 하는 「지방세법 시행령」 제22조에 따른 비영리사업자가 그 사업에 직접 사용하는 임야, 2005년 12월 31일 이전에 취득하여 종중이 소유한 임야, 그밖에 토지의 소유자, 소재지, 이용 상황, 소유기간 및 면적 등을 감안하여 법인의 업무에 직접 관련이 있는 임야로서 기획재정부령(2017.6.18. 현재 없음)이 정하는 임야이다(법인세법 시행령 제92조의 6 제4항). 「지방세법 시행령」 제22조에 따른 비영리 사업자에는 종교 및 제사를 목적으로 하는 단체, 「초 · 중등교육법」 및 「고등교육법」에 따른 학교, 「경제자유구역 및 제주국제자유도시의 외국교육기관 설립 · 운영에 관한 특별법」 또는 「기업도시개발 특별법」에 따른 외국교육기관을 경영하는 자 및 「평생교육법」에 따른 교육시설을 운영하는 평생교육단체, 「사회복지 사업법」에 따라 설립된 사회복지법인, 양로원 · 보육원 · 모자원 · 한센병자치료보호시설 등 사회복지사업을 목적으로 하는 단체 및 한국한센복지협회, 「정당법」에 따라 설립된 정당을 말한다(지방세법 시행령 제22조).

비사업용 목장용지의 범위

① 축산업법인 소유의 일정 범위 내 토지

목장용지는 축산용으로 사용되는 축사와 부대시설의 토지, 초지 및 사료포(飼料圃)를 말한다(법인세법 시행령 제92조의 7 제1항).

축산업을 주된 사업으로 하는 법인이 소유하는 목장용지는 특별한 사유가 없는 한 사업용 토지로 본다(법인세법 제55조의 2 제2항 제3호). 따라서 축산업을 주된 사업으로 하지 아니하는 법인이 소유하는 목장용지는 예외규정이 없는 한 비사업용토지로 본다(법인세법 제55조의 2 제2항 제3호). 축산업을 포함하여 2 이상의 서로 다른 사업을 영위하는 경우에는 주업은 사업별 사업수입금액이 큰 사업으로 한다. 다만, 「농업협동조합법」에 의하여 설립된 농업협동조합과 농업협동조합중앙회는 이를 축산업을 주업으로 하는 법인으로 본다(법인세법 시행령 제92조의 7 제3항 제1호). 이때 당해 법인이 축산업에 직접 사용한 목장용지에서 생산한 축산물을 당해 법인이 제조하는 제품의 원재료로 사용하고 그 축산업과 제조업 등을 구분하여 경리하는 경우에는 사업별 사업수입금액에 관계없이 축산업을 주업으로 하는 것으로 본다. 이 경우 당해 법인이 생산한 축산물 중 당해 법인이 제조하는 제품의 원재료로 사용하는 것의 비율이 50% 미만인 경우에는 당해 목장용지의 면적 중 그 사용비율에 상당하는 면적의 2배 이내의 목장용지에 한하여 축산업을 주업으로 하는 것으로 본다(법인세법 시행령 제92조의 7 제3항 제1호).

그러나 축산업을 주된 사업으로 하는 법인이 소유하는 목장용지로서 축산용 토지의 기준 면적을 초과하거나 특별시, 광역시, 특별자치 시, 특별자치도 및 시 지역의 도시지역(「국토의 계획 및 이용에 관한 법률」에 따른 녹지지역 및 개발제한구역은 제외)에 있는 목장용지(도시지역에 편입된 날부터 3년이 지나지 아니한 경우는 제외)는 비사업용 토지로 본다(법인세법 제55조의 2 제2항 제3호 가목, 법인세법 시행령 제92조의 7 제5항 · 제6항).

축산용 토지의 기준 면적은 다음 별표 1에 규정된 가축별 기준면적과 가축두수를 적용하여 계산한 토지의 면적을 말한다(법인세법 시행령 제92조의 7 제4항).

〈축산용 토지의 기준 면적〉

구분	사업	사축 두수	축사 및 부대시설 (제곱미터)		초지 및 사료 포 (헥타르)		비 고
			축사	부대시설	초지	사료 포	
한우(육우)	사육사업	1두당	7.5	5	0.5	0.25	말, 노새 또는 당나귀를 사육하는 경우를 포함한다.
한우(육우)	비육사업	1두당	7.5	5	0.2	0.1	
유우	목장사업	1두당	11	7	0.5	0.25	
양	목장사업	10두당	8	3	0.5	0.25	
사슴	목장사업	10두당	66	16	0.5	0.25	
토끼	사육사업	100두당	33	7	0.2	0.1	친칠라를 사육하는 경우를 포함한다.
돼지	양돈사업	5두당	50	13			개를 사육하는 경우를 포함한다.
가금	양계사업	100수당	33	16			
밍크	사육사업	5수당	7	7			여우를 사육하는 경우를 포함한다.

가축두수는 다음의 어느 하나의 방법 중 납세자가 선택하는 방법에 따라 산정한다.

가. 양도일 이전 최근 6사업연도(양도일이 속하는 사업연도를 포함한다. 이하 같다)중 납세자가 선택하는 축산업을 영위한 3사업연도의 최고사육두수를 평균한 것

나. 양도일 이전 최근 4사업연도 중 납세자가 선택하는 축산업을 영위한 2사업연도의 최고사육두수를 평균한 것

다. 축산업을 영위한 기간이 2년 이하인 경우에는 축산업을 영위한 사업연도의 최고사육두수를 평균한 것

② 업무 직접 관련 간주 토지

토지의 소유자, 소재지, 이용 상황, 보유기간 및 면적 등을 고려하여 법인의 업무와 직접 관련이 있다고 인정할 만한 상당한 이유가 있는 목장용지는 사업용 토지로 인정된다. 2005년 12월 31일 이전에 취득한 종중이 소유한 목장용지, 「초 · 중등교육법」과 「고

등교육법」에 따른 학교 및 「축산법」에 따른 가축개량총괄기관과 가축개량기관이 시험 · 연구 · 실습지로 사용하는 목장용지, 제사 · 종교 · 자선 · 학술 · 기예 그 밖의 공익사업을 목적으로 하는 「지방세법」 제186조 제1호 본문의 규정에 따른 비영리사업자가 그 사업에 직접 사용하는 목장용지, 그밖에 기획재정부령(없음)이 정하는 것이 해당된다(법인세법 제55조의 2 제2항 제3호 단서, 법인세법 시행령 제92조의 7 제2항). 「지방세법」 제186조 제1호 본문의 규정에 따른 비영리사업자는 해당 조항이 없다. 아마도 개정되었는데 「지방세법 시행령」 제22조에 따른 비영리 사업자인 것 같다. 이에는 종교 및 제사를 목적으로 하는 단체, 「초 · 중등교육법」 및 「고등교육법」에 따른 학교, 「경제자유구역 및 제주국제자유도시의 외국교육기관 설립 · 운영에 관한 특별법」 또는 「기업도시개발 특별법」에 따른 외국교육기관을 경영하는 자 및 「평생교육법」에 따른 교육시설을 운영하는 평생교육단체, 「사회복지 사업법」에 따라 설립된 사회복지법인, 양로원 · 보육원 · 모자원 · 한센병자치료보호시설 등 사회복지사업을 목적으로 하는 단체 및 한국한센복지협회, 「정당법」에 따라 설립된 정당을 말한다(지방세법 시행령 제22조).

▲▼ 농지, 임야, 목장용지 외의 토지

① 개요

농지, 임야 및 목장용지 외의 토지는 비사업용에서 제외되는 토지 외에는 비사업용 토지로 본다(법인세법 제55조의 2 제2항 제4호). 다음과 같은 경우에는 비사용 토지로 인정된다. 또한 토지의 이용 상황, 관계 법률의 의무이행 여부 및 수입금액 등을 고려하여 법인의 업무와 직접 관련이 있다고 인정할 만한 상당한 이유가 있는 토지도 비사업용에서 제외된다(법인세법 제55조의 2 제2항 제4호). 이에 대하여는 시행령 제92조의 8에 정하고 있다.

② 재산세 비과세 토지

비사업용에서 제외되는 토지에는 「지방세법」이나 관계 법률에 따라 재산세가 비과세되거나 면제되는 토지는 비사업용 토지로 보지 않는다(법인세법 제55조의 2 제2항 제4호 가목).

③ 재산세 별도합산, 분리과세 대상토지

「지방세법」 제106조 제1항 제2호 및 제3호에 따른 재산세 별도합산과세대상 또는 분리과세대상이 되는 토지는 비사업용 토지로 보지 않는다(법인세법 제55조의 2 제2항 제4호 나목).

④ 체육시설용 토지

세법이 정한 4가지 체육시설용 토지는 비사업용토지로 보지 않는다(법인세법 시행령 제92조의 8 제1항 제1호). 첫째는 선수전용 체육시설용 토지이다. 즉 「국민체육진흥법」에 따라 직장운동경기 부를 설치한 법인이 선수전용으로 계속하여 제공하고 있는 체육시설용 토지로서 선수전용 체육시설 기준면적인 별표 7의 기준 면적 이내의 토지가 해당된다(법인세법 시행령 제92조의 8 제1항 제1호 가목 1, 법인세법 시행규칙 제46조 제1항). 다만, 직장운동경기부가 선수 · 지도자 등에 관한 요건에 해당하지 아니하는 경우에는 그러하지 아니하다(법인세법 시행령 제92조의 8 제1항 제1호 가목 1, 법인세법 시행규칙 제46조 제1항).

〈별표 7 직장 운동경기부 선수전용 체육시설의 기준 면적〉(단위 : 제곱미터)

실외체육시설		실내체육시설	
구 분	기준 면적	구 분	기준 면적 (체육시설 바닥면적)
축구장	11,000	핸드볼, 배구, 농구, 탁구, 배드민턴, 복싱, 유도, 검도, 태권도, 펜싱, 체조, 역도, 씨름, 레슬링, 볼링	800
야구장	14,000		
럭비장	9,000		
필드하키장	6,500		
테니스장	650	수영, 수구, 다이빙	1,000
연식정구장	650		
미식축구장	7,000		
승마장	6,200		
사격장	4,000	아이스하키, 피겨스케이트, 롤러스케이트	1,800
궁도장	7,100		
기타	3,000		

1. 실내체육시설의 부속토지의 경우에는 실내체육시설의 건축물 바닥면적에 「지방세법 시행령」 제131조의 2 제2항의 규정에 따른 용도지역별 적용배율을 곱하여 산출한 면적을 기준 면적으로 인정한다. 다만, 당해 토지가 「지방세법 시행령」 제131조의 2 제1항 제2호의 규정에 따른 건축물의 부속토지에 해당하는 경우에는 그러하지 아니하다.

2. 축구, 야구, 럭비, 필드하키 또는 미식축구 중 2종목 이상의 운동경기부를 두고 있는 경우에는 그 중 가장 넓은 것에 해당하는 종목의 기준 면적 하나만을 기준 면적으로 인정한다.
3. 실내운동경기를 할 수 있는 운동경기부를 두고 있는 법인이 설치한 실내체육시설의 건축물 바닥 면적이 기준 면적 이하인 경우에는 당해 건축물 바닥면적에 「지방세법 시행령」 제131조의 2 제2항의 규정에 따른 용도지역별 적용배율을 곱하여 산출한 면적을 기준 면적으로 인정한다. 다만, 당해 토지가 「지방세법 시행령」 제131조의 2 제1항 제2호의 규정에 따른 건축물의 부속토지에 해당하는 경우에는 그러하지 아니하다.
4. 실내운동경기를 할 수 있는 운동경기부를 두고 있는 법인이 실내체육시설을 설치하지 아니한 경우에는 800제곱미터를 기준 면적으로 인정한다.
5. 테니스장 또는 연식정구장의 경우에는 선수 2인까지를 기준으로 하며, 선수가 2인을 초과하는 경우에는 2인마다 483제곱미터를 가산하여 기준 면적으로 인정한다.

선수 · 지도자 등에 관한 요건이라 함은 선수는 대한체육회에 가맹된 경기단체에 등록되어 있는 자일 것, 경기종목별 선수의 수는 당해 종목의 경기정원 이상일 것, 경기종목별로 경기지도자가 1인 이상일 것이라는 세 가지 모든 요건을 말한다(법인세법 시행규칙 제46조 제2항).

둘째는 운동경기업을 영위하는 법인이 선수훈련에 직접 사용하는 체육시설로서 기준 면적 이내의 토지가 해당한다(법인세법 시행령 제92조의 8 제1항 제1호 가목 2). 기준 면적이라 함은 별표 8의 기준 면적을 말한다(법인세법 시행규칙 제46조 제3항).

〈별표 8 운동경기업 선수전용 체육시설의 기준 면적〉 (단위 : 제곱미터)

실외체육시설		실내체육시설	
구 분	기준 면적	구 분	기준 면적 (체육시설 바닥면적)
축구장	16,500	핸드볼, 배구, 농구, 탁구, 배드민턴, 복싱, 유도, 검도, 태권도, 펜싱, 체조, 역도, 씨름, 레슬링, 볼링	1,200
야구장	21,000		
럭비장	13,500		
필드하키장	9,750		
테니스장	975	수영, 수구, 다이빙	1,500
연식정구장	975		
미식축구장	10,500		
승마장	9,300		

실외체육시설		실내체육시설	
구 분	기준 면적	구 분	기준 면적 (체육시설 바닥면적)
사 격 장	6,000	아이스하키, 피겨스케이트, 롤러스케이트	2,700
궁 도 장	10,650		
기 타	4,500		

1. 실내체육시설의 부속토지의 경우에는 실내체육시설의 건축물 바닥면적에 「지방세법 시행령」 제131조의 2 제2항의 규정에 따른 용도지역별 적용배율을 곱하여 산출한 면적을 기준 면적으로 인정한다. 다만, 당해 토지가 「지방세법 시행령」 제131조의 2 제1항 제2호의 규정에 따른 건축물의 부속토지에 해당하는 경우에는 그러하지 아니하다.
2. 축구, 야구, 럭비, 필드하키 또는 미식축구 중 2종목 이상의 운동경기부를 두고 있는 경우에는 그 중 가장 넓은 것에 해당하는 종목의 기준 면적 하나만을 기준 면적으로 인정한다.
3. 실내운동경기를 할 수 있는 운동경기부를 두고 있는 법인이 설치한 실내체육시설의 건축물 바닥 면적이 기준 면적 이하인 경우에는 당해 건축물 바닥면적에 「지방세법 시행령」 제131조의 2 제2항의 규정에 따른 용도지역별 적용배율을 곱하여 산출한 면적을 기준 면적으로 인정한다. 다만, 당해 토지가 「지방세법 시행령」 제131조의 2 제1항 제2호의 규정에 따른 건축물의 부속토지에 해당하는 경우에는 그러하지 아니하다.
4. 테니스장 또는 연식정구장의 경우에는 선수 2인까지를 기준으로 하며, 선수가 2인을 초과하는 경우에는 2인마다 725제곱미터를 가산하여 기준면적으로 인정한다.

셋째는 종업원 체육시설용 토지이다. 종업원의 복지후생을 위하여 설치한 별표 9의 기준 면적 이내의 토지가 이에 해당한다(법인세법 시행령 제92조의 8 제1항 제1호 나목, 법인세법 시행규칙 제46조 제4항).

〈별표 9 종업원 체육시설의 기준 면적〉 (단위 : 제곱미터)

구분		종업원 100인 이하	종업원 100인 초과 500인 이하	종업원 500인 초과 2,000인 이하	종업원 2,000인 초과 10,000인 이하	종업원 10,000인 초과
실외체육시설	운동장	1,000	1,000 + 100인 초과 종업원 수 ×9	4,600 + 500인 초과 종업원 수 ×3	9,100 + 2,000인 초과 종업원 수×1	17,100
	코트	970	970	1,940	2,910	2,910
실내체육시설		150	300	450	900	900

1. 종업원 수는 당해 사업장에 근무하는 종업원을 기준으로 한다.
2. 종업원이 50인 이하인 법인의 경우에는 코트면적만을 기준 면적으로 인정한다.
3. 실내체육시설의 건축물 바닥 면적이 기준 면적 이하인 경우에는 당해 건축물 바닥면적을 그 기준 면적으로 한다.
4. 종업원용 실내체육시설의 부속토지의 경우에는 실내체육시설의 건축물 바닥면적에 「지방세법 시행령」 제131조의 2 제2항의 규정에 따른 용도지역별 적용배율을 곱하여 산출한 면적을 기준 면적으로 인정한다. 다만, 당해 토지가 「지방세법 시행령」 제131조의 2 제1항 제2호의 규정에 따른 건축물의 부속토지에 해당하는 경우에는 그러하지 아니하다.

그러나 위에 해당되더라도 종업원 체육시설의 기준에 적합하지 아니하는 경우에는 그러하지 아니하다(법인세법 시행령 제92조의 8 제1항 제1호 나목 단서). 종업원체육시설의 기준은 운동장과 코트는 축구 · 배구 · 테니스 경기를 할 수 있는 시설을 갖추어야 하고, 실내체육시설은 영구적인 시설물이어야 하고, 탁구대를 2면 이상 둘 수 있는 규모이어야 한다(법인세법 시행규칙 제46조 제5항).

⑤ 체육시설업용 토지

「체육시설의 설치 · 이용에 관한 법률」에 따른 체육시설 업을 영위하는 법인이 동법의 규정에 따른 적합한 시설 및 설비를 갖추고 당해 사업에 직접 사용하는 토지는 비사업용토지로 보지 않는다(법인세법 시행령 제92조의 8 제1항 제1호 다목).

⑥ 경기장운영업용 토지

경기장운영업을 영위하는 법인이 당해 사업에 직접 사용하는 토지는 비사업용토지로 보지 않는다(법인세법 시행령 제92조의 8 제1항 제1호 라목).

⑦ 주차장용 토지

부설주차장, 업무용자동차 주차장용 토지 그리고 주차장운영업용 토지는 비사업용토지로 보지 않는다(법인세법 시행령 제92조의 8 제1항 제2호).

부설주차장은 「주차장법」에 따른 부설주차장(주택의 부설주차장을 제외)으로서 동법에 따른 부설주차장 설치 기준 면적 이내의 토지는 비사업용토지로 보지 않는다. 다만, 휴양시설업용 토지 안의 부설주차장용토지에 대하여는 별도의 규정이 있다(법인세법 시행령 제92조의 8 제1항 제2호 가목).

업무용자동차 주차장용 토지는 법인이 업무용 자동차(승용자동차 · 이륜자동차 및 종업원의 통근용 승합자동차 제외)를 필수적으로 보유하여야 하는 사업에 제공되는 업무용 자동차의 주차장용 토지는 비사업용토지로 보지 않는다(법인세법 시행령 제92조의 8 제1항 제2호 나목). 다만, 소유하는 업무용 자동차의 차종별 대수에 「여객자동차 운수사업법」 또는 「화물자동차 운수사업법」에 규정된 차종별 대당 최저보유차고면적기준을 곱하여 계산한 면적을 합한 최저 차고 기준 면적에 1.5를 곱하여 계산한 면적 이내의 토지에 한한다(법인세법 시행령 제92조의 8 제1항 제2호 나목 단서). 동 법인에는 「여객자동차 운수사업법」 또는 「화물자동차 운수사업법」에 따라 여객자동차운송사업 또는 화물자동차 운송사업의 면허·등록 또는 자동차대여사업의 등록을 받은 법인은 적용되지 않는다(법인세법 시행령 제92조의 8 제1항 제2호 나목, 지방세법 시행령 제101조 제3항 제1호).

주차장운영업을 주업으로 하는 법인이 소유하고, 「주차장법」에 따른 노외주차장으로 사용하는 토지로서 토지의 가액에 대한 1년간의 수입금액의 비율이 3% 이상인 토지는 비사업용토지로 보지 않는다(법인세법 시행령 제92조의 8 제1항 제2호 다목, 법인세법 시행규칙 제46조 제6항).

⑨ 공공개발 토지

「사회기반시설에 대한 민간투자법」에 따라 지정된 사업시행자가 동법에서 규정하는 민간투자사업의 시행으로 조성한 토지, 「경제자유구역의 지정 및 운영에 관한 법률」에 따른 개발사업 시행자가 경제자유구역개발계획에 따라 경제자유구역 안에서 조성한 토지, 「관광진흥법」에 따른 사업시행자가 관광단지 안에서 조성한 토지, 「기업도시개발 특별법」에 따라 지정된 개발사업 시행자가 개발구역 안에서 조성한 토지, 「유통단지개발촉진법」에 따른 유통단지개발사업 시행자가 당해 유통단지 안에서 조성한 토지, 「중소기업진흥 및 제품구매촉진에 관한 법률」에 따라 단지조성사업의 실시계획이 승인된 지역의 사업시행자가 조성한 토지, 「지역균형개발 및 지방중소기업 육성에 관한 법률」에 따라 지정된 개발촉진지구 안의 사업시행자가 조성한 토지, 「한국컨테이너부두공단법」에 따라 설립된 한국컨테이너부두공단이 조성한 토지, 「친수구역 활용에 관한 특별법」에 따라 지정된 사업시행자가 친수구역 안에서 조성한 토지는 비사업용토지로 보지 않는다. 다만, 토지의 조성이 완료된 날부터 2년이 경과한 토지를 제외한다(법인세법 시행령 제92조의 8 제1항 제3호, 법인세법 시행규칙 제46조 제7항).

⑩ 청소년수련시설 토지

「청소년활동진흥법」에 따른 청소년수련시설용 토지로서 동법에 따른 시설 · 설비기준을 갖춘 토지는 비사업용토지로 보지 않는다. 다만, 수용정원에 200제곱미터를 곱한 면적을 초과하는 토지를 제외한다(법인세법 시행령 제92조의 8 제1항 제4호, 법인세법 시행규칙 제46조 제8항).

⑪ 예비군 훈련 토지

종업원 등의 예비군훈련을 실시하기 위하여 소유하는 토지는 비사업용토지로 보지 않는다(법인세법 시행령 제92조의 8 제1항 제5호). 그러나 비사업용으로 보지 않기 위해서는 까다로운 요건이 있다. 지목이 대지 또는 공장용지가 아닐 것, 「국토의 계획 및 이용에 관한 법률」에 따른 도시지역의 주거지역 · 상업지역 및 공업지역 안에 소재하지 아니할 것, 시설기준을 갖추고 기준 면적 이내일 것, 수임 군부대의 장으로부터 예비군훈련의 실시를 위임받은 자가 소유할 것이 그것이다(법인세법 시행령 제92조의 8 제1항 제5호, 법인세법 시행규칙 제46조 제9항 · 제10항).

〈예비군 훈련장용 토지 및 시설기준〉

시설 기준		
시설별	시설기준	적용대상
교육보조재료 창고	교재 · 교육용 장비 그밖에 교육용 소모품을 갖춘 66제곱미터 이상의 창고	대대급 이상 훈련장
강당	영화 또는 슬라이드 상영시설을 갖춘 298제곱미터(중대급 훈련장의 경우에는 185제곱미터) 이상의 강당	중대급 이상 훈련장
간이목욕장 시설	50명 이상이 동시에 목욕할 수 있는 시설을 갖춘 목욕장	대대급 이상 훈련장

기준 면적(단위 : 제곱미터)					
부대	중대, 대대	대대, 연대	연대	여단	용 도
편성인원	800명 이하	801～2,400명	2,401～5,000명	5,001명 이상	
전술훈련장	15,000	30,000	30,000	45,000	철조망 · 장애물 및 총검술교육시설을 갖춘 각개전투 · 분대전술 · 수색정찰 교육장소

사격술예비훈련장	3,600	7,200	10,800	10,800	사격술의 예비후련장소
사격장	1,650	2,475	3,300	3,300	사격장소
기초훈련장	2,500	5,000	7,500	7,500	제식훈련, 총검술 · 소화기 또는 기계훈련의 장소
계	22,750	44,675	51,600	66,600	

사격술예비훈련장 · 사격장 및 기초훈련장의 경우에는 전술교육장(사격술예비훈련장 및 기초훈련장의 경우에는 예비군훈련장소유자의 다른 평지 또는 운동장을 포함한다)에서 그 훈련을 실시할 수 없는 경우에 한하여 당해 면적을 기준 면적에 포함한다.

⑫ 휴양시설사업 토지

휴양시설업용 토지로서 기준 면적 이내의 토지는 비사업용 토지로 보지 않는다(법인세법 시행령 제92조의 8 제1항 제6호).

휴양시설업용 토지라 함은 「관광진흥법」에 따른 전문휴양업, 종합휴양업 그 밖의 이와 유사한 시설을 갖추고 타인의 휴양이나 여가선용을 위하여 이를 이용하게 하는 사업용 토지를 말한다. 「관광진흥법」에 따른 전문휴양업, 종합휴양업 그밖에 이와 유사한 휴양시설업의 일부로 운영되는 스키장업 또는 수영장업용 토지를 포함하며, 온천장용 토지를 제외한다(법인세법 시행규칙 제46조 제11항).

기준 면적은 동식물원용 토지, 부설주차장용토지와 건축물바닥면적을 합한 면적을 말한다. 즉 옥외 동물방목장 및 옥외 식물원이 있는 경우 그에 사용되는 토지의 면적, 부설주차장이 있는 경우 「주차장법」에 따른 부설주차장 설치기준면적의 2배 이내의 부설주차장용토지의 면적(「도시교통정비 촉진법」에 따라 교통영향분석 · 개선대책이 수립된 주차장의 경우에는 같은 법 제16조 제4항에 따라 해당 사업자에게 통보된 주차장용 토지면적으로 한다), 「지방세법 시행령」 제101조 제1항 제2호에 따른 건축물이 있는 경우 재산세 종합합산과세 대상토지 중 건축물의 바닥면적(건물 외의 시설물인 경우에는 그 수평투영면적을 말한다)에 동조 제2항의 규정에 따른 용도지역별 배율을 곱하여 산정한 면적 범위 안의 건축물 부속토지의 면적이다(법인세법 시행규칙 제46조 제12항).

⑬ 창고용 토지

물품의 보관 및 관리를 위하여 별도로 설치 사용되는 하치장, 야적장, 적치장 등으로서 당해 사업연도중 물품의 보관과 관리에 사용된 최대면적의 120% 이내의 토지는 비사업용으로 보지 않는다. 「건축법」에 따른 건축허가를 받거나 신고를 하여야 하는 건축물로서 허가 또는 신고 없이 건축한 창고용 건축물의 부속 토지를 포함한다)(법인세법 시행령 제92조의 8 제1항 제7호).

⑭ 골재채취장용 토지

「골재채취법」에 따라 시장, 군수 또는 자치구인 경우 구청장으로부터 골재채취의 허가를 받은 법인이 허가받은 바에 따라 골재채취에 사용하는 토지는 비사업용으로 보지 않는다(법인세법 시행령 제92조의 8 제1항 제8호).

⑮ 폐기물 토지

「폐기물관리법」에 따라 허가를 받아 폐기물처리업을 영위하는 법인이 당해 사업에 사용하는 토지는 비사업용으로 보지 않는다(법인세법 시행령 제92조의 8 제1항 제9호).

⑯ 광천 토지

광천지(鑛泉地)란 청량음료제조업, 온천장업 등에 사용되는 토지로서 지하에서 온수 또는 약수 등이 용출되는 용출 구 및 그 유지를 위한 부지를 말한다. 이러한 광천지로서 토지의 가액에 대한 1년간의 수입금액의 비율이 4% 이상인 토지는 비사업용토지로 보지 않는다(법인세법 시행령 제92조의 8 제1항 제10호, 법인세법 시행규칙 제46조 제13항).

⑰ 어업양식용 등의 토지

「공간정보의 구축 및 관리 등에 관한 법률」에 따른 양어장 또는 지소(池沼)용 토지는 비사업용토지로 보지 않는다. 이는 내수면양식업, 낚시터운영업 등에 사용되는 댐, 저수지, 소류지(小溜池) 및 자연적으로 형성된 호소와 이들의 유지를 위한 부지를 말한다(법인세법 시행령 제92조의 8 제1항 제11호). 다음 중 어느 하나에 해당하여야 한다. 첫째 「수산업법」에 따라 허가를 받은 육상해수양식어업 또는 「수산종자산업육성법」에 따라 허가를 받은 수산종자생산업에 사용되는 토지이다(법인세법 시행령 제92조의 8 제1항 제11호 가목). 둘째 「내수면어업법」에 따라 시장 · 군수 또는 구청장(자치구의 구청장을 말하며, 서울특별시의 한강의 경우에는 한강관리에 관한 업무를 관장하는 기관의 장)으로부터 면허 또는 허가를 받거나 시장 · 군수 또는 구청장(자치구의 구청장을 말하며, 서울특별시의 한강의 경우에는 한강관리에 관한 업무를 관장하는 기관의 장)에게 신고한 자가 당해 면허어업 · 허가어업 및 신고어업에 사용하는 토지이다(법인세법 시행령 제92조의 8 제1항 제11호 나목). 셋째 그 외에 토지의 가액에 대한 1년간의 수입금액의 비율이 4% 이상인 토지이다(법인세법 시행령 제92조의 8 제1항 제11호 다목, 법인세법 시행규칙 제46조 제13항).

⑱ 기타의 토지

블록 · 석물 · 토관제조업용 토지, 벽돌 · 콘크리트제품 · 옹기 · 철근 · 비철금속 · 플라스틱파이프 · 골재용 토지, 화훼판매시설업용 토지, 조경작물식재업용 토지, 조경작물 · 화훼 · 분재 · 농산물 · 수산물 · 축산물의 도매업 및 소매업용(농산물 · 수산물 및 축산물의 경우에는 「유통산업발전법」에 따른 시장과 그밖에 이와 유사한 장소에서 운영하는 경우에 한한다) 토지, 자동차정비 · 중장비정비 · 중장비운전 또는 농업에 관한 과정을 교습하는 학원용 토지의 경우에는 토지의 가액에 대한 1년간의 수입금액의 비율이 소정의 비율 이상인 토지는 비사업용토지로 보지 않는다(법인세법 시행령 제92조의 8 제1항 제12호). 소정의 비율은 블록 · 석물 및 토관제조업용 토지는 20%, 조경작물식재업용 토지 및 화훼판매시설업용 토지는 7%, 자동차정비 · 중장비정비 · 중장비운전에 관한 과정을 교습하는 학원용 토지는 10%, 농업에 관한 과정을 교습하는 학원용 토지는 7%, 기타는 10%이다(법인세법 시행규칙 제46조 제15항).

또한 그밖에 유사한 토지로서 토지의 이용 상황 및 관계법령의 이행 여부 등을 감안하여 사업과 직접 관련이 있다고 인정할 만한 토지로서 기획재정부령이 정하는 토지는 비사업용토지로 보지 않는다(법인세법 시행령 제92조의 8 제1항 제13호, 법인세법 시행규칙 제46조 제14항).

비사업용 주택용 토지의 범위

「지방세법」 제106조 제2항에 따른 주택 부속 토지 중 주택이 정착된 면적에 5배(도시지역 밖의 토지는 10배)를 곱하여 산정한 면적을 초과하는 토지는 비사업용토지로 본다(법인세법 제55조의 2 제2항 제5호, 법인세법 시행령 제92조의 9).

별장용 부속토지의 비사업용 판단

별장의 부속 토지는 비사업용토지로 본다. 별장에 부속된 토지의 경계가 명확하지 아니한 경우에는 그 건축물 바닥면적의 10배에 해당하는 토지를 부속토지로 본다(법인세법 제55조의 2 제2항 제6호).

기타의 토지

그밖에 유사한 토지로서 법인의 업무와 직접 관련이 없다고 인정할 만한 상당한 이유가 있는 대통령령으로 정하는 토지는 비사업용토지로 본다(법인세법 제55조의 2 제2항 제7호).

기타 비사업용 토지 제외대상

① 개요

토지를 취득한 후 부득이한 사유가 있어 비사업용 토지에 해당하는 경우에는 비사업용 토지로 보지 아니할 수 있다(법인세법 제55조의 2 제3항).

② 사용 제한 토지

토지를 취득한 후 법령에 따라 사용이 금지 또는 제한된 토지는 사용이 금지 또는 제한된 기간, 토지를 취득한 후 「문화재보호법」에 따라 지정된 보호구역 안의 토지는 보호구역으로 지정된 기간, 그밖에 공익, 기업의 구조조정 또는 불가피한 사유로 인한 법령상 제한, 토지의 현황 · 취득사유 또는 이용 상황 등을 감안하여 '부득이한 사유'에 해당되는 토지는 '일정기간' 동안 비사업용 농지 등에 해당하지 않는 토지로 보고 비사업용 토지 여부를 판단한다(법인세법 시행령 제92조의 11 제1항, 법인세법 시행규칙 제46조의 2 제1항). 여기서 '부득이한 사유'와 '일정기간'이란 토지를 취득한 후 법령에 따라 해당 사업과 관련된 인가 · 허가(건축허가 포함) · 면허 등을 신청한 자가 「건축법」 제18조 및 행정지도에 따라 건축허가가 제한됨에 따라 건축을 할 수 없게 된 토지(부동산매매업, 즉 한국표준산업뷰류에 따른 건물건설업 및 부동산공급업을 영위하는 자가 취득한 매매용부동산에 대하여는 적용하지 아니한다)는 건축허가가 제한된 기간, 토지를 취득한 후 법령에 따라 당해 사업과 관련된 인가 · 허가(건축허가 포함) · 면허 등을 받았으나 건축자재의 수급조절을 위한 행정지도에 따라 착공이 제한된 토지(부동산매매업, 즉 한국표준산업분류에 따른 건물건설업 및 부동산공급업을 영위하는 자가 취득한 매매용부동산에 대하여는 적용하지 아니한다)는 착공이 제한된 기간, 사업장(임시작업장은 제외)의 진입도로로서 「사도법」에 따른 사도 또는 불특정다수인이 이용하는 도로는 사도 또는 도로로 이용되는 기간, 「건축법」에 따라 건축허가를 받을 당시에 공공공지로 제공한 토지는 당해 건축물의 착공일부터 공공공지로의 제공이 끝나는 날까지의 기간, 지상에 건축물이 정착되어 있지 아니한 토지를 취득하여 사업용으로 사용하기 위하여 건설에 착공(착공일이 불분명한 경우에는 착공신고서 제출일을 기준으로 한다)한 토지는 당해 토지의 취득일부터 2년 및 착공일 이후 건설이 진행 중인 기간(천재지변, 민원의 발생 그 밖의 정당한 사유로 인하여 건설을 중단한 경우에는 중단한 기간을 포함), 저당권의 실행 그밖에 채권을 변제받기 위하여 취득한 토지 및 청산절차에 따라 잔여재산의 분배로 인하여 취득한 토지는 취득일부터 2년, 당해 토지를 취득한 후 소유권에 관한 소송이 계속 중인 토지는 법원에 소송이 계속되거나 법원에 의하여 사용이 금지된 기간, 「도시개발법」에 따른 도시개발구역 안의 토지로서 환지방식에 따라 시행되는 도시개발 사업이 구획단위로 사실상 완료되어 건축이 가능한 토지는 건축이 가능한 날부터 2년, 건축물이 멸실 · 철거되거나 무너진 토지는 당해 건축물이 멸실 · 철거되거나 무너진 날부터 2년, 법인이 2년 이상 사업에 사용한 토지로서 사업의 일부 또는 전부를 휴업 · 폐업 또는 이전함에 따라 사업에 직접 사용하지 아니하게 된 토지는 휴업 · 폐업 또는 이전일부터 2년, 금융기관(예금보험공사, 「예금자보호법」 제36조의 3의 규정에 따른 정리금융기관, 「금융 산업의 구조개선에 관한 법률」 제2조 제1호의 규정에 따른 금융기관)이 「금융 산업의 구조개선에 관한 법률」 제10조의 규정에 따른 적기 시정조치 또는 동법 제14조 제2항의 규정에 따른 계약이전의 결정에 따라 같은 법 제2조 제2호에 따른 부실금융기관으로부터 취득한 토지는 취득일부터 2년, 「자산유동화에 관한 법률」에 따른 유동화전문회사가 동법 제3조의 규정에 따른 자산유동화계획에 따라 자산보유자로부터 취득한 토지는 취득일부터 3년, 기타 도시계획의 변경 등 정당한 사유로 인하여 사업에 사용하지 아니하는 토지는 당해 사유가 발생한 기간이다(법인세법 시행규칙 제46조의 2 제1항).

③ 경매 등의 경우

「민사집행법」에 따른 경매에 따라 양도된 토지는 최초의 경매기일, 「국세징수법」에 따른 공매에 따라 양도된 토지는 공매일, 기타 부득이한 사유에 해당되는 토지는 일정한 날을 양도일로 보아 비사업용토지에 해당하는지 기간계산(앞에서의 '상당한 기간')을 비사업용토지에 해당하는지 여부를 판정한다(법인세법 시행령 제92조의 11 제2항). 기타 부득이한 사유와 일정한 날은 「농업협동조합법」에 따른 조합, 농업협동조합중앙회, 농협은행, 농협생명보험 또는 농협손해보험이 「농업협동조합의 구조개선에 관한 법률」에 따른 농업협동조합자산관리회사에 매각을 위임한 토지는 매각을 위임한 날, 「금융기관부실자산 등의 효율적 처리 및 한국자산관리공사의 설립에 관한 법률」에 따라 설립된 한국자산관리공사에 매각을 위임한 토지는 매각을 위임한 날, 신문에 공고하고 매각하는 경우 최초의 공고일, 신문에 공고하고 매각하면서 그 요건을 갖추어 매년 매각을 재공고(직전 매각 공고시의 매각예정가격에서 동 금액의 100분의 10을 차감한 금액 이하로 매각을 재공고한 경우에 한한다)하고, 재공고 일부터 1년 이내에 매각계약을 체결한 토지는 최초의 공고일이다(법인세법 시행규칙 제46조의 2 제2항). 신문에 공고하는 매각하는 경우는 전국을 보급지역으로 하는 일간신문을 포함한 3개 이상의 일간신문에 매각예정가격이 시가 이하이고 매각대금의 70% 이상을 매각계약 체결일부터 6월 이후에 결제할 것을 조건으로 매각을 3일 이상 공고하고, 공고일(공고일이 서로 다른 경우에는 최초의 공고일)부터 1년 이내에 매각계약을 체결한 토지이어야 한다(법인세법 시행규칙 제46조의 2 제2항).

④ 공익목적, 구조조정 등 부득이한 사유

또한 공익, 기업의 구조조정 등 부득이한 경우에도 비사업용토지로 보지 아니한다. 토지를 취득한 날부터 3년 이내에 법인의 합병 또는 분할로 인하여 양도되는 토지, 「공익사업을 위한 토지 등의 취득 및 보상에 관한 법률」 및 그 밖의 법률에 따라 협의매수 또는 수용되는 토지로서 사업인정고시일이 2006년 12월 31일 이전인 토지 또는 취득일이 사업인정고시 일부터 2년 이전인 토지, 도시에 소재한 농지로서 2005년 12월 31일 이전에 취득한 종중의 농지, 「사립학교법」에 따른 학교법인이 기부(출연을 포함)받은 토지, 기타 부득이한 사유에 해당되는 토지는 비사업용토지로 보지 않는다(법인세법 시행령 제92조의 11 제3항). 기타 부득이한 사유에 해당되는 토지에는 「2008년 12월 31일 이전에 취득한 토지로서 기업구조조정 촉진법」에 따른 부실징후기업과 채권금융기관협의회가 같은 법 제10조에 따라 해당 부실징후기업의 경영정상화계획 이행을 위한 약정을 체결하고 그 부실징후기업이 해당 약정에 따라 양도하는 토지, 채권은행 간 거래기업의 신용위험평가 및 기업구조조정방안 등에 대한 협의와 거래기업에 대한 채권은행 공동관리 절차를 규정한 「채권은행협의회 운영협약」에 따른 관리대상기업과 채권은행자율협의회가 같은 협약 제19조에 따라 해당 관리대상기업의 경영정상화계획 이행을 위한 특별약정을 체결하고 그 관리대상기업이 해당 약정에 따라 양도하는 토지, 「금융 산업의 구조개선에 관한 법률」에 따른 금융기관이 같은 법 제10조 제1항에 따라 금융위원회로부터 적기 시정조치를 받고 그 이행계획 등에 따라 양도하는 토지, 「신용협동조합법」에 따른 신용협동조합중앙회가 같은 법 제83조의 3 제2항에 따라 금융위원회로부터 경영개선상태의 개선을 위한 조치를 이행하도록 명령받고 그 명령에 따라 양도하는 토지, 「신용협동조합법」에 따른 신용협동조합이 같은 법 제86조 제1항에 따라 금융위원회로부터 경영

관리를 받거나, 같은 법 제89조 제4항에 따라 신용협동조합중앙회장으로부터 재무상태의 개선을 위한 조치를 하도록 요청받고 그에 따라 양도하는 토지, 「농업협동조합의 구조개선에 관한 법률」에 따른 조합이 같은 법 제4조 제1항에 따라 농림축산식품부장관으로부터 적기 시정조치를 받고 그 이행계획 등에 따라 양도하는 토지, 「수산업협동조합의 구조개선에 관한 법률」에 따른 조합이 같은 법 제4조 제1항에 따라 해양수산부장관으로부터 적기 시정조치를 받고 그 이행계획 등에 따라 양도하는 토지, 「산림조합의 구조개선에 관한 법률」에 따른 조합이 같은 법 제4조 제1항에 따라 산림청장으로부터 적기 시정조치를 받고 그 이행계획 등에 따라 양도하는 토지, 「새마을금고법」에 따른 새마을금고연합회가 같은 법 제77조 제2항에 따라 행정자치부장관으로부터 경영건전화를 위한 계획을 수립하고 추진사항을 보고하도록 명령받고 그 명령에 따라 양도하는 토지, 「새마을금고법」에 따른 새마을금고가 같은 법 제77조 제3항 또는 제80조 제1항에 따라 행정자치부장관으로부터 경영상태 개선을 위한 조치 이행 명령 또는 경영 지도를 받거나, 같은 법 제79조 제6항에 따라 새마을금고연합회장으로부터 경영개선 요구 또는 합병 권고 등의 조치를 받고 그에 따라 양도하는 토지, 「산업집적활성화 및 공장설립에 관한 법률」 제39조에 따라 산업시설구역의 산업 용지를 소유하고 있는 입주기업체가 산업 용지를 같은 법 제2조에 따른 관리기관(같은 법 제39조 제2항 각 호의 유관기관을 포함)에 양도하는 토지, 「과학기술분야 정부출연연구기관 등의 설립 · 운영 및 육성에 관한 법률」에 따라 설립된 한국원자력연구원이 소유한 시험농장용 토지, 공장의 가동에 따른 소음 · 분진 · 악취 등으로 생활환경의 오염피해가 발생되는 지역의 토지로서 해당 토지소유자의 요구에 따라 취득한 공장용 부속토지의 인접 토지, 「채무자 회생 및 파산에 관한 법률」 제242조에 따른 회생계획인가 결정에 따라 회생계획의 수행을 위하여 양도하는 토지가 해당된다(법인세법 시행규칙 제46조의 2 제3항).

⑤ 파산, 교환 등의 경우

파산선고에 의한 토지 등의 처분으로 인하여 발생하는 소득, 법인이 직접 경작하던 농지로서 농지의 교환 또는 분할 · 통합으로 인하여 발생하는 소득과 '기타의 사유'로 발생하는 소득에 대하여도 별도로 법인세가 과세되지 않는다. 다만, 미등기 토지 등에 대한 토지 등 양도소득에 대하여는 그러하지 아니하다(법인세법 제55조의 2 제4항). 농지의 교환 또는 분할, 통합으로 발생하는 소득이란 국가 또는 지방자치단체가 시행하는 사업으로 인하여 교환 또는 분합하는 농지, 국가 또는 지방자치단체가 소유하는 토지와 교환 또는 분합하는 농지, 경작 상 필요에 의하여 교환하는 농지(교환에 의하여 새로이 취득하는 농지를 3년 이상 경작하는 경우에 한한다), 「농어촌정비법」, 「농지법」, 「한국농어촌공사 및 농지관리기금법」 또는 「농업협동조합법」에 의하여 교환 또는 분합하는 농지를 교환 또는 분합하는 경우로서 교환 또는 분합하는 쌍방 토지가액의 차액이 가액이 큰 편의 4분의 1 이하인 경우를 말한다(법인세법 시행령 제92조의 2 제3항, 소득세법 시행령 제153조 제1항). '기타의 사유'로 발생하는 소득이란 「도시개발법」 그 밖의 법률에 의한 환지처분으로 지목 또는 지번이 변경되거나 체비지로 충당됨으로써 발생하는 소득(이 경우 환지처분 및 체비지는 「소득세법 시행령」 제152조의 규정에 의한 환지 등을 말한다), 「소득세법 시행령」 제152조 제3항에 따른 교환으로 발생하는 소득, 적격분할 · 적격합병 · 적격물적분할 · 적격현물출자 · 조직변경 및 교환(「법인세법」 제50조의 요건을 갖춘 것에 한한다)으로 인하여 발생하는 소득, 「한국토지주택공사법」에 따른 한국토지주택공사가 같은 법에 따른 개발 사업으로 조성한 토지 중 주택건설용지로 양도함으로써 발생하는 소득, 주택을 신축하여 판매(「민간임대주택에 관한 특별법」 제2조 제2호에 따른 민간건설임대주택 또는 「공공주택 특별법」 제2조 제1호의 2에 따른 공공건설임대주택을 동법에 따라 분양하거나 다른 임대사업자에게 매각하는 경우를 포함)하는 법인이 그 주택 및 주택에 부수되는 토지를 양도함으로써 발생하는 소득, 「민간임대주택에 관한 특별법」 제2조 제8호에 따른 기업형 임대사업자에게 토지를 양도하여 발생하는 소득, 그 밖에 공공목적을 위한 양도 등 기획재정부령이 정하는 사유로 인하여 발생하는 소득을 말한다. 여기서 주택을 신축하여 판매하는 법인의 토지 양도소득은 주택의 연면적(지하층의 면적, 지상층의 주차용으로 사용되는 면적 및 「주택건설기준 등에 관한 규정」 제2조 제3호의 규정에 따른 주민공동시설의 면적을 제외)과 건물이 정착된 면적에 5배(「국토의 계획 및 이용에 관한 법률」 제6조의 규정에 따른 도시지역 밖의 토지의 경우에는 10배)를 곱하여 산정한 면적 중 넓은 면적 이내의 토지를 양도함으로써 발생하는 소득을 말한다(법인세법 시행령 제92조의 2 제4항).

⑥ 비영리법인의 공익목적 사용 토지

제사, 종교, 자선, 학술, 기예 그 밖의 공익사업을 목적으로 하는 비영리사업자가 그 사업에 직접 사용하는 임야와 농지는 제외한다(법인세법 제55조의 2 제2항 제2호 다목, 법인세법 시행령 제92조의 5 제3항 제5호, 법인세법 시행령 제92조의 6 제4항 제5호). 여기에 해당하는 비영리사업자는 종교 및 제사를 목적으로 하는 단체, 「초 · 중등교육법」 및 「고등교육법」에 따른 학교, 「경제자유구역 및 제주국제자유도시의 외국교육기관 설립 · 운영에 관한 특별법」 또는 「기업도시개발 특별법」에 따른 외국교육기관을 경영하는 자 및 「평생교육법」에 따른 교육시설을 운영하는 평생교육단체, 「사회복지사업법」에 따라 설립된 사회복지법인, 양로원 · 보육원 · 모자원 · 한센병자치료보호시설 등 사회복지사업을 목적으로 하는 단체 및 한국한센복지협회, 「정당법」에 따라 설립된 정당이다(지방세법 시행령 제22조).

⑦ 수용 등으로 취득한 농지

토지수용으로 농지를 취득하여 소유하는 경우와 농림축산식품부장관과 협의를 마치고 「공익사업을 위한 토지 등의 취득 및 보상에 관한 법률」에 따라 농지를 취득하여 소유하는 경우의 취득한 농지로서 당해 사업목적으로 사용되는 토지는 제외된다(법인세법 시행령 제92조의 5 제3항 제3호).

⑧ 종중 소유 농지

2005년 12월 31일 이전에 취득한 종중이 소유한 농지는 제외된다(법인세법 시행령 제92조의 5 제3항 제4호).

3.8 업무용승용차와 조세

▲▼ 개요

업무용승용차에 대한 감가상각비와 비용처리에 대하여는 세법상의 특별한 제한이 있다(법인세법 제27조의 2 제1항). 업무용승용차란 승용자동차, 전기승용자동차를 말한다(개별소비세법 제1조 제2항 제3호). 업무용승용차의 범위에서 운수업, 자동차 판매업, 자동차 임대업, 운전학원, 경비사업 또는 「여신전문금융업법」 제2조 제9호에 따른 시설대여업에서 사업상 수익을 얻기 위하여 직접 사용하는 승용자동차 및 장례식장 및 장의관련 서비스업을 영위하는 법인이 소유하거나 임차한 운구용 승용차는 제외한다(법인세법 시행령 제50조의 2 제1항, 제19조, 법인세법 시행규칙 제27조의 2 제1항).

업무용승용차 관련비용에는 업무용승용차에 대한 감가상각비, 임차료, 유류비, 보험료, 수선비, 자동차세, 통행료 및 금융리스부채에 대한 이자비용 등 업무용승용차의 취득 · 유지를 위하여 지출한 비용이 포함된다(법인세법 시행령 제50조의 2 제2항). 업무용승용차는 정액법으로 상각방법으로 하고 내용연수를 5년으로 하여 계산한 금액을 감가상각비를 계산한다(법인세법 시행령 제50조의 2 제3항).

관련 비용의 손금 인정범위

내국법인이 업무용승용차를 취득하거나 임차한 경우 업무용승용차 관련비용 중 업무용 사용금액에 해당하지 아니하는 금액은 손금으로 인정되지 않는다(법인세법 제27조의 2 제2항). 업무용 사용금액은 업무전용자동차보험 가입여부에 따라 계산된다(법인세법 시행령 제50조의 2 제4항).

업무전용자동차보험에 가입한 경우에는 업무용승용차 관련비용에 운행기록 등에 의한 업무사용비율을 곱한 금액만큼 인정된다. 업무전용자동차보험이란 해당 법인의 임원 또는 사용인이 직접 운전한 경우 또는 계약에 따라 타인이 해당 법인의 업무를 위하여 운전하는 경우만 보상하는 자동차보험을 말한다. 이 경우 해당 사업연도 전체 기간(임차한 승용차의 경우 해당 사업연도 중에 임차한 기간을 말한다) 동안 업무전용자동차보험에 가입한 경우만 적용된다(법인세법 시행령 제50조의 2 제4항 제1호). 운행기록 등을 작성 · 비치하지 아니한 경우로 해당 사업연도의 업무용승용차 관련비용이 1천만 원 이하인 경우 전액 인정해주지만 1천만 원을 초과하는 경우 1천만 원을 업무용승용차 관련비용으로 나눈 비율만큼만 인정해준다. 1천만 원을 적용할 때 해당 사업연도가 1년 미만인 경우에는 1천만 원에 해당 사업연도의 월수를 곱하고 이를 12로 나누어 산출한 금액을 말하고, 사업연도 중 일부 기간 동안 보유하거나 임차한 경우에는 1천만 원에 해당 보유기간 또는 임차기간 월수를 곱하고 이를 사업연도 월수로 나누어 산출한 금액을 말한다(법인세법 시행령 제50조의 2 제7항).

업무전용자동차보험에 가입하지 아니한 경우에는 전액 손금불인정 된다(법인세법 시행령 제50조의 2 제4항 제2호).

운행기록부의 작성

업무용승용차 운행기록 방법으로 다음과 같은 서식 「업무용승용차 운행기록부」를 고시하고 별지 서식상의 차종, 자동차등록번호, 사용일자, 사용자, 운행내역이 포함된 별도의 서식으로 작성할 수 있도록 하고 있다(업무용승용차 운행기록 방법에 관한 고시 제2조, 2016.4.1.).

〈업무용승용차 운행기록부 양식〉

과세기간	~	업무용승용차 운행기록부	상호명	
			사업자등록번호	

1. 기본정보

①차 종	②자동차등록번호

2. 업무용 사용비율 계산

③사용 일자 (요일)	④사용자		운행내역					
	부서	성명	⑤주행 전 계기판의 거리(㎞)	⑥주행 후 계기판의 거리(㎞)	⑦주행 거리(㎞)	업무용 사용거리(㎞)		⑩비 고
						⑧출·퇴 근용(㎞)	⑨일반 업무용(㎞)	
			⑪과세기간 총 주행 거리(㎞)			⑫과세기간 업무용 사용거리(㎞)		⑬업무사용 비율(⑫/⑪)

작 성 방 법

1. ① 업무용승용차의 차종을 적습니다.
2. ② 업무용승용차의 자동차등록번호를 적습니다.
3. ③ 사용일자를 적습니다.
4. ④ 사용자(운전자가 아닌 차량이용자)의 부서, 성명을 적습니다.
5. ⑤ 주행 전 자동차 계기판의 누적거리를 적습니다.(당일 동일인이 2회 이상 사용하는 경우 ⑤란을 적지 않고 ⑦란에 주행거리의 합만 적을 수 있습니다.)
6. ⑥ 주행 후 자동차 계기판의 누적거리를 적습니다.(당일 동일인이 2회 이상 사용하는 경우 ⑥란을 적지 않고 ⑦란에 주행거리의 합만 적을 수 있습니다.)
7. ⑦ 사용시마다 주행거리(⑥-⑤)를 적거나, 사용자별 주행거리의 합을 적습니다.
8. ⑧ 업무용 사용거리 중 출·퇴근용(원격지 출·퇴근을 포함) 사용거리를 적습니다.
9. ⑨ 업무용 사용거리 중 제조·판매시설 등 해당 업체의 사업장 방문, 거래처·대리점 방문, 회의 참석, 판촉 활동, 업무관련 교육·훈련 등 일반업무용 사용거리를 적습니다.
10. ⑪~⑬ 해당 과세기간의 주행거리 합계, 업무용 사용거리 합계, 업무사용 비율을 각각 적습니다.

손금산입 한도액

업무사용 업무용승용차별 감가상각비 등이 사업연도에 각각 800만원을 초과하는 경우 그 초과하는 금액은 해당 사업연도의 손금에 산입하지 아니하고 이월하여 손금에 산입한다(법인세법 제27조의 2 제3항). 업무용승용차별 감가상각비 등은 업무용승용차별 감가상각비이고 임차인 경우에는 계산이 복잡하다.「여신전문금융업법」 제3조 제2항에 따라 등록한 시설대여업자로부터 임차한 승용차의 경우에는 임차료에서 해당 임차료에 포함되어 있는 보험료, 자동차세 및 수선유지비를 차감한 금액으로 한다. 다만, 수선유지비를 별도로 구분하기 어려운 경우에는 임차료(보험료와 자동차세를 차감한 금액을 말한다)의 100분의 7을 수선유지비로 할 수 있다. 시설대여업자 외의 자동차대여사업자로부터 임차한 승용차의 경우에는 임차료의 100분의 70에 해당하는 금액으로 한다(법인세법 제27조의 2 제3항, 법인세법 시행령 제50조의 2 제10항, 법인세법 시행규칙 제27조의 2 제3항). 감가상각비 한도초과액은 감가상각비 등에 업무사용비율을 곱하여 산출한 금액에서 800만원을 차감한 금액이다(법인세법 시행령 제50조의 2 제10항).

이월하여 손금에 산입하는 방법은 해당 사업연도의 다음 사업연도부터 해당 업무용승용차의 업무사용금액 중 감가상각비 또는 업무용승용차별 임차료가 800만원에 미달하는 경우 그 미달하는 금액을 한도로 하여 손금으로 추인하는 방식이다. 다만, 업무용차량 임차를 종료한 날부터 10년이 경과한 날이 속하는 사업연도에는 남은 금액을 모두 손금에 산입한다(법인세법 시행령 제50조의 2 제11항).

처분손실의 처리

업무용승용차를 처분하여 발생하는 손실로서 업무용승용차별로 800만원(해당 사업연도가 1년 미만인 경우 800만원에 해당 사업연도의 월수를 곱하고 이를 12로 나누어 산출한 금액)을 초과하는 금액은 해당 사업연도의 다음 사업연도부터 800만원을 균등하게 손금에 산입하되, 남은 금액이 800만원 미만인 사업연도 또는 해당 업무용승용차를 처분한 날부터 10년이 경과한 날이 속하는 사업연도에는 남은 금액을 모두 손금에 산입하는 방법을 말한다(법인세법 제27조의 2 제4항, 법인세법 시행령 제50조의 2 제11항).

명세서 제출

업무용승용차 관련비용 등을 손금에 산입한 법인은 법인세신고를 할 때 업무용승용차 관련비용 등에 관한 명세서를 납세지 관할 세무서장에게 제출하여야 한다(법인세법 제27조의 2 제5항, 법인세법 시행령 제50조의 2 제12항).

PART 6

가업의 구조조정

가업의
구조조정
관리

Chapter
2

가업의
M&A

Chapter
3

가업의
청산관리

1 가업 구조조정의 의의

구조조정(Restructuring)은 기업과 경제 환경 변화에 적응하여 경쟁력을 유지하고 장기적인 성장과 수익성을 위해 기존의 사업구조, 소유구조, 자본구조, 경영구조, 지배 구조 등을 변화시키는 것을 말한다. 우리나라에서는 1997년 외환위기를 겪으면서 강조되기 시작하였다. 당시 많은 기업들이 인원 감축, 사업 매각 등을 진행하였다. 특히, 2천 년대 들어 저성장 기조가 고착화된 가운데 산업별 경쟁 구도가 심화되면서 일시적인 유동성 공급과 단발적인 재무 구조조정 등으로는 기업들이 장기적으로 살아남을 수 없게 되었다. 그리하여 일부 기업들은 핵심자산이나 사업을 매각하면서 긴급한 유동성 확보에 나선다. 그러나 이 경우 단기적인 자금 확보는 가능하겠지만 장기적으로 영업이익이 확보되지 않는 구조조정은 결국 기업의 도산으로 이어질 수밖에 없다.

기업이 몰락하는 데는 전형적인 4단계 패턴이 있다고 한다. 그 기업 몰락의 첫 단계는 경쟁 환경의 심각한 변화에도 불구하고 과거에 사용하던 똑같은 전략을 계속해서 반복하는 것이다. 두 번째 단계는 가장 먼저 비용 및 원가절감을 위한 구조조정 활동을 전개하는 것이다. 세 번째 단계는 적극적인 구조조정을 추진하여 사업 경쟁력을 회복한 기업은 살아남는다. 이 과정에서 단기적 자금조달과 재무적 건전성에만 치중한 기업은 기업 몰락으로 가는 네 번째 단계로 접어들고, 기업은 완전히 새로운 위기를 맞게 된다. 경쟁사에 비하여 시장을 선도할 수 있는 제품은 없어지고, 자신의 시장점유율은 지속적으로 하락하기 시작한다. 여기까지 오게 되면 비록 회사는 생존해 있지만, 마치 시한부 생명을 선고받은 환자 같은 기업으로 전락하게 된다.

그러나 만일 세 번째 단계에서 적극적인 구조조정을 통해서 본원적 경쟁력을 회복한 기업들은 몰락과정에서 탈출할 수 있다.

대다수 경영자들이 매년 달성하기 어려운 매출목표를 설정하고 성장에만 몰입하고, 정작 자신의 경쟁력이 서서히 무너지고 있는 사실은 망각한다. 매출목표를 설정하는 것보다 훨씬 중요한 것은 우리 기업이 미래에도 과연 경쟁력을 유지할 수 있는지를 세심하게 점검하는 것이다(매일경제신문, 2014.11.20. 서울대 박남규 교수. 편집).

2 가업의 상시 구조조정

구조조정은 이젠 '일상적' 경영이 되고 있다. 우리나라 기업들도 비핵심사업을 잘라내고, 계열사를 통폐합하고, 대규모 인력 감축을 단행하는 등 구조조정을 적극적으로 하고 있다. 삼성그룹은 정보통신(ICT), 금융 그리고 바이오를 핵심 사업으로 자동차 전장부품 사업과 바이오 제약을 신성장동력으로, 현대 · 기아차는 자동차 중심 '한' 우물 전략을 추구하고 있으며, GS그룹은 신성장동력 확보를 위한 M&A, 선택과 집중을 통한 사업 구조조정을 추진하고 있다.

이젠 세상의 변화를 따라잡지 못하면, '글로벌' 기업도 하루아침에 도산하는 시대이다. 끊임없는 혁신과 구조조정은 기업 생존의 전제가 되고 있으며 특별한 일이 아니다. 두산그룹은 업종의 대전환을 추구하며 중공업에서 소비재기업으로의 급격한 변화를 추구하고 있다. 소비재기업에서 중공업으로 놀라운 변신을 했던 두산이 다시 소비재기업으로 복귀하고 있다. 그만큼 기업환경이 '격변'하고 있는 것이다.

해외기업들의 변신도 사례가 많다. 1836년 설립된 슈나이더는 19세기 철강, 중장비, 조선 사업, 20세기 전력, 자동화 및 제어 분야로의 확장, 21세기 에너지 관리 및 자동화 전문 기업으로 변신하면서 성장하였다.

3 가업의 구조조정 전략 선택

3.1 가업의 자발적 구조조정

세계 6위였던 한진해운이 몰락했다. 해운 물량이 증가하고 화물운임이 오를 것으로 예상한 한진해운은 수요 증가에 대비해 과도하게 비용을 지불하고 용선 계약을 맺었지만 시장은 반대로 흘러갔다. 2008년 '글로벌' 금융위기 여파로 세계 경기가 둔화되면서 국제 물동량이 줄어들기 시작하였다. 자구노력에 적극적이었던 현대상선은 간신히 회생의 기회를 잡았다. 2016~2017년에 찾아온 우리나라 해운·조선 산업 몰락은 수요·공급 원칙이라는 경영과 경제의 기본을 지키지 않은 결과이다. 해외에서도 해운산업은 위기를 맞았지만 강력한 구조조정을 추진했고, 위기를 기회로 삼아 인수합병을 통하여 경쟁력을 확보했다. 기업이 위기에 몰리기 전에 미리 선제적 구조조정을 한 것이 생존할 수 있는 비결이었다. 급변하는 경영환경, 과학과 기술의 발전 속도, '글로벌' 기업경쟁 등으로 구조조정과 M&A는 경영의 '일반관리' 업무가 되었다. 1990년대 초 아모레퍼시픽은 4개 사업 군에 25개 계열사를 가지고 있었다. 화장품 사업으로 번 이익으로 비주력 계열사를 지원하여 그룹 전체의 재무 상태는 악화되었다. 이에 따라 선제적인 사업 구조조정을 단행했고 1997년 ㈜태평양 대표이사 사장이 임명되면서 화장품에만 집중하였다. 2016년 매출액은 5조가 넘고 상각 전 영업이익(EBITDA)은 1조원에 이르렀다. 핵심 사업으로의 집중을 통한 성공신화이다. 그러나 불안정한 중국시장, 치열해진 내수 시장 등으로 성장의 한계에 부딪혔다. '글로벌' 화장품업계는 M&A를 핵심 성장전략으로 삼아 시장이 바뀌고 있다. 이런 상황에서 도태되지 않고 '글로벌' 기업으로의 성장을 원한다면 보수적인 경영 전략에서 탈피하고 세계시장의 흐름에 관심을 가지는 전략이 필요하며 경영 전략상 M&A 전략을 활용할 필요성이 있다. 이것은 기업 경영환경은 늘 변하므로 기업은 끊임없는 전략적 선택을 하여야 함을 의미한다.

변혁, 선택과 집중 등 수많은 전략적 선택이 존재한다. 어느 길로 갈지를 결정해야 한다. 그리고 어떻게 할지도 결정해야 한다. 그것은 기업의 사활이 걸린 문제이다. 이러한 선택의 문제는 대기업뿐만 아니라 중소기업에도 똑같이 요구되는 사항이다.

도태되지 않기 위해 기업의 '오장육부'를 완전히 바꾸는 과감한 개혁과 변혁도 필요하다. 기업이 폭발적인 성장과 성공을 이루면 대부분 기업의 조직과 구성이 불필요하게 비대해진다. 이때, 시기를 놓쳐서 필요한 구조조정을 하지 않으면 기업은 '성인병'에 걸려 점차 도태된다.

한 우물을 파는 선택과 집중을 선택할 수도 있다. 비주력, 적자 사업은 매각 또는 청산을 통해 정리하고 핵심 사업에 집중시켜야 한다. 여기에 M&A전략과 청산전략이 있다. 삼성그룹은 선택과 집중 전략에 따라 2015년 삼성종합화학 등을 롯데그룹에 매각하고 전자, 금융 그리고 바이오 3개 사업 축을 중심으로 집중하였다. 화학 사업을 정리하면서

약 3조 원의 자금이 확보했다.

사업을 완전히 바꾸는 구조조정도 감안해보아야 한다. 두산그룹은 1995년 말 소비재 기업으로는 생존이 불가능하다고 판단하여 사업의 구조조정에 착수했다. '맥킨지' 컨설팅의 도움을 받아 소비재 기업에서 산업재 중심 기업으로 전환한다는 큰 틀을 정했다. 보유 부동산 및 다른 회사 지분을 과감히 매각하는 데 나섰다. 1997년에는 주력 사업이었던 음료사업을 코카콜라에 양도했고 2001년에는 OB맥주 지분을 매각하여 18억 달러를 조달하여 재무구조를 개선하고 미래의 성장엔진으로 한국중공업과 대우종합기계 등을 인수하였다.

또 거꾸로 사업위험을 분산시키기 위해 사업 포트폴리오를 여럿 구성하는 선택도 있다. 세계적인 저성장 국면에서 저평가된 기업을 인수한 후 기존 사업과의 시너지를 통하여 경쟁력을 높이거나 신성장동력을 확보할 수 있다.

3.2 가업의 타율적 구조조정

기업이 자율적으로 하는 것이 아니라 제3자에 의해 실시되는 구조조정은 자율협약, 워크아웃과 법정관리 등이 있다. 자율협약은 채권자인 금융기관과의 협의를 통해 이루어지는 구조조정이다. 통상 영업이익은 있으나 이자비용 부담이 있는 기업들이 대상이다. 워크아웃은 「기업구조조정 촉진법」에 따라 부실 대기업에 대해 채권단이 강제적으로 실시하는 구조조정이다. 법정관리는 법원에서 직접 구조조정을 주도하는 강력한 구조조정 방법이다. 법정관리를 받게 되면 채무의 상당부분을 탕감 받게 되고, 나머지 채무를 상환하게 되면 기업은 법정 관리에서 벗어난다. 법원이 회생 가능성이 있다고 판단하는 기업은 M&A를 추진하기도 한다.

PART 6 가업의 구조조정

Chapter 1

가업의 구조조정 관리

Chapter 2

가업의 M&A

Chapter 3

가업의 청산관리

1 가업의 M&A전략[1)]

가업을 경영하다보면 구조조정, 기업 매각, 기업 인수 또는 합병업무가 필연적으로 따른다. 이론적으로는 구조조정(corporate restructuring)에 사업조정(reorganizing business units), 경영권인수(takeover), 조인트벤처, 매각(divestiture), 분할(spin-offs, carve-out) 등을 포괄되어,[2)] M&A전략은 구조조정의 한 분야이다.[3)]

기업을 인수할 것인지 매각할 것인지, 언제 매각할 것인 언제 인수할 것인지는 기업의 가치를 극대화한다는 관점에서 결정할 기업의 전략이다.[4)] 기업의 모든 전략은 M&A를 옵션으로 고려해야 하고 모든 M&A는 전략과 연관하여 진행하여야 한다.[5)] 어떤 기업은 매각을 시도하고 어떤 기업은 인수를 추진한다. 하지만 인수와 매각은 모두 기업의 경영전략에서 늘 함께 고려해야 하는 전략적 고려사항이다.[6)]

기업을 인수하거나 매각하는 것은 어려운 일이다. '운칠기삼'(運七機三)이라는 말이 나올 정도이다. 신중하게 준비하여야 하는 것이다. M&A의 타이밍은 단순하고도 명쾌하다. 비쌀 때 팔고 쌀 때 사는 것이다. 그러나 대부분의 2류 기업은 거꾸로 간다. 쌀 때 매각하려고 시도하고 비쌀 때 사려고 한다. 2015~2016년 원자재 시장의 폭락 시 우리 기업의 행태가 대표적이다. 원자재 가격이 폭락하자 일본 기업들이 '글로벌' 원자재 기업에 투자 확대에 나섰다. 저평가된 유전, 가스전, 광산 등을 공격적으로 인수하고 있다. 반면 한국은 보유 중인 자산마저 급매로 내놓을 계획이다. 우리는 비쌀 때 사고 쌀 때 파는 '역주행' 투자를 하고 있다.

---

1) 여기서는 M&A에 대하여는 간략하게 소개한다. 좀 더 실무적인 정보를 원하는 경우 필자가 쓴 『M&A 실전교과서』(한언출판사)를 참조하기 바란다.
2) Donald DePamphilis, *Mergers and Acquisitions Basics*, Burlington, Elsevier, 2011, p.2.
3) Donald DePamphilis, Mergers and Acquisitions Basics, Burlington, Elsevier, 2011, p.154.
4) Donald DePamphilis, Mergers and Acquisitions Basics, Burlington, Elsevier, 2011, p.154.
5) Donald DePamphilis, Mergers and Acquisitions Basics, Burlington, Elsevier, 2011, p.238.
6) Donald DePamphilis, Mergers and Acquisitions Basics, Burlington, Elsevier, 2011, p.141.

2 가업의 매각전략

2.1 가업매각의 사유

기업을 매각하는 이유로는 은퇴, 사업 구조조정 등 다양하다. 기업을 승계할 사람이 없이 은퇴하면서 매각하는 경우가 많다. 때로는 병이나 죽음으로 인하여 매각하기도 한다. 설령 승계할 자식이 있음에도 매각하는 경우도 있다. 기업 승계가 어렵고 승계한다고 하더라도 사업이 계속 잘 된다는 보장도 없고 승계에 따른 세금도 많기 때문에 매각하는 경우도 많다. 또한 기업가들은 나이가 들면서 새로운 환경과 기술에 적응하지 못하고 회사 경영이 어려워지면서 매각하는 경우도 많다. 잘 되는 기업도 대부분 시간이 흐르면 추락하는 것은 과거의 통계가 말해준다.

구조조정의 일환으로 매각하는 것이 가장 합리적인 매각사유이다. 회사의 중장기사업전략과 맞지 않는 제품라인의 철수, 채무상환 등 재무구조개선을 위한 매각, 투자자금조달을 위한 매각, 적자경영 사업부분이나 계열사의 매각, 향후 사업전망이 불투명한 사업의 철수, 다각화 대신 전문화를 추구하여 핵심부분이 아닌 사업을 매각하는 경우이다.

매각하는 방법 이외에도 청산하는 방법도 있고, 경영상태가 나쁜 경우 회생신청을 하거나 또는 파산신청을 하는 경우도 있다. 이러한 대안 중 선택을 할 때 고려할 것은 기업의 평가와 가격이다. 다음 표는 이러한 선택을 할 때 고려사항이다.

〈기업의 평가와 가격에 따른 출구전략 이해〉

사 례	기업의 선택	선택의 결과
매각금액이 계속기업 가치나 청산가치보다 큰 경우	M&A를 통한 출구전략	• 주식 매각이나 자산매각을 통한 투자금액의 회수 • 부실기업의 경우 동종 산업에 속한 기업이 부실기업의 자산 인수를 통하여 시너지를 낼 수 있어 매각하여 채무상환 및 주주가치 보전

사 례	기업의 선택	선택의 결과
계속기업 가치가 매각금액이나 청산가치보다 큰 경우	• 경영을 지속하여 M&A를 통한 출구전략을 모색하거나 가업승계 • 경영이 부실한 경우 자발적 구조조정이나 회생신청	가업승계, 청산 또는 M&A를 통한 출구전략
청산가치가 매각가치나 계속기업 가치보다 큰 경우	청산진행	투자금액의 회수

※ Donald DePamphilis, Mergers and Acquisi*tions Basics, Burlington*, Elsevier, 2011, p.619 저자 재편집

2.2 가업의 매각 타이밍

기업 매각에서 기업가의 가장 큰 관심사는 가격과 거래조건이다. 하지만 사실은 매각 가능성이 가장 중요하다. 대부분의 기업은 매각을 시도해도 매각되지 않는다. 매각가능성과 관련하여 매각 타이밍도 중요하다. 기업의 매각은 쉽지 않으며 언제 팔릴지 과연 팔릴지조차 알 수 없다.

기업을 매각할 최적 시기는 최고의 수익성, 최고의 성장성으로 기업이 너무나 창창하여 모든 것이 걱정 없고 미래가 너무도 낙관적일 때이다. 잘 나가는 기업을 매각할 이유는 없을 것이다. 그러나 어려운 산업이나 기업은 누구도 인수하려고 하지 않는다. 언젠가 매각을 할 생각이 있다면 가장 좋을 때 매각하여야 한다. 그 이유는 간단하다. "(잘 나가는) 현 사업은 신기루다, 언제든 버릴 준비를 하라." 리타 건터 맥그래스 컬럼비아대 비즈니스스쿨 교수의 말이다. 기업이 장기적으로 지속 성장하는 것은 거의 불가능하기 때문이다. 시간이 흘러가면 세상은 바뀐다는 것은 진리이다. 미래는 분명히 오늘과 다르다는 점을 사람들은 늘 잊는다. The future is not the same as today. But too many people forget it.

2.3 가업매각의 관리

▲▼ 장기적 매각

기업을 매각하는 것은 단기적인 전략으로 시행해서는 안 된다. 매각을 하려면 많은 준비를 하여야 하며 계획을 세우고 준비하는 데에만 2년 내지 3년이 걸릴 수 있다. 매각을 생각한다면 장기적인 안목을 가져야 한다. 어느 날 기업이 최고의 실적을 내고 앞으로도 승승장구할 것이라는 비전이 보일 때 팔아야 하는 것이다. 그때에야 매각가능성이 있으며 최고의 가격으로 팔 수 있는 것이다. 매각을 하려면 장기적인 관점에서 기업 가치의 근간이 되는 전략을 실행하여야 한다. 인수자의 입장에서 서서 신기술 투자, 새로운 생산라인 투자, 새로운 시장 진입을 통하여 성장성 있는 기업을 만드는 커다란 그림(big picture)을 그려야 한다. 장기적 안목을 가지고 향후 3~10년을 바라보며 잠재적 인수기업이 인수하고 싶은 기업을 만들어야 한다. 통찰력 있는 기업가라면 전략적으로 자문사, 변호사 또는 회계사와 자문계약을 체결하고 장기적인 안목에서 기업을 경영하고 매각을 준비한다.

▲▼ 매력적인 기업 만들기

사업 위험이 작고 성장성과 수익성이 있는 기업이어야 매각가능성을 높이고 좋은 가격을 받을 수 있다. 기업을 매각하려면 잠재적 인수기업이 어떤 기업을 원하는지를 파악하고 바로 그러한 회사를 만들 것이다. 현명한 기업가라면 유리한 시점이 왔을 때 잠재적 인수기업에 전략적으로 적합하도록 자신의 사업을 정립시켜야 한다.

▲▼ 기업위험 줄이기

기업을 매각할 때 특히 중소기업이나 비상장기업을 매각할 때 문제점의 하나가 기업주이다. 기업의 모든 핵심적인 일을 기업주가 모두 관장하고 통제하고 인재를 키우지 않은 기업은 매각이 어렵다. 이런 기업은 주인이 바뀌면 장사가 안 되는 떡볶이 집과 같다. 기업주에 지나치게 의존하는 기업은 매각이 어렵고 좋은 가격과 조건에 팔 수 없다.

기업주와 특정 임직원이 없어도 그 기업자체가 존속능력이 있고 수익성과 성장성이 보장되는 기업이야말로 최고의 기업이며 높은 평가를 받는 기업이다. 지나친 기업주 의존도를 푸는 것은 단기적으로는 해결되지 않는다. 이를 해결하기 위하여 비즈니스 컨설팅을 받는 것도 좋은 방법이다. 우선 기업가가 없어도 기업을 경영할 수 있는 경영자를 양성하는 것이 좋다. 그에게 의사결정의 권한과 신뢰를 부여하는 것부터 시작한다. 장기적이고 지속적인 훈련과 교육이 필요하다. 그래도 안 된다면 사람을 잘못 뽑은 것이다.

또한 기업의 고객이 특정 기업에 의존하는 경우 M&A 시장에서도 외면을 받는다. 고객이 몇 군데로 집중되는 것은 위험하고 매각에도 불리하기 때문에 다변화를 모색해야 한다.

기업의 문제점 사전정지

기업에 해결되지 않은 경영상의, 회계와 법률상의 문제가 있는 경우 매각의 장애가 된다. 따라서 기업의 문제를 정리하고 문제점은 해결하고 매각에 임하여야 한다. 이러한 준비를 사전정지(clearing the deck)라 한다. 기업의 중대 문제를 정리하지 않고 인수자가 나타나서야 허둥지둥 하는 것은 배가 난파되기 시작하자 구명장비를 배에 다는 것이나 다름없다. 인수자가 바보가 아닌 이상 실사가 진행되면 다 드러나기 마련이다. 시간만 낭비하고 회사만 더욱 어려워진다.

기업이 가진 문제 중 하나는 주주와 차명주식의 문제이다. 차명주주가 연락이 안 되거나 차명주주가 자신의 주식이라고 주장하는 경우 매각이 불가능해진다.

매각기업이 하는 가장 큰 실수 중의 하나는 실사에 대한 준비를 하지 않는 것이다. 매도자 실사(Seller due diligence or vendor due diligence)란 매도기업 스스로 M&A 진행과정에서 고려하여야 할 사항을 사전에 파악하기 위하여 기업정보를 검토하고 분석하는 절차를 말한다. 이에는 회사소개서의 작성과정, 'Data Room' 준비, 공인회계사, 변호사 등 외부전문가의 조언, 매도를 위한 회계감사 사전실시 등이 포함된다. 자기 자신을 정확히 알아야 협상 시 유리한 고지를 점할 수 있다.

분식회계는 매각의 가장 큰 걸림돌이다. 대부분의 기업 특히 상장기업이나 대기업은 분식회계가 발견되면 인수를 중단한다. 인수기업도 분식회계를 알고 인수하는 것은 경영진의 책임이 있기 때문이다. 또한 매각기업도 손해배상을 할 수 있다. 분식회계로 M&A가 무산되면서 소액주주들이 피해를 봤다면 경영진이 손해를 배상할 수 있다.

3 가업의 인수전략

3.1 가업의 기업인수리스크

M&A는 경쟁력유지와 생존을 위하여 필수적이며 때로는 유일한 선택대안일 수도 있다.[7] 그러나 월마트 같이 인수합병 없이 성공한 기업도 많다. 특히 경쟁력 있는 제품 또는 사업모델을 개발할 수 있다면 독자적 성장을 추구할 수도 있다.[8]

우리 기업들은 M&A에 익숙하지도 않고 선호하지도 않았다. '글로벌' 기업이 유기적 성장과 인수를 통한 전략을 모두 사용하지만 우리기업은 후자에는 약하다. 대부분의 산업에서 자체성장(organic growth)으로 크게 성장한 기업은 소수이다. 따라서 인수는 이러한 갭을 메워주는 수단이다. 유기적 성장은 자체 성장을 의미하며 M&A는 다른 기업의 인수를 통한 성장전략이다. 우리 기업들도 M&A를 통한 전략에 더욱 관심을 기울여야 한다.

그러나 M&A 실패율이 최소 50%, 최대 90%에 달하는 것으로 추정된다. M&A를 통한 성장전략은 기업자체의 경쟁력을 키우는 것이 아니기 때문에 늘 위험이 도사린다. 기업인수는 중요하지만 급하게 서둘러서는 안 된다. Acquisition is an important task—but not an urgent one. 또한 기업 인수는 모든 것을 일거에 해결하는 만병통치약(panacea)이 절대로 아니다. 오히려 인수하면서 시작되는 도전(a whole new set of challenges)일 뿐이다. 아무리 좋은 인수대상 기업이라도 구체적인 선정 인수기준과 성장전략이 없다면 "그럴싸해 보이는" 기회일 뿐이다. Without a strategic plan for growth that laid out specific criteria for an acquisition, any target seemed a glittering opportunity to You! M&A는 기업의 사활이 걸려 있는 중요한 의사결정이다. 따라서 M&A를 추진하기로 하는 경우 기업의 성장과 경영전략과 연관성을 다시 한 번 검토하여야 한다. M&A를 추진함에 있어서도 다각화라는 명분이나 외형적인 몸집불리기가 아니라 기업본연의 핵심역량과 전문분야를 집중하여 추진하고 중장기적으로 기업 가치를 창출하는 방향으로 나가야 한다. 요약하면, 인수대상 기업을 "현명하게" 선택하고, 지나치게 높은 가격을 지불하지 말고, 인수의 긍정적 효과를 추정

7) Donald DePamphilis, Mergers and Acquisi*tions Basics, Burlingto*n, Elsevier, 2011, p.ix.
8) Donald DePamphilis, Mergers and Acquisi*tions Basics, Burlingto*n, Elsevier, 2011, p.44.

할 때 보수적이어야 하고, 실사 시에 모든 것을 처음부터 다시 검토해보고, 인수가 뚜렷하게 가치를 창출하지 않는 경우 과감하게 철수하여야 한다.

3.2 가업의 기업인수 전략

▲ 기업 전략과 인수계획

인수 전략은 전략적 계획의 일환이다. 따라서 기업의 미션과 비전, 전략계획을 정확히 이해하여야 한다. 이러한 미션 등에 기초하여 인수 전략을 실행하는 것이다. M&A에 성공한 기업들은 M&A를 핵심 사업전략으로 채택하여 지속적인 인수를 하는 기업들이 많다. 이러한 기업들은 M&A를 위한 탁월한 기법과 실무관행을 보여준다.[9] 인수계획(acquisition plan)은 전략적이고 장기적인 시각이 아니라 전술적이고 단기적인 이슈에 중점을 둔 구체적인 실행전략(implementation strategy)이다. 인수계획에는 경영목표, 기업자금분석(resource assessment), 시장분석, 인수절차에 대한 경영진 지침, 인수 타임테이블, 인수 담당 책임자 등이 포함된다.[10]

▲ 인수 전략의 명확화

성공적인 인수를 위한 기본적인 전략은 인수대상기업, 인수가격과는 무관하다. 우선 인수논리(deal logic)가 명확하고 설득력이 있어야 한다. 그리고 인수대상 기업은 동 인수논리에 비추어 조직문화가 적합하여야 한다. 마지막으로 인수논리에 기초하여 인수 후 통합실행 계획이 구체적이고 명확히 결정되어야 한다.[11] M&A로 성공한 세계적인 기업 시스코의 M&A는 크게 세 단계로 이뤄진다. 전략(Strategy), 준비(Readiness), 그리고 실행(Action) 수순이다. 전략 단계에서 해당 거래가 시스코의 전략과 사업 우선순위에 부합하는지 점검한다. 준비 단계에선 합병을 통해 통합을 이뤄낼 만한 경영진을 고려한다. 실행 단계에서는 인수를 통해 시장에서 노릴 수 있는 기회 요소와 적절한 시기 등을 결정한다(etnews, 2013.8.25.).

---

9) Donald DePamphilis, Mergers and Acquisi*tions Basics, Burlingto*n, Elsevier, 2011, p.185.
10) Donald DePamphilis, Mergers and Acquisi*tions Basics, Burlingto*n, Elsevier, 2011, p.135.
11) Donald DePamphilis, Mergers and Acquisi*tions Basics, Burlingto*n, Elsevier, 2011, p.86.

인수계획의 수립

인수계획은 기업전략에 상응하여야 하며 재무계획과 기타 계획으로 나누어진다. 재무계획에는 인수 후 사전에 정한 기한 내에 달성할 최소수익률, 영업이익, 매출 또는 현금흐름이 포함된다. 인수와 관련된 최소수익률은 기업이 목표로 하는 수익률보다 훨씬 높다. 인수로 인한 위험이 그만큼 크기 때문이다. 비재무적 계획은 기업의 사업계획에 제시된 재무수익률의 달성을 위한 인수목적을 포함한다. 특정 제품 또는 지적소유권, 성장기회, 유통채널, 생산설비, 연구개발능력, 기술력 등의 확보가 그것이다.[12)]

인수목적의 명확화

기업의 인수는 협상 및 통합과정에서 많은 어려움이 기다리며 예상보다 심각한 문제점이 노정되기도 한다. 이러한 문제점들을 하나하나 풀어나가려면 문제해결의 기준이 필요한 데 이것이 당초 기업이 추구한 인수를 추진하게 된 동기와 목적, 즉 M&A 성장전략이다.

인수대상 사업과 기업의 결정

인수로 인한 위험을 관리하기 위하여 인수대상 기업을 탐색하고, 평가하고 거래를 협상할 때 필요한 지침을 사전에 만들어야 한다.[13)]

목표로 정한 시장입지를 달성하기 위하여 부족한 기업역량을 확정한다. 또한 인수가능 한 거래규모(size)를 결정한다. 일반적으로 소규모 인수가 성공확률이 높고 실패하더라도 후유증이 작다. 소규모 인수를 통한 경험을 쌓아 큰 거래를 성공적으로 진행할 수도 있는 능력을 키울 수 있다.[14)] 성공적인 인수 협상을 위해 지불할 수 있는 금액의 마지노선을 정확하게 파악하고 이 금액 안에서 협상이 타결되지 않으면 과감하게 포기할 줄 알아야 한다. M&A를 실패하는 많은 기업들을 살펴보면 지나친 인수전을 펼치다 능력보다 많은 대금을 지급한 뒤 이를 만회하지 못해 실패하는 경우를 많이 봤다(매일경제, 2013.6.21.). 목표시장에서 인수대상 기업의 규모, 시장점유율, 기업의 명성, 성장률 같은 선정기준에 따라 잠재적 인수대상 기업을 추려내야 한다. 인수하려는 기업의 규모가 당초 계획에 적합한지 검토해야 한다. 자신의 몸집과 인수 여력 등을 고려해 이에 적합한 곳을

12) Donald DePamphilis, Mergers and Acquisi*tions Basics, Burlingto*n, Elsevier, 2011, p.136.
13) Donald DePamphilis, *Mergers and Acquisitions Basics*, Burlington, Elsevier, 2011, p.139.
14) Donald DePamphilis, Mergers and Acquisi*tions Basics, Burlingto*n, Elsevier, 2011, p.124.

선택해야 한다(매일경제, 2013.10.22.). 그리고 기업의 가치를 평가할 기준을 정한다.

▲▼ 인수대상 기업의 파악

실제로 인수대상 기업과 인수협상을 진행하게 되면 인수대상 기업을 정확히 알아야 한다. 재무제표의 분석은 물론, 인수대상 기업의 본질적인 가치, 보유하는 핵심역량을 객관적으로 평가하여야 한다.

인수대상 기업은 인터넷에서 찾을 수 있다. 미국의 경우 "Google Finance", "Yahoo! Finance", "Hoover's", "EDGAR Online"에서 많은 정보를 찾아볼 수 있다. 미국은 다양한 정보제공 사이트가 운영되고 있다. 미국 증권거래위원회 사이트(http://www.sec.gov)에 들어가면 상장기업의 정보를 수집할 수 있다. 10-K는 사업운영, 사업현황, 경쟁사, 시장현황, 법률문제, 리스크 요인 같은 정보를 제공한다. S-1은 신주를 발행하려고 할 때의 문서로 회사 연혁과 사업리스크를 볼 수 있다. 부속문서인 14A는 정기 주주총회와 주주와 임원의 정보를 제공한다. 특히 8-K는 임박한 M&A 거래, S-2는 실현된 M&A 거래 정보를 제공한다. 우리나라에서는 업종별로 회계감사를 받는 기업과 등록법인은 전자공시시스템에서 수집할 수 있으며 기타 업종별 협회에서도 찾아볼 수 있다.

매각기업이나 인수기업이나 거래당사자의 거래목적과 동기는 중요하다. 상대방의 목적이나 거래동기를 정확히 파악하는 것은 거래성사의 지름길이다. 특히 인수자에겐 매각의 사유를 정확히 파악하는 것은 거래성공을 위하여 중요한 요소이다. 특히 기업이 작을수록 그렇다. 매각사유에 대하여는 늘 인수기업은 숨어있는 매각동기에 대하여 궁금해 한다. 숨어있는 매각 동기는 거래를 실패하게 하는 요인이다. 따라서 자문사도 이를 명확히 파악하여야 한다.

▲▼ 통합전략과 방식의 결정

통합전략과 방법을 세운다. 통합전략을 세우는 것은 M&A 후 어떤 일이 일어날지 미리 예측하라는 뜻과 일맥상통한다. 인수한 기업 경영진의 동기 부여를 위해 어떤 인센티브를 줄지, M&A 후 매출 증대와 비용 절감은 어떤 방식으로 할지 등을 미리 검토하라는 얘기다. 인수 대상 기업의 가치를 평가하려면 M&A 후 시너지 효과를 반드시 고려해야 하므로 시너지 효과를 파악할 때는 통합 과정까지 함께 반영해야 한다(매일경제, 2013.10.22.).

인수와 자금조달

인수를 추진하기로 한 경우 처음부터 투자가능 최대금액을 정해야 한다. 이를 기초로 하여 인수대상기업을 찾는 기준을 정할 수 있다. 투자가능 금액은 회사 내 보유자금과 증자금액과 차입가능성을 기준으로 설정된다.[15] 유의할 것은 과도한 차입을 통한 무리한 투자는 지양하여야 한다. 우리나라 M&A 시장에서 안정적인 현금창출력(Cash Cow)을 바탕으로, 가치 있는 신사업에 투자한 기업들은 성장세를 유지하였지만 무리하게 차입 인수를 추진한 그룹들은 어려움을 겪었다(2017년). 전자에는 한화, CJ, 미래에셋, 현대백화점 등이, 후자로는 STX나 이랜드가 사례이다.

다음으로 자금조달계획을 세운다. 사모펀드의 경우 펀드를 구성할 때 이미 그 펀드의 전략이 사전에 논의되고 설정된다. 자금조달계획은 차입이건 증자이건 기업의 전략이 명확하게 설정됨과 함께 출발하여야 한다. 자신의 경영능력이나 자금조달능력을 과다하게 투입하여 인수하는 경우는 인수 실패의 원인이 될 수 있다. 특히 M&A 열기가 달아올랐을 때 지나치게 낙관적인 접근을 하거나 지나치게 높은 가격으로 인수하는 경우이다.

전문가의 도움

마지막으로 중요한 것은 M&A 경험을 가진 전문 인력, M&A 프로세스를 조언하고 도와줄 전문가가 필요하다. M&A 대상 기업을 찾는 것뿐만 아니라 향후 '출구전략(exit)'을 어떻게 가져갈지를 결정하기 위해서도 경험 있는 전문가가 필요하다(매일경제, 2013.10.22.).

기업 인수 시 고려하여야 할 위험으로 법적인 문제와 회계정보의 정확성이다. 기업의 인수는 「공정거래법」, 「증권거래법」, 「민법」, 「형법」, 「상법」 및 세법 등 다양한 법률과 관련이 된다. 이를 위한 전문가 비용은 비싼 대가를 치르지만 인수의 실패로 인한 엄청난 손실을 생각하면 절대로 아껴서는 안 되는 비용이다. 변호사나 공인회계사 같은 외부 전문가의 도움은 필수적이다.

15) Donald DePamphilis, Mergers and Acquisi*tions Basics, Burlingto*n, Elsevier, 2011, p.137.

4 가업의 사업양수도

4.1 사업양수도의 의의

자산 · 부채인수 또는 사업양수(Acquisition of Assets)는 합병이나 주식취득에 의하지 않고 다른 회사 전체사업을 인수하거나 그 회사의 일부사업만 인수하는 것으로 「상법」상 영업양수(매각하는 자의 입장에서는 영업양도)라고 불린다.

4.2 「상법」상 영업양수도 이해

영업양수도의 의미

영업의 양도나 양수라는 용어에서 영업은 기업의 한 개 사업부전체 또는 기업의 사업부들의 전체를 말한다. 예를 들어 호텔과 외식사업을 영위하는 기업의 경우에 외식사업이 영업의 하나가 된다.

「상법」상 영업양도는 영업의 동일성이 유지되면서 영업재산의 일체를 이전하는 채권계약을 말한다.[16] 기업이 영업의 전부 또는 중요한 일부를 양도하거나 다른 회사의 영업전부를 양수하는 경우, 회사의 영업에 중대한 영향을 미치는 다른 회사의 영업 일부를 양수하는 경우, 영업 전부의 임대 또는 경영위임을 하는 경우에는 주주총회의 특별결의를 거쳐야 한다(상법 제374조 제1항). 주주총회의 특별결의가 있어야 하는 「상법」 제374조 제1항 제1호 소정의 '영업의 전부 또는 중요한 일부의 양도'라 함은 일정한 영업목적을 위하여 조직되고 유기적 일체로 기능하는 재산의 전부 또는 중요한 일부를 총체적으로 양도하는 것을 의미하는바(대법원 2004.7.8. 선고, 2004다13717 판결), 여기서 영업의 중요한 일부라 함은 양적인 면에서 양도대상인 영업의 가치가 회사의 전 영업의 가치에서 차지하는 비중이 어느 만큼 되느냐와 질적인 면에서 당해 영업부문의 양도로 회사가 종전의

16) 정희철, 정찬형, *상법원론* 上 (서울 : 박영사, 1993) : p.179.

영업을 큰 축소나 변동 없이 계속 유지할 수 있느냐를 종합적으로 고려하여 판단하여야 할 것이다(부산지법 2009.7.8. 선고, 2009가합1682 판결).

회사의 합병은 「상법」의 특별규정에 의하여 효력이 발생하나 영업양도는 양도인과 양수인 두 당사자가 계약에 의하여 효력이 발생한다. 따라서 합병의 경우에는 회사의 재산이나 부채가 포괄적으로 이전되나 영업양도의 경우에는 특정승계의 방법에 의하여 재산의 종류별로 개별적으로 이전하여야 한다(대법원 1991.10.8. 선고, 91다22018 판결).

「상법」상 영업양도는 당사자 사이에 영업양도에 관한 합의가 있거나 영업상의 물적, 인적 조직이 그 동일성이 유지되면서 양도인으로부터 양수인에게 일체로서 포괄적으로 이전되는 것을 말한다(대법원 1995.7.14. 선고, 94다20198 판결). 즉 일정한 목적에 의하여 조직된 사업, 즉 인적·물적 조직을 그 동일성을 유지하면서 이전하는 것으로(대법원 1991.8.9. 선고, 91다15225 판결), 영업의 일부만을 양도하는 것도 가능하여(대법원 1994.6.28. 선고, 93다33173 판결, 대법원 1991.5.28. 선고, 90다16801 판결) 영업재산의 일부를 유보하고 영업시설을 양도하였다 하더라도 그 양도한 부분만으로도 종래의 조직이 유지되는 경우에는 영업의 양도가 된다(대법원 1989.12.26. 선고, 88다카10128 판결). 영업양도는 당사자 사이에 법인의 주식을 양도양수 하여 경영권을 확보하는 것은 포함되지 아니한다(대법원 1995.8.25. 선고, 95다20904 판결).

영업양도가 이루어졌는가의 여부는 단지 어떠한 영업재산이 어느 정도로 이전되어 있는가에 의하여 결정되는 것이 아니고 거기에 종래의 영업조직이 유지되어 그 조직이 전부 또는 중요한 일부로서 기능할 수 있는가에 의하여 결정된다(대법원 2007.6.1. 선고, 2005다5812, 5829, 5836 판결, 대법원 2009.1.15. 선고, 2007다17123, 17130 판결 참조)(대법원 2011.9.8. 선고, 2009다24866 판결). 영업용 재산의 처분이라도 회사 영업의 전부 또는 일부를 양도하거나 폐지하는 것과 같은 결과를 가져오는 경우에는 주주총회의 특별결의가 필요하다(대법원 1997.4.8. 선고, 96다54249, 54256 판결, 대법원 1998.3.24. 선고, 95다6885 판결 등 참조)(대법원 2004.7.8. 선고, 2004다13717 판결). 다만 회사가 회사 존속의 기초가 되는 영업재산을 처분할 당시에 이미 영업을 폐지하거나 중단하고 있었던 경우에는 그 처분으로 인하여 비로소 영업의 전부 또는 중요한 일부가 폐지되거나 중단되기에 이른 것이라고 할 수 없으므로, 그와 같은 경우에는 주주총회의 특별결의를 요하지 않는다(대법원 1998.3.24. 선고, 95다6885 판결).

영업양수도 절차

기업이 영업의 전부 또는 중요한 일부를 양도하거나 다른 회사의 영업 전부를 양수하는 경우, 회사의 영업에 중대한 영향을 미치는 다른 회사의 영업 일부를 양수하는 경우, 영업 전부의 임대 또는 경영위임을 하는 경우에는 주주총회의 특별결의를 거쳐야 한다(상법 제374조 제1항). 특별결의사항은 출석한 주주의 결의권의 3분의 2 이상의 수에 의하여 의결하는 것을 말한다(발행주식 총수의 3분의 1 이상의 수로써 하여야 한다)(상법 제434조).

이러한 영업거래는 주주총회의 특별결의를 요하기 때문에 반대주주가 있기 마련이다. 반대주주는 회사에 자신의 주식을 인수하도록 청구할 수 있다. 결의사항에 반대하는 주주는 주주총회 전에 회사에 대하여 서면으로 그 결의에 반대하는 의사를 통지한 경우에는 그 총회의 결의 일부터 20일 내에 주식의 종류와 수를 기재한 서면으로 회사에 대하여 자기가 소유하고 있는 주식의 매수를 청구할 수 있다. 회사는 청구를 받은 날부터 2월 이내에 그 주식을 매수하여야 한다(상법 제374조 제2항, 상법 제374조의 2).

근로자 등의 승계

이러한 영업양도가 이루어진 경우에는 반대의 특약이 없는 한 원칙적으로 해당 근로자들의 근로관계도 양수자에게 승계된다(대법원 1994.6.28. 선고, 93다33173 판결, 대법원 1991.5.28. 선고, 90다16801 판결). 영업양도에 의하여 양수인은 당연히 영업의 경영자 지위를 취득하고 동시에 양도대상 사업의 임직원 등 인적조직도 원칙적으로 이전된다.[17)]

4.3 세법상 사업양수도 이해

제2차 납세의무 문제

사업을 인수하는 경우 인수자는 경우에 따라서 양도자에게 부과된 조세에 대하여 책임을 질 수가 있다. 제2차 납세의무가 그것이다. 사업에 관한 모든 권리와 의무를 포괄승계한 자로서 양도인이 사업을 영위하던 장소에서 양도인이 영위하던 사업과 동일 또는 유사한 종목의 사업을 경영하는 것을 사업의 포괄양수라 하는데 이러한 경우에 인수자

17) 정희철, 정찬형, *상법원론* 上 (서울 : 박영사, 1993) : pp.187－8.

는 양도자의 조세에 대하여 제2차 납세의무를 부담하는 것이다(국세기본법 제41조). 즉 양도자에게 부과한 조세를 양도자가 납부하지 않는 경우에는 인수자가 부담하게 되는 것이다. 따라서 인수자는 양도자에게 어떤 조세가 부과되었는지를 면밀히 실사하여야 하며 계약서상에도 그 책임에 대하여 명확히 하여야 한다.

여기서 제2차 납세의무를 부담하는 사업의 양수라 함은 사업에 관한 모든 권리와 의무를 포괄적으로 양도·양수하여 양도인의 모든 사업시설뿐만 아니라, 영업권과 그 사업에 관한 채권, 채무 등 일체의 인적·물적 관리와 의무를 양수함으로써 양도인과 동일시되는 정도의 법률상의 지위를 그대로 승계하는 것을 의미한다(대법원 1990.8.28. 선고, 90누1892 판결).

지방세도 제2차 납세의무를 부담한다. 「지방세기본법」 제49조는 제1항에서 "사업의 양도·양수가 있는 경우 양도일 이전에 양도인의 납세의무가 확정된 당해 사업에 관한 지방자치단체의 징수금을 양도인의 재산으로 충당하여도 부족한 때에는 양수인은 그 부족액에 대하여 양수한 재산의 가액을 한도로 제2차 납세의무를 진다.", 제3항에서 "제1항의 규정에 의한 양수한 재산의 가액은 대통령령으로 정한다."고 각 규정하고 있으며, 그에 관한 「지방세기본법 시행령」 제27조 제1항은 "양수한 재산의 가액"에 관하여 제1호에서 "사업의 양수인이 지급하였거나 지급하여야 할 금액이 있는 경우에는 그 가액"을, 제2호에서 "제1호에 의한 가액이 없거나 시가에 비하여 현저히 낮은 경우에는 양수한 자산 및 부채를 「상속세 및 증여세법」 제60조 내지 제66조의 규정을 준용하여 평가한 후 그 자산총액에서 부채총액을 공제한 가액"을 각 규정하고 있다.

부가세 과세 제외

① 개요

「부가가치세법」은 「상법」상 영업양도와 같은 개념으로 사업양도라는 용어를 사용하여 사업양도의 경우에는 부가가치세를 과세하지 않는다. 즉 사업을 양도하는 것으로서 사업장별로 그 사업에 관한 모든 권리와 의무를 포괄적으로 승계시키는 사업양도는 부가가치세가 과세되는 재화의 공급으로 보지 아니한다.

그러나 사업을 양수받는 자가 양수대가를 지급하는 때에 그 대가를 받은 자로부터 부가가치세를 징수하여 납부한 경우에는 재화의 공급으로 본다(부가가치세법 제10조 제9항 제2호, 부가가치세법 시행령 제23조). 사업의 양도란 사업장별로 그 사업에 관한 모든 권리

(미수금에 관한 것 제외)와 의무(미지급금에 관한 것 제외)를 포괄적으로 승계시키는 것을 말한다(재무부 부가 22601-1140, 1990.11.17.).

이렇게 사업의 양도를 재화의 공급으로 보지 아니하는 취지는 사업의 양도는 특정재화의 개별적 공급을 과세요건으로 하는 부가가치세의 성격에 맞지 않고, 또한 그 거래금액과 부가가치세액이 커서 그 양수인은 거의 예외 없이 매입세액을 공제받을 것이 예상되어 이러한 거래에 매출세액을 징수한다는 것은 사업양수인에게 불필요한 자금 압박을 주게 되어 피하여야 한다는 조세 내지 경제정책상의 배려에 연유한 것인바, 이와 같은 취지에서 판단할 때 사업에 관한 모든 권리와 의무를 포괄적으로 승계시킨다 함은 그 사업에 관한 양도인의 채권채무 등 권리의무를 승계시킴으로써 사업의 동일성을 유지하면서 양도인과 동일시되는 정도로 법률상의 위치가 그대로 승계됨을 말하는 것이다(국심 86중1906, 1987.1.19.). 즉 재화의 공급으로 보지 아니하는 사업의 양도라 함은 사업용 재산을 비롯한 물적·인적시설 및 권리의무를 포괄적으로 양도하여 사업의 동일성을 유지하면서 경영 주체만을 교체시키는 것을 말하는 것이다(대법원 1993.1.19. 선고, 92누15420 판결).

② 적용요건 - 사업의 동일성 유지

사업양도는 사업장과 관련한 사업용 재산을 비롯한 물적·인적시설 및 권리의무를 포괄적으로 양도하여 사업의 동일성을 유지하면서 경영 주체만을 교체시키는 것을 말한다(국심 2001서1728, 2001.10.16.). 둘 이상의 사업장이 있는 사업자가 그 중 하나의 사업장에 관한 모든 권리(미수금에 관한 것을 제외)와 의무(미지급금에 관한 것을 제외)를 포괄적으로 양도하는 경우도 포함한다(부가가치세법 기본통칙 10-23-1).

5 가업매각의 세금관리

5.1 가업매각의 세금 개요

기업을 매각하는 경우 소득세, 양도소득세, 부가가치세(사업양도의 경우), 증여세 등 많은 조세문제가 등장한다.

기업을 매각하는 이유 중에 세금문제가 있다. 기업주가 나이가 들고 은퇴를 생각하기 시작할 때 기업을 자녀에게 승계할지, 사업을 중단하고 배당으로 가져갈지 매각할지에 가장 큰 변수가 세금이다. 배당으로 가져가는 것은 사업을 중단하고 청산하는 방식이다. 그러나 청산하려면 청산비용과 청산으로 인한 손실이 생각보다 아주 크다. 배당에 대한 소득세도 최고세율이 42%(소득세 38%, 주민세 3.8%)로 거의 반을 세금으로 내야한다. 자녀승계의 세금도 마찬가지이다. 상속세나 증여세의 최고세율은 50%이다. 기업을 승계하는 경우 상속세나 증여세 문제로 기업을 매각하게 되는 경우도 허다하다. 기업승계는 자녀에게 기업대출 전체에 대하여 보증을 서게 한다. 어떤 기업도 영원히 승승장구할 수 없다. 보증으로 인한 후유증은 기업인이라면 얼마나 무서운지 알 것이다. 그러나 기업을 매각하는 경우 20%로 저렴하다. 그러나 부동산이 많은 기업인 경우 최고 40%까지 양도소득세를 부담할 수도 있다. 주식을 취득함으로써 과점주주(51% 이상 주식 소유)가 되거나 과점주주가 주식을 취득한 경우에는 법인이 소유한 취득세과세대상 물건에 대하여 취득세(2%)를 납부할 의무가 있음에 유의하여야 한다. 주식을 양도하면 증권거래세를 부담하는데 주식거래가액의 0.5%이다. 증권거래세는 양도소득 계산 시에 필요경비로 차감된다.

5.2 양도소득세의 과세

주식을 양도하는 경우에는 양도소득세를 과세한다. 과세하는 방식은 상장주식, 비상장주식, 기타자산(특정주식과 부동산과다보유법인 주식)으로 구분하고 달리 과세하고 있다

(소득세법 제94조 제1항). 상장주식이나 비상장주식이 기타자산에 해당하는 경우에는 기타자산으로 보아 과세한다(소득세법 제94조 제2항).

상장법인의 주식은 대주주가 아닌 경우 양도소득세를 과세하지 않는다. 상장법인의 주식 중 대주주가 양도하는 주식만 양도소득세를 과세한다(소득세법 제94조 제1항 제3호 가목). 대주주란 지분비율이 1% 이상이거나 시가총액이 25억 원 이상인 경우이다(소득세법 시행령 제157조 제4항). 따라서 주식시장에서 거래되는 일반인들의 주식은 과세되지 않으나 작은 상장기업의 큰 손들은 과세대상이 될 수 있다. 그러나 장외거래의 경우에는 과세된다.

비상장주식은 모두 양도소득세가 과세된다. 비상장 법인의 주식은 대주주 여부에 관계없이 양도소득세가 과세된다는 점이 상장주식과 다르다. 또한 부동산 과다법인 주식, 골프장 등 특수한 법인 중 부동산이 80% 이상인 법인의 주식은 세율이 높다.

5.3 양도소득세의 세율

주식을 양도하면 양도소득세와 양도소득세의 10%인 주민세를 부담한다. 중소기업이외 기업 중 대주주가 1년 미만 보유한 주식은 30%, 중소기업의 대주주의 비상장주식은 3억 원까지는 20% 3억 원을 초과하는 것은 25%이다(소득세법 제104조 제1항 제11호). 다만 2018년 1월 1일부터 2018년 12월 31일까지 양도 분은 금액에 관계없이 20%를 적용한다.

그러나 부동산 과다법인 주식, 골프장 등의 주식은 다음과 같은 누진세율을 적용한다(소득세법 제104조 제1항 제1호, 소득세법 제55조 제1항).

〈특수 주식의 양도소득세율〉

과세표준	세 율
0~12,000,000	6%
12,000,000~46,000,000	720,000+12,000,000 초과금액의 15%
46,000,000~88,000,000	5,820,000+46,000,000 초과금액의 24%
88,000,000~150,000,000	15,900,000+88,000,000 초과금액의 35%
150,000,000~	30,760,000+150,000,000 초과금액의 38%

5.4 기타의 세금

경영권이나 기업 매각 시 조심하여야 할 것이 증여세이다. 세법은 시가에 대한 규정을 두고 있다. 주식과 경영권을 매각할 때 세법이 정한 시가보다 높거나 낮게 거래하는 경우 그 차액만큼 증여로 과세하는 규정을 두고 있다.

또한 인수로 인한 취득세 문제도 있다. 주식을 취득하는 경우에도 법인의 부동산을 취득한 것으로 보아 취득세가 과세되는 경우이다. 즉 법인의 주식을 취득함으로써 과점주주가 되었을 때에는 그 과점주주가 해당 법인의 부동산 등을 취득한 것으로 보아 취득세를 과세한다(지방세법 제7조 제5항).

PART

6

가업의 구조조정

Chapter 1

가업의 구조조정 관리

Chapter 2

가업의 M&A

Chapter 3

가업의 청산관리

1 가업의 지속과 정리

과거 우리나라 기업들은 외형신장을 중시하여 적자가 나는 계열사도 계속 끌고 갔지만 21세기 들어 세계경제의 저성장과 불황이 장기화됨에 따라 내실을 중시하면서 가망이 없는 기업은 청산에 들어가고 있다. 특히 국제회계기준 도입으로 모기업과 자회사의 연결재무제표가 작성됨에 따라 적자 자회사로 인한 모회사의 재무구조 악화가 공시되면서 더욱 증가하였다. 물론 부실한 기업을 매각하는 것도 고려하여야 한다.

2007년 코스닥시장에 상장된 디지텍시스템스는 국내 터치스크린패널업계에서 1위를 차지할 정도로 탄탄한 기업이었다. 그러나 2012년 '기업사냥꾼'이 경영권을 장악하고 수백억 원의 회사 돈을 빼돌리면서 경영 환경이 급격히 악화되어 주식거래가 정지되었다. 2014년 계속기업가치 0원, 청산가치 365억 원으로 청산이 유력했던 디지텍시스템스는 법정관리에 들어간 후 회생계획 인가 전 매각을 통하여 기업을 정상화하기로 하고 회사매각을 추진하여 270억 원에 매각하기로 계약을 하였다.

기업의 지속가능성이 문제되는 경우 청산을 할 것인지 매각할 것인지 아니면 회생신청을 하거나 구조조정을 할 것인지를 결정하여야 한다. 디지텍시스템스는 이 모든 경로를 다 겪은 대표적인 사례이다. 기업이 단기적으로 재무상황이 악화되고 경영이 불가능한 경우 결단을 하여야 한다. 이러한 판단의 기준이 기업의 존속가치와 청산가치이다. 기업을 계속하는 경우 기업의 가치가 존속가치이고 지금 회사 문을 닫고 청산하는 경우의 가치가 청산가치이다. 전자가 높은 경우 기업을 지속하는 것이 당연하다.

문제는 자금부족 등으로 지속적으로 기업을 존속시키는 것이 어려운 경우이다. 이런 경우에는 새로운 자금조달을 하거나 단기자금을 연장하거나 장기대출로 전환하여야 한다. 자금조달이나 전환이 어려우면 청산을 할지 결정하거나, 법원에 회생신청을 하거나 매각을 진행하여야 한다. 이것이 여의치 않은 경우 구조조정을 하거나 법원에 파산신청을 하여야 한다. 구조조정은 자산 매각, 급여 삭감, 사업조정 등 자구노력을 통해 기업을 존속시키는 것을 말하며 파산은 도저히 기업의 회생이 불가능하여 법원에 파산절차를 신청하는 것을 말한다.

기업을 지속하려면 매출을 확장시키거나 새로운 투자를 하여야 한다. 이렇게 기업을 지속할 것인가를 결정할 때 가치창출의 기회와 가능성을 판단하여야 한다. 가치창출기회는 사업의 기존가치와, 사업의 최대 잠재력이 달성됐을 때의 가치와의 차이를 나타낸다. 사업의 기존가치는 지금까지 운영하던 방식으로 사업을 운영했을 경우의 가치인 반면, 사업의 최대 잠재력은 경영을 개선하고 새로운 성장기회를 모색하고 실현할 때의 가치를 말한다. 문제는 가치창출기회를 실현할 수 있는 경영진의 역량을 갖추는 것이 필요하다는 점이다. 경영능력은 사업비전과 전략적 방향감각, 사업간 시너지 파악 및 연계, 기술 및 전문능력이 필요하다. 이러한 능력을 실행하지 못하면, 가치창출기회를 실현할 수가 없다.

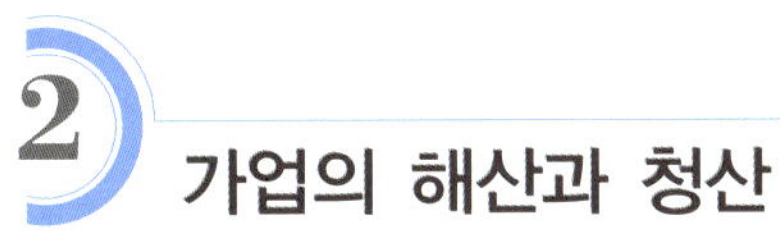

2 가업의 해산과 청산

2.1 해산과 청산의 이해

우리나라에서 기업이 자발적으로 청산 절차를 밟은 것은 10%가 되지 않으며 대부분 법원의 휴면법인의 해산절차를 거쳐 이루어진다. 중견기업이나 대기업의 경우 정상적인 절차로 채무관계를 정리하고 폐업하지만 중소기업은 법적 청산절차 없이 휴면법인 상태로 사라지는 경우가 많다. 「상법」상 5년 동안 등기부상에 아무런 변동 사항이 없는 법인은 해산한 것으로 간주되고, 이후 3년이 더 지나면 법원은 직권으로 법인을 등기부에서 삭제(청산)한다. 회사를 해산하고 청산하려면 절차가 복잡하고 비용 또한 만만치 않다. 채권자 통지, 신문 공고, 주주총회, 사업자폐업신고 등의 절차가 필요하다.

회사의 해산이란 법인등기를 말소하기 위한 요건을 말한다. 자발적인 해산은 주주총회의 특별결의에 의하여 할 수 있다. 주주총회 결의 후 청산절차를 거쳐서 법인등기를 말소한다. 해산을 한 경우 지체 없이 주주에 대하여 그 통지를 하고 해산 등기를 한다. 해산을 하면 청산절차에 들어간다. 채권을 회수하고 채무를 변제하며, 보유재산을 매각한 후 남는 것이 있으면 주주에게 분배를 한다. 청산업무는 회사의 이사가 청산인으로서 집행한다. 중요한 자산의 처분 및 양도 등 회사의 업무집행은 청산인회의 결의로 한다.

청산인이 불법 행위로 회사에 회복할 수 없는 손해가 생길 염려가 있는 경우에는 발행주식의 총수의 1% 이상인 주주는 청산인이 그 집행을 법원에 청구하여 막을 수 있다. 3% 이상의 주식을 가진 주주는 법원에 그 청산인의 해임을 청구할 수 있으며, 또한 3% 이상 주식을 가진 주주는 주주총회의 목적사항을 제안할 수 있고, 임시총회의 소집을 청구할 수 있고, 결의취소의 소를 제기할 수 있다. 따라서 해산 및 청산에 들어가기 전에 회사의 문제가 될 만한 것을 검토하고 법률전문가의 조언을 받는 것을 권유한다. 법률전문가나 회계전문가에게 모두 맡기는 것이 가장 안전한 청산방법이지만 비용이 많이 들어 부담이 된다면 우선 내부적으로 진행하고 중요하고 필요한 부분을 법률전문가와 회계전문가의 조언을 받는 것을 권유한다.

청산을 하는 경우 해산 후 완전 청산까지 발생한 이익은 별도로 청산소득 법인세로 과세한다. 보유한 토지나 제품을 매각함에 따라 발생하는 이익이 그것이다. 다만, 종전의 사업을 일시적으로 지속하여 발생한 이익은 법인세로 과세된다. 청산소득을 계산할 때 인정되는 비용은 해산과 청산을 위한 비용이다. 청산소득에 대한 법인세는 청산 확정일이 속하는 달의 말일부터 3개월 이내에 한다. 이렇게 확정된 잔여재산의 분배금액에서 자본금 등을 차감한 금액은 배당소득으로 보아 소득세 과세된다.

2.2 「상법」상 해산

회사의 해산이란 법인격 소멸의 원인이 되는 법률요건을 말한다. 존립기간의 만료 기타 정관으로 정한 사유의 발생, 합병, 파산, 법원의 명령 또는 판결, 회사의 분할 또는 분할합병 그리고 주주총회의 결의가 요건이며 이에 의하여 해산할 수 있다(상법 제517조). 이러한 사유가 발생한다고 법인이 소멸되는 것은 아니고 청산절차를 거쳐야 한다. 청산을 진행하는 동안에는 청산의 목적 내에서 존속한다. 청산 중에는 영업활동을 할 수 없으며 청산인이 회사의 대표기관이 된다. 회사는 해산된 후에도 청산의 목적범위 내에서 존속하는 것으로 본다(상법 제542조, 상법 제245조).

주주총회에 의한 해산의 결의는 특별결의에 의한다(상법 제518조). 물론 특별결의로 다시 회사를 계속할 수 있다(상법 제519조). 주주가 법원에 청구할 수도 있다. 회사의 업무가 현저한 혼란 상태를 계속하여 회복할 수 없는 손해가 생긴 때 또는 생길 염려가 있는 때, 회사재산의 관리 또는 처분의 현저한 잘못('失當')으로 인하여 회사의 존립을 위태롭게 한 때에는 발행주식의 총수의 10% 이상에 해당하는 주식을 가진 주주는 회사의 해산을 법원에 청구할 수 있다(상법 제520조 제1항). 해산청구는 본점소재지의 지방법원의 관할에 전속한다(상법 제520조 제2항, 상법 제186조). 유의할 것은 해산청구에 악의 또는 중대한 과실이 있는 때에는 회사에 대하여 연대하여 손해를 배상할 책임이 있다는 점이다(상법 제520조 제2항, 상법 제191조).

법원에 의하여도 해산될 수 있다. 법원행정처장은 최후의 등기 후 5년을 경과한 회사는 본점의 소재지를 관할하는 법원에 아직 영업을 폐지하지 아니하였다는 뜻의 신고를 할 것을 관보로써 공고한 경우에, 그 공고한 날에 이미 최후의 등기 후 5년을 경과한 회사로써 공고한 날로부터 2월 이내에 신고를 하지 아니한 때에는 그 회사는 그 신고기간이 만료된 때에 해산한 것으로 본다. 그러나 그 기간 내에 등기를 한 회사에 대하여는 그러하지 아니하다(상법 제520조의 2 제1항). 영업을 폐지하지 아니하였다는 뜻의 신고는 서면으로 하여야 한다(상법 시행령 제28조 제1항). 동 서면에는 회사의 상호, 본점의 소재지, 대표자의 성명 및 주소, 대리인이 신고를 할 때에는 대리인의 성명 및 주소, 아직 영업을 폐지하지 아니하였다는 뜻, 법원의 표시, 신고 연월일을 적고, 회사의 대표자 또는 그 대리인이 기명날인하고 그 권한을 증명하는 서면을 첨부하여야 한다(상법 시행령 제28조 제2항 · 제3항). 서면에 찍을 회사 대표자의 인감은 「상업등기법」 제24조 제1항에 따라 등기소에 제출된 것이어야 한다. 다만, 법원으로부터 통지서를 받고 이를 첨부하여 신고하는 경우에는 그러하지 아니하다(상법 시행령 제28조 제4항). 법원이 이러한 공고가 있는 때에는 법원은 해당 회사에 대하여 그 공고가 있었다는 뜻의 통지를 발송하여야 한다(상법 제520조의 2 제2항). 이에 따라 해산한 것으로 본 회사는 그 후 3년 이내에는 특별결의에 의하여 회사를 계속할 수 있다(상법 제520조의 2 제3항). 해산한 것으로 본 회사가 이렇게 특별결의에 의하여 회사를 계속하지 아니한 경우에는 그 회사는 그 3년이 경과한 때에 청산이 종결된 것으로 본다(상법 제520조의 2 제4항).

회사가 해산한 때에는 파산의 경우 외에는 이사는 지체 없이 주주에 대하여 그 통지를 하여야 한다(상법 제521조). 회사가 해산된 때에는 합병과 파산의 경우 외에는 그 해산사유가 있은 날로부터 본점소재지에서는 2주간 내, 지점소재지에서는 3주간 내에 해산 등기를 하여야 한다(상법 제521조의 2, 상법 제228조). 해산 등기 후 회사를 계속하는 경우 본점소재지에서는 2주간 내, 지점소재지에서는 3주간 내에 회사의 계속등기를 하여야 한다(상법 제521조의 2, 상법 제229조 제3항).

2.3 「상법」상 청산

청산의 개요

회사가 해산을 하면 청산절차에 들어간다. 청산은 청산인이 진행하며 회사업무를 정리하여 종결시키고, 채권의 추심과 채무의 변제, 재산의 환가처분 및 잔여재산의 분배를 담당한다(상법 제542조, 상법 제254조).

주식회사는 해산된 뒤에도 청산법인으로 되어 청산의 목적범위 내에서 존속하므로, 그 주주는 주주총회의 결의에 참여할 수 있을 뿐더러 잔여재산의 분배청구권 및 청산인의 해임청구권이 있고, 한편 해산 당시의 이사는 정관에 다른 규정이 있거나 주주총회에서 따로 청산인을 선임하지 아니한 경우에 당연히 청산인이 되고 해산 당시 또는 그 후에 임기가 만료되더라도 새로 청산인이 선임되어 취임할 때까지는 청산인으로서 권리의무를 가진다(대법원 1991.11.22. 선고, 91다22131 판결).

청산인 선임

청산업무를 집행할 사람은 원칙적으로 회사의 이사이므로 청산인 선임을 담당할 이사를 잘 선임하여야 한다. 회사가 해산한 때에는 합병 · 분할 · 분할합병 또는 파산의 경우 외에는 이사가 청산인이 되기 때문이다. 다만, 정관에 다른 정함이 있는 경우, 주주총회에서 결의한 경우 타인을 선임할 수 있다. 이에 의한 청산인이 없는 때에는 법원은 이해관계인의 청구에 의하여 청산인을 선임한다(상법 제531조). 회사가 법원의 명령 또는 판결 사유로 인하여 해산된 때에는 법원은 사원 기타의 이해관계인이나 검사의 청구에 의하여 또는 직권으로 청산인을 선임한다(상법 제542조, 상법 제252조). 주식회사의 청산인의 수에 대하여는 제한이 없으므로 1인이라도 상관없으며 그 경우에는 1인 청산인이 당연히 대표청산인이 된다(대법원 1989.9.12. 선고, 87다카2691 판결).

청산인의 보수는 정관에 그 금액을 정하지 아니한 때에는 주주총회의 결의로 이를 정한다(상법 제542조 제2항, 상법 제388조).

청산인은 취임한 날로부터 2주간 내에 해산의 사유와 그 연월일, 청산인의 성명 · 주민등록번호 및 주소를 법원에 신고하여야 한다(상법 제532조).

이사가 청산인이 된 때에는 해산된 날로부터 본점소재지에서는 2주간 내, 지점소재지에서는 3주간 내에 청산인의 성명 · 주민등록번호 및 주소(회사를 대표할 청산인을 정한 때에는 그 외의 청산인의 주소를 제외), 회사를 대표할 청산인을 정한 때에는 그 성명, 수인의 청산인이 공동으로 회사를 대표할 것을 정한 때에는 그 규정을 등기하여야 한다(상법 제542조 제1항, 상법 제253조 제1항). 변경이 있는 때에는 본점소재지에서는 2주간 내, 지점소재지에서는 3주간 내에 변경등기를 하여야 한다(상법 제542조 제1항, 상법 제253조 제2항, 상법 제183조).

임기의 만료 또는 사임으로 인하여 퇴임한 청산인은 새로 선임된 청산인이 취임할 때까지 청산인의 권리의무가 있다(상법 제542조 제2항, 상법 제386조 제1항). 이 경우에 필요하다고 인정할 때에는 법원은 이사, 감사 기타의 이해관계인의 청구에 의하여 일시 청산인의 직무를 행할 자를 선임할 수 있다. 이 경우에는 본점의 소재지에서 그 등기를 하여야 한다(상법 제542조 제2항, 상법 제386조 제2항).

대표청산인 선임

회사는 이사회의 결의로 회사를 대표할 청산인을 선정하여야 한다. 그러나 정관으로 주주총회에서 이를 선정할 것을 정할 수 있다(상법 제542조 제2항, 상법 제389조 제1항). 이 경우 수인의 청산인이 공동으로 회사를 대표할 것을 정할 수 있다(상법 제542조 제2항, 상법 제389조 제2항). 법원이 수인의 청산인을 선임하는 경우에는 회사를 대표할 자를 정한다(상법 제542조 제1항, 상법 제255조 제2항).

청산인 해임

청산인은 소송을 통하여 해임할 수 있고 직무집행을 정지시킬 수도 있다. 청산인 선임결의의 무효나 취소 또는 해임의 소가 제기된 경우에는 법원은 당사자의 신청에 의하여 가처분으로써 청산인의 직무집행을 정지할 수 있고 또는 직무대행자를 선임할 수 있다. 급박한 사정이 있는 때에는 본안소송의 제기 전에도 그 처분을 할 수 있다(상법 제542조 제2항, 상법 제407조 제1항). 법원은 당사자의 신청에 의하여 동 가처분을 변경 또는 취소할 수 있다(상법 제542조 제2항, 상법 제407조 제2항). 이러한 처분이 있는 때에는 본점과 지점의 소재지에서 그 등기를 하여야 한다(상법 제542조 제2항, 상법 제407조 제3항). 직무대행자는 가처분명령에 다른 정함이 있는 경우 외에는 회사의 상무에 속하지 아니한 행위를 하지 못한다. 그러나 법원의 허가를 얻은 경우에는 그러하지 아니하다(상법 제542조 제2항, 상법 제408조 제1항). 직무대행자가 이를 위반한 행위를 한 경우에도 회사는 선의의 제3자에 대하여 책임을 진다(상법 제542조 제2항, 상법 제408조 제2항).

청산인이 법령 또는 정관에 위반한 행위를 하여 이로 인하여 회사에 회복할 수 없는 손해가 생길 염려가 있는 경우에는 감사 또는 발행주식의 총수의 1% 이상에 해당하는 주식을 가진 주주는 회사를 위하여 청산인에 대하여 그 행위를 유지할 것을 청구할 수 있다(상법 제542조 제2항, 상법 제402조).

청산인과 대표청산인의 권리

청산인은 회사를 대표한다(상법 제542조 제1항, 상법 제255조 제1항).

회사를 대표하는 청산인은 회사의 영업에 관하여 재판상 또는 재판외의 모든 행위를 할 권한이 있다(상법 제542조 제2항, 상법 제389조 제3항, 상법 제209조 제1항). 이러한 권한에 대한 제한은 선의의 제삼자에게 대항하지 못한다(상법 제542조 제2항, 상법 제389조 제3항, 상법 제209조 제2항). 제3자의 회사에 대한 의사표시는 공동청산인의 권한 있는 청산인 1인에 대하여 이를 함으로써 그 효력이 생긴다(상법 제542조 제2항, 상법 제389조 제3항, 상법 제208조 제2항).

청산인과 대표청산인의 의무와 책임

청산인은 자회사의 이사 또는 지배인 기타의 사용인의 직무를 겸하지 못한다(상법 제542조 제2항, 상법 제411조). 회사를 대표하는 청산인이 그 업무집행으로 인하여 타인에게 손해를 가한 때에는 회사는 그 청산인과 연대하여 배상할 책임이 있다(상법 제542조 제2항, 상법 제389조 제3항, 상법 제210조).

청산인은 회사에 현저하게 손해를 미칠 염려가 있는 사실을 발견한 때에는 즉시 감사에게 이를 보고하여야 한다(상법 제542조 제2항, 상법 제412조의 2).

청산인이 고의 또는 과실로 법령 또는 정관에 위반한 행위를 하거나 그 임무를 게을리한 경우에는 회사에 대하여 연대하여 손해를 배상할 책임이 있다(상법 제542조 제2항, 상법 제399조 제1항). 동 행위가 총산인 회의 결의에 의한 것인 때에는 그 결의에 찬성한 청산인도 같은 책임이 있다(상법 제542조 제2항, 상법 제399조 제2항). 청산인회 결의에 참가한 청산인으로서 이의를 한 기재가 의사록에 없는 자는 그 결의에 찬성한 것으로 추정한다(상법 제542조 제2항, 상법 제399조 제1항). 이를 적용함에 있어서 회사에 대한 자신의 영향력을 이용하여 청산인에게 업무집행을 지시한 자, 청산인의 이름으로 직접 업무를 집행한 자, 청산인이 아니면서 명예회장·회장·사장·부사장·전무·상무·이사 기타 회사의 업무를 집행할 권한이 있는 것으로 인정될 만한 명칭을 사용하여 회사의 업무를 집행한 자는 그 지시하거나 집행한 업무에 관하여 이를 청산인으로 본다(상법 제542조 제2항, 상법 제401조의 2 제1항). 이 경우에 회사 또는 제3자에 대하여 손해를 배상할 책임이 있는 청산인은 이들과 연대하여 그 책임을 진다(상법 제542조 제2항, 상법 제401조의 2 제2항). 동 청산인의 책임은 주주 전원의 동의로 면제할 수 있다(상법 제542조 제2항, 상법 제400조 제1항). 회사는 정관으로 정하는 바에 따라 청산인의 책임을 청산인이 그 행위를 한 날 이전 최근 1년간의 보수액(상여금과 주식매수선택권의 행사로 인한 이익 등을 포함)의 6배(사외이사의 경우는 3배)를 초과하는 금액에 대하여 면제할 수 있다. 다만, 청산인이 고의 또는 중대한 과실로 손해를 발생시킨 경우와 제397조(경업금지조항) 제397조의 2(사업기회 이용금지조항) 및 제398조(회사와의 거래 위반)에 해당하는 경우에는 그러하지 아니하다(상법 제542조 제2항, 상법 제400조 제2항). 이를 적용함에 있어서 회사에 대한 자신의 영향력을 이용하여 청산인에게 업무집행을 지시한 자, 청산인의 이름으로 직접 업무를 집행한 자, 청산인이 아니면서 명예회장·회장·사장·부사장·전무·상무·이사 기타 회사의 업무를 집행할 권한이 있는 것으로 인정될 만한 명칭을 사용하여 회사의 업무를 집행한 자는 그 지시하거나 집행한 업무에 관하여 이를 청산인으로 본다(상법 제542조 제2항, 상법 제401조의 2 제1항). 이 경우에 회사 또는 제3자에 대하여 손해를 배상할 책임이 있는 청산인은 이들과 연대하여 그 책임을 진다(상법 제542조 제2항, 상법 제401조의 2 제2항).

청산인이 고의 또는 중대한 과실로 그 임무를 게을리 한 때에는 그 청산인은 제3자에 대하여 연대하여 손해를 배상할 책임이 있다(상법 제542조 제2항, 상법 제401조 제1항). 동 행위가 청산인회의 결의에 의한 것인 때에는 그 결의에 찬성한 청산인도 책임이 있다(상법 제542조 제2항, 상법 제401조 제2항, 상법 제399조 제2항). 동 결의에 참가한 청산인으로서 이의를 한 기재가 의사록에 없는 자는 그 결의에 찬성한 것으로 추정한다(상법 제542조 제2항, 상법 제401조 제2항, 상법 제399조 제3항).

발행주식의 총수의 1% 이상에 해당하는 주식을 가진 주주는 회사에 대하여 청산인의 책임을 추궁할 소의 제기를 청구할 수 있다(상법 제542조 제2항, 상법 제403조 제1항). 동 청구는 그 이유를 기재한 서면으로 하여야 한다(상법 제542조 제2항, 상법 제403조 제2항). 회사가 청구를 받은 날로부터 30일내에 소를 제기하지 아니한 때에는 동 주주는 즉시 회사를 위하여 소를 제기할 수 있다(상법 제542조 제2항, 상법 제403조 제3항). 기간의 경과로 인하여 회사에 회복할 수 없는 손해가 생길 염려가 있는 경우에는 주주는 즉시 소를 제기할 수 있다(상법 제542조 제2항, 상법 제403조 제4항). 동 소송은 본점소재지의 지방법원의 관할에 전속한다(상법 제542조 제2항, 상법 제403조 제7항, 상법 제186조). 이해관계인이 청구를 한 때에는 법원은 회사의 청구에 의하여 상당한 담보를 제공할 것을 명할 수 있다(상법 제542조 제2항, 상법 제403조 제7항, 상법 제176조 제3항). 회사가 동 청구를 함에는 이해관계인의 청구가 악의임을 소명하여야 한다(상법 제542조 제2항, 상법 제403조 제7항, 상법 제176조 제4항). 회사는 동 소송에 참가할 수 있다(상법 제542조 제2항, 상법 제404조 제1항). 동 소를 제기한 주주는 소를 제기한 후 지체 없이 회사에 대하여 그 소송의 고지를 하여야 한다(상법 제542조 제2항, 상법 제404조 제2항). 소를 제기한 주주의 보유주식이 제소 후 발행주식 총수의 1% 미만으로 감소한 경우(발행주식을 보유하지 아니하게 된 경우를 제외)에도 제소의 효력에는 영향이 없다(상법 제542조 제2항, 상법 제403조 제5항). 회사가 동 주주의 청구에 따라 소를 제기하거나 주주가 소를 제기한 경우 당사자는 법원의 허가를 얻지 아니하고는 소의 취하, 청구의 포기, 인락, 화해를 할 수 없다(상법 제542조 제2항, 상법 제403조 제6항). 청산임의 책임을 묻는 소송에 있어서 회사에 대한 자신의 영향력을 이용하여 청산인에게 업무집행을 지시한 자, 청산의 이름으로 직접 업무를 집행한 자, 청산인이 아니면서 명예회장 · 회장 · 사장 · 부사장 · 전무 · 상무 · 이사 기타 회사의 업무를 집행할 권한이 있는 것으로 인정될 만한 명칭을 사용하여 회사의 업무를 집행한 자는 그 지시하거나 집행한 업무에 관하여 이를 청산인으로 본다(상법 제542조 제2항, 상법 제401조의 2 제1항). 이 경우에 회사 또는 제3자에 대하여 손해를 배상할 책임이 있는 청산인은 이들과 연대하여 그 책임을 진다(상법 제542조 제2항, 상법 제401조의 2 제2항). 동 소를 제기한 주주가 승소한 때에는 그 주주는 회사에 대하여 소송비용 및 그 밖에 소송으로 인하여 지출한 비용 중 상당한 금액의 지급을 청구할 수 있다. 이 경우 소송비용을 지급한 회사는 이사 또는 감사에 대하여 구상권이 있다(상법 제542조 제2항, 상법 제405조 제1항). 동 소를 제기한 주주가 패소한 때에는 악의인 경우 외에는 회사에 대하여 손해를 배상할 책임이 없다(상법 제542조 제2항, 상법 제405조 제2항). 동 소가 제기된 경우에 원고와 피고의 공모로 인하여 소송의 목적인 회사의 권리를 사해할 목적으로써 판결을 하게 한 때에는 회사 또는 주주는 확정한 종국판결에 대하여 재심의 소를 제기할 수 있다(상법 제542조 제2항, 상법 제406조 제1항). 이 경우에도 주주가 승소한 때에는 그 주주는 회사에 대하여 소송비용 및 그 밖에 소송으로 인하여 지출한 비용 중 상당한 금액의 지급을 청구할 수 있다. 이 경우 소송비용을 지급한 회사는 이사 또는 감사에 대하여 구상권이 있다(상법 제542조 제2항, 상법 제406조 제2항, 상법 제405조 제1항). 또한 동 소를 제기한 주주가 패소한 때에는 악의인 경우 외에는 회사에 대하여 손해를 배상할 책임이 없다(상법 제542조 제2항, 상법 제406조 제2항, 상법 제405조 제2항).

감사의 역할

감사는 청산인의 직무의 집행을 감사한다(상법 제542조 제2항, 상법 제412조 제1항). 감사는 언제든지 청산인에 대하여 영업에 관한 보고를 요구하거나 회사의 업무와 재산 상태를 조사할 수 있다(상법 제542조 제2항, 상법 제412조 제2항). 감사는 회사의 비용으로 전문가의 도움을 구할 수 있다(상법 제542조 제2항, 상법 제412조 제3항).

감사는 청산인이 주주총회에 제출할 의안 및 서류를 조사하여 법령 또는 정관에 위반하거나 현저하게 부당한 사항이 있는지의 여부에 관하여 주주총회에 그 의견을 진술하여야 한다(상법 제542조 제2항, 상법 제413조).

감사는 회의의 목적사항과 소집의 이유를 기재한 서면을 이사회에 제출하여 임시총회의 소집을 청구할 수 있다(상법 제542조 제2항, 상법 제412조의 3 제1항). 동 청구가 있은 후 지체 없이 총회소집의 절차를 밟지 아니한 때에는 법원의 허가를 받아 총회를 소집할 수 있다. 이 경우 주주총회의 의장은 법원이 이해관계인의 청구나 직권으로 선임할 수 있다(상법 제542조 제2항, 상법 제412조의 3 제2항, 상법 제366조 제2항). 감사는 필요하면 회의의 목적사항과 소집이유를 서면에 적어 청산인(소집권자가 있는 경우에는 소집권자를 말하며, 이하 같다)에게 제출하여 이사회 소집을 청구할 수 있다(상법 제542조 제2항, 상법 제412조의 4 제1항). 동 청구를 하였는데도 청산인이 지체 없이 이사회를 소집하지 아니하면 그 청구한 감사가 이사회를 소집할 수 있다(상법 제542조 제2항, 상법 제412조의 4 제2항).

감사가 회사 또는 제삼자에 대하여 손해를 배상할 책임이 있는 경우에 청산인도 그 책임이 있는 때에는 그 감사와 청산인은 연대하여 배상할 책임이 있다(상법 제542조 제2항, 상법 제414조 제3항).

청산인 이사회

① 소집

청산인회는 각 청산인이 소집한다. 그러나 청산인회의 결의로 소집할 청산인을 정한 때에는 그러하지 아니하다(상법 제542조 제2항, 상법 제390조 제1항). 소집권자로 지정되지 않은 다른 청산인은 소집권자인 청산인에게 청산인회 소집을 요구할 수 있다. 소집권자인 청산인이 정당한 이유 없이 소집을 거절하는 경우에는 다른 청산인이 소집할 수 있다(상법 제542조 제2항, 상법 제390조 제2항). 청산인회를 소집함에는 회일을 정하고 그 1주간 전에 각 청산인 및 감사에 대하여 통지를 발송하여야 한다. 그러나 그 기간은 정관으로 단축할 수 있다(상법 제542조 제2항, 상법 제390조 제3항). 그러나 청산인회는 청산인 및 감사 전원의 동의가 있는 때에는 동 절차 없이 언제든지 회의할 수 있다(상법 제542조 제2항, 상법 제390조 제4항).

② 결의의 방법

청산인회의 결의는 청산인 과반수의 출석과 출석 청산인의 과반수로 하여야 한다. 그러나 정관으로 그 비율을 높게 정할 수 있다(상법 제542조 제2항, 상법 제391조 제1항). 총회의 결의에 관하여 특별한 이해관계가 있는 자는 의결권을 행사하지 못한다(상법 제542조 제2항, 상법 제391조 제3항, 상법 제368조 제3항). 총회의 결의에 관하여는 총회의 결의에 관하여 특별한 이해관계가 있는 자는 의결권을 행사할 수 없는 청산인의 의결권 수는 출석한 청산인의 의결권의 수에 산입하지 아니한다(상법 제542조 제2항, 상법 제391조 제3항, 상법 제371조 제2항).

정관에서 달리 정하는 경우를 제외하고 청산인회는 청산인의 전부 또는 일부가 직접 회의에 출석하지 아니하고 모든 청산인이가 음성을 동시에 송수신하는 원격통신수단에 의하여 결의에 참가하는 것을 허용할 수 있다. 이 경우 당해 청산인은 청산인회에 직접 출석한 것으로 본다(상법 제542조 제2항, 상법 제391조 제2항). 총회의 결의에 관하여 특별한 이해관계가 있는 자는 의결권을 행사하지 못한다(상법 제542조 제2항, 상법 제391조 제3항, 상법 제368조 제3항). 총회의 결의에 관하여는 총회의 결의에 관하여 특별한 이해관계가 있는 자는 의결권을 행사할 수 없는 청산인의 의결권 수는 출석한 청산인의 의결권의 수에 산입하지 아니한다(상법 제542조 제2항, 상법 제391조 제3항, 상법 제371조 제2항).

③ 속행과 연기

총회에서는 회의의 속행 또는 연기의 결의를 할 수 있다(상법 제542조 제2항, 상법 제392조, 상법 제372조 제1항). 이 경우에는 총회 소집의 통지를 하지 않는다(상법 제542조 제2항, 상법 제392조, 상법 제372조 제2항).

④ 청산인회의 청산집행

중요한 자산의 처분 및 양도, 대규모 재산의 차입 등 회사의 업무집행은 청산인회의 결의로 한다(상법 제542조 제2항, 상법 제393조 제1항). 청산인회는 이사의 직무의 집행을 감독한다(상법 제542조 제2항, 상법 제393조 제2항). 청산인은 대표 청산인으로 하여금 다른 청산인 또는 피용자의 업무에 관하여 청산인회에 보고할 것을 요구할 수 있다(상법 제542조 제2항, 상법 제393조 제3항). 청산인은 3월에 1회 이상 업무의 집행상황을 청산인회에 보고하여야 한다(상법 제542조 제2항, 상법 제393조 제4항).

문제는 청산인을 주주가 해임할 수가 있다는 점이다. 법원이 선임한 청산인이 아닌 경우 언제든지 주주총회의 결의로 이를 해임할 수 있다. 더욱이 3% 이상의 주식을 가진 주주는 법원에 그 청산인의 해임을 청구할 수 있다(상법 제539조). 또한 3% 이상 주식을 가진 주주는 주주총회의 목적사항을 제안할 수 있고(상법 제542조, 상법 제362조의 2), 임시총회의 소집을 청구할 수 있고(상법 제542조, 상법 제366조), 결의취소의 소를 게기할 수 있다(상법 제542조, 상법 제376조). 따라서 해산 및 청산에 들어가기 전에 회사의 문제가 될 만한 것을 검토하고 정리하여야 한다.

청산인은 취임한 후 지체 없이 회사의 재산 상태를 조사하여 재산목록과 대차대조표를 작성하고 이를 주주총회에 제출하여 그 승인을 받는다(상법 제533조 제1항). 총회의 의사에는 의사록을 작성하여야 한다(상법 제542조 제2항, 상법 제373조 제1항). 의사록에는 의사의 경과요령과 그 결과를 기재하고 의장과 출석한 이사가 기명날인 또는 서명하여야 한다(상법 제542조 제2항, 상법 제373조 제2항). 주주총회의 소집은 본법에 다른 규정이 있는 경우 외에는 이사회가 이를 결정한다(상법 제542조 제2항, 상법 제362조). 청산인이 청산업무를 담당하지만 감사도 청산에 관여하므로 감사선임에도 유의하여야 한다. 청산인은 정기총회회일로부터 4주간 전에 대차대조표 및 그 부속명세서와 사무보고서를 작성하여 감사에게 제출하여, 감사는 정기총회회일로부터 1주간 전에 동 서류에 관한 감사보고서를 청산인에게 제출하기 때문이다. 그리고 청산인은 대차대조표 및 사무보고서를 정기총회에 제출하여 그 승인을 받는다(상법 제534조). 청산인은 승인을 받은 후 지체 없이 재산목록과 대차대조표를 법원에 제출한다(상법 제533조 제2항). 총회는 청산인이 제출한 서류와 감사의 보고서를 조사하게 하기 위하여 검사인을 선임할 수 있다(상법 제542조 제2항, 상법 제367조 제1항). 회사 또는 발행주식 총수의 1% 이상에 해당하는 주식을 가진 주주는 총회의 소집절차나 결의방법의 적법성을 조사하기 위하여 총회 전에 법원에 검사인의 선임을 청구할 수 있다(상법 제542조 제2항, 상법 제367조 제2항).

청산인은 취임한 날로부터 2월내에 회사채권자에 대하여 일정한 기간 내에 그 채권을 신고할 것과 그 기간 내에 신고하지 아니하면 청산에서 제외될 뜻을 2회 이상 공고로써 최고하여야 한다. 그러나 그 기간은 2월 이상이어야 한다(상법 제535조 제1항). 청산인은 알고 있는 채권자에 대하여는 각별로 그 채권의 신고를 최고하여야 하며 그 채권자가 신고하지 아니한 경우에도 이를 청산에서 제외하지 못한다(상법 제535조 제2항).

청산인은 채권의 신고기간 내에는 채권자에 대하여 변제를 하지 못한다. 그러나 회사는 그 변제의 지연으로 인한 손해배상의 책임을 면하지 못한다(상법 제536조 제1항). 그러나 소액의 채권, 담보 있는 채권 기타 변제로 인하여 다른 채권자를 해할 염려가 없는 채권에 대하여는 법원의 허가를 얻어 이를 변제할 수 있다(상법 제536조 제2항).

모회사의 감사(청산인?)는 그 직무를 수행하기 위하여 필요한 때에는 자회사에 대하여 영업의 보고를 요구할 수 있다(상법 제542조 제2항, 상법 제412조의 5 제1항). 모회사의 감사(청산인?)는 자회사가 지체 없이 보고를 하지 아니할 때 또는 그 보고의 내용을 확인할 필요가 있는 때에는 자회사의 업무와 재산 상태를 조사할 수 있다(상법 제542조 제2항, 상법 제412조의 5 제2항). 자회사는 정당한 이유가 없는 동 보고 또는 동 조사를 거부하지 못한다(상법 제542조 제2항, 상법 제412조의 5 제3항).

청산에서 제외된 채권자는 분배되지 아니한 잔여재산에 대하여서만 변제를 청구할 수 있다(상법 제537조 제1항). 이 경우 일부의 주주에 대하여 재산의 분배를 한 경우에는 그와 동일한 비율로 다른 주주에게 분배할 재산은 잔여재산에서 공제한다(상법 제537조 제2항).

청산인은 회사의 채무를 완제한 후가 아니면 회사재산을 주주에게 분배하지 못한다. 그러나 다툼이 있는 채무에 대하여는 그 변제에 필요한 재산을 보류하고 잔여재산을 분배할 수 있다(상법 제542조 제1항, 상법 제260조). 잔여재산은 각 주주가 가진 주식의 수에 따라 주주에게 분배하여야 한다(상법 제538조). 그러나 잔여재산의 분배에 관하여 내용이 다른 종류의 종류주식을 발행한 경우에는 그러하지 아니하다(상법 제538조 단서, 상법 제344조 제1항).

청산사무가 종결한 때에는 청산인은 지체 없이 결산 보고서를 작성하고 이를 주주총회에 제출하여 승인을 얻어야 한다(상법 제540조 제1항). 청산인은 서류에 대한 총회의 승인을 얻은 때에는 지체 없이 대차대조표를 공고하여야 한다(상법 제542조 제2항, 상법 제449조 제3항). 총회의 의사에는 의사록을 작성하여야 한다(상법 제542조 제2항, 상법 제373조 제1항). 의사록에는 의사의 경과요령과 그 결과를 기재하고 의장과 출석한 이사가 기명날인 또는 서명하여야 한다(상법 제542조 제2항, 상법 제373조 제2항). 주주총회의 소집은 본법에 다른 규정이 있는 경우 외에는 이사회가 이를 결정한다(상법 제542조 제2항, 상법 제362조). 동 승인이 있는 때에는 회사는 청산인에 대하여 그 책임을 해제한 것으로 본다. 그러나 청산인의 부정행위에 대하여는 그러하지 아니하다(상법 제540조 제1항). 청산이 종결된 때에는 청산인은 주주총회의 승인이 있은 날로부터 본점소재지에서는 2주간 내, 지점소재지에서는 3주간 내에 청산종결의 등기를 하여야 한다(상법 제542조 제1항, 상법 제264조). 총회에서 승인을 한 후 2년 내에 다른 결의가 없으면 회사는 청산인과 감사의 책임을 해제한 것으로 본다. 그러나 청산인 또는 감사의 부정행위에 대하여는 그러하지 아니하다(상법 제542조 제2항, 상법 제450조).

청산인은 회사의 정관, 주주총회의 의사록을 본점과 지점에, 주주명부, 사채원부를 본점에 비치하여야 한다. 이 경우 명의개서 대리인을 둔 때에는 주주명부나 사채원부 또는 그 복본을 명의개서 대리인의 영업소에 비치할 수 있다(상법 제542조 제2항, 상법 제396조 제1항). 주주와 회사채권자는 영업시간 내에 언제든지 동 서류의 열람 또는 등사를 청구할 수 있다(상법 제542조 제2항, 상법 제396조 제2항).

회사의 장부 기타 영업과 청산에 관한 중요한 서류는 본점소재지에서 청산종결의 등기를 한 후 10년간 이를 보존하여야 한다. 다만, 전표 또는 이와 유사한 서류는 5년간 이를 보존하여야 한다(상법 제541조 제1항). 동 보존에 관하여는 청산인 기타의 이해관계인의 청구에 의하여 법원이 보존인과 보존방법을 정한다(상법 제541조 제2항).

회사가 청산인에 대하여 또는 청산인이 회사에 대하여 소를 제기하는 경우에 감사는 그 소에 관하여 회사를 대표한다. 발행주식의 총수의 1% 이상에 해당하는 주식을 가진 주주는 회사에 대하여 청산인의 책임을 추궁할 소의 제기를 청구할 수 있는데 이 경우에도 같다(상법 제542조 제2항, 상법 제394조 제1항). 감사위원회의 위원이 소의 당사자인 경우에는 감사위원회 또는 청산인은 법원에 회사를 대표할 자를 선임하여 줄 것을 신청하여야 한다(상법 제542조 제2항, 상법 제394조 제2항).

이사, 주요주주, 이사와 주요주주의 배우자 및 직계존비속, 이사와 주요주주의 배우자의 직계존비속(전체를 '특수관계인'), 특수관계인이 단독 또는 공동으로 의결권 있는 발행주식 총수의 50% 이상을 가진 회사 및 그 자회사('관계회사'), 특수관계인과 관계회사가 합하여 의결권 있는 발행주식 총수의 50% 이상을 가진 회사가 자기 또는 제3자의 계산으로 회사와 거래를 하기 위하여는 미리 청산인회에서 해당 거래에 관한 중요사실을 밝히고 이사회의 승인을 받아야 한다. 이 경우 이사회의 승인은 청산인 3분의 2 이상의 수로써 하여야 하고, 그 거래의 내용과 절차는 공정하여야 한다(상법 제542조 제2항, 상법 제398조).

발행주식의 총수의 3% 이상에 해당하는 주식을 가진 주주는 이유를 붙인 서면으로 회계의 장부와 서류의 열람 또는 등사를 청구할 수 있다(상법 제542조 제2항, 상법 제466조 제1항). 회사는 주주의 청구가 부당함을 증명하지 아니하면 이를 거부하지 못한다(상법 제542조 제2항, 상법 제466조 제2항).

소수주주의 제안

의결권 없는 주식을 제외한 발행주식 총수의 3% 이상에 해당하는 주식을 가진 주주는 청산인에게 주주총회일의 6주 전에 서면 또는 전자문서로 일정한 사항을 주주총회의 목적사항으로 할 것을 제안할 수 있다(상법 제542조 제2항, 상법 제363의 2 제1항). 동 주주는 청산인에게 주주총회일의 6주 전에 서면 또는 전자문서로 회의의 목적으로 할 사항에 추가하여 당해 주주가 제출하는 의안의 요령을 주주총회의 통지에 기재할 것을 청구할 수 있다(상법 제542조 제2항, 상법 제363의 2 제2항). 청산인은 주주제안이 있는 경우에는 이를 이사회에 보고하고, 이사회는 주주제안의 내용이 법령 또는 정관을 위반하는 경우와 그 밖에 대통령령으로 정하는 경우를 제외하고는 이를 주주총회의 목적사항으로 하여야 한다. 이 경우 주주제안을 한 자의 청구가 있는 때에는 주주총회에서 당해 의안을 설명할 기회를 주어야 한다(상법 제542조 제2항, 상법 제363의 2 제3항).

결의 취소소송

주주가 주주총회 결의취소의 소를 제기한 때에는 법원은 회사의 청구에 의하여 상당한 담보를 제공할 것을 명할 수 있다. 그러나 그 주주가 이사 또는 감사인 때에는 그러하지 아니하다(상법 제542조 제2항, 상법 제377조 제1항). 회사가 법원에 담보를 청구를 함에는 악의임을 소명하여야 한다(상법 제542조 제2항, 상법 제377조 제2항, 상법 제176조 제4항).

3 청산의 법인세 관리

3.1 청산소득 법인세의 의의

청산소득 법인세

청산을 하는 경우 청산으로 인하여 생긴 잔여재산이 자기자본을 초과하는 경우 그 부분은 청산소득 법인세로 과세한다. 즉 이미 과세가 된 자기자본을 제외하고 청산으로 인하여 자기자본을 초과하는 순재산이 있는 경우에는 청산소득으로 별도로 과세를 하는 것이다. 세율은 법인세와 같다(법인세법 제83조).

회사를 해산하고 청산하는 법인의 경우 자산 처분시점에 따라 소득 발생 시점이 다르기 때문에 청산소득 발생 때마다 법인세를 중간신고 한다. 그런데 이 경우 청산법인이 국세청에 법인세 신고만 하고 지방소득세 신고납부를 하지 않는 경우가 있어 주의가 필요하다. 2014년 강남구는 청산소득 중간신고를 하고 지방소득세를 신고납부 하지 않은 회사에 대하여 200억 원에 가까운 세금을 추적하여 추징했다.

청산소득 과세범위

내국법인의 해산에 의한 청산소득의 금액을 계산할 때 그 청산기간에 생기는 각 사업연도의 소득금액이 있는 경우에는 청산소득이 아니라 각 사업연도의 소득금액으로 통상적인 법인세로 과세한다(법인세법 제79조 제6항). 예를 들어 청산기간 중에 해산 전의 사업을 계속하여 영위하는 경우 당해 사업에서 발생한 사업수입이나 임대수입, 공 · 사채 및 예금의 이자수입 등은 각 사업연도의 소득으로 과세한다(법인세법 시행규칙 제61조 단서). 그리고 이 부분은 청산소득금액을 계산함에 있어서 그 법인의 잔여재산가액에 포함하지 않는다(법인세법 집행기준 79－121－6). 해산법인의 청산기간 중에 해산 전 계속사업과 관련하여 생긴 손비는 청산소득에 포함되지 아니하고 각 사업연도 소득금액에 산입하여 계산한다(법인 22601－696, 1992.3.25.). 법인이 해산에 의하여 퇴직하는 사용인에게 지급하는 퇴직위로금은 해산 등기일이 속하는 사업연도의 손금으로 계산한다(법인 46012－2571, 1993.8.30.).

따라서 해산등기일 시점의 자산과 부채 그리고 자기자본은 별도의 지점회계와 같이 별도의 회계로 분리하는 것이 바람직하다.

3.2 청산소득금액의 계산

(1) 개요

해산에 의한 청산소득의 금액은 그 법인의 해산에 의한 잔여재산의 가액에서 해산등기일 현재의 자기자본의 총액을 공제한 금액이다(법인세법 제79조 제1항). 청산소득의 금액과 청산기간에 생기는 각 사업연도의 소득금액을 계산은 「법인세법」 전체(제14조부터 제54조)를 그대로 적용한다(법인세법 제79조 제7항).

해산으로 인하여 청산중인 법인이 그 해산에 의한 잔여재산의 일부를 주주 등에게 분배한 후 「상법」에 따라 사업을 계속하는 경우에는 그 해산등기일부터 계속등기일까지의 사이에 분배한 잔여재산의 분배액의 총 합계액에서 해산등기일 현재의 자기자본의 총액을 공제한 금액을 그 법인의 해산에 의한 청산소득의 금액으로 한다(법인세법 제79조 제2항, 법인세법 집행기준 79-121-1 제1항 제2호).

(2) 잔여재산의 계산

개요

잔여재산의 가액은 자산총액에서 부채총액을 공제한 금액이다(법인세법 시행령 제121조 제1항). 청산소득을 확정 신고함에 있어 신고서식 별지 제59호의 "청산소득에 대한 법인세과세표준 및 세액신고서" 부표의 (16) 잔여재산확정일 현재 재산가액은 잔여재산가액 확정일의 자산총액에서 부채총액을 공제한 금액을 기입한다(제도 46012-12137, 2001.7.14.).

자산의 계산

① 자산총액

자산총액이라 함은 해산등기일 현재의 자산의 합계액을 말한다(법인세법 시행령 제121

조 제2항). 자산총액은 해산등기일 현재의 자산 중 추심할 채권과 환가처분 할 자산에 대하여 현금으로 추심 또는 환가처분 하였는지에 관계없이 추심할 채권과 환가처분 할 자산은 추심 또는 환가처분한 날 현재의 금액, 추심 또는 환가처분 전에 분배한 경우에는 그 분배한 날 현재의 시가에 의하여 평가한 금액으로 한다(제도 46012-12137, 2001.7.14.). 자산 중 추심할 채권과 환가처분 할 자산은 추심 또는 환가처분한 날 현재의 금액으로 한다(법인세법 시행령 제121조 제2항 제1호).

② 재고자산

법인이 해산등기일 현재의 재고자산 등 자산을 청산기간 중에 처분한 금액은 이를 청산소득에 포함한다(법인세법 시행규칙 제61조).

③ 부동산

해산등기 후 내국법인 소유 부동산을 매각함으로 인한 소득은 청산소득에 포함된다(법인세과-2724, 2008.10.2.). 청산등기가 종결된 후에 보유하고 있는 부동산을 양도하여 발생한 고정자산처분이익은 청산소득에 대한 법인세를 납부한다(서면2팀-1785, 2005.11.4.). 법인의 해산등기일 직전 부동산을 명의신탁 한 후 해산등기일로부터 1년 이상 경과한 시점에 높은 가격으로 매각한 경우, 폐업일 현재의 평가가액을 부인하고 실제 매도가액으로 청산소득금액을 계산하여 과세하는 것은 타당하다(조심 2008서3257, 2010.12.8.).

④ 사전 분배의 경우

추심 또는 환가처분 전에 분배한 경우에는 그 분배한 날 현재의 시가에 의하여 평가한 금액으로 한다(법인세법 시행령 제121조 제2항 제2호).

⑤ 가지급금

주주에 대한 가지급금을 회수하지 아니하고 동 가지급금을 해당 주주에게 분배할 재산가액과 상계하고 청산을 종결하는 경우 동 가지급금은 잔여재산의 분배금으로 보아 청산소득금액을 계산한다(법인세법 집행기준 79-121-5).

⑥ 보유주식

청산소득금액을 계산함에 있어 법인이 보유중인 비상장주식은 시가로 평가하며 시가가 불분명한 경우에는 「상속세 및 증여세법」에 따라 평가한다(서면2팀-1386, 2004.7.2.).

해산에 의한 청산소득금액을 계산함에 있어서 보유중인 자기주식의 가액은 잔여재산가액 계산 시의 자산총액에도 포함하지 아니한다(법인세법 기본통칙 79-0…1).

▲ 부채의 계산

법인이 해산일 현재 지급할 의무가 있는 부채의 가액이 확정되지 아니한 상태에서 잔여재산가액을 주주에게 분배한 후 부채금액이 확정되었을 때에 주주로부터 반환받기로 약정하고 동 부채금액을 차감하지 아니한 잔여재산가액에 대하여 청산소득에 대한 중간신고를 한 경우에는 동 부채금액이 확정된 날을 잔여재산가액 확정일로 보아 확정 신고를 하는 것이며, 잔여재산을 분배받은 법인은 청산법인으로부터 추가로 받는 금액과 청산 법인에 반환하는 금액을 차가감하여 의제배당소득을 재계산한 후 당초 의제배당소득으로 익금에 산입된 금액 중에서 차감되는 금액을 분배받은 금액의 반환의무가 확정되는 날이 속하는 사업연도의 손금에 산입한다(법인 22601-1131, 1991.6.4.).

해산등기일 현재의 부채에 대하여 청산과정에서 채무면제를 받은 금액, 해산등기일 현재 잔여재산의 존부와 관련하여 청산 기간 중 법원의 확정판결에 의해 지급받기로 한 손해배상금도 포함된다(법인세법 집행기준 79-121-3).

▲ 청산 비용

해산등기일 현재의 잔여재산의 추심 또는 환가처분과 관련하여 발생한 각종 비용(계약서 작성비용, 공증비용, 인지대, 소개비 및 수수료, 청산인의 보수, 청산사무소의 비용 등)은 청산소득금액을 계산함에 있어서 이를 공제한다(법인세법 기본통칙 79-0…2). 해산등기일 이후 발생된 청산관련비용 중 잔여재산을 환가하기 위하여 직접 지출하는 비용(계약서, 작성비용, 공증비용, 인지대, 소개비 및 수수료 등)을 제외하고는 청산소득금액에서 차감하지 아니한다(법인 46012-2397, 2000.12.18.).

해산등기일 현재 잔여재산가액에 포함된 채권가액 중 청산기간 중 법원의 확정판결 등에 의한 회수불능확정금액 및 지급해야 할 손해배상금은 공제된다(법인세법 집행기준 79-121-4).

(3) 자기자본의 계산

개요

청산소득금액 계산 시 자기자본총액은 다음과 같이 계산한다(법인세법 집행기준 79-121-1 제3항).

자기자본총액=자본금+잉여금+환급법인세-이월결손금

자본금

해산에 의한 청산소득금액을 계산함에 있어서 보유중인 자기주식의 가액은 해산등기일 현재의 자본금 또는 출자금에서 차감하지 아니한다(법인세법 기본통칙 79-0…1).

잉여금

잉여금은 세무계산상의 잉여금을 말한다(법인 22601-1667, 1990.8.21.).

「법인세법」 제79조에 의한 청산소득금액을 계산함에 있어 해산등기일 현재의 자기자본의 총액에는 「자산재평가법」에 의한 재평가적립금을 포함한다. 그러나 1998년 4월 10일 이후 최초로 재평가일이 도래하여 재평가하는 토지의 재평가차액에 대하여 종전의 「법인세법」 제39조(2001.12.31. 법률 제6558호로 삭제된 규정, 1998.12.28. 법률 제5581호로 전문개정되기 이전에는 「법인세법」 제14조의 6)의 규정에 따라 손금산입 하는 재평가차액에 상당하는 금액은 자기자본총액에 포함되지 아니한다(법인세과-105, 2010.2.2.; 법인세제과-87, 2003.10.13.).

환급법인세

내국법인의 해산에 의한 청산소득의 금액을 계산할 때 그 청산기간에 「국세기본법」에 따라 환급되는 법인세액이 있는 경우 이에 상당하는 금액은 그 법인의 해산등기일 현재의 자기자본의 총액에 가산한다(법인세법 제79조 제3항).

이월결손금

내국법인의 해산에 의한 청산소득 금액을 계산할 때 해산등기일 현재 그 내국법인에 이월결손금이 있는 경우에는 그 이월결손금은 그날 현재의 그 법인의 자기자본의 총액에서 상계한다. 다만, 상계하는 이월결손금의 금액은 자기자본의 총액 중 잉여금의 금액을 초과하지 못하며, 초과하는 이월결손금이 있는 경우에는 그 이월결손금은 없는 것으로 본다(법인세법 제79조 제4항). 이월결손금과 상계하는 잉여금에는 자본잉여금을 포함한 잉여금으로 한다(제도 46012-12041, 2001.7.10.). 이 경우 잉여금 및 이월결손금은 세무계산상의 금액을 말한다(법인 22601-3829, 1985.12.19.).

이월결손금이란 10년 발생한 세법상 결손금으로 공제되지 아니한 이월결손금을 말한다. 다만, 자기자본의 총액에서 이미 상계되었거나 상계된 것으로 보는 이월결손금을 제외한다(법인세법 시행령 제121조 제3항). 세법에 따른 이월결손금 중 기업회계기준에 따라 이익잉여금과 상계되거나 자본잉여금 등으로 보전되어 소멸한 결손금 상당액은 자기자본총액에서 이미 상계되었거나 상계된 것으로 본다는 뜻이다(법규법인 2014-395, 2014.9.19.). 즉 자기자본의 총액에서 상계하는 이월결손금은 각 사업연도의 과세표준계산 시 공제되지 아니한 이월결손금이며, 이미 공제되었거나 공제된 것으로 보는 금액을 제외한다(법인세제과-70, 2005.8.31.).

이월결손금 상계규정을 적용할 때 해산등기일 전 2년 이내에 자본금 또는 출자금에 전입한 잉여금이 있는 경우에는 해당 금액을 자본금 또는 출자금에 전입하지 아니한 것으로 본다(법인세법 제79조 제5항).

세법상 유보금액

해산등기일 현재 익금에 산입하지 아니한 미수이자수익 및 유가증권평가익을 「기업회계기준」에 의하여 수익으로 계상한 경우 동 금액은 청산소득금액계산 시 자기자본총액에서 차감한다. 동 미수이자수익이 청산기간 중에 손익귀속시기가 도래하는 경우에는 당해 법인이 해산 전의 사업을 계속하여 영위하는지의 여부와 관계없이 당해 사업연도의 각 사업연도소득으로 과세하는 것으로 동 금액은 청산소득금액에 포함하지 아니한다(법인 46012-712, 2001.5.16.).

계속등기를 하는 경우

청산기간 중에 잔여재산의 일부를 주주에게 분배한 후 「상법」 제519조의 규정에 의하여 계속등기를 한 경우의 자본금은 「상법」의 규정에 의하여 계산한다(법인세법 기본통칙

79－0…1).

3.3 청산소득 법인세신고와 납부

중간신고

내국법인이 해산에 의한 잔여재산가액이 확정되기 전에 그 일부를 주주 등에게 분배한 경우에는 그 분배한 날, 해산등기일부터 1년이 되는 날까지 잔여재산가액이 확정되지 아니한 경우에는 그 1년이 되는 날이 속하는 달의 말일부터 1개월 이내에 납세지 관할 세무서장에게 신고하여야 한다(법인세법 제85조 제1항). 최소한 해산등기일부터 1년 1개월 이내에는 중간신고를 하여야 한다.

동 신고를 할 때에는 청산소득에 대한 법인세과세표준 및 세액신고서에 해산등기일 및 그 분배한 날 또는 해산등기일부터 1년이 되는 날 현재의 재무상태 표와 해산한 법인의 본점 등의 소재지, 청산인의 성명 및 주소 또는 거소, 잔여재산가액의 확정일 및 분배 예정일 기타 필요한 서류를 각각 첨부하여야 한다(법인세법 제85조 제2항, 법인세법 시행령 제125조).

중간신고 하는 경우 잔여재산가액예정액은 해산등기일로부터 1년이 되는 날 현재의 자산을 시가에 의하여 평가한 금액의 합계액에서 부채총액을 공제한 금액으로 한다(서이 46012－10245, 2002.2.9.).

확정 신고

청산소득에 대한 법인세의 납부의무가 있는 내국법인은 잔여재산가액 확정일이 속하는 달의 말일부터 3개월 이내에 청산소득에 대한 법인세의 과세표준과 세액을 납세지 관할 세무서장에게 신고하여야 한다. 청산중인 법인이 계속등기를 한 경우에는 계속등기일이 속하는 달의 말일부터 3개월 이내에 한다(법인세법 제84조 제1항). 청산소득의 금액이 없는 경우에도 신고하여야 한다(법인세법 제84조 제3항). 잔여재산가액 확정일이란 해산등기일 현재의 잔여재산의 추심 또는 환가처분을 완료한 날, 해산등기일 현재의 잔여재산을 그대로 분배하는 경우에는 그 분배를 완료한 날을 말한다(법인세법시행령 제124조 제3항).

청산소득 법인세의 신고는 잔여재산가액 확정일 또는 계속등기일 현재의 그 해산한 법인의 재무상태표, 법인의 본점 등의 소재지, 청산인의 성명 및 주소 또는 거소, 잔여재산가액의 확정일 및 분배예정일 기타 필요한 사항을 제출하여야 한다(법인세법 제84조 제2항, 법인세법 시행령 제124조).

3.4 청산인 등의 제2차 납세의무

법인이 해산한 경우에 그 법인에 부과되거나 그 법인이 납부할 국세 · 가산금 또는 체납처분비를 납부하지 아니하고 청산 후 남은 재산을 분배하거나 인도하였을 때에 그 법인에 대하여 체납처분을 집행하여도 징수할 금액에 미치지 못하는 경우에는 청산인 또는 청산 후 남은 재산을 분배받거나 인도받은 자는 그 부족한 금액에 대하여 제2차 납세의무를 진다(국세기본법 제38조 제1항). 청산인의 경우 분배하거나 인도한 재산의 가액을 한도로 하고, 그 분배 또는 인도를 받은 자의 경우에는 각자가 받은 재산의 가액을 한도로 한다(국세기본법 제38조 제2항).

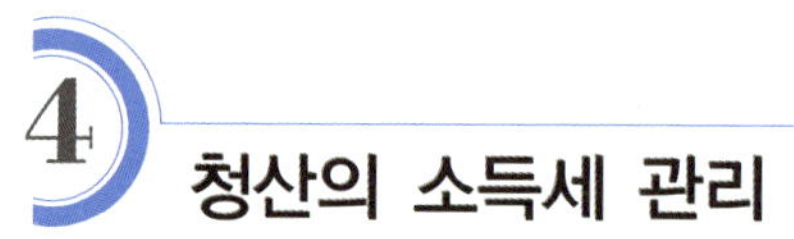

4 청산의 소득세 관리

4.1 청산소득세의 개요

해산한 법인의 주주가 그 법인의 해산으로 인한 잔여재산의 분배로 취득하는 금액이 주식을 취득하기 위하여 사용된 금액을 초과하는 금액은 배당으로 과세한다(소득세법 제17조 제2항 제3호, 법인세법 제16조 제1항 제4호). 법인이 해산으로 인하여 소멸한 경우에 배당소득의 수입 시기는 잔여재산의 가액이 확정된 날로 하고 원천징수를 한다(소득세법 시행령 제46조 제5호 가목, 소득세법 집행기준 132－191－1, 법인세법 시행령 제13조). 그러나 해산에 의한 잔여재산가액이 확정되기 전에 잔여재산의 일부를 주주에게 분배한 경우 배당소득이 발생한 경우 당해 배당소득금액의 수입 시기는 그 잔여재산의 일부를 주주에게 실제로 분배한 날이 된다(소득 46011-2670, 1999.7.14.).

4.2 주식의 취득가액 계산

의제배당소득금액을 계산함에 있어서 상속 또는 증여에 의하여 주식을 취득한 경우에는 상속재산의 가액 또는 증여재산의 가액에 당해 주식을 취득하기 위하여 직접적으로 지출한 부대비용 등의 합계액으로 하는 것이며, 이때 당해 자산에 대하여 납부하였거나 납부할 상속세 또는 증여세상당액은 포함하지 아니한다(소득 46011-346, 1999.11.12.).

해산한 법인의 주주가 당해 주식을 취득하기 위하여 사용된 금액에 있어서 「자산재평가법」에 의한 재평가적립금(동법 제13조 제1항 제1호의 규정에 의한 1997년 12월 31일 이전에 취득한 토지의 재평가차액은 제외)을 자본전입으로 무상으로 받은 주식의 경우 취득가액은 없는 것으로 한다(원천세과-322, 2009.2.2.).

주식을 취득하기 위하여 사용한 금액이 불분명한 경우에는 그 주식의 액면 가액(무 액면주식의 경우에는 해당 주식의 취득일 당시 해당 주식을 발행하는 법인의 자본금을 발행주식 총수로 나누어 계산한 금액)을 그 주식의 취득에 사용한 금액으로 본다(소득세법 제17조 제4항).

주식을 취득하기 위하여 소요된 금액을 계산함에 있어서 주주가 소액주주에 해당하고, 해당 주식을 보유한 주주의 수가 다수이거나 해당 주식의 빈번한 거래 등에 따라 해당 주식을 취득하기 위하여 소요된 금액의 계산이 불분명한 경우에는 액면 가액을 해당 주식의 취득에 소요된 금액으로 본다. 다만, 해당 주주가 액면 가액이 아닌 다른 가액을 입증하는 경우에는 그러하지 아니하다(소득세법 시행령 제27조 제7항).

4.3 분배금액의 계산

잔여재산을 분배할 때 현금과 주식 이외의 재산을 받은 경우 그 재산의 취득 당시의 시가를 받은 것으로 한다(소득세법 시행령 제27조 제1항 제2호, 법인세법 시행령 제14조). 주식으로 받은 경우는 별도의 규정이 있다(소득세법 시행령 제27조 제1항 제2호, 법인세법 시행령 제14조).

저·자·약·력

■ 김 근 수

연세대학교 경영학과 졸업
경기대학교 관광전문대학원 박사
서강대학교 종교학과 박사수료
한국 공인회계사, 세무사
CFA(미국 재무분석사), AP(미국선물중개사), 미국 호텔협회 재무부문 Instructor
미국 티칭프로골퍼(USGTF)
안진회계법인, 영화회계법인 등(전)
파키스탄 히말라야 트랑고타워 등반대 참가(2004)

글로벌 컨설팅 대표 공인회계사로 M&A 컨설팅(현)

주요 저서

세법의 이론과 실무(국세신문사)
부동산 세제실무(조세통람사)
여행사 경영산책(여행신문)
여행사·호텔·골프장·외식업의 경영메뉴얼(영화조세통람)
문화산업의 세무(세무신보)
M&A실전 교과서(한언출판사)

가업승계와 100년 가업경영
(100년 가업의 승계와 상속, 리스크관리, 성장전략 등)

정가 80,000원

저 자 김 근 수
발행인 서 동 혁
편 집 이 은 희

저자와의 협의하에 인지생략

발행처 ㈜영화조세통람

펴낸날 2018년 8월 8일 초판 인쇄
2018년 8월 20일 초판 발행

주 소 서울특별시 중구 동호로 14길 5-6(신당동)
등 록 1976. 11. 5. 제9-81호
전 화 대 표 02) 2231-7027 Fax 02) 2234-1754
출판사업부 02) 2231-7141 Fax 02) 2231-7994

구입문의 (02) 2231-7027~9 ISBN 979-11-6064-093-9 13320

㈜영화조세통람은 좋은 책을 만들기 위해 독자 여러분의 의견을 기다립니다.
E-mail(josetop@inaus.co.kr)과 홈페이지(www.taxnet.co.kr)의 고객지원센터 "고객의 소리" 코너